Ines Zenke, Ralf Schäfer, Holger Brocke (Hrsg.)

Risikomanagement, Organisation, Compliance für Unternehmer

De Gruyter Praxishandbuch

Risikomanagement, Organisation, Compliance für Unternehmer

Herausgegeben von
Ines Zenke, Ralf Schäfer, Holger Brocke

Bearbeitet von
Sebastian Blumenthal-Barby, Wolfram von Blumenthal, Holger Brocke, Christian Dessau, Jost Eder, Jens Thomas Füller, Jürgen Gold, Bernd Günter, Tigran Heymann, Sebastian Holzinger, Michael Koch, Rebecca Julia Koch, Lucian Krawczyk, Anja Lenze, Niko Liebheit, Marcel Malcher, Ullrich Paetzel, Christian Pisani, Ralf Schäfer, Nico Schulte, Thomas Straßer, Jörg B. Soetebeer, Ines Zenke

DE GRUYTER

Zitiervorschlag: Zenke/Schäfer/Brocke/*Bearbeiter*, Kap. 1 Rn 10.

Hinweis:
Alle Angaben in diesem Werk sind nach bestem Wissen unter Anwendung aller gebotenen Sorgfalt erstellt worden. Trotzdem kann von dem Verlag und den Autoren keine Haftung für etwaige Fehler übernommen werden.

ISBN 978-3-11-035463-8
e-ISBN (PDF) 978-3-11-035484-3
e-ISBN (EPUB) 978-3-11-038771-1

Bibliografische Information der Deutschen Nationalbibliothek
Die Deutsche Nationalbibliothek verzeichnet diese Publikation in der Deutschen Nationalbibliografie; detaillierte bibliografische Daten sind im Internet über http://dnb.d-nb.de abrufbar.

Einbandabbildung: Brian Jackson/iStock/thinkstock
Datenkonvertierung/Satz: Satzstudio Borngräber, Dessau-Roßlau
Druck: CPI books GmbH, Leck
♾ Gedruckt auf säurefreiem Papier
Printed in Germany

www.degruyter.com

Vorwort

Risikomanagement, Unternehmensorganisation und seit einiger Zeit auch das Compliance-Management werden – wenn es um die jeweilige Disziplin geht – sowohl in wissenschaftlichen Arbeiten als auch in Praxishandbüchern in unterschiedlicher Intensität vielfach beschrieben. Deutlich weniger häufig finden sich dagegen Darstellungen, die eine Zusammenschau dieser Unternehmensfunktionen bieten und deren wechselseitigen Abhängigkeiten aufzeigen. Das vorliegende Werk strebt an, einen Beitrag zur Verringerung dieses tatsächlichen oder vermeintlichen „Mangels" zu leisten.

Den Beginn der Darstellung bilden Ausführungen zur Unternehmensorganisation sowie zur Prozessgestaltung bzw. Prozesssteuerung, da diese den äußeren/formalen Rahmen für jedes Unternehmenshandeln bilden.

Das Handeln des auf diese Weise verfassten Unternehmens ist naturgemäß mit Risiken (und Chancen) unterschiedlichster Art verbunden. Unternehmensorganisation und -prozesse stellen somit den Anknüpfungspunkt für das Risikomanagement dar, das im Anschluss dargestellt wird.

Eine sachgerechte Beherrschung von ökonomischen Risiken durch das Risikomanagement ist wiederum nicht denkbar ohne eine ausreichende Steuerung der rechtlichen Risiken im Unternehmen. Ein Blick auf das Compliance-Management sowie auf ausgewählte compliancerelevante Rechtsbereiche runden das Werk daher ab.

Wir freuen uns, dass es uns gelungen ist, für alle Themenfelder hochqualifizierte Experten mit langjähriger und tiefgreifender Praxiserfahrung im jeweiligen Fachgebiet zu finden und hoffen daher sehr, mit dem Werk eine praktische Hilfestellung im beruflichen Alltag zu leisten.

Herzlichen Dank sagen wir allen Mitautoren für ihren Beitrag zum Gelingen des Werkes. Gleiches gilt für Frau Arlett Steinhöfel und Frau Katja Seidel, die als Mitarbeiterinnen von Becker Büttner Held erneut in professioneller Weise die redaktionelle Betreuung des Buches übernommen haben.

Danken möchten wir auch unseren Ehegatten Rhett Zenke-Zeuner und Petra Freimann, die – wieder einmal – viel Geduld aufgebracht haben, wenn die Herausgeberarbeiten zulasten des Familienlebens gingen.

Wir wünschen Ihnen viel Vergnügen beim Lesen und freuen uns auf Ihre Anmerkungen unter ines.zenke@bbh-online.de und ralf.schaefer@bbh-online.de.

Berlin/Köln, August 2015

Dr. Ines Zenke *Dr. Ralf Schäfer* *Dr. Holger Brocke*

Inhalt

Kapitel 5
Kernelemente eines Compliance-Management-Systems — 113

Kapitel 10
Arbeitsrecht — 263

Kapitel 12
Energiekartellrecht — 313

Kapitel 14
Strom- und energiesteuerrechtliche Compliance — 397

Abkürzungsverzeichnis

%	Prozent
§/§§	Paragraf/en
$	Dollar
€	Euro
€/MWh	Euro pro Megawattstunde
a.A.	anderer Ansicht
a.F.	alte Fassung
Abb.	Abbildung
ABl EU	Amtsblatt der Europäischen Union
Abs.	Absatz
Abschn.	Abschnitt
ACER	Agency for the Cooperation of Energy Trades
AEUV	Vertrag über die Arbeitsweise der Europäischen Union
AfA	Absetzung für Abnutzung
AG	Amtsgericht, Aktiengesellschaft, Aktiengesellschaft (Zeitschrift)
AGB	Allgemeine Geschäftsbedingungen
AGG	Allgemeines Gleichbehandlungsgesetz
AktG	Aktiengesetz
Anh.	Anhang
AO	Abgabenordnung
AöR	Anstalt des öffentlichen Rechts
ArbG	Arbeitsgericht
ArbGG	Arbeitsgerichtsgesetz
ArbR	Arbeitsrecht
ArbSchG	Arbeitsschutzgesetz
ArbZG	Arbeitszeitgesetz
ARegV	Anreizregulierungsverordnung
AS	Australian Standard
ASiG	Arbeitssicherheitsgesetz
AT	Allgemeiner Teil
AUB	Arbeitsgemeinschaft unabhängiger Betriebsangehöriger
Aufl.	Auflage
AÜG	Arbeitnehmerüberlassungsgesetz
AVB-Vermögen	Allgemeine Versicherungsbedingungen zur Haftpflichtversicherung für Vermögensschäden
BaFin	Bundesanstalt für Finanzdienstleistungen
BAG	Bundesarbeitsgericht
BAnz	Bundesanzeiger
BB	Betriebs-Berater (Zeitschrift)
BC	Zeitschrift für Bilanzierung, Rechnungswesen und Controlling (Zeitschrift)
Bd.	Band
BDCO	Bundesverband Deutscher Compliance-Officer
BDEW	Bundesverband der Energie- und Wasserwirtschaft e.V.
BDSG	Bundesdatenschutzgesetz
Bek.	Bekanntmachung
Beschl.	Beschluss

BetrAVG	Betriebsrentengesetz
BetrVG	Betriebsverfassungsgesetz
BFH	Bundesfinanzhof
BFHE	Entscheidungen des Bundesfinanzhofs
BGB	Bürgerliches Gesetzbuch
BGBl. I/II	Bundesgesetzblatt Teil 1/Teil 2
BGH	Bundesgerichtshof
BGHSt	Entscheidungen des Bundesgerichtshofs in Strafsachen
BGHZ	Entscheidungen des Bundesgerichtshofs in Zivilsachen
BHO	Bundeshaushaltsordnung
BildscharbV	Bildschirmarbeitsverordnung
BilMoG	Bilanzrechtsmodernisierungsgesetz
BImSchG	Bundes-Immissionsschutzgesetz
BImSchV	Bundes-Immissionsschutzverordnung
BKartA	Bundeskartellamt
BKR	Zeitschrift für Bank- und Kapitalmarktrecht (Zeitschrift)
BMAS	Bundesministerium für Arbeit und Soziales
BMEL	Bundesministerium für Ernährung und Landwirtschaft
BMF	Bundesministerium für Finanzen
BMJ	Bundesministerium für Justiz
BMJV	Bundesministerium der Justiz und für Verbraucherschutz
BMWi	Bundesministerium für Wirtschaft und Energie
BNetzA	Bundesnetzagentur
BörsG	Börsengesetz
BR-Drucks.	Bundesrats-Drucksache
BS WP/vBP	Berufssatzung für Wirtschaftsprüfer/vereidigte Buchprüfer
BSC	Balanced-Scorecard-Verfahren
bspw.	beispielsweise
BSR	Berliner Stadtreinigung
BStBl.	Bundessteuerblatt
BT-Drucks.	Bundestags-Drucksache
BVerfG	Bundesverfassungsgericht
BVerfGE	Entscheidungen des Bundesverfassungsgerichts
BVerwG	Bundesverwaltungsgericht
bzw.	beziehungsweise
ca.	circa
CB	Compliance Berater (Zeitschrift)
CBCI	Center for Business Compliance & Integrity
CCO	Chief Compliance Officer
CCZ	Corporate Compliance Zeitschrift (Zeitschrift)
CDU	Christlich Demokratische Union Deutschlands
CGO	Chief Governance Officers
CGZP	Tarifgemeinschaft Christlicher Gewerkschaften für Zeitarbeit und Personalserviceagenturen
CMS	Compliance-Management-System
CRD	Capital Requirements Directive
CRS	Common Reporting Standard
CSR	Corporate Social Responsibility

CSU	Christlich-Soziale Union in Bayern e. V.
CO_2	Kohlendioxid
CuR	Contracting und Recht (Zeitschrift)
D&O-Versicherung	Directors-and-Officers-Versicherung
DB	Der Betrieb (Zeitschrift)
DCGK	Deutschen Corporate Governance Kodex
DM	Deutsche Mark
DNA	diskriminierungsanfällige Netzbetreiberaufgaben
DrittelbG	Drittelbeteiligungsgesetz
DStR	Deutsches Steuerrecht (Zeitschrift)
e|m|w	Zeitschrift für Energie, Markt, Wettbewerb (Zeitschrift)
EBA	European Banking Authority
ECGI	European Corporate Governance Institute
EDIFACT	Electronic Data Interchange For Administration, Commerce and Transport
EDV	elektronische Datenverarbeitung
EEG	Erneuerbare-Energien-Gesetz
EEX	European Energy Exchange
EFG	Entscheidungen der Finanzgerichte (EFG)
EGMR	Europäischer Gerichtshof für Menschenrechte
EltRL	Elektrizitätsbinnenmarktrichtlinie
EMAS	Eco-Management and Audit Scheme
EnergieStG	Energiesteuergesetz
EnergieSt-RL	Energiesteuer-Richtlinie
EnergieStV	Energiesteuer-Durchführungsverordnung
engl.	englisch
Entsch.	Entscheidung
EnWG	Energiewirtschaftsgesetz
EnWZ	Zeitschrift für das gesamte Recht der Energiewirtschaft (Zeitschrift)
ErfurterKomm	Erfurter Kommentar
ERGEG	European Regulators Group for Electricity and Gas
ESMA	European Securities and Markets Authority
EStG	Einkommensteuergesetz
EStR	Einkommensteuer-Richtlinien
ET	Energiewirtschaftliche Tagesfragen (Zeitschrift)
et al.	und andere
etc.	et cetera
EU	Europäische Union
EuBestG	EU-Bestechungsgesetz
EuG	Europäisches Gericht
EuGH	Europäischer Gerichtshof
EuZW	Europäische Zeitschrift für Wirtschaftsrecht (Zeitschrift)
EVU	Energieversorgungsunternehmen
EW	Risikoerwartungswert
EWiR	Entscheidungen zum Wirtschaftsrecht (Zeitschrift)
f./ff.	folgend/fortfolgend
FAZ	Frankfurter Allgemeine Zeitung (Zeitung)

FG	Finanzgericht
FKVO	Fusionskontrollverordnung
Fn	Fußnote
FS	Festschrift
FVG	Finanzverwaltungsgesetz
GABi Gas	Festlegung zum Grundmodell für Ausgleichsleistungen und Bilanzierungsregel im Gassektor
GasNEV	Gasnetzentgeltverordnung
GasNZV	Gasnetzzugangsverordnung
GasRL	Gasbinnenmarktrichtlinie
GBl.	Gemeindeblatt
GDV	Gesamtverband der deutschen Versicherungswirtschaft
GeLi Gas	Geschäftsprozesse und Datenformate beim Wechsel des Lieferanten bei der Belieferung mit Gas
gem.	gemäß
GemO	Gemeindeordnung
GewO	Gewerbeordnung
ggf.	gegebenenfalls
GmbH	Gesellschaft mit beschränkter Haftung
GmbHG	GmbH-Gesetz
GmbHR	GmbH-Rundschau (Zeitschrift)
GO	Gemeindeordnung
GPKE	Geschäftsprozesse zur Kundenbelieferung mit Elektrizität
GRC-Management	Governance Risk und Compliance Management
GV NRW	Gesetz- und Verordnungsblatt Nordrhein-Westfalen
GVBl.	Gesetz- und Verordnungsblatt
GVG	Gerichtsverfassungsgesetz
GWB	Gesetz gegen Wettbewerbsbeschränkungen
GwG	Geldwäschegesetz
GWh/a	Gigawattstunde pro Jahr
h.M.	herrschende Meinung
HBEnWR	Handbuch zum Recht der Energiewirtschaft
HBR	Harvard Business Review (Zeitschrift)
HGB	Handelsgesetzbuch
HGrG	Haushaltsgrundsätzegesetz
Hs.	Halbsatz
i.d.F.	in der Fassung
i.d.R.	in der Regel
i.H.v.	in Höhe von
i.S.	im Sinne
i.S.e.	im Sinne einer/s
i.S.d.	im Sinne des
i.S.v.	im Sinne von
i.V.m.	in Verbindung mit
ICC	International Chamber of Commerce
IDW	Institut der Wirtschaftsprüfer

IFG	Informationsfreiheitsgesetz
IKS	Internes Kontrollsystem
InvG	Investmentgesetz
IR	InfrastrukturRecht (Zeitschrift)
ISO	Independent System Operator
IT	Informationstechnik
ITO	Independent Transmission Operator
JarbSchG	Jugendarbeitsschutzgesetz
JZ	JuristenZeitung (Zeitschrift)
Kap.	Kapitel
KG	Kammergericht, Kommanditgesellschaft
KGaA	Kommanditgesellschaft auf Aktien
KindArbSchV	Kinderarbeitsschutzverordnung
KMU	kleine und mittlere Unternehmen
KonTraG	Gesetz zur Kontrolle und Transparenz im Unternehmensbereich
KSchG	Kündigungsschutzgesetz
KVP	kontinuierlicher Verbesserungsprozess
KWG	Kreditwesengesetz
kWh	Kilowattstunde/n
KWK	Kraft-Wärme-Kopplung
KWKG	Kraft-Wärme-Kopplungsgesetz
LAG	Landesarbeitsgericht
LG	Landgericht
lit.	litera
M&A	Mergers & Acquisitions (Fusionen und Übernahmen)
m.w.N.	mit weiteren Nachweisen
MaBiS	Marktregeln für die Durchführung der Bilanzkreisabrechnung Strom
MaComp	Mindestanforderungen an die Compliance-Funktion und die weiteren Verhaltens-, Organisations- und Transparenzpflichten nach §§ 31 ff. WpHG für Wertpapierdienstleistungsunternehmen
MaKonV	Marktmanipulations-Konkretisierungsverordnung
MAR	Marktmissbrauchsverordnung
MaRisk	Mindestanforderungen an das Risikomanagement
MDR	Mitteldeutscher Rundfunk, Monatsschrift für Deutsches Recht (Zeitschrift)
MiFID	Markets in Financial Instruments Directive (Finanzmarktrichtlinie)
MinöStG	Mineralölsteuergesetz
Mio.	Million/en
MitBestG	Mitbestimmungsgesetz
MMR	Multimedia Recht (Zeitschrift)
Mrd.	Milliarde/n
MTSG	Markttransparenzstellengesetz
MüKo	Münchener Kommentar
MW	Megawatt
MWh	Megawattstunde

n.F.	neue Fassung
n.v.	nicht veröffentlicht
NACE	Nomenclature Générale des Activités Economiques dans l'Union Européenne (Statistische Systematik der Wirtschaftszweige in der Europäischen Gemeinschaft)
NJOZ	Neue Juristische Online-Zeitschrift (Zeitschrift)
NJW	Neue Juristische Wochenschrift (Zeitschrift)
NJW-RR	NJW-Rechtsprechungs-Report (Zeitschrift)
Nr.	Nummer
NStZ	Neue Zeitschrift für Strafrecht (Zeitschrift)
NStZ-RR	NStZ-Rechtsprechungs-Report Strafrecht (Zeitschrift)
NVwZ	Neue Zeitschrift für Verwaltungsrecht (Zeitschrift)
NVwZ-RR	NVwZ-Rechtsprechungs-Report Verwaltungsrecht (Zeitschrift)
NZA	Neue Zeitschrift für Arbeitsrecht (Zeitschrift)
NZA-RR	NZA-Rechtsprechungs-Report Arbeitsrecht (Zeitschrift)
NZBau	Neue Zeitschrift für Baurecht und Vergaberecht (Zeitschrift)
NZG	Neue Zeitschrift für Gesellschaftsrecht (Zeitschrift)
NZS	Neue Zeitschrift für Sozialrecht (Zeitschrift)
o.ä.	oder ähnliches
o.g.	oben genannte
OCEG	Open Compliance and Ethics Group
OE	Organisationsentwicklung
OECD	Organisation für wirtschaftliche Zusammenarbeit und Entwicklung
oHG	offene Handelsgesellschaften
OLG	Oberlandesgericht
OVG	Oberverwaltungsgericht
OWiG	Ordnungswidrigkeitengesetz
P	Eintrittswahrscheinlichkeit
p.a.	per anno (pro Jahr)
PatG	Patentgesetz
PCGK	Public Corporate Governance Kodex
PDCA	Plan-Do-Check-Act
PHi	Haftpflicht international (Zeitschrift)
PS	Prüfungsstandard
PublG	Publizitätsgesetz
PwC	PricewaterhouseCoopers
r+s	Recht und Schaden (Zeitschrift)
RA	Rechtsanwalt
RAROC	Risk Adjusted Return on Capital
rd.	rund
RdE	Recht der Energiewirtschaft (Zeitschrift)
RegE	Regierungsentwurf
REMIT	Regulation on wholesale Energy Market Integrity and Transparency (Verordnung über die Integrität und Transparenz des Energiegroßhandelsmarkts)
RGBl.	Reichsgesetzblatt
RL	Richtlinie

RLM	registrierende Leistungsmessung
RMS	Risikomanagementsystem
Rn	Randnummer
RORAC	Return on Risk-Adjusted Capital
S.	Satz, Seite
SchwarzGBekG	Schwarzgeldbekämpfungsgesetz
SGB	Sozialgesetzbuch
SH	Schadenhöhe
SIEC	Significant impediment to effective competition
sog.	sogenannt/e/er/es
SOX	Sarbanes-Oxley-Acts
SpaEfV	Spitzenausgleich-Effizienzverordnung
SPD	Sozialdemokratische Partei Deutschlands
StA	Staatsanwalt
StE	Steuern der Energiewirtschaft (Zeitschrift)
StGB	Strafgesetzbuch
StPO	Strafprozessordnung
StromNEV	Stromnetzentgeltverordnung
StromNZV	Stromnetzzugangsverordnung
StromStG	Stromsteuergesetz
StromStV	Stromsteuer-Durchführungsverordnung
StV	Strafverteidiger (Zeitschrift)
SVR	Straßenverkehrsrecht
SWOT	Strengths, Weaknesses, Opportunities, Threats
T€	Tausend Euro
Tab.	Tabelle
TEHG	Treibhausgas-Emissionshandelsgesetz
TV-V	Tarifvertrag für Versorgungsbetriebe
u.a.	unter anderem/n, und andere
u.ä.	und ähnliches
u.U.	unter Umständen
u.v.m	und vieles mehr
UIG	Umweltinformationsgesetz
UMAG	Gesetz zur Unternehmensintegrität und Modernisierung des Anfechtungsrechts
UmweltHG	Umwelthaftungsgesetz
Unterabs.	Unterabsatz
Urt.	Urteil
USA	United States of America (Vereinigte Staaten von Amerika)
USchadG	Umweltschadensgesetz
UStG	Umsatzsteuergesetz
v.	von, vom
v.a.	vor allem
VAG	Versicherungsaufsichtsgesetz
Var.	Variante
VaR	Value-at-Risk

Vertikal-GVO	vertikale Gruppenfreistellungsverordnung
VersR	Versicherungsrecht (Zeitschrift)
VersW	Versorgungswirtschaft (Zeitschrift)
VerwArch	Verwaltungsarchiv (Zeitschrift)
VG	Verwaltungsgericht
VGH	Verwaltungsgerichtshof
vgl.	vergleiche
VIP	Very Important Person
VKU	Verband kommunaler Unternehmen
VKU-ND	VKU-Nachrichtendienst (Zeitschrift)
VO	Verordnung
VOB/A	Bauleistungsvergabe-Bestimmungen, Teil A – Allgemeine Bestimmungen für die Vergabe von Bauleistungen
VOL/A	Vergabe- und Vertragsordnung für Leistungen, Teil A – Allgemeine Bestimmungen für die Vergabe von Leistungen
VorstAG	Vorstandsvergütung-Angemessenheitsgesetz
VP	Versicherungspraxis (Zeitschrift)
VVG	Versicherungsvertragsgesetz
VW	Versicherungswirtschaft (Zeitschrift)
VwVfG	Verwaltungsverfahrensgesetz
VwGO	Verwaltungsgerichtsordnung
W	Wahrscheinlichkeitsniveau
WiM	Wechselprozesse im Messwesen
WISO	Wirtschafts- und sozialpolitische Zeitschrift (Zeitschrift)
wistra	Zeitschrift für Wirtschafts- und Steuerstrafrecht (Zeitschrift)
WM	Weltmeisterschaft, Wertpapier-Mitteilungen (Zeitschrift)
WpAIV	Wertpapierhandelsanzeige- und Insiderverzeichnisverordnung
WpDVerOV	Wertpapierdienstleistungs-, Verhaltens- und Organisationsverordnung
WPg	Die Wirtschaftsprüfung (Zeitschrift)
WpHG	Wertpapierhandelsgesetz
WpHGMaAnzV	WpHG-Mitarbeiteranzeigeverordnung
WPO	Wirtschaftsprüferordnung
WuW	Wirtschaft und Wettbewerb (Zeitschrift)
WuW/E	Entscheidungssammlung der Zeitschrift für Wirtschaft und Wettbewerb (Zeitschrift)
WZ	Wirtschaftszweig/e
z.B.	zum Beispiel
z.T.	zum Teil
ZAG	Zahlungsdiensteaufsichtsgesetz
ZCG	Zeitschrift für Corporate Governance (Zeitschrift)
ZEW	Zentrum für Europäische Wirtschaftsforschung
ZfB	Zeitschrift für Betriebswirtschaft (Zeitschrift)
Zfbf	Zeitschrift für betriebswirtschaftliche Forschung (Zeitschrift)
ZFV	Zeitschrift für Versicherungswesen (Zeitschrift)
ZfZ	Zeitschrift für Zölle und Verbrauchsteuern (Zeitschrift)
ZGR	Zeitschrift für Unternehmens- und Gesellschaftsrecht (Zeitschrift)
ZHR	Zeitschrift für das gesamte Handelsrecht und Wirtschaftsrecht (Zeitschrift)

ZIP	Zeitschrift für Wirtschaftsrecht (Zeitschrift)
ZIS	Zeitschrift für Internationale Strafrechtsdogmatik (Zeitschrift)
zit.	zitiert
ZNER	Zeitschrift für Neues Energierecht (Zeitschrift)
ZPO	Zivilprozessordnung
ZRFC	Risk, Fraud & Compliance (Zeitschrift)
ZRP	Zeitschrift für Rechtspolitik (Zeitschrift)
ZUR	Zeitschrift für Umweltrecht (Zeitschrift)
ZWH	Zeitschrift für Wirtschaftsstrafrecht und Haftung im Unternehmen (Zeitschrift)

Literaturverzeichnis

Argyris, Chris/Schön, Donald A., Organizational Learning II: Theory, Method, and Practice, Wokingham 1996 (zit.: *Argyris/Schön*, Organizational Learning II)

Argyris, Chris/Schön, Donald A., Knowledge for Action, A Guide to Overcoming Barriers to Organizational Change, San Francisco 1993 (zit.: *Argyris/Schön*, Knowledge for Action)

Assmann, Heinz Dieter/Schneider, Uwe (Hrsg.), Wertpapierhandelsgesetz, 4. Aufl., Köln 2009 (zit.: Assmann/Schneider/*Bearbeiter*, WpHG)

Bachmann, Gregor, Reform der Organhaftung? – Materielles Haftungsrecht und seine Durchsetzung in privaten und öffentlichen Unternehmen, Gutachten E zum 70. Deutschen Juristentag Hannover 2014, München 2014 (zit.: *Bachmann*, Reform der Organhaftung)

Baetge, Jörg/Lutter, Marcus, Abschlussprüfung und Corporate Governance, Köln 2003 (zit.: *Baetge/Lutter*, Corporate Governance)

Bartsch, Michael/Röhling, Andreas/Salje, Peter/Scholz, Ulrich (Hrsg.), Stromwirtschaft – Ein Praxishandbuch, 2. Aufl., Köln 2008 (zit.: Bartsch/Röhling/Salje/Scholz/*Bearbeiter*, Stromwirtschaft)

Baumbach, Adolf/Hueck, Götz (Hrsg.), GmbHG, Kommentar, 20. Aufl., München 2013 (zit.: Baumbach/Hueck/*Bearbeiter*, GmbHG, §)

Baums, Theodor, Bericht der Regierungskommission Corporate Governance, Köln 2001 (zit.: *Baums*, Corporate Governance)

Bechtold, Rainer, Kartellgesetz, Gesetz gegen Wettbewerbsbeschränkungen, 5. Aufl., München 2008 (zit.: *Bechtold*, Kartellgesetz)

Becker, Manfred, Personalentwicklung, 3. Aufl., Stuttgart 2002 (zit.: *Becker*, Personalentwicklung)

Beckmann, Roland/Matusche-Beckmann, Annemarie (Hrsg.), Versicherungsrechts-Handbuch, 2. Aufl., München 2009 (zit.: VersR/*Bearbeiter*, §)

Behringer, Stefan (Hrsg.), Compliance Kompakt, Berlin 2010 (zit.: Behringer/*Bearbeiter*, Compliance Kompakt)

Benkard, Georg (Hrsg.), Patentgesetz, Kommentar, 10. Aufl., München 2006 (zit.: Benkard/*Bearbeiter*, PatG, §)

Bernhard, Martin G./Hoffschröer, Stefan (Hrsg.), Report Balanced Scorecard – Strategien umsetzen, Prozesse steuern, Kennzahlensysteme entwickeln, 3. Aufl., Düsseldorf 2003 (zit.: Bernhard/Hoffschröer/*Bearbeiter*, Report Balanced Scorecard)

Bien, Florian (Hrsg.), Das deutsche Kartellrecht nach der 8. GWB-Novelle, Baden-Baden 2013 (zit.: Bien/*Bearbeiter*, Das deutsche Kartellrecht)

Binner, Hartmut F., Prozessorientierte TQM-Umsetzung, 2. Aufl., München 2002 (zit.: *Binner*, Prozessorientierte TQM-Umsetzung)

Bock, Dennis, Criminal Compliance, Baden-Baden 2011 (zit.: *Bock*, Criminal Compliance)

Böhmer, Georg-August/Hengst, Franz-Josef/Hofmann,Rolf/Müller, Otto/Puchta, Rudi, Interne Revision – Ein Handbuch für die Praxis, Berlin 1981 (zit.: *Böhmer/Hengst/Hofmann/Müller/Puchta*, Interne Revision)

Boesche, Katharina Vera/Füller, Jens Thomas/Wolf, Maik (Hrsg.), Festbeigabe für Franz Jürgen Säcker zum 65. Geburtstag, Berlin 2006 (zit.: Boesche/Füller/Wolf/*Bearbeiter*, Festbeigabe Säcker)

Bongartz, Matthias/Jatzke, Harald/Schröer-Schallenberg, Sabine (Hrsg.), Energiesteuer, Stromsteuer, Zolltarif, EnergieStG, StromStG, Lose-Blatt-Werk, München (zit.: Bongartz/Jatzke/Schröer-Schallenberg/*Bearbeiter*, StromStG)

Boos, Karl-Heinz/Fischer, Reinfrid/Schulze-Mattler, Hermann (Hrsg.), Kreditwesengesetz, Kommentar, 4. Aufl., München 2012 (zit.: Boos/Fischer/Schulte-Mattler/*Bearbeiter*, KWG)

Büdenbender, Ulrich/Rosin, Peter, Energierechtsreform 2005, Essen 2005 (zit.: *Büdenbender/Rosin*, Energierechtsreform 2005)

Bürgers, Tobias/Becker, Florian (Hrsg.), Heidelberger Kommentar zum Aktiengesetz, 1. Aufl., Heidelberg 2008 (zit.: HeidelbergerKomm-AktG/*Bearbeiter*)

Busse, Rudolf (Hrsg.), Patentgesetz, Kommentar, 6. Aufl., Berlin 2003 (zit.: Busse/*Bearbeiter*, PatG, §)

Collins, Jim, From Good to Great, New York 2001 (zit.: *Collins*, From Good to Great)

Damm, Reinhard/Herrmann, Peter W./Veil, Rüdiger (Hrsg.), Festschrift für Thomas Raiser zum 70. Geburtstag am 20. Februar 2005, Berlin 2005 (zit.: Damm/Heermann/Veil/*Bearbeiter*, Festschrift Thomas Raiser)

Danner, Wolfgang/Theobald, Christian (Hrsg.), Energierecht, Lose-Blatt-Kommentar, München (zit.: Danner/Theobald/*Bearbeiter*, Energierecht, §)

Däubler, Wolfgang/Klebe, Thomas/Wedde, Peter/Weichert, Thilo (Hrsg.), Bundesdatenschutzgesetz, 3. Aufl., Frankfurt/Main 2010 (zit.: Däubler/Klebe/Wedde/Weichert/*Bearbeiter*, BDSG, §)

De Decker, Bart/Schaumüller-Bichl, Ingrid (Hrsg.), Communications and Multimedia Security, Berlin 2010 (zit.: De Decker/Schaumüller-Bichl/*Bearbeiter*, Communications and Multimedia Security)

Derleder, Peter/Knops, Kai-Oliver/Bamberger, Heinz Georg (Hrsg.), Handbuch zum deutschen und europäischen Bankrecht, 2. Aufl., Berlin, Heidelberg 2009 (zit.: Derleder/Knops/Bamberger/*Bearbeiter*, Handbuch zum Bankrecht)

Diederichs, Marc, Risikomanagement und Risikocontrolling, München 2012 (zit.: *Diederichs*, Risikomanagement und Risikocontrolling)

Dölling, Dieter (Hrsg.), Handbuch der Korruptionsprävention, München 2007 (zit.: Dölling/*Bearbeiter*, Korruptionsprävention)

Dutzi, Andreas, Der Aufsichtsrat als Instrument der Corporate Governance: ökonomische Analyse der Veränderungen im Corporate-Governance-System börsennotierter Aktiengesellschaften, 1. Aufl., Wiesbaden 2005 (zit.: *Dutzi*, Aufsichtsrat als Instrument der Corporate Governance)

Ebenroth, Carsten/Boujong, Karl-Heinz/Joost, Detlev/Strohn, Lutz (Hrsg.), Handelsgesetzbuch, Kommentar, 2. Aufl., München 2009 (zit.: Ebenroth/Boujong/Joost/Strohn/*Bearbeiter*, HGB, §)

Emmerich, Volker (Hrsg.), Kartellrecht, 13. Aufl., München 2014 (zit.: Emmerich/*Bearbeiter*, Kartellrecht)

Emmerich, Volker/Habersack, Matthias, Aktien- und GmbH-Konzernrecht, 5. Aufl., München 2008 (zit.: *Emmerich/Habersack*, Konzernrecht)

Ensthaler, Jürgen/Füller, Jens/Schmidt, Burkhardt (Hrsg.), Kommentar zum GmbH-Gesetz, 2. Aufl., Köln 2009 (zit.: Ensthaler/Füller/Schmidt/*Bearbeiter*, GmbHG)

Farny, Dieter, Versicherungsbetriebslehre, 5. Aufl., Karlsruhe 2011 (zit.: *Farny*, Versicherungsbetriebslehre)

Fissenewert, Peter, Compliance für den Mittelstand, München 2013.(zit.: *Fissenewert*, Compliance für den Mittelstand)

Fischer, Thomas, Strafgesetzbuch mit Nebengesetzen, 61. Aufl., München 2014 (zit.: *Fischer*, StGB)

Fleischer, Holger (Hrsg.), Handbuch des Vorstandsrechts, München 2006 *(*zit.: HdbVorstandsR/*Bearbeiter)*

Fleischer, Holger/Goette, Wulf (Hrsg.), Münchener Kommentar zum GmbHG, München 2012 (zit.: MüKo-GmbHG/*Bearbeiter)*

Flore, Ingo/Tsambikakis, Michael (Hrsg.), Steuerstrafrecht, 1. Aufl., Köln 2013 (zit.: Flore/Tsambikakis/*Bearbeiter*, Steuerstrafrecht)

Freidank, Carl-Christian/Peemöller, Volker (Hrsg.), Corporate Governance und interne Revision, Handbuch für die Neuausrichtung des Internal auditings, Berlin 2008 (zit.: Freidank/Peemöller/*Bearbeiter*, Corporate Governance)

Friedrich, Klaus/Meißner, Cornelius (Hrsg.), Energiesteuern einschließlich ökologischen Steuerreform, Lose-Blatt-Werk, Planegg (zit.: Friedrich/Meißner/*Bearbeiter*, Energiesteuern, §)

Fuchs, Walter/Kreissl, Reinhard/Pilgram, Arno/Stangl, Wolfgang, Generalpräventive Wirksamkeit, Praxis und Anwendungsprobleme des Verbandsverantwortlichkeitsgesetzes (VbVG), Wien 2011 (zit.: *Fuchs/Kreissl/Pilgram/Stangl*, Generalpräventive Wirksamkeit)

Funk, Cara/Millgramm, Carola/Schulz, Walter, Wettbewerbsfragen in der deutschen Gaswirtschaft, Oldenburg 1995 (zit.: *Funk/Millgramm/Schulz*, Wettbewerbsfragen)

Gehrlein, Markus/Ekkenga, Jens/Simon, Stefan (Hrsg.), GmbHG, Kommentar, Köln 2012 (zit.: Gehrlein/Ekkenga/Simon/*Bearbeiter*, GmbHG)

Geisler, Claudius/Kraatz, Erik/Kretschmer, Joachim (Hrsg.), Festschrift für Klaus Geppert zum 70. Geburtstag am 10. März 2011, Berlin 2011 (zit.: Geisler/Kraatz/Kretschmer/*Bearbeiter*, FS Geppert)

Geiß, Karlmann/Nehm, Kay/Brandner, Hans Erich/Hagen, Horst (Hrsg.), Festschrift aus Anlaß des fünfzigjährigen Bestehens von Bundesgerichtshof, Bundesanwaltschaft und Rechtsanwaltschaft beim Bundesgerichtshof, Köln u.a. 2000 (zit.: Geiß/Nehm/Brandner/Hagen/*Bearbeiter*, FS 50 Jahre BGH)

Gleißner, Werner/Lienhard, Herbert/Stroeder, Dirk H., Risikomanagement im Mittelstand – Planungssicherheit erhöhen, Rating verbessern, Unternehmen sichern, Eschborn 2004 (zit.: *Gleißner/Lienhard/Stroeder*, Risikomanagement)

Görling, Helmut/Inderst, Cornelia/Bannenberg, Britta (Hrsg.), Compliance – Aufbau, Management, Risikobereiche, Heidelberg 2010 (zit.: Görling/Inderst/Bannenberg/*Bearbeiter*, Compliance)

Goette, Wulf/Habersack, Mathias, Münchener Kommentar zum Aktiengesetz, 3. Aufl., München 2005–2008, 4. Aufl., München 2014 (zit.: MüKo-AktG/*Bearbeiter*, Aufl.)

Gola, Peter/Schomerus, Rudolf (Hrsg.), Bundesdatenschutzgesetz, Kommentar, 9. Aufl., München 2007 (zit.: Gola/Schomerus/*Bearbeiter*, BDSG)

Hannich, Rolf (Hrsg.), Karlsruher Kommentar zur Strafprozessordnung, 7. Aufl., München 2013 (zit.: KarlsruherKomm-StPO/*Bearbeiter*)

Hauschka, Christoph (Hrsg.), Corporate Compliance, Handbuch der Haftungsvermeidung im Unternehmen, 2. Aufl., München 2010 (zit.: Hauschka/*Bearbeiter*, Corporate Compliance)

Hirte, Heribert/Möllers, Thomas M. J. (Hrsg.), Kölner Kommentar zum WpHG, 1. Aufl., Köln 2007 (KölnKomm-WpHG/*Bearbeiter*)

Hölters, Wolfgang (Hrsg.), Aktiengesetz, Kommentar, 2. Aufl., München 2014 (zit.: Hölters/*Bearbeiter*, AktG, §)

Hoffmann-Becking, Michael (Hrsg.), Münchener Handbuch des Gesellschaftsrechts , 3. Aufl., München 2007 (zit.: MünchHdbAG/*Bearbeiter*)

Holzinger, Stephan/Wolff, Uwe, Im Namen der Öffentlichkeit: Litigation-PR als strategisches Instrument bei juristischen Auseinandersetzungen, Wiesbaden 2008 (zit.: *Holzinger/Wolff*, Litigation-PR)

Hopt, Klaus J./Wiedemann, Herbert (Hrsg.), Aktiengesetz, Großkommentar, 4. Aufl., Berlin 2004 (zit.: GroßKommAktG/*Bearbeiter*)

Hübschmann, Walter/Hepp, Ernst/Spitaler, Armin (Hrsg.), Kommentar zur Abgabenordnung und Finanzgerichtsordnung, Lose-Blatt-Kommentar, Köln (zit.: Hübschmann/Hepp/Spitaler/*Bearbeiter*, AO)

Hüffer, Uwe, Aktiengesetz, Kommentar, 10. Aufl., München 2012 (zit.: *Hüffer*, AktG)

Huschens, Stefan, Value-at-Risk-Schlaglichter, Dresden 2000 (zit.: *Huschens*, Value-at-Risk-Schlaglichter)

Immenga, Ulrich/Mestmäcker, Ernst-Joachim (Hrsg.), Wettbewerbsrecht, Band EU-Wettbewerbsrecht, 5. Aufl., München 2012 (zit.: Immenga/Mestmäcker/*Bearbeiter*, EU-Wettbewerbsrecht)

Inderst, Cornelia/Bannenberg, Britta/Poppe, Sina (Hrsg.), Compliance – Aufbau – Management – Risikobereiche, 2. Aufl., Heidelberg 2013 (zit.: Inderst/Bannenberg/Poppe/*Bearbeiter*, Compliance)

Jarass, Hans D., Bundes-Immissionsschutzgesetz, Kommentar, 7. Aufl., München 2007 (*Jarass*, BImSchG, §)
Jahoda, Marie/Zeisel, Hans/Lazarsfeld, Paul Felix, Die Arbeitslosen von Marienthal – Ein soziographischer Versuch über die Wirkung langdauernder Arbeitslosigkeit, Leipzig 1933 (zit.: *Jahoda/Zeisel/Lazarsfeld*, Arbeitslose von Marienthal)
Joecks, Wolfgang/Miebach, Klaus (Hrsg.), Münchener Kommentar zum Strafgesetzbuch, StGB, 8 Bände, 2. Aufl., München 2011–2013 (zit.: MüKo-StGB/*Bearbeiter*, §)
Joost, Detlev/Oetker, Hartmut/Paschke, Marian (Hrsg.), Festschrift für Franz Jürgen Säcker zum 70. Geburtstag, München 2011 (zit.: Joost/Oetker/Paschke/*Bearbeiter*, FS Säcker)
Kalss, Susanne/Nowotny, Christian/Schauer, Martin (Hrsg.), Festschrift Peter Doralt: Zum 65. Geburtstag, Wien 2004 (zit.: Kalss/Nowotny/Schauer/*Bearbeiter*, FS Peter Doralt)
Kaplan, Robert S./Norton, David, Balanced Scorecard – Strategien erfolgreich umsetzen, Stuttgart 1997 (zit.: *Kaplan/Norton*, Balanced Scorecard)
Karbaum, Christian, Kartellrechtliche Compliance – Rechtsgrundlagen und Umsetzung, Frankfurt/Main 2010 (zit.: *Karbaum*, Kartellrechtliche Compliance)
Kaufer, Erich, Spiegelungen wirtschaftlichen Denkens im Mittelalter, Innsbruck 1998 (zit.: *Kaufer*, Spiegelungen wirtschaftlichen Denkens)
Kheil, Carl Peter, Ueber einige ältere Bearbeitungen des Buchhaltungs-Tractates von Luca Pacioli: ein Beitrag zur Geschichte der Buchhaltung, Prag 1896 (zit.: *Kheil*, Luca Pacioli)
Kirchhof, Hans-Peter/Eidenmüller, Horst/Stürner, Rolf (Hrsg.), Münchener Kommentar zur Insolvenzordnung, 3. Aufl., München 2003 (zit.: MüKo-InsO/*Bearbeiter*)
Klein, Franz (Hrsg.), Abgabenordnung, 12. Aufl., München 2014 (zit.: Klein/*Bearbeiter*, AO)
Koch, Michael, Vergleich der Berechnung des Risikokapitals eines Kompositversicherungsunternehmens nach Solvency II auf Basis des GDV-Standardmodells und des kanadischen Minimum Capital Tests, Köln 2006 (zit.: *Koch*, Berechnung des Risikokapitals)
König, Eckhart/Volmer, Gerda, Handbuch Systemische Organisationsberatung, Weinheim 2008 (zit.: *König/Volmer*, Systemische Organisationsberatung)
Kotter, John P., Leading Change, Wie Sie Ihr Unternehmen in acht Schritten erfolgreich verändern, München 2011 (zit.: *Kotter*, Leading Change)
Krimphove, Dieter/Kruse, Oliver (Hrsg.), MaComp – Mindestanforderungen an die Compliance-Funktion und die weiteren Verhaltens-, Organisations- und Transparenzpflichten nach § 31 ff. WpHG für Wertpapierdienstleistungsunternehmen, Kommentar, München 2013 (zit.: Krimphove/Kruse/*Bearbeiter*, MaComp, §)
Kröger, Fritz Jürgen, Risikomanagement in mittelständischen Unternehmen – Risiken erkennen, bewerten und beherrschen, Reinbek 2001 (zit.: *Kröger*, Risikomanagement)
Küttner, Wolfdieter (Hrsg.), Personalbuch – Arbeitsrecht, Lohnsteuerrecht, Sozialversicherungsrecht, 21. Aufl., München 2014 (zit.: Küttner/*Bearbeiter*, Personalbuch)
Langheidt, Theo/Wandt, Manfred (Hrsg.), Münchener Kommentar zum Versicherungsvertragsgesetz, München 2011 (zit.: MüKo-VVG/*Bearbeiter*, §)
LeGoff, Jacques, Kaufleute und Bankiers im Mittelalter, Frankfurt/Main 1993 (zit.: *LeGoff*, Kaufleute und Bankiers)
Lelley, Jan Tibor, Compliance im Arbeitsrecht, Leitfaden für die Praxis, Köln 2010 (zit.: *Lelley*, Compliance im Arbeitsrecht)
Lippitt, Gordon/Lippitt, Ronald, Beratung als Prozess – Was Berater und ihre Kunden wissen sollten, 4. Aufl., Leonberg 2006 (zit.: *Lippitt/Lippitt*, Beratung als Prozess)
Lösler, Thomas, Compliance im Wertpapierdienstleistungskonzern, Berlin 2003 (zit.: *Lösler*, Compliance im Wertpapierdienstleistungskonzern)
Lohse, Andrea, Unternehmerisches Ermessen, Tübingen 2005 (zit.: *Lohse*, Unternehmerisches Ermessen)

Looschelders, Dirk/Michael, Lothar (Hrsg.), Düsseldorfer Vorträge zum Versicherungsrecht 2009, Beratungspflichten für Versicherungsvermittler, D&O-Versicherung, Lauterkeitsrecht, Solvency II, Karlsruhe 2010 (Düsseldorfer Reihe – Düsseldorfer Schriften zum Versicherungsrecht) (zit.: Looschelders/Michael/*Bearbeiter*, Düsseldorfer Vorträge zum Versicherungsrecht 2009)

Looschelders, Dirk/Pohlmann, Petra (Hrsg.), Versicherungsvertragsgesetz, Kommentar, Köln 2010 (zit.: Looschelders/Pohlmann/*Bearbeiter*, VVG, §)

Lücke, Oliver (Hrsg.), Beck'sches Mandatshandbuch Vorstand der AG, München 2004 (zit.: Lücke/*Bearbeiter*, Mandatshandbuch)

Lutter, Marcus/Hommelhoff, Peter (Hrsg.), GmbH-Gesetz, 17. Aufl., Köln 2009 (zit.: Lutter/Hommelhoff/*Bearbeiter*, GmbHG)

Lutter, Marcus/Krieger, Gerd, Rechte und Pflichten des Aufsichtsrats, 5. Aufl., Köln 2008 (zit.: *Lutter/Krieger*, Aufsichtsrat)

Mayo, Elton, The Human Problems of an Industrial Civilisation, New York 1933 (zit.: *Mayo*, Human Problems of an Industrial Civilisation)

Mengel, Anja, Compliance und Arbeitsrecht, München 2009 (zit.: *Mengel*, Compliance und Arbeitsrecht)

Meyer-Goßner, Lutz/Schmitt, Bertram, Strafprozessordnung, StPO, 57. Aufl., München 2014 (zit.: *Meyer-Goßner/Schmitt*, StPO, §)

Michalski, Lutz, Kommentar zum Gesetz betreffend die Gesellschaften mit beschränkter Haftung, 2. Aufl., München 2010 (zit.: Michalski/*Bearbeiter*, GmbHG)

Moll, Wilhelm (Hrsg.), Münchener Anwaltshandbuch Arbeitsrecht, 3. Aufl., München 2012 (zit.: Moll/*Bearbeiter*, Arbeitsrecht)

Moosmayer, Klaus, Compliance, 1. Aufl., München 2010, 2. Aufl., München 2012 (zit.: *Moosmayer*, Compliance, Aufl.)

Moosmayer, Klaus/Hartwieg, Niels, Interne Untersuchungen – Praxisleitfaden für Unternehmen, München 2012 (zit.: *Moosmayer/Hartwieg*, Interne Untersuchungen)

Müller, Birgit, Entflechtung und Deregulierung, Berlin 2004 (zit.: *Müller*, Entflechtung und Deregulierung)

Müller-Glöge, Rudi/Preis, Ulrich/Schmidt, Ingrid (Hrsg.), Erfurter Kommentar zum Arbeitsrecht, 9. Aufl., München 2009 (zit.: ErfurterKomm-ArbR/*Bearbeiter*, §)

Mussnig, Werner/Bleyer, Magdalena/Giermaier, Gerhard, Controlling für Führungskräfte – Analysieren, Bewerten, Entscheiden, Wien 2006 (zit.: *Mussnig/Bleyer/Giermaier*, Controlling für Führungskräfte)

Neumann, Dirk/Biebl, Josef, Arbeitszeitgesetz, Kommentar, 15. Aufl., München 2008 (zit.: Neumann/Biebl/*Bearbeiter*, Arbeitszeitgesetz)

Newcomb, Theodore M./Hartley, Eugene L. (Hrsg.), Readings in Social Psychology, New York 1958 (zit.: Newcomb/Hartley/*Bearbeiter*, Readings in Social Psychology)

Paeffgen, Hans-Ulrich/Böse, Martin/Kindhäuser, Urs/Stübinger, Stephan/Verrl, Thorsten/Zaczyk, Rainer (Hrsg.), Strafrechtswissenschaft als Analyse und Konstruktion: Festschrift für Ingeborg Puppe zum 70. Geburtstag, Berlin 2010 (zit.: Paeffgen/Böse/Kindhäuser/Stübinger/Verrl/Zaczyk/*Bearbeiter*, Strafrechtswissenschaft)

Paefgen, Walter, Unternehmerische Entscheidungen und Rechtsbindung, Köln 2002 (zit.: *Paefgen*, Unternehmerische Entscheidungen)

Petermann, Franz (Hrsg.), Compliance und Selbstmanagement, Göttingen 1998 (zit.: Petermann/*Bearbeiter*, Compliance und Selbstmanagement)

Petsche, Alexander/Toifl, Armin/Neiger, Barbara/Jirges, Elfriede (Hrsg.), Compliance Management Systeme (CMS), Die ONR 192050, Praxiskommentar, Wien 2013 (zit.: Petsche/Toifl/Neiger/Jirges/*Bearbeiter*, Compliance Management Systeme)

Pfeifer, Axel, Möglichkeiten und Grenzen der Steuerung kommunaler Aktiengesellschaften durch ihre Gebietskörperschaften, München 1991 (zit.: *Pfeifer*, Aktiengesellschaft)

Pisani, Christian, Kooperation in der Wissensgesellschaft, München 2000 (zit: *Pisani*, Kooperation)

Pohanka, Christian, Six Sigma und Kaizen, Bremen 2014 (zit.: *Pohanka*, Six Sigma und Kaizen)

Pünder, Hermann/Schellenberg, Martin (Hrsg.), Vergaberecht, GWB, VgV, SektVO, VOL/A, VOB/A, VOF, Haushaltsrecht, öffentliches Preisrecht, Handkommentar, Baden-Baden 2011 (zit.: Pünder/Schellenberg/*Bearbeiter*, Vergaberecht)

Rieger, Frank/Jester, Johannes/Sturm, Michael, Das Europäische Kartellverfahren, Rechte und Stellung der Beteiligten nach Inkrafttreten der VO 1/03, Halle (Saale) 2004 (zit.: *Rieger/Jester/Sturm*, Das Europäische Kartellverfahren)

Ringleb, Henrik-Michael/Kremer, Thomas/Lutter, Marcus/von Werder, Axel (Hrsg.), Deutscher Corporate Governance Kodex, 3. Aufl., München 2008 (zit.: Ringleb/Kremer/Lutter/von Werder/*Bearbeiter*, Corporate Governance Kodex)

Rotsch, Thomas (Hrsg.), Criminal Compliance, Handbuch, Baden-Baden 2015 (Rotsch/*Bearbeiter*, Criminal Compliance)

Romeike, Frank (Hrsg.), Rechtliche Grundlagen des Risikomanagements, Haftung- und Strafvermeidung für Corporate Compliance, Berlin 2008 (zit.: Romeike/*Bearbeiter*, Grundlagen Risikomanagement)

Romeike, Frank/Hager, Peter, Erfolgsfaktor Risikomanagement 2.0 – Methoden, Beispiele, Checklisten, Praxishandbuch für Industrie und Handel, 2. Aufl., Wiesbaden 2009 (zit.: *Romeike/Hager*, Erfolgsfaktor Risikomanagement)

Rüthers, Bernd/Fischer, Frank, Rechtstheorie, 4. Aufl., München 2008 (zit.: *Rüthers/Fischer*, Rechtstheorie)

Sabate, Eduardo, Adherence to Long term Therapie, Evidence for Action, Genf 2003 (zit.: *Sabate*, Adherence to Long term Therapie)

Säcker, Franz Jürgen (Hrsg.), Berliner Kommentar zum Energierecht, 3. Aufl., Frankfurt/Main 2014 (Säcker/*Bearbeiter*, Berliner Kommentar zum Energierecht)

Schaaf, Martin, Risikomanagement und Compliance in Versicherungsunternehmen – aufsichtsrechtliche Anforderungen und Organverantwortung, Karlsruhe 2010 (zit.: *Schaaf*, Risikomanagement und Compliance)

Schaub, Günter/Koch, Ulrich, Arbeitsrecht von A–Z, 18. Aufl., München 2009 (zit.: *Schaub/Koch*, Arbeitsrecht)

Schimansky, Herbert/Bunte, Hermann Josef/Lwowski, Hans-Jürgen (Hrsg.), Bankrechts-Handbuch, 4. Aufl., München 2011 (zit.: Schimansky/Bunte/Lwowski/*Bearbeiter*, Bankrechts-Handbuch)

Schmidt, Karsten/Lutter, Marcus (Hrsg.), Aktiengesetz, Kommentar, 1. Aufl., Köln 2007 (zit.: Schmidt/Lutter/*Bearbeiter*, AktG)

Schneider, Andreas/Schmidpeter, René (Hrsg.), Corporate Social Responsibility – verantwortungsvolle Unternehmensführung in Theorie und Praxis, Berlin/Heidelberg 2012 (zit.: Schneider/Schmidpeter/*Bearbeiter*, Corporate Social Responsibility)

Schneider, Jens-Peter/Theobald, Christian (Hrsg.), Recht der Energiewirtschaft, Praxishandbuch, 2. Aufl., München 2008 (zit.: Schneider/Theobald/*Bearbeiter*, HBEnWR, §)

Schönke, Adolf/Schröder, Horst, Strafgesetzbuch, Kommentar, 28. Aufl., München 2010, 29. Aufl., München 2014 (zit.: Schönke/Schröder/*Bearbeiter*, StGB, Aufl.)

Schreyögg, Georg, Organisation, Grundlagen moderner Organisationsgestaltung, Wiesbaden 2008 (zit.: *Schreyögg*, Organisation)

Schröer, Christopher, Risikomanagement in KMU – Grundlagen, Instrumente, Nutzen, Saarbrücken 2007 (zit.: *Schröer*, Risikomanagement in KMU)

Scholz, Franz (Hrsg.), Kommentar zum GmbH-Gesetz, 10. Aufl., Köln 2006-2010, 11. Aufl., Köln 2014 (zit.: Scholz/*Bearbeiter*, GmbHG-Kommentar, Aufl.)

Schulte, Rainer (Hrsg.), Patentgesetz mit Europäischen Rahmenübereinkommen, Kommentar, 7. Aufl., Köln 2005 (zit.: Schulte/*Bearbeiter*, PatG, §)

Semler, Johannes/von Schenk, Kersten (Hrsg.), Arbeitshandbuch für Aufsichtsratsmitglieder, 3. Aufl., München 2009 (zit.: Semler/von Schenk/*Bearbeiter*, Aufsichtsratsmitglied)

Senge, Lothar (Hrsg.), Karlsruher Kommentar zum OWiG, 4. Aufl., München 2014 (zit.: Karlsruher-Komm-OWiG/*Bearbeiter*, §)

Shimpi, Prakash, Integrating Corporate Risk Management; New York 2001 (zit.: *Shimpi*, Corporate Risk Management)

Simitis, Spiros (Hrsg.), Kommentar zum Bundesdatenschutzgesetz, 6. Aufl., Baden-Baden 2006 (zit.: Simitis/*Bearbeiter*, BDSG)

Smirska, Katarzyna, Optimierung eines Risikomanagements im Mittelstand, 1. Aufl., Norderstedt 2009 (zit.: *Smirska*, Optimierung eines Risikomanagements)

Spindler, Gerald/Stilz, Eberhard (Hrsg.), Kommentar zum Aktiengesetz, München 2007 (zit.: Spindler/Stilz/*Bearbeiter*, AktG, §)

Strieder, Thomas, DCGK, Deutscher Corporate Governance Kodex, Praxiskommentar, Berlin 2005 (zit.: *Strieder*, DCGK)

Sveiby, Karl Erik, Wissenskapital, das unentdeckte Vermögen – Immaterielle Vermögenswerte aufspüren, messen und steigern, Landsberg/Lech 1998 (zit.: *Sveiby*, Wissenskapital)

Szesny, André-M./Kuthe, Thorsten (Hrsg.), Kapitalmarkt-Compliance, Heidelberg 2014 (zit.: Szesny/Kuthe/*Bearbeiter*, Kapitalmarkt-Compliance)

Taeger, Jürgen (Hrsg.), Informatik – Wirtschaft – Recht: Regulierung in der Wissensgesellschaft, Festschrift für Wolfgang Kilian zum 65. Geburtstag, Baden-Baden 2004 (zit.: Taeger/*Bearbeiter*, FS Wolfgang Kilian)

Theobald, Christian/Zenke, Ines, Grundlagen der Strom- und Gasdurchleitung – Die aktuellen Rechtsprobleme, München 2001 (zit.: *Theobald/Zenke*, Strom- und Gasdurchleitung)

Thomas, Stefan, Die Haftungsfreistellung von Organmitgliedern – bürgerlichrechtliche, gesellschaftsrechtliche und versicherungsrechtliche Grundlagen der Freistellung und der Versicherung von organschaftlichen Haftungsrisiken im Kapitalgesellschaftsrecht, Tübingen 2010 (zit.: *Thomas*, Haftungsfreistellung von Organmitgliedern)

Tieves, Johannes, Der Unternehmensgegenstand der Kapitalgesellschaft, Köln 1998 (zit.: *Tieves*, Kapitalgesellschaft)

Ulmer, Peter (Hrsg.), GmbHG – Gesetz betreffend die Gesellschaften mit beschränkter Haftung, Tübingen 2005–2010 (zit.: Ulmer/*Bearbeiter*, GmbHG)

Ulmer, Peter/Habersack, Matthias/Löbbe, Marc (Hrsg.), GmbHG – Gesetz betreffend die Gesellschaften mit beschränkter Haftung, 2. Aufl., Tübingen 2013 (zit.: Ulmer/Habersack/Löbbe/*Bearbeiter*, GmbHG)

Umnuß, Karsten, Corporate Compliance Checklisten – Rechtliche Risiken im Unternehmen erkennen und vermeiden, München 2008 (zit.: *Umnuß*, Corporate Compliance Checklisten)

Verband kommunaler Unternehmen, Compliance in kommunalen Unternehmen, Ein Überblick, 2. Aufl., Berlin 2014 (zit.: VKU, Compliance in kommunalen Unternehmen)

Bankrechtliche Vereinigung (Hrsg.), Verbraucherschutz im Kreditgeschäft, Compliance in der Kreditwirtschaft – Bankrechtstag 2008 (Schriftenreihe der Bankrechtlichen Vereinigung, Band 29), Berlin 2009 (zit.: Bankrechtliche Vereinigung/*Bearbeiter*, Verbraucherschutz im Kreditgeschäft)

Veith, Jürgen/Gräfe, Jürgen (Hrsg.), Der Versicherungsprozess, 2. Aufl., München 2010 (zit.: Veith/Gräfe/*Bearbeiter*, Versicherungsprozess, §)

Vitorino Clarindo dos Santos, Jorgete, Rechtsfragen der Compliance in der internationalen Unternehmensgruppe, Lohmar 2013 (zit.: *Vitorino Clarindo dos Santos*, Rechtsfragen der Compliance)

Wachter, Thomas (Hrsg.), AktG, Kommentar zum Aktiengesetz, 2. Aufl., München 2014 (zit.: Wachter/*Bearbeiter*, AktG)

Wecker, Gregor/van Laak, Hendrik (Hrsg.), Compliance in der Unternehmenspraxis, 2. Aufl., Wiesbaden 2008 (zit.: Wecker/van Laak/*Bearbeiter*, Compliance in der Unternehmenspraxis)

Wecker, Gregor/Ohl, Bastian (Hrsg.), Compliance in der Unternehmerpraxis, 3. Aufl., Wiesbaden 2013 (zit.: Wecker/Ohl/*Bearbeiter*, Compliance)

Wellhöfer, Wener/Peltzer, Martin/Müller, Welf, Die Haftung von Vorstand, Aufsichtsrat, Wirtschaftsprüfer mit GmbH-Geschäftsführer, München 2008 (zit.: Wellhöfer/Peltzer/Müller/*Bearbeiter*, Haftung, §)

Wieland, Josef/Steinmeyer, Roland/Grüninger, Stephan (Hrsg.), Handbuch Compliance-Management – Konzeptionelle Grundlagen, praktische Erfolgsfaktoren, globale Herausforderungen, Berlin 2010 (zit.: Wieland/Steinmeyer/Grüninger/*Bearbeiter*, Handbuch Compliance-Management)

Wilsing, Hans-Ulrich (Hrsg.), Kommentar zum Deutschen Corporate Governance Kodex, München 2012 (zit.: Wilsing/*Bearbeiter*, DCGK)

Zenke, Ines, Genehmigungszwänge im liberalisierten Energiemarkt, Berlin 1998 (zit.: *Zenke*, Genehmigungszwänge)

Zenke, Ines/Neveling, Stefanie /Lokau, Bernhard, Konzentration in der Energiewirtschaft – Politische und rechtliche Fusionskontrolle, München 2005 (zit.: *Zenke/Neveling/Lokau*, Konzentration Energiewirtschaft)

Zenke, Ines/Schäfer, Ralf (Hrsg.), Energiehandel in Europa, 3. Aufl., München 2012 (zit.: Zenke/Schäfer/*Bearbeiter*, Energiehandel in Europa)

Zenke, Ines/Wollschläger, Stefan/Eder, Jost (Hrsg.), Preise und Preisgestaltung, Berlin 2014 (zit.: Zenke/Wollschläger/Eder/*Bearbeiter*, Preise und Preisgestaltung)

Zerfaß, Ansgar/Piwinger, Manfred (Hrsg.), Handbuch Unternehmenskommunikation, 2. Aufl., Wiesbaden 2014 (Zerfaß/Piwinger/*Bearbeiter*, Unternehmenskommunikation)

Zöllner, Wolfgang/Noack, Ulrich (Hrsg.), Kölner Kommentar zum Aktiengesetz, 3. Aufl., Köln 2004–2010 (zit.: KölnKomm-AktG/*Bearbeiter*)

Bearbeiterverzeichnis

Sebastian Blumenthal-Barby, LL.M., ist Rechtsanwalt und Partner Counsel der auf Infrastrukturrecht spezialisierten Partnerschaft Becker Büttner Held mit den Beratungsschwerpunkten Energie- und Energiewirtschaftsrecht, Regulierungsrecht und Gesellschaftsrecht. Er befasst sich projektleitend mit der Begleitung von Konzessionierungsverfahren für Kommunen und Energieversorger sowie mit der vertraglichen Umsetzung gesellschaftsrechtlicher Transaktionen (Umstrukturierungen, Entflechtung, Netzübernahmen). Er ist Verfasser zahlreicher Fachpublikationen.

Wolfram von Blumenthal ist Fachanwalt für Handels- und Gesellschaftsrecht und Partner der auf Infrastrukturrecht spezialisierten Partnerschaft Becker Büttner Held mit den Tätigkeitsschwerpunkten Gesellschaftsrecht, Mergers & Acquisitions (M&A) und allgemeines Zivilrecht. Er berät deutsche und ausländische Unternehmen in den Bereichen Gesellschaftsrecht und M&A. Er befasst sich mit Unternehmenskäufen und -verkäufen, Joint Ventures, Restrukturierungen, Unternehmenszusammenschlüssen und Umwandlungen, auch im Rahmen strukturierter Bieterverfahren. Daneben betreut Wolfram von Blumenthal Projekte zur Schaffung neuer Stromerzeugungskapazitäten auf der Basis Erneuerbarer Energien.

Dr. Holger Brocke, LL.M., ist Staatsanwalt bei der Staatsanwaltschaft Berlin. Er ist zurzeit als wissenschaftlicher Mitarbeiter an den Generalbundesanwalt beim Bundesgerichtshof abgeordnet. Er hat zum Thema der europäischen Staatshaftung promoviert und einen Masters-Abschluss mit Schwerpunkt im Europarecht an der University of Edinburgh gemacht. Vor seinen Wechsel in den öffentlichen Dienst hat er fast zwei Jahre als Rechtsanwalt in Berlin gearbeitet. Holger Brocke ist Verfasser verschiedener Fachpublikationen.

Dr. Christian Dessau ist Rechtsanwalt und Partner Counsel bei der auf Infrastrukturrecht spezialisierten Partnerschaft Becker Büttner Held. Er hat mit einem rechtstheoretischen Thema promoviert (Ernst-Moritz-Arndt-Universität zu Greifswald) und beschäftigt sich heute insbesondere mit dem Commodityhandels-, Regulierungs-, Bankaufsichtsrecht und dem Thema Compliance. Christian Dessau ist u.a. Mitautor der Werke Schneider/Theobald, „Recht der Energiewirtschaft", Zenke/Schäfer, „Energiehandel in Europa" und dem energierechtlichen Kommentarband von Danner/Theobald, „Energierecht" (Loseblattsammlung) (alle im C.H. Beck Verlag).

Dr. Jost Eder ist Rechtsanwalt und Partner bei der auf Infrastrukturrecht spezialisierten Partnerschaft Becker Büttner Held mit den Beratungsschwerpunkten Netzzugangs- und Energielieferverträge, Entflechtung (Unbundling), Zähler- und Messwesen, Regulierung sowie Arbeitsrecht. Er ist Herausgeber und Autor zahlreicher Fachpublikationen, u.a. Mitherausgeber von de Wyl/Eder/Hartmann, „Praxis-Kommentar Netzanschluss- und Grundversorgungsverordnungen", VWEW Energieverlag, 2008; Mitautor von Theobald/de Wyl/Eder, „Der Wechsel der Stromlieferanten", Beck-Rechtsberater im dtv, 2004, sowie Mitautor des energierechtlichen Kommentarbandes Danner/Theobald, „Energierecht", C.H.Beck Verlag (Loseblattsammlung).

PD Dr. Jens Thomas Füller ist Rechtsanwalt bei der auf Infrastrukturrecht spezialisierten Partnerschaft Becker Büttner Held. Seine Beratungsschwerpunkte liegen im Kapitalgesellschaftsrecht und dem Recht der Finanzierung. Daneben ist er als Herausgeber und Verfasser einschlägiger Fachliteratur tätig.

Jürgen Gold ist Wirtschaftsprüfer, Steuerberater und Partner der auf das Infrastrukturrecht spezialisierten Partnerschaft Becker Büttner Held mit den Beratungsschwerpunkten Prüfung von Jahres- und Konzernabschlüssen, Umsetzung der Anforderungen des EnWG in EVU. Besondere Schwerpunkte bilden hierbei die buchhalterische Entflechtung sowie die Netzentgeltregulierung. Er ist Verfasser zahlreicher Fachpublikationen, u.a. steuerrechtliche und bilanzielle Implikationen des Emissionshandels als Mitautor zus. mit Guido Sydow des Buches Zenke/Fuhr/Bornkamm, „CO_2-Handel aktuell“, EW Medien und Kongresse GmbH (vormals VWEW Energieverlag), 2009, sowie als Mitautor des Buches BBH/AGFW, „Neuer Gesetzesrahmen für die Kraft-Wärme-Kopplung und Erneuerbare Energien“, 2009, und BBH/AGFW, „Fristen für Mitteilungen, Veröffentlichungen und Wirtschaftsprüfertestate nach EEG 2009 und KWKModG 2009“.

Bernd Günter ist Rechtsanwalt, Fachanwalt für Arbeitsrecht und Partner Counsel der auf das Infrastrukturrecht spezialisierten Partnerschaft Becker Büttner Held. Er berät und vertritt Versorgungsunternehmen sowie andere Arbeitgeber auf allen Gebieten des Individual- und Kollektivarbeitsrechts. Zudem befasst er sich mit Fragen des Dienstvertragsrechts von Vorständen und Geschäftsführern. Einen weiteren Beratungsschwerpunkt bildet die arbeitsrechtliche Begleitung von M&A-Projekten und Umstrukturierungen in der Energiewirtschaft sowie von Privatisierungen kommunaler Betriebe. Daneben ist Bernd Günter seit Jahren ehrenamtlich als Mitglied des Fachausschusses Arbeitsrecht für die Rechtsanwaltskammer München tätig.

Tigran Heymann ist Rechtsanwalt und Partner Counsel der auf Infrastrukturrecht spezialisierten Partnerschaft Becker Büttner Held mit den Beratungsschwerpunkten Kartell- und Regulierungsrecht, öffentliches und allgemeines Energiewirtschaftsrecht sowie EU-Beihilfenrecht. Er hat sich u.a. auf die Industriekundenberatung spezialisiert und berät Mandanten hierbei in gesetzgeberischen, behördlichen und gerichtlichen Angelegenheiten ebenso wie bei außergerichtlichen Fragestellungen. Als (Mit-)Autor hat er an zahlreichen einschlägigen Online- und Printpublikationen mitgewirkt.

Sebastian Holzinger ist Rechtsanwalt und Leiter Marktüberwachung bei der Beratungssozietät KoM-SOLUTION GmbH in Berlin. Dort ist er u.a. zuständig für die Bereiche Compliance und Risikomanagement. Seit 2012 ist er zudem Dozent für Energierecht am WIT der TH Wildau.

Michael Koch ist Wirtschaftsprüfer und Steuerberater in der auf Infrastrukturrecht spezialisierten Partnerschaft Becker Büttner Held. Er beschäftigt sich vorwiegend mit der Prüfung von Jahres- und Konzernabschlüssen, Risikomanagementberatung, der Prüfung von Compliance-Management-Systemen sowie steuerlicher und betriebswirtschaftlicher Beratung und Sonderprüfungen. Er schloss sein Studium der Betriebswirtschaftslehre an der Universität zu Köln und der University of Calgary im Jahr 2006 mit einer Diplomarbeit zum kanadischen und europäischen Versicherungsaufsichtsmodell ab. Nebenberuflich engagiert er sich als Finanzvorstand des Fördervereins der Schulte-Schmelter-Stiftung „Kinder verstehen – Zukunft eröffnen e. V.“.

Dr. Rebecca Julia Koch studierte Rechtswissenschaften an den Universitäten Münster und Jena und wurde mit einer Arbeit über Produktrückruf-Versicherungen promoviert. Seit 2001 arbeitet sie im D&O-Versicherungsmarkt – in unterschiedlichen Funktionen (Spezialmakler, internationaler Konzern, Versicherung). Seit 2010 ist sie Geschäftsführerin der Kleist Versicherungsmakler GmbH, die in einem Geschäftsbereich spezielle Versicherungslösungen für Versorgungsunternehmen konzipiert. Als Lehrbeauftragte im Postgraduiertenstudiengang zum Versicherungsrecht an der Universität Münster und im Rahmen von Ausbildungsgängen der DVA (Deutsche Versicherungsakademie) unterrichtet sie zur D&O-Versicherung.

Dr. Lucian Krawczyk arbeitete nach seiner juristischen Ausbildung und akademischen Tätigkeit am Lehrstuhl für Straf- und Strafprozessrecht von Prof. Dr. Stephan Barton (Universität Bielefeld) zunächst als wissenschaftlicher Mitarbeiter in der renommierten wirtschaftsstrafrechtlichen Kanzlei Wessing & Partner in Düsseldorf. Seit 2011 ist Dr. Lucian Krawczyk als Rechtsanwalt in Berlin tätig mit der Spezialisierung auf strafrechtliche Beratung und Strafverteidigung. Er verfügt über Erfahrungen in umfangreichen Wirtschafts-, Korruptions- und Steuerstrafverfahren. Dr. Lucian Krawczyk ist außerdem Lehrbeauftragter für Strafrecht an der Hochschule für Wirtschaft und Recht Berlin sowie Autor von Fachpublikationen zum Straf- und Strafprozessrecht.

Anja Lenze ist Diplom-Ingenieurin und Counsel des Beratungsunternehmens Becker Büttner Held Consulting AG. Sie ist Expertin in den Geschäftsfeldern Gasbeschaffung und -handel sowie allgemeinen Themen der Gaswirtschaft. Frau Lenze hat sich methodisch auf die systemische Beratung von Organisationen und Teams spezialisiert. Ihre fachlichen Beratungsschwerpunkte liegen in der Entwicklung von Geschäftsfeld- und Unternehmensstrategien und in kommerziellen Themen der Gaswirtschaft. Sie war viele Jahre in leitenden Positionen bei nationalen und internationalen Unternehmen der Energiewirtschaft tätig.

Niko Liebheit ist Rechtsanwalt und Partner Counsel in der auf Infrastrukturrecht spezialisierten Partnerschaft Becker Büttner Held. Er befasst sich besonders mit deutschem und europäischem Stromsteuer- und Energiesteuerrecht sowohl aus Sicht der Energieversorger wie auch der Energieverbraucher. Daneben sind Fragestellungen zum Energiemanagement, zu weiteren Abgaben (EEG, KWKG etc.), zur dezentralen Erzeugung und zur Vertragsgestaltung weitere Schwerpunkte. Als (Mit-) Autor hat er an zahlreichen einschlägigen Online- und Printpublikationen mitgewirkt, u.a. als Mitautor des energierechtlichen Kommentarbandes Danner/Theobald „Energierecht", C.H.Beck Verlag (Loseblattsammlung).

Marcel Malcher ist Diplom-Ingenieur und Vorstand des Beratungsunternehmens Becker Büttner Held Consulting AG. Er ist Experte in den Geschäftsfeldern Vertrieb, Handel und Erzeugung. Seine Beratungsschwerpunkte liegen in der Entwicklung von Unternehmens- und Geschäftsfeldstrategien, Innovationsmanagement, Kooperationen, Restrukturierung sowie Geschäftsprozessoptimierung. Er weist eine umfangreiche Projekterfahrung auf und war viele Jahre in leitenden Positionen bei Energieversorgern tätig.

Ullrich Paetzel ist Rechtsanwalt und Direktor im Bereich Compliance der Deutsche Bank AG. Nach seiner Ausbildung zum Bankkaufmann und den juristischen Staatsexamen hat er einige Jahre bei einer großen Wirtschaftsprüfungsgesellschaft gearbeitet, wobei die prüfungsnahe Beratung zu Compliance-Fragestellungen einen Schwerpunkt seiner Tätigkeit darstellte. Ullrich Paetzel ist Autor von Fachpublikationen zum Kapitalmarktrecht und zu Compliance-Themen.

Dr. Christian Pisani ist Rechtsanwalt in München sowie Dozent für Versicherungsrecht an der Hagen Law School. Schwerpunkt seiner Tätigkeit bildet die umfassende gerichtliche und außergerichtliche Vertretung und Beratung seiner Mandanten im Haftungs- und Versicherungsrecht. Dr. Christian Pisani begann seine berufliche Laufbahn im Berliner Büro von Becker Büttner Held, bevor er sich der im Versicherungsrecht ausgewiesenen Sozietät Bach Langheid & Dallmayr in München anschloss. Er ist Gründungspartner von Pisani & Partner - Rechtsanwälte in Partnerschaft und Mitautor des Werkes von Schwintowski/Brömmelmeyer, „Praxiskommentars zum Versicherungsvertragsrecht", sowie einer Einführung zum Sachversicherungsrecht.

Dr. Ralf Schäfer ist Rechtsanwalt und Partner Counsel der auf Infrastrukturrecht spezialisierten Partnerschaft Becker Büttner Held mit den Beratungsschwerpunkten Kartell-, Bank- und Börsenrecht sowie im Bereich Compliance. Ralf Schäfer wurde im Kommunalwirtschafts- und Energierecht zu verfassungs- und mitbestimmungsrechtlichen Fragestellungen promoviert. Er ist Verfasser diverser Fachpublikationen, u.a. als Herausgeber und Mitautor des Buches von Zenke/Schäfer, „Energiehandel in Europa", C.H. Beck Verlag, sowie verschiedener Fachaufsätze zum Thema Compliance. Darüber hinaus verfasst er seit rund 20 Jahren die Kolumne zu aktuellen Entwicklungen im Energierecht in der Zeitschrift „Energiewirtschaftliche Tagesfragen". Seit November 2009 ist er Lehrbeauftragter im Bereich Energiewirtschaft an der Fachhochschule Düsseldorf und seit 1996 nebenamtlicher Prüfer im 2. juristischen Staatsexamen beim Landesjustizprüfungsamt Nordrhein-Westfalen.

Nico Schulte ist Diplom-Volkswirt und Consultant bei dem Beratungsunternehmen Becker Büttner Held Consulting AG. Zuvor war er als Beschaffungs-Portfoliomanager sowie als wissenschaftlicher Mitarbeiter tätig. Herr Schulte ist Experte in den Geschäftsfeldern Energiehandel und Beschaffung und beschäftigt sich dort mit der Entwicklung und Umsetzung von Beschaffungsstrategien, Bilanz- und Risikomanagement sowie Fundamental- und Charttechnikanalysen von Commodity- und Finanzmärkten.

Thomas Straßer ist Wirtschaftsprüfer, Steuerberater und Partner der auf das Infrastrukturrecht spezialisierten Partnerschaft Becker Büttner Held mit den Beratungsschwerpunkten Bewertung von Unternehmen, Energieversorgungsnetzen und Erzeugungsanlagen. Ferner führt er Sonderprüfungen, Due Diligence Prüfungen, Prüfung von Risikomanagementsystemen, Abwasser- und Wasserentgeltkalkulationen sowie die Prüfung von Jahres- und Konzernabschlüssen durch. Zudem ist er in vielen weiteren Fragen der steuerlichen und betriebswirtschaftlichen Beratung tätig.

Jörg B. Soetebeer ist selbstständiger Rechtsanwalt in Münster/Westfalen. Seine Beratungsschwerpunkte liegen im Energie- und Energiewirtschaftsrecht, insbesondere im Energievertragsrecht sowie der allgemein zivilrechtlichen Vertragsgestaltung. Er berät ferner umfassend im Bereich des Datenschutzes. Herr Soetebeer begann seine berufliche Laufbahn bei der auf Infrastrukturrecht spezialisierten Kanzlei Becker Becker Büttner Held, für die er zuletzt im Hamburger Büro als Partner Counsel tätig war. Er ist u.a. Mitautor des Werkes Schneider/Theobald, „Recht der Energiewirtschaft", C.H. Beck Verlag.

Dr. Ines Zenke ist Rechtsanwältin, Fachanwältin für Verwaltungsrecht und Partner der auf Infrastrukturrecht spezialisierten Partnerschaft Becker Büttner Held. Sie ist seit 20 Jahren in der Energiewirtschaft tätig. Zu ihren Schwerpunkten zählen neben der Compliance- und Politikberatung das Kartell- und Regulierungsrecht, der Energie- und Emissionshandel sowie das Umwelt- und Immissionsschutzrecht. Ines Zenke ist Verfasserin zahlreicher Fachpublikationen und Dozentin an der Hochschule für nachhaltige Entwicklung Eberswalde (HNEE), Fachbereich Wirtschaft, Studiengang Master Kommunalwirtschaft.

Rechtsprechungsübersicht

Gericht	Datum	Aktenzeichen	Kurztext	Fundstelle
Europäischer Gerichtshof	8.7.1999	C-199/92 P	Hüls/Kommission Bußgeldentscheidung wegen Kartellverstoß, Begriff der abgestimmten Verhaltensweise	WuW/E EU-R 226 ff. – EuGH Slg. 1999 I, 4287 ff.
Europäischer Gerichtshof	4.6.2009	C-8/08	T-Mobile Netherlands/ Nma Einmaliger Informationsaustausch kann abgestimmte Verhaltensweise begründen	WuW/E EU-R 1589 ff.
Europäischer Gerichtshof	14.9.2010	C-550/07 P	Akzo Nobel Chemicals und Akcros Chemicals/ Kommission Schriftverkehr zwischen Syndikusanwalt und Unternehmen genießt keinen Schutz der Vertraulichkeit	NJW 2010, 3557 ff. = EuZW 2010, 778 ff. = DB 2010, 2218 ff.
Europäischer Gerichtshof	11.11.2010	C-232/09	Danosa Arbeitnehmereigenschaft eines Mitglieds der Unternehmensleitung einer Kapitalgesellschaft	NZA 2011, 143 ff.
Europäischer Gerichtshof	5.6.2014	C-557/12	Schadenersatzpflicht von Kartellanten für Preisschirmeffekte	BB 2014, 1550 ff. = EuZW 2014, 586 ff.
Europäisches Gericht der 1. Instanz	14.5.1998	T-334/94	Finnboard/Kommission Teilnahme an einem Gesamtkartell	WuW/E EU-R 87 ff. = EuG Slg. 1998 II, 1439 ff.
Europäisches Gericht der 1. Instanz	30.10.2003	T-125/03 T-253/03	Akzo Schutz der Vertraulichkeit beim Schriftwechsel zwischen Anwalt und Mandant	n.v.
Europäischer Gerichtshof für Menschenrechte	21.7.2011	28274/08	(menschen)rechtswidrige Kündigung einer Pflegekraft, die gegen den Arbeitgeber Strafanzeige wegen Missständen in der betriebenen Pflegeeinrichtung gestellt hatte	NJW 2011, 3501 ff.

Gericht	Datum	Aktenzeichen	Kurztext	Fundstelle
Europäische Kommission	30.1.2008	COMP/B-1/ 39.326	E.ON. hohe Geldbuße wegen fahrlässigem, aber folgenlosem Siegelbruchs	WuW 2008, 1033 ff.
Europäische Kommission	26.11.2008	COMP/39.388, COMP/39.389	Missbrauch einer marktbeherrschenden Stellung z.B. durch Lieferverweigerung	WuW/E EU-V 1380 ff.
Europäische Kommission	18.3.2009	COMP/39.402	Hemmen des Zugangs zum Gasfernleitungsnetz durch verschiedene Kapazitätsmanagement-Praktiken und gezieltes Festlegen überhöhter Durchleitungsentgelte	n.v.
Bundesverfassungsgericht	10.3.2009	2 BvR 1980/07	Vereinbarkeit des „Nachteils" als Tatbestandsmerkmal des Untreuetatbestandes mit dem Bestimmtheitsgebot	NStZ 2009, 560 ff.
Bundesverfassungsgericht	27.4.2010	2 BvL 13/07	Vereinbarkeit der abgabenrechtlichen Vorschrift über das Verhältnis des Strafverfahrens zum Besteuerungsverfahren mit der Freiheit vom Selbstbelastungszwang	wistra 2010, 341 ff.
Bundesverfassungsgericht	23.6.2010	2 BvR 2559/08 u.a.	Vereinbarkeit des „Nachteils" als Tatbestandsmerkmal des Untreuetatbestandes mit dem Bestimmtheitsgebot	BVerfGE 126, 170 ff. = NJW 2010, 3209 ff.
Bundesgerichtshof	20.2.1956	II ZR 53/55	Versicherungsschutz für Haftpflichtschäden im Interzonenverkehr bei Zusammenstößen mit sowjetischen Militärfahrzeugen	VersR 1956, 186 f.
Bundesgerichtshof	26.3.1956	II ZR 180/54	Rückgriffsrecht bei Haftpflichtversicherungen	BGHZ 20, 239 ff.
Bundesgerichtshof	14.12.1959	II ZR 187/57	Haftung der Gesellschafter für Weisungen an die Geschäftsführer	BGHZ 31, 258 ff.

Gericht	Datum	Aktenzeichen	Kurztext	Fundstelle
Bundes-gerichtshof	29.1.1962	II ZR 1/61	Rechte einer Gemeinde als Hauptaktionärin einer Aktiengesellschaft	BGHZ 36, 296 ff.
Bundes-gerichtshof	26.10.1964	II ZR 127/62	Handeln des GmbH-Geschäftsführers für die GmbH bei Abschluss eines Anstellungsvertrages und Annahme einer Stellvertretung bei Vertragsabschluss	WM 1964, 1320 f.
Bundes-gerichtshof	13.8.1973	StB 34/73	Durchsicht und Beschlagnahme der Verteidigerpost bei Teilnahmeverdacht gegen den Verteidiger	NJW 1973, 2035 ff.
Bundes-gerichtshof	4.6.1975	V ZR 184/73	Wertersatz von Nutzungen	BGHZ 64, 322 ff.
Bundes-gerichtshof	5.6.1975	II ZR 156/73	Keine wirksame Verschärfung durch Satzung oder Geschäftsordnung des gesetzlichen Verschwiegenheitsgebot für Mitglieder des Aufsichtsrats	BGHZ 64, 325 ff.
Bundes-gerichtshof	11.10.1976	II ZR 104/75	Ein vor Abberufung eines ausgeschiedenen GmbH-Geschäftsführers geschlossener Vertrag kann als auf Rechnung der GmbH ausgeführt gelten (nachwirkende Treuepflicht)	WM 1977, 194 f.
Bundes-gerichtshof	10.2.1977	II ZR 79/75	Abstimmung über die Entlastung des GmbH-Geschäftsführers und Stimmrechtsmissbrauch durch Gesellschafter	WM 1977, 361 f.
Bundes-gerichtshof	25.2.1982	II ZR 174/80	Holzmüller Beteiligung der Hauptversammlung bei der Ausgliederung des wertvollsten Teils des AG-Betriebsvermögens	BGHZ 83, 122 ff.

Gericht	Datum	Aktenzeichen	Kurztext	Fundstelle
Bundes-gerichtshof	15.11.1982	II ZR 27/82	Hertie Kein Recht auf Zuziehung eines Sachverständigen bei der Einsichtnahme eines Abschlussprüfungsberichtes	BGHZ 85, 293 ff.
Bundes-gerichtshof	29.2.1984	2 StR 560/83	Bestimmtheit der Diensthandlung bei Bestechlichkeit	BGHSt 32, 290 ff.
Bundes-gerichtshof	23.9.1985	II ZR 246/84	Sorgfalts- und Treuepflicht des GmbH-Geschäftsführers	NJW 1986, 585 f.
Bundes-gerichtshof	4.2.1986	KRB 11/85	Verjährungsfristen für Kartellordnungswidrigkeit im Pressebereich durch Verbreiten von Druckschriften	NStZ 1986, 367 f.
Bundes-gerichtshof	7.12.1987	II ZR 206/87	Schadenersatz bei nicht vollständig erbrachter Dienstleistung eines GmbH-Geschäftsführers	NJW-RR 1988, 420 f.
Bundes-gerichtshof	14.12.1987	II ZR 170/87	Familienheim Beendigung eines nichtigen, aber durchgeführten Beherrschungs- und Gewinnabführungsvertrages und die Verlustausgleichspflicht durch den Konkurs	BHGZ 103, 1 ff.
Bundes-gerichtshof	17.5.1988	VI ZR 233/87	Sittenwidrigkeit eines unter Missbrauchs der Vertretungsmacht zustande gekommenen Rechtsgeschäfts	NJW 1989, 26 f.
Bundes-gerichtshof	24.8.1988	3 StR 232/88	Untreue zum Nachteil der GmbH durch Fehlbuchungen des Alleingesellschafters zum Zwecke der Steuerhinterziehung	NJW 1989, 112 f.

Gericht	Datum	Aktenzeichen	Kurztext	Fundstelle
Bundes-gerichtshof	24.10.1988	II ZB 7/88	Supermarkt Erforderlichkeit der Eintragung eines Beherr-schungs- und Gewinn-abführungsvertrages in das Handelsregister der beherrschten GmbH	BGHZ 105, 324 ff.
Bundes-gerichtshof	22.5.1989	II ZR 211/88	Anteilsübertragung auf Gesellschafter, der seine Beteiligung auf einen späteren Zeitpunkt bereits gekündigt hat	NJW 1989, 2687 f.
Bundes-gerichtshof	11.6.1991	1 StR 267/91	notwendige Feststellun-gen bei der Untreue durch Kreditgewährung	wistra 1992, 26 f.
Bundes-gerichtshof	18.8.1993	2 StR 229/93	konkrete Vermögensgefähr-dung bei betrügerischer Krediterlangung	wistra 1993, 340 f.
Bundes-gerichtshof	15.11.1993	II ZR 235/92	Nichtigkeit des gesamten Jahresabschlusses bei nichtigem Aufsichtsratsbe-schluss zum Abhängigkeits- und Prüfungsbericht	BGHZ 124, 111 ff.
Bundes-gerichtshof	10.2.1994	1 StR 792/93	Unrechtsvereinbarung als Voraussetzung für Bestra-fung wegen Bestechung	NStZ 1994, 277
Bundes-gerichtshof	26.7.1994	5 StR 98/94	Mittelbare Täterschaft hoher DDR-Funktionäre	BGHSt 40, 218 ff.
Bundes-gerichtshof	13.2.1995	II ZR 225/93	Fristlose Kündigung des GmbH-Gesellschafter-Geschäftsführers und die Zwangseinziehung seines Geschäftsanteils	NJW 1995, 1358 ff.
Bundes-gerichtshof	20.2.1995	II ZR 143/93	selbstständige treuhänderi-sche Wahrnehmung fremder Vermögensinteressen	BGHZ 129, 30 ff.
Bundes-gerichtshof	9.12.1996	II ZR 240/95	Haftung des GmbH-Ge-schäftsführers für einen für die GmbH nachteiligen Unternehmensberatungs-vertrag	NJW 1997, 741 f.

Gericht	Datum	Aktenzeichen	Kurztext	Fundstelle
Bundesgerichtshof	17.2.1997	II ZR 278/95	Wettbewerbsverbot für den Geschäftsführer einer Wohnungsgesellschaft bei persönlichem Erwerb von Immobilien	NJW 1997, 2055 f.
Bundesgerichtshof	20.2.1997	I ZR 13/95	Betreibervergütung Anspruch auf Angabe der Zahl für Kopien von urheberrechtlich geschützten Vorlagen und auf Zahlung einer Betreibervergütung	BGHZ 135, 48 ff.
Bundesgerichtshof	21.4.1997	II ZR 175/95	ARAG/Garmenbeck Pflicht des Aufsichtsrates zur Geltendmachung von Schadenersatzansprüchen gegen Vorstandsmitglieder	BGHZ 135, 244 ff. = NJW 1997, 1926 ff.
Bundesgerichtshof	20.7.1999	1 StR 668/98	Untreue und Bankrott durch GmbH-Geschäftsführer zum Nachteil einer GmbH	NJW 2000, 154 ff.
Bundesgerichtshof	10.11.1999	5 StR 221/99	Umsatzsteuerhinterziehung beim Time-Sharing-Modell (Ferienwohnanlage)	wistra 2000, 137 ff.
Bundesgerichtshof	15.5.2000	II ZR 359/98	Zulässigkeit der Ausgabe von Belegschaftsaktien und Lizenzrechte als Sacheinlage	BGHZ 144, 290 ff. = ZIP 2000, 1162 ff.
Bundesgerichtshof	2.10.2000	II ZR 164/99	Haftung wegen Verletzung der Insolvenzantragspflicht	n.v.
Bundesgerichtshof	28.11.2000	5 StR 371/00	Voraussetzungen des Verfalls bei bestehenden Steuerforderungen	NJW 2001, 693 f.
Bundesgerichtshof	26.4.2001	4 StR 264/00	Anstiftung zur Untreue	wistra 2001, 340 f.
Bundesgerichtshof	17.9.2001	II ZR 178/99	Schutz der abhängigen GmbH gegenüber Eingriffen des Alleingesellschafters	wistra 2002, 58 ff.

Gericht	Datum	Aktenzeichen	Kurztext	Fundstelle
Bundesgerichtshof	12.11.2001	II ZR 225/99	Anfechtung von Hauptversammlungsbeschlüssen wegen Unterbreitung der Beschlussvorschläge durch einzelnes Vorstandsmitglied und Vorenthaltung von Informationen	BGHZ 149, 158 ff.
Bundesgerichtshof	11.7.2002	5 StR 516/01	Strafbarkeit bei sog. Umsatzsteuerkarussellen sowie bei Scheinrechnungen (Umsatzsteuerhinterziehung)	NJW 2002, 3036 ff.
Bundesgerichtshof	23.10.2002	1 StR 541/01	Abgrenzung zwischen Bestechlichkeit und Vorteilsannahme bei Einwerbung von Drittmitteln	NJW 2003, 763 ff.
Bundesgerichtshof	4.11.2002	II ZR 224/00	Darlegungs- und Beweislast im Haftungsprozess der GmbH gegen ihren Geschäftsführer	BGHZ 152, 280 ff.
Bundesgerichtshof	26.8.2003	5 StR 188/03	Verhängung einer aus Geld- und Freiheitsstrafe bestehenden Gesamtfreiheitsstrafe unter Berücksichtigung des Verlustes der Beamtenrechte	wistra 2003, 463 f.
Bundesgerichtshof	24.11.2003	II ZR 171/01	Kreditvergabe aus gebundenem Vermögen verstößt gegen das Kapitalerhaltungsgebot	NJW 2004, 1111 f.
Bundesgerichtshof	4.2.2004	2 StR 355/03	Abschluss eines Risikogeschäfts durch einen leitenden Mitarbeiter	StV 2004, 424 f.
Bundesgerichtshof	5.2.2004	5 StR 420/03	Kompensationsverbot und Strafzumessung bei Umsatzsteuerhinterziehung	NStZ 2004, 579 f.
Bundesgerichtshof	1.4.2004	IX ZR 305/00	Absichtsanfechtung im Konkursverfahren und Gläubigerbenachteiligung	WM 2004, 1037 ff.

Gericht	Datum	Aktenzeichen	Kurztext	Fundstelle
Bundes-gerichtshof	26.4.2004	II ZR 155/02	Gelatine Voraussetzungen ungeschriebener Mitwirkungsbefugnisse der Hauptversammlung bei grundlegenden Geschäftsführungsmaßnahmen des Vorstands	BGHZ 159, 30 ff.
Bundes-gerichtshof	28.10.2004	3 StR 301/03	Vorteilsannahme und Vorteilsgewährung bei der Einwerbung von Wahlkampfspenden	NJW 2004, 3569 ff.
Bundes-gerichtshof	21.3.2005	II ZR 54/03	Haftung des Vorstands einer Genossenschaftsbank bei der Kreditgewährung ohne bankübliche Sicherheiten	ZIP 2005, 981 ff.
Bundes-gerichtshof	22.11.2005	1 StR 571/04	Kinowelt Untreue durch Geldtransferleistungen innerhalb einer Unternehmensgruppe	NStZ 2006, 221 ff.
Bundes-gerichtshof	2.12.2005	5 StR 119/05	Steuerpflicht von Bestechungsgeldern und Vermögensnachteil durch Schmiergeldzahlung	NJW 2006, 925 ff.
Bundes-gerichtshof	21.12.2005	3 StR 470/04	Mannesmann Untreue und Pflichtverletzung von nachträglichen Anerkennungsprämien ohne zukunftsbezogenen Nutzen für Vorstandsmitglieder	BGHSt 50, 331 ff. = NJW 2006, 522 ff. = NStZ 2006, 214 ff. = AG 2006, 110 ff.
Bundes-gerichtshof	24.1.2006	XI ZR 384/03	Äußerungen des Vorstandssprechers in einem TV-Interview über die Kreditwürdigkeit eines Unternehmens	NJW 2006, 830 ff.
Bundes-gerichtshof	9.5.2006	5 StR 453/05	Umsatzsteuerpflicht von empfangenen Schmiergeldzahlungen	NJW 2006, 2050 ff.
Bundes-gerichtshof	11.5.2006	3 StR 389/05	Bestechlichkeit („Fordern“ eines Vorteils) und Untreue (aufgrund Spendenzusage)	NStZ 2006, 628 ff.

Gericht	Datum	Aktenzeichen	Kurztext	Fundstelle
Bundes-gerichtshof	29.6.2006	5 StR 485/05	Ausschaltung des Wett-bewerbs durch Schmier-geldzahlungen an einen Treupflichtigen	NJW 2006, 2864 ff.
Bundes-gerichtshof	11.12.2006	II ZR 243/05	Haftung von Aufsichtsrats-mitgliedern für die Verlet-zung ihrer organschaft-lichen Pflichten	NZG 2007, 187 ff. = ZIP 2007, 224 ff.
Bundes-gerichtshof	18.4.2007	5 StR 506/06	Amtsträgereigenschaft des Mitarbeiters einer kommu-nalen Wohnungsbaugesell-schaft	NJW 2007, 2932 ff.
Bundes-gerichtshof	24.5.2007	5 StR 58/07	Schätzung von Besteu-erungsgrundlagen bei Steuerhinterziehung als zulässige Verfahrensweise im Strafprozess	wistra 2007, 345 f.
Bundes-gerichtshof	21.6.2007	4 StR 99/07	Vorwurf der Vorteilsan-nahme bzw. Vorteilsgewäh-rung durch ungenehmigte entgeltliche Nebentätig-keiten	NStZ 2008, 216 ff.
Bundes-gerichtshof	31.7.2007	5 StR 347/06	Nachteilszufügung bei Rückabwicklung eines Immobilienfonds	NStZ 2008, 398 f.
Bundes-gerichtshof	26.11.2007	II ZR 161/06	Anspruch gegen den Geschäftsführer auf Rück-zahlung einer überhöhten Vergütung und der dafür abgeführten Lohnsteuer	NJW-RR 2008, 484 f.
Bundes-gerichtshof	3.3.2008	II ZR 124/06	UMTS Lizenzen Schadenersatzklage gegen ein faktisch herrschen-des Unternehmen wegen Veranlassung zur Vornahme eines nachteiligen Rechts-geschäfts	BGHZ 175, 365 ff.
Bundes-gerichtshof	6.5.2008	5 StR 34/08	Voraussetzungen des Straftatbestandes der Untreue bei Verstoß eines Geschäftsführers gegen ein Rückzahlungsverbot zulasten der GmbH	NStZ 2009, 153 ff. = wistra 2008, 379 ff.

Gericht	Datum	Aktenzeichen	Kurztext	Fundstelle
Bundes-gerichtshof	19.6.2008	3 StR 490/07	Amtsträgereigenschaft eines für Tochterunternehmen der Deutschen Bahn tätigen Ingenieurs	NJW 2008, 3724 ff.
Bundes-gerichtshof	29.8.2008	2 StR 587/07	Siemens Führen von schwarzen Kassen für Bestechungsgelder als Untreuetatbestand	NJW 2009, 89 ff.
Bundes-gerichtshof	14.10.2008	1 StR 260/08	Vorteilsgewährung durch Versand von Gutscheinen für Logenplätze bei einem begehrten Fußballspiel	NJW 2004, 3580 ff. = NStZ 2008, 688 ff.
Bundes-gerichtshof	28.10.2008	5 StR 166/08	Strafbarkeit des Geschäftsführers einer GmbH wegen Betruges, Vorenthaltens von Arbeitsentgelt und Insolvenzverschleppung	NJW 2009, 157 f.
Bundes-gerichtshof	29.10.2008	IV ZR 128/07	Prozesskosten für eine Drittschuldner-Einziehungsklage fallen nicht unter die Risikobegrenzungsklausel	NJW-RR 2009, 322 ff.
Bundes-gerichtshof	11.11.2008	KZR 43/07	Neue Trift kartellrechtlicher Anspruch des Anlagenbetreibers auf Leitungsverlegung in öffentlichen Verkehrswegen	WuW/E DE-R 2581 ff. = ZNER 2009, 144 ff.
Bundes-gerichtshof	1.12.2008	II ZR 102/07	MPS Gewährung eines unbesicherten, kurzfristig rückforderbaren sog. Upstream-Darlehens durch eine abhängige AG an ihre Mehrheitsaktionärin ist kein per se nachteiliges Rechtsgeschäft	ZIP 2009, 70
Bundes-gerichtshof	2.12.2008	1 StR 416/08	Strafzumessung bei Steuerhinterziehung (Grundsatzentscheidung)	BGHSt 53, 71 ff. = NJW 2009, 528 ff.

Gericht	Datum	Aktenzeichen	Kurztext	Fundstelle
Bundes-gerichtshof	10.12.2008	KVR 2/08	Stadtwerke Uelzen Gasversorgungsmarkt als sachlich relevanter Markt in der kartellrechtlichen Missbrauchskontrolle	ZNER 2009, 32 f. = RdE 2009, 151 ff.
Bundes-gerichtshof	10.2.2009	KVR 67/07	Gaslieferverträge kartellrechtliche Unzulässigkeit von langfristigen Lieferverträgen	WM 2009, 1763 ff.
Bundes-gerichtshof	16.2.2009	II ZR 185/07	Kirch/Deutsche Bank Nichtigkeit eines Beschlusses über die Entlastung von Vorstand und Aufsichtsrat	BGHZ 180, 9 ff. = NZG 2009, 342 ff.
Bundes-gerichtshof	18.2.2009	1 StR 731/08	Schadenfeststellung beim betrügerisch veranlassten Eingehen eines Risikogeschäfts mit einer nicht mehr vertragsimmanenten Verlustgefahr	NStZ 2009, 330 f.
Bundes-gerichtshof	16.3.2009	II ZR 280/07	Haftung des Aufsichtsrates für Zahlungen ab Insolvenzreife (Schadenersatzpflicht)	NJW 2009, 2454 ff. = DStR 2009, 1157 ff. = NZG 2009, 550 ff.
Bundes-gerichtshof	17.3.2009	1 StR 479/08	Anzeige- und Berichtigungspflicht bei bedingt vorsätzlicher Abgabe einer Steuererklärung mit unrichtigen Angaben	BGHSt 53, 210 ff.
Bundes-gerichtshof	17.7.2009	5 StR 394/08	Berliner Stadtreinigung Garantenpflicht eines Compliance Officers bei der betrügerischen Abrechnung	BB 2009, 2059 = DB 2009, 2143 ff. = NJW 2009, 3173 ff.
Bundes-gerichtshof	31.7.2009	2 StR 95/09	Untreuerisiko durch Cash-Pooling	BGHSt 54, 52 ff. = NJW 2009, 3666 ff. = NStZ 2010, 89 ff.
Bundes-gerichtshof	17.9.2009	5 StR 521/08	Volkswagen/Betriebsrat Untreuestrafbarkeit von Zuwendungen an Betriebsräte (Schmiergeldzahlung)	NStZ 2009, 694 ff.

Gericht	Datum	Aktenzeichen	Kurztext	Fundstelle
Bundesgerichtshof	2.3.2010	II ZR 62/06	Lurgi Abgrenzung von Nachgründungsgeschäften und gemischten verdeckten Sacheinlagen	NJW 2010, 1374 ff.
Bundesgerichtshof	13.4.2010	5 StR 428/09	Vermögensbetreuungspflicht eines Direktors einer englischen Limited	NStZ 2010, 632 ff.
Bundesgerichtshof	20.5.2010	1 StR 577/09	Voraussetzungen an eine strafbewehrte Selbstanzeige bei der Steuerhinterziehung	BGHSt 55, 180 ff. = NJW 2010, 2146 ff.
Bundesgerichtshof	14.7.2010	2 StR 200/10	Bestechung im geschäftlichen Verkehr	NStZ-RR 2010, 376
Bundesgerichtshof	27.8.2010	2 StR 111/09	Verletzung gesellschaftsrechtlicher Sorgfaltspflichten bei Einrichten einer schwarzen Kasse im Ausland unter Verletzung der Buchführungsvorschriften	NJW 2010, 3458 ff.
Bundesgerichtshof	13.9.2010	1 StR 220/09	Beeinflussung der Betriebsratswahl durch Zuwendung von Geldmitteln	BGHSt 55, 288 ff. = NJW 2011, 88 ff.
Bundesgerichtshof	20.9.2010	II ZR 78/09	Doberlug Haftung der Aufsichtsratsmitglieder einer insolvenzreifen GmbH	BGHZ 187, 60 ff.
Bundesgerichtshof	28.6.2011	KZR 75/10	Voraussetzungen des Schadenersatzanspruchs eines Kartellgeschädigten	ZNER 2012, 172 ff. = IR 2012, 71 f.
Bundesgerichtshof	30.8.2011	3 StR 228/11	Missbrauch der Verfügungsmacht über ein Gesellschaftskonto trotz Einverständnis der Gesellschafter	wistra 2011, 463 ff.
Bundesgerichtshof	8.9.2011	1 StR 38/11	Vorsatz und Irrtum bei der Umsatzsteuerhinterziehung	wistra 2011, 465 ff.
Bundesgerichtshof	20.10.2011	4 StR 71/11	Garantenpflicht des Vorgesetzten zur Verhinderung von Straftaten durch nachgeordnete Mitarbeiter	ZWH 2012, 338 ff. = BB 2012, 150 ff.

Gericht	Datum	Aktenzeichen	Kurztext	Fundstelle
Bundes-gerichtshof	15.12.2011	1 StR 579/11	Wertgrenze des Merkmals „in großem Ausmaß" beim Griff in die Staatskasse	NJW 2012, 1015 f.
Bundes-gerichtshof	7.2.2012	1 StR 525/11	Strafzumessung bei der Steuerhinterziehung in Millionenhöhe	BGHSt 57, 123 ff. = NJW 2012, 1458 ff.
Bundes-gerichtshof	13.4.2012	5 StR 442/11	Vermögensberechnung durch Täuschung gewährtes Darlehen	NJW 2012, 2370 f.
Bundes-gerichtshof	23.4.2012	II ZR 163/10	Anwendung der allgemeinen Gleichbehandlung nach AGG bei GmbH-Geschäftsführern	NZA 2012, 797 ff.
Bundes-gerichtshof	10.7.2012	VI ZR 341/10	Garantenpflicht gegenüber außenstehenden Dritten aufgrund der Organstellung	ZIP 2012, 1552 = DB 2012, 1799 ff.
Bundes-gerichtshof	25.7.2012	2 StR 154/12	wettbewerbsbeschränkende Absprache bei Ausschreibungen	NJW 2012, 3318 ff.
Bundes-gerichtshof	26.9.2012	1 StR 423/12	Strafbemessung bei der Steuerhinterziehung	wistra 2013, 31
Bundes-gerichtshof	29.1.2013	2 StR 422/12	Vermögensschaden bei Darlehensgewährung bei wirtschaftlich wertlosem oder minderwertigem Rückzahlungsanspruch	NStZ 2013, 711 ff.
Bundes-gerichtshof	19.2.2013	5 StR 427/12	Vermögensschaden bei einverständlicher Entnahme von Vermögensgewinnen einer GmbH	wistra 2013, 232 ff.
Bundes-gerichtshof	26.2.2013	KRB 20/12	Grauzementkartell Bußgeldfestsetzung in Kartellsachen	NJW 2013, 1972 ff.
Bundes-gerichtshof	28.5.2013	5 StR 551/11	Untreuetatbestand bei Risikogeschäften	NStZ 2013, 715 ff.
Bundes-gerichtshof	17.10.2013	3 StR 167/13	wettbewerbsbeschränkende Absprachen bei Ausschreibungen	NZBau 2014, 238 ff.
Bundes-gerichtshof	20.11.2013	1 StR 544/13	Bestimmtheitsgebot bei Verweisung auf aufgehobene europäische Richtlinie	NJW 2014, 1029

Gericht	Datum	Aktenzeichen	Kurztext	Fundstelle
Bundesgerichtshof	3.12.2013	2 StR 160/12	Bestechung im geschäftlichen Verkehr bei Abzeichnung von Scheinrechnungen	NStZ 2014, 323 ff.
Bundesgerichtshof	4.2.2014	3 StR 347/13	Betrug bei der Darlehensgewährung bei Vorliegen einer Urkundenfälschung	NStZ 2014, 457 f.
Bundesgerichtshof	26.3.2014	IV ZR 422/12	Haftung des Versicherungsmaklers auf sog. Quasideckung bei unterlassener Aufklärung über ausgeschlossene Risiken	VersR 2014, 625 ff.
Bundesgerichtshof	3.6.2014	KRB 46/13	Silostellgebühren Bußgeldbemessung bezüglich der abgestimmten Einführung der Siloaufstellgebühren	WuW 2014, 973 ff.
Bundesgerichtshof	18.6.2014	I ZR 242/12	Geschäftsführerhaftung für Wettbewerbsverstöße der GmbH	DB 2014, 1799 ff.
Bayerisches Oberlandesgericht	18.2.1998	4 St RR 2/98	Verwertungsverbot für Steuerunterlagen über Werbekosten	NStZ 1998, 575 f.
Bayerisches Oberlandesgericht	10.8.2001	3 ObOWi 51/2001	Überwachungspflicht eines Unternehmers	NJW 2002, 766 f.
Oberlandesgericht Braunschweig	14.6.2012	Ws 44/12, Ws 45/12	strafrechtliche Garantenpflicht des Aufsichtsrats	DB 2012, 2447 = NJW 2012, 3798 ff.
Oberlandesgericht Celle	7.3.2001	9 U 137/00	Zustimmungserfordernis der Hauptversammlung bei Veräußerung des gesamten Vermögens der einzig eingegliederten Gesellschaft	AG 2001, 357 ff.
Oberlandesgericht Celle	26.9.2001	9 U 130/01	Verzichtswirkung einer Entlastung	NZG 2002, 469 ff.
Oberlandesgericht Celle	28.5.2008	9 U 184/07	Pflichtverletzung des Vorstands wegen unvertretbaren Risikos trotz ungesicherter Darlehensvergabe	WM 2008, 1748 ff. = AG 2008, 711 ff.

Gericht	Datum	Aktenzeichen	Kurztext	Fundstelle
Oberlandesgericht Düsseldorf	7.6.1990	19 W 13/86	DAB/Hansa Bestimmung einer angemessenen Abfindung nach Abschluss eines Beherrschungs- und Gewinnabführungsvertrages bei Einbeziehung des Geschäftsbetriebes und späterer Fusion	AG 1990, 490
Oberlandesgericht Düsseldorf	28.11.1996	6 U 11/95	ARAG/Haberkorn Ungesicherte Anlagegeschäfte und deren eines AG-Vorstandes	AG 1997, 231 ff.
Oberlandesgericht Düsseldorf	9.10.2007	III-5 Ss 67/07-35/07 I	Kaufmännischer Vorstand einer AG als Amtsträger nach StGB	NStZ 2008, 459 f.
Oberlandesgericht Düsseldorf	14.8.2013	VI-Kart 1/12 (V)	Kartellrechtmäßigkeit der Übernahme von zwei Kabelnetzbetreibern	n.v.
Oberlandesgericht Düsseldorf	13.11.2013	VI-U (Kart) 11/13	Badarmaturen Wettbewerbsbeeinträchtigung durch Rabattstaffel	n.v.
Oberlandesgericht Frankfurt/Main	18.3.1992	23 U 118/91	Haftung wegen der Verletzung der Buchführungspflicht	NJW-RR 1993, 546 f.
Oberlandesgericht Frankfurt/Main	21.9.1992	6 Ws (Kart) 12/91	Aufsichtspflichten von Vorstandsmitgliedern zur Verhinderung von Baupreisabsprachen	NJW-RR 1993, 231 f.
Oberlandesgericht Frankfurt/Main	13.5.1997	11 U (Kart) 68/96	Dauer des gesetzlichen Wettbewerbsverbots bei einer außerordentlichen Kündigung	GmbHR 1998, 376 ff.
Oberlandesgericht Frankfurt/Main	5.11.1999	10 U 257/98	Fortgeltung des Wettbewerbsverbots eines Vorstandsmitglieds bei außerordentlicher Kündigung	AG 2000, 518 f.
Oberlandesgericht Frankfurt/Main	9.6.2011	7 U 127/09	Anrechnung von Gerichtskosten bei D&O-Kunden für unwirksam erklärt	r+s 2011, 509 ff. = VersR 2012, 432 ff.

Gericht	Datum	Aktenzeichen	Kurztext	Fundstelle
Oberlandesgericht Frankfurt/Main	4.9.2014	11 W 3/14 (Kart)	Akteneinsichtsgesuch eines nicht beteiligten Dritten für die Prüfung zivilrechtlicher Schadenersatzansprüche	BB 2014, 2561 f.
Oberlandesgericht Hamburg	12.1.2001	11 U 162/00	Entlastung von Vorstands- und Aufsichtsratsmitgliedern	DB 2001, 583 f.
Oberlandesgericht Hamm	24.4.1991	8 U 188/90	Haftung des GmbH-Geschäftsführers	GmbHR 1992, 375 ff.
Oberlandesgericht Hamm	27.2.1992	Ss OWi 652/91	Verfassungsmäßigkeit tierschutzrechtlicher Regelungen über das Schächten	NStZ 1992, 499 f.
Oberlandesgericht Koblenz	6.4.1979	10 U 607/78	Rechtsschutzinteresse bei Feststellungsklage auf die Abwehrpflicht des Versicherers und die Feststellung eines Haftpflichtbefreiungsanspruches	VersR 1979, 830 ff.
Oberlandesgericht Koblenz	5.3.1987	6 W 38/87	Zeugnisverweigerungsrecht für ehemalige Geschäftsführer und Vorstands- und Aufsichtsratsmitglieder	WM 1987, 480
Oberlandesgericht München	16.7.1997	7 U 4603/96	Verjährungsbeginn eines Schadenersatzanspruches bei missbräuchlicher Überweisung	ZIP 1998, 23 ff.
Oberlandesgericht München	8.5.2009	25 U 5136/08	Wirksamkeitskontrolle für das sog. Claims-made-Prinzip in einer D&O-Versicherung	VersR 2009, 1066 ff.
Oberlandesgericht Naumburg	10.2.1999	6 U 1566/97	Haftung eines GmbH-Geschäftsführers wegen Nichtabführung der Arbeitnehmerbeiträge zur Sozialversicherung	NJW-RR 1999, 1343
Oberlandesgericht Nürnberg	9.6.1999	12 U 4408/98	Direktionsrecht gegenüber einem Geschäftsführer einer übernommenen GmbH	NZG 2000, 154 f.
Oberlandesgericht Nürnberg	22.9.2010	1 Ws 504/10	Zurückgewinnungshilfe in Bezug auf Steueransprüche des Fiskus	wistra 2011, 40

Gericht	Datum	Aktenzeichen	Kurztext	Fundstelle
Oberlandesgericht Stuttgart	26.5.2003	5 U 160/02	Geltung einer dienstvertraglichen Ausschlussfrist für gesetzliche Schadenersatzansprüche	GmbHR 2003, 835 ff.
Oberlandesgericht Stuttgart	15.3.2006	20 U 25/05	Umfang der Berichtspflicht des Aufsichtsrats bei wirtschaftlichen Schwierigkeiten der Gesellschaft	ZIP 2006, 756 ff.
Oberlandesgericht Stuttgart	7.11.2006	8 W 388/06	Carl Zeiss SMT AG Abberufung eines Aufsichtsratsmitglieds einer Aktiengesellschaft aus wichtigem Grund	NZG 2007, 72 ff.
Oberlandesgericht Stuttgart	25.11.2009	20 U 5/09	Beweislastverteilung wegen pflichtwidrigen Verhaltens eines Vorstandsmitglieds in einem Schadenersatzprozess	NZG 2010, 141 ff.
Oberlandesgericht Zweibrücken	28.5.1990	3 W 93/90	Voraussetzungen für die Abberufung eines Aufsichtsratsmitglieds	DB 1990, 1401
Landgericht Berlin	30.11.2005	505 Qs 185/05	Zeugnisverweigerungsrecht des Syndikusanwalts	NStZ 2006, 470 ff.
Landgericht Bielefeld	16.11.1999	15 O 91/98	Pflicht des Aufsichtsrats zum Einschreiten bei dem Verdacht von existenzgefährdender Geschäftspraktiken des Vorstands	ZIP 2000, 20 ff.
Landgericht Bonn	29.9.2005	37 Qs 27/05	Beschlagnahmefreiheit für Syndikusanwälte nur bei denen aufgefundener Unterlagen	NStZ 2007, 605 ff.
Landgericht Frankfurt/Main	14.10.1986	3/11 T 29/85	wichtiger Grund für die Abberufung eines Aufsichtsratsmitglieds	NJW 1987, 505 f.
Landgericht Hamburg	15.10.2010	608 Qs 18/10	Beschlagnahmefähigkeit von Befragungsunterlagen eines mit einer internen Ermittlung beauftragten Anwalts	ZIP 2011, 1025 ff.

Gericht	Datum	Aktenzeichen	Kurztext	Fundstelle
Landgericht Köln	17.1.2013	88 O 1/11	Schadenersatzanspruch wegen Forderung überhöhter Netzentgelte auf dem Telekommunikationsmarkt	n.v.
Landgericht Leipzig	19.1.2011	11 KLs 395 Js 2/10	Bestechlichkeit, Steuerhinterziehung und Bilanzfälschung	n.v.
Landgericht München I	5.4.2007	5 HKO 15964/06	Anfechtungsgrund unterbliebener Dokumentation eines Risikofrüherkennungssystems	BB 2007, 2170 ff. = CCZ 2008, 70 ff.
Landgericht München I	25.9.2008	12 O 20461/07	Wirksamkeitskontrolle für das sog. Claims-made-Prinzip in einer D&O-Versicherung	NJOZ 2008, 4725 ff.
Landgericht München I	10.12.2013	5 HK O 1387/10	Haftung eines Vorstandsmitglieds wegen unterlassener Einrichtung und Überwachung eines funktionierenden Compliance-Systems	NZG 2014, 345 ff. = CB 2014, 167 ff. = DB 2014, 766 ff.
Kammergericht Berlin	31.10.2001	2 Ss 223/00	Bußgeldbewehrte Verletzung der Aufsichtspflicht eines GmbH-Geschäftsführers	n.v.
Amtsgericht Koblenz	20.6.2008	2010 Js 3352/08.34 OWi	Festsetzung von Geldbußen gegen eine juristische Person und deren vertretungsberechtigtes Organ	SVR 2008, 431 f.
Bundesarbeitsgericht	6.5.2003	1 ABR 13/02	Auskunftsanspruch des Betriebsrates bei „Vertrauensarbeitszeit“	NZA 2003, 1348 ff.
Bundesarbeitsgericht	12.1.2005	5 AZR 364/04	Unwirksamkeit eines Änderungsvorbehalts bezüglich übertariflicher Lohnbestandteile in einem Formulararbeitsvertrag	NZA 2005, 465 ff.
Bundesarbeitsgericht	7.12.2006	2 AZR 400/05	Kündigung eines Arbeitnehmers wegen Strafanzeige (hier: Untreue) gegen den Arbeitgeber	NZA 2007, 502 ff.

Gericht	Datum	Aktenzeichen	Kurztext	Fundstelle
Bundes-arbeitsgericht	22.7.2008	1 ABR 40/07	Honeywell Mitbestimmung des Betriebsrats bei Ethik-Richt-linien	NZA 2008, 1248 ff.
Bundes-arbeitsgericht	11.2.2009	10 AZR 222/08	Benachteiligung durch Bezugnahme auf ein einseitiges Regelungswerk des Arbeitgebers	NZA 2009, 428 ff.
Bundes-arbeitsgericht	17.12.2009	8 AZR 670/08	Schadenersatz wegen Diskriminierung bei der Stellenbesetzung wegen angenommener Behinderung	NZA 2010, 383 ff.
Bundes-arbeitsgericht	18.3.2010	8 AZR 77/09	geschlechterbezogene Diskriminierung bei der Bewerberauswahl	NZA 2010, 872 ff.
Bundes-arbeitsgericht	14.12.2010	1 ABR 19/10	Tariffähigkeit einer Spitzenorganisation (Tarifgemeinschaft Christlicher Gewerkschaften für Zeitarbeit und Personalserviceagenturen [CGZP])	NZA 2011, 289 ff.
Bundes-arbeitsgericht	9.2.2011	7 AZR 32/10	Anrechnung von Dienstzeiten bei anderen Arbeitgeber im Konzern	NZA 2011, 791 ff.
Bundes-arbeitsgericht	17.5.2011	1 ABR 121/09	Zu den insoweit zu beachtenden betrieblichen Beteiligungsrechten des Betriebsrats	CCZ 2012, 119 ff.
Bundes-arbeitsgericht	13.10.2011	8 AZR 455/10	Betriebsteilübergang, Betriebsteil beim Veräußerer	NZA 2012, 504 ff.
Bundes-arbeitsgericht	18.1.2012	7 AZR 723/10	Dienstvertrag und Arbeitnehmerüberlassung	NZA-RR 2012, 455 ff.
Bundes-arbeitsgericht	20.3.2012	9 AZR 529/10	unmittelbare Diskriminierung wegen des Alters bei altersabhängiger Staffelung der Urlaubsdauer	NZA 2012, 803 ff.
Bundes-arbeitsgericht	21.6.2012	2 AZR 694/11	Kündigung wegen des Verdachts der Bestechung	BB 2013, 827 ff.

Gericht	Datum	Aktenzeichen	Kurztext	Fundstelle
Bundes-arbeitsgericht	23.8.2012	8 AZR 285/11	Diskriminierung wegen des Alters bei der Stellenauswahl	NZA 2013, 37 ff.
Bundes-arbeitsgericht	24.1.2013	8 AZR 429/11	Stellenausschreibung mit altersbedingter Diskriminierung	NZA 2013, 498 ff.
Bundes-arbeitsgericht	9.7.2013	1 ABR 2/13 (A)	Rechtsfolgen der unterbliebenen Mitteilung der Tagesordnung bei der Ladung zu einer Betriebsratssitzung	NZA 2013, 1433 ff.
Bundes-arbeitsgericht	10.7.2013	7 ABR 91/11	Verbot der nicht mehr vorübergehenden Arbeitnehmerüberlassung	NZA 2013, 1296 ff.
Bundes-arbeitsgericht	25.9.2013	10 AZR 282/12	Zur Abgrenzung von Werkvertrag und Arbeitsvertrag	NZA 2013, 1348 ff.
Bundes-arbeitsgericht	10.12.2013	9 AZR 51/13	Rechtsfolge einer nicht nur vorübergehenden Arbeitnehmerüberlassung	NZA 2014, 196 ff.
Bundes-arbeitsgericht	15.4.2014	1 ABR 82/12	kein Anspruch des Betriebsrats auf Einrichtung eines Arbeitsschutzausschusses	NZA 2014, 1094 f.
Bundes-arbeitsgericht	21.10.2014	9 AZR 956/12	Gewährung zusätzlicher Urlaubstage bei älteren Arbeitnehmern zulässig	n.v.
Landes-arbeitsgericht Berlin-Brandenburg	16.2.2011	4 Sa 2132/10	Rechtmäßiger Zugriff auf dienstliche E-Mails durch den Arbeitgeber	NZA-RR 2011, 342 ff.
Landes-arbeitsgericht Düsseldorf	20.1.2015	16 Sa 459/14	Schienenkartell Haftung des GmbH-Geschäftsführers für Kartellrechtsbußen	ZIP 2015, 829 ff.
Landes-arbeitsgericht Düsseldorf	14.11.2005	10 TaBV 46/05	Wal-Mart Mitbestimmungsrecht des Gesamtbetriebsrates bei der Einführung von konzernweiten Ethikrichtlinien	NZA-RR 2006, 81 ff.
Landes-arbeitsgericht Hessen	25.1.2010	17 Sa 21/09	Kündigung wegen des Verstoßes gegen die geltende Compliance-Richtlinie	CCZ 2011, 196 f.

Gericht	Datum	Aktenzeichen	Kurztext	Fundstelle
Landes-arbeitsgericht Köln	5.7.2012	6 Sa 71/12	wichtiger Kündigungsgrund bei vorschneller Anzeige gegen Arbeitgeber (Whistleblowing)	ZWH 2013, 84 ff.
Arbeitsgericht Berlin	18.2.2010	38 Ca 12879/09	fristlose Kündigung eines leitenden Compliance-Mitarbeiters	MMR 2011, 70 ff.
Arbeitsgericht Frankfurt/Main	8.10.2008	22 Ca 8461/06	Kündigung wegen des Verstoßes gegen die geltende Compliance-Richtlinie	CCZ 2011, 196 f.
Bundes-finanzhof	20.4.2004	VII R 44/03	Stromsteuerbefreiung für KWK-Anlagen	BB 2004, 1782
Bundes-finanzhof	20.4.2004	VII R 54/03	Stromsteuerbefreiung für KWK-Anlagen	BB 2004, 2342
Bundes-finanzhof	20.4.2004	VII R 57/03	Stromsteuerbefreiung für KWK-Anlagen	n.v.
Bundes-finanzhof	9.8.2006	VII E 18/05	Streitwert für eine Stromsteuererlaubnis und Unzulässigkeit einer rückwirkenden Erlaubniserteilung	n.v.
Bundes-finanzhof	24.1.2008	VII R 3/07	Ablaufhemmung nach AO durch Wiedereinsetzung in eine versäumte Frist zur Beantragung einer Steuervergütung	BStBl. II 2008, 462
Bundes-finanzhof	1.7.2008	VII R 37/07	zwingende Vordruckverwendung bei Antrag auf Mineralölsteuervergütung	n.v.
Bundes-finanzhof	28.10.2008	VII R 6/08	Absengen von Textilfasern gilt als Verheizen von Erdgas	IR 2009, 42 f. = StE 2009, 14 ff. = DB 2009, 43
Bundes-finanzhof	23.6.2009	VII R 34/08	steuerliche Begünstigung mehrerer miteinander verbundener KWK-Anlagen mit einer Nennleistung von insgesamt 2 MW	n.v.
Bundes-finanzhof	23.6.2009	VII R 42/08	steuerliche Begünstigung mehrerer miteinander verbundener KWK-Anlagen mit einer Nennleistung von insgesamt 2 MW	DB 2009, 2250

Gericht	Datum	Aktenzeichen	Kurztext	Fundstelle
Bundesfinanzhof	8.10.2010	VII B 66/10	Festsetzungsfrist auf Steuererstattungsanträge	n.v.
Bundesfinanzhof	13.12.2011	VII R 73/10	kein stromsteuerrechtliches Herstellerprivileg zur Beleuchtung und Klimatisierung von Sozialräumen	BFHE 237, 478 ff.
Bundesfinanzhof	15.1.2015	VII R 35/12	Energieerzeugnisse mit zweierlei Verwendungszwecke (Dual use)	StE 2015, 16 ff.
Finanzgericht Düsseldorf	31.10.2007	4 K 3170/06	Vergütung von Mineralölsteuer auf amtlich vorgeschriebenen Vordruck	n.v.
Finanzgericht Düsseldorf	7.12.2010	13 K 1214/06 E	Besteuerung von Ruhegehaltszahlungen einer in den USA als ansässig geltenden Person	EFG 2011, 878
Finanzgericht Hamburg	27.12.2001	IV 327/01	Letztverbraucher i.S.d. StromStG	n.v.
Finanzgericht Hamburg	24.2.2004	IV 362/01	keine rückwirkende Erlaubnis zur Entnahme begünstigten Stroms	n.v.
Finanzgericht Hamburg	17.9.2009	4 K 60/08	Steuerbegünstigung für Herstellung von keramischen Erzeugnissen	n.v.
Finanzgericht Hamburg	26.1.2010	4 K 53/09	Steuerbefreiung für Kleinanlagen	n.v.
Finanzgericht Hamburg	12.2.2010	4 K 243/08	Bestimmtheitserfordernis eines Antrags nach § 171 Abs. 8 AO	IR 2010, 141 f.
Finanzgericht Hamburg	8.6.2012	4 K 104/11	Voraussetzungen an die Leichtfertigkeit einer Steuerverkürzung	CuR 2012, 133
Finanzgericht Hamburg	3.12.2012	4 K 107/12	Antragsfrist für eine Steuerentlastung gem. § 53 EnergieStG	n.v.
Finanzgericht Sachsen	29.10.2009	7 K 2343/07	Steuerentlastung nach EnergieStG für Vorprodukte unter Verwendung von Erdgas	n.v.

Gericht	Datum	Aktenzeichen	Kurztext	Fundstelle
Finanzgericht Thüringen	31.7.2008	II 884/06	Auslegung der Tatbestandsmerkmale „betreibt oder betreiben lässt“	CuR 2009, 74 ff.
Bundes-sozialgericht	24.1.2007	B 12 KR 31/06 R	Sozialversicherungspflicht stiller Gesellschafter einer Steuerberatungs-GmbH	NZS 2007, 648 ff.
Verwaltungs-gericht Dresden	27.8.2010	7 L 391/10	Sponsoring durch einen Wasserzweckverband	IR 2011, 44 f.
Verwaltungs-gericht Frankfurt/Main	8.7.2004	1 E 7363/03 (I)	Umfang der Pflichten von Vorstandsmitgliedern einer Versicherung	WM 2004, 2157 ff. = VersR 2005, 57 ff. = AG 2005, 264
Bundes-netzagentur	11.7.2006	BK6-06-009	Festlegung einheitlicher Geschäftsprozesse und Datenformate zur Abwicklung der Belieferung von Kunden mit Elektrizität (GPKE)	n.v.
Bundes-netzagentur	20.8.2007	BK7-06-067	Festlegung einheitlicher Geschäftsprozesse und Datenformate beim Wechsel des Lieferanten bei der Belieferung mit Gas (GeLi Gas)	n.v
Bundes-kartellamt	13.1.2006	B 8-113/03-1	Untersagungsverfügung eines Energieversorgungsunternehmens im Sinne „langfristiger Gaslieferverträge“	ET 2005, 436 ff. = ZNER 2006, 74 ff.
Bundes-kartellamt	3.6.2009	B 10-71/08	Ansatz der Sonderkundenkonzessionsabgabe bei Gasdrittbelieferern	IR 2009, 189 f. = WuW/E DE-V 1729 ff
Bundes-kartellamt	5.7.2010	B 10-48/09	Wettbewerbsbeschränkung durch eine Mindestabnahmepflicht und ein Weiterverkaufsverbot von Gaslieferungen bei Großkunden	n.v.

Gericht	Datum	Aktenzeichen	Kurztext	Fundstelle
Bundes-kartellamt	30.11.2011	B 8-101/11	Kreisstadt Mettmann Konzern- oder In-House-Privileg bei der Vertrags-partnerauswahl zum Abschluss eines Konzessionsvertrages	VersW 2013, 127 f.
Bundes-kartellamt	19.3.2012	B 10-16/09	Preishöhenmissbrauch bei der Belieferung von Haus-halts-/Kleingewerbekunden mit Elektrizität	n.v.
Bundes-kartellamt	22.6.2012	B 10-16/11	Vergabe der Strom- und Gaskonzessionen durch die Stadt Pulheim, Fallbericht	n.v.
Bundes-kartellamt	23.10.2014	B 8-69/14	EWE/VNG Erwerb der Anteilsmehrheit und alleiniger Kontrolle der Gasversorgung	n.v.

Kapitel 1
Unternehmensorganisation, Risikomanagement, Compliance-Management

Die Idee, die zur Entstehung dieses Buches geführt hat, resultiert im Wesentlichen aus Beratungen mittelständischer (Versorgungs-)Unternehmen, bei denen Consultants, Wirtschaftsprüfer und Juristen gemeinsam an einer Aufgabenstellung gearbeitet haben. Im Rahmen dieser Zusammenarbeit wurde deutlich, dass zwischen den genannten Funktionen vielfältige Schnittstellen und Wechselbeziehungen bestehen. 1

Diese Erkenntnis überrascht zumindest dann nicht, wenn man die genannten Funktionalitäten – ggf. unter Einbeziehung der Internen Revision – als Teilelemente eines umfassenden **„Internen Kontrollsystems"** (IKS) versteht. 2

Unter einem IKS soll an dieser Stelle die Gesamtheit aller von der Unternehmensleitung angeordneten Vorgänge, Methoden und Maßnahmen (Kontrollmaßnahmen) verstanden werden, die dazu dienen, einen ordnungsgemäßen Ablauf des betrieblichen Geschehens sicherzustellen.[1] Die Errichtung eines solchen Systems ist Ausdruck der sog. **Corporate Governance**, also der Gesamtheit aller rechtlichen und faktischen Aktivitäten der Unternehmensleitung, die auf die Führung, Kontrolle und Steuerung des Unternehmens abzielen.[2] Bei Verwendung eines weiten IKS-Verständnisses wird man mit Recht (auch) die Unternehmensorganisation, das Risiko- und Compliance-Management sowie die Interne Revision als Teil eines (integrierten) IKS verstehen dürfen. 3

In diesem Kontext bildet die Unternehmensorganisation die formale Grundlage für das Risiko- und Compliance-Management im Unternehmen. Die Aufgabe der **Unternehmensorganisation** ist es, die Verantwortlichkeiten der einzelnen Unternehmenseinheiten und dort tätigen Beschäftigten präzise festzulegen und die Ablauf- sowie die Zusammenarbeitsprozesse in und zwischen den Einheiten festzulegen.[3] 4

Diese Festlegungen bilden den Anknüpfungspunkt für das Rechts- und Compliance-Management. Beide Funktionen weisen ebenfalls diverse Schnittstellen/Wech- 5

1 Vgl. statt vieler: PricewaterhouseCoopers (PwC), Internes Kontrollsystem – Führungsinstrument im Wandel, S. 4, abrufbar unter http://www.pwc.ch/user_content/editor/files/publ_ass/pwc_iks_fuehrungsinstrument_wandel_06_d.pdf; IDW Prüfungsstandard 261 n.F. (IDW PS 261 n.F.), Feststellung und Beurteilung von Fehlerrisiken und Reaktionen des Abschlussprüfers auf die beurteilten Fehlerrisiken, 13.3.2013, Nr. 3.1.2.1.

2 Vgl. *Marekfia/Nissen*, Strategisches GRC-Management – Grundzüge eines konzeptionellen Bezugsrahmens (Forschungsbericht), November 2009, S. 3, abrufbar unter http://www.db-thueringen.de/servlets/DerivateServlet/Derivate-18915/FUB-2009-2.pdf; Gabler Wirtschaftslexikon, Corporate Governance abrufbar unter http://wirtschaftslexikon.gabler.de/Archiv/55268/corporate-governance-v7.html.

3 Vgl. auch Gabler Wirtschaftslexikon, Organisation, abrufbar unter http://wirtschaftslexikon.gabler.de/Archiv/773/organisation-v6.html.

selwirkungen auf. Das **Risikomanagement** zielt bekanntlich darauf ab, die **ökonomischen Risiken** einer Organisation (frühzeitig) zu erkennen, zu analysieren und zu bewerten, um daran anknüpfend die erforderlichen Maßnahmen zu treffen, um die Realisierung dieser Risiken möglichst zu verhindern bzw. die daraus resultierenden Nachteile soweit wie möglich zu minimieren (**Risikosteuerung**) sowie entsprechende Risiken künftig zu vermeiden. Daneben sind Risikokontrolle und Risikowälzung im Auge zu behalten.[4] Das **Compliance-Management** versucht mit ähnlichen Mitteln die **rechtlichen Risiken** eines Unternehmens (rechtzeitig) zu erkennen, zu analysieren und zu bewerten, um deren Eintritt soweit wie möglich zu verhindern bzw. etwaige Nachteile aufgrund von Rechts- und Regelverletzungen so gering wie möglich zu halten.[5] Da Rechtsrisiken sich nicht selten in ökonomischen Risiken realisieren, ist Compliance-Management letztlich als eigenständiger Teil eines umfassenden Risikomanagements und damit eines (weit verstandenen) IKS eines Unternehmens zu begreifen.[6]

6 Dieser Befund ist wiederum der maßgebliche Grund für die integrierte Behandlung von Unternehmensorganisation, Risiko- und Compliance-Management in diesem Buch. Die gewählte Darstellungsweise soll dazu beitragen, der Komplexität eines umfassend verstandenen Risikomanagements in der täglichen unternehmerischen Praxis sowie in der Unternehmensberatung besser gerecht zu werden.

7 Wer sich im Unternehmen – sei es als Führungskraft, sei es als externer Berater – mit Fragestellungen der Unternehmensorganisation, des Risiko- oder des Compliance-Managements befasst, wird – wie bereits eingangs angemerkt – feststellen, dass Problemlösungen in einem der genannten Bereiche sehr oft die Beantwortung von Fragestellungen aus dem einen oder anderen Bereich erfordern. Wer dann erwartet, für diese „interdisziplinäre" Fragestellung unschwer Hilfestellung in entsprechend angelegter Fachliteratur zu finden, wird erstaunt feststellen, dass das Angebot insoweit nicht übermäßig breit ist. Grundlegende und eingehende Darstellungen finden sich zwar mittlerweile zu allen genannten Bereichen[7] ebenso wie zu den angrenzenden Themen IKS und interne Revision.[8] Literatur, die die vorstehenden Disziplinen in

4 Vgl. statt vieler nur Gabler Wirtschaftslexikon, Risikomanagement, abrufbar unter http://wirtschaftslexikon.gabler.de/Archiv/7669/risikomanagement-v10; IDW Prüfungsstandard 340 (IDW PS 340), Die Prüfung des Risikofrüherkennungssystems nach § 317 Abs. 4 HGB, 11.9.2000, Nr. 2; vgl. näher Kap. 3.

5 Vgl. dazu nur IDW Prüfungsstandard 980 (IDW PS 980), Grundsätze ordnungsmäßiger Prüfung von Compliance Management Systemen, 11.3.2011, Rn 6, sowie näher ab Kap. 4.

6 Vgl. nur Hauschka/*Bürkle*, Corporate Compliance, § 8 Rn 52; *Gold/Schäfer/Bußmann*, ET 6/2011, 71, 72; Hauschka/*Paupel/Glage*, Corporate Compliance, § 5 Rn 13 ff.

7 Vgl. z.B. *Hauschka*, Corporate Compliance; *Diederichs*, Risikomanagement und Risikocontrolling; *Schreyögg*, Organisation.

8 Vgl. z.B. *Böhmer/Hengst/Hofmann/Müller/Puchta*, Interne Revision.

Bezug auf ihre Schnittstellen, Wechselwirkungen und Abhängigkeiten eingehender beschreibt, ist dagegen weniger häufig anzutreffen.[9]

Eine integrierte Betrachtung von Unternehmensorganisation, Risikomanagement und Compliance und daran anknüpfend ein holistisches Management dieser Funktionalitäten ist jedoch (auch) bei mittelständischen Unternehmen nicht bloß ein „Kostenverursacher",[10] sondern schafft nicht unerheblichen (Mehr-)Wert, wie folgende Überlegungen zeigen: 8

Die Existenz von Unternehmensorganisation, Risiko- und Compliance-Management ebenso wie die Einrichtung einer internen Revision werden zunehmend auch in mittelständischen Unternehmen zum „Stand der Technik".[11] Grund dafür dürften diverse gesetzliche Vorschriften[12] sein ebenso wie vielfältige untergesetzliche Regelwerke von Behörden und Organisationen.[13] Zu erwähnen ist auch das Urteil des Landgerichts München I vom 10.12.2013,[14] das eine Reihe von konkreten Vorgaben für ein Compliance-Management macht, damit es den gesetzlichen Vorschriften entspricht.[15] 9

Diese aus volkswirtschaftlicher Sicht an sich begrüßenswerte Institutionalisierung und Strukturierung des Managements operativer und rechtlicher Risiken hat allerdings noch gewisse Schwächen bzw. Nachteile. Diese resultieren primär daraus, dass sämtliche genannten Funktionen, sofern implementiert, parallel vorgehalten werden und mehr oder weniger isoliert in ihrem jeweiligen „Zuständigkeitsbereich" arbeiten. Zumindest in Teilbereichen kommt es auf diese Weise zu inhaltlichen und/oder funktionalen Überschneidungen.[16] Entweder werden Sachverhalte mehrfach bearbeitet oder es kommt zu Diskussionen über die „Bearbeitungszuständigkeit" oder – noch schlimmer – zu beiden Effekten. 10

---

9 Vgl. z.B. *Laue/Mohr*, CB 2014, 334 ff.; *Marekfia/Nissen*, Strategisches GRC-Management, S. 5 ff., abrufbar unter http://www.db-thueringen.de/servlets/DerivateServlet/Derivate-18915/FUB-2009-2.pdf.

10 Vgl. auch *Marekfia/Nissen*, Strategisches GRC-Management, S. 2 f., abrufbar unter http://www.db-thueringen.de/servlets/DerivateServlet/Derivate-18915/FUB-2009-2.pdf.

11 Zur zunehmenden Verbreitung von Compliance-Management seit 2009 vgl. etwa PwC, Wirtschaftskriminalität-Studie 2013, S. 26 f., bestellbar unter http://www.pwc.de/de/risiko-management/wirtschaftskriminalitaet-2013.jhtml.

12 Zu denken ist vor allem an § 93 Abs. 1 S. 1, 2 AktG (Aktiengesetz (AktG) v. 6.9.1965 (BGBl. I S. 1089), zuletzt geändert durch Gesetz v. 23.7.2013 (BGBl. I S. 2586)), §§ 30, 130 OWiG (Gesetz über Ordnungswidrigkeiten (OWiG) v. 19.2.1987 (BGBl. I S. 602), zuletzt geändert durch Gesetz v. 10.10.2013 (BGBl. I S. 3786)); vgl. dazu näher Kap. 5.

13 Vgl. dazu im Einzelnen näher Kap. 5, 7, 9, 18; Stichworte sind hier insbesondere: Deutscher Corporate Governance Kodex, MaRisk, MaComp, ONR 192050, ISO 19600, sowie die Prüfungsstandards 261, 340, 980 des IDW.

14 Vgl. LG München I, Urt. v. 10.12.2013 – 5 HK O 1387/10 – DB 2014, 766.

15 Dies gilt ungeachtet der Tatsache, dass die Vorgaben des LG München I aus Verfahrensgründen nicht mehr einer Validierung durch das OLG München oder den BGH unterzogen werden.

16 Vgl. *Laue/Mohr*, CB 2014, 335, 336.

11 Diese unbefriedigende Ineffizienz kann auch nicht immer auf Ebene der Geschäftsleitung vermieden werden, da die beteiligten Funktionalitäten nicht durchweg auf Geschäftsleitungsebene in einem Ressort/einer Person verbunden sind.[17] Auch unterhalb der Geschäftsleitung sehen die derzeit gängigen Organisationsmodelle in der Regel keine „Personalunion" hinsichtlich der in Rede stehenden Funktionen vor.

12 Durch die Fragmentierung, in Bezug auf die Gesamtrisikosituation, entstehen vielfach nur Teilbilder, die wiederum nur Teillösungen von Problemen ermöglichen. Daneben kommt es durch die angesprochene Mehrfachbearbeitung zu redundanten Abfragen mit entsprechender „bürokratischer" Belastung bei den operativen Bereichen und anschließend zu Mehrfachberichterstattungen an die Geschäftsleitung und/oder einzelne Mitglieder des Gremiums.

13 Trotzdem – oder gerade deswegen – entstehen auf diese Weise unerwünschte Informationslücken in Bezug auf die Risikosituation.[18] Fehlende Abstimmung und asymmetrische Informationen in Bezug auf eine Risikosituation können unvernetzte (Ad-hoc-)Aktivitäten einzelner Führungsverantwortlicher im Krisenfall erzeugen, die nicht zwingend die für das Gesamtunternehmen beste Lösung darstellen. Es fehlt mit anderen Worten eine optimale Gestaltung der relevanten Geschäftsprozesse.[19]

14 Eine faktisch-wissenschaftlich fundierte Aufarbeitung der vorstehenden Problematik steht – soweit ersichtlich – derzeit noch weitgehend aus. Aktuell finden sich diverse Ansätze für Verbesserungsvorschläge, ohne dass sich bisher ein allgemein akzeptierter Lösungsansatz durchgesetzt hätte.[20]

15 Zunehmend diskutiert wird in jüngster Zeit ein sog. **GRC-Ansatz**, wobei „GRC" für Governance Risk und Compliance steht. Darunter wird ein integrierter, holistischer Ansatz verstanden, der auf unternehmensweit angelegte Organisationssteuerung (Governance) unter Einschluss des Risiko- und Compliance-Managements abzielt und der gewährleisten soll, dass sich das Unternehmen insgesamt entsprechend dem festgelegten Risikoappetit unter Beachtung rechtlicher und ethischer Vorgaben verhält. Dies soll durch eine Abstimmung von Organisation, Prozessen und Strategien erreicht werden, die auf der integrierten Praktizierung der genannten Funktionalitäten beruht.[21]

---

17 Vgl. *Laue/Mohr*, CB 2014, 334, 335; *Dederichs/Fricke/Macke*, DB 2011, 1461 ff.

18 Ähnlich auch *Laue/Mohr*, CB 2014, 334, 336.

19 Vgl. auch *Marekfia/Nissen*, Strategisches GRC-Management, S. 5, abrufbar unter http://www.db-thueringen.de/servlets/DerivateServlet/Derivate-18915/FUB-2009-2.pdf.

20 Vgl. *Laue/Mohr*, CB 2014, 334, 335.

21 Vgl. *Marekfia/Nissen*, Strategisches GRC-Management, S. 4 ff., abrufbar unter http://www.db-thueringen.de/servlets/DerivateServlet/Derivate-18915/FUB-2009-2.pdf; De Decker/Schaumüller-Bichl/*Racz/Weippel/Seufert*, Communications and Multimedia Security, S. 106 ff.

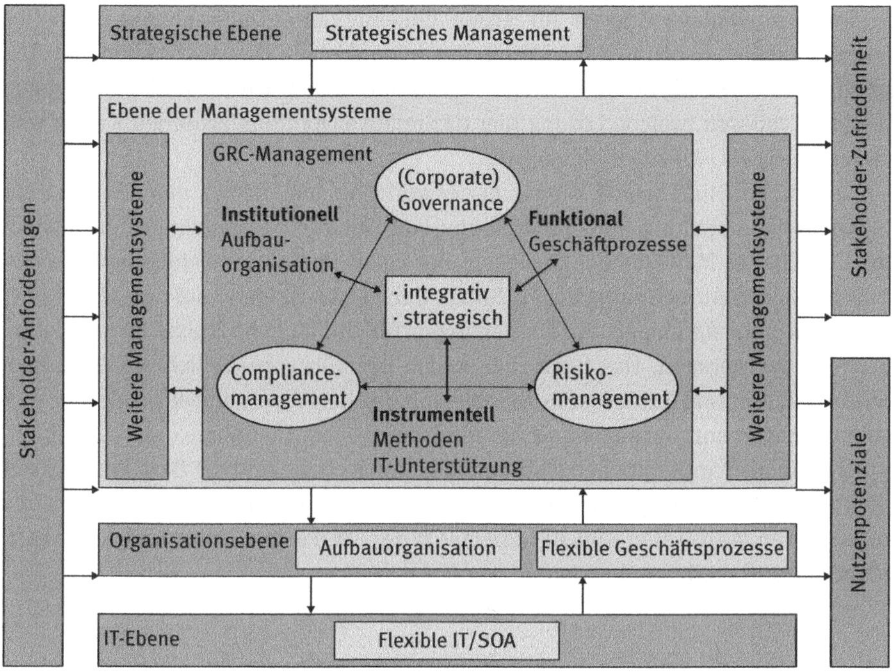

Abb. 1: GRC-Ansatz[22]

Auf dieser Basis werden zunehmend die Einführung eines „Chief Governance Officers" (CGO) bzw. eines „GRC-Officers" oder auch eines „GRC-Komitees" vorgeschlagen.[23] 16

Der CGO bzw. das GRC-Office sollen als Stabstelle bei der Geschäftsleitung bzw. deren Vorsitzendem eingerichtet werden und unmittelbar an diese(n) berichten. Dabei wird eine Zusammenlegung mit der Funktion des Chief Compliance Officers oder des Leiters der Rechtsabteilung erwogen. 17

Der Aufgabenumfang des CGO soll neben der Entwicklung von unternehmensinternen Richtlinien, der Schulung des Aufsichtsrats, der Beratung der Geschäftsleitung (insbesondere auch im Zusammenhang mit der Besetzung von Schlüsselpositionen im Unternehmen) sowie die Berichterstattung über die einzelnen Teilsysteme des GRC-Komplexes umfassen.[24] 18

---

22 *Marekfia/Nissen*, Strategisches GRC-Management, S. 8, abrufbar unter http://www.db-thueringen.de/servlets/DerivateServlet/Derivate-18915/FUB-2009-2.pdf.

23 Vgl. etwa *Laue/Mohr*, CB 2014, 334, 336; *Marekfia/Nissen*, Strategisches GRC-Management, S. 9 f., abrufbar unter http://www.db-thueringen.de/servlets/DerivateServlet/Derivate-18915/FUB-2009-2.pdf.

24 Vgl. anschaulich *Laue/Mohr*, CB 2014, 334, 337.

19 Diese Vorschläge dürften für große börsennotierte Unternehmen zweifellos eine angemessene Lösung darstellen und werden deshalb dort auch schon zum Teil praktiziert.[25] In Bezug auf mittelständische Unternehmen wird man dagegen genau überlegen müssen, welche Lösung hier das relative Optimum zwischen Kosten und Nutzen eines GRC-Ansatzes bieten kann.

20 Vor diesem Hintergrund ist es Ziel des vorliegenden Werkes, einen Beitrag zur integrierten Darstellung und Handhabung von Unternehmensorganisation, Risiko- und Compliance-Management zu leisten. Der Fokus liegt dabei weniger auf der wissenschaftlichen Aufbereitung der einzelnen Gebiete als vielmehr auf dem Nutzen der gebotenen Informationen und Überlegungen für die tägliche Praxis in mittelständischen Unternehmen. Das Buch richtet sich deshalb vornehmlich an Vorstände, Geschäftsführer und Aufsichtsräte in mittelständischen Unternehmen sowie an Leiter Risikomanagement, Risikocontrolling, interne Revision, Compliance und deren Mitarbeiter. Ebenso angesprochen werden die Leitungsebene und die Beschäftigten der öffentlichen Verwaltung und der Gerichtsbarkeit, die Organisationsverantwortung tragen. Allen Adressaten soll die Thematik des Werks praxisnah und anwenderfreundlich aufbereitet und vermittelt werden.

25 Vgl. die Nachweise *Laue/Mohr*, CB 2014, 334, 337, Fn 15 ff.

Kapitel 2
Implementierung eines Compliance-Management-Systems

A. Einleitung

Compliance ist ein Thema, das Eingang in die Unternehmensphilosophie und damit auch in die strategische Ausrichtung des Unternehmens finden muss, um Wirkung zu entfalten. Die Implementierung eines Compliance-Management-Systems (CMS) kann dabei auf unterschiedlichen Wegen erfolgen. Es kann zum Beispiel im Rahmen eines allgemeinen Unternehmens-Strategie-Prozesses als Komponente eingebracht oder als eigenes strategisches Thema separat konzipiert, implementiert und umgesetzt werden. 1

Abb. 1: Drei Phasen des Strategieprozesses[1]

In den Zeiten von Umbruch und Veränderung sind viele Unternehmen damit beschäftigt, sich strategisch neu zu positionieren und initiieren in diesem Zusammenhang umfassende Strategieprojekte. An dieser Stelle kann das Thema Compliance mit relativ geringem Aufwand in die neu zu erarbeitende **Unternehmensstrategie** eingebaut und entsprechend umgesetzt werden. 2

1 Quelle: Eigene Darstellung.

3 Basis für die Einführung eines Compliance-Managements ist die unternehmerische Entscheidung, welchen Umfang und welche Priorität diese in der Gestaltung der Organisation und der Geschäftsprozesse einnehmen soll. Je nach Größe und Gesellschafterstruktur des Unternehmens sowie Komplexität des Geschäftes können die Schwerpunkte dabei sehr unterschiedlich sein. Ein kleines Unternehmen mit regional eingegrenzten Geschäftsfeldern wird deutlich weniger Aspekte berücksichtigen müssen als ein internationaler Konzern, der über die gesamte Wertschöpfungskette agiert. Die Geschäftsführung setzt also im Vorfeld der Entwicklung einer Compliance-Strategie ein klares Ziel, was durch das zu implementierende Compliance-Management-System erreicht werden soll und unter welchen Rahmenbedingungen es funktionieren muss.

4 In den nächsten Kapiteln werden, aus der Praxis kommend, die Methoden und Prozesse vorgestellt, die ein Unternehmen nutzen kann, um seine individuelle Compliance-Strategie zu erarbeiten und umzusetzen. Dabei wird auf Strategieprozesse im Allgemeinen Bezug genommen, welche jedoch von der Vorgehensweise und den Prozessschritten auf die Einführung eines Compliance-Managements 1:1 übertragbar sind.

5 Ein **Strategieprozess** gliedert sich vereinfacht in drei Phasen (siehe Abb. 1):
1. Strategieentwicklung: Beratung und Konzeption,
2. Organisationsentwicklung: Konzeption der Implementierung,
3. Controlling: Begleitung der Umsetzung.

6 Der **Umfang** der durch den Organisationsberater abgedeckten oder begleiteten **Prozessschritte** kann sich dabei, je nach Bedarf des Klienten und der Verfügbarkeit interner, personeller Ressourcen, entweder gezielt auf einzelne Prozessschritte, wie zum Beispiel die Strategieentwicklung oder das Erstellen von Kommunikationskonzepten, beschränken oder auch das gesamte Projektmanagement inklusive der Begleitung von Implementierung und Umsetzung der Strategie umfassen.

7 Variation besteht auch hinsichtlich der eingesetzten methodischen Ansätze, die der Berater wählt, um möglichst effizient das bestmögliche Ergebnis im jeweiligen Projekt zu erreichen.

8 In Kapitel B[2] werden zunächst die vorherrschenden Beratungsansätze der inhaltsorientierten (Experten-)Beratung,[3] der prozessorientierten (systemischen) Beratung[4] sowie der Komplementärberatung,[5] in der diese beiden Ansätze individuell miteinander kombiniert werden, beschrieben. Anschließend werden die drei Strategie-Prozessphasen

2 Vgl. Rn 9 ff.
3 Vgl. Rn 11 ff.
4 Vgl. Rn 18 ff.
5 Vgl. Rn 28 ff.

- Strategieentwicklung,[6]
- Organisationsentwicklung[7] sowie
- Controlling[8]

erläutert.

B. Beratungsansätze in der Organisationsberatung

Aufgrund der steigenden Komplexität von Problemfeldern in Unternehmen ist es zunehmend wichtig, auch in der Beratung Methoden anzuwenden, die dem sich ständig wandelnden Umfeld und den täglich neuen Herausforderungen entsprechen und zu Lösungen führen, welche von den beteiligten Mitarbeitern mitgetragen werden und deren Umsetzbarkeit auch im sehr individuellen Fall gewährleistet werden kann. Standardisierte Expertenlösungen von außen, wie sie bis heute noch in hohem Maße in der Beratung zu finden sind, erfüllen nicht immer diese Kriterien und eignen sich daher nicht bei allen Problemstellungen als effiziente und zufriedenstellende Lösung desselbigen. 9

Im Folgenden werden kurz die Merkmale und Unterschiede zwischen dem klassischen Ansatz der Expertenberatung und dem Ansatz der systemischen Organisationsberatung aufgezeigt und erläutert, um dann die „Mischform" vorzustellen, wie wir sie in der Praxis immer häufiger anwenden. 10

I. Die „klassische" Expertenberatung:

Die **Rolle des Beraters in der klassischen Expertenberatung** ist es, im ersten Schritt das **Problem des Klienten zu identifizieren** und mit Hilfe seines Expertenwissens sowie für ihn zugängliche Daten eine Analyse vorzunehmen. Dabei fließen oft Informationen des Klienten (Zahlen und Fakten) in die Analyse mit ein und werden vom Berater verarbeitet. 11

Der Berater erarbeitet im zweiten Schritt für das Problem des Klienten eine Lösung oder **mehrere Lösungsansätze**, in dem er sein Expertenwissen und seine Erfahrungen auf die Situation des Kunden überträgt. Er präsentiert diese im Anschluss seinem Kunden als Dokumentation oder auch in Form einer Entscheidungsvorlage für die Entscheidungsträger bezüglich der untersuchten Thematik. 12

6 Vgl. Rn 31 ff.
7 Vgl. Rn 62 ff.
8 Vgl. Rn 100 ff.

13 Sofern der Kunde es wünscht, begleitet ihn der Berater schließlich bei der **Implementierung der Lösung** und stellt über einen Controlling-Mechanismus die Qualität der Umsetzung sicher.

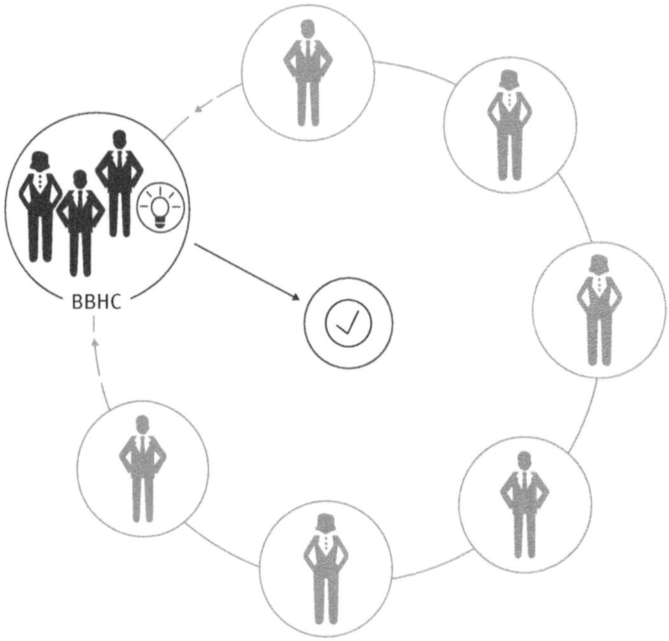

Abb. 2: Expertenberatung[9]

14 Die **Aufgabe des Kunden** bei der Expertenberatung ist es, das Problem sowie die Zielstellung für die gewünschte Lösung möglichst umfassend und eindeutig zu beschreiben. Daneben ist es seine Aufgabe, dem Berater alle hausinternen Informationen zur Verfügung zu stellen, die dieser für die Problemlösung benötigt. Nach Erarbeitung des Konzeptes durch den Berater trifft der Kunde dann die Entscheidung, ob und in welcher Form die Lösung im Unternehmen implementiert werden soll und startet dann gegebenenfalls den Umsetzungsprozess.

15 Eine erfolgreiche Expertenberatung setzt voraus, dass der Kunde das Problem vollständig diagnostiziert und korrekt an den Berater weitergegeben hat. Die Lösung des Beraters kann qualitativ nur so gut sein wie die Problembeschreibung selbst. Je komplexer das Problem ist, desto schwieriger wird es auch für den Klienten, dieses in seiner Gesamtheit zu beschreiben. Oft werden Wechselwirkungen mit anderen Themen oder Unternehmensbereichen bei der Problembeschreibung unterschätzt

9 Quelle: Eigene Darstellung.

oder gar ignoriert. Die Lösung passt dann zwar auf den untersuchten Teil des Problems, verliert aber in der Umsetzung an Wirkung oder ruft sogar im schlimmsten Fall in anderen Prozessen neue Probleme hervor.

Gerade zum Beispiel in der Energiewirtschaft, die sich seit einigen Jahren in einem konstanten Wandel befindet, steigt der Grad an **Komplexität der Problemstellungen** und die Interdependenz von Themen enorm an und bringt die reine Expertenberatung an ihre Grenzen. Die Folge ist oft, dass professionell ausgearbeitete Hochglanz-Konzepte in der Schublade verschwinden oder die erfolgreiche Umsetzung daran scheitert, dass die Mitarbeiter nicht hinter dem Konzept stehen und die Projektarbeit zur Umsetzung als weiteres Problem empfunden wird, statt als Chance zur Problemlösung. 16

Expertenberatung hat, und behält jedoch auch in dieser sich stetig wandelnden Branche, weiterhin ihre Berechtigung. Expertenwissen ist beispielsweise hinsichtlich der Vermittlung von Informationen zu aktuellen, rechtlichen oder regulatorischen Vorgaben, der Anwendung von komplexen Modellierungs- oder Kalkulationsmethoden oder der qualifizierten Suche von externen Dienstleistern unabdingbar, da es für ein einzelnes Unternehmen nicht wirtschaftlich wäre, dieses Wissen intern aufzubauen. Auch hier gilt allerdings: Voraussetzung für ein gutes Beratungsergebnis ist eine klare und eindeutige Aufgabenstellung und Zieldefinition durch den Auftraggeber. 17

II. Die prozessorientierte (systemische) Organisationsberatung

Gerade bei komplexen Problemstellungen oder bei Themen, die viele unterschiedliche Mitarbeiter oder Prozesse betreffen, greift der systemische Ansatz in der Beratung. Die Idee hinter diesem Ansatz ist es, den Klienten methodisch versiert dabei zu unterstützen, seine Situation selbst zu klären und selbst individuelle, auf die Situation und die Umgebung zugeschnittene Lösungen zu entwickeln. 18

Integraler Bestandteil der prozessorientierten Beratung ist das sogenannte **Stakeholder-Management**. Das bedeutet, dass von Anfang an alle Personengruppen, die von der Problemstellung tangiert werden oder Einfluss auf die Lösungsentwicklung haben, mit in die Betrachtung einbezogen werden. Durch das aktive Einbeziehen von Mitarbeitern unterschiedlicher Interessensgruppen (Betriebsrat, Aufsichtsrat, Mitarbeiter anderer Abteilungen etc.) in das jeweilige Projekt und eine hohe Transparenz bezüglich der Aktivitäten und erarbeiteten Ergebnisse ist sichergestellt, dass die Lösung später auch eine hohe Akzeptanz bei den Stakeholdern erfährt. Wer eine echte Chance hat, seine Meinung, Erfahrung aber auch Sorgen in einen Prozess mit einzubringen, der bringt später eine deutlich höhere Bereitschaft mit, die Implementierung des Ergebnisses zu unterstützen. 19

Auch inhaltlich profitiert ein Projekt von dem Einbeziehen unterschiedlicher Personen. Es wird sowohl während der Analyse der Situation als auch in der Phase 20 der Lösungsentwicklung großen Wert darauf gelegt, möglichst viele unterschiedliche Blickwinkel auf die Situation zu berücksichtigen. Die Summe der Erfahrungen und des Wissens aller Beteiligten des Gesamtsystems wird auf diese Art und Weise für die Lösungsentwicklung nutzbar.

Beispiel

Ein Unternehmen möchte eine neue Unternehmensstrategie entwickeln bzw. die aktuelle Strategie auf die herausfordernde Marktsituation, die durch Wegfall von Margen in etablierten Geschäftsfeldern, Unsicherheit bezüglich neuer Geschäftsmodelle und ständige Veränderung im Umfeld gekennzeichnet ist, anpassen. Der Geschäftsführer befürchtet, dass strukturelle Veränderungen oder gar Personalabbau notwendig sein könnten, um das Unternehmen für die Zukunft gut aufzustellen.

In einem solchen Fall ist es sinnvoll, die Strategie von ausgewählten (nicht notwendigerweise nur leitenden) Mitarbeitern des Unternehmens gemeinsam erarbeiten zu lassen und das Ziel, aber auch die Herausforderungen auf dem Weg zur Zielerreichung, sehr transparent gegenüber den Mitarbeitern zu kommunizieren. Die Interessensgruppen Betriebsrat und Aufsichtsrat lassen sich darüber steuern, dass Sie z.B. im Lenkungsgremium sitzen und dort ihre Interessen einbringen können.

---

21 Ein weiteres elementares Merkmal systemischer Beratung, welches diese Methode deutlich von den inhaltlichen Beratungsmethoden unterscheidet, ist, besonders auch **„weiche“ Faktoren** mit in die Problembeschreibung und in den Lösungsfindungsprozess einzubeziehen. So kann zum Beispiel die Klärung eines Disputes zwischen zwei Mitarbeitern zum Teil eine größere Wirkung auf den wirtschaftlichen Erfolg eines Teams haben, als die Einführung neuer Strukturen. Oder die Steigerung der persönlichen Motivation von Mitarbeitern kann die Effizienz eines Prozesses stärker erhöhen als die Einführung eines besseren IT-Tools.

22 Die **Rolle des Beraters in der systemischen Beratung** unterscheidet sich deutlich von der Expertenrolle in der herkömmlichen Unternehmensberatung. Der Schwerpunkt der Methodik liegt darin, das vorhandene **Wissen** und die Erfahrungen der Mitarbeiter oder anderer Stakeholder (z.B. Kunden) für die Lösungsentwicklung **nutzbar zu machen**. Der Berater ist in erster Linie der Experte für den Lösungsfindungsprozess. Er bringt sein eigenes fachliches Expertenwissen dabei punktuell in den Prozess mit ein, dieses ergänzt aber nur den Input der Gruppe, mit der er arbeitet, um eine (von vielen) mögliche Sichtweise der Dinge. Die Entscheidung, ob die Ideen des Beraters für die Lösungsfindung zielführend sind und verwendet werden, obliegt dem Klienten bzw. der Gruppe, in der diese Lösung erarbeitet wird.

23 Der Berater ist in erster Linie also dafür verantwortlich, den Lösungsfindungsprozess des Klienten zu strukturieren und zu moderieren und dafür zu sorgen, dass das Beratungsziel am Ende des Beratungsprozesses erreicht wird. Auf der organisatorischen Ebene strukturiert er den Prozess, sorgt für eine klare und saubere Zieldefinition, organisiert und moderiert Workshops und Projektmeetings und kümmert sich um die Kommunikation innerhalb des Projektteams sowie gegenüber den Stakeholdern.

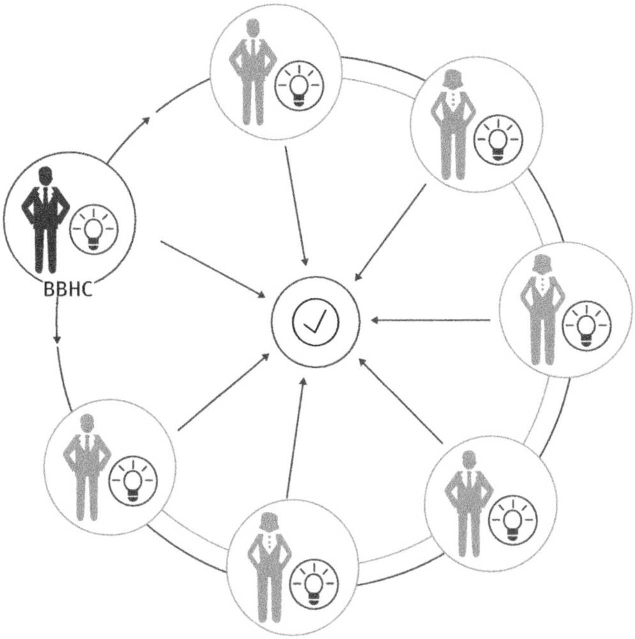

Abb. 3: Systemische Beratung[10]

Auf der inhaltlichen Ebene stellt er vor allem die „richtigen" Fragen, um auf den ersten Blick verborgenes Wissen des Systems für die Lösungsfindung nutzbar zu machen. Die Erfahrung zeigt, dass die Mitarbeiter einer Firma oft die Ideen, die ein Berater mit viel Aufwand erarbeitet hat, selbst auch schon einmal hatten, sie aber vielleicht nicht nachverfolgt oder ernst genommen haben. Oder einzelne Mitarbeiter wissen intuitiv, dass eine Idee funktionieren würde, es aber keinen Raum gibt, wo sie sich mit diesen Ideen einbringen können oder ihre Intuition Beachtung findet. 24

Der systemische Berater interessiert sich genau für diese intuitiven Lösungsansätze von Personen aus dem System. Er minimiert das Risiko, dass die Lösung „am Problem vorbei geht", indem er sicherstellt, dass möglichst viele unterschiedliche (auch kritische!) Blickwinkel in den Prozess mit einfließen. 25

Die **systemische Organisationsberatung[11] läuft in vier Phasen ab:** 26

1. Zieldefinition mit dem Auftraggeber:
   - Was genau ist das Thema der Beratung?
   - Welche Ziele sollen am Ende des Beratungsprojektes erreicht sein?

10 Quelle: Eigene Darstellung.

11 *König/Volmer*, Systemische Organisationsberatung.

   - Bis wann soll dieses Ergebnis erreicht werden? Welche Meilensteine gibt es bis dahin?
   - Umfang der Maßnahmen (Tage, Kosten)
2. Analyse der Ausgangssituation und des Problems (Klärungsphase):
   - Interviews mit Stakeholdern in unterschiedlichen Positionen und mit unterschiedlichen thematischen Schwerpunkten
   - Workshops mit Mitarbeitern, die direkt und indirekt von dem Thema tangiert werden
3. Lösungs- oder Veränderungsphase (Was für Optionen gibt es zur Problemlösung?)
4. Abschlussphase (Wie geht es konkret weiter? Nächste Schritte, Vereinbarungen)

27 Die **Rolle des Klienten** ist es, dem Berater für den Prozess Zugang zu den „Systemelementen" (Mitarbeiter, Stakeholder wie Betriebsräte, Kunden), die von der Themenstellung betroffen sind, zu geben. Dies geschieht zum Beispiel dadurch, dass er für die Erarbeitung der Lösung ein Team zusammenstellt, welches sich aus Mitarbeitern unterschiedlicher Bereiche und Positionen zusammensetzt oder, dass er die Erfahrung und das Wissen von indirekt Beteiligten, zum Beispiel durch Interviews, nutzbar macht. Er bemüht sich also um eine möglichst heterogene Zusammenstellung des Projektteams und eine möglichst vielfältige Sicht auf das Thema sowohl bei der Problembeschreibung als auch bei der Lösungsfindung.

III. Die Berater-Realität: Ein pragmatischer Mix aus Experten- und Prozessberatung

28 Die beiden Beratungsansätze, die in den letzten Abschnitten vorgestellt wurden, stellen im Berateralltag gewissermaßen die beiden Außenplanken der Beratung dar. Wer einmal methodisch geschult die Vorteile des systemischen Ansatzes erfahren hat, wird diese Methodik auch bei Aufträgen, die eher Richtung Expertenberatung tendieren, mit einbeziehen. Es sind oft nur kleine methodische Kniffe, die es auch in dem konventionellen Prozess ermöglichen, die Qualität der Lösung zu steigern oder schnell Antworten auf Detailfragen zu finden.

29 Anders herum ist es oft im Arbeitsalltag nicht möglich, die „reine Lehre" der systemischen Beratung umzusetzen. Diese Methode ist für viele Klienten und ihre Mitarbeiter herausfordernd, da sie mit einer solchen Arbeitsweise nicht vertraut sind und zum Teil Vorbehalte gegenüber eher intuitiven und weichen Themen haben. Viele Mitarbeiter erwarten von einem Berater, dass er die Lösung präsentiert und sind mit der Verantwortung, sich mit einer klaren Meinung aktiv in die Lösungsfindung einzubringen, zum Teil überfordert.

30 Der Berater muss also im Alltag oft die Brücke zwischen dem vielleicht theoretisch optimalen, methodischen Ansatz und der Bereitschaft des Klientensystems, sich auf diesen Ansatz einzulassen, schlagen. Je größer die Erfahrung des Klientensystems mit Projektarbeit und dem gemeinsamen Erarbeiten von Lösungen in Workshops ist,

desto schneller und leichter kann mit der systemischen Methode eine Lösung erarbeitet werden.

C. Strategieentwicklung

Im folgenden Kapitel werden zunächst verallgemeinert die Phasen eines typischen Strategieentwicklungsprozesses dargestellt.[12] Diese sind allgemeingültig und auf jede Form der Strategieentwicklung anwendbar (z.B. in Form einer Unternehmensstrategie, Vertriebsstrategie, Personalstrategie, Marketingstrategie etc.). Im Anschluss daran wird aufgezeigt, wie sich dies auf die Entwicklung einer Compliance-Strategie übertragen lässt. 31

I. Treiber für die Strategieentwicklung: Die Notwendigkeit für eine Kursveränderung

Die Themen Vision, Leitbild und strategische Ziele haben im von Hektik und Druck geprägten unternehmerischen Alltag oft wenig Raum, da sie nicht direkt dazu beitragen, aktuelle Probleme kurzfristig zu lösen. Oft hört man Sätze wie „wir haben keine Zeit für allgemeines Gerede, wir müssen uns um unsere konkreten Probleme kümmern“. 32

> „Gib mir 6 Stunden einen Baum zu fällen und ich werde die ersten 4 mit dem Schärfen der Axt verbringen.“ (Abraham Lincoln)

Strategieentwicklung bedeutet „seine Axt zu schärfen“. Nicht die kurzfristige Lösung der aktuellen Probleme ist das Ziel, sondern eher eine Art „Kompass“ für das Unternehmen, der auch während stürmischer und wechselhafter Einflüsse im unternehmerischen Alltag einen Kurs und ein Selbstverständnis vorgibt. 33

Die Geschäftsführung eines Unternehmens kann unterschiedliche **Motivation** für die Initiierung eines solchen Prozesses haben: 34

1. Das Selbstverständnis, dass regelmäßig die Strategie auf den Prüfstein gestellt werden sollte. Diesem Selbstverständnis liegt die Erkenntnis zugrunde, dass strategisches Agieren einen unternehmerischen Wert hat.
2. Die Notwendigkeit der Adaption eines komplexen Systems auf absehbare Veränderungen in der Zukunft.
3. Die Implementierung neuer Komponenten in der Unternehmensphilosophie.

---

12 Vgl. Rn 40 ff.

35 Die entwickelte Strategie wird später im Rahmen eines **Change-Prozesses** in der Organisation konzeptionell umgesetzt.[13]

II. Unterschiedliche Beraterrollen im Rahmen der Strategieberatung

36 Bevor der Strategieentwicklungsprozess selbst beleuchtet wird, erläutern wir kurz die unterschiedlichen Rollen, die ein Berater in einem Strategieprozess einnehmen kann. Die Art und Intensität der Beratungsleistung hängt in hohem Maße davon ab, wie viel Know-How und personelle Kapazität hinsichtlich Strategieentwicklung im eigenen Unternehmen vorhanden sind.

37 Die umfassendste Rolle eines Beraters in der Strategieberatung ist die der **Projektleitung** im Strategieprozess. In diesem Fall übernimmt der Berater neben der methodischen Arbeit auch die, das Projekt insgesamt zu steuern und auch die Ergebnisse zu verantworten. Die Herausforderung bei einer solchen Rolle ist es, dass die Projektleitung weder Teil des Systems ist noch direkten Zugriff auf die Mitarbeiter und Prozesse im Unternehmen hat. Es erfordert ein hohes Maß an Motivation bei den Mitarbeitern oder eine klare Projekthierarchie, um ein solches Projekt „aus der Ferne" zu steuern.

38 Eine etwas abgeschwächte Rolle im Strategieprojekt ist die der **Prozessbegleitung**. In diesem Falle gibt es eine interne Projektleitung, die methodisch und organisatorisch vom Berater unterstützt wird. Das kann bedeuten, dass der Berater sowohl die Struktur des Prozesses vorgibt als auch Workshops konzipiert und leitet und Teilaufgaben im Projekt, wie zum Beispiel die Projektkommunikation oder die Expertenrolle hinsichtlich spezieller Fragestellungen, übernimmt. Es bedeutet aber gleichzeitig, dass das Projekt „von innen" durch die Projektleitung vor Ort vorangetrieben wird.

39 Sofern die oben genannten Rollen mit unternehmenseigenem Personal abgedeckt werden können, kann der Berater noch die Funktion einer „zweiten Instanz" zur Plausibilisierung und Bewertung der erarbeiteten Strategie haben oder vereinzelt zu speziellen Themen als Experte hinzugezogen werden.

III. Die Phasen des Strategieprozesses

40 Unabhängig von der Organisation des Strategieprojektes und der Rolle des Beraters gibt es eine Grundstruktur, die allen Strategieprozessen gemein ist:

41 Der Prozess lässt sich in drei Phasen gliedern: die Ist-Analyse, die Vision und die Konzeption der Strategieumsetzung. Dabei gibt es unterschiedliche Wege zum Ziel:

13 Vgl. Rn 62 ff.

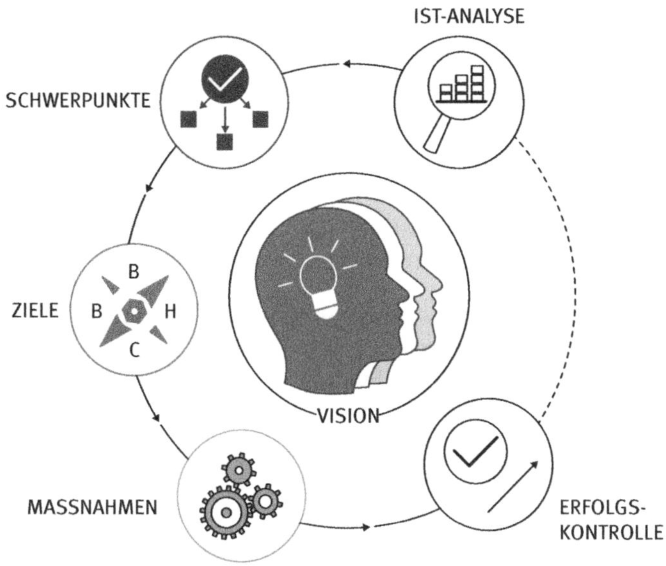

Abb. 4: Die Phasen des Strategieprozesses[14]

Man kann mit der Ist-Analyse beginnen, um sich erst einmal über die Ausgangsbasis klar zu werden und darauf aufbauend die Vision zu entwickeln. Man kann aber auch mit der Vision beginnen, um dann fokussierter in die Ist-Analyse zu gehen.

Beispiel

Wir möchten zur Verdeutlichung des Visionsentwicklungsprozesses an dieser Stelle ein Beispiel einführen, dass die im Folgenden beschriebenen, einzelnen Prozessschritte plastisch und greifbarer werden lässt. Wir stellen uns dazu den Kapitän eines Handelsschiffes vor, der von der Idee getrieben ist, mit seiner Besatzung auf Expedition zu gehen und neues Land hinter dem Meer zu finden.
So wie Unternehmen heute ständig auf der Suche nach neuen Geschäftsmodellen und erfolgsversprechenden Tätigkeitsfeldern sind, so waren auch damals die Seefahrer Pioniere, die in jeder Hinsicht Neuland betreten haben und sich auf eine Reise ins Ungewisse begeben haben, in der Hoffnung auf Erfolg der Mission.

---

1. Die Vision und das Leitbild

Die **treibende Kraft hinter jeder Strategie** ist die Vision. Eine Vision ist das innere 42
emotional positive Bild, das eine Person oder Gruppe von Personen zu einem Thema in sich trägt. Wenn es gelingt, in einer Gruppe von Mitarbeitern oder gar in der ganzen

14 Quelle: Eigene Darstellung.

Mitarbeiterschaft eine solche Vision entstehen zu lassen, wenn alle das gleiche positive Zielbild für die Gruppe vor ihrem inneren Auge haben, dann wird es leicht, gemeinsam mit Freude und Enthusiasmus den Weg dorthin zu beschreiten und erfolgsversprechende Maßnahmen zu initiieren. Genauso ist es im Umkehrschluss für ein Unternehmen extrem schwierig, große Schritte nach vorne zu machen, wenn die Mitarbeiter individuelle oder gar gegenläufige Vorstellungen von ihren persönlichen Zielen haben, sich innerlich gegen eine Entwicklung sperren oder vielleicht einfach noch nie darüber nachgedacht haben, wo sie sich und das Unternehmen zukünftig sehen.

> „Wenn Du ein Schiff bauen willst, dann trommle nicht Männer zusammen um Holz zu beschaffen, Aufgaben zu vergeben und die Arbeit einzuteilen, sondern lehre die Männer die Sehnsucht nach dem weiten, endlosen Meer." (Antoine de Saint-Exupery)

43 In der Wirtschaft geht es selten um Emotionen und Visionen. Meist reden wir von Fakten und Zahlen, Zusammenhängen und Abhängigkeiten, Leistung und Wachstum. Dabei wird oft vernachlässigt, dass der größte Treiber für Innovationen und für Entwicklung genau dort verborgen liegt, wo Mitarbeiter den inneren Antrieb haben, ein Thema nach vorne zu bringen. Nicht das von außen vorgegebene Ziel wird sie zu Höchstleistungen anspornen, sondern ein Ziel, das für sie selber attraktiv erscheint, ein Thema, das sie selber fasziniert, das ihren Ehrgeiz weckt, über sich hinaus zu wachsen.

44 Eine **gemeinsam entwickelte Vision** kann einem Team oder einem Unternehmen genau diese Art von innerer Motivation geben, kann eine innovative und kreative Energie freisetzen. Gerade in Zeiten, in denen durch starke Veränderungen oder Herausforderungen im Marktumfeld Qualitäten wie Innovation und Flexibilität gefordert sind, gewinnt dieser Aspekt bei der Entwicklung einer erfolgsversprechenden Strategie eine immer größere Bedeutung. Wenn sich Mitarbeiter mit der Leitidee und der Kultur des Unternehmens identifizieren, sind sie deutlich effizienter und innovativer. Die Vision gibt den Mitarbeitern die innere Sicherheit, auf dem „richtigen" Weg zu sein und mit den Kollegen am gleichen Strang zu ziehen. Im Optimalfall sind daher alle Mitarbeiter, die von einem Thema betroffen sind, in die Visionserstellung eingebunden.

45 Die der Vision **zugrunde liegenden Fragestellungen** sind:
- Wie sehen wir uns in der Zukunft?
- Wie wollen wir gesehen werden?
- Wie stehen wir im Markt?
- Was macht uns aus?

46 Eine gemeinsame Vision kann auf unterschiedliche Art und Weise erarbeitet werden. Oft ist es hilfreich, sich dabei den inneren Bildern der Einzelnen über Symbole oder gezeichnete Bilder zu nähern. Es ist deutlich leichter, die Intuition (oder die sogenannte „emotionale Intelligenz") über diesen Weg nutzbar zu machen, als über Dis-

kussionen, welche sich oft in der Problemwelt des Alltags verfangen oder im Kreis geführt werden. Visionäres Denken und Empfinden funktioniert nicht über Logik und Verstand, sondern über auf Erfahrung basierender Intuition.

In der systemischen Organisationsberatung bedient sich der Berater daher meist 47
sogenannter **„analoger" Verfahren** (Malen von Bildern, Finden von Symbolen, Visualisierung von Systemen durch Stellen von Personen, Spielen von Alltagszenen in der Zukunft etc.), um die emotionale Intelligenz für die Visionserarbeitung zu nutzen. Diese Methoden sind in unserer Berufsalltagswelt exotisch und werden oft als „esoterisch" und wenig inhaltlich empfunden. Die Herausforderung für den Berater ist es daher, diese Vorurteile und Vorbehalte bei den Klienten zu entkräften und abzubauen und die Klienten dazu zu bewegen, sich auf eine neue, unvertraute Art des Arbeitens einzulassen.

Beispiel

In unserem Beispiel ist die Vision des seefahrenden Händlers das Bild von sich selbst, wie er seine Landesflagge auf neues Land setzt und dafür später zu Hause als Held gefeiert wird.
Um seine Crew für diese Mission zu gewinnen, muss er dafür sorgen, dass jedes seiner Team-Mitglieder sich von dieser Vision anstecken lässt.

Die Vision selbst entsteht zunächst nur in den Köpfen und Herzen der Menschen. 48
Ihre Verbalisierung geschieht in der Formulierung von sogenannten Leitsätzen. Diese Sätze formen das Leitbild, welches das Selbstverständnis der Organisation für einen Zeitpunkt in der Zukunft ausdrückt. Es ist so etwas wie ein Zielbild, das möglichst in wenigen Sätzen die Essenz der Vision wiedergibt.

Beispiel

Das Leitbild unserer Entdecker-Crew hätte z.B. folgendermaßen aussehen können:
- Die Eroberung neuer Länder auf dem Seeweg ist unser oberstes Ziel.
- Wir sind uns der Herausforderungen der Seereise bewusst und agieren professionell im Team.
- Wir sind eine gut funktionierende, eingeschworene Mannschaft, in der jeder seine klare Aufgabe hat und diese verantwortungsvoll übernimmt.
- Wir pflegen einen respektvollen Umgang untereinander und können uns in jeder Situation aufeinander verlassen.

---

2. Die Ist-Analyse

Wenn wir über die Ist-Analyse sprechen, kommen wir in für die Wirtschaft deutlich 49
vertrautere Gewässer. Die Ist-Analyse betrachtet die Situation innerhalb des Teams oder Unternehmens (SWOT oder auch Stärken-Schwächen-Analyse), die Situation und mögliche Entwicklung des externen Umfeldes, in dem sich das Team oder Unternehmen bewegt (Umfeldanalyse) sowie die Personen(kreise), die aufgrund ihres Eigeninteresses maßgeblich den Erfolg eines Teams oder Unternehmens beeinflussen (Stakeholder-Analyse).

50 Für den Fall, dass man vor der Ist-Analyse die Vision und das Leitbild erarbeitet hat, wird die Ist-Analyse gezielt auf diese Vision bezogen. Die Stärken und Schwächen zum Beispiel werden dann in Bezug auf das Erreichen genau dieser Vision betrachtet, ebenso das Umfeld und die Stakeholder.

51 Falls man mit der Ist-Analyse beginnt, geschieht diese allgemeiner. Es gibt keine Faustregel, welche Reihenfolge die Bessere ist. In Gruppen, die sich mit analogen Methoden schwer tun, kann es zum Beispiel Sinn machen mit der etwas greifbareren Ist-Analyse zu starten und daraus die Vision zu entwickeln. Ist die Gruppe bereit, sich auf analoge Methoden einzulassen, kann die Vision zu einer extrem starken Triebfeder für eine gezielte Ist-Analyse werden.

52 Den einzelnen Analyse-Bereichen liegen folgende Fragestellungen zugrunde:

a) SWOT-Analyse

53 Die Strengths-Weaknesses-Opportunities-Threads-Analyse (kurz SWOT) bezieht sich auf die interne Sicht im Unternehmen. Man kann und wird im Normalfall eine solche Analyse (immer mit der Vision im Hinterkopf) auf unterschiedliche strategische Themenbereiche beziehen. Strategische Schwerpunkte können dabei zum Beispiel Wirtschaftlichkeit, Produkte, Personal, Innovation und Prozesse sein. Der erste Schritt bei der SWOT-Analyse ist entsprechend, die strategischen Felder zu definieren, die für die zu erarbeitende Strategie relevant sind und die im Rahmen der Analyse betrachtet werden sollen.

54 Es gilt dann, für jedes strategische Feld die Stärken, die ausgebaut, und die Schwächen, die abgebaut werden sollen, zu identifizieren. Eine andere Art, das Thema Stärken/Schwächen greifbar zu machen, sind die Fragestellungen: Worauf sind wir stolz? Was bedauern wir?

Beispiel

Unser imaginäres Entdecker-Team analysiert seine Ist-Situation anhand von folgenden Fragestellungen (Auszug):

- Personal: Wer hat welche Fähigkeiten? Haben wir genug Leute und die richtige Teamzusammensetzung, um eine solche Mission zu stemmen?
- Technik: Wie ist der Zustand unseres Schiffes? Ist das Schiff für die Expedition richtig ausgestattet? Was fehlt noch und muss bis zur Expedition geändert werden?
- Ressourcen: Haben wir unsere Versorgung unterwegs gesichert? Was brauchen wir, um monatelang auf einem Schiff zu überleben? Was fehlt uns aus heutiger Sicht?
- Finanzierung: Ist die Finanzierung gesichert? Was für Mittel haben wir, was für Mittel brauchen wir noch?

---

b) Umfeld-Analyse – Wie ist unser Umfeld heute und wie wird es sich entwickeln?

55 Die Umfeld-Analyse bringt die **Sicht auf das Marktumfeld**, in dem man sich bewegt, ins Spiel. Im Rahmen dieser Analyse werden zunächst zu erwartende politische,

wirtschaftliche, soziale und technologische Entwicklungen betrachtet sowie ihre potenzielle Auswirkung auf konkurrierende Unternehmen und Produkte analysiert. Im Anschluss daran werden unterschiedliche Szenarien gebildet (Best Case, Worst Case und wahrscheinliche Entwicklung). Zuletzt wird betrachtet, wie sich diese Entwicklungen in den jeweiligen Szenarien auf die Organisation auswirken und welche strategischen Entscheidungen sich daraus ableiten lassen.

Beispiel
Die Segler überlegen sich ebenfalls, was im Umfeld passieren kann.
- Was passiert, wenn eine mögliche Finanzierung ausbleibt?
- Was tun wir, wenn unterwegs Mitglieder der Besatzung ausfallen?
- Gibt es Konkurrenzvorhaben zu unserer Expedition?
- Was geschieht, wenn wir die notwendigen Materialien für das Schiff nicht rechtzeitig geliefert bekommen?

---

c) Stakeholder-Analyse

Die Stakeholder-Analyse ist ein wichtiger Bestandteil des Strategieprozesses. Im 56
Rahmen dieser Analyse wird betrachtet, welche Personen oder Personengruppen auf den Erfolg der Zielerreichung Einfluss haben und wie groß dieser Einfluss ist. Außerdem wird betrachtet, wie die Interessen der jeweiligen Stakeholder gerichtet sind.

Ein Betriebsrat zum Beispiel wird immer im Interesse der Mitarbeiterrechte 57
agieren und zum Beispiel einer Umstrukturierung tendenziell kritisch gegenüberstehen. In so einem Fall muss man überlegen, wie man der kritischen Haltung begegnet und diesen Stakeholder „mit ins Boot holt“. Auf der anderen Seite kann der Betriebsrat ein starker Unterstützer sein, wenn es darum geht, im Rahmen einer Strategie Verbesserungen für die Arbeitnehmer einzuführen. In diesem Fall sollte man sich Gedanken machen, wie man diese positive Unterstützung am besten für das Projekt nutzbar machen kann.

Beispiel
Der wichtigste Stakeholder für die Entdecker-Truppe ist die Instanz, die die Reise finanziert. Wer kommt dafür in Frage? Wichtig ist auch, wer eine solche Mission verhindern wollen könnte. Gibt es Personen, deren Interesse es sein könnte, dass eine solche Mission nicht stattfindet? Gibt es andere Unterstützer, die vielleicht anders als mit monetären Mitteln helfen können?

---

3. Strategieumsetzung

Der Strategieentwicklungsprozess wird abgerundet mit der Definition von strategi- 58
schen Zielen, der Beschreibung von Maßnahmen und dem Definieren von Meilensteinen.

Im Laufe der Analyse der Stärken und Schwächen, des Umfeldes und der Stake- 59
holder kristallisieren sich **strategische Schwerpunkte** hinaus, die im Hinblick auf

die Vision für die Organisation von Relevanz sind. Es sind die Bereiche, in denen einerseits am meisten Handlungsbedarf gesehen wird und andererseits die größten Hebel zur Erreichung des Zieles zu erwarten sind.

Beispiel
Die imaginären Entdecker haben für ihr Projekt die folgenden strategischen Schwerpunkte definiert:
a. Zusammenstellung der Crew,
b. Ertüchtigung des Schiffes,
c. Finanzierung des Vorhabens,
d. Organisation der Versorgung.

Für jeden dieser strategischen Schwerpunkte wird anschließend ein strategisches Ziel definiert. Die Zieldefinition sollte dabei möglichst konkret, realistisch und terminierbar sein. Außerdem müssen Indikatoren definiert werden, welche die Zielerreichung messbar machen.
a. Crew: Bis Mitte nächsten Jahres stellen wir eine Crew zusammen, die neben dem Kapitän aus x Matrosen besteht. Unter den Matrosen müssen folgende Qualifikationen vorhanden sein: 1 Erste-Hilfe-Fachmann, 1 Schreiner, 2 Köche, ...
b. Schiffertüchtigung: Wir ertüchtigen das Schiff bis Juni nächsten Jahres für die Expedition.
c. Finanzierung: Wir organisieren in den nächsten 3 Monaten eine Finanzierung für eine 12-monatige Expedition.
d. Versorgung: Bis Juli nächsten Jahres haben wir alle für die Dauer von 6 Monaten notwendigen Lebensmittel und Gebrauchtwaren besorgt und in der Nähe des Schiffes gelagert.

---

60 Als letzter Schritt werden für jeden strategischen Schwerpunkt **konkrete Maßnahmen** beschrieben, die der Zielerreichung dienen sollen. Im Rahmen dieser Maßnahmen werden auch Meilensteine definiert, die es ermöglichen, den Verlauf der Umsetzung der Maßnahmen zu kontrollieren.

Beispiel
Maßnahmen Crew:
- Ausbildung bestehender Crew-Mitglieder hinsichtlich Erste Hilfe, Küche etc. (wer, was genau, wann genau)
- Anheuern zusätzlicher Crew-Mitglieder mit handwerklichen Fähigkeiten (Anzahl, Qualifikation)

Maßnahmen Schiffbau:
- Beschaffung der Materialien bis Ende des Jahres
- Suche von Handwerkern für die Schiffsertüchtigung (Meilenstein Handwerker startklar im Februar)

Maßnahmen Finanzierung:
- Gespräche mit Landesregierung
- Gespräche mit privaten Investoren (Großgrundbesitzern)

---

61 Mit der Definition von strategischen Schwerpunkten, strategischen Zielen und dem Herunterbrechen dieser Ziele in Maßnahmen und Meilensteine ist die Phase der Strategieentwicklung beendet. Der Strategieprozess tritt nun in die nächste Phase ein: die der operativen Umsetzung.

D. Organisationsentwicklung

Im Unterschied zur Strategieberatung, bei der Geschäftsfelder und Aktivitäten grundlegend überprüft werden und ein Leitbild zur zukünftigen strategischen Ausrichtung konzipiert wird, agiert die **Organisations- und Prozessberatung** innerhalb einer gegebenen Strategie und setzt diese um. Sie fragt danach, wie die einzelnen unternehmerischen Aktivitäten bestmöglich zu gestalten und aufeinander abzustimmen sind. Die Strategie ist folglich als Ausgangspunkt für die Organisations- und Prozessberatung zu betrachten. 62

I. Grundlagen der Organisationstheorie

Ein Unternehmen ist ein komplexes, arbeitsteiliges System, indem eine Vielzahl an Teilaufgaben und Arbeitsgängen von unterschiedlichsten Akteuren verrichtet werden. Die Grundfragestellung in diesem Zusammenhang lautet, wie sich diese einzelnen Elemente zu möglichst sinnvollen Komplexen ordnen und strukturieren lassen. Der Schlüssel liegt in der Schaffung einer **Organisation**, also das gezielte Gestalten von formalen und dauerhaften Regelungen, mit denen das Verhalten und die Erwartungen der Beteiligten aufeinander abgestimmt und gesteuert werden.[15] Ein solches Regelwerk kann sich beispielsweise auf Arbeitsinhalte, Beziehungen und Schnittstellen, Autoritäten oder allgemeine Abläufe von Prozessen beziehen und stellt sicher, dass ein und derselbe Vorgang immer wieder auf die gleiche Weise durchgeführt wird. Es ist zu unterscheiden von einer informalen Organisationsstruktur, bei der Verhaltensmuster der Organisationsmitarbeiter auf Normen und Gewohnheiten basiert, die auf nicht-offiziellem Wege historisch gewachsen sind und oftmals parallel bzw. ergänzend zu formalen Regeln auftreten. Umfangreiche Regelungen haben den Vorteil, dass sie Stabilität in das Unternehmen bringen. Beispielsweise indem nicht jeder Einzelfall beurteilt werden muss und Unabhängigkeit von Personen gegeben ist. 63

Das Gegenstück zur Organisation wäre die **Improvisation**, also das Fehlen von Regelungen. Der Vorteil liegt hier wiederum in der Flexibilität. Auf Veränderungen kann schnell reagiert werden, da keine Vorschriften befolgt werden müssen und Sonderfälle und unvorhergesehene Situationen nicht alle gleich behandelt werden. 64

15 Im Rahmen der Organisationslehre existieren soziologische, psychologische sowie betriebswirtschaftliche Theorieansätze. Im Rahmen des vorliegenden Beitrags werden ausschließlich Konzepte aus dem Fachbereich der Betriebswirtschaftslehre dargestellt. Der Begriff der Organisation ist in der Literatur der Organisationslehre selbst nicht völlig einvernehmlich definiert. So kann nach *Becker*, Personalentwicklung, zwischen instrumentalem, institutionellem sowie funktionalem Organisationsbegriff unterschieden werden. Im Rahmen des vorliegenden Beitrags wird von einem instrumentalen Organisationsbegriff ausgegangen (das Unternehmen hat eine Organisation).

65 Eine Aussage zum optimalen Maß an Regelungen kann nicht pauschalisiert werden. Jedes Unternehmen muss individuell entscheiden, wie viel an Organisation und wie viel an Improvisation als optimal erscheinen. Grundlegend sollte jedoch der dichotome Zusammenhang von Stabilität und Flexibilität berücksichtigt werden.

II. Organisationsgestaltung

66 Welche grundlegenden Möglichkeiten gibt es, ein Unternehmen zu organisieren und welches sind die Einflussfaktoren für die Wahl einer bestimmten Organisationsstruktur? Im Folgenden soll ein Überblick über die formalen Organisationsstrukturen und Gestaltungsparameter gegeben werden.

67 Es lassen sich zwei wesentliche Möglichkeiten unterscheiden, ein Unternehmen zu organisieren. In der sogenannten **Aufbauorganisation**, werden die Rahmenbedingungen festlegt. Dazu werden die Elemente des Unternehmens nach Unternehmenseinheiten wie Abteilungen und Stellen strukturiert und in Form eines Organigramms verbindlich festgehalten. Das Organigramm beschreibt, welche Aufgaben von welchen Menschen und Sachmitteln zu bewältigen sind. Die **Ablauforganisation** wiederum bestimmt, wie die innerhalb dieses Rahmens ablaufenden Arbeits- und Informationsprozesse gestaltet werden. Dabei werden die Abläufe räumlich, zeitlich und personell festgelegt, aufeinander abgestimmt und in Form eines Ablauf-/Flussdiagramms dargestellt. Zwischen beiden Organisationsformen bestehen also wechselseitige Beziehungen. Mit der Wahl einer bestimmten Aufbauorganisation wird indirekt der Prozessablauf determiniert, welcher sich in der Ablauforganisation wiederfindet.

1. Aufbauorganisation

68 Bei der Aufbauorganisation werden wie bereits skizziert die Zuständigkeiten der einzelnen Elemente für die Erfüllung der Unternehmungsaufgabe geregelt. Der **Ausgangspunkt** zur Strukturierung einer Organisation liegt dabei in der Gliederung der Unternehmensziele (z.B. Umsatz erwirtschaften) in Aufgabenbereiche und der Bildung von Abteilungen als organisatorische Einheiten, die nach dem Prinzip der Arbeitsteilung zum Unternehmensziel beitragen und darüber miteinander verknüpft werden. Die Abteilungen bestehen wiederum aus einzelnen Stellen als kleinste Einheit einer Organisation, welche nach Maßgabe der Kompetenzen besetzt werden. Ferner gilt es, die Strukturierung der Leitungs- und Kommunikationsbeziehungen zwischen Abteilungen untereinander sowie innerhalb einer Abteilung sicherzustellen. Dazu ordnet man den Abteilungen eine Vorgesetzten- oder Leitungsstelle zu, die mit Entscheidungsbefugnissen und Weisungsbefugnissen ausgestattet sind. Die übrigen Stellen verrichten Ausführungsaufgaben. Als **Hilfsmittel** der Aufbauorganisation dient das Organigramm, welches die Zuständigkeiten visualisiert und der

Stellenbeschreibung, welche Ziele, Aufgaben, erforderliche Kompetenzen und Beziehungen zu anderen Stellen beschreibt.

Für die **Gestaltung der Organisationsstruktur** sind vielzählige Variationen 69
denkbar, die sich hinsichtlich der Gestaltung der Entscheidungs- und Weisungsbefugnissen voneinander unterscheiden und im Folgenden überblicksartig dargestellt werden:

a) Einliniensystem vs. Mehrliniensystem vs. Stabliniensystem

Im **Einliniensystem** ist jeder Stelle nur eine weisungsberechtigte Instanz übergeord- 70
net. Es ist vom Grundgedanken her als ein **vertikales Prinzip** mit klaren Hierarchien gestaltet. Dabei kann der Aufbau verrichtungsorientiert (sog. funktionale Organisation, also nach Tätigkeitsfeldern) oder objektorientiert (sog. divisionale Organisation, also nach Produkten oder Regionen) stattfinden.[16] Der Vorteil liegt in der klaren Zuständigkeit bei der Aufgabenerfüllung. Nachteilig bemerkbar macht sich das starre und unflexible Gebilde, bei dem lange Dienstwege (übergeordnete Instanz kann nicht übergangen werden) und Kommunikationsprobleme entstehen (obere Ebene hat wenig Einblick in Praxis der unteren Ebene). Beispiele für Einliniensysteme sind das Militär, die katholische Kirche oder Verbände.

Beim **Mehrliniensystem** können einer Stelle mehrere weisungsberechtigte Ins- 71
tanzen übergeordnet sein. Häufig haben Mitarbeiter einen Fachvorgesetzen und disziplinarische Vorgesetzte. Vorgesetzte in diesem System sind Spezialisten, die einen guten Know-How-Transfer ermöglichen. Es kann jedoch auch Kompetenzgerangel auftreten, wenn mehrere Führungsmitarbeiter Zugriff auf einen Mitarbeiter haben, insbesondere in Situationen von Kapazitätsknappheit. Vice versa kann beim Mitarbeiter ein Loyalitätskonflikt aufkommen, wenn dieser mehreren Vorgesetzten zuarbeitet und sich Abgabefristen überschneiden.

Beide Systeme können als **Stabliniensystem** ausgestaltet sein, bei dem Vorge- 72
setzte (insbesondere die Geschäftsführung) durch Stäbe ergänzt werden, die beratend und unterstützend tätig sind. Führungskräfte haben direkten Zugriff auf Expertenwissen und werden durch dieses entlastet (z.B. indem die Stabstelleninhaber Berichte ausarbeiten). Obwohl die Stabstelleninhaber in der Regel mit keinerlei Entscheidungsbefugnis ausgestattet sind, kann es dazu führen, dass sie aufgrund Ihrer Expertenrolle mittelbar Einfluss auf Entscheidungen nehmen können („graue Eminenzen"). Stabliniensysteme lassen sich zumeist in mittleren und Großunternehmen finden.

16 Vgl. Rn 73.

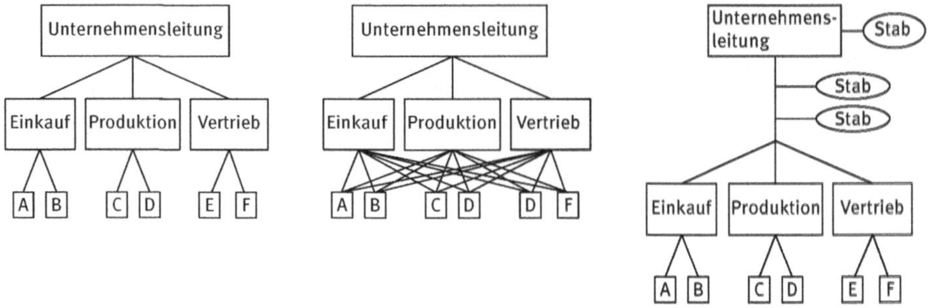

Abb. 5: Einlinien-, Mehrlinien- und Stabliniensystem[17]

b) Funktionale Organisationsstruktur vs. divisionale Organisationsstruktur

73 Eine Organisation kann grundsätzlich nach Funktionen oder nach Divisionen/Sparten gegliedert werden. Erstere Organisationsform nach Unternehmensfunktionen ist **verrichtungsorientiert**, beispielsweise in der Form Einkauf, Produktion und Vertrieb (vgl. Abb. 5 sowie Abb. 6). Der Vorteil liegt darin, dass Tätigkeiten nicht mehrmals durchgeführt werden (z.B. eine zentrale Abteilung, die sich um alle Einkäufe innerhalb des Unternehmens kümmert). Letztere Organisationsform ist **objektorientiert**, also nach Produktgruppen oder Regionen gegliedert, die jede für sich, ihre jeweils eigenen Funktionen hat. **Vorteil der divisionalen Organisationsstruktur** liegt in der Marktnähe. Die Abläufe und Produkte können direkt auf neue Kundenanforderungen angepasst werden, beispielsweise dadurch, dass Anforderungen mit der eigenen Produktions- und Vertriebsabteilung abgestimmt werden können. Zudem ist ein Ausgliedern einzelner Sparten (Outsourcing) einfacher umsetzbar, da sie als unabhängige Instanzen agieren. **Nachteile** können im Hinblick auf Lerneffekte entstehen.

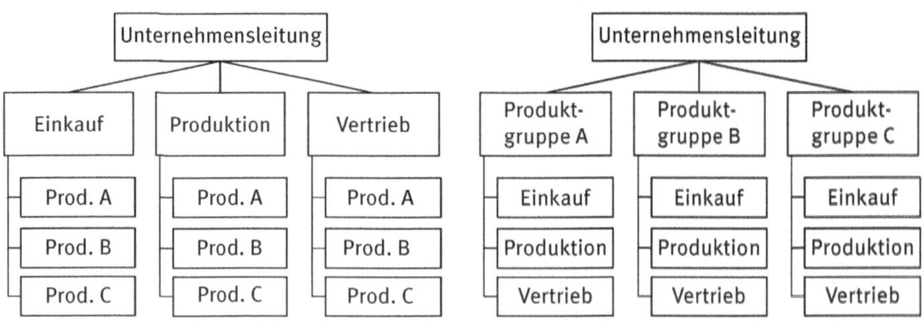

Abb. 6: Funktionale und divisionale Organisationsstruktur[18]

17 Quelle: Eigene Darstellung.
18 Quelle: Eigene Darstellung.

So kann es vorkommen, dass einmal eingeräumte Fehler (z.B. Produktionsfehler) in anderen Sparten nicht unmittelbar abgestellt werden. Ein weiteres Problem ist der „Spartenegoismus“, etwa wenn in einer Sparte kurzzeitig Fachkräftemangel vorliegt, ein möglicher Ausgleich durch Zugriff auf Fachmitarbeiter aus anderen Sparten mit Überkapazitäten jedoch verwehrt bleibt.

c) Matrixorganisation und Projektorganisation

Die genannten klassischen Organisationsformen werden zunehmend ergänzt bzw. 74
ersetzt durch modulare oder **virtuell-vernetzte Organisationsformen**. Eine häufige Variante ist die Matrixorganisation. Sie kombiniert die Vorteile der funktionalen und der divisionalen Organisationsstruktur, indem die Sparten die unterschiedlichen Funktionen gemeinsam nutzen. Die Matrixorganisation ermöglicht eine direkte Kommunikation innerhalb des Unternehmens und beschleunigt die Reaktionsfähigkeit. Dies erfordert wiederum einen hohen Koordinationsaufwand (z.B. viele Besprechungen) und kann zu Kompetenzgerangel führen (wer kann wann auf Kapazität der Funktionen zugreifen?).

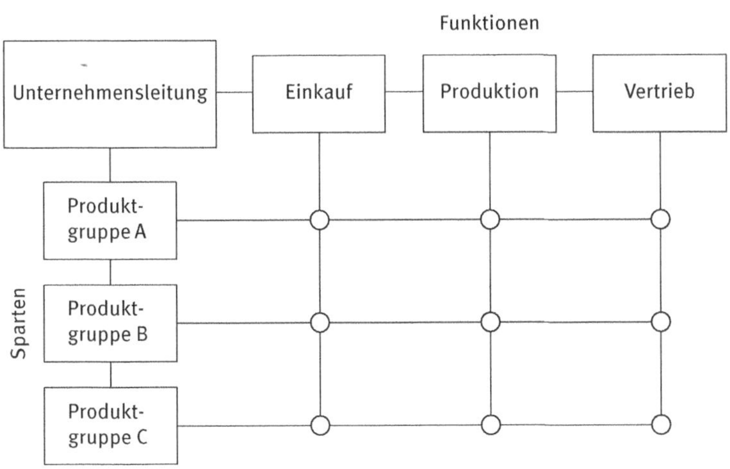

Abb. 7: Matrixorganisation[19]

Als zusätzliche Weiterentwicklung im Bereich der Organisationsformen ist die Pro- 75
jektorganisation bzw. Teamorganisation zu nennen. Aufgrund der zunehmenden Zahl und Bedeutung von Einzelprojekten in Unternehmen, die zur Bewältigung komplexer, singulärer Aufgaben mit spezifischen Leistungs-, Termin- und Kostenzie-

19 Quelle: Eigene Darstellung.

len eine effiziente Kommunikationsstruktur und eine Integration unterschiedlicher Unternehmensbereiche erfordert, wird in vielen Unternehmen zusätzlich auf eine Art Sekundärorganisation zurückgegriffen. Hier werden Personen aus der bestehenden Linienorganisation des Unternehmens und verschiedenen Fachbereichen teilweise oder gänzlich herausgelöst, um im Rahmen des Projektes zusammenzuarbeiten. Im Gegensatz zu den vorherigen Organisationsformen gilt eine Projektorganisation also für die Dauer des Projekts und nicht als beständige Organisationseinheit.

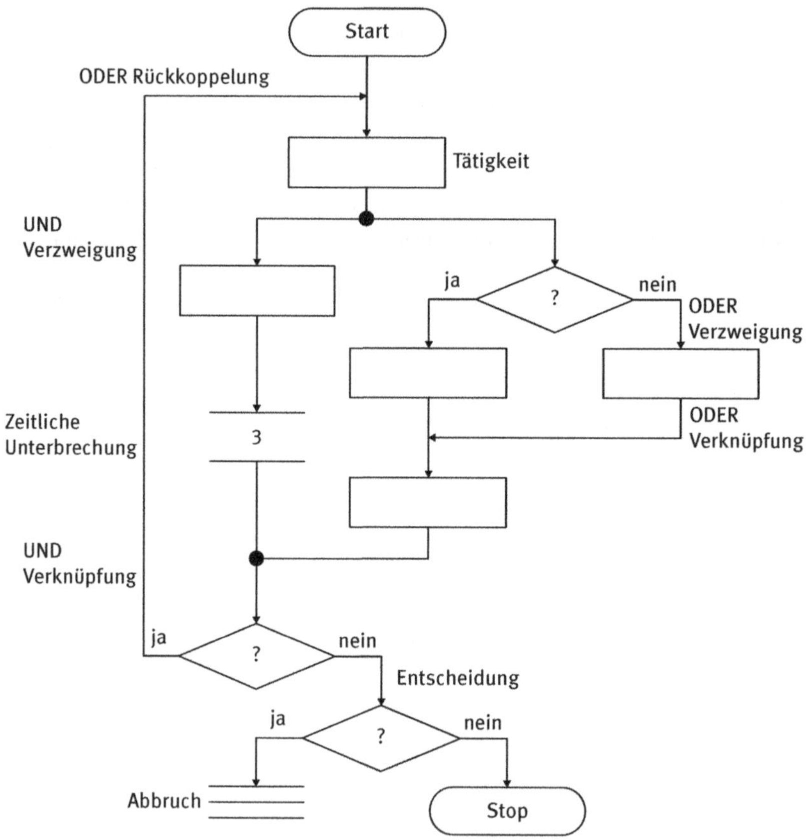

Abb. 8: Ablaufdiagramm[20]

20 *Hartmann*, Skript „Zusammenfassung Organisationslehre“, abrufbar unter http://www.harti.ch/harti/phw/1sem/ZF%20Org%203.pdf.

2. Ablauforganisation

Gegenstand der Ablauforganisation ist die optimale Gestaltung der Arbeitsabläufe 76
innerhalb eines gegebenen Organisationsaufbaus. Anders als bei der Aufbauorganisation, die festlegt, welcher Stelleninhaber für welche (Teil-)Aufgaben verantwortlich ist, definiert die Ablauforganisation, wie genau diese zu verrichten sind. Dabei geht es primär um die räumliche Anordnung der Betriebsmittel, die zeitliche Abfolge und Dauer der Verrichtungen sowie die Zuordnung zu Personen und Organisationseinheiten. Mit dem Ziel die vorhandenen Kapazitäten optimal zu nutzen, Bearbeitungszeiten und -kosten zu minimieren und insgesamt störungsfreie Arbeitsvorgänge zu ermöglichen. Wesentliches Hilfsmittel der Ablauforganisation ist das Arbeitsablaufdiagramm bzw. Flussdiagramm als auch die Prozessbeschreibung anhand dessen.

III. Wandel von Organisationen

Unternehmen agieren in einem Umfeld, das durch sich ständig verändernde Markt- 77
bedingungen geprägt ist und Veränderungsdruck auf die Organisation ausübt. Die Notwendigkeit einer Organisationsänderung kann sich dabei ergeben aus:
- persönlichen Gründen (z.B. Neubesetzung von Schlüsselpositionen, sich verändernde Altersstruktur der Mitarbeiter);
- internen Sachgründen (z.B. neue Unternehmensstrategie);
- externen Sachgründen (z.B. technischer Fortschritt, veränderte Kundenbedürfnisse).

So erfordern auch die Implementierung und Anpassung eines **Compliance-Konzep-** 78
tes aus dem Strategieprozess heraus einen Wandel der Organisationsstruktur.

Nachdem Grundkonzepte zum initialen Aufbau einer Organisation dargestellt 79
wurden, soll im Weiteren der Frage zur Möglichkeit der Weiterentwicklung nachgegangen werden. Zu unterscheiden ist dabei zwischen der **diskontinuierlichen Anpassung** einer Organisation, bei der eine einmalige Umstellung auf eine neue Arbeitsweise vollzogen wird und welche insbesondere in Krisensituationen angewendet wird,[21] und der **kontinuierlichen**, also in regelmäßig wiederkehrenden Zeitabständen betriebene **Anpassung.**[22]

1. Klassische Organisationsentwicklung

Unter der klassischen Organisationsentwicklung (OE) wird im Allgemeinen ein 80
bewusst und geplant herbeigeführter Entwicklungs- und Veränderungsprozess von

21 Vgl. Rn 80 ff.
22 Vgl. Rn 97 ff.

Organisationen verstanden. Dieser Terminus hat sich gegen Ende der 1950er Jahre in der angloamerikanischen Managementliteratur eingebürgert. Erste konzeptionelle Überlegungen zur OE gehen auf die 1930er Jahre zurück. Die Pionierarbeiten haben die Grundlage für alle weiteren Strömungen der OE gelegt und lassen sich auch heute bei der praktischen Umsetzung von Veränderungsprozessen wiederfinden. Nahezu alle Konzepte laufen auf zwei wesentliche Kernaspekte hinaus, die bei jedem Organisationsprojekt berücksichtigt werden sollten bzw. als Zielwert in den OE-Prozess einfließen sollten:

a) Leistungsziel

81 Erhaltung oder Erhöhung der Leistungsfähigkeit, der Innovationskraft sowie dem Konfliktlösungspotenzial einer Organisation zur Erreichung der strategischen Ziele.

b) Humanziel

82 Die Erweiterung des Handlungsspielraumes der Organisationsmitglieder bei der Arbeit, um Persönlichkeitsentfaltung und Selbstverwirklichung zu gewährleisten.

83 Stellten Arbeitnehmer neben der Produktionstechnologie lange Zeit nur funktionale Stellgrößen im Arbeitsprozess dar, so änderte sich diese Ansichtsweise im Zuge der Entwicklung der Fachdisziplin. Es wurde erkannt, dass alle Arbeitsorganisationen ein technisches und ein soziales System besitzen, die es gilt gemeinsam zu optimieren (**Tavistock-Ansatz**). Gruppendynamik (nach Kurt Lewin)[23] und der soziale Kontext (nach Roethlisberger[24] und Mayo[25]), dazu zählt auch die Komplexität des Lebenskontextes der Mitarbeiter (nach Lazarsfeld und Jahoda)[26], sind entscheidend für die beobachtbare Leistungsfähigkeit einer Organisation. Isolierte Lösungsansätze für technische Themen sind daher nicht zielführend. Seither stehen der Mensch und sein Verhalten im Mittelpunkt des Unternehmens und der OE. Im europäischen Raum, insbesondere in Deutschland, haben sich die OE-Ansätze zunächst nicht durchgesetzt und wurden erst relativ spät angewendet. Der direkte Einfluss der Mitarbeiter wurde von vielen Beteiligten lange Zeit in Kontext der Studenten- und Bürgerrechtsbewegungen der späten 1960er Jahre und der Einflusszunahme von Gewerkschaftsbewegungen suspekt betrachtet. Erst Ende der 1990er Jahre fand die Mitarbeiterpartizipation zunehmend bei Organisationsprojekten Berücksichtigung.

---

23 Vgl. *Lewin*, Human Relations 1/1947, 5 ff.; Newcomb/Hartley/*Lewin*, Readings in Social Psychology, S. 340 ff.

24 Vgl. *Lewin*, Human Relations 1/1947, 5 ff.; Newcomb/Hartley/*Lewin*, Readings in Social Psychology, S. 340 ff.

25 Vgl. *Mayo*, Human Problems of an Industrial Civilisation.

26 Vgl. *Jahoda/Zeisel/Lazarsfeld*, Arbeitslose von Marienthal.

OE ist stark geprägt von sozialpsychologischen Einflüssen und ist daher als offener und selbstreflexiver Prozesses verstanden worden. Sie nimmt einen unmittelbaren Einfluss auf den Arbeitsablauf und den Aufbau einer Organisation. Davon betroffen sind in erster Linie die Mitarbeiter, sowohl bei der Implementierung der angestrebten Veränderungsmaßnahmen als auch bei der späteren Anwendung im täglichen Doing auf der operativen Ebene. Zudem können Mitarbeiter, als Know-How-Träger eines Unternehmens, wertvollen Input in den OE-Prozess geben. Ein erfolgversprechendes Organisationsentwicklungsprojekt ist daher stets durch eine **Einbindung der Mitarbeiter** gekennzeichnet. 84

Auf passiver Ebene zählt hierzu zum einen die Gewährleistung von **Transparenz** 85
und eines regelmäßigen **Informationsflusses** innerhalb des Unternehmens über Stand und Ziele des Projektes. Mögliche Ansätze bestehen in der Einrichtung von Mitarbeitersprechstunde, Meckerkasten, außerordentliche Betriebsratssitzung, Einrichtung einer Internet-/Intranetplattform. In großen Unternehmen, bei denen Mitarbeiter aufgrund der Mitarbeiterzahl persönlich schwer zu erreichen sind, können auch innovative Überlegungen wie etwa die Produktion eines Kommunkationsvideos der Geschäftsführung hilfreich erscheinen.

Auf aktiver Ebene geht es darum, die mit der OE verbundenen Maßnahmen im 86
Sinne der Mitarbeiter zu gestalten und mit dem Ziel der Erweiterung des Handlungsspielraumes der Organisationsmitglieder, Verbesserung der sozialen Rahmenbedingungen zur Steigerung von Motivation und Arbeitsleistung, die Gewährleistung von Persönlichkeitsentfaltung und Selbstverwirklichung zu diskutieren. Um dies zu gewährleisten, können die Lösungskonzepte im Rahmen des OE-Projektes auch unmittelbar von den Mitarbeitern erarbeiten werden. Zweckdienlich ist die Bildung von Arbeitsgruppen mit Beteiligung von Mitarbeitern unterschiedlichster hierarchischer Stufen. Der Vorteil liegt insbesondere darin, dass gemeinsam erarbeitete Konzepte von den Mitarbeitern in der Umsetzungs- und Anwendungsphase getragen werden. Nur die gemeinsame Planung der neuen Organisationslösung stellt ihre Akzeptanz sicher. Hier ist wiederum ein Anknüpfungspunkt zur systemischen Beratung zu sehen, die genau auf diesem Aspekt basiert.[27]

c) Phase einer Organisationsentwicklung

Projekte zum Wandel einer Organisation lassen sich nach Kurt Lewin[28] grob in drei 87
wesentliche Phasen strukturieren. Im ersten Schritt besteht die Notwendigkeit einer **Auftauphase** (Unfreezing), in der auf die bevorstehenden Veränderungen vorbereitet wird und Hemmnisse für einen Wandel aus dem Weg geräumt werden. Primäres Ziel

27 Vgl. Rn 18 ff.

28 Vgl. *Lewin*, Human Relations 1/1947, 5 ff., und Newcomb/Hartley/*Lewin*, Readings in Social Psychology, S. 340 ff.

dieser Phase ist es, diejenigen Mitglieder einer Organisation zu erreichen, die für den Erhalt des Status Quo eintreten und dabei ein Verständnis der Gründe sowie für die Einsicht einer Veränderungsnotwendigkeit herbeizuführen. Auf diese Weise kann die Trägheit der Organisation überwunden und grundlegende Bereitschaft zum Wandel erzeugt werden. Diese Phase ist daher als elementar für den Erfolg einer OE zu sehen. Denkbar hierfür wäre die Bereitstellung von Analysen und Informationen als auch das Führen von Gruppendiskussionen, in denen die bisherige Praxis kritisch hinterfragt wird. Dabei sollte hinreichend Zeit eingeräumt werden, um den Mitarbeitern die Selbstreflektion zu ermöglichen. Im zweiten Schritt folgt die **Phase der Veränderung** (Changing). Hier werden Lösungen erarbeitet, erste Vorschläge testweise implementiert und Auswirkungen begutachtet. Hierzu müssen klare Verantwortlichkeiten verteilt und Mitarbeiter mit neuen Themen (z.B. geänderter Prozessabläufe) vertraut gemacht werden. Im letzten Schritt der **Einfrierungsphase** (Refreezing) gilt es, die neuen Strukturen dauerhaft zu implementieren und eine Rückentwicklung in die vorherigen Organisations- und Prozessstrukturen zu verhindern, beispielsweise durch die schriftliche Fixierung in Prozesshandbüchern. Sie schließt ebenfalls die Um- und Eingewöhnung an die neue Situation ein, was beispielsweise durch breite Mitarbeiterschulungen unterstützt werden kann. Ziel dieser Phase ist es, neue Stabilität in der Organisation herbeizuführen.

88 Diese grundlegende Phasenbildung und dessen Betonung auf die Bedeutung der Überwindung von Hindernissen lassen sich in den weiteren gängigen Phasenkonzepten der OE wiedererkennen. John P. Kotter[29] beispielsweise empfiehlt für Organisationsprojekte acht Phasen zu durchlaufen. Die ersten vier entsprechen dabei der Auftauphase, die drei weiteren der Veränderungsphase sowie die letzte der Einfrierphase:

1. Ein Gefühl der Dringlichkeit für die Veränderung erzeugen.
2. Verbündete unter den richtungweisenden Personen suchen und eine Koalition bilden. Veränderungen sind nicht von einer Person zu bewältigen.
3. Konkrete Formulierung einer Vision.
4. Kommunizieren der Veränderungsvision.
5. Erteilung von Freiheiten und Verantwortung auf möglichst breiter Basis bis hin zur Bevollmächtigung. Einforderung von Beiträgen der Beteiligten.
6. Sicherstellung und Einforderung kurzfristiger Erfolge (z.B. gemäß Zeitplan).
7. Zwischenzeitlich Teilerfolge kommunizieren und für Weiterentwicklung sorgen.
8. Die erreichten Veränderungen in der Unternehmenskultur verankern.

89 Insgesamt lässt sich festhalten, dass Umgestaltungen in Unternehmen oftmals noch in der Anfangsphase scheitern. Es ist daher empfehlenswert, dieser Phase entspre-

29 Vgl. *Kotter*, Leading Change.

chend Aufmerksamkeit zu schenken. Beispielsweise dadurch, dass den Mitarbeitern hinreichend Zeit zur Selbstreflexion eingeräumt wird.

d) Externe Fachunterstützung

Die Komplexität der Thematik eines Strategieprozesses samt OE erfordert die Unterstützung eines Fachexperten, der sowohl Erfahrung im Umgang mit Strategieprozessen als auch mit der Begleitung der Implementierung hat sowie über Methodenkompetenz verfügt. Die **Bedeutung des externen Beraters** wird in verschiedenen Ansätzen der OE betont (insbesondere nach dem Aktionsforschungsansatz sowie Lippitt und Lippitt[30]). Eine wesentliche Begründung liegt darin, dass Optimierungspotenziale aufgrund mangelnder Vergleichswerte nicht immer erkannt werden. So müssen Terminprobleme, hohe Fehlzeiten oder Qualitätsmängel nicht notwendigerweise im Bewusstsein der Teilnehmer liegen und ein unmittelbares Handeln auslösen. Nicht selten ermöglicht das Hinzuziehen eines externen Beraters einen neuen Blick auf die Dinge. 90

Dabei kann das Rollenverhalten des Beraters von nicht-direktivem (Versorgung des Unternehmens mit Daten und Analysen) bis hin zu direktivem Rollenverhalten (führende Rolle bei der Bewältigung von OE- und Change-Management-Aufgaben) reichen. Typische Tätigkeiten und Expertisen eines Beraters sind die Analyse von Organisationsstrukturen, Prozessen und Schnittstellen, Identifizieren von Optimierungspotenzialen, Entwicklung von Aufbau- und Ablauforganisationen, Bestimmung des notwendigen Personalbedarfs, Erstellung von Anforderungsprofilen und Personalentwicklung/Coaching. Dabei zeichnet sich der Berater dadurch aus, das Hintergrundwissen zur Strategie- und Organisationsentwicklung zu haben und die erlernten und zur Verfügung stehenden Methodiken bei der Begleitung auf die unterschiedlichen Projektphasen anwenden zu können, abhängig davon welche Methodiken gerade erforderlich sind. 91

e) Ansätze einer Organisationsentwicklung

Die Vielzahl zur Verfügung stehender Methoden macht eine ausführliche Darstellung unmöglich. An dieser Stelle soll daher lediglich eine überblicksartige Darstellung unterschiedlicher und häufig angewendeter Ansätze erfolgen: 92

Bei der **Prozessberatung** wird die Leistungsfähigkeit von Organisationen durch Lösung von interpersonellen Problemen gesteigert. Typische Themenbereiche sind die Kommunikation, Beurteilung von Funktionen und Rollen in Teams, die Analyse von Entscheidungs- und Entwicklungsprozessen innerhalb und zwischen Gruppen. Damit ist sie aufgabenorientierter als die reine Prozessberatung im Management-Con- 93

30 Vgl. *Lippitt/Lippitt*, Beratung als Prozess.

sulting (dort werden Qualitätsverbesserungen und Prozessvereinfachungen mittels Benchmarking herbeigeführt).

94 Bei der **Survey-Feedback-Methode** wird im ersten Schritt eine Datenerhebung von betroffenen Mitgliedern eines Organisationssystems zur Einstellung über Problemfelder durchgeführt, zu der im zweiten Schritt eine Rückmeldung über die Auswertung im Beisein aller Mitglieder mit anschließender Diskussion erfolgt. Die Rolle des Beraters liegt hier in der Auswertung und Erhebung. Die Erarbeitung von Lösungsvorschlägen wird gemeinsam mit den Organisationsmitgliedern als interaktives Vorgehen vollzogen.

95 Der **Kontingenzansatz** analysiert das Führungsverhalten der Vorgesetzten und leitet darauf basierend theoretische Konsequenzen ab. Annahme ist, dass der Führungsstil maßgeblich von den individuellen Eigenschaften der Führungskraft und der Beziehung zwischen Vorgesetztem und Mitarbeiter abhängt. Da beide Variablen schwer zu verändern sind, wird die Organisation dahingehend verändert, dass sie zur Führungskraft und deren Führungsstil passt (situativer Ansatz).

96 Der Ausgangspunkt beim **Managerial-Grid-Ansatz** ist die Annahme, dass es zwei Orientierungen im Führungsverhalten gibt: Mitarbeiter- und Sachaufgabenorientierung. Der Managerial-Grid-Ansatz zeigt Kombinationsmöglichkeiten beider Orientierungen im Management auf. So gibt es Führungsstile, die weder auf die Mitarbeiter noch auf die Erreichung der Arbeitsergebnisse Wert legen sowie Führungsstile, die gleichzeitig hohe Arbeitsleistung als auch Wertschätzung der Mitarbeiter ermöglichen (Teammanagement).

2. Change Management

97 Die klassische OE beschreibt Ansätze zur punktuellen Veränderung einer Organisation im Übergang von einem Status zu einem neuen Status. Unter Change Management versteht man die zielgerichtet herbeigeführten Entwicklungsprozesse zur umfassenden und bereichsübergreifenden Veränderung von Organisationsstrukturen, betrieblicher Prozesse sowie Verhaltensweisen der Belegschaft. Change Management gehört in vielen Unternehmen bereits heute zum Methodenbaukasten für die erfolgreiche Bewältigung aller Anforderungen in einem sich sukzessive verändernden Marktumfeld. Der Erfolg hängt hierbei davon ab, inwiefern man diese Aktivitäten zur Effizienzsteigerung von Unternehmensabläufen und zur Steigerung der betrieblichen Leistungsfähigkeit in das operative Tagesgeschäft integrieren kann.

98 **Kritikpunkte**, die gegen die klassische OE vorgebracht werden, betreffen die Naivität gegenüber Machtstrukturen und die damit verbundenen Schwierigkeiten, den Einfluss des Managementboards zugunsten einer echten Mitarbeiterpartizipation zu reduzieren. Erfüllung seines humanen Grundanspruchs ist in vielen Organisationsprojekten schwer erfüllbar, zumal auch der Widerstand der Mitarbeiter häufig unterschätzt wurde. In der Anfangsphase der klassischen OE, standen Organisationsprojekte zudem unter einem relativ starken Einfluss des Beraters, der Lösungskonzepte

vorgab und damit eine Abhängigkeit schuf. Auch wenn schablonenhafte Lösungskonzepte mittlerweile in der Regel nicht mehr Anwendung finden, spielt die Wahl des Beraters eine nicht zu unterschätzende Rolle für den erfolgreichen Strategieprozess. Moderne und seriöse Beratungshäuser haben sich darauf konzentriert, ergebnisoffen zu agieren und vielmehr die Methodik in den Vordergrund Ihrer Arbeit zu stellen und weiter zu optimieren.

Im nächsten Abschnitt soll sich das Kapitel abschließend dem Thema „Change 99
Management" genauer gewidmet werden.

E. Controlling

Wie schon erwähnt, ergibt sich die Notwendigkeit eines Organisationswandels aus 100
den sich ständig verändernden Bedingungen des Marktumfeldes in dem sich Unternehmen bewegen. Die Innovation gilt dabei als Triebkraft der unternehmerischen Natur. Dabei hat die Schnelligkeit der Veränderungen seit der liberalen Wirtschaftspolitik der 1980er Jahre und der in der Folge zunehmenden Globalisierung deutlich zugenommen. Neue Technologien, neue Kundenbedürfnisse, Wettbewerbsdruck sowie sozio-kulturelle, politische oder auch rechtliche Rahmenbedingungen sind einem ständigen Wandel unterworfen. Unternehmen sind inzwischen einem ständigem Veränderungs- und Optimierungsdruck ausgesetzt und stehen vor der Herausforderung, sich entsprechend flexibel und anpassungsfähig aufzustellen.

Während das Unternehmen dadurch einerseits auf Kurs gehalten werden muss, 101
muss also gleichzeitig die Unternehmensorganisation mittelfristig immer wieder auf den Prüfstand gestellt und sukzessive angepasst werden, um Zukunftsfähigkeit zu gewährleisten. Wie soll das funktionieren? Es geht zum einen darum die Wettbewerberschaft nicht aus den Augen zu verlieren und zum anderen gleichzeitig selbst innovative Maßstäbe zu setzen und treibende Kraft der Veränderungen im Markt zu sein. Solche Veränderungsansätze erfordern Planung, Durchsetzung und Kontrolle.

Rein hierarchische, statische Organisationen können diese Anforderungen nicht 102
ausreichend erfüllen und werden daher an Bedeutung verlieren. Die moderne OE versteht sich nicht mehr als punktuelles Eingreifen in die Unternehmensstruktur. Vielmehr geht es darum, eine „Charaktereigenschaft" in Unternehmen zu etablieren, die Flexibilität zum Hauptinhalt der Unternehmenskultur macht und Unternehmen befähigt, Veränderungs- und Transformationsprozesse als festes Element zu etablieren. Hierzu zählen auch die regelmäßige Überprüfung der entwickelten Strategie und Maßnahmen im Verlauf des Strategieprozesses unter gleichzeitigem Beibehalten der Vision.

Wie aber kann dieser permanente Wandel organisatorisch umgesetzt werden und 103
wie lassen sich die Mitarbeiter in diesen Prozess einbinden? Welche möglichen Ansätze gibt es den Wandel zu steuern und dessen Erfolge zu messen? Worauf ist gesondert zu achten, wenn man den eigenen Compliance-Standards gerecht werden will?

104 Obwohl heutzutage in den meisten Unternehmen eine Veränderung auf die nächste folgt, mitunter zeitgleich mehrere Veränderungsprojekte parallel laufen, sind erfahrungsgemäß die wenigsten Projekte zur Umsetzung von Veränderungsprozessen der Organisationsstruktur koordiniert ausgestaltet. Darüber hinaus fehlt es oft an einer fortlaufenden und strukturierten Umsetzung im Sinne der Nachverfolgung der Projektfortschritte bis hin zur Messung der finalen Ergebnisse der Umsetzungsmaßnahmen.

105 Die Herausforderung hierbei ist es, die Planung eines Maßnahmenkatalogs einzelner, mehr oder weniger isolierter Aktivitäten und bloßer Absichtsbekundungen in eine nachhaltige Veränderungsstrategie unternehmensinterner Abläufe zu übersetzen. Es geht im Kern also darum, Veränderungsziele zu definieren und hieraus abgeleitete Maßnahmen im alltäglichen Ablauf der betrieblichen Leistungserstellung zu integrieren und wenn nötig nach zu justieren.

106 An dieser Stelle sollen **Methoden** vorgestellt werden, die häufig Anwendung **im Rahmen von Strategie- und Organisationsprojekten** finden und eine ständige Optimierung ermöglichen.

a) Lernende Organisation

107 In einer lernenden Organisation wird Wandel als normaler Zustand angesehen und die Leistungsfähigkeit des Unternehmens dadurch verbessert, dass das Lern- und Wissenspotenzial der Mitarbeiter sowie der Organisation insgesamt stets vergrößert wird. **Mechanismen**, die derartige Lernprozesse unterstützen sind:

- **offener Informationsaustausch**: Wissen einzelner Mitarbeiter oder Unternehmensbereiche steht allen Mitarbeiter zur Verfügung. Abwendung vom Herrschaftsdenken. Ein Wissensmanagement wird im Unternehmen etabliert (z.B. Wissensdatenbank in der Fachpräsentationen gespeichert werden).
- **positiver Umgang mit Fehlern**: Die Erkenntnisse aus fehlerhaften Verfahren werden genutzt, um Verbesserungen herbeizuführen.
- **positives Lernklima**: Möglichkeiten zur Mitarbeiter-Fortbildung geben sowie die Anregungen aus Fortbildungen ins Unternehmen mit einbringen.
- **Selbstorganisation statt Hierarchie**: Entscheidungen werden auf der Stufe der höchsten Kompetenz und des größten Erfahrungsschatzes getroffen, anstatt nach hierarchischen Kriterien.

108 Es werden drei **Lernebenen** unterschieden (nach Argyris und Schön):[31]

- **Anpassungslernen** („Single-Loop-Learning"): Anpassung nicht ergebnisbefriedigender Handlungen, Beibehalten der Rahmenbedingungen. Beispiel: Produktionsmitarbeiter erhöht Arbeitsgeschwindigkeit um Soll-Vorgaben zu erfüllen.

31 Vgl. *Argyris/Schön*, Organizational Learning II; *Argyris/Schön*, Knowledge for Action.

- **Veränderungslernen** („Double-Loop-Learning“): Reichen Anpassungsmaßnahmen des Single-Loop-Learning nicht aus, werden ebenfalls die Rahmenbedingungen verändert. Beispiel: Produktionsmitarbeiter verändert Anordnung der Werkzeuge und Arbeitsschritte.
- **Lernen Lernen** („Deutero-Learning“): Analyse und Hinterfragen der bisherigen Lernvorgänge im Unternehmen, um Lernstrategien zu optimieren.

b) Kontinuierlicher Verbesserungsprozess/Kaizen

Der kontinuierliche Verbesserungsprozess (KVP) und die Kaizen-Methode ist ein 109
Managementkonzept, das eine schrittweise Verbesserung und Perfektionierung von Prozessen vorsieht und über den Einsatz und einer entsprechenden Denkweise der Mitarbeiter realisiert wird. Der Begriff KVP stammt ursprünglich aus der Automobilindustrie und hat schon seit längerem Einzug in die Management-Literatur gefunden. KVP meint zielgerichtet gesteuerte und unternehmensintern planvoll organisierte Bemühungen zur fortlaufenden Optimierung der Aufbau- und Ablauforganisation. Die ist nicht als einmaliges Projekt durchführbar, sondern eine Unternehmensphilosophie, die vom Management und den Mitarbeitern gelebt wird. Sie besteht aus fortwährenden kleinen Verbesserungsschritten anstatt großer, entscheidender Neuerungen und Innovationen und wird im Rahmen des Qualitätsmanagements etabliert (z.B. als Bestandteil der DIN ISO 9001). Das Erarbeiten von Verbesserungsvorschlägen wird durch ein KVP-Team gesteuert und häufig werden in Form eines betrieblichen Vorschlagswesens Anreize geschaffen. Dazu können Mitarbeiter Verbesserungspotenziale aufspüren und Pläne zur Umsetzung einreichen.

Der **Ursprung von Kaizen** liegt in der japanischen Wirtschaft und beschreibt 110
einen Verbesserungsprozess, bei dem alle Mitarbeiter einbezogen werden. Der etymologische Ursprung von Kaizen liegt im Japanischen: Kai bedeutet „Veränderung“ und Zen ist das japanische Wort für „das Gute“. Kaizen soll den Mitarbeitern ihre Verantwortung und Bedeutung für das Unternehmen verdeutlichen. Es sollen die Mitarbeiter sein, die Verbesserungsvorschläge machen und dadurch noch ungenutzte Potenziale hervorheben. Das wohl bekannteste Beispiel für ein Unternehmen, das den Kaizen-Ansatz zum eignen Erfolg genutzt hat und hiermit in die wirtschaftswissenschaftliche Literatur weitreichend Eingang fand, ist der japanische Automobilhersteller Toyota.

Bei Toyota wurde zur Optimierung der betrieblichen Abläufe ein Programm 111
erarbeitet und permanent weiterentwickelt, welches auf vier verschiedenen Pfeilern aufbaut. Dabei fußt das Programm auf der Mitarbeiterebene und ist dadurch auf individuelle Beiträge zur Verbesserung des Gesamtunternehmens orientiert. Verbesserungspotenziale als auch Optimierungsmaßnahmen werden durch einen sogenannten **PDCA-Zyklus** kontinuierlich auf den Prüfstand gestellt. PDCA steht dabei für Plan-Do-Check-Act und beschreibt die einzelnen Phasen im Zuge der Umsetzung

der kontinuierlichen Verbesserungsprozesse. Nachfolgend eine Einzelbeschreibung der jeweiligen Phasen:[32]

Plan – In einem ersten Schritt sollte Verbesserungspotenzial identifiziert werden. Wie bereits beschrieben, kommt hier den Mitarbeitern aller Unternehmensebenen gleichermaßen Verantwortung zu.

Do – Im zweiten Schritt des Zyklus werden erste Optimierungsmöglichkeiten getestet und optimiert. Dieser Schritt sollte nicht verwechselt werden mit der Einführung eines Konzepts auf allen Ebenen, sondern vielmehr stellt er eine Art Experimentierphase dar.

Check – Die eben beschriebenen Resultate werden sorgfältig überprüft und bei Erfolg für die Umsetzung auf breiter Front als Standard freigegeben.

Act – Nach erfolgreicher Überprüfung auf Optimierungsmöglichkeiten werden die neuen Prozesse als Standard auf breiter Front eingeführt, festgeschrieben und regelmäßig auf Einhaltung überprüft. Die Verbesserung dieses Standards beginnt wiederum mit der ersten Phase Plan.

112 Inwiefern Kaizen als Instrument zur Organisation des fortlaufenden Wandels in die Unternehmenskultur integriert werden kann und aktiv in das Selbstverständnis der täglichen betrieblichen Leistungserstellung der einzelnen Mitarbeiter eingeht, hängt stark von Faktoren wie dem Unternehmensumfeld und der Wettbewerberlandschaft, dem Tätigkeitsfeld des Unternehmens, der Internationalität als auch von der Prägung des Management und dem Durchschnittsalter der Belegschaft ab.[33]

113 Ursprünglich als Variante der Optimierung aus dem „Bottom-Up"-Blickwinkel der untersten Mitarbeiterebenen gedacht, welche am ehesten in der operativen Arbeit integriert sind und hier Optimierungspotenziale „hautnah" feststellen können, hat sich der Einsatz von Kaizen im Zuge der sukzessiven Verbreitung als grundlegendes Konzept stärker zu einer Top-Down-Umsetzung aus den Management-Ebenen der Unternehmen in projektgetriebenen und zeitlich begrenzten, klar definierten Zielstellungen gewandelt. Die Top-Down-Variante von Kaizen wird vom Management veranlasst und oft in Projekten organisiert. Die Durchführung bezieht sich auf die Mitglieder der Führungsebene. Der Inhalt ist dabei auf die wichtigsten Projekte des Unternehmens fokussiert.[34]

32 Vgl. *Binner*, Prozessorientierte TQM-Umsetzung, S. 32.

33 Vgl. *Pohanka*, Six Sigma und Kaizen, S. 39.

34 Vgl. *Pohanka*, Six Sigma und Kaizen, S. 45.

c) Six Sigma

Six Sigma ist ein systematisches Vorgehen zur Prozessverbesserung unter Anwendung analytischer und statistischer Methoden. Ihr Kernelement ist die Beschreibung, Messung, Analyse, Verbesserung und Überwachung von Geschäftsvorgängen mit statistischen Mitteln wie beispielsweise der DMAIC-Methodik (Define-Measure-Analyse-Improve-Control). Aus der Anzahl der Fehler in einem Prozess wird ein sogenanntes Sigma-Niveau ermitteln. Bei einem Niveau von sechs Sigma treten bei einer Million Fehlermöglichkeiten weniger als vier Fehler auf, was einer „Null-Fehler"-Produktion entspricht. 114

Die zwei grundlegenden Stoßrichtungen für die Definition und Durchsetzung von Unternehmensstrategien bilden demnach der Top-Down-Ansatz einerseits und der Bottom-Up-Ansatz andererseits. Beim **Bottom-Up-Ansatz** sind die eigenen Mitarbeiter angehalten Verbesserungs- und Änderungsvorschläge zu erkennen und proaktiv an das Management weiterzugeben. Mitarbeiter werden dadurch von der Geschäftsführung in die Entwicklung der mittel- bis langfristigen Ziele des Unternehmens integriert. Dieser Ansatz entfaltet dann eine große Wirkung, wenn die Mitarbeiterschaft ein gutes und eigen entwickeltes Verständnis von der Unternehmenskultur hat und von der Unternehmensführung auch direktes Feedback erhält. 115

Beim **Top-Down-Ansatz** hingegen werden die Ziele von der Geschäftsführung bestimmt und, wie der Name vermuten lässt, „von oben" durchgesetzt. Dieser Ansatz eignet sich vor allem für Unternehmen, bei denen die Mitarbeiter mit den Zielen des Unternehmens (noch) nicht sonderlich eng vertraut sind, sie bei der Umsetzung geführt werden sollen und eine gewisse Distanz zwischen der Reflexion der Unternehmensstrategie und dem durchgeführtem Tagesgeschäft strategisch durchaus gewünscht und beabsichtigt ist. 116

Der **wesentliche Schritt für die Umgestaltung** unternehmensinterner Abläufe ist zunächst die eindeutige Festlegung auf die Ziele, die es zu erreichen gilt. Die **Zieldefinition** auf Grundlage unternehmensstrategischer Entscheidungsfindungsprozesse (z.B. durch Delphi-Methoden, SWOT-Analysen zur Evaluierung von Handlungsoptionen, Reflexion der Marktdurchdringung und strategischen Positionierung auf Grundlage von Produktlebenszyklen, Durchführung von Branchenstrukturanalysen) ist hierbei lediglich Ausgangspunkt für die Anpassung von Unternehmensstrukturen durch Überführung der Zieldefinition von abstrakter strategischer Ebene in die Umgestaltung der Organisation. 117

Dazu sollten zunächst alle wesentlichen unternehmensinternen Abläufe im Rahmen einer **IST-Analyse** zusammengefasst werden, sodass sich eindeutig erkennen lässt, welche Abteilungen und Mitarbeiter von den sich ergebenden, notwendigen Veränderungen betroffen sein könnten. 118

Wurden die bestehenden Strukturen, Abläufe und involvierten Mitarbeiter erfasst, gilt es im nächsten Schritt eine Anpassung der Unternehmensstrukturen zu skizzieren. Betriebliche Abläufe sollten sowohl im Hinblick auf ihre Wertschöpfung als auch auf Kostenstrukturen und Zukunftsfähigkeit geprüft werden. Es bietet sich 119 dabei an, einen Abgleich zu einem (vermuteten) Marktreferenzwert von Unternehmen aus einer Vergleichsgruppe, im Sinne eines Benchmarking, durchzuführen und dadurch Schwachstellen der aktuellen betrieblichen Leistungserstellung ausfindig zu machen und sukzessive eliminieren zu können. Schließlich wird aus den neu formulierten Prozessen eine darauf zugeschnittene Aufbauorganisation abgeleitet. Eine kontinuierliche Verbesserung der reorganisierten Prozesse ist selbst als Prozess zu betrachten, welcher zur integralen Aufgabe des operativen Managements wird und der nachhaltigen Sicherstellung der Wettbewerbsposition dient.

120 Eine Bestandsaufnahme dient allerdings ebenso dem Zweck, involvierte Personen soweit wie möglich und sinnhaft mit den Modellierungsmethoden und -werkzeugen vertraut zu machen, um sie nicht im Zuge von Anpassungsmaßnahmen zu „überrumpeln". Change Management beinhaltet neben der Analyse aus dem Blickwinkel des ökonomischen Rational ebenso durchdachte Planung, fortlaufende Kommunikation, sensible Umsetzung und vor allem die Zusammenarbeit und Einbeziehung der von den Änderungen betroffenen Mitarbeiter. Denn für die Geschäftsführung sind erfahrungsgemäß Veränderungsabsichten meist mit Gegenwind und Unmut seitens der involvierten Mitarbeiter verbunden. Wichtig ist hierbei eine schon frühzeitig geplante, zielstrebig organisierte und offene Kommunikation mit den Betroffenen. Es wirken also gleichzeitig die geplanten Veränderungen fördernde und hemmende Kräfte, die dadurch zunächst aus der Balance gebracht werden, um anschließend erneut ein Gleichgewicht zu erreichen.

121 Der weiter oben bereits beschriebene erste Schritt des „Auftauens"[35] in Kurt-Lewins „3-Modell"[36] ist als notwendige Grundbedingung der erfolgreichen Umsetzung des Wandels unternehmensspezifischer Organisationsstrukturen in seiner Bedeutung nicht zu vernachlässigen, allerdings in der Regel unter dem Primat zeitnaher Veränderungen auf Grundlage des ökonomischen Anpassungsdrucks eher moderat im Markt zu beobachten. Hierbei zeigt sich ein wesentlicher Vorteil von Bottom-Up-Ansätzen auf Basis einer Unternehmenskultur, welche auf eine hohe Bedeutung von Mitarbeiterpartizipation ausgerichtet ist und diese aktiv fördert. Aktive Beteiligung zur Erarbeitung von Veränderungsmaßnahmen durch die Mitarbeiterschaft kann die Akzeptanz zur Umsetzung von unpopulären Maßnahmen tendenziell steigern.

122 Der Erfolg für die Erreichung der angestrebten Ziele hinsichtlich der Veränderung von Unternehmensstrukturen und Abläufen hängt stark davon ab, wer Veränderungsprozesse gestaltet, in welcher Art und Weise die Notwendigkeit der Veränderungen transportiert und erklärt werden und letztlich wie Mitarbeiter aktiv in die Gestaltung der Veränderungen eingebunden werden (können).

---

35 Vgl. Rn 87 ff.

36 Vgl. *Lewin*, Frontiers in Group Dynamics, Human Relations 1/1947, S. 1 ff.; Newcomb/Hartley/*Lewin*, Readings in Social Psychology.

Die Akzeptanz von Change-Management-Maßnahmen ist deutlich davon abhängig, inwiefern eine Kommunikation nicht nur einseitig erfolgt – die Möglichkeit einer bidirektionalen Kommunikation, also von Führungsebene zu Mitarbeitern und umgekehrt, sollte gewährleistet werden. Nur so können Widerstände seitens der Belegschaft zunächst erkannt, eingeschätzt und dadurch erst ernstgenommen werden. Die klar kommunizierte und allgemeinverbindlich wahrgenommene Absicht zu ernsthafter Auseinandersetzung der Führungsebene mit den Befindlichkeiten der Mitarbeiter ist ein wesentlicher Faktor zur erfolgreichen Bewältigung von Veränderungsprozessen. Hierfür ist insbesondere eine zielgerichtet aufgebaute Kommunikation der als notwendig identifizierten Veränderungen erforderlich. Ebenfalls ist allerdings auch der Bedarf eines fortlaufenden Controllings geplanter Maßnahmen gegeben, um eine kontinuierliche Steuerung und Nachbesserung einmal definierter Maßnahmen umsetzen zu können. 123

I. Das Nachhalten von Veränderungsprozessen in Unternehmen/Controlling von Change-Prozessen

Nachdem Zielvorgaben bestimmt wurden, eine in sich schlüssige Definition von Einzelpaketen und Ansatzfeldern zur Umsetzung definierter Maßnahmen erstellt und im Entscheidungsfindungsprozess freigegeben worden ist sowie eine konfliktminimierende Strategie zur unternehmensinternen Kommunikation der Anpassungsprozesse gewährleistet wurde, ist es unabdingbar den fortlaufenden Prozess kontinuierlich zu bewerten. 124

Die Herausforderung für das Management beim Nachhalten von Veränderungsprozessen im Unternehmen ist es hierbei, neben der Vorgabe von Zielen, die Definition der Maßnahmenpakete zur Erreichung dieser Ziele soweit als möglich mit den Mitarbeitern in einem stringenten, gemeinsam erarbeiteten und gemeinschaftlich geteiltem Vorgehen umzusetzen. Dadurch soll die Bereitschaft zur Weiterentwicklung und die Akzeptanz der Veränderungsanforderungen gewährleistet werden.[37] Damit die vereinbarten Ziele auch erfolgreich umgesetzt werden können, sollten unter anderem folgende Punkte Berücksichtigung finden: 125

1. Für jedes Ziel sollten eine klare Aufgabenstellung und ein klarer Output definiert sein.
2. Die Umsetzung aller Maßnahmen sollte mit einem Zeitplan versehen werden, welcher fortlaufend aktualisiert und im Grad seiner Erreichung nachgehalten wird.
3. Die für die Zielerreichung notwendigen Ressourcen sollten im Vorfeld präzise kalkuliert werden und in ihrer Bereitstellung gesichert sein. Dies bezieht sich neben

37 Vgl. *Collins*, From Good to Great, S. 47 ff.

personellen Kapazitäten insbesondere auf Faktoren wie die Berücksichtigung zeitlicher Restriktionen oder ausreichende Budgetierung der internen Projekte.

4. Eine aktive Umsetzung geplanter Veränderungen sollte aus Glaubwürdigkeitsgründen durch ein proaktives Voranschreiten der Führungsebene in den Schritten von der Planung und Konzeption bis zur Umsetzungsbegleitung gekennzeichnet sein.

126 Ein Abgleich zwischen den Vorgaben einzelner Maßnahmenpakete und dem Status der Umsetzung (SOLL vs. IST) ist von oberster Priorität.[38] Die Definition von Meilensteinen und Teilprojekten sowie ein permanenter Abgleich sind wesentliche Instrumente, um zu gewährleisten, dass man noch immer auf der „richtigen Spur ist" oder aber zeitnah auf diese zurückfindet. Die Prozesse zu steuern, die aus der Notwendigkeit zur fortlaufenden Veränderung eines Unternehmens resultieren, stellt eine große Herausforderung für die Geschäftsleitung dar. Es gilt trotz dieser permanenten Änderungen den Überblick zu behalten.

127 Im Folgenden sollen mögliche Ansätze beschrieben werden, die den permanenten Unternehmenswandel zu strukturieren und zu bewerten helfen. Das **Balanced-Scorecard-Verfahren** (BSC) stellt eine Möglichkeit dar, die angestoßenen Entwicklungen sowohl ganzheitlich als auch detailgenau zu betrachten. Balanced-Scorecard ist ein Verfahren amerikanischer Prägung und findet seit den 1990er Jahren[39] als Instrumentarium betriebswirtschaftlicher Methoden zur strategischen Unternehmenssteuerung zunehmende Verbreitung außerhalb der Managementpraxis von US-Unternehmen. Das Balanced-Scorecard-Verfahren beschreibt ein Gesamtkonzept zur Definition von Planvorgaben sowie zum kontinuierlichen Soll-Ist-Abgleich zur strategischen Steuerung von Mitarbeiteraktivitäten in Unternehmen und wurde von Robert S. Kaplan und David P. Norton, im Zuge eines Gemeinschaftsprojektes zwölf amerikanischer Bluechip-Unternehmen entwickelt.[40] Beim Balanced-Scorecard-Verfahren sind Zielstellungen, Kennzahlen und definierte Umsetzungsmaßnahmen zur Erreichung unternehmensinterner Planvorgaben in komprimierter Form festgehalten.[41]

128 Grundsätzlich wird durch den Begriff der Balanced-Scorecard der Berichtsbogen beschrieben, in welchem in übersichtlicher Form wesentliche Inhalte zur Unternehmenssteuerung zusammengefasst und visualisiert werden. Die Kommunikation der Ziele, Aufgaben und damit verbundener Prozesse erfolgt zentral über die Balanced-Scorecard. Die Integration in die Managementprozesse erfolgt anhand der Kennzahlen. Der innovative und vor allem herausfordernde Aspekt des Balance-Scorecard-Ansatzes ist der Strategieentwicklungsprozess. Die Geschäftsleitung beginnt auf

38 Vgl. *Mussnig/Bleyer/Giermaier*, Controlling für Führungskräfte, S. 572 ff.
39 Vgl. Bernhard/Hoffschröer/*Stobbe*, Report Balanced Scorecard, S. 9 f.
40 *Kaplan/Norton*, HBR 1992, 71 ff.
41 Vgl. Bernhard/Hoffschröer/*Stobbe*, Report Balanced Scorecard, S. 10.

Basis der verfolgten Strategie mit der Entwicklung einer Top-Scorecard, bestehend aus den wichtigsten Zielen sowie den Ergebnis- und Leistungstreiber-Kennzahlen. Die Top-Scorecard wird dann innerhalb der Organisation heruntergebrochen auf Unterabteilungen und Mitarbeiter.[42]

Ausgehend von den gesamtunternehmerischen Strategievorgaben wird also ein Kennzahlensystem hergeleitet, dessen Nachvollziehbarkeit garantiert sein muss. Dazu werden die vordefinierten Unternehmensziele in ein Kennzahlensystem übersetzt, sodass deren Entwicklung überprüft und notfalls (nach-)gesteuert werden kann, was eine sinnvolle Ergänzung zu den konventionellen finanzkennzahlenorientierten Systemen der Unternehmensplanung darstellt. Letztere sollten vor dem Hintergrund der sukzessiv gestiegenen Anteile immaterieller Vermögenspositionen in Bilanzen von Unternehmen entsprechend ergänzt werden.[43] 129

Tabelle 1: Beispieldarstellung einer BSC[44]

Kategorie Perspektive	**Strategische Ziele**	**Kennzahlen**	**Zielwerte**
finanzielle Perspektive	Shareholder-Erwartungen, profitables Wachstum, betriebliche Performance verbessern	Return on Investment Umsatzwachstum Bruttomarge	Anstieg auf 15 % 10 % Wachstum ...
Kunden-perspektive	Service und Zufriedenheit verbessern Marktanteil erhöhen	Reaktionszeit Marktanteil Werbeausgaben	5 % Verbesserung ... ...
interne Prozesse	Durchlaufzeiten reduzieren, neue Produkte entwickeln	Durchlaufzeiten Anzahl neuer Produkte	Senkung um 10 % Anstieg um 20 %
Innovation und Wachstum	Verbesserung der Mitarbeiterkompetenz ...	Mitarbeiterzufriedenheit IT-Ausgaben Produktivität	10 %iger Anstieg 10.000 € / Mitarbeiter 20 % Steigerung

Das grundlegende Vorgehen bei der Nutzung von Balanced-Scorecard-Verfahren ist es, spezifische Ansatzebenen der Erfassung von Veränderungen im Unternehmen zu visualisieren. Dabei soll ein überschaubares Maß an Kennzahlen genutzt werden, um konkrete Leistungstreiber in den einzelnen Perspektiven zu identifizieren, für diese wiederum konkrete Vorgaben für den Planungszeitraum zu bestimmen sowie die 130

42 Vgl. Bernhard/Hoffschröer/*Stobbe*, Report Balanced Scorecard, S. 35.
43 *Sveiby*, Wissenskapital, S. 23.
44 In Anlehnung an Bernhard/Hoffschröer/*Stobbe*, Report Balanced Scorecard, S. 28.

notwendigen Maßnahmen zur Zielerreichung zu definieren und deren Umsetzung zu fördern.

131 In Anlehnung an die ursprünglichen Ausführungen von Kaplan und Norton[45] unterteilt sich die Balanced-Scorecard in vier **Perspektiven**:

1. finanzielle Perspektive („Financial Perspective"),
2. Kundenperspektive („Customer Perspective"),
3. interne Geschäftsprozessperspektive („Internal Business Perspective"),
4. Lern- und Entwicklungsperspektive („Innovation and Learning Perspective").

132 Mit der **Finanzperspektive** werden die monetären Ergebnisse gemessen, die von der strategischen Ausrichtung der Unternehmung erwartet werden.[46] Die grundlegende Fragestellung ist hierbei, welche Erwartungen die Anteilseigner einer Unternehmung an die ökonomische Leistungsfähigkeit und an Kennzahlen wie zum Beispiel die Eigenkapitalrendite, Umsatzwachstumsraten und den Kapitalfluss (im Sinne von „Cash-Flow") haben. Grundlegend zu diskutieren ist hierbei, insbesondere inwiefern man den Begriff der Anteilseigner („Shareholder") auf eine umfassendere Definition der Teilhaber („Stakeholder") ausweitet. So soll ein möglichst breites Spektrum an Erwartungen aller interessierten Akteure mit Bezug zum Unternehmen in die Definition von Kennzahlen überführt werden können. Denn eine zu enge Perspektive aus dem Blickwinkel des „Shareholder-Value" verträgt sich zum Teil nur sehr schwerlich mit den durchaus pluralistischen Anspruchsebenen und Erwartungshaltungen an kommunale Unternehmen, welche etwa durch einen „Citizen-Value" definiert werden können und mit Blick auf ihre Daseinsvorsorge bewertet werden.[47]

133 Durch die **Kundenperspektive** wird nach Zufriedenheit, Marktanteilen oder Treue gefragt. Wie sollte man gegenüber der Kundschaft auftreten, lautet hierbei die zentrale Fragestellung der Analyse. Welche Punkte sind für Kunden des Unternehmens von ganz besonderer Bedeutung und durch welche Maßnahmen erreicht man die höchste Zufriedenheit der Bestandskunden des Unternehmens bzw. wird man attraktiv für potentielle Neukunden?

134 Die **interne Prozessoptimierung** steht unter dem Blickwinkel, mögliche neue Kundenwünsche berücksichtigen zu können, und stellt darauf ab, die hierfür notwendigen Produkt- und Dienstleistungsentwicklungen zu identifizieren bzw. einleiten zu können. Darüber hinaus müssen diese in den Prozess der betrieblichen Leistungserstellung überführt werden. Der Fokus der Kennzahlendefinition liegt hier auf dem Herausarbeiten neuer Entwicklungen sowie auf der Optimierung unternehmensinter-

45 *Kaplan/Norton*, HBR 1992, 71 ff.

46 Vgl. Bernhard/Hoffschröer/*Bernhard*, Report Balanced Scorecard, S. 27 f.

47 Vgl. VKU-Positionspapier, „Citizen Value" statt „Shareholder Value". September 2007, abrufbar unter http://www.sekundaer-rohstoffe.com/Positionspapier.pdf.

ner Abläufe zur Steigerung der Wettbewerbsfähigkeit und Effizienz in den einzelnen Arbeitsebenen.

Die von Kaplan/Norton[48] definierte Ebene der **Lern- und Entwicklungsperspektive** richtet einen Blick auf die Mitarbeiterschaft und stellt auf die Entwicklung und Förderung der Potenziale der Mitarbeiter ab, um dadurch Innovationskraft zu fördern, wodurch wiederum die fortlaufende Sicherung der Wettbewerbsfähigkeit ermöglicht werden soll. 135

Das Erkennen und gezielte, systematische Abrufen von Potenzialen zur konstanten unternehmerischen Neuerfindung lassen sich prinzipiell über das Balanced-Scorecard-Verfahren realisieren, stellen allerdings erfahrungsgemäß bezüglich einer quantitativen Erfassung und Messung, im Sinne eines Soll-Ist-Abgleichs mit definierten Kennzahlen, eine deutliche Herausforderung dar. Die Einführung eines Balanced-Scorecard-Systems soll die Umsetzung der Unternehmensstrategie sichern, was bedeutet, Mitarbeiter bewusst und gezielt über Vorgaben und die Ebenen der Strategiefindung zu informieren, um ein Verständnis für den Prozess der Weiterentwicklung herzustellen und die Herausforderungen im Zuge der Anpassungsprozesse in ihrer Notwendigkeit und Sinnhaftigkeit darzustellen. Vorteilhaft dabei sind die klare Definition von Zielen, gemeinschaftlich geteilten Maßnahmenpaketen zur Erreichung der Vorgaben sowie die fortlaufende und transparente Kommunikation. So erhält die Mitarbeiterschaft in regelmäßigen Abständen eine Rückmeldung über den aktuellen Status. 136

Martin Bernhard erarbeitete **fünf Phasen für eine erfolgreiche Implementierung eines Balance-Scorecard-Verfahrens.**[49] Diese lauten: 137

1. strategische Grundlagen klären,
2. organisatorischen Rahmen schaffen,
3. eine Balanced-Scorecard entwickeln,
4. Balanced-Scorecard auf Abteilungen vertikal und horizontal herunterbrechen,
5. kontinuierlichen Balanced-Scorecard-Einsatz sicherstellen.

In einem ersten Schritt sollte die grundlegende Bereitschaft der Geschäftsführung ausgelotet werden, inwiefern der gemeinsame Wille besteht, alle notwendigen Veränderungen auch umsetzen zu wollen. Wurde der Entschluss zur Veränderung gefasst, muss die Frage beantwortet werden, bis zu welcher Entwicklungstiefe das Balanced-Scorecard-Verfahren entwickelt werden sollte. Nachdem ein unternehmensinterner Überblick geschaffen wurde, sollte die Balanced-Scorecard konkretisiert und auf einzelne Abteilungen heruntergebrochen werden. Das umfasst sowohl die Verknüpfung der strategischen Ziele mit den Zielwerten der einzelnen Maßnahmen als auch eine Zuordnung zeitlicher Fristen. 138

48 Vgl. *Kaplan/Norton*, HBR 1992, 76 f.; *Kaplan/Norton*, Balanced Scorecard.
49 Bernhard/Hoffschröer/*Bernhard*, Report Balanced Scorecard, S. 278 ff.

139 Damit garantiert wird, dass die Zielvorgaben eingehalten werden, ist es notwendig, dass regelmäßig überprüft wird, ob die eingeschlagene Strategie mit den Vorgaben noch übereinstimmen. Eine konstante Evaluierung der Kennzahlensysteme wie auch der Zielerreichungsgrade ist im Zuge der Unternehmenssteuerung geboten, was ebenso einen kontinuierlichen Prozess der Anpassung und Verbesserung unternehmensinterner Abläufe impliziert, um eine entsprechende Zielerreichung gewährleisten zu können.

140 Wie dargestellt wurde, ist das Management von Veränderungen immer mehr in den täglichen Aufgabenbereich von Führungskräften und Mitarbeitern eingegangen. Dazu beigetragen hat der Übergang zur Prozessorganisation, die es erlaubt, permanent begrenzte Anpassungen durchzuführen und dadurch große Umstrukturierungen zu vermeiden.

Kapitel 3
Risikomanagement in kleinen und mittleren Unternehmen

A. Überblick

I. Jedermann ist Risikomanager

Jeder Mensch betreibt auf die eine oder andere Art Risikomanagement, oft jedoch unbewusst und unsystematisch: der Abschluss einer Unfallversicherung dient dem Schutz gegen finanzielle Risiken eines Fahrradunfalls, das Tragen eines Fahrradhelms der Risikovermeidung körperlicher Schäden. Derjenige, der gar kein Fahrrad fährt, vermeidet diese Risiken. Inwieweit diese drei Risikosteuerungsmaßnahmen, die Risikoreduktion finanzieller Schäden, die Risikoreduktion körperlicher Schäden und die Vermeidung jeglicher Risiken systematisch in kleinen und mittleren Unternehmen eingesetzt werden können, wird in den folgenden Abschnitten dargestellt. 1

II. Ökonomische Vorteile des Risikomanagements

Neben dem natürlichen Wunsch risikoaverser Menschen zur Risikominderung existieren für Unternehmen auch handfeste **ökonomische Gründe**[1] **für Risikomanagement**. 2

Zu diesen ökonomischen Vorteilen gehören Wettbewerbsvorteile bei der Beschaffung von Kapital durch mögliches besseres **Rating** bei einem funktionierenden Risikomanagement;[2] gleiches gilt insbesondere auch für die Aufnahme von Fremdkapital bei einem Kreditinstitut.[3] 3

Da Zukunft immer Risiko, aber auch Chancen bedeutet, bietet die Einrichtung eines Risikomanagementsystems (RMS) auch den Vorteil einer erhöhten Planungssicherheit bei der strategischen und operativen Unternehmensplanung.[4] Aus diesem Grund sollte das Risikomanagement auch in die Unternehmensplanung integriert werden, eine Trennung von Risikomanagement und Unternehmensplanung wird als nicht zweckmäßig erachtet.[5] 4

---

1 Vgl. *Gleißner/Lienhard/Stroeder*, Risikomanagement, S. 16 ff.
2 Vgl. *Gleißner/Lienhard/Stroeder*, Risikomanagement, S. 105.
3 Vgl. *Brackschulze/Ordemann/Müller*, BB 2005, 19 ff.; vgl. *Schröer*, Risikomanagement in KMU, S. 35.
4 Vgl. *Gleißner/Lienhard/Stroeder*, Risikomanagement, S. 18 ff.
5 Vgl. *Gleißner/Lienhard/Stroeder*, Risikomanagement, S. 18 ff.

5 Die Einrichtung eines Risikomanagementsystems soll die Höhe der Zahlungsströme sichern, da Chancen und Risiken Berücksichtigung finden, die diese Zahlungsströme beeinflussen. Hieraus resultiert eine Steigerung des Unternehmenswertes als Ergebnis diskontierter Zahlungsströme.[6] So ist es nicht verwunderlich, dass der Begriff des wertorientierten Risikomanagements es in die Literatur geschafft hat.[7]

III. Gesetzliche Pflichten zum Umgang mit Risiken

6 Auch der Gesetzgeber hat die Notwendigkeit der Behandlung von Risiken für Unternehmen erkannt und diesen Verpflichtungen zum Management von Risiken auferlegt. Diese gesetzlichen Verpflichtungen variieren insbesondere je nach Branchenzughörigkeit, Rechtsform, Größe und Geschäftstätigkeit. Gesetzliche Pflichten für ein Risikomanagement in Unternehmen ergeben sich für Kapitalgesellschaften, wie die Gesellschaft mit beschränkter Haftung (GmbH) oder die Aktiengesellschaft (AG), zunächst aus den allgemeinen Sorgfalts- und Leitungspflichten der Geschäftsführer bzw. Vorstände. Der Geschäftsführer einer GmbH und der Vorstand einer AG haben nach § 43 Abs. 2 GmbHG[8] bzw. § 93 Abs. 1 S. 1 AktG[9] „die Sorgfalt eines ordentlichen und gewissenhaften Geschäftsleiters anzuwenden". Schon früh wurde in der Literatur erkannt, dass diese Sorgfaltspflichten auch die Pflicht zur Einrichtung eines Risikomanagement- und Überwachungssystems umfassen.[10] Als eine alternative Verpflichtungsgrundlage wird neben den zitierten Normen auch die allgemeine Leitungspflicht nach § 76 AktG in der Literatur genannt.[11]

7 Mit Inkrafttreten des Gesetzes zur Kontrolle und Transparenz im Unternehmensbereich (KonTraG),[12] in Kraft getreten am 1.5.1998, wurde in § 91 Abs. 2 AktG die Einführung eines Risikofrüherkennungssystems kodifiziert.[13]

---

6 Vgl. *Gleißner/Lienhard/Stroeder*, Risikomanagement, S. 25 ff.

7 Vgl. *Smirska*, Optimierung eines Risikomanagements, S. 34 f.; vgl. für viele andere z.B. *Schmidbauer*, DB 2000, 153 ff.

8 GmbH-Gesetz (GmbHG) v. 20.4.1892 (RGBl. S. 477), zuletzt geändert durch Gesetz v. 23.7.2013 (BGBl. I S. 2586).

9 Aktiengesetz (AktG) v. 6.9.1965 (BGBl. I S. 1089), zuletzt geändert durch Gesetz v. 23.7.2013 (BGBl. I S. 2586).

10 Vgl. *Scharpf*, DB 1997, 737 ff.

11 Vgl. *Kuhl*, DB 1999, 133.

12 Gesetz zur Kontrolle und Transparenz im Unternehmensbereich (KonTraG) v. 27.4.1998 (BGBl. I S. 786).

13 Zu den durch das KonTraG eingeführten Regelungen siehe neben vielen anderen: *Becker*, DStR 2004, 1578.

„Der Vorstand hat geeignete Maßnahmen zu treffen, insbesondere ein Überwachungssystem einzurichten, damit den Fortbestand der Gesellschaft gefährdende Entwicklungen früh erkannt werden.“

Ziel des in § 91 Abs. 2 AktG geregelten Risikofrüherkennungssystems ist also das Erkennen bestandgefährdender Risiken. Es soll sich also lediglich um Risiken handeln, die „ein Existenzrisiko erheblich steigern oder hervorrufen“.[14] In Abgrenzung dazu wird ein umfassendes Chancen- und Risikomanagement auch andere Unternehmensziele, insbesondere das Gewinnziel des Unternehmens, umfassen. Das **Risikofrüherkennungssystem** einer börsennotierten AG ist nach § 317 Abs. 4 HGB[15] im Rahmen der gesetzlichen Jahresabschlussprüfung durch einen Wirtschaftsprüfer zu prüfen. Im Rahmen der Änderungen des AktG durch das Bilanzrechtsmodernisierungsgesetz (BilMoG)[16] wurde auch eine Änderung des § 91 Abs. 2 AktG diskutiert, die die Pflicht zur Einführung eines umfassenden Risikomanagementsystems beinhalten hätte sollen. Eine Umsetzung erfolgte jedoch nicht,[17] sodass auch weiterhin lediglich Risikofrüherkennungssysteme verpflichtend sind. Zu der Pflichterfüllung der Geschäftsleitung gehört neben der wirksamen Einführung eines Risikofrüherkennungssystems auch dessen Dokumentation. Die Rechtsprechung zeigt, dass ein Geschäftsführer seinen Pflichten nur dann nachgekommen ist, wenn er ein Risikofrüherkennungssystem auch in einem Risikohandbuch, als Nachweis der Pflichterfüllung, dokumentiert hat.[18] 8

Auch wenn im Rahmen der Einführung der Regelung in das Aktiengesetz auf eine analoge Regelung für eine GmbH verzichtet wurde,[19] wird doch in der Kommentarliteratur zum GmbHG davon ausgegangen, dass auch Geschäftsführer einer GmbH von den Pflichten des § 91 Abs. 2 AktG betroffen sind.[20] Neben den Regelungen in § 91 Abs. 2 AktG ergeben sich weitere spezialgesetzliche Verpflichtungen beispielsweise für Unternehmen, die mehrheitlich in kommunalem Eigentum stehen, aus dem Haushaltsgrundsätzegesetz (§ 53 HGrG[21]), für Kreditinstitute aus dem Kreditwesengesetz 9

14 MüKo-AktG/*Spindler*, 4. Aufl., Rn 21.
15 Handelsgesetzbuch (HGB) v. 10.5.1897 (RGBl. I S. 219), zuletzt geändert durch Gesetz v. 22.12.2014 (BGBl. I S. 2409).
16 Bilanzrechtsmodernisierungsgesetz (BilMoG) v. 25.5.2009 (BGBl. I S. 1102).
17 MüKo-AktG/*Spindler*, 4. Aufl., Rn 23 f.
18 Die Dokumentationspflichten des Risikofrüherkennungssystems ergeben sich aus der Entscheidung des LG München I, Urt. v. 5.4.2007 – 5 HKO 15964/06 – BB 2007, 2170.
19 Vgl. *Scharpf*, DB 1997, 738.
20 Vgl. Scholz/*Schneider*, GmbHG-Kommentar, 11. Aufl., Rn 96.
21 Haushaltsgrundsätzegesetz (HGrG) v. 19.8.1969 (BGBl. I S. 1273), zuletzt geändert durch Gesetz v. 15.7.2013 (BGBl. I S. 2398).

(§ 25a KWG[22]) oder für Versicherungsunternehmen aus dem Versicherungsaufsichtsgesetz (§ 64a VAG[23]). Das HGrG legt der Geschäftsführung die Pflicht zur Einrichtung eines Risikofrüherkennungssystems auf; im Vergleich dazu verlangen das KWG und das VAG ein Risikomanagementsystem. Der Inhalt und Umfang eines Risikomanagementsystems ist von verschiedenen Parametern abhängig, insbesondere von der Größe des Unternehmens und dem Unternehmensgegenstand.[24]

10 Vergleicht man die Anforderungen, die der Gesetzgeber an ein Risikofrüherkennungssystem stellt, mit den Bedürfnissen und ökonomischen Vorteilen eines Risikomanagementsystems, wird deutlich, dass ein Risikomanagementsystem über die gesetzlichen Anforderungen hinausgeht. Die Ausrichtung und der Umfang des Risikomanagementsystems eines Unternehmens werden entscheidend von den zu erreichenden Zielen beeinflusst. Ein Risikofrüherkennungssystem, dessen Ziel die frühzeitige Erkennung lediglich bestandsgefährdender Risiken zur Aufgabe hat, wird typischerweise weniger umfangreich sein, als ein umfassendes Chancen- und Risikomanagementsystem, das noch weitere Unternehmensziele (wie die Steigerung des Unternehmenswertes oder die Erzielung eines möglichst hohen Gewinns) berücksichtigt.

! **Hinweis**
Die Geschäftsleitung eines Unternehmens sollte also bereits aus den Gründen einer möglichen persönlichen Haftung ein Risikofrüherkennungssystem einführen und in einem Risikohandbuch dokumentieren. Daneben bietet die Einführung eines umfassenderen Chancen- und Risikomanagementsystems die Möglichkeit, die Geschäftsentwicklung im Sinne der Geschäftsleitung zu verbessern.

B. Risikoarten

11 Im Rahmen ihrer Geschäftstätigkeit können Unternehmen vielfältigen Risiken ausgesetzt sein. Dabei kann es sich um allgemeine Unternehmensrisiken, die jedes Unternehmen betreffen, aber auch um branchenspezifische Risiken handeln. Je nach Branche können die jeweiligen Risikoarten unterschiedlich bedeutend sein. Neben den Risiken resultieren aus den zugrunde liegenden Lebenssachverhalten regelmäßig

---

22 Kreditwesengesetz (KWG) v. 9.9.1998 (BGBl. I S. 2776), zuletzt geändert durch Gesetz v. 10.12.2014 (BGBl. I S. 2091).

23 Versicherungsaufsichtsgesetz (VAG) v. 17.12.1992 (BGBl. 1993 I S. 2), zuletzt geändert durch Gesetz v. 10.12.2014 (BGBl. I S. 2085).

24 Vgl. Scholz/*Schneider*, GmbHG-Kommentar, 11. Aufl., Rn 96.

auch Chancen, die die Kehrseite der Risiken darstellen. So spricht man auch typischerweise nicht nur von einem Risiko-, sondern von einem Chancen- und Risikomanagement.[25]

12 In der betriebswirtschaftlichen Literatur wird der **Begriff des Risikos** vielfach unterschiedlich definiert.[26] Im Ergebnis kann Risiko als die negative Abweichung von einem definierten Ziel gesehen werden,[27] die Chance ist entsprechend die positive Abweichung. Somit kann die Frage, ob es sich bei dem möglichen Eintritt eines bestimmten Ereignisses für ein Unternehmen um ein (relevantes) Risiko oder eine (relevante) Chance handelt, nur vor dem Hintergrund einer vorherigen Zieldefinition erfolgen. Mithin handelt es sich bei dem Risiko also um eine negative, bei einer Chance um eine positive Abweichung von den geplanten Zielen.[28]

13 Für Unternehmen mit Gewinnziel repräsentieren Risiken also Ereignisse, die zu negativen Abweichungen von diesem Gewinnziel führen. Je nach konkreter Ausgestaltung des Gewinnziels (z.B. möglichst hoher Gewinn, wenig schwankender Gewinn etc.) werden Risiken wiederum unterschiedlich bedeutend für das jeweilige Unternehmen sein.

14 Je nach Branchenzugehörigkeit und Geschäftstätigkeit des Unternehmens unterscheiden sich die Definitionen und die Bedeutung der Risiken für das jeweilige Unternehmen. So ist für Energieversorgungsunternehmen das **Marktrisiko**, das sich in ein Mengen- und ein Marktpreisrisiko auf Beschaffungs- und Absatzmärkten für Energie zerlegen lässt, von herausragender Bedeutung. In anderen Branchen könnten die **Gegenparteirisiken** bedeutender sein. Grundsätzlich lassen sich die Risiken für Unternehmen verschiedener Branchen in die Risikokategorien **Finanzrisiken** und **operationelle Risiken** unterscheiden. Die folgende Übersicht stellt die Risiken systematisch dar und gibt ein Beispiel für mögliche Risikokategorien im Unternehmen.[29]

---

25 Vgl. neben vielen: *Bömelburg*, DB 2012, 1161; *Romeike/Hager*, Erfolgsfaktor Risikomanagement, S. 107, 114 ff.

26 Vgl. *Schröer*, Risikomanagement in KMU, S. 31, und *Gleißner/Lienhard/Stroeder*, Risikomanagement, S. 12 f.

27 So definiert z.B. das Institut der Wirtschaftsprüfer in dem IDW PS 340, Rn. 3, zu der Prüfung von Risikofrüherkennungssystemen: „Unter Risiko ist allgemein die Möglichkeit ungünstiger künftiger Entwicklungen zu verstehen."

28 Vgl. *Romeike/Hager*, Erfolgsfaktor Risikomanagement, S. 108. Zu der Entwicklung der Risikobegriffs und zu den verschiedenen Begriffsdefinitionen vgl. *Farny*, Versicherungsbetriebslehre, S. 25 ff.; *Romeike/Hager*, Erfolgsfaktor Risikomanagement, S. 21 ff.

29 Tabelle in Anlehnung an *Romeike/Hager*, Erfolgsfaktor Risikomanagement, S. 111.

Risikokategorien	
Finanzrisiken	**Operationelle Risiken**
Marktrisiken	**Operative Risiken**
Beschaffungsrisiko	Leistungsrisiken
Absatzrisiko	Prozessrisiken
	Personal bezogene Risiken
Finanzwirtschaftliche Risiken	Technologische Risiken
Zinsänderungsrisiko	Organisatorische Risiken
Währungsrisiko	Externe Risiken
Aktienkursrisiko	Politische Risiken
	Rechtliche Risiken
Gegenparteirisiko	Gesellschaftliche Risiken
(Kredit-)Ausfallrisiko	
	Strategische Risiken

15 **Operationelle Risiken** betreffen überwiegend den Bereich der Unternehmensstrategie und Unternehmensorganisation sowie menschliche und technische Fehler im Leistungserstellungsprozess. Chancen und Risiken, die aus **strategischen Risiken** resultieren, haben insbesondere Einfluss auf die langfristigen Erfolgspotenziale eines Unternehmens.[30] Ursachen und Entstehungsorte strategischer Risiken finden sich insbesondere im Bereich der Strategieentwicklung, z.B. bei Anwendung falscher strategischer Instrumente, bei der mangelhaften Umsetzung der Strategien in die Unternehmensprozesse und bei fehlerhafter Überwachung der Etablierung der Strategien im strategischen Controlling.[31] Negative Folgen aus strategischen Risiken können neben der Bedrohung der Kernkompetenz und der Wettbewerbsvorteile auch die Gefährdung der Unternehmensstrategien durch unsichere Planungsannahmen oder die starke Abhängigkeit von Lieferanten oder wenigen Kunden sein.[32]

16 **Operative Risiken**[33] betreffen in Abgrenzung zu den langfristigen Strategien typischerweise den kurzfristigen Leistungserstellungsprozess und sind auf menschliche und technische Unzulänglichkeiten zurückzuführen.[34] Man kann diese Risiken auch als Leistungsrisiken[35] bezeichnen, da sie entlang der gesamten Wertschöpfungskette im Leistungserstellungsprozess auftreten können. Beispiele für operative

30 Für eine gute und umfassende Darstellung der Ursachen und Wirkungen strategischer Risiken vgl. *Gleißner/Lienhard/Stroeder*, Risikomanagement, S. 39 ff.

31 Vgl. *Romeike/Hager*, Erfolgsfaktor Risikomanagement, S. 110.

32 Vgl. *Romeike/Hager*, Erfolgsfaktor Risikomanagement, S. 112.

33 Weitere Beispiele für operative Risiken finden sich u.a. in *Gleißner/Lienhard/Stroeder*, Risikomanagement, S. 100 ff.

34 Vgl. *Romeike/Hager*, Erfolgsfaktor Risikomanagement, S. 111.

35 Vgl. *Gebhardt*, 2004, S. 64 ff.

Risiken sind der Ausfall der IT-Systeme, Produktionsfehler, die zu Ausschuss führen, oder Fehler von Mitarbeitern oder Managern.

Ein **Kernproblem der operationellen Risiken** (operativer wie strategischer Risiken) ist vielfach, dass sie aufgrund ihres seltenen Erscheinens (geringe Eintrittswahrscheinlichkeit), ihres schwierigen und ungenauen Zugangs einer Risikobewertung und des möglicherweise hohen Wunsches der Verdrängung des Problems des menschlichen Versagens oder des Betrugs durch Mitarbeiter vielfach nicht angemessen im Risikomanagementprozess Berücksichtigung finden. Andererseits haben diese operationellen Risiken oftmals das höchste Schadenpotenzial aller unternehmerischen Risiken, mithin das Potenzial für Unternehmenszusammenbrüche; empirische Studien jedenfalls deuten in diese Richtung:[36] Die „aufsehenerregenden Unternehmenskrisen und Verlustfälle der jüngeren Vergangenheit können letzten Endes alle auf Missmanagement und Managementfehler zurückgeführt werden.“[37] 17

Die Bedeutung der operationellen Risiken ist vielen mittelständischen Unternehmen bekannt. In einer Studie aus dem Jahr 2012 sind insbesondere strategische und operative Risiken in den „**TOP-15-Risiken**“ zu finden: 18

1. Risiken aus dem Wettbewerbs- und Marktumfeld,
2. Risiken infolge einer Unterbrechung der Wertschöpfungs-, Liefer- und Logistikkette,
3. Reputations- und Imagerisiken,
4. IT-Ausfallrisiken,
5. Risiken aus konjunkturellen Schwankungen,
6. Risiken aus Rohstoffpreisschwankungen,
7. Risiken aus Produkthaftung,
8. regulatorische Risiken,
9. Personalmarktrisiken,
10. Liquiditätsrisiken,
11. Risiken aus Compliance-Verstößen,
12. Risiken aus der Kapitalbeschaffung,
13. Risiken aus Währungskursschwankungen,
14. sonstige (nicht weiter aufgeschlüsselt),
15. Risiken aus Produktpiraterie- und Plagiaten.[38]

36 Vgl. *Romeike/Hager*, Erfolgsfaktor Risikomanagement, S. 110.

37 *Lück*, DB 2000, 1473.

38 Rangliste der Risiken aus den Befragungsergebnissen von *Bömelburg*, DB 2012, 1164. Aus dieser Liste wird die große Bedeutung der operationellen Risiken deutlich.

19 Ein Risiko, welches vermehrt von mittelständischen als auch großen Unternehmen wahrgenommen wird, ist das Personalmarktrisiko, insbesondere in der Ausprägung des Fachkräftemangels.[39]

20 **Finanzrisiken** resultieren typischerweise aus unerwarteten Marktschwankungen von Preisen (Volatilität) auf den Güter- und Finanzmärkten.

21 Zu den Finanzrisiken gehören die **Marktrisiken**, die sich insbesondere auf die Preisrisiken auf den Beschaffungsmärkten für die „Produktionseinsatzstoffe" (Inputfaktoren, z.B. Rohstoffe, Maschinen und Humankapital), aber auch auf die Preis- und Absatzmengenrisiken auf den Absatzmärkten beziehen.[40]

22 Neben den Marktrisiken sind die **finanzwirtschaftlichen Risiken** für kleine und mittlere Unternehmen von großer Bedeutung. Alle Unternehmen, die nicht bankenunabhängig finanziert sind, werden früher oder später dem **Zinsänderungsrisiko** bei der Verlängerung der Kreditkonditionen durch Banken begegnen. Ein funktionierendes Risikomanagement bei den mittelständischen Unternehmen kann positive Wirkungen auf die Höhe der Finanzierungskonditionen entfalten.[41] Für export- und importorientierte Unternehmen sind typsicherweise auch **Währungsrisiken** relevant. Das Währungsrisiko kann in das **Transaktionswährungsrisiko** und das **ökonomische Währungsrisiko** unterteilt werden. Das Transaktionswährungsrisiko ist das Risiko (und die Chance) schwankender Wechselkurse bei bestehenden Forderungen und Verbindlichkeiten,[42] deren Bestehen, und damit also die Länge des Gefährdungszeitraums, dem Bestehen der Forderung oder Verbindlichkeit entspricht. Das ökonomische Währungsrisiko wirkt als nachhaltiges Wechselkursrisiko dagegen längerfristig und kann die Wettbewerbsfähigkeit eines Unternehmens beeinflussen.[43] Ein Beispiel für ökonomische Währungsrisiken wäre die langfristige Veränderung des Dollar-Euro-Wechselkurses mit der Folge, dass die Vollkosten (variable und fixe Kosten) eines in Deutschland produzierenden und in den USA absetzenden Unternehmens nicht mehr gedeckt werden. Langfristig bedeutet das dann, dass der Absatzmarkt USA aufgegeben werden müsste.

23 Das **Gegenparteirisiko** beschreibt das aus den Vertragsbeziehungen mit einem Geschäftspartner resultierende Risiko. Das wichtigste Risiko für kleine und mittlere Unternehmen ist typischerweise das Kreditausfallrisiko (Forderungsausfälle), oft auch als Adressenausfallrisiko bezeichnet.

---

39 Vgl. in der Tages- und Wirtschaftspresse für viele Die Welt, 2014, und WirtschaftsWoche, 2010.

40 Zu diesen Risiken vgl. insbesondere *Gleißner/Lienhard/Stroeder*, Risikomanagement, S. 54 ff., für Beispiele, S. 98.

41 Vgl. *Brackschulze/Ordemann/Müller*, BB 2005, 19 ff.; *Gleißner/Lienhard/Stroeder*, Risikomanagement, S. 57 f.

42 Vgl. *Gebhardt*, 2004, S. 26 ff.; *Gleißner/Lienhard/Stroeder*, Risikomanagement, S. 58 f.; für Beispiele, S. 99.

43 Vgl. *Gebhardt*, 2004, S. 26 ff.; *Gleißner/Lienhard/Stroeder*, Risikomanagement, S. 59 f., für Beispiele, S. 98.

Insbesondere aus Marktrisiken und Gegenparteirisiken resultieren regelmäßig bereits kurzfristig Risiken für die Zahlungsfähigkeit des Unternehmens (**Liquiditätsrisiken**), die nach der Insolvenzordnung zu Bestandsgefährdung durch Zahlungsunfähigkeit führen können. Operationelle Risiken hingegen führen typischerweise langfristig zu dem Verlust der Wettbewerbsfähigkeit und der Marktposition und damit langfristig zur Bestandsgefährdung. Das Erkennen und Managen der langfristigen operationellen Risiken, insbesondere auch die Unterscheidung zwischen Chance und Risiko, die aus einem Ereignis resultieren, wird dadurch typischerweise schwieriger sein, als bei kurzfristig auftretenden Risiken. 24

Hinweis
Die Unterschiedlichkeit und Vielfältigkeit der möglichen Chancen und Risiken zeigt, dass die Analyse der eigenen unternehmensindividuellen Risikosituation Kernbestandteil eines funktionierenden Risikomanagementsystems ist. !

C. Risikomanagement

Den dargestellten vielfältigen Risiken, denen ein Unternehmen im Rahmen seiner Unternehmenstätigkeit ausgesetzt ist, wird durch die Einrichtung eines (unternehmensweiten) Risikomanagementsystems begegnet, welches zumindest die für den Leistungserstellungsprozess und die Vermögens-, Finanz- und Ertragslage wesentlichen Risiken behandeln sollte. Bei einem Risikomanagementsystem handelt es sich nicht um die einmalige Identifikation, Analyse und Steuerung von Risiken durch die Geschäftsleitung. Vielmehr ist ein **permanenter Risikomanagementprozess** in allen Unternehmensbereichen einzuführen, der eine laufende Risikoidentifikation, -analyse und -steuerung gewährleistet. Grund hierfür ist, dass sich die Risikosituation des Unternehmens laufend ändern kann.[44] Der Integration des Risikomanagementprozesses in die bestehenden Prozesse des Unternehmens wird aus Effizienz- und Akzeptanzgründen der Vorzug gegenüber einer Separation eingeräumt.[45] Die Geschäftsleitung hat eine regelmäßige unterjährige Berichterstattung sowie eine ad-hoc-Berichterstattung bei bedeutenden Risiken sicherzustellen. Zudem sollte das Risikomanagementsystem einer regelmäßigen Überwachung durch die interne Revision oder einer vergleichbaren Institution unterliegen.[46] 25

Bei der Einrichtung eines Risikomanagementprozesses können Aufbau- und Ablauforganisation unterschieden werden. Vorgaben für die Aufbau- und Ablaufor- 26

44 Vgl. *Kröger*, Risikomanagement, S. 248.
45 Vgl. *Smirska*, Optimierung eines Risikomanagements, S. 45.
46 Vgl. *Vogler*, DB 1998, 2377 ff.

ganisation können der Fachliteratur sowie den Vorgaben verschiedener (privater) Standardsetzer oder Behörden entnommen werden.[47]

27 Die **Aufbauorganisation** wird maßgeblich durch Branchenzughörigkeit sowie Art, Umfang und Komplexität der Geschäftstätigkeit bestimmt. Die Aufbauorganisation definiert insbesondere die Verantwortlichkeiten für das Risikomanagementsystem. Je nach Rechtsform sind Akteure des Risikomanagementsystems der Aufsichtsrat, mit der gesetzlichen Aufgabe der Überwachung des Vorstands (§ 111 AktG), sowie der Vorstand, der nach § 91 Abs. 2 AktG die Risikostrategie festlegt und das Risikomanagementsystem einzurichten hat. Die Geschäftsleitung wird in Erfüllung ihrer Aufgaben Risikoverantwortliche (sog. Risk-Owner oder Risikomanager) bestimmen, die auf operativer Ebene für die Behandlung der Risiken (Risikoidentifikation, Risikobewertung und Risikoberichterstattung) verantwortlich zeichnen. Es ist von Vorteil, wenn jeder im Unternehmen mit den zu seiner Tätigkeit gehörenden Aufgaben des Risikomanagements befasst wird.[48] Die Einbeziehung aller Mitarbeiter erhöht insbesondere das Bewusstsein für Risiken und ihre möglichen Folgen.[49] Die interne Revision dient der Überwachung des Systems. Bei einer börsennotierten Gesellschaft ist außerdem das Risikofrüherkennungssystem durch einen Wirtschaftsprüfer im Rahmen der Jahresabschlussprüfung zu prüfen (§ 317 Abs. 4 HGB).[50]

28 Die **Ablauforganisation** dient der Berücksichtigung des Risikomanagementprozesses bei Unternehmensplanungsaktivitäten und der Integration in die Geschäftsprozesse. Durch die Berücksichtigung bei Unternehmensplanung und operativer Tätigkeit können die Chancen und Risiken bereits im Planungsprozess berücksichtigt und in der operativen Tätigkeit umgesetzt werden. Ein wesentlicher Teil der Integration des Risikomanagements in die Unternehmensplanung ist die Einrichtung eines Früherkennungssystems, um frühzeitig Abweichungen der tatsächlichen Ergebnisse von den Planungen zu erkennen.[51] Die Umsetzung der Ablauforganisation erfolgt durch die nachfolgend dargestellten Prozessschritte[52] zur Festlegung der Risikostrategie, -identifikation, -kommunikation, -bewertung, -steuerung und -kontrolle.[53]

---

47 Vgl. u.a. z.B. das „Enterprise Risk Management – Integrated Framework (2004)“ des COSO (Committee of Sponsoring Organisations of the Treadway Commission) oder die Vorgaben der BaFin (Bundesanstalt für Finanzdienstleistungsaufsicht) in den MaRisk (Mindestanforderungen an das Risikomanagement).

48 Vgl. hierzu *Shimpi*, Corporate Risk Management, S. 9 ff.

49 *Kröger*, Risikomanagement, S. 249.

50 Vgl. für viele andere u.a. *Vogler*, DB 1998, 2377 ff.; *Gebhardt/Mansch*, Zfbf Sonderheft 2001, 148 ff.; *Gleißner/Lienhard/Stroeder*, Risikomanagement, S. 131 ff.

51 Vgl. *Buchner/Weigand*, BC 2002, 129 ff.

52 Vgl. Rn 30.

53 Vgl. *Vogler*, DB 1998, 2377 ff.; *Hahn*, BB 2000, 2620 ff.

Bei der Festlegung der Organisation des Risikomanagements in kleinen und mittleren Unternehmen ist insbesondere zu beachten, dass das Risikomanagement strukturiert, effektiv und effizient durchzuführen ist.[54] Aufgrund der Größe der Unternehmen und der damit verbundenen geringeren Ausstattung mit finanziellen und personellen Ressourcen sowie dem geringeren Regelungsaufwand, sind „folgende Besonderheiten zu beachten: 29

- Wenig Formalismus, um die Administrationskosten und auch die Belastung der Mitarbeiter (Risk-Owner) möglichst niedrig zu halten.
- Kurze, prägnante und einfach verständliche Dokumente.
- Integration des Risikomanagements in bereits vorhandene Abläufe, um den Bezug zum Unternehmen sicherzustellen.
- Risikoberichte und Meldungen auf das Wesentliche beschränken.
- Zurückgreifen auf bestehende Organisationssysteme (z.B. Qualitätsmanagement), um schlanke Strukturen zu bewahren, das heißt an normale Prozesse „andocken“.“[55]

Hinweis !

Bei der Ausgestaltung und Implementierung des Chancen- und Risikomanagementsystems ist insbesondere darauf zu achten, dass es in der Praxis umsetzbar ist. Nur dann kann und wird es auch von den Mitarbeitern gelebt werden.

D. Risikomanagementprozess

Der Prozess eines in die wesentlichen Leistungserstellungsprozesse eines Unternehmens integrierten Chancen- und Risikomanagementsystems ist ein sich regelmäßig wiederholender Vorgang, der oftmals als Kreislauf dargestellt wird. Wesentliche Bestandteile sind das strategische Risikomanagement, die systematische Risikoidentifikation und -kommunikation, die Risikobewertung und -aggregation sowie die Risikosteuerung und -kontrolle.[56] 30

---

54 Vgl. *Gleißner/Lienhard/Stroeder*, Risikomanagement, S. 130.
55 *Gleißner/Lienhard/Stroeder*, Risikomanagement, S. 130.
56 Vgl. neben vielen anderen IDW PS 340; *Vogler*, DB 1998, 2377 ff.; *Füser*, DB 1999, 753 ff.; *Romeike*, RATING aktuell 2002, 12 ff.; *Lück*, DB 2000, 1473; *Gebhardt/Mansch*, Zfbf Sonderheft 2001, 148 ff.; *Gleißner/Lienhard/Stroeder*, Risikomanagement, S. 131 ff.

Prozessstruktur des Risikomanagements

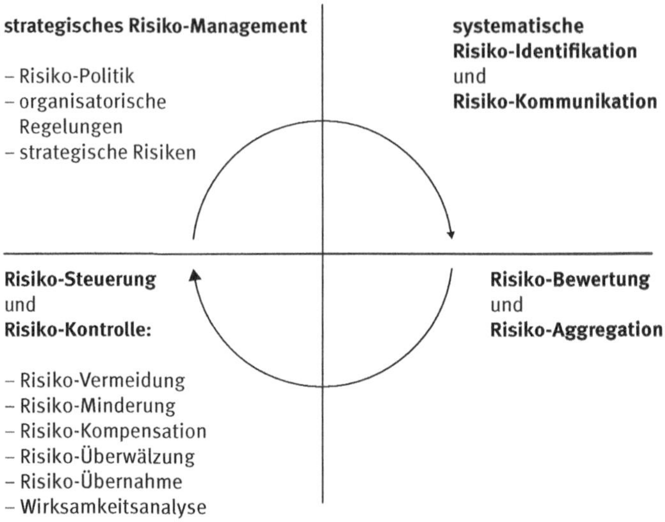

Abb. 1: Prozessstruktur des Risikomanagements[57]

I. Strategisches Risikomanagement

31 Da es sich bei Risiken um die negative Abweichung von einem definierten Ziel handelt, sind die **Basis** für die Einrichtung eines systematischen **Risikomanagements** die von der Unternehmensleitung festgelegten **Unternehmensziele**. Die Unternehmensleitung leitet aus diesen Zielen strategische Vorgaben der Risikopolitik ab.[58] Ein wesentlicher Bestandteil der Risikopolitik ist die Festlegung der Risikoneigung (**Risikoappetit**), also die Höhe des durch das Risikokapital des Unternehmens tragbaren Restrisikos nach Risikosteuerungsmaßnahmen. Aufgabe der Unternehmensleitung ist darüber hinaus die Schaffung einer Risikokultur und eines Risikobewusstsein im Unternehmen. Je nachdem, welches Schadenausmaß und welche Schadeneintrittswahrscheinlichkeiten als relevant angesehen werden, wird der Risikomanagementzyklus ausgestaltet sein. Das Schadenausmaß eines Risikos liegt dabei in der Bandbreite von einem geringfügigen Risiko („**Bagatellrisiko**“) bis hin zu bestandsgefährdenden Risiken.[59] Die Bedeutung möglicher Risiken für den Unter-

57 Quelle: Eigene Darstellung.

58 Zu der Risikostrategie und der Ableitung aus der Unternehmensstrategie vgl. u.a. *Füser*, DB 1999, 753 f.; *Vogler*, DB 1998, 2377 ff.; *Bömelburg*, DB 2012, 1163.

59 Vgl. *Füser*, DB 1999, 754.

nehmenserfolg bestimmt also den Umfang und die Intensität des Risikomanagementsystems. Der Umfang des Risikomanagementsystems drückt sich beispielsweise dadurch aus, ob das RMS in nur wenige oder in alle Unternehmensprozesse integriert wird. Die Intensität spiegelt sich in der Bedeutung wieder, die dem jeweiligen Prozess beigemessen wird.

Hinweis
Wichtigste Grundlage für ein funktionierendes Risikomanagementsystem ist eine sorgsame Ermittlung der Unternehmensziele und Risiken. Nur so lässt sich ein schlankes, treffsicheres Risikomanagementsystem einführen, das im Ergebnis auch eine hohe Mitarbeiterakzeptanz erfahren wird. In die Ermittlung der Ziele/Risiken sollte also ein angemessen großer Zeitaufwand investiert werden.

II. Systematische Risikoidentifikation und Risikokommunikation

1. Grundsätze der Risikoidentifikation

Der wichtigste und grundlegende Schritt des Risikomanagementkreislaufes ist die 32
Risikoidentifikation: Es können nur diejenigen Risiken klassifiziert, bewertet und gesteuert werden, die auch identifiziert wurden.[60] Entsprechend bedeutend ist die Aufgabe der Risikoverantwortlichen, eine besonders sorgfältige Risikoidentifikation durchzuführen. In diesem Prozessschritt sollten zunächst „alle relevanten, bestehenden und potentiellen Risiken im Umfeld des Unternehmens systematisch erfasst und beschrieben werden".[61]

Um das Unternehmen vor Risiken zu schützen und Chancen zu nutzen, ist aus 33
den genannten Gründen eine frühzeitige und vollständige Identifikation sowie eine rechtzeitige Kommunikation der Risiken an die Entscheidungsträger zur Einleitung angemessener und ausreichender Risikosteuerungsmaßnahmen notwendig.[62] Da sich die Risikolage in der sich (immer schneller) ändernden globalen Wettbewerbssituation permanent weiterentwickelt, sind alle Prozessschritte, insbesondere auch die Risikoidentifikation, regelmäßig in vorher definierten Zeitabständen zu wiederholen.[63] Inwieweit im Rahmen des Risikomanagementprozesses alle bestandsgefährdenden Risiken (wie bei einem Risikofrüherkennungssystem) oder aber alle für das Unternehmensziel wesentlichen Risiken (umfassendes Risikomanagementsystem) behandelt werden, ist Ausfluss der Vorgaben der Unternehmensleitung im Rahmen des strategischen Risikomanagements sowie der Ausgestaltung des Risikomanagementsystems und dessen Integration in die operativen Leistungserstellungsprozesse des Unternehmens.

---

60 Vgl. neben vielen z.B. *Gebhardt/Mansch*, Zfbf Sonderheft 2001, 151.
61 *Schröer*, Risikomanagement in KMU, S. 53.
62 Vgl. *Füser*, DB 1999, 754; *Vogler*, DB 1998, 2377 ff.
63 Vgl. z.B. *Schröer*, Risikomanagement in KMU, S. 53 f.

34 Die Risikoidentifikation wird typischerweise den Risikoverantwortlichen in einzelnen Unternehmensbereichen an wesentlichen Stellen des Leistungserstellungsprozesses zugeordnet. Die Mitarbeiter der einzelnen Stufen des Leistungserstellungsprozesses werden die Risiken ihrer Tätigkeitsbereiche grundsätzlich besser kennen, als prozessexterne Personen. Voraussetzung einer hohen Akzeptanz und eines hohen Verständnisses für die Bedeutung des Risikomanagements für das Unternehmen ist, dass der einzelne Risikoverantwortliche möglichst wenig durch seine Aufgaben im Risikomanagementprozess belastet wird. So sollten insbesondere in kleinen und mittleren Unternehmen einfache, aber effektive Umsetzungshilfen zur Verfügung gestellt werden, die zeit- und kosteneffizient angewendet werden können.

35 In der Literatur finden sich die folgenden Anforderungen an die Risikoidentifikation, die eine effiziente Erfassung gewährleisten sollen:

- Vollständigkeit,
- Aktualität,
- Wirtschaftlichkeit,
- Systematik,
- Beeinflussbarkeit und
- Widerstand.[64]

36 Das Postulat der **Vollständigkeit** besagt, dass alle aktuellen und potenziellen Risiken systematisch erfasst und aufbereitet werden sollen.[65] Die **Aktualität** der Risikoidentifikation ist aufgrund der möglicherweise schnellen Änderung der Risikosituation im Unternehmensumfeld notwendige Voraussetzung der frühzeitigen Einleitung von Gegenmaßnahmen.[66] Die Erfassung der Risiken folgt dem Grundsatz der **Wirtschaftlichkeit**, sodass nur wesentliche Risiken detailliert zu erforschen sind; die für den Unternehmenserfolg unwesentlichen Risiken sollten erfasst, aber nicht genauer untersucht werden.[67] Nach dem Postulat der **Systematik** sollte die Risikoidentifikation in einem kontinuierlichen, sich auf die Erkennung bislang unbekannter Risiken anpassungsfähigen, systematischen Prozess erfolgen.[68] Der Begriff der **Beeinflussbarkeit** soll das Unternehmen ermahnen, dass Risiken, die (zunächst) kontrollierbar erscheinen, nicht als irrelevant eingestuft werden dürfen, und somit im Rahmen der Risikoidentifikation nicht erfasst werden.[69] **Widerstand** des Systems bedeutet insbe-

64 Vgl. zu diesen sechs Anforderungen *Schröer*, Risikomanagement in KMU, S. 54 f.
65 Vgl. zu diesen sechs Anforderungen *Schröer*, Risikomanagement in KMU, S. 54.
66 Vgl. zu diesen sechs Anforderungen *Schröer*, Risikomanagement in KMU, S. 54.
67 Vgl. zu diesen sechs Anforderungen *Schröer*, Risikomanagement in KMU, S. 54.
68 Vgl. zu diesen sechs Anforderungen *Schröer*, Risikomanagement in KMU, S. 55.
69 Vgl. zu diesen sechs Anforderungen *Schröer*, Risikomanagement in KMU, S. 55.

sondere, dass risikomeldende Mitarbeiter nicht negativ sanktioniert werden dürfen, weil ansonsten zukünftige Meldungen unterbleiben werden.[70]

Praxistipp !
Insbesondere kleine und mittlere Unternehmen sollten für eine hohe Akzeptanz bei den Mitarbeitern einfacher, aber effektive Umsetzungshilfen für das Risikomanagement einführen, die eine zeit- und kosteneffiziente Anwendung garantieren. Risikomanagementmaßnahmen, die von operativ tätigen Mitarbeitern durchgeführten werden, können ansonsten schnell als Belastung empfunden werden.

---

2. Umsetzungshilfen der Risikoidentifikation

Zu den typischerweise im Rahmen der Risikoidentifikation eingesetzten Umsetzungs- 37
hilfen[71] bzw. Methoden für kleine und mittlere Unternehmen gehören insbesondere:

- Analyse der Geschäftsprozesse und Erkennen wesentlicher Risiken,
- Entscheidungsbäume und Entscheidungstabellen,
- Prozessorientierte Risiko-Interviews und Brainstorming bzw. Brainwriting,
- Prozessorientierte Risikoerhebungsbögen und Checklisten,
- Szenariotechnik und Delphi-Methode sowie
- SWOT-Analyse (Strengths Weaknesses Opportunities Threats).

Die jeweils verwendete Technik der Risikoidentifikation bzw. die Kombination ver- 38
schiedener Techniken sollte auf das jeweilige Unternehmen individuell abgestimmt werden.

Grundlage der Analyse der Risikosituation und der Identifizierung der wesentli- 39
chen Risiken wird die **Analyse der Geschäftsprozesse und das Erkennen wesentlicher Risiken** sein. Je nach Unternehmensgegenstand, Unternehmensgröße, Geschäftstätigkeit und Unternehmensorganisation unterscheiden sich die Risikosituationen unterschiedlicher Unternehmen fundamental, sodass die Risikoidentifikation immer nur unternehmensindividuell erfolgen kann.

Entscheidungsbäume und **Entscheidungstabellen** können in Situationen 40
zum Einsatz kommen, bei denen komplexe und unsichere Entscheidungen getroffen werden. Mit diesen Hilfsmitteln können die einzelnen Handlungs- und Lösungsalternativen systematisch dargestellt werden. Den einzelnen Ereignissen können geschätzte oder berechnete Eintrittswahrscheinlichkeiten zugeordnet werden.[72]

---

70 Vgl. zu diesen sechs Anforderungen *Schröer*, Risikomanagement in KMU, S. 55; *Smirska*, Optimierung eines Risikomanagements, S. 47.

71 Zu den Umsetzungshilfen einer effektiven und effizienten Risikoidentifikation vgl. u.a. *Füser*, DB 1999, 754; *Romeike/Hager*, Erfolgsfaktor Risikomanagement, S. 121 ff.; *Schröer*, Risikomanagement in KMU, S. 61 ff.; *Smirska*, Optimierung eines Risikomanagements, S. 49f.

72 Vgl. *Schröer*, Risikomanagement in KMU, S. 61 ff.

Zudem kann die Auswirkung auf das Unternehmensziel mit aufgenommen werden (z.B. Gewinnveränderung).

41 Bei der folgenden Grafik handelt es sich um die Darstellung eines einfachen Entscheidungsbaumes, dem die Entscheidung (Symbol: Kästchen) zum Erwerb einer neuen Maschine ansteht. Je nach Entscheidung können Ereignisse eintreten (Symbol: Kreis), deren Auswirkungen und Eintrittswahrscheinlichkeiten dargestellt werden. Mit Hilfe dieser einfachen Darstellung kann die Entscheidungssituation grafisch unterstützt werden.

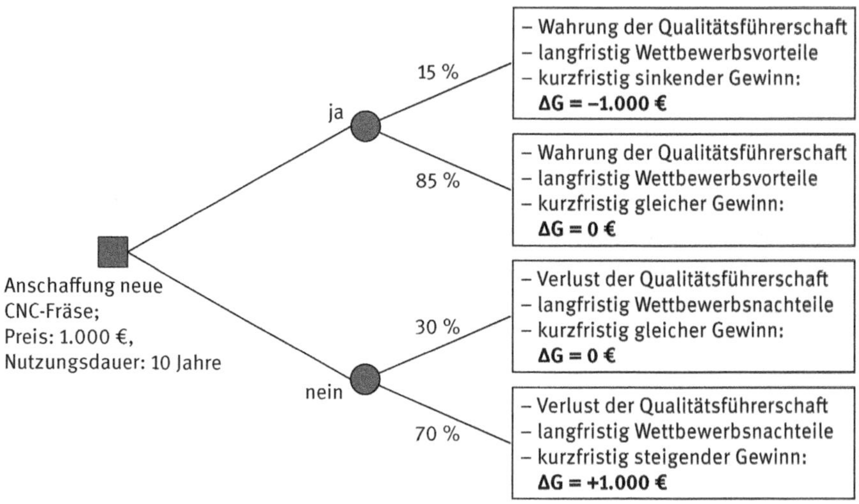

Abb. 2: Darstellung eines einfachen Entscheidungsbaumes[73]

42 Eine weitere, leicht umsetzbare Methode der Identifikation bestehender Risiken sind **prozessorientierte Risiko-Interviews** zwischen den in den operativen Bereichen tätigen Mitarbeitern, die die Risikolage ihrer Tätigkeit vielfach sehr genau kennen, und den Risikoverantwortlichen/Risikomanagern. Aufgabe der Risikoverantwortlichen bzw. der Risikomanager wird es dabei typischerweise sein, den operativen Mitarbeitern die Bedeutung des Risikomanagements nahezubringen, diese Mitarbeiter durch den Prozess der Risikoidentifikation zu begleiten und bei der systematischen Erfassung und einer ersten Bewertung zu unterstützen. Das Wissen über die Risikosituation des jeweiligen Prozesses wird aber typischerweise nur bei dem operativen Mitarbeiter selber vorhanden sein. Ergänzend zu den Risiko-Interviews können auch **Brainstormings bzw. Brainwritings** eingesetzt werden, bei denen einzelne Perso-

73 Quelle: Eigene Darstellung.

nen oder kleine Gruppen im Rahmen der freien Assoziation sich die Risikosituation ihrer Geschäftsbereiche vergegenwärtigen.[74]

Die Durchführung und die systematische Erfassung der Risiken wird durch **prozessorientierte Risikoerhebungsbögen** unterstützt, in denen zum einen die identifizierten Risiken erfasst und mit vorläufigen Risikowahrscheinlichkeiten und Schadenhöhen bewertet werden können. Zum anderen können diese Risikoerhebungsbögen auch der Überwachung der Vollständigkeit der Risikoerfassung im Sinne einer **Checkliste**[75] dienen, wenn diese Bögen bereits Risikokategorien als Suchhilfe vorgeben und unternehmens- oder branchentypische Risiken darstellen. 43

Ein Risikoerhebungsbogen könnte zum Beispiel folgendermaßen aussehen: 44

Risikoerhebungsbogen				
Abteilung:	**Prozess:**	**Datum:**	**Risikoverantwortlicher:**	
XYZ	ABC	1.1.2017	Mustermann	
Risiko	**Erläuterung**	**Eintritts-wahrsch.**	**Potentielle Schadenhöhe**	**Risiko-Steuerungsmaßnahmen**
Marktrisiko				
Kreditzinsrisiko	Risiko steigender Kreditzinsen	35 %	150.000 €	monatliche Überprüfung, langfristige Zinsbindung
Gegenparteirisiko				
Forderungs-ausfallrisiko	Risiko von Forderungsausfällen	5 %	10.000 €	Verkürzung der Zahlungsziele
operatives Risiko				
Technologierisiko	Risiko nicht zeitnaher Softwareupdates	10 %	1.000 €	monatliche Überprüfung neue Updates

Abb. 3: Risikoerhebungsbogen[76]

Bei der **Szenariotechnik** werden auf Basis der aktuellen Situation eines vorher definierten Unternehmensumfeldes alle potenziellen zukünftigen positiven wie negativen Entwicklungen erfasst.[77] Der Szenariotechnik steht die **Delphi-Methode** nahe, bei der verschiedene Experten über die voraussichtlichen Entwicklungen 45

74 Vgl. z.B. *Schröer*, Risikomanagement in KMU, S. 66 ff.

75 Vgl. z.B. *Schröer*, Risikomanagement in KMU, S. 64; *Smirska*, Optimierung eines Risikomanagements, S. 49 f.

76 Quelle: Eigene Darstellung.

77 Vgl. *Schröer*, Risikomanagement in KMU, S. 64 f.

befragt werden. Die einzelnen Aussagen der Experten werden im Anschluss zu einer Gesamtaussage verdichtet.[78]

46 Eine **SWOT-Analyse**[79] dient, wie das Kürzel für Strengths, Weaknesses, Opportunities, Threats bereits andeutet, der Analyse sowohl von Stärken und Schwächen im Vergleich zu Wettbewerbern als auch von Chancen und Risiken und deren übersichtlicher Darstellung. Vorteil der Methode ist wiederum neben der einfachen Anwendung auch die systematische Suche nach unbekannten Chancen und Risiken und deren Dokumentation. Zudem bietet die SWOT-Analyse in Form einer vier Felder Matrix die Möglichkeit, die identifizierten Chancen und Risiken mit identifizierten Stärken und Schwächen des Unternehmens zusammenzubringen. Auf Basis der Systematisierung und Bewertung der Chancen/Risiken und Stärken/Schwächen bietet sich die Möglichkeit der gezielten Verbesserung nach Dringlichkeit oder Chancenpotenzial, sowohl im operativen als auch im strategischen Bereich.

Stärken • hohe Produktqualität • flache Hierarchien	**Schwächen** • hohe Stückkosten • hohe Lagerbestände
Chancen • Ausbau des Marktanteils durch Qualitätsvorteile	**Risiken** • Eintritt von Mitbewerbern aus Niedriglohnländern

Abb. 4: Darstellung einer SWOT-Analyse[80]

47 Die im Rahmen der Risikoidentifikation erkannten Risiken werden typischerweise in einem **Risikoinventar (Risikokatalog)**[81] dargestellt, das in den späteren Prozessschritten auch die Bewertung (Eintrittswahrscheinlichkeit und -höhe) und die eingeleiteten Steuerungsmaßnahmen übersichtlich darstellen kann. Das Risikoinventar könnte nach Struktur und Aufbau den einzelnen Risikoerhebungsbögen entsprechen und wäre demnach die Aggregation aller Risikoerhebungsbögen im Unternehmen.

Praxistipp

Die vorgestellten Methoden sollten für kleine und mittlere Unternehmen, sowohl einzeln als auch in Kombination, umsetzbar sein. Insbesondere die SWOT-Analyse kann aufgrund ihrer Kombination der Chancen- und Risikoanalyse mit der Analyse der Stärken und Schwächen einen wertvollen Mehrwert liefern.

78 Vgl. *Schröer*, Risikomanagement in KMU, S. 65.

79 Zu der SWOT-Analyse und den Methoden der Risikoidentifikation vgl. *Romeike/Hager*, Erfolgsfaktor Risikomanagement, S. 125 f.

80 Quelle: Eigene Darstellung.

81 Für ein Beispiel eines Risikoinventars vgl. *Gleißner/Lienhard/Stroeder*, Risikomanagement, S. 67 f.

3. Grundsätze und Umsetzungshilfen der Risikokommunikation

Neben der frühzeitigen und vollständigen Identifikation der Risiken ist eine rechtzeitige Kommunikation der wesentlichen Risiken notwendige Voraussetzung der Bewertung und erfolgreichen Steuerung der Risiken. Für ein funktionierendes Berichtswesen sind die Berichtsformen zu standardisieren, Berichtsempfänger festzulegen und die Berichtsinhalte sowie Berichtszeitpunkte zu definieren.[82] Die Definition bestimmter Schwellenwerte sichert die Kommunikation der Risiken nach deren Wesentlichkeit für den Unternehmenserfolg.[83] 48

Die Kommunikation sollte dabei systematisch und strukturiert in einem Risikobericht erfolgen, der auch als Entscheidungsgrundlage dienen kann. Es bietet sich an, die Berichterstattung entsprechend der Risikoidentifikation nach Risikokategorien (Marktrisiken, Gegenparteirisiken, operationelle Risiken und strategische Risiken) zu strukturieren. Zur einfacheren und schnelleren Erfassung der Berichterstattung durch die Entscheidungsträger sollte vorher ein Berichtsformat definiert werden. Für eine angemessene Reaktion auf die Risikoberichte sind Kompetenzen und Berichtswege klar und eindeutig festzulegen. 49

Im Rahmen der Risikokommunikation sind die wesentlichen Risiken regelmäßig, oder in besonders zeitkritischen Fällen ad hoc, an die entsprechenden Stellen (Risikomanager bzw. Risikoverantwortliche) und Entscheidungsträger (Management, Geschäftsleitung, Risikokomitee) zu kommunizieren. Zudem sollten verschiedene Berichtsformen für die verschiedenen Berichtszeitpunkte und Meldegrenzen festgelegt werden. Ein Ad-hoc-Risikobericht könnte nur das akut dringliche Risiko umfassen, während Wochen- oder Monatsberichte die gesamte Risikosituation detaillierter darstellen. 50

Hinweis !

Nur eine funktionierende Kommunikation führt zu einem ordnungsmäßigen Risikomanagementsystem. Die Kommunikation muss dabei sowohl horizontal, also zwischen den Risikoverantwortlichen, als auch vertikal zur Geschäftsleitung vorbehaltslos funktionieren. Auch hier gilt: „Töte nicht den Boten". Dem Risikoverantwortlichen muss es erlaubt sein, auch unangenehme Risiken anzusprechen, ohne dass er persönliche Sanktionen fürchten muss. Ansonsten droht die Information verloren zu gehen.

---

82 Vgl. u.a. *Gebhardt/Mansch*, Zfbf Sonderheft 2001, 160 ff.; *Gleißner/Lienhard/Stroeder*, Risikomanagement, S. 137 f., 152 ff.; *Smirska*, Optimierung eines Risikomanagements, S. 46 ff.
83 Vgl. IDW PS 340, Rn 11 f.

III. Risikobewertung und Risikoaggregation

51 Die in den vorangegangenen Prozessschritten identifizierten Risiken sind im Folgenden einzeln zu bewerten und danach zu einem Gesamtrisiko unter Berücksichtigung der Risikobeziehungen zu aggregieren.

1. Bewertung der einzelnen Risiken

52 Die Bewertung der einzelnen Risiken kann **qualitativ** oder **quantitativ** erfolgen. Bei einer rein qualitativen Bewertung ist eine anschließende Ermittlung eines Gesamtrisikos nicht mehr möglich. Beispiele für **qualitative Methoden** können eine ABC-Analyse oder eine qualitative Risk-Map sein. Zu den **quantitativen Methoden** gehören u.a. die Ermittlung von Schadenerwartungswerten, die quantitative Risk-Map oder die Ermittlung eines Value-at-Risk (VaR) oder anderer „at-Risk-Kennzahlen".

a) Qualitative Methoden der Risikobewertung

aa) Klassifizierung der Risiken anhand einer ABC-Analyse

53 Bei einer ABC-Analyse werden die Risiken nicht quantifiziert, sondern lediglich in einzelne Risikokategorien eingeteilt. Der Vorteil der Methode liegt in der einfachen Handhabung und einfachen Darstellung. Ein gravierender Nachteil ist, dass die fehlende Quantifizierung die Steuerung der Risiken erschwert. Mangels Quantifizierung von Eintrittswahrscheinlichkeit und Schadenausmaß kann die Vorteilhaftigkeit (Kosten-Nutzen-Analyse) verschiedener Risikosteuerungsmaßnahmen nicht ermittelt werden: So kann mangels Eintrittswahrscheinlichkeit und Schadenausmaß beispielsweise nicht rechnerisch ermittelt werden, wie hoch die Versicherungsprämie zur Versicherung eines bestimmten Risikos maximal sein darf, um für das Unternehmen noch vorteilhaft zu sein. Des Weiteren ist eine Allokation von Risikokapital nicht möglich.

ABC-Analyse nach Risikorelevanz		
A	Hohes Risiko	• Zinsänderungsrisiko • Beschaffungsrisiko
B	Mittleres Risiko	• Forderungsausfallrisiko • Absatzrisiko
C	Niedriges Risiko	• Brandrisiko • IT-Risiko

Abb. 5: ABC-Analyse nach Risikorelevanz[84]

84 Quelle: Eigene Darstellung.

Die Bezeichnung ABC-Analyse entstammt der Kategorisierung der Risiken in Kategorien A, B und C, die die Risiken in eine absteigende Ordnung bringt. 54, 55

bb) Qualitative Risk-Map

Die qualitative Risk-Map (auch Risiko-Portfolio oder Risiko-Matrix genannt) dient 56 einer ersten Ermittlung der Risikosituation des Unternehmens. Die Einzelrisiken werden nach Schadenausmaß und Eintrittswahrscheinlichkeit in die Risk-Map übertragen. Die Ermittlung von Schadenausmaß und Eintrittswahrscheinlichkeit erfolgt dabei nicht objektiv auf Basis von Datenerhebungen, sondern rein subjektiv. Dennoch kann die qualitative Risk-Map einer ersten Einschätzung für die Risikosteuerung liefern, weil sie, wie die ABC-Analyse, die den Unternehmenserfolg beeinträchtigenden Risiken priorisiert. So könnte in einem Unternehmen die Festlegung gelten, dass alle mittleren und hohen Risiken der Risk-Map zu steuern, die geringen Risiken lediglich weiter zu beobachten sind.[85]

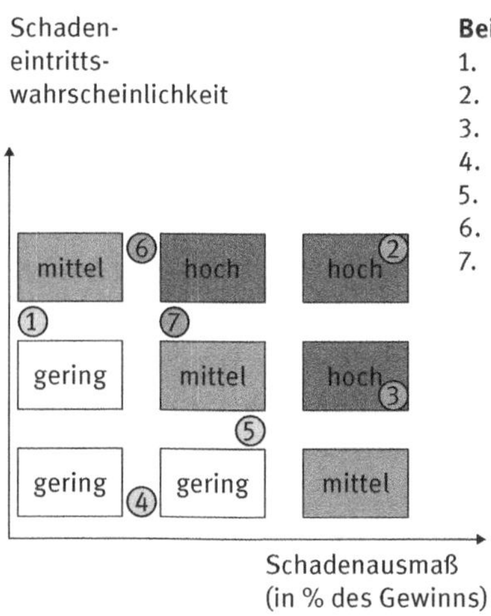

Beispiele:
1. Kreditrisiko
2. Marktpreisrisiko
3. Mengenrisiko/Prognoserisiko
4. IT-Risiko
5. Risiko aus Kraftwerkseinsatz
6. Zinsrisiko
7. Brandrisiko

Abb. 6: Darstellung einer qualitativen Risk-Map[86]

Wie im folgenden Abschnitt dargestellt, kann eine Risk-Map auch einer quantitativen 57 Darstellung dienen.

85 Zu der qualitativen Risk-Map vgl. *Schröer*, Risikomanagement in KMU, S. 70 ff.; *Smirska*, Optimierung eines Risikomanagements, S. 53 ff.; *Shimpi*, Corporate Risk Management, S. 61 ff.
86 Quelle: Eigene Darstellung.

b) Quantitative Methoden der Risikobewertung

aa) Erwartungswerte verschiedener Szenarien und Sensitivitätsanalyse

58 Die quantitative Bewertung des Risikos erfolgt oftmals mit dem Risikoerwartungswert (EW), der sich aus der Verknüpfung von Eintrittswahrscheinlichkeit (P) und Schadenhöhe (SH) des Risikos ergibt:

$$EW = P * SH.$$ [87]

59 Die Ermittlung der Schadenerwartungswerte ist insbesondere auf Cash-Flow-Ebene und Ertragsebene relativ einfach durchzuführen. Für die Ebene immaterieller Werte (Kundenzufriedenheit, Mitarbeitermotivation, Rechtsrisiken etc.) ist dieses Vorgehen weniger geeignet.[88]

60 In dem folgenden Beispiel soll das operative Ergebnis als Zielgröße in den beiden Szenarien Chance und Risiko untersucht werden, wenn sich der Materialeinsatz im Vergleich zum Ausgangsfall ändert.

	Ausgangsfall	Szenario Chance	Szenario Risiko
Umsatzerlöse	100 €	100 €	100 €
Materialaufwand	75 €	70 €	80 €
operatives Ergebnis	25 €	30 €	20 €

61 Zu der Ermittlung des Schadenerwartungswertes sind den einzelnen Szenarien Eintrittswahrscheinlichkeiten zuzuordnen. Da das Unternehmen die Höhe der Eintrittswahrscheinlichkeiten nicht eindeutig ermitteln kann, möchte es im Wege einer Sensitivitätsanalyse die Auswirkungen der einzelnen Szenarien Chance und Risiko auf den Unternehmenserfolg ermitteln. Hierzu werden die Eintrittswahrscheinlichkeiten in 20-%-Schritten abgestuft. Aufgrund der bestehenden Unsicherheit über das zugrunde liegende Risiko überlegt das Unternehmen eine Versicherung gegen den Preisanstieg eines Rohstoffes (Materialaufwand) abzuschließen, deren Prämie 2 €/Stück beträgt. Auch diese Kosten werden in die Analyse mit einbezogen. Im Folgenden werden für die einzelnen Szenarien die Erwartungswerte für das operative Ergebnis ermittelt. Diese ergeben sich beispielsweise wie folgt: 0,8 * 30 € + 0,2 * 20 € = 28 €.

---

87 Vgl. *Gleißner/Lienhard/Stroeder*, Risikomanagement, S. 71 ff.; *Smirska*, Optimierung eines Risikomanagements, S. 50 ff.
88 Vgl. *Kröger*, Risikomanagement, S. 114 ff.

	Eintrittswahrscheinlichkeit Szenario Chance	Eintrittswahrscheinlichkeit Szenario Risiko	Erwartungswert	Kosten Sicherung	Erwartungswert nach Sicherung
Fall 1	100 %	0 %	30 €	−2 €	28 €
Fall 2	80 %	20 %	28 €	−2 €	26 €
Fall 3	60 %	40 %	26 €	−2 €	24 €
Fall 4	40 %	60 %	24 €	−2 €	22 €
Fall 5	20 %	80 %	22 €	−2 €	20 €
Fall 6	0 %	100 %	20 €	−2 €	18 €

Diese Analyse bietet dem Unternehmen die Möglichkeit, den Einfluss eines Risikos auf den Unternehmenserfolg für verschiedene Szenarien mit verschiedenen Eintrittswahrscheinlichkeiten zu ermitteln und im Anschluss eine Entscheidung über deren Steuerung zu treffen. In diesem einfachen Fall lassen sich bereits hieraus Aussagen über Kosten und Nutzen der Risikosteuerungsstrategie (hier: Versicherung gegen eine Versicherungsprämie) treffen. Dabei sollte aber beachtet werden, dass die Risikosteuerung eines einzelnen Risikos solange nicht erfolgen sollte, bis die Abhängigkeiten[89] zwischen allen vorhandenen Chancen und Risiken geklärt sind: Es ist denkbar, dass der Eintritt eines Szenarios die eine Größe negativ beeinflusst und gleichzeitig eine andere Größe positiv, sodass beide Größen auf das gleiche Ziel wirken und sich die Effekte, wenigstens in Teilen, ausgleichen. Die Absicherung eines einzelnen Risikos sollte also nur dann erfolgen, wenn dieses Risiko vollständig unabhängig von allen anderen Risiken im Unternehmen ist oder von der Schadenhöhe so gefährlich, dass der Eintritt des Ereignisses, trotz teilweisen Risikoausgleichs mit anderen Risiken, die Existenz des Unternehmens gefährdet. 62

Die Sensitivitätsanalyse[90] hat den Vorteil, dass sie untersucht, wie die Veränderung eines einzelnen Parameters auf die Ergebnisgröße wirkt. Voraussetzung ist aber, dass bestimmte Parameter bekannt sind (hier: der Unternehmenserfolg und dessen Komponenten Erlöse und Aufwand). Problem der Sensitivitätsanalyse ist, dass sie zwar Erkenntnisse zum Schadenausmaß liefert, ohne jedoch eine Entscheidungsregel zu geben. In dem Beispiel werden die einzelnen Unternehmenserfolge je Sze- 63

89 Vgl. Rn 76 ff.

90 Zu den folgenden Ausführungen zur Sensitivitätsanalyse vgl. *Schröer*, Risikomanagement in KMU, S. 73 f.

nario dargestellt, ohne dass eine Entscheidungsregel greift, in welchem Szenario der Abschluss einer Versicherung vorteilhaft wäre. Trotz der Defizite wird die Sensitivitätsanalyse bei vielen kleinen und mittleren Unternehmen aufgrund ihrer einfachen Handhabung angewendet.

bb) Quantitative Risk-Map

64 Die ermittelten Schadenerwartungswerte lassen sich, zusammen mit Schadenausmaß und Eintrittswahrscheinlichkeit, wiederum auch grafisch in einer quantitativen Risk-Map darstellen. Der Koordinatenpunkt des eingezeichneten Einzelrisikos stellt dann den Schadenerwartungswert dar. Zeichnet man in diese Grafik die Risikoakzeptanzlinie,[91] können anhand dieser Grafik bereits quantitativ die zu steuernden Risiken ermittelt werden. In der Beispielgrafik liegen die Risiken 2, 3, 6 und 7 außerhalb der Zone der Risikoakzeptanzlinie (Risikotragfähigkeit), sodass zumindest diese Risiken im Rahmen der Risikosteuerung zu behandeln wären.

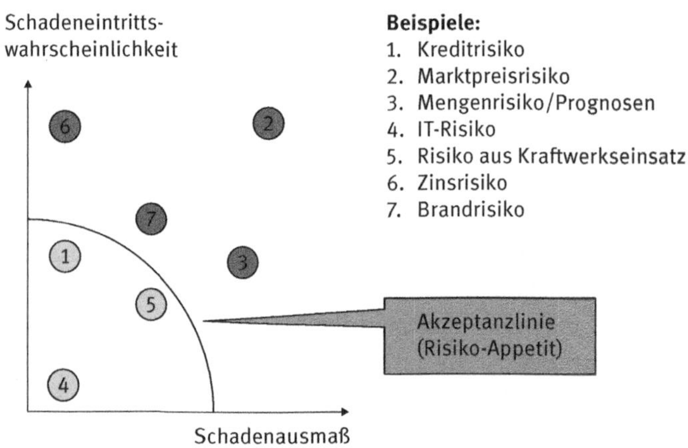

Abb. 7: Darstellung einer quantitativen Risk-Map[92]

c) Quantitative Risikomaße

65 Die Messung des Risikos anhand von Risikomaßen kann auf Basis ein- oder beidseitiger Risikomaße erfolgen. Einseitige Risikomaße berücksichtigen lediglich die Gewinn- oder Verlustseite einer risikobehafteten Position, beidseitige Risikomaße

---

91 Vgl. Rn 84 ff.

92 Quelle: Eigene Darstellung.

Gewinn und Verlust. Ein einseitiges verlustorientiertes Risikomaß ist der Value-at-Risk, beidseitige Risikomaße sind z.B. die Varianz oder die Standardabweichung.[93]

aa) Value-at-Risk und andere „at-Risk-Kennzahlen"

Das Risikomaß des Value-at-Risk wurde zur Messung von Marktrisiken entwickelt,[94] 66
wobei es heute bei vielfältigen Betriebsrisiken unterschiedlicher Branchen eingesetzt wird,[95] auch wenn eine unkritische Übernahme aufgrund der im folgenden vorgestellten Annahmen sicherlich nicht ohne Weiteres erfolgen sollte.

Der Value-at-Risk als **einseitiges, verlustorientiertes Risikomaß** berücksich- 67
tigt nur das Verlustrisiko, nicht aber die Gewinnchancen aus einer risikobehafteten Position.[96] Der Value-at-Risk als **monetäres und zukunftsgerichtetes Risikomaß** basiert auf Annahmen über eine zugrunde liegende **Wahrscheinlichkeitsverteilung.**[97] Dabei wird aber nicht ein möglicher Maximalverlust angenommen. Der Maximalverlust als Risikomaß ist aufgrund des Mangels einer zeitlichen Dimension des Risikos und des theoretisch unbegrenzten Verlustes aus dem Marktrisiko (aus bestehenden Liefer- oder Abnahmeverpflichtungen bei schwankenden Marktpreisen) denkbar ungeeignet: unstreitig ist es von Bedeutung, ob eine risikobehaftete Position für einen Tag, eine Woche, einen Monat oder eine Dekade besteht.[98]

Der Value-at-Risk trifft die Annahme, dass Maximalverluste nur bei sehr kleinen 68
Wahrscheinlichkeiten möglich sind, sodass diese bei der Value-at-Risk-Ermittlung ausgeblendet werden. Dem Value-at-Risk liegt eine Wahrscheinlichkeitsverteilung zukünftiger Verluste aus dem Vergleich von Nettovermögenspositionen zweier Zeitpunkte (z.B. heute und morgen) zugrunde.[99] Zudem basiert der Value-at-Risk auf einem **Wahrscheinlichkeitsniveau** (auch als Konfidenzniveau bezeichnet), das regelmäßig bei 99 % oder 95 % liegt: es werden lediglich die 99 % bzw. 95 % kleinsten Verluste berücksichtigt, wobei der Value-at-Risk den größten Verlust dieser 99 % bzw. 95 % kleinsten Verluste bezeichnet. Es werden also die 1 % bzw. 5 % größten möglichen Verluste einer Risikoposition vernachlässigt.[100] Der Value-at-Risk ist also eine **„Verlustschranke"**[101] und **kein Maximalverlust.**

93 Vgl. *Huschens*, Value-at-Risk-Schlaglichter, S. 15.
94 Vgl. *Kröger*, Risikomanagement, S. 145; *Smirska*, Optimierung eines Risikomanagements, S. 56.
95 Vgl. *Smirska*, Optimierung eines Risikomanagements, S. 56.
96 Vgl. *Huschens*, Value-at-Risk-Schlaglichter, S. 15.
97 Vgl. *Huschens*, Value-at-Risk-Schlaglichter, S. 15 f.
98 Vgl. *Huschens*, Value-at-Risk-Schlaglichter, S. 15 f.
99 Vgl. *Huschens*, Value-at-Risk-Schlaglichter, S. 15 f.
100 Vgl. *Huschens*, Value-at-Risk-Schlaglichter, S. 15 f.
101 *Huschens*, Value-at-Risk-Schlaglichter, S. 16.

69 Die Anwendung des Value-at-Risk erfolgt regelmäßig unter der Annahme einer normalverteilten Wahrscheinlichkeitsfunktion.[102] Der Vorteil des Value-at-Risk gegenüber anderen Risikomaßen ist, dass er neben der Betrachtung von Einzelrisiken auch Aussagen über mehrere aggregierte Risiken oder auch die Gesamtrisikosituation des Unternehmens zulässt. Die Ermittlung des Value-at-Risk erfolgt typischerweise über die Varianz-Kovarianz-Methode oder Simulationsansätze (z.B. historische Simulation oder Monte-Carlo-Simulation).[103]

Beispiel eines Value-at-Risk:[104]
In einem kleinen Unternehmen wurde eine normalverteilte Risikoposition (aus Marktrisiken) mit einem Erwartungswert von $\mu = 15$ T€ und einer Standardabweichung von $\sigma = 10$ T€ ermittelt. Der Mittelwert der Standardnormalverteilung liegt definitionsgemäß bei $\mu_v = 0$. Der Value-at-Risk ermittelt sich als Produkt aus dem p-Quantil der Standardnormalverteilung z_p und der Standardabweichung. Für die verschiedenen Wahrscheinlichkeitsniveaus (W) ergeben sich die folgenden p-Quantile der Standardnormalverteilung z_p. Hieraus werden die verschiedenen Value-at-Risks je nach Wahrscheinlichkeitsniveau bei einer Standardabweichung von 10 T€ ermittelt.
Es gilt z.B.: VaR (95 %) = $z_p * \sigma = 1{,}6449 * 10 = 16{,}45$ T€.

W	z_p	**σ**	**VaR**
99,99 %	3,7190	10	37,19
99,00 %	2,3263	10	23,26
98,00 %	2,0537	10	20,54
97,00 %	1,8808	10	18,81
96,00 %	1,7507	10	17,51
95,00 %	1,6449	10	16,45

Abb. 8: Zusammenhang zwischen Wahrscheinlichkeitsniveau und Value-at-Risk.[105]

Bei steigendem Wahrscheinlichkeitsniveau steigt also auch der Value-at-Risk, die Verlustschranke wird, grafisch gesehen, nach rechts verschoben, sodass der potenzielle Verlust steigt.

102 Vgl. *Smirska*, Optimierung eines Risikomanagements, S. 56.
103 Vgl. *Smirska*, Optimierung eines Risikomanagements, S. 57.
104 Zu Beispiel und Grafik vgl. *Huschens*, Value-at-Risk-Schlaglichter, S. 15 ff.; *Smirska*, Optimierung eines Risikomanagements, S. 56 ff.
105 Quelle: Eigene Darstellung.

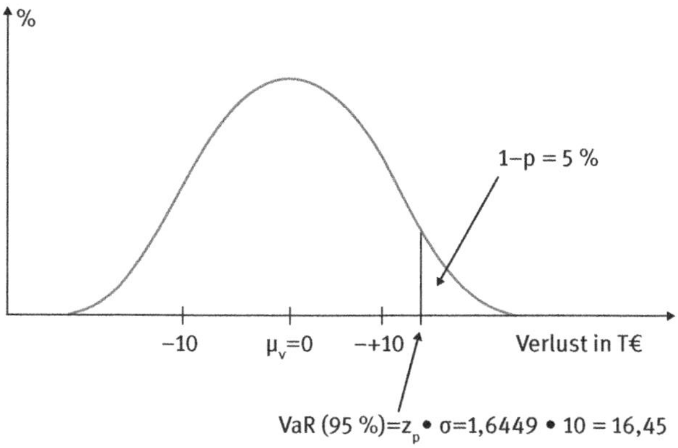

Abb. 9: Grafische Darstellung eines Value-at-Risk auf einer Normalverteilungskurve.[106]

Die grafischen Darstellungen zeigen aber bereits einige Schwächen und Kritikpunkte an der Bewertung mittels eines Value-at-Risk. Da der Value-at-Risk auf der Normalverteilungsannahme beruht, werden Risiken, die nicht normalverteilt sind, mit dem Value-at-Risk unzutreffend bewertet. Besonders kritisch ist das in Kombination damit, dass durch Festlegung des Wahrscheinlichkeitsniveaus die größten Risiken außen vor bleiben. Sollte die tatsächliche Verteilungsfunktion an dem rechten Rand vom Schadenausmaß besonders hohe Risiken enthalten, so kann Bestandsgefährdung für das Unternehmen eintreten. Voraussetzung der Bewertung der Risiken ist also, dass zutreffende Annahmen über die Verteilungsfunktionen der Chancen und Risiken getroffen werden. Eine fehlerhafte Bewertung der Risiken wird in den folgenden Prozessschritten zu fehlerhafter Risikosteuerung führen. 70

Bei dem Value-at-Risk handelt es sich um ein wertorientiertes Risikomaß. Sollen jedoch nicht wertmäßige Risiken untersucht werden, sondern beispielsweise liquiditätswirksame Positionen, bietet sich die Verwendung eines Cash-Flow-at-Risk an.[107] Weitere „at-Risk"-Risikomaße sind 71

- Earnings-at-Risk,
- EBIT-at-Risk oder
- Budget-at-Risk.[108]

106 Quelle: Eigene Darstellung.

107 Vgl. *Romeike/Hager*, Erfolgsfaktor Risikomanagement, S. 204 ff., 483 ff.; *Smirska*, Optimierung eines Risikomanagements, S. 57 f.

108 Vgl. *Romeike/Hager*, Erfolgsfaktor Risikomanagement, S. 204 ff.; *Gebhardt/Mansch*, Zfbf Sonderheft 2001, 65.

bb) Risikoorientierte Performancekennzahlen

72 Die Performance eines Unternehmens erfolgt vielfach durch die Messung der Eigenkapitalrendite (Return on Equity) als Quotient aus einer Gewinngröße und dem eingesetzten Eigenkapital. Dabei bleiben Risiken jedoch unberücksichtigt. Die Beurteilung aber, ob eine Rendite in bestimmter Höhe gut oder schlecht ist, hängt auch entscheidend vom eingegangenen Risiko ab.[109] Um den Verlust aus risikobehafteten Positionen bei der Renditeermittlung zu berücksichtigen, wurden in Anlehnung an die Value-at-Risk-Konzepte verschiedene weitere Risiko-Systeme entwickelt.[110] Hierzu gehört unter anderem das von Bankers Trust entwickelte RAROC (Risk Adjusted Return on Capital).[111] Bei dem RAROC erfolgt eine Risikoadjustierung des Ergebnisses in der Zählergröße der Renditeformel durch Berücksichtigung eines erwarteten Verlustes, der die standardisierten Risikokosten darstellt:

$$RAROC = \frac{Erlöse - Kosten - erwartete\ (kalkulierte)\ Verluste}{ökonomisches\ Kapital}$$

73 Neben dem RAROC gibt es auch weitere risikoadjustierte Renditemaße, bei denen unterschiedlich definierte ökonomische Gewinngrößen (Zähler) durch unterschiedlich definierte Kapitalgrößen (Nenner) geteilt werden. Die Risikoadjustierung erfolgt dann regelmäßig im Zähler des Bruchs durch Adjustierung des Gewinns und/oder im Nenner durch Adjustierung des Kapitals. Zu diesen Größen gehören zum Beispiel der Return on Risk-Adjusted Capital (RORAC) oder der Risk-Adjusted Return on Risk-Adjusted Capital.[112]

74 Alternativ zu den Renditekennzahlen kann der Erfolg einer wertorientierten Unternehmensstrategie auch durch die Ermittlung des Unternehmenswertes erfolgen. Der Unternehmenswert wird ermittelt aus der Summe der diskontierten zukünftigen Cash-Flows. Dabei kann entweder wiederum die Zählergröße, also die Cash-Flows risikoadjustiert werden, oder aber auch die Nennergröße, der Diskontierungszinssatz. Eine risikoadjustierte Möglichkeit der Gewinnermittlung ist beispielsweise die Diskontierung der zukünftigen Free-Cash-Flows mit dem risikoadjustierten Kapitalkostensatz WACC (Weighted Average Cost of Capital).[113] Dabei wird bei der Ermittlung des WACC über das Capital-Asset-Pricing-Model (CAPM) die erwartete Marktrendite für risikobehaftetes Eigenkapital mit einem Maß für das systematische (unternehmensübergreifende) Risiko bewertet.

---

109 Vgl. *Gleißner*, Risknews 2005, 27.

110 Vgl. *Kröger*, Risikomanagement, S. 145 f.

111 Vgl. *Kröger*, Risikomanagement, S. 145 f.

112 Zu diesen Kennzahlen vgl. *Smirska*, Optimierung eines Risikomanagements, S. 60 f.

113 Vgl. etwa *Gleißner*, Risknews 2005, 28.

Die Ermittlung des Unternehmenswertes erfolgt dann nach folgender Methodik:[114] 75

$$UW = \sum_{t=0}^{\infty} \frac{fCF_t}{(1 + WACC)^t} - FK_M$$

$$WaCC = k_{EK} \cdot \frac{EK}{GK} + k_{FK} \cdot \frac{FK}{GK} \cdot (1 - s)$$

$$k_{EK} = r_0 + (r_m - r_0) \cdot \beta$$

UW = Unternehmenswert

fCF_t = Free Cash Flow der Periode t

FK_M = Fremdkapital zu Marktwerten

FK = Fremdkapital (zu Marktwerten)

EK = Eigenkapital (zu Marktwerten)

GK = Gesamtkapital als Summe als FK und EK

k_{EK} = Eigenkapitalkosten

k_{FK} = Fremdkapitalkosten

s = Steuersatz zur Berücksichtigung der steuerlichen Abzugsfähigkeit des FK

r_0 = risikoloser Zinssatz

r_m = erwartete Marktrendite für risikobehaftetes EK

β = Maß für das relative systematische Risiko

d) Risikoabhängigkeiten: Aggregation der einzelnen Risiken zum Gesamtrisiko

Bei der Bewertung der Risiken sind nicht nur die Einzelrisiken zu bewerten, sondern 76 insbesondere die Gesamtrisikoposition des Unternehmens zu ermitteln.[115] Somit müssen die Einzelrisiken zu einem Gesamtrisiko aggregiert werden.[116] Eine einfache summarische Gesamtrisikobildung scheidet aber wegen möglicherweise bestehender Abhängigkeit der Risiken untereinander (**Risikoabhängigkeiten**) aus.[117] Die Risikoabhängigkeiten lassen sich sowohl ursachenbezogen als auch wirkungsbezogen interpretieren.

Ursachenbezogen heißt in diesem Zusammenhang, dass die, das Risiko indu- 77 zierenden, Ereignisse den ursachenbezogenen Risikoverbundeffekten entsprechen. Die aus der Realisation der Ereignisse resultierenden Risiken können sich in ihrer Wirkung mindern oder verstärken. Bei komplementären Beziehungen ist auch eine

114 Vgl. *Gleißner*, Risknews 2005, 28.

115 Vgl. *Gleißner/Lienhard/Stroeder*, Risikomanagement, S. 75.

116 Vgl. *Gleißner/Lienhard/Stroeder*, Risikomanagement, S. 75.

117 Vgl. zu dem Themenkomplex der Risikoabhängigkeiten insbesondere *Schröder*, DB 2008, 1981; *Romeike/Hager*, Erfolgsfaktor Risikomanagement, S. 150 ff.; *Kröger*, Risikomanagement, S. 144.

vollständige Kompensation eines identifizierten Risikos durch das Eintreten eines anderen Ereignisses denkbar.[118]

Beispiel

Ein Beispiel für ursachenbezogene Abhängigkeiten wäre das Wahlergebnis der nächsten Bundestagswahl. Sollte Partei A gewählt werden, führt diese strengere Umweltschutzvorschriften zur Abgasreduktion von Automobilen (Wahlprogramm: „das 3-Liter-Auto") ein, sodass Absatzpreissteigerungen und Absatzrückgänge unvermeidlich sind. Wird hingegen Partei B gewählt, werden die Umweltschutzvorschriften sogar gelockert (Wahlprogramm: „das 3-Liter-Auto, Hubraum ist alles"), wodurch sich die Absatzpreise reduzieren und die Absatzzahlen steigen. Je nach Ausgang der Wahl werden also andere Risikomanagementmaßnahmen, die Absatzpreise und -mengen betreffen, vermindert oder verstärkt.

78, 79 **Wirkungsbezogene Abhängigkeiten** liegen dann vor, wenn beispielsweise der Eintritt eines Ereignisses zu zwei Zielverfehlungen, also zu zwei Risiken führt; die Risiken haben also nicht nur eine gemeinsame Ursache, sondern auch eine gemeinsame Wirkung.[119]

Beispiel

Ein Beispiel wäre, dass bei Wahl der Partei A (Ursache) nicht nur die Absatzmengen einbrechen (Wirkung 1), sondern durch die erhöhten Umweltschutzvorschriften auch zusätzliche Kosten in der Produktion entstehen (Wirkung 2).

---

80 Zwei oder mehr Risiken können also ursachen- oder wirkungsbezogen miteinander verknüpft sein. Durch diese Risikoabhängigkeiten entspricht das Gesamtrisiko des Unternehmens nicht der Summe aller Einzelrisiken: das Gesamtrisiko ist entweder höher oder niedriger als die Summe der Einzelrisiken.[120] Zwischen den einzelnen Risiken können sich Risikoausgleichseffekte ergeben, die das Gesamtrisiko reduzieren.[121] Aus diesem Grund besteht die Notwendigkeit, die Berücksichtigung der Risikoabhängigkeiten in den Risikomanagementprozess zu integrieren, insbesondere in die Prozessschritte Risikobewertung und Risikosteuerung.

81 Die Integration der Risikoabhängigkeiten bietet Vorteile auf allen Ebenen des Risikomanagementprozesses. Die Berücksichtigung kann die Risikoidentifikation erleichtern und beschleunigen.[122] Bedeutender bzw. unerlässlich ist aber die Berücksichtigung der Risikoabhängigkeiten bei der Risikobewertung, weil ansonsten die Risikosituation (Gesamtrisiko) des Unternehmens systematisch über- oder unter-

---

118 Vgl. *Schröder*, DB 2008, 1981.
119 Vgl. *Schröder*, DB 2008, 1982.
120 Vgl. *Schröder*, DB 2008, 1982.
121 Zum Risikoausgleich vgl. *Gebhardt*, 2004, S. 38; zum Risikoausgleich im (Versicherungs-)Kollektiv und in der Zeit vgl. *Farny*, Versicherungsbetriebslehre, S. 46 ff., 50 ff.
122 Vgl. *Schröder*, DB 2008, 1984.

schätzt wird. Die systematische Über- oder Unterschätzung der Risikosituation führt im Rahmen der Risikosteuerung dazu, dass entweder „zu viel" Risikosteuerung vorgenommen wird, was regelmäßig kostenintensiv sein wird und Chancen (als Kehrseite der Risiken) zunichte macht, oder „zu wenig" Risikosteuerung erfolgt, was gefährlich für die Erreichung der Unternehmensziele und den Fortbestand des Unternehmens sein kann.

Für die Berücksichtigung der Risikoabhängigkeiten gibt es verschiedene Metho- 82
den, beispielsweise den Varianz-Kovarianz-Ansatz.[123] Eine relativ einfach umzusetzende Methode zur übersichtlichen Darstellung der Risikoabhängigkeiten ist die Abbildung der Ergebnisse mit Hilfe einer Korrelationsmatrix.[124]

Hinweis !
Die Wahl der Methode der Risikobewertung richtet sich neben den zu erreichenden Zielen auch nach den Steuerungsmethoden. Sollte beispielsweise nur ein Brandrisiko als wesentliches Risiko identifiziert worden sein, welches vollständig versichert wird, kann eine ausgefeilte Bewertungsmethode unterbleiben. Zu der Steuerung von Marktrisiken könnte hingegen eine Risikobewertung unerlässlich sein.

IV. Risikosteuerung und Risikokontrolle

1. Risikosteuerung

Voraussetzung der Risikosteuerung ist zunächst die Festlegung des gewünschten 83
Sicherheitsniveaus (Risikoappetit, zu tragendes Restrisiko oder Risikotragfähigkeit) auf Basis der identifizierten und bewerteten Risiken sowie unter Berücksichtigung des vorhandenen Risikokapitals. Im Anschluss daran können die verschiedenen Risikosteuerungsmaßnahmen Risikovermeidung, Risikominderung, Risikoüberwälzung und Risikotragung so kombiniert werden, dass das gewünschte Sicherheitsniveau erreicht wird.

---

123 Zu den Methoden der Risikoabhängigkeiten vgl. z.B. *Romeike/Hager*, Erfolgsfaktor Risikomanagement, S. 150 ff.

124 Vgl. zur Korrelationsmatrix *Gleißner/Lienhard/Stroeder*, Risikomanagement, S. 76 f.

84 Die folgende Grafik stellt den Zusammenhang zwischen Restrisiko, Risikokapital und Risikosteuerung zunächst übersichtlich dar:

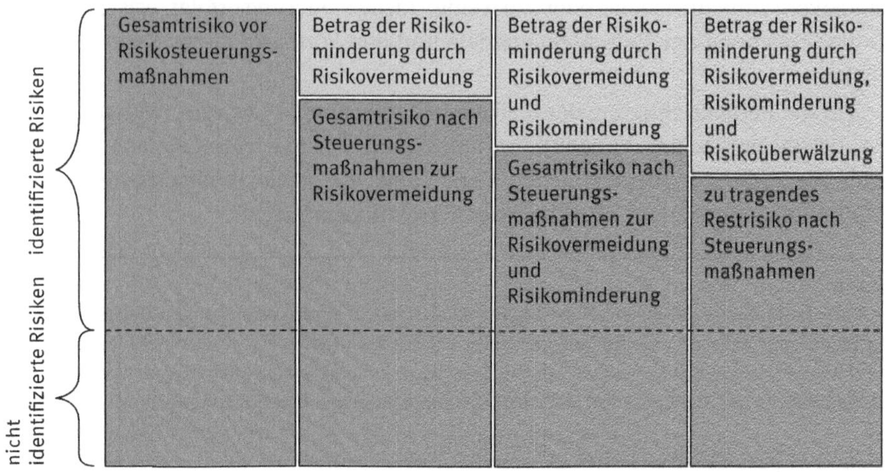

Abb. 10: Zusammenhang zwischen Restrisiko, Risikokapital und Risikosteuerung[125]

2. Zu tragendes Restrisiko und Risikokapital

85 Ein Unternehmen kann nur so viel Risiko tragen bzw. Risiken eingehen, wie es mit dem vorhandenen Risikokapital maximal verkraften kann.[126] Das vorhandene Risikokapital bestimmt also die maximale Höhe des verbleibenden Restrisikos. Das Risikokapital wird je nach Gegebenheit unterschiedlich abgegrenzt.[127] Typischerweise handelt es sich bei den als Risikokapital berücksichtigungsfähigen Kapitalpositionen aber um die bilanziellen Positionen des Eigenkapitals, nachrangiges Fremdkapital und möglicher Anpassungen für stille Reserven in den Aktiva und stiller Lasten in den Passiva.[128] Bei der Summe der als Risikokapital zu berücksichtigenden Kapitalpositionen handelt es sich um das „verfügbare Risikokapital". Der aus dem Restrisiko resultierende Risikokapitalbedarf kann als „notwendiges Risikokapital" bezeichnet werden. Das verfügbare Risikokapital sollte das notwendige Risikokapital überstei-

---

125 Quelle: Eigene Darstellung.

126 Vgl. zur Risikotragfähigkeit *Shimpi*, Corporate Risk Management, S. 28 ff.

127 So finden sich bspw. bei den Kapitalanforderungen und deren Erfüllung mit Risikokapital in Branchen wie Banken und Versicherungen je nach nationaler Regulierungsbehörde einige Abweichungen; vgl. z.B. *Koch*, Berechnung des Risikokapitals.

128 Vgl. *Koch*, Berechnung des Risikokapitals.

gen, sodass die Gefahr, dass das Kapital aufgezehrt wird, unter den Voraussetzungen und Annahmen der Risikobewertung[129] möglichst gering ist.

aa) Risikosteuerungsmaßnahmen

Die von einem Unternehmen einsetzbaren Maßnahmen der Risikosteuerung sind mit 86
Blick auf das gewünschte Sicherheitsniveau (Restrisiko) aufgrund von Kosten-Nutzen-Überlegungen zu optimieren. Folgende typische Risikosteuerungsmaßnahmen kommen in Betracht:

Im Rahmen der **Risikovermeidung** geht das Unternehmen die Risiken nicht ein, 87
das heißt, dass z.B. ein mit sehr hohen Risiken behafteter Geschäftsabschluss oder sehr riskante Investitionen nicht getätigt werden.[130] Da Unternehmen aber Geschäftsabschlüsse zu ihrer Zielerreichung (z.B. Gewinnziele) benötigen, ist die Strategie der Risikovermeidung nicht langfristig für alle Geschäftsabschlüsse und Investitionen anwendbar, sodass ein Unternehmen Regeln festlegen muss, welche Geschäftsabschlüsse erfolgen dürfen und welche nicht. Diese Festlegung erfolgt typischerweise durch konkrete Vorgaben an handelnde Personen, welche Geschäfte mit welchen Geschäftspartnern in welcher Höhe abgeschlossen werden dürfen; dieses Vorgehen reduziert gleichzeitig das operative Risiko menschlicher Fehler.[131] Eine häufige Methode der Risikovermeidung ist die Änderung der Aktivitäten, weg von sehr riskanten hin zu weniger riskanten Aktivitäten.[132] Eine weitere sinnvolle und oft praktizierte Risikovermeidung ist die Konzentration auf das Kerngeschäft: ein Unternehmen ist nur in den Bereichen tätig, in denen es eine entsprechende Expertise aufweist, wodurch höhere Margen bei geringeren Risiken erzielt werden können. Eine Vermeidung von Tätigkeiten außerhalb des Kerngeschäfts führt somit zu einer Risikovermeidung.

Die **Risikominderung** kann durch organisatorische, personelle oder technische 88
Maßnahmen erfolgen. Die Risikominderung kann zum einen durch die Verringerung des Umfangs oder der Anzahl risikobehafteter Geschäfte und zum anderen durch Diversifikation des Gesamtunternehmensrisikos erfolgen.[133] Risikominderung soll dabei die Eintrittswahrscheinlichkeit und das Schadenausmaß eines Risikos reduzieren. Maßnahmen sind die Schadenverhütung oder die Schadenherabsetzung. Schadenverhütung wäre beispielsweise die regelmäßige Belehrung über Risiken auf einer Baustelle. Das Tragen eines Helms führt zur Schadenherabsetzung. Hierdurch wird

---

129 Vgl. Rn 51 ff.

130 Vgl. *Schröer*, Risikomanagement in KMU, S. 82 f.

131 Vgl. hierzu *Gebhardt/Mansch*, Zfbf Sonderheft 2001, 156 ff. In Banken und (Wertpapier-)Handelsunternehmen werden diese Systeme oftmals als Limitsystematik bezeichnet, bei denen handelnden Personen Grenzen gesetzt werden.

132 Vgl. *Schröer*, Risikomanagement in KMU, S. 83.

133 Vgl. zu diesem Abschnitt *Schröer*, Risikomanagement in KMU, S. 84 f.

zwar nicht die Wahrscheinlichkeit sinken, dass dem Träger des Helmes ein Stein auf den Kopf fällt, die Schadenauswirkung (Schadenhöhe) bei Realisation des Ereignisses bzw. des Risikos wird aber bedeutend geringer sein, und damit auch das aus dem Produkt von Eintrittswahrscheinlichkeit und Schadenhöhe bewertete Risiko.

89 Bei der **Risikoüberwälzung** handelt es sich um Risikosteuerungsmaßnahmen, bei denen der eintretende Schaden nicht mehr von dem Unternehmen zu tragen ist, sondern von einem Dritten; das Risiko wird also transferiert, man spricht auch vom Risikotransfer.[134] Zu diesen Dritten gehören für kleine und mittlere Unternehmen insbesondere Versicherungsunternehmen, aber auch der Vertragspartner bei einem Geschäftsabschluss, wenn über die Vereinbarung entsprechender Vertragsklauseln das Risiko auf den Vertragspartner übertragen wird. Hierzu gehören insbesondere die standardisierten Klauseln zum Ort des Gefahrenübergangs, die sog. Incoterms.[135] Eine weitere Möglichkeit ist der Transfer von Risiken an die Kapitalmärkte. Dies erfolgt regelmäßig über Derivate. In der Landwirtschaft sind beispielsweise Wetterderivate zur Absicherung schlechter Ernteerträge durch negative Wettereinwirkungen oder Termingeschäfte auf verschiedene landwirtschaftliche Erzeugnisse (Weizen, Mais, Schweinehälften, etc.) zur Absicherung gesunkener Preise nach dem Zeitpunkt der Ernte gebräuchlich.

90 Der Restbetrag des nach den Risikosteuerungsmaßnahmen verbleibenden Risikos wird dann im Wege der (bewussten) **Risikotragung** bei dem Unternehmen verbleiben und sollte durch das Risikokapital gedeckt werden.

91 Zu einer erleichterten Übersicht können die Ergebnisse des Risikomanagementprozesses wiederum in einer quantifizierten **Risk-Map** dargestellt werden. Nach den Prozessschritten der Risikosteuerung könnte die bereits vorgestellte quantifizierte Risk-Map wie in Abb. 11 veranschaulicht aussehen.

92 Die Risiken 2, 3, 6 und 7, die bislang außerhalb der Zone der Risikotragfähigkeit lagen, werden durch Risikosteuerungsmaßnahmen in den vorgegebenen Bereich der Risikotragfähigkeit überführt.

! **Hinweis**
Die Auswahl der zu steuernden Risiken ist insbesondere von dem gewünschten Risikoappetit bei zutreffender Risikobewertung abhängig. Bereits gesteuerte (z.B. bereits versicherte) Risiken dürfen nicht mehrfach berücksichtigt werden. Die Abb. 11 zeigt die Bedeutung der Risikoidentifikation, denn nur die identifizierten Risiken können gesteuert werden.

---

134 Vgl. zu diesem Abschnitt *Schröer*, Risikomanagement in KMU, S. 87 ff.

135 Für weitere Informationen zu den Incoterms vgl. z.B. die Internetseite der International Chamber of Commerce für Deutschland, abrufbar unter http://www.icc-deutschland.de/icc-regeln-und-richtlinien/icc-incotermsR.html.

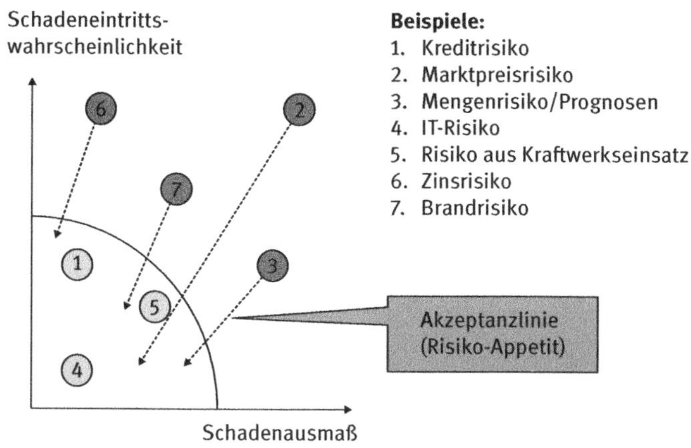

Abb. 11: Quantifizierte Risk-Map

bb) Risikoüberwachung

Neben der Einrichtung eines Risikomanagementsystems ist die Überwachung der 93
Funktionsfähigkeit des Systems und deren Einhaltung durch die verantwortlichen Mitarbeiter Aufgabe der Geschäftsleitung.[136] Die Überwachung des Risikomanagementprozesses sollte dabei durch eine prozessunabhängige Einheit im Unternehmen erfolgen, typischerweise wird diese Aufgabe von der internen Revision wahrgenommen. Sollte ein kleines oder mittleres Unternehmen nicht über eine eigenständige Stelle der internen Revision verfügen, bietet sich auch ein externer Revisor an, z.B. ein Wirtschaftsprüfer. Neben der Überwachung der Einhaltung und Anwendung des Systems sollte auch deren Wirksamkeit regelmäßig analysiert werden, um mögliche Schwachstellen und Verbesserungsmöglichkeiten aufzudecken.[137] Hierbei können z.B. Einsparpotenziale und Verschlankungsmaßnahmen aufgedeckt werden, genauso wie noch nicht identifizierte Risiken.

cc) Risikodokumentation

Das eingerichtete Risikomanagementsystem sollte zur personenunabhängigen An- 94
wendung, aus Beweisgründen und als Ergänzung des Compliance-Management-Systems in seinem grundsätzlichen Aufbau dokumentiert werden (z.B. in Form eines

136 Zu der Notwendigkeit der Überwachung des Risikomanagementsystems vgl. IDW PS 340, Rn 15 f.; *Schröer*, Risikomanagement in KMU, S. 94 f.

137 Vgl. *Schröer*, Risikomanagement in KMU, S. 93 f.

Risikohandbuches).[138] Daneben sollten auch alle im Rahmen des Risikomanagementprozesses durchgeführten Handlungen und Maßnahmen (z.B. bewertete Risikoinventare, Risikokomiteesitzungen etc.) dokumentiert und archiviert werden.

---

138 Zu der Notwendigkeit der Dokumentation des Risikomanagementsystems vgl. IDW PS 340, Rn 17 f.

Kapitel 4
Compliance – Begriff, Entwicklung, Funktion

A. Einleitung

Das **Thema „Compliance"** ist aus der täglichen Unternehmenspraxis nicht mehr wegzudenken. Vielmehr hat es weiter an Bedeutung gewonnen.[1] Dies gilt sowohl auf nationaler als auch auf internationaler Ebene.[2] Für deutsche Unternehmen lässt sich diese Aussage zum Bedeutungszuwachs auch empirisch belegen,[3] wie die im Jahr 2014 veröffentlichte CBCI-Studie speziell für den Mittelstand zeigt.[4] Im Rahmen dieser Studie wurden 60 mittelständischen Unternehmen aus verschiedenen Brachen Fragen u.a. zum Verständnis und zum aktuellen Stand von Compliance in ihrem Unternehmen gestellt. Dabei zeigte sich, dass knapp drei Viertel der befragten Unternehmen aktiv Compliance leben und mehrere Maßnahmen zu ihrer Umsetzung erlassen haben.[5] Die Notwendigkeit der Auseinandersetzung mit Compliance als Bestandteil der Unternehmensführung kann somit als im gesamten Unternehmertum angekommen bezeichnet werden.[6] Eine Vielzahl von Skandalen in börsennotierten Großunternehmen aber auch kleinen und mittleren Unternehmen, über die in der Vergangenheit in der Presse ausführlich berichtet wurde, dürfte diese Entwicklung beschleunigt haben.[7] Dabei ist Compliance nicht nur ein Thema für Großkonzerne: Auch für kleine und mittlere Unternehmen ist die intensive Auseinandersetzung mit 1

1 Vgl. bspw. bereits *Kort*, NZG 2008, 81; zu Compliance-Maßnahmen im Gesundheitswesen *Schneider/Grau/Kißling*, CCZ 2013, 48 ff., und zu Compliance-Maßnahmen im Städte- und Straßenbauwesen *Stadler*, CCZ 2013, 41 ff.

2 Zur Bedeutung von Compliance bspw. in China, vgl. *Holloch/Zhao*, DB 2014, 1223 ff. und Wieland/Steinmeyer/Grüninger/*Rothlin*, Handbuch Compliance-Management, S. 995 ff.; in Russland, vgl. *Tischendorf*, CB 2014, 133 ff. und Wieland/Steinmeyer/Grüninger/*Ovseenko/Ernst*, Handbuch Compliance-Management, S. 1019 ff.; in den USA, vgl. Rn 25 ff. und *Zimmer*, CB 2014, 272 ff.

3 Vgl. z.B. die interessanten statistischen Angaben zur zunehmenden Bedeutung von Compliance: PwC, Wirtschaftskriminalität-Studie 2011, S. 25 ff.; Humboldt Viadrina School of Governance, Viadrina-Studie 2013, S. 1 ff., abrufbar unter http://www.pogar.org/publications/ac/2013/humbolt_practitionerhandbook_incentivessanctions.pdf; Universität Leipzig/RölfsPartner, Das Unternehmen als Opfer von Wirtschaftskriminalität, 2013, abrufbar unter https://www.uni-leipzig.de/~prozess/resources/Publikationen/RP_StudieWikri_130215-ansicht-gesichert.pdf. Vgl. auch die schon etwas ältere Untersuchung von *Melcher/Mattheus*, Der Aufsichtsrat 2007, 122 ff.

4 Center for Business Compliance & Integrity, Studie „Compliance im Mittelstand" (CBCI-Studie), abrufbar unter http://www.htwg-konstanz.de/Mittelstandsstudie.6746.0.html.

5 CBCI-Studie, S. 41.

6 Vgl. auch Wecker/Ohl/*Vetter*, Compliance, S. 2.

7 Vgl. bspw. Handelsblatt-Online, Die größten Skandale in deutschen Konzernen, 16.5.2012, abrufbar unter http://www.handelsblatt.com/unternehmen/buero-special/compliance-die-groessten-skandale-in-deutschen-konzernen/6641352.html.

dem Aufbau einer wirksamen Compliance-Funktion von ganz erheblicher Bedeutung, setzt sich doch zunehmend die Erkenntnis durch, dass gerade solche Unternehmensformen aufgrund ihrer vielfach flachen Unternehmenshierarchien und oftmals vornehmlich vertrauensbasierten Geschäftsabschlusspraxis besonders anfällig für Delikte wie Korruption, Bestechung oder Untreue sind.[8]

2 Trotzdem ist in der Praxis zu beobachten, dass über die Bedeutung des Terminus „Compliance" mangels einer einheitlichen und griffigen Übersetzung in den Unternehmen z.T. noch erhebliche Unsicherheit herrscht. Die eigentliche Bedeutung und die wichtige Funktion von Compliance scheinen vielfach noch nicht hinreichend in die Leitungsebene gerade vieler kleiner und mittlerer Unternehmen kommuniziert worden zu sein.

3 Um zu verstehen, dass Compliance gerade nicht bloß eine aus dem anglo-amerikanischen Raum importierte Modeerscheinung ist, sondern vielmehr eine **äußerst wichtige und nahezu unverzichtbare Funktion** in jedem Wirtschaftsunternehmen – vom kleinen regional agierenden Unternehmen bis hin zum börsennotierten Großkonzern – übernimmt,[9] soll zunächst Klarheit über die Begriffsbedeutung[10] sowie die Entwicklung von Compliance[11] geschaffen werden. Erst nachdem die Bedeutung von Compliance einheitlich definiert wurde, soll kurz auf die Diskussion zur rechtlichen Notwendigkeit von Compliance eingegangen werden.[12]

B. Der Begriff Compliance

4 Über den Begriff „Compliance" herrscht in der Praxis oftmals noch erhebliche Unklarheit. Eine einheitliche Übersetzung des Wortes ins Deutsche, welche die gesamte Bedeutung dieses Begriffs kurz und prägnant ermöglichen würde, existiert nicht.[13]

5 Dies ist allerdings auch ganz natürlich. Denn zum einen erschließt sich der **Begriff „Compliance"** nicht einfach aus sich selbst heraus. Zum anderen fehlt es an einer branchenunabhängigen gesetzlichen Definition des Begriffs „Compliance" im deutschen Recht.[14]

---

8 Vgl. bspw. *Steinbruch*, Der ständige Kampf gegen Korruption, 2.9.2013, abrufbar unter http://www.wiwo.de/unternehmen/mittelstand/wirtschaftskriminalitaet-im-mittelstand-der-staendige-kampf-gegen-korruption/8716138.html.

9 Vgl. dazu Rn 72 ff.

10 Vgl. dazu Rn 4.

11 Vgl. dazu Rn 24 ff.

12 Vgl. dazu Rn 43 ff.

13 Vgl. zum unterschiedlichen Begriffsverständnis von „Compliance" Rn 10 ff. sowie *Bock*, Criminal Compliance, S. 13 ff.; zum Begriff der „Non-Compliance" vgl. *Piel*, ZWH 2014, 13.

14 Vgl. Wecker/Ohl/*Vetter*, Compliance, S. 3. Viel gravierender ist allerdings, dass in der Unternehmenspraxis Compliance noch viel zu wenig als ernstzunehmende Risikomanagementfunktion ver-

I. Die wörtliche Übersetzung als Anhaltspunkt

Eine erste und sehr naheliegende **Möglichkeit**, sich dem Bedeutungsgehalt dieses Begriffs zu nähern, ist selbstverständlich schlicht eine **wörtliche Übersetzung** in die deutsche Sprache. Der Begriff „Compliance“ stammt aus dem Englischen und leitet sich von „to comply with“ ab. Wörtlich übersetzt bedeutet dies in etwa soviel wie „Befolgung“, „Einhaltung“ oder „Übereinstimmung“. Stellt dies einen ersten Ansatzpunkt dar, um den Bedeutungsgehalt zu erschließen, ist damit aber im Ergebnis noch nicht viel gewonnen: Aus der wörtlichen Übersetzung wird nicht erkennbar, worauf sich die „Befolgung“, „Einhaltung“ bzw. „Übereinstimmung“ eigentlich beziehen soll.[15] 6

II. Compliance in der Medizin

Als **fachlicher Terminus** hat der Begriff „Compliance“ seinen **Ursprung in der Medizin**. Er entstand zu Beginn der 1970er Jahre und ist inzwischen als klar definierter Fachterminus in der Medizin fest etabliert. Zur Entwicklung des medizinischen Begriffs von Compliance kam es, als erste systematische wissenschaftliche Untersuchungen im medizinischen Bereich zur Klärung der Frage in Auftrag gegeben wurden, wie viel von dem, was Ärzte den Patienten als Therapie für die Behandlung ihrer Erkrankung empfehlen (beispielsweise Einnahmevorgaben für Tabletten), dann auch tatsächlich von diesen befolgt wird.[16] Mit Compliance wurde dabei das Verhalten eines Patienten beschrieben, der sich an die Therapievorgaben des Arztes hält – die **Therapietreue**. Ist der Patient therapietreu, so verhält er sich „compliant“. Weicht er hingegen von der vom Arzt empfohlenen Therapie ab oder ignoriert diese gar vollständig, so verhält er sich „non-compliant“. Diese „Non-Compliance“ verursacht im Gesundheitswesen regelmäßig hohe Kosten (etwa durch falsche Medikation oder notwendige Nachbehandlungen)[17] – im schlimmsten Fall sogar den Tod eines Patienten. 7

Diese Prägung des Begriffs „Compliance“ aus der Medizin in Verbindung mit dessen wörtlicher Übersetzung macht den Bedeutungsgehalt des Begriffs **„Compliance“** auch **für die Unternehmenswelt** bereits deutlich klarer. So wie für die Patienten die Therapievorgaben eines Arztes regelmäßig maßgeblich für den Behandlungserfolg einer Erkrankung sind, sind dies für Unternehmen vornehmlich die 8

---

standen wird. Weil viele Unternehmen nicht bereit sind, die Compliance-Funktion mit den notwendigen Befugnissen und Ressourcen auszustatten, dient sie allzu oft nur als „Feigenblatt“. Vgl. zu dieser „Missachtung aus Geiz und Unentschlossenheit“ *Moosmayer*, NJW 2012, 3013.

15 Zu Begriff und Entwicklung vgl. statt vieler Rotsch/*Rotsch*, Criminal Compliance, § 1 Rn 4 ff. und Behringer/*Behringer*, Compliance kompakt, S. 31 ff.

16 *Sabate*, Adherence to long-term therapie.

17 Petermann/*Volmer/Kielhorn*, Compliance und Selbstmanagement, S. 45 ff.

gesetzlichen Vorgaben, die den Rahmen für ihr unternehmerisches Tätigwerden bilden. Dies gilt für sämtliche Unternehmen – unabhängig von ihrer Unternehmensform und Branche.

9 Bei Nichtbefolgung dieser Vorgaben gehen beide – sowohl der Patient als auch das Unternehmen – ein (zum Teil unkalkulierbares) Schadensrisiko ein.

III. Enges Verständnis von Compliance

10 Dies zugrunde gelegt, lässt sich der Begriff „**Compliance**" für Unternehmen daher zunächst als „Verpflichtung zur Einhaltung der gesetzlichen Vorschriften" **definieren.**[18] Dies entspricht auch dem Verständnis in der unternehmerischen Praxis, wie die bereits erwähnte[19] CBCI-Studie zeigt: Danach verstehen fast alle der 60 im Rahmen der Studie befragten mittelständischen Unternehmen unter dem Begriff „Compliance" die Einhaltung der gesetzlichen Vorschriften.[20]

11 Gestützt wird diese enge Definition zudem durch spezialgesetzliche Regelungen wie zum Beispiel § 33 Abs. 1 WpHG,[21] der speziell für Wertpapierdienstleistungsunternehmen gilt. Darin wird den **Wertpapierdienstleistungsunternehmen** sinngemäß eine Verpflichtung zur Einrichtung einer dauerhaften und wirksamen Compliance-Funktion auferlegt, um „sicherzustellen, dass das Wertpapierhandelsunternehmen selbst und seine Mitarbeiter den Verpflichtungen dieses Gesetzes nachkommen". Die Wertpapierdienstleistungsunternehmen werden somit einer Verpflichtung unterworfen, eine Compliance-Funktion im Unternehmen einzurichten, um die Konformität ihres Handelns mit den Vorgaben des WpHG zu gewährleisten.

IV. Weites Verständnis von Compliance

12 Wurde dadurch in einem ersten Schritt der Begriff „Compliance" eher eng definiert, so hat sich **in der Praxis** immer mehr die Erkenntnis durchgesetzt, dass eine solche – allein auf rechtliche Vorgaben beschränkte – Definition zu eingrenzend ist und dem Sinn und Zweck der Compliance nicht vollständig gerecht wird.[22] Der **Bedeutungsgehalt** des Begriffs „Compliance" muss vielmehr um einen wichtigen Zusatz **erweitert** werden, nämlich die „Einhaltung auch sonstiger Regeln".

---

18 *Schneider*, ZIP 2003, 645, 646; *Meyer*, DB 2014, 1063.

19 Vgl. Rn 1.

20 CBCI-Studie, S. 14.

21 Wertpapierhandelsgesetz (WpHG) v. 9.9.1998 (BGBl. I S. 2708), zuletzt geändert durch Gesetz v. 15.7.2014 (BGBl. I S. 934).

22 *Moosmayer*, Compliance, 2. Aufl., S. 1 ff.; *Kiethe*, GmbHR 2007, 393, 394; *Kort*, NZG 2008, 81, 82.

Und dies aus gutem Grund: Unternehmen sehen sich in der Praxis nicht mehr nur einer **Vielzahl an gesetzlichen Pflichten** ausgesetzt. Neben der Übereinstimmung des unternehmerischen Handelns mit diesen Vorgaben – also Gesetzen und behördlichen Verordnungen (eigentlich eine unternehmerische Selbstverständlichkeit) – wirken branchenunabhängig auf nahezu jedes Unternehmen noch eine Vielzahl von weiteren (außergesetzlichen) Vorgaben ein, die das unternehmerische Tätigwerden zunehmend bestimmen. Dies sind insbesondere **unternehmensinterne Regelwerke** wie 13

- interne Satzungen,
- Geschäftsordnungen,
- Merk- und Informationsblätter,
- Unterschriftenregelungen,
- Arbeitsanweisungen oder
- Konzernrundschreiben.[23]

Diesen **Vorgaben außerhalb gesetzlicher Regelungen** kommt gerade in der Unternehmenspraxis eine zunehmende Bedeutung zu, steckt dahinter doch regelmäßig ein gewichtiges operationelles Interesse bzw. eine von den Mitarbeitern zu beachtende Unternehmenskultur. In vielen Branchen wie zum Beispiel der pharmazeutischen Industrie oder der Energieerzeugung geht es zudem zum Teil um hoch emotionale und sensible Themen, sodass von den Unternehmen regelmäßig neben der Einhaltung der gesetzlichen Vorschriften auch die Einhaltung außergesetzlicher Vorgaben wie z.B. ethisches Verhalten[24] oder Umweltschutz erwartet wird. 14

Auch der nicht ordnungsgemäße **Umgang mit Arbeitnehmern** findet zunehmend Widerhall in der Medienlandschaft. Erinnert sei an dieser Stelle beispielhaft an den Vorwurf schlechter Arbeitsbedingungen bei Lieferanten renommierter Sportartikelhersteller oder Unternehmen aus der Bekleidungsbranche.[25] Die damit einhergehenden negativen Auswirkungen auf das **Image** und die **Reputation** der betroffenen Unternehmen sprechen somit bereits für ein weites Verständnis des Compliance-Begriffs, stellen diese doch ein hohes unternehmerisches Gut dar. Der gute Ruf eines Unternehmens ist oftmals für Kunden, Mitarbeiter oder auch Aktionäre ein wesentlicher Aspekt, sich für ein Unternehmen zu entscheiden und damit marktwesentlich,[26] 15

---

23 Wecker/Ohl/*Vetter*, Compliance, S. 4.

24 *Kiethe*, GmbHR 2007, 393, 394; *Kort*, NZG 2008, 81, 86; vgl. auch *Hussain*, CCZ 2011, 106 zu sog. Ethikabteilungen.

25 Vgl. dazu z.B. *Berberich*, Die dunkle Seite von H&M, 21.1.2012, abrufbar unter www.focus.de/finanzen/news/unternehmen/ard-markencheck-die-dunkle-seite-von-hundm_aid_705915.html; Sueddeutsche.de, Arbeitsbedingungen in China: Adidas zieht nach Streik Aufträge ab, 24.4.2014, abrufbar unter http://www.sueddeutsche.de/wirtschaft/arbeitsbedingungen-in-china-adidas-zieht-nach-streik-auftraege-ab-1.1943321.

26 Vgl. zur Imagefunktion von Compliance noch ausführlich Rn 85.

sodass dieser einen **wesentlichen Faktor** nachhaltig erfolgreichen unternehmerischen Handelns darstellt.[27]

16 Schließlich ergibt sich ein weites Verständnis des Compliance-Begriffs auch aus dem für deutsche börsennotierte Aktiengesellschaften maßgeblichen **Deutschen Corporate Governance Kodex (DCGK)**[28] vom 24.6.2014, wo es unter Nr. 4.1.3. heißt:

> „Der Vorstand hat für die Einhaltung der gesetzlichen Bestimmungen und der unternehmensinternen Richtlinien zu sorgen und wirkt auf deren Beachtung durch die Konzernunternehmen hin (Compliance)."

17 Die mit dem Erlass des DCGK befasste Kodex-Kommission legt somit ebenfalls ein weites Verständnis von „Compliance" zugrunde. Damit „Compliance" ihre Funktion im Unternehmen vollumfänglich entfalten kann, muss der **Begriff „Compliance"** daher weit „als Verpflichtung aller Mitarbeiter und der Geschäftsleitung zur Beachtung der rechtlichen Vorschriften und sonstigen Regeln des Unternehmens" **definiert** werden.[29]

18 Dieses weite „Compliance-Verständnis" spiegelt sich dann auch in der CBCI-Studie[30] wieder: Nahezu fast alle der befragten mittelständischen Unternehmen verstanden unter dem Begriff „Compliance" neben der Sicherstellung der Einhaltung gesetzlicher Vorschriften auch die Einhaltung interner Verhaltensstandards und Richtlinien sowie mehr als drei Viertel zudem auch die Einhaltung einer Werte- und Unternehmenskultur.[31]

V. Compliance als Managementfunktion

19 Damit aber noch nicht genug. Eine lediglich abstrakte Verpflichtung zur Einhaltung von Gesetzen und sonstigen Regeln wird dem **Bedeutungsgehalt von Compliance** noch immer nicht vollkommen gerecht. Es würde sich lediglich um einen Programmsatz handeln, dessen effektive Umsetzung offen bliebe. Im Kern handelt es sich bei Compliance jedoch um eine Frage, wie mit potenziellen Risiken von Rechtsverstößen

27 Wieland/Steinmeyer/Grüninger/*Grüninger*, Handbuch Compliance-Management, S. 47; Bankrechtliche Vereinigung/*Hauschka*, Verbraucherschutz im Kreditgeschäft, S. 106.

28 Deutscher Corporate Governance Kodex (DCGK) vom 24.6.2014, abrufbar unter http://www.dcgk.de//files/dcgk/usercontent/de/download/kodex/D_CorGov_Endfassung_2014.pdf.

29 Wieland/Steinmeyer/Grüninger/*Wieland/Grüninger*, Handbuch Compliance-Management, S. 92; *Hauschka*, ZIP 2004, 877.

30 Vgl. Rn 1.

31 CBCI-Studie, S. 14.

usw. bei jeder unternehmerischen Tätigkeit gesteuert umgegangen wird und somit um eine **Managementfunktion**.[32]

Eine gewisse Vergleichbarkeit kann mit der in vielen Unternehmen bereits bekannten und etablierten **Risikomanagementfunktion** hergestellt werden:[33] Unternehmen nahezu jeder Branche finden sich einem **permanenten Wandel von Produkten und Marktentwicklungen** ausgesetzt. Gerade die internationalen Märkte befinden sich in einem stetigen Weiterentwicklungsprozess. Unvorhersehbare Preis- bzw. Marktentwicklungen für bspw. Energie oder Rohstoffe können den Unternehmenserfolg gefährden. Wettbewerbsbedingungen verändern sich immer kurzfristiger. Der Konkurrenzdruck steigt. Diese zunehmende Komplexität des Unternehmensumfelds nimmt Hand in Hand mit dem Erfolgsdruck kontinuierlich zu. Damit verbunden ist regelmäßig die tatsächliche Notwendigkeit für Unternehmen, zur Erhöhung des Unternehmenswerts stärkere geschäftsökonomische Risiken einzugehen und sich bietende Chancen schnellstmöglich zu nutzen. Um das damit einhergehende **Risiko einer negativen Abweichung von den Erwartungswerten** bzw. sich bietende Chancen rechtzeitig erkennen zu können, halten viele Unternehmen inzwischen eine eigene **Risikomanagementabteilung** vor. Diese Managementfunktion analysiert zeitnah und systematisch vor allem das ökonomische Risiko und die ökonomischen Chancen von Geschäftsvorgängen, um bspw. das Risiko eines Verlustgeschäfts frühzeitig zu identifizieren und anschließend entsprechend managen zu können.[34] 20

Ist es also Aufgabe des Risikomanagements, eine vornehmlich ökonomische Risikobewertung einzelner Handels- bzw. Geschäftsvorgänge im Unternehmen vorzunehmen und einen Risikoeintritt zu verhindern, indem bspw. Adressenausfall-, Liquiditäts- oder Marktpreisänderungsrisiken gemanagt werden, so bedeutet Compliance etwas Vergleichbares – bloß auf rechtliche/ethische Risiken ausgerichtetes: Durch präventives Handeln soll die Einhaltung gesetzlicher Vorschriften und sonstiger Regeln im Unternehmen sichergestellt werden, damit es nicht zu Haftungsfällen und Imageschäden für das Unternehmen kommt.[35] 21

Diesen **Risiken möglicher Haftungsfälle und Imageschäden** sind allerdings nicht nur privatwirtschaftliche Unternehmen ausgesetzt. Vielmehr gilt dies umso mehr für staatliche und behördliche Einrichtungen. Denn gerade der Staat mit seiner Vielzahl an Unter- und Ausgliederungen (wie Eigenbetrieben oder Eigengesellschaften in Form von kommunalen Stadtwerken) muss bei der Befolgung von gesetzlichen, 22

32 So bereits *Lösler*, Compliance im Wertpapierdienstleistungskonzern, S. 10.

33 Wieland/Steinmeyer/Grüniger/*Grüninger*, Handbuch Compliance-Management, S. 55; *Moosmayer*, Compliance, 2. Aufl., S. 25.

34 Vgl. ausführlich zum Risikomanagement Kap. 3.

35 Zur Abgrenzung der Managementfunktionen Risikomanagement und Compliance, vgl. Szesny/Kuthe/*Heim/Rinke*, Kapitalmarkt-Compliance, S. 438, sowie *Gold/Schäfer/Bußmann*, ET 6/2011, 2 ff.; zum Verhältnis von Compliance und Corporate Social Responsability vgl. *Säcker*, CB 2013, 1.

ethischen und/oder moralischen Vorgaben besonders sorgsam sein, um mögliche (Staats-)Haftungsfälle zu vermeiden.[36]

23 Compliance ist deshalb nur dann effektiv, wenn auch entsprechende (angemessene) organisatorische Strukturen in Form eines Compliance-Programms im Unternehmen implementiert werden, die deren Einhaltung effizient gewährleisten.[37] Compliance lässt sich damit abschließend definieren als die im konkreten Einzelfall erforderliche Implementierung einer Managementfunktion, welche die Einhaltung von gesetzlichen Bestimmungen und sonstigen Regeln im Unternehmen sicherstellt.[38]

C. Die historische Entwicklung von Compliance

24 Nachdem in einem ersten Schritt Klarheit über den Begriff „Compliance“ geschaffen wurde, soll in einem nächsten Schritt die **historische Entwicklung**[39] dieser Managementfunktion einer näheren Betrachtung unterzogen werden.

I. Die Entwicklung in den USA

25 Die Entwicklung von Compliance als Managementfunktion in seiner heutigen Ausprägung begann in den USA.[40] Der **Ausgangspunkt** dieser Entwicklung lässt sich bereits im Jahr 1909 an einer Entscheidung des Supreme Court[41] festmachen. Damit wurde erstmals in den USA die strafrechtliche Verantwortlichkeit von Kapitalgesellschaften ausgeurteilt. Kapitalgesellschaften hafteten danach auch für den durch das schuldhafte Verhalten ihrer Angestellten oder Gehilfen verursachten Schaden, sofern dies zum beabsichtigten Nutzen der Kapitalgesellschaft geschah. Damit war der Grundstein für eine umfassende Organisationshaftung für Personen und Sachen der Kapitalgesellschaften gelegt.[42]

26 Flankiert wurde diese **Organisationshaftung** für die Unternehmen in den USA im Jahr 1934 durch eine gesetzliche Regelung,[43] wonach es zusätzlich zur Haftung

36 Wecker/Ohl/*Nagelschmitz/Ohl*, Compliance, S. 269 ff.; *Gimnich*, CB 2014, 195.

37 Vgl. zum Compliance-Management bereits ausführlich Kap. 2.

38 Hauschka/*Hauschka*, Corporate Compliance, § 1 Rn 24; Wieland/Steinmeyer/Grüninger/*Saitz/Tempel/Brühl*, Handbuch Compliance-Management, S. 211.

39 Zu den historischen Ursprüngen von Compliance vgl. instruktiv *Eufinger*, CCZ 2012, 21 ff.

40 Krimphove/Kruse/*Schäfer*, MaComp, Vor BT 1 Rn 5; *Moosmayer*, Compliance, 2. Aufl., S. 7.

41 U.S. Supreme Court, New York Central & Hudson River Railroad Co. vs. United States, 212 U.S. 481 (1909), 495 ff.

42 Vgl. eingehend dazu Derleder/Knops/Bamberger/*Frisch*, Handbuch zum Bankrecht, Kap. I § 7 Rn 1 ff.

43 Securities Exchange Act of 1934 – Section 20.

der Kapitalgesellschaft zu einer persönlichen (Schadenersatz-)Haftung für natürliche Personen, wie die Geschäftsleiter in Kapitalgesellschaften, kommen sollte, die durch Verletzung ihrer Kontrollfunktion und Kontrollverantwortung solche Organisationsmängel im Kern zu vertreten haben.

Konnte bis dahin die **persönliche Haftung** bei der Verletzung von Organisa- 27 tionspflichten durch die im Regelfall dafür verantwortliche Geschäftsleitung vermieden und damit ein kalkulierbares Risiko eingegangen werden, war es damit seit dem Jahr 1934 endgültig vorbei: Die Geschäftsleitung musste mit ihrem privaten Vermögen für die Verletzung von Organisationspflichten einstehen. Damit war die **Organisationshaftung für die Geschäftsleitung** geboren – heute ein allgemeiner Grundsatz auch des deutschen Gesellschaftsrechts.[44]

Die US-amerikanischen Unternehmen mussten auf diese **geänderte Geset-** 28 **zeslage** reagieren. Die verantwortlichen Organe (Geschäftsleitung, Vorstand) bzw. leitende Angestellte mussten vor einer solchen persönlichen Haftung so weit wie möglich bewahrt werden, sollte der operative Erfolg des Unternehmens nicht gefährdet werden. Die US-amerikanischen Unternehmen begannen daher nach und nach damit, sog. **Corporate Compliance Codes** (Codes of Conduct/Codes of Ethics) einzuführen.[45] Dabei handelte es sich um **im Wege der Selbstverpflichtung verordnete Verhaltenskodizes**, welchen den Angestellten des Unternehmens konkrete Vorgaben für ein rechtskonformes Handeln machten. Dadurch gedachten die verantwortlichen Organe, sich von einer persönlichen Haftung freizeichnen zu können, was seine Wirkung zunächst auch nicht verfehlte. Dennoch bedurfte es noch weiterer gesetzlicher Entwicklungen, bis sich die Implementierung einer wirksamen Compliance-Funktion nach heutigem Verständnis in der Unternehmensrealität flächendeckend durchsetzte.

Deutlichen Auftrieb bekam die Implementierung von Compliance-Funktionen in 29 US-amerikanischen Unternehmen schließlich durch ein Gesetz aus dem Jahr 1984.[46] Diesem Gesetz lag – neben anderem – auch die Überlegung zugrunde, die Strafbemessungspraxis der US-amerikanischen Bundesgerichte zu vereinheitlichen. In diesem Kontext wurden Richtlinien (sog. **General Sentencing Guidelines**) für die Bestrafung von Kapitalgesellschaften und anderen juristischen Personen erlassen. Ein besonderes Merkmal dieser Richtlinien war es, Strafzumessungsregeln festzulegen, die bei der Ermittlung der Strafe für ein Unternehmen angewendet werden müssen. Ein zentraler Teil dieser General Sentencing Guidelines ist ein **Strafzumessungskatalog**,

44 Vgl. zur Organisationshaftung nach deutschem Recht § 43 Abs. 2 GmbHG (GmbH-Gesetz v. 20.4.1892 (RGBl. I S. 477), zuletzt geändert durch Gesetz v. 23.7.2013 (BGBl. I S. 2586)) oder § 93 Abs. 2 AktG (Aktiengesetz v. 6.9.1965 (BGBl. I S. 1089), zuletzt geändert durch Gesetz v. 23.7.2013 (BGBl. I S. 2586)).

45 Derleder/Knops/Bamberger/*Frisch*, Handbuch zum Bankrecht, Kap. I § 7 Rn 4.

46 Sentencing Reform Act of 1984, Publ. L. No. 98-473.

in welchem besondere strafschärfende – aber auch strafmildernde (sog. Mitigating Factors) – Faktoren festgelegt wurden.[47] Die **Einführung einer wirksamen Compliance-Funktion** in US-amerikanischen Unternehmen nahm dadurch erheblich an Bedeutung zu, wurde doch eine wirksam implementierte Compliance-Funktion als Strafmilderungsfaktor anerkannt.[48] Vor dem Hintergrund, dass in den USA auch Unternehmen als juristische Person zur Verantwortung gezogen und zu hohen – teils existenzbedrohenden – Geldstrafen verurteilt werden können, begannen die Unternehmen, präventiv Compliance-Funktionen als Teil ihres Risikomanagements aufzubauen.[49]

II. Ausstrahlung auf Europa

30 Aus Anlass dieser Erfahrungen in den USA begann zunächst das **deutsche Finanzwesen** Anfang der 1990er Jahre, ebenfalls wirksame Compliance-Funktionen einzurichten.[50] Der US-amerikanische Standard hatte sich im internationalen Finanzwesen durchgesetzt.[51] Die Glaubwürdigkeit und Seriosität eines Marktteilnehmers in der Finanzbranche maß man international daran, ob dieser über eine wirksame Compliance-Funktion verfügte.[52] **Ziel** einer solchen **Unternehmensfunktion** war es vor allem, die Einhaltung der rechtlichen Verhaltensregeln des Kapitalmarktes zu gewährleisten, die Marktintegrität zu wahren und Interessenkonflikte im Wertpapiergeschäft zu vermeiden, um mögliche Haftungsfälle deutlich zu reduzieren.[53] Eine gesetzliche Verpflichtung dazu existierte damals noch nicht. Die Unternehmen aus der Finanzbranche verpflichteten sich vielmehr in Form einer **Selbstverpflichtung** dazu, ein **wirksames System einzurichten**, welches gewährleistet, dass sich alle Mitarbeiterinnen und Mitarbeiter an die rechtlichen Rahmenbedingungen halten.[54]

31 Die **Verbreitung der Compliance-Funktionalitäten** in Unternehmen über das Finanzwesen hinaus wurde durch Skandale in den USA, wie bei ENRON oder WorldCom, die unter Zurücklassung von zahllosen Arbeitslosen und gigantischen Schuldenbergen in die Insolvenz gingen, Ende der 1990er Jahre weiter beflügelt. Vor

47 HeidelbergerKomm-AktG/*Runte/Eckert*, § 161 Rn 101; Hauschka/*Hauschka*, Corporate Compliace, § 1 Rn 40.
48 Schimansky/Bunte/Lwowski/*Eisele/Faust*, Bankrechts-Handbuch, 4. Aufl., § 109 Rn 5; *Moosmayer*, Compliance, 2. Aufl., S. 8.
49 HeidelbergerKomm-AktG/*Runte/Eckert*, § 161 Rn 100; *Karbaum*, Kartellrechtliche Compliance, S. 9.
50 Schimansky/Bunte/Lwowski/*Eisele/Faust*, Bankrechts-Handbuch, 4. Aufl., § 109 Rn 2; Krimphove/Kruse/*Schäfer*, MaComp, Vor BT 1 Rn 6.
51 *Schneider*, ZIP 2003, 645.
52 *Eisele*, WM 1993, 1021 ff.; *Weiss*, Die Bank 1993, 136 ff.
53 *Fleischer*, AG 2003, 291, 299.
54 Derleder/Knops/Bamberger/*Frisch*, Handbuch zum Bankrecht, Kap. I § 7 Rn 13.

allem bedingt durch die breite mediale Berichterstattung rückte das Thema „Compliance“ in den Mittelpunkt der öffentlichen Diskussion.[55] Dies führte in den USA im Jahr 2002 zum Erlass des **Sarbanes-Oxley-Acts (SOX).**[56] Diese gesetzliche Regelung hat seitdem die Aufgabe, die Finanzberichterstattung für an der Stocks Exchange notierte US-amerikanische Unternehmen und deren Tochtergesellschaften durch die US-amerikanische Steuerverwaltung deutlich zu verbessern.[57] Ein wesentlicher Bestandteil der nach diesem Rechtsakt vorgegebenen Pflichten ist die Einrichtung eines internen Kontrollsystems, welches geeignet ist, die ordnungsgemäße Finanzberichterstattung sicherzustellen.[58] Ein Verstoß dagegen wird nach Abschnitt 906 des SOX mit einer Freiheitsstrafe von bis zu 20 Jahren bzw. einer Geldstrafe bis zu 5 Mio. US $ sanktioniert. Des Weiteren ist in Abschnitt 802 des SOX eine Strafbarkeitsregelung aufgenommen worden, nach welcher die Zerstörung und/oder Veränderung von aufbewahrungspflichtigen Unterlagen in Unternehmen mit einer Freiheitsstrafe von ebenfalls bis zu 20 Jahren Gefängnis geahndet werden kann. Für Unternehmen wurde deshalb eine präventive Verringerung dieses Haftungsrisikos immer wichtiger.

Es waren vor allem diese (gesetzlichen) **Entwicklungen**, welche nahezu die 32
gesamte US-amerikanische Wirtschaft aufschreckte und nach **wirksamen Compliance-Lösungen suchen** ließ, was sich auch auf europäische Unternehmen, die bspw. einen US-amerikanischen Mutterkonzern besaßen oder mit einer Niederlassung in den USA vertreten waren, schnell übertrug.[59] Denn in den USA tätige ausländische Unternehmen müssen ebenfalls die Gesetze der USA einhalten. Auch in Europa traten kurze Zeit später vergleichbare Skandalfälle auf.[60]

So waren es zunächst **große (transkontinental agierende) Unternehmen** 33
aus der Chemie-, Energie-, Pharma- oder Automobilbranche, die schon frühzeitig zur Vermeidung solcher rufschädigenden und mit erheblichen Haftungsfolgen verbundenen Skandale auch in Deutschland einen Stamm von internen und externen Beratern in Form einer Compliance-Abteilung engagierten, um solche Risiken für die Zukunft bereits im Vorfeld zu unterbinden.[61] Zudem fand auch eine **Beeinflussung**

---

55 Vgl. bspw. SPIEGEL-Online, Bilanzskandal bei WorldCom: Schlimmer als Enron, 26.6.2002, abrufbar unter http://www.spiegel.de/wirtschaft/bilanzskandal-bei-worldcom-schlimmer-als-enron-a-202626.html.

56 Sarbarnes Oxley Act of 2002 Public Law 107–204, 107th Congress, Stat. 745, abrufbar unter http://www.sec.gov/about/laws/soa2002.pdf.

57 Wieland/Steinmeyer/Grüninger/*Hamilton/Eckardt*, Handbuch Compliance-Management, S. 138.

58 Inderst/Bannenberg/Poppe/*Rieder/Falge*, Compliance, S. 26; *Karbaum*, Kartellrechtliche Compliance, S. 10.

59 Wecker/Ohl/*Rath*, Compliance, S. 133.

60 Erinnert sei nur an die Insolvenz des italienischen Großkonzerns Parmalat; vgl. dazu bspw. manager-magazin-online, Parmalat-Skandal: Wirtschaftsprüfer und Banken im Visier, 6.1.2004, abrufbar unter http://www.manager-magazin.de/finanzen/artikel/a-280802.html.

61 *Schneider*, ZIP 2003, 645 ff.

der europäischen Gesetzgebung bspw. in Form der europäischen Abschlussprüfungsrichtlinie (EuroSOX)[62] durch die US-amerikanischen Regelungen zum Thema „Compliance" statt, welche inzwischen über das BilMoG[63] in deutsches Recht umgesetzt wurde und deutschen Unternehmen „von öffentlichen Interesse" i.S.v. Art. 2 Nr. 13 EuroSOX, wie bspw. börsennotierten Aktiengesellschaften, die Implementierung eines Prüfungsausschusses mit umfassenden Überwachungspflichten vorschreibt.[64] Bereits zuvor fanden Elemente der US-amerikanischen Regelungen ihren Niederschlag in Nr. 5.3.2 des für deutsche börsennotierte Aktiengesellschaften maßgeblichen DCGK.[65]

34 Compliance wurde immer mehr zu einem länder- und branchenübergreifenden Thema als strategisches Instrument der Geschäftsleitung, um im Sinne einer langfristigen und erfolgreichen Unternehmenssicherung Haftungsrisiken zu verringern bzw. ganz zu vermeiden.[66]

III. Compliance: In Europa nichts Neues!

35 Compliance wird häufig als Phänomen bezeichnet, welches aus den USA in deutsche Unternehmen übertragen wird. Die Erkenntnis von der Sicherstellung rechtskonformen Verhaltens in Unternehmen als Managementfunktion wurde zwar in ihrem heutigen Verständnis entscheidend in den USA geprägt. Historisch betrachtet ist dies in Europa allerdings alles andere als neu.[67]

36 Schon seit dem Mittelalter existiert in Europa das **Leitbild des „ehrbaren Kaufmanns"**. Dieses Leitbild entwickelte sich, da die kommerzielle Revolution[68] im Hochmittelalter die bis dahin gültige Wirtschaftsordnung der Schenkungswirtschaft[69] nach und nach ersetzte. Der Berufsstand des Kaufmanns wurde geboren. Dieser wurde schon sehr bald mit dem Begriff „ehrbar" verknüpft und zum Leitbild erhoben.

---

62 Abschlussprüfungsrichtlinie (EuroSOX – RL 2006/43/EG) v. 17.5.2006 (ABl EU Nr. L 157 S. 87 ff.).

63 Bilanzrechtsmodernisierungsgesetz (BilMoG) v. 25.5.2009 (BGBl. I S. 1102).

64 Wecker/Ohl/*Rath*, Compliance, S. 133; *Schruff/Melcher*, DB Beilage 5/2009, 91 ff.; *Hucke*, ZCG 2008, 122 ff.

65 Freidank/Peemöller/*Bigus/Kiefer*, Corporate Governance, S. 923; zum DCGK vgl. bereits Rn 16.

66 Noch einen Schritt weiter gehen (derzeit insbesondere US-amerikanische) Unternehmen, die neben einer Compliance-Abteilung auch sog. Ethik-Abteilungen einrichten. Aufgabe solcher Abteilungen ist es, ethisch korrektes Verhalten des Unternehmens und aller Mitarbeiter sicherzustellen. Dabei geht es primär um freiwillige Selbstbeschränkungen des Verhaltens, die nicht bereits durch Recht und Gesetz vorgeschrieben sind. Es geht dabei vor allem „um die Sicherstellung einer werteorientierten Unternehmenskultur bis hin zum geschäftsethischen Verhalten als Markenkern", vgl. *Hussain*, CCZ 2011, 134.

67 Vertiefend dazu *Cauers/Haas/Schartmann/Welp*, DB 2007, 2717 ff.; *Moosmayer*, Compliance, 2. Aufl., S. 5.

68 Vgl. *LeGoff*, Kaufleute und Bankiers, S. 12 ff.

69 Vgl. *Kaufer*, Spiegelungen wirtschaftlichen Denkens, S. 23 ff.

Dieses Leitbild des „ehrbaren Kaufmanns" hat seinen Ursprung in Italien und wurde erstmals urkundlich 1494 erwähnt.[70] Darin heißt es:

> „Es gilt nichts höher als das Wort des guten Kaufmanns und so bekräftigen sie ihre Eide, indem sie sagen: Bei der Ehre des wahren Kaufmanns."

Dahinter steckte die **notwendige Überlegung**, dass nur ein „ehrbarer Kaufmann" langfristig auch **erfolgreich Geschäfte machen** konnte. Denn der Handel beruhte damals noch sehr stark auf gegenseitigem Vertrauen. Der Kaufmann musste seinen Ruf schützen. Ein beschädigter Ruf bedeutete Vertrauensverlust und damit langfristig den Ruin. Der „ehrbare Kaufmann" des Mittelalters bestimmte sich deshalb aus einem Bündel von Tugenden, Verhaltensweisen und Einsichten, die zum Ziel hatten, die Ehrbarkeit des Kaufmanns zu bewahren. Dazu gehörten insbesondere eine rechtmäßige Buchführung, Anstand und Redlichkeit.[71] 37

Speziell in der **deutschen Rechtsentwicklung** findet sich der für Compliance so maßgebliche Gedanke einer Organisationshaftung zudem bereits in der **Allgemeinen Gewerbeordnung vom 17.1.1845**[72] wieder. Darin heißt es in § 188: 38

> „Sind polizeiliche Vorschriften von dem Stellvertreter eines Gewerbetreibenden bei Ausübung des Gewerbes übertreten worden, so ist die Strafe zunächst gegen den Stellvertreter festzusetzen; ist die Übertretung mit Vorwissen des Vertretenen begangen worden, so verfallen beide der gesetzlichen Strafe."

Damit wurde für den **kaufmännischen Bereich** eine Haftung für ein **Organisationsverschulden** im Betrieb normiert. 39

Dieser Gedanke findet sich dann auch in § 151 der Gewerbeordnung für das Deutsche Reich vom 1.7.1883[73] wieder: 40

> „Sind polizeiliche Vorschriften von dem Stellvertreter eines Gewerbetreibenden bei Ausübung des Gewerbes übertreten worden, so trifft die Strafe den Stellvertreter; ist die Übertretung mit Vorwissen des verfügungsfähigen Vertretenen begangen worden, so verfallen beide der gesetzlichen Strafe."

Dieser **Grundsatz der Haftung** für ein Organisationsverschulden bei Kaufleuten fand schließlich Eingang in die Gesetzgebung für die Gegenwart. So hieß es in § 130 OWiG[74] (Verletzung der Aufsichtspflicht in Betrieben und Unternehmen): 41

---

70 Vgl. *Kheil*, Luca Pacioli, S. 9.

71 Vertiefend dazu *Klink*, ZfB-Special-Issue 3/2008, 62 ff.

72 Allgemeine Gewerbeordnung v. 17.1.1845 (Gesetz-Sammlung S. 41).

73 Gewerbeordnung für das Deutsche Reich v. 1.7.1883 (RGBl. S. 177).

74 Ordnungswidrigkeitengesetz (OWiG) v. 19.2.1987 (BGBl. I S. 602), zuletzt geändert durch Gesetz v. 10.10.2013 (BGBl. I S. 3786).

„(1) Wer als Inhaber eines Betriebes oder Unternehmens vorsätzlich oder fahrlässig die Aufsichtsmaßnahmen unterlässt, die erforderlich sind, um in dem Betrieb oder Unternehmen Zuwiderhandlungen gegen Pflichten zu verhindern, die den Inhaber als solchen treffen und deren Verletzung mit Strafe oder Geldbuße bedroht ist, handelt ordnungswidrig, wenn eine solche Zuwiderhandlung begangen wird, die durch gehörige Aufsicht verhindert oder wesentlich erschwert worden wäre. Zu den erforderlichen Aufsichtsmaßnahmen gehören die Bestellung, sorgfältige Auswahl und Überwachung von Aufsichtspersonen.“

42 Dies bestimmt § 130 OWiG bis heute. So neu, wie gelegentlich kolportiert, ist das Thema „Compliance“ daher für deutsche Unternehmen nicht. Es ist vielmehr – wie eingangs gezeigt – „nur“ durch Medienaufmerksamkeit popularisiert worden.

D. Rechtliche Verpflichtung zur Errichtung einer Compliance-Funktion

43 Nachdem der Begriff[75] und die historische Entwicklung[76] von Compliance in den vorstehenden Unterkapiteln näher untersucht wurden, stellt sich die Frage, ob und inwieweit Unternehmen rechtlich überhaupt dazu verpflichtet sind, eine wirksame Compliance-Funktion zu implementieren. Dies gilt ungeachtet ihrer Organisationsform,[77] also insbesondere auch für eine

- Aktiengesellschaft (AG),
- Gesellschaft mit beschränkter Haftung (GmbH) sowie
- Kommanditgesellschaft mit einer GmbH als Komplementärin (GmbH & Co. KG).

I. Ausdrückliche gesetzliche Vorgabe nur in Einzelfällen

44 Hintergrund dieser Diskussion ist, dass nur in wenigen Fällen eine ausdrückliche Verpflichtung zur Einführung einer Compliance-Funktion in Unternehmen gesetzlich vorgesehen ist.[78] Konkret sind dies die Regelungen des § 33 WpHG, des § 25a KWG[79] sowie des § 64a VAG.[80]

---

75 Vgl. Rn 4 ff.

76 Vgl. Rn 24 ff.

77 Zur Relevanz von Compliance bei Personengesellschaften vgl. *Vitorino Clarindo dos Santos*, Rechtsfragen der Compliance, S. 85 ff.

78 Vgl. dazu auch Wieland/Steinmeyer/Grüninger/*Steinmeyer/Späth*, Handbuch Compliance-Management, S. 261 ff.

79 Kreditwesengesetz (KWG) v. 9.9.1998 (BGBl. I S. 2776), zuletzt geändert durch Gesetz v. 15.7.2014 (BGBl. I S. 934).

80 Versicherungsaufsichtsgesetz (VAG) v. 17.12.1992 (BGBl. I 1993 S. 2), zuletzt geändert durch Gesetz v. 1.8.2014 (BGBl. I S. 1330).

Der bereits angesprochene[81] § 33 Abs. 1 WpHG schreibt **Wertpapierdienstleistungsunternehmen** i.S.d. § 2 Abs. 4 WpHG die Einführung einer wirksamen Compliance-Funktion ausdrücklich vor. Entsprechendes regelt § 25a Abs. 1 S. 1 KWG für **Finanzdienstleistungsinstitute**[82] und § 64a Abs. 1 S. 1 VAG für **Versicherungsunternehmen**. 45

Während das VAG über § 64a für Erstversicherungsunternehmen direkt und für Rückversicherungsunternehmen, Pensionsfonds und Versicherungs-Holdinggesellschaften kraft Verweisung die Pflicht zur Implementierung einer wirksamen Compliance-Funktion normiert,[83] schreiben § 25a KWG bzw. § 33 WpHG eine solche Pflicht Unternehmen vor, die Wertpapierdienstleistungen gem. § 2 Abs. 3 WpHG, Bankgeschäfte gem. § 1 Abs. 1 S. 2 KWG bzw. Finanzdienstleistungen gem. § 1 Abs. 1a S. 2 KWG wie 46

- Anlageberatung,
- Anlagevermittlung,
- Eigenhandel,
- Eigengeschäfte oder
- Abschlussvermittlung

bezogen auf Finanzinstrumente oder Finanzierungsleasing anbieten: Gerade für Banken, Leasingunternehmen aber auch einige Unternehmen aus der Energiebranche gängige Tätigkeiten.[84] Weitere – allerdings nur andeutungsweise[85] normierte – Pflichten zur Einrichtung einer Compliance-Funktion enthalten zudem § 52a Abs. 2 BImSchG[86] und § 22 Abs. 1 ZAG.[87]

II. Allgemeine Verpflichtung zur Einrichtung einer Compliance-Funktion?

Ansonsten fehlen klare gesetzliche Regelungen, die einem Unternehmen ausdrücklich eine Verpflichtung zur Implementierung einer Compliance-Funktion vor- 47

---

81 Vgl. Rn 11.

82 Vgl. dazu auch Art. 6 MiFID-Durchführungsrichtlinie (RL 2006/73/EG) v. 10.8.2006 (ABl EU Nr. L 241 S. 26 ff.) zur Durchführung der MiFID (RL 2004/39/EG) v. 21.4.2004 (ABl EU Nr. L 145 S. 1 ff.).

83 Vgl. zu dieser Thematik ausführlich *Schaaf*, Risikomanagement und Compliance, S. 57 ff.

84 Vgl. ausführlich zur Thematik des Vorliegens von Finanzdienstleistungen Boos/Fischer/Schulte-Mattler/*Schäfer*, KWG, § 1 Rn 117 ff.; zur Thematik des Vorliegens von Wertpapier- und Finanzdienstleistungen speziell für den Energiehandel, vgl. Zenke/Schäfer/*du Buisson/Zenke/Dessau*, Energiehandel in Europa, § 9 Rn 25 ff.

85 *Karbaum*, Kartellrechtliche Compliance, S. 13, *Meyer*, DB 2014, 1063, 1064.

86 Bundes-Immissionsschutzgesetz (BImSchG) v. 17.5.2013 (BGBl. I S. 1274), zuletzt geändert durch Gesetz v. 2.7.2013 (BGBl. I S. 1943).

87 Zahlungsdienstaufsichtsgesetz (ZAG) v. 25.6.2009 (BGBl. I S. 1506), zuletzt geändert durch Gesetz v. 15.7.2014 (BGBl. I S. 934).

schreiben würden. Weder das AktG oder das GmbHG noch das HGB[88] kennen eine dahingehende ausdrückliche Bestimmung. Ob dennoch eine Verpflichtung zur Implementierung einer Compliance-Funktion besteht, wird kontrovers diskutiert.[89]

1. Generelle Verpflichtung zur Einrichtung einer Compliance-Funktion?

48 Eine Auffassung vertritt den Standpunkt, dass für Unternehmen eine **generelle Verpflichtung zur** Implementierung einer **Compliance-Funktion** bestehen würde. Gefolgert wird dies vereinzelt aus einer Rechtsanalogie zu den ausdrücklichen Regelungen in branchenspezifischen Gesetzen.[90]

49 Vornehmlich wird die generelle Verpflichtung zur Einrichtung einer Compliance-Funktion jedoch aus einer Einzel- bzw. Gesamtbetrachtung verschiedener Vorschriften des AktG (§§ 76, 91 Abs. 2, 93 Abs. 1) bzw. des GmbHG (§§ 35, 41, 43, 85) hergeleitet.[91] Zu berücksichtigen sei die gesetzlich normierte Leitungsfunktion der Unternehmensspitze. So habe gem. § 76 Abs. 1 AktG der Vorstand die AG bzw. gem. § 43 GmbHG die Geschäftsführung die GmbH unter eigener Verantwortung zu leiten.

50 Dies als Ausgangspunkt, wird an verschiedene Pflichten nach dem AktG bzw. GmbHG angeknüpft. So schreibt beispielsweise § 91 Abs. 2 AktG vor, dass der Vorstand geeignete Maßnahmen zu treffen – insbesondere ein Überwachungssystem einzurichten – hat, damit den Fortbestand der Gesellschaft gefährdende Entwicklungen früh erkannt werden können. Nach allgemeiner Lesart umreißt diese Vorschrift nur einen Mindestpflichtenrahmen, sodass es naheliege, aus der organschaftlichen Überwachungssorgfalt eine bereichsübergreifende Pflicht der Vorstandsmitglieder durch Auslegung der Norm herzuleiten, Gesetzesverstößen von Unternehmensangehörigen schon im Vorfeld entgegenzuwirken, da auch solche für Unternehmen bestandsgefährdende Entwicklungen begründen könnten.[92]

51 § 93 Abs. 1 AktG schreibe zudem vor, dass Vorstandsmitglieder bei ihrer Geschäftsführung die Sorgfalt eines ordentlichen und gewissenhaften Geschäftsleiters anzu-

---

88 Handelsgesetzbuch (HGB) v. 10.5.1897, (BGBl. III Gliederungsnr. 4100-01), zuletzt geändert durch Gesetz v. 15.7.2014 (BGBl. I S. 934).

89 Zur Unterproblematik ob und in welchem Umfang in einem Konzern eine (Rechts-)Pflicht der Obergesellschaft besteht, Rechts- und Regelverstöße auch von Führungskräften und Mitarbeitern in Untergesellschaften zu verhindern, vgl. allgemein Wecker/Ohl/*Vetter*, Compliance, S. 9 ff.; *Kort*, NZG 2008, 81, 84 und *Bunting*, ZIP 2012, 1542, die eine solche (Rechts-)Pflicht zutreffend bejahen. Gerade bei börsennotierten und kommunalen Unternehmen dürfte diese Frage eher theoretischer Natur sein: Schon wegen der medialen Exponiertheit und der Fokussierung der Medien auf die „oberste Konzernstruktur" werden diese aus einem Eigeninteresse regelmäßig auf adäquate Compliance-Maßnahmen (deren Einrichtung sie in der Regel auf die Leitung der Konzernuntergesellschaften delegieren wird) in allen Konzerngesellschaften drängen. Sehr generell zur Thematik vgl. *Rack*, CB 2014, 279 ff.

90 Vgl. bspw. *Schneider*, ZIP 2003, 645 , 649.

91 Wieland/Steinmeyer/Grüninger/*Steinmeyer/Späth*, Handbuch Compliance-Management, S. 261.

92 Vgl. bspw. *Berg*, AG 2007, 271, 274; *Spindler*, WM 2008, 905, 906.

wenden hätten. Dazu zähle dann allerdings nicht nur die Verpflichtung zu eigenem rechtstreuem Verhalten des Vorstandes selbst.[93] Vielmehr resultiere aus § 93 AktG auch die Verpflichtung zur Einführung einer geeigneten Compliance-Funktion als Ausfluss der Pflicht zur Legalitätskontrolle bzgl. des Verhaltens sämtlicher Mitarbeiter im Unternehmen.[94]

Entsprechendes gelte dann auch für die GmbH und die GmbH & Co. KG gem. 52 §§ 35, 41, 43, 85 GmbHG.[95]

Zudem seien zur Begründung einer **Verpflichtung zur Implementierung einer** 53 **Compliance-Funktion** auch die §§ 3, 9, 130 OWiG heranziehbar.[96] Dadurch werde die Pflichtenstellung zur Beachtung der (sanktionsbewehrten) gesetzlichen Vorgaben der Aktionäre/Gesellschafter einer Kapitalgesellschaft auf die Leitungsebene der Kapitalgesellschaft übertragen. Insofern lasse sich zumindest mittelbar aus dem Ordnungswidrigkeitenrecht eine Verpflichtung zur Einrichtung einer Compliance-Funktion im Unternehmen folgern.

Auch der bereits erwähnte[97] – ausschließlich für börsennotierte Aktiengesell- 54 schaften geltende – **DCGK** wird zum Teil **zur Begründung einer Rechtspflicht** herangezogen. Mit der in Nr. 4.1.3 DCGK enthaltenen Bestimmung, dass der Vorstand für die Einhaltung der gesetzlichen Bestimmungen und der unternehmensinternen Richtlinien zu sorgen und auf deren Beachtung durch die Konzernunternehmen hinzuwirken habe, werde im Ergebnis die geltende Rechtslage auch für die nicht-börsennotierte Aktiengesellschaft und Gesellschaft mit beschränkter Haftung widergespiegelt.[98]

2. Keine Verpflichtung zur Einrichtung einer Compliance-Funktion?

Demgegenüber steht eine Auffassung, die eine Verpflichtung zur Implementierung 55 einer Compliance-Funktion im Unternehmen generell ablehnt.[99]

Diese Auffassung kann für sich das Argument in Anspruch nehmen, dass bis auf 56 die speziellen Regelungen der §§ 33 WpHG, 25a KWG[100] und 64a VAG keine ausdrück-

---

93 MüKo-AktG/*Spindler*, 3. Aufl., § 93 Rn 73; *Hüffer*, AktG, § 93 Rn 4.

94 Vgl. bspw. *Hüffer*, AktG, § 76 Rn 9a; Wachter/*Eckert*, AktG, § 93 Rn 8; *Fleischer*, NZG 2014, 321, 322.

95 Vgl. bspw. Wecker/Ohl/*Vetter*, Compliance, S. 5. Eine Verpflichtung des Vorstandes/der Geschäftsführung zur Sicherstellung rechtmäßigen Verhaltens der Gesellschaft aufgrund dieser Vorschriften hat der BGH vor kurzem erneut bestätigt, vgl. BGH, Urt. v. 10.7.2012 – VI ZR 341/10 – ZIP 2012, 1552.

96 Vgl. bspw. *Moosmayer*, Compliance, 2. Aufl., S. 5; Wecker/Ohl/*Vetter*, Compliance, S. 6.

97 Vgl. Rn 15.

98 Vgl. bspw. *Bürkle*, BB 2007, 1797, 1801.

99 Vgl. bspw. Hölters/*Hölters*, AktG, § 93 Rn 92; Derleder/Knops/Bamberger/*Frisch*, Handbuch zum Bankrecht, Kap. I § 7 Rn 135; *Lücke*, Mandatshandbuch, § 3 Rn 15; aus strafrechtlicher Sicht eine Rechtspflicht verneinend *Bock*, Criminal Compliance, S. 744 m.w.N.

100 § 25a Abs. 1 S. 3 Nr. 3 c und Satz 6 Nr. 3 KWG sehen nunmehr dezidierte Vorgaben für Compliance-

liche Vorgabe dafür existiert. Im Umkehrschluss zu diesen ausdrücklichen Bestimmungen könne dann für Unternehmen **keine Verpflichtung zur** Implementierung einer **Compliance-Funktion** angenommen werden, da ansonsten der Gesetzgeber vergleichbare Regelungen erlassen hätte.

57 Zudem sei nicht jeder Rechtsverstoß gleichbedeutend mit einer Existenzgefährdung i.S.d. § 91 Abs. 2 AktG. Eine Auslegung der §§ 76, 91, 93 AktG bzw. der §§ 35, 41, 43, 85 GmbHG mit dem Ziel der Begründung einer Rechtspflicht zur Implementierung einer Compliance-Funktion gehe somit über das rechtlich Vertretbare weit hinaus.[101]

58 Auch der bereits erwähnte[102] für börsennotierte Aktiengesellschaften geltende **DCGK** spreche **nicht** für eine **rechtliche Verpflichtung** zur Einführung einer Compliance-Funktion, da es diesem Kodex schlicht an der unmittelbaren Rechtsverbindlichkeit fehle.[103]

3. Einzelfallabhängige Pflicht zur Einrichtung einer Compliance-Funktion?

59 Inzwischen sehr verbreitet wird eine vermittelnde Auffassung vertreten, die eine generelle Verpflichtung zur Einführung einer umfassenden Compliance-Funktion im Unternehmen zwar ablehnt, eine Verpflichtung jedoch zumindest bei Vorliegen eines bestimmten Risikopotenzials und einer entsprechenden Zumutbarkeit annimmt.[104] Ob und inwieweit eine Pflicht zur Einführung einer wirksamen Compliance-Funktion im Unternehmen besteht, **sei einzelfallabhängig**. Anhaltspunkte dafür können sein

- die Art und die Größe des Unternehmens,[105]
- der Umfang und die Bedeutung der zu beachtenden Vorschriften sowie
- frühere Missstände und Unregelmäßigkeiten.[106]

60 Im Ergebnis wird es also dem Ermessen der Leitungsebene des Unternehmens überlassen, ob eine Compliance-Funktion im Unternehmen eingerichtet wird oder nicht. Zumindest in einem großen (insbesondere dem DCGK unterfallenden) Unternehmen

---

Funktionen für Unternehmen vor, die eine Erlaubnis nach § 32 KWG benötigen (also z.B. auch für erlaubnispflichtige Energiehändler).

101 Derleder/Knops/Bamberger/*Frisch*, Handbuch zum Bankrecht, Kap. I § 7 Rn 135.

102 Vgl. Rn 15.

103 Zur fehlenden Rechtsverbindlichkeit des DCKG vgl. Wilsing/*von der Linden*, DCGK, § 161 AktG Rn 1; MüKo-AktG/*Goette*, 3. Aufl., § 161 Rn 22.

104 Vgl. bspw. Hauschka/*Hauschka*, Corporate Compliance, § 1 Rn 23; MüKo-AktG/*Spindler*, 3. Aufl., § 91 Rn 66; Gehrlein/Ekkenga/Simon/*Buck-Heeb*; GmbHG, Vor § 35 Rn 9; Baumbach/Hueck/*Zöllner/Noack*, GmbHG, § 43 Rn 17.

105 *Cichy/Cziupka*, BB 2014, 1482 ff., weisen zu Recht auf die Besonderheiten hin, die sich aus Auslandsbezügen des operativen Geschäfts unter Compliance-Aspekten ergeben.

106 Vgl. bspw. Scholz/*Schneider*, GmbHG-Kommentar, 11. Aufl., § 43 Rn 96c; *Reichert*, ZIS 2011, 113, 115; *Meyer*, DB 2014, 1063, 1064.

wird jedoch ausgehend von diesen Grundsätzen regelmäßig von einer Verpflichtung der Leitungsebene zur Einrichtung einer Compliance-Funktion auszugehen sein.[107]

III. Zwischenfazit

Ob und inwieweit tatsächlich eine **Rechtspflicht** zur Einrichtung für Unternehmen 61
besteht, kann mangels entsprechender eindeutiger gesetzlicher Regelung und Rechtsprechung nicht abschließend beurteilt werden.

Die drei benannten Auffassungen[108] haben alle ihr Für und Wider. Im Ergebnis 62
kann eine Klärung dieses Streits jedoch in der Praxis dahingestellt bleiben, da allein tatsächliche Gründe die Implementierung einer wirksamen Compliance-Funktion in nahezu jedem Unternehmen – unabhängig davon, ob es sich um einen großen börsennotierten Konzern in Form einer AG oder ein mittelständisches Unternehmen in Form einer GmbH handelt – erforderlich machen.[109]

Allein um sich nicht dem Risiko auszusetzen, später doch **aufgrund des Fehlens** 63
einer wirksamen **Compliance-Funktion** im Unternehmen zur Verantwortung gezogen werden, gehen immer mehr Unternehmen dazu über, eine solche **Managementfunktion einzuführen**. Bei der immer strenger und umfassender werdenden Rechtsprechung des BGH zur zivil- und strafrechtlichen Haftung von Gesellschaftsorganen sowie der Vielzahl von den Geschäftsleitungsorganen in der täglichen Praxis zu beachtenden Pflichten und dem damit einhergehenden erheblich gestiegenen Haftungsrisiko[110] bleibt der Leitungsebene inzwischen fast keine Wahl mehr, ob eine Compliance-Funktion eingeführt wird.[111]

Und dies umso mehr, wenn man sich künftige Gesetzesvorhaben anschaut: Am 64
14.11.2013 stellte die Landesregierung Nordrhein-Westfalen ihren Entwurf über ein Verbändestrafgesetzbuch (Verbände-StGB-E)[112] im Rahmen der Justizministerkonferenz vor, welches im Jahr 2015 im Bundesrat weiter diskutiert werden wird. Damit ist beabsichtigt, in Zukunft, wie z.B. in Österreich, auch in Deutschland ein Unternehmensstrafrecht zu begründen. Nach § 5 Verbände-StGB-E soll ein Gericht jedoch

---

107 Wellhöfer/Peltzer/Müller/*Wellhöfer*, Haftung, § 4 Rn 163; *Meyer*, DB 2014, 1063, 1065.
108 Vgl. Rn 47 ff., 55 ff., 59 f.
109 So auch bspw. Inderst/Bannenberg/Poppe/*Poppe*, Compliance, S. 7; ausführlich zu den Folgen eines Compliance-Verstoßes, vgl. Rn 74 ff.
110 *Müller*, DB 2014, 1301.
111 Wecker/Ohl/*Wecker/Galla*, Compliance, S. 29; *Kiethe*, GmbHR 2007, 393 m.w.N. zur Rechtsprechung des BGH.
112 Vgl. Art 1. Verbände-StGB-E (Entwurf eines Gesetzes zur Einführung der strafrechtlichen Verantwortlichkeit von Unternehmen und sonstigen Verbänden v. 19.9.2013, abrufbar unter http://www.justiz.nrw.de/JM/justizpolitik/jumiko/beschluesse/2013/herbstkonferenz13/zw3/TOP_II_5_Gesetzentwurf.pdf). Vgl. auch *Ghahremann*, CB 2014, 402, 404 f.; *Grützner*, CCZ 2015, 56, 57.

von der Verhängung von Geldstrafen und/oder anderer Sanktionen (z.B. Ausschluss von Subventionen, Ausschluss von öffentlichen Aufträgen oder Zwangsauflösung privater Unternehmen) gegen ein Privatunternehmen oder eine öffentlich-rechtliche Einrichtung (z.B. Körperschaften oder Anstalten des öffentlichen Rechts) wegen der Verletzung von Rechtsvorschriften, die sich auf die von diesem Gesetz erfassten Verbände beziehen, absehen, wenn das Unternehmen/die öffentlich-rechtliche Einrichtung „ausreichende organisatorische oder personelle Maßnahmen getroffen hat, um vergleichbare Verbandsstrafteten in Zukunft zu verhindern" und diese Maßnahmen dargelegt und glaubhaft gemacht werden. Da keine größere Organisation dagegen gefeit ist, dass in ihrem Wirkungskreis Rechtsverletzungen begangen werden, dürfte es angesichts dieser Möglichkeit, Strafbefreiung durch Compliance-Management zu erlangen, künftig keine adäquate Unternehmensleitung mehr sein, auf diese Option zu verzichten, sollte dieses Gesetz in Kraft treten.[113]

65 Für Nichtbanken könnte eine indirekte gesetzliche Verpflichtung zur Einführung von Compliance-Management-Maßnahmen im Laufe des Jahres 2016 entstehen, wenn die Bundesrepublik Deutschland fristgerecht die sog. CSR-Richtlinie der Europäischen Union[114] umsetzen sollte. CSR steht für Corporate Social Responsibility und meint die freiwillige Einhaltung von ethischen/moralischen Standards im Zusammenhang mit der Unternehmenstätigkeit, die über die bestehenden gesetzlichen Anforderungen hinausgehen.[115] Die CSR-Richtlinie ist eine Ergänzungs- bzw. Ände-

---

113 Zu dem „Schub", den die Verbändestrafregeln in Bezug auf Compliance-Maßnahmen auslösen können, vgl. die Studie von *Fuchs/Kreissl/Pilgram/Stangl*, Generalpräventive Wirksamkeit, abrufbar unter http://www.irks.at/assets/irks/Publikationen/Forschungsbericht/irks_vbvg_bericht.pdf, welche die entsprechende Entwicklung in Österreich nachzeichnet. Die Bundesregierung verhält sich zum Thema „Unternehmensstrafrecht" derzeit noch abwartend, vgl. BT-Drucks. 18/2056 sowie BT-Drucks. 18/2187, S. 2. Eine Alternative zu § 5 Verbände-StGB-E könnten Änderungen von §§ 30, 130 OWiG darstellen, wie sie kürzlich vom Bundesverband der Unternehmensjuristen vorgestellt wurden, vgl. *Beulke/Moosmayer*, CCZ 2014, 146 (mit Nachweis des Gesetzesvorschlags in Fn 1) sowie *Grützner*, CCZ 2015, 56, 57 ff., 60 ff. Kritisch zu § 5 Verbände-StGB-E auch *Hein*, CCZ 2014, 75, 76 ff. Mit wenig überzeugender Begründung ebenfalls ablehnend *Haukner*, DB 2014, 1358, 1362 ff. Kritisch aus Sicht des BDI auch *Willems*, ZIS 2015, 40 ff. Eine zu begrüßende, eher positive Einschätzung des Gesetzentwurfs in Bezug auf § 5 Verbände-StGB-B findet sich bei *Ghahremann*, CB 2014, 402, 404 f., ähnlich auch *Grützner*, CCZ 2015, 56, 60. Vgl. auch *Schünemann*, ZIS 2014, 1, 17, mit allerdings wenig überzeugenden Bedenken gegen die Verfassungsmäßigkeit von §§ 5 und 6 Verbände-StGB-E sowie Compliance-Maßnahmen im Allgemeinen; zum Entwurf des Verbändestrafrechts insgesamt vgl. *Fladung*, CB 2013, 380; *Rübenstahl/Tsambikakis*, ZHW 2014, 8; *Szesny*, BB 47/2013, I. Eine gesetzgeberische „Alternative" zu § 5 Verbände-StGB-E stellen die Vorschläge des Entwurfs zu einem sog. Compliance-Anreiz-Gesetz (vgl. dazu *Dierlamm*, CCZ 2014, 194 ff.) dar, die ähnliche „Anreizwirkungen" durch Änderungen in §§ 30 Abs. 2, 130 Abs. 1 OWiG vorschlagen. Siehe auch *Makowicz*, CB 2015, 45, 49, der die vorstehenden Ansätze mit der ISO-Norm 19600 vergleicht.

114 Corporate-Social-Responsibility-Richtlinie (CSR-Richtlinie – RL 2014/95/EU) v. 22.10.2014 (ABl EU Nr. L 330 S. 1 ff.).

115 Zum Begriff vgl. nur *Schneider/Schmidpeter*, Corporate Social Responsibility.

rungsrichtlinie zur sog. EU-Bilanzrichtlinie.[116] Mit der CSR-Richtlinie werden zwei Artikel (Art. 19a und 29a) in die EU-Bilanzrichtlinie eingefügt, mit denen Unternehmen verpflichtet werden, sog. nichtfinanzielle Informationen in den Lagebericht des Jahresabschlusses aufzunehmen. Vorgeschrieben werden unter anderem Angaben zu folgenden Bereichen:

- Umwelt-, Sozial- und Arbeitnehmerbelange,
- Beachtung der Menschenrechte sowie
- Bekämpfung von Korruption und Bestechung.

Die CSR-Richtlinie ist bis zum 6.12.2016 in deutsches Recht umzusetzen; die vorstehenden Angaben müssen erstmalig im Jahresabschluss 2017 gemacht werden. Insbesondere die Verpflichtung zur Angabe von Informationen zur Vermeidung von Korruption und Bestechung werden die von der Richtlinie betroffenen Unternehmen zwingen, mehr oder weniger ausgefeilte Compliance-Management-Vorkehrungen zu treffen. 66

Kernfrage ist damit, welche Unternehmen von der CSR- bzw. der EU-Bilanzrichtlinie erfasst sein werden. Die CSR-Richtlinie nennt insoweit folgende Voraussetzungen: 67

- Unternehmen von „öffentlichem Interesse“,
- die zum Bilanzstichtag mehr als 500 Mitarbeiter beschäftigen.

Art. 2 Nr. 1d der EU-Bilanzrichtlinie überlässt es den Mitgliedstaaten, welche der in ihrem Staatsgebiet ansässigen Unternehmen sie als Unternehmen von „öffentlichem Interesse“ behandeln und damit unter die EU-Bilanzrichtlinie bzw. die CSR-Richtlinie fallen lassen wollen. Die Umsetzung der EU-Bilanzrichtlinie in deutsches Recht muss bis Juli 2015 erfolgen. In Abhängigkeit von der Entscheidung des deutschen Gesetzgebers könnten daher auch mittlere und größere mittelständische Unternehmen relativ bald gesetzlich verpflichtet sein, angemessene Compliance-Management-Maßnahmen einzuführen. 68

Auch Aufsichtsbehörden setzen zunehmend das Vorhandensein einer wirksamen Compliance-Funktion voraus. So widmet bspw. die europäische Aufsichtsbehörde Agency for the Cooperation of Energy Regulators (ACER) in ihren (unverbindlichen) Leitlinien[117] zur Anwendung der für den Handel mit Strom und/oder Erdgas relevanten Richtlinie REMIT[118] dem Aufbau eines wirksamen Compliance-Regimes ein eigenes Unterkapitel. Darin werden den nationalen Regulierungsbehörden konkrete Kriterien an die Hand gegeben, welche Elemente eine wirksame Compliance- 69

---

116 EU-Bilanzrichtlinie (RL 2013/34/EU) v. 26.6.2013 (ABl EU Nr. L 182 S. 19 ff.).

117 Guidance on the application of Regulation 1227/2011/EU, abrufbar unter http://www.acer.europa.eu/remit/Documents/REMIT%20ACER%20Guidance%203rd%20Edition_FINAL.pdf.

118 VO (EU) 1227/2011 v. 25.10.2011 über die Integrität und Transparenz des Energiegroßhandelsmarkts (ABl EU Nr. L 326 S. 1 ff.).

Funktion bei den vom Anwendungsbereich der REMIT betroffenen Unternehmen enthalten soll, die von diesen Unternehmen zur Sicherstellung der Einhaltung der REMIT-Pflichten[119] nach Vorstellung von ACER unter Berücksichtigung z.B. der jeweiligen Unternehmensgröße einzurichten ist.

70 Zu berücksichtigen ist schließlich, dass die **BaFin** ein Rundschreiben zu den Mindestanforderungen an Compliance und die weiteren Verhaltens-, Organisations- und Transparenzpflichten nach §§ 31 ff. WpHG (**MaComp**)[120] veröffentlicht hat.

71 Insgesamt bedarf bereits heute und noch mehr in der Zukunft die Leitungsebene jedes Unternehmens somit starker Rechtfertigungsgründe, wenn sie sich gegen die Implementierung einer Compliance-Funktion entscheidet, dann aber ein Rechts- oder Regelverstoß tatsächlich eintritt.[121]

E. Funktion von Compliance

72 Losgelöst von der Frage, ob überhaupt eine rechtliche Verpflichtung zur Implementierung von Compliance im Unternehmen besteht, liegt der **Schwerpunkt des Interesses** der Geschäftsleitung regelmäßig darin, zu erfahren,
- welche Funktion Compliance für das Unternehmen überhaupt hat oder
- ob dadurch nicht nur unnötige Kosten verursacht werden.

73 Die folgenden Ausführungen konzentrieren sich auf die in der Praxis relevantesten Funktionen von Compliance. Neben der Schutz- und Imagefunktion entfaltet eine wirksam implementierte Compliance allerdings noch weitere Funktionen wie bspw. eine
- Beratungs- und Informationsfunktion,
- Qualitätssicherungs- und Innovationsfunktion und
- Überwachungsfunktion,[122]

die in der Unternehmenspraxis regelmäßig untrennbar mit der Schutz- und Imagefunktion verbunden sind:[123] Geschäftsleitung und Mitarbeiter müssen bei der Viel-

119 Zum Inhalt der REMIT-Pflichten, vgl. bspw. *Zenke/Fischer*, ZRFC 2013, 112 ff.; *Holzinger*, Kommunalwirtschaft 2013, 407, 408; *Hoff*, EnWZ 2015, 18 ff.

120 BaFin, Rundschreiben 4/2010, (WA)-Mindestanforderungen an die Compliance-Funktion und die weiteren Verhaltens-, Organisations- und Transparenzpflichten nach §§ 31 ff. WpHG für Wertpapierdienstleistungsunternehmen, abrufbar unter http://www.bafin.de/SharedDocs/Veroeffentlichungen/DE/Rundschreiben/rs_1004_wa_macomp.html. Vgl. dazu eingehend *Schäfer*, BKR 2011, 45 ff.; *Schäfer*, BKR 2011, 187 ff.

121 Wieland/Steinmeyer/Grüninger/*Steinmeyer/Späth*, Handbuch Compliance-Management, S. 262.

122 Schimansky/Bunte/Lwowski/*Eisele/Faust*, Bankrechts-Handbuch, § 109 Rn 4; Inderst/Bannenberg/Poppe/*Poppe*, Compliance, S. 11 ff.

123 Insofern werden diese zum Teil auch lediglich als „Unterfunktionen" der Schutzfunktion angesehen, vgl. *Karbaum*, Kartellrechtliche Compliance, S. 17.

zahl an – sich zudem ständig ändernden – Rechtsvorschriften und internen Regeln, welche die Rahmenbedingungen für die tägliche Geschäftspraxis vorgeben, regelmäßig über das rechtlich Zulässige geschult und informiert werden, um Haftungsfälle sowie Imageschäden zu vermeiden. Die Sicherstellung der Rechts- und Regelkonformität muss zudem konsequent überwacht werden, um bewusst oder unbewusst schädigendes Verhalten im Unternehmen rechtzeitig aufdecken zu können.

I. Schutzfunktion von Compliance

Als vielleicht „die" **wesentliche Funktion** von Compliance in Großkonzernen wie 74
auch kleinen und mittleren Unternehmen ist der **präventive Schutz vor Haftungsfällen** zu bezeichnen.[124] Ansteigende Haftungsrisiken für Unternehmen, aber auch und insbesondere der Geschäftsführung bzw. des Vorstandes mit ihrem Privatvermögen[125] lassen das Bedürfnis nach unternehmensinternen Strategien zur proaktiven und präventiven Haftungsvermeidung immer weiter zunehmen. Dies bestätigt die bereits erwähnte CBCI-Studie,[126] welche bei den an der Studie teilnehmenden mittelständischen Unternehmen auch die Motivation zur Implementierung einer Compliance erfragte. Mehr als drei Viertel der befragten Unternehmen nannten dabei die Haftungsvermeidung als Hauptmotiv für die Einrichtung einer Compliance-Funktion.[127] Dies ist auch ganz natürlich, bestätigt dieser empirische Befund doch die zunehmende Regulierungsdichte, die branchenunabhängig den Handlungsrahmen für Unternehmen durch eine immer höhere Anzahl von zivilrechtlichen und öffentlich-rechtlichen Pflichten bestimmt.[128] Nicht nur, dass die gesetzlichen Vorgaben des

- Arbeitsrechts,[129]
- Datenschutzrechts,[130]
- Gesellschaftsrechts,[131]
- Kapitalmarktrechts,[132]

---

124 Zu den betriebswirtschaftlichen Implikationen von Compliance vgl. *Bock*, Criminal Compliance, S. 438 ff.

125 *Müller*, DB 2014, 1301 m.w.N.

126 Vgl. dazu bereits Rn 1.

127 Vgl. CBCI-Studie, S. 20.

128 Zur medialen Kritik an einer drohenden „Überregulierung" vgl. bereits *Sigmund*, Überregulierung: Wie Papiermonster die Unternehmen behindern, 5.10.2012, abrufbar unter http://www.handelsblatt.com/politik/deutschland/ueberregulierung-wie-papiermonster-die-unternehmen-behindern/7218026.html.

129 Vgl. ausführlich zur Arbeitsrechts-Compliance Kap. 10.

130 Vgl. ausführlich zur datenschutzrechtlichen Compliance, Kap. 11, sowie *Wermelt/Fechte*, BB 2013, 811 ff.; zum „Spannungsfeld" von Compliance und Datenschutz vgl. *Traut*, CB 2014, 379 ff.

131 Vgl. ausführlich zur gesellschaftsrechtlichen Compliance Kap. 15.

132 Vgl. ausführlich zur kapitalmarktrechtlichen Compliance Kap 16.

- Kartellrechts,[133]
- Strafrechts,[134]
- Steuerrechts[135] u.v.m.[136]

in der unternehmerischen Praxis zu beachten sind. Eine Vielzahl branchenspezifischer Sonderregelungen bspw. für Unternehmen der Energiewirtschaft oder der chemischen Industrie kommen noch hinzu. Damit besteht eine kaum mehr zu überblickende Vielfalt an im Geschäftsverkehr zu beachtenden Pflichten – und als deren Kehrseite das Risiko von Haftungsfällen bei deren Verletzung.

75 Hinzu kommt, dass in letzter Zeit eine **zunehmende Tendenz** insbesondere der **Kartell- und Strafverfolgungsbehörden** zu beobachten ist, Rechtsverstöße durch Unternehmen nicht mehr nur als „Kavaliersdelikte" anzusehen, sondern diese auch konsequent zu verfolgen.[137]

76 Ohne organisatorische Vorkehrungen im Unternehmen ist branchenunabhängig eine **Haftungsvermeidung kaum mehr zu bewerkstelligen.** Compliance hat daher die wichtige Funktion, durch Aufklärung der Mitarbeiter und entsprechende Überwachung präventiv der Verletzung von gesetzlichen Vorschriften und sonstigen Regeln und damit verbundenen Schäden für das Unternehmen, seine Leitungsebene und jeden einzelnen Mitarbeiter wie Strafverfolgung, Bußgeldern, Schadenersatzforderungen etc. vorzubeugen.

77 Insofern kann die bereits angesprochene[138] Frage nach der rechtlichen Verpflichtung zu Compliance regelmäßig dahingestellt bleiben, sprechen doch bereits rein faktische Erwägungen evident für die Implementierung dieser Managementfunktion.[139]

78 Um die **Bedeutung einer organisierten Haftungsvermeidung** für das Unternehmen bzw. die Leitungsebene zu veranschaulichen, seien an dieser Stelle beispielhaft mögliche Verstöße gegen das Kartellrecht erwähnt. Nach § 81 Abs. 4 S. 2 GWB[140] kann das **BKartA** bei einem **schuldhaften Kartellrechtsverstoß** nämlich dem handelnden Unternehmen ein Bußgeld bis zu 10 % des jeweiligen weltweiten Gesamt-

---

133 Vgl. ausführlich zur (energie-)kartellrechtlichen Compliance Kap. 12.

134 Vgl. ausführlich zur strafrechtlichen Compliance Kap. 18, sowie allgemein *Scherp*, CB 2013, 168 ff.

135 Vgl. ausführlich zur (energie-)steuerlichen Compliance Kap. 14, sowie *Kromer/Pumpler/Henschel*, BB 2013, 791 ff.

136 Zu weiteren „Compliance-relevanten" Rechtsgebieten vgl. instruktiv *Bock*, Criminal Compliance, S. 511 ff.

137 Zum zunehmenden Entdeckungsrisiko bei Kartellrechtsverstößen vgl. den empirischen Befund bei PwC, Wirtschaftskriminalität-Studie 2011, S. 70, sowie *Karbaum*, Kartellrechtliche Compliance, S. 26 ff.; Wecker/Ohl/*Janssen*, Compliance, S. 188 ff.

138 Vgl. Rn 43 ff.

139 Allerdings zu Recht einschränkend für die kleine GmbH, vgl. MüKo-GmbHG/*Fleischer*, § 43 Rn 145.

140 Gesetz gegen Wettbewerbsbeschränkungen (GWB) v. 15.7.2005 (BGBl. I S. 2114), zuletzt geändert durch Gesetz v. 21.7.2014 (BGBl. I S. 1066).

umsatzes im vorausgegangenen Geschäftsjahr auferlegen.[141] Eine Folge mit teilweise existenzbedrohender Wirkung.

Zudem droht eine – allerdings zum Bußgeld nachrangige – Abschöpfung des durch den schuldhaften Kartellrechtsverstoß erzielten Gewinns gem. § 34 Abs. 1 GWB;[142] von zu erwartenden **Imageschäden** beim öffentlichen Bekanntwerden dieses Vorgangs und möglichen **Schadenersatzklagen** der betroffenen Kunden kaum zu sprechen. 79

Ausgangspunkt dafür sind die **Regelungen des OWiG.** Losgelöst von den kartellrechtlichen Verweisungen in § 81 GWB können diese auch außerhalb des Kartellrechts – und damit bei der Begehung sämtlicher anderer Straftaten oder Ordnungswidrigkeiten im Rahmen der unternehmerischen Tätigkeit – zu ganz erheblichen finanziellen Sanktionen für ein Unternehmen selbst aber auch dessen Leitungsorgane führen. So kann nach der allgemeinen Regelung des § 30 OWiG eine Geldbuße gegen ein Unternehmen in einer Höhe von bis zu 10 Mio. € verhängt werden, wenn ein vertretungsberechtigtes Organ oder eine sonstige zur Leitung des Unternehmens bevollmächtigte Person (z.B. Prokurist) eine Straftat oder Ordnungswidrigkeit begangen hat, durch die Pflichten, die das Unternehmen treffen, verletzt worden sind. Neben dieser Unternehmenshaftung besteht aber auch das Risiko, dass die Leitungsorgane selbst mit einem Bußgeld belegt werden können. Denn § 130 rechnet i.V.m. § 9 OWiG eine Ordnungswidrigkeit oder Straftat, die in Ausübung einer Tätigkeit für das Unternehmen durch einen Mitarbeiter begangen wird, dann dem Inhaber eines Unternehmens bzw. dessen zur Leitung des Unternehmens gesetzlich bestellten Vertretern (Vorstand, Geschäftsführung) oder mit Leitungsaufgaben betrauten Mitarbeitern als eigenes Verhalten zu, sofern diese Ordnungswidrigkeit oder Straftat durch eine gehörige Aufsicht verhindert oder wesentlich hätte erschwert werden können. In der Konsequenz wird damit ein **Organisationsverschulden** begründet, welches zum einen selbst eine Ordnungswidrigkeit darstellt und damit eine Unternehmenshaftung nach § 30 OWiG begründet[143] sowie zum anderen eine Haftung mit dem Privatvermögen zur Folge hat, auch wenn das Mitglied der Leitungsebene die Anlassstraftat oder Anlassordnungswidrigkeit nicht unmittelbar selbst begangen hat.[144] Und dies mit für die betroffene Leitungsebene teilweise existenzbedrohenden Folgen: 80

So ist im Außenverhältnis gegenüber **natürlichen Personen** wie Geschäftsführern oder Mitgliedern des Vorstandes gem. § 81 Abs. 4 GWB bei einem **Kartellrechtsverstoß** eine **Geldbuße** in einer Höhe von bis zu 1 Mio. € in das Privatvermögen des Geschäftsführers bzw. des Vorstandsmitglieds verhängbar, sofern der Verstoß auf die 81

---

141 Wieland/Steinmeyer/Grüninger/*Steinmeyer/Späth*, Handbuch Compliance-Management, S. 258; Wecker/Ohl/*Janssen*, Compliance, S. 189.

142 *Karbaum*, Kartellrechtliche Compliance, S. 46.

143 Vgl. Inderst/Bannenberg/Poppe/*Demuth/Kaiser*, Compliance, S. 382.

144 Vgl. ausführlich zu dieser Thematik *Moosmayer*, Compliance, 2. Aufl., S. 12 ff.; Geisler/Kraatz/Kretschmer/*Kretschmer*, FS Geppert, S. 287 ff.

Verletzung von Aufsichts- bzw. Organisationspflichten im Unternehmen zurückführbar ist.[145] Gleiches gilt gem. § 130 Abs. 3 OWiG bei sonstigen Ordnungswidrigkeiten.

82 Aufgrund der in der Unternehmenspraxis regelmäßig branchenunabhängig gelebten Arbeitsteilung und Verantwortungsdelegation kommt den Regelungen der §§ 130, 9 OWiG daher eine immer größere Bedeutung zu.

83 Gleiches gilt für eine Haftung der Leitungsebene im Innenverhältnis.[146] Und dies umso mehr, seitdem der BGH[147] eine Verpflichtung des Aufsichtsrats einer Aktiengesellschaft ausgeurteilt hat, Schadenersatzansprüche gegen die Leitungsebene wegen möglicher Pflichtverletzung sorgfältig zu prüfen und gerichtlich zu verfolgen.[148] Die zivilgerichtliche Inanspruchnahme der Leitungsebene aufgrund einer Verletzung der ihr obliegenden Aufsichts- und Organisationspflicht nimmt damit weiter an Bedeutung zu. Dies zeigt bspw. ein Urteil des LG München[149] aus dem Jahr 2013, mit welchem der ehemalige Finanzvorstand der Siemens AG zur Zahlung von Schadenersatz in Höhe von 15 Mio. € an die Siemens AG verurteilt wurde, da er die ihm als Mitglied der Leitungsebene obliegenden Überwachungspflichten nicht hinreichend wahrgenommen habe. Und dies, obwohl er nach der Ressortverteilung selbst gar nicht für das Thema Compliance bei Siemens verantwortlich war.

Eine zentrale Aufgabe von Compliance ist es daher, im Unternehmen eine umfassende Aufsicht und Organisation[150] sicherzustellen. Auch wenn Compliance Rechts- und Regelverstöße durch Mitarbeiter niemals vollständig verhindern kann, so dient sie zum einen dazu, das Unternehmen und die Leitungsebene vor Haftungsfällen präventiv zu schützen und zum anderen eine haftungsbegründende Verletzung der Aufsichts- und Organisationspflichten von vornherein auszuschließen.

84 Denn nach der gesetzlichen Regelung des **§ 130 Abs. 1 S. 2 OWiG** sowie außerhalb des OWiG nach den allgemeinen zivilrechtlichen Grundsätzen besteht eine **Haftung** sowohl für das Unternehmen als auch für die Leitungsebene mit dem Privatvermögen dann nicht, wenn das Unternehmen/die Leitungsebene darlegen kann, dass es bei der Ausgestaltung der Aufsicht und der Durchführung von Überwachungsmaßnahmen

---

145 Vgl. bspw. zur Verhängung eines Bußgeldes auf Grundlage des OWiG wegen eines Aufsichts- und Organisationsverschuldens gegen den ehemaligen Vorstandsvorsitzenden der Siemens AG, Dr. Heinrich von Pierer, vgl. *Köhn*, Siemens: Für Pierer endet Korruptionsaffäre mit Bußgeld, 3.3.2010, abrufbar unter http://www.faz.net/aktuell/wirtschaft/unternehmen/siemens-fuer-pierer-endet-korruptionsaffaere-mit-bussgeld-11078.html.

146 Vgl. bspw. zur Haftung wegen der Verletzung der Buchführungspflicht OLG Frankfurt/Main, Urt. v. 18.3.1992 – 23 U 118/91 – NJW-RR 1993, 546; zur Haftung wegen Verletzung des Insolvenzantragspflicht BGH, Beschl. v. 2.10.2000 – II ZR 164/99 – DStR 2001, 1537.

147 BGH, Urt. v. 21.4.1997 – II ZR 175/95 – NJW 1997, 1926.

148 Zur Haftung des fakultativen Aufsichtsrats einer GmbH wegen der Verletzung der ihm obliegenden Überwachungspflicht gegenüber der Geschäftsführung, vgl. BGH, Urt. v. 20.9.2010 – II ZR 78/09 – BGHZ 187, 60; *Fissenewert*, ZCG 2013, 214, 218.

149 LG München I, Urt. v. 10.12.2013 – 5 HKO 1387/10 – ZIP 2014, 570.

150 Vgl. zur Compliance-Organisation Kap. 5.

mit der erforderlichen Sorgfalt vorgegangen ist. Eine wirksame Compliance-Funktion ist dafür ein probates Mittel.[151] Compliance ist daher alles andere als eine kostenverursachende, nutzlose Pflichtübung oder Modeerscheinung. Vielmehr werden die dafür aufzuwenden Verwaltungskosten mit der präventiven Vermeidung jedes einzelnen Haftungsfalls mehr als aufgewogen.[152] Diese Aussage lässt sich auch empirisch belegen. So wurden bereits im Jahr 2011 im Rahmen einer Studie[153] 46 multinationalagierende Unternehmen danach befragt, was für Kosten Compliance bei ihnen verursacht und welche Kosten diesen durch „Non-Compliance" gegenüber stehen. Die Befragung ergab, dass die durchschnittlichen Kosten der befragten Unternehmen für „Non-Compliance" um mehr als das 2,5-fache höher lagen, als die Kosten, die bei diesen Unternehmen durchschnittlich für Compliance aufgewendet wurden.[154]

II. Imagefunktion von Compliance

Eine wirksame Compliance-Funktion leistet im börsennotierten Großkonzern wie 85
auch in kleinen und mittleren Unternehmen einen wichtigen Beitrag zur Aufrechterhaltung bzw. zum Aufbau eines positiven Images in der öffentlichen Wahrnehmung aber auch gegenüber Aufsichtsbehörden wie bspw. dem BKartA,[155] kommt darin doch das ernsthafte Bemühen des Unternehmens um Rechtskonformität zum Ausdruck.[156] Nicht von ungefähr setzen mittlerweile immer mehr Investoren, Anteilseigner oder Ratingagenturen eine wirksam implementierte Compliance-Funktion voraus.[157]

Wie wichtig Vertrauen in die Sicherstellung von Rechts- und Regelkonformität in 86
der täglichen Unternehmenspraxis ist, belegt auch die CBCI-Studie.[158] Darin nennen mehr als die Hälfte der im Rahmen der Studie befragten mittelständischen Unternehmen die Reputationssicherung bzw. Reputationssteigerung als relevant für die Entscheidung zur Einführung einer Compliance-Funktion.[159] Zumindest 45 % der befrag-

---

151 Vgl. Wecker/Ohl/*Janssen*, Compliance, S. 199.

152 Szesny/Kuthe/*Heim/Rinke*, Kapitalmarkt-Compliance, S. 446; *Schäfer/Holzinger*, ET 3/2010, 93, 96.

153 Ponemon Institute LLC, Benchmark-Studie (Ponemon-Studie), Januar 2011.

154 Vgl. Ponemon-Studie, S. 5.

155 Vgl. dazu den ausdrücklichen Hinweis auf der Internetseite des BKartA, wonach Maßnahmen zur Vermeidung von Kartellverstößen – und dabei insbesondere „effektive Compliance-Maßnahmen" – begrüßt werden, abrufbar unter http://www.bundeskartellamt.de/DE/Kartellverbot/kartellverbot_node.html#doc3591504bodyText6.

156 Derleder/Knops/Bamberger/*Frisch*, Handbuch zum Bankrecht, Kap. I § 7 Rn 54.

157 Vgl. auch *Moosmayer*, Compliance, 2. Aufl., S. 23.

158 Vgl. dazu bereits Rn 1.

159 Vgl. CBCI-Studie, S. 20.

ten mittelständischen Unternehmen geben an, dass der Nachweis einer wirksamen Compliance-Funktion von ihren Geschäftspartnern aktiv eingefordert wird.[160]

87 Eine wirksam implementierte und in der Öffentlichkeit kommunizierte Compliance-Funktion kann im erheblichen Maße vertrauensbildend wirken und das Ansehen eines Unternehmens deutlich erhöhen. Diese Aussage lässt sich durch folgende Überlegungen stützen:

88 Zwar ist Vertrauen kein greifbares Gut, welches sich unmittelbar ökonomisch abbilden lässt. Die Bedeutung dieses **hohen Gutes** und damit die ökonomische Dimension eines Vertrauensverlusts werden jedoch dann deutlich, wenn gegen eine rechtliche oder ethische Vorgabe verstoßen wurde. In der jüngeren Vergangenheit in den Medien umfangreich behandelte Negativbeispiele[161] dienen als Beleg dafür, welche Auswirkungen Compliance-Verstöße auf das öffentliche Ansehen eines Unternehmens,[162] die Motivation seiner Mitarbeiter oder die Akzeptanz seiner Produkte am Markt haben können.[163]

89 Ein Reputationsschaden kann langfristige Folgen haben und sich konkret
- in fallenden Börsenkursen,
- in sinkender Kreditwürdigkeit,
- dem Abbruch von Geschäftsbeziehungen,
- dem Ausschluss von öffentlichen Ausschreibungen bspw. im Fall der nachgewiesenen Korruption oder
- der schlechteren Generierung von hochqualifizierten Mitarbeitern

niederschlagen.[164]

90 Nicht von ungefähr wurde deshalb auch von den im Rahmen der Viadrina-Studie[165] befragten 223 Anti-Korruptions-Experten die mit einem Compliance-Verstoß möglicherweise verbundene negative Publicity als eine der schwerwiegendsten negativen Auswirkungen von Korruptionstaten durch Unternehmen bewertet.[166]

91 Dies zeigt, welche Bedeutung der Absicherung vor Reputationsschäden bei der Unternehmensführung zukommt. In einer für Unternehmensskandale zunehmend sensibilisierten regionalen wie auch überregionalen Medienlandschaft gilt dies

160 Vgl. CBCI-Studie, S. 20.

161 Vgl. neben den bereits benannten Fällen von Siemens und MAN bspw. die mediale Berichterstattung über die Babynahrung von Hipp und Holle (Demeter), Bild-Online, Gen-Gemüse in Bio-Babynahrung entdeckt, 6.10.2013, abrufbar unter http://www.bild.de/ratgeber/verbrauchertipps/lebensmittelskandal/gen-gemuese-in-bio-babynahrung-32693168.bild.html.

162 Zur Sicht eines Medienvertreters vgl. *Jahn*, CCZ 2011, 139 ff.

163 Wecker/Ohl/*Vetter*, Compliance, S. 9.

164 Wieland/Steinmeyer/Grüninger/*Grüninger*, Handbuch Compliance-Management, S. 42 ff.; *Moosmayer*, Compliance, 2. Aufl., S. 22 ff.

165 Vgl. bereits Rn 1.

166 Vgl. Viadrina-Studie, S. 8.

umso mehr. In nahezu keiner Branche wird es daher Unternehmen geben, die sich auf Dauer nicht um ihre Reputation kümmern müssen.[167] Das eindeutige Bekenntnis zur Einhaltung der rechtlichen Vorgaben in der täglichen Geschäftspraxis sowie die Überwachung durch eine wirksame Compliance-Funktion leisten neben z.B. der Produktqualität einen erheblichen Beitrag dazu, die Reputation eines Unternehmens zu sichern. Sie beeinflusst regelmäßig positiv die Wahrnehmung bspw. durch Geschäftspartner: Durch eine gegenüber Geschäftspartnern glaubhaft kommunizierte Compliance-Kultur wird das positive Signal ausgesendet, dass diese bei der Aufnahme einer Geschäftsbeziehung weitest möglich vor einer Einbeziehung in unlautere Geschäftspraktiken geschützt werden. Dies kann geschäftswesentlich sein: Denn nicht ganz zu Unrecht besteht in der Unternehmerschaft vielfach die Befürchtung, dass Verdachtsfälle von Wirtschaftskriminalität zum Abbruch von Geschäftsbeziehungen durch Geschäftspartner führen können.[168] Auch Kunden wird durch eine wirksam implementierte und nach außen hin glaubhaft kommunizierte Compliance-Kultur Sicherheit gegeben, dass sie durch ihr Konsumverhalten keine unlauteren oder ethisch bedenklichen Geschäftspraktiken unterstützen, was sich letztendlich positiv auf die Marktanteile und die Profitabilität des Unternehmens auswirken wird.[169]

---

167 Baurechtliche Vereinigung/*Hauschka*, Verbraucherschutz im Kreditgeschäft, S. 106.

168 Vgl. Zerfaß/Piwinger/*Piwinger*, Unternehmenskommunikation, S. 308; sowie PwC, Wirtschaftskriminalität-Studie 2011, S. 69.

169 Zu der erheblichen wirtschaftlichen Bedeutung des „guten Rufs" eines Unternehmens, vgl. auch Inderst/Bannenberg/Poppe/*Inderst*, Compliance, S. 140. Zum Nutzen von Compliance zu Marketingzwecken vgl. *Lösler*, NZG 2005, 104, 105.

Kapitel 5
Kernelemente eines Compliance-Management-Systems

A. Einleitung

1 Der Begriff der Compliance[1] ist wesentlich durch zwei Elemente geprägt, die sich nicht zuletzt auch in den Normstrukturen der §§ 30 Abs. 1, 130 Abs. 1 OWiG[2] wiederfinden:

- Die Verpflichtung eines jeden Unternehmens/Unternehmers, seinen Verantwortungsbereich/sein Unternehmen in „gehöriger" Weise zu organisieren und zu beaufsichtigen.
- Das mit der statuierten Organisations-/Aufsichtspflicht verfolgte Ziel der Verhinderung von Pflichtverletzungen, die mit Strafe oder Geldbuße bewehrt sind.

2 Nachfolgend soll es **nicht** um die gesetzlichen Vorgaben gehen, die es im Rahmen der unternehmerischen Tätigkeit zu beachten gilt,[3] sondern allein darum, welche managementmäßigen/organisatorischen Anstrengungen[4] mindestens erforderlich

---

1 Vgl. dazu Kap. 4 Rn 6 ff.; *Schäfer/Holzinger*, ET 3/2010, 93 f.; vgl. auch Behringer/*Behringer*, Compliancekompakt, S. 31 f.; Görling/Inderst/Bannenberg/*Poppe*, Compliance, S. 1 ff.; einen instruktiven Überblick über die rechtlichen und sonstigen Grundlagen für Compliance in Deutschland, Österreich und der Schweiz findet sich bei Görling/Inderst/Bannenberg/*Rieder/Falge*, Compliance, S. 13 ff. Zur Situation in Italien instruktiv *Prudentino*, CCZ 2012, 2561 ff.; *Prudentino*, BB 2012, 2561 ff.; *Prudentino*, CB 2013, 9 ff.; *Prudentino*, CCZ 2014, 1, 35 ff.; *Schautes/Schier*, CCZ 2013, 149 f. Letztere geben zudem einen instruktiven Überblick über die vergleichbare Rechtslage in Spanien, *Schautes/Schier*, CCZ 2013, 149, 153 ff. Zur Strafbarkeit juristischer Personen des Privatrechts in Spanien und zu dem daraus resultierenden Compliance-Management-Anstrengungen der Unternehmen vgl. *Perez*, CB 2013, 184, 186; *Perez*, CB 2013, 357 ff. Zum verschärften Antikorruptionsrecht in Österreich vgl. *Zehetner*, CB 2013, 94 ff. Zur noch unterentwickelten Gesetzeslage in Bezug auf Compliance in Polen sowie zu den Compliance-Aktivitäten der in Polen tätigen Unternehmen vgl. *Tuzimek*, CB 2013, 136 ff. Zu einer vergleichbaren Gesetzesinitiative in Deutschland vgl. *Fladung*, CB 2013, 380 ff. sowie oben Kap. 4 Rn 43 ff. Zur Situation in Frankreich vgl. *Querenet-Hahn/Karg*, CB 2014, 221 ff.; vgl. auch *Campos Nave*, BB 2012, I. Zur Situation in Österreich, der Schweiz und Liechtenstein; vgl. Rotsch/*Hilf*, Criminal Compliance, § 9 Rn 1 ff.

2 Ordnungswidrigkeitengesetz (OWiG) v. 19.2.1987 (BGBl. I S. 602), zuletzt geändert durch Gesetz v. 10.10.2013 (BGBl. I S. 3786). Vgl. dazu näher unten Rn 134 ff.

3 Vgl. dazu Kap. 10. Zu den von kommunalen Versorgern zu beachtenden EU-Beihilferegelungen vgl. *Schäfer/Deuster*, ET 11/2010, 63 ff. Allgemein zur Relevanz von Compliance in kommunalen Unternehmen vgl. *Otto/Fonk*, CCZ 2012, 161 ff.

4 Den organisatorischen Aspekt von Compliance betonend auch *Eufinger*, CCZ 2012, 21 f.; *Moosmayer*, CCZ 2013, 218 f. Zur nach wie vor zunehmenden Bedeutung von Compliance-Management in deutschen Unternehmen vgl. *Laue/Schenk*, CB 2013, 140 ff., die unter Hinweis auf empirische Erhebungen von KPMG auf die zunehmende Bedeutung von Compliance-Management auch im deutschen

sind, damit dem Unternehmen,[5] seiner Leitung und seinen Mitarbeitern der Vorwurf mangelhafter Aufsicht und die damit gegebenenfalls verbundenen Nachteile materieller und immaterieller Art erspart bleiben.[6]

3 Welche konkreten Maßnahmen – zum Beispiel Verhaltensvorgaben, Verantwortlichkeitsfestlegungen und Prozessbestimmungen – dazu im Einzelfall erforderlich und angemessen sind, kann nicht schematisch beantwortet werden.[6a] Die Unternehmensleitung verfügt in diesem Zusammenhang im Rahmen ihrer **Organisationsverantwortung** vielmehr über ein weitreichendes Gestaltungsermessen (sog. Business Judgement Rule, § 93 Abs. 2 AktG[7]). Die konkrete Ausgestaltung eines **Compliance-Management-Systems** (CMS) in einem Unternehmen muss daher auf die Erzielung eines relativen Optimums zwischen Risikomanagement und -begrenzung einerseits und Vermeidung von effizienzreduzierender Überregulierung abzielen. Dementsprechend ist bei der Ausgestaltung eines CMS auf die konkrete Unternehmenssituation abzustellen, wobei insbesondere Größe/Umfang des operativen Geschäfts und Komplexität/Risikogehalt der Geschäftstätigkeit maßgebliche Einflussgrößen sind.[8]

Mittelstand hinweisen. Sehr grundsätzlich zur Notwendigkeit von Compliance-Management auch im Mittelstand *Mark*, ZIP 2014, 1705 ff. Zur Compliance-Risikoanalyse als zentrale Voraussetzung für die Einrichtung eines effizienten Compliance-Management-Systems vgl. *Stork/Ebersoll*, CB 2015, 57 ff.

5 Zu Compliance-Systemen des Staates vgl. *Vogelsang/Nahrstedt/Fuhrmann*, CCZ 2014, 181 ff.

6 Vgl. allerdings auch *Gehring/Karsten/Mäger*, CCZ 2013, 1 ff., die zurecht auf die „perversen Anreize" hinweisen, die daraus resultieren, dass europäische (Kartell-)Behörden und Gerichte die Existenz von CMS im Rahmen von Kartellverstößen nicht nur nicht positiv bewerten, sondern insbesondere in Konzernverbünden verschärfend berücksichtigen. Zur Einrichtung einer gesonderten Stabsstelle für „Criminal Compliance" vgl. Rotsch/*Lehmann*, Criminal Compliance, § 3 Rn 88 ff.

6a Zur Prozessbeschreibung vgl. instruktiv das Positionspapier des Arbeitskreis „Compliance-Prozess" des Bundesverbands Deutscher Compliance Officer e.V. (BDCO), Der Compliance-Prozess in seiner unterschiedlichen Ausgestaltung, abrufbar unter http://bdco.de/wp-content/uploads/2015/03/Definition-Compliance-Prozess-V3-2015-02-03.pdf; vgl. dazu *Muth*, CB 2015, 119 ff.

7 Aktiengesetz (AktG) v. 6.9.1965 (BGBl. I S. 1089), zuletzt geändert durch Gesetz v. 23.7.2013 (BGBl. I S. 2586).

8 So jüngst auch das LG München I, Urt. v. 10.12.2013 – 5 HK O 1387/10 – DB 2014, 766 ff. In dieser Entscheidung stellt das Gericht ausdrücklich klar, dass die Einrichtung eines funktionierenden CMS Teil der Gesamtverantwortung der Unternehmensleitung ist. Zu dieser Entscheidung vgl. *Kränzlin/Weller*, CB 2014, 176 ff.; *Meyer*, DB 2014, 1063 ff.; *Fett*, CCZ 2014, 143 f.; *Beckmann*, ZWH 2014, 199 f.; *Bürhle*, CCZ 2015, 52 ff. Generell zum Prozess zur Einführung eines CMS vgl. *Nothelfer*, CCZ 2013, 23 ff.; *Renberg*, WPg 2013, 160 ff. Zu den rechtlichen Voraussetzungen vgl. sehr grundsätzlich *Rach*, CB 2014, 279 ff.; vgl. auch *Rodewald*, CB 2013, 70 ff., der jedoch vorwiegend die Antikorruption im Auge hat, allerdings wohlwissend, dass ein CMS deutlich mehr umfassen muss. Zu dem ergänzenden Instrument eines sog. Wertemanagementsystems und dessen Verhältnis zum CMS vgl. instruktiv *Geiß*, CB 2014, 45 ff. Die Einrichtung einer Compliance-Organisation an sich unterliegt nicht der betrieblichen Mitbestimmung; vgl. nur Hauschka/*Lampert*, Corporate Compliance, § 9 Rn 33; *Almendinger*, EWiR 1996, 639 f.; *Neufeld/Knitter*, BB 2013, 821 f. Etwas anderes kann allerdings für bestimmte Einzelmaßnahmen in diesem Zusammenhang gelten, vgl. dazu *Grimm/Freh*, BB 2013, 821, 822 ff. Eingehend zu den personalseitigen und arbeitsrechtlichen Fragestellungen im Zusammenhang mit der Einführung eines CMS vgl. *Stück*, CB

Wichtige Anhaltspunkte für die konkrete Ausgestaltung eines CMS finden sich insbesondere in folgenden Regelwerken: 4

- Deutscher Corporate Governance Kodex (DCGK), Nr. 4.1.4,[9]
- Public Corporate Governance Kodex des Bundes (PCGK),[10]
- Rundschreiben 4/2010 (WA) – Mindestanforderungen an die Compliance-Funktion und die weiteren Verhaltens-, Organisations- und Transparenzpflichten nach §§ 31 ff. WpHG[11] für Wertpapierdienstleistungsunternehmen (MaComp) der Bundesanstalt für Finanzdienstleistungsaufsicht (BaFin),[12]
- Rundschreiben 10/2012 (BA) – Mindestanforderungen an das Risikomanagement (MaRisk), AT 4.4.2,[13]
- IDW Prüfungsstandard 980 (IDW PS 980), Grundsätze ordnungsgemäßer Prüfung von Compliance-Management-Systemen,[14]

2013, 45 ff. Instruktiv zu den Beteiligungsrechten des Betriebsrats im Zusammenhang mit Compliance-Fragestellungen *Wybitul*, CB 2015, 77 ff.

9 Deutscher Corporate Governance Kodex (DCGK), 24.6.2014, abrufbar unter http://www.dcgk.de//files/dcgk/usercontent/de/download/kodex/D_CorGov_Endfassung_2014.pdf

10 Public Corporate Governance Kodex des Bundes (PCGK), 30.6.2009, abrufbar unter http://www.bundesfinanzministerium.de/Content/DE/Standardartikel/Themen/Bundesvermoegen/Privatisierungs_und_Beteiligungspolitik/Grundsaetze_guter_Unternehmensfuehrung/unternehmensfuehrung-in-oeffentlichen-unternehmen-anlage.pdf.

11 Wertpapierhandelsgesetz v. 9.9.1998 (BGBl. I S. 2708), zuletzt geändert durch Gesetz v. 10.12.2014 (BGBl. I S. 2085).

12 Rundschreiben 4/2010 (WA) – Mindestanforderungen an die Compliance-Funktion und die weiteren Verhaltens-, Organisations- und Transparenzpflichten nach §§ 31 ff. WpHG für Wertpapierdienstleistungsunternehmen (MaComp), 7.6.2010, zuletzt geändert am 7.8.2014 (GZ: WA 31-Wp 2002–2009/2010), abrufbar unter http://www.bafin.de/SharedDocs/Veroeffentlichungen/DE/Rundschreiben/rs_1004_wa_macomp.html; vgl. dazu *Loff*, CB 2013, 104, 106 ff. Hintergrund der jüngsten Änderungen sind vor allem die Guidelines on certain aspects of the MiFID compliance function requirements der ESMA vom Juli 2012, ESMA/2012/388; http://www.esma.europa.eu/system/files/2012-388.pdf

13 Rundschreiben 10/2012 (BA) – Mindestanforderungen an das Risikomanagement (MaRisk), 14.12.2012 (GZ: BA 54-FR 2210-2012/0002), abrufbar unter http://www.bafin.de/SharedDocs/Veroeffentlichungen/DE/Rundschreiben/rs_1210_marisk_ba.html; vgl. dazu *Kindermann/Bast*, CB 2013, 337 ff. Zum Verhältnis von MaComp und MaRisk vgl. instruktiv *Wolff/Martin*, CCZ 2014, 86 ff.

14 IDW Prüfungsstandard 980 (IDW PS 980), Grundsätze ordnungsmäßiger Prüfung von Compliance-Management-Systemen, 11.3.2011 – IDW-Fachnachrichten 4/2011, 203 ff. Zum IDW PS 980 vgl. etwa *Hornung/Kuhlmann*, CCZ 2010, 192 ff.; *Busekist/Hein*, CCZ 2012, 41 ff.; *Busekist/Schliff*, CCZ 2012, 86 ff.; *Gelhausen/Wermelt*, CCZ 2010, 208 ff.; *Rieder/Jerg*, CCZ 2010, 201 ff.; *Grüninger*, Der Aufsichtsrat 2010, 140 f.; *Wilkens/Schreiner*, CCZ 2010, 2014 ff.; *Withus/Hein*, CCZ 2011, 125 ff.; PwC, Wirtschaftskriminalität-Studie 2011, S. 55 ff., abrufbar unter http://www.pwc.de/de_DE/de/risiko-management/assets/wikri-studie-2011.pdf; *Liese/Schulz*, BB 2011, 1347, 1351 ff.; *Görtz*, BB 2012, 178 ff.; *Schemmel/Minkoff*, CCZ 2012, 49 ff.; Wieland/Steinmeyer/Grüninger/*Heißner*, Handbuch Compliance-Management, S. 871 ff. Kritisch zu Effizienz und Nutzen von Audits/Zertifizierungen insbesondere nach dem IDW PS 980 vgl. *Rieder/Falge*, BB 2013, 778 ff.; ausgewogener dagegen *Grüninger/Rennberg*, CB 2013, 187 f.; *Wermelt*, CB 2014, 109, 110 ff. Vgl. auch die instruktiven empirischen Angaben insbesondere zu

- § 12 Abs. 4 S. 2 WpDVerOV,[15]
- § 3 WpHGMaAnzV,[16]
- ISO-Norm 19600:2014 „Compliance Management Systems – Guidelines",[16a]
- CMS – Anforderungen und Anleitung zur Anwendung (ONR 192050).[17]

5 Auf dieser Grundlage werden nachfolgende Kernelemente eines CMS dargestellt, das den aktuellen „Stand der Technik" abbilden dürfte: Nach einem Blick auf die Compliance-Kultur[18] werden die organisatorischen Ausgestaltungsmöglichkeiten erläutert.[19] Im Anschluss werden wichtige Präventionsmaßnahmen dargestellt[20] und die Fragen der Überwachung sowie der Aufdeckung von Regelverstößen behandelt.[21] Den Abschluss dieses Kapitels bilden sodann einige Bemerkungen zu unternehmensinter-

---

Bekanntheitsgrad und Nutzenbewertung des IDW PS 980, PwC, Wirtschaftskriminalität-Studie 2011, S. 76 ff. Zu dem Konzept einer anderweitigen Zertifizierung von CMS vgl. *Passarge/Graf*, CCZ 2014, 119 ff. Eingehend zum IDW PS 980 vgl. unten Kap. 7. Kritisch zum IDW PS 980 *Withus*, CCZ 2014, 234 ff. Zur Aufgabenverteilung zwischen Juristen und Wirtschaftsprüfern bei der Überprüfung von CMS vgl. eingehend *Merkt*, DB 2014, 2271 ff. (Teil 1), 2331 ff. (Teil 2).

15 Wertpapierdienstleistungs-, Verhaltens- und Organisationsverordnung (WpDVerOV) v. 20.7.2007 (BGBl. I S. 1432), zuletzt geändert durch Verordnung v. 15.7.2014 (BGBl. I S. 956).

16 WpHG-Mitarbeiteranzeigeverordnung (WpHGMaAnzV) v. 21.12.2011 (BGBl. I S. 3116), zuletzt geändert durch Gesetz v. 15.7.2013 (BGBl. I S. 2390).

16a Abrufbar unter https://www.iso.org/obp/ui/#iso:std:iso:19600:ed-1:v1:en. Zu diesem Regelwerk und dessen Auswirkungen auf Prüfungen nach dem IDW PS 980 vgl. *Withus/Kunz*, BB 2015, 685 ff.; *Makowicz*, CB 2015, 45, 48 f. Zur Relevanz und (wohl zu bejahenden) Nützlichkeit der ISO-Norm 19600 gerade auch für mittelständische Unternehmen vgl. *Makowicz/Stadelmaier*, CB 2015, 89 ff.

17 Austrian Standard Institute, 1.2.2013, ICS 03.100.01, abrufbar unter https://shop.austrian-standards.at/Preview.action;jsessionid=A6CBF3CEC2E03AD86B414E4E9A7942F1?preview=&dokke=447051&selectedLocale=de, mit einer Vielzahl praxistauglicher Vorschläge für ein effizientes CMS. Zu den ONR 192050 vgl. die instruktive Kommentierung von *Petsche/Toifl/Neiger/Jirges*, Compliance Management Systeme. Einen weltweit geltenden Standard für CMS strebt die z. Zt. noch im Entwurfsstadium befindliche ISO DIS 19600 „Compliance Management Systeme-Guidelines" an, ICS 03.100.01, http://www.iso.org/iso/home/store/catalogue_ics/catalogue_detail_ics.htm?ics1=03&ics2=100&ics3=01&csnumber=62342. Die Akzeptanz dieses Regelwerks für die Unternehmenspraxis bleibt aufgrund der nicht geringen Unverbindlichkeit der Norm abzuwarten. Die Abstraktheit des Regelwerks lässt insbesondere Zweifel an ihrer „Enthaftungswirkung" aufkommen.

18 Vgl. dazu sogleich unter Rn 6 ff.

19 Vgl. unten Rn 9, vgl. auch das sehr ausdifferenzierte Konzept von Wieland/Steinmeyer/Grüninger/*Wieland/Grüninger*, Handbuch Compliance-Management, S. 111 ff., sowie der *TÜV Rheinland*, Standard für Compliance Management Systeme (CMS), TR CMS 101:2011, abrufbar unter http://www.tuv.com/media/germany/60_systeme/csr_nachhaltigkeit_compliance/compliance/faktenblaetter/compliance_standard_tr.pdf, und Deloitte, Compliance im Mittelstand (Studie), 11/2011, abrufbar unter http://www2.deloitte.com/content/dam/Deloitte/de/Documents/Mittelstand/Studie-Compliance-im-Mittelstand.pdf; Letztere mit interessanten empirischen Angaben.

20 Vgl. unten Rn 81 ff.

21 Vgl. unten Rn 111 ff.

nen sowie straf- und bußgeldrechtlichen Sanktionen im Falle von „nicht gehöriger" Aufsichtstätigkeit.[22]

B. Compliance-Kultur

Die Existenz einer adäquaten Compliance-Kultur[23] bzw. der feste Wille eine solche im Unternehmen einzuführen oder auszubauen, ist die wesentliche und unverzichtbare Grundlage für die erfolgreiche Praktizierung von Compliance-Management.[24] Sie wird vor allem bestimmt durch die Grundeinstellungen, Wertvorstellungen und Verhaltensweisen der Unternehmensleitung, der Führungskräfte und des Aufsichtsorgans,[25] der sog. Tone of the Top.[26] Die Compliance-Kultur wird durch diverse Merkmale bestimmt; dazu gehören unter anderem: 6

- vorbildliches (Führungs-)Verhalten der Führungskräfte und des Aufsichtsorgans,
- Existenz adäquater Verhaltensgrundsätze,
- Anreizsysteme zur Belohnung regelkonformen Verhaltens.[27]

Unmittelbar sichtbarer Ausdruck der Compliance-Kultur ist ein sog. Mission Statement.[28] Im Mission Statement verpflichtet sich die Unternehmensspitze uneingeschränkt zur Einhaltung von staatlichem Recht, internen Verhaltensregeln und vertraglichen Verpflichtungen und macht damit unmissverständlich deutlich, dass Missstände und nicht akzeptierte (Geschäfts-)Praktiken nicht geduldet werden.[29] 7

Anders gewendet: Kosten und sonstiger Aufwand zur Einführung und Praktizierung von Compliance-Management im Unternehmen sind dann vergeblich und unter Risikomanagementaspekten ein nutzloses Feigenblatt, wenn sich die Unternehmensleitung und die Führungskräfte nicht *persönlich* um die Thematik kümmern und die Arbeit der Compliance-Abteilung nicht vorbehaltlos unterstützen.[30] 8

---

22 Vgl. unten Rn 127 ff. Vgl. zu allen vorstehenden Aspekten auch *Zenke/Schäfer*, ZRP 2010, 216, 218 ff.; *Schaefer/Baumann*, NJW 2011, 3601.

23 Generell zum Begriff vgl. *Schulz/Muth*, CB 2014, 265 ff.

24 Ähnlich IDW PS 980, Nr. 4, Rn 23; *Moosmayer*, Compliance, 2. Aufl., S. 43; Wieland/Steinmeyer/Grüninger/*Wieland/Grüninger*, Handbuch Compliance-Management, S. 94.

25 Vgl. IDW PS 980, Nr. 4, Rn 23; Nr. 6, Rn A 14; Wieland/Steinmeyer/Grüninger/*Wieland/Grüninger*, Handbuch Compliance-Management, S. 95, 96.

26 Hauschka/*Hauschka*, Corporate Compliance, § 1 Rn 35; *Moosmayer*, Compliance, 2. Aufl., S. 44; IDW PS 980, Nr. 4, Rn 23. Vgl. dazu illustrativ *Schläfereit*, CCZ 2015, 52 f. – Fall Middelhoff.

27 Vgl. IDW PS 980, Nr. 6, Rn A 14.

28 Auch „Commitment" oder „Policy Statement" genannt. Zur Terminologie vgl. nur Hauschka/*Hauschka*, Corporate Compliance, § 1 Rn 35; Görling/Inderst/Bannenberg/*Inderst*, Compliance, S. 84 Rn 5.

29 Vgl. Hauschka/*Hauschka*, Corporate Compliance, § 1 Rn 35; Görling/Inderst/Bannenberg/*Inderst*, Compliance, S. 83 Rn 3 mit praktischen Beispielen in Fn 6, 7.

30 Vgl. auch *Moosmayer*, Compliance, 2. Aufl., S. 43, und seine instruktiven, praxisnahen Beispiele,

C. Organisatorische Ausgestaltung

I. Verantwortlichkeitszuordnung

9 Compliance als risikomitigierende Unternehmensfunktion ist entgegen nach wie vor verbreiteter Auffassung und Praxis nicht nur ein Thema für börsennotierte Großunternehmen. Aufgrund des hier zugrunde gelegten weiten Compliance-Begriffs, der auf die Schaffung eines Organisationsrahmens (Aufbau- und Ablauforganisation) zwecks **Einhaltung von Rechtsvorschriften und Regeln** jeglicher Art abstellt,[31] ist bzw. sollte Compliance auch für kleine und mittelständische Unternehmen von Interesse sein.[32] Auch für alle nicht börsennotierten Energieversorger ist Compliance daher ein „bezahlbares Muss".[33] Dennoch ist dies noch längst nicht die Regel, wie eine in 2010 erschienene Studie zeigt.[34] Danach verfügen 56 % der deutschen Unternehmen noch nicht über ein Compliance-Programm. Die Gründe, die zur Ablehnung von Compliance-Aktivitäten genannt werden, sind, wie Abbildung 1 zeigt, vielfältig.[35]

10 Innerhalb eines jeden Unternehmens ist oberste Instanz einer Compliance-Organisation die **Geschäftsleitung** (Geschäftsführung, Vorstand).[36] Diese Verantwortung besteht kollektiv für **alle** Mitglieder der Geschäftsleitung und unabhängig von der internen Geschäftsverteilung.[37] Diese insbesondere aus allgemeinen gesellschaftsrechtlichen Erwägungen abzuleitende Aussage wird auch durch die MaComp

---

S. 44 ff. Zum Zusammenhang von Unternehmenskultur und Compliance vgl. auch PwC, Wirtschaftskriminalität-Studie 2011, S. 50 ff., 53 ff. Äußerst interessant zu den Kosten eines CMS (2,9 % des Jahresumsatzes) vgl. *Rack*, CB 2014, 54 ff. In die gleiche Richtung instruktiv *Ghahremann*, CB 2014, 402 ff.

31 Vgl. dazu auch *Tüllner/Wermelt*, BB 2012, 2551 ff.

32 Vgl. Wieland/Steinmeyer/Grüninger/*Saitz/Tempel/Brühl*, Handbuch Compliance-Management, S. 211 ff.; *Moosmayer*, Compliance, 2. Aufl., Vorwort.

33 Vgl. *Schäfer*, VKU-ND 11/2009; *Schäfer/Holzinger*, E&M 23–24/2009, 3; *Schäfer/Holzinger*, ET 3/2010, 93 ff.; vgl. auch *Klindt*, NJW 2010, 2385, 2386 f.

34 PwC, Compliance-Studie 2010, S. 17 f.

35 PwC, Wirtschaftskriminalität-Studie 2013, S. 27.

36 Vgl. auch Nr. 4.1.3 DCGK (Deutscher Corporate Governance Kodex v. 26.5.2010). Danach hat „der" Vorstand für die Einhaltung der gesetzlichen Bestimmungen und der unternehmensinternen Richtlinien zu sorgen und auf deren Beachtung durch die Konzernunternehmen hinzuwirken; vgl. auch Görling/Inderst/Bannenberg/*Inderst*, Compliance, S. 83 Rn 2 ff. Vgl. dazu und zum Public Corporate Governance Kodex näher Kap. 17. Vgl. außerdem IDW PS 980, Nr. 3, Rn 13; Vgl. auch CEBS, Consultation Paper on the Guidebook in Internal Governance (CP44), abrufbar unter http://www.c-ebs.org/documents/10180/105241/CP44v2.pdf.

37 Vgl. nur Hauschka/*Bürkle*, Corporate Compliance, § 8 Rn 12 ff. m.w.N.; Hauschka/*Lampert*, Corporate Compliance, § 9 Rn 14 f.; Wieland/Steinmeyer/Grüninger/*Sitz/Tempel/Brühl*, Handbuch Compli-

gestützt.[38] Auch wenn die MaComp lediglich Verwaltungsvorschriften ohne rechtliche Verbindlichkeit enthalten und sich formal „nur" an von der BaFin beaufsichtigte Finanzinstitute wendet,[39] so darf man doch erwarten, dass andere Behörden und Gerichte die Aussagen der MaComp im Sinne von DIN-Normen oder anderen technischen Regelwerken als Beurteilungsmaßstab heranziehen werden.

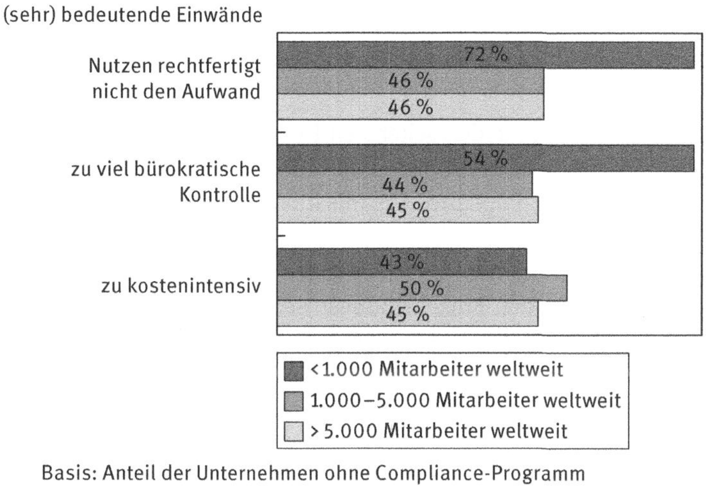

Abb. 1: Vorbehalte gegen Compliance-Programme[40]

ance-Management, S. 290 f.; *Krüger/Günther*, NZA 2010, 367, 368 f.; *Moosmayer*, Compliance, 2. Aufl., S. 1 ff.; *Wolf*, BB 2011, 1353, 1355. Zur Rolle und Verantwortung des Aufsichtsrats in Bezug auf das Compliance-Management durch die Geschäftsleitung vgl. § 107 Abs. 3, 2 AktG, der auch für die Überwachung der Wirksamkeit des Compliance-Managements gelten soll, so Görling/Inderst/Bannenberg/*Beste*, Compliance, S. 145 Rn 179 ff. Zur zivilrechtlichen Haftung vgl. BGH, Urt. v. 10.7.2012 – VI ZR 341/10 – DB 2012, 1799, 1801, der eine Garantenstellung der Geschäftsleitung gegenüber Dritten aus gesellschaftsrechtlichen Vorschriften ablehnt. Eingehend dazu *Grützner/Baer*, DB 2013, 561 ff. Vgl. in diesem Zusammenhang auch OLG Braunschweig, Beschl. v. 14.6.2012 – Ws 44/12, Ws 45/12 – DB 2012, 2447 ff., das eine strafrechtliche Garantenpflicht des Aufsichtsrats bejaht; dazu *Grützner*, BB 2013, 212.

38 Vgl. MaComp, AT 4, BT 1.1 Nr. 1; vgl. auch *Wolf*, DB 2011, 1353, 1355 f., sowie eingehend *Bock*, Criminal Compliance, S. 600 ff., 677 ff., 700 ff.; *Engelhardt*, ZIP 2010, 1832 ff.; *Schäfer*, BKR 2011, 45 ff.; *Schäfer*, BKR 2011, 187 ff.

39 *Wolf*, BB 2011, 1353, 1356; *Bunting*, ZIP 2012, 1542.

40 PwC, Wirtschaftskriminalität-Studie 2013.

11 Die Geschäftsleitung ist selbstverständlich nicht gehindert, die Wahrnehmung der **Compliance-Aufgaben zu delegieren**; dies kann in vielfältiger Weise geschehen.[41] Im Falle der Delegation wandelt sich die unmittelbare Handlungspflicht der Geschäftsleitung zur Erfüllung von Compliance-Aufgaben in eine allgemeine Aufsichtspflicht, die vor allem darauf abzielt, die Delegatare ordnungsgemäß auszuwählen und anschließend angemessen zu überwachen.[42]

II. Organisatorische Lösungen

12 Die Unternehmensleitung wird sich in den seltensten Fällen im Detail mit der Erfüllung von Compliance-Aufgaben befassen können und wollen. Damit stellt sich unmittelbar die Frage danach, wie eine Compliance-Organisation idealerweise ausgestaltet sein sollte.[43]

13 Die Geschäftsleitung ist im Rahmen ihrer rechtlichen Organisationsverantwortung verpflichtet, alle grundlegenden Entscheidungen selbst zu treffen. Sie verfügt dabei über weitreichendes Gestaltungsermessen, wie § 93 Abs. 1 Nr. 2 AktG (sog. Business Judgement Rule) zeigt.[44] Die konkrete Ausgestaltung kann und muss mit Augenmaß erfolgen. Abzustellen ist auf die **konkrete Unternehmenssituation** (Größe/ Umfang des Geschäfts, Komplexität/Risikogehalt der Geschäftstätigkeit), sodass

41 Vgl. dazu nur Hauschka/*Schmidt-Husson*, Corporate Compliance, § 7 Rn 2 ff.

42 Vgl. nur Hauschka/*Schmidt-Husson*, Corporate Compliance, § 7 Rn 10, 27; vgl. auch MaComp, AT 4, BT 1.1 Nr. 2, 3, 1.3.4. Zur Vermeidung von Haftung und Strafbarkeit durch sachgerechte Delegation vgl. *Schulze*, NJW 2014, 3484 ff.

43 Vgl. dazu Behringer/*Behringer*, Compliance kompakt, S. 279, 281 ff.; vgl. auch *Moosmayer*, Compliance, 2. Aufl., S. 31 ff. Wie eine Compliance-Funktion außerhalb regulierter Wirtschaftsbereiche ausgestaltet sein sollte, haben kürzlich mehrere deutsche Compliance-Verbände in einem gemeinsamen Positionspapier dargelegt. Vgl. dazu *Hauschka/Galster/Waldkirch/Marschlich*, CCZ 2014, 242, 245 f. zu Fragen der Organisation. Zu den grundlegenden Anforderungen an eine „gerichtsfeste" Compliance-Organisation vgl. instruktiv die Entscheidung des LG München I, Urt. v. 10.12.2013 – 5 HK O 1387/10 – DB 2014, 766 ff. Zu dieser Entscheidung vgl. *Rack*, CB 2014, 104 ff.; *Hauschka*, FAZ v. 12.3.2014, 18; *Wermelt*, CB 2014, 109 ff.; *Fleischer*, NZG 2014, 321 ff.; *Kränzlein/Weller*, CB 2014, 167 ff. Für den Bereich der kommunalen Unternehmen vgl. VKU, Compliance in kommunalen Unternehmen, S. 60 ff. Zu der (ökonomisch nicht uninteressanten) Frage der Personalausstattung von Compliance-Abteilungen vgl. die statistischen Angaben bei PwC, Wirtschaftskriminalität-Studie 2013, S. 29 f. Für den Beitrag, den der Verband der Bahnindustrie in Deutschland zum Thema Compliance für den Wirtschaftszweig leistet, vgl. *Hagel/Dahlendorf*, CCZ 2014, 275 ff.

44 Vgl. Hauschka/*Bürkle*, Corporate Compliance, § 8 Rn 15 f. m.w.N.; BGH, Urt. v. 21.4.1997 – II ZR 175/95 – BGHZ 135, 244 ff. – ARAG/Garmenbeck; Görling/Inderst/Bannenberg/*Poppe*, Compliance, S. 4, Rn 17 ff. Zu den Organisationspflichten aus gesellschaftsrechtlicher Sicht vgl. Kap. 15.

letztlich eine angemessene Organisation mit möglichst geringem Kostenaufwand implementiert wird.[45]

14 Bei mittelständischen Unternehmen, die sich bislang noch nicht mit der Frage befasst haben, wie bei ihnen das Thema Compliance sachgerecht (also insbesondere haftungsreduzierend/-vermeidend) organisiert werden kann, stellt sich damit ganz konkret die Frage, was im Einzelnen zu tun ist.[46] Da Compliance ökonomisch betrachtet, letztlich nichts anderes als eine (Schadens-)Versicherung ist, stellt sich für den Unternehmer sofort die Frage nach der Versicherungsprämie, also den Kosten. Zugleich gilt es effizienzreduzierende Überregulierung im Unternehmen zu vermeiden.[47]

15 Vor diesem Hintergrund lässt sich ein **dreistufiges System** beschreiben, das sich an der Risikoexposition des jeweiligen Unternehmens orientiert.[48] Die der jeweiligen Stufe zugeordneten Elemente sind modular zu verstehen und je nach Unternehmensrealität kombiniert verwendbar.[49]

- Kleinere mittelständische Unternehmen bis zu 99 Mitarbeitern

16 Für kleinere Unternehmen mit weniger als 100 Mitarbeitern und einer Beschränkung des Geschäftsbetriebs auf den örtlichen Wirkungskreis kann es in der Regel ausreichen, Folgendes zu tun:

---

45 Vgl. Hauschka/*Bürkle*, Corporate Compliance, § 8 Rn 17 m.w.N.; MaComp, BT 1.1.1 Nr. 4; Hauschka/*Lampert*, Corporate Compliance, § 9 Rn 7 f. Modelle einer Compliance-Organisation beschreiben auch *Gößwein/Hoffmann*, BB 2011, 963, 965 ff. Zu den Kosten von Compliance-Management in Bezug auf ein mittelständisches Unternehmen vgl. *Rack*, CB 2014, 54 ff. Für die i.d.R. deutlich höheren Kosten bei multinationalen Unternehmen vgl. die Benchmarkstudie von Ponemon Institute LLC, Die tatsächlichen Compliancekosten, Traverse City (USA), 2011. Die Studie macht deutlich, dass die Kosten von Noncompliance i.d.R. um den Faktor 2,65 höher liegen, als die Compliance-Kosten (vgl. S. 3 der Studie).

46 Zur Relevanz von Compliance in mittelständischen Unternehmen vgl. *Nave/Zeller*, BB 2012, 131 ff.; *Wilhelm*, CB 2013, 241 ff.; eingehend zur Thematik auch *Fissenewert*, Compliance für den Mittelstand. Zum Stand der Verbreitung und Vermeidung von Wirtschaftskriminalität in mittelständischen Unternehmen vgl. KPMG, Wirtschaftskriminalität in Deutschland 2012 (Studie), S. 10 ff.; sowie CBCI, Compliance im Mittelstand-Studie. Auch die Bundesregierung erachtet CMS als „geeignetes Instrument" „um unternehmensbezogene Rechtsverstöße" in kleinen und mittleren Unternehmen „zu verhindern" (vgl. BT-Drucks. 18/2187, S. 3). Vgl. weiterhin *Achauer*, CB 2014, 154 ff.; *Egelhof/Modlinger*, CB 2014, 150 ff. Für den Bereich der kommunalen Unternehmen vgl. VKU, Compliance in kommunalen Unternehmen; *Gimnich*, CB 2014, 195 ff.

47 Vgl. auch Hauschka/*Lampert*, Corporate Compliance, § 9 Rn 8. Vgl. auch Kap. 9.

48 Vgl. auch *Bock*, Criminal Compliance, S. 744.

49 Vgl. auch Hauschka/*Lampert*, Corporate Compliance, § 9 Rn 7, 8 m.w.N. Zu den Vorteilen von CMS in kleinen und mittelgroßen Versorgungsunternehmen vgl. *Nell*, Powernews v. 4.5.2011. Vgl. auch die Modellbeschreibung bei *Gößwein/Hohmann*, BB 2011, 963, 965 ff.

17 – **Klare** Verankerung der **Verantwortlichkeit** bei der Geschäftsleitung. Bei einem mehrköpfigen Gremium sollte eines von mehreren Organmitgliedern eindeutig als Verantwortlicher bestimmt werden.[50]

18 – Zuordnung eines **nebenamtlichen Compliance-Verantwortlichen** zur Unterstützung des verantwortlichen Geschäftsführungsmitgliedes für die Umsetzung/ Handhabung der Compliance-Aktivitäten im täglichen Geschäft.[51] Der Compliance-Verantwortliche wird diese Aufgabe zusätzlich zu seinen eigentlichen Aufgaben zu erfüllen haben und typischerweise aus dem Controlling oder einer sonstigen Überwachungseinheit stammen.[52]

19 – **Regelmäßige** Durchführung von **Compliance-Schulungen** für die Führungskräfte und die übrigen Mitarbeiter.[53]

20 – **Einführung** wesentlicher **Verhaltensrichtlinien,** insbesondere für den Umgang mit Geschenken, Einladungen etc. sowie für den Beschaffungsprozess, um auf diese Weise insbesondere dem Korruptionsrisiko[54] wirksam zu begegnen.

21 – **Sicherung externer juristischer Expertise** zur Bewältigung von Rechtsfragen in Einzelfällen[55] (ebenso wie bei der Erstellung und Umsetzung der vorstehend genannten und anderen Verhaltensrichtlinien). Dies sollte selbst dann – im Sinne eines Vier-Augen-Prinzips – erfolgen, wenn es im Unternehmen eine eigene Rechtsabteilung geben sollte.

■ Mittelgroße Unternehmen mit bis zu 500 Mitarbeitern

22 Für mittelgroße mittelständische Unternehmen, die deutschland- und gegebenenfalls auch EU-weit tätig sind, kann es ratsam sein, über die vorstehend genannten Maßnahmen hinaus noch Folgendes einzuführen:

23 – Bestellung eines **hauptamtlichen Compliance-Verantwortlichen,**[56] der sämtliche Compliance-Tätigkeiten unterhalb der Geschäftsleitung bei sich bündelt und unmittelbar dem Compliance-Verantwortlichen Geschäftsführungsmitglied untersteht.[57]

---

50 Ähnlich auch Hauschka/*Lampert*, Corporate Compliance, § 9 Rn 14; *Hauschka*, NJW 2004, 257, 259.
51 Vgl. *Bock*, Criminal Compliance, S. 751, 752.
52 Zu den (Compliance-)Risiken einer Mehrfachbeschäftigung vgl. allgemein *Rouenhoff*, CCZ 2013, 18 ff.
53 Vgl. dazu näher Rn 88 ff.
54 Vgl. dazu näher Kap. 12.
55 Vgl. dazu näher Rn 71 ff.
56 Nach der PwC, Compliance-Studie 2010, S. 21, war dies im Jahr 2009 bei 63 % der in der Studie befragten Unternehmen der Fall.
57 Zu den Einzelheiten der Ausgestaltung der Stellung eines „hauptamtlichen" Compliance-Verantwortlichen vgl. nachfolgend Rn 42 ff.

– Einführung weiterer **Verhaltensrichtlinien**, insbesondere zum Verhalten **bei behördlichen Durchsuchungen** und **gegenüber** der **Öffentlichkeit.**[58] 24

■ Größere mittelständische Unternehmen mit mehr als 500 Mitarbeitern

Größere Unternehmen, die über Europa hinaus weltweit agieren, sollten über die bisher genannten Vorkehrungen hinaus noch Folgendes erwägen:[59] 25

– Einrichtung einer **zentralen Compliance-Abteilung**, die neben dem obersten Compliance-Verantwortlichen (dem sog. Chief Compliance Officer, CCO) weitere ihn unterstützende Mitarbeiter vorsieht. In der Praxis hat sich als nützlich erwiesen, in einer zentralen Compliance-Abteilung neben Juristen auch Fachkräfte aus der Internen Revision, des Controllings und dem IT-Bereich zu vereinen, um dem CCO auf diese Weise eine eigenständige Expertise über Struktur und Prozesse des Unternehmens/der Unternehmensgruppe zu verschaffen. 26
– Einrichtung von **dezentralen Compliance-Verantwortlichen** in den **wesentlichen operativen Einheiten** (Netzbetrieb, Erzeugung, Vertrieb etc.) bzw. in den einzelnen Beteiligungsgesellschaften einer Unternehmensgruppe.[60] 27, 28
– Einrichtung eines **regelmäßigen Arbeitskreises/Arbeitstreffens** aller Compliance-Verantwortlichen des Unternehmens unter Leitung des CCO, insbesondere zwecks **Erfahrungsaustausches** hinsichtlich des aktuellen Geschäfts sowie zur Sicherstellung der einheitlichen Handhabung der unternehmensinternen Regelwerke und Schulungsmaßnahmen. 29
– Einrichtung eines **Compliance-Ausschusses** unter Leitung des complianceverantwortlichen Mitglieds der Geschäftsführung. Hier sollten insbesondere die strategischen, fachlich übergreifenden und konzernweiten Aspekte des Compliance-Managements besprochen und festgelegt sowie massive Compliance-Verstöße behandelt werden. Neben dem CCO sollten hier regelmäßig auch die Leiter Recht (sofern nicht Personen gleich mit dem CCO), Interne Revision, Personal, Risikomanagement und Kommunikation als ständige Mitglieder vorgesehen werden. Leiter anderer Organisationseinheiten sind fallweise hinzuzuziehen insbesondere: Unternehmenssicherheit, IT, Organisation.[61] Im Sinne eines Vier-Augen-Prinzips und zur Vermeidung von „**Betriebsblindheit**" sollte erwogen werden, zu den Sitzungen des Compliance-Ausschusses immer auch einen **externen Rechtsanwalt** mit hinreichender Compliance-Expertise hinzuzuziehen. Der Externe wird regelmäßig Aspekte und Einschätzungen beitragen können, die 30

58 Vgl. dazu näher Kap. 6 Rn 11 ff. und 62 ff.
59 Vgl. dazu auch Wieland/Steinmeyer/Grüninger/*Satz*, Handbuch Compliance-Management, S. 156 ff.; *Becker/Alsheimer*, Der Neue Kämmerer 2009, 8; *Hauschka/Galster/Waldkirch/Marschlich*, CCZ 2014, 242, 246. Vgl. allgemein zur Compliance-Organisation in Konzernen *Fleischer*, CCZ 2008, 1 ff.
60 Vgl. dazu näher Hauschka/*Bürkle*, Corporate Compliance, § 8 Rn 42 ff. m.w.N.
61 Vgl. auch Hauschka/*Bürkle*, Corporate Compliance, § 8 Rn 50 ff.; Hauschka/*Lampert*, Corporate Compliance, § 9 Rn 17.

dem Unternehmensangehörigen nicht zwingend zur Verfügung[62] stehen. Es entspricht zunehmend der Praxis in größeren Unternehmen, auch den Aufsichtsrat in adäquatem Umfang in Compliance-Fragen zu involvieren.[63] Häufig ist es jedoch wenig praxisgerecht, „nur" den Vorsitzenden des Aufsichtsrats und/oder das gesamte Gremium in derartige Vorgänge einzubeziehen. In der Unternehmenspraxis hat sich daher vielfach die Übung durchgesetzt, den Prüfungsausschuss, der sich neben der Überwachung des internen Rechnungslegungsprozesses, des Risikomanagements und des internen Kontrollsystems befasst, auch in Compliance-Angelegenheiten stellvertretend für den Aufsichtsrat zu involvieren.[64]

31 – Diese Praxis kann sich normativ auf § 107 Abs. 3 S. 1 und 2 AktG stützen, da die Compliance-Funktion unschwer als integraler Bestandteil eines umfassenden Risikomanagementsystems bzw. des internen Kontrollsystems verstanden werden kann.[65] Der deutsche Corporate Governance Kodex hat diese gesetzliche Möglichkeit zur „Best Practice" insbesondere für börsennotierte Unternehmen erhoben (vgl. Nr. 5.3.2 DCGK). Gem. Nr. 1 vorletzter Abs. S. 2 DCGK wird der Kodex auch nicht-börsennotierten Gesellschaften zur Beachtung empfohlen.

32 – Die konkrete Ausgestaltung der Befugnisse liegt letztlich im Gestaltungsermessen des Aufsichtsrats (in den Grenzen der §§ 107 Abs. 3, 108 Abs. 2 S. 3 AktG).[66] Idealerweise sollen insbesondere folgende Aspekte geregelt werden:

- Zusammensetzung,
- Aufgaben/Befugnisse,
- Sitzungsformalia sowie
- Berichterstattung an den Aufsichtsrat.

33 – Einführung von **IT-gestützten Compliance-Schulungsprogrammen** zur permanenten Schulung der bestehenden Mitarbeiterschaft sowie von neu eingestellten Mitarbeitern.[67]

62 Zur Ausgestaltung und den Aufgaben eines Compliance-Ausschusses vgl. auch *Lakner*, CB 2014, 118 ff.

63 Vgl. auch *Nonnenmacher/Pohle/von Werder*, DB 2007, 2412 ff.

64 Vgl. *Melcher/Mattheus*, Der Aufsichtsrat 2007, 122, 123; *Nonnenmacher/Pohle/von Werder*, DB 2007, 2412 ff., die auch statistische Angaben bieten.

65 Vgl. oben Kap. 3 sowie *Gold/Schäfer/Bußmann*, ET 6/2011, 71 m.w.N.

66 Vgl. *Sünner*, CCZ 2008, 56 ff. Vgl. auch das unter http://www.adidas.com/ zu findende Beispiel einer „Geschäftsordnung für den Prüfungsausschuss im Aufsichtsrat der Adidas AG" v. 4.8.2008. Vgl. auch *Nonnenmacher/Pohl/von Werder*, DB 2007, 2412, 2413, 2415, die unter Hinweis auf die Empfehlung der EU-Kommission 2005/162/EG v. 15.2.2005 zu den Aufgaben von nicht geschäftsführenden Direktoren/Aufsichtsratsmitgliedern börsennotierter Gesellschaften sowie zu den Ausschüssen des Verwaltungs-/Aufsichtsrats (ABl EU Nr. L 52 S. 51 ff.) und dem Leitfaden für Prüfungsausschüsse des Berlin Centre of Corporate Governance (vgl. dazu *Pohle/von Werder*, DB 2005, 237 ff.) einen extensiven Aufgabenumfang von Prüfungsausschüssen (auch) im Bereich Compliance befürworten; kritisch zu diesem Ansatz *Sünner*, CCZ 2008, 58 ff.

67 Vgl. auch Hauschka/*Bürkle*, Corporate Compliance, § 8 Rn 26.

Neben der Frage, welche Compliance-Maßnahmen für welche Unternehmenssituationen angemessen sind und welche organisatorische Struktur die geeignete ist, stellt sich immer auch die Frage, wo und wie innerhalb der Gesamtorganisation eine **(zentrale) Compliance-Abteilung** idealerweise zu **verankern** ist und wie die Zusammenarbeit mit anderen Fachabteilungen ausgestaltet sein sollte.[68] Die Einrichtung eines speziellen Ressorts im Vorstand/der Geschäftsführung für Compliance, wie sie vermehrt bei börsennotierten Unternehmen praktiziert wird, dürfte mangels vergleichbarer Größe und Komplexität der Unternehmensorganisation bei mittelständischen Versorgungsunternehmen nur selten erforderlich sein. Hier sollte in der Regel die Aufnahme des Compliance-Managements in den Geschäftsbereich eines nicht operativ verantwortlichen Geschäftsführers/Vorstands ausreichen. 34

Eine davon zu unterscheidende Frage ist, ob die Compliance-Funktion als selbstständige Stabsfunktion (mit direkter Anbindung an die Geschäftsleitung) ausgestaltet oder ob sie an eine andere Kontroll- oder Risikobegrenzungsfunktion angebunden wird.[69] Die Unternehmenspraxis zeigt hier diverse Lösungsmöglichkeiten. Gerade auch bei kleinen und mittelgroßen Unternehmen findet sich häufig eine Kombination mit der **Einbindung in die Rechtsabteilung.**[70] Für diese Lösung spricht, dass Compliance in „materieller" Hinsicht überwiegend rechtlicher Natur und der Umgang mit Regelverstößen damit quasi eine natürliche Domäne der Juristen ist. In diesen Fällen ist der Leiter Recht regelmäßig zugleich der CCO des Unternehmens. Gegen diese Lösung können vor allem **potenzielle Interessenkonflikte** ins Feld geführt werden. Leiter Recht, die sich als integraler Bestandteil des operativen Geschäfts verstehen, werden in der Regel geneigt sein, unternehmerische Ideen „gängig" zu machen/zu realisieren. Dabei werden sie in Einzelfällen nicht umhin kommen, in rechtlich unklaren Fällen eine **Risikoabwägung** vorzunehmen. Dieser unternehmerisch gerechtfertigte Ansatz kann dann unter Umständen mit der auf strikte, risikoadverse Einhaltung von Vorschriften fokussierten Compliance-Funktion kollidieren und den CCO/Leiter Recht in **unerwünschte Zielkonflikte** bringen.[71] 35

Immer wieder findet sich auch eine Einbettung der Compliance-Funktion in die Interne Revision. Die Logik dieser Lösung liegt in der **strukturellen Nähe** beider Bereiche, in Bezug auf die Aufgabenstellung. Sowohl die **Interne Revision** als auch 36

---

68 Vgl. dazu auch Behringer/*Flehringer*, Compliance kompakt, S. 292 f.; *Hauschka/Galster/Waldkirch/Marschlich*, CCZ 2014, 242, 246.

69 Zu den insoweit naheliegenden Möglichkeiten und die damit verbundenen Vor- und Nachteile vgl. *Schäfer*, BKR 2011, 45, 51 ff.

70 So auch Hauschka/*Bürkle*, Corporate Compliance, § 8 Rn 36. Nach der PwC, Compliance-Studie 2010, S. 21 f., war dies bei 55 % der befragten Unternehmen der Fall. Zu den Vor- und Nachteilen einer solchen Organisationslösung vgl. auch *Laumann*, CB 2014, 338 ff.

71 Zum komplexen Verhältnis von Rechtsabteilung und Compliance-Einheit vgl. instruktiv *Früh*, CCZ 2010, 121 ff.; ebenso *Groß*, CB 2013, 270 f., der wegen der aufgezeigten Konfliktsituation ebenfalls zu externer Auditierung rät (vgl. auch unten Rn 71 ff.).

die **Compliance-Abteilung** befassen sich mit der Einhaltung von internen und externen Regeln und der Aufdeckung von Regelverstößen. Bei einem prozessbegleitenden Revisionsverständnis findet sich eine weitere Parallele in der Schulungs- und Präventionsfunktion[72] von Compliance. Nachdem sich die BaFin nunmehr dezidiert gegen eine Anbindung der Compliance an die Interne Revision ausgesprochen hat,[73] sollte diese Gestaltung aus Vorsichtsgründen künftig nicht mehr gewählt werden.[74] Dies leuchtet auch deshalb ein, weil die regelmäßige Prüfung des Compliance-Systems eine Aufgabe der Internen Revision darstellt.[75] Dennoch findet sich diese Lösung derzeit immer noch in vielen Unternehmen.[76]

37 Denkbar ist auch eine Verankerung im Risikomanagement,[77] da Compliance immer auch eine **starke Risikobegrenzungs-/-bewältigungsfunktion** hat.[78] Gegen die Einbindung der Compliance-Funktion in das Risikomanagement spricht allerdings, dass man das Risikomanagement selbst als ein Compliance-Risiko im Sinne eines Kontrollrisikos verstehen kann. Bei dieser Betrachtungsweise würde eine Integration von Compliance in das Risikomanagement die **zwingende Unabhängigkeit von Compliance** gefährden.[79]

38 Zunehmend findet sich schließlich die eigenständige Führung der Compliance-Organisation neben den „klassischen" Einheiten der Linienorganisation; eine Gestaltungsvariante, die insbesondere in größeren Unternehmen zunehmend gewählt wird.[80]

39 Einen illustrativen Überblick über die praktizierten Lösungen zeigt die nachfolgende Übersicht:

72 Vgl. dazu oben Kap. 4 Rn 12 ff.

73 Vgl. MaComp, BT 1.3.3.2 Nr. 1.

74 Sowohl als auch *Bock*, Criminal Compliance, S. 752, 753.

75 Vgl. auch Hauschka/*Bürkle*, Corporate Compliance, § 8 Rn 55.

76 Nach der PwC, Compliance-Studie 2010, S. 21 f., in immerhin noch rund 33 % der befragten Unternehmen.

77 So auch die MaComp, BT 1.3.3.2 Nr. 1.; ablehnend dagegen Hauschka/*Bürkle*, Corporate Compliance, § 8 Rn 53. Zum Verhältnis von Compliance, Risikomanagement und internem Kontrollsystem vgl. *Gold/Schäfer/Bußmann*, ET 6/2011, 2 ff.; vgl. auch *Liese/Schulz*, BB 2011, 1347, 1350; ebenso *Laue/Busekist*, CB 2013, 63 f.

78 Vgl. nur Hauschka/*Lampert*, Corporate Compliance, § 9 Rn 2.

79 So auch Hauschka/*Bürkle*, Corporate Compliance, § 8 Rn 53.

80 Vgl. auch Wieland/Steinmeyer/Grüninger/*Saitz/Tempel/Brühl*, Handbuch Compliance-Management, S. 222. Nach der PwC, Compliance-Studie 2010, S. 22, war dies in 29 % der befragten Unternehmen der Fall.

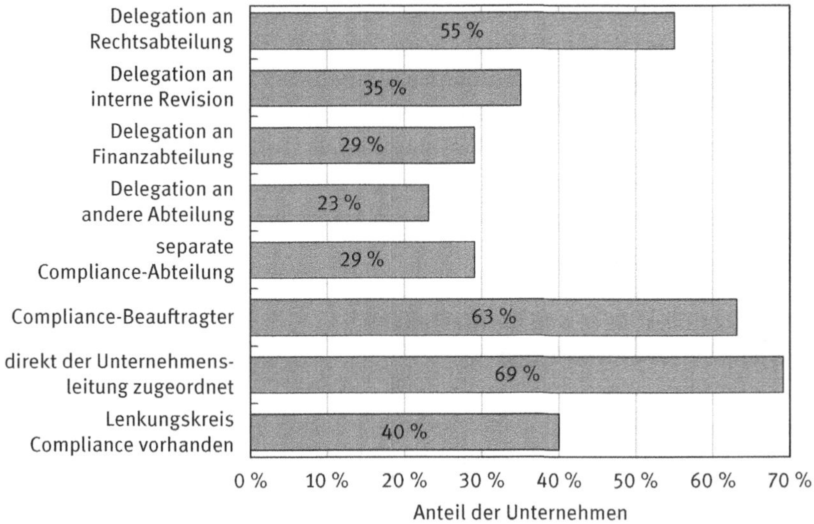

Mehrfachantworten waren möglich

Abb. 2: Mögliche Verortung der Compliance-Organisationen[81]

Unabhängig davon, ob man eine eigenständige oder kombinierte Organisationslösung präferiert, darf nicht verkannt werden, dass der inhaltlich-sachliche Schwerpunkt der Compliance-Funktion im Rechtlichen liegt. Wenn also der CCO nicht selbst Jurist ist und juristische Mitarbeiter hat, wird er ohne eine enge **Kooperation** mit der **Rechtsabteilung** nicht auskommen können. Hinzu kommt, dass es eher unwahrscheinlich erscheint, dass ein Leiter Recht wesentliche compliance-relevante Rechtsbereiche wie Wettbewerbsrecht, Strafrecht, Energiewirtschaftsrecht oder Datenschutzrecht aus der Hand geben wird. Will man also eine eigenständige Compliance-Abteilung, so wird man auf eine **klare Aufgabentrennung** und **präzise formulierte Zusammenarbeitsprozesse** zwischen den Bereichen Compliance und Recht Wert legen müssen. Hinzu kommt die Zusammenarbeit mit anderen Fachabteilungen wie dem Risikomanagement, dem Risikocontrolling, dem Personalwesen, der Kommunikationsabteilung und der Internen Revision sowie der Arbeitnehmervertretung. In jedem Fall wird dem Leiter Recht ein hohes Maß an Selbstverantwortlichkeit in materiell-rechtlicher Hinsicht verbleiben. Bei einer organisatorischen Trennung gilt es dann auch die Frage der Zuordnung der Bereiche Compliance und Recht zu den jeweils verantwortlichen Geschäftsleitungsmitgliedern zu regeln. Hier stellt sich erneut die Frage nach der Zusammenfassung bzw. der Verteilung auf unterschiedliche Geschäftsführungsmit- 40

81 PwC, Compliance-Studie 2010, S. 22.

glieder. Auch in dieser Frage gibt es naturgemäß keine allgemeingültige Antwort. Für eine Aufteilung auf zwei Organmitglieder spricht vor allem die durch das Vier-Augen-Prinzip realisierte Transparenz auf Geschäftsleitungsebene.

41 Gleichgültig, welche Organisationslösung ein Unternehmen letztlich wählt, ist entscheidend, dass eine **kontinuierliche Compliance-Funktion** eingerichtet wird, die insbesondere auch auf Basis eines detaillierten Überwachungsplans agiert, d.h. nur anlassbezogene Überwachungsaktivitäten sind nicht ausreichend.[82]

III. Aufgaben, Qualifikationen und Rechtsstellung des Compliance-Verantwortlichen

42 Wie der Aufgabenkreis eines Compliance-Verantwortlichen idealerweise ausgestaltet sein,[83] welche Qualifikation er aufweisen und welche arbeitsrechtliche Stellung er erhalten sollte, ist gesetzlich nicht detailliert festgelegt. § 34d Abs. 3 WpHG regelt für Compliance-Beauftragte in Finanzinstituten immerhin, dass diese „sachkundig" sein und über die „erforderliche Zuverlässigkeit" verfügen müsse. Diese Kriterien werden durch eine auf § 34d Abs. 6 WpHG gestützte Verordnung der BaFin[84] präzisiert. Hinweise zu diesen Aspekten finden sich zudem in der MaComp.[85]

1. Aufgaben

43 Ganz generell obliegen dem Compliance-Verantwortlichen die Implementierung, die **Umsetzung** und die **Weiterentwicklung** des von der Geschäftsleitung beschlossenen **Compliance-Systems.**[86] Die wesentlichen Umsetzungsaufgaben eines Compliance-Verantwortlichen lassen sich damit insbesondere wie folgt skizzieren:[87]

---

82 Vgl. MaComp, BT 1.3.2; *Schäfer*, BKR 2011, 45, 56; *Schäfer*, BKR 2011, 187, 188.

83 Für den Bereich der kommunalen Unternehmen vgl. die Vorschläge in VKU, Compliance in kommunalen Unternehmen, S. 60 ff. Aus Sicht der Compliance-Verantwortlichen in Unternehmen vgl. *Hauschka*, CCZ 2014, 165 ff.

84 Vgl. bereits Rn 4.

85 Vgl. MaComp, BT 1.3.1.3, 1.3.1.4. Vgl. auch das Positionspapier des Bundesverbandes Deutscher Compliance-Officer (BDCO), Berufsbild des Complianceofficers – Mindestanforderungen zu Inhalt, Entwicklung und Ausbildung, 25.8.2013, abrufbar unter http://www.deutscheranwaltspiegel.de/wordpress/files/BDCO%20Positionspapier.pdf; ebenfalls *Schulz/Renz*, CB 2013, 294 ff.

86 Vgl. Hauschka/*Bürkle*, Corporate Compliance, § 8 Rn 11. Instruktiv zum *allgemeinen* Pflichtenstatus des Compliance-Verantwortlichen vgl. *Wolf*, BB 2011, 1353, 1356 ff. und *Hauschka/Galster/Waldkirch/Marschlich*, CCZ 2014, 242, 244 ff., während *Bock*, Criminal Compliance, S. 746, 747, stark auf die Einhaltung strafrechtlicher Vorschriften („Unternehmensinterne Strafrechtspflege") abstellt.

87 Vgl. zum Ganzen auch KölnKomm-WpHG/*Meyer/Paetzel/Will*, § 33 Rn 118 ff.; Görling/Inderst/Bannenberg/*Inderst*, Compliance, S. 92 ff., 112 ff., 123 ff.; *Renz/Wybitul*, BB 2012, VI.

a) Beratung/Beratungspflicht

Der Compliance-Verantwortliche **berät** und **unterstützt** die Geschäftsleitung sowie die operativen Bereiche in allen Compliance-Angelegenheiten. Er **überwacht** und **bewertet** die im Unternehmen aufgestellten Regeln und eingerichteten Verfahren sowie die Einhaltung aller externen rechtlichen Vorgaben. Über alle genannten Aufgaben berichtet er periodisch und ggf. auch anlassbezogen der Geschäftsleitung und dem Aufsichtsorgan.[88] 44

Zu den Bereichen, in denen der Compliance-Verantwortliche die Geschäftsleitung und die operativen Bereiche eines Unternehmens berät, könnten insbesondere folgende gezählt werden: 45

- **Erschließung** neuer Geschäftsfelder und Märkte,
- **Entwicklung** neuer Produkte,
- Entwicklung von Kriterien zur Bestimmung der Compliance-Relevanz von Mitarbeitern sowie
- **Festlegung** der **Grundsätze** für Vertriebsziele und erfolgsabhängige Vergütungsbestandteile.[89]

Sofern ein Unternehmen über eine Erlaubnis nach § 32 KWG[90] zur Erbringung von erlaubnispflichtigen Finanzdienstleistungen im Strom- und Großhandel[91] verfügt, sind noch weitere Aufgaben zu erfüllen.[92] 46

b) Entwicklung und Umsetzung interner Regelwerke

Der Compliance-Verantwortliche initiiert und entwickelt die im Unternehmen zu beachtenden internen Regelwerke gemeinsam mit den jeweils relevanten Einheiten der Linienorganisation bzw. in operativen Bereichen. Zugleich beobachtet und administriert er deren Umsetzung in der täglichen Praxis und entwickelt sie bei Änderung der gesetzlichen Rechtslage fort bzw. passt sie bei festgestellten Defiziten sowie geänderten unternehmerischen Anforderungen an.[93] 47

c) Schulungen und Informationen

Der Compliance-Verantwortliche stellt eine stets **angemessene Fortbildung** der Mitarbeiterschaft in allen Compliance-Angelegenheiten sicher. Dazu entwickelt er Schu- 48

---

88 Vgl. MaComp, BT 1.2.2.
89 Vgl. MaComp, BT 1.2 Nr. 6; vgl. auch *Schäfer*, BKR 2011, 187 ff.
90 Kreditwesengesetz (KWG) v. 9.9.1998 (BGBl. I S. 2776), zuletzt geändert durch Gesetz v. 10.12.2014 (BGBl. I S. 2091).
91 Vgl. dazu nur Zenke/Schäfer/*du Buisson/Zenke/Dessau*, Energiehandel in Europa, S. 191 ff.
92 Vgl. MaComp, BT 1.2.4.
93 Vgl. auch MaComp, BT 1.2.1.2; *Schäfer*, BKR 2011, 187, 191; *Mössner/Reuss*, CCZ 2013, 54 ff.

lungsmaßnahmen und stellt **Beratungs-/Informationsmöglichkeiten** für Mitarbeiter zu Compliance-Fragen bereit.[94]

d) Kontrolle und Aufdeckung

49 Dem **Compliance-Verantwortlichen** obliegt durch regelmäßige **Überwachungsaktivitäten** (insbesondere Stichproben) die Kontrolle hinsichtlich der Einhaltung aller internen und externen Regeln/Vorgaben.[95] Außerdem obliegt ihm die (Mitarbeit an der) Aufdeckung von Verletzungshandlungen (etwa als Meldestelle im Rahmen von Hinweisgebersystemen).[96] Er muss allen Hinweisen auf Regelverstöße nachgehen und sie sobald rechtlich und tatsächlich zulässig bzw. möglich aufklären. Dies gilt auch, und nach Einschätzung des BGH in Sachen Berliner Stadtreinigungsbetriebe,[97] erst recht bei Rechtsverstößen **von Mitgliedern der Geschäftsleitung**. Vor dem Hintergrund der Entscheidung des BGH wird man nun auch zumindest eine Pflicht des Compliance-Verantwortlichen bejahen dürfen, bei festgestellten Regelverstößen auf eine Sanktionierung hinzuwirken, auch wenn man diese letztlich der Geschäftsleitung bzw. der Personalabteilung überlassen will.[98] Der **Zusammenarbeit** der Compliance-Stelle **mit staatlichen Stellen**[99] kommt damit mehr denn je eine besondere Bedeutung zu. Dessen ungeachtet gilt jedoch der Grundsatz, dass das Ergreifen von Maßnahmen zur Abstellung von Rechts- und Regelverletzungen allein Aufgabe der Geschäftsleitung ist, das heißt dem Compliance-Verantwortlichen kommt „allenfalls" ein Mitteilungs-/Eskalationsrecht bzw. eine entsprechende Pflicht zu.[100]

e) Berichtspflicht

50 Um Geschäftsleitung und Aufsichtsrat kontinuierlich über Compliance-Risiken und deren Bewältigung unterrichtet zu halten, sollte dem Compliance-Verantwortlichen die Pflicht auferlegt werden, Leitungs- und Aufsichtsorgan regelmäßig (mindes-

---

94 Vgl. MaComp, BT 1.2.3; *Schäfer*, BKR 2011, 187, 191. Arbeitsrechtliche Sanktionen bei Compliance-Verstößen dürften erheblich erschwert werden, wenn der Mitarbeiter belastbar vortragen kann, vom Arbeitgeber nicht ausreichend geschult/informiert worden zu sein.

95 Vgl. auch MaComp, BT 1.2.1.2.

96 Vgl. *Bock*, Criminal Compliance, S. 748 f.

97 Vgl. BGH, Urt. v. 17.7.2009 – 5 StR 394/08 – DB 2009, 2143 ff.; vgl. dazu auch *Moosmayer*, Compliance, 2. Aufl., S. 39 ff.; *Kraft/Winkler*, CCZ 2009, 29 ff.

98 Vgl. auch Hauschka/*Bürkle*, Corporate Compliance, § 8 Rn 30.

99 Vgl. dazu nur KölnKomm-WpHG/*Meyer/Paetzel/Will*, § 33 Rn 130 m.w.N., sowie *Bock*, Criminal Compliance, S. 750.

100 Vgl. auch *Schäfer*, BKR 2011, 187, 190, der lediglich zwei Ausnahmen – Verweigerung von Informationen und Eilfälle – von diesem Grundsatz zulassen will, was sachgerecht erscheint, ähnlich Hauschka/*Bürkle*, Corporate Compliance, § 8 Rn 30.

tens einmal jährlich; neben anlassbezogenen Ad-hoc-Berichten) über seine Arbeit schriftlich zu unterrichten.[101] Daneben kann ein direktes Auskunftsrecht (unter Einbeziehung der Geschäftsleitung) des Aufsichtsratsvorsitzenden gegenüber dem Compliance-Verantwortlichen vorgesehen werden, das Ersterem einen Anspruch auf substantielle Informationen und Bewertung durch den Compliance-Verantwortlichen gewährt.[102]

2. Qualifikation

Es bestehen keine umfassenden rechtlichen Vorgaben für die berufliche Vorbildung des Compliance-Verantwortlichen; einen Ausbildungsberuf zum Compliance-Verantwortlichen mit festgelegten Ausbildungsinhalten existiert (noch) nicht.[103] Lediglich § 34d Abs. 3 WpHG verlangt für Compliance-Beauftragte in Finanzinstituten ganz generell, dass diese „sachkundig" sind; diese Anforderungen werden in §§ 3, 4 WpHGMaAnzV konkretisiert.[104] 51

Angesichts der „Rechtslastigkeit" der Compliance-Tätigkeit[105] liegt es nahe, einen Juristen mit der Aufgabe zu betrauen,[106] was in der Praxis auch vielfach der Fall, in der Sache jedoch nicht zwingend ist. Angesichts der oben erwähnten vielfältigen Aufgaben des **Compliance-Verantwortlichen** können auch Persönlichkeiten mit **Erfahrungen** aus den Bereichen Interne Revision oder Organisation über die notwendigen 52

101 Vgl. auch §§ 12 Abs. 4 S. 1, 33 Abs. 1 S. 2 Nr. 5 WpHG; MaComp, BT 1.2.2. Näher zu den Details einer solchen Berichtspflicht vgl. *Schäfer*, BKR 2011, 187, 194 ff.

102 Vgl. MaComp, BT 1.1 Nr. 3; *Schäfer*, BKR 2011, 187, 196 f.; *Bock*, Criminal Compliance, S. 747 f. Zur komplexen Fragestellung, was zu tun ist, wenn die Geschäftsleitung selbst an einem Rechts-/Regelverstoß beteiligt ist, vgl. Hauschka/*Bürkle*, Corporate Compliance, § 8 Rn 30. Eingehend zu Art und Umfang der Berichtspflicht des Compliance-Verantwortlichen vgl. *Hauschka/Galster/Waldkirch/Marschlich*, CCZ 2014, 242, 247.

103 Zu den persönlichen Anforderungen vgl. auch Görling/Inderst/Bannenberg/*Inderst*, Compliance, S. 86, Rn 13 ff., sowie Rotsch/*Moosmayer*, Criminal Compliance, § 6 Rn 1 ff.; *Hauschka/Galster/Waldkirch/Marschlich*, CCZ 2014, 242, 244. Zur Relevanz der fachlichen Qualifikation eines Compliance-Verantwortlichen bei der Frage, ob ihm die Veranlassung rechtswidriger Überwachungsmaßnahmen arbeitsrechtlich vorgeworfen werden kann, vgl. die interessante Entscheidung des ArbG Berlin, Urt. v. 18.2.2010 – 38 Ca 12879/09 – MMR 2011, 70; vgl. zu diesem rechtskräftigen Urteil *Gold/Schäfer/Bußmann*, ET 6/2011, 2, 4 f.; *Zimmermann*, BB 2011, 634 ff.; zur Aus- und Weiterbildung von Compliance-Verantwortlichen vgl. *Schoepke*, CB 2014, 138 f.

104 Vgl. näher dazu *Paetzel*, BankPraktiker 2011, 416 ff. Zu § 34d WpHG vgl. auch *Voß*, BB 2010, 3099, 3100 f. Danach muss der Compliance-Verantwortliche in einem Finanzinstitut u.a. über einen Studienabschluss als Bank- oder Sparkassenwirt oder der Rechtswissenschaft verfügen und dezidierte Fach- und Rechtskenntnisse aufweisen. Bei mehrjähriger Berufspraxis als Compliance-Beauftragter wird die erforderliche Sachkunde vermutet; vgl. dazu näher *Renz/Sartowski*, CCZ 2012, 67 ff.

105 Vgl. oben Rn 9 ff.

106 Vgl. MaComp, BT 1.3.1.4; vgl. dazu auch PwC, Compliance-Studie 2010, S. 21 f.; vgl. auch § 4 S. 1 Nr. 3a WpHGMaAnzV.

Fähigkeiten verfügen. Die rechtliche Expertise kann in diesen Fällen durchaus von der Rechtsabteilung „beigestellt“ werden.

53 Wesentlich ist, dass der Compliance-Verantwortliche über **fundierte Kenntnisse** des Unternehmens und **der Branche**, in dem das Unternehmen tätig ist, verfügt. Er sollte also insbesondere hinreichende Kenntnisse über die technischen und ökonomischen Zusammenhänge des Kerngeschäfts des Unternehmens haben.[107] Hinzukommen müssen Kenntnisse über den **organisatorischen Aufbau** und die wesentlichen Prozesse in den operativen Einheiten und den Binnenfunktionen sowie über Beschaffung und Rechnungswesen. Wegen der zunehmenden stärkeren Bedeutung der IT für alle Unternehmensfunktionen, sollte der Compliance-Verantwortliche auch insoweit vertiefte Kenntnisse besitzen. Bezogen auf die Bereiche Produktion und Vertrieb sollten die wesentlichen Produkte in ihrer Funktion und ökonomischen Wirkung verstanden werden. Soweit ein Unternehmen über eine Erlaubnis gem. § 32 KWG zum Erbringen von Finanzdienstleistungen verfügt, müssen zudem auch die weitergehenden Anforderungen der MaComp und der WpHGMaAnzV erfüllt werden.[108]

54 Bei neu eingestellten Mitarbeitern sollten diese Voraussetzungen zumindest nach möglichst kurzer Einarbeitungszeit vorliegen. Wird die Übertragung der Aufgabe des Compliance-Verantwortlichen auf einen bereits im Unternehmen tätigen Mitarbeiter erwogen, ist sorgfältig darauf zu achten, dass die notwendige **persönliche Unabhängigkeit gegenüber** den **anderen Mitarbeitern** des Unternehmens gegeben ist und sich der Mitarbeiter einen möglichst unbefangenen Blick auf das Unternehmen und seine Aktivitäten bewahrt hat.[109] Alle vorstehenden Aspekte sind offenkundig ein Beleg für die hohe Geeignetheit von (ehemaligen) Mitarbeitern der Internen Revision für die Compliance-Tätigkeit.

55 Im Hinblick auf die **Persönlichkeitsstruktur** ist darauf zu achten, dass der Compliance-Verantwortliche über eine hinreichende charakterliche Struktur, insbesondere über das **notwendige Maß an Selbstvertrauen** verfügt.[110] Der Compliance-Verantwortliche, der seine Aufgabe ernst nimmt, wird sich selten beliebt machen im Unternehmen. Wie bereits erwähnt,[111] ist eine seiner Hauptaufgaben die Vermeidung und Aufdeckung von Regelverstößen. Diese Zielsetzung führt sehr schnell zu **Konflikten** mit liebgewonnenen **Gewohnheiten** vieler Mitarbeiter im Unternehmen – und zwar ausnahmslos in allen Hierarchiebereichen. Mithin besteht hohe Wahrscheinlichkeit, dass der Compliance-Verantwortliche auch Diskussionen mit der Geschäfts-

107 Vgl. § 3 Abs. 1 WpHGMaAnzV.

108 Vgl. BT 1.3.1.4 sowie §§ 3, 4 WpHGMaAnzV; vgl. dazu auch PwC, Compliance-Studie 2010, S. 21 f.; *Schäfer*, BKR 2011, 45, 54.

109 Ähnlich Hauschka/*Bürkle*, Corporate Compliance, § 8 Rn 37; MaComp, BT 1.1.2 Nr. 2.

110 Vgl. dazu auch *Bock*, Criminal Compliance, S. 756, 757.

111 Vgl. bereits Rn 49.

leitung und der ersten Führungsebene unterhalb der Geschäftsleitung aushalten und durchstehen muss.

Hier kann eine entsprechende formale Absicherung[112] zweifellos einen positiven Beitrag leisten. Wesentlich ist aber eine „robuste Natur" des Compliance-Verantwortlichen.[113] Diese Überlegung sollten es a priori ausschließen, einen jungen Mitarbeiter, der noch am Anfang seiner beruflichen Laufbahn steht, mit der Rolle des CCO zu betrauen. 56

Vor dem Hintergrund der gestaltenden und beratenden Aufgabe sollte der Compliance-Verantwortliche auch über **Organisations- und Durchsetzungsvermögen verfügen**. Angesichts der oftmals sensiblen Natur von Regelverstößen sollte des Weiteren Integrität, Neutralität und Verschwiegenheit zu den vorherrschenden Charaktereigenschaften des Compliance-Verantwortlichen zählen.[114] 57

3. Rechtsstellung

Die Rechtsstellung des **Compliance-Verantwortlichen**[115] sollte – ganz generell formuliert – so gestaltet sein, dass sie die Bedeutung der Compliance-Funktion in der Unternehmensorganisation widerspiegelt.[116] 58

Dazu gehört zunächst, dass der Compliance-Verantwortliche organisatorisch und disziplinarisch **unmittelbar** dem für Compliance verantwortlichen **Mitglied der Geschäftsleitung unterstellt** wird,[117] das idealerweise keine Verantwortung für das operative Geschäft trägt.[118] Nur dieses bzw. das für Compliance verantwortliche Mitglied der Geschäftsleitung darf dem Compliance-Verantwortlichen fachliche Weisungen erteilen. Fachliche Weisungsbefugnisse durch Führungskräfte unterhalb der Geschäftsleitung verbieten sich somit.[119] Erforderlich sind auch klare Regelungen zur 59

---

112 Dazu gleich mehr unten Rn 58 ff.
113 In die gleiche Richtung auch *Schäfer*, BKR 2011, 45, 55.
114 Vgl. auch Hauschka/*Bürkle*, Corporate Compliance, § 8 Rn 39; *Schäfer*, BKR 2011, 45, 55.
115 Vgl. dazu eingehend *Krüger/Günther*, NZA 2010, 367, 369 ff.; *Klindt/Pelz/Theusinger*, NJW 2010, 2385, 2386; *Grimm/Freh*, ZWH 2013, 45, 50 f.
116 Vgl. MaComp, BT 1.1.1, Nr. 4. Zu den diversen Ausgestaltungsdetails vgl. *Fecker-Kinzl*, CCZ 2010, 13 ff.; *Mein/Greve*, CCZ 2010, 216 ff.; *Grimm/Freh*, ZWH 2013, 45, 50; *Hauschka/Galster/Waldkirch/Marschlich*, CCZ 2014, 242, 244. Vgl. auch die speziell auf Wertpapierhandelsunternehmen zugeschnittene Regelung des § 12 Abs. 4 WpDVerOV.
117 Vgl. MaComp, BT 1.1.1, Nr. 4; Wieland/Steinmeyer/Grüninger/*Saitz/Tempel/Brühl*, Handbuch Compliance-Management, S. 231; *Schäfer*, BKR 2011, 45, 51; *Bock*, Criminal Compliance, S. 750 f.
118 Sowohl auch *Bock*, Criminal Compliance, S. 753.
119 Vgl. MaComp, BT 1.1.3, Nr. 1; *Schäfer*, BKR 2011, 45, 48, 49.

(internen und externen) Berichtspflicht des Compliance-Verantwortlichen.[120] Damit der Compliance-Verantwortliche seine Aufgabe auch hinreichend substantiell erfüllen kann, ist unerlässlich, ihn in alle für seine Tätigkeit relevanten Informationsflüsse einzubinden. Dies bedingt einen ungehinderten Zugang zu allen für die Aufgabenerfüllung relevanten Informationen insbesondere durch Zutritts-, Auskunfts- und Eintrittsrechte hinsichtlich aller Unternehmenseinheiten und Geschäftsvorgänge. Dieser Zugang muss dem Compliance-Verantwortlichen aus eigener Kompetenz, das heißt ohne Zustimmungsvorbehalt Dritter, offenstehen.[121]

60 Zweitens ist es erforderlich, den Compliance-Verantwortlichen der konkreten Unternehmenssituation angepasst mit **ausreichenden personellen** und **sachlichen Mitteln** auszustatten.[122] Der Umfang hängt, wie bereits betont, maßgeblich von Art, Umfang, Komplexität und Risiko der Tätigkeit des jeweiligen Unternehmens ab. Die PwC-Compliance-Studie[123] zeigt in der Frage der personellen Ausstattung ein sehr

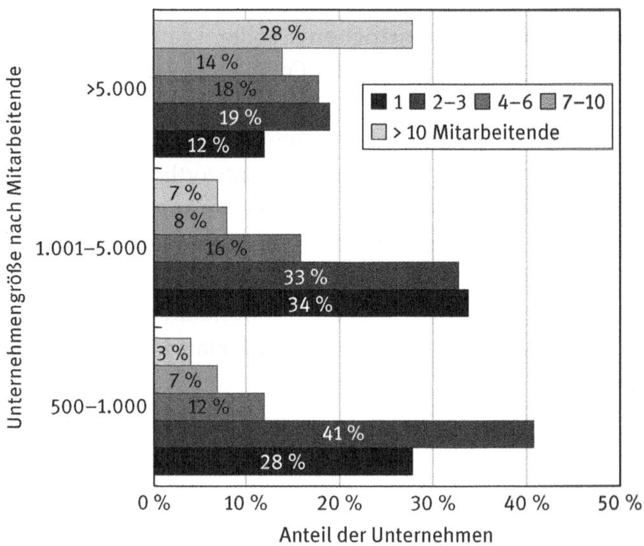

Abb. 3: Personelle Ausstattung der Compliance-Abteilung je nach Unternehmensgröße[124]

---

120 Vgl. dazu instruktiv *Raus/Lützeler*, CCZ 2012, 96 ff.; *Hauschka/Galster/Waldkirch/Marschlich*, CCZ 2014, 242, 243.

121 Vgl. MaComp, BT 1.1.2, Nr. 1; *Schäfer*, BKR 2011, 45, 49 ff.; *Bock*, Criminal Compliance, S. 759; *Hauschka/Galster/Waldkirch/Marschlich*, CCZ 2014, 242, 246.

122 Ebenso *Bock*, Criminal Compliance, S. 756 (m.w.N. in Fn 6), 757. Welche Dimensionen die Ausstattung erreichen kann, zeigt sich bei der Siemens AG, deren Compliance-Abteilung 2009 gut 600 Mitarbeiter umfasste; vgl. PwC, Compliance-Studie 2010, S. 21 m.w.N.; vgl. auch § 12 Abs. 4 WpDVerOV.

123 Vgl. schon Rn 9 f.

124 PwC, Compliance-Studie 2010, S. 23.

unterschiedliches Bild. Während bei Unternehmen mit bis zu 1.000 Mitarbeitern die personelle Ausgestaltung weitgehend akzeptabel erscheint – hier beauftragten 41 % der befragten Unternehmen zwei bis drei Mitarbeiter mit der Compliance-Tätigkeit –, war insbesondere die Situation bei Unternehmen mit 1.001 bis 5.000 Mitarbeitern wenig überzeugend – hier befasste sich in 34 % der befragten Unternehmen nur ein Mitarbeiter mit Compliance-Aufgaben.

Die Vertretung des Compliance-Verantwortlichen muss ständig in angemesse- 61
ner Form gesichert sein. Soweit er über eine eigene Organisationseinheit verfügt, sollte der Compliance-Verantwortliche auch über ein angemessenes eigenes Budget verfügen können.[125] Bei dessen Festlegung sollte er angehört werden. Kürzungen des Budgets sollte die Geschäftsleitung schon aus eigenem Absicherungsinteresse nicht ohne Zustimmung ihres Aufsichtsorgans vornehmen.[126] Erhebliche Bedeutung kommt schließlich der Ausgestaltung der arbeitsrechtlichen und arbeitsvertraglichen Situation in Richtung auf die Sicherung der Unabhängigkeit des Compliance-Verantwortlichen zu.[127] Anders als Betriebsräte[128] kennt das geltende Arbeitsrecht (noch) **keinen erhöhten Kündigungsschutz** für Compliance-Verantwortliche. Angesichts der gesteigerten Wertigkeit von Compliance auch in der Öffentlichkeit besteht nicht geringer Anlass für den Gesetzgeber, in dieser Richtung aktiv zu werden.[129] Solange die kündigungsschutzrechtliche Rechtslage unverändert ist, bleibt also lediglich ein arbeitsvertraglich vereinbarter Kündigungsausschluss oder zumindest eine deutliche Verlängerung der gesetzlichen Kündigungsfristen[130] solange der Mitarbeiter die Rolle des Compliance-Verantwortlichen innehat. Im eigenen Interesse sollte die Geschäftsleitung die Abberufung des Compliance-Verantwortlichen nicht ohne Zustimmung ihres Aufsichtsorgans vornehmen. Darüber hinaus sollte zur Stärkung der Unabhängigkeit des Compliance-Verantwortlichen eine **Mindestbestellzeit** von **24 Monaten** erwogen werden.[131]

Zur Wahrung der **Unabhängigkeit** des Compliance-Verantwortlichen gehört 62
auch eine **angemessene persönliche Ausstattung** des CCO (insbesondere hinsichtlich Vergütung, Hierarchieebene, Dienstwagen, Altersversorgung, Büroausstattung etc.). Orientierungspunkt könnte hier die Ausstattung des Leiters Recht, der Internen Revision oder des Risikomanagements sein, wobei gegebenenfalls Unterschiede bei der Personal- und sonstigen Verantwortungsspanne berücksichtigt

---

125 Vgl. auch *Bock*, Criminal Compliance, S. 758.
126 Vgl. zum Ganzen MaComp, BT 1.3.1.1; *Schäfer*, BKR 2011, 45, 55 f.
127 Vgl. zu diesem komplexen Themenbereich nur *Illing/Umnuß*, CCZ 2009, 1 ff.; *Krieger/Günther*, NZA 2010, 367 ff.; *Bock*, Criminal Compliance, S. 758.
128 Vgl. § 15 Abs. 1 KSchG.
129 Zu Überlegungen in diese Richtung vgl. etwa *Fecker-Kinzl*, CCZ 2010, 13, 18 ff.; *Hauschka/Galster/Waldkirch/Marschlich*, CCZ 2014, 242, 248; a.A. *Dann/Mengel*, NJW 2010, 3265, 3628.
130 So auch MaComp, BT 1.3.3.4, Nr. 4.
131 Vgl. MaComp, BT 1.3.3.4, Nr. 4; *Schäfer*, BKR 2011, 45, 52.

werden können.[132] Die Vergütung des Compliance-Verantwortlichen kann erfolgsorientiert sein, in diesen Fällen müssen aber prüfungstechnisch nachvollziehbare, wirksame Vorkehrungen getroffen werden, die Interessenkonflikten entgegenwirken.[133]

63 Nachdem der **BGH** einen Leiter Recht und Interne Revision wegen Nichtverhinderung einer Straftat durch einen Angehörigen eines kommunalen Straßenreinigungsunternehmens verurteilt hat,[134] stellt sich schließlich – erst recht – die Frage, wie sich Compliance-Verantwortliche haftungsrechtlich schützen können. Eine Möglichkeit ist die genaue Festlegung des Pflichtenkreises des Compliance-Verantwortlichen im Arbeitsvertrag oder eine schriftliche Anweisung des Arbeitgebers.[135] Darüber hinaus ist an eine Einbeziehung des Compliance-Verantwortlichen an einer sog. D&O-Versicherung[136] zu denken.[137] Eine solche Versicherung kann den Compliance-Verantwort-

---

132 Vgl. MaComp, BT 1.3.3.4, Nr. 4; *Schäfer*, BKR 2011, 45, 52 ff.; vgl. auch *Hauschka/Galster/Waldkirch/Marschlich*, CCZ 2014, 242, 248.

133 Vgl. MaComp, BT 1.3.3.4, Nr. 6.

134 Vgl. BGH, Urt. v. 17.7.2009 – 5 StR 394/08 – NJW 2009, 3173 ff. Vgl. dazu nur *Zenke/Schäfer*, E&M 23–24/2010, 3; *Krieger/Günther*, NZA 2010, 367, 369; *Dann/Menge*, NJW 2010, 3265 ff.; *Kraft/Winkler*, CCZ 2009, 29 ff.; *Hastenrath*, CCZ 2011, 32 ff. (mit instruktiven empirischen Angaben); *Gold/Schäfer/Bußmann*, ET 6/2011, 2, 4 ff.; vgl. auch *Raum*, CCZ 2012, 197 ff.; *Geiger*, CCZ 2011, 170 ff., mit umfangreichen Nachweisen zur BGH-Entscheidung auf S. 171, dort Fn 4; instruktiv zu dem Urteil aus Sicht des Unternehmenspraktikers auch *Wolf*, BB 2011, 1353, 1358 ff.; eingehend auch Paeffgen/Böse/Kindhäuser/Stübinger/Verrl/Zaczyk/*Momsen*, Strafrechtswissenschaft, S. 751 ff.; kritisch *Bock*, Criminal Compliance, S. 760 ff. Ob der BGH, Urt. v. 10.7.2012 – VI ZR 341/10 – DB 2012, 1799, 1801, in seiner Entscheidung eine nachhaltige Änderung seiner Positionierung zur Garantenpflicht von Unternehmensangehörigen vorgenommen hat, bleibt abzuwarten. Jedenfalls hat er in der jüngeren Entscheidung klar zum Ausdruck gebracht, dass die Pflicht des Geschäftsführers/Vorstands aus §§ 43 Abs. 1 GmbHG, 93 Abs. 1 S. 1 AktG, sicherzustellen, dass sich die Gesellschaft rechtmäßig verhält und ihren gesetzlichen Pflichten nach kommt, *nur* gegenüber der Gesellschaft besteht, nicht aber auch gegenüber Dritten. Vgl. dazu instruktiv *Grützner/Behr*, DB 2013, 561 ff. Anders aus strafrechtlicher Sicht dagegen OLG Braunschweig, Beschl. v. 14.6.2012 – Ws 44/12, Ws 45/12 – NJW 2012, 3798 ff., für den Aufsichtsrat; vgl. dazu *Grützner*, BB 2013, 212 ff. Eine Garantenpflicht des Betriebsleiters/Vorgesetzten in Bezug auf „betriebsbezogene" Straftaten bejahte der BGH, Urt. v. 20.10.2011 – 4 StR 71/11 – BB 2012, 150 ff.; vgl. dazu *Grützner/Behr*, DB 2013, 5161, 5164, sowie *Grützner*, BB 2012, 152 ff. Deutlich geringere Anforderungen an die Legalitätspflicht des Geschäftsführers zur Verhinderung von unlauteren Vertriebspraktiken stellt der BGH, Urt. v. 18.6.2014 – I ZR 242/12 – DB 2014, 1799 ff.

135 Vgl. dazu *Illing/Umnuß*, CCZ 2009, 1 ff.; ebenso *Held*, CCZ 2009, 231 ff.; *Schäfer*, BKR 2011, 187, 197; *Wolf*, BB 2011, 1353, 1360. Zur strafrechtlichen Relevanz solcher arbeitsrechtlicher Regelungen/Vereinbarungen bei Fehlen disziplinarischer Gewalt des Compliance-Verantwortlichen vgl. *Geiger*, CCZ 2011, 170, 173 f. Zur klaren Fokussierung der Verantwortlichkeit des CCO auf die Interessen des ihn beschäftigenden Unternehmens richtigerweise *Hauschka/Galster/Waldkirch/Marschlich*, CCZ 2014, 242, 244.

136 Vgl. dazu näher Kap. 9 Rn 5. Zu diversen (Rechtsfragen) im Zusammenhang von Compliance-und D&O-Versicherungen vgl. instruktiv *Franz*, DB 2011, 1961 ff. (Teil 1), 2019 ff. (Teil 2); *Melot de Beauregard/Gleich*, NJW 2013, 824 ff.; *Werner*, CB 2014, 388 ff. Generell zur Haftung des Compliance-Verantwortlichen vgl. Joost/Oetker/Paschke/*Bayreuther*, FS Säcker, S. 173 ff.; *Fiedler*, ZWH 2013, 297 ff.; *Held*, CB 2014, 29 ff.

137 So auch *Held*, CCZ 2009, 231, 232.

lichen zwar nicht vor Sanktionierung nach strafrechtlichen Normen oder wegen Bußgelder nach dem Ordnungswidrigkeitenrecht schützen und ist schon deshalb kein „Allheilmittel".[138] Sie kann aber immerhin bei der etwaigen **Abwehr von Schadenersatzansprüchen** Dritter helfen und bei entsprechender Ausgestaltung die Übernahme der Strafverteidigungskosten gewährleisten.[139]

IV. Auslagerung

1. Die Zulässigkeit

Bereits bei der Frage nach der Verantwortungszuordnung[140] wurde darauf hingewiesen, dass die Geschäftsleitung nicht verpflichtet ist, die im Unternehmen zu erfüllenden Compliance-Aufgaben eigenhändig zu erledigen, sondern sie berechtigt ist, die Erfüllung der Aufgaben auf Mitarbeiter im Unternehmen auszulagern und sich ihre Verantwortlichkeit in diesem Fall in eine allgemeine Aufsichtspflicht umwandelt.[141] 64

Dieser Mechanismus gilt entsprechend für eine Auslagerung der Compliance-Aufgaben auf Nichtunternehmensangehörige. Eine solche Auslagerung kann im Einzelfall insbesondere bei kleineren und mittelgroßen Unternehmen eine angemessene Lösung sein, um der Compliance-Verantwortlichkeit hinreichend gerecht zu werden.[142] Dies kann insbesondere der Fall sein, wenn neben der (eher geringen) Größe des Unternehmens auch Art, Umfang, Komplexität oder Risikogehalt der Geschäftstätigkeit die Erfüllung der Compliance-Aufgaben durch ständige Vorhaltung unternehmensinterner Ressourcen unverhältnismäßig wäre.[143] Aber auch in derartigen Fällen kommt nach dem eingangs Ausgeführten **keine vollständige Auslagerung** der Verantwortlichkeit hinsichtlich aller Compliance-Aufgaben in Betracht.[144] Alle grundlegenden Entscheidungen zum Thema Compliance, wie die Frage der Verantwortlichkeit zur Ordnung in der Geschäftsleitung, die Grundzüge der Compliance-Organisation im Unternehmen oder die Auswahl desjenigen im Unternehmen, der das Bindeglied zur ausgelagerten Compliance-Stelle bildet, muss vom Unternehmen bzw. der Unternehmensleitung selbst getroffen werden. Der **Geschäftsleitung** selbst 65

138 So auch *Held*, CCZ 2009, 231, 233.
139 So auch *Held*, CCZ 2009, 231, 233.
140 Vgl. schon Rn 9 f.
141 Vgl. nur Hauschka/*Schmidt-Husson*, Corporate Compliance, § 7 Rn 10; vgl. auch *Bock*, Criminal Compliance, S. 753 f.
142 Vgl. auch MaComp, AT 3.2.
143 Ähnlich auch MaComp, BT 1.3.1. Zu Umfang und Voraussetzungen einer Auslagerung bei Finanzinstituten vgl. instruktiv die Konkretisierung von §§ 25a Abs. 2 KWG, 33 Abs. 2 WpHG durch die MaRisk.
144 Hauschka/*Bürkle*, Corporate Compliance, § 8 Rn 61 f.; *Hauschka*, DB 2006, 1143, 1145.

verbleibt die erwähnte allgemeine **Aufsichtspflicht.**[145] Die entsprechenden Überwachungshandlungen sollte die Geschäftsleitung schon im eigenen Interesse hinreichend dokumentieren (lassen).[146]

2. Ausgestaltung

66 Die konkrete Ausgestaltung einer Auslagerung von Compliance-Aufgaben auf Dritte ist derzeit allein für Finanzdienstleister behördlich näher geregelt. Die Bundesanstalt für Finanzdienstleistungsaufsicht hat im Sommer 2014 die Vorgaben für die Auslagerung von Compliance-Aufgaben erheblich präzisiert.[147] Hervorzuheben sind hier insbesondere folgende Aspekte:
- Befugnisse und Berechtigungen des Compliance-Verantwortlichen gegenüber dem Auslagerer bzw. dem Auslagerungsunternehmen;
- Inhalte von Service-Level-Agreements mit Auslagerungsunternehmen;
- Sicherstellung der Dauerhaftigkeit der Compliance-Funktion im Auslagerungsunternehmen;
- Festlegung und Überwachung der Einhaltung von (ausreichenden) Qualitäts- und Quantitätsvorgaben in Bezug auf die erbrachten Compliance-Dienstleistungen.

67 Für sonstige Wirtschaftsbereiche ist dagegen der Rückgriff auf allgemeine Organisationsüberlegungen zur Delegation von Organpflichten erforderlich, der sicherlich auch die vorstehenden Vorgaben der deutschen Finanzmarktaufsicht, soweit übertragbar, berücksichtigen kann.

68 Demgemäß ist zunächst zu empfehlen, die beabsichtigte Delegation in ihrem sachlichen und personellen Umfang hinreichend präzise schriftlich zu fixieren.[148] Dementsprechend ist klar festzulegen, welche Aufgaben von der ausgelagerten Stelle erfüllt werden sollen.[149] Insoweit bieten sich vor allem solche Maßnahmen an, die nachfolgend[150] näher unter den Begriffen Prävention und Überwachung dargestellt werden. Dazu zählen insbesondere die
- Erstellung von Organisationshandbüchern,
- Durchführung von Mitarbeiterschulungen,
- Erstellung von Verhaltensrichtlinien,

---

145 Hauschka/*Bürkle*, Corporate Compliance, § 8 Rn 58; *Hauschka*, DB 2006, 1143, 1145; *Bock*, Criminal Compliance, S. 753.

146 Vgl. auch MaComp, BT 1.1.1, Nr. 4 a.E.

147 MaComp, BT 1.3.4; vgl. dazu instruktiv *Lindner/Schroeren*, CB 2014, 424 ff. Instruktiv zur Realisierung eines Auslagerungsverfahrens vgl. *Berstein/Klein*, CCZ 2014, 204 ff.

148 Vgl. nur Hauschka/*Schmidt-Husson*, Corporate Compliance, § 7 Rn 20; *Hauschka*, NJW 2004, 257, 259; Hauschka/*Bürkle*, Corporate Compliance, § 8 Rn 58 f. m.w.N.

149 Vgl. auch MaRisk, AT 9, Nr. 6.

150 Vgl. unten Rn 78 ff. und 113 ff.

- rechtsgutachterliche Unterstützung in Einzelfällen,
- (rechtsanwaltliche) Unterstützung bei unternehmensinternen Ermittlungen und
- behördlichen Untersuchungen sowie
- Bereitstellung einer Beratungshotline.[151]

Grundsatzentscheidungen und **Alltagsmaßnahmen** sollten dagegen in der Regel im Unternehmen selbst entschieden und bearbeitet werden.[152] 69

Klar bestimmt werden muss auch, wie die ausgelagerte Stelle vom Unternehmen kontrolliert werden soll und wer dafür im Unternehmen verantwortlich ist. Erforderlich sind also ein präzise Festlegung der entsprechenden **Kontrollaufgaben** und **Weisungsbefugnisse** sowie die nötigen Berichtslinien.[153] Schließlich muss die Geschäftsleitung auch die erforderliche Sorgfalt bei der Auswahl des externen Leitungsorgans walten lassen. Sie muss sich also insbesondere vergewissern, dass der Externe über die notwendige persönliche Eignung wie Zuverlässigkeit, Belastbarkeit und Integrität verfügt. Auch die fachliche Eignung – also insbesondere Qualifikation und Erfahrung – muss gesichert sein.[154] 70

Angesichts des starken rechtlichen Bezugs vieler Compliance-Aufgaben bietet es sich an und wird in der Praxis auch zunehmend praktiziert, vor allem die beispielhaft erwähnten Präventions- und Überwachungsaufgaben auf externe Rechtsanwälte auszulagern. Der Vorteil eines solchen Vorgehens liegt vor allem in den **Erfahrungen**, die **externe Rechtsanwälte** aus der Beratung anderer Unternehmen beisteuern können – Erfahrungen, die unternehmensinterne Kräfte kaum in gleicher Breite zu stellen in der Lage sein dürften. Letztere verfügen dafür aber über unvergleichlich bessere Kenntnisse hinsichtlich der Binnenstruktur des Unternehmens und seiner Geschäftsabläufe sowie in der Regel über ein erhöhtes Vertrauen der Unternehmensangehörigen.[155] Dieses Kenntnisdefizit sollte allerdings nur ein temporäres sein, das der externe Rechtsanwalt auf Basis entsprechender Anleitung und Informationen nach vergleichsweise kurzer „Einarbeitungszeit“ unschwer sollte kompensieren können. 71

Ein weiterer Vorteil bei der Einschaltung eines externen Rechtsanwalts liegt darin, dass die mit ihm geführte Korrespondenz dem sog. **Anwaltsprivileg** (Legal Privilege) unterliegt, das ein Zugriff (eine **Beschlagnahme**) von Behörden (insbesondere Kartell-, Strafverfolgungsbehörden) **auf** diese **Unterlagen verhindert.**[156] Ein 72

---

151 Ähnlich auch Hauschka/*Bürkle*, Corporate Compliance, § 8 Rn 60 m.w.N.

152 Ähnlich auch Hauschka/*Bürkle*, Corporate Compliance, § 8 Rn 60 m.w.N.; eine Kombination von internen und externen Ressourcen befürwortet auch *Bock*, Criminal Compliance, S. 755 f.

153 Vgl. auch Hauschka/*Bürkle*, Corporate Compliance, § 8 Rn 61; ebenso MaRisk, AT 9, Nr. 6.

154 Vgl. auch Hauschka/*Schmidt-Husson*, Corporate Compliance, § 7 Rn 22.

155 Ähnlich auch Hauschka/*Lampert*, Corporate Compliance, § 9 Rn 12; Hauschka/*Bürkle*, Corporate Compliance, § 8 Rn 60; *Bock*, Criminal Compliance, S. 755.

156 So auch Hauschka/*Lampert*, Corporate Compliance, § 9 Rn 12. Zur (beschränkten) Geltung des

vergleichbar umfassender Schutz besteht für Mitarbeiter der unternehmenseigenen Rechtsabteilung nicht, auch wenn diese als Rechtsanwälte zugelassen sind.[157]

V. Schnittstellen mit anderen unternehmensinternen Organisationseinheiten

73 Die Compliance-Funktion hat aufgrund ihres **heterogenen Aufgabenbildes**[158] „naturgemäß" Schnittstellen zu diversen Funktionen der Unternehmensorganisation. Die **Kontroll- und Überwachungsfunktion** der Compliance-Tätigkeit schafft Anknüpfungspunkte insbesondere zur Internen Revision, zum Controlling und zum Risikomanagement sowie zum Personalwesen und der Kommunikationsabteilung. Zu erwähnen sind aber auch die Arbeitnehmervertretung und der Aufsichtsrat. Hinzu kommen externe Stellen wie Ombudsmann, Wirtschaftsprüfer und Behörden.[159] Gleiches gilt natürlich auch in den Fällen, in denen Compliance und Recht organisatorisch getrennt geführt werden; in diesem Fall besteht eine wichtige Schnittstelle zur internen Rechtsabteilung und/oder externen Rechtsanwälten.[160] Die Präventionsfunktion führt zu Anknüpfungspunkten mit der Unternehmenssicherheit. Die Überwachungs-/Aufdeckungsaufgaben führen zur Kooperationsnotwendigkeit mit der Personalabteilung. Die erheblichen Auswirkungen von Compliance-Verstößen auf die Reputation von Unternehmen, Geschäftsleitung und Mitarbeiter verlangen eine gute Zusammenarbeit mit der Unternehmenskommunikation.[161]

Anwaltsprivilegs bei sog. internen Untersuchungen (vgl. dazu eingehend *Knauer*, ZWH 2012, 41 ff., sowie *Knauer*, ZWH 2012, 81 ff.); vgl. *Mark*, ZWH 2012, 311 ff.

157 Vgl. dazu näher nur EuG, Beschl. v. 30.10.2003 – T-125/03, T-253/03 – n.v. – Akzo, sowie EuGH, Urt. v. 14.9.2010 – C-550/07 P – NJW 2010, 3557 ff.; vgl. dazu *Berrisch*, EuZW 2010, 786 ff. Vgl. auch LG Berlin, Urt. v. 30.11.2005 – 505 Qs 185/05 – NStZ 2006, 470 ff.; *Crozals/Jürgens*, CCZ 2009, 52, 95 f.; *Rieger/Jester/Sturm*, Das Europäische Kartellverfahren; vgl. auch Hauschka/*Lampert*, Corporate Compliance, § 9 Rn 12, Fn 13; vgl. auch LG Hamburg, Beschl. v. 15.10.2010 – 608 Qs 18/10 – ZIP 2011, 1025 ff., zur Frage der Beschlagnahme von Unterlagen eines vom Aufsichtsrat mit unternehmensinternen Ermittlungen beauftragten Rechtsanwalts.

158 Vgl. dazu näher Kap. 4 Rn 70 ff.

159 Vgl. Hauschka/*Bürkle*, Corporate Compliance, § 8 Rn 52 f.; vgl. auch *Moosmayer*, Compliance, 2. Aufl., S. 34; *Hauschka/Galster/Waldkirch/Marschlich*, CCZ 2014, 242, 246 f.; vgl. in diesem Zusammenhang LG München I, Urt. v. 5.4.2007 – 5 HKO 15964/06 – CCZ 2008, 70 ff., in dem unmissverständlich festgestellt wird, dass die unterlassene Dokumentation eines Risikofrüherkennungssystems einen klaren Verstoß der Unternehmensleitung gegen § 91 Abs. 2 AktG darstellt. Allgemein zum Verhältnis von Compliance, Risikomanagement und internem Kontrollsystem vgl. *Gold/Schäfer/Bußmann*, ET 6/2011, 2 ff. Zur Bedeutung von Risikomanagement-Informationssystemen im Zusammenhang mit der Erfüllung der Risikomanagementpflicht vgl. *Pauli/Albrecht*, CCZ 2014, 17 ff. Zur an sich naheliegenden Idee eines umfassenden „Chief Governance Officers" vgl. *Laue/Mohr*, CB 2014, 334 ff.

160 Instruktiv zu den sich verwischenden Grenzen zwischen Compliance- und Rechtsabteilungsfunktion vgl. *Jahn*, ZWH 2012, 477 ff.; *Jahn*, ZWH 2013, 1 ff.

161 Und bei börsennotierten Unternehmen auch mit der für Investor Relations verantwortlichen Ein-

Diese **vielfältigen Anknüpfungspunkte** verlangen auf organisatorischer Ebene zweierlei – eine klare Abgrenzung der Aufgaben und Befugnisse der beteiligten Unternehmenseinheiten sowie die präzise Festlegung von (kosten-)effizienten Zusammenarbeitsprozessen. Als ein probates organisatorisches Instrument zur Koordination der genannten Funktionen sowohl im Regel- als auch im Krisenfall hat sich mittlerweile der bereits erwähnte[162] **Compliance-Ausschuss** erwiesen.[163] 74

Das Für und Wider einer Integration von Compliance in die Rechtsabteilung, in die Interne Revision sowie in das Risikomanagement wurden bereits an früherer Stelle[164] näher beleuchtet. Für den Fall, dass auf eine Integration verzichtet wird, ist eine enge, reibungslose Zusammenarbeit (ständiger Informationsaustausch, wechselseitige Beratung, Abstimmung geplanter Maßnahmen) zwischen der Compliance-Einheit und diesen Linienfunktionen unverzichtbar.[165] 75

Unverzichtbar sein sollte auch eine **Kooperation** der **Compliance-Einheit** mit der **Unternehmenskommunikation.**[166] Dies sollte sowohl für das Tagesgeschäft als auch (und erst recht) in Krisenfällen gelten.[167] Wie sehr Compliance(-Rechts-)verstöße die Reputation eines Unternehmens belasten können, konnte in der jüngsten Vergangenheit an einer Vielzahl von Beispielen beobachtet werden. Erwähnt seien neben den Korruptionsvorwürfen gegen Siemens[168] und Daimler,[169] die behaupteten Verstöße insbesondere gegen Datenschutzvorschriften bei der Deutschen Bahn,[170] der Deutschen Telekom,[171] die Vorhaltungen gegen Schlecker in Bezug auf arbeitsrecht- 76

heit. Gleiches gilt auch für den Lobbyingbereich eines Unternehmens; zur vielfach noch unterschätzten Compliance-Relevanz von Lobbyingaktivitäten von Unternehmen vgl. instruktiv *Kopp*, CCZ 2013, 67 ff.

162 Vgl. oben Rn 30.

163 Ähnlich auch *Becker/Alsheimer*, Der Neue Kämmerer 2009, 8; Hauschka/*Lampert*, Corporate Compliance, § 9 Rn 17.

164 Vgl. oben Rn 40 ff.

165 Hauschka/*Bürkle*, Corporate Compliance, § 8 Rn 36, 50 m.w.N.; vgl. auch *Laue/Busekist*, CB 2013, 63 f.

166 Und bei börsennotierten Unternehmen auch mit der für Investor Relations verantwortlichen Einheit.

167 Instruktiv zur Rolle von Compliance in der Unternehmenskommunikation *Möhrle/Rademacher*, CB 2013, 163 ff.

168 Vgl. nur *Steltzner*, Kulturschock Siemens, FAZ.NET, 27.4.2007, kostenpflichtig abrufbar unter http://www.faz.net/ (Suchbegriff: Kulturschock Siemens).

169 Vgl. nur *Knop*, Auch Daimler muss es lernen: Korruption bringt nichts, FAZ.NET, 24.3.2010, nicht mehr abrufbar.

170 Vgl. nur FAZ.NET, Datenschutz: Deutsche Bahn überprüfte heimlich 173.000 Mitarbeiter, 28.1.2009, kostenpflichtig abrufbar unter http://www.faz.net/ (Suchbegriff: Deutsche Bahn überprüfte heimlich 173.000 Mitarbeiter).

171 Vgl. nur Zeit Online, Korruption: Telekom-Vorstand tritt zurück, 31.5.2007, abrufbar unter http://www.zeit.de/online/2007/23/telekom-siemens-pauly.

liche Praktiken,[172] aber auch die Medienreaktion auf Cross-Border-Leasing-Geschäfte der Kommunalen Wasserwerke Leipzig GmbH.[173]

77 Beobachtet werden konnte in einigen dieser Fälle auch, wie die Kommunikation bei Compliance-Verstoßvorwürfen besser **nicht** praktiziert werden sollte. Regelverstöße erst und nur einzuräumen, wenn den Medien belastbare Beweise vorliegen, ist – vorsichtig formuliert – vermutlich nicht die geschickteste Vorgehensweise in derart kritischen Situationen.[174]

VI. Compliance-Audit

78 Auch Compliance-Verantwortliche sind nur Menschen, also fehlbar.[175] Dementsprechend ist es naheliegend zu empfehlen, dass die Interne Revision Effektivität und Effizienz des unternehmenseigenen Compliance-Systems regelmäßig überprüft.[176] Ergänzend dazu – quasi im Sinne eines **Vier-Augen-Prinzips** – kann und sollte (gerade auch) bei kleineren und mittelgroßen Unternehmen die periodische Durchführung eines externen Compliance-Audits in Erwägung gezogen werden.[177] Eine solche **Drittkontrolle** (sog. **Compliance-Audit**) sollte durch externe Rechtsanwälte und Wirtschaftsprüfer erfolgen.[178] Insbesondere die Heranziehung einer externen Rechtsanwaltssozietät erscheint angezeigt, weil die Compliance-Funktion – wie bereits mehrfach betont – eine starke juristische Facette hat, die von der Internen Revision aufgrund der dort regelmäßig vorhandenen Qualifikation nur begrenzt

172 Vgl. nur Welt Online, Überwachung im Discounter: Auch Schlecker soll Mitarbeiter bespitzelt haben, 30.3.2008, nicht mehr abrufbar.

173 Vgl. zum Ganzen *Becker/Alsheimer*, Der neue Kämmerer 2010, 1, 4; vgl. allgemein zur Krisenkommunikation Görling/Inderst/Bannenberg/*Soka*, Compliance, S. 429, Rn 853 ff.

174 Vgl. zu den Ausführungen zu der naheliegenden Frage, wie bei dem Vorwurf von Compliance-Verstößen unternehmensintern und extern vorgegangen werden kann und welche Vorkehrungen insoweit nützlich sein können, unten Kap. 6 Rn 62 ff.

175 Ein markantes Beispiel ist die bereits mehrfach erwähnte Entscheidung des BGH, Urt. v. 17.7.2009 – 5 StR 394/08 – NJW 2009, 3173 ff., die die Verurteilung eines Compliance-Verantwortlichen wegen Beihilfe zum Betrug bestätigt hat.

176 Vgl. auch Hauschka/*Bürkle*, Corporate Compliance, § 8 Rn 22; *Bock*, Criminal Compliance, S. 762 f.

177 Vgl. eingehend dazu Wieland/Steinmeyer/Grüninger/*Miras*, Handbuch Compliance-Management, S. 915, 918 ff. Vgl. auch *Bock*, Criminal Compliance, S. 763, der die Durchführung eines externen Audits in das Ermessen der Geschäftsleitung stellen will. Anders wohl das BayOblG, Beschl. v. 10.8.2001 – 3 ObOWi 51/2001 – NJW 2002, 766 f., das die Zusatzkosten eines externen Audits nicht als Entschuldigung gelten lässt.

178 So auch Hauschka/*Bürkle*, Corporate Compliance, § 8 Rn 22; Wieland/Steinmeyer/Grüninger/*Miras*, Handbuch Compliance-Management, S. 915 ff.; *Groß*, CB 2013, 270 f. Generell zur „Zertifizierung" von CMS vgl. *Görtz/Roßkopf*, CCZ 2011, 103 ff. Zur Gestaltung von Compliance-Audits sowie zu Regelungsvorgaben in diesem Zusammenhang aus den USA und Australien vgl. *Liese/Schulz*, BB 2011, 1347 ff.

eigenständig bewertet werden kann.[179] In Verbindung mit einer Wirtschaftsprüferunterstützung kann das externe Audit zugleich auch die nichtjuristischen, insbesondere organisatorischen und prozeduralen Aspekte abdecken. Eine Drittkontrolle der Compliance-Einheit durch externe Rechtsanwälte liegt naturgemäß schon dann nahe, wenn die Compliance-Funktion Teil der unternehmenseigenen Rechtsabteilung ist. Sowohl der Leiter Recht (und Compliance) als auch die Geschäftsleitung des Unternehmens sollten schon aus Eigenschutz an einer regelmäßigen Prüfung dieser Art interessiert sein.

Die Prüfung selbst sollte eine Kombination aus Einzelfallprüfung sowie einer 79
generellen Revision der vorhandenen Aufbau- und Ablauforganisation des unternehmensinternen CMS sein. Letztere sollte die Geeignetheit und Erforderlichkeit der vorhandenen Regelwerke ebenso wie die Frage umfassen, ob und welche weiteren Regelwerke angezeigt sind. Im Rahmen eines solchen kombinierten Audits sollten die beigezogenen Rechtsanwälte insbesondere die rechtliche Unbedenklichkeit vollzogener und ggf. auch geplanter wesentlicher Compliance-Maßnahmen untersuchen und entsprechendes auch für vorhandene und geplante unternehmensinterne Regelwerke prüfen.

Die generelle **Prüfung** von Konzeption, Implementierung und Wirksamkeit von 80
CMS sollte dagegen den beauftragten Wirtschaftsprüfern überantwortet werden. Diese verfügen dafür seit März 2011 über einen neuen Standard zur Prüfung von CMS.[180] Dieser Prüfungsstandard legt die wesentlichen Grundsätze fest, nach denen ein CMS hinsichtlich Aufbau, Inhalt und Funktionalität bewertet wird. Im Wesentlichen werden dabei folgende Aspekte beleuchtet:

- Festlegung der (ethischen und rechtlichen) Grundeinstellungen und Verhaltensweisen für alle Unternehmensangehörigen (sog. Compliance-Kultur);
- Festlegung der wesentlichen Ziele, die durch ein CMS erreicht werden sollen (sog. Compliance-Ziele);
- Regelung der Aufbau- und Ablauforganisation in Bezug auf die Erfüllung von Compliance-Aufgaben (sog. Compliance-Organisation);
- Identifizierung der (ökonomischen) Risiken, die in Folge von Compliance-Verstößen zu bewerten sind (sog. Compliance-Risiken);
- Festlegung von Maßnahmen und Prozessen zur Vermeidung bzw. Begrenzung von Compliance-Risiken (sog. Compliance-Programm);

179 Die Beiziehung der unternehmenseigenen Rechtsabteilung durch die Interne Revision hilft hier nur begrenzt weiter, da damit „nur" eine unternehmenseigene Selbstkontrolle, d.h. keine wirkliche Praktizierung des Vier-Augen-Prinzips verbunden wäre. Dies gilt umso mehr in den Fällen, in denen die Compliance-Funktion Teil der Rechtsabteilung ist.

180 IDW PS 980, 11.3.2011; vgl. dazu eingehend Kap. 7.

- Information der Mitarbeiter und ggf. auch Dritter über das Compliance-Programm (sog. Compliance-Kommunikation) und
- Festlegung der Maßnahmen zur Überwachung der Einhaltung der zu beachtenden Regeln sowie zur Sanktionierung von Compliance-Verstößen (sog. Compliance-Überwachung).[181]

D. Präventionsmaßnahmen

81 Hauptzweck von Compliance aus funktionaler Sicht ist die Herstellung einer organisatorischen Situation, die darauf abzielt, **Regel-/Rechtsverstöße** möglichst zu **vermeiden**, mindestens aber die **Auswirkungen** solcher Verstöße mit angemessenen Mitteln so **gering wie möglich** zu halten.[182]

82 Damit stellt sich die Frage nach den geeigneten Mitteln und Maßnahmen zur Umsetzung dieses Präventionsziels. Die wichtigsten **Instrumente und Maßnahmen zur Vermeidung/Mitigation von Compliance-Verstößen** lauten überblicksmäßig zusammengestellt wie folgt:[183]

- unternehmensinterne Verhaltensregeln;[184]
- Mitarbeiterhandbuch;[185]
- (Mitarbeiter-)Schulungen;[186]
- Beratungsangebote für Mitarbeiter sowie[187]
- tatsächliche Präventionsmaßnahmen.[188]

181 Vgl. auch *Gold/Schäfer/Bußmann*, ET 6/2011, 2, 3. Zu den Details eines Compliance-Audits unter Einbeziehung des IDW PS 980 vgl. instruktiv *Liese/Schulz*, BB 2011, 1347, 1351 ff. Kritisch zu Effizienz und zum Nutzen von Audits/Zertifizierungen insbesondere nach dem IDW PS 980 *Rieder/Falge*, BB 2013, 778 ff.

182 Vgl. oben Rn 1 ff.

183 Vgl. dazu auch *Moosmayer*, Compliance, 2. Aufl., S. 46 ff. Zu den gängigen Präventionsmaßnahmen im Bereich Wirtschaftskriminalität vgl. KPMG, Wirtschaftskriminalität in Deutschland 2012, 22, 31.

184 Dazu näher Rn 47 ff.

185 Vgl. sogleich Rn 83 ff.

186 Vgl. unten Rn 88 ff. Speziell zu Art und Umfang/Ausgestaltung von Kartellrechtsschulungen sowie zu deren Relevanz im Rahmen der Bußgeldbemessung bei eingetretenem Kartellrechtsverstößen vgl. instruktiv *Ambrüster*, CB 2013, 28 ff.

187 Vgl. unten Rn 97 ff.

188 Vgl. unten Rn 99 ff.

I. Mitarbeiterhandbuch

83 Idealerweise gibt das Mitarbeiterhandbuch[189] den Mitarbeitern eines Unternehmens Antwort auf alle Fragen, welches Verhalten das Unternehmen von ihnen in Bezug auf ihre Tätigkeiten und für das Unternehmen erwartet bzw. verlangt.[190]

84 Dementsprechend wird das Mitarbeiterhandbuch vor allem sämtliche vom Unternehmen in Kraft gesetzte Regelwerke enthalten. Neben einer sog. Ethikrichtlinie, die vor allem die Rechtstreue des Unternehmens betont,[191] werden sich sowohl **unternehmensübergreifende Richtlinien** finden, als auch solche, die lediglich bestimmte (vor allem operative) Bereiche betreffen.[192]

85 Um maximale Effizienz zu erreichen und Ausflüchten im Falle eines Regelverstoßes den Weg abzuschneiden, sollten sämtliche Inhalte des Mitarbeiterhandbuchs in einfacher Sprache gehalten werden.[193] Das Mitarbeiterhandbuch sollte für alle Mitarbeiter, die über einen Computer am Arbeitsplatz verfügen, über das unternehmenseigene Intranet verfügbar sein. Allen übrigen Mitarbeitern muss das Handbuch in Papierform übermittelt werden; dies wird vielfach für Mitarbeiter aus operativen Bereichen erforderlich sein, die nicht zwingend über einen computergestützten Arbeitsplatz verfügen.

86 Um das Mitarbeiterhandbuch arbeitsrechtlich verbindlich zwischen Unternehmen und Mitarbeitern in Kraft zu setzen, sollte eine schriftliche (formularmäßige) **Erklärung** eines jeden Mitarbeiters zur Personalakte genommen werden, in der dieser erklärt, die **Inhalte des Handbuchs** zur Kenntnis genommen und verstanden zu haben und die vom Unternehmen gesetzten Regeln zu beachten. Da nicht auszuschließen ist, dass einzelne Inhalte des Mitarbeiterhandbuchs betriebsverfassungsrechtlich mitbestimmungspflichtig sind,[194] kann es sich empfehlen, sowohl bei Erlass von unternehmensinternen Regeln als auch hinsichtlich der **Zustimmungserklärung** der Mitarbeiter den **Betriebsrat** einzubeziehen, um auf diese Weise die Akzeptanz für das Handbuch und seine Inhalte zu erhöhen.

87 Nicht jeder Mitarbeiter wird bei seiner Arbeit von allen Regeln eines Mitarbeiterhandbuchs betroffen sein – so etwa bei Regeln, die auf einzelne operative Unternehmensbereiche wie Erzeugung, Netz oder Vertrieb beschränkt sind. Dementsprechend

189 Auch Compliance-Manual genannt, vgl. Hauschka/*Lampert*, Corporate Compliance, § 9 Rn 19; *Wiederholt/Walter*, BB 2011, 968, 970.

190 Die PwC, Compliance-Studie 2010, S. 24, zeigt einen hohen Verbreitungsgrad dieses Hilfsmittels. Zu den Vorteilen eines Mitarbeiterhandbuchs vgl. auch *Bock*, Criminal Compliance, S. 740 ff.

191 Zum Teil auch „Mission Statement" genannt, vgl. Hauschka/*Lampert*, Corporate Compliance, § 9 Rn 18.

192 Vgl. dazu näher Kap. 6 Rn 74 ff.; vgl. auch die eher generellen Hinweise bei *Wiederholt/Walter*, BB 2011, 968, 970 f.

193 Vgl. Hauschka/*Lampert*, Corporate Compliance, § 9 Rn 19.

194 Vgl. etwa *Kock*, ZIP 2009, 1406, 1407, zur Bestimmungspflicht bei sog. Ethikregeln.

müssen nicht alle Mitarbeiter auf das gesamte Handbuch verpflichtet werden; das Mitarbeiterhandbuch selbst kann/sollte deshalb modular aufgebaut sein.[195]

II. (Mitarbeiter-)Schulungen

88 Verstöße gegen unternehmensinterne Regeln und/oder gesetzliche Vorschriften sind kein „Privileg" von den Mitarbeitern unterhalb der Führungsebene. Empirische Untersuchungen haben vielmehr gezeigt, dass auch Führungskräfte in nicht geringem Maße an Compliance-Verstößen beteiligt sind,[196] wie die nachstehende Abbildung deutlich macht.

89 Auch Unternehmensleiter aus kleinen und mittelständischen Unternehmen etwa aus dem Versorgungssektor sehen sich strafrechtlichen Vorwürfen im Zusammenhang mit Untreue, Betrug und Vorteilsnahme ausgesetzt.[197] Dementsprechend greift eine Fokussierung von Compliance-Schulungen allein auf die Mitarbeiter unterhalb der Geschäftsleitung zu kurz.[198]

90 **Schulungsgruppen** sollten **homogen** zusammengesetzt werden und eine überschaubare Größe behalten; bei mehr als 20 bis 30 Teilnehmern dürfte eine kritische Grenze überschritten sein. Unterschiedliche Mitarbeitergruppen haben aufgrund ihrer spezifischen Tätigkeit unterschiedlichen Schulungsbedarf – so wird etwa der technische Mitarbeiter aus dem technischen Bereich des operativen Geschäfts beruflich eher selten mit kartellrechtlichen Fragestellungen konfrontiert werden. Die Schulungsinhalte sollten daher möglichst präzise auf die berufliche Situation der zu schulenden Mitarbeiter fokussiert sein.

91 Eine Schulungsserie sollte mit der Geschäftsleitung und der ersten Führungsebene unterhalb der Geschäftsleitung beginnen. Hinzugenommen werden können diejenigen Mitarbeiter, die besonderen Compliance-Risiken ausgesetzt sind, wie etwa aus der Vertriebs- oder Beschaffungsabteilung.

---

195 Ähnlich auch Hauschka/*Lampert*, Corporate Compliance, § 9 Rn 21.

196 Vgl. PwC, Wirtschaftskriminalität-Studie 2013, S. 82.

197 Vgl. dazu nur die Presseberichte von MDR-Online, Anklage gegen Erfurter Stadtwerke-Chefs, 22.9.2009, nicht mehr abrufbar; *Wendt*, Leipzig: Entspannt in Dubai, 20.11.2006, abrufbar unter http://www.focus.de/politik/deutschland/leipzig-entspannt-in-dubai_aid_213380.html; *Rometsch*, Wasserwerke-Skandal: Heininger muss mit mindestens vier Jahren Haft rechnen, 19.6.2010, abrufbar unter http://www.lvz-online.de/leipzig/citynews/wasserwerke-skandal-heininger-muss-mit-mindestens-vier-jahren-haft-rechnen/r-citynews-a-36153.html; Frankfurter Rundschau, Capri-Reisen: Stadtwerke-Chefs zahlen Geldstrafe, 27.11.2009, nicht mehr abrufbar.

198 Zur Notwendigkeit eines umfassenden Aufbaus von Kompetenzen und Wissen im Bereich Compliance vgl. instruktiv *Pauthner/de Lamboy*, CCZ 2011, 106 ff. Zur Pflicht des sachgerechten Informationsmanagements als Compliance-Aufgabe vgl. *Rack*, CB 2013, 58 ff.

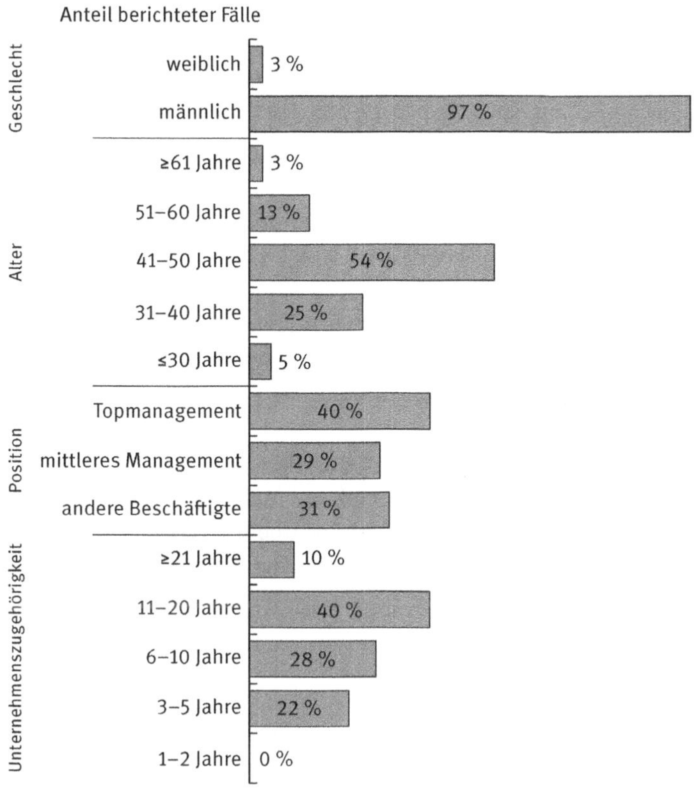

Abb. 4: Compliance-Verstöße[199]

Für Compliance-Schulungen sollte zumindest auch auf externe Experten zurückgegriffen werden, wie etwa auf Rechtsanwälte, die sich auf Compliance-Fragen spezialisiert haben. Auf diese Weise können Erfahrungen der externen Experten aus anderen Unternehmen mit spezifischen Fragestellungen der zu schulenden Mitarbeiter aus ihrem täglichen Arbeitsumfeld verbunden werden. Hierbei sollten insbesondere beschriebene Geschäftspraktiken und bisherige Vorfälle hinterfragt und erörtert werden. Folgeschulungen und Schulungen mit begrenztem Komplexitätsgrad können auch durch ausreichend qualifizierte und akzeptierte Unternehmensmitarbeiter durchgeführt werden. 92

Compliance-Schulungen sollten in regelmäßigen Abständen **wiederholt** werden. In der Praxis als zielführend haben sich hier Intervalle von ein bis zwei Jahren erwiesen. Erheblichen Einfluss auf die Frequenz haben insoweit vor allem die **Personalfluktuation** des konkreten Unternehmens infolge von Unternehmensstruktu- 93

199 PwC, Wirtschaftskriminalität-Studie 2011.

rierungen, Erweiterungen des Unternehmenskreises durch Beteiligungserwerbe, der Wechsel von Mitarbeitern in neue Aufgabenbereiche sowie Neueinstellungen.[200]

94 Zur Absicherung des Unternehmens als auch der Mitarbeiter sollte jede durchgeführte Schulungsmaßnahme dokumentiert und archiviert werden, z.B. durch Ausstellung einer unterschriebenen und vom Mitarbeiter gegengezeichneten Teilnahmebestätigung.[201]

95 Neben Schulungen in Form von schulähnlichem Frontalunterricht haben auch Trainingsmaßnahmen mithilfe elektronischer Mittel, sog. E-Learning,[202] gute Erfolge gezeigt. Insbesondere im Bereich des Wettbewerbsrechts finden sich hier durchaus brauchbare Angebote am Markt,[203] die vielfach kaum Adaptionen auf das konkrete Unternehmen erfordern. Diese Lernprogramme kombinieren üblicherweise allgemeine Wissensvermittlung mit anschließender Abfrage des Gelernten anhand eines Multiple-Choice-Verfahrens.

96 Bei Unternehmen mit technisch-produzierenden Arbeitsbereichen ist die Einsatzmöglichkeit dieses Schulungsmittels naturgemäß auf Mitarbeiter mit computergestützten Arbeitsplätzen beschränkt. Soweit es um wettbewerbsrechtliche Fragen geht, dürfte diese Einschränkung allerdings nur begrenzt von Nachteil sein.[204]

III. Beratungsangebote für Mitarbeiter

97 Selbst intensive Schulungsmaßnahmen für die Mitarbeiter können nicht verhindern, dass in der Unternehmenspraxis immer wieder Probleme auftauchen, die in durchgeführten Schulungsmaßnahmen noch nicht angesprochen worden sind. Darüber hinaus ist die **Lebenswirklichkeit** eines jeden Unternehmens deutlich **vielfältiger** als dies in unternehmensinternen Regelwerken abgebildet werden könnte. Und schließlich führt die Verwendung von unbestimmten Rechtsbegriffen in nahezu allen

200 Allgemein zu den Anforderungen/Voraussetzungen an/für die effektive und effiziente Durchführung von Compliance-Schulungen, insbesondere auch unter Einsatz von E-Learning vgl. instruktiv *Krizor*, CB 2014, 89 ff.; *Hastenrath*, CCZ 2014, 132 ff.; *Meyer*, CCZ 2012, 113 ff.

201 Vgl. zum Ganzen nur Hauschka/*Lampert*, Corporate Compliance, § 9 Rn 27 ff.; Wieland/Steinmeyer/Grüninger/*Saitz/Tempel/Brühl*, Handbuch Compliance-Management, S. 231 f.; *Moosmayer*, Compliance, 2. Aufl., S. 49 ff.

202 Kritisch zur Effizienz von E-Learning-Programmen im Bereich Compliance dagegen *Starkloff*, CB 2013, 299 ff.

203 So auch Wieland/Steinmeyer/Grüninger/*Saitz/Tempel/Brühl*, Handbuch Compliance-Management, S. 231; Hauschka/*Lampert*, Corporate Compliance, § 9 Rn 31.

204 Eingehend zum Aufbau unternehmensinterner Kompetenz- und Wissensressourcen für das Compliance-Management sowie zu geeigneten Schulungskonzepten und Formen vgl. *Pauthner/de Lamboy*, CCZ 2011, 106 ff. (Teil 1), 146 ff. (Teil 2).

Rechtsvorschriften und Regelwerken dazu, dass es Auslegungsprobleme bei der Anwendung der Vorschriften gibt.

Diese und weitere Aspekte lassen es angeraten erscheinen, Mitarbeitern über die 98 bloße Schulung hinaus **Einzelfallberatung** in Compliance-Fragen anzubieten. Auch hier hat sich eine Kombination von unternehmensinternen und externen Hilfestellungen bewährt. Insoweit liegt es nahe, dass sich Mitarbeiter mit ihren Fragen an den Compliance-Verantwortlichen und/oder die Rechtsabteilung des Unternehmens wenden. In Abhängigkeit von der Art der Problemgestaltung kann jedoch die Einbeziehung interner Beratungskompetenz auf Zurückhaltung der Mitarbeiter stoßen, insbesondere wenn sie – etwa aus Angst vor Nachteilen – eine uneingeschränkt vertrauliche Behandlung ihres Anliegens wünschen. Vor diesem Hintergrund findet sich zunehmend die Einrichtung einer telefonischen Beratungsmöglichkeit (sog. Helpline, Hotline), die zu einem externen, mit Compliance-Fragen vertrauten Rechtsanwalt führt. Hier können die Mitarbeiter auf die gesetzlich verankerte Verschwiegenheitspflicht des Rechtsanwalts vertrauen. Ebenfalls zunehmend praktiziert wird die Bestellung eines sog. **Ombudsmannes**, der Hilfsanfragen von Mitarbeitern in vertraulicher Weise weiterleiten kann.[205]

IV. Sonstige Präventionsmaßnahmen

Die Verhinderung bzw. Reduzierung von Compliance-Verstößen durch Bereitstellung 99 von Regelwerken sowie durch Schulungen und Beratungsangebote sollte insbesondere zur Korruptionsbekämpfung aber auch zum Schutz vertraulicher Unternehmensdaten durch weitere Maßnahmen ergänzt werden.

In der Unternehmenspraxis als nützlich erwiesen haben sich dabei insbesondere 100 folgende Vorkehrungen:[206]

- **Überprüfung von neu zu beschäftigenden Mitarbeitern**

Jedes Unternehmen verfügt über Arbeitsbereiche, die in erhöhtem Maße für Com- 101 pliance-Verstöße anfällig sind. Das gilt etwa für das Materiallager (Diebstahl von Werkzeug, Büromaterial etc.), für das Finanz- und Rechnungswesen (Verfügung über Finanzmittel), der Geschäftsleitungsbereich (Verlust vertraulicher Unternehmensinformationen) oder bei Energiehandelsunternehmen der Handelssaal und das Risiko-

205 Vgl. zum Ganzen nur Hauschka/*Lampert*, Corporate Compliance, § 9 Rn 24, 32; *Moosmayer*, Compliance, 2. Aufl., S. 49 ff.; Görling/Inderst/Bannenberg/*de Boer*, Compliance, S. 316 Rn 411 ff.

206 Vgl. auch *Zimmer-Stetter*, BB 2006, 1445, 1451 f. Zu den empfehlenswerten Präventionsmaßnahmen sind auch Versicherungslösungen zu zählen, vgl. dazu eingehend Kap. 9. Diese können zwar keine Rechts- oder Regelverstöße verhindern und schützen auch nicht vor Strafen oder Bußgeldern. Sie können jedoch die finanziellen (Schadens-)Folgen von Compliance-Verstößen stark abmildern.

controlling (Zugriff auf Handelsdaten). Sobald sich das Unternehmen auf die **Neueinstellung** eines bestimmten Mitarbeiters in einem sensiblen Arbeitsbereich festgelegt hat, empfiehlt es sich, vor Unterzeichnung des Arbeitsvertrages hinreichende Klarheit über die persönliche Integrität des künftigen Mitarbeiters zu erzielen.[207] Entsprechendes gilt für den Einsatz von Fremdpersonal z.B. auf Baustellen oder im Reinigungsbereich in vertraulichkeitssensiblen Unternehmensbereichen.[208] Die Überprüfung sollte alle rechtlich zulässigen Maßnahmen auf Basis öffentlich zugänglicher Quellen wie z.B. durch die Anforderung eines polizeilichen Führungszeugnisses umfassen. Bei Sammlung, Verwertung und Speicherung von personenbezogenen Daten sind selbstverständlich die jeweils geltenden datenschutzrechtlichen Regeln einzuhalten.[209] Der betroffene Mitarbeiter sollte bereits **vor** der Überprüfung über deren Vornahme informiert werden.

- **Geschäftspartnerüberprüfungen**

102 Die Überprüfung[210] der Integrität von Geschäftspartnern, insbesondere zur Korruptionsvermeidung ist nicht nur ein Thema für international agierende Unternehmen. Auch mittelständische Versorger, deren Wirkungskreis national oder regional ausgerichtet ist, sind gut beraten, sich über die Integrität ihrer Geschäftspartner, insbesondere externer Dienstleister Klarheit zu verschaffen.[211] Auch in Deutschland ist Korruption kein unbekanntes Phänomen, wie das nachstehende Schaubild zeigt.[212]

---

207 Vgl. auch *Moosmayer*, Compliance, 2. Aufl., S. 79 ff. Zu den insoweit zu beachtenden datenschutzrechtlichen Grenzen vgl. Kap. 11 sowie *Reinhardt/Walter*, CB 2015, 114 ff.

208 Hier kann auch erwogen werden, die Überprüfung vertraglich fixiert auf den externen Dienstleister zu übertragen.

209 In Zweifelsfällen sollte durchaus erwogen werden, Datenschutzbeauftragte des Bundes und der Länder zu konsultieren. Vgl. Kap. 11 Rn 20 ff.

210 Die Überprüfung von Geschäftspartnern vor und/oder nach der Begründung einer Geschäftsbeziehung kann ergänzt werden durch die Verwendung sog. Compliance-Klauseln, mit deren Hilfe Unternehmen von ihren Vertragspartnern die Einhaltung von Rechtsvorschriften und ggf. auch eigenen unternehmensinternen Regeln anhalten wollen. An die Verletzung solcher Klauseln werden regelmäßig mehr oder weniger scharfe Folgen geknüpft. Instruktiv zu den rechtlichen Anforderungen an (die Wirksamkeit) von solchen Klauseln *Teicke/Reemt*, BB 2013, 771 ff.

211 Die sachgerechte Einbeziehung von externen Dienstleistern/Zulieferern in das Compliance-System eines Unternehmens darf allerdings nicht dazu führen, dass dem Betriebsrat ein am Rande der Legalität liegendes Druckmittel an die Hand gegeben wird, mit dessen Hilfe beim Externen ungerechtfertigtes Wohlverhalten ggü. dort tätigen Gewerkschafts-/Betriebsratsmitgliedern zu erzwingen. Vgl. zu dieser (rechts-)missbräuchlichen Praxis *Rieble*, BB 2013, 245 ff.

212 Vgl. PwC, Wirtschaftskriminalität-Studie 2013, S. 68.

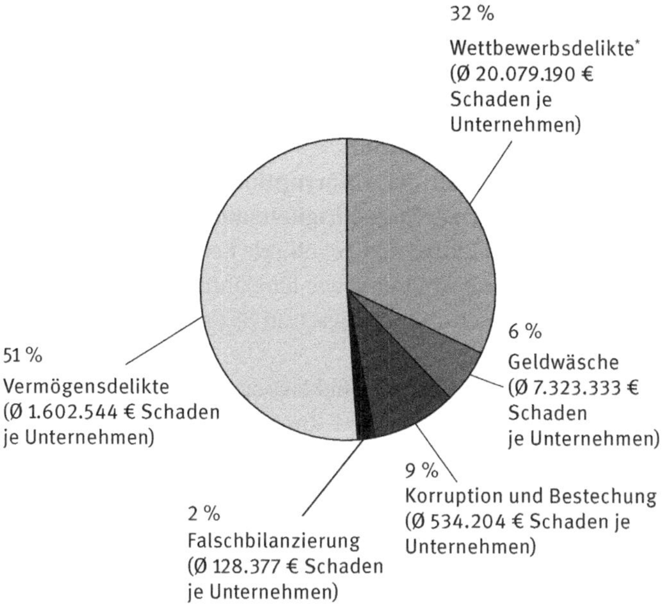

Abb. 5: Übersicht über Art der Verstöße[213];
* Die Prozentangaben basieren auf den von den Unternehmen genannten 405 Wirtschaftsdelikten.

Neben Korruption spielen auch diverse andere Rechtsmaterien eine Rolle, die durch die Geschäftspartner eines Unternehmens beachtet werden sollten, wie etwa im Baubereich die Vorschriften zur Arbeitnehmerüberlassung und der Beschäftigung von ausländischen Arbeitnehmern oder im Entsorgungsgeschäft die abfall- und umweltrechtlichen Vorgaben. 103

Vor diesem Hintergrund empfiehlt es sich auch für mittelständische Unternehmen, strukturierte und standardisierte Regeln zur Überprüfung von neuen und bestehenden Geschäftsbeziehungen einzuführen. Dazu gehören insbesondere Regelungen zu folgenden Aspekten: 104

- Erfassung und Klassifizierung compliance-relevanter Geschäftspartner,
- Festlegung der Überprüfungsinstrumente,
- Festlegung der Verantwortlichkeiten und Zusammenarbeitsregeln im Überprüfungsprozess,
- Festlegung von Konsequenzen/Maßnahmen bei Befunden,

213 PwC, Wirtschaftskriminalität-Studie 2013, S. 68.

- Festlegung des Prozesses und der Verantwortlichkeiten hinsichtlich der Freigabe von neuen Geschäftsbeziehungen/zur Fortsetzung bestehender sowie etwaiger Eskalationsmechanismen bis hin zur Geschäftsleitung.[214]

- **Funktionstrennung und Arbeitsplatzrotation**

105 Empirische Untersuchungen haben gezeigt, dass **Korruptionstaten** vor allem bei Unternehmensangehörigen mit **langjähriger Zugehörigkeitsdauer** auftreten.[215] Hier liegt die Annahme nahe, dass vor allem intime und detaillierte Kenntnisse über Organisation und Prozesse der Unternehmensstruktur sowie langjährige Beziehungen zu Geschäftspartnern unter Ausnutzung dieser Kenntnisse und Beziehungen Rechtsverstöße zumindest mitermöglicht haben.

106 Zur **Begrenzung** dieser möglichen **Risiken** empfiehlt es sich, nicht zu viele Funktionen in der Hand eines Mitarbeiters zu vereinen und durchweg das Vier-Augen-Prinzip zu praktizieren. Insbesondere in sensiblen, für Korruption anfälligen Bereichen (insbesondere Materiallager, Beschaffung, Rechnungsbearbeitung) aber auch in Vertraulichkeitsbereichen (insbesondere Geschäftsleitung) sollte die Möglichkeit einer **angemessenen Rotation** immer auch auf der Tagesordnung stehen.

- **Konsequente physische und elektronische Zugangskontrollen**

107 Der Verlust von unternehmenseigenen Gegenständen (z.B. aus dem Warenlager oder von IT-Komponenten vom Arbeitsplatz) sowie von vertraulichen Informationen kann zwar durch konsequente physische und elektronische Zugangskontrollen nicht verhindert, aber doch erheblich erschwert werden. Derartige **Kontrollen** haben für in Unternehmensgebäuden tätige Personen **abschreckende Wirkung** und erschweren unkontrollierten Zugang Externer in diese Bereiche. Um die Akzeptanz derartiger Kontrollen bei der Mitarbeiterschaft zu erhöhen, empfiehlt es sich, vor Einführung derartiger Kontrollen den Betriebsrat einzubeziehen.

- **Nutzung externer Informationsmöglichkeiten**

108 Gerade im Bereich der Korruption haben sich diverse Institutionen gebildet, die sich der Bekämpfung dieses Missstandes zur Aufgabe gemacht haben.[216] Die ständige Nutzung der von diesen Institutionen zur Verfügung gestellten Informationen gehört zu den Daueraufgaben einer jeden Compliance-Einheit. Insbesondere in den Fällen, in denen externe Dienstleister erstmalig beauftragt oder Geschäftsbeziehungen mit

---

214 Vgl. zum Ganzen instruktiv in Bezug auf den EnBW-Konzern *Mössner/Kerner*, CCZ 2011, 182 ff. Zu dem wichtigen Teilaspekt des sog. Lieferantenmanagements vgl. *Schröder*, CCZ 2013, 74 ff.

215 Vgl. PwC, Wirtschaftskriminalität-Studie 2013, S. 82.

216 Vgl. z.B. http://www.transparency.de/, http://www.transparency.org/, https://www.business-keeper.com/de/.

neuen Kunden, Handels-/Vertriebspartnern aufgenommen werden sollen, kann die Nutzung dieser Hilfsmittel von erheblichem Nutzen sein.

■ Geldwäscheprävention

Mittelständische Unternehmen, zum Beispiel auch aus dem Energieversorgungsbereich, werden zunehmend durch unseriöse Geschäftspartner und -praktiken attackiert. Dies haben diverse Vorfälle aus dem europaweiten Handel mit CO_2-Zertifikaten gezeigt.[217] Insgesamt drängt sich der Eindruck auf, dass Wirtschaftskriminalität und damit auch die sog. organisierte Kriminalität sich in verstärktem Maße in der gewerblichen Wirtschaft breit zu machen versuchen. Vor diesem Hintergrund sollten auch Unternehmen aus diesem Bereich darüber nachdenken, in welchem Ausmaß sie Maßnahmen zur Geldwäscheprävention ergreifen wollen. Unternehmen des produzierenden Gewerbes sind „Personen, die gewerblich mit Gütern handeln" im Sinne von § 4 Abs. 1 Nr. 12 GwG.[218] Sie unterliegen daher diversen Pflichten dieses Gesetzes, deren Missachtung empfindliche Geldbußen zur Folge haben kann (§ 17 GwG). Bei der Wahl eines „Best-Practice-Ansatzes" sollten auch mittelständische Unternehmen daher erwägen, insbesondere folgende Maßnahmen zur Verhinderung von Geldwäsche in angemessenem Umfang einzuführen (vgl. § 3, 4, 6, 8, 11 GwG). 109

- interne Sicherungsmaßnahmen
  (insbesondere: Gefährdungsanalyse, Sicherungssysteme, Mitarbeiterschulungen, Zuverlässigkeitsprüfung, Geldwäschebeauftragter);
- kundenbezogene Sorgfaltspflichten
  (insbesondere: Identifizierung von Vertragspartnern/wirtschaftlich Berechtigten/Vertragszweck, Überwachung der Geschäftsbeziehungen, Aktualisierung/Aufzeichnung/Aufbewahrung von Kundeninformationen);
- Handhabung von Verdachtsmeldungen.

Vorstehende Maßnahmen müssen Unternehmen nicht durchweg „eigenhändig" erledigen, sondern können diese in einigem Umfang kostengünstig auf externe Dienstleister (insbesondere: Rechtsanwälte, Wirtschaftsprüfer) auslagern (§ 7 GwG). 110

---

217 Erwähnt seien hier nur die vielfältigen Fälle von Umsatzsteuerbetrug vgl. z.B. die Meldung Koalition bekämpft Steuerbetrug von CO_2-Zertifikaten, 27.1.2010, abrufbar unter http://www.proplanta.de/Agrar-Nachrichten/Umwelt/Koalition-bekaempft-Steuerbetrug-bei-CO_2-Handel_article1264621040.html, sowie der Verkauf von wertlos gewordenen Zertifikaten vgl. dazu *Flauger/Shinde/Stratmann*, Dunkle Geschäfte mit grünen Zertifikaten, Handelsblatt v. 28.4.2010, S. 4, abrufbar unter http://www.handelsblatt.com/unternehmen/banken-versicherungen/massen-razzia-dunkle-geschaefte-mit-gruenen-zertifikaten/3422640.html.

218 Geldwäschegesetz (GwG) v. 13.8.2008 (BGBl. I S. 1690), zuletzt geändert durch Gesetz v. 15.7.2014 (BGBl. I S. 934). Die Anforderungen der Geldwäscheprävention an Warenhändler werden im Rahmen der derzeit im Entwurf vorliegenden 4. EU-Geldwäscherichtlinie voraussichtlich weiter erhöht vgl. dazu *Zenter/Glaab*, BB 2013, 707, 708.

E. Überwachung/Aufdeckung

111 Die Überwachung der Einhaltung aller für das Unternehmen und deren Mitarbeiter geltenden Regeln und die (Mitarbeit an der) Aufdeckung von Compliance-Verstößen ist neben der Prävention Hauptaufgabe eines jeden Compliance-Verantwortlichen.[219]

112 Nachfolgend soll deshalb zunächst allgemein auf die Überwachungsaufgabe eingegangen werden.[220] Anschließend werden sog. Hinweisgebersysteme erörtert,[221] die das wohl wichtigste Instrument zur Aufdeckung von Compliance-Verstößen darstellen.

I. Überwachung

113 Die Effizienz einer Compliance-Organisation ist nicht alleine von ihrer sachgerechten organisatorischen, personellen und finanziellen sowie von der Qualität der praktizierten Präventionsmaßnahmen abhängig. Die über die Compliance-Funktion angestrebte Effizienz hängt vielmehr entscheidend (auch) von einer effektiven und effizienten Überwachung der Einhaltung aller im Unternehmen geltenden Regeln und Vorschriften im Sinne eines fortlaufenden Prozesses ab.[222]

114 Diese Überwachung umfasst eine Vielzahl von Maßnahmen und Aktivitäten. Die wichtigsten lassen sich wie folgt zusammenfassen:[223]

- **Regelmäßige Befragung von Mitarbeitern**

115 Insbesondere in für Compliance-Verstöße anfälligen Unternehmensbereichen – etwa im Vertrieb, bei der Beschaffung, im Finanz- und Rechnungswesen – sollten die Mitarbeiter regelmäßig stichprobenartig vom Compliance-Beauftragten befragt werden.

---

219 Ähnlich auch *Bock*, Criminal Compliance, S. 747.

220 Vgl. dazu unten Rn 113 ff.

221 Vgl. unten Rn 121 ff.

222 Ähnlich Hauschka/*Lampert*, Corporate Compliance, § 9 Rn 34 f.; vgl. auch *Moosmayer*, Compliance, 2. Aufl., S. 82 ff. Zu den Grenzen, die hier möglicherweise die neuen Regelungen der §§ 32–32l des „Entwurfs eines Gesetzes zur Regelung des Beschäftigtendatenschutzes", BT-Drucks. 17/4230, ziehen werden, vgl. *Wybitul*, ZRFC 2010, 246 ff.; eingehend zum Verhältnis von Compliance-Management und Beschäftigtendatenschutz speziell bei Energieversorgungsunternehmen und auch unter Würdigung des Gesetzesentwurfs vgl. *Schäfer/Soetebeer/Holzinger*, ET 4/2012, 88 ff.; *Schäfer/Soetebeer/Holzinger*, ET 5/2012, 87 ff.

223 Vgl. zum Ganzen nur Hauschka/*Lampert*, Corporate Compliance, § 9 Rn 34 f.; die interessanten statistischen Angaben in PwC, Wirtschaftskriminalität-Studie 2011, S. 69 f., sowie KPMG, Wirtschaftskriminalität in Deutschland 2012, S. 18, 29.

■ **Stichproben**

Ergänzend zu der Mitarbeiterbefragung sollten – gegebenenfalls gemeinsam mit 116
der Internen Revision – **verstoßanfällige Geschäftsaktivitäten/-prozesse** stichprobenartig (bei entsprechendem Anlass selbstverständlich auch umfassend) ohne Ankündigung und unregelmäßig einer Prüfung unterzogen werden.[224] Die Ergebnisse solcher Geschäftsprüfungen (ebenso wie die vorstehend erwähnten Mitarbeiterbefragungen) sollten hinreichend dokumentiert werden, da sie nicht zuletzt auch als Basis für die Information der Geschäftsleitung[225] und für sich anschließende Abhilfemaßnahmen dienen.

■ **Telefonische Informationssammelstelle**

Die Einrichtung einer unternehmensinternen Informationssammelstelle (sog. Hot- 117
line) soll es den Mitarbeitern ermöglichen, gegebenenfalls auch anonym das Unternehmen über tatsächliche oder vermeintliche Regelverstöße zu informieren. Das damit angesprochene sog. **Whistle-Blowing** stellt den wohl wichtigsten Fall eines sog. Hinweisgebersystems dar und soll nachfolgend näher beleuchtet werden.

■ **Regelmäßige Befragung von externen Dienstleistern**[226]

Aufgrund der vielfältigen Beschaffungsvorgänge in Unternehmen (zum Beispiel Bau- 118
arbeiten, Beschaffung von Maschinen, IT-Dienstleistungen, Reinigungs-/Überwachungsdienstleistungen, Beschaffungen in den Bereichen Fuhrpark, Verpflegungsleistungen, Büroausstattung etc.) können regelmäßige Besprechungen mit externen Dienstleistern über die Modalitäten der Beschaffungen helfen, Unregelmäßigkeiten und Rechts-/Regelverstöße in diesem Zusammenhang zu vermeiden oder zumindest frühzeitig aufzudecken und abzustellen.

■ **(Anlassbezogene) Unternehmensinterne Untersuchungen**

Ein in den USA bereits seit längerem zur Aufdeckung von Rechts- und Regelverstößen 119
verwendetes Instrument sind sog. Internal Investigations, die vermehrt auch bei mittelständischen Unternehmen zum Einsatz kommen. Anders als in den USA, wo das Instrument auch prophylaktisch eingesetzt wird, herrscht in Deutschland noch die anlassbezogene, auf konkrete Vorfälle fokussierte Nutzung vor.[227]

---

224 So auch PwC, Compliance-Studie 2010, S. 26 f.; *Bußmann/Matschke*, CCZ 2009, 132 ff.; vgl. auch die Rechtsprechungsnachweise bei Hauschka/*Lampert*, Corporate Compliance, § 9 Rn 33, Fn 30.

225 Diese Information ist nach der PwC, Compliance-Studie 2010, S. 27, fast der Regelfall.

226 Vgl. dazu eingehend *Hülsberg/Kahn*, CB 2013, 353 ff.

227 Vgl. *Wisskirchen/Glaser*, DB 2011, 1392 ff. (Teil 1), 1447 ff. (Teil 2); einen sehr instruktiven, vergleichenden Überblick über die Rechtslage zu internen Ermittlungen in Deutschland und ausgewählten Ländern in Europa, den USA, Südamerika und Asien findet sich bei *Spehl/Momsen/Grützner*, CCZ 2013, 260 ff.; *Spehl/Momsen/Grützner*, CCZ 2014, 2 ff.; *Spehl/Momsen/Grützner*, CCZ 2014, 170 ff.; *Spehl/Momsen/Grützner*, CCZ 2015, 77 ff. Vgl. auch *Schneider*, NZG 2011, 1201 ff., der auf die rechtlich

120 Da sich die Aufdeckung von Rechtsverstößen nicht langfristig ankündigt, sondern sich oft quasi „bei Gelegenheit", etwa einer steuerlichen Betriebsprüfung andeutet, ist vielfach schnelles Handeln der Unternehmensleitung oder des Aufsichtsorgans nötig. Für diese Fälle ist es äußerst ratsam, geeignete Vorbereitungsmaßnahmen zu treffen. Diese können, ähnlich wie zur Vorbereitung auf behördliche Durchsuchungen,[228] in der Erstellung von Rahmenvorgaben wie Prozesse, Verantwortlichkeiten und Verhaltensregeln bestehen.[229]

II. Hinweisgebersysteme (Whistle-Blowing)

121 Hinweisgebersysteme[230] dienen – unabhängig von ihrer technisch-organisatorischen Ausgestaltung – vor allem der Abwehr von Straftaten im Bereich der Wirtschaftskriminalität.

---

komplexe Lage bei solchen Untersuchungen hinweist. Eingehend zur Thematik *Knauer*, ZWH 2012, 41 ff. (Teil 1), 81 ff. (Teil 2); *Bissels/Lützeler*, BB 2012, 189 ff.; zur Frage des sog. Anwaltsprivilegs im Rahmen von internen Untersuchungen vgl. *Mark*, ZWH 2012, 311 ff.; *Wijngaarden/Egler*, NJW 2013, 3549 ff.

228 Vgl. dazu Kap. 12 Rn 63 ff.

229 Vgl. dazu Kap. 6 Rn 67 ff. sowie *Wisskirchen/Glaser*, DB 2011, 1392 ff., mit einer instruktiven Anleitung zur professionellen Gestaltung von unternehmensinternen Untersuchungen. Vgl. auch LG Hamburg, Beschl. v. 15.10.2010 – 608 Qs 18/10 – ZIP 2011, 1025 ff., zur Frage der Beschlagnahme von Unterlagen eines Anwalts, der vom Aufsichtsrat mit einer internen Ermittlung beauftragt war. Zur kündigungsrechtlichen Frage im Zusammenhang mit unternehmensinternen Ermittlungen vgl. *Heinemeyer/Thomas*, BB 2012, 1218 ff. Zu den Strafbarkeitsrisiken im Zusammenhang mit internen Untersuchungen vgl. instruktiv *Weiß*, CCZ 2014, 136 ff. Zu den telekommunikationsrechtlichen Fragestellungen im Zusammenhang mit internen Untersuchungen (insbesondere bei dem einseitigen Zugriff des Arbeitsgebers auf E-Mails von Mitarbeitern) vgl. instruktiv *Walther/Zimmer*, BB 2013, 2933 ff. Vgl. eingehend zur Thematik nunmehr auch *Moosmayer/Hartwig*, Interne Untersuchungen.

230 Vgl. allgemein dazu und speziell zu den mit der Weitergabe von Hinweisen verbundenen Rechtsfragen (insbesondere zu Anzeige-/Auskunftspflichten) *Klasen/Schaefer*, BB 2012, 641 ff.; Behringer/*Waldzus*, Compliance kompakt, S. 233 ff. Instruktiv zur Situation bei der Deutschen Bahn, *Möhlenbeck*, CB 2013, 382 ff. Zu den Defiziten der aktuellen Gesetzeslage in Deutschland vgl. *Ghahremann*, CB 2014, 156 ff.; zur praktischen Umsetzung vgl. *Benne*, CCZ 2014, 189 ff. Zu arbeitsrechtlichen Fragen und zu praktischen Gestaltungshinweisen für ein Whistle-Blower-System sowie zu gesetzgeberischen Aspekten im Zusammenhang mit dem Schutz von Whistle-Blowern vgl. eingehend *Strack*, CB 2014, 113 ff.; vgl. auch den interessanten Entwurf für ein „Gesetz zum Schutz öffentlicher Interessen durch Förderung und Schutz von Hinweisgebern (Whistle-Blowing-Gesetz)" v. 7.4.2011, veröffentlicht vom Whistle-Blower-Netzwerk e.V., Köln, abrufbar unter http://whistleblower-net.de/pdf/WBNW_Gesetzentwurf_Whistleblowing.pdf. Eingehend zu Begriff und Formen des Whistle-Blowings sowie den damit verbundenen straf- und datenschutzrechtlichen ebenso wie zu rechtsvergleichenden Aspekten vgl., Rotsch/*Rotsch/Wagner*, Criminal Compliance, § 34 A., Rn 1 ff., 21 ff., 52 ff., 72 ff. Zum verstärkten Kündigungsschutz als Alternative zu finanziellen Anreizen im Zusammenhang mit dem Whistle-Blowing vgl. eingehend *Pitroff*, ZWH 2014, 417 ff.

Sie wurden und werden in den USA insbesondere von der dortigen Börsenaufsicht SEC gefordert[231] und finden ungeachtet der zum Teil noch ungeklärten arbeits-, mitbestimmungs- und datenschutzrechtlichen Fragen in diesem Zusammenhang[232] auch in Deutschland zunehmende Verbreitung.[233] 122

Am häufigsten werden **telefonische Hotlines** eingerichtet. Daneben finden sich zunehmend auch **intranetbasierte Systeme**.[234] 123

Zumeist sind derartige Hotlines, die vielfach zu externen Rechtsanwälten geschaltet sind,[235] nur für Unternehmensangehörige zugänglich. Es finden sich aber auch Systeme, die Geschäftspartner, Lieferanten und andere Dienstleister sowie die Öffentlichkeit insgesamt einbeziehen. Insbesondere wegen der zum Teil engen Beziehungen, die zu Geschäftspartnern bestehen, kann diese Ausweitung sinnvoll sein.[236] 124

Ungeachtet der „Nützlichkeit" von Hinweisgebersystemen aus Sicht der Kriminalitätsbekämpfung und des Selbstschutzes des Unternehmens sind derartige Systeme aus ethischer Sicht durchaus ambivalent.[237] Nicht zuletzt diese Ambivalenz dürfte der Grund dafür sein, dass **Hinweisgebersystemen** zumindest in Deutschland noch mit 125

---

231 Vgl. *Zimmer-Setter*, BB 2006, 1445, 1451, Fn 68; *Kock*, ZIP 2009, 1406 ff., Fn 1 m.w.N.; *Schürrle/Fleck*, CCZ 2011, 218 ff.; *Bock*, Criminal Compliance, S. 733.

232 Vgl. dazu nur die Nachweise bei Hauschka/*Bürkle*, Corporate Compliance, § 8 Rn 26, Fn 50; Hauschka/*Lampert*, Corporate Compliance, § 9 Rn 35, Fn 32; *Zimmer-Setter*, BB 2006, 1445, 1451, Fn 68; Behringer/*Waldzus*, Compliance kompakt, S. 233 ff.; *Lelley*, Compliance im Arbeitsrecht, S. 484 ff. Vgl. zu den datenschutzrechtlichen Fragen Kap. 11.

233 Laut der PwC, Compliance-Studie 2010, S. 31, mittlerweile in 34 % der befragten Unternehmen; zur Frage der Einführung einer Pflicht zur Installation eines Hinweisgebersystems vgl. eingehend *Bock*, Criminal Compliance, S. 734 f.; vgl. im Einzelnen KölnKomm-WpHG/*Meyer/Paetzel/Will*, § 33 Rn 124 m.w.N.; *Wiederholt/Hohmann*, BB 2011, 968, 971 f.; Görling/Inderst/Bannenberg/*de Boer*, Compliance, S. 414, Rn 400 ff., S. 318, Rn 416 ff., Anhang 4, S. 696 ff.; Wieland/Steinmeyer/Grüninger/*Tur*, Handbuch Compliance-Management, S. 701 ff. Zu der Frage, ob Arbeitnehmer bereits aus arbeitsvertraglichen Nebenpflichten verpflichtet sind, dem Arbeitgeber tatsächliches oder vermutetes Fehlverhalten mitzuteilen, vgl. *Schulz*, BB 2011, 629 ff. mit einer intensiven Auseinandersetzung zur einschlägigen Rechtsprechung. Vgl. auch Wieland/Steinmeyer/Grüninger/*Tur*, Handbuch Compliance-Management, S. 449 ff.

234 Laut der PwC, Compliance-Studie 2010, S. 31, bei 64 % der befragten Unternehmen. Vgl. auch *Bock*, Criminal Compliance, S. 738 f.; Wieland/Steinmeyer/Grüninger/*Tur*, Handbuch Compliance-Management, S. 711 ff.

235 Insbesondere weil hier der gesetzlich verankerte Vertraulichkeitsschutz eine erhöhte Offenheit des Hinweisgebers bewirken soll, vgl. Hauschka/*Lampert*, Corporate Compliance, § 9 Rn 35; instruktiv zum Hinweisgeberschutz auch *Bock*, Criminal Compliance, S. 737 ff.

236 Vgl. PwC, Compliance-Studie 2010, S. 31.

237 Hauschka/*Lampert*, Corporate Compliance, § 9 Rn 35, spricht von einem „Spannungsfeld zwischen Zivilcourage und Denunziation", in dem sich diese Systeme bewegten. Vgl. zur Thematik auch *Moosmayer*, Compliance, 2. Aufl., S. 52 ff.; vgl. *Bock*, Criminal Compliance, 734 f.

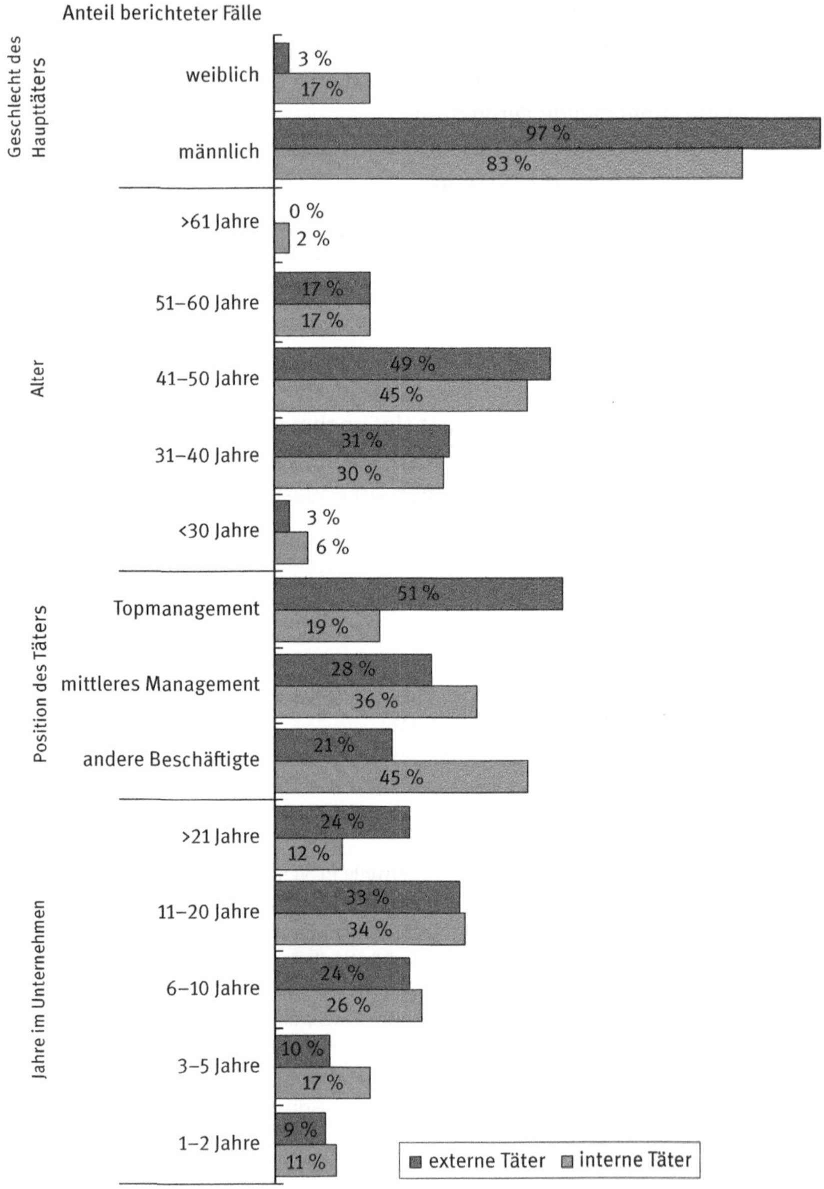

Abb. 6: Nutzung von Hinweisgebersystemen[238]

238 PwC, Wirtschaftskriminalität-Studie 2013.

erheblicher **Skepsis begegnet** wird.[239] Die insoweit am häufigsten genannten Gründe finden sich in der Abbildung 6 illustrativ wieder.

Diejenigen, die diesem Aufklärungs- und Überwachungsinstrument skeptisch begegnen, sollten im Auge behalten, dass der Gesetzgeber in Europa und Deutschland für Finanzmarktunternehmen mittlerweile die Einführung einer Whistle-Blowing-Funktion zwingend vorschreibt.[240] Damit besteht die nicht geringe Wahrscheinlichkeit, dass diese Vorgabe über kurz oder lang von Behörden oder Gerichten als „Stand der Technik" für die Gesamtwirtschaft betrachtet wird und Nichtfinanzunternehmen unter Rechtfertigungsdruck geraten, wenn sie auf eine Whistle-Blower-Einrichtung komplett verzichten.[241] Soweit die Einführung eines Whistle-Blower-Systems noch eine freiwillige Option ist, empfiehlt sich der Einsatz dieses Instruments nur bei **hinreichender Akzeptanz** im Unternehmen zu erwägen; nur in diesem Fall darf man 126

239 Die PwC, Compliance-Studie 2010, S. 32, berichtet noch von einer Ablehnungsquote i.H.v. 76 % der befragten Unternehmen. Deutlich positiver sind dagegen die empirischen Angaben in PwC, Wirtschaftskriminalität-Studie 2013, S. 84 f. Dass eine Nichtbefassung mit der Thematik nicht unbedingt hilfreich ist, zeigt die Entscheidung des EGMR, Urt. v. 21.7.2011 – 28274/08 – NJW 2011, 3501 ff., in dem eine arbeitgeberseitige Kündigung einer Pflegekraft für (menschen-)rechtswidrig erklärt wurde, die der Arbeitgeber deshalb ausgesprochen hatte, weil die Pflegekraft gegen ihn Strafanzeige wegen Missständen in der von ihm betriebenen Pflegeeinrichtung gestellt hatte. Zu dem Urteil des EGMR vgl. etwa *Becker*, DB 2011, 2202 ff.; *Simon/Schilling*, BB 2011, 2421 ff.; vgl. auch *Bock*, Criminal Compliance, S. 736. Zu den komplexen Anforderungen an die Zulässigkeit einer Strafanzeige des Beschäftigten gegen den Arbeitgeber wegen eines vermutlichen Gesetzesverstoßes vgl. auch LAG Köln, Urt. v. 5.7.2012 – 6 Sa 71/12 – ZWH 2013, 84 ff. m.w.N. und Anm. v. *Göpfert*, ZWH 2013, 86. Zum arbeitsrechtlichen Umgang beim Missbrauch von Whistle-Blowing vgl. *Stark/Christ*, CB 2013, 301 ff.

240 Vgl. Art. 71 CRD IV (Capital Requirements Directive IV – RL 2013/36/EU) v. 26.6.2013 (ABl EU Nr. L 176 S. 338 ff.) sowie § 25a Abs. 1 S. 3, 6 KWG i.d.F. des CRD IV-Umsetzungsgesetzes v. 28.8.2013 (BGBl. I S. 3395). Vgl. dazu auch European Banking Authority (EBA), Leitlinien zur Internen Governance (GL 44), Titel II, Ziffer B, Nr. 17 (S. 22) v. 27.9.2011, sowie EU-Kommission, Impact Assessment zur Richtlinie 2013/36/EU, COM(2011) 453 (final)/SEC(2011) 953 (final) v. 20.7.2011. Zu ersten Erfahrungen mit dem neuen § 25a Abs. 1 S. 3, 6 KWG vgl. instruktiv *Renz/Rohde-Liebenau*, BB 2014, 692 ff.

241 Besorgt in diesem Zusammenhang auch *Beuchert*, CCZ 2013, 144 ff., der allerdings auf „einen konkreten Verordnungsentwurf" referenziert, den er in dem Beitrag jedoch nicht näher beschreiben kann, S. 144, 146. Der Autor beruft sich allein auf Berichte im Handelsblatt v. 26./30.10.2012, die ebenfalls keine Dokumentenquelle beinhalten. Möglicherweise bezieht sich der Autor auf Art. 29 Abs. 1, 2 des Vorschlags der Europäischen Kommission für eine Verordnung des Europäischen Parlaments und des Rates über Insider-Geschäfte und Marktmanipulation (Marktmissbrauch) v. 20.10.2011 (KOM(2011) 651 endg.). Kritisch zu den Vorschlägen der Kommission zur Einführung von Whistle-Blower-Maßnahmen zur Bekämpfung von marktmissbräuchlichen Praktiken und insbesondere zur Einräumung der Möglichkeit von finanziellen Belohnungen für Hinweisgeber vgl. nur *Willert*, ZWH 2013, 135, 136 m.w.N. Zur Rolle des Prüfungsausschusses des Aufsichtsrats im Bereich Whistle-Blowing vgl. etwa *Nonnenmacher/Pohle/von Werder*, DB 2007, 2412, 2415, und Anhang I, Ziffer 4.3, Nr. 8 der Empfehlung 2005/162/EG der Europäischen Kommission v. 15.2.2005 zu den Aufgaben von nichtgeschäftsführenden Direktoren/Aufsichtsratsmitgliedern börsennotierter Gesellschaften sowie zu den Ausschüssen des Verwaltungs-Aufsichtsrats (ABl EU Nr. L 52 S. 51 ff.).

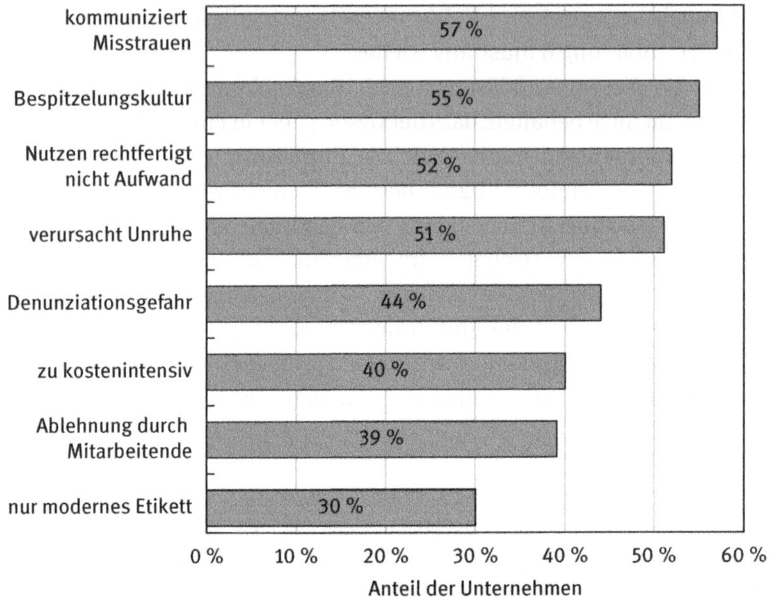

Mehrfachantworten waren möglich

Abb. 7: Gründe für die Skepsis gegenüber Hinweisgebersystemen[242]

davon positive Wirkungen erwarten.[243] Die Einführung sollte daher – ungeachtet der erwähnten arbeits- und mitbestimmungsrechtlichen Unklarheiten[244] – nur in

242 PwC, Compliance-Studie 2010, S. 33.

243 Vgl. PwC, Compliance-Studie 2010, S. 33.

244 Zumindest in Teilen besteht Rechtssicherheit hinsichtlich Zulässigkeit und Grenzen von Whistle-Blowing nach der Entscheidung des EGMR, Urt. v. 21.7.2011 – 28274/08 – NJW 2011, 3501 ff. In diesem Verfahren entschied der EMGR, dass die Entlassung einer Altenpflegerin, die ihren Arbeitgeber, einen Betreiber von Altenpflegeheimen, wegen Betrugs zulasten Dritter bei der Staatsanwaltschaft angezeigt hatte, unwirksam gewesen sei, da die Entlassung gegen Art. 10 EMRK (Recht auf freie Meinungsäußerung) verstoßen habe. Nicht zuletzt die Entscheidung des EGMR dürfte Anlass für den Gesetzentwurf einer Reihe von Abgeordneten der SPD im Bundestag und der SPD-Bundestagsfraktion zum Schutz von Hinweisgebern – Whistle-Blowern – (Hinweisgeberschutzgesetz – HinGebSchG) (BT-Drucks. 17/8567) gewesen sein. Dieser von der Parlamentsmehrheit abgelehnte Entwurf sieht die Aufstellung von „Rahmenbedingungen" für Hinweise von Beschäftigten über innerbetriebliche „Missstände" vor. Dazu regelt der Entwurf insbesondere folgende Aspekte: Benachteiligungsverbot von Hinweisgebern, Anzeigerecht, Leistungsverweigerungsrecht des Arbeitnehmers, Schadenersatzansprüche des Hinweisgebers bei Verletzung des Benachteiligungsverbots, Recht des Arbeitgebers zur Einrichtung von Hinweisgebersystemen. Ablehnend zu dem Gesetzentwurf *Mengel*, CCZ 2012, 146 ff.; *Klasen/Schaefer*, BB 2012, 641, 647. Zu einer ähnlichen, früheren gesetzgeberischen Aktivität – dem „Vorschlag für eine gesetzliche Verankerung des Informationsschutzes für Arbeitnehmer im Bürgerlichen Gesetzbuch" enger Abstimmung mit dem Betriebsrat und dem Sprecherausschuss der leitenden Angestellten erfolgen.[245] Als unternehmensinterne Meldestelle im Rahmen eines solchen Systems kann neben der Rechtsabteilung, der Internen Revision oder eines externen Ombudsmanns (z.B. eine Rechtsanwaltskanzlei) vor allem die Compliance-Abteilung dienen.[246]

F. Sanktionen

Die Ein- und Durchführung von unternehmensindividuell angemessenen Maßnahmen zur Verhinderung/Mitigation von Rechts- und Regelverstößen sowie die unkonditionierte Befolgung aller im und für das Unternehmen geltenden Vorschriften durch die Unternehmensleitung und die Mitarbeiter sollte eine Selbstverständlichkeit sein.[247] 127

Die Unternehmenswirklichkeit zeigt jedoch, dass dies auch in mittelständischen Unternehmen so selbstverständlich nicht ist. Der Erfolg von Compliance-Programmen und -Maßnahmen hängt daher nicht zuletzt auch maßgeblich davon ab, ob und wie **konsequent** Compliance-Verstöße **sanktioniert** werden.[248] Darüber hinaus verlangt auch die Rechtsprechung zur Aufsichtspflichtverletzung,[249] dass Rechts- und Regelverstöße **angemessen geahndet** werden.[250] Die Unternehmensleitung sollte daher schon aus Selbstschutz ein hohes Interesse an adäquater Sanktionierung von Compliance-Verstößen haben. Daneben sollten entdeckte Rechts- und Regelverstöße adäquat (schriftlich) dokumentiert werden (idealerweise durch den Compliance-Verantwortlichen). Durch diese Form der Transparenz kann das Unternehmen Effektivität und Effizienz seiner Compliance-Maßnahmen kontinuierlich belegen und den Nachweis fehlenden Organisationsverschuldens erheblich erleichtern.[251] 128

(Vorschlag des BMAS, BMEL sowie BMJV v. 30.4.2008; vgl. dazu Ausschuss-Drucks. 16(10)849), mit dem ein neuer § 612a BGB eingeführt werden sollte, vgl. *Renz/Rohde-Liebenau*, BB 2014, 692, 693. Zur Einführung dieses „Arbeitnehmeranzeigerechts" kam es (bislang) nicht.

245 Vgl. auch Hauschka/*Mengel*, Corporate Compliance, § 12 Rn 25 ff. Eingehend zur Ausgestaltung und Einführung von Whistle-Blower-Systemen aus datenschutz- und arbeitsrechtlicher Sicht vgl. *Seeling/Kanzenbach*, CB 2013, 76 ff. Vgl. auch Rotsch/*Wagner*, Criminal Compliance, § 34 Rn 79 ff.

246 Vgl. *Bock*, Criminal Compliance, S. 748. Instruktiv zu den Vor- und Nachteilen des Whistle-Blowings und zur praktischen Realisierung vgl. *Zimmer/Krikov*, CCZ 2013, 31 ff.; ebenfalls sehr instruktiv zur Einführung eines Whistle-Blowing-Systems: *Auer*, CB 2013, 1 ff. Zur Einführung einer an das Kartellrecht angelehnten Kronzeugenregelung für Whistle-Blower vgl. *Moosmayer*, CCZ 2013, 218 f.

247 Ähnlich auch Hauschka/*Lampert*, Corporate Compliance, § 8 Rn 49; vgl. auch *Moosmayer*, Compliance, 2. Aufl., S. 94 ff.

248 Ebenso PwC, Compliance-Studie 2010, S. 28, 29.

249 Vgl. dazu sogleich mehr unter Rn 134 ff.

250 Vgl. PwC, Compliance-Studie 2010, S. 28, Fn 20 m.w.N.

251 Ähnlich *Bock*, Criminal Compliance, S. 741.

129 Nachfolgend soll zunächst auf die dem Unternehmen selbst zur Verfügung stehenden Reaktionsmöglichkeiten eingegangen werden.[252] Im Anschluss wird ein Überblick über die staatlichen (bußgeldrechtlichen) Sanktionen bei Rechtsverstößen im Zusammenhang mit Organisationsmängeln gem. §§ 30, 130 OWiG gegeben.[253]

I. Unternehmensinterne Sanktionen

130 Nach Aufdeckung eines Verstoßes gegen (Rechts-)Vorschriften/Pflichten muss der Aufsichtspflichtige (Geschäftsleitung, Aufsichtsrat, Führungskraft etc.) eingreifen und dem Verstoß abhelfen, insbesondere die notwendigen personellen Konsequenzen ziehen und (Sofort-)Maßnahmen zur Schadenbegrenzung ergreifen.[254] Eine Sanktionierung sollte zur **Erhaltung der Glaubwürdigkeit** von Compliance-Management-Systemen und zur **Abschreckung** von Mitarbeitern/externen Tätern die Regel sein.[255] Aus denselben Gründen sollte ebenfalls eine adäquate interne **Kommunikation** von Regelverstoß und Sanktionierung auf **anonymisierter Basis** die Regel sein.[256] Empirische Untersuchungen zeigen allerdings, dass dies zumindest derzeit noch nicht der Regelfall ist. Nur eine Minderheit von Compliance-Programmen enthalten Festsetzungen zum Umgang mit Regelverstößen.[257] Auch hinsichtlich der Intensität von Sanktionen auf Compliance-Verstöße zeigt sich ein uneinheitliches Bild.

252 Vgl. unten Rn 130 ff.

253 Vgl. unten Rn 134 ff.

254 Vgl. *Bock*, Criminal Compliance, S. 724 ff. m.w.N. (Fn 1–3). Erwähnenswert ist auch, einen bestehenden Compliance-Ausschuss mit der Frage von Sanktionierungen zu befassen; so auch *Lakner*, CB 2014, 118 ff.

255 Ähnlich PwC, Compliance-Studie 2010, S. 28 f.; Hauschka/*Lampert*, Corporate Compliance, § 9 Rn 33; *Bock*, Criminal Compliance, S. 726 ff.; *Lakner*, CB 2014, 118, 123. Zur Zusammenarbeit mit Behörden bei erkannten Rechtsverstößen vgl. *Moosmayer*, Compliance, 2. Aufl., S. 98 ff. Zu der interessanten aber ambivalenten Idee, vorbildliches rechtliches Verhalten – an sich eine Selbstverständlichkeit – zu belohnen, vgl. *Bock*, Criminal Compliance, S. 730. Zu den unterschiedlichen Sanktionspraktiken vgl. die interessanten statistischen Angaben bei PwC, Wirtschaftskriminalität-Studie 2011, S. 66 ff. Instruktiv und eingehend zu den Handlungspflichten der Unternehmensleitung im Zusammenhang mit Hinweisen auf Rechts- und Regelverstöße vgl. *Gündel*, CB 2014, 397 ff.

256 Vgl. PwC, Compliance-Studie 2010, S. 28; vgl. auch *Lakner*, CB 2014, 118, 123 f. Eine entsprechende Rechtspflicht dürfte nicht bestehen, vgl. OLG Frankfurt/Main, Beschl. v. 21.9.1992 – 6 Ws (Kart) 12/91 – NJW-RR 1993, 231 ff., sowie Hauschka/*Pelz*, Corporate Compliance, § 6 Rn 29, der insoweit eine das Persönlichkeitsrecht verletzende Prangerwirkung betont.

257 Vgl. PwC, Compliance-Studie 2010, S. 28; KPMG, Wirtschaftskriminalität in Deutschland 2012, S. 20, 30.

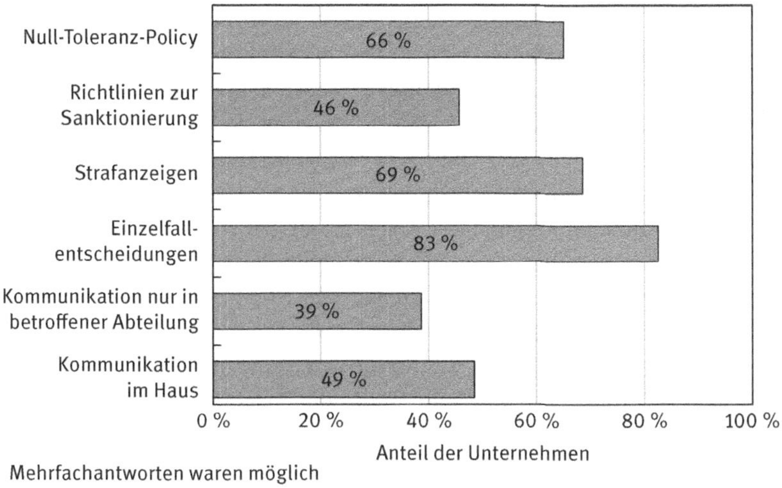

Abb. 8: Sanktionen im Rahmen von Compliance-Programmen[258]

131 Wie Abbildung 8 zeigt, bevorzugt die Mehrheit der Unternehmen eine Reaktion im Wege der Einzelfallentscheidung. Eine sog. **Zero-Tolerance-Policy**, also eine **kompromisslose Reaktion** in Form einer fristlosen Kündigung gegebenenfalls in Verbindung mit einer Strafanzeige,[259] findet sich dagegen eher weniger häufig. Es mag insbesondere bei Kartellrechtsverstößen ökonomische Argumente geben, flexibel und mit weniger drastischen Reaktionen (wie Abmahnung, finanzielle Sanktionen, Versetzung) zu reagieren.[260] Allerdings dürfte die Nichteinhaltung einer selbstauferlegten Zero-Tolerance-Policy im Einzelfall erheblich zulasten der Glaubwürdigkeit des Unternehmens gehen.[261]

132 Eine eingehende Darstellung von **arbeitsrechtlichen Sanktionen** und die damit verbundenen Restriktionen würde den hier zur Verfügung stehenden Rahmen sprengen; dementsprechend beschränken sich die nachfolgenden Ausführungen auf wenige überblicksartige Bemerkungen.[262]

258 PwC, Compliance-Studie 2010, S. 29.

259 Vgl. zum Begriff PwC, Compliance-Studie 2010, S. 28; Hauschka/*Lampert*, Corporate Compliance, § 9 Rn 33; vgl. auch *Kark*, CCZ 2012, 180, 183 ff., der instruktiv die Entwicklung des Begriffs darstellt (180 ff.). Zur Kündigung des Arbeitsverhältnisses ohne vorherige Abmahnung wegen Verstoßes gegen eine unternehmensinterne Zuwendungsrichtlinie vgl. LAG Hessen, Urt. v. 25.1.2010 – 17 Sa 21/09 – CCZ 2011, 196 ff. m. Anm. v. *Stück*, CCZ 2011, 197.

260 Vgl. dazu Hauschka/*Lampert*, Corporate Compliance, § 9 Rn 33, Fn 29.

261 So auch PwC, Compliance-Studie 2010, S. 28.

262 Vgl. dazu näher nur *Zimmer-Stetter*, BB 2006, 1445, 1449 ff. m.w.N.; *Bock*, Criminal Compliance, S. 727 ff.

133 Insbesondere bei Verstößen gegen strafrechtliche (korruptionsrechtliche) Vorschriften liegen die **üblichen (arbeits-)rechtlichen Maßnahmen** wie Abmahnung, Kündigung, Aufhebung des Arbeitsvertrags und Schadenersatz nahe.[263] Bereits die Anordnung von Untersuchungshaft kann eine Kündigung rechtfertigen. Daneben besteht grundsätzlich die Möglichkeit einer sog. Verdachtskündigung. Eine Kündigung kann ggf. mit einer sofortigen Freistellung und einem Hausverbot verbunden werden. Schließlich können im Rahmen der Vorbereitung der vorstehend genannten Maßnahmen sowie zur Substantiierung von Schadenersatzforderungen Ermittlungen des Arbeitgebers im Unternehmen erforderlich werden. Hier kommt unter anderem die Sichtung des E-Mail-Verkehrs in Betracht, den der Mitarbeiter über seinen betrieblichen E-Mail-Account abgewickelt hat; die damit verbundenen Rechtsfragen sind hochkomplex und umstritten.[264] Ebenso kann in diesem Zusammenhang eine Befragung anderer Mitarbeiter des Unternehmens erforderlich werden; auch hier stellen sich diverse arbeitsrechtliche Fragen.[265]

II. Behördliche Sanktionen gem. § 30, 130 OWiG

1. Überblick

134 Es wurde gezeigt,[266] dass der Compliance-Begriff **Rechtsverstöße** ganz **verschiedener Art** umfasst. Neben den dort behandelten Verstößen gegen insbesondere strafrechtliche Vorschriften kann es in der täglichen Praxis zu Verletzungen diverser anderer Gesetze kommen. Nur beispielhaft seien die Verletzung von Vorschriften im Zusammenhang mit dem Betrieb von genehmigungsbedürftigen Industrieanlagen[267] sowie von Strom- und Gasnetzen[268] oder bei der Beschäftigung von Fremdunternehmen[269] genannt. Um die straf- und bußgeldrechtlichen Sanktionsmöglichkeiten der jeweils zuständigen Behörden nach diesen Gesetzen soll es nachstehend nicht gehen.

135 Die folgenden Ausführungen befassen sich vielmehr ausschließlich mit den **bußgeldrechtlichen Sanktionsmöglichkeiten** in den Fällen von Aufsichtspflichtverlet-

263 Vgl. etwa *Bock*, Criminal Compliance, S. 727 f.; PwC, Wirtschaftskriminalität-Studie 2011, S. 67; *Bissels/Lützeler*, BB 2012, 189, 191 ff.
264 Vgl. nur die Nachweise bei *Zimmer-Stetter*, BB 2006, 1445, 1450, Fn 63 ff.
265 Vgl. nur die Nachweise bei *Zimmer-Stetter*, BB 2006, 1445, 1450, Fn 63 ff.
266 Vgl. Kap. 18.
267 Vgl. z.B. § 62 Abs. 1 i.V.m. §§ 4 ff. BImSchG, § 46 Abs. 1 i.V.m. §§ 4b ff. AtG.
268 Instruktiv zu den Gleichbehandlungsvorschriften des Energiewirtschaftsgesetzes vgl. *Rauch*, CCZ 2011, 175 ff.
269 Vgl. z.B. § 16 i.V.m. §§ 1 ff. AÜG.

zungen gem. §§ 30, 130 OWiG,[270] das heißt mit der ordnungswidrigkeitsrechtlichen[271] Sanktionierung von Organisationsmängeln.

Die bußgeldrechtliche Ahndung von **Aufsichtspflichtverletzungen** – und damit letztlich die gesamte Compliance-Thematik – ist rechtsgeschichtlich in Deutschland nicht neu. Die Entwicklungsgeschichte von § 130 OWiG lässt sich vielmehr zurückverfolgen bis zu § 188 der Preußischen Gewerbeordnung von 1845,[272] der strukturell weitgehend gleich mit dieser Vorschrift ist.[273] Neben §§ 30, 130 OWiG finden sich auch spezialgesetzliche Regelungen zu Aufsichtspflichtverletzungen, die im Falle von Organisationsmängeln ergänzend Anwendung finden können.[274] 136

Von einer Haftung wegen einer Aufsichtspflichtverletzung zu unterscheiden ist die unmittelbare straf- oder bußgeldrechtliche Verantwortlichkeit im Falle der Verwirklichung eines **Straf- oder Bußgeldtatbestandes durch einen Dritten.** Sog. **Beteiligter** (Anstifter) im Sinne von § 14 OWiG an einer von einem Dritten begangenen Ordnungswidrigkeit ist jeder, der die Ordnungswidrigkeit duldet bzw. von ihr weiß und sie nicht verhindert.[275] In entsprechender Weise kann jemand nach den von der Rechtsprechung entwickelten Grundsätzen zur Organisationsherrschaft[276] verfolgt werden. Die Duldung von Mitarbeiterdiebstählen aus dem Warenlager durch Vorgesetzte stellt einen typischen Anwendungsfall dieser Konstellation dar. 137

Die **Sanktionen** wegen eines **Verstoßes gegen §§ 30, 130 OWiG** können drastisch ausfallen. Eine vorsätzliche Verletzung einer Straf- oder Bußgeldvorschrift im 138

270 Vgl. auch *Moosmayer*, Compliance, 2. Aufl., S. 11, 14; Wieland/Grüninger/Steinmeyer/*Späth*, Handbuch Compliance-Management, S. 183 ff.; *Grützner/Liesch*, DB 2012, 787 ff.; Görling/Inderst/Bannenberg/*Schrödel*, Compliance, S. 487, Rn 149 ff. Zu der Frage, ob ein uneingeschränktes Prüfungstestat auf Basis des IDW PS 980 tatbestandsausschließende Wirkung in Bezug auf § 130 OWiG hat, vgl. einerseits *Gelhausen/Wermelt*, CCZ 2010, 203, 209, und andererseits *Rieder/Jerg*, CCZ 2010, 201, 202. Zu §§ 30, 130 OWiG speziell unter Compliance-Aspekten vgl. Rotsch/*Bock*, Criminal Compliance, § 8 Rn 1 ff.

271 Zur zivilrechtlichen Haftung von Aufsichtspflichtverletzungen vgl. nur Hauschka/*Pelz*, Corporate Compliance, § 6 Rn 33 ff. m.w.N.; *Moosmayer*, Compliance, 2. Aufl., S. 17 f. Zur (offenen) Frage der Bußgeld reduzierenden Wirkung von Compliance-Programmen in Kartellbußgeldverfahren vgl. *Krebs/Eufinger/Jung*, CCZ 2011, 213 ff. Generell zur Auswirkung von Compliance-Management-Maßnahmen auf straf- und ordnungswidrigkeitenrechtliche Sanktionen für Organisationsmängel vgl. eingehend *Kulhanek*, ZWH 2015, 94 ff.

272 Allgemeine Gewerbeordnung v. 17.1.1845 (Gesetz-Sammlung S. 41). § 188 PrGewO lautet: „Sind polizeiliche Vorschriften von dem Stellvertreter eines Gewerbetreibenden bei Ausübung des Gewerbes übertreten worden, so ist die Strafe zunächst gegen den Stellvertreter festzusetzen; ist die Übertretung mit Vorwissen des Vertretenen begangen worden, so verfallen beide der gesetzlichen Strafe."

273 Zur geschichtlichen Entwicklung vgl. näher KarlsruherKomm-OWiG/*Rogall*, § 130 Rn 7 m.w.N.

274 Vgl. dazu Hauschka/*Pelz*, Corporate Compliance, § 6 Rn 2; BGH, Beschl. v. 4.2.1986 – KRB 11/85 – NStZ 1986, 367, zur presserechtlichen Aufsichtspflicht.

275 Vgl. Hauschka/*Pelz*, Corporate Compliance, § 6 Rn 4.

276 Vgl. dazu nur BGH, Urt. v. 26.7.1994 – 5 StR 98/94 – BGHSt 40, 218, 236 ff.; Hauschka/*Pelz*, Corporate Compliance, § 6 Rn 4 m.w.N.

Rahmen von § 30 Abs. 1 OWiG kann mit einer Geldbuße bis 10 Mio. € geahndet werden (§ 30 Abs. 2 S. 1 Nr. 1 OWiG).[277] Eine fahrlässige Verletzung kann mit bis zu 5 Mio. € **Buße** belegt werden (§ 30 Abs. 2 S. 1 i.V.m. Nr. 2 OWiG). Die Buße trifft das aufsichtspflichtige Unternehmen. Bei einem Verstoß gegen eine Straf- oder Bußgeldnorm im Rahmen von § 130 Abs. 1 OWiG lauten die regelmäßigen Maximalbeträge 500.000 € bzw. 1 Mio. € (§ 103 Abs. 3 S. 1; § 17 Abs. 2 OWiG). Unter bestimmten Voraussetzungen können diese Beträge aber überschritten werden (130 Abs. 3 S. 2 bis 4 OWiG). Im Falle des § 130 OWiG trifft die Bußgeldpflicht allerdings die Führungskraft **persönlich**, das heißt es ist aus ihrem **versteuerten Vermögen** zu zahlen.

139 Alle Maximalbeträge können überschritten werden. Wenn der Aufsichtspflichtige bzw. das Unternehmen aus der begangenen Ordnungswidrigkeit und/oder einer gleichzeitig verübten Straftat einen höheren Vorteil erlangt, kann die Buße auch höher festgesetzt werden (§ 17 Abs. 4 Satz 2 OWiG).[278] Dies kann insbesondere bei massiven Kartellrechtsverstößen zum Tragen kommen.[279]

2. § 130 Abs. 1 OWiG

140 Nach § 130 Abs. 1 OWiG macht sich bußgeldpflichtig, wer als Inhaber eines Betriebes oder Unternehmens vorsätzlich oder fahrlässig diejenigen Aufsichtsmaßnahmen unterlässt, die erforderlich und zumutbar sind, um einen Verstoß gegen betriebsbezogene Pflichten zu verhindern, deren Verletzung mit Strafe oder Geldbuße bedroht ist und der Verstoß durch gehörige Aufsichtsmaßnahmen hätte verhindert oder wesentlich erschwert werden können.

141 Die wesentlichen Elemente dieser Vorschrift sollen nachfolgen näher betrachtet werden.[280]

a) Normadressaten

142 Adressat von § 130 Abs. 1 OWiG ist in erster Linie der **„Inhaber“** eines **Betriebes oder Unternehm**ens. Bei juristischen Personen (also insbesondere bei AG und GmbH) ist dies **jedes Mitglied des Vorstandes** bzw. der Geschäftsführung. Bei Personenhandelsgesellschaften (also insbesondere bei KG oder oHG) ist jeder geschäftsführende Gesellschafter erfasst.[281]

---

277 Zur drastischen Erhöhung (Verzehnfachung!) der bislang geltenden Höchstbeträge (1 Mio. € bzw. 500.000 €) sowie zur Erleichterung zur Bußgeldfestsetzung bei (Gesamt-)Rechtsnachfolgen vgl. *Hugger*, BB 2012, 2125 ff.; *Altenburg/Purkert*, BB 2014, 649, 650 f.

278 Vgl. auch Hauschka/*Pelz*, Corporate Compliance, § 6 Rn 2, Fn 4.

279 Zu dem Vorschlag einer Neufassung von §§ 30, 130 OWiG vgl. *Beulke/Moosmayer*, CCZ 2014, 146 ff.; *Grützner*, CCZ 2015, 56, 57 ff., 60 ff.; *Makowicz*, CB 2015, 45, 47.

280 Eingehend zu dieser Norm unter Compliance-Aspekten vgl. *Bock*, Criminal Compliance, 362 ff.

281 Vgl. nur Hauschka/*Pelz*, Corporate Compliance, § 6 Rn 7 ff.

Als Inhaber i.S.v. § 130 Abs. 1 OWiG sind aber auch diejenigen erfasst, die rechtsgeschäftlich (also insbesondere durch Arbeitsvertrag, durch Übertragung handelsrechtlicher Vertretungsmacht wie **Prokura** oder Handlungsvollmacht) beauftragt wurden, einen Betrieb ganz oder teilweise zu leiten (§ 9 Abs. 2 Nr. 1 OWiG, § 14 Abs. 2 Nr. 1 StGB). Dies trifft insbesondere auf Leiter von operativen Einheiten zu, aber auch die Leiter von Einheiten der Linienorganisationen, wie Finanz- und Rechnungswesen, Einkauf, Interne Revision, Recht, Compliance oder Personal. Gleiches gilt für Leiter von Zweigniederlassungen oder Zweigbetrieben.[282] Gemäß § 9 Abs. 2 Nr. 2 OWiG, § 14 Abs. 2 Nr. 2 StGB gilt entsprechendes für alle eigenverantwortlich handelnden Beauftragten des Unternehmens, wie z.B. Sicherheits-, Arbeits-, Umweltschutz oder Strahlenschutzbeauftragte.[283] Danach dürfte auch der Gleichstellungsbeauftragte gem. § 8 Abs. 5 EnWG von diesem Normzweck erfasst sein. 143

Im Falle einer Aufgabendelegation bleibt dem Inhaber immer die Pflicht zur ordnungsgemäßen Beaufsichtigung desjenigen, auf den die Aufgabenerledigung übertragen wurde. In Kollegialorganen (Vorstände, Geschäftsführungen) verbleibt es bei besonders wichtigen Angelegenheiten trotz interner Geschäftsverteilung bei der Verantwortlichkeit aller Organmitglieder.[284] 144

Die vorstehenden Grundsätze dürften im Konzernverhältnis entsprechend gelten, d.h., der Vorstand/die Geschäftsführung der Muttergesellschaft ist auch aufsichtspflichtig gegenüber den Vorständen/Geschäftsführungen der Konzerngesellschaften.[285] 145

Für Unternehmen der Daseinsvorsorge ist wichtig zu wissen, dass die Regelung des § 130 Abs. 1 OWiG uneingeschränkt auch für öffentliche Unternehmen gilt (§ 130 Abs. 2 OWiG). Erfasst sind **öffentliche Unternehmen** unabhängig von ihrer Rechtsform, d.h. Eigen- und Regiebetriebe sind ebenso umfasst wie rechtsfähige Anstalten des öffentlichen Rechts oder Unternehmen in Privatrechtsform, wenn der Staat oder einer seiner Untergliederungen wirtschaftlich ganz oder teilweise hinter dem Unternehmen steht.[286] 146

b) Erforderliche/zumutbare Aufsichtsmaßnahmen

Voraussetzung für eine **Verantwortlichkeit** gem. § 130 Abs. 1 OWiG ist die Verletzung „gehöriger" Aufsichtspflichten. Nach § 130 Abs. 1 S. 2 OWiG gehört zu den „erforder- 147

282 Ähnlich Hauschka/*Pelz*, Corporate Compliance, § 6 Rn 10.
283 Vgl. auch Hauschka/*Pelz*, Corporate Compliance, § 6 Rn 11.
284 Vgl. nur Hauschka/*Pelz*, Corporate Compliance, § 6 Rn 12.
285 Diese Auffassung ist nicht unumstritten. Insbesondere die Frage, welche Einflussmöglichkeiten die Obergesellschaft auf die Konzerngesellschaften haben muss, wird kontrovers diskutiert; vgl. dazu nur KarlsruherKomm-OWiG/*Rogall*, § 130 Rn 25 m.w.N.; a.A. dagegen Hauschka/*Pelz*, Corporate Compliance, § 6 Rn 17 m.w.N. der Rechtsprechung.
286 Vgl. ähnlich auch KarlsruherKomm-OWiG/*Rogall*, § 130 Rn 28, 29.

lichen“ Aufsichtsmaßnahmen auch die Bestellung, sorgfältige Auswahl und Überwachung von Aufsichtspersonen.

148 Ganz generell geht es damit um das Unterlassen von Aufsichtsmaßnahmen, die erforderlich und zumutbar sind.[287] Was dies konkret bedeutet, kann nach der Rechtsprechung nur im Einzelfall bestimmt werden.[288] Orientierungspunkte sind hier insbesondere Art, Größe und Organisation des Unternehmens, Risikobehaftetheit der Unternehmenstätigkeit (technisch z.B. Betrieb von Anlagen; ökonomisch z.B. Wettbewerbsmaßnahmen), Anzahl der Mitarbeiter, Rechtsverstöße in der Vergangenheit sowie die Stellung/Position des Aufsichtspflichtigen und die tatsächlichen Überwachungsmöglichkeiten.[289]

149 Das Unternehmen ist nicht zu einer flächendeckenden, lückenlosen Kontrolle verpflichtet, sondern darf – bei Fehlen gegenteiliger Indizien – grundsätzlich ein sog. **erlaubtes Risiko** eingehen und sich entsprechend dem sog. **Vertrauensgrundsatz** darauf verlassen, dass die Mitarbeiter sich regelkonform (compliant) verhalten.[290] Gefordert sind außerdem nur Aufsichtsmaßnahmen, die mit hoher Wahrscheinlichkeit (nicht mit absoluter Sicherheit) Gewähr dafür bieten, dass Regelverstöße verhindert werden.[291]

150 Bei allen **Aufsichtsmaßnahmen** ist immer auch die Beachtung der Würde der Mitarbeiter zu respektieren. Jede unverhältnismäßige, das Betriebsklima übermäßig belastende Ausforschung hat daher zu unterbleiben. Nicht zumutbar sind also Aufsichtsmaßnahmen, die **schikanös** oder **entwürdigend** sind oder zu einer übermäßigen Bürokratisierung führen würden.

151 Eine abschließende Aufzählung der erforderlichen und zumutbaren Aufsichtsmaßnahmen ist daher nicht möglich. Ganz generell kann jedoch festgestellt werden, dass zu einer „gehörigen“ Aufsicht die Beachtung folgender Pflichten gehört:[292]

- sorgfältige Auswahl bei der Einstellung und Aufgabenbetrauung von Mitarbeitern;
- Einführung/Weiterentwicklung einer sachgerechten Unternehmensorganisation und präzisen Aufgabenverteilung;
- ständige Instruktion/Information der Mitarbeiter über die zu erfüllenden Aufgaben und Pflichten;
- angemessene Überwachung/Kontrolle (Stichproben) der ordnungsgemäßen Aufgabenerfüllung durch die Mitarbeiter sowie
- Androhung/Verhängung von angemessenen Sanktionen bei festgestellten Pflichtverstößen.

---

287 Vgl. KarlsruherKomm-OWiG/*Rogall*, § 130 Rn 36, 38 m.w.N. der Rechtsprechung; Hauschka/*Pelz*, Corporate Compliance, § 6 Rn 14.

288 KarlsruherKomm-OWiG/*Rogall*, § 130 Rn 38 m.w.N. der Rechtsprechung.

289 Vgl. auch Hauschka/*Pelz*, Corporate Compliance, § 6 Rn 14 m.w.N.

290 Vgl. dazu etwa *Bock*, Criminal Compliance, S. 681 ff., 707 ff.

291 Vgl. zum Ganzen nur KarlsruherKomm-OWiG/*Rogall*, § 130 Rn 40, 43, 49 m.w.N.

292 Vgl. nur KarlsruherKomm-OWiG/*Rogall*, § 130 Rn 40, 51 ff. m.w.N.; Hauschka/*Pelz*, Corporate Compliance, § 6 Rn 18 ff.

Da eine Aufsichtspflicht lediglich hinsichtlich **betriebsbezogener Pflichten** besteht,[293] erstreckt sich diese Pflicht auch nur auf Personen, die mit der Wahrung von betrieblichen Aufgaben beauftragt sind, das heißt jedoch nicht, dass sie zwingend Mitarbeiter des Unternehmens sein müssen. Letzteres ist vor allem bei der Beauftragung von Subunternehmern sowie der Einschaltung von Leiharbeitern von Relevanz.[294] Bei Unternehmen ist dies z.B. virulent, wenn Subunternehmer in der Produktion eingesetzt werden; gleiches gilt aber auch für externe Reinigungs- und Sicherheitskräfte. 152

Bei Subunternehmern besteht also keine **Aufsichtspflicht**, sofern sie keine innerbetrieblichen Aufgaben wahrnehmen,[295] sondern im eigenen Interesse handeln. Aber auch im letzteren Fall können sich aus dem Aspekt der Verkehrssicherungspflicht Überwachungspflichten ergeben, die im Rahmen von § 130 Abs. 1 OWiG relevant sind.[296] 153

c) Verstoß gegen betriebsbezogene Pflichten

Ein Verstoß gegen eine **Aufsichtspflicht** kann nur gem. § 130 Abs. 1 OWiG geahndet werden, wenn im Betrieb/Unternehmen ein straf-/bußgeldbewehrter Verstoß gegen eine Pflicht begangen wurde, die den **Inhaber** selbst trifft. 154

Damit stellt sich die Frage, welche **Pflichtverstöße von Mitarbeitern** im Rahmen von § 130 Abs. 1 OWiG überhaupt relevant sind. Unzweifelhaft erfasst sind alle sog. **Sonderdelikte**, also Ge- und Verbote, die sich an den Inhaber des Betriebes/Unternehmens als Betreiber einer Anlage, als Arbeitgeber (Arbeitsschutz- und Sicherheitsregeln), als Fahrzeughalter und ähnliches richten.[297] In der Rechtsliteratur wird überwiegend bejaht, dass auch Allgemeindelikte, wie Betrug, Untreue, Korruptionsdelikte im Privatrechtsverkehr, unter Amtsträgern betriebsbezogene Taten sein können, wenn sie im Zusammenhang mit der Führung eines Betriebes/Unternehmens stehen.[298] Insbesondere im Bereich der Korruption dürfte diese weite Auslegung für Unternehmen von Interesse sein. 155

293 Vgl. dazu instruktiv BGH, Urt. v. 20.10.2011 – 4 StR 71/11 – ZWH 2012, 338, 339.

294 Hauschka/*Pelz*, Corporate Compliance, § 6 Rn 16; KarlsruherKomm-OWiG/*Rogall*, § 130 Rn 92.

295 So OLG Hamm, Beschl. v. 27.2.1992 – Ss OWi 652/91 – NStZ 1992, 499; BayOblG, Beschl. v. 18.2.1998 – 4 St RR 2/98 – NStZ 1998, 575.

296 Ähnlich Hauschka/*Pelz*, Corporate Compliance, § 6 Rn 16, Fn 34 m.w.N. der Rechtsprechung.

297 Ähnlich Hauschka/*Pelz*, Corporate Compliance, § 6 Rn 3.

298 Vgl. die instruktive Übersicht über den Meinungsstand bei KarlsruherKomm-OWiG/*Rogall*, § 130 Rn 79 ff.; bejahend Hauschka/*Pelz*, Corporate Compliance, § 6 Rn 3. Zur Relevanz von §§ 30, 130 OWiG im Rahmen von sog. Kick-backs vgl. *Gerst/Meinecke*, CCZ 2011, 96, 99 ff.

3. § 30 OWiG

156 In Ergänzung zu § 130 Abs. 1 OWiG, das heißt zur Vermeidung einer Besserstellung von juristischen Personen gegenüber natürlichen Personen und damit zur Vermeidung von Strafbarkeitslücken,[299] kann gem. § 30 Abs. 1 OWiG eine **Geldbuße gegen das Unternehmen** (juristische Person/Personenvereinigung)[300] selbst verhängt werden, wenn ein vertretungsberechtigtes Organ (das heißt dessen Mitglieder), ein leitender Angestellter oder ein sonstiger Aufsichtspflichtiger eine Straftat oder eine Ordnungswidrigkeit begangen haben und dadurch entweder eine betriebsbezogene Pflicht verletzt wurde oder das Unternehmen bereichert wurde/werden sollte.

157 Die wesentlichen Elemente dieser Vorschrift sollen nachfolgend näher erläutert werden.

a) Normadressaten

158 Normadressaten von § 30 Abs. 1 OWiG sind **juristische Personen** und **Personenvereinigungen.**

159 Gemeint sind damit sowohl juristische Personen des Privatrechts (z.B. AG, GmbH) als auch rechtsfähige Personengesellschaften (z.B. oHG, KG, Außen-GbR).[301] Nach herrschender Meinung sind auch Anstalten und Stiftungen sowie Körperschaften des öffentlichen Rechts erfasst,[302] was insbesondere für kommunale Eigen- und Regiebetriebe im Bereich der Energie- und Wasserversorgung von Relevanz ist.

b) Täterkreis der Bezugstat

160 Voraussetzung für die Festsetzung einer Geldbuße gem. § 30 Abs. 1 OWiG gegen ein Unternehmen ist, dass eine Straftat/Ordnungswidrigkeit von einer Person begangen wurde, die in § 30 Abs. 1 S. 1 Nr. 1 bis 5 OWiG genannt sind.

161 Ähnlich wie bei § 130 Abs. 1 OWiG sind hier die Mitglieder des **Vorstandes/der Geschäftsführung** eines Unternehmens ebenso erfasst wie **leitende Angestellte** jeder Art, also insbesondere Generalbevollmächtigte, Prokuristen oder Handlungsbevollmächtigte.[303] Hinzu kommen die schon bei § 130 Abs. 1 OWiG erwähnten Personen mit speziellen Kontrollbefugnissen.[304] Bei § 30 Abs. 1 OWiG ist zu beachten, dass Mitglieder des Aufsichtsrats mangels Vertretungsbefugnis nicht Täter einer Bezugstat sein können.[305] Externe Rechnungs- oder Wirtschaftsprüfer dürften ebenfalls nicht

299 Vgl. KarlsruherKomm-OWiG/*Rogall*, § 30 Rn 17.
300 Vgl. dazu etwa *Bock*, Criminal Compliance, S. 265 f.
301 Vgl. nur KarlsruherKomm-OWiG/*Rogall*, § 30 Rn 30, 37.
302 Vgl. KarlsruherKomm-OWiG/*Rogall*, § 30 Rn 32 m.w.N.
303 Vgl. oben Rn 9 ff.
304 Vgl. oben Rn 134 ff.
305 Vgl. KarlsruherKomm-OWiG/*Rogall*, § 30 Rn 69.

erfasst sein, da sie keine Vertretungsbefugnis haben und auch keinen Einfluss auf die Verwaltung des Unternehmens ausüben.

c) Bezugstat

Die Verhängung einer Geldbuße gem. § 30 Abs. 1 OWiG gegen ein Unternehmen setzt weiterhin voraus, dass jemand aus dem vorstehend umrissenen Täterkreis eine **Straftat/ Ordnungswidrigkeit** begangen hat, 162

- durch welche eine Pflicht verletzt wird, die das Unternehmen selbst trifft, oder
- durch die das Unternehmen bereichert worden ist.

aa) Betriebsbezogene Pflicht

Damit stellt sich zunächst die Frage, wann eine „betriebsbezogene" Pflicht im vorstehenden Sinne vorliegt.[306] Angesichts des nahezu deckungsgleichen Wortlauts von § 130 Abs. 1 und § 30 Abs. 1 OWiG an dieser Stelle – in § 30 Abs. 1 OWiG fehlen insoweit lediglich die Worte „als solche" – liegt es nahe, hier auf die entsprechenden Ausführungen zu § 130 Abs. 1 OWiG zu verweisen.[307] Bei § 30 Abs. 1 OWiG kommt daher lediglich noch hinzu, dass auch ein Verstoß gegen § 130 OWiG selbst eine Bezugstat gem. § 30 Abs. 1 OWiG ist. Die **Aufsichtspflichtverletzung** gem. § 130 Abs. 1 OWiG führt damit über § 30 Abs. 1 OWiG letztlich zu einem „Durchgriff" auf das Unternehmen, wenn ein von § 30 Abs. 1 OWiG erfasster Bezugstäter seine Aufsichtspflicht verletzt hat.[308] 163

bb) Bereicherung

Eine Bereicherung des Unternehmens im Sinne von § 30 Abs. 1 OWiG liegt bei **jeder günstigeren Gestaltung** der Vermögenslage des Unternehmens vor. Damit sind auch mittelbare Vorteile erfasst wie etwa eine durch Bestechung oder Kartellrechtsverstoß verbesserte Wettbewerbssituation. Der aus solchen Taten erlangte Vorteil kann im Wege der Schätzung bestimmt und abgeschöpft werden (§ 29a Abs. 1, Abs. 3 S. 1 OWiG).[309] 164

---

306 So auch KarlsruherKomm-OWiG/*Rogall*, § 30 Rn 72.
307 Ähnlich letztlich auch KarlsruherKomm-OWiG/*Rogall*, § 30 Rn 73, der die genannte Diskrepanz im Wortlaut nutzt, um von § 30 OWiG auch die sog. allgemeinen Delikte als erfasst anzusehen, vgl. KarlsruherKomm-OWiG/*Rogall*, § 30 Rn 73, 76; anders dagegen für § 130 OWiG, vgl. KarlsruherKomm-OWiG/*Rogall*, § 130 Rn 85 ff.
308 KarlsruherKomm-OWiG/*Rogall*, § 30 Rn 75.
309 KarlsruherKomm-OWiG/*Rogall*, § 30 Rn 82, 83 m.w.N.

Kapitel 6
Maßnahmen und Regelwerke

A. Überblick

Kernfunktion von Compliance ist die Vermeidung von Regelverstößen aller Art im Unternehmen.[1] 1

Im Teil II dieses Buches[2] wurden bereits die wesentlichen gesetzlichen Vorgaben beschrieben und erläutert, die (auch) mittelständische Unternehmen in der Praxis zu beachten haben, wenn Nachteile materieller und immaterieller Art vermieden werden sollen, die aus Gesetzesverstößen resultieren können. Compliance als risikomitigierende Unternehmensfunktion zielt darauf ab, derartige Verstöße zum einen durch sachgerechte organisatorische Vorkehrungen möglichst gering zu halten oder gar auszuschließen; darauf wurde im vorangegangenen Kapitel näher eingegangen.[3] Die Unternehmenspraxis hat gezeigt, dass es für die **Minimierung/Vermeidung von Regelverstößen** äußerst nützlich sein kann, organisatorisch-strukturelle Vorkehrungen um klare Handlungsanweisungen für Mitarbeiter zu ergänzen.[4] Derartige Regelwerke ermöglichen es, im Unternehmen ausgewählte Sachverhalte und Prozesse in effizienter Weise unternehmensweit eindeutig zu gestalten. Sie dienen dem Unternehmen bei der Erfüllung ihrer Organisationspflichten und verschaffen den Mitarbeitern ein klares Bild über das von ihnen im Betrieb erwartete Verhalten. 2

Wegen der verhaltenssteuernden Wirkung sollte die Einführung (nicht unbedingt ihre Konzeptionierung) nicht ohne Einbeziehung des Betriebsrates erfolgen.[5] Es ist nicht auszuschließen, dass die nachstehend näher beschriebenen Regelwerke zumindest in Teilen nach § 87 Abs. 1 BetrVG[6] mitbestimmungspflichtig sind.[7] Unabhängig davon empfiehlt sich eine möglichst frühzeitige Einbeziehung des Betriebsrates auch aus Gründen der Akzeptanzerhöhung – ein Regelwerk, das die ausdrückliche Befür- 3

---

1 Vgl. dazu Kap. 4 Rn 1 ff.

2 Vgl. Kap. 2 Rn 1 ff.

3 Vgl. Kap. 5 Rn 1 ff.

4 Zu sonstigen Präventionsmaßnahmen vgl. Kap. 5 Rn 82 ff.

5 Ähnlich Wieland/Steinmeyer/Grüninger/*Saitz/Tempel/Brühl*, Handbuch Compliance-Management, S. 230; *Stork*, CB 2013, 89, 91; *Bittmann/Mujan*, BB 2012, 637 ff., 1604 ff.

6 Betriebsverfassungsgesetz (BetrVG) v. 25.9.2001 (BGBl. I S. 2518), zuletzt geändert durch Gesetz v. 20.4.2013 (BGBl. I S. 868).

7 Vgl. dazu nur *Kock*, ZIP 2009, 1406 ff. m.w.N., der sich auch mit der Frage der arbeitsrechtlichen Einführung von Regelwerken – über das Direktionsrecht des Arbeitgebers, mittels Ergänzung des Arbeitsvertrages oder durch Betriebsvereinbarung – befasst, *Kock*, ZIP 2009, 1406, 1410 ff. Vgl. näher zur Thematik auch *Knitter*, BB 2013, 821, 822 ff. Vgl. ebenfalls *Hoffmann*, BB 2014, 3061 ff., der neben den mitbestimmungsrechtlichen auch die individual-arbeitsrechtlichen Aspekte von Compliance-Richtlinien instruktiv behandelt.

wortung der Arbeitnehmervertretung hat, sollte von Beginn an eine hohe Akzeptanz in der Mitarbeiterschaft finden.[8]

4 Aus der Vielzahl der existierenden und denkbaren Regelwerke mit Compliance-Bezug soll nachfolgend nur eine Auswahl dargestellt werden, bei der unterstellt werden kann, dass sie auch für mittelständische Unternehmen von Interesse ist.[9]

5 Zu Beginn sollen deshalb Ethikregeln dargestellt werden, die den Mitarbeitern generelle **Wertmaßstäbe** für ihr Verhalten als Unternehmensangehörige an die Hand geben.[10] Wie sich Mitarbeiter in der komplexen Situation einer behördlichen Durchsuchung idealerweise verhalten sollten, wird in sog. Durchsuchungsrichtlinien geregelt.[11] Auf eine compliancefeste Ausgestaltung der betrieblichen Beschaffungsvorgänge zielen sog. Beschaffungsrichtlinien ab.[12] Wie Mitarbeiter idealerweise mit Einladungen, Geschenken oder sonstigen zu gewährenden oder entgegen zunehmenden Vorteilen umgehen sollten, wird in sog. Incentive-Richtlinien[13] festgelegt. Auch der sachgerechte Umgang mit Öffentlichkeitsmedien ist für viele keine Selbstverständlichkeit und bedarf daher klarer Vorgaben.[14] Den Abschluss bildet sodann ein Überblick über sonstige Regelwerke, die sich auch in der Praxis von mittelständischen Unternehmen als nützlich erwiesen haben.[15]

B. Ethikregeln (Code of Conduct)

I. Zielsetzung/Funktion

6 Ethikregeln[16] stellen das **moralisch-ethische „Grundgesetz“** eines Unternehmens dar. Sie bilden für alle Unternehmensangehörigen die fundamentale Messlatte für ihr Verhalten im Unternehmen und möglicherweise auch darüber hinaus. Nach ihrer Einführung, insbesondere nach ihrer Übersendung an die Mitarbeiter, sind die Ethikregeln faktisch öffentlich. Die anschließende Veröffentlichung der Regeln auf

8 Allgemein zum Prozess zur Einführung von unternehmensinternen Regelwerken vgl. instruktiv *Stork*, CB 2013, 89 ff.

9 Zu Struktur und Inhalt sowie zu den im Wesentlichen durch unternehmensinterne Regelwerke abzudeckende Bereiche vgl. instruktiv Rotsch/*Moosmayer*, Criminal Compliance, § 34 A. Rn 56 ff.

10 Vgl. Rn 6 ff.

11 Vgl. Rn 11 ff.

12 Vgl. Rn 24 ff.

13 Vgl. Rn 45 ff.

14 Vgl. Rn 62 ff.

15 Vgl. Rn 74 ff.

16 Vgl. auch das Muster eines Code of Conduct bei Görling/Inderst/Bannenberg/*Inderst*, Compliance, Anh. 2, S. 656 ff., sowie die eingehende Darstellung der Thematik bei Wieland/Steinmeyer/Grüninger/*Mackert/Kathrein*, Handbuch Compliance-Management, S. 597 ff.

der Website des Unternehmens sollte die logische Konsequenz einer transparenten Öffentlichkeitsarbeit des Unternehmens sein.[17] Das Unternehmen muss sich also bewusst sein, dass die Öffentlichkeitsmedien künftig jedes Verhalten von Unternehmensangehörigen, insbesondere natürlich der Unternehmensleitung, an diesen Regeln messen wird. Vor allem Energieversorgungsunternehmen, die seit längerem eine erhöhte Medienaufmerksamkeit in Deutschland zu verzeichnen haben, sollten diesen Effekt vor Augen haben.[18]

Vor allem wegen der (faktischen) Öffentlichkeitswirkung muss sich das Unter- 7
nehmen daher **vor Einführung von Ethikregeln** bewusst sein, dass alle zu formulierenden Ziele und Vorgaben auch tatsächlich vom Unternehmen und seinen Angehörigen in der täglichen Praxis eingehalten werden können. Dabei ist der Status quo des Geschäfts ebenso in den Blick zu nehmen wie etwaig geplante Erweiterungen der Unternehmensaktivitäten, sei es inhaltlich, sei es geographisch. Eine Konsistenzprüfung vor Einführung von Ethikregeln und deren ständige Überprüfung und Aktualisierung sollte daher zwingend eingeplant werden.[19] Eine klare Ablehnung von jeder Beteiligung an Korruptionsaktivitäten dürfte bei einem auf Deutschland fokussiertem Geschäft noch vergleichsweise einfach zu praktizieren sein. Sobald jedoch Geschäftsaktivitäten insbesondere Asien, Russland oder China hinzukommen, kann die Einhaltung dieser Ablehnung unerwartet schnell mit operativen und finanziellen Zielen konfligieren. Auch ein Bekenntnis zum Umwelt- und Naturschutz kann bei bestimmten Produktionsbedingungen schnell zu kontroversen Diskussionen mit Öffentlichkeitsmedien und Umweltschutzverbänden führen.

Wichtig ist schließlich auch, die Konsistenz von Ethikregeln und „nachgela- 8
gerten" **Verhaltensrichtlinien** für spezielle Bereiche sicherzustellen. So sollte eine Ablehnung von Korruption in den Ethikregeln klare Vorgaben zur Beschäftigung von „Beratern" im Ausland zur Folge haben.[20]

---

17 Instruktiv zur praktischen Ausgestaltung und Einführung eines Code of Conducts *Timmerbell/Spachmüller*, CB 2013, 221 ff., die auch auf die arbeitsrechtlichen Implikationen der Einführung eingehen.

18 Für den Bereich der kommunalen Unternehmen vgl. VKU, Compliance in kommunalen Unternehmen, S. 75 ff.

19 Ähnlich Wieland/Steinmeyer/Grüninger/*Saitz/Tempel/Brühl*, Handbuch Compliance-Management, S. 229; PricewaterhouseCoopers/Martin-Luther-Universität Halle-Wittenberg, Compliance und Unternehmenskultur, S. 26.

20 Vgl. auch Wieland/Steinmeyer/Grüninger/*Saitz*, Handbuch Compliance-Management, S. 164 f.

II. Wesentliche Regelungsinhalte

9 Ethikregeln finden sich heute nahezu in allen Branchen und bei Unternehmen jeder Größenordnung und Ausgestaltung.[21] Dies gilt auch für Energieversorgungsunternehmen. Auch kleinen und mittelgroßen Energieversorgern ist die Einführung von Ethikregeln daher grundsätzlich zu empfehlen.[22]

10 Die **wesentlichen Inhalte** bzw. **Struktur von Ethikregeln** lassen sich ganz generell wie folgt zusammenfassen:[23]

- Allgemeine Verhaltensgrundsätze
  - **Integres Verhalten**, Bekenntnis zum rechtmäßigen Verhalten, Bekenntnis zum Umweltschutz, zum sozialadäquaten Verhalten (Ehrlichkeit, Verschwiegenheit, Respekt, Nichtdiskriminierung, Diversität), zur gesellschaftlichen Verantwortung.
- Umgang mit anderen
  - Umgang mit Behörden, Politikern, Arbeiternehmervertretern, Geschäftspartnern, Kollegen und Mitarbeitern.
- Vermeidung von Interessenkonflikten
  - Verzicht auf **wettbewerbswidrige Verhaltensweisen**, Verzicht auf Korruption,[24] Geldwäsche, Verhalten bei Auftragsvergaben/Ausschreibungen, Verzicht auf Insiderhandel/ marktmissbräuchliche Praktiken.
- Umgang mit Informationen
  - Umgang mit Geschäftsgeheimnissen, Bekenntnis zum Datenschutz.

---

21 Vgl. etwa die Verhaltensrichtlinie von DaimlerChrysler, Der DaimlerChrysler Code of Conduct für Kunden/Lieferanten, abrufbar unter http://www.mercedes-benz-classic.com/content/media_library/hq/hq_mpc_reference_site/general/CodeOfConduct_de_pdf.object-Single-MEDIA.download.tmp/Code_of_Conduct_deutsch.pdf; die Richtlinie zum geschäftlichen Verhalten von Textron, Business Conduct Guidelines, abrufbar unter http://www.textron.com/assets/resources/textron_business_conduct_04.pdf; den Code of Conduct der ehemaligen WestLB, abrufbar unter http://www.portigon.com/cm/content/portigon/i/en/portigon-ag/unsere-verantwortung/compliance/_jcr_content/marginalparsys/download/file.res/Code%20of%20conduct.pdf.

22 Ähnlich auch Wieland/Steinmeyer/Grüninger/*Saitz/Tempel/Brühl*, Handbuch Compliance-Management, S. 229, für mittelständische Unternehmen allgemein. Zu den Implementierungsmöglichkeiten (Direktionsrecht des Arbeitgebers, Vereinbarung im Arbeitsvertrag, Vertriebsvereinbarung) vgl. *Kock*, ZIP 2009, 1406, 1410 f. Zu den insoweit zu beachtenden betrieblichen Beteiligungsrechten des Betriebsrats vgl. BAG, Beschl. v. 17.5.2011 – 1 ABR 121/09 – CCZ 2012, 119 ff. mit Anm. *Stück* = ZWH 2013, 120; vgl. auch *Grimm/Freh*, ZWH 2013, 45 ff.

23 Vgl. zum Nachfolgenden nur Wieland/Steinmeyer/Grüninger/*Saitz/Tempel/Brühl*, Handbuch Compliance-Management, S. 228 ff., sowie die vorstehend genannten Verhaltensrichtlinien (vgl. Fn 21). Zur arbeitsrechtlichen Bewertung von Ethikregeln insbesondere zur Frage der Mitbestimmungspflichtigkeit von Ethikregeln vgl. nur *Kock*, ZIP 2009, 1406, 1408 ff.

24 Zur Position der Europäischen Kommission (Generaldirektion Wettbewerb) zur sog. Kartellrechts-Compliance vgl. die Broschüre „Compliance Matters", 2012, abrufbar unter http://www.lumsa.it/sites/default/files/UTENTI/u601/Compliance%20matters.pdf. Dazu auch *Soyez*, CCZ 2011, 25 ff.

C. Verhalten bei behördlichen Durchsuchungen

I. Zielsetzung/Funktion

Neben der Polizei und der Staatsanwaltschaft im Strafermittlungsverfahren[25] sind auch diverse andere Behörden in der Lage, sich die Berechtigung zu verschaffen, Wohn- und Geschäftsräume zu durchsuchen. So etwa: 11

- die Finanzbehörden,[26]
- die nationalen Wettbewerbsbehörden,[27]
- die Europäische Kommission in ihrer Eigenschaft als Kartellbehörde[28] oder auch
- die nationalen Energieregulierungsbehörden.[29]

Behördliche Durchsuchungen von Geschäftsräumen sind auch keine Seltenheit. Dies gilt insbesondere im Zusammenhang mit dem Vorwurf von Kartellrechtsverstößen. So hat die Europäische Kommission in der Zeit von 2005 bis 2009 28 Nachprüfungen bei insgesamt 174 Unternehmen durchgeführt. In Deutschland hat das Bundeskartellamt (**BKartA**) allein 2008 20 Durchsuchungen in 78 Unternehmen und 16 Privatwohnungen vorgenommen.[30] Die 2007 bei RWE und E.ON von der Europäischen Kommission vorgenommenen Durchsuchungen[31] zeigen, dass z.B. auch Energieversorger von solchen Maßnahmen betroffen sein können. 12

Die Anordnung und Durchführung einer Durchsuchung besagt zwar noch nichts über das Vorliegen eines Rechtsverstoßes aus, dennoch kann durch eine solche Maßnahme der **Geschäftsablauf nachhaltig beeinträchtigt** werden,[32] insbesondere wenn es im Rahmen der Durchsuchung zu umfangreichen Beschlagnahmungen von Unternehmensunterlagen und -gegenständen wie IT-Komponenten kommt. Je besser deshalb ein Unternehmen und seine Mitarbeiter auf behördliche Durchsuchungsmaßnahmen vorbereitet sind, umso weniger besteht das Risiko, dass es in Folge 13

---

25 §§ 98, 105 StPO. Zur Durchsuchung im Unternehmen vgl. *Helck*, CB 2014, 83, 85 ff.; *Szesny*, CB 2014, 159 ff.; *Campos-Nave/Celik*, CB 2014, 256 ff.

26 Vgl. §§ 399, 404 AO i.V.m. §§ 98, 105 StPO.

27 Vgl. §§ 58, 59 GWB. Vgl. dazu instruktiv *Birnstiel/Janka/Schubert*, DB 2014, 467, 472 ff.

28 Vgl. Art. 20 KartellverfahrensVO (VO (EG) 1/2003) v. 16.12.2002 (ABl EU Nr. L 1 S. 1 ff.).

29 §§ 69, 70 EnWG.

30 Vgl. die Angaben bei *Crozals/Jürgens*, CCZ 2009, 92, 93 m.w.N.

31 Vgl. *Schulte*, Spektakuläre Durchsuchung beim Stromriesen Eon, 1.6.2006, abrufbar unter http://www.berliner-zeitung.de/archiv/verdacht-der-eu-kommission--wettbewerbswidrige-absprachen-mit-dem-rwe-konzern-spektakulaere-durchsuchung-beim-stromriesen-eon,10810590,10391176.html; FAZ NET, EU-Ermittler durchsuchten EON-Zentrale, 1.6.2006, kostenpflichtig abrufbar unter www.faz.net/ (Suchbegriff: EU-Ermittler durchsuchten EON-Zentrale).

32 *Crozals/Jürgens*, CCZ 2009, 92, 93, 97.

dieses Eingriffs zu substantiellen ökonomischen[33] Nachteilen für das Unternehmen kommt.[34]

14 Ein wichtiger Teilaspekt dieser Vorbereitung der Mitarbeiter sind sog. **Durchsuchungsrichtlinien**, die nachfolgend näher beschrieben werden sollen.[35]

II. Wesentliche Regelungsinhalte

15 Eine Richtlinie, die den gesamten Durchsuchungsakt[36] abdecken will, könnte z.B. nach folgenden Abschnitten strukturiert werden:[37]

- Ankunft der Durchsuchungspersonen beim Unternehmen,
- Vorbereitung der Durchsuchungsmaßnahme,
- Durchsuchung von Räumen/Befragung von Personen (insbesondere Mitarbeitern),
- Versiegelung von Räumen,
- Nachbereitung der Durchsuchung im Unternehmen.

16 Im Rahmen des zur Verfügung stehenden Raumes sei hinsichtlich der einzelnen Phasen insbesondere Folgendes angemerkt.

1. Ankunft der Durchsuchungspersonen im Unternehmen

17 Durchsuchungsbeamte erscheinen nicht selten schon sehr früh im Unternehmen, d.h. zu Beginn der offiziellen Geschäftszeiten. Unterstellt man, dass insbesondere in Verwaltungsgebäuden von Unternehmen zunehmend die sog. gleitende Arbeitszeit gilt, die auch einen sehr frühen Arbeitsbeginn erlaubt, muss auch mit einem sehr frühen

33 *Crozals/Jürgens*, CCZ 2009, 92, 93, weisen zu Recht auch auf das reputative Risiko aufgrund von negativer Medienberichterstattung hin; vgl. dazu auch näher unten Rn 62 ff.

34 *Crozals/Jürgens*, CCZ 2009, 92, 93, 97; vgl. auch *Bock*, Criminal Compliance, S. 749.

35 Weitere wichtige Vorbereitungs(Compliance)maßnahmen in diesem Zusammenhang sind kartellrechtliche Schulungen von Mitarbeitern, die insbesondere Studien konkreter Fälle beinhalten, simulierte Durchsuchungen (sog. Mock Dawn Raids) und E-Learning-Programme; vgl. *Crozals/Jürgens*, CCZ 2009, 92, 97. Eingehend zu den Fragen, ob §§ 30, 130 OWiG (vgl. dazu Kap. 5 Rn 135 ff.) die Unternehmensleitung zur Durchführung sog. interner Ermittlungen bei Auftreten von Verdachtsmomenten im Unternehmen verpflichten und welche Anforderungen bei derartigen Untersuchungen zu beachten sind, vgl. *Grützner/Leisch*, DB 2012, 787, 791; *Knauer*, ZWH 2012, 41 ff.; *Knauer*, ZWH 2012, 81 ff. Zur Frage des sog. Anwaltsprivilegs im Rahmen von internen Untersuchungen vgl. *Mark*, ZWH 2012, 311 ff.

36 Nachfolgend geht es allein um die Bewältigung des Durchsuchungsaktes selbst. D.h., die immer auch notwendigen Kommunikationsaktivitäten in der Richtung Öffentlichkeitsmedien, Kapitalmarkt, Aufsichtsrat und bei kommunalen Unternehmen in Richtung Politik müssen selbstverständlich hinzutreten, vgl. auch *Crozals/Jürgens*, CCZ 2009, 92, 94.

37 Vgl. auch *Crozals/Jürgens*, CCZ 2009, 92, 94 ff.

Durchsuchungsbeginn gerechnet werden.[38] Erfahrungen aus der Unternehmenswirklichkeit zeigen, dass zu diesem **frühen Zeitpunkt** insbesondere die Führungsebene des Unternehmens nicht immer vollständig anwesend ist. Das heißt, der erste, der mit den Beamten konfrontiert wird, ist der Pförtner. Er muss deshalb besonders gut vorbereitet sein.[39] Für ihn sind daher folgende Maßnahmen vorzusehen:

- Frage nach den Dienstausweisen,
- Notieren von Name, Dienstgrad, Behörde,
- Information des Durchsuchungsbeauftragten des Unternehmens (in der Regel eine Führungskraft aus der Rechtsabteilung oder ein dafür bestellter externer Rechtsanwalt),
- Bitte an die Beamten, das Eintreffen des Durchsuchungsbeauftragten abzuwarten,
- Benachrichtigung der Person, die die Beamten sprechen möchten.

2. Vorbereitung der Durchsuchungsmaßnahmen

Vor Beginn der Durchsuchung sollte der **Durchsuchungsbeauftragte** versuchen, das 18
konkrete Vorgehen mit den Beamten abzustimmen, um den Geschäftsablauf so wenig wie möglich zu stören. Hier sollte insbesondere Folgendes geschehen:

- Anfertigung einer Kopie des Durchsuchungsbeschlusses, um den genauen Umfang der Durchsuchung zu fixieren,
- Bereitstellung von Räumlichkeiten für die Durchsuchungsbeamten,
- Bereitstellung von Kopiermöglichkeiten für die Durchsuchungsbeamten,
- Klärung der einzusehenden Akten/Räumlichkeiten,
- Ermöglichung des Zugangs zu IT-Komponenten (Ermittlung von Passwörtern)/ Beiziehung eines IT-Experten des Unternehmens.

3. Durchsuchung von Räumen/Befragung von Personen

Die Durchsuchungsbeamten sind berechtigt, alle im Durchsuchungsbeschluss ge- 19
nannten Räumlichkeiten, Grundstücke und Transporte zu betreten. Mitarbeitern der Europäischen Kommission ist der entsprechende Zugang aktiv zu ermöglichen, bei sonstigen Bearbeitern besteht (nur) eine Verpflichtung den **Zutritt zu dulden**. Hier sollte aber nicht übersehen werden, dass die Durchsuchungsbeamten nach deutschem Strafprozessrecht berechtigt sind, sich den Zugang ggf. gewaltsam (Aufbre-

38 Der englische Begriff Dawn Raid scheint nicht von ungefähr zu kommen, anders wohl *Crozals/ Jürgens*, CCZ 2009, 92, 94.
39 Vgl. auch Hauschka/*Lampert*, Corporate Compliance, § 9 Rn 25.

chen von Türen etc.) zu verschaffen.[40] Während des gesamten Durchsuchungsvorganges gilt es insbesondere Folgendes zu beachten:

- Beistellung eines Juristen (Syndikusanwalt oder externer Rechtsanwalt) für jeden Durchsuchungsbeamten, der sämtliche Aktivitäten des Beamten protokolliert; gleichzeitig werden alle anderen Mitarbeiter aus der Umgebung des Beamten entfernt,
- Kopieren von Unterlagen/Datenbeständen, falls der Durchsuchungsbeamte die Originale mitnehmen möchte,
- Kennzeichnung von Geschäftsgeheimnissen als solche,
- Treffen einer Vereinbarung mit dem Durchsuchungsbeamten über Dokumente, bei denen streitig ist, ob sie dem sog. Legal Privilege[41] unterfallen (Verfahren der „versiegelten Umschläge"),[42]
- Sicherstellung, dass nur Unterlagen/Daten herausgegeben werden, die vom Durchsuchungsbeschluss umfasst sind (insbesondere wichtig bei Daten, die ggf. auf Servern im Ausland lagern),
- Vermeidung von weitergehenden, insbesondere mündlichen Informationen durch Mitarbeiter.

20 Die Durchsuchungsbeamten werden sich ggf. das Recht nehmen, Mitarbeiter ad hoc zu befragen. Beamte der Europäischen Kommission sind dazu umfassend berechtigt; das Fragerecht deutscher Beamter nach der Strafprozeßordnung (StPO)[43] ist dagegen beschränkt.[44] Dementsprechend sind Mitarbeiter wie folgt (im Rahmen einer Durchsuchungsrichtlinie) zu informieren:

- Verpflichtung zur Beantwortung der gestellten Fragen entsprechend dem vorstehend genannten Umfang, es sei denn, der Mitarbeiter würde sich selbst belasten,
- Verpflichtung zur Preisgabe von Passwörtern,
- Möglichkeit (nicht Recht) zur schriftlichen Beantwortung komplexer Fragen.

21 Die **Antworten der Mitarbeiter** werden von den Durchsuchungsbeamten **protokolliert**, der Durchsuchungsverantwortliche sollte davon eine Kopie erbitten.

---

40 Vgl. auch *Crozals/Jürgens*, CCZ 2009, 92, 93 f., und § 95 StPO. Vgl. dazu näher Kap. 12 Rn 65 ff.

41 Vgl. *Crozals/Jürgens*, CCZ 2009, 92, 96.

42 Vgl. Art. 20 Abs. 2e KartellverfahrensVO.

43 Strafprozeßordnung (StPO) i.d.F. der Bekanntmachung v. 7.4.1987 (BGBl. I S. 1074, 1319), zuletzt geändert durch Gesetz v. 21.1.2015 (BGBl. I S. 10).

44 Vgl. § 161a StPO.

4. Versiegelung von Räumlichkeiten

Durchsuchungen können unter Umständen mehrere Tage andauern. Durchsuchungs- 22
beamte sind daher berechtigt, Räume und Gegenstände (z.B. Computer) am Ende eines Durchsuchungstages zu versiegeln. Aus praktischer Sicht ist sicherzustellen, dass die angebrachten Siegel nicht beschädigt werden (etwa durch externe Reinigungskräfte), da dies Bußgelder zur Folge haben kann.[45] Mitarbeiter und externe Kräfte sind entsprechend prophylaktisch (mittels der Durchsuchungsrichtlinie) und im konkreten Fall zu informieren.

5. Nachbereitung der Durchsuchung im Unternehmen

Für die Zeit nach Beendigung einer Durchsuchung sollte die Durchsuchungsrichtlinie 23
insbesondere Folgendes vorsehen:

- Bitte an die Durchsuchungsbeamten um Aushändigung eines **Durchsuchungsprotokolls**,
- Anfertigung einer Liste aller kopierten/beschlagnahmten Unterlagen, Datensätze, Gegenstände,
- Zusammenstellung aller Protokolle über mündliche Aussagen von Mitarbeitern,
- Anfertigung eines Gedächtnisprotokolls über den Hergang der Untersuchung.

D. Beauftragung von externen Dienstleistern und Lieferanten

I. Zielsetzung/Funktion

Die Beauftragung externer Dienstleister verschiedenster Art beinhaltet auch für mit- 24
telständische Unternehmen vielfältige Risiken von korrupten Verhaltensweisen und sonstigen Rechtsverstößen.[46] Die Bandbreite reicht hier von Unregelmäßigkeiten bei Auftragsvergaben über Bestechungsaktivitäten (insbesondere auch bei Beauftragung von „Geschäftsvermittlern“ im Ausland) vielfältigster Art über Untreuetaten im Rahmen von Beschaffungsvorgaben bis hin zu Verstößen des Arbeitnehmerüberlassungsrechts. Auch kleinere und mittlere Unternehmen können hier in verschiedener Hinsicht betroffen sein.

Um diese Vorgänge möglichst frei von Unregelmäßigkeiten zu halten, gilt es, ein 25
Höchstmaß an **Transparenz** und **Standardisierung** im Beauftragungs- und Beschaffungsprozess einzuführen. Maßgeblich dazu beitragen können entsprechende Richt-

---

45 Vgl. Art. 23 Abs. 1e KartellverfahrensVO. Europäische Kommission, Entsch. v. 30.1.2008 – COMP/B-1/39.326 – WuW 2008, 1033 ff. – E.ON.

46 Vgl. dazu bereits Kap. 5 Rn 118.; vgl. dazu auch *Moosmayer*, Compliance, 1. Aufl., S. 69 ff.

linien, die den verantwortlichen Mitarbeitern eine klare Leitlinie für ihr Verhalten in diesem Zusammenhang geben.

26 Wie diese Art von unternehmensinterner Regelung ausgestaltet sein könnte, soll nachfolgend am Beispiel einer sog. Richtlinie zur Beauftragung von Werkunternehmern aufgezeigt werden. Mit entsprechenden sachbezogenen Modifikationen dürfte die nachstehende Konzeption auch auf andere Beschaffungsvorgänge anwendbar sein.[47]

II. Wesentliche Regelungsinhalte

1. Anwendungsbereich

27 Zunächst gilt es, den Anwendungsbereich der Richtlinie möglichst präzise zu fixieren. Beim Werkunternehmerbegriff sollte dies keine besonderen Probleme aufwerfen; allenfalls der Hinweis auf die Einbeziehung von virtuellen/geistigen Werken wie die Entwicklung von IT-Software kann nützlich sein. Schwieriger ist dagegen, den Umfang des Beraterbegriffs festzulegen. Hier muss insbesondere geklärt werden, ob neben dem „typischen" **Unternehmensberater** auch Berater durch Politiker oder eine Investmentbankunterstützung (etwa bei Beteiligungserwerben) erfasst sein sollen. Auch die Frage, inwiefern externe Rechtsberater, Wirtschaftsprüfer oder Steuerberater unter die Richtlinie fallen sollen, ist zu entscheiden. Gegen die Einbeziehung der zuletzt genannten Berater in einen standardisierten Auswahl- und Beauftragungsprozess spricht, dass es in diesen Fällen sehr stark auf die Persönlichkeit des Beraters ankommt und diese Berater regelmäßig ein besonderes Vertrauen genießen.

2. Schwellenwerte

28 Um den mit der Richtlinie verbundenen Verwaltungsaufwand im Rahmen zu halten, sollten Schwellenwerte vorgesehen werden, ab denen die Richtlinienvorgaben zu beachten sind.

29 Die Schwellenwerte sollten an das **Auftragsvolumen** anknüpfen und können für Berater und Werk-/Subunternehmer unterschiedlich hoch sein. Die konkrete Höhe sollte von der Geschäftsführung beschlossen und periodisch (z.B. alle drei Jahre) auf ihre Angemessenheit überprüft werden.

---

47 Unternehmen, die dem öffentlichen Vergaberecht unterfallen wie Energie- oder Wasserversorger oder Unternehmen des Öffentlichen Personennahverkehrs unterliegen in ihren Beschaffungsvorgängen detaillierten Verfahrensvorgaben (vgl. §§ 97 ff. GWB, §§ 1, 6 ff. SektVO, §§ 1 ff. VgV, §§ 1 ff. VOB/A, §§ 1 ff. VOL/A, §§ 1 ff. VOF), die deutlich detailliertere Beschaffungsregelwerke benötigen.

3. Angebotseinholung

Grundsätzlich sollte keine Beauftragung von Beratern, Werk- oder Subunternehmern nur auf Basis eines Angebots erfolgen, sondern jeweils, wenn möglich, wenigstens drei Angebote eingeholt werden. 30

Bei Rechts-, Personal- und politischen Beratern kann wegen der Natur der Sache eine Ausnahme erwogen werden. Da es hier vielfach auf die persönliche/fachliche Qualifikation des Beraters ankommt, kann eine solche Ausnahme gerechtfertigt sein. Als Sicherung könnte hier vorgesehen werden, dass die Inanspruchnahme der Ausnahme einer schriftlichen Begründung bedarf. 31

4. Checkliste

Um zu verhindern, dass unternehmensinterne Ressourcen in Verhandlungen mit Anbietern vergeudet werden, die bei Zugrundelegung der Richtlinie nicht als Vertragspartner in Betracht kommen, sollten die unternehmensinternen Verantwortlichen **vor** Aufnahme von Vertragsverhandlungen eine Checkliste abhaken müssen, die am Ende zeigt, ob der avisierte Beratervertrag oder Werk-/Subunternehmervertrag richtlinienkonform ist. 32

Die zu erstellende und der Richtlinie als Anhang beizufügende **Checkliste** sollte **alle wesentlichen Regelungen** der Richtlinie enthalten. Es sollte festgelegt werden, dass die Überschreitung einer bestimmten Anzahl von „JA"- oder „NEIN"-Antworten einen Vertragsabschluss ausschließt. Alternativ könnte sich an ein solches Ergebnis ein **Eskalationsprozess** bis hin zur Geschäftsführung anschließen, um ggf. einen Vertragsschluss auf Basis dieses transparenten Eskalationsprozesses ausnahmsweise zu gestatten. 33

5. Überprüfung

Insbesondere zur Vermeidung von **Reputations- und finanziellen Schäden** sollten unbekannte Berater oder Werk-/Subunternehmer vor Erteilung des Zuschlags angemessen überprüft werden. 34

Maßgebliche Aspekte sind hier insbesondere: 35

- fachliche Expertise,
- persönliche Integrität/Unbescholtenheit,
- Verwandtschaftsbeziehungen zu Mitarbeitern.

Die Überprüfung sollte von der beauftragenden Einheit auf Basis allgemein zugänglicher Quellen erfolgen (insbesondere hinsichtlich der Expertise). Im Übrigen kann der zu Beauftragende verpflichtet werden, entsprechende schriftliche Erklärungen abzugeben (Integrität, Verwandtschaft). Dies könnte anhand einer zu erstellenden **Formularerklärung** oder im Berater-/Werkvertrag erfolgen. Bereits in der Vergangenheit überprüfte Berater oder Werkunternehmer sollten in regelmäßigen Abstän- 36 den erneut geprüft werden; bei Vorliegen ausreichender Hinweise sollte eine sofortige neue Überprüfung vorgesehen werden.

6. Dokumentation von Vertragsverhandlungen/Vergabeentscheidung/ Beauftragung

37 Die mit dem potenziellen Berater oder Werk-/Subunternehmer geführten Verhandlungen sollten in ihren Grundzügen von der verantwortlichen Führungskraft schriftlich und lückenlos dokumentiert und archiviert werden. Dies dient der internen Transparenz der Entscheidungsfindung und der eventuellen Anspruchssicherung/-abwehr im Falle von späteren (Rechts-)Streitigkeiten.

38 Entsprechendes gilt auch für die Vergabeentscheidung. Die anschließende Beauftragung sollte ebenfalls schriftlich erfolgen. Sie sollte ausschließlich durch hinreichend vertretungsberechtigte Personen vorgenommen werden (z.B. auf Basis einer Unterschriftenrichtlinie). Die Beauftragung sollte ausschließlich auf Basis eines standardisierten Mustervertrages[48] erfolgen.

7. Verwendung von Musterverträgen

39 Sowohl für den Einsatz von Beratern als auch für die Beauftragung von Werk-/Subunternehmen sollte jeweils ein Mustervertrag entwickelt werden. Dieser Mustervertrag ist grundsätzlich unverändert abzuschließen. Modifikationen sollten grundsätzlich nur an den im Muster vorgesehenen Stellen (Leistungsbeschreibung, Preis, Laufzeit etc.) zugelassen werden. Sonstige Änderungen sollten ausschließlich nach vorheriger Abstimmung mit der Rechtsabteilung gestattet sein.

40 Hinsichtlich des Mustervertrages für Werk-/Subunternehmer ist Augenmerk insbesondere auf die Einhaltung der Anforderungen des **Arbeitnehmerüberlassungsgesetzes** (AÜG)[49] zu legen. Hier sind vor allem Kriterien einzuarbeiten, die **für** einen Werkvertrag und **gegen** eine Arbeitnehmerüberlassung sprechen.

41 Insoweit sind insbesondere folgende Aspekte maßgeblich:
- Sicherstellung der unternehmerischen Eigenverantwortlichkeit und Dispositionsfreiheit des Werk-/Subunternehmers,
- Vereinbarung eines qualitativ individualisierten, dem Unternehmer zuzurechnenden Werkergebnisses,
- Vereinbarung eines ausschließlichen Weisungsrechts des Werkunternehmers gegenüber seinen Arbeitnehmern, die im Betrieb des Auftraggebers arbeiten,

---

48 Vgl. dazu sogleich Rn 39 ff.

49 Arbeitnehmerüberlassungsgesetz (AÜG) v. 3.2.1995 (BGBl. I S. 158), zuletzt geändert durch Gesetz v. 11.8.2014 (BGBl. I S. 1348).

- Übernahme des Unternehmerrisikos durch den Werk-/Subunternehmer (insbesondere: Gewährleistungspflicht),
- Vereinbarung einer herstellerbezogenen Vergütung,[50]
- Verwendung von sog. Compliance-Klauseln.[51]

Um sicherzustellen, dass kein Verdacht einer unzulässigen Arbeitnehmerüberlassung aufkommt, wenn Fremdfirmen eingesetzt werden, sollten insbesondere folgende Vorgaben in die Richtlinie aufgenommen werden: 42

8. Vertragsarchivierung/Vertragscontrolling

Neben der Festlegung der Voraussetzungen für die Verhandlung und den Abschluss 43 von **Berater-/Werkunternehmer-/Subunternehmerverträgen** in einer Richtlinie sollten noch einige **ergänzende Maßnahmen praktischer/organisatorischer Art** in Betracht gezogen werden. Sämtliche abgeschlossenen **Berater-/Werkunternehmer-/Subunternehmerverträge** sollten aus Gründen des Dokumentenschutzes im Original an zentraler Stelle archiviert werden. In den operativen Einheiten sollten dagegen lediglich elektronische/papierne Kopien verbleiben.

Die Archivierung sollte in geschützter Form erfolgen (insbesondere kontrollierter 44 Zugang, Schutz gegen Feuer und Wasser). Als Archivierungsstelle kommt neben der Rechtsabteilung auch das Controlling in Betracht. Um insbesondere der Geschäftsführung einen permanenten Überblick über Art und Umfang der bestehenden Berater-/Werkunternehmer-/Subunternehmerverträge zu geben, sollte (idealerweise) das Controlling (einmal jährlich im Rahmen einer Sitzung der Geschäftsleitung auf Basis einer schriftlichen Unterlage) über den Stand berichten und dabei ggf. auch Hinweise auf möglicherweise bedenkliche Entwicklungen geben.

50 Vgl. dazu nur Schaub/*Koch*, Arbeitsrecht, § 120 Rn 8.

51 Dabei handelt es sich um Standardformulierungen (in der Regel also Allgemeine Geschäftsbedingungen) i.S.v. §§ 305 ff. BGB, mit deren Hilfe Unternehmen sich von ihren Geschäftspartnern die Einhaltung von Rechtsvorschriften und ggf. auch eigener unternehmensinterner Regeln zusichern lassen. An die Verletzung solcher Klauseln werden regelmäßig mehr oder weniger scharfe Folgen geknüpft. Instruktiv zu den rechtlichen Anforderungen an (die Wirksamkeit) solche(r) Klauseln *Teicke/Reemt*, BB 2013, 771 ff.; ebenso *Lakner*, CB 2014, 248, 250 f.; *Markgraf/Rücker*, CB 2014, 467 ff.

E. Umgang mit Einladungen, Geschenken und sonstigen Vorteilen (sog. Incentive-Richtlinien)

I. Zielsetzung/Funktion

45 Anbahnung, Aufrechterhaltung und Intensivierung geschäftlicher Beziehungen als **integraler Bestandteil jeder unternehmerischen Tätigkeit** sind auf der ganzen Welt nicht ohne Einhaltung der Mindeststandards von Höflichkeit und Gastfreundschaft denkbar.[52] Das Anbieten von Wasser oder Kaffee sowie von belegten Broten im Rahmen von mehrstündigen Sitzungen ist schlicht Ausdruck zivilisatorischer Kultur. Auch das Verschenken geringwertiger Gegenstände, wie Kugelschreiber oder Taschenkalender mit Werbeaufdrucken sind Ausdruck sozialadäquaten Verhaltens.[53] Schwierig, weil ggf. strafrechtlich von Relevanz,[54] wird es dagegen, wenn **Einladungen, Geschenke oder sonstige Vorteile** objektiv und ggf. auch subjektiv einen hohen (Stellen-)Wert haben.[55] Hier beginnt der Bereich der **Korruption**, den es zu meiden gilt.[56]

46 Um die Unternehmensangehörigen (einschließlich der Geschäftsleitung) vor persönlichen Nachteilen und das Unternehmen vor materiellen und reputativen Schäden zu bewahren, die im Zusammenhang mit der Gewährung oder der Annahme

---

52 Vgl. auch *Moosmayer*, Compliance, 1. Aufl., S. 66 ff.

53 Vgl. nur Schönke/Schröder/*Heine*, StGB, 28. Aufl., § 331 Rn 18, 29a m.w.N. auch der Rechtsprechung.

54 Vgl. dazu näher Kap. 18. Zu den strafrechtlichen Fragen im Zusammenhang mit der Gewährung/Annahme von Zuwendungen vgl. etwa *Campos Nave*, CB 2014, 394 ff.

55 Vgl. dazu etwa den Leitfaden der Sponsorenvereinigung S 20 – The Sponsors' Voice, Hospitality und Strafbarkeit – ein Leitfaden, Juli 2011, abrufbar unter http://www.dosb.de/fileadmin/fm-dosb/downloads/recht/Sponsoren_S20_leitfaden_250711.pdf, der sich eingehend mit den Rechtsfragen „rund um die Einladungspraxis von Sponsoren bei Sport- und Kulturveranstaltungen" befasst (S. 3). Instruktiv zu diesem Leitfaden *Hugger*, CCZ 2012, 65 ff. Speziell zu hochwertigen Eventeinladungen (Fußballweltmeisterschaft 2014 in Brasilien) vgl. *Fissenewert*, CB 2013, 255 ff., der insbesondere die Vorgaben des BGH im „Utz/Classen-Urteil" (Urt. v. 14.10.2008 – 1 StR 260/08 – NJW 2008, 3580 ff.) zur Anwendung bringt.

56 Zur Umsetzung der OECD-Anti-Korruptionskonvention und zum Stand der Korruptionsbekämpfung in Deutschland vgl. *Dörrbecker/Stammler*, DB 2011, 1093. Zur Untreue gem. § 266 StGB unter Compliance-Aspekten vgl. *Bock*, Criminal Compliance, S. 348 ff. Vgl. auch Bundesministerium des Innern, Initiativkreis Korruptionsbekämpfung Wirtschaft/Bundesverwaltung, Fragen-/Antwortenkatalog zum Thema Annahme von Belohnungen, Geschenken und sonstigen Vorteilen (Zuwendungen), 9.12.2011, abrufbar unter http://www.bmi.bund.de/SharedDocs/Downloads/DE/Themen/OED_Verwaltung/Korruption_Sponsoring/initiativkreis_korruptionspraevention.pdf?__blob=publicationFile. Zur Notwendigkeit einer Reform des § 299 StGB vgl. *Wolf*, CCZ 2014, 29 ff. Zu einigen aktuellen empirischen Belegen für den Bereich Korruption vgl. Ernst & Young, Fraud Survey – Ergebnisse für Deutschland, Juni 2014, abrufbar unter http://www.ey.com/Publication/vwLUAssets/Praesentation_zur_EY_Fraud_Survey_2014/$FILE/Praesentation-EY-Fraud-Survey-2014.pdf.

von Vorteilen entstehen können, ist das Ziel und die Aufgabe von sog. **Incentive-Richtlinien.**[57] Mit Hilfe derartiger Richtlinien wird den Unternehmensangehörigen verdeutlicht, welche Regeln, Grenzen und Prozesse insoweit aus Sicht des Unternehmens zu beachten sind.[58]

II. Wesentliche Regelungsinhalte

1. Anwendungsbereich

Zunächst sollte präzise definiert werden, welche **Art von Zuwendungen** von den 47
Vorgaben der Richtlinie erfasst sein sollen.

Da die Rechtsprechung zu Korruptionsdelikten den für die Problematik Zuwen- 48
dung bekanntlich relevanten **Vorteils-Begriff** sehr weit auslegt,[59] sollte der Kreis der erfassten Zuwendungen ebenfalls entsprechend groß sein. Zu erfassen und zu definieren sind hierbei insbesondere folgende Begriffe:

- „Sachgeschenke",
- Einladungen zu „geschäftlichen/fachlichen" Veranstaltungen (Kongresse, Tagungen, Workshops etc.),
- Einladungen zu „Vergnügungsveranstaltungen" (insbesondere aus den Bereichen Sport, Kultur, Wissenschaft, Kunst),
- Geldgeschenke.

Erfasst sein sollten aber auch Zuwendungen immaterieller Art, die geeignet sind, ins- 49
besondere den Ehrgeiz und die Eitelkeit des Menschen zu befriedigen, also insbesondere:

- Einladungen von/an herausragende(n) politische(n) gesellschaftliche(n) Würdenträgern/Persönlichkeiten (Empfänge, Hintergrundgespräche, Matineen, Soireen etc.),

57 Zu den thematisch „verwandten" sog. Sponsoring-Richtlinien vgl. unten Rn 74 ff. Für den Bereich der kommunalen Unternehmen vgl. die Empfehlungen in VKU, Compliance in kommunalen Unternehmen, S. 70, 79 ff. Zu den Regelungen für Bedienstete des Staates und seiner Untergliederungen vgl. *Lejeune*, CB 2014, 2003 ff.

58 Zur Möglichkeit des Arbeitgebers bei Verstößen gegen eine Compliance-Richtlinie das Arbeitsverhältnis ohne vorherige Abmahnung zu kündigen, vgl. ArbG Frankfurt/Main, Urt. v. 8.10.2008 – 22 Ca 8461/06 – CCZ 2011, 196 f. m. Anm. *Stück*. Allerdings muss der Arbeitgeber auch (durch ein effizientes Compliance-Management-System) sicherstellen, dass derartige Regelwerke konsequent angewendet und durchgesetzt werden, da ansonsten eine Kündigung wegen des Verdachts der Korruption unwirksam sein könnte, vgl. dazu BAG, Urt. v. 21.6.2012 – 2 AZR 694/11 – BB 2013, 827 ff.; vgl. auch die ICC Guidelines on Gifts and Hospitality v. 24.6.2014, Document Number 195/57, abrufbar unter http://www.iccwbo.org/Advocacy-Codes-and-Rules/Document-centre/2014/ICC-Guidelines-on-Gifts-and-Hospitality/.

59 Vgl. dazu näher Rn 54 ff.

- Einladungen von/an Wohltätigkeitsorganisationen/Nicht-Regierungsorganisationen.

2. Schwellenwerte

50 Um den verwaltungsmäßigen Aufwand im Zusammenhang mit der Administration von Zuwendungen in einem vernünftigen betriebswirtschaftlichen Rahmen zu halten, empfiehlt es sich, **wertmäßig zu beziffernde Zuwendungen** unterhalb eines bestimmten Schwellenwertes von der Geltung der Richtlinie auszunehmen. Zuwendungen immaterieller Art sollten immer erfasst und einer Einzelfallprüfung unterzogen werden.

51 Hinsichtlich der Höhe der Schwellenwerte kann in mehrfacher Hinsicht differenziert werden:

- zwischen Amtsträgern[60] und Privaten (Individuen/Unternehmen),[61]
- nach Art der Zuwendung (Sachgeschenke, Einladungen, Vergnügungsveranstaltungen, Geschäfts-/Fachveranstaltungen),
- nach der Häufigkeit der Zuwendungen.

52 **Geldgeschenke** sollten unabhängig von einem Schwellenwert **ausnahmslos untersagt** werden.

53 Da zum Vorteilsbegriff eine vielfältige gerichtliche Kasuistik besteht, sollte die Richtlinie vorsehen, dass in Zweifelsfällen die Rechtsabteilung bzw. der Compliance-Verantwortliche hinzugezogen wird und ggf. eine Absicherung durch externen Rechtsrat erfolgt.

3. Zuwendungsberechtigte

54 Hinsichtlich der **Gewährung von Zuwendungen** sollte eindeutig festgelegt werden, welche Mitarbeiter des Unternehmens überhaupt berechtigt sein sollen, Zuwendungen auf Kosten des Unternehmens an Dritte zu gewähren.

4. Zuwendungsverfahren

55 Die Rechtsprechung stellt bei der Frage nach der Strafbarkeit der Annahme/Gewährung von Zuwendungen durchweg auf die Betrachtung der **Gesamtumstände** des Zuwendungsvorgangs ab, so insbesondere auf folgende Aspekte:

---

60 Einen praxisorientierten Überblick über die speziell bei der Gewährung/Annahme von Zuwendungen an/durch Amtsträger zu beachtenden rechtlichen Aspekte gibt *Börner*, GWR 2011, 28 ff.

61 Innerhalb des Unternehmens kann man auch noch an eine Differenzierung im Hinblick auf Arbeitnehmervertreter (Betriebsrats-/Gewerkschaftsvertreter) denken.

- zeitliche Nähe zu einem Geschäftsabschluss/einer Diensthandlung,
- soziale Kontakte zwischen Geber und Empfänger,
- verwandtschaftliche Beziehungen zwischen Geber und Empfänger,
- hierarchische Situation zwischen Geber und Empfänger,
- alternative Beschaffungsmöglichkeiten hinsichtlich der Zuwendung,
- Art, Zahl, Wert der Zuwendungen,
- Heimlichkeit/Transparenz der Zuwendung,
- Beziehung/Nähe des Gebers zur beruflichen/dienstlichen Aufgabe des Empfängers.[62]

Dem Thema Transparenz kommt daher eine besonders hohe Bedeutung zu. Es empfiehlt sich deshalb, die Gewährung/Annahme von Zuwendungen, die oberhalb der **festgelegten Schwellenwerte** liegen, einem transparenten Zuwendungsverfahren zu unterwerfen. 56

Dieses Verfahren sollte insbesondere folgende Elemente aufweisen: 57

- Zuwendungsentscheidung

Zunächst ist zu regeln, wie die Gewährung der von der Richtlinie erfassten Zuwendungen zu erfolgen hat. Maßgebliche Aspekte sind hier vor allem folgende:

- Vier-Augen-Prinzip bei der Entscheidung, ob und was zugewendet wird,
- Informationen des Vorgesetzten des Zuwendungsempfängers über die bevorstehende/gemachte Zuwendung.

- Pflicht zur Meldung von Zuwendungen

Der Verpflichtete zur Meldung einer getätigten/empfangenen Zuwendung sowie der Empfänger dieser Meldung können in einem Eskalationsmodus festgelegt werden. Das heißt in Abhängigkeit von dem Wert der Zuwendung kann zwischen bloßer Meldungs- und formaler Genehmigungspflicht differenziert werden. Die Genehmigungserteilung kann wiederum **anhand von Wertgrenzen** vom unmittelbaren Vorgesetzten bis hin zur Geschäftsleitung reichen. Sofern die Geschäftsleitung selbst Gewährender/Empfänger ist, ist zu überlegen, wie hier die Meldung/Genehmigung ausgestaltet werden sollen.

Die Wertgrenzen für Melde-/Genehmigungspflichten können auch hinsichtlich der einzelnen Zuwendungsarten (Sachgeschenke, Einladungen etc.) differieren.

Erforderlich ist weiterhin eine Festlegung von absoluten Obergrenzen für einzelne Zuwendungen und eine Regelung für den Fall, dass eine Zuwendung diese Obergrenzen überschreitet. Hier bietet sich eine schriftliche Genehmigung der Geschäftslei-

---

62 Vgl. dazu näher Kap. 18.

tung an (ggf. abgestützt durch eine externe Expertise), die die Gesamtumstände der Zuwendung hinreichend würdigt.[63]

- Melde-/Genehmigungsverfahren

Die Meldung einer **meldepflichtigen Zuwendung**, die getätigt oder empfangen wird, sollte aus Gründen der Kosteneffizienz über das Intranet erfolgen (Ausfüllung eines standardisierten Meldebogens).

Über genehmigungspflichtige Zuwendungen sollte eine schriftlich zu dokumentierende Entscheidung des Vorgesetzten herbeigeführt werden, die dem Meldenden mitgeteilt wird; der Compliance-Verantwortliche sollte jeweils eine Kopie der Meldung/Genehmigung erhalten.

Für den Fall, dass der Compliance-Verantwortliche die Genehmigung des Vorgesetzten anzweifelt, sollte ein Eskalationsprozess (ggf. bis hin zur Geschäftsführung) vorgesehen werden.

5. Registrierung von Zuwendungen/Berichterstattung

58 Sämtliche **gemeldeten Zuwendungen** sind vom Compliance-Verantwortlichen zu archivieren. Die Geschäftsleitung sollte periodisch (mindestens einmal jährlich) über die getätigten/empfangenen Zuwendungen im Rahmen einer Geschäftsführungssitzung auf Basis einer schriftlichen Unterlage informiert werden.

6. Verwendung von Sachzuwendungen

59 Die Richtlinie kann vorsehen, dass empfangene Sachzuwendungen (ggf. ab einem bestimmten Schwellenwert) beim Compliance-Verantwortlichen abzuliefern sind. Diese Zuwendungen können anschließend in **sachgerechter Weise** „verwertet" werden. Zum Beispiel im Rahmen einer Verlosung zu Weihnachten; der Erlös aus dem Losverkauf könnte einem gemeinnützigen Zweck zugeführt werden.

7. Checkliste

60 Um den Mitarbeitern den Umgang mit der Richtlinie bei der täglichen Arbeit zu erleichtern, sollte eine **Checkliste zur Richtlinie** entworfen und den Mitarbeitern zur Verfügung gestellt werden.

---

63 Für die Mitglieder der Geschäftsleitung ist ein besonderes Procedere außerhalb der Richtlinie denkbar, dass mit dem Aufsichtsorgan (dessen Vorsitzenden) vereinbart wird.

Im Wege des Abhakens bestimmter Vorgaben kann der Mitarbeiter so unkompliziert feststellen, ob 61

- eine Zuwendung von der Richtlinie erfasst ist,
- sie zu melden ist,
- dafür eine Genehmigung erforderlich ist.[64]

F. Umgang mit der Öffentlichkeit

I. Zielsetzung/Funktion

Die Praxis zeigt, dass Mitarbeiter von Unternehmen – dies gilt auch für leitende 62 Mitarbeiter einschließlich der Geschäftsleitung – die Komplexität des Umgangs mit Öffentlichkeitsmedien[65] nicht immer richtig einschätzen. Wenn ein **Medienkontakt** schlecht verläuft, verbleibt es „günstigstenfalls“ dabei, dass der Unternehmensangehörige „nur“ einen peinlichen Eindruck hinterlässt oder sich der Lächerlichkeit preisgibt. Schlimmstenfalls kann es aber auch zu hohen Schadenersatzforderungen und massiven Reputationsschäden für das Unternehmen oder seine Repräsentanten kommen,[66] wie etwa der Fall Schrempp/Kerkorian[67] gezeigt hat. Prinzipiell vergleichbare Probleme sind aber auch in mittelständischen Unternehmen denkbar. So etwa, wenn nach einem schweren Unfall auf einem Betriebsgelände Mitarbeiter der herbeigeeilten (lokalen) Presse zum Besten geben, dass sie es schon immer gewusst hätten, dass es zu solchen Vorfällen kommen würde und den Vorgesetzten vergeblich daraufhin gewiesen hätten. Solche unnötigen und ggf. auch nachteiligen Entwicklungen zu vermeiden, ist Ziel und Aufgabe von sog. Richtlinien zur Öffentlichkeitsarbeit.[68]

II. Wesentliche Regelungsinhalte

1. Anwendungsbereich

Zunächst sollte Klarheit darüber geschaffen werden, was „Öffentlichkeitsarbeit“ i.S.d. 63 Richtlinien sein soll. Dass die **externe Kommunikation** mit Dritten über jede Art von

64 Die Praxis hat gezeigt, dass auch die steuerliche Unbedenklichkeit einer Zuwendung Prüfungspunkt einer solchen Checkliste sein sollte.
65 Vgl. dazu auch *Moosmayer*, Compliance, 1. Aufl., S. 56 ff.
66 Vgl. aus Sicht eines Medienvertreters auch *Jahn*, CCZ 2011, 139, 140, 142.
67 Vgl. dazu FAZ NET, Jedes Wort kann Millionen wiegen, 15.2.2004, kostenpflichtig abrufbar unter www.faz.net/ (Suchbegriff: Jedes Wort kann Millionen); dazu auch Hauschka/*Jahn*, Corporate Compliance, § 35 Rn 2 Fn 7, sowie den Fall vom BGH, Urt. v. 24.1.2006 – XI ZR 384/03 – NJW 2006, 830; vgl. auch *Rösler*, EWiR 2006, 290, 298; ähnlich auch Hauschka/*Jahn*, Corporate Compliance, § 35 Rn 2.
68 Vgl. auch Hauschka/*Jahn*, Corporate Compliance, § 35 Rn 10.

verfügbarem Kanal (Printmedien, elektronische Medien,[69] sonstige Öffentlichkeitsauftritte wie Reden, Vorträge und ähnliches) erfasst sein sollte, liegt auf der Hand. Wegen der „faktischen" Öffentlichkeitswirkung sollte aber auch die **interne Kommunikation** einbezogen werden. Die Involvierung des Marketings und der Investor-Relations-Abteilung sowie der Politikkommunikation (sog. Lobbying) erscheint dagegen nicht zwingend, sondern dürfte eher abhängig von der Größe und Komplexität des Unternehmens sein.

2. Verantwortlichkeiten

64 Der zweite wesentliche Aspekt ist die Frage der Verantwortlichkeit. Hier liegt es wegen der überragenden Bedeutung der **Kommunikation** gerade auch bei Energieversorgungsunternehmen – die erhöhter Öffentlichkeitsaufmerksamkeit unterliegen – nahe, die Letztverantwortlichkeit für die gesamte interne und externe Kommunikation beim **Vorsitzenden der Geschäftsleitung** anzusiedeln. Trotz der damit präferierten Allzuständigkeit des Vorsitzenden sollte aber auch eine generelle Mitverantwortlichkeit der sonstigen Mitglieder der Geschäftsleitung vorgesehen werden. Der Vorsitzende muss das Recht haben, sich auf diese Person sowie auf alle sonstigen Führungskräfte des Unternehmens abzustützen. Ganz generell wird er sich von der ihm unterstellten Kommunikationsabteilung assistieren lassen.

65 Neben der generellen Kommunikationsverantwortlichkeit sollten aus Gründen der klaren Verantwortungszuordnung die wesentlichen Themenbereiche festgelegt werden, die der Vorsitzende primär für sich beansprucht. Zu denken ist hier insbesondere an Folgendes:

- Geschäftsentwicklung einschließlich Investitionen,
- Unternehmenspolitik,
- strategische/operative Grundsatzfragen,
- zentrale Fragen der Unternehmensorganisation und der Personalpolitik,
- Berichterstattung zu Positionierung des Unternehmens zu Themen der vorstehenden Art.

3. Delegation

66 Der Vorsitzende der Geschäftsleitung sollte nach freiem Ermessen entscheiden dürfen, wann und in welchem Umfang er für Kommunikationsaktivitäten auf andere Mit-

---

69 Zu den Compliance-Risiken (und deren Management) im Zusammenhang mit der Nutzung von sozialen Netzwerken vgl. instruktiv *Ulbricht*, CB 2013, 150 ff., der mit guten Gründen auch die Einführung einer gesonderten Social-Media-Richtlinie und daran anknüpfende Mitarbeiterschulungen zur Verbesserung von deren Medienkompetenz empfiehlt. In die gleiche Richtung gehend *Lexa/Hammer*, CCZ 2014, 45. Vgl. auch *Härting*, ZWH 2014, 45 ff.; *Vedder/Müller*, CB 2014, 415 ff.

glieder der Geschäftsleitung, Führungskräfte und sonstige Mitarbeiter des Unternehmens zurückgreifen oder Öffentlichkeitsarbeiten auf sie delegieren darf.

Um eine klare Aufgabenteilung zwischen dem Vorsitzenden der Geschäftsleitung 67 und den sonstigen Mitgliedern des Organs zu erzielen, können auch „eigene“ Kommunikationsbereiche für diese Mitglieder definiert werden. Diese Bereiche können zum einen die Themen, die ihnen zugeordnet sind, umfassen, zum anderen die entsprechenden Medienkanäle fixieren.

Für alle übrigen Mitarbeiter des Unternehmens einschließlich der Führungskräfte 68 sollte der schlichte, klare Grundsatz gelten, dass sie mit den Öffentlichkeitsmedien **grundsätzlich nicht** kommunizieren, sondern dass dies allein Sache der Unternehmensleitung bzw. der Kommunikationsabteilung ist, solange nichts anderes festgelegt wurde. Presseinterviews und Auftritte im Fernsehen sollten sie nur unter Begleitung/Assistenz der Kommunikationsabteilung und möglichst nur nach vorangegangenem Medientraining absolvieren.

III. Ergänzende Maßnahmen im Krisenfall

Bereits weiter oben[70] wurde auf die generelle Sinnhaftigkeit einer ständigen 69 Zusammenarbeit von Compliance und Unternehmenskommunikation hingewiesen. Dieser Vorschlag gilt in Krisenfällen in ganz besonderem Maße.[71] Ausgangspunkt sollte dabei die Annahme sein, dass Regelverstöße gravierender Art sich nur in den seltensten Fällen auf ewig vor den Öffentlichkeitsmedien geheim halten lassen. Wenn also im Unternehmen ein **Regelverstoß massiver Art** bekannt geworden ist, sollte umgehend (auch) der **kommunikative Umgang** mit dieser Situation festgelegt werden.[72] Neben der Compliance-Abteilung sollte immer auch die Rechtsabteilung eingeschaltet werden. In gravierenden Fällen sollte auch die Beiziehung externer Kommunikations- und Rechtsexperten erwogen werden, da sie typischerweise einen unbefangenen Blick auf die Situation haben und so dazu beitragen können, dass die erforderlichen (kommunikativen) Maßnahmen unter Einbeziehung möglichst **aller** relevanten Aspekte beschlossen werden.

Damit die vorstehenden Überlegungen nicht erstmals im Krisenfall angestellt 70 werden müssen, sollte dafür vorbereitend ein entsprechender **Krisenfallmechanismus** festgelegt werden, der u.a. die zu beteiligenden Personen, deren Kommunikationsdetails, die Meldeprozesse und die sachlich-technischen Mittel, Räumlichkeiten, Bürogeräte etc. festlegt.

70 Vgl. Rn 6.
71 Instruktiv zur Krisenkommunikation Görling/Inderst/Bannenberg/*Soika*, Compliance, S. 429 ff.
72 Ähnlich Hauschka/*Jahn*, Corporate Compliance, § 35 Rn 14.

IV. Litigation-PR

71 Selbst der bloße Verdacht eines gravierenden Regelverstoßes kann insbesondere für die Mitglieder eines Vorstandes/einer Geschäftsführung ganz erhebliche Resonanz in den Öffentlichkeitsmedien erzeugen. Die jüngste Vergangenheit liefert hier Beispiele aus großen Dax-Unternehmen,[73] aber z.B. auch aus kommunalen Energie- und Wasserversorgungsunternehmen.[74] Die verstärkte mediale Resonanz auf Regelverstöße im Wirtschaftsleben ist unübersehbar[75] und dürfte neben dem zunehmenden Einfluss des anglo-amerikanischen Rechtssystems in Europa auch mit vielen Vorfällen aus der jüngsten Vergangenheit in Deutschland zu erklären sein.[76] Den betroffenen Persönlichkeiten hier sowohl juristisch als auch medienseitig eine optimale Unterstützung zukommen zu lassen, ist Aufgabe der sog. **Litigation-PR**, wobei Litigation Rechtsstreitigkeit/Prozessführung meint und PR für Public Relations steht. Litigation-PR kommt aus dem anglo-amerikanischen Raum, gewinnt aber zunehmend auch Bedeutung in Deutschland.[77] Darunter versteht man die „wirksame Zusammenarbeit mit den Medien, also der Öffentlichkeit, während juristischer Auseinandersetzungen" bzw. „das Steuern von Kommunikationsprozessen während juristischer Auseinandersetzungen oder eines gerichtlichen Verfahrens, mit dem Ziel, dessen Ergebnis zu beeinflussen oder die Auswirkungen auf die Reputation des Klienten abzupuffern".[78] Darüber hinaus geht es natürlich auch um den **Schutz der Reputation** des Unternehmens, in dem die betroffene Persönlichkeit tätig ist. Letztlich kann Litigation-PR auch als eine Art von „Reputationsmanagement" verstanden werden,[79] die eine „strategische Kommunikation bei (zivil- und strafrechtlichen) Rechtsstreitigkeiten"[80] zum Ziel hat.

72 Die **Einsatzgebiete von Litigation-PR** sind durchaus vielfältig:[81]

- Zusammenführung der streitenden Parteien bei brisanten Fällen, hohen Streitwerten und erheblicher Komplexität zwecks Erzielung eines (außergerichtlichen) Vergleichs,
- Akzentuierung postulierter Ansprüche gegenüber dem Gegner sowie gegenüber der Öffentlichkeit,

---

73 Vgl. auch die Beispiele bei *Holzinger/Wolff*, Litigation-PR, S. 18, 186 ff.
74 Vgl. etwa *Elbers/Jacobs*, Der Neue Kämmerer, 2009.
75 Vgl. aus Sicht des Medienvertreters auch *Jahn*, CCZ 2011, 139, 140, 142.
76 Vgl. etwa die Beispiele bei *Holzinger/Wolff*, Litigation-PR, S. 35, 38, 40.
77 Vgl. *Holzinger/Wolff*, Litigation-PR, S. 13, 44 ff.
78 *Holzinger/Wolff*, Litigation-PR, S. 18 f. Kritisch aus Sicht des Medienvertreters *Jahn*, CCZ 2011, 139, 141 f., dessen teilweise pauschale Bewertung von Compliance zu Recht von *Blomberg*, CCZ 2011, 225, beanstandet wird.
79 *Holzinger/Wolff*, Litigation-PR, S. 19.
80 *Holzinger/Wolff*, Litigation-PR, S. 20.
81 Vgl. dazu im Einzelnen *Holzinger/Wolff*, Litigation-PR, S. 22 f., 186 ff.

- Bereitstellung von Abschreckungspotenzial zwecks Abwehr von Ansprüchen auf Basis schwacher (Rechts-)Positionen sowie zur Minimierung der Öffentlichkeitsunterstützung der Gegenseite,
- Bildung eines medialen Gegengewichts zu Informationsaktivitäten von Behörden (Staatsanwaltschaften, Kartellbehörden),
- Beeinflussung der Ermittlungstätigkeit i.S.d. Mandanten.

Angesichts dieser durchaus ambivalenten Zielsetzungen müssen immer auch die 73
ethischen Grenzen von Litigation-PR im Auge behalten werden.[82]

G. Sonstige praxisrelevante Regelwerke (Übersicht)

Neben den vorstehend näher beschriebenen unternehmensinternen Verhaltensre- 74
geln findet sich in der Praxis insbesondere in sog. **Mitarbeiter-/Organisationshandbüchern**[83] regelmäßig eine Vielzahl weiterer Richtlinien.

Für kleine und mittelgroße Energieversorgungsunternehmen dürften insoweit 75
folgende Regelwerke von Relevanz sein:

I. Unterschriften-/Zeichnungsrichtlinien

Hier geht es um die präzise Festlegung, welche Personen in welchem Umfang berech- 76
tigt sind, **rechtswirksame Erklärungen** für das Unternehmen abzugeben. Wesentliche **Regelungselemente** sind hier etwa

- Festlegung des Vier-Augen-Prinzips,
- Festlegung der Zeichnungsrechte (insbesondere: ppa, Handlungsvollmacht, i.A.),
- Festlegung von Spezialvollmachten, z.B. Bankvollmachten,
- Zuordnung von Zeichnungsrechten an bestimmte Personen (namentliche Nennung),
- Festlegung von Zeichnungskombinationen differenziert nach
  - Dokumenten (insbesondere interne/externe Dokumente, Verträge, Rechnungen, bestimmte Transaktionen im Energiehandel) und/oder
  - Schwellenwerten.

82 Vgl. auch *Holzinger/Wolff*, Litigation-PR, S. 243 f.
83 Vgl. dazu Kap. 5.

II. Telekommunikations-/IT-Richtlinien

77 In derartigen Regelwerken wird die – insbesondere auch private – Nutzung von Telefonen, Faxgeräten, E-Mail,[84] Internet und ähnliche Einrichtungen des Unternehmens durch den Mitarbeiter näher festgelegt. Eine präzise Regelung in diesem Zusammenhang kann insbesondere bei unternehmensinternen Untersuchungen in Compliance-Vorgängen von erheblichem Nutzen sein. Dies gilt vor allem dann, wenn in solchen Situationen Zeitdruck besteht, auf dienstliche E-Mail-Konten von Mitarbeiten zuzugreifen. Ohne klare Regelung von Nutzungsumfang der genannten Kommunikationsmittel können dem manchmal (etwa bei internen Untersuchungen) erforderlichen schnellen und umfassenden Zugriff durch den Arbeitgeber insbesondere arbeits-, datenschutz- und strafrechtliche Hindernisse entgegenstehen.[85]

III. Richtlinien zum Umgang mit Dokumenten (sog. Clean Desk Policy)

78 Diese Regelwerke haben den **sachgerechten Umgang mit vertraulichen** und/oder sonstigen insbesondere rechtlich relevanten **Dokumenten**[86] des Arbeitgebers zum Inhalt. Die unsorgfältige Aufbewahrung und Beseitigung solcher Dokumente kann insbesondere im Bereich der Wirtschaftsspionage erhebliche Relevanz erlangen. Aber auch das Zuspielen vermeintlicher oder tatsächlich belastender Dokumente an die Öffentlichkeitsmedien und/oder Behörden wird durch mangelnde Sorgfalt an dieser Stelle erleichtert.

79 Eine sog. Clean Desk Policy legt deshalb klar fest, wann, wo und wie welche papierenen Dokumente, die zuvor verschiedenen **Vertraulichkeitskategorien** zugeordnet wurden, tagsüber und nach Büroschluss aufzubewahren sind. Des Weiteren werden die Dauer der Aufbewahrung und die Formen der Vernichtung nach Ablauf

---

84 Vgl. das Muster einer E-Mail-Richtlinie bei Görling/Inderst/Bannenberg/*Inderst*, Compliance, Anh. 3b S. 680 ff.

85 Vgl. *Zimmer/Stetter*, BB 2006, 1445, 1450. Zu den vor allem arbeits- und datenschutzrechtlichen Compliance-Fragen/-Problemen im Zusammenhang mit der betrieblichen Nutzung von sog. Social Media (Facebook, Twitter, Linked In, You Tube etc.) bzw. beim sog. Cloud Computing vgl. *Stillahn/Bogner*, ZWH 2012, 223 ff., bzw. *Tahlhofer*, CCZ 2011, 222 ff. Zu der in diesem Zusammenhang interessanten Entscheidung des LAG Berlin-Brandenburg, Urt. v. 16.02.2011 – 4 Sa 2132/10 – NZA-RR 2011, 342; vgl. instruktiv *Fühlbier/Splittgerber*, NJW 2012, 1995 ff. Generell zu den Compliance-Risiken bei der Nutzung von sozialen Netzwerken vgl. *Vedder/Müller*, CB 2014, 415 ff.

86 Vgl. allgemein zum Dokumentenmanagement Görling/Inderst/Bannenberg/*Zeunert*, Compliance, S. 269 ff.; vgl. auch das Muster einer Richtlinie zum Dokumentenmanagement bei Görling/Inderst/Bannenberg/*Inderst*, Compliance, Anh. 3b S. 682 f.

der Verwahrungsfrist fixiert.[87] Entsprechende Regeln sollten auch für den Umgang mit elektronischen Dokumenten vorgesehen werden.

IV. Verhaltensregeln für einzelne operative Einheiten

Die Komplexität von operativen Einheiten legt es nahe, spezielle Verhaltensregeln für die Mitarbeiter in diesen Bereichen verbindlich einzuführen. 80

Hier kann es um den sicheren und fachgerechten Umgang mit Strom- und Gasnetzen sowie den ordnungsgemäßen Betrieb von Kraftwerken ebenso gehen, wie um klare Vertriebsgrundsätze. Auch präzise Limitvorgaben und Trading-Strategien sowie Credit Policies im Energiegroßhandel gehören in diesen Zusammenhang. 81

V. Grundsätze zur Wahrnehmung von Nebentätigkeiten

Es entspricht vielfach geübter Praxis auch in Energieversorgungsunternehmen, Mitarbeitern **Nebentätigkeiten** außerhalb des Unternehmens zu gestatten oder die Mitarbeiter sogar zu solchen Tätigkeiten anzuhalten. Letzteres ist insbesondere der Fall, wenn Mitarbeiter (in der Regel der Führungsebene unterhalb der Unternehmensleitung) gebeten werden, in Aufsichts- oder Beratungsgremien von Kunden- oder Beteiligungsunternehmen aktiv zu werden. Derartige Tätigkeiten können ebenso **Interessenkonflikte** zur Folge haben, wie private Nebentätigkeiten von Mitarbeitern. 82

Hier gilt es, Transparenz und klare Regeln einzuführen, um den „bösen Schein“ zu vermeiden und Mitarbeiter wie auch die beteiligten Unternehmen vor Interessenkollisionen zu bewahren. Zu diesem Zweck empfiehlt es sich, allgemeine Regelungen zur Wahrnehmung von Nebentätigkeiten aufzustellen, die neben dem Umgang mit Vergütungszahlungen insbesondere auch das **Beratungs-/Abstimmungsverhalten** des Mitarbeiters in den oben genannten Gremien sowie die Nutzung von unternehmensbezogenen Ressourcen und Informationen durch den Mitarbeiter festlegen sollten.[88] 83

---

87 Vgl. auch Hauschka/*Lampert*, Corporate Compliance, § 9 Rn 25.

88 Vgl. dazu auch den Verhaltens- und Ethikkodex für die Deutsche Bank, April 2014, S. 7, abrufbar unter https://www.deutsche-bank.de/ir/de/download/Verhaltens-_und_Ethikkodex_23_04_2014.pdf.

VI. Spenden-/Sponsoring-Richtlinie

84 Ein Blick in die tägliche Praxis auch von mittelständischen Unternehmen zeigt, dass dort in vielfältiger Weise Spenden für gemeinnützige Zwecke getätigt werden und in weitem Umfang Sponsoring von Kunst-, Sport- und sonstigen Aktivitäten betrieben wird.

85 Spätestens seit der sog. Utz-Classen-Entscheidung des BGH[89] ist deutlich geworden, dass z.B. auch Versorgungsunternehmen diesen Tätigkeiten erhöhte Aufmerksamkeit schenken sollten.

86 Um die – gesellschaftlich grundsätzlich erwünschte und zu unterstützende – Sponsoringtätigkeiten vom Versorgungsunternehmen auf die rechtssichere Grundlage zu stellen, empfiehlt es sich, eine entsprechende Richtlinie zu erlassen. Hier sollten insbesondere Aspekte wie Budget(höhe), Empfängerkreis, Gewährungsvoraussetzungen, Antragsberechtigung, Entscheidungsbefugnis, Budgetkontrolle und „Erfolgskontrolle“ geregelt werden.[90]

VII. Richtlinie zur Durchführung interner Ermittlungen

87 Sog. interne Ermittlungen (auch „Sonderermittlungen“ oder „Internal Investigations“ genannt)[91] stellen im Rahmen von Compliance-Management-Systemen ein Instrument der Überwachung der Regeleinhaltung dar.[92] Unter internen Ermittlungen versteht man die anlassbezogene, forensische Sachverhaltsaufklärung von Rechts- und Regelverstößen im Unternehmen, die von der Unternehmensleitung initiiert und mit unternehmenseigenen und/oder externen Fachkundigen durchgeführt werden.[93] Ziel und Zweck derartiger Untersuchungen ist nicht, den staatlichen Aufsichts- und Ermittlungsbehörden deren ureigenste Arbeit abzunehmen. Unternehmen werden dieses Instrument für sich und betroffene Mitarbeiter vor allem dann nutzen, wenn sie, wie börsennotierte oder kommunale Unternehmen, die besondere Aufmerksamkeit der Medien haben und die durch rückhaltlose Aufklärung den Reputationsschaden, der

---

89 Vgl. BGH, Urt. v. 14.10.2008 – 1 StR 260/08 – NJW 2004, 3580 ff.

90 Vgl. zum Ganzen instruktiv *Säcker*, BB 2009, 282. Vgl. auch VG Dresden, Beschl. v. 27.8.2010 – 7 L 391/10 – IR 2011, 44 f., zur (Un-)Zulässigkeit von Sponsoringmaßnahmen eines öffentlich-rechtlichen Wasserverbandes. Für den Bereich der kommunalen Unternehmen vgl. die Empfehlungen in VKU, Compliance in kommunalen Unternehmen, S. 90 ff. Instruktiv zu den Auswirkungen von Compliance-Verstößen auf Sponsoringvereinbarungen im Sportsektor *Schenk*, CB 2014, 359 ff.

91 Zur Begrifflichkeit sowie zur Zulässigkeit vgl. *Knauer*, ZWH 2012, 41, 42, bzw. *Spehl/Momsen/Grützner*, CCZ 2013, 260 ff.; *Spehl/Momsen/Grützner*, CCZ 2014, 2 ff. *Spehl/Momsen/Grützner*, CCZ 2014, 170 ff.; *Spehl/Momsen/Grützner*, CCZ 2015, 77 ff., zur Situation in anderen Staaten.

92 Vgl. Kap. 5; vgl. auch *Knauer*, ZWH 2012, 41, 42.

93 Differenzierter *Knauer*, ZWH 2012, 41, 42; *Knauer*, ZWH 2012, 81.

mit gravierenden Regelverletzungen regelmäßig verbunden ist, so gering wie möglich halten wollen.[94] Ob, in welchem Umfang und auf welche Weise eine interne Untersuchung durchgeführt werden soll, sollte nicht erst dann vertieft erörtert werden, wenn der Verdacht eines massiven Rechtsverstoßes auftaucht. Die zum Teil nicht trivialen Wechselwirkungen insbesondere zum Strafprozessrecht und zum Arbeitsrecht sollten vielmehr präventiv in einer generellen Unternehmensrichtlinie festgelegt werden. Ein solches Regelwerk könnte insbesondere folgende Aspekte behandeln:

- Voraussetzungen für die Durchführung einer internen Ermittlung;
- Befugnis zur Anordnung einer internen Ermittlung;
- Festlegung des Untersuchungsumfangs;
- durchführungsverantwortliche Unternehmenseinheit;
- Beiziehung externer Fachkräfte;
- zugelassene Ermittlungsmaßnahmen (insbesondere: Mitarbeiterbefragung, Betriebsratsbeteiligung, Verwertung von Aussagen, Sichtung von Akten, E-Mails, sonstigen Datenbeständen);
- Behandlung des Ermittlungsergebnisses (insbesondere: Kommunikation, Sanktionen, Einbeziehung staatlicher Stellen).[95]

VIII. Richtlinie zur Geldwäscheprävention

Das aktuelle Geldwäschegesetz (GwG)[96] verpflichtet auch Unternehmen, die gewerb- 88
lich mit Gütern handeln, und deren Mitarbeiter zu bestimmten Maßnahmen und Vorkehrungen zur Vermeidung und Aufspürung von Geldwäscheaktivitäten (vgl. § 2 Nr. 12 GwG). Damit fallen auch kleine und mittelständische gewerbliche Unternehmen grundsätzlich unter das Geldwäschegesetz und müssen daher in ihrer Aufbau- und Ablauforganisation die erforderliche Vorsorge treffen, damit sie nicht von der organisierten Kriminalität zu GwG missbraucht werden. Vielen kleinen und mittelständischen Unternehmen ist nicht bewusst, dass auch ihr typischer Geschäftsbetrieb Ansatzpunkte bietet, Vorteile, die aus Straftaten gewonnen wurden, zu „waschen". Denn auch in der gewerblichen Wirtschaft fließen wertvolle Gegenstände im Rahmen

94 Zur Ambivalenz von internen Untersuchungen vgl. auch *Knauer*, ZWH 2012, 41 f. Zu den Einzelheiten einer (optimal durchgeführten) internen Untersuchung und diversen damit verbundenen arbeitsrechtlichen Fragestellungen vgl. instruktiv *Zimmermann/Lingscheid*, CB 2013, 23 ff.

95 Zu diversen Einzelaspekten vgl. instruktiv *Knauer*, ZWH 2012, 81 ff.; *Bissels/Lützeler*, BB 2012, 189 ff. Zur (rechtlich umstrittenen) Beschlagnahmefähigkeit von Protokollen über Gespräche mit Mitarbeitern im Rahmen von internen Untersuchungen vgl. instruktiv *Haefeke*, CCZ 2014, 39 ff. Eingehend zu den diversen rechtlichen und praktischen Aspekten der Thematik Rotsch/*Momsen*, Criminal Compliance, § 34 B. Rn 1 ff.

96 Geldwäschegesetz (GwG) v. 13.8.2008 (BGBl. I S. 1960), zuletzt geändert durch Gesetz v. 15.7.2014 (BGBl. I S. 934).

des üblichen Geschäftsbetriebs hinein, verbunden mit der Möglichkeit diese „zu Geld zu machen" und anschließend den Vortäter „sauberes" Geld wieder zukommen zu lassen. Im Bereich der Energieversorgung eignen sich hierzu insbesondere Steinkohle, Rohöl, Erdgas, Biobrennstoffe, Metalle (Kabel) sowie CO_2- und andere Umweltzertifikate.[97]

89 Vor diesem Hintergrund ist insbesondere auch für mittelständische (Versorgungs-)Unternehmen ratsam,

- zunächst eine Gefährdungsanalyse in Bezug auf eine „Geldwäscheanfälligkeit" vorzunehmen und anschließend
- die Aufbau- und Ablauforganisation entsprechend dem ermittelten Geldwäschepotenzial zu optimieren.

90 Die erforderlichen Optimierungsmaßnahmen sollten in einer Geldwäscherichtlinie festgehalten werden, die insbesondere folgende Aspekte regelt:

- interne Sicherungsmaßnahmen, wie:
  - Entwicklung/Fortschreibung bestehender geschäfts- und kundenbezogener Sicherungssysteme,
  - (kontinuierliche) Schulung der Mitarbeiter über Typologien und Methoden der Geldwäsche,
  - (risikoorientierte) Prüfung der Zuverlässigkeit der Mitarbeiter,
  - Bestellung eines Geldwäschebeauftragten;
- kundenbezogene Sorgfaltspflichten, wie:
  - Identifizierung des Vertragspartners,
  - Klärung des wirtschaftlich Berechtigten/des Geschäftszwecks,
  - (kontinuierliche) Überwachung der Geschäftsbeziehung,
  - (fortlaufende) Aktualisierung der Kundeninformationen,
  - Aufzeichnung und Aufbewahrung der Kundeninformationen,
  - Vorgaben zur Beendigung der Geschäftsbeziehung;
- Regelungen zur Erstattung von Verdachtsmeldungen
  - Vorgaben zur Auslagerung von Pflichten nach dem GwG (insbesondere: Identifizierung, Sicherungsmaßnahmen, Aufzeichnungen/deren Aufbewahrung).

97 Zum Emissionshandel als Einfallstor für Geldwäschekriminalität vgl. Interpol, Guide To Carbon Trading Crime, Juni 2013, S. 20 ff., abrufbar unter http://www.interpol.int/Media/Files/Crime-areas/Environmental-crime/Guide-to-Carbon-Trading-Crime-2013. Nach Auffassung von *Zeidler*, CCZ 2014, 105, 108 ff., findet das GwG dagegen keine Anwendung auf Energieversorger, was eine nicht belastbare Auffassung darstellt, da sie auf völlig unzureichender Kenntnis der Geschäftswirklichkeit von Energieversorgern beruht. Richtig dagegen das BMF, Erl. v. 7.12.2012 – VII A 3 WK 5023/11/10021.

Kapitel 7
Compliance in der Abschlussprüfung

A. Überblick

Der IDW PS 345[1] (Prüfungsstandard 345 des Instituts der Wirtschaftsprüfer – IDW) nimmt Bezug auf den **Deutschen Corporate Governance Kodex (DCGK)**,[2] der Handlungsempfehlungen hinsichtlich der Leitung und Überwachung deutscher börsennotierter Gesellschaften beinhaltet und sich an den Vorstand und den Aufsichtsrat börsennotierter Gesellschaften richtet. 1

Inhaltlich untergliedert sich der **DCGK** in sieben Teilbereiche: 2

- Abschnitt eins stellt einleitend die **Grundlagen** deutscher **Aktiengesellschaften** dar und beschreibt die Bindungswirkungen der einzelnen Regelungen.
- Die Abschnitte zwei bis fünf widmen sich hauptsächlich den **Organen aktienrechtlicher Unternehmen** und ihren Beziehungen untereinander.
- In Abschnitt sechs wird das Thema **„Transparenz"** behandelt,
- ehe sich der siebte und letzte Abschnitt der **Rechnungslegung und Abschlussprüfung** widmet.

Mit Einführung des DCGK im Jahr 2002 wurde § 161 neu in das AktG[3] eingefügt, der Vorstand und Aufsichtsrat dazu verpflichtet, einmal jährlich eine sog. **Entsprechenserklärung** abzugeben. In dieser Entsprechenserklärung ist offenzulegen, ob die Verhaltensempfehlungen des DCGK eingehalten wurden bzw. welche Verhaltensempfehlungen nicht eingehalten wurden oder werden und warum nicht. Im Anhang zum Jahres- bzw. Konzernabschluss muss angegeben werden, dass die Entsprechenserklärung abgegeben wurde und wo sie öffentlich zugänglich gemacht worden ist. 3

Im Rahmen der **Abschlussprüfung** ist es Aufgabe des Prüfers festzustellen, ob die Angaben zur Entsprechenserklärung im Anhang enthalten und vollständig sind. Der Inhalt der Entsprechenserklärung ist nicht Teil der Abschlussprüfung. 4

Im Vorfeld der Unterbreitung des Wahlvorschlags an die Hauptversammlung muss der Aufsichtsrat eine sog. **Unabhängigkeitserklärung** von dem vorgesehenen Abschlussprüfer einholen und mit ihm zusätzliche Informationspflichten vereinbaren.[4] 5

---

1 IDW PS 345, Auswirkungen des Deutschen Corporate Governance Kodex auf die Abschlussprüfung, 6.9.2012.

2 Deutscher Corporate Governance Kodex (DCGK v. 24.6.2014), abrufbar unter http://www.dcgk.de/de/kodex.html. Vgl. auch Kap. 17.

3 Aktiengesetz (AktG) v. 6.9.1965 (BGBl. I S. 1089), zuletzt geändert durch Gesetz v. 23.7.2013 (BGBl. I S. 2586).

4 Vgl. DCGK, Rn 7.2.1 Abs. 1.

6 Zum jetzigen Zeitpunkt entfaltet der **DCGK** nur für solche Unternehmen **gesetzliche Wirkung**, die nach § 3 Abs. 2 AktG an der Börse notiert sind. Für den Fall, dass in dem Gesellschaftsvertrag oder in der Satzung einer nicht börsennotierten Gesellschaft die Anwendung des DCGK vorgeschrieben ist, sind die Grundsätze des IDW PS 345 unter Berücksichtigung möglicher branchen- oder unternehmensspezifischer Besonderheiten zu berücksichtigen.[5]

7 Damit Transparenz und Effizienz bei Unternehmen mit öffentlicher Beteiligung ebenfalls sichergestellt und verbessert werden, wurde im Jahr 2007 vom Bundesministerium der Finanzen (**BMF**) der **Public Corporate Governance Kodex (PCGK)**[6] verabschiedet. Er orientiert sich weitestgehend an dem DCGK, berücksichtigt aber die Besonderheiten der öffentlichen Beteiligungsunternehmen. Der **Geltungsbereich des Kodex** umschließt privatrechtliche Organisationsformen mit Mehrheitsbeteiligung der öffentlichen Hand sowie Anstalten des öffentlichen Rechts. Darüber hinaus hat der Kodex Ausstrahlungswirkung auf Unternehmen anderer Rechtsformen, insbesondere Eigenbetriebe, auf die er sinngemäß angewendet werden kann.[7]

B. Auswirkungen des Deutschen Corporate Governance Kodex auf die Pflichten des Abschlussprüfers

8 Entsprechend den **Verhaltensempfehlungen des DCGK** soll der Aufsichtsrat mit dem Abschlussprüfer folgende, teilweise auch über die gesetzlichen Regelungen des § 319 Abs. 2 und 3 AktG hinausgehende Informationspflichten vereinbaren:

- Unverzügliche Information des Vorsitzenden des Aufsichtsrats bzw. Prüfungsausschusses über während der Prüfung aufgetretene mögliche Ausschluss- oder Befangenheitsgründe, soweit diese nicht beseitigt werden können.[8]
- Unverzügliche Information über alle für die Aufgaben des Aufsichtsrats wesentlichen Feststellungen und Vorkommnisse, die sich bei der Durchführung der Abschlussprüfung ergeben.[9]
- Information des Aufsichtsrats bzw. Berichterstattung im Prüfungsbericht, wenn der Abschlussprüfer bei Durchführung der Prüfung Tatsachen feststellt, die eine

5 Vgl. IDW PS 345, Rn 6.

6 Grundsätze guter Unternehmens- und Beteiligungsführung im Bereich des Bundes, Public Corporate Governance Kodex des Bundes (PCGK), abrufbar unter http://www.bundesfinanzministerium.de/Content/DE/Standardartikel/Themen/Bundesvermoegen/Privatisierungs_und_Beteiligungspolitik/Grundsaetze_guter_Unternehmensfuehrung/unternehmensfuehrung-in-oeffentlichen-unternehmen-anlage.pdf?__blob=publicationFile&v=5.

7 Damit haben diese Regeln auch erhebliche Bedeutung für kommunale (Energie-)Versorgungsunternehmen, unabhängig von ihrer rechtlichen Organisationsform.

8 Vgl. DCGK, Rn 7.2.1 Abs. 2.

9 Vgl. DCGK, Rn 7.2.3 Abs. 1.

Unrichtigkeit der vom Vorstand und Aufsichtsrat abgegebenen Erklärung zum Kodex ergeben.[10]

In der **Vereinbarung zur Beauftragung des Abschlussprüfers** (IDW PS 220)[11] 9
sollte der Wunsch des Aufsichtsrats, dass die Einhaltung der Vorgaben des DCGK bei Durchführung der Prüfung durch den Abschlussprüfer zu beachten sind, festgehalten werden.

C. Pflichten des Abschlussprüfers im Zusammenhang mit der abzugebenden Entsprechenserklärung

I. Rechtliche Grundlagen der Abgabe und Veröffentlichung der Entsprechenserklärung

Um die Einhaltung gewisser **Mindeststandards guter Unternehmensführung** 10
sicherzustellen, wurden diesbezüglich Anforderungen gesetzlich normiert. Nach § 161 Abs. 1 S. 1 AktG haben der Vorstand und/oder der Aufsichtsrat börsennotierter Kapitalgesellschaften jährlich eine sog. **Entsprechenserklärung** abzugeben.

Hinweis
Die Erklärung muss auf der Internetseite des Unternehmens dauerhaft öffentlich zugänglich gemacht werden.[12]

In der Entsprechenserklärung muss erklärt werden, ob die **Verhaltensempfehlun-** 11
gen des DCGK eingehalten wurden oder nicht. Sollte das Unternehmen von den Verhaltensempfehlungen abweichen, muss dies in der Entsprechenserklärung offengelegt werden. Im Anhang zum Jahres- bzw. Konzernabschlusses ist anzugeben, ob die Entsprechenserklärung abgegeben und öffentlich zugänglich gemacht worden ist (§§ 285 Nr. 16, 314 Abs. 1 Nr. 8 HGB[13]).

Sollte der **DCGK geändert** werden, besteht **keine Pflicht** innerhalb des 12
12-Monats-Zeitraum eine neue **Entsprechenserklärung abzugeben**. Allerdings kann die Entsprechenserklärung freiwillig an die geänderte Fassung des DCGK angepasst werden. Ein Unterschreiten der 12-Monats-Frist ist unschädlich.

10 Vgl. DCGK, Rn 7.2.1 Abs. 2.
11 IDW Prüfungsstandard 220 (IDW PS 220), Beauftragung des Abschlussprüfers, 9.9.2009.
12 Vgl. § 161 Abs. 2 AktG.
13 Handelsgesetzbuch (HGB) v. 10.5.1897 (RGBl. I S. 219), zuletzt geändert durch Gesetz v. 22.12.2014 (BGBl. I S. 2409).

Hinweis
Für den Fall, dass Änderungen einzelner relevanter Verhaltensempfehlungen erfolgt sind, ist eine Anpassung und somit ein Unterschreiten der 12-Monats-Frist sogar geboten.

13 Um Unklarheiten zu vermeiden, empfiehlt das **Bundesministerium der Justiz und für Verbraucherschutz (BMJV)** die Aufnahme eines **klärenden Hinweises** in die bestehende Entsprechenserklärung aufzunehmen, aus der sich ergibt, auf welche Fassung des DCGK sich die Entsprechenserklärung bezieht.[14]

Hinweis
Eine **sofortige Berichtigung** der Entsprechenserklärung ist dann notwendig, wenn ihr **Inhalt unrichtig** wird. Sie ist beispielsweise dann unrichtig, wenn die Organmitglieder entgegen der Angabe in der Entsprechenserklärung gegen einen nicht unwesentlichen Punkt verstoßen.

14 In der Abgabe einer **unrichtigen Entsprechenserklärung** liegt ein Verstoß gegen die Organpflichten vor und kann zur Anfechtbarkeit der gefassten Entlastungsbeschlüsse führen, soweit die Organmitglieder die Unrichtigkeit hätten kennen müssen.[15]

II. Bindungswirkung des DCGK

15 Der DCGK enthält **Regelungen mit unterschiedlicher Bindungswirkung**, die sich in drei Verbindlichkeitsgrade aufteilen lassen.[16] Sie lassen sich unterscheiden in

- **Regelungen**, die aufgrund gesetzlicher Bestimmungen ohnehin zu befolgen sind,
- **Empfehlungen**, von denen die Unternehmen abweichen dürfen, dies aber auch offenzulegen haben, und
- **Anregungen**, von denen ohne Offenlegung abgewichen werden darf.

16 Das bedeutet, dass die Passagen des DCGK, die die gesetzlichen Bestimmungen wiedergeben, nicht aufgrund des Kodex zu beachten sind, sondern aufgrund ihrer gesetzlichen Verpflichtung. Die Empfehlungen ihrerseits stellen weder ein Gesetz noch eine Verordnung dar. Ihre **Beachtung** erfolgt somit **auf freiwilliger Basis**; eine rechtliche Verpflichtung besteht nicht. Die Empfehlungen sind im Text des DCGK durch die Verwendung des Wortes „soll" gekennzeichnet.

17 Eine **Verpflichtung des Unternehmens** besteht jedoch dahingehend, dass ein Abweichen von den einzelnen Empfehlungen in der abgegebenen Entsprechenserklä-

14 Vgl. IDW PS 345, Rn 13.
15 Vgl. IDW PS 345, Rn 14.
16 Vgl. DCGK, 1. Präambel.

rung gegenüber der Öffentlichkeit dargelegt werden muss. Dabei folgt der DCGK dem sog. **Comply-or-Explain-Grundsatz.**[17] Da börsennotierte Unternehmen zur Abgabe einer Entsprechenserklärung verpflichtet sind, **müssen die Vorgaben des DCGK befolgt werden** (comply). Für den Fall einer negativen Abweichung bzw. Nichtbeachtung der Empfehlungen **müssen die Gründe hierfür erklärt werden** (explain). Ein pauschaler Hinweis, dass von einzelnen Verhaltensempfehlungen abgewichen worden ist oder wird, genügt zur Erfüllung der Anforderungen des § 161 AktG nicht.[18] Darüber hinaus enthält der Kodex Anregungen und Hinweise hinsichtlich guter Unternehmensführung, deren Nichtbeachtung – anders als das Abweichen von den Empfehlungen des DCGK – nicht bekannt gegeben werden muss. Dabei werden Begriffe wie „sollte" oder „kann" verwendet.

Der **DCGK** ist somit selbst **nicht gesetzlich verankert**, sondern orientiert sich 18
an der selbstverantwortlichen Organisation der Wirtschaft und stellt somit ein flexibles Regelwerk dar. Das heißt, dass aufgrund der fehlenden Gesetzeskraft des DCGK inhaltlich unzutreffende Entsprechenserklärungen nicht unmittelbar gesetzeswidrig sind. Auch ein völliges Ablehnen der Verhaltensempfehlungen des DCGK wäre grundsätzlich denkbar, eine Pflicht zur Anwendung besteht nicht.[19] Eine Nichtbeachtung des DCGK müsste jedoch als ablehnende Willenserklärung verpflichtend in der Entsprechenserklärung dargelegt werden und hätte somit auch keine direkten Folgen für die Gesellschaft.

III. Prüfungsgegenstand

Des Weiteren stellt sich die Frage, inwieweit die Entsprechenserklärung in die 19
Abschlussprüfung mit einbezogen werden muss. Nach § 317 HGB umfasst die Abschlussprüfung den Jahresabschluss und den Anhang. Nach § 285 Nr. 16 HGB hat der Anhang die **Entsprechenserklärung als Pflichtangabe** des Jahresabschlusses zu enthalten und ist somit Gegenstand der Jahresabschlussprüfung.[20] Für den Fall, dass ein Konzernabschluss Gegenstand der Prüfung ist, hat sich die Jahresabschlussprüfung hinsichtlich der Angabe nach § 314 Abs. 1 Nr. 8 HGB auf jedes in den Konzernabschluss einbezogene Unternehmen zu erstrecken.

Der **Inhalt der Entsprechenserklärung** ist nicht Gegenstand der Prüfung.[21] Sie 20
ist inhaltich auch dann **nicht Gegenstand der Abschlussprüfung**, wenn sie in den Lagebericht aufgenommen wurde. Daher ist es nicht Aufgabe des Abschlussprüfers

---

17 Übersetzt: „entspreche oder erkläre".
18 Vgl. DCGK, 1. Präambel.
19 Vgl. *Dutzi*, Aufsichtsrat als Instrument des Corporate Governance.
20 Vgl. *Strieder*, DCGK.
21 Vgl. *Strieder*, DCGK.

gesondert zu prüfen, ob und inwieweit Vorstand und Aufsichtsrat den Verhaltensempfehlungen des DCGK inhaltlich entsprochen haben oder inwiefern Abweichungen von diesen Empfehlungen zutreffend in der Entsprechenserklärung dargestellt und begründet wurden. Dies ist nachvollziehbar und sinnvoll, da sich die Einhaltung aller Vorgaben des DCGK einer objektiven Prüfung entzieht und der Abschlussprüfer hierzu keine qualifizierten Aussagen treffen kann.

21 Es ist nicht vorgesehen, dass der empfohlene Corporate-Governance-Bericht voll umfänglich in den Anhang oder Lagebericht aufgenommen wird. Auch wenn der Corporate-Governance-Bericht – wie empfohlen – als gesonderter Bericht in den Geschäftsbericht aufgenommen oder zusammen mit der Erklärung veröffentlich wird, unterliegt er nicht der Prüfung durch den Abschlussprüfer.

IV. Prüfungsdurchführung und Prüfungshandlungen

22 Der Abschlussprüfer nimmt keine inhaltliche Prüfung der Entsprechenserklärung vor, sondern überprüft nur, ob die formellen Anforderungen des § 161 AktG erfüllt worden sind. Dies beinhaltet:

- eine **Überprüfung der Entsprechenserklärung auf Vollständigkeit.** Neben einer vergangenheitsbezogenen Aussage zur Einhaltung der Verhaltensempfehlungen, muss auch eine Aussage über die künftige Handhabung gemacht werden.
- die **Vergewisserung** des Abschlussprüfers, ob die **Entsprechenserklärung** dauerhaft auf der Internetseite des Unternehmens **öffentlich zugänglich** gemacht wurde. Das Unternehmen hat dafür Sorge zu tragen, dass ein dauerhafter Zugang der Internetseite und somit ein Abruf der Entsprechenserklärung möglich ist. Der Abschlussprüfer hat sich durch geeignete Prüfungshandlungen zu vergewissern, dass das Unternehmen Vorkehrungen getroffen hat, die eine solche dauerhafte Verfügbarkeit der Entsprechenserklärung ermöglichen.
- die **Überprüfung**, dass **Abweichungen** von den Verhaltensempfehlungen des DCGK in der Entsprechenserklärung im Einzelnen **aufgeführt und begründet** wurden. Ein pauschaler Hinweis, dass von den Verhaltensempfehlungen abgewichen worden ist, genügt nicht.
- eine **Überprüfung**, dass die Entsprechenserklärung **rechtzeitig**, das heißt entsprechend § 161 AktG jährlich, **abgegeben** worden ist. Die Entsprechenserklärung muss jedoch nicht zwingend zum Ende des Geschäftsjahrs abgegeben werden.

23 Sollten die formellen Voraussetzungen nicht erfüllt sein, so ist die Anhangsangabe als nicht zutreffend anzusehen, da keine den Anforderungen des § 161 AktG entsprechende Erklärung vorliegt.

Hinweis

Nachfolgende Checkliste beinhaltet die wichtigsten Punkte, die bei der Prüfung der formellen Anforderungen der Entsprechenserklärung im Sinne des § 161 AktG zu beachten sind.

Checkliste 24

Sachverhalt	Geprüft/ Datum
1. Wurde eine Entsprechenserklärung abgegeben?	
1.1 Wann wurde sie verabschiedet?	
1.2 Wann wurde sie veröffentlicht?	
2. Einhaltung Termine	
2.1 Wurde die Jahresfrist eingehalten?	
2.2 Wurde die Entsprechenserklärung dauerhaft veröffentlicht?	
3. Berücksichtigung von Änderungen	
3.1 Wurde der DCGK innerhalb der Jahresfrist geändert?	
3.2 Wurden die Änderungen berücksichtigt?	
3.3 Gab es unternehmensinterne Änderungen seit der letzten Entsprechenserklärung?	
3.4 Wurden unternehmensinterne Änderungen berücksichtigt?	
4. Berücksichtigung von Abweichungen	
4.1 Lagen formelle Abweichungen vor?	
4.2 Wurden die formellen Abweichungen begründet?	

V. Berichterstattung

1. Bestätigungsvermerk

Nach § 322 HGB hat der Abschlussprüfer das **Ergebnis der Abschlussprüfung** in 25 einem **Bestätigungsvermerk** zusammenzufassen. Der Bestätigungsvermerk kann abhängig von den festgestellten Mängeln **uneingeschränkt oder eingeschränkt** erfolgen. Sind die festgestellten Mängel derart gravierend, dass kein Positivbefund der Rechnungslegung möglich ist, so ist der Bestätigungsvermerk zu versagen.[22] Fraglich ist, wie sich die Nichtabgabe bzw. die Abgabe einer unrichtigen Entsprechenserklärung auf den Bestätigungsvermerk auswirkt.

Sollten die nach §§ 285 Nr. 16, 314 Abs. 1 Nr. 8 HGB geforderten **Angaben zur Ent-** 26 **sprechenserklärung** den gesetzlichen Anforderungen **entsprechen**, muss im Bestätigungsvermerk diesbezüglich keine gesonderte Feststellung getroffen werden.[23] Der Bestätigungsvermerk ist dann einzuschränken, wenn die für den Anhang geforderten Angaben zur Entsprechenserklärung formell unzutreffend, unvollständig oder gar nicht vorhanden sind.

22 Vgl. IDW PS 400, Rn 65.
23 Vgl. IDW PS 345, Rn 19.

27 Der **Bestätigungsvermerk** wäre beispielsweise dann **einzuschränken**, wenn

- bis zum Datum des Bestätigungsvermerks **keine Entsprechenserklärung abgegeben** worden ist und daher die Anhangsangabe nach § 285 Nr. 16 HGB fehlt. Für den Fall, dass das Unternehmen im Anhang über die gesetzeswidrige Nichtabgabe der Entsprechenserklärung Auskunft gibt, erfolgt ebenfalls eine Einschränkung des Bestätigungsvermerks, da die §§ 285 Nr. 16, 314 Abs. 1 Nr. 8 HGB dahingehend eine Berichterstattung fordern, „dass“ und nicht „ob“ eine nach § 161 AktG geforderte Entsprechenserklärung abgegeben worden ist. Demgegenüber wirken sich im Rahmen der Abschlussprüfung festgestellte inhaltliche Unrichtigkeiten der Entsprechenserklärung nicht auf den Bestätigungsvermerk aus, sofern die Unrichtigkeiten nicht mit Verstößen gegen die Rechnungslegung einhergehen;
- **die Entsprechenserklärung** nicht vom Vorstand und/oder Aufsichtsrat abgeben **wurde oder** Bezug auf **einen** veralteten Kodex **nimmt**;
- die **formellen Anforderungen** des § 161 AktG an die Entsprechenserklärung **nicht erfüllt** sind und die Anhangsangabe insofern unzutreffend ist.[24]

2. Prüfungsbericht

28 Wird die Entsprechenserklärung ohne formelle Beanstandungen abgegeben, erfolgt kein Vermerk im Prüfungsbericht.[25] Ob der Abschlussprüfer seiner **Redepflicht gem. § 321 Abs. 1 S. 3 HGB** nachkommen muss, hängt von Art und Umfang des Verstoßes gegen die Entsprechenserklärung ab. Der Abschlussprüfer muss seiner Redepflicht nachkommen, wenn die formellen Angaben zur Entsprechenserklärung nicht erfüllt sind, d.h. die Entsprechenserklärung ist entweder nicht vorhanden, formell unrichtig oder unzutreffend.

29 Trotz einer formell beanstandungslosen Abgabe und dauerhaften Zugänglichmachung der Entsprechenserklärung, stellt eine **inhaltlich falsche Entsprechenserklärung** einen **Verstoß** gegen § 161 AktG dar. IDW PS 345 klassifiziert jeden Verstoß gegen § 161 AktG als schwerwiegend, der in der Folge eine Berichtspflicht im Prüfungsbericht auslöst.

30 Sollte der **Abschlussprüfer** im Rahmen der Prüfung zufällig **inhaltliche Unrichtigkeiten** entdecken, so hat er aufgrund seiner Redepflicht nach § 321 Abs. 1 S. 3 HGB und darüber hinaus aufgrund einer nach Nr. 7.2.3 DCGK separat getroffenen Vereinbarung mit dem Aufsichtsrat, in einem gesonderten Teil des Prüfungsberichts **Mitteilung** zu **machen**. Abhängig vom Prüfungsumfang ist es mehr oder weniger wahrscheinlich, dass der Abschlussprüfer während den Prüfungshandlungen Abweichungen zwischen dem tatsächlichen Verhalten des Vorstandes/Aufsichtsrats und den Angaben in der Entsprechenserklärung erkennt.

24 Vgl. IDW PS 345, Rn 31.
25 Vgl. IDW PS 345, Rn 32.

Da sich die Prüfung der **Entsprechenserklärung** nicht auf die inhaltliche Einhaltung der Empfehlungen des DCGK erstreckt und diesbezüglich Berichtspflichten nur für den Fall bestehen, dass **Unrichtigkeiten im Rahmen der Prüfung** aufgedeckt werden, hängt die Wahrscheinlichkeit der Aufdeckung von dem Umfang der Prüfungshandlungen und den Prüfungsnachweisen ab. Sie erfolgen also eher „zufällig" und dürften auch nur dann erkennbar sein, wenn sie einen direkten Bezug zur Prüfungstätigkeit haben, das heißt im Rahmen der Rechnungslegung auftauchen und dem Abschlussprüfer zwangsläufig aus Unterlagen oder Informationen hervorgehen, die im Rahmen der Abschlussprüfung herangezogen werden. 31

Erschwerend kommt für die **Feststellung möglicher inhaltlicher Unrichtigkeiten** hinzu, dass neben einer vergangenheitsbezogenen Erklärung auch eine zukunftsorientierte Aussage getätigt werden soll. Die zukunftsorientierte Aussage entzieht sich einer Überprüfung durch den Abschlussprüfer, da sie den Charakter einer nicht bindenden Absichtserklärung hat. 32

Es ist jedoch im Sinne des DCGK, dass der Abschlussprüfer über die gesetzliche Redepflicht hinaus den **Aufsichtsrat unverzüglich über wesentliche Feststellungen informiert** und dies nicht erst im Prüfungsbericht erfolgt. Da es sich bei dieser Regelung des DCGK um eine Empfehlung handelt, gekennzeichnet durch das Wort „soll", muss bei einem Abweichen von dieser Empfehlung eine begründete Offenlegung in der Entsprechenserklärung stattfinden. 33

Hinweis !
Erfolgen können die Mitteilungen, die über die gesetzlichen und berufsständischen Anforderungen hinausgehen, in Form eines sog. Management-Letters. Er beinhaltet darüber hinaus Verbesserungsvorschläge hinsichtlich des Rechnungswesens sowie des rechnungslegungsbezogenen internen Kontrollsystems.

D. Abgabe der Unabhängigkeitserklärung nach Nr. 7.2.1 DCGK

Im Vorfeld der Unterbreitung des Wahlvorschlags an die Hauptversammlung soll gem. Nr. 7.2.1 DCGK der Aufsichtsrat bzw. der Prüfungsausschuss **vor der Beauftragung des Abschlussprüfers** eine über die gesetzliche Regelungen des § 319 Abs. 2 und 3 HGB hinausgehende **Erklärung hinsichtlich der Unabhängigkeit des Wirtschaftsprüfers** bzw. der Wirtschaftsprüfungsgesellschaft einholen. 34

Hinweis !
Die Erklärung dient ausschließlich der Unterrichtung des Aufsichtsrats bzw. des Prüfungsausschusses und soll zu keinem anderen Zweck verwendet werden.

I. Inhalt der Erklärung

35 Hinsichtlich der **inhaltlichen Gestaltung der Unabhängigkeitserklärung** enthält der DCGK keine weiterführenden Hinweise. Das IDW legt jedoch in seinem IDW PS 345 eine Empfehlung für die Formulierung der Unabhängigkeitserklärung vor. Inhaltlich sollten die Erklärungen und Beurteilungen zur Unabhängigkeit folgende Bereiche abdecken, wobei der Abschlussprüfer diese aus Sicht eines objektiven Dritten vorzunehmen hat.

- Der Wirtschaftsprüfer muss erklären, ob und ggf. welche **geschäftlichen, finanziellen, persönlichen oder sonstigen Beziehungen** zwischen dem Wirtschaftsprüfer, seinen Organen und dem Prüfungsteam einerseits und dem zu prüfenden Unternehmen und seinen Organmitgliedern andererseits bestehen, die die Unabhängigkeit des Wirtschaftsprüfers in Frage stellen können.
- Des Weiteren muss der Abschlussprüfer offenlegen, in welchem **Umfang im vorangegangenen Geschäftsjahr andere Leistungen für das Unternehmen** erbracht wurden bzw. für das folgende Geschäftsjahr vereinbart worden sind. Hierzu gehören insbesondere Beratungsleistungen und weitere Prüfungsaufträge, die nicht durch den vom Aufsichtsrat erteilten Auftrag zur Jahres- und Konzernabschlussprüfung erfasst werden. Da derartige Sonderaufträge im Normalfall vom Vorstand beauftragt werden, kann sich der Aufsichtsrat ein Bild über die weiteren geschäftlichen Verbindungen zwischen Abschlussprüfer und Unternehmen machen.
- Ergänzend soll der Aufsichtsrat mit dem Abschlussprüfer vereinbaren, dass der Vorsitzende des Aufsichtsrats bzw. des Prüfungsausschusses **über** während der Prüfung **auftretende mögliche Ausschluss- oder Befangenheitsgründe** unterrichtet wird, soweit diese nicht unverzüglich beseitigt werden.[26]

1. Angaben zu geschäftlichen, finanziellen, persönlichen und sonstigen Beziehungen

36 Die Angaben sind **auf Basis der** deutschen gesetzlichen und berufsrechtlichen **Unabhängigkeitsanforderungen** (§§ 319 ff. HGB, §§ 43 und 49 WPO[27] sowie §§ 20 ff. Berufssatzung Wp/vBP[28]) abzugeben und müssen alle für die Beurteilung der Unabhängigkeit des Abschlussprüfers relevanten Angaben zu geschäftlichen, finanziellen, persönlichen und sonstigen Beziehungen beinhalten.

26 Vgl. DCGK, Rn 7.2.1 Abs. 2.

27 Wirtschaftsprüferordnung (WPO) v. 5.11.1975 (BGBl. I S. 2803), zuletzt geändert durch Gesetz v. 31.8.2013 (BGBl. I S. 3533).

28 Berufssatzung für Wirtschaftsprüfer/vereidigte Buchprüfer (BS WP/vBP) v. 11.6.1996 (BAnz. S. 7509), zuletzt geändert durch Satzung v. 6.7.2012 (BAnz AT 25.7.2012 B1).

IDW PS 345 verlangt seinerseits über den DCGK hinaus auch die Einbeziehung der mit dem Abschlussprüfer nach § 271 Abs. 2 HGB verbundenen Unternehmen. Sollte der Wirtschaftsprüfer nicht nur den Jahresabschluss des Mutterunternehmens prüfen, sondern auch den Konzernabschluss, so ist die **Erklärung** auch **auf** die Beziehungen zu den **Organmitgliedern der Tochterunternehmen** im Sinne des § 290 HGB **auszudehnen**. 37

Sollten Beziehungen des Abschlussprüfers bestehen, **die** seine **Unabhängigkeit in Frage stellen**, hat der Abschlussprüfer diese zu erklären und zu erläutern, welche geeigneten Maßnahmen er ergreift, um diese Beziehungen vor Annahme des Prüfungsauftrags zu beseitigen. Darüber hinaus muss der Abschlussprüfer den Aufsichtsrat unverzüglich unterrichten, falls nachträglich Befangenheitsvermutungen auftreten, die die Unabhängigkeit des Abschlussprüfers beeinträchtigen und nicht unverzüglich beseitigt werden können.[29] 38

Liegen derartige Beziehungen nicht vor, wird empfohlen, dies in einem gesonderten Abschnitt durch eine **Negativerklärung** zu veröffentlichen. 39

Praxistipp !
Es bietet sich an, die in den §§ 319, 319a, 319b HGB genannten Ausschlussgründe aufzugreifen und jeweils auf das Nichtvorliegen Bezug zu nehmen.

2. Honorarangaben

Hinsichtlich des Honorars ist anzugeben, in welchem **Umfang im vorangegangenen Geschäftsjahr andere Leistungen**, insbesondere Beratungsleistungen, für das zu prüfende Unternehmen erbracht wurden bzw. für das folgende Geschäftsjahr vertraglich vereinbart worden sind.[30] Die Angabe für das „folgende Geschäftsjahr" ermöglicht dem Aufsichtsrat einen Vergleich und das Erkennen wesentlicher Veränderungen. Unter den anderen Leistungen sind alle Leistungen zu verstehen, die nicht im Rahmen der Abschlussprüfung erbracht wurden. Die Prüfungsgesellschaft muss in der Unabhängigkeitserklärung ebenfalls **Angaben über die Höhe des vereinbarten Honorars** für die Abschlussprüfung erbringen. Dabei wird § 111 Abs. 2 S. 3 AktG aufgegriffen, der jedoch die Honorarvereinbarung nicht beinhaltet. 40

In Anlehnung an §§ 285 Nr. 17, 314 Abs. 1 Nr. 9 HGB vertritt das IDW die Auffassung, den **Gesamtbetrag der Honorare für Nichtprüfungsleistungen** in die Kategorien „Honorare für sonstige Bestätigungs- oder Bewertungsleistungen", „Steuerberatungsleistungen" und „sonstige Leistungen" aufzugliedern. Sollte ein Konzern Gegenstand der Prüfung sein, so sind alle Honorare für die Leistungen anzugeben, die für die Mutter- und Tochtergesellschaften erbracht worden sind. 41

29 DCGK, Rn 7.2.1 Abs. 2.
30 Vgl. IDW PS 345, Rn 49.

II. Sonstige Erklärungen

42 Die **sonstigen Erklärungen** umfassen alle sonstigen Angaben, die der Wirtschaftsprüfer im Bereich der Unabhängigkeit für wesentlich hält. Das **IDW empfiehlt**, dass unter den „sonstigen Erklärungen" festgehalten wird, dass sich die Prüfungsgesellschaft einem **Peer Review** unterzogen hat und eine wirksame Bescheinigung über die Qualitätskontrolle gem. § 57a WPO vorweisen kann.[31]

E. Auftragsgemäße Erweiterung der Berichtspflichten des Abschlussprüfers nach Nr. 7.2.3 DCGK

43 Nach Nr. 7.2.3 DCGK soll der Aufsichtsrat bzw. der Prüfungsausschuss mit dem Abschlussprüfer vereinbaren, dass ihn dieser unmittelbar **über** alle für seine Aufgaben **wesentlichen Feststellungen und Vorkommnisse unverzüglich unterrichtet**, die sich im Rahmen der Durchführung der Abschlussprüfung ergeben.

44 Die unverzügliche Information kommt insbesondere für solche Feststellungen und Vorkommnisse in Betracht, die aus Gründen der Eilbedürftigkeit zeitnahe Gegenmaßnahmen erfordern oder die Integrität des Vorstands betreffen. Die Unterrichtung des Aufsichtsrates bzw. Prüfungsausschusses ersetzt jedoch nicht die gebotene Berichterstattung im Bestätigungsvermerk oder Prüfungsbericht.

F. Prüfung von Compliance-Management-Systemen

45 Ein Managementsystem, das die Compliance garantieren soll, ist ein **Compliance-Management-System (CMS)**. Die Konzeption eines CMS umfasst

- die Förderung einer günstigen Compliance-Kultur,
- die Festlegung der Compliance-Ziele,
- den Aufbau der Compliance-Organisation (Aufbau- und Ablauforganisation) sowie
- ein Verfahren zur Überwachung und Verbesserung des CMS.

46 Die **Ausgestaltung des CMS** kann sich an allgemein anerkannten Rahmenkonzepten oder an vom Unternehmen selbst entwickelten Grundsätzen orientieren. Die gesetzlichen Vertreter des Unternehmens müssen in einer CMS-Beschreibung

- Erklärungen zur Konzeption,
- den Grundelementen und
- zu der Ausgestaltung des CMS

erbringen.

---

31 Vgl. IDW PS 345, Rn 54.

In diesem Zusammenhang hat das IDW am 11.3.2010 einen **Entwurf des Prüfungsstandards 980 (PS 980)** veröffentlicht,[32] der die Grundelemente eines CMS und andere Begriffe in einer strukturierten Form definiert und der am 11.3.2011 als endgültiger Prüfungsstandard veröffentlicht wurde. Der Standard schreibt jedoch nicht vor, welche Compliance-Risiken ein Unternehmen im Einzelnen beachten soll. Vielmehr bietet er ein konzeptionelles Gerüst, das unternehmensspezifische Besonderheiten berücksichtigt. 47

Der **IDW-Standard empfiehlt** für ein angemessenes CMS die folgenden Grundelemente: 48

- Compliance-Kultur

Die Kultur ist die Grundlage für ein angemessenes und wirksames CMS. Sie wird geprägt durch die grundsätzlichen Einstellungen und das Verhalten des Managements und Aufsichtsorgans.

- Compliance-Ziele

Die Unternehmensziele bilden für die gesetzlichen Vertreter die Basis, die mit dem CMS erreicht werden sollen. Dies umfasst insbesondere die Festlegung der in den einzelnen Teilbereichen einzuhaltenden Regeln.

- Compliance-Organisation

Es werden die Rollen und Verantwortlichkeiten (Aufgaben) sowie die Aufbau- und Ablauforganisation im CMS als integraler Bestandteil der Unternehmensorganisation festgelegt.

- Compliance-Risiken

Es erfolgt eine Feststellung und Analyse der Risiken, die Verstöße gegen Regeln zur Folge haben können, in einem systematischen Verfahren der Risikoerkennung und -berichterstattung.

- Compliance-Programm

Auf der Grundlage der Compliance-Risiken werden Grundsätze und Maßnahmen eingeführt, die auf die Begrenzung der Risiken und damit auf die Vermeidung von Compliance-Verstößen ausgerichtet sind.

- Compliance-Kommunikation

Die Mitarbeiter und gegebenenfalls Dritte werden über das Compliance-Programm (inkl. Verantwortlichkeiten) informiert, damit diese ihre Aufgaben sachgerecht erfüllen. Es wird vereinbart, wie Risiken und Hinweise auf mögliche und festgestellte Regelverstöße kommuniziert werden.

---

32 IDW Prüfungsstandard 980 (IDW PS 980), Grundsätze ordnungsmäßiger Prüfung von Compliance Management Systemen, 11.3.2011 – IDW-Fachnachrichten 4/2011, 203 ff.

- Compliance-Überwachung und -Verbesserung

Die Angemessenheit und Wirksamkeit des CMS werden in geeigneter Weise überwacht; werden im Rahmen der Überwachung Schwachstellen bzw. Verstöße festgestellt, werden Verbesserungen des CMS eingeleitet.

49 **Gegenstand einer CMS-Prüfung** sind die Aussagen der gesetzlichen Vertreter in der CMS-Beschreibung. Die Verantwortung für das CMS liegt bei den gesetzlichen Vertretern des Unternehmens. Diese Verantwortung umfasst auch die ausreichende Dokumentation des CMS, um eine nachhaltige Anwendung und personenunabhängige Funktion des Systems im Zeitablauf zu ermöglichen. Darüber hinaus muss eine verlässliche Vorgehensweise bei der Erstellung der CMS-Beschreibung durch geeignete Personen, z.B. durch einen Compliance-Beauftragten, sichergestellt werden.

50 Es gibt drei verschiedene **Möglichkeiten der Prüfung eines CMS**, die sog. **Auftragstypen**.

- Beim **Auftragstyp 1** geht es um die Beurteilung, ob die Angaben des Unternehmens zur Konzeption des CMS inhaltlich richtig sind und die CMS-Beschreibung auf sämtliche bereits genannten Grundelemente eines CMS eingeht.
- Zusätzlich zu den Angaben gem. Typ 1 überprüft **Auftragstyp 2**, ob die Compliance-Maßnahmen geeignet sind, Risiken für wesentliche Regelverstöße mit hinreichender Sicherheit rechtzeitig zu erkennen und somit Verstöße zu verhindern.
- Zusätzlich zu den Aussagen der Typen 1 und 2 untersucht der **Auftragstyp 3**, ob die Grundsätze und Maßnahmen während eines bestimmten Zeitraums tatsächlich wirksam waren.

51 Compliance-Prüfungen können hier mit unabhängigen Aussagen zur Angemessenheit und Wirksamkeit des angewandten CMS einen elementaren Beitrag zur Überwachung leisten. Insbesondere kann eine solche Prüfung für die zuständigen Organe (Vorstand und Aufsichtsrat) ein guter Nachweis sein, dass sie sich ordnungsgemäß mit der Angemessenheit und Wirksamkeit des CMS auseinandergesetzt haben.

Kapitel 8
Zertifizierung von Compliance-Management-Systemen (IDW PS 980)

A. Einführung in die Prüfung eines Compliance-Management-Systems (CMS)

1 Compliance-Management-Systeme (CMS) sind „auf die Einhaltung von Regeln im Unternehmen ausgerichtet“.[1] Die Einrichtung eines CMS durch die Geschäftsleitung trägt zur Erfüllung der Sorgfalts- und Organisationspflichten eines ordentlichen und gewissenhaften Geschäftsleiters im Sinne des § 93 Abs. 1 AktG[2] bei. Nach einem Urteil des LG München I erfüllt der Vorstand seine Organisationspflichten nur dann, „wenn er eine auf Schadenprävention und Risikokontrolle angelegte Compliance-Organisation im Unternehmen etabliert“.[3] Die Vorgaben des IDW Prüfungsstandards „Grundsätze ordnungsmäßiger Prüfung von Compliance Management Systemen“ (IDW PS 980)[4] können als Hilfestellung für den Aufbau eines CMS herangezogen werden. Insbesondere wird nach dem IDW PS 980 ein CMS nur als angemessen und wirksam gelten, wenn bei Einrichtung des CMS, aber auch im Rahmen eines wiederkehrenden Regelprozesses revolvierend, die unternehmensspezifische Risikosituation ermittelt und beurteilt wird.[5] Die Ergebnisse der Risikoanalyse sind entsprechend zu dokumentieren.[6] Die Prüfung des CMS durch einen Wirtschaftsprüfer nach IDW PS 980 kann als objektivierter Nachweis für die Angemessenheit und Wirksamkeit des CMS[7] dienen. Es besteht hierdurch insbesondere auch die Möglichkeit, einen Nachweis zur Erfüllung der gerichtlichen Anforderungen, wie die Risikoanalyse im Rahmen eines CMS, zu erbringen.[8] Das CMS ist aus Nachweisgründen und zur Sicherstellung einer personenunabhängigen Funktion zu dokumentieren.[9]

---

1 IDW-Prüfungsstandard 980 (IDW PS 980), Grundsätze ordnungsmäßiger Prüfung von Compliance Management Systemen, 11.3.2011, Rn 1.

2 Aktiengesetz (AktG) v. 6.9.1965 (BGBl. I S. 1089), zuletzt geändert durch Gesetz v. 23.7.2013 (BGBl. I S. 2586).

3 *Wermelt*, CB 2014, 109; zur Entscheidung des LG München I, Urt. v. 10.12.2013 – 5 HK O 1387/10 – NZG 2014, 345 ff.; vgl. auch *Grützner*, BB 2014, 850 ff.

4 Vgl. Fn 1.

5 Vgl. IDW PS 980, Rn A16.

6 Vgl. *Wermelt*, CB 2014, 112.

7 Vgl. IDW PS 980, Rn 1.

8 Vgl. *Wermelt*, CB 2014, 109 ff.; Romeike/*Lorenz*, Grundlagen Risikomanagement, S. 23; *Eibelshäuser/Schmidt*, WPg 2011, 940.

9 Vgl. IDW PS 980, Rn 23.

2 Die Prüfung eines unternehmensweiten CMS wird typischerweise sehr umfangreich ausfallen, sodass der Prüfungsumfang regelmäßig auf einzelne Teilbereiche einzugrenzen sein wird. Das Prüfungsurteil trifft dann Aussagen nur zu diesen Teilbereichen. Darüber hinaus wird der Prüfungsumfang auch über die verschiedenen Typen der Prüfung (Konzeptions-, Aufbau- oder Wirksamkeitsprüfung) definiert.

B. Die Arten der Prüfung eines CMS

3 Nach dem Umfang und dem Ziel der Prüfung unterscheidet man die Prüfungsarten Konzeptions-, Aufbau- oder Wirksamkeitsprüfung. Die Aufbau- und Konzeptionsprüfung sind zulässige Möglichkeiten der prüferischen Begleitung der Entwicklung und Einführung eines CMS (ohne Wirksamkeitsprüfung), und sind insbesondere an die Unternehmensleitung zur Überprüfung des Stands der Entwicklung und der Einführung des CMS gerichtet.[10] Bei den Prüfungen eines CMS wird insbesondere die angemessene Darstellung in der **CMS-Beschreibung** geprüft, die auf den vom Unternehmen definierten **CMS-Grundsätzen** basieren. Das in der CMS-Beschreibung dargestellte CMS kann von dem Wirtschaftsprüfer auf Angemessenheit der Zielerreichung und auf wirksame Implementierung geprüft werden.

4 Der Wirtschaftsprüfer wird die Auswahl der **Prüfungshandlungen** nach seinem pflichtgemäßen Ermessen vornehmen.[11] Er wird dabei seine Kenntnisse über das rechtliche und wirtschaftliche Umfeld und die Compliance-Anforderungen des Unternehmens berücksichtigen. Die in der CMS-Beschreibung dargestellten Grundsätze und Maßnahmen sowie die vorgelegten Prüfungsnachweise werden überwiegend auf der Basis von Stichproben beurteilt werden, soweit diese eine hinreichend sichere Grundlage für die Beurteilung des CMS bieten.[12] Neben der Beurteilung des rechtlichen und wirtschaftlichen Umfelds werden Prüfungshandlungen ausgewählte System- und Einzelfallprüfungshandlungen[13] sein. Bei der Prüfung eines CMS werden dies regelmäßig die Befragung zentraler Ansprechpartner (z.B. Geschäftsführung, CMS-Beauftragter), die Einsicht- bzw. Inaugenscheinnahme (z.B. Compliance-, Risiko- und Organisationshandbücher) und die Beobachtung von compliance-relevanten Prozessabläufen sein.

5 Das **Prüfungsergebnis** wird dann die Beurteilung der Angemessenheit bzw. Wirksamkeit der in der CMS-Beschreibung enthalten (Teil-)Bereiche des CMS sein.

10 Vgl. IDW PS 980, Rn 15.

11 Die Auswahl der Prüfungshandlungen erfolgt insbesondere in Anwendung der Vorschriften des IDW, hier insbesondere IDW Prüfungsstandard, Prüfungsnachweise im Rahmen der Abschlussprüfung (IDW PS 300), Rn 11.

12 Das Ermessen bei der Auswahl der Prüfungsnachweise und deren Beurteilung richtet sich nach den Vorgaben des IDW, insbesondere IDW PS 300, vgl. hier Rn 10 bis 13.

13 Vgl. IDW PS 300, Rn 14.

Der Wirtschaftsprüfer wird dabei neben den Feststellungen zum CMS typischerweise auch (das Prüfungsurteil nicht einschränkende) Empfehlungen zu dessen Verbesserung aussprechen.

Praxistipp
Es bietet sich an, den Wirtschaftsprüfer bereits in der Planungsphase vor Beginn des Projektes zur Einführung des CMS hinzuzuziehen. Hierdurch wird umfangreicher Anpassungsaufwand nach Abschluss der CMS-Prüfung vermieden. !

I. Konzeptionsprüfung

Die **Konzeptionsprüfung** dient der Beurteilung der angemessenen Darstellung 6 der Konzeption des CMS in der CMS-Beschreibung: „Das Ziel der Konzeptionsprüfung ist es, dem Prüfer anhand der von dem Unternehmen zugrunde gelegten CMS-Grundsätze eine Aussage mit hinreichender Sicherheit darüber zu ermöglichen, ob die in der CMS-Beschreibung enthaltenen Aussagen zur Konzeption des CMS in allen wesentlichen Belangen angemessen dargestellt sind".[14]

II. Angemessenheitsprüfung

Im Rahmen der **Angemessenheitsprüfung** beurteilt der Wirtschaftsprüfer, „ob die 7 in der CMS-Beschreibung enthaltenen Aussagen über die Grundsätze und Maßnahmen des CMS in allen wesentlichen Belangen angemessen dargestellt sind, dass die dargestellten Grundsätze und Maßnahmen in Übereinstimmung mit den angewandten CMS-Grundsätzen geeignet sind, mit hinreichender Sicherheit sowohl Risiken für wesentliche Regelverstöße rechtzeitig zu erkennen als auch solche Regelverstöße zu verhindern und dass die Grundsätze und Maßnahmen zu einem bestimmten Zeitpunkt implementiert waren".[15]

III. Wirksamkeitsprüfung

Die dritte Form der Prüfung ist die **Wirksamkeitsprüfung**, die die Konzeptions- und 8 Angemessenheitsprüfung umfasst und zusätzlich die Implementierung des CMS beurteilt: „Ziel einer umfassenden CMS-Prüfung (Wirksamkeitsprüfung) ist es, dem Prüfer anhand der von dem Unternehmen zugrunde gelegten CMS-Grundsätzen eine

---

14 Vgl. IDW PS 980, Rn 16.
15 Vgl. IDW PS 980, Rn 17.

Aussage mit hinreichender Sicherheit darüber zu ermöglichen, ob die in der CMS-Beschreibung enthaltenen Aussagen über die Grundsätze und Maßnahmen des CMS in allen wesentlichen Belangen angemessen dargestellt sind, dass die dargestellten Grundsätze und Maßnahmen in Übereinstimmung mit den angewandten CMS-Grundsätzen geeignet sind, mit hinreichender Sicherheit sowohl Risiken für wesentliche Regelverstöße rechtzeitig zu erkennen als auch solche Regelverstöße zu verhindern und dass die Grundsätze und Maßnahmen zu einem bestimmten Zeitpunkt implementiert waren und während eines bestimmten Zeitraums wirksam waren."[16]

! **Hinweis**
Die Angemessenheitsprüfung umfasst also die Konzeptionsprüfung in ihrer Beurteilung der angemessenen Darstellung und ergänzt diese um die Prüfung der Geeignetheit zur Zielerreichung. Die Wirksamkeitsprüfung umfasst sowohl die Konzeptions- als auch die Angemessenheitsprüfung. Es wird im Rahmen der Einführung eines CMS also möglicherweise sinnvoll sein, zunächst die Konzeption und Angemessenheit und erst in einem zweiten Schritt die wirksame Implementierung prüfen zu lassen.

C. Die Grundlagen eines CMS nach dem IDW PS 980

9 Grundlage der Beurteilung des CMS durch den Wirtschaftsprüfer ist die von dem Unternehmen zu erstellende **CMS-Beschreibung**, die das CMS in dem zu prüfenden Teilbereich erläutert und abgrenzt. Inhalt der CMS-Beschreibung sind „explizit oder implizit enthaltene Erklärungen zur Konzeption des CMS, zu den Grundelementen des CMS sowie zur Angemessenheit, Implementierung und Wirksamkeit des CMS in Übereinstimmung mit den angewandten CMS-Grundsätzen zu einem bestimmten Zeitpunkt bzw. in einem bestimmten Zeitraum".[17] Die CMS-Beschreibung gibt also einen Überblick über das CMS und dient der Abgrenzung der zu prüfenden Teilbereiche des CMS.

! **Praxistipp**
Die CMS-Beschreibung als übersichtliche Darstellung des implementierten CMS wird vielfach zur Darstellung guter Corporate Governance auf der Internetseite eines Unternehmens veröffentlicht.

---

10 Bei den der CMS-Beschreibung zugrunde liegenden **CMS-Grundsätzen** kann es sich um „allgemein anerkannte Rahmenkonzepte, andere angemessene Rahmenkonzepte oder vom Unternehmen selbst entwickelte Grundsätze für Compliance Management Systeme"[18] handeln. Als allgemein anerkannt gelten Rahmenkonzepte, „die von

---

16 Vgl. IDW PS 980, Rn 14.
17 Vgl. IDW PS 980, Rn 7.
18 Vgl. IDW PS 980, Rn 8.

einer autorisierten oder anerkannten standardsetzenden Organisation im Rahmen eines transparenten Verfahrens entwickelt und verabschiedet oder durch gesetzliche oder andere rechtliche Anforderungen festgelegt werden".[19] Nach dem IDW PS 980 gehören hierzu beispielsweise folgende Rahmenkonzepte aus den unterschiedlichsten Rechtsystemen:[20]

- Foundation Guidelines „Red Book" der Open Compliance and Ethics Group (OCEG), Phoenix, USA;[21]
- Australian Standard on Compliance Programs (AS 3806-2006) des Standards Australia Committee QR-014, Sydney, Australien;[22]
- Unternehmensweites Risikomanagement – Übergreifendes Rahmenwerk (COSO II) des Committee of Sponsoring Organization, Jersey City, USA;[23]
- OECD Grundsätze der Corporate Governance der Organisation für wirtschaftliche Zusammenarbeit und Entwicklung (OECD), Paris, Frankreich.[24]

Neben diesen hier beispielhaft aufgelisteten Rahmenkonzepten können aber auch andere oder unternehmenseigene Konzepte Anwendung finden, aus Sicht des Prüfers solange, wie sie den Anforderungen des IDW PS 980 genügen. 11

Die Konzeption eines CMS sollte bestimmte, allgemein anerkannte **Grundelemente** umfassen. Diese Grundelemente sind[25] 12

- die Förderung einer günstigen **Compliance-Kultur**,
- die Festlegung von **Compliance-Zielen**,
- der Prozess der Identifikation und Analyse der **Compliance-Risiken**,
- der Aufbau einer **Compliance-Organisation**,
- der Prozess der Erstellung des **Compliance-Programms**,
- die Entwicklung von **Kommunikationsstrukturen** und eines Berichtswesens,
- Verfahren der **Überwachung und Verbesserung des CMS.**

Grundlage für die Angemessenheit und Wirksamkeit des CMS ist die **Compliance-Kultur**, die insbesondere durch die Unternehmensorgane vorgelebt werden sollte. Die „Grundeinstellungen und Verhaltensweisen des Managements sowie die Rolle 13

19 Vgl. IDW PS 980, Rn 9.
20 Vgl. IDW PS 980, Rn A6 und Anlage 1.
21 Kostenpflichtig abrufbar unter www.oceg.org/standards.
22 Abrufbar unter www.saiglobal.com/PDFTemp/.
23 Abrufbar unter www.coso.org/default.htm.
24 Abrufbar unter www.oecd.org/dataoecd/57/19/32159487.pdf.
25 Vgl. IDW PS 980, Rn 23.

des Aufsichtsorgans („tone at the top")"[26] und die Unternehmenskultur[27] beeinflussen demnach die Compliance-Kultur und damit die Einstellung aller Mitarbeiter des Unternehmens zu der Beachtung von Regeln und zu regelkonformen Verhalten.

14 Die **Compliance-Ziele** sind die von der Unternehmensleitung festgelegten, durch Anwendung des CMS zu erreichenden Ziele. Da sich das CMS nicht auf alle Unternehmensbereiche beziehen kann, legt die Unternehmensleitung die wesentlichen einzuhaltenden Regeln unter Berücksichtigung der allgemeinen Unternehmensziele fest. Das CMS wird also regelmäßig nicht alle Bereiche des Unternehmens, sondern lediglich die wesentlichen Teilbereiche umfassen.[28]

15 Die **Compliance-Risiken** können nur unter Berücksichtigung der **Compliance-Ziele** sinnvoll ermittelt werden. Risiko ist die Gefahr der negativen Abweichung von einem Ziel, sodass Compliance-Risiken solche Risiken sind, die die Verfehlung von Compliance-Zielen als Folge haben können. Entsprechend müssen zur Identifikation der Compliance-Risiken zunächst die Compliance-Ziele bekannt sein. Wie bei einem Risikomanagementsystem sind die Compliance-Risiken in einem systematischen Verfahren der Risikoerkennung und -berichterstattung zu ermitteln und bezüglich Eintrittswahrscheinlichkeiten und möglicher Folgen zu analysieren.[29] Eine Integration der Identifikation der Compliance-Risiken in das Risikomanagementsystem kann sich aus diesem Grund anbieten.

! **Hinweis**

Wichtigste Grundlage für ein funktionierendes CMS ist eine sorgsame Ermittlung der CMS-Ziele und CMS-Risiken. Nur so lässt sich ein schlankes, treffsicheres CMS einführen, dass im Ergebnis auch eine hohe Mitarbeiterakzeptanz erfahren wird. In die Ermittlung der CMS-Ziele und CMS-Risiken sollte also ein angemessen großer Zeitaufwand investiert werden.

---

16 Das **Compliance-Programm** besteht aus Grundsätzen und Maßnahmen zur Begrenzung der Compliance-Risiken und Vermeidung von Compliance-Verstößen. Hierzu gehören auch Maßnahmen bei festgestellten Compliance-Verstößen.[30] Für kleinere und mittlere Unternehmen bietet sich im Rahmen des Compliance Controlling ein Modell in drei Phasen an, das aus den Schritten Vorbeugen, Erkennen und Reagieren

---

26 IDW PS 980, Rn 23 und Rn A14; zu der Frage der der Unternehmensleitung zukommenden Schlüsselrolle bei der Compliance-Kultur vgl. *Schulz/Muth*, CB 2014, 265 ff.; für eine praktische Umsetzung am Beispiel des Datenschutz-Compliance vgl. *Wermelt/Fechte*, BB 2013, 811 ff.

27 Zu dem Zusammenhang von Unternehmenskultur und Compliance-Kultur vgl. *Schulz/Muth*, CB 2014, 265 f.

28 Vgl. IDW PS 980, Rn 23 und Rn A15; *Eibelshäuser/Schmidt*, WPg 2011, 939, 941.

29 Vgl. IDW PS 980, Rn 23 und Rn A16; *Eibelshäuser/Schmidt*, WPg 2011, 939, 941.

30 Vgl. IDW PS 980, Rn 23 und Rn A17; *Eibelshäuser/Schmidt*, WPg 2011, 939, 941.

von und auf Compliance-Risiken und Compliance-Verstößen besteht.[31] Grundsätzlich sollte durch organisatorische Maßnahmen und Schulungen Compliance-Risiken erkannt und Compliance-Verstöße verhindert werden. Compliance-Verstöße, die nicht durch präventive Maßnahmen verhindert werden, müssen erkannt und sanktioniert werden.

Im Rahmen der **Compliance-Organisation** sind Rollen und Verantwortlichkeiten sowie die Aufbau- und Ablauforganisation festzulegen. Es bietet sich an, einen eigenen Compliance-Verantwortlichen oder eine Compliance-Abteilung einzurichten, auch wenn eine Integration in andere Unternehmensbereiche zulässig ist.[32] Anders als bei der Einrichtung einer internen Revision, bei der eine von allen anderen Unternehmensbereichen unabhängige Stelle, die nur der Geschäftsführung unterstellt ist, sind die Anforderungen an die Einbindung einer Compliance-Stelle in die Unternehmensorganisation üblicherweise weniger streng.[33] In kleinen und mittleren Unternehmen wird die Stelle des Compliance-Verantwortlichen dann regelmäßig von einem Mitarbeiter übernommen werden müssen, der auch andere fachliche Aufgaben wahrnimmt, ohne dass dies als Nachteil gesehen werden muss.[34] 17

Damit das CMS seine Wirkung im Unternehmen entfalten kann, sind die eingerichteten Grundsätze und Maßnahmen mit Hilfe der **Compliance-Kommunikation** an die betroffenen Mitarbeiter zu kommunizieren. Dies erfolgt regelmäßig durch Schulungsveranstaltungen zur Compliance. Ziel ist insbesondere, den Mitarbeitern und Dritten die festgelegten Rollen und Verantwortlichkeiten ausreichend verständlich und sachgerecht darzustellen. Daneben ist Aufgabe der Compliance-Kommunikation auch die Einführung von Berichtswegen, um Hinweise über Compliance-Risiken und auf mögliche und festgestellte Regelverstöße an die zuständigen Stellen im Unternehmen zu berichten.[35] 18

Das letzte wesentliche Grundelement eines CMS ist die **Compliance-Überwachung und -Verbesserung**, das der Überwachung der Angemessenheit und Wirksamkeit des CMS dient. Sollte im Rahmen dieser Überwachung festgestellt werden, dass Grundsätze und Maßnahmen nicht angemessen oder nicht wirksam umgesetzt werden, sind die Mängel durch die Geschäftsleitung abzustellen und das System zu 19

---

31 Zu dem Drei-Phasen-Modell vgl. *Wilhelm*, CB 2013, 241, 244 ff.

32 Vgl. IDW PS 980 Rn 23 und Rn A18; *Eibelshäuser/Schmidt*, WPg 2011, 939, 941 f.

33 So heißt es in der von der BaFin entwickelten MaRisk 2012 (Rundscheiben 10/2012, Mindestanforderungen an das Risikomanagement), AT 4.4.3, Nr. 2: „Die Interne Revision ist ein Instrument der Geschäftsleitung, ihr unmittelbar unterstellt und berichtspflichtig." Im Gegensatz dazu sind die Anforderungen an die Compliance-Funktion in der MaRisk 2012, AT 4.4.2, Nr. 3, nicht so streng: „Grundsätzlich ist die Compliance-Funktion unmittelbar der Geschäftsleitung unterstellt und berichtspflichtig. Sie kann auch an andere Kontrolleinheiten angebunden werden." Vgl. *Schäfer/Paetzel*, Kap 6.

34 Vgl. *Wilhelm*, CB 2013, 241, 242.

35 Vgl. IDW PS 980, Rn 23, A19; *Eibelshäuser/Schmidt*, WPg 2011, 939, 941 f.; vertiefend zu der Frage der Bedeutung der Compliance-Kommunikation vgl. *Möhrle/Rademacher*, CB 2013, 163 ff.

verbessern.[36] Die Geschäftsleitung sollte Prozesse einrichten, die eine kontinuierliche Überwachung und Verbesserung des CMS unterstützen.

D. Der Sinn und Zweck eines CMS aus Sicht der Wirtschaftsprüfung

20 Ein angemessenes und wirksames CMS in den für die Geschäftstätigkeit wesentlichen Teilbereichen dient dazu, mit hinreichender Sicherheit sowohl Risiken für wesentliche Regelverstöße rechtzeitig zu erkennen (und an die Entscheidungsträger zu berichten) als auch solche Regelverstöße zu verhindern.[37] Dabei ist zu beachten, dass es in der Natur der Sache liegt, dass auch ein nach einer angemessenen Konzeption eingerichtetes und zukünftig wirksam durchgeführtes CMS nicht alle Risiken für wesentliche Regelverstöße erkennen und auch nicht alle Regelverstöße verhindern kann. Diese inhärenten Beschränkungen solcher Systeme ergeben sich aufgrund der möglichen Fehler bei der menschlichen Urteilsbildung in Entscheidungsprozessen, aufgrund dessen, dass Maßnahmen auch in Bezug auf die Kosten der Maßnahme angemessen sein müssen, Störungen allein aufgrund von Irrtümern oder Fehlern eines Entscheiders eintreten können und Kontrollen durch Zusammenarbeit mehrerer Personen umgangen werden können.

21 Der Nutzen eines CMS kann sich in vielen unterschiedlichen Teilbereichen eines Unternehmens verwirklichen. Hierzu gehören beispielsweise die Bereiche Steuern, Rechnungslegung oder Datenschutz.

22 Im Unternehmensbereich Steuern dient das sog. **Tax-Compliance** der Erfüllung steuerlicher Pflichten und durch die Aufdeckung von Tax-Compliance-Risiken, insbesondere der Verhinderung von Verstößen gegen steuerrechtliche Vorgaben, wie Steuerhinterziehung und Steuervermeidung.[38] Aufgrund des schnellen Wandels des Steuerrechts und der zunehmenden Globalisierung des Handels stehen Unternehmen vor sich permanent wandelnden vielfältigen steuerrechtlichen Herausforderungen, denen durch die Einführung eines Tax-Compliance begegnet werden kann.[39] Zu diesen Problemen und Fragestellungen gehört im Zuge der Steuerpolitik auch die Frage, wie ein internationaler Konzern den Spagat schaffen kann, zwischen der Reduzierung der Steuerlast durch verschiedene (legale) Steuerpraktiken (Verschiebung

---

36 Vgl. IDW PS 980, Rn 23, A20; *Eibelshäuser/Schmidt*, WPg 2011, 939, 941 f.
37 Vgl. u.a. IDW PS 980, Rn 6; *Wermelt*, CB 2014, 109 f.
38 Vgl. *Dahlke*, BB 2014, 680 ff.; *Rogge*, BB 2014, 664, 664 f.
39 Vgl. *Rogge*, BB 2014, 664, 664 f.

der Steuerlast in Niedrigsteuerländer),[40] die von der Öffentlichkeit zumindest als unmoralisch wahrgenommen werden (mögliche Reputationsschäden) und der potentiellen Erfüllung von Untreuetatbeständen gegenüber Aktionären beim Unterlassen einer Steueroptimierung.[41] Weitere negative Folgen dieser Verstöße reichen, neben den unweigerlichen Reputationsschäden, von möglichen Bußgeldern über persönliche Geld- und Freiheitsstrafen für die Geschäftsleitung bis hin zum Ausschluss von öffentlichen Auftragsvergaben, mitunter nicht nur für das betroffene Unternehmen, sondern auch für den Gesamtkonzern.[42]

Ein weiterer Teilbereich des Compliance betrifft die Einhaltung der Organi- 23
sationsanforderungen an die Rechnungslegung in Kapitalgesellschaften und der Vermeidung der aus der Nichtbeachtung resultierenden Haftungsregelungen (sog. **Accounting-Compliance**).[43] Accounting-Compliance-Risiken können beispielweise aus der Verletzung der Pflicht der ordnungsgemäßen Führung der Bücher nach § 238 HGB[44] und der gesetzeskonformen Aufstellung (§ 242 HGB) und Prüfung (§§ 316 ff. HGB) des Jahresabschlusses sowie dessen Veröffentlichung (§§ 325 ff. HGB) resultieren. Zu den negativen Folgen der Pflichtverletzungen könnten neben Bußgeldern für das Unternehmen auch die persönliche Haftung der Unternehmensorgane, Haftungsansprüche von Gesellschaftern und Gläubigern, die Kreditkündigung aufgrund der Verfehlung von Kredit-Covenants durch Banken oder auch Reputationsschäden sein.

Neben den Teilbereichen des Tax- und Accounting-Compliance wird häufig auch 24
das **Datenschutz-Compliance** als eigenständiger Teilbereich gesehen. Verstöße im Bereich des Datenschutzes können zu Reputationsverlusten bei Mitarbeitern und Kunden führen sowie zu empfindlichen Bußgeldern.[45]

Hinweis !

Es gibt also viele Anlässe für Unternehmen, neben allgemeinen Regelungen zu einem CMS auch „Spezialgebiete" besonders zu erfassen. Welche „Spezialgebiete" besondere Aufmerksamkeit zu Teil wird, resultiert wiederum aus einer sorgsamen Analyse der CMS-Ziele und CMS-Risiken.

---

40 Vgl. *Rogge*, BB 2014, 664, 664 f.

41 Vgl. neben vielen anderen Berichten in der (internationalen) Tagespresse *Theurer*, FAZ v. 20.10.2012.

42 Vgl. *Dahlke*, BB 2014, 680 ff.; *Rogge*, BB 2014, 664, 664 f.; *Kromer/Pumpler/Henschel*, CB 2013, 156.

43 Zu den Fragen des Accounting-Compliance vgl. auch *Eschenfelder*, BB 2014, 685 ff.

44 Handelsgesetzbuch (HGB) v. 10.5.1897 (RGBl. I S. 219), zuletzt geändert durch Gesetz v. 22.12.2014 (BGBl. I S. 2409).

45 Vgl. *Wermelt/Fechte*, BB 2014, 811.

I. Prüfungsanlässe

25 Der Sinn und Zweck der Prüfung eines CMS lässt sich am leichtesten an den Anlässen für eine Prüfung eines CMS ablesen. So werden in der Literatur folgende Anlässe für eine Prüfung eines CMS genannt:[46]

1. Hilfestellung bei Konzeption und Implementierung eines CMS;
2. laufende Qualitätssicherung;
3. objektiver Nachweis der Wirksamkeit eines CMS;
4. CMS-Prüfung bei Unternehmenstransaktionen.

1. Hilfestellung bei der Konzeption und Implementierung eines CMS

26 Der Sinn und Zweck der Prüfung eines CMS zeigt sich bereits bei dessen Einführung, also bei der Konzeption und Implementierung eines CMS in die Unternehmensorganisation. Der Prüfungsstandard gibt eine Hilfestellung durch ein klar strukturiertes Vorgehen.[47] Der Nutzen des Standards liegt dabei insbesondere in der Gewährleistung eines Best-Practice-Vorgehens. Durch die Zertifizierung kann schon in der Entwicklungsphase der Abdeckungsgrad wesentlicher Anforderungen überprüft werden.[48] Der Prüfungsstandard des IDW sieht die bereits erläuterten Prüfungsalternativen vor. Insbesondere im Rahmen der Konzeptionsprüfung ist es aus Sicht des IDW nicht zu beanstanden, das Unternehmen bei der Konzeption prüferisch zu begleiten und damit Hilfestellung durch den Prüfer zu geben.[49]

2. Laufende Qualitätssicherung

27 Die Prüfung eines CMS kann auch der laufenden Überprüfung der Angemessenheit und Wirksamkeit des implementierten CMS dienen. Die sich fortwährend wandelnden Rahmenbedingungen der Unternehmenstätigkeit bedürfen einer laufenden Reflektion der bestehenden Unternehmensorganisation. So kann die Prüfung eines CMS im Sinne einer laufenden Qualitätssicherung helfen, dass sich wandelnde Rahmenbedingungen und aktuelle Trends Berücksichtigung in der Unternehmensorganisation finden.[50] Dabei kann der Blick eines externen Dritten auf das Unternehmen zusätzlich positive Wirkung entfalten.

---

46 Zu den Anlässen einer Prüfung eines CMS vgl. *Görtz*, BB 2012, 178, 179 f.
47 Vgl. auch *Görtz*, BB 2012, 178, 179.
48 Vgl. *Görtz/Roßkopf*, CCZ 2011, 103, 104.
49 IDW PS 980, Rn 15.
50 Vgl. auch *Görtz*, BB 2012, 178, 179 f.

3. Objektiver Nachweis der Wirksamkeit eines CMS

Der Sinn und Zweck der Prüfung eines CMS liegt insbesondere in dem objektiven 28 Nachweis der Wirksamkeit eines CMS. Das IDW weist in seinem Prüfungsstandard IDW PS 980 darauf hin, dass „Eine Wirksamkeitsprüfung des CMS durch einen unabhängigen Wirtschaftsprüfer nach diesem IDW-Prüfungsstandard [...] einen objektiven Nachweis der ermessensfehlerfreien Ausübung dieser Leistungspflicht dienen [kann].“[51] Dieser objektive Nachweis wird in der Literatur teilweise als vorteilhaft angesehen, da davon ausgegangen wird, dass ein Gericht oder eine Behörde bei einem geprüften CMS regelmäßig die Erfüllung der Organisationspflichten durch das Management unterstellen könnte.[52]

Auch wenn dem IDW in Teilen der Literatur unterstellt wird,[53] behauptet es nicht, 29 dass ein positives Prüfungsurteil die Begrenzung der Haftung der Unternehmensorgane garantieren kann. Wie bereits erläutert, nennt das IDW lediglich einen möglichen positiven Effekt eines objektiven Nachweises.[54] Es finden sich aber Stimmen in der Literatur, die davon ausgehen, dass der Prüfung eines CMS mit positivem Urteil eine die Haftung reduzierende Wirkung zukommen kann.[55] Inwieweit die Haftung tatsächlich reduziert wird, ist nach dem aktuellen Stand der Rechtsprechung noch nicht abzusehen. Eine zusätzliche Dokumentation der Bemühungen der Unternehmensorgane, also der Geschäftsleitung und der Aufsichtsgremien, ihren Organisationspflichten nachzukommen, wird bei Gerichten und Behörden aber sicherlich nicht nachteilig wirken. Zudem gewährleistet die Prüfung durch einen unabhängigen unternehmensexternen Dritten neben der Objektivierung auch eine zusätzliche Sicherheit, weil von weiteren Erfahrungen und Branchenexpertisen der Prüfer positive Effekte auf die Konzeption, Angemessenheit und Wirksamkeit des CMS zu erwarten sind.

Der Nachweis des rechtskonformen Verhaltens kann über eine mögliche Haf- 30 tungsreduzierung auch Vorteile bei der Unternehmensfinanzierung, insbesondere börsennotierter Unternehmen, bieten: Dem CMS kommt dabei eine Signalwirkung zu, dass sich das Unternehmen risikoreduzierend an Recht und Gesetz bindet.[56] Aber auch für nichtbörsennotierte, kleine und mittlere Unternehmen könnten sich Vorteile in der Kommunikation mit den Stakeholdern ergeben. So kann ein funktionierendes CMS positive Signalwirkung für Banken und Lieferanten haben und hierdurch z.B. die Fremdfinanzierungskonditionen und Zahlungsziele verbessern.

---

51 IDW PS 980, Rn 1.

52 Vgl. *Eibelshäuser/Schmidt*, WPg 2011, 939, 940; Romeike/*Lorenz*, Grundlagen Risikomanagement, S. 23.

53 Vgl. die im Folgenden von uns widerlegten irrigen Thesen von *Rieder/Falge*, BB 2013, 778, 781.

54 Vgl. IDW PS 980, Rn 1.

55 Vgl. *Eibelshäuser/Schmidt*, WPg 2011, 939, 940; *Merkt*, DB 2014, 2271, 2274; *Merkt*, DB 2014, 2331, 2334.

56 Vgl. *Görtz/Roßkopf*, CCZ 2011, 103, 105.

4. CMS-Prüfung bei Unternehmenstransaktionen

31 Im Zuge von Unternehmenstransaktionen bieten sich Compliance-Due-Dilligence-Untersuchungen an, um dem Erwerber frühzeitig einen Einblick in die Compliance-Risiken sowie in mögliche Risiken für die Reputation im Vorfeld der Unternehmenstransaktion zu gewähren. Hierdurch kann der Erwerber bereits frühzeitig ein entsprechendes Compliance-Programm für das zu erwerbende Unternehmen aufbauen.[57]

E. Kritische Beurteilung der Prüfung des CMS

32 In Teilen der Literatur wird die Prüfung eines CMS nach dem Prüfungsstand IDW PS 980 gänzlich kritisch gesehen. In diesem Abschnitt soll diese Kritik kurz diskutiert und der Nutzen der Prüfung nochmals deutlich hervorgehoben werden.[58]

33 Die erste These besagt, dass „ein Prüfungszertifikat allein nicht ausreicht, um das Unternehmen und das Management zu schützen".[59] Dieser Aussage kann nicht widersprochen werden. So liegt es in der Natur der Sache einer Prüfung, dass diese keine hundertprozentige Sicherheit bieten kann.[60] Diese hundertprozentige Sicherheit wird jedoch auch nicht versprochen. Das IDW weist deswegen auch explizit darauf hin, dass die Aufgabe nicht in der Feststellung der Wirksamkeit oder gar der vollständigen Verhinderung von Rechtsverstößen liegt.[61] Bei jeder Prüfung verbleibt somit immer ein Restrisiko, dass die Realität nicht dem Prüfungsergebnis entspricht.

34 Teil der ersten These[62] sind aber die Voraussetzungen, die ein Prüfer nach Ansicht der Autoren dieser Thesen erfüllen muss. Diese Voraussetzungen sind die fachliche Qualifikation, die Unabhängigkeit, das Arbeiten auf vollständiger Informationsbasis, und dass der Auftraggeber das Ergebnis kritisch prüfen sollte. Entgegen der Auffassung von Rieder/Falge erfüllen Wirtschaftsprüfer diese Anforderungen. Die berufsrechtlichen Vorgaben der Wirtschaftsprüferordnung (WPO)[63] und der Berufssatzung (BS WP/vBP)[64] verpflichten Wirtschaftsprüfer bei allen ihren Tätigkeiten, die in § 2 WPO kodifiziert sind. Wirtschaftsprüfer sind neben weiteren Berufspflichten ins-

---

57 Vgl. *Görtz*, BB 2012, 178, 180.

58 Die im Folgenden diskutierten Thesen wurden aufgestellt von *Rieder/Falge*, BB 2013, 778 ff.

59 *Rieder/Falge*, BB 2013, 778 ff.

60 Vgl. hierzu die Ausführungen zum Prüfungsrisiko (und damit der sog. Erwartungslücke) in IDW PS 261, Rn 5 ff.

61 Vgl. *Merkt*, DB 2014, 2331, 2334 f., zum Begriff der Expectation Gap (Erwartungslücke).

62 *Rieder/Falge*, BB 2013, 778 f.

63 Wirtschaftsprüferordnung (WPO) v. 5.11.1975 (BGBl. I S. 2803), zuletzt geändert durch Gesetz v. 31.8.2013 (BGBl. I S. 3533).

64 Berufssatzung für Wirtschaftsprüfer/vereidigte Buchprüfer (BS WP/vBP) v. 11.6.1996 (BAnz. S. 7509), zuletzt geändert durch Satzung v. 6.7.2012 (BAnz AT 25.7.2012 B1).

besondere den Berufspflichten der Unabhängigkeit, Gewissenhaftigkeit, Verschwiegenheit und Eigenverantwortlichkeit verpflichtet. Der Grundsatz der Gewissenhaftigkeit besagt insbesondere, dass ein Wirtschaftsprüfer nur Aufträge annehmen darf, soweit er die fachlichen, personellen und zeitlichen Ressourcen zur Verfügung hat.[65] Im Ergebnis sind Wirtschaftsprüfer also verpflichtet, eine CMS-Prüfung unabhängig, fachlich qualifiziert und auf vollständiger Informationsbasis durchzuführen.

In der zweiten These[66] wird wiederum die Unabhängigkeit des Wirtschafsprüfers 35 in Zweifel gezogen, da hierzu in IDW PS 980 keine Ausführungen gemacht würden. Hierzu kann auf obige Ausführungen verwiesen werden.

In der dritten These wird angemerkt, dass sich „der Auftraggeber [...] kritisch 36 mit dem Arbeitsplan des CMS-Prüfers auseinandersetzen muss".[67] Diesem Allgemeinplatz ist nicht zu widersprechen. Aus Sicht des Prüfers des CMS ist die Mitarbeit des Unternehmens an dem eigenen CMS wünschenswert und für das Prüfungsergebnis positiv zu beurteilen. Ein Auftraggeber sollte immer Interesse haben, dass das bestellte Produkt oder die bestellte Dienstleistung den Wünschen entsprechend erstellt wird. Da ein CMS sowohl in der Einführungsphase als auch in der späteren Anwendung im Unternehmen „gelebt werden muss", ist das Interesse des Auftraggebers für das CMS gerade zwingend. Der IDW PS 980 erleichtert dem Auftraggeber dabei sogar die Kontrolle des Arbeitsplans des Wirtschaftsprüfer, da er Vorgaben zur Art der Prüfung und der Berichterstattung über die Prüfung macht, so dass weniger unerwartete Ergebnisse als ohne Prüfungsstandard eintreten sollten.

Die vierte These besagt, dass „der Auftraggeber [...] das Prüfungsergebnis einer 37 kritischen Plausibilitätskontrolle unterziehen [muss]".[68] Auch dieser These ist mit Verweis zu unseren Ausführungen zur dritten These nichts hinzuzufügen. Natürlich muss sich das Unternehmen mit dem eigenen CMS intensiv auseinandersetzen. Die Prüfung schafft dabei neben der Hilfestellung bei der Konstruktion des CMS lediglich einen objektiven Nachweis eines unabhängigen Prüfers.

Nach der fünften These sollte „der Auftraggeber die Erfüllung der ihm oblie- 38 genden Pflichten schriftlich festhalten",[69] um mögliche Streitigkeiten im Nachgang zu vermeiden. Auch dieser These kann aus Sicht der Wirtschaftsprüfer zugestimmt werden. Die Berufsgrundsätze des Wirtschaftsprüfers erleichtern dem Auftraggeber die Aufgabe. Nach IDW PS 220 hat der Prüfer ein schriftliches Auftragsbestätigungsschreiben mit dem Auftraggeber zu vereinbaren, in dem umfangreiche Angaben über

65 Vgl. auch IDW PS 220, Rn 11, zur Auftragsannahme. Vgl. WPK/IDW, Gemeinsame Stellungnahme, Anforderungen an die Qualitätssicherung in der Wirtschaftsprüferpraxis (VO 1/2006), 27.3.2006, Abschn. 4.2., Abschn. 4.6.1.

66 *Rieder/Falge*, BB 2013, 778, 779 f.

67 *Rieder/Falge*, BB 2013, 778, 779 f.

68 *Rieder/Falge*, BB 2013, 778, 780.

69 *Rieder/Falge*, BB 2013, 778, 780.

Art und Umfang der Prüfung, Berichterstattung, fachliche Qualifikation, Unabhängigkeitserfordernis und vieles andere mehr gemacht werden.[70]

39 Im Ergebnis lässt sich festhalten, dass die Thesen, die eigentlich gegen eine standardbasierte Prüfung sprechen sollten, gerade für diese sprechen. Der Wirtschaftsprüfer ist durch seine berufsrechtlichen Vorgaben, insbesondere der Unabhängigkeit und der gewissenhaften Berufsausübung, prädestiniert für die CMS-Prüfung. Die Prüfung an Hand eines Standards führt für den Auftraggeber zu einer höheren Sicherheit über die zu erwartenden Prüfungsleistungen. Selbstverständlich sind die von dem Wirtschaftsprüfer durchgeführten Prüfungshandlungen und das Prüfungsergebnis im konkreten Einzelfall nicht standardisiert in dem Sinne, dass immer die gleichen Prüfungshandlungen zu erwarten seien. Wesen einer Prüfung ist es gerade, dass auch „überraschende Prüfungshandlungen“[71] durchgeführt werden.

40 Durch die Prüfung des CMS erhält der Auftraggeber einen objektiven Nachweis, dass er die gesetzlichen Vorgaben zur Unternehmensorganisation im Bereich des Compliance umgesetzt hat und dabei zumindest die Best-Practice-Vorgaben eines anerkannten Standardsetters, dem IDW, entsprochen hat.

70 Vgl. IDW PS 220, Rn 12 ff.

71 Vgl. IDW PS 261 n.F., Rn 71.

Kapitel 9
Absicherung durch Versicherungslösungen

A. Überblick

Das Risiko für Vorstände, Geschäftsführer, (Aufsichts-)Organe sowie bestimmte leitende Angestellte in die persönliche Haftung genommen zu werden, steigt weiter.[1] Mögliche **Haftungsrisiken** ergeben sich dabei nicht allein aus dem Gesellschafts- und Kapitalmarktrecht, sondern auch aus so unterschiedlichen Bereichen wie etwa dem Kartellrecht, Umweltrecht, Patentrecht oder im Zusammenhang mit der Korruptionsbekämpfung. Schadenersatzansprüche können dabei schnell existenzbedrohende Ausmaße annehmen. 1

Nach dem erklärten Willen des (europäischen) Gesetzgebers dienen die mannigfaltigen Haftungstatbestände der effektiven Durchsetzung des Rechts. Erweiterte Schadenersatzansprüche, etwa im Kartellrecht seit der siebten GWB-Novelle,[2] die von Wettbewerbern und geschädigten Kunden durchgesetzt werden, entlasten dabei zudem den Staat in seiner Überwachungsverantwortung (sog. **Private Enforcement**). 2

Gleichzeitig erschwert die wachsende Anzahl von Sanktionsnormen die tägliche Arbeit von Managern. Die Gefahr, infolge von Unkenntnis der Rechtslage plötzlich in der persönlichen Verantwortung zu stehen, kann gar nicht unterschätzt werden. Die Fülle an Haftungstatbeständen weckt zudem Begehrlichkeiten auf Seiten von Konkurrenten und sonstigen interessierten Dritten. Die Abwehr von (vermeintlichen) Ansprüchen kann insoweit viel Zeit und Managementressourcen binden. 3

Vor diesem Hintergrund gilt es, im Rahmen der **Risikovorsorge** adäquaten Versicherungsschutz einzudecken. Immer mehr Unternehmen schließen daher zugunsten ihres Managements, ihrer Aufsichtsorgane sowie leitenden Angestellten sog. **D&O-Versicherungen** ab.[3] Mit Inkrafttreten des VorstAG[4] ist zudem der Abschluss einer Selbstbehaltsversicherung durch die jeweiligen Organe angezeigt, wollen diese nicht persönlich für den im Rahmen der D&O-Versicherung nicht versicherbaren Selbstbehalt haften.[5] Der Inanspruchnahme für (behauptete) Pflichtverletzungen gehen häufig straf- bzw. arbeitsrechtliche Verfahren voraus. Der Abschluss entsprechender 4

---

1 Vgl. *Bachmann*, Reform der Organhaftung?, sowie schon die Fallsammlung bei Geiß/Nehm/Brandner/Hagen/*Goette*, FS 50 Jahre BGH, S. 123, 129 ff.; beispielhaft zur Managerhaftung und Schadensentwicklung in der D&O-Versicherung vgl. MüKo-VVG/*Sieg*, § 17 Rn 19 ff.

2 Siebtes Gesetz zur Änderung des Gesetzes gegen Wettbewerbsbeschränkungen (7. GWB-Novelle) v. 7.7.2005 (BGBl. I S. 1954).

3 Vgl. Rn 5 ff.

4 Vorstandsvergütung-Angemessenheitsgesetz (VorstAG) v. 31.7.2009 (BGBl. I S. 2509).

5 Vgl. Rn 63 ff.

Rechtsschutzversicherungen kann daher zur Abrundung des Versicherungsschutzes angezeigt sein.

B. D&O-Versicherung

I. Allgemeines

5 Die vom Gesamtverband der deutschen Versicherungswirtschaft (GDV) vorgelegten **Musterbedingungen** (Stand: Mai 2013)[6] mit ihren vielfältigen Ausschlüssen für den Versicherungsschutz finden in der Praxis kaum Anwendung. Vielmehr haben die in diesem Markt vertretenen Versicherungsunternehmen ihre jeweils eigenen Bedingungswerke entwickelt, die im konkreten Fall (stark) voneinander abweichen können.[7] Vor dem Hintergrund eines weiterhin günstigen Prämienniveaus findet unter den verschiedenen Anbietern ein Bedingungswettbewerb um die Gunst der Versicherungsnehmer statt.[8] Gleichzeitig ist im Versicherungsfall mit Einwendungen des Versicherers zu rechnen, der seine Deckungspflichten aus dem Versicherungsvertrag beschränken will. Es verwundert daher nicht, dass in der Praxis D&O-Versicherungen in aller Regel über einen (insofern spezialisierten) Makler eingedeckt werden, der aufgrund seiner Branchenkenntnisse sowohl die Qualität des jeweiligen Bedingungswerkes wie das Regulierungsverhalten des einzelnen Versicherungsunternehmens kennt.

! **Praxistipp**
Gerade die Fülle an Bedingungswerken am deutschen Markt macht es umso wichtiger, im Einzelnen zu klären, ob das jeweilige Versicherungsprodukt dem eigenen Risikoprofil entspricht. Die Risikooptimierung beginnt somit bei der fachmännischen Prüfung der zugrundeliegenden Versicherungsbedingungen.

II. Gegenstand der Deckung

6 Die **D&O-Versicherung** sieht eine **Deckung** für den Fall vor, dass bestimmte Personen (regelmäßig Organe einer juristischen Person sowie ggf. bestimmte [leitende] Angestellte) für Pflichtverletzungen aufgrund gesetzlicher Haftpflichtbestimmungen privatrechtlichen Inhalts für einen Vermögensschaden in Anspruch genommen werden. Für regulierte Industrien, wie etwa im Health-Care-Bereich, Finanzdienst-

6 GDV, Allgemeine Versicherungsbedingungen (GDV-Musterbedingungen), Mai 2013, abrufbar unter http://www.gdv.de/wp-content/uploads/2014/07/GDV-Allg.-Versicherungsbedingungen_DandO_2013.pdf.
7 So auch MüKo-VVG/*Sieg*, § 17 Rn 4.
8 *Allerdissen*, VP 2014, 97, 101.

leister oder die Energiewirtschaft, ergibt sich dabei eine versicherungsrechtlich relevante Haftung auch im Fall der Verletzung öffentlich-rechtlicher Normen in Verbindung mit dem privaten Deliktsrecht, soweit die verletzten Normen des öffentlichen Rechts zumindest auch zum Schutz des Geschädigten bestimmt waren.[9]

Der **Versicherungsschutz** umfasst dabei 7
- sowohl die Abwehr unbegründeter Ansprüche (sog. **passiver Rechtsschutz**)
- als auch die **Befriedigung begründeter Schadenersatzansprüche**.

Das Rechtsschutz-Element der D&O-Versicherung hat große Bedeutung.[10] Handelt es 8 sich um Unternehmen aus dem kommunalen Umfeld, ist zudem darauf zu achten, ob hier auch entsprechende Kosten von (beamtenrechtlichen) Disziplinarverfahren gedeckt sind. Auch können im Rahmen einer D&O-Versicherung Kosten von Ermittlungsverfahren einschließlich verwaltungsrechtlicher Verfahren von Aufsichtsbehörden versichert werden.

Rechtsverteidigungskosten können insofern schnell ganz erhebliche Höhen 9 erreichen. Ob solche Kosten auf die Versicherungssumme anzurechnen sind, ist dabei bislang nicht eindeutig geklärt. Die Wirksamkeit entsprechender Klauseln in den Versicherungsbedingungen ist jedenfalls streitig.[11]

Der D&O-Versicherer lässt sich zudem in seinen Bedingungen in aller Regel 10 weitreichende Kompetenzen bei der Regulierung und Prozessführung einräumen. Die Abstimmung des Parteivortrages kann dabei, insbesondere bei der Inanspruchnahme mehrerer Vorstandsmitglieder aufgrund der Verletzung ihrer aktienrechtlichen Gesamtverantwortung, zwar durchaus interessengerecht sein. Dies muss jedoch nicht immer so sein. Es kann daher sinnvoll sein, die genannte Regulierungsbefugnis des Versicherers im konkreten Einzelfall auszuschließen.[12]

---

9 Dies verkennt Looschelders/Pohlmann/*Haehling von Lanzenauer*, VVG, Anh. C VVG Rn 86. Zudem sehen die allermeisten Versicherungsbedingungen zwischenzeitlich keine Beschränkung auf privatrechtliche Haftungsbestimmungen mehr vor, vgl. insofern VersR/*Beckmann*, § 28 Rn 73.

10 Vgl. zum Abwehrelement der D&O-Versicherung auch MüKo-VVG/*Sieg*, § 17 Rn 128.

11 OLG Frankfurt/Main, Urt. v. 9.6.2011 – 7 U 127/09 – r+s 2011, 509 ff., unter Verweis auf *Säcker*, VersR 2005, 10 ff., geht von der AGB-rechtlichen Nichtigkeit entsprechender Klauseln aus; vgl. hierzu auch *Terno*, r+s 2013, 577 ff.; *Werber*, VersR 2014, 1159 ff.; *Grooterhorst/Loomann*, r+s 2014, 157 ff.

12 Zudem sollte die Prozessführungsbefugnis unabhängig vom Besitz des Versicherungsscheins (allein) der versicherten Person eingeräumt werden; vgl. hierzu Veith/Gräfe/*Lange*, Versicherungsprozess, § 16 Rn 68 ff.

III. Versicherungsnehmer und versicherter Personenkreis

11 Im Versicherungsrecht ist regelmäßig zwischen
- dem Versicherungsnehmer und
- der versicherten Person

zu unterscheiden. **Versicherungsnehmer** ist dabei die Vertragspartei des Versicherungsvertrages, während die **versicherte Person** diejenige Person ist, auf deren Personalrisiko sich der vereinbarte Versicherungsschutz erstreckt.

12 Im Fall der D&O-Versicherung ist **Versicherungsnehmer** regelmäßig das Unternehmen, das die Versicherung zugunsten ihrer Organe bzw. (leitenden) Angestellten als **versicherte Personen als** Versicherung für fremde Rechnung abschließt.

! **Praxistipp**
Die Möglichkeit, persönlich in Anspruch genommen zu werden, trifft nicht ausschließlich Organe des Unternehmens, also dessen Vorstände, Aufsichtsräte[13] oder Geschäftsführer. Vielmehr können auch leitende Angestellte und im Einzelfall selbst (einfache) Mitarbeiter bei bestimmten Pflichtverletzungen persönlich haften.[14]

---

13 So könnte im Einzelfall etwa die Aufnahme von **Betriebsbeauftragten**, etwa des Immissionsschutzbeauftragten gem. § 54 Abs. 1 BImSchG[15] oder des Sicherheitsbeauftragten für Medizinprodukte gem. § 30 MPG,[16] in den Deckungsschutz angezeigt sein. Hintergrund ist hierbei die regelmäßig persönliche Verantwortung der Beauftragten bei der unternehmensinternen Überwachung öffentlich-rechtlicher Vorschriften.[17] Auch die Aufnahme des **Compliance-Officer** in die D&O-Police sollte vor dem

---

13 Für Aufsichtsräte (sowie nebenamtliche Mitglieder der Geschäftsleitungsorgane) von Unternehmen in kommunalem Eigentum sehen dabei allerdings die jeweils einschlägigen Gemeindeordnungen u.U. eine (weitgehende) Haftungsfreistellung vor, die im Ergebnis insoweit die Rolle einer D&O-Versicherung übernimmt; vgl. insofern etwa Art. 93 Abs. 3 BayGO (Gemeindeordnung für den Freistaat Bayern (Gemeindeordnung – GO) v. 22.8.1998 (GVBl. 1998 S. 796)). Vor diesem Hintergrund bieten einzelne Versicherer besondere D&O-Versicherungsbedingungen für kommunale Unternehmen an.

14 Vgl. zum möglichen Kreis von versicherten Personen MüKo-VVG/*Sieg*, § 17 Rn 67 ff., 77 ff. (zu sog. leitenden Angestellten).

15 Bundes-Immissionsschutzgesetz (BImSchG) v. 17.5.2013 (BGBl. I S. 1274), zuletzt geändert durch Gesetz v. 2.7.2013 (BGBl. I S. 1943).

16 Medizinproduktegesetz (MPG) v. 7.8.2002 (BGBl. I S. 3146), zuletzt geändert durch Gesetz v. 21.7.2014 (BGBl. I S. 1133). Vgl. hierzu auch *Pisani*, MPJ 2009, 108, 110 m.w.N.

17 Beispielhaft zu den Pflichten des Immissionsschutzbeauftragten vgl. *Jarass*, BImSchG, § 54 Rn 1 ff., insbesondere zu den Überwachungsaufgaben gem. § 54 Abs. 1 S. 2 Nr. 3 BlmSchG *Jarass*, BlmSchG, § 54 Rn 9 f. Ob aus einer Verletzung entsprechender Pflichten Dritte tatsächlich eine Haftung begründen können, dürfte im Ergebnis zu verneinen sein (vgl. insofern Hauschka/*Meyer*, Corporate Compliance, § 31 Rn 35; *Jarass*, BImSchG, § 54 Rn 15 f.); im Übrigen ist darauf zu achten, dass entsprechende Umwelthaftungsrisiken vom Versicherungsschutz ausgenommen sind (vgl. insofern 5.4 der GDV-Musterbedingungen, vgl. Rn 5).

Hintergrund des (in ihrer Reichweite durchaus umstrittenen) obiter dictum des **BGH** zu dessen Garantenstellung[18] erwogen werden, sofern dieser nicht schon ohnehin als Organ versichert ist.[19]

14 Ob und inwieweit sich aus dem Gesellschafts-[20] bzw. Arbeitsrecht[21] eine Verpflichtung zum Abschluss einer D&O-Versicherung zugunsten der Organe bzw. (leitender) Angestellter ergibt, ist allerdings umstritten. Im Ergebnis dürfte dies zwar zu verneinen sein.[22] Gleichwohl kann es im wohlverstandenen Eigeninteresse des jeweiligen Unternehmens sein, den Kreis der versicherten Personen möglichst weit zu fassen. Mit dem D&O-Versicherer wird dieses im Schadensfall einen solventen Anspruchsgegner haben, gegen den es – anders als im Fall seiner Organe bzw. (leitenden) Angestellten – letztlich erfolgreich Ersatzansprüche geltend machen kann.[23]

15 Vor dem Hintergrund der genannten Zweifel an einer gesetzlichen Pflicht zur Stellung entsprechenden Versicherungsschutzes sollten Organe in ihrem Dienstvertrag bzw. (leitende) Angestellte in ihrem Arbeitsvertrag eine entsprechende **Versicherungsverschaffungspflicht** vereinbaren. Ergänzend sollte das jeweilige Unternehmen verpflichtet werden, ihrem Organ bzw. leitenden Angestellten die zugrundeliegenden D&O-Versicherungsverträge in Kopie zur Verfügung zu stellen. So ist gewährleistet, dass sich die Versicherten im Versicherungsfall Kenntnis vom Umfang des Versicherungsschutzes verschaffen können, selbst wenn sie zu diesem Zeitpunkt aufgrund einer schadenersatzbegründenden Pflichtverletzung das Unternehmen bereits (kurzfristig) verlassen mussten. Ob hingegen eine entsprechende Pflicht des Unternehmens auf Herausgabe der Versicherungsbedingungen im Versicherungsfall besteht, ist fraglich.[24]

16 Die **Ausweitung des Versicherungsschutzes** auf (leitende) Arbeitnehmer führt dabei in der Praxis regelmäßig nicht zu einer Prämienerhöhung. Zu beachten

18 BGH, Urt. v. 17.7.2009 – 5 StR 394/08 – BB 2009, 2059; vgl. hierzu etwa *Dann/Mengel*, NJW 2010, 3265 ff.; zu den zivilrechtlichen Risiken beispielhaft *Lackhoff/Schulz*, CCZ 2010, 81, 84 ff. Zur Frage der Begrenzung der Haftung des Compliance-Officers vgl. *Pisani*, ET 6/2013, 97 ff.

19 Dasselbe kann für den Leiter der Rechtsabteilung gelten. So ist es nicht ausgeschlossen, dass Anspruchsteller aus prozesstaktischen Gründen diesen als Beklagten in das Verfahren ziehen. In einem solchen Fall würde die Abwehrfunktion der D&O-Versicherung greifen.

20 Vgl. Kap. 15.

21 Vgl. Kap. 10.

22 BGH, Urt. v. 16.3.2009 – II ZR 280/07 – NJW 2009, 2454 (für den Aufsichtsrat); *Fleischer*, WM 2005, 909 ff.

23 Die D&O-Versicherung sollte allerdings nicht als Balance Sheet Protection missverstanden werden, vgl. insofern Veith/Gräfe/*Lange*, Versicherungsprozess, § 16 Rn 61 f. m.w.N. Zur Aufnahme von leitenden Angestellten und den hieraus resultierenden Konsequenzen für die Haftung durchaus kritisch *Herdter*, VP 2014, 145 ff.

24 Zu Informations- und Einsichtsansprüche der versicherten Personen zu Bestand und Umfang des Versicherungsschutzes, vgl. *Lange*, VersR 2010, 162 ff.; *Thomas*, VersR 2010, 281 ff. jeweils m.w.N.

ist allerdings, dass mit einer solchen Ausweitung dem Versicherer weitere Möglichkeiten eröffnet werden, im Versicherungsfall die Deckung zu versagen. Das jeweilige Unternehmen als Versicherungsnehmer hat sich nämlich regelmäßig gem. § 47 Abs. 1 VVG[25] das Wissen der versicherten Personen zurechnen zu lassen. Werden also neben den Organen auch (leitende) Angestellte mitversichert, steigt die Gefahr, dass der Versicherer im Versicherungsfall den zugrundeliegenden Vertrag mit dem Argument anfechten kann, er sei über das Bestehen gefahrerheblicher Umstände arglistig getäuscht worden, nachdem der Versicherungsnehmer bei Vertragsschluss ein (ihm zurechenbares) Wissen verschwiegen hat. Die Anfechtung erfasst dabei den jeweiligen Versicherungsvertrag insgesamt und lässt somit den Versicherungsschutz auch für gutgläubige versicherte Personen entfallen.[26]

17 Um diese weitreichenden Folgen abzumildern, werden in der Praxis sog. (qualifizierte) **Severability-Klauseln** unterschiedlichster Ausgestaltung angeboten. All diesen Klauseln ist gemeinsam, dass der Versicherer seine Deckung allein gegenüber bösgläubigen versicherten Personen verweigern können soll. Daneben sind sog. **Repräsentanten-Klauseln** aus dem Markt bekannt, die vertraglich regeln sollen, welches Wissen sich der Versicherer zurechnen lassen muss. Welche der angebotenen Lösungen letztlich rechtswirksam ist, ist allerdings nicht abschließend geklärt.[27]

IV. Versicherte Haftungstatbestände

18 Bei der Frage, welche Rechtsverstöße eine für die D&O-Versicherung relevante Haftung auslösen können, ist zwischen

- Innen- und
- Außenansprüchen

zu unterscheiden.

19 **Innenansprüche** liegen dabei dann vor, wenn das versicherte Unternehmen selbst gegenüber seinen Organen bzw. (leitenden) Angestellten wegen Verletzung von Rechtspflichten gegenüber dem jeweiligen Unternehmen entsprechende Forderungen geltend macht. Innenansprüche haben ihren Grund somit in aller Regel im Gesellschaftsrecht.[28] Im Fall von **Außenansprüchen** erheben hingegen geschädigte Dritte Schadenersatzforderungen gegenüber dem jeweiligen versicherten Organ bzw. sonstigen versicherten Personen. Eine persönliche Haftung des jeweiligen Verantwortlichen kann sich dabei aus den unterschiedlichsten Normen ergeben.

---

25 Versicherungsvertragsgesetz (VVG) v. 23.11.2007 (BGBl. I S. 2631), zuletzt geändert durch Gesetz v. 1.8.2014 (BGBl. I S. 1330).

26 Veith/Gräfe/*Lange*, Der Versicherungsprozess, § 16 Rn 149 ff., insb. 180 ff.

27 Vgl. zu den einzelnen Lösungsansätzen *Gädtke*, r+s 2013, 313 ff.

28 Vgl. Kap. 15.

In der **allgemeinen Regulierungspraxis** überwiegen die Fälle der Inanspruchnahme durch das (geschädigte) Unternehmen selbst. Regulierte Industrien, wie etwa der Energiewirtschaft oder des Health-Care-Bereichs, können jedoch Besonderheiten mit ganz eigenen Haftungsszenarien für die Verantwortlichen aufweisen. Das Potenzial hier durch Außenansprüche in die Haftung genommen zu werden, ist dabei durchaus gegeben. 20

1. Innenansprüche

„Klassische" D&O-Fälle haben ihren Ausgangspunkt zumeist im Gesellschaftsrecht. 21
Zur **Anspruchsbegründung** wird hier häufig dahingehend argumentiert, die zuständigen Manager hätten es schuldhaft unterlassen, ein **adäquates Risikomanagementsystem** einzurichten bzw. nachzuhalten. Insofern habe die Unternehmensleitung gegen die elementare Pflicht verstoßen, das Unternehmen vor Schadenersatz- und Bußgeldrisiken sowie Reputationsrisiken zu schützen. Für den Vorstand einer AG ergibt sich eine solche Pflicht aus §§ 76, 93 Abs. 1 AktG[29] bzw. für die Geschäftsführung einer GmbH aus § 43 Abs. 1 GmbHG.[30]

Für die AG sieht zudem § 91 Abs. 2 AktG vor, dass der Vorstand ein **Überwachungssystem** einzurichten hat, damit die den Fortbestand der Gesellschaft gefährdende Entwicklungen früh erkannt werden. Ob und inwieweit sich daraus eine konkrete Pflicht zur Errichtung einer Compliance-Organisation ergibt, ist allerdings nicht abschließend geklärt. Die Entscheidung des LG München I vom 10.12.2013[31] in Sachen Neubürger legt diesen Schluss jedoch nahe. 22

Vor diesem Hintergrund sind Compliance-Funktionen etwa zur Korruptionsbekämpfung einzurichten. Aufgrund ihrer (potentiell) existenzgefährdenden Auswirkungen können zudem auch Rechtsrisiken Compliance-Relevanz erlangen. Dies gilt etwa für die rechtssichere Ausgestaltung Allgemeiner Geschäftsbedingungen (AGB). Die AGB-rechtliche Unwirksamkeit etwa von Haftungsbegrenzungs- oder Preisanpassungsklauseln[32] in langfristigen Verträgen[33] kann schnell ganz erhebliche finanzielle Auswirkungen für das jeweils betroffene Unternehmen haben. 23

Dem Vorstand dürfte allerdings ein weitreichender Entscheidungsspielraum bei der Ausgestaltung einzuräumen sein, der nur bedingt durch die Gerichte überprüf- 24

29 Aktiengesetz (AktG) v. 6.9.1965 (BGBl. I S. 1089), zuletzt geändert durch Gesetz v. 23.7.2013 (BGBl. I S. 2586).
30 GmbH-Gesetz (GmbHG) v. 20.4.1892 (RGBl. S. 477), zuletzt geändert durch Gesetz v. 23.7.2013 (BGBl. I S. 2586).
31 LG München I, Urt. v. 10.12.2013 – 5 HK O 1387/10 – NZG 2014, 345.
32 Vgl. Kap. 13.
33 Vgl. Kap. 14.

bar sein dürfte.[34] Ob und inwieweit vergleichbare Verpflichtungen auch für GmbH-Geschäftsführer bestehen, ist im Übrigen ungeklärt.[35]

25 Etwas anderes gilt jedoch dann, wenn ein Unternehmen dem KWG[36] unterfällt. In einem solchen Fall sieht das Rundschreiben 4/2010 der BaFin Mindestanforderungen an die Compliance-Funktion (MaComp)[37] vor, die es zu beachten gilt.

26 Ob und gegebenenfalls wie im Übrigen **öffentlich-rechtliche Pflichten** an die Risikoerfassung, etwa aufgrund des immissionsschutzrechtlich geforderten Überwachungs- und Berichtswesen oder der Medizinprodukte-Sicherheitsplanverordnung,[38] auf die §§ 91 ff. AktG bzw. § 43 Abs. 1 GmbHG durchschlagen können, ist ebenfalls offen. In der Rechtsprechung scheint insoweit ein Trend zu verzeichnen zu sein, im Fall regulierter Industrien aufsichtsrechtliche Standards bei der Konkretisierung von Überwachungsanforderungen heranzuziehen. Begründet wird dies mit einer sog. Gesamtintention des Gesetzgebers,[39] weswegen für eine einheitliche Auslegung und Anwendung des Rechts zu plädieren sei.[40] Diese Auffassung dürfte verkennen, dass das öffentliche (Aufsichts-)Recht unter Umständen aufgrund branchenspezifischer Risiken und Schutzbedürfnisse erhöhte Organisationsanforderungen vorsieht. Für die Bestimmung der Pflichten gem. § 91 Abs. 2 AktG sollten solche öffentlich-recht-

34 Wie hier *Fleischer*, WM 2005, 291, 299 f. Es bleibt allerdings abzuwarten, inwieweit das Rundschreiben 4/2010 der Bundesanstalt für Finanzdienstleistungen (BaFin) zu Mindestanforderungen an die Compliance-Funktion (vgl. Rn 25) in Kredit- und Finanzdienstleistungsinstituten insoweit Ausstrahlungswirkung entfallen wird. Zudem hat das Institut der Wirtschaftsprüfer (IDW) mit dem Prüfstandard IDW PS 980 ganz allgemeine Richtlinien bei der Etablierung entsprechender Kontrollmechanismen vorgelegt. Das gleiche gilt mit der Compliance-Anwendungshilfe des BDEW v. 26.9.2012, vgl. allgemein zu den haftungsrechtlichen Konsequenzen für den Compliance-Officer *Pisani*, ET 6/2013, 97, 98 f. m.w.N.

35 Die Ausführungen in den Gesetzesmaterialien sind insoweit jedenfalls wenig hilfreich. Der Gesetzgeber spricht hier vielmehr etwas wolkig von „Ausstrahlungswirkung" des Aktienrechts insoweit, ohne jedoch diese im Einzelnen zu konkretisieren; vgl. Begründung RegE KonTraG, BT-Drucks. 13/9712, S. 15. Inwieweit sich insofern etwas durch die jüngste GmbH-Reform geändert hat, bleibt abzuwarten.

36 Kreditwesengesetz (KWG) v. 9.9.1998 (BGBl. I S. 2776), zuletzt geändert durch Gesetz v. 15.7.2014 (BGBl. I S. 934).

37 BaFin, Rundschreiben 4/2010, (WA)-Mindestanforderungen an die Compliance-Funktion und die weiteren Verhaltens-, Organisations- und Transparenzpflichten nach §§ 31 ff. WpHG für Wertpapierdienstleistungsunternehmen, abrufbar unter http://www.bafin.de/SharedDocs/Veroeffentlichungen/DE/Rundschreiben/rs_1004_wa_macomp.html. Allgemein zur MaComp *Krimphoven/Kruse*, MaComp 2013, speziell zum Compliance-Beauftragten und dessen Stellung MaComp, BT 1 Rn 35 ff.

38 Medizinprodukte-Sicherheitsplanverordnung (MPSV) v. 24.6.2002 (BGBl. I S. 2131), zuletzt geändert durch Verordnung v. 25.7.2014 (BGBl. I S. 1227).

39 So VG Frankfurt/Main, Urt. v. 8.7.2004 – 1 E 7363/03 (I) – WM 2004, 2157 (für Vorstandspflichten einer Versicherungs-AG); kritisch hierzu *Bürkle*, WM 2005, 1496 ff.

40 Kritisch insoweit Spindler/Stilz/*Fleischer*, AktG, § 91 Rn 42 m.w.N., auch für die Gegenansicht (für § 25a Abs. 1 KWG).

lichen Pflichten damit unserer Ansicht nach nur mit (ganz) erheblichen Abstrichen überhaupt zur Konkretisierung herangezogen werden können.[41]

2. Außenansprüche

Außenansprüche geschädigter Dritte bergen erhebliche Haftungsrisiken für Organe 27
und (leitende) Angestellte.

a) Kartellrecht

Das Kartellrecht[42] spielt insoweit eine herausragende Rolle, nachdem Marktteilneh- 28
mer allzu schnell Gefahr laufen, Verbotsnormen zu sog. **Hardcore-Kartellen**, also Preis-, Gebiets- und Quotenabsprachen, zu verwirklichen.[43] Kartellrecht wird dabei nicht nur bei der Preisgestaltung relevant, sondern auch bei bestimmten Kooperationsformen, etwa bei Einkaufs-, Verkaufs-, Erzeugungsgemeinschaften sowie bei Minderheitsbeteiligungen oder Gemeinschaftsunternehmen.

In der Praxis erweist es sich dabei als besonders brisant, dass Unternehmen bei 29
kartellrechtlich relevanten Entscheidungen nunmehr eine **Selbsteinschätzung** vornehmen müssen. Das Unternehmen muss also eigenverantwortlich klären, ob Verträge oder Kooperationen mit dem geltenden deutschen bzw. europäischen Kartellrecht vereinbar sind. Entschließt sich das Unternehmen nach einer entsprechenden Selbsteinschätzung schließlich zu einem bestimmten Verhalten und stellt sich ex post heraus, dass diese tatsächlich kartellrechtswidrig war, so muss das Vertragsverhältnis zurück abgewickelt werden. Gerade bei längeren Lieferbeziehungen oder Kooperationsverhältnissen führt dies regelmäßig zu ganz erheblichen Problemen. Darüber hinaus droht die Verhängung eines Bußgeldes sowie Schadenersatzforderungen geschädigter Wettbewerber und Kunden (einschließlich von Endkunden und Verbrauchern).

Nachdem das geschilderte System der Selbsteinschätzung ganz erhebliche Anfor- 30
derungen an die **Organisation einer entsprechenden Compliance-Überwachung** stellt und diese regelmäßig Aufgabe der Leitungsorgane ist, besteht für diese ein ganz erhebliches Risiko der persönlichen Inanspruchnahme.[44] Über den Aufbau entsprechender Expertisen im Unternehmen hinaus kann deshalb aus haftungsrechtlichen

---

41 Wie hier Spindler/Stilz/*Fleischer*, AktG, § 91 Rn 42; HdbVorstandsR/*Spindler*, § 19 Rn 19.
42 Vgl. dazu zum Energiekartellrecht Kap. 12.
43 Hierzu ausführlich *Müller*, Entflechtung und Deregulierung, S. 159 ff.
44 Wellhöfer/Peltzer/Müller/*Wellhöfer*, Haftung, § 4 Rn 188. Für eine Checkliste zum Kartellrecht vgl. Umnuß/*Kapp*, Corporate Compliance Checklisten, Kap. 8.

Gründen die Einholung von Rechtsrat im Kartellrecht spezialisierter externer Anwälte angezeigt sein.[45]

! **Praxistipp**
Bußgelder sind vielmehr gem. Nr. 5.11 der GDV-Musterbedingungen ausdrücklich von der Deckung unter der D&O-Versicherung ausgenommen. Dieser Ausschluss ist dabei letztlich nur klarstellend, da es sich bei Bußgeldern regelmäßig schon nicht um einen versicherten Vermögensschaden eines Dritten handelt.[46] Hiervon unberührt bleibt der passive Rechtsschutz zur Abwehr unberechtigter Forderungen aufgrund (behaupteter) Kartellabsprachen.[47a] Ob und inwieweit ein Innenregress des Unternehmens, gegen das ein Bußgeld verhängt wurde, gegenüber seinem Management versichert ist, hängt im Übrigen entscheidend vom jeweiligen Bedingungswerk ab.

---

b) Umweltrecht

31 **Umweltrechtliche Compliance** ist schon aus betriebswirtschaftlichen Erwägungen heraus angezeigt, trägt doch nachhaltige Unternehmensführung durch Optimierung des Ressourceneinsatzes zur Kostenersparnis bei.[47] Zudem besteht im Fall von Verstößen ein ganz erhebliches Reputationsrisiko für die betroffenen Unternehmen, zumal wenn sie aus einem kommunalen Umfeld stammen. Mit der Einführung eines freien Informationsanspruches[48] im UIG[49] bzw. IFG[50] sind Unternehmen in regulierten Industrien zudem gegenüber der Öffentlichkeit weitgehend transparent, was das Risiko der Inanspruchnahme mit sich bringt.

32 Der (europäische) Gesetzgeber schafft dabei immer häufiger **Haftungstatbestände zur Verhaltenssteuerung.**[51] Beredtes Beispiel ist hier etwa das UmweltHG[52]

---

45 *Schwintowski/Klaue*, ZNER 2004, 342 ff.; *Dann/Mengel*, NJW 2010, 3265, 3268; *Kirch-Heim/Samson*, wistra 2008, 81, 83 ff.

46 VersR/*Beckmann*, § 28 Rn 131.

47 So auch Hauschka/*Meyer*, Corporate Compliance, § 31 Rn 27.

47a Für Innenansprüche verneint das Landesarbeitsgericht Düsseldorf dabei – mit Urt. v. 20.1.2015 – 16 Sa 459/14 – ZIP 2015, 829 ff. – Schienenkartell – bereits auf der Haftungsebene die Regressmöglichkeit einer GmbH gegenüber dem Geschäftsführer wegen verhängter Geldbußen. Die Entscheidung wurde wegen ihrer grundsätzlichen Bedeutung zur Revision zum BAG zugelassen.

48 Der Informationsanspruch wird dabei jedoch nicht schrankenlos gewährt. Vgl. zum Schutz von Betriebs- und Geschäftsgeheimnissen im UIG *Pisani*, Kooperation, 140 ff., 164 f.; *Gassner/Pisani*, NuR 2001, 506.

49 Umweltinformationsgesetz (UIG) v. 22.12.2004 (BGBl. I S. 3704), zuletzt geändert durch Gesetz v. 7.8.2013 (BGBl. I S. 3154).

50 Informationsfreiheitsgesetz (IFG) v. 5.9.2005 (BGBl. I S. 2722), zuletzt geändert durch Gesetz v. 7.8.2013 (BGBl. I S. 3154).

51 Allgemein zum Umwelthaftungsrecht vgl. *Kloepfer*, Umweltrecht, § 6 Rn 60 ff.

52 Umwelthaftungsgesetz (UmweltHG) v. 10.12.1990 (BGBl. I S. 2634), zuletzt geändert durch Gesetz v. 23.11.2007 (BGBl. I S. 2631).

oder USchadG.[53] Zudem sehen umweltrechtliche Vorschriften teilweise Vorgaben zur Betriebsorganisation und zur Verteilung der entsprechenden (persönlichen) Verantwortlichkeiten innerhalb eines Unternehmens vor. So gehört eine **effektive Betriebsorganisation** gem. § 5 BImSchG schon zu den **Grundpflichten** eines Anlagenbetreibers. § 52a BImSchG sieht zudem vor, dass der zuständigen Behörde anzuzeigen ist, wer unter mehreren vertretungsberechtigten Organen einer Kapitalgesellschaft die Pflichten als Anlagenbetreiber wahrnimmt. Allzuständigkeit und Primärverantwortung liegt dabei allerdings auch im Umweltrecht bei der Geschäftsleitung.[54]

Ein **Verstoß gegen umweltrechtliche Organisationspflichten**[55] kann dabei 33 sowohl eine Innen- wie Außenhaftung begründen.[56] So ist die Geschäftsleitung, wie gezeigt,[57] gegenüber dem Unternehmen gem. § 93 Abs. 2 AktG verpflichtet, dieses insbesondere vor Schadenersatzforderungen Dritter sowie Bußgeld- und Reputationsrisiken zu schützen. Geschädigte Dritte haben unter Umständen einen deliktischen Anspruch, sofern die verletzten Normen zumindest auch zum Schutz Dritter bestimmt sind. Zu beachten ist dabei, dass – anders als im Fall von unternehmerischen Entscheidungen i.S.d. § 93 Abs. 1 S. 2 AktG – der Geschäftsleitung kein Ermessensspielraum eingeräumt wird, sodass jeder Rechtsverstoß dem Grunde nach eine Schadenersatzpflicht auslösen kann.[58]

Die **Verletzung umweltrechtlicher (Organisations-)Pflichten** ist dabei grund- 34 sätzlich von der Deckung in der D&O-Versicherung umfasst.[59] Im Fall von Außenansprüchen geschädigter Dritter wird dabei zu klären sein, ob die verletzten Normen des öffentlichen Rechts tatsächlich zum Schutze Einzelner bestimmt sind oder allein im Allgemeininteresse bestimmte Verhaltenspflichten statuieren. Bei Fehlen eines Schutzgesetzes wird es dabei in der Regel an einer persönlichen Haftung des jeweiligen Organs bzw. (leitenden) Angestellten fehlen, sodass die D&O-Versicherung allein im Rahmen des passiven Rechtsschutz die Rechtsverteidigungskosten übernehmen wird.[60]

---

53 Umweltschadensgesetz (USchadG) v. 10.5.2007 (BGBl. I S. 666), zuletzt geändert durch Gesetz v. 31.7.2009 (BGBl. I S. 2585).

54 Hauschka/*Meyer*, Corporate Compliance, § 31 Rn 27.

55 Zu den Organisationspflichten und ihre Compliance-Relevanz vgl. allgemein Kap. 6.

56 Wellhöfer/Peltzer/Müller/*Wellhöfer*, Haftung, § 4 Rn 189.

57 Vgl. Rn 21.

58 Wellhöfer/Peltzer/Müller/*Wellhöfer*, Haftung, § 4 Rn 189.

59 Dies gilt jedoch nicht für USA-Risiken, die regelmäßig nicht versicherbar sind.

60 Insoweit ist auch zu beachten, dass im Rahmen der Umwelthaftpflicht- und Umweltschadenversicherung regelmäßig auch die persönliche gesetzliche Haftpflicht von Angestellten und Organen versichert ist. Vor dem Hintergrund einer möglichen Subsidiarität der D&O-Versicherung kann es hier u.U. zu Abgrenzungsfragen kommen.

35 Jedenfalls zu beachten sind **Ausschlusstatbestände** in der jeweils zugrundeliegenden **D&O-Versicherung**. So können etwa Schäden durch Umwelteinwirkungen und alle sich daraus ergebenden Schäden ausdrücklich vom Versicherungsschutz ausgeschlossen sein.[61] Dies soll insbesondere auch für Schäden aufgrund der Verletzung von Kontroll- und Überwachungspflichten gelten.[62]

c) Patentverletzung

36 **Mittelständische Unternehmen** leben von ihrer **Innovationskraft**. Patente und deren Schutz vor unberechtigter Nutzung spielen damit eine entscheidende Rolle für den Erfolg und Misserfolg eines Unternehmens.

Praxistipp

§ 139 PatG[63] sieht insofern vor, dass derjenige, der eine patentierte Erfindung vorsätzlich oder fahrlässig unberechtigt benutzt, dem Verletzten zum Ersatz des daraus entstanden Schadens verpflichtet ist.

---

37 Solche **Schadenersatzansprüche** werden in der Praxis teilweise selbst dann geltend gemacht, wenn sie im Ergebnis nicht durchschlagen, allein um so Managementkapazitäten auf Seiten des Mitbewerbers zu binden. Dies gilt insbesondere für Umbruchzeiten, in denen die Konkurrenz in einem enger werdenden Marktumfeld wächst.

38 Der **Personenkreis**, den ein Patentinhaber dem Grunde nach in Anspruch nehmen kann, ist dabei denkbar weit gefasst. So kann der Geschädigte wählen zwischen

- dem Hersteller, der das patentverletztende Produkt unbefugt herstellt,
- dem Händler, der das Produkt vom unbefugten Händler erworben hat, um es anzubieten oder zu vertreiben, und
- dem bloßen Nutzer, der das vom Händler erworbene Produkt nunmehr gewerblich nutzt.[64]

---

61 Vgl. insofern Nr. 5.4 der GDV-Musterbedingungen.

62 So Looschelders/Pohlmann/*Haehling von Lanzenauer*, VVG, Anh. C VVG Rn 150. Dieser weitgehende Ausschluss erscheint zumindest problematisch vor dem Hintergrund der auch für das Versicherungsrecht geltenden Anforderungen an die Klausel-Transparenz und sollte zumindest nicht für Innenansprüche der Gesellschaft gelten, die einen Anspruch mit der Realisierung eines Reputationsrisikos begründen. Vgl. auch VersR/*Beckmann*, § 28 Rn 126, der darauf hinweist, dass dieser Ausnahmetatbestand selten in der Praxis vereinbart wird.

63 Patentgesetz (PatG) v. 16.12.1980 (BGBl. 1981 I S. 1), zuletzt geändert durch Gesetz v. 31.7.2009 (BGBl. I S. 2521).

64 Benkard/*Rogge/Grabinski*, § 139 PatG Rn 20; Schulte/*Kühnen*, PatG, § 139 Rn 19 f.; Busse/*Keukenschrijver*, PatG, § 139 Rn 27 ff. jeweils m.w.N.

Im Fall einer **Patentverletzung durch ein Unternehmen** können dabei nach Wahl des Patentinhabers Ansprüche sowohl gegen das Unternehmen selbst als auch gegen dessen verantwortliche Mitglieder geltend gemacht werden.[65] In der Praxis werden dabei regelmäßig sämtliche möglichen Schuldner in Anspruch genommen, da nur so gewährleistet ist, dass ein durchsetzbarer Titel gegen den Verletzer erlangt wird. Würde hingegen nur das Unternehmen letztlich verurteilt werden, bestünde die Gefahr, dass sich der eigentlich Verantwortliche entziehen könnte, etwa durch Wechsel des Unternehmens oder indem er dieses in Insolvenz gehen lassen würde. Die Gefahr einer persönlichen Inanspruchnahme ist vor diesem Hintergrund ganz erheblich. 39

3. Claims-Made-Prinzip

In der Praxis werden D&O-Versicherungen regelmäßig auf der Grundlage des sog. **Claims-Made-Prinzips** geschlossen.[66] Der **Versicherungsfall** ist somit die erstmalige Inanspruchnahme der versicherten Person durch den Geschädigten während der Versicherungsdauer (sog. **Inanspruchnahmeprinzip**). Dies stellt einen erheblichen Unterschied zu sonstigen Haftpflichtversicherungen in Deutschland dar, die regelmäßig für den Versicherungsschutz entweder auf die Pflichtverletzung oder das Schadenereignis abstellen.[67] **Versicherungsschutz** wird hier also unabhängig vom (Fort-) Bestand des Versicherungsvertrages gewährt. Voraussetzung ist allein, dass das den Haftpflichtanspruch auslösende Ereignis im versicherten Zeitraum liegt. 40

Praxistipp !
Das Claims-Made-Prinzip schränkt den Versicherungsschutz gegenüber dem ansonsten in Deutschland üblichen Haftpflichtversicherungsstandard (stark) ein.[68]

D&O-Verträge werden in aller Regel als **Jahreskontrakte** abgeschlossen (mit Verlängerungsmöglichkeit). Endet aber der Versicherungsvertrag, endet auf der Grundlage des Claims-Made-Prinzips gleichzeitig jeglicher Versicherungsschutz, sofern ein Anspruch gegenüber einer versicherten Person nicht schon geltend gemacht wurde. Um hier Deckungslücken zu vermeiden, ist es also angezeigt, mit dem Versicherer sog. **Nachhaftungszeiten** zu vereinbaren, in denen auch noch nach Beendigung des Versicherungsvertrages Versicherungsfälle gemeldet werden können.[69] 41

---

65 Benkard/*Rogge/Grabinski*, PatG, § 139 Rn 22; Schulte/*Kühnen*, PatG, § 139 Rn 22; Busse/*Keukenschrijver*, PatG, § 139 Rn 29 f. mit umfassender Rechtsprechungsübersicht.
66 Vgl. insofern auch Nr. 2 und 3.1 der GDV-Musterbedingungen.
67 Looschelders/Pohlmann/*Haehling von Lanzenauer*, VVG, Anh. C VVG Rn 66 ff.; VersR/*Beckmann*, § 28 Rn 13, 99 ff.
68 Hauschka/*Pant*, Corporate Compliance, § 13 Rn 4.
69 Looschelders/Pohlmann/*Haehling von Lanzenauer*, VVG, Anh. C VVG Rn 108 f.; VersR/*Beckmann*, § 28 Rn 20; Hauschka/*Pant*, Corporate Compliance, § 13 Rn 9.

42 Gleichzeitig sehen D&O-Versicherungen in aller Regel die Möglichkeit zum Abschluss einer sog. **Rückwärtsversicherung** vor. Hierdurch können Ansprüche für Pflichtverletzungen, die vor Abschluss des zugrundeliegenden Versicherungsvertrages begangen wurden, abgesichert werden. Gedeckt sind dabei jedoch nur solche vorvertraglichen Pflichtverletzungen, die die versicherte Person bzw. die Versicherungsnehmerin im Zeitpunkt des Abschlusses des Versicherungsvertrages nicht kannte und hiervon auch keine Kenntnis haben musste.[70] Die Frage der Kenntnis solcher relevanten Pflichtverletzungen bei Vertragsschluss stellt sich dabei in der Praxis als besonders streitanfällig dar.[71]

43 Trotz der geschilderten erheblichen Einschränkungen des Versicherungsschutzes gilt das Claims-Made-Prinzip in der Rechtsprechung als wirksam vereinbart.[72] Entsprechende Klauseln verstoßen insbesondere nicht gegen das Verbot überraschender Klauseln in AGB.[73]

V. Abgrenzung zu sonstigen Versicherungen (sog. Subsidiaritätsklauseln)

44 Bedingungswerke in der D&O-Versicherung sehen häufig Klauseln vor, die eine Deckung nur für den Fall gewähren, dass nicht eine andere Versicherung greift (sog. **Subsidiaritätsklauseln**). Auf diese Weise sollen Doppelversicherungen vermieden und somit eine zeitnahe Schadensregulierung ermöglicht werden. Die D&O-Versicherung ist dabei insbesondere zur Haftpflichtversicherung sowie ganz allgemein zu Versicherungen, auf der Grundlage der AVB-Vermögen 2008 oder zur Umwelt- und Produkthaftpflichtversicherung abzugrenzen.

45 Subsidiaritätsklauseln können als sog. **einfache bzw. qualifizierte Subsidiaritätsklauseln** vereinbart werden. Während im ersten Fall der Versicherungsschutz unter der D&O-Police nur dann entfällt, wenn eine anderweitige Versicherung besteht und im konkreten Einzelfall tatsächlich Deckung gewährt, soll im zweiten Fall schon dann keine Leistungspflicht des D&O-Versicherers mehr bestehen, wenn eine sonstige Versicherung für das in Rede stehende Risiko besteht, unabhängig davon, ob unter dieser anderweitigen Versicherung dann tatsächlich auch geleistet wird.[74]

70 Looschelders/Pohlmann/*Haehling von Lanzenauer*, VVG, Anh. C VVG Rn 104 ff.; VersR/*Beckmann*, § 28 Rn 20.

71 Vgl. *Pisani*, ET 12/2010, 80, 82.

72 Insofern kritisch Hauschka/*Pant*, Corporate Compliace, § 13 Rn 4; vgl. hierzu aber *Kubiak*, VersR 2014, 932 zu BGH, Urt. v. 26.3.2014 – IV ZR 422/12 – VersR 2014, 625.

73 Vgl. hierzu auch OLG München, Urt. v. 8.5.2009 – 25 U 5136/08 – VersR 2009, 1066; LG München I, Urt. v. 25.9.2008 – 12 O 20461/07 – NJOZ 2008, 4725; *Schramm*, VersW 2008, 2071.

74 VersR/*Beckmann*, § 28 Rn 15 f.

Neben der grundsätzlichen Frage der **Wirksamkeit von Subsidiaritätsklauseln** 46 im Einzelnen können sich bei deren Auslegung und Abgrenzung im Versicherungsfall Streitigkeiten ergeben. So kann sich etwa im Fall börsennotierter Unternehmen die Frage stellen, welche Versicherung greift, wenn etwa bei einem Hersteller ein (erheblicher) Produktmangel im Unternehmen entdeckt wurde. So kann sich hier die Managerhaftung einerseits aus der Verletzung von kapitalmarktrechtlichen Publizitätspflichten ergeben, andererseits aber auch aus Produktbeobachtungspflichten.

VI. Ausschlüsse

Der Versicherungsschutz wird regelmäßig in seinem Umfang durch sog. Ausschlüsse 47 begrenzt. Die Qualität einer D&O-Versicherung hängt damit ganz entscheidend von der Weite solcher Ausschlusstatbestände ab und inwieweit so für das jeweilige Unternehmen typische Risiken von der Deckung ausgenommen werden sollen.

1. Vorsatzausschluss

In der D&O-Versicherung findet sich regelmäßig ein sog. **Vorsatzausschluss.** 48

Nr. 5.1 der GDV-Musterbedingungen sieht etwa vor, dass vom Versicherungsschutz 49 Haftpflichtansprüche „wegen **vorsätzlicher Schadenverursachung** oder durch wissentliches Abweichen von Gesetzen, Vorschrift, Beschluss, Vollmacht oder Weisung oder durch sonstige **wissentliche Pflichtverletzung**" ausgeschlossen werden.

Wie bereits angedeutet,[75] finden diese Muster-Bedingungen in der Praxis (kaum) 50 Anwendung. Im Wettbewerb sehen sich Versicherer vielmehr dazu gezwungen, versicherungsnehmerfreundliche Bedingungswerke auf den Markt zu bringen. Gerade bei der Ausgestaltung von Ausschlusstatbeständen kann es so zu (erheblichen) Unterschieden kommen. Dies gilt auch für den gerade genannten Vorsatzausschluss.

Reichweite und Verhältnis von Vorsatzausschlüssen im Einzelnen werden in der 51 Literatur uneinheitlich beurteilt.[76] Für die **vorsätzliche Schadenverursachung** ist jedenfalls anerkannt, dass für die Bestimmung des Vorsatzmaßstabes auf die entsprechenden allgemeinen zivilrechtlichen Grundsätze abzustellen ist: Vorsatz setzt somit Wissen und Wollen des rechtswidrigen Erfolges voraus, wobei jeweils bedingter Vorsatz dem Grunde nach ausreichen soll. Im Fall der vorsätzlichen Schadensverursachung hat sich also der (bedingte) Vorsatz kumulativ sowohl auf die Pflichtverletzung als auch auf den (möglichen) Schaden zu beziehen.

Anders ist die Situation bei der **wissentlichen Pflichtverletzung.** Hier entfällt 52 Versicherungsschutz dann, wenn der versicherte Manager eine ihn treffende Pflicht

75 Vgl. Rn 5.
76 VersR/*Beckmann*, § 28 Rn 117 ff. m.w.N.

bewusst verletzt; Wissen um (mögliche) Schäden bedarf es hingegen nicht mehr. Die Anforderungen an die Pflichtverletzung selbst sind somit höher („bewusst"), andererseits ist kein Vorsatz bezüglich der Schadensfolgen mehr erforderlich.

53 Soweit in der Praxis D&O-Versicherer die **Deckung** mit dem Hinweis **ablehnen**, der erhobene Vorwurf begründe eine persönliche Haftung allein im Fall des Vorsatzes und sei damit aufgrund des beschriebenen Ausschlusstatbestandes im Ergebnis jedenfalls nicht vom Versicherungsschutz erfasst,[77] so dürfte diese Argumentation in aller Regel zu kurz greifen. Mit der Rechtsprechung besteht Versicherungsschutz vielmehr, solange die Haftpflicht des versicherten Managers als solche noch nicht durch ein Gericht festgestellt wurde. Der D&O-Versicherer hat somit im Ergebnis (zunächst) Kostendeckung für die Abwehr erhobener Ansprüche gegen den Manager zu gewähren.[78] Ein solcher Abwehrschutz bei einem Wissentlichkeitsvorwurf ist dabei mittlerweile gängiger Standard in marktüblichen D&O-Bedingungen. In neueren Bedingungswerken entfällt zudem sogar die Rückzahlungsverpflichtung, sollte der wissentliche Pflichtverstoß rechtskräftig festgestellt werden. Aus der Sicht des versicherten Unternehmen ist dies nur zu begrüßen, nachdem der nicht-versicherte Haftungsanspruch gegen das Organ nicht mehr von einem Regressanspruch des Versicherers wegen ausgelegter Abwehrkosten geschmälert wird. Im Ergebnis bleibt damit mehr Masse für das Unternehmen.

! **Praxistipp**

Im Einzelfall kann es sinnvoll sein, die D&O-Versicherung durch eine Rechtsschutzversicherung zu ergänzen, die die Kosten im Zusammenhang mit der juristischen Klärung von Deckungsfragen aus der D&O-Versicherung abdeckt. Die Notwendigkeit einer solchen Deckung sollte mit dem betreuenden Makler abgeklärt werden. Empfehlenswert ist dabei jedenfalls eine solche Rechtsschutzversicherung – aus naheliegenden Gründen – bei einem anderen als seinem D&O-Versicherer abzuschließen.[79]

---

2. Keine Deckung im Zusammenhang mit Bestechung, Schenkungen, Spenden oder ähnlichen Zuwendungen

54 Bestimmte Kooperationsformen[80] etwa in der Energiewirtschaft oder dem Health-Care-Bereich können vor dem Hintergrund der Korruptionsbekämpfung durchaus problematisch erscheinen. Ein entsprechendes Strafverfahren kann insofern Auftakt für die zivilrechtliche Inanspruchnahme auf Schadenersatz sein. Mit Hilfe des Staats-

77 *Grote/Langheid*, VersR 2005, 1165 ff.; *Seitz*, VersR 2007, 1476 ff.

78 Vgl. BGH, Urt. v. 20.2.1956 – II ZR 53/55 – VersR 1956, 186, 187; OLG Koblenz, Urt. v. 6.4.1979 – 10 U 607/78 – VersR 1979, 830, 831; MüKo-VVG/*Sieg*, § 17 Rn 148.

79 Andererseits sollte sich ein Unternehmen ganz allgemein überlegen, ob es sinnvoll ist, dass im Versicherungsfall die Geschäftsbeziehung berücksichtigen wird, sein D&O-Risiko bei seinem Haus-Versicherer abzuschließen oder auf „Stand-Alone"-Basis.

80 Vgl. Rn 27 ff.; *Schäfer/Holzinger*, ET 3/2010, 93 ff.

anwalts gewonnene Erkenntnisse bilden dabei die Grundlage möglicher Ansprüche. So sind es in der Praxis häufig (übergangene) Konkurrenzunternehmen, die das Strafverfahren zum Anlass nehmen, ihren entgangenen Gewinn im Wege des Schadenersatzes geltend zu machen.

Neben dem Unternehmen selbst können auch der einzelne handelnde Manager bzw. die verantwortlichen Leitungsorgane persönlich in Anspruch genommen werden. In **Korruptionsfällen** sind es insofern seltener eigene persönliche Verfehlungen, die zu einer solchen zivilrechtlichen Haftung führen. Vielmehr wird die persönliche Inanspruchnahme des Topmanagements häufiger mit der Vernachlässigung von Auswahl-, Einweisungs- und Überwachungspflichten begründet, die erst das Fehlverhalten nachgeordneter Mitarbeiter ermöglicht hat.[81] 55

Nr. 5.13 der GDV-Musterbedingungen sieht aber vor, dass Deckung nicht besteht für Pflichtverletzungen im Zusammenhang mit 56

- Bestechung,
- Schenkungen,
- Spenden oder
- ähnlichen Zuwendungen.

Zur **Auslegung des Ausschlusstatbestandes** ist dabei auf die entsprechenden juristischen, insbesondere strafrechtlichen Begriffe abzustellen. 57

Vor dem Hintergrund dieses dem Grunde nach weitreichenden Ausschlusstatbestandes sollte zur Vermeidung von Deckungslücken im Unternehmen ein effektives **Compliance-Programm** unter Einschluss eines Wertemanagementsystems etabliert und nachgehalten werden. Gleichzeitig sollte bei der Ausgestaltung eines solchen Compliance-Programms darauf geachtet werden, so nicht weitere Haftungstatbestände erst zu schaffen. So sollte etwa ausdrücklich darauf hingewiesen werden, dass die Compliance-Aufgaben allein betriebsinternen Zwecken dient, um so eine Außenhaftung des Compliance-Beauftragten möglichst auszuschließen.[82] 58

VII. Selbstbeteiligung des Leitungsorgans*

Seit es die D&O-Versicherung gibt, wurde darüber diskutiert, ob es sinnvoll, zulässig oder unter rechtlichen Aspekten vertretbar sei, dass ein Vorstand oder Geschäftsführer durch eine vom Unternehmen erworbene und finanzierte Versicherung vor persönlichen Haftungsrisiken geschützt wird. 59

* Fortführung der ersten Auflage bearbeitet durch RA Thomas Jangner (†).

81 Dölling/*Dieners*, Korruptionsprävention, Kap. 4 Rn 3 m.w.N.; BGH, Urt. v. 21.4.1997 – II ZR 175/95 – BGHZ 135, 244; *Hauschka*, ZRP 2004, 65 ff.

82 Hierzu insgesamt *Pisani*, ET 6/2013, 97, 99.

60 In den **Corporate Governance Kodex** wurde als Ergebnis der Diskussion folgende Regelung aufgenommen:

> „Schließt die Gesellschaft für Vorstand und Aufsichtsrat eine D&O-Versicherung ab, so soll ein angemessener Selbstbehalt vereinbart werden.“[83]

61 Damit wurde klargestellt, dass der Vorstand einer AG nach Auffassung der Verfasser des Kodex zumindest eine **„angemessene“ Selbstbeteiligung** an einem Schaden tragen sollte, der dem Unternehmen durch das Handeln des Vorstandes entsteht. Diese Empfehlung wurde in der Folgezeit bei börsennotierten AGs umgesetzt, allerdings meist in einer Größenordnung von 25.000 € oder 50.000 €. Inwieweit dies angemessen im Vergleich zur Vorstandsvergütung ist, war weiter umstritten.

62 Die Finanz- und Wirtschaftskrise 2008 und deren Folgen haben den Gesetzgeber veranlasst, mit dem **VorstAG** abseits aller Selbstverpflichtungen der Wirtschaft zu reagieren. Durch das Gesetz wird die Frage nach der Eigenverantwortung des Vorstandes und dessen persönlicher Haftung für Schäden aufgegriffen und im Sinne einer einheitlichen gesetzlichen Regelung der Frage gelöst.

1. VorstAG

a) Anwendungsbereich

63 Das Gesetz ist seit dem 5.8.2009 rechtskräftig. Erstmalig wird in einem Gesetz, für den Fall einer Versicherung, eine Selbstbeteiligung gefordert. So heißt es nunmehr in § 93 Abs. 2 S. 3 AktG: „Schließt die Gesellschaft eine Versicherung zur Absicherung eines Vorstandsmitglieds gegen Risiken aus dessen beruflicher Tätigkeit für die Gesellschaft ab, ist ein Selbstbehalt von mindestens 10 % des Schadens bis mindestens zur Höhe des 1,5-fachen der festen jährlichen Vergütung des Vorstandsmitglieds vorzusehen.“ Auch der Corporate Governance Kodex hat diese Regelung nachvollzogen.[84] Ferner haben auch die sog. Public Corporate Governance Kodices diese Regelung aufgenommen.

b) Intention des Gesetzgebers

64 Dazu führt der Gesetzgeber aus, dass die Neuregelung die Pflicht aus § 76 Abs. 1 AktG, ein Unternehmen mit der Sorgfalt eines ordentlichen Geschäftsmanns zu leiten, flan-

---

83 Z.B. *Ringleb/Kremer/Lutter/von Werder*, Corporate Governance Kodex, Nr. 3.8 Abs. 2. (i.d.F. v. 24.6.2014).

84 *Ringleb/Kremer/Lutter/von Werder*, Corporate Governance Kodex, Nr. 3.8 Abs. 2. Vgl. dazu näher Kap. 17.

kiert. Die Regelung habe verhaltenssteuernde Wirkung. Die Haftung mit dem Privatvermögen wirke Pflichtverletzungen präventiv entgegen.[85]

Die grundsätzliche Intention des gesamten Gesetzes ist nicht falsch. Der Pflicht- 65 selbstbehalt in der D&O-Versicherung ist allerdings nicht geeignet, die gesetzgeberischen Ziele zu erreichen, da er das Verhalten von Unternehmensleitern in AGs nicht beeinflussen kann.

Dass sich aus Haftung grundsätzlich auch verhaltenssteuernde Wirkung ergibt, ist 66 unstreitig. Die Haftung des Organmitglieds ergibt sich bereits aus § 93 Abs. 2 AktG. Die Haftung ist sehr scharf – eine der schärfsten der Welt.[86] Vorstandsmitglieder haften für jeden Grad des Verschuldens und nach § 93 Abs. 2 S. 2 AktG liegt die Beweislast für die Anwendung der erforderlichen Sorgfalt bei den Vorstandsmitgliedern.

Die These, dass der Selbstbehalt verhaltenssteuernd wirkt, impliziert, dass sich 67 der Abschluss einer D&O-Versicherung entlastend auf das Verhalten des Vorstands auswirkt. Die Deckung müsste die Haftung vollumfänglich kompensieren. Dies ist aber nicht der Fall.

Die Leistung der Haftpflichtversicherung ist in ihrer Höhe immer auf die Versi- 68 cherungssumme beschränkt, die Haftung für Managementpflichtverletzungen ist in ihrer Höhe dagegen unbeschränkt und kann deutlich über die Versicherungssumme hinausgehen.

Ferner decken D&O-Versicherungen auch bei ausreichender Versicherungs- 69 summe nicht jeden Schaden ab – regelmäßig nicht versichert ist etwa die wissentliche Pflichtverletzung. Im Umkehrschluss: Die D&O-Versicherung hilft nur dann, wenn Pflichtverletzungen unwissentlich begangen werden.

Insofern kann jemand, der es nicht besser weiß, nicht von einem Selbstbehalt 70 beeinflusst werden.[87]

c) Verstoß gegen § 93 Abs. 2 S. 3 AktG

Für den Fall eines Verstoßes gegen § 93 Abs. 2 S. 3 AktG fragt sich, welche Auswirkun- 71 gen dies auf den D&O-Versicherungsvertrag hat.

Einer Ansicht nach sei § 93 Abs. 2 S. 3 AktG ein Verbotsgesetz i.S.v. § 134 BGB. Es 72 wird allerdings von diesen Stimmen der Literatur nicht die vollständige Nichtigkeit des D&O-Vertrages vertreten, sondern nur die Teilnichtigkeit bei geltungserhaltender Reduktion.[88] Die vollständige Nichtigkeit des D&O-Vertrages widerspreche dem

---

85 BT-Drucks. 16/13433, S. 17.

86 Vgl. VersR/*Beckmann*, § 28 Rn 30 ff.

87 So auch *Hirte*, Stellungnahme zum VorstAG, Rechtsausschuss-Sitzung v. 29.5.2009, S. 3 f., abrufbar unter http://www.uni-hamburg.de/fachbereiche-einrichtungen/handelsrecht/wissenschaft_projekte_/VorstAG.pdf.

88 *Wendler*, ZfV 2009, 593, 598; *Lange*, VersR 2009, 1011, 1023 f.; *Koch*, AG 2009, 637, 639; *Franz*, DB 2009, 2764, 2771; *Gädtke*, VersR 2009, 1565, 1604.

Willen des Gesetzgebers, der das Interesse des Unternehmens an der D&O-Versicherung ausdrücklich betone: Die D&O-Versicherung diene „nicht nur" dem Schutz des Unternehmens, sondern „auch" dem Schutz der Organmitglieder.[89]

73 Anderer Ansicht nach habe die Norm den Charakter einer Ordnungsvorschrift,[90] die sich an die AG richte. Bei Verletzung dieser Ordnungsvorschrift ergebe sich eine Haftung für die Organmitglieder für den Fall, dass der Gesellschaft aus der Verletzung der Ordnungsvorschrift tatsächlich ein Schaden entstanden sei (Beispiel: Prämiendifferenz zwischen Vertrag mit und ohne Selbstbeteiligung).

74 Mit Blick auf das Schicksal des unternehmensfinanzierten D&O-Vertrages ist festzuhalten, dass ein Verstoß gegen § 93 Abs. 2 S. 3 AktG jedenfalls nicht zur Nichtigkeit des gesamten D&O-Vertrages führt. Im Fall der Annahme einer Teilnichtigkeit kann es jedoch sein, dass höhere oder mehr Selbstbeteiligungen von einem Vorstandsmitglied zu tragen sind, als vertraglich vereinbart. Dieser Umstand wäre bei einer Versicherung des Selbstbehaltsrisikos zu berücksichtigen.

2. Die Auswirkungen des VorstAG auf einzelne Vorstandsmitglieder

75 Das Haftungsrisiko selbst ändert sich durch § 93 Abs. 2 S. 3 AktG nicht. Es ändert sich aus Sicht des Vorstandsmitglieds allein die Möglichkeit der Risikoabsicherung. Für den Fall, dass sein Unternehmen eine D&O-Versicherung abschließt, muss es einen Selbstbehalt akzeptieren. Eindeutig ist die gesetzliche Anforderung an Vorstandsmitglieder, zukünftig einen Teil des Schadens in der persönlichen Sphäre zu tragen. Das Risiko aus diesem Selbstbehalt kann wiederum versichert werden – auf eigene Kosten des Vorstandsmitglieds.

76 Die gesetzliche Regelung der Selbstbeteiligung ist oberflächlich. Dies führt zu Unsicherheiten über die Gestaltung der Regelung in der unternehmensfinanzierten D&O-Versicherung. Daraus wiederum ergeben sich komplexe Fragestellungen im Hinblick auf die Versicherung der Selbstbeteiligung.

a) Regelung im Anstellungsvertrag

77 Die betroffene Aktiengesellschaft (vertreten durch den Aufsichtsrat) und der Vorstand sollten ein gemeinsames Verständnis im Hinblick auf die vom Gesetzgeber offen gelassenen Fragen entwickeln und dieses auch dokumentieren. Ein übereinstimmendes Verständnis von AG und Vorstand dient dem sachgerechten Umgang und einer transparenten Zusammenarbeit.[91]

---

89 BT-Drucks. 16/13433, S. 17; vgl. auch *Seibert*, WM 2009, 1489, 1492.

90 *Kerst*, VW 2010, 102, 104; *Dauner-Lieb/Tettinger*, ZIP 2009, 1555, 1556; *van Kann*, NZG 2009, 1010, 1013; *Laschet*, PHi 2009, 158, 163; *Schulz*, VW 2009, 1410, 1414; *Fiedler*, MDR 2009, 1077, 1080.

91 Vgl. *Schulze Schwienhorst/Koch*, VersW 2010, 424, 425.

Ergebnis der internen Willensbildung können Ergänzungen zu Anstellungsverträgen sein. Gegebenenfalls werden aber auch (nur) Beschlüsse gefasst, die eine Auseinandersetzung der Gesellschaft mit dem Thema Selbstbeteiligung in der D&O-Versicherung dokumentieren. 78

In dieser Situation empfiehlt sich in einem ersten Schritt eine Regelung zu einem gemeinsamen Verständnis von Aktiengesellschaft und Vorständen zum Umgang mit der gesetzlich geforderten Selbstbeteiligung. Sicher ist dabei die Gestaltung einer sog. D&O-Verschaffungsklausel im Anstellungsvertrag, die konkrete Maßgaben enthält, nach denen der Selbstbehalt gestaltet ist. 79

Die Gestaltung der Selbstbeteiligung ist damit **keine Aufgabe**, die allein **zwischen Versicherungseinkauf und D&O-Versicherer** zu entscheiden ist. 80

Die Abstimmung zwischen Unternehmen und Vorstand sollte dann in den Vertrag der unternehmensfinanzierten D&O-Versicherung eingeführt werden. Die vom jeweiligen Vorstand zu tragende Beteiligung und damit der Umfang des benötigten persönlichen Versicherungsschutzes werden so konkretisiert. Die Rechtssicherheit hilft sowohl dem Vorstandsmitglied als auch dem Unternehmen. 81

b) Auslegung von Unklarheiten

Die gesetzliche Regelung lässt etliche Fragen offen. Damit ergibt sich ein Auslegungsspielraum, den die Rechtsanwender nutzen müssen. Im Folgenden werden einige Themenbereiche aufgezeigt, bei denen eine Auslegung möglich ist. 82

aa) Zeitliche Geltung des § 93 Abs. 2 S. 3 AktG

Die Umstellungsfrist für Bestandsverträge galt bis zum 1.7.2010. Der Gesetzgeber hat offengelassen, für welche Pflichtverstöße die Selbstbeteiligung gilt. Es empfiehlt sich die Anwendung der Selbstbeteiligung auf Versicherungsfälle, die auf einem Pflichtverstoß beruhen, der **nach Einführung der Selbstbeteiligung** in die Konzern-D&O begangen wurde.[92] Die gesetzliche Regelung dient der Prävention, nicht der Sanktion.[93] Die intendierte Verhaltenssteuerung ist bei Pflichtverstößen, die bereits vor Rechtswirksamkeit des Gesetzes und der vertraglichen Regelung begangenen wurden, nicht möglich. 83

Das Bezugsjahr für den anzuwendenden Selbstbehalt ist das Jahr des Pflichtenverstoßes.[94] Als Jahr gilt das Kalenderjahr.[95] Der Gesetzgeber lässt die Frage offen, 84

---

92 So auch *Wendler*, ZfV 2009, 593, 595 m.w.N.; *Lange*, VersR 2009, 1011, 1024 Fn 112 (mit Klauselvorschlag); *Kerst*, VW 2010, 102, 104; *Lingemann*, BB 2009, 1918, 1922.

93 BT-Drucks. 16/13433, S. 17.

94 BT-Drucks. 16/13433, S. 17.

95 *Olbrich/Kassing*, BB 2009, 1659, 1660; *Franz*, DB 2009, 2764, 2768; GDV-Stellungnahme zum Entwurf des VorstAG, 11.9.2009, S. 3.

ob beispielsweise ein unterjährig ausscheidendes Vorstandsmitglied, welches einen Verstoß in einem nur teilweise vergüteten Kalenderjahr begeht, sich den vollen Selbstbehalt zurechnen lassen muss. Es erscheint sachgerecht, nur den anteiligen Selbstbehalt zu erheben.[96]

bb) Höhe der Selbstbeteiligung

85 Das Gesetz verlangt die Beteiligung des Leitungsorgans mit mindestens 10 % am Schaden. Als obere Grenze soll mit mindestens 150 % der Jahresfestvergütung gehaftet werden. Der Gesetzgeber legt Mindestgrenzen zugrunde, die gegebenenfalls auch überschritten werden können. Eine höhere Selbstbeteiligung empfiehlt sich nicht, da die grundsätzliche Steuerungswirkung der Regelung zweifelhaft ist.[97]

86 Bei Einführung des Gesetzes wurde diskutiert, welche Vergütungsleistungen des Unternehmens an den Vorstand als **Festvergütung** anzusehen sind. Aktuell ist die gängige Praxis, dass etwa Pensionszusagen, Firmenwagen oder -wohnungen sowie fest zugesagte „variable" Gehaltsbestandteile nicht zur Festvergütung gehören. Hier bietet sich aber die Abstimmung zwischen den betroffenen Parteien an.

87 Zu berücksichtigen ist ferner die **gesamtschuldnerische Haftung** eines Vorstandskollegiums. Für die Bemessung des Selbstbehaltes, mit dem eine Verhaltenssteuerung der einzelnen Vorstandsmitglieder beabsichtigt wird, müssen dementsprechend ausschließlich die Verursachungsbeiträge des einzelnen Vorstandsmitglieds am Schaden der Gesellschaft berücksichtigt werden.[98]

cc) Mehrfachverstöße

88 Streitig ist, wie mit Sachverhalten umzugehen ist, bei denen versicherte Personen wegen eines gleichartigen Verstoßes aus unterschiedlichen Jahren in Anspruch genommen werden.

89 Beispiel: Dem Vorstandsmitglied werden mehrere Unterlassungen über mehrere Jahre vorgeworfen. Er habe es unterlassen, den Geschäftsbetrieb korruptionsfrei zu organisieren.[99]

---

96 So auch *Messmer*, ZfV 2009, 737, 742; GDV-Stellungnahme zum VorstAG v. 11.9.2009, S. 4.

97 So auch *Hirte*, Stellungnahme zum VorstAG, Rechtsausschuss-Sitzung v. 29.5.2009, S. 3 f.; *Franz*, DB 2009, 2764, 2765; *Dreher*, AG 2008, 429, 432; *Vetter*, AG 2000, 453, 455 jeweils m.w.N.; *Schulz*, VW 2009, 1410, 1412.

98 So auch *Koch*, AG 2009, 637, 645; *Wendler*, ZfV 2009, 593,597; Looschelders/Michael/*Koch*, Düsseldorfer Vorträge zum Versicherungsrecht 2009, S. 97, 103.

99 Vgl. LG München I, Urt. v. 10.12.2013 – 5 HK O 1387/10 – DB 2014, 766 mit Anm. *Siemens/Neubürger*.

Teilweise wird vertreten, dass sich die Vorstandsmitglieder bei einem solchen Sachverhalt den Selbstbehalt mehrfach anrechnen lassen müssten.[100] Allerdings dürfte eine Kumulierung von Selbstbehalten nicht im Sinne der Norm sein, da sie die betroffenen Personen wirtschaftlich überfordert und die D&O-Versicherer gegebenenfalls. unbillig entlastet. Der Gesetzgeber hat die Obergrenze mit Bedacht gesetzt, gerade um den Nutzen der D&O-Versicherung für die Aktiengesellschaft zu erhalten.[101] 90

dd) Keine Vergütung in der Tochteraktiengesellschaft

Fraglich ist, wie die Selbstbeteiligung bemessen wird, wenn Vorstandsmitglieder keine Vergütung für ihre Organtätigkeit bekommen. Dies kann bei einer Tätigkeit für eine Tochter-AG der Fall sein. Dieses Problem hat sich in der Praxis verstärkt gezeigt. In der Literatur wurde es von vielen Autoren nicht beachtet.[102] Einzelne Autoren sind der Ansicht, dass die Gesamtvergütung zugrunde zu legen sei.[103] Anderer Ansicht nach sei eine „Vergütungspflicht" für Aktiengesellschaften einzuführen.[104] 91

Die Bemessung der Obergrenze nach **anteiliger Tätigkeit** für den Fall einer fehlenden Vergütung erscheint in diesem Fall sachgerecht. 92

ee) Selbstbeteiligung für Innenansprüche und Kompensation des Schadens

Fraglich ist, ob die Selbstbehaltspflicht nur für Ansprüche der Aktiengesellschaft gegen den Vorstand gilt oder auch für Ansprüche Dritter gegen Vorstandsmitglieder. 93

Einhellig herrschende Meinung ist die Anwendung auf **Innenansprüche**. Dies wird mit der Stellung der Norm im Gesetz begründet.[105] § 93 Abs. 2 AktG betrifft nur die Haftungsansprüche, die seitens der Aktiengesellschaft gegen den Vorstand geltend gemacht werden. 94

Fraglich ist ferner, für welchen Leistungsbereich der D&O-Versicherung die Selbstbeteiligung Anwendung finden soll. Die Versicherungsleistung der D&O-Versicherung besteht in der Prüfung der Haftpflichtfrage, der Abwehr unberechtigter und der Kompensation berechtigter Schadenersatzansprüche. 95

Der vom Gesetzgeber geforderte Disziplinierungszweck erfordert es nicht, einen Selbstbehalt zu verlangen, wenn die Haftpflicht noch gar nicht feststeht. Auch der Wortlaut der Norm spricht für diese Ansicht. Mit dem Begriff „Schaden" ist die Ver- 96

---

100 So wohl *Lange*, VersR 2009, 1011, 1018.

101 *Messmer*, ZfV 2009, 737, 740; *Lange*, VersR 2009, 1011, 1019; GDV-Stellungnahme zum VorstAG v. 11.9.2009, S. 7.

102 Looschelders/Michael/*Koch*, Düsseldorfer Vorträge zum Versicherungsrecht 2009, S. 97, 103.

103 *Messmer*, ZfV 2009, 737, 742.

104 *Lange*, VersR 2009, 1011, 1022.

105 *Franz*, DB 2009, 2764, 2768; *Olbrich/Kassing*, BB 2009, 1659, 1660; *Lange*, VersR 2009, 1011, 1016; *Wendler*, ZfV 2009, 593, 596, der eine vertragliche Beschränkung als zulässig erachtet.

mögenseinbuße gemeint, die dem Unternehmen durch die Pflichtverletzung des Vorstandsmitglieds entstanden ist. Daher wird der Selbstbehalt ausschließlich bei der **Kompensation des Schadens** zur Anwendung gebracht. Werden unberechtigte Ansprüche gegen ein Vorstandsmitglied geltend gemacht, leistet die D&O-Versicherung vollständigen Abwehrschutz. Eine Beteiligung an den Abwehrkosten findet nicht statt.[106] Insofern ist es auch aktuell ganz sachgerechte Praxis, dass die Selbstbeteiligung erst dann zur Anwendung kommt, wenn es um die Frage der Kompensation von Schäden geht.

97 Da Haftungsstreitigkeiten zwischen Aktiengesellschaften und Vorstand aber auch häufig mit Vergleichen beendet werden, kommt die Frage nach der Selbstbeteiligung auch dann zur Anwendung, wenn die Parteien sich vergleichen.

VIII. Die Selbstbehaltsversicherung

98 Wenn das Unternehmen und der Vorstand ein übereinstimmendes Verständnis zu den offenen Rechtsfragen gebildet haben und dies dokumentiert wurde, sollte die Regelung des Selbstbehalts in der unternehmensfinanzierten D&O-Versicherung möglichst präzise das Verständnis aufnehmen und widerspiegeln.

99 Es reicht nicht aus, eine Übernahme der gesetzlichen Formulierung des § 93 Abs. 2 S. 3 AktG in die Konzernpolice vorzunehmen, sondern die oben angesprochenen Entscheidungen müssen detailliert und deckungsgleich durch die Selbstbehaltsregelung des Konzernvertrages gespiegelt werden.

100 Ist der Selbstbehalt in der unternehmensfinanzierten D&O-Versicherung geregelt, stellt sich für das einzelne Vorstandsmitglied die Frage, ob es die neu entstandene Lücke versichern möchte.

101 **Versicherungstechnisch** wäre es am sinnvollsten, eine möglichst klare und kongruente Verbindung zwischen Konzernversicherung und „persönlicher" Selbstbehaltsversicherung herbeizuführen. Optimal wäre ein Verweis auf den Vertragstext der Konzernpolice und eine pauschale Regelung: *„Die Selbstbehaltsversicherung macht sich die Inhalte der Konzernversicherung zu eigen"*. Wird die Versicherung des Selbstbehaltes bei dem D&O-Versicherer des Unternehmens platziert, so ist das Risiko unterschiedlicher Regulierung eingegrenzt. Unter Umständen können sich kalkulatorisch auch günstige Prämien für das Vorstandsmitglied ergeben.[107]

102 Ob eine derartige Herangehensweise den gesetzlichen Anforderungen[108] entspricht, ist fraglich. Der Gesetzgeber wollte eine persönliche Verantwortung, eine

---

106 *Lange*, VersR 2009, 1011, 1019; *Wendler*, ZfV 2009, 593, 596; *Olbrich/Kassing*, BB 2009, 1659, 1660; *Nikolay*, NJW 2009, 2640, 2644; *Franz*, DB 2009, 2764, 2764; *Koch*, AG 2009, 637, 644.
107 Vgl. dazu Rn 107 ff.
108 Vgl. BT-Drucks. 16/13433.

eigene wirtschaftliche Betroffenheit des Vorstandes erzielen. Dies stand im Gegensatz zur bestehenden Praxis, den Vorstand möglichst umfassend ohne eigene Kosten über die Konzernpolice abzusichern.

Zusätzlich wird auch immer wieder auf die **Interessenkollision** hingewiesen, 103 der sich der einzelne Vorstand bei einer solchen Lösung gegenübersieht. Das Vorstandsmitglied handelt nunmehr nicht nur als Einkäufer der unternehmensfinanzierten D&O-Versicherung, sondern auch als Interessent oder Versicherungsnehmer einer Selbstbehaltsversicherung. Diese Situation ist offensichtlich nicht spannungsfrei und damit unter dem Gesichtspunkt der Compliance kritisch zu werten.[109]

Darüber hinaus stellen sich vielfältige **tatsächliche Probleme**, die an dieser 104 Stelle nur kurz skizziert werden können:

- Welche Versicherungssumme wird benötigt (Serienschäden, Nachhaftung)?,
- Verhaltenspflichten im Schadensfall bei zwei verschiedenen Versicherungen,
- Subsidiarität der Verträge,
- Laufzeit, Bindung an Konzernvertrag,
- jährliche feste Vergütung bei Multi-Funktionsträgern.

Die Liste ließe sich je nach Ausgestaltung der Konzernversicherung und der Komple- 105 xität des betroffenen Unternehmens beliebig fortführen.

Für jedes Unternehmen sollte eine genaue Bestandsaufnahme gemacht werden, 106 um dann professionell und exakt die Umsetzung angehen zu können. Zur Absicherung des Selbstbehalts gibt es unterschiedliche Ansätze. Insgesamt lassen sich drei Modelle feststellen, die die Bandbreite der am Markt bestehenden Lösungsmöglichkeiten widerspiegeln. Dazwischen gibt es eine Vielzahl anderer Ansätze, die sich jeweils mehr oder weniger an eine dieser drei Lösungen anlehnen.

1. Anrechnungsmodelle

Die Versicherungswirtschaft hat zu Anfang mit einem möglichst einfachen und für 107 den Vorstand kostengünstigen Modell auf die Gesetzesänderung reagiert.

Das Anrechnungsmodell wird immer vom Versicherer der unternehmensfi- 108 nanzierten D&O-Versicherung angeboten. Der Selbstbehalt wird in der unternehmensfinanzierten D&O-Versicherung formuliert und auf die Versicherungssumme angerechnet (daher der Name dieser Lösung.) Damit verringert sich die Versicherungssumme für das Unternehmen. Wenn eine Aktiengesellschaft drei Vorstandsmitglieder hat, verringert sich die Versicherungssumme theoretisch um dreimal 150 % der jeweiligen Jahresfestvergütung. Für diese Anrechnung des Selbstbehalts gab es dann regelmäßig keinen Nachlass für das Unternehmen. Stattdessen wurden

109 Vgl. *Schulze Schwienhorst/Koch*, VersW 2010, 424.

den Vorstandsmitgliedern die Selbstbehaltspolicen für eine „Ausfertigungsgebühr" zur Verfügung gestellt.

109 Aus Sicht des Versicherers entsteht durch dieses Modell kein Kumulproblem. Die für das D&O-Risiko des Unternehmens zur Verfügung gestellte Versicherungssumme ist gleichbleibend.

110 Dieses konkrete Vorgehen empfiehlt sich nicht. Es verstärkt den Interessenkonflikt, der der Situation ohnehin immanent ist. Zumindest muss das Unternehmen bei Einführung des Selbstbehalts einen kleinen Nachlass geben. Ferner sollten die Prämien für die Selbstbehaltsversicherung aus einer sachgerechten Risikotarifierung resultieren.

2. Selbstbehaltsversicherung ohne Anrechnung (Zusatzsummen-Modell)

111 Einen anderen Lösungsansatz verfolgen diejenigen Versicherer, die eigenständige Verträge für Vorstandsmitglieder – unabhängig von der Konzernversicherung – anbieten. Die Vertragslösungen sehen ein eigenes Bedingungswerk vor und auf die Versicherungssumme des Unternehmens wird kein Einfluss genommen. Der Versicherungsschutz leistet die Kompensation des Selbstbehalts und teilweise auch einen Abwehrschutz für den Fall, dass der Selbstbehalt zu hoch oder ansonsten unberechtigt angefordert wird.

112 Solche Lösungen werden auch von Versicherern angeboten, die nicht den Grundvertrag der Konzernpolice führen, also nicht beim Konzernvertrag involviert sind. Angefordert wird dabei eine risikogerechte Prämie, die die Selbständigkeit der Versicherung dokumentiert.

113 Versicherungstechnisch bietet die Selbstbehaltsversicherung aber diverse **Angriffspunkte**, die sich im Schadensfall nicht zulasten des versicherten Vorstandes verwirklichen dürfen.

114 Es sollte zunächst sichergestellt werden, dass eine Deckungsgleichheit zwischen der Konzernversicherung und der Selbstbehaltsversicherung hergestellt wird. Das Vorstandsmitglied sollte also in Kenntnis des Deckungskonzepts der Unternehmenspolice sein, wenn es eine sachgerechte Selbstbehaltsversicherung abschließen will. Der Selbstbehaltsversicherer sollte sich die Versicherungsbedingungen der unternehmensfinanzierten D&O-Versicherung zu Eigen machen.

115 Die Selbstbehaltsversicherung enthält eine eigene Regulierungsvollmacht für den Selbstbehaltsversicherer. Diese Regulierungsvollmacht sollte allerdings nur bei Haftung auf einen Selbstbehalt anspringen, nicht bereits bei Haftung auf Schadenersatz. Das verhindert, dass zwei Versicherer mit Regulierungsvollmacht für denselben Schadensfall agieren.

116 Die Selbstbehaltsversicherung deckt allein das Risiko des Vorstands, wegen eines Selbstbehalts einer unternehmensfinanzierten D&O-Versicherung in Anspruch genommen zu werden. Funktioniert die Unternehmens-D&O nicht, weil etwa die Versicherungssumme ausgeschöpft ist, die Police erfolgreich angefochten oder (weil) die

Versicherungsprämie nicht bezahlt wurde – so gibt es auch aus der Selbstbehaltsversicherung keine Deckung. Fehlt es an der Unternehmens-D&O, so fehlt es auch am Pflichtselbstbehalt. Wird das Vorstandsmitglied gleichwohl in Anspruch genommen, so hilft die Selbstbehaltsversicherung nicht.

3. Personal-D&O

Im Zusammenhang mit der Nachfrage nach Selbstbehaltspolicen hat sich auch eine Nachfrage nach einer individuellen Versicherung des umfänglichen Haftungsrisikos gezeigt. 117

Die Leitungsorgane (und auch etliche Aufsichtsorgane) schließen bisweilen sog. Personal-D&O-Versicherung ab. Diese Deckungskonzepte bieten eigenen D&O-Versicherungsschutz, der bei Inanspruchnahme die Prüfung der Haftpflichtfrage, die Abwehr unberechtigter und die Kompensation berechtigter Ansprüche verspricht. Die Personal-D&O deckt damit auch Selbstbehalte nach § 93 Abs. 2 S. 3 AktG – aber nicht nur. Sie funktioniert auch, wenn es keine unternehmensfinanzierte D&O-Versicherung (mehr) gibt. 118

Mit dieser privaten D&O-Versicherung entsteht ein eigenständiger Versicherungsvertrag, der das Risiko der persönlichen Haftung des Leitungsorgans zusätzlich zur Unternehmens-D&O versichert. Insofern sind die Personal-D&O-Versicherungen regelmäßig subsidiär zu gegebenenfalls bestehendem Unternehmensversicherungsschutz ausgestaltet. 119

Die unternehmensfinanzierten D&O-Versicherungen enthalten typischerweise je- doch auch sog. Subsidiaritätsklauseln. Es kann also zu sich widersprechenden Subsidiaritätsklauseln kommen. Diese dürften dazu führen, dass jeder Versicherer die Leistungspflicht zunächst auf den anderen verweisen kann. Hier bietet sich eine konkrete Fassung der Subsidiaritätsklauseln an. 120

4. Empfehlung

Ob und für welche Lösung der Selbstbehaltsversicherung sich Vorstandsmitglieder entscheiden, hängt von den persönlichen Schwerpunkten und Vorzügen ab. Vorstandsmitglieder mit unmittelbarer Kenntnis und Zugriff auf die unternehmensfinanzierte D&O-Versicherung platzieren typischerweise eine reine Selbstbehaltsversicherung. Sie wissen, dass sie das materielle Recht auf Versicherungsschutz aus der unternehmensfinanzierten D&O-Versicherung haben. Sie wissen auch, dass der Selbstbehalt der Konzernpolice nicht auf Abwehr der Ansprüche ausgelegt ist. Eine Abwehrleistung findet daher zunächst aus der Konzern-D&O statt. Insofern kann sich die reine Selbstbehaltsversicherung anbieten. Das Anrechnungsmodell und das Zusatzsummenmodell halten sich die Waage. Wenn ein Anrechnungsmodell platziert wird, sollte der Interessenkollision begegnet werden. Das Unternehmen sollte einen Prämiennachlass erhalten. Wenn dann die verbleibende Versicherungssumme nach 121

Anrechnung der Selbstbehalte noch überschaubar und ausreichend ist, mag sich auch das Anrechnungsmodell – insbesondere bei kleineren Unternehmen – anbieten.

122 Größere Unternehmen und auch die meisten Unternehmen aus dem öffentlichen Sektor lassen das Anrechnungsmodell typischerweise nicht zu. Vorstandsmitglieder platzieren ihre Selbstbehaltsversicherung regelmäßig nach dem Zusatzsummenmodell. Es werden die Inhalte der Unternehmens-D&O und der Selbstbehaltsversicherung abgestimmt. Mittlerweile hat sich der Markt gefestigt. Das Prämienniveau richtet sich nach dem Unternehmensgegenstand. So ist die Selbstbehaltsversicherung für den Vorstand eines auch in den USA tätigen Kfz-Zulieferbetriebs höher als die eines regionalen Versorgungsunternehmens.

123 Vorstandsmitglieder, die keinen Zugriff auf die unternehmensfinanzierte D&O-Versicherung haben, oder auch gar nicht wissen, ob eine solche besteht, entscheiden sich häufig für die Personal-D&O-Versicherung. Hier ist die Subsidiaritätsklausel sachgerecht zu gestalten.

5. Zusammenfassung

124 Die Gestaltung von Selbstbehalt und Selbstbehaltsversicherung sollte nicht allein dem Versicherungseinkauf überlassen werden.

- Im ersten Schritt sind die oben aufgeführten **Grundsatzfragen** zum Umgang des Unternehmens mit der Regelung des § 93 Abs. 2 S. 3 AktG zu **treffen und** zu **dokumentieren**. Damit sollten spätere Vorwürfe, im Eigeninteresse etc. gehandelt zu haben, weitgehend ausgeschlossen sein. Eine Regelung im Anstellungsvertrag ist aus Sicht der Leitungsorgane zu empfehlen.
- Im zweiten Schritt sollte die **Umsetzung in der D&O-Versicherung erfolgen**. Die Formulierung des Selbstbehalts in der unternehmensfinanzierten D&O-Versicherung sollte jedenfalls einen großen Teil der Unklarheiten, die die gesetzliche Regelung enthält, ausräumen und ausfüllen.
- Im dritten Schritt kann sich **das einzelne Vorstandsmitglied**, das den Umfang und den Wirkungsbereich seiner Selbstbeteiligung klar definiert bekommt, für eine Absicherung **entscheiden**.

125 Das Vorstandsmitglied sollte sich beim Platzieren der privaten Versicherung des immanenten Interessenkonflikts bewusst sein.

IX. Versicherungssummen

126 Die Bestimmung der Versicherungssumme in der Haftpflichtversicherung ist, insbesondere in der D&O-Versicherung, ein aufwendigeres Thema. Die gesetzliche Haftung des Managements ist unbeschränkt und regelmäßig eher auch unbeschränkbar. Damit kann der Versicherungsschutz mit bestimmter und damit begrenzter Summe

nur einen Teil dieser Haftung abbilden. Eine absolut bestimmbare Versicherungssumme – wie etwa in der Gebäudeversicherung – gibt es nicht. Die Versicherungssumme ist das Ergebnis einer Ermessensentscheidung des Vorstandes, die dieser auf der Basis sachgerechter Informationen zum Wohl der Gesellschaft zu treffen hat.[110]

Wichtig ist, dass eine Entscheidungsfindung zur Höhe der Versicherungssumme 127 dokumentiert wird. Reicht im Versicherungsfall die Versicherungssumme nicht aus – dies ist in der Praxis nicht selten der Fall – sollte es eine Unterlage geben, aus der sich die Entscheidungsfindung zur Höhe der Versicherungssumme ergibt. Es dürfte nicht ausreichen, hier allein auf Hinweis des Versicherers oder Versicherungsmaklers gehandelt zu haben. Die Entscheidung zur Höhe der Versicherungssumme sollte schließlich auch im Laufe der Unternehmensentwicklung überprüft werden. Ob sich hier drei oder fünf Jahre anbieten, hängt von der Entwicklung des Unternehmens ab.

Die Wahl der Versicherungssumme kann sich an verschiedenen Parametern aus- 128 richten. Dabei ist zwischen der Eintrittswahrscheinlichkeit und der Höhe eines möglichen Schadens zu unterscheiden. Die Prognose zur potentiellen Schadenhöhe sollte sich in der Versicherungssumme ausdrücken, die Eintrittswahrscheinlichkeit in der Höhe der Risikoprämie, die von den Versicherern verlangt wird. Folgende Parameter können zu Bemessung der Versicherungssumme herangezogen werden:

- Geschäftstätigkeit des Unternehmens;
- regionale Ausrichtung des Unternehmens;
- Größe des Unternehmens, Eigenkapital und Ertragskraft;
- Börsennotierung oder sonstiger Kapitalmarktbezug;
- Zinsmanagement über Derivate;
- Haftungs-Exponierung im anglo-amerikanischen Recht (bspw. durch strukturierte Finanzierungen über Cross-Border-Leasing; eigene rechtlich selbständige Niederlassungen in den USA oder im anglo-amerikanischen Rechtsraum).

Letztlich fragt sich, wie hoch die Schäden sein können, die Leitungs- oder Aufsichts- 129 organe beim eigenen Unternehmen, innerhalb des Konzerns oder bei Dritten anrichten können.

Dabei sind insbesondere Sachverhalte aus Unternehmenstransaktionen (M&A), 130 Kapitalerhöhungen oder das Emittieren von Anleihen oder andere Kapitalbeschaffungsmaßnahmen besonders risikoreich. Eine Vielzahl an D&O-Schäden ergibt sich darüber hinaus aus Insolvenzsachverhalten.[111]

Es gibt börsennotierte Gesellschaften, welche sämtliche Kapazität aufkaufen, die 131 der Markt in Deutschland und ggf. darüber hinaus hergibt. Das kann eine halbe Mrd. € Versicherungssumme oder mehr sein. Eine kleine regional ausgerichtete GmbH kann mit 1 Mio. € Versicherungssumme sachgerecht versichert sein.

---

110 Vgl. *Thomas*, Haftungsfreistellung von Organmitgliedern, S. 279 f.
111 *Ihlas*, D&O, S. 250 ff.

132 Klarer ist die Lage in Bezug auf die Selbstbehaltsversicherung. Der Gesetzgeber hat in § 93 AktG geregelt, dass die **Selbstbeteiligung** mindestens 10 % vom Schaden, aber maximal jedenfalls 150 % der festen Vergütung des Vorstandes betragen muss. Insofern kann sich die Versicherungssumme der Selbstbehaltsversicherung nach der Jahresfestvergütung des Vorstands richten. Dieser Betrag **multipliziert mit 150 %** ergibt die erforderliche Versicherungssumme, soweit keine andere Regelung durch das Unternehmen getroffen worden ist.

133 Sonderfälle mit Einfluss auf die Höhe der Summe sind:

- **Nachhaftungszeit** nach Ausscheiden aus dem Unternehmen oder
- **Kündigung** der Selbstbehaltsdeckung oder
- keine klare Serienschadenregelung im Selbstbehalt der Unternehmens-D&O.

134 Die gängigen Lösungen der Versicherer stellen normalerweise für die Nachhaftungszeit als Versicherungssumme den unverbrauchten Teil der Deckungssumme des letzten Versicherungsjahres zur Verfügung. In diesen Fällen kann sich eine Wiederauffüllungsoption anbieten. Falls in mehreren Jahren nach Ende der Tätigkeit ein Selbstbehalt abgerufen wird, kann die Versicherungssumme möglicherweise zu gering sein.

135 Alternativ kann von Beginn an mehr Versicherungssumme platziert werden. Dies ist allerdings prämienrelevant und in den Jahren vor dem Ausscheiden oder der Kündigung nicht zwingend notwendig.

X. Bewertung

136 Je deutlicher die Anforderungen an eine Compliance-Organisation und -Dokumentation steigen, desto einfacher ist die Geltendmachung von Schadenersatzansprüchen bei Managementpflichtverletzungen. Die **Organhaftung** selbst wird dadurch nicht schärfer. Die Durchsetzung von Haftungsansprüchen wird indes einfacher. Insofern steigt die Bedeutung der Risikoübertragung von Organhaftung in D&O-Versicherungen zunehmend.

137 Je mehr die Anforderungen an den einzelnen Vorstand steigen, mit immer mehr und immer komplexeren Anforderungen und Vorschriften umzugehen, um so größer wird die Gefahr, wegen eines Verstoßes gegen solche Vorschriften in Anspruch genommen zu werden.

138 Dementsprechend gehört die D&O-Versicherung mittlerweile zum Standard beim Versicherungsschutz des Managements, unabhängig davon, ob es sich um eine große AG oder eine kleine GmbH handelt.

C. Die Rechtsschutzversicherung

I. Die unternehmensfinanzierte Straf-Rechtsschutzversicherung

Compliance-Verstöße führen häufig auch zu strafrechtlichen Ermittlungen. Insbesondere die Garantenstellung des Compliance-Officers wird dabei intensiv diskutiert.[112] Dabei geht es um die konkrete Verantwortung des Compliance-Officers für **das Unterlassen** einer sachgerechten Compliance-Organisation. Insofern kann sich ein Compliance-Officer auch durch Beihilfe zum Unterlassen strafbar machen.[113] Es gibt aber nicht allein strafrechtliche Risiken aus finanziellen Themen (Beispiel: Steuerhinterziehung, Korruption, Untreue). Der Geschäftsbetrieb kann auch zu erheblichen Personenschäden führen und damit zu strafrechtlichen Ermittlungen wegen fahrlässiger Tötung oder Körperverletzung. 139

Für die Übernahme von Kosten zur Verteidigung dieser Delikte können Unternehmen sog. Straf-Rechtsschutzversicherungen abschließen. 140

1. Versicherungsgegenstand

Versichert sind typischerweise alle Leitungs- und Aufsichtsorgane sowie auch die gesamte Belegschaft. Die Police ist damit letztlich Ausprägung der arbeitsrechtlichen Fürsorge des Arbeitgebers. Auch große Unternehmen, die sicher in der Lage wären, die Anwaltskosten ihrer Beschäftigten selbst zu tragen, platzieren typischerweise diese Policen. Hintergrund dafür sind steuerliche Erwägungen. Aktuell gilt (noch) kein Unternehmensstrafrecht in Deutschland.[114] Insofern ist die Straf-Schuld auch eines Angestellten immer eine persönliche Schuld. Wenn das Unternehmen nunmehr die Kosten der Verteidigung übernimmt, stellt sich die Frage nach der steuerlichen Behandlung der Anwaltskosten. 141

2. Versicherte Kosten

Straf-Rechtsschutzpolicen übernehmen die Kosten von strafrechtlichen und ordnungsbehördlichen Ermittlungsverfahren. Versichert sind dabei typischerweise auch die Anwaltskosten bei Ermittlungen gegen „Unbekannt" innerhalb des Betriebs (sog. Firmenstellungnahme). Die Rechtsschutzversicherung ersetzt **die Kosten**, die in solchen Fällen durch die Wahrnehmung aller rechtlichen Möglichkeiten entstehen. 142

---

112 BGH, Urt. v. 17.7.2009 – 5 StR 394/08 – BB 2009, 2059 – Berliner Stadtreinigung.
113 BGH, Urt. v. 17.7.2009 – 5 StR 394/08 – BB 2009, 2059 – Berliner Stadtreinigung.
114 *Schünemann*, ZIS 2014, 1 m.w.N.

Dies sind im Wesentlichen:

- **Rechtsanwaltskosten** durch die Beauftragung eines Anwalts. Dabei sollte bereits bei der Prüfung der Frage, welche Versicherungssumme vereinbart wird, die Tatsache entsprechend berücksichtigt werden, dass z.B. ein erfahrener Strafrechtler, der sicher besser zur Interessenwahrnehmung des Vorstandes geeignet ist als ein noch so guter Anfänger, sich nicht mit den üblichen Sätzen nach den Vergütungsvorschriften für Rechtsanwälte zufriedengeben, sondern erhebliche Tages- oder Stundensätze verlangen wird. Höhere Kosten sollten also bei der Berechnung der Versicherungssummen berücksichtigt werden.
- **Gerichtskosten** entsprechend den üblichen Kosten- und Gebührenordnungen;
- **Sachverständigenkosten**;
- Kosten für eine **Kaution oder Zinsen für ein entsprechendes Darlehen.**;
- Reisekosten für Sachverständige, Zeugen etc. können je nach dem, wo der Prozess stattfindet und wie lange er dauert, eine sehr hohe Gesamtsumme ausmachen.;
- Kosten einer Nebenklage, um in zulässiger Weise Einfluss auf andere Prozesse zu nehmen, welche wiederum für das eigene Verfahren mitentscheidend sein können.

143 Es gibt regelmäßig einen Ausschluss für Sachverhalte im Kontext mit Kartellverfahren. Stellt sich heraus, dass Straftaten vorsätzlich begangen wurden, gibt es eine Rückerstattungspflicht des Betroffenen.

3. Widerspruchsrecht der Versicherungsnehmerin

144 Anders als die D&O-Versicherung wird die Straf-Rechtsschutzversicherung oftmals nicht als Versicherung für fremde Rechnung gestaltet. Das führt zu einem Widerspruchsrecht seitens des Unternehmens. Wenn gegenüber Angestellten oder Leitungsorganen Vorwürfe von Straftaten erhoben werden, die sich gegen das Unternehmensvermögen richten (Beispiel: Untreue), kann das Unternehmen der Übernahme der Verteidigungskosten über die Straf-Rechtsschutzpolice widersprechen.

145 In manchen Konzepten wird dieses Widerspruchsrecht abbedungen. Es erscheint aber fraglich, ob das Unternehmen auf das Widerspruchsrecht verzichten sollte. Im Falle eines Verzichts wären dann die Kosten der Verteidigung von Straftaten gegen das Unternehmensvermögen auf Kosten des Unternehmens versichert. Hier bietet sich eine private Versicherungslösung für die Betroffenen an.

II. Die private Straf-Rechtsschutzversicherung

146 Insbesondere Leitungsorgane schließen typischerweise private Versicherungen zur Absicherung beruflicher Risiken ab. Dazu gehört auch eine private Straf-Rechtsschutzversicherung. Diese übernimmt die Kostenerstattung – insbesondere dann,

wenn das Unternehmen dem Versicherungsschutz widerspricht oder das Unternehmen keine Straf-Rechtsschutzversicherung vorhält.

III. Die private Anstellungsvertrags-Rechtsschutzversicherung

Das Rechtsschutzpaket eines Leitungsorgans wird darüber hinaus durch eine sog. **147** Anstellungsvertrags-Rechtsschutzversicherung bestimmt.

Diese sind besondere Rechtsschutzpolicen zur Absicherung von Streitigkeiten **148** aus dem Anstellungsverhältnis. Sie sind typischerweise deutlich teurer als Arbeits-Rechtsschutzpolicen für Mitarbeiter im Arbeitnehmerstatus. Hintergrund sind die deutlich höheren Kosten, die durch Streitigkeiten zwischen Leitungsorganen und deren Dienstherrn verursacht werden. So führen die Zuständigkeit der Kammer für Handelssachen am Landgericht, hohe Streitwerte, spezialisierte Rechtsanwälte sowie kostspielige Gutachten zu einem erheblichen Anstieg der Kosten. Es gibt Rechtsschutzversicherungen, die es vorsehen, diese Anstellungsvertrags-Rechtsschutzpolicen auf Kosten des Unternehmens einzurichten. Das empfiehlt sich nicht. Die Kosten aus der Wahrnehmung rechtlicher Interessen bei Streitigkeiten mit dem Dienstherrn sollten über einen privaten Vertrag abgesichert werden. Ansonsten droht der Vorwurf der Untreue aus der betrieblichen Platzierung der Police.[115]

IV. Bewertung

Bei der Einrichtung von Rechtsschutzversicherungen für größere Unternehmen geht **149** es regelmäßig selten um die Absicherung existenzieller Risiken. Unternehmen haben oftmals andere Beweggründe insbesondere Straf-Rechtsschutzpolicen abzuschließen. Oftmals greifen Unternehmen auf die Expertise der Rechtsschutzversicherer bei der Auswahl von Strafverteidigern zurück. Unternehmensjuristen haben selten einen Überblick über den Strafverteidiger-Markt. Ferner werden die Kosten zur Verteidigung gegen Compliance-Vorwürfe so in einem berechenbaren Prämienrahmen gehalten. Teilweise wird auch die arbeitsrechtliche Fürsorgepflicht als Begründung für die Platzierung einer Strafrechtsschutz-Police genannt. Bei kleineren Unternehmen können die Kosten eines umfangreichen Strafverfahrens – etwa wegen eines Umweltdelikts – existenzgefährdend werden.

115 *Klein*, Zoo erstattet Anzeige gegen Machens, 1.4.2011, abrufbar unter http://www.haz.de/Hannover/Aus-der-Stadt/Zoo-Hannover/Zoo-erstattet-Strafanzeige-gegen-Machens.

Kapitel 10
Arbeitsrecht

A. Überblick

In den letzten Jahren sind in den Medien zunehmend Fälle aufgegriffen worden, die die Funktionsfähigkeit innerbetrieblicher Compliance-Systeme gerade auch arbeitsrechtlich auf den Prüfstand stellen. Gleichwohl spielt das Arbeitsrecht in Unternehmen im Zusammenhang mit Compliance häufig eine eher untergeordnete Rolle. Dabei wird verkannt, dass es bei der Schaffung von Compliance-Strukturen immer auch um die arbeitsrechtliche Festlegung, Umsetzung und Kontrolle von Verhaltenspflichten der Mitarbeiter geht.[1] Damit sind dann regelmäßig Fragen des Weisungsrechts des Arbeitgebers,[2] der Grenzen der inhaltlichen Gestaltung von (standardisierten) Arbeitsverträgen und der betrieblichen Mitbestimmung aufgeworfen.[3] 1

Compliance-Vorgaben wirken dabei einerseits repressiv. Besteht etwa der Verdacht eines unrechtmäßigen oder pflichtwidrigen Verhaltens eines Arbeitnehmers, bildet erst die sorgfältige Erforschung und Dokumentation des Sachverhaltes eine geeignete Grundlage für mögliche bzw. erforderliche arbeitsrechtliche Maßnahmen und Sanktionen.[4] 2

Inhaltlich müssen Compliance-Strukturen zudem sicherstellen, dass die arbeitsrechtlichen Gesetze eingehalten werden, nicht zuletzt um Haftungsrisiken zu mindern, sodass ihnen eine wichtige präventive Wirkung zukommt.[5] Insbesondere das Inkrafttreten des **AGG**[6] am 18.6.2006 hat dazu geführt, dass Arbeitgeber Maßnahmen der innerbetrieblichen Organisation zu ergreifen haben, um etwaigen Rechtsverstößen vorzubeugen. Die Rechtsprechung hebt zudem vermehrt Organisations- und Überwachungspflichten der Unternehmensleitung hervor, wonach Mitarbeiter zu einem bestimmten Arbeitsverhalten verpflichtet, dazu laufend aus- und fortgebildet sowie zumindest stichprobenartig kontrolliert werden müssen.[7] 3

---

1 Vgl. einleitend *Mengel/Hagemeister*, BB 2006, 2466 ff.; *Mengel*, Compliance und Arbeitsrecht, S. 8.

2 Vgl. etwa *Borgmann*, NZA 2003, 352, 353.

3 *Mengel*, Compliance und Arbeitsrecht, S. 8.

4 *Müller-Bonanni/Sagan*, BB-Spezial 5/2008, 28, 29.

5 Vgl. nur *Mengel*, Compliance und Arbeitsrecht, S. 8 f.

6 Allgemeines Gleichbehandlungsgesetz (AGG) v. 14.8.2006 (BGBl. I S. 1897), zuletzt geändert durch Gesetz v. 3.4.2013 (BGBl. I S. 610).

7 Vgl. nur *Mengel*, Compliance und Arbeitsrecht, S. 9 m.w.N.

4 Insbesondere ab 2013 rückte die Arbeitnehmerüberlassung mit mehreren Grundsatzurteilen[8] sowie angekündigten Gesetzesänderungen[9] in den arbeitsrechtlichen Vordergrund. Auch hieraus resultieren Risiken mit einem hohen Potenzial an drohenden Bußgeldern sowie möglichen Nachzahlungen.

5 Die rechtssichere Sanktionierung von **Pflichtverstößen der Arbeitnehmer** sowie die Einhaltung der **gesetzlichen Pflichten eines Arbeitgebers** sollten indes nicht der einzige Beweggrund für die Einführung eines arbeitsrechtlichen Compliance-Systems sein. Vielmehr geht es auch um die Schaffung eines Arbeitsumfeldes, in dem Mitarbeiter nicht versucht sein müssen, für das Unternehmen Straftaten zu begehen.[10] Die Vermeidung von Imageschäden durch Reputationsverluste[11] rückt dabei ebenfalls in den Mittelpunkt, weil diese die Attraktivität eines Unternehmens für befähigte Bewerber mindern sowie zu einem Rückgang der Motivation der Mitarbeiter und damit letztlich zur Schwächung der Leistungsfähigkeit des gesamten Unternehmens führen können.[12]

! **Hinweis**
Arbeitsrechtliche Compliance bildet daher die Grundlage für rechtliche Maßnahmen im Einzelfall, vermeidet Haftungsrisiken sowie Straftaten durch Mitarbeiter und dient letztlich der Imagepflege.

---

6 Nachfolgend werden zunächst die wichtigsten nationalen Rechtsgrundlagen in diesem Zusammenhang dargestellt, aus denen sich teilweise konkrete Handlungsempfehlungen für Arbeitgeber ableiten lassen.[13] Dabei sollen nicht sämtliche Teilbereiche des Arbeitsrechts und deren Einzelregelungen dargestellt, sondern die typischen Risikobereiche aufgezeigt werden. In einem weiteren Teil wird ein Überblick zur Einführung und Durchsetzung arbeitsrechtlicher Compliance-Strukturen im Unternehmen gegeben.[14]

---

8 BAG, Urt. v. 10.7.2013 – 7 ABR 91/11 – NZA 2013, 1296, und BAG, Urt. v. 10.12.2013 – 9 AZR 51/13 – NZA 2014, 196 ff., zum Verbot der dauerhaften Arbeitnehmerüberlassung.

9 Vgl. Koalitionsvertrag „Deutschlands Zukunft gestalten" zwischen CDU, CSU und SPD für die 18. Legislaturperiode, Fassung v. 16.12.2013, S. 69 ff.

10 *Göpfert/Landauer,* NZA-Beilage 1/2011, 16, 21.

11 Zu den diversen Schutzzwecken von Compliance vgl. Kap. 4 Rn 70 ff.

12 *Müller-Bonanni/Sagan*, BB-Spezial 5/2008, 28, 29; Wecker/van Laak/*Süßbrich*, Compliance in der Unternehmenspraxis, S. 221.

13 Vgl. dazu Rn 7 ff.

14 Vgl. dazu Rn 114 ff.

B. Rechtsgrundlagen für Compliance-Strukturen

I. Arbeitsschutz und Arbeitssicherheit

1. Allgemeine Fürsorgepflichten

Einen Arbeitgeber treffen Fürsorgepflichten gegenüber seinen Arbeitnehmern, insbesondere die Verpflichtung, die Arbeitnehmer an ihrem Arbeitsplatz und bei der Arbeitsleistung vor gesundheitlichen Gefahren zu schützen (vgl. §§ 618, 619 BGB,[15] § 62 HGB[16]). Die Verhütung von Arbeitsunfällen und Betriebskrankheiten durch Beachtung von Arbeitsschutz- und Arbeitssicherheitsbestimmungen sind dabei eine zentrale Verpflichtung des Arbeitgebers. Pflichtverletzungen können hier zu erheblichen Personen- und/oder Sachschäden führen. 7

Im Übrigen ist die allgemeine Fürsorgepflicht des Arbeitgebers aus dem Arbeitsverhältnis selbst – vor dem Hintergrund einer zunehmenden Technisierung und Spezialisierung der Arbeitswelt – mittlerweile in zahlreichen öffentlich-rechtlichen Normen näher ausgestaltet worden. 8

2. Sicherheit und Gesundheitsschutz

a) Arbeitsschutz

Zentrale gesetzliche Arbeitsschutzvorschriften finden sich im **ArbSchG.**[17] Das Gesetz dient ausdrücklich dazu, Sicherheit und Gesundheitsschutz der Beschäftigten bei der Arbeit zu gewährleisten und zu verbessern. Es gelten dabei nach § 4 ArbSchG mehrere allgemeine Grundsätze, etwa 9

- die Vermeidung einer Gefährdung für Leib und Leben (Nr. 1),
- die Bekämpfung von Gefahren an ihrer Quelle (Nr. 2),
- die Berücksichtigung des Standes von Technik, Arbeitsmedizin und Hygiene sowie sonstiger gesicherter arbeitswissenschaftlicher Erkenntnisse (Nr. 4),
- die Berücksichtigung spezieller Gefahren für besonders schutzbedürftige Personengruppen (Nr. 6),
- die Verpflichtung zur Erteilung geeigneter Anweisungen (Nr. 7) und andere.

Ein Arbeitgeber hat durch eine Beurteilung der für die Beschäftigten mit ihrer Arbeit verbundenen Gefährdung zu ermitteln, welche **Maßnahmen des Arbeitsschutzes** 10

15 Bürgerliches Gesetzbuch (BGB) v. 2.1.2002 (BGBl. I S. 42, 2909; 2003 I S. 738), zuletzt geändert durch Gesetz v. 22.7.2014 (BGBl. I S. 1218).

16 Handelsgesetzbuch (HGB) v. 10.5.1897 (RGBl. I S. 219), zuletzt geändert durch Gesetz v. 15.7.2014 (BGBl. I S. 934).

17 Arbeitsschutzgesetz (ArbSchG) v. 7.8.1996 (BGBl. I S. 1246), zuletzt geändert durch Gesetz v. 19.10.2013 (BGBl. I S. 3836).

erforderlich sind, wobei die Beurteilung je nach Art der Tätigkeiten vorzunehmen ist (§ 5 ArbSchG).[18] Zu beachten ist dabei, dass den Arbeitgeber zugleich eine Pflicht zur Überprüfung, Anpassung und Verbesserung trifft. Er kann sich folglich nicht damit begnügen, dass einmal eine gesetzeskonforme Situation bestanden hat.

11 Zu beachten ist in diesem Zusammenhang die **Dokumentationspflicht** des Arbeitgebers nach § 6 ArbSchG. Er muss über die je nach Art der Tätigkeiten und der Zahl der Beschäftigten erforderlichen Unterlagen verfügen, aus denen das Ergebnis der Gefährdungsbeurteilung, die von ihm festgelegten Maßnahmen des Arbeitsschutzes und das Ergebnis ihrer Überprüfung ersichtlich ist. Bei der Übertragung von Aufgaben auf Beschäftigte hat der Arbeitgeber je nach Art der Tätigkeit zu berücksichtigen, ob die Beschäftigten befähigt sind, die für die Sicherheit und den Gesundheitsschutz bei der Aufgabenerfüllung zu beachtenden Bestimmungen und Maßnahmen einzuhalten (§ 7 ArbSchG). Den Arbeitgeber trifft ferner eine **Unterweisungspflicht**, wonach die Beschäftigten über Sicherheit und Gesundheitsschutz bei der Arbeit während ihrer Arbeitszeit ausreichend und angemessen zu unterweisen sind (§ 12 Abs. 1 ArbSchG). Für den Fall vorsätzlicher wie auch fahrlässiger Zuwiderhandlungen gegen Rechtsverordnungen und behördliche Anordnungen drohen nicht nur Bußgelder wegen Ordnungswidrigkeit (§ 25 ArbSchG), sondern bei beharrlicher Wiederholung solcher Ordnungswidrigkeiten oder bei vorsätzlicher Gefährdung von Leben oder Gesundheit Beschäftigter auch Freiheits- und Geldstrafen nach den Strafvorschriften des § 26 ArbSchG.

! **Tipp**

Häufig wird bei technisch ausgerichteten Tätigkeiten übersehen, dass die Unterweisung nicht nur bei der Einstellung eines Beschäftigten, sondern auch bei Veränderungen im Aufgabenbereich, der Einführung neuer Arbeitsmittel oder einer neuen Technologie vor Aufnahme der Tätigkeit erfolgen muss. Unterbleibt dies, kann der Arbeitgeber im Falle eines Unfalls sogar neben der gesetzlichen Unfallversicherung in die Haftung geraten. Denn ein Arbeitgeber, der etwa grob fahrlässig einen Versicherungsfall herbeiführt, kann nach § 110 Abs. 1 SGB VII[19] von den Sozialversicherungsträgern unmittelbar in Regress genommen werden!

---

12 Grundsätzlich ist der Arbeitgeber für den Arbeitsschutz verantwortlich. Diese Pflicht trifft nach § 13 Abs. 1 ArbSchG zugleich

- die gesetzlichen Vertreter,
- die vertretungsberechtigten Organe bzw. Gesellschafter sowie

---

18 Hierbei hat der Betriebsrat ein Mitbestimmungsrecht im Rahmen des § 87 Abs. 1 Nr. 7 Betriebsverfassungsgesetz (BetrVG) v. 25.9.2001 (BGBl. I S. 2518), zuletzt geändert durch Gesetz v. 20.4.2013 (BGBl. I S. 868).

19 Sozialgesetzbuch 7. Buch – Gesetzliche Unfallversicherung – (SGB VII) v. 7.8.1996 (BGBl. I S. 1254), zuletzt geändert durch Gesetz v. 23.12.2014 (BGBl. I S. 2462).

- Personen, die mit der Leitung eines Unternehmens oder Betriebes beauftragt sind.

Es ist nach § 13 Abs. 2 ArbSchG zwar möglich, eine **Delegation** bestimmter Aufgaben 13
des Arbeitsschutzes auf zuverlässige und fachkundige Personen vorzunehmen. Dies ist **schriftlich** zu dokumentieren. Nach einer solchen Delegation ist der Arbeitgeber allerdings nicht vollständig von seinen Verpflichtungen befreit. Er muss vielmehr geeignete **Aufsichtsmaßnahmen** ergreifen, um die Tätigkeiten der Beauftragten überwachen und mögliche Pflichtverletzungen feststellen zu können, wobei stichprobenartige und unangekündigte Kontrollen regelmäßig genügen.[20]

b) Beschäftigungsverbote

Ferner finden sich spezifische gesetzliche **Beschäftigungsverbote** für bestimmte 14
Personengruppen (z.B. im MuSchG,[21] JArbSchG[22] und in der KindArbSchV[23]).

c) Arbeitssicherheit

Flankiert wird das ArbSchG durch das ASiG,[24] das im Einzelnen die Notwendigkeit 15
der **Bestellung von Betriebsärzten sowie Fachkräften für Arbeitssicherheit** nebst deren Anforderungen und Aufgaben regelt, soweit dies aufgrund

- der Betriebsart,
- der Zahl der Beschäftigten (die Schwellenwerte variieren dabei je nach Berufsgenossenschaft),
- der Zusammensetzung der Arbeitnehmerschaft und
- der Betriebsorganisation

erforderlich ist (§§ 1, 2, 5 ASiG).

Insbesondere ist zu beachten, dass nach § 11 S. 1 ASiG grundsätzlich jeder Arbeitgeber 16
mit mehr als 20 Beschäftigten einen **Arbeitsschutzausschuss** zu bilden hat. Zwar hat der Betriebsrat kein Initiativrecht zu dessen Bildung, allerdings kann er sich an die zuständige Arbeitsschutzbehörde wenden, um dort die Anordnung der Errichtung

---

20 *Mengel*, Compliance und Arbeitsrecht, S. 216.

21 Mutterschutzgesetz (MuSchG) v. 20.6.2002 (BGBl. I S. 2318), zuletzt geändert durch Gesetz v. 23.10.2012 (BGBl. I S. 2246).

22 Jugendarbeitsschutzgesetz (JArbSchG) v. 12.4.1976 (BGBl. I S. 965), zuletzt geändert durch Gesetz v. 20.4.2013 (BGBl. I S. 868).

23 Kinderarbeitsschutzverordnung (KindArbSchV) v. 23.6.1998 (BGBl. I S. 1508).

24 Arbeitssicherheitsgesetz (ASiG) v. 12.12.1973 (BGBl. I S. 1885), zuletzt geändert durch Gesetz v. 20.4.2013 (BGBl. I S. 868).

eines Arbeitsschutzausschusses (§ 12 ASiG) zu erwirken.[25] Nach einer dann vollziehbar ergangenen Anordnung kann die Behörde im Weigerungsfall, wie auch bei sonstigen Zuwiderhandlungen in diesem Bereich, eine Geldbuße bis zu einer Höhe von 25.000 € (§ 20 ASiG) verhängen.

d) Weitere Arbeitsschutz- und Unfallverhütungsvorschriften

17 Schließlich sind ergänzend die von den **Berufsgenossenschaften** vorgegebenen Arbeitsschutz- und Unfallverhütungsvorschriften zu beachten. Zusätzlich gelten spezielle Vorschriften, wie bspw. die BildscharbV[26] für Bildschirmarbeitsplätze.

3. Gesetzliche Arbeitszeitbeschränkungen

18 Zu den Bestimmungen des Arbeitsschutzes gehört auch das ArbZG[27]. Dieses sieht insbesondere die grundsätzliche **Beschränkung der werktäglichen Arbeitszeit** auf acht und unter bestimmten Voraussetzungen auf zehn Stunden (§ 3 ArbZG), ferner von der täglichen Arbeitszeitdauer abhängige **Mindestruhepausen** von bis zu 45 Minuten (§ 4 ArbZG) sowie bestimmte **Mindestruhezeiten** von grundsätzlich elf Stunden nach Beendigung der täglichen Arbeitszeit (§ 5 ArbZG) vor, wie auch ein grundsätzliches **Verbot der Sonn- und Feiertagsarbeit** (§ 9 ArbZG). Zu diesen allgemeinen Vorgaben gibt es jeweils verschiedene unmittelbare Ausnahmen für bestimmte Tatbestände oder Ausnahmefälle, wie auch unter engen Voraussetzungen verschiedene Möglichkeiten einer abweichenden Gestaltung durch Verordnung, Tarifvertrag oder Betriebsvereinbarung.

19, 20 Eine allgemeine gesetzliche Ausnahmemöglichkeit findet sich in § 14 ArbZG. Diese greift jedoch nur bei Überschreitungen **in ganz besonderen Ausnahmefällen**, d.h. bei plötzlichen unvorhersehbaren Fällen, die Arbeiten erfordern, die der Arbeitgeber nicht innerhalb der gesetzlichen Vorgaben erledigen kann.[28]

Beispiel

Wegen Eintritt eines plötzlichen Wasserschadens kurz vor Dienstschluss müssen mehrere Räume eines Betriebes schnellstmöglich leergeräumt und insbesondere zahlreiche Akten gesichert, auf ihren Zustand geprüft und trocken gelagert werden. Deswegen arbeiten die Mitarbeiter der betroffenen Abteilung an diesem Tag weit über zehn Stunden.

---

25 BAG, Urt. v. 15.4.2014 – 1 ABR 82/12 – NZA 2014, 1094 f.

26 Bildschirmarbeitsverordnung (BildscharbV) v. 4.12.1996 (BGBl. I S. 1843), zuletzt geändert durch Verordnung v. 18.12.2008 (BGBl. I S. 2768).

27 Arbeitszeitgesetz (ArbZG) v. 6.6.1994 (BGBl. I S. 1170), zuletzt geändert durch Gesetz v. 20.4.2013 (BGBl. I S. 868).

28 Vgl. Neumann/Biebl/*Biebl*, Arbeitszeitgesetz, § 14 Rn 2.

Nicht abgedeckt sind Überschreitungen, die auf vorhersehbare, regelmäßig auftretende Umstände zurückgehen. 21

Fahrlässige oder vorsätzliche Verstöße gegen das ArbZG sind als Ordnungswidrigkeiten bis 15.000 € bußgeldbewehrt (§ 22 ArbZG). Beharrlich wiederholte wie auch gesundheits- oder arbeitskraftgefährdende Verstöße können sogar als Straftaten zu Geld- oder Freiheitsstrafe führen (§ 23 ArbZG). Fehleinschätzungen bei Arbeitszeitregelungen bergen daher ein beträchtliches Risiko **nicht nur für die gesetzlichen Vertreter von Unternehmen, sondern auch für sonstige** Personen, die beauftragt sind, den Betrieb zu leiten und insofern die Verantwortung für die Pflichterfüllung hinsichtlich der Arbeitszeitvorschriften tragen (§ 9 Abs. 2 OWiG[29] bzw. § 14 Abs. 2 StGB). Dieses Risiko kann somit auch Angestellte des Unternehmens treffen, die nicht Organe oder echte leitende Angestellte des Unternehmens sind. 22

Mit der Unterlassung gesetzwidriger Einteilungen und Anweisungen ist es nicht alleine getan. Vielmehr hat der Arbeitgeber auch die Pflicht, seinen Betrieb so zu organisieren, dass die Höchstarbeitszeitgrenzen eingehalten werden und dies auch kontrolliert werden kann; insoweit hat auch der Betriebsrat nach § 80 BetrVG[30] eine Überwachungsaufgabe mit entsprechendem Auskunftsrecht.[31] 23

Tipp

Um Risiken aus dem ArbZG zu vermeiden, ist die Arbeitszeitgestaltung sorgfältig auf mögliche Verstöße zu überprüfen und ggf. gesetzeskonform anzupassen. Nicht nur die Geschäftsführung, sondern auch die verantwortlichen Leitungskräfte sind mit schriftlichen Informationen zu sensibilisieren und mit klaren Vorgaben zur Einhaltung der Vorschriften anzuhalten. Soweit nicht bereits vorhanden, sollten geeignete Arbeitszeitregelungen mit Zeiterfassungssystem eingeführt werden. Dabei sind Mitbestimmungsrechte des Betriebsrates nach § 87 Abs. 1 Nr. 2 und 6 BetrVG zu beachten.

II. Sozialversicherung

1. Abführung der Sozialversicherungsbeiträge

Ein erhebliches Haftungsrisiko kann sich für den Arbeitgeber aus dem Bereich der Sozialversicherung ergeben. Denn Schuldner der Sozialversicherungsabgaben (Beiträge zur gesetzlichen Kranken-, Pflege-, Renten- und Arbeitslosenversicherung) ist 24

---

29 Ordnungswidrigkeitengesetz (OWiG) v. 19.2.1987 (BGBl. I S. 602), zuletzt geändert durch Gesetz v. 10.10.2013 (BGBl. I S. 3786).

30 Betriebsverfassungsgesetz (BetrVG) v. 25.9.2001 (BGBl. I S. 2518), zuletzt geändert durch Gesetz v. 20.4.2013 (BGBl. I S. 868).

31 BAG, Urt. v. 6.5.2003 – 1 ABR 13/02 – NZA 2003, 1348 ff.

allein der Arbeitgeber, wobei er nach § 28e Abs. 1 S. 1 SGB IV[32] den gesamten Sozialversicherungsbeitrag und nicht nur den reinen Arbeitgeberanteil schuldet.

25 Zu beachten ist, dass dem Arbeitgeber zwar gegen den Arbeitnehmer ein Ausgleichsanspruch in Höhe des auf den Arbeitnehmer entfallenden Beitragsteiles zusteht. Dieser Anspruch kann gem. § 28g S. 2 SGB IV nach dem **Lohnabzugsprinzip** nur durch Abzug vom Arbeitsentgelt geltend gemacht und ein unterbliebener Abzug gem. § 28g S. 3 SGB IV grundsätzlich nur bei den nächsten drei Lohn- oder Gehaltszahlungen nachgeholt werden, wenn nicht der Beschäftigte gegen seine Auskunfts- und Beschäftigungspflichten nach § 28o Abs. 1 SGB IV vorsätzlich oder grob fahrlässig verstoßen hat.

26 Zudem ist die nicht rechtzeitige oder nicht vollständige Erfüllung der Pflicht zur Abführung von Sozialabgaben nach § 266a StGB[33] als Sozialversicherungsbetrug eine Straftat, wobei strafrechtliche „Täter" letztlich die hinter den Organen einer Gesellschaft stehenden Personen sind (§ 14 Abs. 1 StGB).

27 Im Zusammenhang mit arbeitsrechtlicher Compliance stellt sich aber auch die Frage einer **Beitragspflicht für Ersatzansprüche** von Beschäftigten, die diesen aus Verstößen des Arbeitgebers gegen Compliance-Vorgaben erwachsen. Hierbei kommt es darauf an, inwieweit diese als „Arbeitsentgelt" nach der gesetzlichen Definition des § 14 Abs. 1 S. 1 SGB IV anzusehen sind. Danach sind Schadenersatz- oder Entschädigungsansprüche wegen verbotener Diskriminierung nach § 15 Abs. 1 oder 2 AGG in der Regel nicht beitrags- und leistungsrelevant in der Sozialversicherung, es sei denn, sie werden als Ersatz für entgangene beitragspflichtige Vergütung geleistet.[34]

2. Risikofall Scheinselbstständigkeit

28 Das Risiko der Nachzahlung nicht abgeführter Sozialversicherungsbeiträge ist besonders bei der sogenannten Scheinselbstständigkeit virulent, d.h. bei **Verkennung der Sozialversicherungspflicht** beim Einsatz vermeintlich selbstständiger Mitarbeiter. Der Einsatz solcher „Freelancer", besonders wenn er sich in einem Unternehmen bei gleichgelagerten Tätigkeiten häuft, ist auch arbeitsrechtlich riskant, indem gegebenenfalls Arbeitnehmerrechte wie Kündigungsschutz, bezahlter Urlaub und Entgeltfortzahlung im Krankheitsfall geltend gemacht werden können. Er kann auch lohnsteuerrechtlich relevant werden, da der Arbeitgeber neben dem Mitarbeiter gesamtschuldnerisch für die Einkommenssteuer haftet.

32 Sozialgesetzbuch 4. Buch – Sozialversicherung – (SGB IV) v. 12.11.2009 (BGBl. I S. 3710, 3973), zuletzt geändert durch Gesetz v. 23.12.2014 (BGBl. I S. 2462).

33 Strafgesetzbuch (StGB) v. 13.11.1998 (BGBl. I S. 3322), zuletzt geändert durch Gesetz v. 19.10.2013 (BGBl. I S. 3836).

34 Küttner/*Ruppelt*, Personalbuch, Stichwort „Compliance", Rn 41.

29 Vor allem aber sozialrechtlich droht die **Nachforderung der Gesamtsozialversicherungsbeiträge**, die bei einer Mehrzahl von scheinselbstständig eingesetzten Mitarbeitern, noch dazu bei mehrjährigem Einsatz, zu existenzbedrohenden Belastungen führen kann. Denn die Ansprüche verjähren frühestens nach vier Jahren, bei vorsätzlicher Vorenthaltung sogar erst nach 30 Jahren (§ 25 SGB IV). Eine Abwälzung des Arbeitnehmeranteils auf die betreffenden Mitarbeiter ist, wie oben dargestellt,[35] wenn überhaupt nur sehr eingeschränkt möglich. Davon abgesehen drohen in bestimmten Fällen sogar strafrechtliche Konsequenzen wegen **Steuerhinterziehung** (§ 370 AO[36]) sowie wegen **Vorenthalten und Veruntreuen von Arbeitsentgelt** (§ 266a StGB).

30 Zentrale Abgrenzungskriterien für die echte freie Mitarbeit von der sozialversicherungsrechtlichen Beschäftigung bzw. Scheinselbstständigkeit sind nach dem Wortlaut von § 7 Abs. 1 S. 2 SGB IV die Anhaltspunkte **„Tätigkeit nach Weisungen"** sowie **„Eingliederung in die Arbeitsorganisation des Weisungsgebers"**. Die Weisungsgebundenheit bezieht sich auf Ort, Zeit, Dauer und Art der Tätigkeit bzw. Arbeitsinhalte, wobei es im konkreten Fall nicht auf die Vertragsbezeichnung, sondern auf die **tatsächliche Durchführung** ankommt; letztere ist im Zweifel auch vorrangig gegenüber schriftlichen Vereinbarungen.[37]

Beispiel

Ein Unternehmen schließt mit dem Marketingfachmann M einen „Rahmenvertrag" ab, der eine freiberufliche, weisungsfreie Honorartätigkeit als Marketingberater auf Basis von Einzelaufträgen gegen Rechnungstellung vorsieht. Tatsächlich wird M jedoch durchlaufend ohne Erteilung von Einzelaufträgen als Leiter einer kleinen Marketingabteilung eingesetzt, dem zwei Sachbearbeiter zugeordnet sind, und empfängt selbst regelmäßig Weisungen des Geschäftsführers. Die Rechnungen werden monatlich in immer gleicher Höhe gestellt.

---

31 Im vorliegenden Fall ist nach dem tatsächlich gelebten Sachverhalt eine sozialversicherungspflichtige, abhängige Beschäftigung festzustellen, obwohl der Vertragswortlaut eine selbstständige Tätigkeit beschreibt.

32 Letztlich ist zwar eine Gesamtwürdigung aller im konkreten Einzelfall vorliegenden Umstände vorgesehen. Allerdings geht die Prüfpraxis der Sozialversicherungsträger immer eher von einer sozialversicherungspflichtigen Beschäftigung aus, auch im Rahmen der zur Vorabklärung möglichen Statusfeststellungsverfahren nach § 7a SGB IV. Daher sollte in zweifelhaften Fällen, insbesondere wenn eine Tätigkeit ohne Eingliederung und Weisungsgebundenheit schon per se nicht praktikabel erscheint,

35 Vgl. Rn 25.

36 Abgabenordnung (AO) v. 1.10.2002 (BGBl. I S. 3866; 2003 I S. 61), zuletzt geändert durch Gesetz v. 25.7.2014 (BGBl. I S. 1266).

37 Ständige Rechtsprechung, u.a. BSG, Urt. v. 24.1.2007 – B 12 KR 31/06 R – NZS 2007, 648 ff.

von einer freien Mitarbeit abgesehen und notfalls auf einen Arbeitsvertragsstatus umgestellt werden.

Tipp
Die sorgfältige Mustergestaltung, konsequente Umsetzung und laufende Überwachung der Formulierungen in den mit freien Mitarbeitern geschlossenen Verträgen ist unerlässlich. Dieses konsequente Vertragsmanagement reicht aber erfahrungsgemäß nicht aus, um die mit Scheinselbstständigkeit verbundenen Risiken in den Griff zu bekommen. Vielmehr muss auch die tatsächliche Einhaltung der Abgrenzungskriterien zwischen freien Mitarbeitern und abhängig Beschäftigten laufend kontrolliert und insbesondere jede faktische Eingliederung in die Betriebsorganisation und in typische Weisungsstrukturen unterbunden werden.

III. Arbeitnehmerüberlassung

1. Gesetzliche Ausdehnung der Erlaubnispflicht seit 1.12.2011

33 Die Arbeitnehmerüberlassung hat in den vergangenen Jahren an Bedeutung gewonnen. Allerdings trat ab 1.12.2011 eine gesetzliche Erweiterung der Erlaubnispflicht ein.

34 Eine Arbeitnehmerüberlassung i.S.d. AÜG[38] lag **bis 1.12.2011** dann vor, wenn ein Arbeitgeber (Verleiher) bei ihm beschäftigte Arbeitnehmer (Leiharbeitnehmer) **gewerbsmäßig** einem Dritten (Entleiher) zur Arbeitsleistung überlässt und diese Arbeitnehmer in dem Betrieb des Entleihers nach dessen Weisung tätig werden. Gewerbsmäßig ist die Arbeitnehmerüberlassung dann, wenn sie nicht nur gelegentlich erfolgt, sondern auf eine gewisse Dauer angelegt ist und der Erzielung wirtschaftlicher Vorteile dient. Innerhalb eines Konzernverbundes war dabei nach § 1 Abs. 3 Nr. 2 AÜG a.F. eine vorübergehende Arbeitnehmerüberlassung im Regelfall erlaubnisfrei möglich (sog. **Konzernprivileg**),[39] während die gewerbsmäßige Arbeitnehmerüberlassung an sonstige Dritte einer behördlichen Erlaubnis i.S.d. AÜG bedurfte.

35 Zum 1.12.2011 traten jedoch verschiedene gesetzliche Änderungen des AÜG in Kraft;[40] insbesondere gilt seitdem Folgendes:

- Die Erlaubnispflicht in § 1 Abs. 1 S. 1 AÜG wird anstatt an Gewerbsmäßigkeit an bloße **wirtschaftliche Tätigkeit** geknüpft;
- in § 1 Abs. 1 S. 2 AÜG wurde neu eingefügt, dass die Überlassung von Arbeitnehmern an Entleiher **vorübergehend** erfolgt;

38 Arbeitnehmerüberlassungsgesetz (AÜG) v. 3.2.1995 (BGBl. I S. 158), zuletzt geändert durch Gesetz v. 7.8.2013 (BGBl. I S. 3154).

39 Dabei setzte dieses Konzernprivileg nach § 1 Abs. 3 Nr 2 AÜG a.F. voraus, dass der Arbeitnehmer nur vorübergehend seine Arbeit nicht bei seinem Arbeitgeber erbringt, d.h. mit einer Beendigung der Überlassung zu rechnen war.

40 Erstes Gesetz zur Änderung des Arbeitnehmerüberlassungsgesetzes – Verhinderung von Missbrauch der Arbeitnehmerüberlassung (Missbrauchsverhinderungsgesetz) v. 28.4.2011 (BGBl. I S. 642).

- das Konzernprivileg in § 1 Abs. 3 Nr. 2 AÜG setzt voraus, dass der Arbeitnehmer **nicht zum Zweck der Überlassung eingestellt und beschäftigt** wird.

Damit wurden ab 1.12.2011 wesentlich **mehr Überlassungsvorgänge erlaubnispflichtig** als zuvor. Dies betrifft insbesondere bisher erlaubnisfreie Überlassungen „zum Selbstkostenpreis“ sowie konzerninterne Personalführungsgesellschaften, deren Zweck sich in der dauerhaften Personalentsendung an andere Konzerngesellschaften erschöpft.[41] 36

Beispiel
Zwei benachbarte Stadtwerke haben eine Vereinbarung geschlossen, wonach sie sich regelmäßig jeweils bei Personalengpässen gegenseitig Netzmonteure zur Arbeit überlassen. Als Gegenleistung ist nur eine Erstattung der tatsächlich anfallenden Personalkosten vereinbart, ohne Gewinnspanne für den Verleiher.

Nach altem Recht konnte eine solche Praxis als erlaubnisfrei angesehen werden, weil keine Gewinnerzielungsabsicht vorliegt. Da die Überlassung aber im Rahmen der wirtschaftlichen Betätigung erfolgt, wäre nun eine Überlassungserlaubnis notwendig. Der weitere Ausnahmetatbestand des § 1 Abs. 3 Nr. 2a AÜG lässt zwar eine erlaubnisfreie Überlassung zwischen Arbeitgebern auch zu, wenn die Überlassung **nur gelegentlich** erfolgt. Diese Ausnahme greift aber nicht bei planmäßiger, institutionalisierter Überlassung, sondern nur bei wirklich gelegentlichem Einsatz ohne Wiederholungsabsicht,[42] ist also streng auszulegen. 37

Für die genehmigungspflichtige Arbeitnehmerüberlassung gilt ein **umfangreicher Pflichtenkatalog**, dessen Kernstück der Gleichbehandlungsgrundsatz (§ 10 Abs. 4 S. 1 AÜG) ist, auch bekannt als **Equal Treatment/Equal Pay.** Danach hat der Verleiher dem Leiharbeitnehmer für die Zeit der Überlassung die im Entleiherbetrieb geltenden wesentlichen Arbeitsbedingungen einschließlich des Arbeitsentgelts zu gewähren. Eine Abweichung erlaubt § 10 Abs. 4 S. 2 AÜG, wenn ein gültiger[43] Tarifvertrag auf das Arbeitsverhältnis Anwendung findet und der Verleiher die sich daraus ergebenden Arbeitsbedingungen gewährt. 38

Eine Arbeitnehmerüberlassung ohne notwendige Erlaubnis führt zur Begründung eines Anstellungsverhältnisses zwischen Entleiher und Leiharbeitnehmer (§ 10 Abs. 1 AÜG). Der Entleiher ist dann für die Vergütung nach Maßgabe seiner eigenen 39

---

41 Das Konzernprivileg wurde solchen Personalführungsgesellschaften zuletzt bereits vor Inkrafttreten der Gesetzesänderung von der Rechtsprechung versagt, sodass diese insofern nur klarstellend erfolgte, vgl. BAG, Urt. v. 9.2.2011 – 7 AZR 32/10 – NZA 2011, 791 ff.

42 Vgl. ErfurterKomm-ArbR/*Wank*, § 1 AÜG Rn 61.

43 Vgl. die Rechtsprechung BAG, Urt. v. 14.12.2010 – 1 ABR 19/10 – NZA 2011, 289 ff. zu den Tarifverträgen der Christlichen Gewerkschaft CGZP, wonach diese unwirksamen Tarifverträge keine Abweichung von Equal Pay zulassen.

betrieblichen Vorgaben sowie zur Abführung der Sozialversicherungsbeiträge verpflichtet. Der Entleiher haftet zudem im Grundsatz wie jeder andere Arbeitgeber auch für die Lohnsteuer, § 42d Abs. 6 und 7 EStG.[44] Im Übrigen kann ein solcher Verstoß gegen das AÜG als Ordnungswidrigkeit des Entleihers wie auch des Verleihers mit einem Bußgeld von jeweils bis zu 30.000 € geahndet werden, § 16 Abs. 2 i.V.m. § 16 Abs. 1 Nr. 1 und Nr. 1a AÜG.

40 Verstöße gegen die Vorschriften des **Equal Treatment/Equal Pay** können **erhebliche Nachzahlungspflichten** wegen aufgelaufener Vergütungsdifferenzen begründen, die nicht nur mit Rückwirkung für mehrere Jahre gegenüber den ungleich behandelten Leiharbeitnehmern entstehen, sondern auch bezüglich der entsprechenden Gesamtversicherungsbeiträge gegenüber der Sozialversicherung.[45] Davon abgesehen, droht dem Verleiher bei Verstößen gegen die Vorschriften des Equal Treatment/Equal Pay ein **Bußgeld** in Höhe von bis zu **500.000 €,** § 16 Abs. 2 i.V.m. § 16 Abs. 1 Nr. 7a AÜG. Daneben sind weitere Vorschriften, insbesondere Anzeige- und Meldepflichten aus dem AÜG zu beachten, die ebenfalls nach § 16 AÜG zum großen Teil bußgeldbewehrt sind. Zudem ist zu beachten, dass Verstöße gegen das AÜG schnell zum Widerruf einer ggf. erteilten Überlassungserlaubnis führen können, § 5 AÜG.

! **Tipp**

Wegen der Erlaubnispflicht sowie des Equal-Treatment-/Equal-Pay-Grundsatzes werden in der Praxis häufig Dienst- oder Werkverträge mit Unternehmen geschlossen, die ihre Verpflichtung dann durch ihre Arbeitnehmer vor Ort erfüllen. Tatsächlich werden diese Arbeitnehmer aber oft in die Betriebsorganisation des Auftraggebers eingegliedert und nach dessen direkten Weisungen eingesetzt. Es liegt dann regelmäßig eine verdeckte, illegale Arbeitnehmerüberlassung vor. Im Hinblick auf die dann eintretenden Rechtsfolgen, insbesondere die Begründung eines Anstellungsverhältnisses zwischen Entleiher und Leiharbeitnehmer, sollte vor dem betriebsinternen Einsatz von Arbeitnehmern aus fremden Unternehmen stets sorgfältig geprüft werden, ob nicht eine erlaubnispflichtige Arbeitnehmerüberlassung vorliegt.

---

2. Verbot der dauerhaften Überlassung

41 Der neuen gesetzlichen Feststellung, wonach **Arbeitnehmerüberlassung vorübergehend** erfolgt, wurde zunächst überwiegend kein eigenständiger Regelungsgehalt mit Verbotswirkung zugemessen, sondern nur eine Funktion als Programmsatz ohne Rechtsfolgen. Daher konnte zunächst dahinstehen, wann eine Überlassung nicht mehr als vorübergehend anzusehen ist.[46] Mit zwei viel beachteten Urteilen vom

---

44 Einkommensteuergesetz (EStG) v. 8.10.2009 (BGBl. I S. 3366, 3862), zuletzt geändert durch Gesetz v. 8.4.2010 (BGBl. I S. 386).

45 Vgl. dazu Rn 24 ff.

46 Darstellung des Meinungsstandes bei *Thüsing/Stiebert*, DB 2012, 632 ff.

10.7.2013 und vom 10.12.2013[47] entschied das BAG, dass § 1 Abs. 1 S. 2 AÜG n.F. eine **dauerhafte Überlassung verbietet**, sodass der Betriebsrat ein Zustimmungsverweigerungsrecht nach § 99 Abs. 2 Nr. 1 BetrVG hat. Weitere Rechtsfolgen, insbesondere die Fiktion eines Arbeitsverhältnisses unmittelbar zum Entleiher, wurden jedoch ausdrücklich ausgeschlossen, da es insoweit an einer gesetzlichen Regelung fehle.[48] Nach wie vor ungeklärt blieb, wann genau eine Überlassung nicht mehr vorübergehend ist, und inwieweit hierbei an den jeweiligen Arbeitsplatz bzw. an die überlassene Person anzuknüpfen ist.

3. Bevorstehende Gesetzesänderungen

Nicht nur wegen dieser weiterhin unklaren Abgrenzung zwischen vorübergehender und dauerhafter Überlassung, sondern auch zur weiteren Reduzierung der Leiharbeit auf ihre Kernfunktionen[49] sind für 2015 weitere Gesetzesänderungen bereits inhaltlich konkret geplant. Dabei soll insbesondere anstelle der unklaren Vorgabe der nur vorübergehenden Überlassung eine feste **Höchstüberlassungsdauer von 18 Monaten** eingeführt werden, wobei die Abweichung von Equal-Treatment/Equal-Pay über einen Tarifvertrag des Verleihers nur noch für maximal neun Monate eröffnet sein soll.[50] Dabei ist auch damit zu rechnen, dass für Überschreitungen erhebliche Rechtsfolgen eingeführt werden. 42

Dies dürfte die Attraktivität der Leiharbeit weiter erheblich reduzieren und viele derzeit vom AÜG noch gedeckten bzw. nicht sanktionierten Modelle illegal machen, mit hohem finanziellen Risiko in Gestalt von Nachzahlungen und Bußgeldern. Damit erhöht sich zwar scheinbar die Attraktivität von Werkverträgen, allerdings soll auch der **Einsatz von Fremdpersonal in Werkverträgen erheblich eingeschränkt** werden. So sollen die vom BAG entwickelten Grundsätze[51] zur Abgrenzung echter Werkverträge zu verdeckter Arbeitnehmerüberlassung gesetzlich verankert werden und die Sanktionen bei Scheinwerkverträgen verschärft werden. Nach aktueller Rechtsprechung des BAG setzen echte Werkverträge neben einem klar abgrenzbaren Werk als geschuldeter Leistung auch voraus, dass der Werkunternehmer die für die Erreichung eines wirtschaftlichen Erfolgs notwendigen Handlungen nach eigenen betrieblichen Voraussetzungen organisiert und für die Herstellung des geschuldeten Werks gegenüber dem Besteller verantwortlich ist; im Zweifel gilt auch hier vorrangig nicht der Vertragswortlaut, sondern die tatsächliche Umsetzung.[52] Da die Koalition 43

47 BAG, Urt. v. 10.7.2013 – 7 ABR 91/11 – NZA 2013, 1296 ff., und BAG, Urt. v. 10.12.2013 – 9 AZR 51/13 – NZA 2014, 196 ff.
48 BAG, Urt. v. 10.12.2013 – 9 AZR 51/13 – NZA 2014, 196 ff.
49 So der Koalitionsvertrag, S. 69.
50 Koalitionsvertrag, S. 69 ff.
51 BAG, Urt. v. 18.1.2012 – 7 AZR 723/10 – NZA-RR 2012, 455 ff.
52 BAG, Urt. v. 25.9.2013 – 10 AZR 282/12 – NZA 2013, 1348 ff.

auch plant, die vorsorgliche Absicherung von Werkverträgen durch eine ggf. „auf Vorrat" eingeholte Überlassungserlaubnis zu verhindern,[53] werden solche Werkverträge zunehmend zu einem **erheblichen Compliance-Risiko.**[54]

Tipp

Spätestens zum Inkrafttreten der angekündigten Gesetzesänderungen sollte jedes Unternehmen nicht nur die ausdrücklich als solche deklarierten Arbeitnehmerüberlassungsverträge, sondern jegliche mit einem Einsatz von Fremdpersonal verbundenen Vertragswerke überprüft und ggf. an die geänderte Rechtslage angepasst haben.

Dazu gehört nicht nur die Kontrolle des Vertragswortlauts, sondern auch die genaue Überprüfung der tatsächlichen Umsetzung und der praktischen Durchführbarkeit von Werkverträgen unter Einhaltung der Abgrenzungskriterien zur verdeckten, illegalen Arbeitnehmerüberlassung. Früher zulässige, inzwischen verbotene Dauerüberlassungsmodelle sind entweder zu beenden oder auf wirklich sichere, echte Werkverträge umzustellen.

Mitarbeiter des Bestellerunternehmens, die im Rahmen ihrer Tätigkeit mit dem Fremdpersonal Kontakt haben, sollten laufend für den korrekten Umgang und die Einhaltung der maßgeblichen Abgrenzungskriterien geschult werden.

IV. Betriebsverfassungsrecht

1. Unmittelbare Relevanz für Compliance

44 Die Beachtung der Vorgaben des Betriebsverfassungsrechts nach Maßgabe des BetrVG ist für eine arbeitsrechtliche Compliance ebenfalls von besonderer Bedeutung. Insbesondere die Missachtung betriebsverfassungsrechtlicher Beteiligungs- und Mitbestimmungsrechte (§§ 74 bis 113 BetrVG) kann im Einzelfall zur Unwirksamkeit diverser Maßnahmen des Arbeitgebers führen.

Beispiel

Eine Kündigung ohne vorherige Anhörung des Betriebsrates ist nach § 102 Abs. 1 BetrVG unwirksam, mag der Kündigungsgrund noch so eindeutig sein. Dies gilt gleichermaßen bei einer stattgefundenen Anhörung, die nicht ordnungsgemäß durchgeführt wurde.

---

45 Die **Beeinflussung der Wahl** betriebsverfassungsrechtlicher Organe, die **Behinderung oder Störung** von deren Tätigkeit sowie die **Begünstigung** oder **Benachteiligung** von Betriebsratsmitgliedern stellen nach § 119 Abs. 1 BetrVG sogar **Straftaten** dar, die mit Freiheits- oder Geldstrafe geahndet werden können.

---

53 Koalitionsvertrag, S. 69.

54 Im Einzelnen hierzu *Werths*, BB 2014, 697 ff.

2. Risikofall Betriebsratsvergütung

Ein wichtiges Compliance-Thema ist die Vergütung eines **freigestellten Betriebsratsmitglieds**.[55] 46

Beispiel

Der Betriebsratsvorsitzende B eines Unternehmens war bis zu seiner Wahl nebst Freistellung vor über vier Jahren als Sachbearbeiter Vertrieb eingesetzt. Kurz nach seiner Wiederwahl macht er geltend, seine bisherige Eingruppierung als Sachbearbeiter sei seiner Verantwortung und seines Einsatzes in seiner Schlüsselfunktion als Betriebsratsvorsitzender nicht würdig. Vielmehr entspräche seine Funktion derjenigen eines AT-Angestellten, weshalb er eine entsprechende, übertarifliche Vergütung verlange.

Die Vergütung eines freigestellten Betriebsratsmitglieds richtet sich nach dem **Entgeltausfallprinzip**. Ihm steht die Vergütung zu, die er ohne Freistellung verdienen würde, aber keine Vergütung nach der Wertigkeit der Betriebsratstätigkeit, da diese ein unentgeltliches Ehrenamt darstellt (§ 37 Abs. 1 BetrVG). Eine höhere Vergütung, ebenso wie etwa eine Sonderpauschale für Betriebsratsleistungen oder jede sonstige Zuwendung, die das Betriebsratsmitglied ohne die Betriebsratstätigkeit nicht erhalten würde, verstieße gegen das **Begünstigungsverbot** des § 78 S. 2 BetrVG. Dies gilt auch für Aufwandspauschalen, denn zulässig ist nach § 40 Abs. 1 BetrVG nur ein Ersatz tatsächlicher Aufwendungen.[56] 47

Nach § 78 S. 2 BetrVG darf das Betriebsratsmitglied einerseits wegen seines Amtes nicht durch höhere Bezüge oder zusätzliche Leistungen bevorzugt, andererseits aber auch nicht benachteiligt werden. 48

Bei der Bemessung der fortzuzahlenden Vergütung ist daher nach § 37 Abs. 4 BetrVG die **betriebsübliche berufliche Entwicklung vergleichbarer Arbeitnehmer** zu berücksichtigen. 49

Beispiel

Der freigestellte Betriebsratsvorsitzende B verweist darauf, dass seine beiden Kollegen, mit welchen er bis zu seiner Freistellung in einem Team als Sachbearbeiter Vertrieb zusammengearbeitet hatte, dort mittlerweile in die nächsthöhere Entgeltgruppe aufgestiegen seien, und dies bei ihm bei normalem Verlauf ebenso eingetreten wäre.

Eine betriebsübliche Beförderung ist also zu Gunsten des Betriebsratsmitglieds durchaus zu berücksichtigen.[57] Der Arbeitgeber bewegt sich damit bei der Frage der 50

---

55 Vgl. die Diskussion um Gehaltserhöhungen für den Siemens-Gesamtbetriebsratsvorsitzenden, vgl. http://www.welt.de/wirtschaft/article120926137/AUB-kritisiert-Macht-der-IG-Metall-bei-Siemens.html.

56 Näher hierzu *Achilles*, CB 2014, 62, 64 f.

57 Hierzu im Einzelnen *Bayreuther*, NZA 2014, 235 ff.

richtigen Vergütung nicht nur nach § 78 S. 2 BetrVG im Spannungsfeld zwischen einer **unzulässigen Benachteiligung** einerseits sowie einer gleichermaßen **unzulässigen Begünstigung** andererseits, sondern wegen der beide Varianten betreffenden Strafvorschrift des § 119 Abs. 1 BetrVG auf besonders gefährlichem Terrain. Dazu könnte den Arbeitgeber im Falle der verbotenen Begünstigung auch der Vorwurf der **Untreue** nach § 266 StGB treffen, sowie bei Abzug verbotener Zuwendungen als Betriebsausgabe auch noch der Vorwurf der **Steuerhinterziehung** nach § 370 Abs. 1 Nr. 1 AO.[58]

Tipp
Im Zusammenhang mit Gehaltserhöhungen, Höhergruppierungen und Gewährung von Sonderzahlungen ist besonders genau zu prüfen, ob die Gewährung zulässig bzw. nach den vorstehend beschriebenen Grundsätzen begründbar ist. Verbotene Begünstigungen sollten sofort eingestellt werden. Da entsprechende Vereinbarungen nach § 134 BGB nichtig sind, können diese Leistungen auch nicht weiter eingefordert werden.

---

3. Mitbestimmung bei Compliance-Maßnahmen

51 Daneben ist das Betriebsverfassungsrecht aber auch bei der **Einführung von Compliance-Maßnahmen** und -Systemen selbst zu beachten, da hierbei Mitbestimmungsrechte des Betriebsrates bestehen können.

52 In erster Linie relevant ist hierbei das Mitbestimmungsrecht des § 87 Abs. 1 Nr. 1 BetrVG bezüglich „Ordnung des Betriebs und des Verhaltens der Arbeitnehmer im Betrieb". Will der Arbeitgeber, egal auf welchem Durchführungsweg,[59] in einem **Verhaltenskodex** oder durch **Ethik-Richtlinien** das **Ordnungsverhalten** der Arbeitnehmer regeln, hat der Betriebsrat mitzubestimmen, auch soweit es sich nicht um verbindliche Verhaltensregeln handelt, sondern das Verhalten der Arbeitnehmer steuern oder die Ordnung des Betriebs gewährleisten soll.[60] Dies gilt sogar dann, wenn die Vorgabe im Einzelfall unzulässig wäre, etwa wegen eines Verstoßes gegen das allgemeine Persönlichkeitsrecht.[61]

Beispiel
Der Arbeitgeber plant einen „Verhaltenskodex", demzufolge Vorgesetztenverhältnisse zwischen familiär oder eng persönlich verbundenen Personen ungebührlich und daher zu vermeiden sind. Hier soll das Mitbestimmungsrecht des Betriebsrats gerade der Einflussnahme dienen, dass Persönlichkeitsrechte von Mitarbeitern nicht verletzt werden.

---

58 *Achilles*, CB 2014, 62, 65.
59 Siehe hierzu unter Rn 108 ff.
60 Grundlegend hierzu BAG, Urt. v. 22.7.2008 – 1 ABR 40/07 – NZA 2008, 1248 ff. – Honeywell.
61 BAG, Urt. v. 22.7.2008 – 1 ABR 40/07 – NZA 2008, 1248, 1254 f. – Honeywell.

Nach § 87 Abs. 1 Nr. 1 BetrVG mitbestimmungspflichtig sind als Fragen der Ordnung des Betriebs und des Verhaltens der Arbeitnehmer im Betrieb im Regelfall z.B. Alkohol- oder Rauchverbote, Kleiderordnungen oder Vorgaben zur Nutzung von E-Mail und Internet.[62] 53

Hingegen nicht vom Mitbestimmungsrecht erfasst sind nach § 87 Abs. 1 Nr. 1 BetrVG Regelungen, die entweder nur die geschuldete Arbeitsleistung, mithin das Leistungsverhalten statt des Ordnungsverhaltens der Arbeitnehmer konkretisieren, oder nur den Arbeitgeber selbst programmatisch verpflichten sollen. 54

Ebenso wenig sind wegen der Sperrvorschrift des § 87 Abs. 1 Hs. 1 BetrVG Regelungen erfasst, die einen bereits gesetzlich geregelten Gegenstand beinhalten, sodass ohnehin kein Gestaltungsspielraum für die Betriebsparteien besteht.[63] 55

Beispiel

Der „Verhaltenskodex" enthält Vorgaben, wie gegenüber Kunden zu kommunizieren ist. Zudem enthält er eine Darstellung der Unternehmensphilosophie sowie die Aussage, dass das Unternehmen sich an Recht und Gesetz halte.

Ein Verhaltenskodex kann sowohl mitbestimmungspflichtige, als auch mitbestimmungsfreie Teile enthalten; in diesem Fall begründet ein Mitbestimmungsrecht für einzelne Passagen nicht notwendig ein umfassendes Mitbestimmungsrecht an dem Gesamtwerk.[64] 56

Tipp

Wegen der unmittelbaren Compliance-Relevanz des Betriebsverfassungsrechts ist es unerlässlich, diesen Bereich der betrieblichen Mitbestimmung in der Praxis sorgfältig zu bewerten bzw. einzuhalten.

V. Allgemeines Gleichbehandlungsgesetz (AGG)

1. Schutzzweck des AGG und Relevanz für Compliance

Das AGG ist nach seiner Einführung im August 2008 zunächst das zentrale Thema arbeitsrechtlicher Compliance gewesen. Ziel des AGG ist es, Benachteiligungen wegen bestimmter Merkmale zu verhindern oder zu beseitigen. Die in § 1 AGG genannten Diskriminierungsgründe 57

- Rasse oder ethnische Herkunft,
- Geschlecht,
- Religion oder Weltanschauung,

---

62 Vgl. etwa Wecker/van Laak/*Süßbrich*, Compliance in der Unternehmenspraxis, S. 233.

63 BAG, Urt. v. 22.7.2008 – 1 ABR 40/07 – NZA 2008, 1248 ff. – Honeywell.

64 BAG, Urt. v. 22.7.2008 – 1 ABR 40/07 – NZA 2008, 1248 ff. – Honeywell.

- Behinderung,
- Alter und
- sexuelle Identität

sind abschließend, sodass eine Benachteiligung aus anderen Gründen nicht in den Anwendungsbereich des AGG fällt.

2. Persönlicher Anwendungsbereich des AGG

a) Geschützte Personen

58 In den persönlichen Schutzbereich des AGG fallen als Beschäftigte nach § 6 Abs. 1 S. 1 AGG alle Arbeitnehmerinnen und Arbeitnehmer, einschließlich leitender Angestellter sowie Leiharbeitnehmer im verleihenden wie auch im entleihenden Unternehmen, ferner Auszubildende sowie alle Personen, die wegen ihrer wirtschaftlichen Unselbständigkeit als arbeitnehmerähnliche Personen anzusehen sind. Als Beschäftigte i.S.d. AGG gelten nach § 6 Abs. 1 S. 2 AGG aber auch alle Bewerberinnen und Bewerber für ein Beschäftigungsverhältnis sowie Personen, deren Beschäftigungsverhältnis beendet ist, insbesondere ehemalige Arbeitnehmer im Rahmen der betrieblichen Altersversorgung. Letztgenannte ist im BetrAVG[65] gesondert geregelt, worauf § 2 Abs. 2 S. 2 AGG als Kollisionsregel hinweist.

59 Organmitglieder – insbesondere Geschäftsführer oder Geschäftsführerinnen und Vorstände – werden durch das AGG nur insoweit geschützt, als es um die Bedingungen für den Zugang zur Erwerbstätigkeit sowie den beruflichen Aufstieg geht (§ 6 Abs. 3 AGG). Allerdings kann bei angestellten GmbH-Fremd-Geschäftsführern auch der Fortbestand des Anstellungsverhältnisses geschützt sein, da diese zwar nicht vom deutschen Arbeitnehmerbegriff, jedoch vom weitergehenden europarechtlichen Beschäftigtenbegriff erfasst sein können.[66] So kann die Nichtverlängerung der Geschäftsführeranstellung aus Altersgründen eine diskriminierende Beendigung der Anstellung sein, gegen die § 6 Abs. 3 AGG im Ergebnis auch Geschäftsführer über den Tatbestand des verwehrten Zugangs zu (weiterer) Erwerbstätigkeit schützt.[67]

Beispiel

Der Aufsichtsrat einer GmbH beschließt, den auslaufenden Vertrag mit dem 62-jährigen Geschäftsführer nicht zu verlängern. Stattdessen wird ein 41-jähriger Nachfolger eingestellt und zum neuen Geschäftsführer bestellt. Gegenüber der lokalen Presse erklärt der Aufsichtsratsvorsitzende, man habe wegen des „Umbruchs in der Branche" einen neuen Geschäftsführer gesucht, der das Unternehmen „langfristig in den Wind stellen" könne.

---

65 Betriebsrentengesetz (BetrAVG) v. 19.12.1974 (BGBl. I S. 3610), zuletzt geändert durch Gesetz v. 21.12.2008 (BGBl. I S. 2940).

66 EuGH, Urt. v. 11.11.2010 – C-232/09 – NZA 2011, 143 ff. – Danosa.

67 BGH, Urt. v. 23.4.2012 – II ZR 163/10 – NZA 2012, 797 ff.

b) Mögliche Täter und Verantwortliche nach dem AGG

Diskriminierungen können zwar durch den **Arbeitgeber,** einen **Beschäftigten** oder einen **Dritten** begangen werden. Damit steht allerdings noch nicht fest, wer für die Diskriminierung nach dem AGG verantwortlich ist. Das Gesetz betont in § 17 Abs. 1 AGG die soziale Verantwortung der Tarifvertragsparteien, der Arbeitgeber, der Beschäftigten und deren Vertretungen (also insbesondere Betriebs- und Personalrat), wonach diese im Rahmen ihrer Aufgaben und Handlungsmöglichkeiten an der Verwirklichung des in § 1 AGG genannten Ziels zur Verhinderung bestimmter Benachteiligungen mitzuwirken haben. 60

Eine Diskriminierung durch den Arbeitgeber oder einen Beschäftigten stellt nach § 7 Abs. 3 AGG eine Verletzung der (arbeits-)vertraglichen Pflichten dar. Gegenüber dem Beschäftigten kann hierauf mit den Mitteln einer Abmahnung oder im Wiederholungsfall bzw. in besonders schwerwiegenden Fällen mit einer Kündigung reagiert werden. 61

3. Sachlicher Anwendungsbereich des AGG

Das AGG hat nach dem Katalog des § 2 Abs. 1 AGG einen weiten sachlichen Anwendungsbereich und erfasst sämtliche individual- und kollektivrechtlichen Maßnahmen und Vereinbarungen. Das Gesetz schützt dabei vor Benachteiligungen in allen Stadien des Arbeitslebens, beginnend mit der Stellenausschreibung, dem sich anschließenden Bewerbungsverfahren und der Einstellungsentscheidung, der Durchführung bis hin zur Beendigung eines Anstellungsverhältnisses. 62

Insbesondere **Bewerbungsverfahren** bergen ein erhebliches Haftungsrisiko für den Arbeitgeber und waren in den letzten Jahren verstärkt Gegenstand höchstrichterlicher Entscheidungen.[68] Denn es besteht die Gefahr, (vermeintlich) diskriminierten Bewerbern Schadenersatz und Entschädigung leisten zu müssen. Insofern sieht § 22 AGG eine wesentliche Beweiserleichterung für einen etwaigen Kläger vor. Denn in einem ersten Schritt genügt es bereits, **bloße Indizien** vorzulegen, die eine Benachteiligung wegen eines Diskriminierungsgrundes nach § 1 AGG vermuten lassen. Der Arbeitgeber muss dann beweisen, dass die Benachteiligung tatsächlich nicht stattgefunden hat, was häufig schwierig oder gar unmöglich ist. Allerdings hilft die Rechtsprechung insoweit, als nur **subjektiv ernsthafte** Bewerbungen berücksichtigt werden, und zudem nur bei **objektiv geeigneten** Bewerbern eine Benachteiligung in Frage kommt.[69] 63

---

68 Vgl. BAG, Urt. v. 23.8.2012 – 8 AZR 285/11 – NZA 2013, 37 ff.; BAG, Urt. v. 24.1.2013 – 8 AZR 429/11 – NZA 2013, 498 ff.

69 BAG, Urt. v. 18.3.2010 – 8 AZR 77/09 – NZA 2010, 872, 874.

Tipp
Arbeitgeber sollten alle Einzelheiten eines Bewerbungsverfahrens sorgfältig dokumentieren, um in einem möglichen späteren Prozess die fehlende Ernsthaftigkeit oder Eignung einer Bewerbung wie auch diskriminierungsfreie Entscheidungskriterien darlegen und beweisen zu können. Bei Absagen sollte grundsätzlich mit Angaben zur Begründung sparsam umgegangen werden, um möglichst wenig Angriffsfläche zu liefern.

64 Zu beachten ist, dass als Indiz für eine Diskriminierung wegen Schwerbehinderung gilt, wenn der Arbeitgeber eine freie Stelle entgegen der – weitgehend unbekannten – Verpflichtung nach § 81 Abs. 1 SGB IX[70] nicht auf Eignung für Schwerbehinderte geprüft und bei der Arbeitsagentur als frei gemeldet hat.

Beispiel
Auf eine kaufmännische Stelle bei der X GmbH bewirbt sich der schwerbehinderte Bewerber B, der eine entsprechende Ausbildung aufweist. Er gibt seine Schwerbehinderung nicht an. B wird nicht eingestellt und macht anschließend unter Offenlegung seiner Schwerbehinderung geltend, die X GmbH habe die Stelle nicht bei der Arbeitsagentur als freie, für Schwerbehinderte geeignete Stelle gemeldet. Dies sei ein Indiz dafür, dass die X GmbH einer Einstellung von Schwerbehinderten kritisch gegenübersteht und ihn daher benachteiligt habe.

65 Das BAG gab in einem dem vorgenannten Beispiel entsprechenden Fall der Klage statt, obwohl der Kläger seine Schwerbehinderung bei der Bewerbung noch nicht einmal offenbart hatte.[71]

66 In diesem Zusammenhang ist darauf hinzuweisen, dass die anlassneutrale Frage des Arbeitgebers nach einer Behinderung oder einer festgestellten Schwerbehinderung, etwa im Rahmen der Bewerbung, unzulässig ist.[72] Sie stellt wie alle unzulässigen Fragen, die sich auf ein in § 1 AGG bezogenes Diskriminierungsmerkmal beziehen, ein Diskriminierungsindiz gem. § 22 AGG dar.[73]

Tipp
Bereits im Rahmen der Stellenausschreibungen und im Bewerbungsverfahren ist sorgfältiges Compliance-Management gefragt. Neben Schulungen für die personalverantwortlichen Mitarbeiter sollten Standards festgelegt und implementiert werden, mit welchen in allen Phasen des Verfahrens bis hin zur Absage Diskriminierungsindizien vermieden und notfalls doch widerlegt werden können. Um der Pflicht nach § 81 Abs. 1 SGB IX zu genügen, können freie Stellen ohne größeren Aufwand auch online bei der Arbeitsagentur als für Schwerbehinderte geeignet gemeldet werden, um das in der Unterlassung liegende Diskriminierungsindiz auszuschließen.

70 Sozialgesetzbuch 9. Buch – Rehabilitation und Teilhabe behinderter Menschen – (SGB IX) v. 19.6.2001 (BGBl. I S. 1046), zuletzt geändert durch Gesetz v. 14.12.2012 (BGBl. I S. 2598).

71 BAG, Urt. v. 13.10.2011 – 8 AZR 455/10 – NZA 2012, 504 ff.

72 BAG, Urt. v. 17.12.2009 – 8 AZR 670/08 – NZA 2010, 383 ff.

73 *Bayreuther*, NZA-Beilage 1/2011, 27, 32.

4. Formen der Benachteiligung

Das AGG unterscheidet in § 3 AGG fünf Formen der Benachteiligung, und zwar 67

- die unmittelbare und
- die mittelbare Benachteiligung,
- die Belästigung und
- die sexuelle Belästigung sowie
- die Anweisung zur Benachteiligung.

Eine mittelbare Benachteiligung liegt vor, wenn dem Anschein nach neutrale Vorschriften, Kriterien oder Verfahren Personen wegen eines Diskriminierungsgrundes nach § 1 AGG gegenüber anderen Personen in besonderer Weise benachteiligen können, § 3 Abs. 2 AGG. 68

Tipp

In der Praxis sind mittelbare Benachteiligungen weit verbreitet. Dies liegt oft daran, dass Arbeitgeber hierbei den diskriminierenden Charakter von Maßnahmen nicht erkennen. Werden bspw. Sonderleistungen ausschließlich Vollzeitbeschäftigten gewährt, liegt hierin zwar keine unmittelbare Benachteiligung der weiblichen Beschäftigten, da die Leistung nicht unmittelbar mit dem Merkmal des Geschlechts verknüpft ist. Es liegt aber regelmäßig eine mittelbare Benachteiligung vor, weil Teilzeitarbeit nach statistischen Erkenntnissen nach wie vor ganz überwiegend von Frauen erbracht wird.

---

5. Ausnahmen vom Verbot der Benachteiligung

Eine Benachteiligung aus einem Grund nach § 1 AGG löst nicht immer Rechtsfolgen (insbesondere Entschädigung und Schadenersatz) aus. Denn eine Benachteiligung kann gerechtfertigt und damit rechtlich zulässig sein. Dies gilt allerdings nur für unmittelbare und mittelbare Benachteiligungen bzw. entsprechende Anweisungen. Eine Belästigung oder sexuelle Belästigung bzw. entsprechende Anweisungen können niemals gerechtfertigt sein. 69

Eine unmittelbare und eine mittelbare Benachteiligung kann bei einer positiven Maßnahme (§ 5 AGG) oder wegen wesentlichen und entscheidenden beruflichen Anforderungen (§ 8 Abs. 1 AGG) gerechtfertigt sein. 70

Weitere Rechtfertigungsgründe beziehen sich jeweils auf einen bestimmten Diskriminierungsgrund: 71

- § 9 AGG – wegen der Religion oder Weltanschauung;
- § 10 AGG – wegen des Alters.

Beispiel

Ein Produktionsunternehmen gewährt seinen Arbeitnehmern nach Vollendung des 58. Lebensjahres jährlich 36 Arbeitstage Erholungsurlaub und damit zwei Urlaubstage mehr als den anderen, jüngeren Arbeitnehmern. Denn es geht davon aus, dass diese wegen ihrer körperlich ermüdenden und schweren Arbeit nach Vollendung ihres 58. Lebensjahres längerer Erholungszeiten bedürfen als jüngere Arbeitnehmer.

---

72 Grundsätzlich stellen rein altersabhängige Urlaubsstaffelungen eine unzulässige Diskriminierung dar, zumindest wenn die Gewährung zusätzlicher Urlaubstage bereits ab dem 40. Lebensjahr einsetzt.[74] Das BAG hat aber für den vorstehenden Beispielsfall entschieden, dass hier die Benachteiligung der jüngeren Mitarbeiter nach § 10 S. 3 Nr. 1 AGG zulässig sein kann und auch der Gestaltungs- und Ermessensspielraum des Arbeitgebers nicht überschritten war, sodass diese Regelung im konkreten Fall als zulässig erachtet wurde.[75]

6. Rechtsfolgen bei Verstößen gegen das Verbot der Benachteiligung durch den Arbeitgeber

73 Die Rechtsfolgen eines Verstoßes gegen das Verbot der Benachteiligung richten sich danach, wer die Diskriminierung begangen hat (Arbeitgeber, Beschäftigter oder Dritter).

a) Beschwerderecht

74 Die Beschäftigten haben das Recht, sich bei den zuständigen Stellen
- des Betriebs,
- des Unternehmens oder
- der Dienststelle

zu beschweren, wenn sie sich im Zusammenhang mit ihrem Beschäftigungsverhältnis
- vom Arbeitgeber,
- von Vorgesetzten,
- von anderen Beschäftigten oder
- von Dritten

wegen eines Diskriminierungsgrundes nach § 1 AGG benachteiligt fühlen, § 13 Abs. 1 S. 1 AGG.

75 Der Begriff der **zuständigen Stelle** ist dabei weit zu verstehen. Dies kann
- ein Vorgesetzter,
- ein Gleichstellungsbeauftragter oder auch
- eine betriebliche Beschwerdestelle (z.B. der Betriebsrat)

sein. Eine Beschwerde nach § 13 AGG ist weder an eine bestimmte Form noch Frist gebunden. Sie ist auch nicht Voraussetzung für einen Anspruch eines Beschäftigten auf eine Entschädigung oder Schadenersatz nach § 15 AGG.

---

74 BAG, Urt. v. 20.3.2012 – 9 AZR 529/10 – NZA 2012, 803 ff.

75 Vgl. BAG, Pressemitteilung Nr. 57/14 zum Urt. v. 21.10.2014 – 9 AZR 956/12.

Die Beschwerdestelle hat die Beschwerde des Beschäftigten inhaltlich zu prüfen 76 und ihm das Ergebnis der Prüfung mitzuteilen, § 13 Abs. 1 S. 2 AGG. Die Beschwerdestelle sollte dem Beschäftigten das Ergebnis ihrer Überlegung mitteilen, auch – und gerade – wenn keine konkreten Maßnahmen ergriffen werden.

Ein Arbeitnehmer hat neben dem Beschwerderecht nach § 13 AGG ein zusätzliches 77 Beschwerderecht nach § 84 BetrVG. Er kann dabei ein Mitglied des Betriebsrates zur Unterstützung oder Vermittlung hinzuziehen. Der Arbeitgeber hat den Arbeitnehmer über die Behandlung der Beschwerde zu bescheiden und, soweit er die Beschwerde für berechtigt erachtet, ihr abzuhelfen. Will der Arbeitgeber der Beschwerde nicht abhelfen, muss er dies nach wohl überwiegender Auffassung gegenüber dem Arbeitnehmer begründen. Diesem dürfen nach § 84 Abs. 3 BetrVG wegen der Erhebung der Beschwerde keine Nachteile entstehen. Das Beschwerderecht nach § 84 BetrVG gilt unabhängig davon, ob in dem Betrieb ein Betriebsrat besteht.

b) Leistungsverweigerungsrecht

Ergreift ein Arbeitgeber keine oder offensichtlich ungeeignete Maßnahmen zum 78 Unterbinden einer Belästigung oder sexuellen Belästigung am Arbeitsplatz, sind die betroffenen Beschäftigten berechtigt, ihre Tätigkeit ohne Verlust des Arbeitsentgelts einzustellen, soweit dies zu ihrem Schutz erforderlich ist, § 14 S. 1 AGG.

Im Falle einer unmittelbaren Benachteiligung, einer mittelbaren Benachteiligung 79 oder einer Anweisung zur Benachteiligung besteht dieses spezielle Leistungsverweigerungsrecht nicht.

Allerdings lässt § 14 S. 2 AGG das **allgemeine Leistungsverweigerungsrecht** 80 nach § 273 BGB auch für andere Sachverhalte unberührt.

c) Entschädigung und Schadenersatz

Die in der Regel im Vordergrund stehende und unter dem Aspekt der Compliance risi- 81 koträchtigste Rechtsfolge findet sich in § 15 AGG. Diese Bestimmung normiert den Anspruch eines Beschäftigten auf Entschädigung und Schadenersatz, wenn gegen das Benachteiligungsverbot verstoßen worden ist. Der Schadenersatzanspruch erfasst dabei den materiellen Schaden, der Entschädigungsanspruch den immateriellen Schaden (ähnlich wie bei Schmerzensgeld). Zentrale Voraussetzung ist, dass die Benachteiligung wegen eines Diskriminierungsgrundes in § 1 AGG erfolgt und nicht durch einen Rechtfertigungsgrund gedeckt ist.

Beim Verstoß gegen das Benachteiligungsverbot ist der Arbeitgeber verpflichtet, 82 den hierdurch entstandenen Schaden zu ersetzen. Dies gilt nicht, wenn der Arbeitgeber die Pflichtverletzung nicht zu vertreten hat, § 15 Abs. 1 AGG; hierfür trägt er die Beweislast.

Der Schadenersatzanspruch setzt weiterhin voraus, dass der Arbeitgeber die 83 Pflichtverletzung zu vertreten hat. Er hat dabei jede eigene vorsätzliche oder fahrlässige Handlung zu vertreten. Juristische Personen müssen sich das Handeln ihrer Organmitglieder (z.B. Geschäftsführer einer GmbH, Vorstand einer AG) nach § 31 BGB zurechnen lassen.

84 Ein Arbeitgeber muss sich das Verhalten eines Beschäftigten grundsätzlich auch dann zurechnen lassen, wenn dieser sein Erfüllungsgehilfe nach § 278 BGB ist. Dies setzt voraus, dass dieser Person Leitungsfunktionen übertragen worden sind. Es besteht dann keine Möglichkeit des Arbeitgebers, sich zu entlasten; er muss sich das Verschulden seines Erfüllungsgehilfen daher auch dann zurechnen lassen, wenn er diesen sorgfältig geschult hat.

85 Ist ein Beschäftigter kein Erfüllungsgehilfe, ist dem Arbeitgeber eine Diskriminierung durch den Beschäftigten dann trotzdem zuzurechnen, wenn ihn ein Organisationsverschulden (Auswahl- und Überwachungsverschulden) trifft:

- Ein Auswahlverschulden kann etwa dann vorliegen, wenn ein Arbeitgeber die hinreichende Gefahr einer Benachteiligung wegen eines Diskriminierungsgrundes nach § 1 AGG erkennt und er gleichwohl entsprechende Strukturen schafft, die eine solche Benachteiligung begünstigen (z.B. die räumliche Zusammenarbeit von Beschäftigten, in deren Verhältnis es zu Belästigungen oder sexuellen Belästigungen gekommen ist).
- Ein Überwachungsverschulden kommt in Betracht, wenn ein Arbeitgeber entgegen § 12 Abs. 3 AGG im Einzelfall keine geeigneten, erforderlichen und angemessenen Maßnahmen zur Unterbindung einer Benachteiligung ergreift (wie z.B. Abmahnung, Umsetzung, Versetzung oder Kündigung).

86 Regelmäßig hat ein Arbeitgeber die **Benachteiligung** eines Beschäftigten **durch einen sonstigen Dritten** nicht zu vertreten. Denn der Dritte ist regelmäßig kein Erfüllungsgehilfe des Arbeitgebers. Der Arbeitgeber muss sich das Verhalten eines Dritten aber ausnahmsweise dann zurechnen lassen, wenn ihn in Bezug auf den Dritten ein (nachweisbares) Organisationsverschulden trifft. Beispielsweise kann ein Überwachungsverschulden gegeben sein, wenn sich ein Beschäftigter bereits einmal über das Verhalten eines Dritten beschwert hat und der Arbeitgeber insofern keine erforderlichen Maßnahmen zum Schutz vor weiteren Benachteiligungen getroffen hat.

87 Der Schadenersatzanspruch nach § 15 Abs. 1 AGG richtet sich auf den gesamten materielle Schaden, der durch den Verstoß entstanden ist. Es besteht insofern keine Höchstgrenze. Es besteht allerdings kein Anspruch auf Begründung eines Beschäftigungsverhältnisses, eines Berufsausbildungsverhältnisses oder eines beruflichen Aufstiegs, es sei denn, ein solcher Anspruch ergibt sich aus einem anderen Rechtsgrund (§ 15 Abs. 6 AGG).

88 Ein Beschäftigter kann nach § 15 Abs. 2 AGG im Falle eines Verstoßes gegen das Verbot der Benachteiligung für einen Schaden, der nicht Vermögensschaden ist, eine angemessene Entschädigung in Geld verlangen. In der Praxis betrifft dies insbesondere Fälle unmittelbarer Benachteiligungen im Rahmen von Stellenausschreibungen.

Bei einem Verstoß gegen Organisationspflichten besteht nach der Gesetzesbegründung zum AGG hingegen kein Entschädigungsanspruch.

Es gilt zu beachten, dass der Entschädigungsanspruch nach § 15 Abs. 2 AGG – 89
im Gegensatz zum Schadenersatzanspruch nach § 15 Abs. 1 AGG – nach allgemeiner Auffassung kein Verschulden des Arbeitgebers voraussetzt. Der Arbeitgeber muss daher lediglich objektiv eine Pflichtverletzung begangen haben oder sich die Pflichtverletzung eines Dritten zuzurechnen zu haben. Er muss sich daher auch insofern das Verhalten eines Erfüllungsgehilfen zurechnen lassen. Die Zurechnung des Verhaltens von Beschäftigten, die keine Erfüllungsgehilfen des Arbeitgebers sind, sowie von Dritten erfolgt wiederum im Fall eines Organisationsverschuldens.

Der Arbeitgeber ist bei der Anwendung kollektivrechtlicher Vereinbarungen 90
(z.B. bei Tarifverträgen oder Betriebsvereinbarungen) nur dann zur Entschädigung verpflichtet, wenn er vorsätzlich oder grob fahrlässig handelt, § 15 Abs. 3 AGG. Dies trifft jedenfalls dann zu, wenn der Arbeitgeber auf den Inhalt der kollektivrechtlichen Regelung keinen Einfluss nehmen konnte (wie z.B. bei allgemein verbindlichen Tarifverträgen oder Verbandstarifverträgen). Die Begrenzung der Haftung auf Vorsatz und grobe Fahrlässigkeit bei diskriminierenden Kollektivvereinbarungen, die vom Arbeitgeber (mit-)verursacht worden sind (wie z.B. Betriebsvereinbarungen oder Firmentarifverträge) ist hingegen europarechtlich bedenklich.[76] Es besteht daher für einen Arbeitgeber das rechtliche Risiko, dass ein Gericht einem Beschäftigten auch in diesen Fällen einen Entschädigungsanspruch nach § 15 Abs. 2 AGG zugesteht.

Tipp !

Insbesondere bei der Verhandlung bzw. Ausgestaltung von Betriebsvereinbarungen sollte ein Arbeitgeber besondere Sorgfalt an den Tag legen und im Zweifel juristische Berater einbinden.

Die **Entschädigung** darf **im Fall einer Nichteinstellung** drei Monatsgehälter nicht 91
übersteigen, wenn der oder die Beschäftigte auch bei benachteiligungsfreier Auswahl nicht eingestellt worden wäre, § 15 Abs. 2 S. 2 AGG. Ein Gericht wird dabei die Entschädigung nach Art und Intensität der Diskriminierung im Einzelfall festsetzen.

Ansprüche auf Schadenersatz oder Entschädigung nach § 15 AGG müssen aller- 92
dings binnen bestimmter Fristen geltend gemacht werden. In einem ersten Schritt muss der Anspruch gegenüber dem Arbeitgeber innerhalb einer Frist von zwei Monaten schriftlich geltend gemacht werden, es sei denn, die Tarifvertragsparteien haben etwas anderes vereinbart. Die Frist beginnt im Falle einer Bewerbung oder eines beruflichen Aufstiegs mit dem Zugang der Ablehnung und in den sonstigen Fällen einer Benachteiligung zu dem Zeitpunkt, in dem der oder die Beschäftigte von der Benachteiligung Kenntnis erlangt. Eine Klage auf Entschädigung nach § 15 Abs. 2 AGG muss sodann innerhalb einer Frist von drei Monaten, nachdem der Anspruch

---

76 Vgl. nur ErfurterKomm-ArbR/*Schlachter*, § 15 AGG Rn 11.

schriftlich geltend gemacht worden ist, erhoben werden (§ 61b Abs. 1 ArbGG[77]). Wird eine dieser Fristen versäumt, kann der Beschäftigte den Anspruch nicht mehr geltend machen.

Tipp

Im Hinblick auf die Zwei-Monats-Frist nach § 15 Abs. 4 AGG ist es zu empfehlen, Bewerbungsunterlagen und interne Notizen während eines Bewerbungsgespräches zumindest bis zu deren Ablauf aufzubewahren. Fehlt eine solche Dokumentation, dürfte es für den Arbeitgeber regelmäßig schwierig werden, den Anschein für eine Benachteiligung wegen eines Diskriminierungsgrundes nach § 1 AGG zu widerlegen.

---

d) Unterlassungs- und Beseitigungsanspruch

93 Ein Beschäftigter hat nach § 12 Abs. 1 AGG einen Unterlassungs- bzw. Beseitigungsanspruch gegenüber dem Arbeitgeber mit dem Inhalt, dass erforderliche Maßnahmen zum Schutz vor Benachteiligungen zu treffen sind. Jedenfalls besteht ein Anspruch auf Unterlassung bzw. Beseitigung nach den allgemeinen Bestimmungen in § 823 Abs. 2 i.V.m § 1004 Abs. 1 S. 2 BGB, wobei allerdings die Gefahr weiterer Benachteiligungen vorliegen muss.

e) Maßregelungsverbot

94 Ein Arbeitgeber darf Beschäftigte nicht wegen der Inanspruchnahme von Rechten nach dem AGG oder wegen der Weigerung, eine gegen die Bestimmungen des AGG verstoßende Anweisung auszuführen, benachteiligen. Gleiches gilt für Personen, die den Beschäftigten hierbei unterstützen oder als Zeuginnen oder Zeugen aussagen (§ 16 Abs. 1 AGG).

f) Information an Betriebsrat und die Antidiskriminierungsstelle des Bundes

95 Ein Beschäftigter hat die Möglichkeit, beim Verdacht auf eine Diskriminierung nach dem AGG den Betriebsrat zu informieren bzw. die Antidiskriminierungsstelle des Bundes einzuschalten (zu letzterem vgl. § 27 AGG). Die Antidiskriminierungsstelle des Bundes unterstützt Personen bei der Durchsetzung ihrer Rechte nach dem AGG.

---

77 Arbeitsgerichtsgesetz (ArbGG) v. 2.7.1979 (BGBl. I S. 853, 1036), zuletzt geändert durch Gesetz v. 10.10.2013 (BGBl. I S. 3786).

g) Unwirksamkeit von Vereinbarungen

Bestimmungen in Vereinbarungen, die gegen das Benachteiligungsverbot nach § 1 AGG verstoßen, sind unwirksam (§ 7 Abs. 2 AGG). 96

Der Wortlaut erfasst somit grundsätzlich alle individual- und kollektivrechtlichen Vereinbarungen. Die Geltung des § 7 Abs. 3 AGG für Einzelmaßnahmen (z.B. Kündigungen) ist allein im Hinblick auf den Wortlaut zwar fraglich, aber für die Praxis letztlich nicht entscheidend. Denn Einzelmaßnahmen, die gegen das in § 7 Abs. 1 AGG normierte Benachteiligungsverbot und somit ein Verbotsgesetz i.S.d. § 134 BGB verstoßen, sind bereits deshalb unwirksam. 97

Problematisch ist die Unwirksamkeit einzelner Regelungen in kollektiven Vereinbarungen (z.B. Betriebsvereinbarungen). In der Tendenz wird die Vereinbarung dann nicht vollständig, sondern nur im Umfang der konkreten Benachteiligung nichtig sein. 98

Beispiel

Die unzulässige Gewährung von Leistungen an nur männliche Beschäftigte führt im Zweifel nicht dazu, dass zukünftig kein Beschäftigter mehr begünstigt wird, sondern vielmehr auch weibliche Beschäftigte einen Anspruch auf die Leistung haben.

---

7. Organisationspflichten des Arbeitgebers

a) Stellenausschreibungen

Eine konkrete Organisationspflicht des Arbeitgebers ergibt sich aus § 11 AGG, wonach ein Arbeitsplatz nicht unter Verstoß gegen ein Benachteiligungsverbot (§ 7 AGG) ausgeschrieben werden darf. Es darf daher keine Person aus einem Diskriminierungsgrund nach § 1 AGG von der Stellenausschreibung ausgeschlossen werden. 99

b) Schutzmaßnahmen

Ein Arbeitgeber hat nach der Generalklausel in § 12 Abs. 1 AGG bestimmte Maßnahmen zum Schutz vor Benachteiligungen aus einem Diskriminierungsgrund nach § 1 AGG zu treffen. Dieser Schutz umfasst auch vorbeugende Maßnahmen. Der Arbeitgeber hat dabei in geeigneter Art und Weise, insbesondere im Rahmen der beruflichen Aus- und Fortbildung auf die Unzulässigkeit solcher Benachteiligungen hinzuweisen und darauf hinzuwirken, dass diese unterbleiben. 100

c) Schulungen

Dies erfolgt regelmäßig durch **Schulungsmaßnahmen**. Hat der Arbeitgeber seine Beschäftigten in geeigneter Weise zum Zwecke der Verhinderung von Benachteiligung geschult, gilt dies zugleich als Erfüllung seiner Pflichten nach § 12 Abs. 1 AGG. 101

102 Problematisch sind **Zielgruppe und Umfang** solcher Schulungen. Häufig wird es einem Arbeitgeber nicht möglich sein, alle Beschäftigen vollumfänglich über die Voraussetzungen bzw. Neuerungen des AGG zu schulen. In der Praxis wird daher zu differenzieren sein:

103 Personalverantwortliche sind Erfüllungsgehilfen des Arbeitgebers, sodass dem Arbeitgeber deren Pflichtverletzungen nach dem AGG über § 278 BGB rechtlich zuzurechnen sind. Diese Beschäftigten sind jedenfalls umfassend zu schulen.

104 Pflichtverstöße gegen das AGG durch (einfache) übrige Beschäftigte oder Dritte muss sich ein Arbeitgeber nur dann zurechnen lassen, wenn ihn insofern ein Organisationsverschulden hinsichtlich Auswahl oder Überwachung trifft. Ein übriger Beschäftigter ist jedenfalls dann zu schulen, wenn er bereits eine Diskriminierung nach dem AGG begangen hat. Ein Dritter (z.B. ein Kunde) kann im Regelfall naturgemäß nicht „geschult" werden; hier wird man von dem Arbeitgeber aber zumindest entsprechende organisatorische Maßnahmen verlangen müssen, um zukünftige Benachteiligungen zu unterbinden (z.B. durch neue interne Zuordnungen, wenn ein Kunde einen bestimmten ausländischen Sachbearbeiter diskriminiert hat).

105 Die übrigen Beschäftigten sollten möglichst über solche Benachteiligungen nach dem AGG geschult werden, die sie selbst begehen könnten. Dies betrifft regelmäßig nur Belästigungen oder sexuelle Belästigungen, weil im Übrigen unmittelbare und mittelbare Benachteiligungen bzw. entsprechende Anweisungen nach dem AGG nur von Personen begangen werden können, die über eine entsprechende Stellung im Unternehmen verfügen.

! **Tipp**

Ein Arbeitgeber sollte seine Erfüllungsgehilfen (insbesondere Personalverantwortliche) umfassend über sämtliche Voraussetzungen des AGG und entsprechende Neuerungen schulen. In zeitlicher Hinsicht bieten sich periodisch wiederkehrende Schulungen an, um auch neu eingestellte Mitarbeiter zu erfassen. Sofern entsprechende Veranstaltungen ausnahmsweise nicht durchgeführt werden können, sollte jedenfalls eine geeignete Information in sonstiger Weise erfolgen, z.B. Aushändigung und/oder Auslegung von Informationsbroschüren, interne Aushänge etc.

---

d) Beschwerdestelle

106 Aus dem Beschwerderecht nach § 13 Abs. 1 S. 1 AGG[78] folgt eine Verpflichtung des Arbeitgebers, eine Beschwerdestelle einzurichten. Einen persönlichen Kontakt sieht das Gesetz dabei nicht vor, sodass ein Arbeitgeber hinsichtlich der Wahl des Ortes frei sein dürfte.

---

78 Vgl. Rn 74.

e) Bekanntmachungspflichten

Der Arbeitgeber hat 107

- den Gesetzestext des AGG,
- die Fristenregelung des § 61b ArbGG sowie
- Informationen nach § 13 AGG über die Behandlung von Beschwerden

im Betrieb oder in der Dienststelle bekannt zu machen, § 12 Abs. 5 S. 1 AGG. Die Bekanntmachung kann durch Aushang oder Auslegung an geeigneter Stelle oder den Einsatz der im Betrieb oder der Dienststelle üblichen Informations- und Kommunikationstechnik erfolgen.

VI. Persönlichkeitsrecht und Datenschutz

1. Verhaltens- bzw. Ethikrichtlinien

In Anlehnung an die in den USA weit verbreiteten sog. Codes of Conduct oder Codes 108
of Ethics werden auch in Deutschland mittlerweile zunehmend Verhaltens- oder Ethikrichtlinien eingeführt, in denen Verhaltensstandards für die Arbeitnehmer aufgestellt werden.[79] Die Inhalte solcher Richtlinien reichen dabei von der bloßen Benennung von Programmsätzen über Regelungen zur Annahme von Geschenken bis hin zu Vorschriften, die Liebesbeziehungen unter Mitarbeitern[80] verbieten. Verhaltensrichtlinien[81] können bspw. die Verschwiegenheit, Nebentätigkeiten oder das Verhalten in Geschäftsbeziehungen betreffen. Ferner werden häufig Regelungen zum allgemeinen Verhalten der Mitarbeiter am Arbeitsplatz, Regelungen zum privaten Umgang der Arbeitnehmer untereinander sowie dem Verbot bestimmter Äußerungen getroffen.[82] Im Einzelnen ist hier eine Rechtmäßigkeitskontrolle am Maßstab des individuellen Persönlichkeitsrechts vorzunehmen.[83]

Danach sind solche Vorgaben von Verhaltens- oder Ethikrichtlinien zu weitge- 109
hend, die ausschließlich den **privaten Bereich der Arbeitnehmer** betreffen, ohne sich im betrieblichen Bereich auszuwirken.[84] Dies gilt für Klauseln, die Arbeitnehmern eines Unternehmens allgemein verbieten, private Beziehungen zu pflegen oder Liebesbeziehungen zu unterhalten.[85] Anderseits kann häufig ein berechtigtes Interesse des Arbeitgebers bestehen, im Einzelfall betrieblich relevante Auswirkungen prüfen und über gebotene Maßnahmen entscheiden zu können, etwa über die

79 Vgl. dazu näher Kap. 6 Rn 6 ff.
80 Vgl. dazu LAG Düsseldorf, Urt. v. 14.11.2005 – 10 TaBV 46/05 – NZA-RR 2006, 81 ff. – Wal-Mart.
81 Vgl. zur Mitbestimmungspflicht Rn 51 ff. sowie im Übrigen auch Kap. 6 Rn 6 ff.
82 Vgl. instruktiv etwa Wecker/van Laak/*Süßbrich*, Compliance in der Unternehmenspraxis, S. 230 f.
83 Küttner/*Kreitner*, Personalbuch, Stichwort „Compliance", Rn 5 m.w.N.
84 *Müller-Bonanni/Sagan*, BB-Spezial 5/2008, 28 ff.
85 LAG Düsseldorf, Urt. v. 14.11.2005 – 10 TaBV 46/05 – NZA-RR 2006, 81 ff. – Wal-Mart; BAG, Urt. v. 22.7.2008 – 1 ABR 40/07 – NZA 2008, 1248, 1254 f. – Honeywell.

Fortsetzung einer unmittelbaren Zusammenarbeit unter weisungsgebundener Über-/Unterordnung zwischen Lebenspartnern, erst recht bei Beziehungen zwischen Ausbildern und Auszubildenden.[86]

110 Von einem berechtigten Interesse gedeckt und daher unbedenklich sind Vorgaben, die das rein **dienstliche Arbeitsverhalten** oder auch das **betriebliche Ordnungsverhalten** betreffen, solange der Rahmen des Direktionsrechts (§ 106 GewO[87]) und der Rechtsordnung im Übrigen eingehalten ist.[88]

2. Whistle-Blower-Regelungen

111 Sog. Whistle-Blower-Klauseln normieren eine innerbetriebliche Anregung oder sogar Verpflichtung der Beschäftigten zur Anzeige von Pflichtverstößen anderer Arbeitnehmer oder sonstiger Umstände. Diese Klauseln sind, jedenfalls wenn sie eine **weitgehende Verpflichtung zur unaufgeforderten Mitteilung** begründen sollen, wegen des allgemeinen Persönlichkeitsrechts problematisch. Zwar besteht eine arbeitsvertragliche Nebenpflicht des Arbeitnehmers zur **Rücksichtnahme gegenüber dem Arbeitgeber**, die zu Informationen über wesentliche Vorkommnisse verpflichtet, soweit Schäden des Arbeitgebers zu verhindern sind.[89] Eine generelle, auch unwesentliche Vorkommnisse betreffende Meldepflicht dürfte jedoch unverhältnismäßig sein. Eine Verpflichtung des Arbeitnehmers, sich selbst zu bezichtigen, ist jedenfalls bei Fragen außerhalb seines Arbeitsbereichs ausgeschlossen. Fragen, die in unmittelbarem Zusammenhang mit dem konkreten Arbeitsverhalten sowie dem betrieblichen Ordnungsverhalten stehen, sind jedoch in aller Regel rechtmäßig, und deren Beantwortung ist auch zumutbar.[90]

112 Als datenschutzrechtlich höchst bedenklich, wenn nicht gar unzulässig werden aber solche Regelungen angesehen, die bspw. über Whistle-Blowing-Hotlines **anonyme Mitteilungen** ermöglichen oder gar fördern.[91]

---

86 Küttner/*Kreitner*, Personalbuch, Stichwort „Compliance“, Rn 5 m.w.N.

87 Gewerbeordnung (GewO) v. 22.2.1999 (BGBl. I S. 202), zuletzt geändert durch Gesetz v. 6.9.2013 (BGBl. I S. 3556).

88 Vgl. Rn 117 ff.

89 BAG, Urt. v. 7.12.2006 – 2 AZR 400/05 – NZA 2007, 502 ff.

90 Küttner/*Kreitner* Personalbuch, Stichwort „Compliance“, Rn 6 m.w.N.

91 Moll/*Dendorfer*, Arbeitsrecht, § 35 Compliance im Arbeitsrecht, Rn 26, 252.

3. Arbeitnehmerdatenschutz und E-Mail-Überwachung

Auch sonst sind bei Compliance-Maßnahmen die datenschutzrechtlichen Grenzen[92] nach dem BDSG[93] zu beachten. Dies gilt nicht nur für die generelle Sicherstellung der Datenschutzvorgaben im Rahmen des Arbeitsverhältnisses, sondern auch für die Compliance-Überwachung selbst. Speziell für den Arbeitnehmerdatenschutz ist bereits seit längerem ein **Gesetz zur Regelung des Beschäftigtendatenschutzes** geplant. Allerdings ist dieses Gesetzgebungsverfahren ins Stocken geraten und derzeit nicht absehbar, wann und mit welchen Inhalten dieses Gesetzesvorhaben letztlich umgesetzt wird. Ungeklärt ist insoweit auch nach wie vor das Verhältnis einer Compliance-konformen Überwachung einerseits und der Zulässigkeit der **Kontrolle von E-Mails** andererseits. Ob die im Raum stehende Neuregelung des Beschäftigtendatenschutzes hier Rechtssicherheit bringen wird, ist zu bezweifeln, zumal der Schutz von E-Mails nicht im BDSG, sondern im TKG[94] geregelt ist. Daher wird überwiegend ein absolutes Verbot der privaten Nutzung des dienstlichen E-Mail-Accounts als rechtssicherste Lösung empfohlen.[95] 113

C. Einführung und Durchsetzung von Compliance-Vorgaben im Unternehmen

Es ist letztlich vom Einzelfall abhängig, welches arbeitsrechtliche Compliance-System für ein Unternehmen geeignet ist. Es eröffnen sich allerdings drei Wege, um entsprechende Vorgaben im Unternehmen verbindlich zu machen: 114

- Einführung durch arbeitgeberseitiges Direktionsrecht,
- Einführung durch Individualvereinbarung,
- Einführung durch Betriebsvereinbarung.

Die verbindliche Wirkung für den einzelnen Arbeitnehmer hängt wiederum maßgeblich vom Inhalt solcher Vorgaben ab. Zudem ist unerlässlich, dass die Einhaltung der Vorgaben auch kontrolliert wird und ggf. **gebotene Maßnahmen,** wie Rügen bis hin zu Abmahnungen und verhaltensbedingten Kündigungen, ergriffen werden. Die Rechtswirksamkeit dieser Maßnahmen wiederum setzt voraus, dass die Vorgaben auch rechtswirksam eingeführt und zur Geltung gebracht werden. 115, 116

92 Hierzu Kap. 11.

93 Bundesdatenschutzgesetz (BDSG) v. 14.1.2003 (BGBl. I S. 66), zuletzt geändert durch Gesetz v. 14.8.2009 (BGBl. I S. 2814).

94 Telekommunikationsgesetz (TKG) v. 22.6.2004 (BGBl. I S. 1190), zuletzt geändert durch Gesetz v. 25.7.2014 (BGBl. I S. 1266).

95 Zur Thematik im Einzelnen *de Wolf*, NZA 2010, 1206 ff.

I. Einführung durch Direktionsrecht

117 Nicht nur Einzelanweisungen, sondern auch abstrakt-generelle Vorgaben wie Verhaltens- bzw. Ethikrichtlinien oder sonstige Anweisungen zur Art und Weise der eigentlichen Arbeitsverpflichtung können regelmäßig über das arbeitgeberseitige Direktionsrecht nach § 106 GewO verbindlich vorgegeben werden. Der Arbeitgeber kann danach

- Inhalt,
- Ort und
- Zeit der Arbeitsleistung

nach billigem Ermessen näher bestimmen. Dies gilt ausdrücklich auch für die Ordnung und das Verhalten der Arbeitnehmer im Betrieb. Es können aber insbesondere auch arbeitsvertragliche Nebenpflichten über das Direktionsrecht konkretisiert werden, etwa die Pflicht zur Verschwiegenheit im Geschäftsverkehr oder der Schutz von Betriebs- und Geschäftsgeheimnissen.[96] Das Direktionsrecht bietet sich somit als einfachster Umsetzungsweg aus Arbeitgebersicht an, um Compliance-Vorgaben einseitig in Kraft zu setzen.[97]

118 Das Direktionsrecht hat allerdings nach § 106 GewO rechtliche Grenzen. Es gilt nur, soweit höherrangiges Recht nicht verletzt wird und arbeitsvertragliche Vereinbarungen, Betriebsvereinbarungen, Tarifverträge und gesetzliche Bestimmungen nicht vorgehen. Die wesentliche Grenze bildet dabei der bestehende Arbeitsvertrag, der nur insoweit Raum für die Ausübung des Direktionsrechts bietet, als bereits bestehende vertragliche oder gesetzliche Haupt- oder Nebenpflichten lediglich konkretisiert werden sollen. Neue, zusätzliche Pflichten können über das Direktionsrecht ebenso wenig in das Arbeitsverhältnis eingeführt werden, wie eine Änderung bereits vertraglich geregelter Pflichten.

119 Verhaltensvorgaben lassen sich in die folgenden drei Bereiche einteilen:[98]

- Regelungen mit ausschließlichem Tätigkeitsbezug,
- Regelungen mit Bezug auf die Tätigkeit und das sonstige Verhalten,
- Regelungen zum außerdienstlichen und privaten Verhalten.

120 Dabei können (zumindest) die Vorgaben des dritten Bereichs nur in wenigen Ausnahmefällen Gegenstand des Weisungsrechts sein.[99] Im Ergebnis dürfte dies nur dann möglich sein, wenn eine sich aus dem Arbeitsvertrag ergebende Nebenpflicht konkretisiert werden soll.[100]

---

96 Weitere Beispiele etwa bei *Mengel/Hagemeister*, BB 2007, 1386, 1387.
97 *Schreiber*, NZA-RR 2010, 617 ff.
98 So etwa Wecker/van Laak/*Süßbrich*, Compliance in der Unternehmenspraxis, S. 231.
99 Vgl. auch Rn 108 f.
100 Wecker/van Laak/*Süßbrich*, Compliance in der Unternehmenspraxis, S. 231 f.

Tipp

Weisungen des Arbeitgebers sind aus rechtlicher Sicht empfangsbedürftige Willenserklärungen. Es empfiehlt sich daher, den Zugang beim Arbeitnehmer stets durch ein **schriftliches Empfangsbekenntnis** oder einen sonstigen Zugangsnachweis festzuhalten, um im Streitfall die Verbindlichkeit der Weisung belegen zu können. Daneben kommen Aushang, Intranet oder E-Mail in Betracht.

Soweit mit kollektivem Bezug Vorgaben zum Ordnungsverhalten der Arbeitnehmer gemacht werden, ist allerdings das Mitbestimmungsrecht des Betriebsrats aus § 87 Abs. 1 Nr. 1 BetrVG zu beachten, auch wenn die Vorgaben durch Direktionsrecht eingeführt werden sollen.[101] 121

II. Einführung durch Individualvereinbarung

Verhaltensvorgaben können mit einem Beschäftigten auch individuell vereinbart werden. Die allgemeine Vertragsfreiheit gestattet dabei im Grundsatz weitergehende Vereinbarungen, als ein Arbeitgeber sie einseitig über sein Direktionsrecht vorgeben könnte, da im Rahmen der Vertragsfreiheit nur durch allgemeine Gesetze **rechtliche Grenzen** gezogen werden.[102] 122

Allerdings sind diese rechtlichen Grenzen nicht unerheblich. Die Vereinbarung darf insbesondere nicht sittenwidrig sein oder gegen Treu und Glauben verstoßen. Zudem unterliegen vorformulierte Arbeitsvertragsbedingungen – wenngleich letztlich individuell abgeschlossen – der sog. **AGB-**Inhaltskontrolle nach den §§ 305 ff. BGB. **Vertragliche Verhaltensvorgaben** dürfen die Arbeitnehmer daher nicht unangemessen benachteiligen, wobei insbesondere auch Grundrechte zu berücksichtigen sind, denn regelmäßig erfolgen hier Eingriffe in die Privatsphäre der Arbeitnehmer. Die Regel wird dabei sein, dass die rechtlichen Anforderungen an solche Vereinbarungen steigen, je weiter die Verhaltensvorgaben von der eigentlichen Arbeitspflicht entfernt sind und auf das allgemeine Verhalten des Arbeitnehmers einwirken sollen.[103] Insbesondere Verhaltensvorgaben hinsichtlich des zuvor genannten zweiten und dritten Bereiches bedürfen daher im Regelfall einer konkreten Begründung, um diesen Eingriff in die Privatsphäre des Arbeitnehmers zu rechtfertigen.[104] 123

---

101 Vgl. Rn 51 ff.

102 Küttner/*Kreitner*, Personalbuch, Rn 18.

103 Wecker/van Laak/*Süßbrich*, Compliance in der Unternehmenspraxis, S. 231.

104 *Meyer*, NJW 2006, 3605, 3608.

Tipp
Individualvereinbarungen zu Verhaltensvorgaben sind in der Praxis problematisch, da der Arbeitnehmer einer solchen Einbeziehung in seinen Arbeitsvertrag – zumindest wenn dieser bereits besteht – regelmäßig kaum zustimmen wird. Es verbleibt dann zwar die Möglichkeit, Verhaltensvorgaben durch eine Änderungskündigung in ein bestehendes Arbeitsverhältnis einzuführen. Diese wird aber in der Regel mangels ausreichenden Kündigungsgrundes nicht den strengen Vorgaben des Kündigungsschutzgesetz (KSchG)[105] genügen.

124 Problematisch ist bei der vertraglichen Einbeziehung von Compliance-Richtlinien aber auch deren spätere inhaltliche Abänderung. Üblich sind insoweit **Flexibilisierungsklauseln**, das heißt Bezugnahme- oder Verweisungsklauseln mit Dynamisierungs- bzw. Änderungsvorbehalt.[106]

Beispiel
Ein Musterarbeitsvertrag sieht in der letzten Ziffer unter „Sonstiges" vor: „Im Übrigen gelten die Ethik- und Verhaltensrichtlinien des Arbeitgebers in ihrer jeweils aktuellen Fassung".

125 Derartige Klauseln sind intransparent und damit nach § 307 Abs. 2 S. 1 BGB unwirksam,[107] jedenfalls wenn nicht zumindest angegeben ist, unter welchen Umständen mit einer Änderung der Richtlinien zu rechnen ist.[108] Unproblematisch wären nur einbezogene Regelungen, die bereits vom Direktionsrecht gedeckt sind oder nur deklaratorisch eine ohnehin bestehende Pflicht beschreiben.[109]

126 Zumeist ist auch hier wegen des kollektiven Bezuges solcher Regelungen ein Mitbestimmungsrecht des Betriebsrats zu beachten.[110]

III. Einführung durch Betriebsvereinbarung

127 Verhaltensvorgaben können in Betrieben mit Arbeitnehmervertretung auch durch Betriebsvereinbarung unmittelbar auf die Arbeitsverhältnisse zur Anwendung gebracht werden. Der Abschluss einer Betriebsvereinbarung ist ohnehin unausweichlich, soweit der Betriebsrat hinsichtlich einer bestimmten Verhaltensvorgabe ein Mitbestimmungsrecht nach Maßgabe des BetrVG hat.[111]

---

105 Kündigungsschutzgesetz (KSchG) v. 25.8.1969 (BGBl. I S. 1317), zuletzt geändert durch Gesetz v. 20.4.2013 (BGBl. I S. 868).
106 Moll/*Dendorfer*, Arbeitsrecht, § 35 Rn 46.
107 BAG, Urt. v. 11.2.2009 – 10 AZR 222/08 – NZA 2009, 428 ff.
108 BAG, Urt. v. 12.1.2005 – 5 AZR 364/04 – NZA 2005, 465 ff.
109 Moll/*Dendorfer*, Arbeitsrecht, § 35 Rn 46.
110 Vgl. Rn 51 ff.
111 Vgl. Rn 51 ff., BAG, Urt. v. 22.7.2008 – 1 ABR 40/07 – NZA 2008, 1248 ff.

Betriebsvereinbarungen haben allerdings regelmäßig dieselben rechtlichen Grenzen zu beachten, die auch für arbeitgeberseitige Weisungen oder Individualvereinbarungen gelten. Ein Verstoß gegen zwingendes Recht, insbesondere Grundrechte, lässt sich auch durch eine Betriebsvereinbarung nicht legitimieren. 128

Dennoch haben Betriebsvereinbarungen Vorteile gegenüber den Einführungswegen Direktionsrecht und Individualvereinbarung. Denn sie gelten nach § 77 Abs. 4 BetrVG **unmittelbar und zwingend**, sodass eine Zustimmung der einzelnen Arbeitnehmer anders als bei individualvertraglicher Vereinbarung nicht erforderlich ist. Deshalb entfällt auch die Problematik späterer Änderungen, da auch Änderungen in Betriebsvereinbarungen direkt auf die Arbeitsverhältnisse durchschlagen. 129

Gegenüber der **direktionsrechtlichen Einführung** besteht der Vorteil, dass die im Einzelfall schwierige Bestimmung der Grenzen des Direktionsrechts obsolet wird. 130

Schließlich ist auch zu beachten, dass Betriebsvereinbarungen die rechtssicherste Grundlage für den Umgang mit personenbezogenen Daten von Arbeitnehmern nach dem Bundesdatenschutzgesetz (BDSG)[112] in seiner (noch) aktuellen Fassung bilden, da sie nach der Rechtsprechung des BAG[113] insoweit das Erheben, Verarbeiten und Nutzen personenbezogener Daten von Arbeitnehmern legitimieren können.[114] 131

Nur gegenüber **leitenden Angestellten** i.S.v. § 5 Abs. 3 BetrVG greifen diese Vorteile nicht, da dieser Personenkreis nicht von Betriebsvereinbarungen erfasst wird. 132

Tipp !

Es ist zumeist zu empfehlen, Compliance-Vorgaben durch Betriebsvereinbarung zu regeln, da zum einen ohnehin in vielen Punkten ein Mitbestimmungsrecht besteht, zum anderen die Vorteile gegenüber den anderen Einführungswegen überwiegen. Zudem steigt dadurch meist die Akzeptanz bei den Arbeitnehmern. Zu beachten ist allerdings, dass gegenüber leitenden Angestellten gesonderte Regelungen getroffen werden müssen.

---

112 Bundesdatenschutzgesetz (BDSG) v. 14.1.2003 (BGBl. I S. 66), zuletzt geändert durch Gesetz v. 14.8.2009 (BGBl. I S.2814).

113 BAG, Urt. v. 9.7.2013 – 1 ABR 2/13 (A) – NZA 2013, 1433 ff.

114 Im Einzelnen hierzu vgl. *Wybitul*, NZA 2014, 225 ff.

Kapitel 11
Datenschutzrechtliche Compliance

A. Überblick

In der jüngeren Zeit sind in den Medien zahlreiche Fälle unzulässiger Verwendungen 1 von Daten durch Unternehmen aufgegriffen worden.[1] Dies hängt nicht zuletzt damit zusammen, dass die datenschutzrechtlichen Vorgaben in Europa und der Bundesrepublik Deutschland zuletzt immer weiter verschärft bzw. differenziert worden sind. Zugleich drängt zunehmend die Frage in das Bewusstsein der Öffentlichkeit, wie öffentliche und private Stellen mit personenbezogenen Daten der Bürgerinnen und Bürger umgehen.

Compliance-Strukturen kommen in diesem Bereich daher eine wichtige **präven-** 2 **tive Wirkung** zu. Unternehmen haben sicherzustellen, dass ihre Datenverarbeitung nach Maßgabe der gesetzlichen Bestimmungen erfolgt, nicht zuletzt um **Haftungsrisiken** zu **mindern**. Neben den materiell-rechtlichen Vorgaben zum Datenschutz hat ein Unternehmen mittlerweile zahlreiche organisatorische datenschutzrechtliche Verpflichtung zu erfüllen (z.B. Bestellung eines Datenschutzbeauftragten, Erstellung von Verfahrensverzeichnissen). Datenschutzbehörden werden sich zudem zunehmend ihrer Rolle als „Hüter des Rechts" bewusst und verhängen bei Rechtsverstößen auch vermehrt Bußgelder.[2]

Die Einhaltung der gesetzlichen Vorgaben sollte für ein Unternehmen indes 3 nicht der einzige Beweggrund für die **Einführung eines datenschutzrechtlichen Compliance-Systems** sein. Ein Datenverlust kann für ein Unternehmen erhebliche wirtschaftliche Auswirkungen haben. Zugleich rückt die **Vermeidung von Imageschäden durch Reputationsverluste** in den Mittelpunkt, was zu einem ganz erheblichen Vertrauensverlust bei Kunden oder auch Mitarbeitern führen kann. Vor diesem Hintergrund lässt sich Datenschutz auch als Wettbewerbsvorteil begreifen, weil ein offener Umgang mit datenrelevanten Verarbeitungsvorgängen regelmäßig zu einer Kundenbindung der Bestandskunden führen und zudem den Gewinn von Neukunden erleichtern kann.[3] Unternehmen legen daher zunehmend Wert auf den Schutz ihrer Daten und die ordnungsgemäße Datenverarbeitung.

---

1 Auch Kommunen bzw. kommunale Unternehmen waren hier mitbetroffen.

2 Wecker/van Laak/*Bauer*, Compliance in der Unternehmenspraxis, S. 170.

3 Vgl. ausführlich Wecker/van Laak/*Bauer*, Compliance in der Unternehmenspraxis, S. 170; *Bauer*, WISO 2009, 504 ff.

4 Während in der Vergangenheit insofern häufig die Informationstechnologie als größter Risikofaktor galt, setzt nun langsam ein Umdenken ein: Der Mensch und sein Umgang mit risikobehafteten Vorgängen rückt in den Vordergrund.[4]

5 Eine gelungene datenschutzrechtliche Compliance bezweckt daher auch, die einzelnen **Mitarbeiter** in die Pflicht zu nehmen und ihnen ihre Verantwortung für den **rechtskonformen Umgang mit Daten** bewusst zu machen. Die Mitarbeiter sind dabei so zu schulen, dass sie Daten unter Wahrung der Persönlichkeitsrechte des Einzelnen rechtskonform verarbeiten und nutzen.[5]

6 Nachfolgend werden zunächst datenschutzrechtliche Anforderungen dargestellt, wie sie sich im Schwerpunkt insbesondere für die Energiewirtschaft ergeben und aus denen sich bereits teilweise konkrete Handlungsempfehlungen ableiten lassen.[6] In einem weiteren Teil wird ein Überblick zur Einführung und Durchsetzung datenschutzrechtlicher Compliance-Strukturen im Unternehmen gegeben.[7]

B. Rechtsgrundlagen für Compliance-Strukturen

I. Materielles Datenschutzrecht

1. Vertriebsprodukte

7 Die **Grundvoraussetzung** einer **rechtskonformen Datenverarbeitung** ist die Einhaltung des materiellen Datenschutzrechts. Insbesondere die Erhebung, Verarbeitung und Nutzung personenbezogener Daten sind nach § 4 BDSG[8] nur zulässig, soweit das BDSG oder eine andere Rechtsvorschrift dies erlaubt oder anordnet oder der Betroffene eingewilligt hat. In der Energiewirtschaft betrifft dies in erster Linie die Datenverarbeitung im Zusammenhang mit Energielieferverträgen mit Verbrauchern.

8 Personenbezogene Daten im Sinne des BDSG sind dabei **Einzelangaben über persönliche oder sachliche Verhältnisse** einer **bestimmten oder bestimmbaren natürlichen Person** (Betroffener).

9 Der Gesetzgeber hält eine entsprechende Datenverarbeitung nach § 28 Abs. 1 S. 1 Nr. 1 BDSG für zulässig, wenn es für die Begründung, Durchführung oder Beendigung eines **rechtsgeschäftlichen oder rechtsgeschäftsähnlichen Schuldverhältnisses** mit dem Betroffenen **erforderlich** ist (z.B. also zur Durchführung eines Energieliefervertrages). Es gilt dabei zunächst zu beachten, dass im Regelfall nur **Daten über**

4 Wecker/van Laak/*Bauer*, Compliance in der Unternehmenspraxis, S. 170.
5 Wecker/van Laak/*Bauer*, Compliance in der Unternehmenspraxis, S. 170.
6 Vgl. dazu Rn 7 ff.
7 Vgl. dazu Rn 37. Zu den insoweit praktisch relevanten unternehmensinternen Richtlinien und sonstigen Maßnahmen vgl. schon Kap. 6.
8 Bundesdatenschutzgesetz (BDSG) v. 14.1.2003 (BGBl. I S. 66), zuletzt geändert durch Gesetz v. 14.8.2009 (BGBl. I S. 2814).

den direkten Vertragspartner erhoben, verarbeitet und genutzt werden dürfen. **Daten Dritter** (etwa von Ehepartnern oder Familienangehörigen) dürfen hingegen nur erhoben werden, wenn eine entsprechende **Einwilligung** der Dritten oder die Voraussetzungen nach § 28 Abs. 1 S. 1 Nr. 2 oder 3 BDSG vorliegen.

Dabei gewinnen auch datenschutzrechtliche **Einwilligungserklärungen** der 10
Kunden zunehmend an Bedeutung. Zwar bedarf Werbung ausschließlich **per Brief** an Bestandskunden während der Vertragslaufzeit datenschutzrechtlich keiner vorherigen Zustimmung des Kunden. Der Vertrieb hat aber regelmäßig ein Interesse an einer vollumfänglichen Verarbeitung und Nutzung der im Rahmen eines Schuldverhältnisses erhobenen

- persönlichen Daten (z.B. Name, Anschrift, Geburtsdatum, Telefonnummer, E-Mail-Adresse etc.) sowie
- der Vertragsdaten
- einschließlich der Daten zur Vertragsbeendigung.

Dies betrifft insbesondere den Einsatz diverser Medien (z.B. Brief, Telefon und E-Mail) 11
für **Werbung und Marktforschung** (z.B. Vertragsangebote, Informationen über Sonderangebote, Rabattaktionen etc.). In solchen Fällen ist eine Einwilligung des Kunden nach § 4 BDSG zwingend erforderlich.

Praxistipp !

Es empfiehlt sich, eine entsprechende Klausel zur Einwilligung in umfassende Werbemaßnahmen in das jeweilige Vertrags- oder Auftragsformular aufzunehmen. Eine gesonderte Unterschrift des Kunden ist dabei nicht erforderlich, sofern die Klausel **besonders hervorgehoben** wird (§ 4a Abs. 1 BDSG), z.B. durch Fettdruck, Umrandung etc. Der Kunde muss die Klausel jedoch **aktiv** selber **ankreuzen**, andernfalls liegt keine wirksame Einwilligung vor (die Möglichkeit zur Streichung der Klausel durch den Kunden genügt also gerade nicht).

Häufig wollen Vertriebe mit Kunden auch **nach Beendigung eines Vertragsverhältnisses** in geschäftlichen Kontakt treten (z.B. als Aktion zur Kundenrückgewinnung). 12
Nach Beendigung des Vertragsverhältnisses kann der ehemalige Kunde datenschutzrechtlich zwar grundsätzlich ebenfalls Werbung per Brief erhalten, weil der Lieferant sich dann regelmäßig auf das **sog. Listenprivileg** des § 28 Abs. 3 S. 2 BDSG berufen kann. Sollen aber auch hier mehrere Medien zum Einsatz gebracht werden (insbesondere auch Telefon und E-Mail), muss sich eine Einwilligung des Kunden ausdrücklich auf diese Fälle erstrecken.

Praxistipp !

Es gilt zu beachten, dass ein Unternehmen sich dann nicht mehr auf das sog. Listenprivileg berufen kann, wenn sich die Werbung nach Beendigung des Vertragsverhältnisses auch auf ein **neues Vertragshältnis** des Kunden **bezieht** (also beispielsweise mit Informationen aus der Kündigung einen gezielten Preisvergleich mit dem neuen Anbieter anstellt).

---

13 Die Datenerhebung und -speicherung ist ferner nach § 28 Abs. 1 S. 1 Nr. 2 BDSG erlaubt, wenn sie zur Wahrung der berechtigten Interessen der speichernden Stelle erforderlich ist und kein Grund zu der Annahme besteht, dass das schutzwürdige Interesse des Betroffenen an dem Ausschluss der Verarbeitung oder Nutzung überwiegt. Die Vorschrift ist allerdings **nur dann anwendbar**, wenn kein rechtsgeschäftliches oder rechtsgeschäftsähnliches Schuldverhältnis besteht, das eine Erhebung, Verarbeitung und Nutzung bereits nach § 28 Abs. 1 S. 1 Nr. 1 BDSG zulässt. Die Vorschrift ist daher regelmäßig eng auszulegen.[9]

14 Vorgaben in § 28b BDSG zum sog. **Scoring-Verfahren** können ebenfalls Auswirkungen auf die Gestaltung von Energielieferverträgen haben. Das Scoring-Verfahren wird häufig dazu genutzt, um über sog. **Wirtschaftsauskunfteien** (z.B. Schufa, Creditreform, Bürgel etc.) im Rahmen von systematischen **Bonitätsauskünften** die Wahrscheinlichkeit zukünftiger Zahlungsausfälle unter **Nutzung von Anschriftendaten** zu ermitteln. Solche Prognosen erfolgen üblicherweise auf der Grundlage einer mathematisch-statistischen Analyse von Erfahrungswerten und waren bislang keinen besonderen datenschutzrechtlichen Vorgaben unterworfen. Nunmehr darf ein berechneter Score-Wert (Wahrscheinlichkeitswert) für Entscheidungen eines Unternehmens über die **Begründung, Durchführung oder Beendigung eines Vertragsverhältnisses** mit dem Betroffenen – also dem (potenziellen) Kunden – im Fall der **Nutzung von Anschriftendaten** nur dann verwendet werden, wenn der Kunde vor Berechnung des Wahrscheinlichkeitswertes über die vorgesehene Nutzung dieser Daten **unterrichtet** worden ist (§ 28b Nr. 4 BDSG). Diese gesetzliche Neuerung soll nach dem Willen des Gesetzgebers zu mehr Rechtssicherheit und zu mehr Transparenz solcher Bonitätsbewertungen führen.

15 Eine solche Unterrichtung ist dabei (intern) zu **dokumentieren**.

! **Praxistipp**

Ausweislich der Gesetzesbegründung zum neuen BDSG kann eine solche Unterrichtung auch über Allgemeine Geschäftsbedingungen (AGB) erfolgen, mit denen der (potenzielle) Kunde ohnehin vor seiner Auftragserteilung bzw. Erklärung zum Vertragsschluss einverstanden sein muss. Ein **Hinweis nach § 28b Nr. 4 BDSG** im Vertrag bzw. den AGB könnte beispielsweise wie folgt formuliert werden:

„Nutzung von Anschriftendaten für die Berechnung von Wahrscheinlichkeitswerten.

Zum Zweck der Entscheidung über die Begründung, Durchführung oder Beendigung des Vertragsverhältnisses erheben oder verwenden wir Wahrscheinlichkeitswerte für ein bestimmtes zukünftiges Verhalten unseres Vertragspartners, in deren Berechnung unter anderem die Anschriftendaten unseres Vertragspartners einfließen."

---

16 Sofern ein Unternehmen bei **Bestandsverträgen** mit Verbrauchern **ab dem 1.4.2010** auf Wahrscheinlichkeitswerte von Auskunfteien zugreifen will, in deren Berechnung unter anderem Anschriftendaten des Kunden einfließen, müssen die Kunden somit

9 Däubler/Klebe/Wedde/Weichert/*Wedde*, BDSG, § 28 BDSG Rn 47.

nach den gesetzlichen Vorgaben hierüber **vorab informiert** werden. Formal bedeutet dies, dass ein Unternehmen gehalten ist, jeden einzelnen Kunden vor einem solchen Scoring **gesondert** zu informieren und ihn dabei über die vorgesehene Nutzung seiner Daten zu unterrichten.

Praxistipp

Nach dem Gesetzeswortlaut ist die Erhebung und Verwendung der Anschriftendaten auch im Rahmen einer Bonitätsbewertung unzulässig, wenn die Pflichten nach § 28b BDSG nicht eingehalten wurden. Probleme kann dies insbesondere **im laufenden Vertragsverhältnis** mit sich bringen, wenn auf Bonitätsauskünfte gestützte **Vertragsrechte geltend gemacht** werden sollen (z.B. für die Erhebung von Vorauszahlungen oder Sicherheitsleistungen, die außerordentliche Beendigung des Vertrages etc.). Dies ist bei einem Verstoß gegen § 28b Nr. 4 BDSG ggf. nicht mehr möglich, sodass dieser Hinweispflicht eine besondere Bedeutung zukommt. Es dürfte aber rechtlich zulässig sein, die Bestandskunden – sofern gewünscht und betrieblich durchführbar – auch durch ein **einheitliches Rundschreiben** vorab (also unabhängig von der Durchführung eines Scoring im Einzelfall) nach Maßgabe des § 28b Nr. 4 BDSG zu informieren.

---

2. Auftragsdatenverarbeitung

Werden personenbezogene Daten **im Auftrag durch andere Stellen** erhoben, verarbeitet oder genutzt, ist der Auftraggeber für die Einhaltung der Vorschriften des BDSG und anderer Vorschriften über den Datenschutz verantwortlich (§ 11 BDSG). 17

Der Auftragnehmer ist dabei unter besonderer Berücksichtigung der Eignung der von ihm getroffenen technischen und organisatorischen Maßnahmen sorgfältig auszuwählen. Der **Auftrag** ist **schriftlich** zu erteilen, wobei nach § 11 Abs. 2 BDSG insbesondere folgende **Mindestinhalte** festzulegen sind: 18

- Gegenstand und Dauer des Auftrags,
- Umfang, Art und Zweck der vorgesehenen Erhebung, Verarbeitung oder Nutzung von Daten,
- Art der Daten und Kreis der Betroffenen,
- technische und organisatorische Maßnahmen nach § 9 BDSG,
- Berichtigung, Löschung und Sperrung von Daten,
- Pflichten des Auftragnehmers (insbesondere vorzunehmende Kontrollen),
- (etwaige) Berechtigung zur Begründung von Unterauftragsverhältnissen,
- Kontrollrechte des Auftraggebers und entsprechende Duldungs- und Mitwirkungspflichten des Auftragnehmers,
- mitzuteilende Verstöße des Auftragnehmers oder bei ihm beschäftigter Personen gegen Vorschriften zum Schutz personenbezogener Daten oder gegen die im Auftrag getroffenen Festlegungen,
- Umfang von Weisungsbefugnissen des Auftraggebers,
- Rückgabe überlassener Datenträger und Löschung beim Auftragnehmer gespeicherter Daten nach Beendigung des Auftrags.

19 Der Auftraggeber hat sich **vor Beginn** einer solchen Datenverarbeitung und sodann **regelmäßig** von der **Einhaltung** der beim Auftragnehmer getroffenen **technischen und organisatorischen Maßnahmen** zu überzeugen. Das Ergebnis ist zu **dokumentieren.**

II. Adressaten des Datenschutzrechtes und Rechtsfolgen bei Verstößen

1. Adressaten des Datenschutzrechts

20 Adressat des Datenschutzrechts ist nach § 3 Abs. 7 BDSG die **verantwortliche Stelle**, das heißt jede Person oder Stelle, die personenbezogene Daten für sich selbst erhebt, verarbeitet, nutzt oder dies durch andere im Auftrag vornehmen lässt.

21 Verantwortlich ist somit zum einen stets das **Unternehmen** als juristische Person. Nicht maßgeblich ist es hingegen, welche betriebliche Einheit innerhalb des Unternehmens tatsächlich Daten erhebt, verarbeitet oder nutzt (z.B. ein internes Rechenzentrum).[10] Das BDSG kennt auch **kein Konzernprivileg.** Eine wirtschaftliche Verflechtung oder ein faktischer Einfluss spielen keine Rolle. Tochtergesellschaften sind also auch als 100 %ige Beteiligungen datenschutzrechtlich kein Teil der Muttergesellschaft, völlig unabhängig davon, wie konzernintern die Geschäfts- und Produktionsbereiche eingeordnet werden.[11]

22 Es besteht somit eine besondere Verantwortung der **Geschäftsleitung**, die betriebsinternen Abläufe so zu organisieren, dass das Unternehmen und die jeweiligen Geschäftsbereiche bzw. Mitarbeiter nach Maßgabe des Datenschutzrechts handeln. Dies betrifft insbesondere alle Geschäftsbereiche, in denen personenbezogene Daten bearbeitet werden, beispielsweise die Bereiche **Human Resources, Vertrieb, Marketing, Einkauf, Buchführung** sowie den **Betriebsrat** und einen etwaigen **Betriebsarzt.**[12] Die Geschäftsleitung hat überdies sicher zu stellen, dass auch Dritte, an die Daten übermittelt werden, die datenschutzrechtlichen Anforderungen einhalten, wenngleich dies für die Geschäftsleitung in der Praxis mitunter äußerst schwierig sein mag. Dies gilt insbesondere dann, wenn diese Dritten ihren Sitz im Ausland haben.[13]

23 Neben dem Unternehmen ist auch der einzelne, mit der **Datenverarbeitung** befasste Mitarbeiter datenschutzrechtlich in der Verantwortung.

24 Eine besondere Verantwortung hat schließlich der **Datenschutzbeauftragte** des Unternehmens, sofern dieser zu bestellen ist. Der Datenschutzbeauftragte hat auf die Einhaltung des BDSG und anderer Vorschriften über den Datenschutz hinzuwirken,

---

10 Gola/Schomerus/*Gola*, BDSG, § 3 Rn 48.

11 Däubler/Klebe/Wedde/Weichert/*Weichert*, BDSG, § 3 Rn 59.

12 Wecker/van Laak/*Bauer*, Compliance in der Unternehmenspraxis, S. 171 f.

13 Wecker/van Laak/*Bauer*, Compliance in der Unternehmenspraxis, S. 172.

§§ 4f, 4g BDSG. Er kann sich in Zweifelsfällen an die zuständige Datenschutzbehörde wenden und dort auch Beratungen in Anspruch nehmen. Er ist daher eine wichtige unternehmensinterne Kontrollinstanz.

2. Rechtsfolgen bei Verstößen

Grundsätzlich sind bei juristischen Personen sowohl die Mitglieder des Organs, das zur gesetzlichen Vertretung berufen ist (§ 9 Abs. 1 Nr. 1 OWiG[14]) als auch die von diesem Organ mit der eigenverantwortlichen Wahrnehmung der Pflichten beauftragten Personen (§ 9 Abs. 2 OWiG) in der persönlichen Verantwortung für Rechtsverstöße. Als „Täter" eines Verstoßes gegen das Datenschutzrecht kommt dabei jede **natürliche Person** in Betracht, mit Ausnahme des Betroffenen hinsichtlich seiner eigenen Daten.[15] 25

Entsprechend der datenschutzrechtlichen „Verantwortlichkeit" **haften** somit die **Geschäftsleitung**, der **Datenschutzbeauftragte** oder auch **einzelne Mitarbeiter** für Verstöße gegen unmittelbare gesetzliche Vorgaben bzw. entsprechende Weisungen oder (arbeits-)vertragliche Verpflichtungen. 26

Entsteht einem Betroffenen bei einem Verstoß gegen das Datenschutzrecht ein **Schaden**, kann er entsprechende Ansprüche gegen die jeweiligen Täter geltend machen (§ 7 BDSG, § 823 Abs. 1 und 2 BGB). Die Ersatzpflicht entfällt allerdings, soweit die verantwortliche Stelle die nach den Umständen des Falles gebotene Sorgfalt beachtet hat. *Bauer* weist zutreffend darauf hin, dass Betroffene im Regelfall nur selten den Nachweis eines entsprechenden Schadens führen können und daher in der Praxis kaum Ansprüche auf Schadenersatz erheben. Dies führt wiederum dazu, dass Betroffene dazu neigen, den Datenschutzbehörden vermeintliche Rechtsverstöße einzelner Unternehmen zu melden und diese dann gezielt in das Visier von Datenschützern geraten.[16] 27

Hinweis !

Verstöße gegen das Datenschutzrecht werden zudem über **Bußgeldvorschriften und Straftatbestände** sanktioniert (§§ 43, 44 BDSG).

Ein Verstoß gegen Datenschutzbestimmungen kann von den Datenschutzbehörden als Ordnungswidrigkeit mit Bußgeldern von bis zu 300.000 € geahndet werden (§ 43 Abs. 3 BDSG). Eine solche Geldbuße soll dabei den wirtschaftlichen Vorteil, den der Täter aus der Ordnungswidrigkeit gezogen hat, übersteigen. Reicht der Maximalbe- 28

14 Ordnungswidrigkeitengesetz (OWiG) v. 19.2.1987 (BGBl. I S. 602), zuletzt geändert durch Gesetz vom 10.10.2013 (BGBl. I S. 3786).

15 Simitis/*Ehmann*, BDSG, § 43 Rn 23.

16 Wecker/van Laak/*Bauer*, Compliance in der Unternehmenspraxis, S. 173.

trag hierfür nicht aus, können Bußgelder auch über 300.000 € verhängt werden (§ 43 Abs. 3 S. 3 BDSG).

29 Dabei werden einerseits Verstöße gegen **materielle Datenschutzbestimmungen** sanktioniert, etwa unzulässige Übermittlung, Nutzung, Verarbeitung von personenbezogenen Daten (§ 43 Abs. 1 Nr. 4 i.V.m. § 28 Abs. 5 S. 2, § 43 Abs. 2 BDSG).

30 Werden die in § 43 Abs. 2 BDSG genannten Handlungen (z.B. die unbefugte Erhebung oder Verarbeitung von personenbezogenen Daten) gegen **Entgelt** oder mit **Bereicherungs- oder Schädigungsabsicht** begangen, ist dies eine **Straftat** und kann eine Geld- bzw. Freiheitsstrafe von bis zu zwei Jahren zur Folge haben (§ 44 BDSG).

31 Neben den Verstößen gegen materielle Pflichten werden auch Verstöße gegen **formelle Pflichten** sanktioniert, die gegenüber den **Betroffenen** erfüllt werden müssen, etwa

- Verstöße gegen Unterrichtungspflichten (§ 43 Abs. 1 Nr. 3 i.V.m. § 28 Abs. 4 S. 2 BDSG, § 43 Abs. 1 Nr. 7b i.V.m. § 29 Abs. 7 S. 1 BDSG),
- Verstöße gegen Benachrichtigungspflichten (§ 43 Abs. 1 Nr. 7 i.V.m. § 33 Abs. 1 BDSG),
- Verstöße gegen Auskunftspflichten (§ 43 Abs. 1 Nr. 7a i.V.m. § 29 Abs. 6 BDSG, § 43 Abs. 1 Nr. 8a i.V.m. § 34 BDSG).

32 Zudem werden Verstöße gegen **formelle Pflichten** sanktioniert, die gegenüber den **Datenschutzaufsichtsbehörden** erfüllt werden müssen, etwa

- Verstöße gegen Meldepflichten (§ 43 Abs. 1 Nr. 1 i.V.m. § 4d Abs. 1, § 4e S. 2 BDSG),
- Verstöße gegen Vorgaben zur Bestellung des Datenschutzbeauftragten (§ 43 Abs. 1 Nr. 2 i.V.m. § 4f Abs. 1 BDSG).

33 Die Aufsichtsbehörde darf die Einhaltung der Vorschriften des BDSG im Unternehmen **kontrollieren** und die dabei erforderlichen **Auskünfte verlangen**.

! **Praxistipp**

Ein Auskunftspflichtiger kann die Auskunft auf solche Fragen verweigern, deren Beantwortung ihn selbst oder einen der in § 383 Abs. 1 Nr. 1 bis 3 ZPO[17] bezeichneten Angehörigen (Verlobung, Ehe, Lebenspartnerschaft) der Gefahr strafgerichtlicher Verfolgung oder eines Verfahrens nach dem OWiG aussetzen würde (§ 38 Abs. 3 BDSG). Der Auskunftspflichtige ist von der Behörde zwar auf diese Rechte hinzuweisen, es empfiehlt sich aber zusätzlich, die mit der Datenverarbeitung befassten Mitarbeiter bereits entsprechend zu sensibilisieren (z.B. im Rahmen einer Schulung zum Datenschutzrecht).

---

17 Zivilprozessordnung (ZPO) v. 5.12.2005 (BGBl. I S. 3202; 2006 I S. 431; 2007 I S. 1781), zuletzt geändert durch Gesetz v. 8.7.2014 (BGBl. I S. 890).

Bei **Durchführung von Kontrollen** kann sich die Aufsichtsbehörde für den Fall einer Zutrittsverweigerung auch durch einen richterlichen Durchsuchungsbeschluss und mit Unterstützung der Polizei **Zutritt** zu einem Unternehmen **verschaffen**. 34

Die Aufsichtsbehörde darf ferner **Maßnahmen** zur Beseitigung festgestellter Verstöße bei der Erhebung, Verarbeitung oder Nutzung personenbezogener Daten oder technischer oder organisatorischer Mängel **anordnen**. Bei schwerwiegenden Verstößen oder Mängeln, insbesondere solchen, die mit einer besonderen Gefährdung des Persönlichkeitsrechts verbunden sind, kann sie die Erhebung, Verarbeitung oder Nutzung oder den Einsatz einzelner Verfahren **untersagen**, wenn die Verstöße oder Mängel entgegen einer Anordnung zur Ergreifung von Maßnahmen und trotz **Verhängung eines Zwangsgeldes** nicht in angemessener Zeit beseitigt werden (§ 38 Abs. 5 BDSG). 35

Die Aufsichtsbehörde kann schließlich die **Abberufung des Datenschutzbeauftragten** verlangen, wenn er die zur Erfüllung seiner Aufgaben erforderliche Fachkunde und Zuverlässigkeit nicht besitzt. 36

C. Einführung und Durchsetzung von Compliance-Vorgaben im Unternehmen

Die Umsetzung formeller datenschutzrechtlicher Vorgaben muss unmittelbar durch das Unternehmen erfolgen. Der rechtskonforme Umgang mit personenbezogenen Daten durch die Mitarbeiter in ihrer Funktion als „verantwortliche Stelle" ist hingegen mittelbar durch entsprechende Schulungen sicherzustellen. 37

I. Inbetriebnahme von Verfahren automatisierter Verarbeitungen

Nach § 4d BDSG sind Unternehmen verpflichtet, vor Inbetriebnahme einer automatisierten Datenverarbeitung der zuständigen **Datenschutzaufsichtsbehörde** eine **Meldung** über dieses Verfahren zu machen. Die Meldung muss dabei bestimmte Angaben enthalten, die im Einzelnen in § 4e BDSG aufgelistet sind. Erfolgt die Meldung 38

- nicht rechtzeitig,
- unvollständig,
- fehlerhaft oder
- gar nicht,

gilt dies als Ordnungswidrigkeit nach § 43 Abs. 1 Nr. 1 BDSG.

Die **Meldepflicht entfällt** allerdings, wenn das Unternehmen einen Datenschutzbeauftragten bestellt hat. Die Meldepflicht entfällt ferner, wenn die verantwortliche Stelle personenbezogene Daten für eigene Zwecke erhebt, verarbeitet oder nutzt, hierbei in der Regel höchstens neun Personen ständig mit der Erhebung, Ver- 39 arbeitung oder Nutzung personenbezogener Daten beschäftigt und entweder eine Einwilligung des Betroffenen vorliegt oder die Erhebung, Verarbeitung oder Nutzung für die Begründung, Durchführung oder Beendigung eines rechtsgeschäftlichen oder rechtsgeschäftsähnlichen Schuldverhältnisses mit dem Betroffenen erforderlich ist.

II. Bestellung eines Beauftragten für den Datenschutz

40 Energieversorgungsunternehmen, die personenbezogene Daten automatisiert verarbeiten, sind verpflichtet, einen **Beauftragten für den Datenschutz** spätestens **innerhalb eines Monats** nach Aufnahme ihrer Tätigkeit **schriftlich** zu bestellen.

! **Praxistipp**
Hat ein Datenschutzbeauftragter Zweifel an der Einhaltung datenschutzrechtlicher Vorgaben im Unternehmen, muss er die zuständige **Aufsichtsbehörde benachrichtigen.** Eine unzulässige, intern aber bereits umgesetzte Datenverarbeitung kann dann zu einer erheblichen Haftung des Unternehmens führen. Der ständige Austausch zwischen dem Unternehmen und seinem Datenschutzbeauftragten und der Wille zu gemeinsamen Lösungen ist somit ein Kernelement einer guten Compliance-Struktur.[18]

---

41 Die Verpflichtung zur Bestellung eines Datenschutzbeauftragten ist allerdings **abhängig** von der **Anzahl der mit der Datenverarbeitung beschäftigten Personen.** Ein Datenschutzbeauftragter ist nur dann zu bestellen, wenn das Unternehmen

- mindestens 10 Personen wenigstens vorübergehend mit automatisierter Datenerhebung, -verarbeitung oder -nutzung beschäftigt oder
- mindestens 20 Personen wenigstens vorübergehend mit nicht automatisierter Datenerhebung, -verarbeitung oder -nutzung beschäftigt (§ 4f Abs. 1 BDSG).

! **Praxistipp**
Die Bestellung zum betrieblichen Datenschutzbeauftragten löst als solche **keine Beteiligungsrechte des Betriebsrates** aus. Ist der Datenschutzbeauftragte aber zugleich Arbeitnehmer und wird sein Anstellungsverhältnis gerade **wegen der Bestellung begründet**, hat der Betriebsrat das **Recht zur Zustimmungsverweigerung** nach § 99 BetrVG, wenn in dem Unternehmen in der Regel mehr als 20 wahlberechtigte Arbeitnehmer beschäftigt sind. Das Unternehmen kann ohne diese Zustimmung den Datenschutzbeauftragten nicht wirksam bestellen (ggf. müsste dann beim Arbeitsgericht die Ersetzung der Zustimmung beantragt werden).

---

18 So auch ausführlich Wecker/van Laak/*Bauer*, Compliance in der Unternehmenspraxis, S. 179 f.

Besteht keine entsprechende gesetzliche Verpflichtung kann gleichwohl auf freiwilliger Grundlage ein Datenschutzbeauftragter bestellt werden. Seine Befugnisse bestimmen sich dann ausschließlich nach den hierzu getroffenen Abreden.[19] 42

Praxistipp

Ein Datenschutzbeauftragter wird in der Regel innerhalb des Unternehmens „angeworben". Er ist nach § 4f Abs. 3 BDSG unmittelbar dem Leiter des Unternehmens zu unterstellen; zugleich muss er aber weisungsfrei und unabhängig als internes Kontrollorgan auftreten können. Es ist daher regelmäßig nicht ratsam, einen Mitarbeiter zum Datenschutzbeauftragten zu bestellen, der in der Ausübung dieses Amtes in Interessenkonflikte geraten könnte (z.B. Leiter der IT-Abteilung, Human Resources oder Vertrieb).[20]

Das Unterlassen der Bestellung eines Datenschutzbeauftragten kann als **Ordnungswidrigkeit** nach § 43 Abs. 1 Nr. 2 BDSG geahndet werden. 43

III. Erstellung von Verfahrensübersichten

Unternehmen sind verpflichtet, **sog. Verfahrensübersichten** zu erstellen und ihrem Datenschutzbeauftragten zu übergeben. Der Datenschutzbeauftragte (bzw. das Unternehmen, sofern kein Datenschutzbeauftragter zu bestellen ist) hat daneben ein öffentliches Verfahrensverzeichnis jedermann auf Antrag zur Verfügung zu stellen (§ 4g Abs. 2 BDSG). 44

Die Verfahrensübersichten enthalten nach Maßgabe des § 4e S. 1 Nr. 1 bis 9 BDSG unter anderem Informationen über die einzelnen Datenverarbeitungsvorgänge im Unternehmen sowie die jeweils zugriffsberechtigten Personen. Ändern sich die Datenverarbeitungsvorgänge, sind die Verfahrensübersichten zu aktualisieren. 45

Praxistipp

Solche Verfahrensübersichten sind in der betrieblichen Praxis häufig unzureichend. Dies birgt erhebliche Risiken, weil der Datenschutzbeauftragte verpflichtet ist, die entsprechenden Informationen sowohl den Datenschutzaufsichtsbehörden als auch anderen Interessierten zugänglich zu machen. Solche Defizite lassen sich durch die Einrichtung einer entsprechenden **Organisationsstruktur** ausgleichen. Die Geschäftsbereiche, die in datenschutzrechtlich relevante Bereiche einbezogen sind (z.B. IT oder Human Resources), sollten dabei die für ein Verfahrensverzeichnis maßgeblichen Angaben gemeinsam erarbeiten und dem Datenschutzbeauftragten übergeben.[21]

---

19 Däubler/Klebe/Wedde/Weichert/*Däubler*, BDSG, § 4f Rn 20.

20 Vgl. auch Wecker/van Laak/*Bauer*, Compliance in der Unternehmenspraxis, S. 180 f.

21 Instruktiv Wecker/van Laak/*Bauer*, Compliance in der Unternehmenspraxis, S. 177 f.

IV. Vorabkontrolle

46 Soweit automatisierte Verarbeitungen besondere Risiken für die Rechte und Freiheiten der Betroffenen aufweisen, unterliegen sie vor Beginn der Verarbeitung einer Prüfung (**Vorabkontrolle**), § 4d Abs. 5 BDSG. Eine solche Vorabkontrolle ist insbesondere durchzuführen, wenn

- besondere Arten personenbezogener Daten nach § 3 Abs. 9 BDSG (also Angaben über die rassische und ethnische Herkunft, politische Meinungen, religiöse oder philosophische Überzeugungen, Gewerkschaftszugehörigkeit, Gesundheit oder Sexualleben) verarbeitet werden oder
- die Verarbeitung personenbezogener Daten dazu bestimmt ist, die Persönlichkeit des Betroffenen zu bewerten (einschließlich seiner Fähigkeiten, seiner Leistung oder seines Verhaltens).

47 In der Praxis betreffen dies regelmäßig automatisierte **Personalinformations- und Personalbewertungssysteme** sowie technische **Überwachungseinrichtungen**.

48 Eine Verpflichtung zur Vorabkontrolle besteht nicht, wenn eine gesetzliche Verpflichtung oder eine Einwilligung des Betroffenen vorliegt oder die Erhebung, Verarbeitung oder Nutzung für die Begründung, Durchführung oder Beendigung eines rechtsgeschäftlichen oder rechtsgeschäftsähnlichen Schuldverhältnisses mit dem Betroffenen erforderlich ist.

49 Rechtlich ist der **Datenschutzbeauftragte** für eine solche Vorabkontrolle zuständig (§ 4b Abs. 6 BDSG). Das Unternehmen hat ihm für diesen Zweck eine **Verfahrensmeldung** nach bestimmter Maßgabe als Grundlage der Vorabkontrolle zur Verfügung zu stellen. Bei Zweifeln an der Zulässigkeit der Datenverarbeitung hat der Datenschutzbeauftragte die zuständige Aufsichtsbehörde zu kontaktieren.

V. Verpflichtung auf das Datengeheimnis

50 Den bei der Datenverarbeitung beschäftigten Personen ist es nach § 5 BDSG untersagt, personenbezogene Daten unbefugt zu erheben, zu verarbeiten oder zu nutzen (**Datengeheimnis**). Diese Personen sind, soweit sie bei nicht-öffentlichen Stellen – wie etwa privatwirtschaftlichen Unternehmen – beschäftigt werden, bei der Aufnahme ihrer Tätigkeit auf dieses Datengeheimnis zu **verpflichten**. Der Begriff „Beschäftigung" ist dabei nicht allein arbeitsrechtlich zu verstehen. Der Personenkreis ist vielmehr auf alle diejenigen auszuweiten, die Zugang zu personenbezogenen Daten erlangen können. Dies betrifft zwar insbesondere **Mitarbeiter einer Personalabteilung**, aber beispielsweise auch – was in der Praxis häufig übersehen wird – das (externe) **Wartungs- oder Reinigungspersonal**.

Ein Verstoß gegen die Verpflichtung eines Unternehmens nach § 5 BDSG kann allgemein **zivil- bzw. arbeitsrechtliche Konsequenzen** nach sich ziehen (Schadenersatzansprüche, ggf. Abmahnung, Versetzung und Kündigung). 51

Praxistipp !
Es ist unbedingt sicherzustellen, dass solche Erklärungen auf das Datengeheimnis eingeholt und archiviert werden. Hierfür sollten intern Verantwortliche benannt werden.

VI. Technische und organisatorische Maßnahmen

Unternehmen haben nach § 9 BDSG die **technischen und organisatorischen Maßnahmen** zu treffen, die erforderlich sind, um die Ausführung der Vorschriften des BDSG – insbesondere die in der Anlage zu § 9 S. 1 BDSG genannten Anforderungen – zu gewährleisten. Erforderlich sind Maßnahmen dabei, wenn ihr Aufwand in einem angemessenen Verhältnis zu dem angestrebten Schutzzweck steht. 52

Solche Maßnahmen betreffen die Bereiche der **Zutritts-, Zugangs-, Zugriffs-, Weitergabe-, Eingabe-, Auftrags- und Verfügbarkeitskontrolle** sowie das sog. **Trennungsgebot**, das heißt die Gewährleistung, dass zu unterschiedlichen Zwecken erhobene Daten getrennt verarbeitet werden können. Eine entsprechende Umsetzung erfolgt im Regelfall durch die **IT-Abteilung** des Unternehmens, die zugleich die Einhaltung der Maßnahmen in Zusammenarbeit mit einem etwaigen Datenschutzbeauftragten überwacht. 53

Die Umsetzung solcher technischen und organisatorischen Maßnahmen unterliegt der **Kontrolle der Datenschutzaufsichtsbehörden**. Zuwiderhandlungen können mit Zwangsgeldern belegt werden (§ 38 Abs. 5 BDSG). 54

Praxistipp !
Die Einhaltung von § 9 BDSG kann für ein Unternehmen mitunter erhebliche Kosten verursachen. Es sollte daher bereits im Vorfeld einer beabsichtigten Datenverarbeitung eine umfassende Bewertung erfolgen, welche konkreten technischen und organisatorischen Maßnahmen zur Einhaltung des Datenschutzes notwendig bzw. wirtschaftlich vertretbar sind.

VII. Schulung von Mitarbeitern

Ein Unternehmen ist verantwortlich dafür, dass jeder Mitarbeiter bei der Erfüllung seiner arbeitsvertraglichen Verpflichtungen die Vorgaben des Datenschutzes einhält. Dies lässt sich nur durch entsprechende interne **Schulungen** sicherstellen, die neben den allgemeinen Grundzügen des Datenschutzes auch die Besonderheiten der jeweiligen Tätigkeit der Mitarbeiter berücksichtigen. 55

Praxistipp

Es empfiehlt sich regelmäßig, Mitarbeiter kombiniert zu schulen. Neben einer Schulung „Basiswissen Datenschutz“ sollte beispielsweise ein Vertriebsmitarbeiter für den datenschutzrechtlichen Umgang mit Kundendaten und den entsprechenden Bezügen bei der Gestaltung und Umsetzung von Vertriebsprodukten sensibilisiert werden. Ein IT-Mitarbeiter sollte hingegen insbesondere den datenschutzrechtlichen Hintergrund für die Umsetzung bestimmter technischer und organisatorischer Maßnahmen kennen.

Kapitel 12
Energiekartellrecht

A. Überblick

Unternehmen, die mit anderen Unternehmen um Absatzmärkte und Kunden konkurrieren, sind in ihrem Marktverhalten prinzipiell frei, solange sie dabei mit den herkömmlichen Mitteln des Leistungs- und Produktwettbewerbs agieren. Produkte oder Dienstleistungen sollen sich über Qualität und Preis durchsetzen, sich also entsprechend der Nachfrage ihren Absatz erschließen. Dieser unternehmerischen Freiheit werden jedoch durch unterschiedliche Wettbewerbsregeln, insbesondere zu finden im Kartellrecht, Grenzen gesetzt: Der Wettbewerb, die hieran teilnehmenden Akteure und nicht zuletzt der Verbraucher sollen durch den Einsatz wettbewerbsfremder Mittel keinen Schaden nehmen. 1

Inzwischen entspricht es allgemeiner Auffassung, dass sich eine umfassende Compliance zwingend auf den Bereich des Kartellrechts zu erstrecken hat. Verstöße hiergegen können mit empfindlichen Nachteilen für das Unternehmen verbunden sein. Ausgehend von einem Blick auf die Bedeutung des Kartellrechts für die Energieversorger,[1] die besondere Motivation seiner Beachtung und die Ziele einer kartellrechtlichen Compliance[2] beschäftigt sich dieses Kapitel mit den wesentlichen Vorgaben[3] und Rechtsfolgen[4] des Kartellrechts. Praktische Hinweise schließen diese Darstellung ab.[5] 2

B. Kartellrecht im Energiemarkt

Auf den Märkten der Strom- und Gasversorgung bestand bis 1998 quasi kein Wettbewerb. Die Abnehmer hatten aufgrund der – (kartell-)rechtlich abgesicherten – Gebietsmonopole nebst einer klar vorgezeichneten Lieferantenkette keine Möglichkeit, ihren Strom- bzw. Gasanbieter frei zu wählen und auf andere als den örtlich etablierten Versorger zurückzugreifen.[6] Lange Zeit überwog die Ansicht, dass Wettbewerb in der Energieversorgung volkswirtschaftlich schädlich sei.[7] Um die befürchteten Schäden 3

1 Vgl. Rn 3 ff.
2 Vgl. Rn 10 ff. und 15 ff.
3 Vgl. Rn 17 ff.
4 Vgl. Rn 63 ff.
5 Vgl. Rn 117 ff.
6 Danner/Theobald/*Kundan*, Energierecht B1 WettR, Rn 1 m.w.N.; *Funk/Millgramm/Schulz*, Wettbewerbsfragen, S. 69 ff.; vgl. auch die umfassende Darstellung bei *Zenke*, Genehmigungszwänge, S. 92 ff.
7 Ausdrücklich BT-Drucks. 8/2136, S. 17.

abzuwenden, gestattete es der Gesetzgeber den Energieversorgern, die Belieferung ihrer Kunden durch langfristige Demarkationsverträge mit anderen (angrenzenden) Versorgern, Vertriebsabreden, Weiterverkaufsverbote und langfristige Lieferantenbeziehungen abzusichern. Dies alles wurde mit Blick auf eine sichere und preisgünstige Versorgung unter dem früheren § 103 GWB a.F. kartellrechtlich gebilligt.

4 Mit der Neufassung des Energiewirtschaftsgesetzes (EnWG)[8] und der begleitenden Novelle des Gesetzes gegen Wettbewerbsbeschränkungen[9] im April 1998 wurde der Startschuss für die Liberalisierung der deutschen Strom- und Gaswirtschaft gesetzt. Ihren Ausgangspunkt nahm diese Entwicklung dabei auf europäischer Ebene, wo zuvor mit der Richtlinie 96/92/EG betreffend gemeinsame Vorschriften für den Elektrizitätsbinnenmarkt[10] und der späteren Richtlinie 98/30/EG betreffend gemeinsame Vorschriften für den Erdgasbinnenmarkt[11] die Grundlage des Liberalisierungsprozesses geschaffen wurde.

5 Die genannten Legislativpakete bedeuteten in wettbewerbsrechtlicher Hinsicht eine Zeitenwende für die deutsche Strom- und Gaslandschaft. So entwickelte sich in den ersten Jahren nach der Liberalisierung bis in das Jahr 2001 hinein im Strombereich ein lebhafter Wettbewerb (Ausnahmen: das natürliche Monopol der Netze[12]). Neue Anbieter betraten den Markt. Die etablierten Versorger versuchten, mit aggressiven Preisstrategien, Kunden außerhalb ihrer angestammten Versorgungsgebiete zu einem Wechsel zu bewegen.

6 Parallel zu dieser Entwicklung setzte eine Fusionswelle ein,[13] die zu einer erhöhten Verflechtung und Konsolidierung des Marktes führte (sog. **vertikale Vorwärtsintegration**), welche die anfänglichen wettbewerblichen Fortschritte schnell aufzehrte. In den vermehrt ab Anfang/Mitte der 2000er Jahre durchgeführten Marktuntersuchungen stellten die Europäische Kommission,[14] das Bundeskartellamt (BKartA)[15]

8 Energiewirtschaftsgesetz (EnWG) v. 24.4.1998 (BGBl. I S. 730).

9 Sechstes Gesetz zur Änderung des Gesetzes gegen Wettbewerbsbeschränkungen (6. GWB-Novelle) v. 26.8.1998 (BGBl. I S. 2521). Säcker/*Heinlein*, Berliner Kommentar zum Energierecht, Bd. 1 (Teil 2), Anhang A.41, Rn 4 ff.

10 Elektrizitätsbinnenmarktrichtlinie 1996 (EltRL 1996 – RL 96/92/EG) v. 19.12.1996 (ABl EG 2007 Nr. L 27 S. 20 ff.).

11 Erdgasbinnenmarktrichtlinie 1998 (GasRL 1998 – RL 98/30/EG) v. 22.6.1998 (ABl EG Nr. L 204 S. 1 ff.).

12 Zu der Regulierung der Netzentgelte durch die Bundesnetzagentur (BNetzA) und Landesregulierungsbehörden: Zenke/Wollschläger/Eder/*Missling*, Preise und Preisgestaltung, 2014, S. 203 ff.

13 Umfassend zu den Fusionen in Europa und Deutschland *Zenke/Neveling/Lokau*, Konzentration Energiewirtschaft, S. 38 ff.

14 Europäische Kommission, DG Competition Report on Energy Sector Inquiry, 10.1.2007, SEC(2006) 1724, abrufbar unter http://ec.europa.eu/competition/sectors/energy/inquiry/full_report_part1.pdf und http://ec.europa.eu/competition/sectors/energy/inquiry/full_report_part2.pdf

15 BKartA, Tätigkeitsbericht 2003/2004, BT-Drucks. 15/5790, S. 126 ff.; BKartA, Tätigkeitsbericht 2005/2006, BT-Drucks. 16/5710, S. 12 ff.; BKartA, Tätigkeitsbericht 2007/2008, BT-Drucks. 16/13100,

und die Monopolkommission[16] erhebliche Wettbewerbsdefizite fest, denen teils mit gesetzgeberischen Maßnahmen, teils mit verstärktem kartellbehördlichen Einschreiten begegnet wurde. Hierzu mussten die Kartellbehörden auch personell aufrüsten.

So wurde zum Beispiel zu Beginn des Jahres 2008 eine eigens für die Missbrauchsaufsicht über die Strom-, Gas- und Fernwärmeversorgung zuständige Beschlussabteilung beim **BKartA** eingerichtet.[17] Diese wird durch zwei weitere, in den Jahren 2005 und 2008 geschaffene[18] und für die branchenunabhängige Verfolgung besonders schwerwiegender Kartellverstöße (sog. **Hardcore-Kartelle**) zuständige Beschlussabteilungen unterstützt. 7

S. 104 ff.; BKartA, Beschl. v. 25.1.2005 – B8-113/03 – Kartellrechtliche Beurteilungsgrundsätze zu langfristigen Gasverträgen; BKartA, Sektoruntersuchung Kapazitätssituation in den deutschen Gasfernleitungsnetzen, Dezember 2009, abrufbar unter http://www.bundeskartellamt.de/SharedDocs/Publikation/DE/Sektoruntersuchungen/Sektoruntersuchung%20Gasfernleitungsnetze%20-%20Abschlussbericht.pdf?__blob=publicationFile&v=3; BKartA, Sektoruntersuchung Heizstrom – Marktüberblick und Verfahren, September 2010, abrufbar unter http://www.bundeskartellamt.de/SharedDocs/Publikation/DE/Sektoruntersuchungen/Sektoruntersuchung%20Heizstrom%20-%20Marktueberblick%20und%20Verfahren.pdf?__blob=publicationFile&v=3; BKartA, Bericht über die Evaluierung der Beschlüsse zu langfristigen Gaslieferverträgen, Juni 2010, abrufbar unter http://www.bundeskartellamt.de/SharedDocs/Publikation/DE/Sektoruntersuchungen/Untersuchung%20Langfristige%20Gasliefervertraege%20-%20Evaluierung.pdf?__blob=publicationFile&v=4; BKartA, Sektoruntersuchung Stromerzeugung und -großhandel, Januar 2011, abrufbar unter http://www.bundeskartellamt.de/SharedDocs/Publikation/DE/Sektoruntersuchungen/Sektoruntersuchung%20Stromerzeugung%20Stromgrosshandel%20-%20Zusammenfassung.pdf?__blob=publicationFile&v=4.

16 *Monopolkommission*, Sondergutachten 34/35, Zusammenschlussvorhaben der E.ON AG mit der Gelsenberg AG und der E.ON AG mit der Bergemann GmbH, 2002, abrufbar unter http://www.monopolkommission.de/images/PDF/SG/s34_volltext.pdf und http://www.monopolkommission.de/images/PDF/SG/s35_volltext.pdf; *Monopolkommission*, Sondergutachten 49, Strom und Gas 2007: Wettbewerbsdefizite und zögerliche Regulierung, 2007, abrufbar unter http://www.monopolkommission.de/images/PDF/SG/s49_volltext.pdf; *Monopolkommission*, Sondergutachten 54, Strom und Gas 2009: Energiemärkte im Spannungsfeld von Politik und Wettbewerb, 2009, abrufbar unter http://www.monopolkommission.de/images/PDF/SG/s54_volltext.pdf; *Monopolkommission*, Sondergutachten 59, Strom und Gas 2011: Wettbewerbsentwicklung mit Licht und Schatten, 2011, abrufbar unter http://www.monopolkommission.de/images/PDF/SG/s59_volltext.pdf.

17 BKartA, Bundeskartellamt richtet neue Beschlussabteilung zur Missbrauchsaufsicht im Energiesektor ein, Pressemitteilung v. 4.1.2008, abrufbar unter http://www.bundeskartellamt.de/SharedDocs/Meldung/DE/Pressemitteilungen/2008/04_01_2008_Neue-Beschlussabteilung-B10.html.

18 Vgl. hierzu z.B. die Rede des damaligen Präsidenten des BKartA Dr. Bernhard Heitzer, Die Wettbewerbsaufsicht durch das Bundeskartellamt – Ordnungspolitischer Schatten der unsichtbaren Hand, Rede beim Zentrum für Europäische Wirtschaftsforschung (ZEW), v. 2.4.2009, abrufbar unter http://www.bundeskartellamt.de/SharedDocs/Publikation/DE/Reden/L1/Bernhard%20Heitzer%20%20Die%20Wettbewerbsaufsicht%20durch%20das%20Bundeskartellamt.pdf?__blob=publicationFile&v=2.

8 Die nationalen und europäischen Kartellbehörden widmeten der Versorgungsbranche auch außerhalb der Fusionskontrolle große Aufmerksamkeit, wie nachfolgende Beispiele seit 2006 zeigen:

- Ab 2006 schritt das BKartA – beginnend mit einer Missbrauchsverfügung gegen die E.ON Ruhrgas AG[19] – aktiv gegen marktabschottende **langfristige Gaslieferverträge** zwischen Ferngasgesellschaften und Weiterverteilern ein. Die weiteren deutschen Ferngasgesellschaften verpflichteten sich daraufhin, keine langfristigen Gaslieferverträge mit Weiterverteilern abzuschließen, die einen bestimmten Anteil des Gesamtbedarfs des Weiterverteilers deckten (< 80 % bzw. 50 %) und die über eine bestimmte, kartellrechtlich noch als zulässig erachtete Laufzeit (zwei bzw. vier Jahre) hinausgingen.[20]
- In die öffentliche Aufmerksamkeit drangen auch die **Missbrauchsverfahren** der Europäischen Kommission gegen die großen Energiekonzerne E.ON[21] und RWE,[22]

---

19 BKartA, Beschl. v. 13.1.2006 – B 8 – 113/03-1 – ET 2005, 436 ff. = ZNER 2006, 74 ff.

20 Zusammenfassend BKartA, Bericht über die Evaluierung der Beschlüsse zu langfristigen Gaslieferverträgen, Juni 2010, abrufbar unter http://www.bundeskartellamt.de/SharedDocs/Publikation/DE/Sektoruntersuchungen/Untersuchung%20Langfristige%20Gaslieferverträge%20-%20Evaluierung.pdf?__blob=publicationFile&v=4.

21 Europäische Kommission, Entsch. v. 26.11.2008 – COMP/39.388, COMP/39.389 – WuW/E EU-V 1380ff. Ausgangspunkt des Verfahrens bildeten die Durchsuchungen der Zentralen des E.ON- und RWE-Konzerns in 2006, bei denen u.a. das „SPP-Eigenhandelsbuch" von E.ON aufgefunden wurde, ein Geldfond, mit dem Preisstützungs- und Preissteigerungspolitik betrieben wurde (Schriftsatz BKartA an das OLG Düsseldorf v. 30.11.2006, teils abgedruckt in ZNER 2009, 78 ff.). Auf Basis ihrer Fundstücke gelangte die Europäische Kommission zu der (vorläufigen) Ansicht, dass die E.ON ihre beherrschende Stellung auf dem deutschen Erzeugungs- und Stromgroßhandelsmarkt missbrauchte, indem sie Erzeugungskapazität an der Energiebörse EEX (European Energy Exchange) zurückhielt, um die Strompreisbildung zu beeinflussen, und zudem Dritte von Investitionen in die Stromerzeugung abhielt. Außerdem soll der Konzern verbundene Unternehmen begünstigt und Stromerzeuger anderer Mitgliedstaaten gehindert haben, auf den Regelenergiemärkten zu verkaufen. Im Ergebnis akzeptierte die Kommission die von E.ON angebotene Verpflichtung, 5.000 MW deutscher Erzeugungskapazitäten an unabhängige Unternehmen abzugeben. Auch verpflichtete sich der Konzern, seine Übertragungsnetzsparte an einen nicht in der Stromerzeugung oder -verteilung tätigen Käufer zu veräußern. Abgegeben wurde die Zusage, beides innerhalb von zehn Jahren nicht zurück zu erwerben.

22 Europäische Kommission, Entsch. v. 18.3.2009 – COMP/39.402 – n.v.: Hintergrund des Verfahrens war der Vorwurf, RWE habe durch verschiedene Kapazitätsmanagement-Praktiken den Zugang zu seinem Gasfernleitungsnetz versperrt. Dabei habe RWE eine Strategie verfolgt, die Transportkapazitäten innerhalb seines Gasfernleitungsnetzes systematisch für sich zu behalten. Außerdem bestand der Verdacht, RWE könnte gezielt überhöhte Durchleitungsentgelte festgelegt haben, um die Margen von Wettbewerbern zu drücken. Damit sei selbst ein ebenso effizienter Wettbewerber wie RWE daran gehindert, auf den nachgelagerten Gasliefermärkten wirksamen Wettbewerb auszuüben, und werde es Wettbewerbern bzw. potenziellen neuen Marktteilnehmern erschwert, auf dem Markt zu verbleiben bzw. in den Markt einzutreten. Um die von der Europäische Kommission festgestellten Wettbewerbsbedenken zu beheben, verpflichtete sich RWE, sein in Westdeutschland befindliches Gasfernleitungsnetz, einschließlich der erforderlichen Mitarbeiter und der dazugehörigen Vermögenswerte

die 2008 durch umfangreiche Verpflichtungszusagen beider Unternehmen im Interesse der Förderung des Wettbewerbs abgeschlossen wurden.

- Das BKartA hat in den Jahren 2008/2009 gegen 35 kleine und mittlere **regionale Gasversorger Missbrauchsverfahren** wegen des Verdachts auf Preismissbrauch im Bereich der Versorgung von nicht-leistungsgemessenen Haushaltskunden mit Erdgas geführt. Auch diese wurden in den meisten Fällen durch sog. Verpflichtungszusagen der betroffenen Unternehmen beendet.[23]
- Seit 2009 beschäftigte sich das BKartA ferner mit der **Vergabe von Wegenutzungsrechten** (Konzessionen) bei der leitungsgebundenen Strom- und Gasversorgung.[24] Dabei prüft es zunehmend kritisch, ob die Konzessionsvergabe, hinsichtlich derer der Konzessionsgeber natürlicher Monopolist ist, nach wettbewerblichen Grundsätzen erfolgte.[25]
- Im Jahre 2010 wendete sich das BKartA gegen die in der Strom- und Gasversorgung damals üblichen (und auch heute in Altverträgen teils noch zu findenden) Bestimmungen in Energielieferverträgen, wonach sich der Kunde gegenüber dem Lieferanten zur Abnahme bestimmter Mindestmengen verpflichtete, dem Abnehmer zugleich aber ein Weiterverkauf der nicht benötigten Mindestabnahmemengen untersagt war. Die Energieversorger verpflichteten sich, auf die Vereinbarung derartiger Klauseln zu verzichten.[26]

und Dienstleistungen, an einen Käufer zu veräußern, der u.a. keinen Anreiz haben darf, das eigene Gasliefergeschäft zu begünstigen.

23 BKartA, Preismissbrauchsverfahren gegen Gasversorger weitgehend abgeschlossen, Pressemitteilung v. 1.12.2008: Das BKartA hatte die Missbrauchsverfahren im Dezember 2008 weitgehend abgeschlossen und hierfür monetäre Zusagen i.H.v. insgesamt 127 Mio. € zugunsten der Kunden entgegengenommen. Etwa die Hälfte der Zusagen entfiel auf Bonuszahlungen und Gutschriften in der folgenden Jahresabrechnung oder Schlussrechnung der Kunden. Der übrige Betrag entfiel auf verschobene Preiserhöhungen oder Preissenkungen. Darüber hinaus verpflichteten sich die betreffenden Gasversorger z.T., auf die Weitergabe gestiegener Gasbezugskosten in beträchtlichem Umfang zu verzichten, abrufbar unter http://www.bundeskartellamt.de/SharedDocs/Meldung/DE/Pressemitteilungen/2008/01_12_2008_Gaspreisverfahren.html. Zu den Verfahren auch Bien/*Gussone/Heymann*, Das deutsche Kartellrecht, S. 233, 268 ff.

24 BKartA, Beschl. v. 3.6.2009 – B 10 – 71/08 – IR 2009, 189 f. = WuW/E DE-V 1729 ff.; Gemeinsamer Leitfaden von Bundeskartellamt und Bundesnetzagentur zur Vergabe von Strom- und Gaskonzessionen und zum Wechsel des Konzessionsnehmers, v. 15.12.2010, abrufbar unter http://www.bundeskartellamt.de/SharedDocs/Publikation/DE/Leitfaden/Leitfaden%20-%20Vergabe%20von%20Strom-%20und%20Gaskonzessionen.pdf?__blob=publicationFile&v=1.

25 Z.B. BKartA, Beschl. v. 22.6.2012 – B 10 – 16/11 – n.v. – Vergabe der Strom- und Gaskonzessionen durch die Stadt Pulheim, Fallbericht, abrufbar unter http://www.bundeskartellamt.de/SharedDocs/Entscheidung/DE/Fallberichte/Missbrauchsaufsicht/2012/B10-16-11.html. BKartA, Beschl. v. 2.12.2013, – B 8-180/11-1 – Verpflichtungszusagen Gemeinde Cölbe.

26 BKartA, Beschl. v. 5.7.2010 – B 10 – 48/09 – n.v.

- Zu nennen sind weiter die Missbrauchsverfahren des **BKartA**[27] und einzelner Landeskartellbehörden gegen kleinere Stromversorger im Bereich der Belieferung von Haushaltskunden mit **Heizstrom.**[28]
- Seit dem Frühjahr 2013 schließlich untersucht das BKartA die Fernwärmepreise von sieben Versorgungsunternehmen in insgesamt 30 Wärmeversorgungsgebieten, die über fast alle Bundesländer verteilt sind.[29]

9 Insgesamt hat die Strom- und Gasversorgung in den zurückliegenden Jahren, auch dank der oben genannten kartellbehördlichen Verfahren, deutlich an Wettbewerbsintensität zugenommen, sodass es perspektivisch zu einem Rückgang der kartellbehördlichen Aktivitäten im Bereich des Absatzes/des Vertriebs von Strom und Gas kommen könnte. Umgekehrt sind aber zum Beispiel für den Bereich der Fernwärmeversorgung und der Konzessionsvergabe Tendenzen einer stärkeren Überwachung zu erkennen. Damit kommt dem Kartellrecht, auch 16 Jahre nach der Liberalisierung, eine wichtige Überwachungs-, Korrektur- und Steuerungsaufgabe im Hinblick auf die Funktionsfähigkeit des Marktes und des Wettbewerbs im Bereich der Versorgungswirtschaft zu.

C. Die Motivation kartellrechtlicher Compliance

10 Das Kartellrecht ist Teil des allgemeinen **Ordnungsrahmens der Wirtschaft** und somit in gleicher Weise wie die übrigen Rechtsmaterien von den Teilnehmern des Wirtschaftsverkehrs zwingend zu befolgen. Die besondere Motivation zur Einhaltung gerade kartellrechtlicher Vorgaben (mit Hilfe einer kartellrechtlichen Compliance) liegt im Wesentlichen in Folgendem:[30]

---

27 BKartA, Sektoruntersuchung Heizstrom – Marktüberblick und Verfahren, September 2010, abrufbar unter http://www.bundeskartellamt.de/SharedDocs/Publikation/DE/Sektoruntersuchungen/Sektoruntersuchung%20Heizstrom%20-%20Marktueberblick%20und%20Verfahren.pdf?__blob=publicationFile&v=3; BKartA, Missbrauchsverfahren gegen Heizstromversorger erfolgreich abgeschlossen. Heizstromversorger verpflichten sich gegenüber Bundeskartellamt zu marktöffnenden Maßnahmen und Rückerstattungen an die Kunden i.H.v. insgesamt 27,2 Mio. €, Pressemitteilung v. 29.9.2010, abrufbar unter http://www.bundeskartellamt.de/SharedDocs/Meldung/DE/Pressemitteilungen/2010/29_09_2010_Heizstrom.html; BKartA, Bundeskartellamt erlässt Missbrauchsverfügung gegen Entega – Rückerstattung von ca. 5 Mio. € an Heizstromkunden angeordnet, Pressemitteilung v. 20.3.2012, abrufbar unter http://www.bundeskartellamt.de/SharedDocs/Meldung/DE/Pressemitteilungen/2012/20_03_2012_Entega.html.

28 Zu den Verfahren auch Bien/*Gussone/Heymann*, Das deutsche Kartellrecht, S. 233, 271 ff.

29 Vgl. BKartA, Bundeskartellamt prüft überhöhte Fernwärmepreise, Pressemitteilung v. 7.3.2013, abrufbar unter http://www.bundeskartellamt.de/SharedDocs/Meldung/DE/Pressemitteilungen/2013/07_03_2013_Fernw%C3%A4rmepreise.html.

30 Vgl. dazu auch ICC Germany e.V., Das ICC Toolkit zur kartellrechtlichen Compliance, 2014, S. 18,

- **Das Kartellrecht ist besonders haftungsträchtig!**
  Werden Kartellverstöße eines Unternehmens aufgedeckt, drohen im Einzelfall empfindliche Sanktionen der Kartellbehörden (z.B. Bußgelder, Vorteilsabschöpfung) und sonstiger Betroffener (z.B. Schadenersatz). Das Kartellrecht birgt ein **hohes Haftungsrisiko** für die betroffenen Unternehmen, deren Vorstände/ Geschäftsführer, leitende Angestellte und sonstige Mitarbeiter. 11
- **Im Bereich der Energieversorgung besteht eine vergleichsweise hohe Kontrolldichte mit einer verhältnismäßig hohen Aufdeckungswahrscheinlichkeit!**
  Die strukturelle Situation in der Energiewirtschaft bedingt eine traditionell erhöhte Kontrolldichte der Kartellbehörden in diesem Bereich.[31] Diese korrespondiert mit einer erhöhten **Aufdeckungswahrscheinlichkeit** bei kartellrechtswidrigem Verhalten. Selbst wenn Unternehmen zunächst nicht unmittelbar im Fokus der kartellbehördlichen Überwachung stehen, können sie im Zuge von Ermittlungen (z.B. durch Auskünfte im Rahmen von Missbrauchsverfahren gegen Dritte oder bei flächendeckenden Sektorenuntersuchungen) schnell in den Blickpunkt der Kartellbehörden gelangen.[32] 12
- **Schon der Verdacht eines Kartellverstoßes führt zu einem erheblichen Imageschaden und Vertrauensverlust in das betroffene Unternehmen!**
  Gerät ein Unternehmen auch nur in den Verdacht eines Kartellverstoßes und führen die Kartellbehörden daraufhin Ermittlungen beim verdächtigten Unternehmen durch, bleibt dies der Öffentlichkeit selten verborgen. Durch die vielfach verbrauchernahe Berichterstattung (vor allem in den lokalen Medien) sind die betroffenen Unternehmen häufig einer massiven „negativen Publicity" ausgesetzt und erleiden hierdurch einen erheblichen **Imageschaden und Vertrauensverlust** bei den Kunden, selbst wenn sich der Verdacht im Nachhinein nicht bewahrheitet. Mit Kartellverstößen wird also der gute Ruf des betroffenen Unternehmens beschädigt. In Extremfällen führt dies zu empfindlichen Kundenverlusten[33] und (auch damit) zu Schäden am Unternehmenswert. 13
- **Durch kartellbehördliche (Ermittlungs-)Maßnahmen können die betrieblichen Abläufe im Unternehmen erheblich gestört werden!**
  Abgesehen von dem erheblichen Haftungsrisiko und dem möglichen Imageschaden allein bei vermeintlichen Kartellverstößen können bereits die Ermittlungsmaßnahmen der Kartellbehörden – wie die Durchführung von Auskunftsverfahren bzw. Sektoruntersuchungen oder die Durchsuchung von Geschäftsräumen – zu 14

---

abrufbar unter http://www.iccgermany.de/fileadmin/ICC_Dokumente/Dokumente/ICC_Compliance_Toolkit_final.pdf.

31 Zu den allein seit 2006 geführten Verfahren des BKartA siehe oben Rn 8.

32 Zu den Marktuntersuchungen siehe oben Rn 6 und dortige Fn 14 bis 16.

33 Vgl. z.B. Tagesspiegel, 20.000 Berliner kündigen Vattenfall, abrufbar unter http://www.tagesspiegel.de/wirtschaft/stromlieferant-20-000-berliner-kuendigen-vattenfall/964574.html.

einer empfindlichen **Störung der Betriebsabläufe** im Unternehmen führen. Sie binden Personal sowie Sachmittel und führen dadurch zu weiteren mittelbaren Vermögenseinbußen.

D. Ziele kartellrechtlicher Compliance

15 Vor dem Hintergrund der im vorangegangenen Abschnitt skizzierten Motive soll eine speziell kartellrechtlich ausgerichtete Compliance dazu beitragen, Nachteile, die dem Unternehmen, seinen Leitungsorganen und Mitarbeitern bei Kartellverstößen drohen, zu verhindern. Dabei geht es in erster Linie um Vorbeugung. Verstöße gegen das Kartellrecht sollen von vorneherein möglichst vermieden, die Wahrscheinlichkeit derartiger Verstöße jedenfalls auf ein Minimum begrenzt werden. Die umfassende Information der Mitarbeiter über die rechtlichen Vorgaben und entsprechende organisatorische Vorkehrungen im Unternehmen helfen dabei.

16 Darüber hinaus soll eine kartellrechtliche Compliance aber auch zusätzliche Nachteile für den Fall verhindern, dass drohende oder bestehende Kartellverstöße im Unternehmen festgestellt werden oder aber dass das Unternehmen wegen Kartellverdachts aus sonstigen Gründen Adressat kartellbehördlicher (Ermittlungs-)Maßnahmen ist. Auch dies erfolgt in erster Linie durch Festlegung bestimmter Verhaltensvorgaben und Abläufe im Ernstfall.

E. Grundzüge: Was ist Kartellrecht? Wozu dient es? Was verbietet es? Wen betrifft es?

17 Damit die kartellrechtlichen Gefahrenpotenziale im Unternehmen identifiziert und gezielt Maßnahmen zu ihrer Vermeidung ergriffen werden können, müssen die Grundzüge des Kartellrechts präsent sein. Ausgehend von einem Überblick über die Rechtsquellen, Ziele und die Systematik des Kartellrechts[34] werden hier einzelne, für die Energieversorgung typischerweise relevante Sachverhalte erläutert[35] und schließlich die typischerweise gefährdeten Unternehmensbereiche von Versorgungsunternehmen aufgegriffen.[36]

34 Vgl. Rn 18 ff.
35 Vgl. Rn 35 ff.
36 Vgl. Rn 59 ff.

I. Rechtsgrundlagen, Anwendungsbereich, Ziel und Systematik des Kartellrechts

Das Kartellrecht ist (wie erwähnt)[37] Teil des Ordnungsrahmens der Marktwirtschaft **18**
und damit zugleich Teil unserer gesamten Wirtschaftsverfassung. Seine **Rechtsgrundlagen** finden sich sowohl auf europäischer als auch auf nationaler Ebene:

- Die Art. 101 und 102 AEUV[38] sowie ergänzende Verordnungen (wie z.B. die FKVO)[39] enthalten wichtige europäische Vorgaben.
- Nationale Kartellvorschriften enthält das GWB.[40]

Ob im Einzelfall der **Anwendungsbereich** des deutschen oder aber des europäi- **19**
schen Kartellrechts eröffnet ist, wird im Grundsatz danach beurteilt, ob sich der wettbewerbsrechtlich relevante Sachverhalt nur auf den Geltungsbereich des GWB (also das Bundesgebiet oder das Gebiet einzelner Länder des Bundes) auswirkt oder ob er darüber hinaus geht und gemeinschaftsweite Bedeutung hat.[41]

Nicht alle Bereiche der Energieversorgung, in denen aus strukturellen Gründen **20**
kein bzw. nur geringer Wettbewerb herrscht und in denen der Wettbewerb für Einflussnahmen besonders anfällig ist, werden durch das Kartellrecht geschützt. Vielmehr unterliegt der aus wettbewerblicher Sicht besonders schützenswerte Bereich des Betriebs von Strom- und Gasnetzen – nicht jedoch der Betrieb von Fernwärmenetzen – seit 2005 der **Regulierung** nach dem EnWG[42] sowie den auf dessen Grundlage ergangenen Verordnungen (StromNZV,[43] StromNEV,[44] GasNZV,[45] GasNEV,[46]

---

37 Vgl. Rn 10.

38 Vertrag über die Arbeitsweise der Europäischen Union (AEUV) v. 9.5.2008 (ABl EU Nr. C 115 S. 47 ff.).

39 Fusionskontrollverordnung (FKVO – VO (EG) Nr. 139/2004) v. 20.1.2004 (ABl EU Nr. L 24 S. 1 ff.).

40 Gesetz gegen Wettbewerbsbeschränkungen (GWB) v. 26.6.2013 (BGBl. I S. 1750, 3245), zuletzt geändert durch Gesetz v. 21.7.2014 (BGBl. I S. 1066).

41 Zwischen deutschem und europäischem Recht besteht weitestgehend ein inhaltlicher Gleichlauf. Die folgenden Darstellungen konzentrieren sich jedoch auf das nationale Kartellrecht, da die Energiemärkte nach den gegenwärtigen Marktverhältnissen und der gegenwärtigen Kartellpraxis fast durchweg bundesweit abgegrenzt werden und daher in den meisten Fällen (noch) nationales Recht angewendet wird.

42 Energiewirtschaftsgesetz (EnWG) v. 7.7.2005 (BGBl. I S. 1970), zuletzt geändert durch Gesetz v. 21.7.2014 (BGBl. I S. 1066).

43 Stromnetzzugangsverordnung (StromNZV) v. 25.7.2005 (BGBl. I S. 2243), zuletzt geändert durch Verordnung v. 21.7.2014 (BGBl. I S. 1066).

44 Stromnetzentgeltverordnung (StromNEV) v. 25.7.2005 (BGBl. I S. 2225), zuletzt geändert durch Gesetz v. 21.7.2014 (BGBl. I S. 1066).

45 Gasnetzzugangsverordnung (GasNZV) v. 3.9.2010 (BGBl. I S. 1261), zuletzt geändert durch Gesetz v. 21.7.2014 (BGBl. I S. 1066).

46 Gasnetzentgeltverordnung (GasNEV) v. 25.7.2005 (BGBl. I S. 2197), zuletzt geändert mit Verordnung v. 14.8.2013 (BGBl. I S. 3250).

ARegV[47]). Für ihn ist die Zuständigkeit der **BNetzA** oder der Landesregulierungsbehörden gegeben. Die Anwendung des deutschen Kartellrechts ist weitestgehend ausgeschlossen (§ 111 EnWG); es bleibt allerdings die Relevanz europäischen Kartellrechts.[48]

21 Ziel des Kartellrechts ist es, den Bestand und die **Funktionsfähigkeit des Wettbewerbs** auf den Märkten zu gewährleisten. Hierzu enthält es Vorgaben, die eine Behinderung, Beschränkung oder Verfälschung des Wettbewerbs durch die Unternehmen am Markt verhindern sollen:

- das **Kartellverbot**,
- verschiedene (teils auch sektorspezifische) **Missbrauchsverbote** und
- die **Fusionskontrolle**.

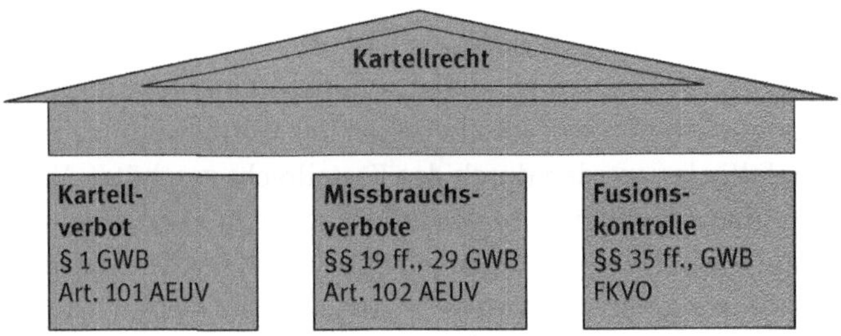

Abb. 1: Die Säulen des Kartellrechts[49]

II. Das Kartellverbot

22 Das **Kartellverbot** in § 1 GWB untersagt „Vereinbarungen zwischen Unternehmen, Beschlüsse von Unternehmensvereinigungen und aufeinander **abgestimmte Verhaltensweisen**, die eine Verhinderung, Einschränkung oder Verfälschung des Wettbewerbs bezwecken oder bewirken“. Nicht erlaubt ist damit die **bi- oder multilaterale Koordination** des Marktverhaltens zwischen Unternehmen am Markt. Dies gilt unabhängig davon, ob dies durch ausdrückliche Abreden oder durch sonstige Verhal-

47 Anreizregulierungsverordnung (ARegV) v. 29.10.2007 (BGBl. I S. 2529), zuletzt geändert durch Verordnung v. 9.3.2015 (BGBl. I S. 279).

48 Vgl. ausführlich zum Verhältnis zwischen dem europäischen Kartellrecht und der Regulierung nach den Bestimmungen des EnWG Danner/Theobald/*Bruhn*, Energierecht, B3 WettR, Rn 128 ff. Zur Netzentgeltregulierung vgl. auch Zenke/Wollschläger/Eder/*Missling*, Preise und Preisgestaltung, S. 203 ff.

49 Quelle: Eigene Darstellung.

tensweisen erfolgt. Ebenso irrelevant ist, ob die an derartigen Absprachen beteiligten Unternehmen über eine herrschende Position im Markt verfügen oder nicht.

Erfolgt die Verhaltenskoordinierung zwischen Wettbewerbern ein und desselben 23
Marktes, spricht man von sog. **horizontalen Kartellabsprachen.** Sind abgestimmte Verhaltensweisen entlang der Wertschöpfungskette zwischen Unternehmen vor- und nachgelagerter Märkte – also z.B. im Verhältnis zwischen dem (Vor-)Lieferanten und seinem Abnehmer – betroffen, wird dies als **vertikale Kartellabsprache** eingeordnet.

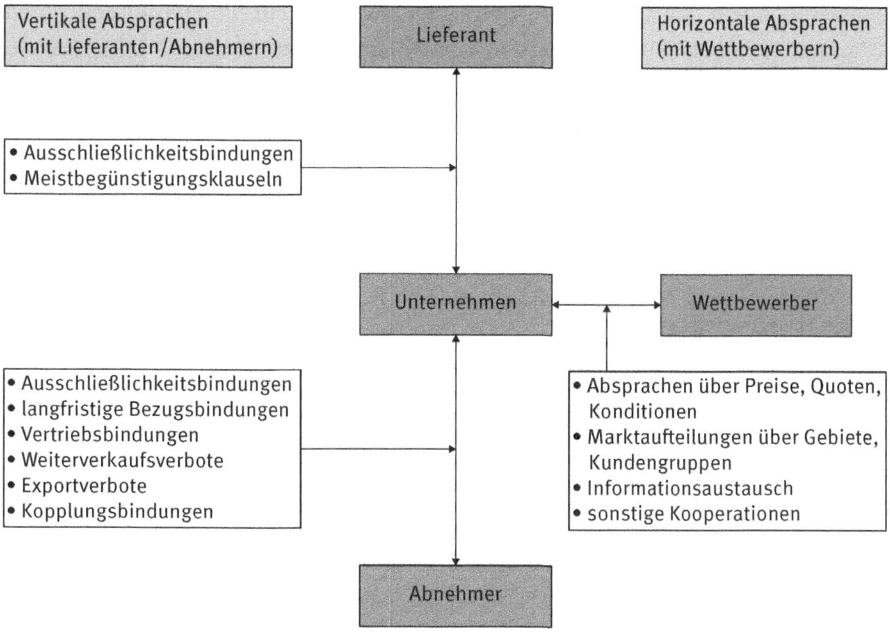

Abb. 2: Überblick über verbotene koordinierte Verhaltensweisen[50]

Liegt eine Kartellabsprache im oben angegebenen Sinne[51] vor, ist diese grundsätzlich 24
verboten. Dies gilt nur ausnahmsweise nicht, wenn ein Fall der **§§ 2 oder 3 GWB** bzw. des **Art. 101 Abs. 3 AEUV** vorliegt. Allgemeine Voraussetzungen für die dort geregelte gesetzliche **Freistellung vom Kartellverbot** sind,[52] dass die Abreden

50 Quelle: Eigene Darstellung.

51 Vgl. Rn 23.

52 Ausführlich hierzu Danner/Theobald/*Bruhn*, Energierecht, B3 WettR, Rn 47 ff. Bestimmte Gruppen von Vereinbarungen, die wegen der Gleichförmigkeit der Interessen einer typisierenden Beurteilung zugänglich sind, können zudem durch Verordnung allgemein vom Kartellverbot freigestellt sein (sog.

- unter angemessener Beteiligung der Verbraucher an dem entstehenden Gewinn zu einer Verbesserung der Warenerzeugung oder -verteilung oder zur Förderung des technischen oder wirtschaftlichen Fortschritts beitragen,
- ohne dass den beteiligten Unternehmen Beschränkungen auferlegt werden, die für die Verwirklichung dieser Ziele nicht unerlässlich sind, und
- ohne dass Möglichkeiten eröffnet werden, für einen wesentlichen Teil der betreffenden Waren den Wettbewerb auszuschalten.

25 Kooperationen zwischen Unternehmen im Bereich der Energiewirtschaft sind verschiedentlich von der Kommission freigestellt worden.[53] Für die Freistellung waren insbesondere die strukturellen Besonderheiten des Energiesektors und das gesamtwirtschaftliche Interesse an einer zuverlässigen Energieversorgung ausschlaggebend. Neben Vereinbarungen im Bereich Technologie/Forschung/Entwicklung ging es dabei mitunter auch um langfristige Bezugsbindungen entlang der Lieferkette, die vereinzelt mit Blick auf das Interesse an einer sicheren Versorgung vom Kartellverbot ausgenommen wurden.

III. Die Missbrauchsverbote

26 Die **Missbrauchsverbote** in den §§ 19 ff., 29[54] GWB untersagen – im Gegensatz zum Kartellverbot des § 1 GWB – bestimmte **einseitige Verhaltensweisen**, durch die

Gruppenfreistellungsverordnungen), vgl. dazu Immenga/Mestmäcker/*Ellger*, EU-Wettbewerbsrecht, Art. 101 AUEV Abs. 3, Rn 322 ff. Von besonderer praktischer Bedeutung ist hier vor allem die vertikale Gruppenfreistellungsverordnung (Vertikal-GVO – VO (EU) Nr. 330/2010) v. 20.4.2010 (ABl EU Nr. L 102 S. 1 ff.).

53 Vgl. Immenga/Mestmäcker/*Ellger*, EU-Wettbewerbsrecht, Art. 101 AEUV Abs. 3, Rn 555 f. mit ausführlichen Einzelnachweisen: In den meisten Fällen ging es dabei um Kooperationen in den Bereichen Technologie/Forschung/Entwicklung (z.B. Kernkraft/Kohlevergasung), die vorrangig deswegen freigestellt wurden, weil der technische und wirtschaftliche Fortschritt wegen den bedeutenden Investitionen und den hohen Sicherheitsrisiken ohne ein Zusammenwirken nicht hätte erreicht werden können und weil die Bedeutung der Energieversorgung und die Notwendigkeit der Zusammenarbeit in einem technologisch komplizierten Bereich im Vordergrund standen. Eine weitere Freistellung betraf z.B. auch eine vertikale Vereinbarung über die Lieferung von Atomstrom, die maßgeblich auf das Argument der Versorgungssicherheit und auf die Erwägung gestützt wurde, dass langfristige Abnahmeverpflichtungen wegen des Bedürfnisses nach einer zuverlässigen Planung des Stromerzeugers notwendig sein könnten, um die Erzeugung und Verteilung von Strom insgesamt zum Wohle der Verbraucher zu verbessern. Eine Freistellung erfolgte schließlich in Bezug auf Vereinbarungen, in denen sich verschiedene Stromerzeuger verpflichteten, eine bestimmte Menge deutscher Steinkohle abzunehmen. Nach Auffassung der Europäischen Kommission war diese Bezugsbindung vom Kartellverbot freizustellen, weil sie die Sicherheit der Energieversorgung in Deutschland förderte und damit zur Verbesserung der Warenerzeugung beitrug.

54 Die Geltungsdauer des sektorspezifischen Missbrauchsverbots des § 29 GWB für die Energiewirt-

andere Marktteilnehmer behindert oder ausgebeutet werden. Sie richten sich hiermit vorrangig an solche Unternehmen, die aufgrund ihrer **marktbeherrschenden Stellung** in der Lage sind, selbständig und ohne Rücksicht auf etwaige Konkurrenten Einfluss auf den Wettbewerb zu nehmen.[55] Missbräuche, die nach dem GWB prinzipiell untersagt sind, werden in der folgenden Abbildung genannt.

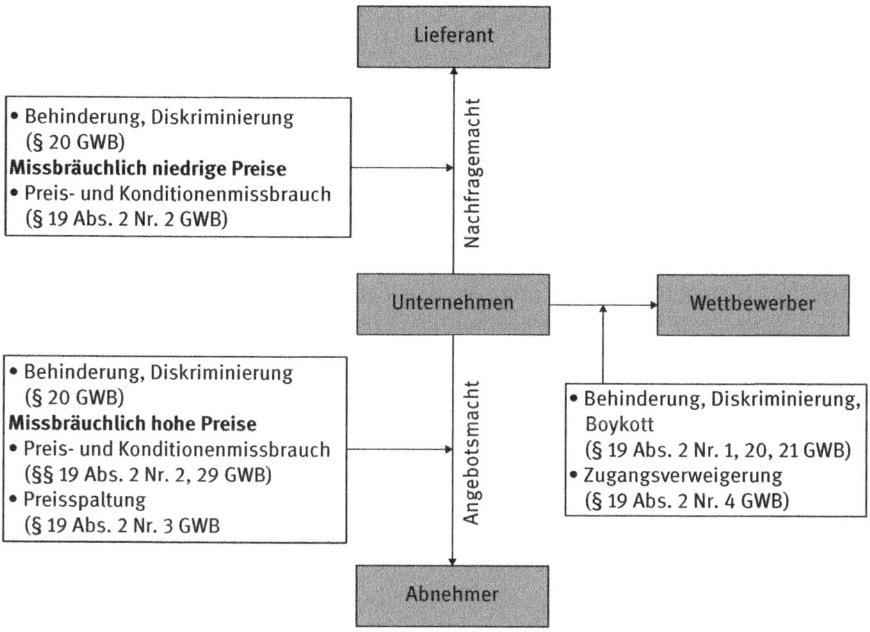

Abb. 3: Missbrauchsverbote nach dem GWB[56]

Auch ein Verhalten, das tatbestandlich als Missbrauch zu bewerten ist, kann ausnahmsweise zulässig sein, wenn es hierfür eine sachliche Rechtfertigung gibt. Dabei muss zumeist das Unternehmen nachweisen, dass bei ihm sachliche Gründe vorliegen, die das objektiv missbräuchliche Verhalten rechtfertigen. 27

schaft wurde durch die 8. GWB-Novelle v. 26.6.2013 (BGBl. I S. 1738) bis zum 31.12.2017 verlängert, vgl. § 131 Abs. 1 GWB. Dazu auch Bien/*Gussone/Heymann*, Das deutsche Kartellrecht, S. 233, 262; *Gussone*, EnWZ 2012, 13 ff.

55 Wenngleich auch die §§ 19 ff., 29 GWB missbräuchliches Verhalten einerseits gegenüber Wettbewerbern und andererseits gegenüber Unternehmen vor- oder nachgelagerter Wirtschaftsstufen – also z.B. gegenüber Lieferanten bzw. Abnehmern – untersagen, wird hier begrifflich nicht zwischen horizontalem und vertikalem Missbrauch unterschieden.

56 Quelle: Eigene Darstellung.

28 Unterschiedliche Rechtfertigungsgründe sind denkbar: So kann z.B. eine nach § 29 Nr. 1 GWB missbräuchliche Preisgestaltung wegen der zugrundeliegenden Kosten des Anbieters bzw. einer ansonsten drohenden Kostenunterdeckung unter Umständen gerechtfertigt sein.[57] Auch sind z.B. unterschiedliche Preise gegenüber grundsätzlich gleichartigen Abnehmern i.S.v. § 19 Abs. 2 Nr. 2 GWB möglich, wenn besondere Umstände wie unterschiedlich hohe Risikozuschläge, Mengen- oder Laufzeitrabatte oder ein (un-)günstiges Abnahmeprofil die Differenzierung begründen.

IV. Die Fusionskontrolle

29 Die **Fusionskontrolle** der §§ 35 ff. GWB soll schließlich im Interesse der Erhaltung funktionsfähigen Wettbewerbs verhindern, dass durch **Zusammenschlüsse** zwischen (konkurrierenden) Unternehmen desselben Marktes oder zwischen Unternehmen verschiedener (z.B. vor- oder nachgelagerter) Märkte die Entstehung oder Erhaltung wettbewerbsgerechter Marktbedingungen verhindert wird. Durch die Fusionskontrolle soll also vermieden werden, dass der Wettbewerb durch **strukturelle Eingriffe** Schaden nimmt.

30, 31 **Voraussetzung** für das Eingreifen der deutschen Fusionskontrolle ist:[58]

- Die an dem Zusammenschluss beteiligten Unternehmen (einschließlich der mit ihnen verbundenen Unternehmen) haben im vorangegangenen Geschäftsjahr **weltweite Gesamtumsätze** von insgesamt **500 Mio. €** erzielt. Der Mindestinlandsumsatz eines beteiligten Unternehmens beträgt 25 Mio. € und eines weiteren beteiligten Unternehmens 5 Mio. € (§ 35 Abs. 1 GWB).
- Bei dem Vorhaben handelt es sich um einen **Zusammenschluss i.S.d. § 37 GWB** also um einen
  - Teil- oder Gesamtvermögenserwerb (§ 37 Abs. 1 Nr. 1 GWB),
  - einen Kontrollerwerb (§ 37 Abs. 1 Nr. 2 GWB),
  - einen Anteilserwerb von 50 % bzw. 25 %[59] – einschließlich der Gründung von Gemeinschaftsunternehmen – (§ 37 Abs. 1 Nr. 3 S. 3 GWB) oder aber
  - um den Erwerb eines sonstigen wettbewerblich erheblichen Einflusses (§ 37 Abs. 1 Nr. 4 GWB).

57 Vgl. Bien/*Gussone/Heymann*, Das deutsche Kartellrecht, S. 233, 262.

58 Vertieft hierzu *Zenke/Neveling/Lokau*, Konzentration Energiewirtschaft, S. 77 ff. Vgl. auch BKartA, Merkblatt zur deutschen Fusionskontrolle, Juli 2005, abrufbar unter http://www.bundeskartellamt.de/SharedDocs/Publikation/DE/Merkbl%C3%A4tter/Merkblatt%20-%20Deutsche%20Fusionskontrolle.pdf?__blob=publicationFile&v=3.

59 Zur Problematik der Behandlung von Minderheitsbeteiligungen in der Zusammenschlusskontrolle *Coenen/Jovanovic*, WuW 2014, 803 ff.

- Der Zusammenschluss fällt nicht in den ausschließlichen Anwendungsbereich der europäischen Fusionskontrolle.[60]

Mit der 8. GWB-Novelle[61] wurde die deutsche Fusionskontrolle dem europäischen Recht an entscheidender Stelle angepasst.[62] Der aus der FKVO bereits bekannte, in das deutsche Recht übernommene sog. SIEC-Test[63] legt als Beurteilungsgrundsatz fest, dass eine Fusion zu untersagen ist, wenn sie für eine erhebliche Behinderung des wirksamen Wettbewerbs sorgt, § 36 Abs. 1 S. 1 GWB. Das Regelbeispiel für eine Behinderung des wirksamen Wettbewerbs ist nach wie vor ein Marktstrukturtest. Er stellt, wie die europäische Praxis mit SIEC-Test zeigt und die nationale Praxis ohne SIEC-Test zeigte, die weit überwiegend verwendete Beurteilungsgrundlage dar und gilt auch nach der 8. GWB-Novelle fort.[64] Dennoch deckt der Marktstrukturtest nicht alle denkbaren Konstellationen der Marktbeherrschung ab. Eine Durchsetzungsschwäche hat der Marktstrukturtest dort, wo ein Oligopolmarkt mit diversifizierter, aber enger Produktstruktur vorliegt. Die Auffassungen zu dem SIEC-Test und dessen Auswirkungen sind in Theorie und Praxis bislang noch nicht eindeutig geklärt.[65] 32

Anders als das Kartellverbot und die Missbrauchsverbote, welche i.d.R. erst zu nachträglichen (**repressiven**) Eingriffen der Kartellbehörden führen, erfolgt im Rahmen der Fusionskontrolle eine vorherige (**präventive**) Überprüfung des Zusammenschlussvorhabens. Denn Eingriffe in die Marktstruktur sind nachträglich nur schwer zu korrigieren. Aus diesem Grunde besteht für Zusammenschlüsse eine vorherige **Anmeldepflicht** (§ 39 GWB) und darüber hinaus grundsätzlich ein **Vollzugsverbot**, solange das **BKartA** nicht den Zusammenschluss freigegeben oder innerhalb der in § 40 GWB festgelegten Verfahrensfristen über die Zulässigkeit des Zusammenschlusses entschieden hat (§ 41 Abs. 1 S. 1 GWB). 33

60 Nach Art. 1 Abs. 2 und 3 FKVO hat ein Zusammenschluss gemeinschaftsweite Bedeutung, wenn der Gesamtumsatz aller fusionsbeteiligten Unternehmen 5 Mrd. € überschreitet und mindestens zwei der beteiligten Unternehmen einen gemeinschaftsweiten Umsatz von jeweils mehr als 250 Mio. € erzielt. Alternativ dazu greift die europäische Fusionskontrolle auch, wenn der weltweite Gesamtumsatz aller fusionsbeteiligten Unternehmen mindestens 2,5 Mrd. € und der Gesamtumsatz in mindestens drei Mitgliedstaaten mehr als 100 Mio. € beträgt, wobei mindestens zwei der beteiligten Unternehmen jeweils mehr als 25 Mio. € in den drei Mitgliedstaaten umsetzen müssen und der gemeinschaftsweite Umsatz von mindestens zwei der beteiligten Unternehmen mehr als 100 Mio. € betragen muss. Dazu auch das Merkblatt der Europäischen Kommission, DG Wettbewerb, Competition: Merger control procedures, Juli 2013, abrufbar unter http://ec.europa.eu/competition/publications/factsheets/merger_control_procedures_en.pdf.

61 8. GWB-Novelle v. 26.6.2013 (BGBl. I S. 1738).

62 Zu den Änderungen *Lettl*, WuW 2013, 706 ff.

63 Significant impediment to effective competition, vgl. Art. 2 Abs. 3 FKVO (englische Fassung).

64 So offenbar auch OLG Düsseldorf, Beschl. v. 14.8.2013 – VI-Kart 1/12 (V) – Rn 138 ff. – n.v. Vgl. dazu auch Bien/*Bardong*, Das deutsche Kartellrecht S. 11, 14 ff.

65 Vgl. *Emmerich*, Kartellrecht, § 34 Rn 11 ff. m.w.N.

V. Praxisrelevante Beispiele von Kartellverstößen

34 Im Bereich der Energieversorgung können sich Verstöße gegen das Kartellverbot in § 1 GWB aus verbotenen **Kartellabsprachen**, einem **unzulässigen Informationsaustausch** oder z.B. einer **wettbewerbsbeschränkenden Gestaltung** von Lieferverträgen ergeben.

1. Klassische Kartellabsprachen im Sinne des § 1 GWB

35 Praxisrelevant (und besonders haftungsträchtig) sind zunächst **Vereinbarungen**, **Beschlüsse** oder **koordinierte Verhaltensweisen** von Wettbewerbern über Energiepreise, Lieferquoten, Lieferkonditionen sowie bestimmte Kundengruppen oder Versorgungsgebiete.[66]

Beispiel

In der Praxis erfreuen sich **Kooperationen** zwischen kleineren und mittleren Versorgungsunternehmen einer gewissen Beliebtheit.[67] Dabei gründen bzw. nutzen die Beteiligten oft ein gemeinschaftliches Unternehmen, über welches dann ein gemeinsamer Energieeinkauf (Einkaufskooperation) oder aber ein gemeinsamer (bundesweiter) Verkauf von Strom oder Gas (Liefergemeinschaften, Handels- oder Vertriebskooperationen) erfolgt.[68]

Wird bei solchen Unternehmen im Gesellschaftsvertrag oder auch in einem begleitenden Konsortialvertrag – etwa durch Wettbewerbsverbote oder ähnliches – unmittelbar oder mittelbar festgelegt, dass Wettbewerb seitens der Beteiligten in den Versorgungsgebieten oder um bestimmte Kundengruppen der anderen Beteiligten zu unterbleiben hat, kann dies als Marktaufteilung und damit Verstoß gegen § 1 GWB zu werten sein.

Häufig sind die gemeinschaftlich betriebenen Unternehmen auch mit einem Kontrollgremium (Aufsichtsrat, Beirat oder ähnliches) ausgestattet, in dem die beteiligten Versorgungsunternehmen durch ihre Geschäftsführer repräsentiert werden. Käme es in Sitzungen dieses Kontrollgremiums zwischen den Gremiumsmitgliedern zu expliziten Absprachen über Preise, Kunden oder Konditionen der einzelnen Beteiligten, ist dies ein Verstoß gegen § 1 GWB.

---

66 Derartige Absprachen werden auch als sog. Hardcore-Kartelle bezeichnet, weil durch sie Kernelemente des freien Produktwettbewerbs manipuliert werden und dadurch die Funktionsfähigkeit des Wettbewerbs besonders nachhaltig beeinträchtigt werden kann.

67 Vgl. BKartA, Freigabe der Gründung des Gemeinschaftsunternehmens von Stadtwerken im Ruhrgebiet (Oberhausen, Duisburg, Dortmund) für den bundesweiten Vertrieb von Energie „Strasserauf", Fallbericht v. 23.9.2009, sowie BKartA, Fallbericht v. 31.8.2009 – B8-100/09 – „Strasserauf".

68 Ausführlich zu den unterschiedlichen Formen von Kooperationen und ihrer kartellrechtlichen Bewertung Schneider/Theobald/*Jung/Theobald*, HBEnWR, § 6 Rn 316.

2. Informationsaustausch

§ 1 GWB erfasst koordiniertes Verhalten zwischen Wettbewerbern nicht nur im Falle einer ausdrücklichen (mündlichen oder schriftlichen) Abrede. Ein Kartellverstoß kann auch schon in einem nach außen hin scheinbar unverbindlichen Informationsaustausch liegen, insbesondere, wenn sich die Unternehmen in der Folgezeit im stillen Einvernehmen an den Inhalten der jeweils ausgetauschten Informationen orientieren. 36

Wurde früher ein solcher Informationsaustausch lediglich als Begleiterscheinung klassischer Kartellabsprachen angesehen und nur dann verfolgt, wenn dieser der Kontrolle der Einhaltung von Kartellabsprachen diente,[69] steht derartiges Verhalten nunmehr auch als eigenständiges Delikt im Fokus der Ermittlungen.[70] 37

Beispiel

Das **BKartA** hat z.B. im Jahre 2008 Bußgelder in zweistelliger Millionenhöhe gegen Drogerieartikelhersteller[71] sowie Luxuskosmetikhersteller[72] wegen des (bloßen) Austauschs unternehmensinterner Daten verhängt. Die betroffenen Unternehmen waren – gemeinsam mit weiteren Unternehmen der Branche – über Jahre hinweg an einem regelmäßigen Austausch von Informationen über die Verhandlungen mit Einzelhändlern beteiligt. Dabei wurden z.B. Informationen über neue Rabattforderungen des Einzelhandels, Produktneueinführungen, geplante Preisanhebungen sowie Abschlüsse der Vertragspartner ausgetauscht, um das Marktverhalten des Wettbewerbers zu beeinflussen bzw. von vornherein die Ungewissheit über das zukünftige Marktverhalten der Wettbewerber auszuräumen. Hierdurch bestand auch die Gefahr der Koordinierung des Marktverhaltens, welche gegen deutsches und europäisches Kartellrecht verstößt. Ziel der kartellbehördlichen Sanktionen war es daher, im Interesse des Endverbrauchers die hohe Wettbewerbsintensität im Einzelhandel zu erhalten, die durch einen kontinuierlichen Austausch von sensiblen Informationen über Rabattverhandlungen oder ähnliches erheblich eingeschränkt werden würde.

Die strenge Bewertung des Informationsaustauschs zwischen Wettbewerbern steht im Einklang mit der Entscheidungspraxis des **EuGH**.[73] Dieser verfolgt bereits dann einen **wettbewerbswidrigen Zweck**, wenn er geeignet ist, Unsicherheiten hinsichtlich des von den betreffenden Unternehmen ins Auge gefassten Verhaltens auszuräumen. Zudem gilt die Vermutung, dass Unternehmen, wenn sie weiterhin auf dem betroffenen Markt tätig sind, die mit ihren Wettbewerbern ausgetauschten Informationen auch berücksichtigen, selbst wenn ein Unternehmen im Rahmen eines einzigen Treffens auch nur ein einziges wettbewerblich relevantes Detail bekannt gibt. 38

---

69 Vgl. *Stancke*, BB 2009, 912 ff. m.w.N.

70 Vgl. *Schmidt/Koyuncu*, BB 2009, 2551, 2554.

71 Vgl. BKartA, Bundeskartellamt verhängt Millionenbußen gegen Drogerieartikelhersteller, Pressemitteilung v. 20.2.2008.

72 Vgl. BKartA, Bundeskartellamt verhängt Millionenbußen gegen Luxuskosmetikhersteller wegen Marktinformationssystem, Pressemitteilung v. 10.7.2008.

73 EuGH, Urt. v. 4.6.2009 – C-8/08 – WuW/E EU-R 1589 ff. – T-Mobile Netherlands/Nma.

Beispiel

Werden z.B. bei Branchen- oder Verbandstreffen, bei Schulungen oder in Gremiensitzungen gemeinsamer Einkaufs- oder Vertriebsgesellschaften Informationen über Vertragsbestand, Umsatz- oder Absatzzahlen, Marktanteile, Kapazitäten, Preise, Prämien, Gebühren, Rabatte, Geschäftsbedingungen, Absatz- und Vertriebspolitik oder ähnliche Wettbewerbsparameter der beteiligten Versorger ausgetauscht, ist genau dieses kartellrechtlich bedenklich.

Demgegenüber wird der Austausch von **Meinungen** und **Erfahrungen** über nicht-unternehmensindividuelle Umstände, wie die wirtschaftlichen oder rechtlichen Rahmenbedingungen, kartellrechtlich grundsätzlich als unproblematisch bewertet. Auch der Austausch/die Verbreitung bereits veröffentlichter Unternehmensinformationen verstößt nicht gegen das Kartellverbot.

Kritisch zu bewerten wäre es demgegenüber, wenn Versorger Informationen über beabsichtigte Preiserhöhungen im Voraus, das heißt vor der öffentlichen Bekanntgabe, direkt an ihre Wettbewerber mitteilen, insbesondere (aber nicht ausschließlich) dann, wenn der Adressat der Informationen hierdurch seinerseits zu entsprechenden Preisanpassungen veranlasst werden soll.

3. Langfristige Bezugsbindungen

39 Auch langfristige Bezugsbindungen in Lieferverträgen insbesondere mit Weiterverteilern sowie mit großen industriellen und gewerblichen Kunden, die den Gesamtbedarf oder einen Großteil des Gesamtbedarfs dieser Unternehmen decken, können unter Umständen gegen das Kartellverbot des § 1 GWB verstoßen. Dies gerade dann, wenn durch die Zahl und die Laufzeit derartiger Verträge der Markt gegenüber Wettbewerbern faktisch abgeschottet wird.[74]

Beispiel

Das **BKartA**[74a] hat – mit Bestätigung des **BGH**[74b] – bezüglich der Belieferung von Regional- und Ortsversorgern mit einem Gasbedarf von mehr als 200 GWh pro Jahr durch überregionale Ferngasgesellschaften entschieden, dass Lieferverträge mit derartigen Unternehmen gegen das Kartellverbot verstoßen, wenn die Verträge

- bei einer Liefermenge von **50 bis 80 % des Gesamtbedarfs** eine Laufzeit von **vier Jahren** überschreiten oder
- bei einer Liefermenge von über **80 % des Gesamtbedarfs** eine Laufzeit von **zwei Jahren** überschreiten.

40 Wenngleich die Entscheidung des BGH und das darin aufgestellte Mengen-/Laufzeit-Gerüst im konkreten Fall unmittelbar nur die Lieferverträge zwischen der E.ON Ruhrgas und deren Abnehmer betraf, ergeben sich hieraus auch für andere Versorger Einschränkungen: Wenn und soweit also ein Versorgungsunternehmen in einer Vielzahl von Verträgen mit seinen Abnehmern langfristige Bezugsbindungen über

74 Vgl. zur Unwirksamkeit langfristiger Lieferbeziehungen schon *Theobald/Zenke*, Strom- und Gasdurchleitung, S. 127 ff.

74a BKartA, Beschl. v. 13.1.2006 – B 8–113/03-1 – ET 2005, 436 ff. = ZNER 2006, 74 ff.

74b BGH, Beschl. v. 10.2.2009 – KVR 67/07 – WM 2009, 1763 ff.

erhebliche Bedarfsmengen vereinbart, kann dies unter Umständen zu einem Marktverschluss führen, der nach § 1 GWB verboten ist. Zwar hat das BKartA im Rahmen des im Juni 2010 veröffentlichten Evaluierungsberichts zu den Beschlüssen zu langfristigen Gaslieferverträgen positive wettbewerbliche Effekte aus der kartellbehördlichen Durchsetzung der oben genannten Restriktionen ausgemacht und deswegen auf eine Verlängerung der Beschlüsse verzichtet.[75] Die Behörde hat sich aber eine weitere Überprüfung derartiger Verträge vorbehalten.

Auch wenn der Abschluss sehr langfristiger Lieferverträge bei hoher Gesamt- 41
bedarfsdeckung damit im Grundsatz auch weiterhin nicht als kartellrechtlich gänzlich unproblematisch abgetan werden kann, ist jedoch anerkannt, dass besonders umfangreiche vertragsspezifische Investitionen (wie z.B. bei Kraftwerken oder bei der Erschließung von Gasquellen) die Vereinbarung langer Laufzeiten und großer Liefermengen in Gaslieferverträgen rechtfertigen können.[76]

4. Verstöße gegen kartellrechtliche Missbrauchsverbote

a) Allgemeines

Unter bestimmten Voraussetzungen und in einzelnen Marktsegmenten der Energie- 42
wirtschaft unterliegen Energieversorgungsunternehmen auch den kartellrechtlichen Missbrauchsverboten. Neben den allgemeinen, branchenunabhängigen Regelungen in §§ 19 ff. GWB enthält § 29 GWB spezielle, verhaltensbezogene Vorgaben. Wie bereits erwähnt, gilt dies allerdings nicht für den abschließend regulierten Bereich des Netzbetriebs, insbesondere für die Kalkulation von Netzentgelten nach den Vorgaben der §§ 21 f. EnWG sowie der darauf basierenden konkretisierenden Verordnungen (vgl. § 111 Abs. 2 EnWG).[77] Unter Umständen kann jedoch ausnahmsweise und in engen Grenzen auch hinsichtlich des Netzbetriebs Spielraum für die Anwendung des Kartellrechts verbleiben.[78]

75 BKartA, Bericht über die Evaluierung der Beschlüsse zu langfristigen Gaslieferverträgen, Juni 2010, abrufbar unter http://www.bundeskartellamt.de/SharedDocs/Publikation/DE/Sektoruntersuchungen/Untersuchung%20Langfristige%20Gaslieferverträge%20-%20Evaluierung.pdf?__blob=publicationFile&v=4.

76 BKartA, Kartellrechtliche Beurteilungsgrundsätze zu langfristigen Gasverträgen, 25.1.2005 – B 8 – 113/03, S. 7; Europäische Kommission, Leitlinien für vertikale Beschränkungen (ABl EU 2000 Nr. C 291 S. 1 ff., Rn 116, Nr. 4).

77 Zu den seit 2005 regulierten Netzentgelten vgl. bereits Rn 20.

78 Zu denken ist etwa an Konstellationen, in denen es zum sog. Pancaking-Effekt kommt oder in denen Preisblätter aus genehmigten Netzentgelten zu Lasten von Stadtwerken oder von Verteilnetzbetreibern missbräuchlich kalkuliert werden, siehe dazu auch *Zenke/Schweizer*, EnWZ 2014, 398 ff. Auch im Bereich des Zugangs zu Kundenanlagen ist an die Geltung des Kartellrechts zu denken, vgl. *Gussone/Wünsch*, WuW 2013, 464 ff.

43 Für den Bereich der Energieversorgung relevant sind hierbei Verstöße namentlich gegen:

- die Verbote des **Preismissbrauchs** (§§ 19 Abs. 2 Nr. 2, 29 GWB),
- der ungerechtfertigten **Preisspaltung** (§ 19 Abs. 2 Nr. 3 GWB) oder
- der ungerechtfertigten **Zugangsverweigerung** (§ 19 Abs. 2 Nr. 4 GWB).

44 Für die leitungsgebundene Energieversorgung mit Strom und Gas[79] ist vor allem das Ende 2007 implementierte und in seiner Geltungsdauer um weitere fünf Jahre bis zum 31.12.2017 verlängerte **Preismissbrauchsverbot des § 29 GWB** bedeutsam, welches auf die Besonderheiten der Strom- und Gasversorgung zugeschnitten ist. Danach handelt ein Unternehmen in marktbeherrschender Stellung missbräuchlich, wenn es Preise fordert, die entweder im Vergleich zu den Preisen anderer Versorgungsunternehmen oder im Vergleich zu den eigenen Gestehungskosten unangemessen hoch sind, wenn es nicht für die überhöhten Preise ausnahmsweise eine sachliche Rechtfertigung gibt (§ 29 Abs. 1 S. 1 Nr. 1 und 2 GWB).

b) Betroffene (Absatz-)Märkte

45 Die im GWB geregelten Missbrauchsverbote knüpfen grundsätzlich an die marktbeherrschende Stellung eines Unternehmens an und finden damit in der Regel nur auf solchen Märkten Anwendung, auf denen ein oder mehrere Unternehmen eine dominierende Position innehaben (die sich in aller Regel an überragenden Marktanteilen ausdrückt).

46 Weil im Bereich der Energieversorgung vor der Liberalisierung Wettbewerbsbeschränkungen praktiziert und auch kartellrechtlich geduldet worden sind und die hiernach einsetzende vertikale Vorwärtsintegration die Marktstrukturen entlang der gesamten Wertschöpfungskette (Erzeugung/Import – Verteilung/Netze – Vertrieb) viele Jahre konservierte, waren zunächst auch lange nach 1998 durchweg alle Produktmärkte der Strom- und Gaswirtschaft von geringer Dynamik gezeichnet und in ihrer räumlichen Ausdehnung sehr kleinteilig und von monopolistischen Strukturen geprägt. Damit ging einher, dass auch das BKartA (und mit ihm die Landeskartellbehörden) die Märkte in sachlicher und räumlicher Hinsicht sehr eng definierte und

79 Nach dem im November 2006 veröffentlichten ursprünglichen Referentenentwurf des BMWi und dem wiederholt geäußerten Wunsch des BKartA (vgl. Abschlussbericht zur Sektorenuntersuchung Fernwärme, S. 111 ff., August 2012, abrufbar unter http://www.bundeskartellamt.de/SharedDocs/Publikation/DE/Sektoruntersuchungen/Sektoruntersuchung%20Fernwaerme%20-%20Abschlussbericht.pdf?__blob=publicationFile&v=3), sollte sich § 29 GWB auch auf den Bereich der leitungsgebundenen Fernwärmeversorgung erstrecken. Weil die Fernwärmeversorgung aber nie Teil des in § 103 GWB a.F. geregelten Ordnungsrahmens der Versorgungswirtschaft war, nahm der Gesetzgeber von diesen Plänen Abstand.

seine Marktabgrenzung eine an den klassischen Produktmärkten entlang der Wertschöpfungskette ausrichtete. Auf den regional nach den jeweiligen Netzgebieten abgegrenzten Märkten verfügte fast ausnahmslos jeder etablierte Strom- oder Gasversorger über überragende Marktanteile und galt damit als marktbeherrschend.

Während das **BKartA** diese **regionale Marktabgrenzung** lange damit gerecht- 47
fertigt hat, dass der Wettbewerb noch nicht hinreichend etabliert sei, hat die Behörde aufgrund der zunehmenden wettbewerblichen Entwicklungen der letzten Jahre seine klassische Marktabgrenzung mit dem regionalen Zuschnitt der unterschiedlichen Teilsegmente wiederholt auf den Prüfstand gestellt und die sachliche und räumliche Ausdehnung der Märkte[80] nach und nach – zunächst im Strombereich, zuletzt auch für den Bereich der Gasversorgung (dort für den neu definierten bundesweiten Gasgroßhandelsmarkt und den bundesweiten RLM- bzw. Industriekundenmarkt – erweitert.

Demgegenüber ist die Belieferung mit Fernwärme aus technischen Gründen wei- 48
terhin räumlich und – mit wenigen Ausnahmen – auf das Netzgebiet des jeweiligen Fernwärmeversorgers beschränkt, der damit innerhalb dieses Netzgebiets auch regelmäßig alleiniger Anbieter ist.

Nach der jüngsten kartellbehördlichen Praxis des BKartA,[81] ist davon auszuge- 49
hen, dass die oben erwähnten Missbrauchsverbote (zumindest) noch in folgenden Märkten von grundsätzlicher Relevanz sind:

- Im Bereich der Gasversorgung die Belieferung von Standardlastprofilkunden in der Grundversorgung.
- Im Bereich der Stromversorgung der Erstabsatz von Strom durch konventionelle Stromerzeuger, die Belieferung von Standardlastprofilkunden in der Grundversorgung und die Belieferung von Haushaltskunden mit Strom zu Heizzwecken.
- Im Bereich der Fernwärmeversorgung die Belieferung von Haushalts- und Kleingewerbekunden (einschließlich Wohnungsbaugesellschaften), die Belieferung von Industrie- und Großkunden und die Belieferung von Weiterverteilern.

c) Missbrauch im Konzessionsvergabeverfahren

Nachdem der Preismissbrauch anfangs noch im Zentrum der energiekartellrecht- 50
lichen Aufsicht stand, kommt deutlich mehr Relevanz zwischenzeitlich dem allgemeinen Missbrauchsverfahren der §§ 19 ff. GWB zu. Das BKartA hatte sich in diesem Rahmen bereits wiederholt mit der Konzessionsvergabe zu beschäftigen.

Wegen des natürlichen Monopols, von dem Konzessionsnehmer bei dem Netz- 51
betrieb profitieren, sind Konzessionen sehr begehrt. Neben privatwirtschaftlichen

---

80 Umfassend zu Problemen der räumlichen Marktabgrenzung *Steinforth*, WuW 2014, 924 ff.

81 Zuletzt BKartA, Beschl. v. 23.10.2014 – B 8 – 69/14 – n.v. – EWE/VNG, der sich allerdings nicht mit allen Marktsegmenten im Detail zu befassen hatte.

Unternehmen haben auch Gebietskörperschaften die Rendite aus dem Netzbetrieb als attraktive Einnahmequelle für ihre Haushalte identifiziert. Diese scheint häufig interessanter als die Vereinnahmung von Konzessionsabgaben. Seit einigen Jahren macht der Begriff (Re-)Kommunalisierung daher (wieder) von sich reden.[82] Wenn auf der einen Seite eine Gebietskörperschaft steht, die ihre Wege für den Netzbetrieb zur Verfügung stellt und ein rechtmäßiges Vergabeverfahren durchführen muss, und auf der anderen Seite ein Bewerberunternehmen, das im äußersten Fall im vollständigen Eigentum dieser Gebietskörperschaft steht, ist aus wettbewerblicher Sicht besondere Sorgfalt geboten.

52 Festzustellen ist, dass die konzessionsgebenden Gebietskörperschaften wegen § 46 Abs. 2 EnWG marktbeherrschende Unternehmen im Sinne des § 18 Abs. 1 GWB sind.[83] Die Gebietskörperschaft hat das ausschließliche Wegerecht inne. Obwohl der Konzessionsvertrag in § 46 EnWG geregelt ist, steht eine Anwendung kartellrechtlicher Missbrauchsvorschriften auch nach § 130 EnWG nicht entgegen, da die Regelungen in § 46 EnWG nicht abschließend sind und somit noch Raum für das Kartellrecht bleibt (vgl. § 111 Abs. 2 EnWG). Der § 46 Abs. 5 EnWG bestimmt sogar eine ausschließliche Zuständigkeit der Kartellbehörden. Aufgrund der marktbeherrschenden Stellung der Gemeinden und deren Tätigkeit finden die §§ 19 ff. GWB daher Anwendung auf die Vergabe von Konzessionen.[84]

53 Ein missbräuchliches Verhalten der Konzessionsgeber liegt vor, wenn die Verfahrensvorschriften für das Vergabeverfahren nach § 46 EnWG nicht eingehalten werden. Das ist insbesondere dann der Fall, wenn

- das Vergabeverfahren nicht in dem jeweiligen Amtsblatt angekündigt wird,
- keine sachlichen Gründe (mit Bezug zum Netzbetrieb) für einen erteilten Zuschlag benannt werden (Diskriminierungsverbot, § 46 Abs. 1 i.V.m. Abs. 2 EnWG),
- kein Interessenbekundungsverfahren durchgeführt wird, § 46 Abs. 3 EnWG.

54 Durch die Nichteinhaltung der Verfahrensvorschriften, die im Grunde auf die Trias Transparenz, Gleichbehandlung und Diskriminierungsfreiheit zurückgehen, läuft der Konzessionsgeber Gefahr, eine rechtswidrige Vergabeentscheidung zu fällen, die einer kartellbehördlichen Überprüfung offen steht.

55 Besonders gravierend ist der kartellrechtliche Verstoß, wenn gar keine Bekanntmachung stattfindet und auch kein Vergabeverfahren durchgeführt wird.[85]

82 Ausführlich zum Thema *Brüning*, VerwArch 2009, 453 ff.

83 Zur unternehmerischen Tätigkeit von konzessionierenden Gemeinden siehe nur BGH, Urt. v. 11.11.2008 – KZR 43/07 – WuW/E DE-R, 2581 ff. = ZNER 2009, 144 ff. – Neue Trift.

84 Das Vergaberecht findet in diesen Fällen keine Anwendung, vgl. etwa Pünder/Schellenberg/*Wegener*, Vergaberecht, § 99 GWB Rn 48.

85 Exemplarisch BKartA, Beschl. v. 30.11.2011 – B8-101/11 – VersW 2013, 127 f. – Kreisstadt Mettmann;

Aber auch ein formell rechtmäßig durchgeführtes Verfahren kann kartellrechtlich bedenklich werden. Wie bereits angedeutet, kann es sich für eine Gebietskörperschaft in einer wie auch immer gearteten Organisationsform (etwa Regiebetrieb, Eigenbetrieb, Zweckverband, AöR bzw. Kommunalunternehmen, Stadtwerk in privatrechtlich organisierter Form) attraktiv gestalten, den Netzbetrieb selbst zu übernehmen. Steht sowohl auf Konzessionsgeber- als auch -nehmerseite nun aber faktisch dieselbe Interesseneinheit, ist verstärkt auf die Einhaltung von Compliance-Grundsätzen zu achten. Wenn etwa bestimmte bewerbungsbegünstigende Informationen nur einem Bewerber, den man privilegieren möchte – etwa dem eigenen Stadtwerk – zur Verfügung gestellt werden, liegt eine unzulässige Bevorzugung vor, die energiekartellrechtlichen Compliance-Grundsätzen widerspricht und einem Missbrauchsverfahren zugänglich ist. Bedenklich wäre zum Beispiel auch, wenn Personen, die das Verfahren konzessionsgeberseitig begleiten, auch für einen (noch zu errichtenden) Bewerber tätig sind oder sein sollen. 56

5. Verstöße gegen Fusionskontrollvorschriften

Versorgungsunternehmen können auch Gefahr laufen, gegen Vorschriften der Fusionskontrolle zu verstoßen. Dies ist vor allem in solchen Fällen denkbar, in denen eine **Kooperation** zwischen **mehreren Versorgungsunternehmen** zwar in den Geltungsbereich der deutschen Fusionskontrolle fällt (§ 35 GWB) und auch tatbestandlich als Zusammenschluss zu werten ist (§ 37 GWB), die beteiligten Unternehmen jedoch entgegen § 39 GWB den Zusammenschluss nicht im Voraus beim **BKartA** anmelden oder den Zusammenschluss ohne die generell erforderliche vorherige Freigabe des **BKartA** vollziehen (§ 41 GWB). 57

Beispiel

Drei mittlere Versorgungsunternehmen, deren weltweiter Jahresumsatz im vergangenen Geschäftsjahr mehr als 500 Mio. € betrug, gründen zum Zwecke eines bundesweiten Vertriebs von Strom und Gas ein gemeinschaftliches Unternehmen, an dem jedes der beteiligten Versorgungsunternehmen zu einem Drittel beteiligt ist. Ohne die Gründung vorher beim BKartA anzumelden, errichten die Versorger die gemeinsame Vertriebsgesellschaft und nehmen über die Gesellschaft die Belieferung von Kunden mit Strom und Gas auf.

Da das Vorhaben aufgrund der Gesamtumsätze der beteiligten Unternehmen in den Geltungsbereich der deutschen Fusionskontrolle nach § 35 Abs. 1 GWB fällt und es sich hierbei um eine von § 37 Abs. 1 Nr. 3 S. 3 GWB erfasste Gründung eines Gemeinschaftsunternehmens handelt, verstoßen die Beteiligten durch ihre Verhalten zugleich gegen die Anmeldepflicht aus § 39 GWB sowie das Vollzugsverbot aus § 41 GWB.

---

in diesem Zusammenhang wurde – wie im Nachgang von den Obergerichten – bestätigt, eine In-House-Vergabe in Konzessionierungsverfahren ausdrücklich ausgeschlossen.

58 Wie erwähnt,[86] ist die Fusionskontrolle präventiv angelegt, da eine einmal eingegangene Fusion in der Regel schwierig rückgängig zu machen wäre. Der Kartellbehörde steht es allerdings frei, bei nicht schwerwiegenden Bedenken gegen die Fusion die Freigabeentscheidung, die ein Verwaltungsakt ist, mit Nebenbestimmungen zu versehen. Nebenbestimmungen sind verwaltungsrechtliche Instrumente, die die Einhaltung bestimmter wettbewerbsrechtlicher Forderungen seitens der Behörde gewährleisten sollen und ein Minus zum vollständigen Verbot sind. In Betracht kommen die Bedingung oder die Auflage.[87]

Kommen fusionswillige (Bedingung) oder fusionierte (Auflage) Unternehmen den Nebenbestimmungen nicht nach, haben die Kartellbehörden unterschiedliche Handlungsmöglichkeiten:

- Widerruf der Fusionsfreigabeentscheidung, § 40 Abs. 3a S. 1 Alt. 3 GWB,
- Untersagung der Ausübung von Stimmrechten, § 41 Abs. 4 Nr. 2 GWB,
- Auflösung der Fusion durch bestellten Treuhänder, § 41 Abs. 4 Nr. 3 GWB,
- Bußgelder bis zu 1 Mio. €, die gegen Unternehmen und Unternehmensvereinigungen aber höher angesetzt werden können. Die Grenze sind 10 % des Gesamtumsatzes aus dem Geschäftsjahr vor dem der Freigabeentscheidung, § 81 Abs. 2 Nr. 5 i.V.m. Abs. 4 GWB.

F. Welche Unternehmensbereiche/Personen sind betroffen/gefährdet?

59 Kartellverstöße können – bewusst oder unbewusst – in allen Unternehmensteilen vorkommen. Folgende **Unternehmensbereiche** sind besonders gefährdet:

- die Unternehmensleitung,[88]
- der Handel/Vertrieb,[89]
- das Vertragsmanagement.[90]

I. Unternehmensleitung

60 Die Gefahr von Kartellverstößen trifft in erster Linie die **Unternehmensleitung**, also die **Geschäftsführung** und den **Vorstand** von Versorgungsunternehmen. Klassische

86 Vgl. Rn 33.

87 Die Bedingung unterscheidet sich von der Auflage derart, dass die Erfüllung der Bedingung Voraussetzung dafür ist, dass die Freigabeentscheidung überhaupt Rechtswirkungen entfaltet, wohingegen die Auflage die Rechtswirkung der Freigabe nicht aufschiebt. Dennoch wird eine Auflage regelmäßig so formuliert sein, dass auf Erfüllung zu achten ist.

88 Vgl. Rn 60.

89 Vgl. Rn 61.

90 Vgl. Rn 62.

Kartellabsprachen werden oft unter Beteiligung (oder zumindest mit Kenntnis/fahrlässiger Unkenntnis) der Unternehmensleitung getroffen. Auch Verstöße gegen Fusionsvorschriften werden in den meisten Fällen der Unternehmensleitung angelastet.

Beispiel
So könnten z.B. die Geschäftsführer bzw. Vorstände verschiedener Versorgungsunternehmen anlässlich von Branchen- oder Verbandstreffen oder am Rande von Aufsichtsrats- oder Beiratssitzungen von gemeinschaftlich betriebenen Ein- oder Verkaufskooperationen in verbotene Absprachen über Preise, Gebiete oder Kundengruppen etc. oder in einen verbotenen Informationsaustausch involviert werden. Auch sind die Geschäftsführer oder Vorstände im Regelfall für eine unterbliebene Anmeldung oder einen vorzeitigen Vollzug eines Zusammenschlusses verantwortlich.
Darüber hinaus können Geschäftsführer oder Vorstände aber auch mittelbar für Kartellverstöße verantwortlich gemacht werden, wenn sie ihrer Pflicht zu einer hinreichenden und effektiven Überwachung der Einhaltung kartellrechtlicher Bestimmungen durch ihre Mitarbeiter nicht oder nicht ausreichend nachgekommen sind. Deswegen sind es insbesondere die Leitungsorgane, die von Kartellverstößen betroffen sein können.

II. Handel/Vertrieb

Neben Mitgliedern der Unternehmensleitung können aber auch – unter Umständen sogar ohne Wissen der Leitungsebene – Mitarbeiter in den **Vertriebs- oder Handelsabteilungen** von Versorgungsunternehmen gegen kartellrechtliche Vorgaben verstoßen. 61

Beispiel
Mitarbeitern aus den Vertriebs- oder Handelsabteilungen eines Versorgungsunternehmens kann sich z.B. bei der Kundenakquise im Rahmen von Ausschreibungsverfahren, bei Vertriebsschulungen oder ähnlichen Veranstaltungen Gelegenheit bieten, sich mit den Vertriebsmitarbeitern oder Händlern konkurrierender Versorgungsunternehmen über Preise, Konditionen oder bestimmte Kundengruppen auszutauschen.
Ebenso können Mitarbeiter dieser Unternehmensbereiche unter Umständen selbständig auf die inhaltliche Gestaltung von Lieferverträgen (Mindestabnahmeverpflichtungen, Laufzeiten, Preise) Einfluss nehmen, wodurch es wiederum zu Kartellverstößen kommen kann.

III. Vertragsmanagement

Schließlich kann aber auch das laufende **Vertragsmanagement** – z.B. im Zuge der **Gestaltung der Vertragskonditionen** in Liefer- oder Handelsverträgen – gegen das Kartellrecht verstoßen. 62

Beispiel
So ist es z.B. denkbar, dass Mitarbeiter des Vertragsmanagements die Vertragskonditionen in Lieferverträgen (Laufzeiten, Mindestabnahmemengen, Treuerabatte etc.) in Abstimmung mit anderen Marktteilnehmern an die Konditionen konkurrierender Versorger anpassen, um die Kunden von einem Wechsel abzuhalten und dadurch die Marktanteile der Unternehmen innerhalb der eigenen Versorgungsgebiete stabil zu halten.

G. Zu den Folgen von Kartellverstößen: Was passiert bei Verstößen gegen das Kartellrecht?

63 Das GWB hält einen umfangreichen Katalog an spezifischen Maßnahmen und Sanktionen bereit, damit die Wettbewerbsbehörden Kartellverstöße im Einzelfall effektiv verfolgen und ahnden können. Hinzu kommt, dass sich auch sonstige Betroffene nach dem GWB oder aufgrund allgemeiner zivilrechtlicher Ansprüche gegen Kartellverstöße „zur Wehr" setzen können. Nicht zuletzt ergeben sich auch unternehmensintern Konsequenzen, die es zu bedenken gilt. Dabei betreffen die Folgen zum einen unmittelbar das Unternehmen, zum anderen aber auch die Unternehmensmitarbeiter, die Kartellverstöße selbst begangen haben oder aber aufgrund unterbliebener oder unzureichender Aufsicht und Überwachung für Verstöße Dritter verantwortlich gemacht werden.

64 Folgendes Schaubild gibt einen **Überblick über die wichtigsten Folgen** von Kartellverstößen:

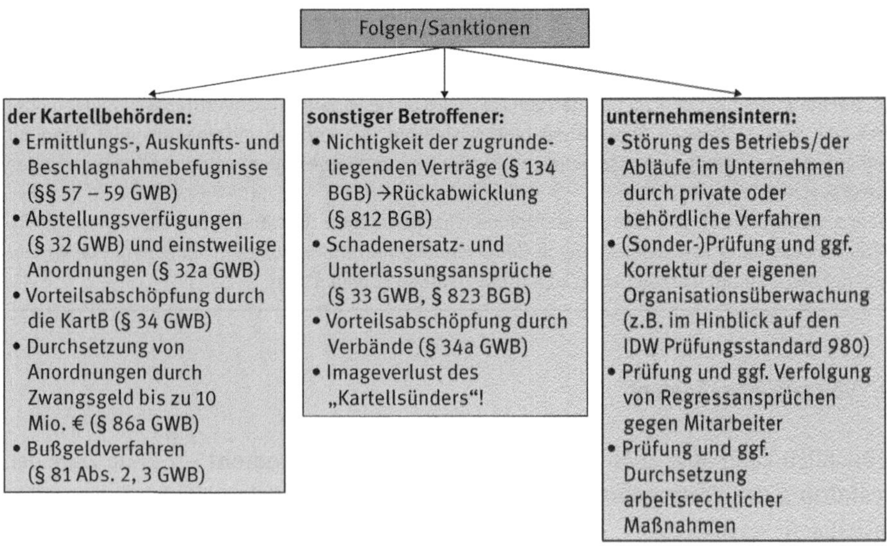

Abb. 4: Folgen und Sanktionen bei Kartellverstößen[91]

91 Quelle: Eigene Darstellung.

I. Ermittlungs-, Auskunfts- und Beschlagnahmebefugnisse

Liegen aus Sicht der zuständigen[92] Kartellbehörde **hinreichende Anhaltspunkte** dafür vor, dass ein Kartellverstoß begangen wurde, darf die Behörde **alle Ermittlungen** führen und Beweise erheben, die zur Aufklärung des Sachverhalts erforderlich sind (§ 57 Abs. 1 GWB). 65

Regelmäßig machen die Kartellbehörden dabei zunächst von der Möglichkeit Gebrauch, durch Verfügung von den verdächtigten oder von dritten Unternehmen umfangreiche **Auskünfte** zu den für den vermeintlichen Kartellverstoß relevanten wirtschaftlichen Verhältnissen sowie die **Herausgabe** relevanter Unterlagen zu verlangen (§ 59 Abs. 1 GWB). 66

Beispiel

Im Rahmen der Missbrauchsaufsicht im Bereich der Strom- und Gasversorgung führen die Kartellbehörden beim Verdacht eines Preismissbrauchs durch ein bestimmtes marktbeherrschendes Versorgungsunternehmen in einem ersten Schritt regelmäßig Abfragen bei geeigneten (vergleichbaren) Marktteilnehmern zu den Kosten und Preisen des Vertriebs von Strom und Gas an bestimmte Abnehmergruppen durch. Dabei sollen die Daten (als Vergleichswerte) Aufschluss darüber geben, ob die von dem verdächtigten Versorgungsunternehmen geforderten Preise missbräuchlich hoch sind.
Erweist sich eines der befragten Versorgungsunternehmen als besonders günstig (im Vergleich zu dem verdächtigten Versorgungsunternehmen), wird es dann in einem zweiten Schritt regelmäßig aufgefordert, die ursprünglichen Daten nochmals zu prüfen und zu bestätigen. Auf Grundlage der bestätigten Daten führt die Kartellbehörde schließlich ein Missbrauchsverfahren gegen das verdächtigte (teure) Unternehmen durch.

Neben der möglichen Verpflichtung von Unternehmen zur Erteilung von Auskünften sind die Kartellbehörden auch befugt, auf Grundlage einer richterlichen Durchsuchungsanordnung die Geschäftsräume des verdächtigten Unternehmens zu **durchsuchen**[93] und hierbei relevante Unterlagen einzusehen, zu prüfen und heraus zu verlangen (§ 59 Abs. 4 GWB). 67

Können derartige Unterlagen oder sonstige Gegenstände (z.B. Computer, Datenträger o.ä.) als Beweismittel für die Ermittlungen von Bedeutung sein, darf die Kartellbehörde diese **beschlagnahmen** (§ 58 Abs. 1 GWB), was jedoch ggf. der nachträglichen richterlichen Überprüfung unterliegt (§ 58 Abs. 2, 3 GWB). 68

---

92 Auf nationaler Ebene ist das BKartA nach der Grundregel des § 48 Abs. 2 GWB zuständig, wenn die Wirkung des wettbewerbsbeschränkenden oder diskriminierenden Verhaltens oder einer Wettbewerbsregel über das Gebiet eines Bundeslandes hinausreicht. Andernfalls ist die Zuständigkeit der Landeskartellbehörden begründet. Auch für die Fusionskontrolle ist regelmäßig das BKartA zuständig. Die Landeskartellbehörden und das BKartA können sich jedoch unter bestimmten Voraussetzungen Kartellsachen wechselseitig übertragen, § 49 Abs. 3 und 4 GWB.

93 Vgl. Rn 8 und dortige Fn 21.

Beispiel
Immer wieder kommt es in der Kartellverfolgung zu behördlichen Durchsuchungen von Geschäfts- und Privaträumen. So hat das **BKartA** z.B. in den Jahren 2009/2010 nach eigenen Angaben 27 Durchsuchungen in 172 Unternehmen und in sechs Privatwohnungen zur Verfolgung verbotener Kartellabsprachen durchgeführt.[94] In den Jahren 2011 und 2012 waren es 19 Durchsuchungen bei 98 Unternehmen und in neun Privatwohnungen.[95]
Zwar betrafen die Durchsuchungen vorrangig den Lebensmittel- und Konsumgütersektor, jedoch zeigen die Durchsuchungen bei Unternehmen der Flüssiggasbranche im Mai 2005 und die spektakulären Durchsuchungen der Geschäftsräume von E.ON, RWE und EnBW durch die Europäische Kommission und das **BKartA** im Mai und Dezember 2006 wegen des Verdachts kartellrechtswidriger Geschäftspraktiken, dass auch die Energiebranche von Durchsuchungen der Kartellbehörden betroffen sein kann.

69 Ein immer wichtigeres Instrument in der behördlichen Kartellverfolgung sind darüber hinaus sog. **Sektorenuntersuchungen** nach § 32e GWB, die insbesondere das BKartA vermehrt einsetzt, um komplexe Sachverhalte und branchenspezifische Verhaltensweisen zu erkennen, zu analysieren und aufzubereiten.[96] Danach können die Kartellbehörden auch jenseits konkreter Anhaltspunkte für Kartellverstöße durch einzelne Unternehmen bestimmte Wirtschaftszweige oder – sektorenübergreifend – bestimmte Arten von Vereinbarungen untersuchen, wenn starre Preise oder andere Umstände vermuten lassen, dass der Wettbewerb im Inland möglicherweise verfälscht ist. Auch im Rahmen von Sektorenuntersuchungen sind die Kartellbehörden zu den vorerwähnten Ermittlungs- und Auskunftsmaßnahmen befugt, § 32e Abs. 4 GWB.

II. Abstellungsverfügungen und einstweilige Maßnahmen

70 Gelangt die Kartellbehörde nach Auswertung der ermittelten Informationen zu der Überzeugung, dass ein Kartellverstoß vorliegt, kann sie das betreffende Unternehmen durch **Abstellungsverfügung** gem. § 32 GWB verpflichten, den **Verstoß künftig zu unterlassen**. In diesem Rahmen ist die Kartellbehörde ermächtigt, dem Unternehmen alle **Maßnahmen** aufzugeben, die für eine wirksame Abstellung des Verstoßes erforderlich und in Anbetracht der Schwere des Verstoßes **verhältnismäßig** sind.

94 BKartA, Tätigkeitsbericht 2009/2010, BT-Drucks. 17/6640, S. 37.
95 BKartA, Tätigkeitsbericht 2011/2012, BT-Drucks. 17/13675, S. 28 f.
96 Zur gestiegenen Bedeutung Stellungnahme der Bundesregierung zum Tätigkeitsbericht 2011/2012 des BKartA, BT-Drucks. 17/13675, S. III und X.

Beispiel
So kann die Kartellbehörde z.B. bei Feststellung eines Preismissbrauchs das betreffende Unternehmen verpflichten, eine bestimmte Preis- oder Erlösobergrenze nicht zu überschreiten. Ebenso kann die Kartellbehörde anordnen, dass die Preise oder Erlöse auf die festgelegte Obergrenze gesenkt werden. Schließlich kann die Kartellbehörde dem Kartellsünder im Falle missbräuchlicher Geschäftsbedingungen auch untersagen, bestimmte Konditionen mit seinen Kunden zu vereinbaren und zu praktizieren.

Zudem kann die Kartellbehörde im Rahmen einer Abstellungsverfügung auch die **Rückerstattung** der aus dem kartellrechtswidrigen Verhalten erwirtschafteten Vorteile anordnen und hierbei die in den erwirtschafteten Vorteilen enthaltenen Zinsvorteile schätzen, § 32 Abs. 2a GWB. Diese, durch die 8. GWB-Novelle[97] im Gesetz verankerte Klarstellung der Anordnungsbefugnisse, basiert auf der entsprechenden Rechtsprechung des BGH,[98] die derartige Maßnahmen auch schon früher im Grundsatz akzeptierte.[99] 71

Beispiel
Das BKartA hat im Frühjahr 2012 gegen die ENTEGA eine Missbrauchsverfügung wegen kartellrechtlich überhöhter Preise für Heizstrom erlassen.[100] In der Verfügung stellte die Behörde nicht nur den exakten Umfang der missbräuchlichen Preisüberhöhung in den Jahren 2007–2009 in ct/kWh fest, sondern ordnete auch deren verzinsliche Rückzahlung an die betroffenen Verbraucher an.[101]

Ist das kartellrechtswidrige Verhalten bereits abgeschlossen, kann die Kartellbehörde zudem bei berechtigtem Interesse die begangene Zuwiderhandlung gegen das Kartellrecht auch **nach Beendigung des Verstoßes feststellen** (§ 32 Abs. 3 GWB), was vor allem für eine eventuelle spätere Durchsetzung privater Ersatzansprüche, die auf den Kartellverstoß gestützt werden, von Bedeutung sein kann.[102] 72

In dringenden Fällen, in denen die Gefahr irreparabler Schäden durch Kartellverstöße besteht, kann die Kartellbehörde darüber hinaus auch **einstweilige Maßnahmen** anordnen (§ 32a GWB). 73

Kommen die Adressaten kartellbehördlicher Anordnungen den ihnen durch die Kartellbehörde auferlegten Verpflichtungen nicht freiwillig nach, sind die Kartellbehörden – unbeschadet der Möglichkeit einer bußgeldrechtlichen Ahndung des Verhaltens (hierzu sogleich) – befugt, zur Durchsetzung ihrer Anordnungen **Zwangsgelder in Höhe von bis zu 10 Mio. €** zu verhängen (§ 86a S. 2 GWB). 74

97 Vgl. Rn 32.
98 BGH, Urt. v. 10.12.2008 – KVR 2/08 – ZNER 2009, 32 f. = RdE 2009, 151 ff.
99 Vgl. Begründung zum Gesetzentwurf der Bundesregierung v. 31.5.2012, BT-Drucks. 17/9852, S. 21.
100 BKartA, Beschl. v. 19.3.2012 – B 10 -16/09 – n.v.
101 Die ENTEGA hat gegen den Beschluss des BKartA Beschwerde beim OLG Düsseldorf eingelegt, nach letzten Informationen ist das Verfahren weiter anhängig.
102 Hierzu näher unten Rn 90 ff.

III. Verhängung von Bußgeldern

75 Vorsätzliche oder fahrlässige Verstöße gegen das deutsche oder europäische Kartellrecht sind nach § 81 Abs. 1–3 GWB eine **Ordnungswidrigkeit**, die von den Kartellbehörden mit empfindlichen **Bußgeldern** geahndet werden kann (§ 81 Abs. 4 GWB). Die Bußgelder können sowohl gegen die Unternehmen, als auch gegen die verantwortlichen **natürlichen Personen** verhängt werden.

Beispiel

Beteiligt sich ein Versorgungsunternehmen durch seine Geschäftsführer/Vorstände an verbotenen Preisabsprachen oder fordert das Versorgungsunternehmen sonst missbräuchliche Preise oder Konditionen, kann sowohl gegen das Unternehmen als auch gegen die Unternehmensleitung eine Geldbuße verhängt werden (§ 81 Abs. 2 Nr. 1 GWB).

Ebenfalls bußgeldbewährt ist es, wenn die an einer nach §§ 35 ff. GWB fusionskontrollpflichtigen Gründung eines Gemeinschaftsunternehmens beteiligten Versorgungsunternehmen das Vorhaben nicht anzeigen oder gegen das Vollzugsverbot verstoßen (§ 81 Abs. 2 Nr. 1, 3 GWB).

---

76 Darüber hinaus ist aber auch die Nichtbefolgung bzw. die **nicht rechtzeitige** oder **fehlerhafte Befolgung kartellbehördlicher Anordnungen oder Auskunftsverfügungen** bußgeldbewährt (§ 81 Abs. 2 Nr. 2 und 6 GWB).

Beispiel

Ergeht im Rahmen eines gegen ein marktbeherrschendes Versorgungsunternehmen gerichteten **Missbrauchsverfahrens** ein **Auskunftsbeschluss** gegen ein drittes, zum Vergleich herangezogenes Versorgungsunternehmen, muss dieses Unternehmen die in der Verfügung abgefragten Informationen (z.B. über Erlöse, Absatzmengen, Kosten, Erzeugungskapazitäten etc.) grundsätzlich fristgemäß, inhaltlich richtig und vollständig liefern.

Erteilt das Unternehmen die erbetenen Auskünfte dennoch nicht rechtzeitig, fehlerhaft oder nur unvollständig, kann gegen das Unternehmen und dessen Geschäftsführer oder Vorstände ein Ordnungswidrigkeitenverfahren eingeleitet werden (§ 81 Abs. 2 Nr. 6 GWB), das im Ergebnis zu empfindlichen Geldbußen führen kann.

---

1. Bußgelder gegen Unternehmen

77 § 81 Abs. 4 S. 2 GWB ermöglicht es den Kartellbehörden, gegen die an einem Kartellverstoß beteiligten Unternehmen Bußgelder von bis zu **maximal 10 %[103] ihres weltweiten Gesamtumsatzes** zu verhängen. Dabei kommt es nicht auf den weltweiten Umsatz der konkreten juristischen Person an, sondern auf den Gesamtumsatz der wirtschaftlichen Einheit.[104]

---

103 Dies ist eine Obergrenze, keine Kappungsgrenze, vgl. ausführlich BGH, Beschl. v. 26.2.2013 – KRB 20/12 – NJW 2013, 1972 ff. – Grauzementkartell.

104 BGH, Beschl. v. 3.6.2014 – KRB 46/13 – WuW 2014, 973 ff. – Silostellgebühren.

a) Bußgeldbemessung

Die Höhe des Bußgeldes bemisst sich im Grundsatz nach 78

- der **Schwere** und **der Dauer des Kartellverstoßes**,
- der **Größe** und **Bedeutung des betroffenen Marktes** sowie
- den **Auswirkungen des Kartellverstoßes auf den betroffenen Markt.**[105]

Beispiel

Bei Absprachen zwischen konkurrierenden Versorgungsunternehmen über Energiepreise, Lieferkonditionen, Versorgungsgebiete oder Kundengruppen ist angesichts der Schwere solcher Verstöße (sog. Hardcore-Kartelle), der **gesamtwirtschaftlichen Bedeutung** der Energiemärkte und der mit Kartellverstößen auf diesen Märkten verbundenen erheblichen Auswirkungen davon auszugehen, dass die Geldbuße in der Regel am oberen Rand der nach § 81 Abs. 4 Nr. 2 GWB maximal zulässigen Bußgeldhöhe liegen dürfte.

Erschwerend wird bei der Bemessung des Bußgeldes zulasten des jeweiligen Unternehmens auch berücksichtigt, ob das fragliche Unternehmen Wiederholungstäter ist oder etwa eine besonders aktive Rolle bei dem Kartellverstoß eingenommen hat. Bußgeld reduzierend wirkt es sich hingegen aus, wenn das Unternehmen im Nachhinein z.B. finanzielle Einbußen Dritter ausgleicht oder aber lediglich eine passive oder untergeordnete Rolle bei der Zuwiderhandlung eingenommen hat. 79

Bei der Bußgeldbemessung wird im Übrigen zunehmend auch zugunsten des betroffenen Unternehmens berücksichtigt, ob dieses effektive Compliance-Programme unterhält. So pflichtet die Bundesregierung dem BKartA in der Bewertung bei, „dass sich Compliance-Maßnahmen insbesondere im Zusammenspiel mit Kronzeugenprogrammen auszahlen können und sollen" und dass dem Unternehmen im Rahmen des Bonusprogramms die Geldbuße gemindert oder erlassen werden kann, „soweit Missstände durch eine funktionierende Compliance aufgedeckt werden".[106] 80

b) Steuerliche Behandlung von Bußgeldern

Neben der unmittelbaren Vermögenseinbuße, die ein Unternehmen durch eine Bußgeldzahlung wegen Kartellverstoßes erleidet, ergeben sich erhebliche **wirtschaft-** 81

---

105 Zu den Details der Bußgeldbemessung gegen Unternehmen vgl. BKartA, Leitlinien für die Bußgeldzumessung in Kartellordnungswidrigkeitenverfahren (Bußgeldleitlinien), Juni 2013, abrufbar unter http://www.bundeskartellamt.de/SharedDocs/Publikation/DE/Leitlinien/Bekanntmachung%20-%20Bu%C3%9Fgeldleitlinien-Juni%202013.pdf?__blob=publicationFile&v=5.

106 Vgl. Stellungnahme der Bundesregierung zum Tätigkeitsbericht 2011/2012 des BKartA, BT-Drucks. 17/13675, S. VII f.

liche Nachteile auch aus der steuerlichen Behandlung derartiger Bußgeldzahlungen nach dem Einkommenssteuergesetz (EStG).[107]

82 So werden Betriebsausgaben für Bußgeldzahlungen, die durch Kartellbehörden gegen ein Unternehmen festgesetzt worden sind, grundsätzlich **nicht gewinnmindernd** berücksichtigt (§ 4 Abs. 5 S. 1 Nr. 8 S. 1 EStG). Nur dann, wenn der aus dem Kartellverstoß erlangte wirtschaftliche **Vorteil abgeschöpft** worden ist und wenn gleichzeitig die Steuern vom Einkommen und Ertrag, die auf den wirtschaftlichen Vorteil entfallen, nicht in Abzug gebracht wurden, werden Bußgeldzahlungen zugunsten des betroffenen Unternehmens als **steuerlich abzugsfähig** behandelt (§ 4 Abs. 5 S. 1 Nr. 8 S. 4 EStG).

2. Bußgelder gegen natürliche Personen

83 Die Kartellbehörden können Bußgelder auch gegen natürliche Personen verhängen. Betroffen sind in erster Linie **die unmittelbar handelnden Personen** (§ 9 OWiG[108]), also jene Personen, die als Täter unmittelbar an einem Kartellverstoß beteiligt sind. Daneben können aber auch **aufsichtspflichtige Personen**, d.h. insbesondere Geschäftsführer, Vorstände oder Aufsichtsräte, mit Bußgeldern belegt werden, wenn sie ihren Aufsichts- und Überwachungspflichten nicht oder nicht in ausreichendem Maße nachgekommen sind (§ 130 OWiG).

a) Bußgeldbemessung

84 Bei **gravierenden Kartellverstößen** – also z.B. bei Preis-, Gebiets- oder Quotenkartellen oder bei Kundenabsprachen – kann das von der Kartellbehörde zu verhängende Bußgeld bis zu **1 Mio. €** betragen (§ 81 Abs. 4 S. 1 GWB).

85 Bei **weniger schwerwiegenden Verstößen** – wie z.B. bei fahrlässig unvollständiger oder fehlerhafter Anmeldung eines Zusammenschlusses oder etwa bei fehlerhafter oder unvollständiger Beantwortung von Auskunftsverfügungen – liegt hingegen die Obergrenze für die zu verhängenden Bußgelder regelmäßig bei **100.000 €** (§ 81 Abs. 4 S. 5 GWB).

---

107 Einkommensteuergesetz (EStG) v. 8.10.2009 (BGBl. I S. 3366, 3862), zuletzt geändert durch Gesetz v. 2.12.2014 (BGBl. I S. 1922).

108 Ordnungswidrigkeitengesetz (OWiG) i.d.F. der Bekanntmachung v. 19.2.1987 (BGBl. I S. 602), zuletzt geändert durch Gesetz v. 10.10.2013 (BGBl. I S. 3786).

b) Versicherungsrechtliche Behandlung von Bußgeldern

Natürliche Personen sind im Regelfall gegen die Verhängung von Bußgeldern wegen Kartellverstößen **nicht versichert.**[109] So enthalten sog. D&O-Versicherungen[110] (Directors and Officers Liability Insurance) zumeist ausdrückliche Haftungsausschlüsse für kartellrechtliche Bußgelder. Darüber hinaus ist der Versicherungsschutz nach § 81 VVG[111] ohnehin ausgeschlossen, wenn – was zumindest bei expliziten Kartellabsprachen meist der Fall ist – der Kartellverstoß vorsätzlich begangen wurde. Grob fahrlässig begangene Verstöße würden den Versicherer im Übrigen dazu berechtigen, die Versicherungsleistung entsprechend der Schwere des Verschuldens zu kürzen. **86, 87**

IV. Vorteilsabschöpfung durch die Kartellbehörden oder durch Verbände

Hat ein Unternehmen aufgrund eines Kartellverstoßes einen **wirtschaftlichen Vorteil** erlangt – also etwa durch Preisabsprachen mit Wettbewerbern oder durch Fordern missbräuchlich überhöhter Preise zusätzliche Gewinne erwirtschaftet –, so kann dieser Vorteil durch die Kartellbehörden (§ 34 Abs. 1 GWB) oder bei Untätigkeit der Kartellbehörde auch durch rechtsfähige sowie finanziell leistungsfähige Wettbewerbsverbände (§ 34a GWB) **abgeschöpft** werden. Dies hat zur Folge, dass das betroffene Unternehmen den erlangten Vorteil an den Bundeshaushalt auskehren muss. **88**

Die Möglichkeit der Vorteilsabschöpfung ist allerdings **subsidiär**. Das bedeutet, dass die Verhängung von Bußgeldern und die Geltendmachung zivilrechtlicher Schadenersatzansprüche vorgehen, soweit durch derartige Maßnahmen der Vorteil des Kartellverstoßes beim Unternehmen bereits vollständig abgeschöpft wird. **89**

V. Schadenersatz- und Unterlassungsansprüche der Betroffenen nach dem GWB

Ist jemand als Abnehmer oder Wettbewerber von einem Kartellverstoß betroffen, kann er den Kartelltäter auf dem Zivilrechtswege auf **Unterlassung** des Kartellverstoßes (§ 33 Abs. 1 GWB) und zudem auf **Ersatz** desjenigen **Schadens** in Anspruch nehmen, den er durch den Kartellverstoß erlitten hat (§ 33 Abs. 3 GWB). In der jüngeren Vergangenheit sind Tendenzen zu erkennen, dass die Rechtsprechung auch Geschäftsführer bzw. Unternehmensverantwortliche als Adressaten von Haftungsansprüchen anerkennt. **90**

---

109 Wecker/van Laak/*Janssen*, Compliance in der Unternehmenspraxis, S. 176.

110 Vgl. Kap. 9 Rn 5 ff.

111 Versicherungsvertragsgesetz (VVG) v. 23.11.2007 (BGBl. I S. 2631), zuletzt geändert durch Gesetz v. 1.8.2014 (BGBl. I S. 1330).

1. Private Kartellverfolgung

91 In der deutschen und europäischen Kartellpraxis spielt die private Verfolgung von Kartellverstößen und die private Durchsetzung daraus resultierender Unterlassungs- und Schadenersatzansprüche (das sog. **Private Enforcement**) – dem US-amerikanischen Vorbild folgend – eine immer größer werdende Rolle. Während sich das wirtschaftliche Risiko bei Kartellverstößen lange Zeit praktisch stets auf das Bußgeldrisiko beschränkte, ist mittlerweile vermehrt zu erkennen, dass Kartellgeschädigte erfolgreich Schadenersatzklagen erheben. Diese Aktivität im Bereich des „Sekundärrechtsschutzes" wird von der Europäischen Kommission durch auf Erleichterung der privaten Kartellverfolgung gerichtete Rechtsakte flankiert. Auch die Rechtsprechung zeigt sich immer offener dafür, die private Verfolgung von Kartellverstößen zu erleichtern.

92 Durch die **Erleichterungen der rechtlichen Umstände** bei der Geltendmachung kartellrechtlicher Schadenersatzansprüche[112] und auf Betreiben der Europäischen Kommission[113] hat die zivilrechtliche Durchsetzung von Schadenersatzansprüchen durch die Betroffenen immer mehr an Bedeutung gewonnen. Die Europäische Kommission setzt vor allem auf Transparenz im Kartellverfahren, um die private Kartellverfolgung zu erleichtern.[114] Jüngst wurde auf europäischer Ebene die Richtlinie für Schadenersatzklagen[115] verabschiedet, welche neben der Festschreibung einiger im deutschen Recht bereits etablierter Prinzipien der privaten Kartellverfolgung u.a. auch Fragen im Zusammenhang mit dem Umgang mit Beweismitteln und mit der Verjährung von Ansprüchen konkretisiert. Die Mitgliedstaaten haben zur Umsetzung im Anschluss zwei Jahre Zeit, sodass das Unionsrecht und die Transparenzbestrebungen der Europäischen Union früher oder später in nationales Recht umgesetzt werden.

93 Die Rechtsprechung nutzt den bereits vorhandenen Rahmen, um Kartellgeschädigten die Verfolgung von Kartellverstößen zu erleichtern.[116]

---

112 So wurde die Position der Betroffenen im Hinblick auf die Geltendmachung von Schadenersatzansprüchen im Zuge der 7. GWB-Novelle v. 7.7.2005 (BGBl. I S. 1954) durch Änderungen in § 33 GWB erheblich verbessert.

113 So hat die Europäische Kommission am 2.4.2008 ein Weißbuch über Schadenersatzklagen wegen Verletzung des europäischen Wettbewerbsrechts mit dem Ziel erlassen, die rechtlichen Rahmenbedingungen für die private Durchsetzung von Ansprüchen gegen das europäische Wettbewerbsrecht zu verbessern und hierdurch für die Unternehmen eine stärkere Abschreckungswirkung im Hinblick auf Verstöße gegen das Kartellverbot zu erreichen.

114 Vgl. zum Entwurf einer neuen Richtlinie für Schadenersatzklagen *Gussone/Schreiber*, WuW 2013, 1040 ff.; *Kersting*, WuW 2014, 564 ff.

115 Kartellschadenersatzrichtlinie (RL 2014/104/EU) v. 26.11.2014 (ABl EU Nr. L 349 S. 1 ff.).

116 Vgl. etwa OLG Frankfurt/Main, Beschl. v. 4.9.2014 – 11 W 3/14 (Kart) – BB 2014, 2561 ff., zur Frage, wann ein „berechtigtes Interesse" bei einem nicht Verfahrensbeteiligten vorliegt, damit dieser Akteneinsicht zur Vorbereitung einer Schadenersatzklage verlangen kann.

2. Bindungswirkung kartellbehördlicher Entscheidungen

Die (stetig zunehmende) Erhebung von Schadenersatzklagen durch die Betroffenen 94
wird gesetzlich vor allem dadurch begünstigt, dass die Gerichte bei der Entscheidung über Schadenersatzansprüche aus Kartellverstößen nach § 33 Abs. 4 GWB an die Feststellungen in den rechtskräftigen Entscheidungen der Europäischen Kommission oder der nationalen Kartellbehörden gebunden sind (sog. **Bindungswirkung**). Das bedeutet, dass bei Klagen, die im Anschluss an und auf der Grundlage von zuvor durchgeführten kartellbehördlichen Verfahren erhoben werden (sog. **Follow-on-Klagen**), die in der kartellbehördlichen Entscheidung festgestellten Tatsachen für die mitgliedstaatlichen Gerichte verbindlich sind, wenn die kartellbehördliche Entscheidung nicht mehr mit Rechtsmitteln angegriffen werden kann.

Beispiel

Erweisen sich z.B. die Energiepreise eines marktbeherrschenden Versorgungsunternehmens im Rahmen eines gegen dieses Unternehmen geführten Kartellverfahrens als missbräuchlich hoch und erlässt die ermittelnde Kartellbehörde daraufhin eine förmliche Missbrauchsverfügung oder eine Bußgeldentscheidung gegen das betreffende Unternehmen, ohne dass dieses sich mit Rechtsmitteln gegen die behördliche Entscheidung zur Wehr setzt, können die betroffenen Abnehmer den „zu viel" gezahlten Betrag auf dem Zivilrechtswege – unter Berufung auf die rechtskräftige kartellbehördliche Entscheidung – vom Versorgungsunternehmen ersetzt verlangen. In einem solchen Fall kann sich das Versorgungsunternehmen nicht darauf berufen, dass die Feststellungen im vorangegangenen kartellbehördlichen Verfahren unzutreffend waren.

Keine Bindungswirkung entfalten jedoch Entscheidungen der Kartellbehörden nach 95
§ 32b GWB, mit denen **Verpflichtungszusagen** der betroffenen Kartellanten angenommen und für verbindlich erklärt werden,[117] da solchen Entscheidungen nur eine vorläufige Beurteilung des Sachverhalts durch die Kartellbehörde zugrunde liegt.

Tipp

Dass Entscheidungen der Kartellbehörden über die Annahme von Verpflichtungszusagen keine Bindungswirkung für Zivilklagen entfalten, macht zugleich den gewissen „Reiz" derartiger Verpflichtungszusagen aus Sicht der Kartelltäter aus. Daher sollte die Frage, ob und in welcher Form ein Unternehmen als Adressat eines Kartellverfahrens mit den Kartellbehörden kooperiert, auch unter Würdigung dieses Aspekts entschieden werden.[118]

---

117 *Bechtold*, Kartellgesetz, § 32b GWB Rn 6.
118 Vgl. hierzu Rn 125 ff.

3. Verweis auf Möglichkeiten der Weiterwälzung im Rahmen der Schadenermittlung (Passing-on-Defense) und Ansprüche indirekter Abnehmer

96 Eine weitere Erleichterung kommt den von Kartellverstößen Betroffenen auch dadurch zugute, dass die Kartellsünder nach § 33 Abs. 2 S. 2 GWB das Bestehen eines Schadens im Falle kartellrechtlich überhöhter Preise nicht pauschal unter Hinweis darauf abstreiten können, dass der Betroffene die zu dem überteuerten Preis bezogene Ware oder Dienstleistung seinerseits weiterveräußern konnte (Ausschluss des sog. **Passing-on-Defense**).[119] Hintergrund dieser Regelung ist, dass der Vorteil der Kartelltat möglichst nicht beim Kartelltäter verbleiben soll.

97 Auf die Weiterwälzung eines kartellbedingt erlittenen Schadens kann sich der Kartelltäter aber unter dem Aspekt der Vorteilsausgleichung dann berufen, wenn er darlegt und beweist, dass der Geschäftspartner den Schaden tatsächlich voll weitergewälzt hat, hierdurch kein Umsatzrückgang entstanden ist und dies für den Geschäftspartner weder ein Risiko darstellte noch mit unzumutbarem Aufwand verbunden war, mithin „ohne Not“ erfolgte.[120]

Beispiel
Hat z.B. ein (marktbeherrschender) Vorlieferant ein Gasversorgungsunternehmen – aufgrund von Preisabsprachen mit seinen Wettbewerbern oder aufgrund von Preismissbrauch – zu kartellrechtlich überhöhten Gaspreisen beliefert, kann sich der Vorlieferant nicht mit dem pauschalen Hinweis darauf entlasten, dass dem Abnehmer ein Schaden überhaupt nicht entstanden ist, weil dieser etwa die gelieferte Gasmenge an seine eigenen Abnehmer weiterveräußern konnte. Vielmehr muss der Vorlieferant in diesem Fall nachweisen, dass sich sein unmittelbarer Vertragspartner durch die – nicht unverhältnismäßig aufwändige – Weiterveräußerung der bezogenen Energiemengen vollumfänglich schadlos halten konnte.

---

98 Im Zusammenhang mit der Frage, ob ein Kartellgeschädigter die durch einen Kartellverstoß erlittenen Nachteile seinerseits weiterreichen konnte bzw. ob und unter welchen Voraussetzungen sich der Kartelltäter hierauf berufen kann, taucht vielfach das Problem auf, ob auch indirekte Abnehmer den Kartelltäter auf Kompensation etwaiger Nachteile in Anspruch nehmen können. Dies ist nach der höchstrichterlichen Rechtsprechung möglich, sodass grundsätzlich jedermann – also ein auf

119 Vgl. BKartA, Erfolgreiche Kartellverfolgung – Nutzen für Wirtschaft und Verbraucher, August 2011, abrufbar unter http://www.bundeskartellamt.de/SharedDocs/Publikation/DE/Brosch%C3%BCren/Informationsbrosch%C3%BCre%20-%20Erfolgreiche%20Kartellverfolgung.pdf?__blob=publicationFile&v=9.

120 Vgl. BGH, Urt. v. 28.6.2011 – KZR 75/10 – IR 2012, 71 f. = ZNER 2012, 172 ff.; vgl. auch BKartA, Private Kartellrechtsdurchsetzung – Stand, Probleme, Perspektiven, Diskussionspapier, 26.9.2005, S. 12, abrufbar unter http://www.bundeskartellamt.de/SharedDocs/Publikation/DE/Diskussions_Hintergrundpapier/Bundeskartellamt%20-%20Private%20Kartellrechtsdurchsetzung.pdf?__blob=publicationFile&v=4.

nachgelagerten Marktstufen indirekt betroffenes Unternehmen – Schadenersatzansprüche geltend machen kann, wenn es darlegt und beweist, dass ihm durch das kartellrechtswidrige Verhalten ein Schaden entstanden ist.[121]

4. Kausalität in sog. Umbrella-Pricing-Fällen

Ist ein Kartell aufgedeckt, stehen allen (also auch den indirekt) Kartellgeschädigten 99 prinzipiell Schadenersatzansprüche gegen die Kartelltäter zu. Unabhängig von dieser grundsätzlich unbestrittenen Feststellung ist eine der US-amerikanischen Rechtsprechung durchaus bekannte Konstellation mittlerweile auch praktisch relevant im europäischen Kartellrecht, das sog. Umbrella Pricing oder die sog. Umbrella Effects. Diese **Preisschirmeffekte** bezeichnen eine Situation, in der Kartellaußenseiter gerade wegen der Kartellabsprachen Preise verlangen können, die sie im uneingeschränkten Wettbewerb nicht erzielen könnten. Es geht folglich um die Frage, ob der Schadenersatzanspruch den Kartellgeschädigten auch in der Höhe dieses „mittelbaren" Schadens gegen die Kartelltäter zusteht. Preisschirmeffekte mit Kartellaußenseitern sind in Zeiten, in denen regelmäßig Dritte als Dienstleister beauftragt werden, durchaus auch im Energiekartellrecht relevant.

Entstehen einem Kartellgeschädigten höhere Einbußen durch Preisschirmef- 100 fekte, **kann der Kartelltäter** auch **für diesen „mittelbaren" Schaden in Anspruch genommen werden**. Der **EuGH**[122] hat einen solchen Schadenersatzanspruch an zwei Voraussetzungen geknüpft und zwar:

- das Kartell sowie die Marktumstände müssen dazu geeignet sein, dass Preisschirmeffekte überhaupt entstehen können, und
- den Kartellbeteiligten muss bewusst sein, dass Dritte durch die Preisschirmeffekte profitieren können.[123]

5. Die Verjährung kartellrechtlicher Schadenersatzansprüche

Entsteht ein Schadenersatzanspruch wegen eines Kartellverstoßes nach § 33 Abs. 3 101 GWB, gelten auch für ihn die Vorschriften über die Verjährung. Im Unterschied zum allgemeinen Zivilrecht wird die Verjährung nicht dadurch gehemmt, dass sich der Kartellgeschädigte institutionell (etwa durch Erhebung einer Klage) um die Realisierung seiner Ansprüche bemüht, sondern bereits durch das Tätigwerden der Kartellbehörde.

Die Hemmung der Verjährung kartellrechtlicher Schadenersatzansprüche ist in 102 § 33 Abs. 5 GWB geregelt. Dort heißt es, dass die Verjährung gehemmt ist, sobald die

121 BGH, Urt. v. 28.6.2011 – KZR 75/10 – IR 2012, 71 f. = ZNER 2012, 172 ff.
122 EuGH, Urt. v. 5.6.2014 – C-557/12 – BB 2014, 1550 ff. = EuZW 2014, 586 ff.
123 Zum Ganzen *Lettl*, WuW 2014, 1031 ff.

zuständige Behörde „das Verfahren einleitet“. Die Verfahrenseinleitung als solche ist jedoch nicht definiert. So kann jedes formlose Aktivwerden der Kartellbehörde bereits als Verfahrenseinleitung verstanden werden.

103 Dies gilt hingegen nicht im Zuständigkeitsbereich der europäischen Kartellbehörden. Bevor nicht ein förmlicher Beschluss des Inhalts ergeht, dass ein Verfahren eingeleitet wird, sind etwaige vorherige Datenabfragen oder Recherchen noch nicht als Verfahrenseinleitung zu qualifizieren.[124]

104 Das GWB kennt – wie bereits angedeutet – einen Verfahrenseinleitungsbeschluss aber nicht. Daher ist fraglich, wann das Verfahren konkret eingeleitet ist. Neben der Frage der Verjährung ist diese Frage auch von Relevanz in Bezug auf die Zinsberechnung, die für sich genommen schon einen erheblichen Anteil der Schadenssumme für ein kartellgeschädigtes Unternehmen ausmachen kann. Unter Rückgriff auf § 9 VwVfG[124a] und das Ordnungswidrigkeitenrecht wird es daher maßgeblich auf das außenwirksame Verwaltungshandeln der Kartellbehörde ankommen.

105 Indikatoren dafür können sein:

- Anordnung einer Beschlagnahme oder Durchsuchung,
- Auskunftsverlangen,
- Anordnung einer Vernehmung von Zeugen oder Betroffenen sowie
- Mitteilung von Beschwerdepunkten.[125]

6. Persönliche Haftung von Geschäftsführern bzw. Unternehmensverantwortlichen

106 Vermehrt treten Konstellationen auf, in denen sich nicht nur die Unternehmen bzw. Unternehmensvereinigungen nach Kartellverstößen einem Haftungsanspruch gegenüber Kartellgeschädigten ausgesetzt sehen, sondern auch unternehmensverantwortliche Personen. Diese können unter Umständen mit ihrem persönlichen Vermögen haften, wie die Rechtsprechung in Einzelfällen festgestellt hat. Aus diesem Umstand folgt, dass die Geschäftsführung kartellrechtlich bedenklichen Vorgängen mit besonderer Vorsicht begegnen sollte, bereits wenn für sie Grundzüge solcher Verhaltensweisen erkennbar werden. Schon bei vager Kenntnisnahmemöglichkeit besteht grundsätzlich die Gefahr der persönlichen Zurechnung solcher Verhaltensweisen.

107 Das Kartellrecht und dessen Haftungsvorschriften richten sich nicht an natürliche Personen, sondern an Unternehmen bzw. Unternehmensvereinigungen. Ein Haftungsanspruch Kartellgeschädigter kann dementsprechend nicht direkt aus der

---

124 Vgl. LG Köln, Urt. v. 17.1.2013 – 88 O 1/11 – n.v.

124a Verwaltungsverfahrensgesetz (VwVfG) i.d.F. der Bekanntmachung v. 23.1.2003 (BGBl. I S. 102), zuletzt geändert durch Gesetz v. 25.7.2013 (BGBl. I S. 2749).

125 Umfassend *Soyez*, WuW 2014, 937 ff., der Sektorenuntersuchungen zu Recht vom Verfahrenseinleitungsbegriff ausschließt.

Haftungsnorm § 33 Abs. 3 GWB hergeleitet werden. Auch begegnet es systematischen Bedenken, die Unternehmenseigenschaft über § 9 OWiG zuzurechnen.[126]

Nach § 830 Abs. 1 i.V.m. Abs. 2 BGB[127] haften aber alle an einer unerlaubten **108** Handlung Beteiligten gemeinschaftlich. Das **OLG Düsseldorf** bezieht sich in einem Verfahren auf diese Norm und begründet damit die Haftung eines Geschäftsführers, der Angestellte zu kartellrechtlich relevanten Handlungen veranlasst hatte.[128] In der zitierten Entscheidung unterlässt das OLG Düsseldorf Ausführungen zu der Frage, welche Haftungsnorm einschlägig gewesen wäre, wenn der Geschäftsführer in der entschiedenen Konstellation selbst den Kartellrechtsverstoß begangen hätte. Eine Anwendung von § 830 BGB auch auf den Fall des selbst handelnden Geschäftsführers ist vom Normgehalt her auszuschließen.[129]

Unter Rückgriff auf das allgemeine Deliktsrecht wird angenommen, dass in **109** Fällen, in denen der Geschäftsführer selbst den Kartellverstoß begeht, eine persönliche Haftung aus § 823 Abs. 1 BGB hergeleitet werden kann. Vorausgesetzt wird dabei, dass sich die Handlung des Geschäftsführers gegen den geschädigten Betrieb selbst richtet (**Betriebsbezogenheit**). Diese Voraussetzung ist nur erfüllt, wenn sich die Handlung gegen ein bestimmtes Unternehmen als Ganzes richtet. Im Übrigen müssen die allgemeinen deliktsrechtlichen Voraussetzungen erfüllt sein.

Sofern die Voraussetzung der Betriebsbezogenheit nicht erfüllt ist, kann auf die **110** Haftung wegen sittenwidrigen Verhaltens gem. § 826 BGB zurückgegriffen werden. Das speziell in dieser Norm verlangte Merkmal der **Verwerflichkeit** liegt insbesondere nahe, wenn es um Kartellverstöße bei Hardcore-Kartellen (horizontale Absprachen) geht. In Schadenersatzverfahren haben diese Fragen noch keine Rolle gespielt. Allerdings gilt es, die Gefahren der persönlichen Haftung dringend im Auge zu behalten. Für Kartellgeschädigte bietet sich die Möglichkeit, bei der Prüfung von Schadenersatzforderungen einen Schuldner mehr, der gemeinschaftlich mit dem Unternehmen haftet, in Anspruch zu nehmen.[130]

VI. Weitere Konsequenzen

1. Zivilrechtliche Unwirksamkeit kartellrechtswidriger Rechtsgeschäfte

Ein **Verstoß gegen Vorschriften des GWB** bleibt auch im Hinblick auf die damit **111** zusammenhängenden Rechtsgeschäfte nicht folgenlos. Zusätzlich zu den vorstehend

---

126 Kritisch auch *Eden*, WuW 2014, 792, 793.

127 Bürgerliches Gesetzbuch (BGB) i.d.F. der Bekanntmachung v. 2.1.2002 (BGBl. I S. 42, 2909; 2003 I S. 738), zuletzt geändert durch Gesetz v. 22.7.2014 (BGBl. I S. 1218).

128 OLG Düsseldorf, Urt. v. 13.11.2013 – VI-U (Kart) 11/13 – n.v. – Badarmaturen.

129 Ausführlich *Eden*, WuW 2014, 792, 794 f.

130 Zum Ganzen *Eden*, WuW 2014, 792 ff.

dargestellten Konsequenzen führt ein solcher Kartellverstoß nämlich prinzipiell auch zur **Unwirksamkeit der** zugrunde liegenden vertraglichen **Vereinbarungen**:

- So sind vertragliche Bestimmungen, die gegen das Kartellverbot aus § 1 GWB oder die Missbrauchsverbote aus §§ 19 ff., 29 GWB verstoßen, nach § 134 BGB unwirksam.
- Desgleichen sind Rechtsgeschäfte, die vor der Freigabe oder entgegen der Untersagung eines nach §§ 35, 37 GWB fusionskontrollpflichtigen Zusammenschlusses vollzogen werden, nach § 40 Abs. 1 S. 2 GWB unwirksam.

112 Die Unwirksamkeit kartellrechtswidriger Rechtsgeschäfte kann zur Folge haben, dass Leistungen, die im Hinblick auf diese betreffenden Rechtsgeschäfte erbracht wurden, unter Umständen nach den Regeln des Bereicherungsrechts (§§ 812 ff. BGB) vom jeweiligen Empfänger der Leistung zurückzuerstatten sind.

Beispiel

Erfolgt z.B. auf der Grundlage eines Energieliefervertrages, dem missbräuchlich hohe Preise zugrunde liegen, absprachegemäß die Lieferung der Energie gegen Zahlung des (überhöhten) Energiepreises, ist unter Umständen vom Lieferanten der erlangte Geldbetrag an den Abnehmer zurückzuzahlen und muss der Abnehmer die bezogene Energie herausgeben bzw. – falls diese physisch beim Abnehmer nicht mehr vorhanden ist (was z.B. bei der Lieferung von Strom in der Regel der Fall sein dürfte) – Wertersatz hierfür leisten.

---

2. Gesellschafts- und arbeitsrechtliche Konsequenzen

113 Weitere gesellschafts- und arbeitsrechtliche Konsequenzen können sich bei einem Kartellverstoß für die **Leitungs- und Aufsichtsorgane** des betreffenden Unternehmens ergeben:

114 Sind **Mitglieder der Geschäftsführung oder des Vorstandes** an kartellrechtswidrigen Absprachen beteiligt und entsteht dem Unternehmen hierdurch ein Schaden, handelt es sich bei dem Rechtsverstoß in aller Regel zugleich um eine Verletzung der Organpflichten der betreffenden Person gegenüber dem Unternehmen und kann (bzw. unter Umständen muss) das Unternehmen **Schadenersatz** von dieser Person verlangen (§ 43 Abs. 2 GmbHG,[131] § 93 Abs. 2 AktG[132]).

115 Weil zudem in einer solchen Konstellation das Absehen von einer Geltendmachung der Schadenersatzansprüche durch den – für die Überwachung des Vorstandes zuständigen (§§ 111, 112 AktG) – Aufsichtsrat seinerseits eine zum Schadenersatz

---

131 GmbH-Gesetz (GmbHG) v. 20.4.1892 (RGBl. I S. 477), zuletzt geändert durch Gesetz v. 23.7.2013 (BGBl. I S. 2586).

132 Aktiengesetz (AktG) v. 6.9.1965 (BGBl. I S. 1089), zuletzt geändert durch Gesetz v. 23.7.2013 (BGBl. I S. 2586).

verpflichtende Pflichtverletzung darstellen könnte (§ 93 Abs. 2 i.V.m. § 116 AktG),[133] werden solche Ersatzansprüche in den meisten Fällen auch tatsächlich geltend gemacht.

Im Übrigen stellen Kartellverstöße von Angestellten eine **Verletzung** ihrer **arbeitsvertraglichen Pflichten** dar. Das bedeutet, dass bei Zuwiderhandlungen gegen das Kartellrecht arbeitsrechtliche Maßnahmen wie **Abmahnungen** oder (bei besonders schwerwiegenden Verstößen) **Kündigungen** möglich sind. 116

H. Hinweise zur kartellrechtlichen Compliance

Für die Ausgestaltung einer effektiven Compliance im Bereich des Kartellrechts gelten im Wesentlichen die bereits dargestellten Grundsätze.[134] Im Folgenden wird daher lediglich auf die wesentlichen Eckpfeiler einer solchen Compliance unter Berücksichtigung der kartellrechtlichen Besonderheiten eingegangen.[135] 117

I. Ausgangspunkt: Bestandsaufnahme und Risikobewertung

Ausgangspunkt für eine effektive Kartellrechts-Compliance sollte zunächst eine **Bestandsaufnahme** darüber sein, in welchen Bereichen und in welchem Maße ein Unternehmen individuell für Kartellverstöße gefährdet ist. Denn der Inhalt und Umfang der jeweils zu treffenden Compliance-Maßnahmen hängt naturgemäß von der Struktur[136] und vom konkreten Gefährdungspotenzial des jeweiligen Unternehmens ab. Schon bei der Bestandsaufnahme bietet es sich dabei an, zur Risikobewertung eine Methode und einen Prozess zu definieren.[137] 118

Folgender **Fragenkatalog** kann dabei helfen, die unternehmensspezifischen Risikobereiche näher zu bestimmen und zugleich das Anwendungsfeld für Compliance-Maßnahmen sinnvoll einzugrenzen:[138] 119

---

133 Der BGH geht davon aus, dass der Aufsichtsrat festgestellte Schadenersatzansprüche des Unternehmens gegen den Vorstand grundsätzlich verfolgen muss und nur ausnahmsweise – bei gewichtigen Gründen des Gesellschaftswohls – von einer Rechtsverfolgung absehen darf. Vgl. BGH, Urt. v. 21.4.1997 – II ZR 175/95 – BGHZ 135, 244 – ARAG/Garmenbeck.

134 Vgl. oben Kap. 2 Rn 1 ff.

135 Vgl. dazu auch ICC Germany e.V., Das ICC Toolkit zur kartellrechtlichen Compliance, Ein praktischer Leitfaden für KMU und größere Unternehmen, 2014, abrufbar unter http://www.iccgermany.de/fileadmin/ICC_Dokumente/Dokumente/ICC_Compliance_Toolkit_final.pdf.

136 Zur Kartellrechts-Compliance im Vertikalverhältnis zwischen Mutter- und Tochtergesellschaften innerhalb eines Konzerns, *Karst*, WuW 2012, 150 ff.

137 Vgl. auch ICC Germany e.V., Das ICC Toolkit zur kartellrechtlichen Compliance, S. 31.

138 Vgl. Wecker/van Laak/*Janssen*, Compliance in der Unternehmenspraxis, S. 186.

- Verfügt das Unternehmen über eine **marktbeherrschende Stellung** auf einem der Märkte, auf dem es tätig ist? Wie wird der betreffende Markt durch die Kartellpraxis in sachlicher und räumlicher Hinsicht abgegrenzt? Wie hoch sind die Marktanteile des Unternehmens? Wie hoch sind die Wechselquoten? Gibt es starken Wettbewerb durch alternative Anbieter?
- War das Unternehmen bereits in der Vergangenheit Adressat **kartellbehördlicher Maßnahmen** (z.B. im Rahmen von Auskunftsverfügungen, Sektorenuntersuchungen, etc.)? Wurden hierbei sensible Daten herausgegeben, die künftig zu Folgeermittlungen führen könnten?
- Steht das Unternehmen eventuell aus anderen Gründen **im Fokus der Kartellbehörden** (z.B. aufgrund von Verbraucherbeschwerden im Zusammenhang mit Preiserhöhungen, anlässlich von Sektorenuntersuchungen etc.)?
- Können Mitarbeiter aus den Vertriebs-, Handels-, Einkaufs- oder Vertragsabteilungen des Unternehmens ohne Kenntnis der Unternehmensleistung **verbotene Kartellabsprachen** über Preise, Konditionen, Gebiete oder Kundengruppen treffen? Können diese Mitarbeiter ohne Wissen der Unternehmensleitung missbräuchliche Preise oder Konditionen festlegen?
- Haben Mitarbeiter des Unternehmens **Kontakt zu Wettbewerbern**? Auf welchen Foren (Verbandstreffen, Schulungen, Aufsichts- oder Beiratssitzungen) trifft man sich? Welche Informationen werden dort ausgetauscht? Gibt es sonstige gemeinsame **Informationssysteme mit Wettberbern**?
- Welche **Kooperationen** bestehen **mit Wettbewerbern**? Fallen diese eventuell aufgrund der Umsätze der beteiligten Unternehmen und aufgrund der gesellschaftsrechtlichen Konstruktion in den Anwendungsbereich der Fusionskontrolle? Wurde die Kooperation beim BKartA angemeldet? Wurde sie bereits freigegeben?

1. Reaktionsmöglichkeiten bei festgestellten Zuwiderhandlungen

120 Werden im Rahmen der Bestandsaufnahme Verstöße gegen das Kartellrecht festgestellt, muss zum einen die Schwere des Kartellverstoßes ermittelt und zum anderen geprüft werden, wie hoch das individuelle Risiko ist, dass der Kartellverstoß durch die Kartellbehörden aufgedeckt oder anderweitig gemeldet wird. In jedem Falle sollte der Kartellverstoß umgehend abgestellt werden.

a) Der Kartellverstoß wird bislang kartellbehördlich nicht verfolgt

121 Ist der Kartellverstoß bislang durch die Kartellbehörden unentdeckt geblieben, sollte auf der Grundlage einer Folgenabschätzung entschieden werden, ob das Unternehmen den Verstoß selbst an die Kartellbehörde meldet.

122 Maßgeblich für die Entscheidung kann dabei unter anderem sein, ob dem Unternehmen das sog. **Kronzeugenprivileg bzw. die Bonusregelung** zugute-

kommt.[139] Nach der Bonusregelung[140] kann das **BKartA** bei verbotenen Kartellen unter bestimmten Voraussetzungen auf die Verhängung einer Geldbuße für einen Kartellverstoß verzichten oder aber die Geldbuße reduzieren. Zu berücksichtigen ist insoweit allerdings, dass die mit einem Kartellverstoß befassten Gerichte sowie die Landeskartellbehörden nicht an die Bonusregelung des **BKartA** gebunden sind.[141] Auch das Spannungsverhältnis zwischen einem Kronzeugenantrag und möglichen Rechten Kartellgeschädigter auf Akteneinsicht[142] ist sorgfältig abzuwägen.

Tipp !

Durch einen sog. **Kronzeugenantrag** kann ein Kartelltäter den gänzlichen Erlass der Geldbuße erreichen.[143] Entscheidend dafür, ob das **BKartA** im Einzelfall die Geldbuße erlässt, ist im Wesentlichen, dass sich das Unternehmen wegen des Kartellverstoßes **als erstes** an die Kartellbehörde wendet, dass es **keine führende Rolle** in dem Kartell eingenommen hat und dass es der Kartellbehörde durch die übermittelten Informationen ermöglicht, einen **Durchsuchungsbeschluss** gegen die anderen Kartellanten zu erwirken bzw. diesen die Beteiligung an dem Kartellverstoß **nachzuweisen.** Es gilt also insoweit das Windhundprinzip, weswegen es sich empfiehlt, den begangenen Kartellverstoß und die möglichen Handlungsoptionen zeitnah durch einen externen Anwalt prüfen zu lassen.

---

b) Der Kartellverstoß wird bereits kartellbehördlich verfolgt

Steht das Unternehmen aufgrund des festgestellten Verstoßes bereits im Fokus kar- 123
tellbehördlicher Ermittlungen, ist zu überlegen, ob das Unternehmen **an der Aufklärung mitwirkt.**

Dies kann sich insbesondere dann empfehlen, wenn das Unternehmen als erstes 124
im Rahmen eines gegen mehrere Unternehmen geführten Kartellverfahrens mit der Kartellbehörde kooperiert und in diesem Rahmen maßgeblich zur Aufklärung des Kartellverstoßes beiträgt, denn in diesem Fall kann die Geldbuße dieses Unternehmens nach der **Bonusregelung** zumindest reduziert werden.[144]

Ist ein Erlass oder eine Reduktion der Geldbuße nach der Bonusregelung nicht 125
mehr möglich, sollte erwogen werden, ob das Unternehmen den begangenen Kartellverstoß eventuell durch geeignete Verpflichtungszusagen kompensieren kann. Denn

---

139 Inzwischen werden die meisten großen Bußgeldverfahren durch Kronzeugenanträge ausgelöst. So wurden allein beim BKartA 41 Bonusanträge in 2011 und 51 Bonusanträge in 2012 gestellt. Vgl. BKartA, Tätigkeitsbericht 2011/2012, BT-Drucks. 17/13675, S. 28.

140 BKartA, Bekanntmachung Nr. 9/2006 über den Erlass und die Reduktion von Geldbußen in Kartellsachen (Bonusregelung), März 2006 abrufbar unter http://www.bundeskartellamt.de/SharedDocs/Publikation/DE/Bekanntmachungen/Bekanntmachung%20-%20Bonusregelung.pdf?__blob=publicationFile&v=7.

141 *Bechtold*, Kartellgesetz, § 81 GWB Rn 41.

142 Dazu ausführlich *Dworschak/Maritzen*, WuW 2013, 824 ff. m.w.N.

143 Vgl. BKartA, Bekanntmachung Nr. 9/2006, Bonusregelung, Rn 3 und 4.

144 Vgl. BKartA, Bekanntmachung Nr. 9/2006, Bonusregelung, Rn 5.

dies hat den Vorteil, dass eine spätere Entscheidung der Kartellbehörde über die Annahme einer solchen Verpflichtungszusage keine Bindungswirkung für etwaige Schadenersatzklagen betroffener Dritter entfaltet.

! **Tipp**
Da durch eine frühzeitige Zusammenarbeit mit den Kartellbehörden bzw. durch geeignete Kompensationsmaßnahmen die Geldbuße erheblich reduziert und zudem weiterer Schaden für das Unternehmen abgewendet werden kann, sollten diese Optionen möglichst zeitnah – ggf. unter Hinzuziehung externen Rechtsrats – sorgfältig abgewogen werden.

---

2. Bestimmung des relevanten Personenkreises und der wesentlichen Inhalte einer Kartellrechts-Compliance

126 Steht nach der Bestandsaufnahme fest, in welchen Unternehmensbereichen und im Hinblick auf welche Kartellverstöße das Unternehmen besonders gefährdet ist, können der Kreis der Mitarbeiter sowie der Inhalt der Informationen, die im Rahmen des Compliance-Programms vermittelt werden sollen, festgelegt werden.

II. Kartellrechts-Compliance als Aufgabe der Leitungsebene

127 Für die Funktionsfähigkeit kartellrechtlicher Compliance-Programme ist von entscheidender Bedeutung, dass derartige Programme als genuine Aufgabe der Führungsebene verstanden und auch wahrgenommen werden.

128 Das bedeutet zum einen, dass sich eine kartellrechtliche Compliance nach Möglichkeit auch in der Unternehmenspolitik – also in den von der Leitungsebene beschlossenen Regularien, wie z.B. in Geschäftsprinzipien oder im Verhaltenskodex – widerspiegeln sollte.[145]

129 Zum anderen ist ein reger Informationsaustausch in und aus Richtung der Führungsebene erforderlich. Dies bedeutet eine regelmäßige Berichterstattung an das Management. Umgekehrt müssen die Erkenntnisse und Erfahrungen aus dieser Berichterstattung in die fortwährende Verbesserung des Compliance-Systems einfließen und sollten sie diese zum Bestandteil der Information und Schulung der Mitarbeiter gemacht werden.

---

145 Vgl. dazu auch ICC Germany e.V., Das ICC Toolkit zur kartellrechtlichen Compliance, S. 17.

III. Information und Schulung von Mitarbeitern

Um Kartellverstöße zu verhindern oder auf begangene Kartellverstöße richtig zu reagieren, müssen die **Mitarbeiter** – insbesondere in den gefährdeten Unternehmensbereichen – mit den Grundzügen des Kartellrechts vertraut sein.[146] 130

Zu diesem Zweck empfiehlt es sich, die Mitarbeiter der betroffenen Unternehmensabteilungen in **Mitarbeiterschulungen** mit den für den jeweiligen Geschäftszweig des Unternehmens relevanten Inhalten des Kartellrechts vertraut zu machen. Dabei sollten die Schulungen einerseits in verständlicher Art und Weise einen Überblick über die **wichtigsten Kartellverstöße** vermitteln, andererseits aber auch die **Folgen von Kartellverstößen** aufzeigen. So bietet es sich an, die Inhalte anhand konkreter Beispiele aus der Praxis zu veranschaulichen. Ziel sollte es dabei sein, bei den Mitarbeitern eine Sensibilität für kartellrechtlich relevante Sachverhalte auszuprägen. 131

Darüber hinaus sollte in den Schulungen der Umgang mit Sachverhalten vermittelt werden, in denen Kartellverstöße drohen oder gar bereits begangen wurden oder in denen das Unternehmen aus sonstigen Gründen von kartellbehördlichen (Ermittlungs-)Maßnahmen betroffen ist. Diesbezüglich sollte insbesondere erläutert werden, **in welchen Situationen ein Mitarbeiter wie reagieren und was er an wen melden muss** und wie z.B. bestimmte Vorgänge zu dokumentieren sind. 132

IV. Erstellung von Richtlinien bzw. Checklisten

Zusätzlich zu den Schulungen sollten **Kartellrechts-Richtlinien** bzw. **Checklisten** erstellt werden, welche die wesentlichen Grundzüge der Kartellrechts-Compliance nochmals in kompakter und übersichtlicher Form zusammenfassen und den Mitarbeitern als Handlungs- und Orientierungshilfe in Zweifelsfällen dienen sollten. 133

In den Richtlinien sollten **konkrete Verhaltensge- und -verbote** (Dos and Don'ts), die sich aus dem Kartellrecht ergeben, festgelegt werden.[147] Dementsprechend sollte in den Richtlinien geregelt werden, welche Maßnahmen von den Mitarbeitern in welcher Situation ergriffen werden sollten und an wen Meldungen über drohende oder begangene Kartellverstöße zu richten sind. 134

Tipp !

So sollten Mitarbeiter z.B. angewiesen werden, Veranstaltungen von vornherein fernzubleiben oder zu verlassen, wenn hierin kartellrechtlich problematische Sachverhalte besprochen werden. Nehmen Mitarbeiter an derartigen Veranstaltungen teil, so sollten sie sich „offen vom Inhalt der Sitzungen

---

146 Vgl. dazu auch ICC Germany e.V., Das ICC Toolkit zur kartellrechtlichen Compliance, S. 45.
147 Wecker/van Laak/*Janssen*, Compliance in der Unternehmenspraxis, S. 187 f.

distanzieren"[148] oder Umstände nachweisen, „aus denen sich eindeutig eine fehlende wettbewerbswidrige Einstellung bei der Teilnahme an Sitzungen ergibt".[149] Auch sollten die Mitarbeiter in den Richtlinien verpflichtet werden, Sachverhalte der vorgenannten Art zu dokumentieren und an den zuständigen Ansprechpartner im Unternehmen zu melden.

135 Nicht zuletzt sollten die Richtlinien auch Festlegungen zu den drohenden Sanktionen bei begangenen Kartellverstößen enthalten. Insbesondere sollte hierbei auf die möglichen arbeitsrechtlichen Konsequenzen hingewiesen werden.

V. Organisatorische Vorkehrungen zur Überwachung

136 Neben der inhaltlichen Schulung der Mitarbeiter und der Festlegung von Richtlinien erfordert eine effektive Kartellrechts-Compliance auch die Einführung bestimmter organisatorischer Strukturen. Insbesondere ist durch organisatorische Maßnahmen eine **permanente und möglichst engmaschige Überwachung** im Unternehmen sicherzustellen (sog. Monitoring).

137 Zu diesem Zweck sollte im Unternehmen zumindest ein **Ansprechpartner** für Kartellrechts-Fragen bestimmt werden, dessen Aufgaben- und Verantwortungsbereich jedoch im Einklang mit den Richtlinien präzise abgegrenzt werden sollte.

Tipp
Ansprechpartner kann z.B. – soweit im Unternehmen vorhanden – ein Compliance-Officer sein. Naheliegend ist es gleichfalls, den Syndikusanwalt im Unternehmen als Ansprechpartner festzulegen.

138 Der festgelegte Ansprechpartner für Kartellfragen sollte einerseits fortlaufend – ggf. durch **Stichproben** – die Einhaltung des Kartellrechts überwachen und dokumentieren, andererseits aber auch zentrale Anlaufstelle und Berater für die Mitarbeiter und Fachabteilungen bei Zweifelsfragen und bei Meldungen über drohende oder gar begangene Kartellverstöße sein.

139 Auch wenn sich durch die Festlegung eines für die kartellrechtliche Überwachung im Unternehmen verantwortlichen Mitarbeiters bestimmte Aufgaben von der Unternehmensleitung auf andere Mitarbeiter delegieren lassen, ist die Unternehmensleitung hierdurch nicht gänzlich von ihrer eigenen Pflicht zur Kontrolle der Einhaltung kartellrechtlicher Bestimmungen befreit. Das bedeutet, dass neben dem jeweiligen Ansprechpartner auch **Geschäftsführer und Vorstände** prinzipiell

148 EuG, Urt. v. 14.5.1998 – T-334/94 – WuW/E EU-R 87 ff. – EuG Slg. 1998 II, 1439 ff. – Finnboard/Kommission.

149 EuGH, Urt. v. 8.7.1999 – C-199/92 P – WuW/E EU-R 226 ff. – EuGH Slg. 1999 I, 4287 ff. – Hüls/Kommission.

zur Kontrolle verpflichtet bleiben und daher ihrerseits – neben dem obligatorischen regelmäßigen Reporting – **stichprobenartige Prüfungen** durchführen sollten.

Für die Unterhaltung einer funktionsfähigen Kartellrechts-Compliance und zur Gewährleistung des hierfür erforderlichen effektiven Informationsflusses empfiehlt es sich schließlich, interne Meldesysteme mit festgelegten Berichtslinien und Meldeprozessen zu etablieren.[150] 140

VI. Dokumentation

Im eigenen Interesse des Unternehmens und der verantwortlichen Mitarbeiter sollten die Schulungs- und Überwachungsmaßnahmen im Unternehmen **dokumentiert** werden. Dies dient in erster Linie dazu, sich in einem möglichen späteren Verfahren wegen eines Kartellverstoßes im Hinblick auf die Aufsichts- und Überwachungspflichten nach § 130 OWiG zu entlasten oder aber etwa die Reduktion der Geldbußen bei Kartellverstößen zu erreichen. 141

Ebenso sollten die Mitarbeiter zur möglichst genauen Dokumentation von Sachverhalten verpflichtet werden, in denen z.B. Wettbewerber bei versuchten Kartellabsprachen abgewiesen wurden. Dies ermöglicht es dem Unternehmen, sich bei etwaigen späteren Ermittlungen der Kartellbehörden zu entlasten sowie den Aufwand des Verfahrens zu reduzieren.[151] 142

Inwieweit und in welcher Form darüber hinaus kartellrelevante Sachverhalte oder aber festgestellte Verstöße im Unternehmen zu dokumentieren sind, ist im Einzelfall mit Blick darauf zu entscheiden, ob dies dem Unternehmen in einem späteren kartellbehördlichen Verfahren möglicherweise zum Nachteil gereichen könnte. Gegebenenfalls ist externer Rechtsrat einzuholen. 143

VII. Umgang mit kartellrechtlich sensiblen Unterlagen

Erhebliche Probleme kann die Frage bereiten, ob, inwieweit und unter welchen Voraussetzungen Unterlagen an die Kartellbehörden herausgegeben werden müssen bzw. der Beschlagnahme unterliegen. Zwar erstreckt sich das **Recht** der Kartellbehörden **auf Einsicht, Prüfung und ggf. Beschlagnahme** im Rahmen von Ermittlungsverfahren 144

150 Vgl. dazu auch ICC Germany e.V., Das ICC Toolkit zur kartellrechtlichen Compliance, S. 50ff. Das BKartA hat zum 1.1.2012 ein System zur Entgegennahme von anonymen Hinweisen auf Kartellverstöße eingerichtet, woraufhin in 2012 insgesamt 181 Hinweise eingegangen sind, die teilweise zur Einleitung kartellbehördlicher Verfahren geführt haben, vgl. BKartA, Tätigkeitsbericht 2011/2012, BT-Drucks. 13/13675, S. 32.

151 Vgl. Wecker/van Laak/*Janssen*, Compliance in der Unternehmenspraxis, S. 187 f.

prinzipiell auf sämtliche Geschäftsunterlagen, die für die Aufklärung des Sachverhalts relevant sein können. Unter bestimmten Voraussetzungen sind jedoch Unterlagen von der Herausgabe oder Beschlagnahme durch die Kartellbehörden ausgenommen.

1. Korrespondenz mit einem externen Anwalt

145 Ausgenommen von der Pflicht zur Vorlage und der Beschlagnahme von Unterlagen im Verwaltungs-, Straf- oder Bußgeldverfahren ist nach dem deutschen und europäischen Kartellrecht die sich bei einem externen Anwalt befindliche Korrespondenz (sog. **Anwaltsprivileg** oder **Legal Privilege**).

146 Im deutschen und europäischen Recht uneinheitlich beantwortet wird dagegen die Frage, ob auch die **im Unternehmen aufbewahrte Korrespondenz mit einem externen Anwalt** von der Vorlage und Beschlagnahme ausgenommen ist. Während derartige Korrespondenz im europäischen Recht unabhängig davon vorlage- und beschlagnahmefrei ist, wo sie sich befindet, gehen die deutschen Kartellbehörden und Gerichte – trotz massiver Kritik – davon aus, dass grundsätzlich nur die beim externen Anwalt aufbewahrten Schriftstücke nicht herausgegeben werden müssen.[152] Das bedeutet, dass Unterlagen dann nicht unter das Anwaltsprivileg fallen, wenn sie beim Unternehmen an einem Ort aufbewahrt werden, zu dem neben dem Syndikusanwalt auch die Geschäftsleitung oder der Vorstand Zugang und damit Zugriff auf die Unterlagen haben.[153]

147 Eine Ausnahme wird im deutschen Recht allerdings hinsichtlich solcher Korrespondenz zwischen einem Mandanten und einem externen Anwalt gemacht, die nach Einleitung eines Ermittlungsverfahrens in Bezug auf die Verteidigung erfolgt (sog. verfahrensbezogene Korrespondenz). Diese unterliegt auch dann dem Herausgabe- und Beschlagnahmeverbot, wenn sie sich beim Mandanten befindet.[154]

! Tipp

Soweit logistisch möglich, sollten kartellrelevante Dokumente einem externen Anwalt übergeben werden, da diese dann nicht der Beschlagnahme unterliegen.[155] Außerdem hält sich das Unternehmen hierdurch die Möglichkeit offen, die Dokumente zu einem späteren Zeitpunkt dennoch – etwa mit Blick auf einen möglichen Kronzeugenantrag – auf eigene Veranlassung an die Kartellbehörden zu übergeben.

Im Übrigen sollte Anwaltskorrespondenz, die sich im Unternehmen befindet, stets als solche gekennzeichnet werden. Damit bewahrt sich das Unternehmen zumindest die Möglichkeit, dass die Kartellbehörden bei Durchsuchungen ausnahmsweise doch der europäischen Linie folgen und von einer Beschlagnahme dieser Unterlagen absehen.

---

152 Vgl. *Bechtold*, Kartellgesetz, § 59 GWB Rn 17.
153 Vgl. *Kübler/Pautke*, BB 2007, 390, 395.
154 BGH, Beschl. v. 13.8.1973 – StB 34/73 – NJW 1973, 2035, 2036.
155 Vgl. *Kübler/Pautke*, BB 2007, 390, 395.

2. Korrespondenz mit Syndikusanwälten

Gleichfalls problematisch und nicht abschließend geklärt, ist die Geltung des Anwaltsprivilegs auch im Hinblick auf die Korrespondenz mit sog. **Syndikusanwälten**, also mit solchen Juristen, die zwar als Anwalt zugelassen sind und damit den anwaltlichen Berufspflichten unterliegen, die jedoch in einem Unternehmen fest angestellt sind. 148

Das **LG Bonn** hat insoweit ausdrücklich klargestellt, dass Unterlagen im Gewahrsam des Syndikusanwalts nur dann beschlagnahmefrei sind, wenn er „mit typischen anwaltlichen Aufgaben befasst ist. Dies ist nur dann der Fall, wenn Unterlagen betroffen sind, die er als Rechtsanwalt zur Erbringung von anwaltlichen Leistungen gegenüber Dritten erstellt hat".[156] Hausinterne Tätigkeiten des Syndikusanwalts für sein Unternehmen sollen demnach keine „anwaltliche Tätigkeit" darstellen. 149

Auch der **EuGH** hat inzwischen bestätigt, dass das Anwaltsprivileg für externe Anwälte nicht in gleicher Weise auch für Syndikusanwälte gilt und dass daher die unternehmensinterne Kommunikation mit hauseigenen Juristen auch dann nicht dem Anwaltsprivileg unterfällt, wenn diese als Rechtsanwälte zugelassen sind.[157] Ausnahmen könnten hiernach allenfalls noch für interne Schriftstücke des Unternehmens in Frage kommen, die ausschließlich, unzweifelhaft und nachweisbar deswegen vom Syndikusanwalt verfasst oder zusammengestellt werden, um die Beratung eines externen Anwalts zu erhalten sowie für entsprechende Dokumente, die die Beratung mit einem externen Anwalt dokumentieren oder intern darüber informieren. 150

---

156 LG Bonn, Beschl. v. 29.9.2005 – 37 Qs 27/05 – NStZ 2007, 605 ff.

157 EuGH Urt. v. 14.9.2010 – C 550/07 – EuZW 2010, 778 ff. = DB 2010, 2218 ff. – Akzo Nobel Chemicals und Akcros Chemicals/Kommission.

Kapitel 13
Energiewirtschaftsrecht

Stellt unser Unternehmen tatsächlich die Vertraulichkeit wirtschaftlich sensibler Informationen des Netzbetriebs sicher? Für welche Bereiche unseres Unternehmens sind durch die Buchhaltung getrennte Konten zu bilden? Entsprechen der Markenauftritt und das Kommunikationsverhalten sowie die personelle Ausstattung unserer Netzgesellschaft in quantitativer und qualitativer Hinsicht den gesetzlichen Vorgaben? Ist der Netzbetrieb von den Wettbewerbsbereichen in unserer Unternehmensgruppe richtig gesellschaftsrechtlich entflochten? Wie und von wem wird der sog. Grundversorger bestimmt? 1

Im EnWG[1] und dort insbesondere in den Entflechtungsbestimmungen existieren grundlegende Verpflichtungen und Verhaltensmaßregeln, deren Einhaltung im Rahmen der Compliance sichergestellt sein muss.[2] 2

A. Entflechtungsvorgaben des EnWG

I. Überblick

1. Europarechtliche Grundlagen und die Umsetzung im EnWG

Auch nach der vollständigen Liberalisierung des Energiemarktes im Jahre 1998 durch die damalige Neuregelung des EnWG und die Modifizierung des ursprünglichen Energiekartellrechts in den §§ 103, 103a GWB[3] blieben fast ausnahmslos alle im Elektrizitäts- oder Gasnetzbetrieb tätigen Unternehmen in Deutschland auch in den Bereichen der Energieerzeugung bzw. -belieferung tätig. Dabei bestanden schon aus betriebswirtschaftlichen Effizienzgründen vielfältige Verflechtungen innerhalb der Unternehmen bzw. innerhalb eines Konzernverbundes in personeller, wirtschaftlicher und steuerlicher Hinsicht sowie in Fragen der Aufbau- bzw. Ablauforganisation. 3

Eine gesetzliche Verpflichtung zur **Entflechtung** (engl. **Unbundling**) im Bereich Elektrizität und Erdgas – also der grundsätzlichen Trennung der einzelnen Wertschöpfungsstufen, insbesondere Netzbetrieb und Energievertrieb bzw. -erzeugung – 4

1 Energiewirtschaftsgesetz (EnWG) v. 7.7.2005 (BGBl. I S. 1970), zuletzt geändert durch Gesetz v. 21.7.2014 (BGBl. I S. 1066).

2 Allgemein zu den im Bereich Compliance erforderlichen Regeln und organisatorischen Erfordernissen vgl. Kap. 5.

3 Gesetz gegen Wettbewerbsbeschränkungen (GWB) v. 26.6.2013 (BGBl. I S. 1750), zuletzt geändert durch Gesetz v. 21.7.2014 (BGBl. I S. 1066).

war daher ein zentrales Anliegen der europäischen Richtlinien zur Beschleunigung der Liberalisierung des Elektrizitäts- bzw. Erdgasbinnenmarktes.[4]

5 Bei der Umsetzung der EltRL 2003 und GasRL 2003 hat sich der deutsche Gesetzgeber in weiten Teilen darauf beschränkt, den Wortlaut der Richtlinien lediglich zu übernehmen. Die Folge war, dass die Entflechtungsvorgaben in den §§ 6 bis 10 EnWG 2005 an einer fehlenden Systematik, unpräzisen Formulierungen und einer mangelhaften Regelungsdichte leiden.[5] Daran haben auch die im Zuge der EnWG-Novelle 2011 vorgenommenen Änderungen und Ergänzungen der nunmehrigen §§ 6 bis 10e EnWG nichts geändert.

2. Gesetzliche Ziele der Entflechtungsvorgaben

6 Als gesetzliche Zielsetzung nennt § 6 Abs. 1 S. 1 EnWG die Gewährleistung von **Transparenz** sowie die **diskriminierungsfreie Ausgestaltung und Abwicklung des Netzbetriebs** im Bereich Elektrizität und Erdgas.[6] Daneben führt die Begründung des Gesetzesentwurfs der Bundesregierung die Verhinderung von Quersubventionen zwischen den Tätigkeiten des Netzbetriebs und den anderen Geschäftsbereichen des vertikal integrierten Energieversorgungsunternehmen (EVU) als einen Unterfall der diskriminierungsfreien Abwicklung des Netzbetriebs auf.[7]

7 Die in § 6 Abs. 1 S. 1 EnWG angesprochene Ausgestaltung des Netzbetriebs betrifft somit die Aufbauorganisation und die Abwicklung des Netzbetriebs (Ablauforganisation), sodass sowohl die Organisationsstruktur, also der Aufbau des Netzbetriebs, als auch die einzelnen Geschäftsprozesse eine diskriminierungsfreie Ausübung des Netzbetriebs sicherzustellen haben.

3. Stufenfolge der und Ausnahmen von den Entflechtungsvorgaben

8 Die Entflechtungsbestimmungen der §§ 6 ff. EnWG richten sich an vertikal integrierte EVU und rechtlich selbständige Betreiber von Elektrizitäts- und Gasversorgungsnetzen, die im Sinne von § 3 Nr. 38 EnWG mit einem vertikal integrierten EVU verbunden sind.[8]

---

4 Elektrizitätsbinnenmarktrichtlinie 2003 (EltRL 2003 – RL 2003/54/EG) v. 26.6.2013 (ABl EU Nr. L 176 S. 37 ff.), dort insbesondere Art. 10, 15 und 19; Gasbinnenmarktrichtlinie 2003 (GasRL 2003 – RL 2003/55/EG) v. 26.6.2003 (ABl EU Nr. L 176 S. 57 ff.), dort insbesondere Art. 9, 13 und 17.

5 *Büdenbender/Rosin*, Energierechtsreform 2005, S. 82 f., sprechen von einer „kritiklosen Übernahme" und einer „Mutlosigkeit des Gesetzgebers". Lediglich *Säcker*, DB 2004, 691 ff., hält bereits die Normierungstiefe der Europäischen Richtlinien für ausreichend.

6 Die Gewährleistung von Diskriminierungsfreiheit und eines diskriminierungsfreien Netzbetriebs wird auch von §§ 7a Abs. 2 Nr. 1 und 6b Abs. 3 S. 1 EnWG angesprochen.

7 BT-Drucks. 15/3917, S. 51.

8 Fusionskontrollverordnung (FKVO - VO (EG) Nr. 139/2004) v. 20.1.2004 (ABl EU Nr. L 24 S. 1 ff.).

Vereinfacht sind also solche Unternehmen und auch jede Gruppe von Unternehmen betroffen, bei denen Tätigkeiten des Netzbetriebs mit denen des Energievertriebs und der -erzeugung im Bereich Elektrizität und Erdgas zusammenfallen. 9

Durch die EnWG-Novelle 2011 sind weitere Verschärfungen der **Entflechtungsvorgaben** für **„Transportnetzbetreiber"** (also Übertragungs- und Fernleitungsnetzbetreiber), insbesondere die Verpflichtungen zum sog. **Ownership Unbundling**, vorgenommen worden, vgl. §§ 8 bis 10e EnWG. Diesen besonderen Entflechtungsvorgaben für die wenigen Transportnetzbetreiber sind in den §§ 6 bis 6d EnWG gemeinsame Vorschriften für Verteiler- und Transportnetzbetreiber sowie in den §§ 7 bis 7b besondere Vorschriften für Verteilernetzbetreiber und Betreiber von Speicheranlagen vorangestellt. 10

Nach den §§ 6a bis 7a EnWG sind für die große Mehrzahl der Netzbetreiber in Deutschland, die Verteilernetzbetreiber, **vier Stufen der Entflechtung** zu unterscheiden: 11

- die rechtliche Entflechtung gem. § 7 EnWG,
- die operationelle Entflechtung gem. § 7a EnWG,
- die Regelungen zur Verwendung von Informationen (sog. informatorische Entflechtung) gem. § 6a EnWG und
- die Bestimmungen zur Rechnungslegung und internen Buchführung (sog. buchhalterische Entflechtung) gem. § 6b EnWG.

Die **rechtliche Entflechtung** verlangt die formale Unabhängigkeit des Netzbetriebs dadurch, dass dieser in einer anderen Gesellschaft geführt wird, als die Bereiche Gewinnung, Erzeugung oder Vertrieb von Energie. Diese lediglich formale Trennung nach der Rechtsform wird flankiert durch die **operationelle Entflechtung**, die bestimmte Anforderungen an den Markenauftritt und das Kommunikationsverhalten der Netzgesellschaft sowie die Aufbau- und Ablauforganisation und die personelle Zuordnung im Netzbetrieb statuiert. 12

Zusätzlich verpflichtet § 6a EnWG zur **Vertraulichkeit** im Hinblick auf wirtschaftlich sensible Informationen aus der Geschäftstätigkeit als Netzbetreiber bzw. zur **diskriminierungsfreien Offenlegung** von Informationen, die wirtschaftliche Vorteile bringen können. Die Vorschriften zur Rechnungslegung und internen Buchführung in § 6b EnWG bilden eine besondere Ausprägung des **Transparenzgebots** im Hinblick auf die Erstellung und Prüfung von Jahresabschlüssen und die interne Rechnungslegung. 13

Neben der bereits aus der Gesetzessystematik folgenden Beschränkung der Entflechtungsbestimmungen auf die Bewirtschaftung der Sektoren Elektrizität und Erdgas finden die §§ 7 und 7a EnWG auch keine Anwendung auf vertikal integrierte EVU, an deren Versorgungsnetze weniger als 100.000 Kunden unmittelbar oder mittelbar angeschlossen sind (§ 7 Abs. 2, § 7a Abs. 7 EnWG). 14

4. Auslegung und Konkretisierung der Entflechtungsvorgaben

15 Spezielle Ermächtigungen für die Regulierungsbehörden zum Erlass von konkretisierenden Rechtsverordnungen bestehen im Hinblick auf die **allgemein gehaltenen und teilweise unbestimmten Entflechtungsregelungen** – anders als z.B. in den Bereichen des Netzzugangs[9] und der Netzentgelte[10] – nicht, sodass die Landesregulierungsbehörden und die Bundesnetzagentur (BNetzA) die Einhaltung der Entflechtungsbestimmungen lediglich im Rahmen der allgemeinen Aufsichtsmaßnahmen nach § 65 EnWG überwachen können.

16 Eine **Konkretisierung der Entflechtungsvorschriften** und **Schaffung markteinheitlicher, rechtsverbindlicher Standards** entwickelt sich in der Praxis aber auf zwei Wegen:

- Einerseits entsteht eine Fallpraxis durch die inhaltliche Umsetzung der Entflechtungsbestimmungen im Einzelnen sowie durch **einzelne Verfügungen der Regulierungsbehörden** und ggf. ihre gerichtliche Überprüfung.
- Andererseits haben die **BNetzA** und die Landesregulierungsbehörden **einzelne Auslegungsgrundsätze** entwickelt und veröffentlicht.[11]

17 Hierdurch haben die Regulierungsbehörden ihr gemeinsames Verständnis zur Auslegung und Umsetzung der Entflechtungsbestimmungen zusammenfassend dargestellt.

18 Die Veröffentlichungen der Regulierungsbehörden dienen den betroffenen EVU – auch nach dem eigenen Verständnis der Regulierungsbehörden – lediglich „als Orientierungshilfe“; sie sind weder abschließend noch haben sie eine rechtliche Verbind-

---

9 Verordnungsermächtigungen der Bundesregierung für die Stromnetzzugangsverordnung (StromNZV) v. 25.7.2005 (BGBl. I S. 2243), zuletzt geändert durch Gesetz v. 21.7.2014 (BGBl. I S. 1066), bzw. Gasnetzzugangsverordnung (GasNZV) v. 3.9.2010 (BGBl. I S. 1261), zuletzt geändert durch Gesetz v. 21.7.2014 (BGBl. I S. 1066), sind u.a. §§ 24 und 29 EnWG. Die StromNZV bzw. GasNZV enthalten spezielle Festlegungsermächtigungen der Regulierungsbehörde in § 27 StromNZV bzw. § 50 GasNZV.

10 Verordnungsermächtigungen der Bundesregierung für die Stromnetzentgeltverordnung (StromNEV) v. 25.7.2005 (BGBl. I S. 2243), zuletzt geändert durch Gesetz v. 21.7.2014 (BGBl. I S. 1066), bzw. Gasnetzentgeltverordnung (GasNEV) v. 25.7.2005 (BGBl. I S. 2243), zuletzt geändert durch Gesetz v. 13.8.2013 (BGBl. I S. 3250), sind u.a. §§ 24 und 29 EnWG und für die Anreizregulierungsverordnung (ARegV) v. 29.10.2007 (BGBl. I S. 2529), zuletzt geändert durch Gesetz v. 21.7.2014 (BGBl. I S. 1066), § 32 EnWG.

11 BNetzA, Gemeinsame Auslegungsgrundsätze der Regulierungsbehörden des Bundes und der Länder zu den Entflechtungsbestimmungen in §§ 6 bis 10 EnWG, 1.3.2006; BNetzA, Gemeinsame Richtlinie der Regulierungsbehörden des Bundes und der Länder zur Umsetzung der informatorischen Entflechtung nach § 9 EnWG, 13.6.2007; BNetzA, Konkretisierung der gemeinsamen Auslegungsgrundsätze der Regulierungsbehörden des Bundes und der Länder zu den Entflechtungsbestimmungen in §§ 6 bis 10 EnWG, 21.10.2008; BNetzA, Leitfaden für Stromverteilernetzbetreiber „Große Netzgesellschaft“, 2011; BNetzA, Gemeinsame Auslegungsgrundsätze III der Regulierungsbehörden des Bundes und der Länder zu den Anforderungen an die Markenpolitik und das Kommunikationsverhalten bei Verteilernetzbetreibern (§ 7a Abs. 6 EnWG), 16.7.2012.

lichkeit oder unmittelbare Geltung. Im Zuge der Überprüfung der rechtskonformen Umsetzung der Entflechtungsbestimmungen durch die betroffenen Unternehmen im Einzelfall werden diese Grundsätze aber den Prüfungsrahmen bilden und bei Nichteinhaltung der Leitlinien ggf. zu weiteren Maßnahmen nach §§ 65 ff. EnWG führen.

Schließlich muss für das Verständnis der Entflechtungsvorschriften im EnWG 19 auch auf die Auslegung der gemeinschaftsrechtlichen Entflechtungsregelungen in den europäischen Richtlinien zurückgegriffen werden. Die Europäische Kommission hat hierzu ihre Auffassung in einem (ebenfalls rechtlich unverbindlichen) Auslegungshinweis, einer sog. **Interpretative Note**, beschrieben.[12] Die darin niedergelegten Hinweise zu einzelnen Fragen der Entflechtung gehen teilweise über den Inhalt der Richtlinien hinaus und zeigen, dass die Europäische Kommission auf diesem Weg versucht hat, einzelne Regelungsbereiche der Entflechtung in ihrem Sinn festzuschreiben.[13]

5. Weiterentwicklung der Entflechtungsvorgaben auf europäischer Ebene

Die Entflechtungsbestimmungen unterliegen einer **fortlaufenden Überwachung** 20 **und Fortentwicklung** durch die europäischen Regulierer und die Europäische Kommission, die stetig auf eine Verschärfung der Vorgaben hinarbeiten. So hat bspw. die ERGEG[14] strenge Leitlinien zur Entflechtung von Verteilnetzbetreibern veröffentlicht,[15] die zum Teil weit über den Wortlaut der EltRL 2003 und GasRL 2003 hinausgehen und auch ihren Niederschlag in dem Positionspapier der deutschen Regulierungsbehörden vom 21.10.2008[16] gefunden haben.

Mit dem sog. **Dritten Energiebinnenmarktpaket** des europäischen Gesetzge- 21 bers kam es zuletzt aufgrund europäischer Richtlinien (EltRL 2009 und GasRL 2009)[17] zu einer weiteren Verschärfung der Entflechtungsvorgaben.

Für die Übertragungs- bzw. Fernleitungsnetzebene, §§ 8 bis 10e EnWG, wurde eine 22 **eigentumsrechtliche Entflechtung (Ownership Unbundling)** für die Mitgliedstaa-

---

12 Vermerk der Generaldirektion Energie und Verkehr zu den Richtlinien 2003/54/EG und 2003/55/EG über den Elektrizitäts- und Erdgasbinnenmarkt – Die Entflechtungsregelungen, 16.1.2004.

13 Vgl. dazu auch *Büdenbender/Rosin*, Energierechtsreform 2005, S. 82.

14 European Regulators Group for Electricity and Gas (Vereinigung der europäischen Regulierungsbehörden).

15 ERGEG, Guidelines for Good Practice on Functional and Informational Unbundling for Distribution System Operators, 15.7.2008, abrufbar unter http://www.ceer.eu/portal/page/portal/EER_HOME/EER_PUBLICATIONS/CEER_PAPERS/Cross-Sectoral/2008/C06-CUB-12-04b-%20GGP%20Functional%20and%20Informational%20Unbundling%20for%20DSOs%20-%20July%2008_0.pdf

16 Konkretisierung der gemeinsamen Auslegungsgrundsätze der Regulierungsbehörden des Bundes und der Länder zu den Entflechtungsbestimmungen in §§ 6 bis 10 EnWG, 21.10.2008.

17 Elektrizitätsbinnenmarktrichtlinie 2009 (EltRL 2009 – RL 2009/72/EG) v. 13.7.2009 (ABl EU Nr. L 211 S. 55 ff.); Gasbinnenmarktrichtlinie 2009 (GasRL 2009 – RL 2003/55/EG) v. 26.6.2003 (ABl EU Nr. L 176 S. 57 ff.).

ten zwar nicht verpflichtend, aber auch die alternativ dazu durch die Mitgliedstaaten wahlweise umzusetzenden Modelle des sog. **Unabhängigen Netzbetreibers (Independent System Operator – ISO)** oder des sog. **Unabhängigen Übertragungsnetzbetreibers (Independent Transmission Operator – ITO)** sind mit tiefen Eingriffen in die Unternehmensstrukturen dieser Unternehmen verbunden.

23 Für die **Verteilnetzebene** blieben viele **Regelungen zur Entflechtung** in der EltRL 2009 und GasRL 2009 unverändert, dennoch sind auch hier Verschärfungen zu verzeichnen. Zu nennen sind z.B. die Vorgaben zur Personalausstattung und zur Kommunikations- und Markenpolitik der Netzgesellschaft im Rahmen der operationellen Entflechtung.

II. Vertraulichkeitsvorgaben

1. Ziele des § 6a EnWG

24 Die beiden Absätze des § 6a EnWG enthalten zwei voneinander unabhängige, sich aber im Hinblick auf das zu erreichende Ziel ergänzende Verpflichtungen, deren Einhaltung im Rahmen der Compliance sichergestellt sein muss: Zum einen wird der Netzbetreiber gem. § 6a Abs. 1 EnWG zur **Wahrung der Vertraulichkeit wirtschaftlich sensibler Informationen** verpflichtet und zum anderen muss ein **diskriminierungsfreier Umgang mit wirtschaftlich relevanten Informationen**[18] erfolgen, wobei bereits an dieser Stelle auf die unterschiedlichen Formen von Informationen hingewiesen werden soll, die von den jeweiligen Regelungen erfasst werden.

! **Hinweis**
Während sich die **Vertraulichkeitsverpflichtung** gem. § 6a Abs. 1 EnWG auf wirtschaftlich sensible Informationen bezieht, werden vom Anwendungsbereich des § 6a Abs. 2 EnWG wirtschaftlich relevante Informationen erfasst.[19]

---

25 Aus der Gegenüberstellung der Rechtsfolgen – Vertraulichkeit auf der einen und Diskriminierungsfreiheit bei der Offenlegung auf der anderen Seite – wird deutlich, dass der Begriff der informatorischen Entflechtung letztlich nicht ganz zutreffend die aus § 6a EnWG resultierenden Pflichten beschreibt, da hier keine Pflicht zur Entflechtung bisher verflochtener Bereiche beschrieben wird, sondern lediglich unterschiedliche Anforderungen an den Umgang mit Informationen.

26 Die genannten Verpflichtungen sind von jedem EVU umzusetzen und zwar unabhängig von seiner Größe. Die in §§ 7 Abs. 2 und 7a Abs. 7 EnWG enthaltenen Privile-

---

18 Vgl. *Wiedmann/Langerfeldt*, ET 2004, 158 ff.; *Otto*, RdE 2005, 267 f.

19 Zur Relevanz der Differenzierung im Wortlaut vgl. Danner/Theobald/*Eder*, Energierecht, § 9 EnWG Rn 2, 26 ff.

gierungen von EVU, an deren Netze weniger als 100.000 Kunden unmittelbar oder mittelbar angeschlossen sind (sog. **De-minimis-Regelung**), finden mangels ausdrücklicher Anordnung keine Anwendung.

Die seitens der EVU in der Praxis häufig eingesetzten **externen Dienstleister** sind 27 zwar nicht Adressaten der gesetzlichen Vorgaben zur informatorischen Entflechtung, sie sind aber durch das EVU entsprechend vertraglich zu verpflichten, sobald sie mit wirtschaftlich sensiblen oder vorteilhaften Informationen in Berührung kommen.[20]

Praxistipp

Unter Compliance-Gesichtspunkten ist darauf zu achten, dass die Beauftragung Dritter durch das EVU nicht dazu führt, gesetzliche Vorgaben zu umgehen. **!**

---

2. Vertraulichkeitsgebot, § 6a Abs. 1 EnWG

a) Welche Unternehmen sind verpflichtet?

Vor dem Hintergrund, dass es sich dabei um eine Vorschrift zum Schutz von Kunden- 28 daten und nicht um eine Entflechtungsvorschrift handelt, sind Adressaten der Verpflichtung nicht nur vertikal integrierte EVU, sondern auch Netzbetreiber als solche. Damit ist der **Adressatenkreis des Vertraulichkeitsgrundsatzes** weiter gefasst als in den übrigen Entflechtungsregelungen, die jeweils nur den integrierten Netzbetreiber verpflichten.

b) Umfang der Verpflichtung

Welche Informationen des Netzbetreibers müssen denn vertraulich behandelt 29 werden? Gegenstand der Regelung sind diejenigen Informationen, die als **„wirtschaftlich sensibel"** gelten. Da das Gesetz den Begriff der wirtschaftlichen Sensibilität nicht selbst definiert und auch die Begründung des Regierungsentwurfs an dieser Stelle wenig hilfreich ist, bleibt die Konkretisierung letztlich der Regulierungspraxis überlassen.

Hinweis

Feststeht nach dem Wortlaut der Vorschrift nur, dass es sich um Informationen handeln muss, von denen der **Netzbetreiber in Ausübung seiner Geschäftstätigkeit als Netzbetreiber Kenntnis erlangt** hat. **!**

Die Wahrung der Vertraulichkeit hat im Zeitalter nahezu ausschließlich **EDV-gestützter Arbeitsprozesse** insbesondere unmittelbare Auswirkungen auf die Ausgestaltung 30 der Datenverarbeitungssysteme, zumal im vertikal integrierten EVU die Bereiche Netz

---

20 Bundesnetzagentur, Gemeinsame Richtlinie der Regulierungsbehörden des Bundes und der Länder zur Umsetzung der informatorischen Entflechtung nach § 9 EnWG, 13.6.2007, S. 7.

und Vertrieb bisher regelmäßig auf einen gemeinsamen Datensatz zurückgreifen bzw. zurückgegriffen haben. Die Abgrenzung zwischen vertraulichen und nicht vertraulichen Informationen des Netzbetreibers ist entscheidend für den Umfang der Zulässigkeit gemeinsam genutzter und für alle Bereiche eines EVU einsehbarer Daten.[21]

31 Im Rahmen der internen Prüfung von Prozessen ist zunächst zu fragen, ob die Informationen **„in Ausübung [der] Geschäftstätigkeit als Netzbetreiber"** erlangt werden. Die „Geschäftstätigkeit als Netzbetreiber" umfasst neben den technisch-geprägten Tätigkeiten aus der Verantwortlichkeit für Betrieb, Wartung und Ausbau eines Verteilernetzes (§ 3 Nr. 3 EnWG) auch den sog. Netzvertrieb bzw. die Netzwirtschaft.[22] Im Umkehrschluss sind von dem Vertraulichkeitsgebot eindeutig die dem integrierten EVU auf andere Weise bekannt gewordenen oder von ihm erlangten Informationen **ausgenommen**. Soweit die Daten insbesondere im Querverbund eines Mehrspartenunternehmens auch (oder nur) im Rahmen der Tätigkeit für andere Sektoren (z.B. Wasser, Telekommunikation oder Fernwärme) bekannt geworden sind, unterfallen sie nicht diesem Vertraulichkeitsgebot. Für sie können also lediglich allgemeine Datenschutz- und Vertraulichkeitsregelungen gelten.

32 Maßgeblich für die Bestimmung der **wirtschaftlichen Sensibilität einer Information** ist der mit der Regelung verfolgte Schutzzweck bzw. das Ziel, das mit der Regelung erreicht werden soll. Während § 6a Abs. 2 EnWG **Netzdaten** schützt, hat § 6a Abs. 1 EnWG **Netzkundendaten** (z.B. Identität, Adresse, Einkommen, historische Verbrauchsdaten) zum Gegenstand. Das Vertraulichkeitsgebot schützt denjenigen, um dessen Daten es geht, also über dessen persönliche, sachliche oder wirtschaftliche Verhältnisse Einzelangaben vorhanden sind.

! **Hinweis**
Ausgehend von der Rechtsfolge der Vertraulichkeit wird von § 6a Abs. 1 EnWG also jeder Netzkunde geschützt, über den der Netzbetreiber bei der Ausübung seiner Geschäftstätigkeit Informationen erlangt hat.

---

c) Sicherstellung der Vertraulichkeit im Unternehmen

33 Das EVU hat die Vertraulichkeit der zuvor beschriebenen Informationen im Unternehmen sicherzustellen. Zwar wird der Begriff der **Vertraulichkeit** im EnWG nicht definiert, kann aber durch Rückgriff auf andere Gesetze, in denen er ebenfalls verwandt

21 Danner/Theobald/*Eder*, Energierecht, § 9 EnWG Rn 8.

22 Dazu gehören etwa die Abwicklung und Abrechnung des Netzzugangs einschließlich der Kundenwechselprozesse, die Festlegung und Vereinbarung der Netzanschluss-, Anschlussnutzungs- und Netzzugangsbedingungen einschließlich der Entgelte, die Zielwertermittlung und das Datenmanagement für die Abwicklung des Netzzugangs sowie im Bereich des Massenkundengeschäfts die Festlegung geeigneter Lastprofile und deren Abrechnung.

wird, wie folgt bestimmt werden: Vertrauliche Informationen dürfen nur dann an Dritte weitergegeben werden, wenn eine **gesetzliche Pflicht zur Weitergabe** besteht oder derjenige, dessen Daten betroffen sind, **in die Weitergabe einwilligt**. Andernfalls sind vertrauliche Informationen geheim zu halten und durch geeignete Maßnahmen vor der Einsicht durch Unbefugte zu schützen. Dieses Verständnis wird durch den gesetzgeberischen Willen, wie er sich aus der Begründung der Bundesregierung zu ihrem Gesetzentwurf ergibt, gestützt.[23]

Maßgeblich für das weitere Verständnis des Vertraulichkeitsgebotes ist also die **„Offenbarung von Netzkundeninformationen"**. Nach § 3 Abs. 4 Nr. 3 BDSG[24] ist unter Offenbarung, *„das Bekanntgeben [...] an einen Dritten in der Weise, dass die Daten an den Dritten weitergegeben werden oder der Dritte zur Einsicht oder zum Aufruf bereitgehaltene Daten einsieht oder abruft"*, zu verstehen. Damit wird von dem Vertraulichkeitsgebot nicht nur das **aktive Tun** erfasst, d.h. die aktive Weitergabe wirtschaftlich sensibler Daten an die Wettbewerbsbereiche des vertikal integrierten EVU, sondern auch das **passive Geschehenlassen**, das heißt die Fälle, in denen der Netzbetreiber keine geeigneten Maßnahmen trifft, die einen Zugriff der Wettbewerbsbereiche auf wirtschaftlich sensible Informationen verhindern.[25] 34

Die Verpflichtung zur Wahrung der Vertraulichkeit hat zur Konsequenz, dass die relevanten Informationen Dritten **nicht** zur Verfügung gestellt werden dürfen. Dritte in diesem Sinn sind auch der aus Sicht des Netzbereichs assoziierte Vertrieb eines vertikal integrierten EVU und seine anderen Gesellschaften. Dementsprechend ist auch intern sicherzustellen, dass der eigene Energievertrieb keine Kenntnisse über wirtschaftlich sensible Informationen erhält oder sich beschaffen kann. Dies setzt zum einen voraus, dass die Vertraulichkeit nicht durch die **Aufbauorganisation des Unternehmens** gefährdet wird, und zum anderen, dass ein **gemeinsam genutztes Datenverarbeitungssystem** so ausgestaltet wird, das wirtschaftlich sensible Daten nur vom Netzbetrieb einsehbar sind. 35

Die Wahrung der Vertraulichkeitsvorgaben, insbesondere gegenüber dem assoziierten Produktvertrieb des vertikal integrierten EVU erfordert somit regelmäßig Anpassungen in der **Aufbauorganisation** des vertikal integrierten EVU und eine **personelle Trennung**, insbesondere hinsichtlich der Mitarbeiter des Produktvertriebs. Das Gesetz enthält jedoch keine Aussage darüber, in welchem Umfang eine solche organisatorische Trennung vorzunehmen ist und welche Grundsätze für die unternehmensintern gemeinsam bearbeiteten Dienstleistungen gelten sollen. Der 36

23 Danach ist „eine Offenbarung von Daten des Netzkunden dem Netzbetreiber [...] nur dann gestattet [...], wenn [...] der Netzkunde [...] eingewilligt hat oder wenn eine gesetzliche Verpflichtung besteht", BT-Drucks. 15/3917, S. 54 f.

24 Bundesdatenschutzgesetz (BDSG) v. 14.1.2003 (BGBl. I S. 66), zuletzt geändert durch Gesetz v. 14.8.2009 (BGBl. I S. 2814).

25 Danner/Theobald/*Eder*, Energierecht, § 9 EnWG Rn 30.

Regelung des § 6a Abs. 1 EnWG wird aber mindestens zu entnehmen sein, dass Mitarbeiter, die mit Aufgaben des Energievertriebs befasst sind (also insbesondere Liefervertragsabschlüsse, Preisgestaltungen oder Kundenakquise), keine Zuständigkeiten in Bereichen haben dürfen, in denen wirtschaftlich sensible Informationen in Ausübung der Tätigkeit als Netzbetreiber gewonnen werden.

37 Neben dem Verbot der unberechtigten Weitergabe stellt der Vertraulichkeitsgrundsatz auch Anforderungen an die **Datensicherheit**, also an Schutzmaßnahmen vor dem unberechtigten Zugriff Dritter auf die vertraulichen Informationen. Im Rahmen der Datenverarbeitungssysteme sind Neuaufstellungen und Umstrukturierungen aber nur mit erheblichem Bearbeitungs- und Kostenaufwand möglich. Aus diesem Grund kommt der Beachtung des **Verhältnismäßigkeitsgrundsatzes** in diesem Bereich besondere Bedeutung zu. Elektronische Datenverarbeitungssysteme (EDV-Systeme) sind lediglich im Rahmen des technisch, zeitlich und wirtschaftlich Zumutbaren so auszugestalten, dass ein Zugriff auf wirtschaftlich sensible Informationen für Nichtberechtigte ausgeschlossen wird.[26]

38 Ungeachtet des Verhältnismäßigkeitsgrundsatzes ist letztlich entscheidend, dass eine Trennung der **Datenzugriffsberechtigungen** im Bereich der Elektrizitäts- und Gasversorgung für Mitarbeiter des Vertriebs (eingeschränkte Zugriffsberechtigung) und sonstige Mitarbeiter (Netz, gemeinsame Dienstleistungen etc.: umfangreiche Datenzugriffskompetenz) in Bezug auf wirtschaftliche sensible Informationen besteht. Selbstverständlich kann die Trennung der Datenzugriffsberechtigungen durch umfangreiche Umstrukturierungen in Form von tatsächlich getrennten EDV-Systemen, getrennten Servern oder getrennten Datensätzen erfolgen. Genauso kann aber die Umsetzung innerhalb eines Systems und eines Datensatzes mit Berechtigungskonzepten dem Vertraulichkeitsgebot entsprechen.[27]

! **Praxistipp**
Sowohl die Aufbauorganisation des Unternehmens als auch die vom Netzbetrieb und den Wettbewerbsbereichen gemeinsam genutzten Datenverarbeitungssysteme sind unter Compliance-Gesichtspunkten regelmäßig auf die Einhaltung dieser Vorgaben hin zu überprüfen.

---

26 BT-Drucks. 15/3917, S. 54 f.

27 Insbesondere der Vermerk der Generaldirektion Energie und Verkehr zu den Richtlinien 2003/54/EG und 2003/55/EG über den Elektrizitäts- und Erdgasbinnenmarkt – Die Entflechtungsregelungen, 16.1.2004, S. 15. Vgl. auch *Otto*, RdE 2005, 267; *Bausch*, Entflechtungsregelungen, S. 14; *Mildebrath*, e|m|w 3/2005, 15.

3. Verpflichtung zur nichtdiskriminierenden Offenlegung, § 6a Abs. 2 EnWG

a) Welche Unternehmen sind verpflichtet?

Im Gegensatz zu § 6a Abs. 1 EnWG ist der **Adressatenkreis** dieser Regelung wesentlich enger gefasst, da fusionskontrollrechtlich nicht mit einem EVU verbundene Netzbetreiber von der Vorschrift erfasst werden. Dementsprechend richtet sie sich nur an vertikal integrierte EVU. 39

b) Umfang der Verpflichtung

Was sind eigentlich Informationen über die eigenen Tätigkeiten als Netzbetreiber? 40
Nach § 3 Nr. 3 EnWG zählen zu den „**eigenen Tätigkeiten eines (Elektrizitätsverteiler-)Netzbetreibers**"

- die Übertragung und Verteilung von Elektrizität sowie
- der Betrieb, die Wartung und der Ausbau des Netzes.

Erfasst sind also solche **Netzdaten**, die allein dem Netzbetreiber als Inhaber des natürlichen Monopols „Netzbetrieb" bekannt werden, etwa: 41

- Informationen über Wartungsintervalle,
- Versorgungssicherheit,
- verfügbare Kapazitäten,
- Netzausbauplanung,
- Existenz von Neubauprojekten,
- aggregierte EEG-/KWKG-Einspeisungen sowie
- Bilanzierungs- und Betriebsdaten.

Vom **Diskriminierungsverbot** nicht erfasst sind, wie bereits dargestellt,[28] Netzkundeninformationen. 42

Daneben ist Voraussetzung, dass die offen gelegte Information tatsächlich zu einem **wirtschaftlichen Vorteil** führen kann, aber nicht führen muss. Entscheidend für die Bestimmung der wirtschaftlichen Relevanz einer Information ist mithin die Frage, ob – wenn nur ein Lieferant über diese Information verfügt – die übrigen Lieferanten ebenfalls über die Information verfügen müssen, um uneingeschränkt in Wettbewerb treten zu können. 43

c) Sicherstellung der nichtdiskriminierenden Offenlegung

Das Erfordernis einer diskriminierungsfreien Offenlegung von Informationen bedeutet im Kern, dass bei der Informationsoffenlegung hinsichtlich der Art, des Inhalts und des Adressatenkreises der Offenlegung vergleichbare Sachverhalte **gleich** 44

---

28 Vgl. bereits Rn 24 ff.

behandelt werden müssen, sofern für eine Ungleichbehandlung kein sachlicher Grund vorhanden ist.

45 Grundsätzlich besteht eine **Pflicht zur Offenlegung** nur dann, wenn diese entweder gesetzlich angeordnet wird[29] oder sich der Netzbetreiber entschlossen hat, die Information freiwillig offen zu legen, z.B. gegenüber seinem assoziierten Vertrieb.

Beispiel
Informiert er diesen beispielsweise über Netzausbauanfragen eines Kunden, so muss er diese Information in einer Art und Weise offen legen, dass Dritte davon Kenntnis erlangen können. Diese Anforderung ist z.B. erfüllt, wenn eine solche Information allgemein zugänglich im Internet bereitgestellt wird.

46 Aber auch im Falle der Veröffentlichung besteht ein Diskriminierungspotential, z.B. wenn der assoziierte Energievertrieb vom Netzbetreiber regelmäßig über die neueste Internetveröffentlichung informiert wird, während andere Lieferanten davon nur durch Zufall oder aufgrund einer Anfrage erfahren. Legt ein Netzbetreiber Informationen aus eigenem Antrieb offen, so muss er auch alle Lieferanten hinsichtlich der Art und Weise wie diese von der Offenlegung erfahren, gleich behandeln.[30]

Praxistipp
Unter Compliance-Gesichtspunkten ist insbesondere die Einhaltung des Grundsatzes **„Allen oder Keinem"** zu beachten.

4. Festlegungen der BNetzA (GPKE, GeLi Gas)

47 Zur **Vereinheitlichung von Informationsflüssen** bzw. des **Datenzugriffs aller Vertriebe** sowie zur **Vereinheitlichung von Geschäftsprozessen** und Datenformaten hat die **BNetzA** bereits in den Jahren 2006 und 2007 sog. Festlegungen gem. § 29 EnWG getroffen, die als Verwaltungsakte alle Beteiligten bereits unmittelbar binden und aufgrund ihrer Öffentlichkeitswirkung eine hohe Compliance-Relevanz haben.

Hinweis
Dies sind für den Strombereich die „GPKE"[31] und für den Gasbereich die „GeLi Gas",[32] nach denen für bestimmte Prozesse (z.B. Lieferantenwechsel) ein einheitliches Datenformat (EDIFACT) und einheitliche Geschäftsprozesse anzuwenden sind.

29 Vgl. bspw. § 19 Abs. 1 EnWG.
30 Vgl. dazu *Büdenbender/Rosin*, Energierechtsreform 2005, S. 181.
31 BNetzA, Festlegung einheitlicher Geschäftsprozesse und Datenformate zur Abwicklung der Belieferung von Kunden mit Elektrizität (GPKE), Beschl. v. 11.7.2006 – BK6-06-009.
32 BNetzA, Festlegung einheitlicher Geschäftsprozesse und Datenformate beim Wechsel des Lieferanten bei der Belieferung mit Gas (GeLi Gas), Beschl. v. 20.8.2007 – BK7-06-067.

Zwar sind zwischenzeitlich vergleichbare Vorgaben durch eine Vielzahl weiterer Festlegungen durch die BNetzA erlassen worden. Diese betreffen beispielsweise die Bilanzkreisabrechnung Strom (MaBiS[33]) und Gas (GABi Gas[34]), die Geschäftsprozesse und Musterverträge für den Bereich Messwesen (WiM[35]) und weitere Bereiche. Entflechtungsrelevant sind aber insbesondere die Regelungen der GPKE und GeLi Gas. 48

Denn deren Vorgaben gelten insbesondere auch für die Kommunikation innerhalb des integrierten EVU. Zunächst wurde teilweise angenommen, dass nur eine Trennung der IT-Systeme oder eine Trennung der sog. IT-Mandanten eine dauerhafte Umsetzung dieser Vorgaben gewährleistet. Eine solche Trennung der IT-Systeme bzw. IT-Mandanten stellt jedoch eine jeweils sehr kostenintensive Maßnahme dar, sodass mittlerweile über die Ausnahmeregelungen von Tenor 5 GPKE/Tenor 3 GeLi Gas auch alternative Lösungen (insbesondere „Portallösung" und „Abrechnungsmodell") als dauerhafte und geeignete Umsetzungsformen der Informationsverwaltung durch die **BNetzA** anerkannt werden. 49

5. Dokumentation der Geschäftsprozesse

Im Rahmen ihrer Richtlinie zur informatorischen Entflechtung vom 13.6.2007[36] haben die Regulierungsbehörden ihre Vorstellungen zur **konkreten Umsetzung der informatorischen Entflechtung durch jedes EVU** veröffentlicht. Diese Richtlinie ist zwar rechtlich nicht ohne weiteres verbindlich, dient den Regulierungsbehörden aber als Grundlage bei etwaigen Überprüfungen der EVU hinsichtlich der Einhaltung der Vorgaben der informatorischen Entflechtung und ist somit im Rahmen der Einhaltung von Compliance-Vorgaben zu beachten. 50

Nach der Richtlinie zur informatorischen Entflechtung sehen es die Regulierungsbehörden für erforderlich an, eine **schriftliche Dokumentation aller „diskriminierungsanfälligen Geschäftsprozesse"** vorzuhalten, in der der Ablauf der Prozesse und die ordnungsgemäße Anwendung bzw. Umsetzung der Entflechtungsbestimmungen dargelegt werden. Dies beinhaltet die **Identifizierung der Geschäftsprozesse** im EVU mit Diskriminierungspotenzial aufgrund einer Analyse der Ablauforganisation und die Erstellung von **Arbeitsanweisungen** und **Verhaltensregeln**. 51

Werden die inhaltlichen Vorgaben in die Geschäftsprozesse des EVU eingearbeitet und wird eine Dokumentation über diese Prozesse erstellt, so werden externe Auditoren, Beauftragte des Unternehmens oder ggf. die Gleichbehandlungsbeauf- 52

33 BNetzA, Festlegung von Marktregeln für die Durchführung der Bilanzkreisabrechnung Strom (MaBiS), Beschl. v. 10.6.2009 – BK6-07-002.
34 BNetzA, Festlegung in Sachen Ausgleichsleistungen Gas (Bilanzkreisvertrag u.a.) (GABi Gas), Beschl. v. 28.5.2008 – BK7-08-002.
35 BNetzA, Wechselprozesse im Messwesen (WiM), Beschl. v. 9.9.2010 – BK6-09-034.
36 BNetzA, Gemeinsame Richtlinie der Regulierungsbehörden des Bundes und der Länder zur Umsetzung der informatorischen Entflechtung nach § 9 EnWG, 13.6.2007.

tragten in die Lage versetzt, die gesetzeskonforme Umsetzung der informatorischen Entflechtung zu prüfen und ggf. zu bescheinigen. Dies wiederum wird gegenüber den Regulierungsbehörden als **Vermutung** dienen, die informatorische Entflechtung entspreche den gesetzlichen Vorgaben. Dies ersetzt jedoch nicht eine Überprüfung der Umsetzung im Einzelfall.

! **Praxistipp**
In Anbetracht dessen ist eine frühzeitige Erstellung der Dokumentation empfehlenswert, weil diese und die ggf. erforderliche Anpassung der Geschäftsprozesse selbst durchaus eine gewisse Zeit in Anspruch nehmen kann.

---

53 Im Rahmen einer Geschäftsprozessdokumentation kann es sinnvoll sein, beispielsweise folgende (hier nicht abschließend aufgeführte) **Geschäftsprozesse** abzubilden:
- Bearbeitung von Kundenanfragen,
- Beschwerdemanagement,
- technische Kundenbetreuung, Störungsdienst und Wartungsarbeiten,
- Erstellen von Netzanschlüssen,
- Messstellenbetrieb und Messung,
- Netznutzung – Lieferantenwechsel sowie An- und Abmeldung,
- Verbrauchsabrechnung/Forderungsmanagement,
- Sperrwesen/Inkasso.

54 Weiterhin ist auch die Dokumentation der Prozesse
- der Stammdatenerfassung,
- des Energiedatenmanagements,
- der Kalkulation von Netzzugangsentgelten,
- des Erstellens der Vertriebslastprognose,
- des Energiebezugs für das Netz,
- des Technischen Netzservices sowie
- des Netzausbaus und
- der Akquise für Vertrieb und Netz

sinnvoll, um nur die gängigsten Geschäftsprozesse zu benennen.

III. Buchhalterische Entflechtung

1. Ziele des § 6b EnWG

55 Durch die **Transparenz in der Kostenzuordnung** zu den einzelnen Marktstufen einen diskriminierungsfreien Netzzugang zu angemessenen Preisen zu erreichen, ist keine durch das novellierte EnWG im Jahr 2005 eingeführte Neuerung. Vielmehr waren die EVU schon vor dessen Inkrafttreten am 13.7.2005 sowohl im Elektrizitäts-

(§ 9 EnWG a.F.) als auch im Gasbereich (§ 9a EnWG a.F.) zur Aufstellung und Prüfung ihrer Jahresabschlüsse und zur Führung getrennter Konten verpflichtet. Allerdings haben sich die Anforderungen an die buchhalterische Trennung erheblich verschärft, sodass auch in diesem Bereich auf die EVU deutliche Veränderungen zugekommen sind.

Maßgeblich für das Verständnis der Entflechtungsbestimmungen in § 6b EnWG ist 56 die Differenzierung zwischen interner und externer Rechnungslegung, die Bestandteile des betrieblichen Rechnungswesens sind. Zu unterscheiden sind **Geschäfts- und Finanzbuchhaltung** einerseits, die einen Überblick über die Vermögens- und Ertragslage gewähren soll und auch als externe Rechnungslegung bezeichnet wird, und **Kosten- und Leistungsrechnung** andererseits, welche die interne Rechnungslegung ausmacht und die Grundlage der gesamten Unternehmenssteuerung darstellt. Die Bestimmungen des § 6b EnWG betreffen in erster Linie das interne Rechnungswesen, wobei aufgrund der Regelungen des § 6b Abs. 3 S. 6 EnWG für die genannten Bereiche ebenfalls eine Bilanz sowie eine Gewinn- und Verlustrechnung zu erstellen sind.

Die Verpflichtungen aus § 6b EnWG sind von jedem EVU umzusetzen und zwar 57 unabhängig von seiner Größe. Die in §§ 7 Abs. 2 und 7a Abs. 7 EnWG enthaltenen Privilegierungen von EVU, an deren Netze weniger als 100.000 Kunden unmittelbar oder mittelbar angeschlossen sind (sog. **De-minimis-Regelung**), finden mangels ausdrücklicher Anordnung keine Anwendung.

2. Umfang der Verpflichtung

Ausgangspunkt ist § 6b Abs. 1 EnWG, wonach alle EVU ungeachtet ihrer Eigentumsver- 58 hältnisse und ihrer Rechtsform einen **Jahresabschluss nach den für Kapitalgesellschaften geltenden Vorschriften des Handelsgesetzbuches (HGB)[37] aufzustellen, von einem Abschlussprüfer prüfen zu lassen und offen zu legen** (Einreichen des Jahresabschlusses zum Handelsregister bzw. zusätzliche Bekanntmachung im Bundesanzeiger) haben.

Hinweis !

Diese Verpflichtung richtet sich an alle natürlichen oder juristischen Personen, die Energie an andere liefern, ein Energieversorgungsnetz betreiben oder an einem Energieversorgungsnetz als Eigentümer Verfügungsbefugnis besitzen.

Nach § 6b Abs. 2 EnWG müssen **Geschäfte größeren Umfangs** mit verbundenen 59 oder assoziierten Unternehmen im Sinne von §§ 271 Abs. 3 oder 311 HGB durch alle

37 Handelsgesetzbuch (HGB) v. 10.5.1897 (RGBl. S. 219), zuletzt geändert durch Gesetz v. 15.7.2014 (BGBl. I S. 934).

EVU gesondert ausgewiesen werden. Um solche Geschäfte handelt es sich, wenn sie aufgrund ihres Geschäftsvolumens geeignet sein können, Diskriminierungen, Quersubventionen oder Wettbewerbsverzerrungen zugunsten des EVU zu ermöglichen, für die Vermögens- und Ertragslage des EVU also nicht von untergeordneter Bedeutung sind.[38] Ein Beispiel sind langfristige Lieferverträge mit großer wirtschaftlicher Bedeutung. Zur Vermeidung von Diskriminierung und Quersubventionierung haben vertikal integrierte EVU – im Gegensatz zu Abs. 1 und 2, die sich an alle EVU wenden – nach § 6b Abs. 3 EnWG in ihrer internen Rechnungslegung jeweils **getrennte Konten** für die folgenden Bereiche zu führen:

- Elektrizitätsübertragung,
- Elektrizitätsverteilung,
- Gasfernleitung,
- Gasverteilung,
- Gasspeicherung und
- Betrieb von LNG-Anlagen.

60 Diese **Kontentrennung** ist so durchzuführen, als ob die Tätigkeiten von rechtlich selbständigen Unternehmen ausgeführt werden. Die Verpflichtung zur Führung getrennter Konten macht jedoch keine Vorgaben dahingehend, in welcher Weise die getrennten Konten zu bebuchen sind. Die Unternehmen verfügen damit über einen gewissen Gestaltungs- und Ermessensspielraum. Dieser kann wohl zulässigerweise auch in der Form genutzt werden, dass anstelle einer unterjährigen progressiven Verbuchung in getrennten Buchungskreisen eine nachträgliche (retrograde) Bebuchung der getrennten Konten zum Jahresabschluss vorgenommen wird.[39]

61 Eine **Schlüsselung** der Konten hat zu erfolgen, soweit eine direkte Zuordnung der angefallenen Aufwendungen und Erträge zu den einzelnen Aktivitäten nicht oder nur mit unverhältnismäßig hohem Aufwand möglich wäre.[40] Durch die Kontentrennung soll eine transparente Darstellung der tatsächlichen Netzkosten ermöglicht werden, die dann als sachgerechte und nachvollziehbare Grundlage für die Berechnung der Netzentgelte herangezogen wird.

Hinweis

Für jeden der genannten Tätigkeitsbereiche ist intern jeweils eine eigene Bilanz und eigene Gewinn- und Verlustrechnung zu erstellen, die den Anforderungen des § 6b Abs. 1 EnWG entspricht.

---

38 IDW, Entwurf zur Stellungnahme zur Rechnungslegung (IDW ERS ÖFA 2 n.F.), Rn 48.

39 Dies dürfte auch dem Grundsatz der Preisgünstigkeit im EnWG entsprechen, § 1 Abs. 1 EnWG.

40 Dazu zählen vor allem Gemeinkosten, die auf einzelne Kostenstellen bzw. Unternehmenssparten mit Hilfe von Zuschlagssätzen verteilt werden.

Für vertikal integrierte EVU wird die Prüfungsverpflichtung des Jahresabschlusses gem. § 6b Abs. 1 EnWG durch Abs. 4 dahingehend erweitert, dass von der Prüfung auch die **interne Rechnungslegung** nach § 6b Abs. 3 EnWG erfasst wird. Zu prüfen ist aber nicht nur das Vorhandensein getrennter Konten, sondern auch, ob die Wertansätze und die Zuordnung der Konten sachgerecht und nachvollziehbar sind und der Grundsatz der Stetigkeit hinsichtlich der Ansatz- und Bewertungsmethoden beachtet worden ist. 62

Hinweis
Die Einhaltung der Vorgaben ist im Bestätigungsvermerk anzugeben. !

§ 6b Abs. 5 EnWG bezieht sich wieder auf alle EVU. Danach hat der Auftraggeber der Prüfung des Jahresabschlusses der Regulierungsbehörde unverzüglich eine **Ausfertigung des geprüften Jahresabschlusses** einschließlich des Bestätigungsvermerks oder des Vermerks über seine Versagung zu **übersenden**. 63

Hinweis
Sowohl die interne als auch die externe Rechnungslegung des EVU ist unter Compliance-Gesichtspunkten fortwährend auf die Einhaltung der relevanten Vorgaben hin zu überprüfen. !

IV. Rechtliche und operationelle Entflechtung

Von den beiden für größere vertikal integrierte EVU[41] geltenden Entflechtungsvorgaben der rechtlichen Entflechtung (§ 7 EnWG) und der operationellen Entflechtung (§ 7a EnWG) statuiert die rechtliche Entflechtung eher formelle Vorgaben, wohingegen die Umsetzung der operationellen Entflechtung inhaltliche und organisatorische Anforderungen an vertikal integrierte EVU stellt. 64

Hinweis
Im Hinblick auf die Einhaltung der Entflechtungsvorgaben unter Compliance-Gesichtspunkten sind allerdings beide Vorgaben gleichermaßen wichtig. !

1. Rechtliche Entflechtung

a) Inhalt der Verpflichtung

Kern der Verpflichtung zur rechtlichen Entflechtung ist die Anforderung in § 7 Abs. 1 EnWG, wonach vertikal integrierte EVU sicherzustellen haben, dass der Strom- bzw. 65

41 Vgl. zum Begriff des vertikal integrierten EVU Danner/Theobald/*Theobald*, Energierecht, § 3 EnWG Rn 288 ff.

Gasnetzbetrieb innerhalb des EVU hinsichtlich der Rechtsform unabhängig von anderen Tätigkeitsbereichen der Energieversorgung ausgeübt werden muss. Zielsetzung der gesetzlichen Regelungen ist es, den **Netzbetrieb in eigenen „Netzgesellschaften“** wahrnehmen zu lassen, in denen nicht die sonstigen Tätigkeitsbereiche der Energieversorgung bewirtschaftet werden. Die gesellschaftsrechtlich-formale Trennung des Netzbetriebs (Monopolbereich) von den Wettbewerbsbereichen (Vertrieb und Erzeugung) dient der organisatorischen Trennung beider Bereiche und soll „natürliche Verflechtungen“ aus der Zusammenarbeit innerhalb einer Gesellschaft (und damit möglichen Diskriminierungen des Netzbetriebs zugunsten des assoziierten Wettbewerbsbereichs) vermeiden helfen.

66 Damit sind die Vorgaben zur rechtlichen Entflechtung für EVU ein klassischer Bereich der Compliance-Überwachung. Weitere Vorgaben, die über die rein formale gesellschaftsrechtliche Entflechtung hinausgehen, enthält § 7 EnWG allerdings nicht – notwendig, aber auch damit ausreichend ist die Überführung des Netzbetriebs in eine Gesellschaft, in der weder Energievertrieb noch Energieerzeugung stattfindet.[42] Weitergehende Aspekte, etwa

- der personellen Ausstattung der Netzgesellschaft,
- des Markenauftritts und des Kommunikationsverhaltens der Netzgesellschaft,
- der Einflussnahmemöglichkeiten innerhalb des EVU,
- gesellschaftsrechtlicher Weisungsrechte oder
- inhaltlicher Zuständigkeiten bzw. der Kompetenzverteilung

sind ausschließlich Regelungsgehalt der Vorgaben zur operationellen Entflechtung in § 7a EnWG. Die Vorgaben der rechtlichen und operationellen Entflechtung ergänzen sich damit in ihrem Regelungsgehalt, überschneiden sich aber nicht.

b) Energierechtliche Umsetzung

67 Die Umsetzung der rechtlichen Entflechtung kann sowohl dadurch erfolgen, dass der Netzbetrieb durch eine bereits existierende Gesellschaft vorgenommen wird, als auch dadurch, dass hierzu eine neu gegründete Gesellschaft verwendet wird – sofern der Netzbetrieb jeweils getrennt von den sonstigen Bereichen der Energieversorgung erfolgt. Den Netzbetrieb in eine getrennte Gesellschaft zu überführen, setzt voraus, dass die Netzbetriebsgesellschaft über die Vermögensgegenstände des Energienetzbetriebes verfügen kann. Diese können dabei entweder als Eigentum von der Netzgesellschaft übernommen werden, alternativ ist auch eine **Verpachtung der Vermögensgegenstände des Energienetzbetriebes** möglich.[43] Weder die zugrunde

42 Zur rechtlichen Entflechtung ausführlich Danner/Theobald/*Eder*, Energierecht, § 7 EnWG Rn 2 ff.
43 Dazu näher Danner/Theobald/*Eder*, Energierecht, § 6 EnWG Rn 24, 49 ff.

liegenden Regelungen der europäischen Richtlinien[44] noch der deutsche Gesetzgeber haben verpflichtend eine „eigentumsrechtliche Entflechtung" für Verteilernetzbetreiber vorgesehen, um den Unternehmen bei der Entflechtung im Einzelfall möglichst viele Gestaltungsoptionen zu ermöglichen.

In der Praxis wurde und wird die rechtliche Entflechtung überwiegend durch 68
eine Verpachtung der Netzanlagen umgesetzt, da nur auf diese Weise eine **Steuerneutralität** der **Übertragungsvorgänge** im Hinblick auf Ertrags- und Grunderwerbsteuer auch ohne Einhaltung der Voraussetzungen der Teilbetriebsfiktionen in § 6 Abs. 2 EnWG und in Bezug auf Netzanlagen anderer Medien (etwa Wasser, Wärme etc.) möglich ist.

Gestaltungsfreiheit besteht für die zur rechtlichen Entflechtung verpflichteten 69
EVU auch hinsichtlich der **Rechtsform der Netzgesellschaft**. In Betracht kommen in erster Linie Kapital- und Personengesellschaften, also die GmbH, AG oder GmbH & Co. KG.[45]

Die rechtliche Entflechtung des Netzbetriebs erfolgt nach dem Gesetzeswortlaut 70
in § 7 EnWG von den *„anderen Tätigkeitsbereichen der Energieversorgung"*. Unter den Begriff der Energieversorgung fallen gemäß der Definition in § 3 Nr. 36 EnWG die Erzeugung oder Gewinnung von Energie zur Belieferung von Kunden, der Vertrieb von Energie an Kunden und der Betrieb eines Energieversorgungsnetzes.

Praxistipp !
Die Entflechtung des Netzbetriebs in rechtlicher Hinsicht bezieht sich damit auf die Erzeugung, Gewinnung oder den Vertrieb von Energie (Strom und Gas).

Damit ist die eigentliche rechtliche Entflechtung auf die gesetzliche Anordnung 71
beschränkt, dass der Netzbetrieb in einer anderen Gesellschaft zu erfolgen hat, als die genannten Tätigkeiten der Wettbewerbsbereiche. Im Umkehrschluss bedeutet dies: Alle übrigen Tätigkeitsbereiche können unternehmensindividuell ohne entflechtungsrelevante Vorgaben zugeordnet werden (also entweder zur Netzbetriebsgesellschaft oder aber zu anderen Gesellschaften innerhalb des Unternehmensverbundes des vertikal integrierten EVU). Dies betrifft insbesondere die sog. **Shared Services**, also etwa konzerninterne Dienstleistungsbereiche im Rahmen der Buchhaltung, des Personalwesens, der Rechtsabteilung, des Controlling etc.

Sofern im Rahmen des Netzbetriebs des vertikal integrierten EVU **mehrere Ener-** 72
gienetze (bspw. Stromnetze über mehrere Spannungsebenen oder Gasnetze über mehrere Druckstufen) bewirtschaftet werden, können diese problemlos in einer einheitlichen Netzgesellschaft zusammengefasst werden. Die Entflechtung von den Wettbewerbsbereichen hat in rechtlicher Hinsicht nicht zur zwingenden Vorausset-

---

44 Z.B. EltRL 2003.
45 Dazu *Ehricke*, IR 2004, 170 ff.

zung, dass unterschiedliche „Netzbetriebe" auch noch auf unterschiedliche Gesellschaften aufgeteilt werden müssten.[46]

73 Ebenso zulässig ist es, wenn mehrere zur rechtlichen Entflechtung verpflichtete EVU ihren Netzbetrieb in einer **gemeinsamen Netzgesellschaft** bündeln. Dies berührt dann nicht die Vorgaben zur rechtlichen Entflechtung, wirft allerdings Folgefragen im Hinblick auf die Zusammenfassung als „einheitliches Netz" für die Bestimmung der 100.000-Kunden-Grenze oder die Bestimmung des Grundversorgers nach § 36 EnWG auf.[47]

74 Zu den noch offenen Fragen im Rahmen der Umsetzung der rechtlichen Entflechtung gehört die Zulässigkeit von **„Über- bzw. Unterordnungsverhältnissen"** in Bezug auf die entflochtene Netzgesellschaft. Unbestritten zulässig ist die Aufstellung der **Netzgesellschaft als Tochter** der übrigen Bereiche der Energieversorgung, also etwa auch des Energievertriebs und der Energieerzeugung. Umstritten ist jedoch, ob die Netzgesellschaft ihrerseits als **Muttergesellschaft** oder zumindest als Beteiligte an einer anderen Gesellschaft, die Wettbewerbsbereiche bewirtschaftet, agieren kann. Die Regulierungsbehörden lehnen dies ab und formulieren in der Konkretisierung der gemeinsamen Auslegungsgrundsätze der Regulierungsbehörden des Bundes und der Länder zu den Entflechtungsbestimmungen in den §§ 6 bis 10 EnWG vom 21.10.2008:

> „Innerhalb des vertikal integrierten Energieversorgungsunternehmens ist grundsätzlich ausgeschlossen, dass die Netzgesellschaft ihrerseits an einer anderen Gesellschaft beteiligt ist, die direkt oder indirekt in den Bereichen der Gewinnung, Erzeugung oder des Vertriebs von Energie (Strom/Gas) an Kunden zuständig ist."[48]

75 Diese Auffassung hat die BNetzA durch ihren Beschluss vom 3.2.2012 gegen die E.ON Bayern AG und die E.ON Energie AG im Rahmen der Prüfung der sog. „regi.on"-Struktur des E.ON-Konzerns bestätigt.[49] Nach dem Wortlaut von § 7 EnWG ist dieser Befund allerdings keinesfalls eindeutig. Der Wortlaut sieht lediglich eine *„Unabhängigkeit hinsichtlich der Rechtsform"* vor, die als solche auch dann gegeben wäre, wenn die Netzgesellschaft als Muttergesellschaft aufgestellt würde. Nur dann, wenn man nach Sinn und Zweck der Regelung in § 7 EnWG eine diskriminierende Einflussnahme aufgrund möglicher finanzieller Interessen der „Netz-Muttergesellschaft" als unzulässig ansieht (im Umkehrschluss aber mögliche Einsichts- und Weisungsrechte der Vertriebs-Muttergesellschaft für unbedenklich hält), lässt sich diese Auslegung begründen.[50]

---

46 Die europäischen Richtlinien sprechen in diesem Zusammenhang vom sog. Kombinationsnetzbetrieb.

47 Vgl. dazu Danner/Theobald/*Eder*, EnWG, § 7 Rn 25.

48 S. 11 der genannten Auslegungsgrundsätze.

49 BNetzA, Beschl. v. 3.3.2012 – BK7-09-014 – n.v.

50 Vgl. zum Ganzen ausführlich Danner/Theobald/*Eder*, Energierecht, § 7 EnWG Rn 27 ff.

Hinweis
Unter Compliance-Gesichtspunkten kann festgehalten werden, dass die Überordnung der Netzgesellschaft über eine Gesellschaft, in der auch Wettbewerbsbereiche bewirtschaftet werden, zu Auseinandersetzungen mit den Regulierungsbehörden und ggf. formalen Verfahren führen wird.

c) Arbeitsrechtliche Umsetzung

Im Rahmen der Compliance-Überwachung der Umsetzung der rechtlichen Entflechtung sind auch die arbeitsrechtlichen Auswirkungen zu beachten. Insbesondere wird es bei der gesellschaftsrechtlichen Trennung des Netzbetriebs (in Verbindung mit der operationellen Entflechtung nach § 7a EnWG) oft zu einem **Betriebsübergang gem. § 613a BGB** kommen. Nach dieser Vorschrift tritt der Erwerber eines Betriebs oder Betriebsteils in die Rechte und Pflichten aus den im Zeitpunkt des Übergangs bestehenden Arbeitsverhältnissen ein, sofern der Erwerb durch Rechtsgeschäft erfolgt (§ 613a Abs. 1 S. 1 BGB). § 7 Abs. 1 EnWG sieht die gesellschaftsrechtlich-formale Trennung des Netzbetriebs vor, unabhängig davon, ob es sich dabei um einen eigenständigen Betrieb oder Betriebsteil im arbeitsrechtlichen Sinn handelt.[51] Da jedoch nach § 7a EnWG die rechtliche Entflechtung immer dadurch begleitet werden muss, dass die Netzgesellschaft mit einem Mindestmaß an Kompetenzen, Betriebsmitteln und Funktionen (sowie Personal) auszustatten ist, handelt es sich – je nach dem Umfang der Ausgestaltung – typischerweise entweder um einen eigenständigen Betrieb oder Betriebsteil im Sinne des § 613a BGB.[52] 76

Damit tritt automatisch die Rechtsfolge ein, dass die entflochtene Netzgesellschaft in sämtliche Rechte und Pflichten aus dem im Zeitpunkt des Übergangs (also der Entflechtung) bestehenden Arbeitsverhältnisses eintritt. Diese in § 613a Abs. 1 S. 1 BGB geregelte Rechtsfolge kann – und sollte in der Praxis – dadurch vermieden werden, dass der Übergang der Arbeitsverhältnisse einzelvertraglich mit den Arbeitnehmern geregelt wird. Typischerweise wird hierbei ein sog. **Personalüberleitungsvertrag** geschlossen, in den auch der jeweils zuständige Betriebsrat einbezogen werden kann. In diesem Zusammenhang können auch Fragen der Mitbestimmungsrechte der Betriebsräte oder etwa ein Interessenausgleich bzw. Sozialplan nach den §§ 111, 112 BetrVG[53] geregelt werden. 77

Die Verpflichtung zur rechtlichen Entflechtung wird beschränkt durch die Regelung in § 7 Abs. 2 EnWG, wonach zur rechtlichen Entflechtung nur Unternehmen ver- 78

51 Vgl. dazu ErfurterKomm-ArbR/*Preis*, § 613a BGB Rn 10 f.

52 Ausführlich dazu *Eder/von Blumenthal*, IR 2007, 222 ff.

53 Betriebsverfassungsgesetz (BetrVG) v. 25.9.2001 (BGBl. I S. 2518), zuletzt geändert durch Gesetz v. 20.4.2013 (BGBl. I S. 868).

pflichtet sind, an deren Strom- bzw. Gasnetze mehr als 100.000 Kunden unmittelbar oder mittelbar angeschlossen sind.[54]

2. Operationelle Entflechtung

79 Die operationelle Entflechtung in § 7a EnWG verpflichtet die betroffenen Unternehmen, die Unabhängigkeit des Netzbetriebs hinsichtlich der Organisation, der Entscheidungsgewalt und der Ausübung des Netzgeschäfts (inhaltlich) sicherzustellen. Diese Regelungen begleiten die Vorgaben zur rechtlichen Entflechtung und statuieren Verpflichtungen

- zur Entflechtung des im Netzbetrieb eingesetzten Personals (§ 7a Abs. 2 EnWG),
- zur Sicherstellung der beruflichen Handlungsunabhängigkeit der Leitung des Netzbetriebs (§ 7a Abs. 3 EnWG),
- zur Beschränkung des Einflusses der Konzern- bzw. Unternehmensleitung auf den Netzbetrieb,
- zu einer verwechslungssicheren Trennung des Markenauftritts und des Kommunikationsverhaltens der Netzgesellschaft und
- zur Aufstellung eines Gleichbehandlungsprogramms mit verbindlichen Maßnahmen zur diskriminierungsfreien Ausübung des Netzgeschäfts sowie dessen Überwachung (§ 7a Abs. 5 EnWG).

Hinweis
Diese Anforderungen sind ebenso vielschichtig wie auslegungsbedürftig,[55] sie bilden allerdings den Kern der im Rahmen der Compliance-Überwachung zu berücksichtigenden Entflechtungsvorgaben.

---

a) Bestimmungen zur „personellen Entflechtung"

80 Zentrale Vorschrift der „personellen Entflechtung" ist § 7a Abs. 2 Nr. 1 EnWG. Nach dieser Bestimmung müssen Personen, die mit **Leitungsaufgaben für den Netzbetreiber** betraut sind (oder die Befugnis zu Letztentscheidungen besitzen, die für die Gewährleistung eines diskriminierungsfreien Netzbetriebs wesentlich sind), für die Ausübung dieser Tätigkeit einer betrieblichen Einrichtung des Netzbetreibers angehören und dürfen keine Angehörige von betrieblichen Einrichtungen des vertikal integrierten EVU sein, die direkt oder indirekt für den laufenden Betrieb in den Wettbewerbsbereichen (Vertrieb, Erzeugung) zuständig sind.

81 Unzweifelhaft zählen zu dem erfassten Personenkreis die obersten Leitungsfunktionen im Netzbetrieb, also insbesondere die letztverantwortliche Unternehmensleitung (Vorstand/Geschäftsführung). Bei unbefangener Lektüre des Gesetzes-

54 Dazu noch sogleich unten Rn 103 f.
55 Vgl. dazu ausführlich Danner/Theobald/*Eder*, Energierecht, § 8 EnWG Rn 4 ff.

textes entsteht der Eindruck, dass darüber hinaus weitere Personen (gemeint sein könnten Bereichs- oder Abteilungsleiter) aus dem Leitungsumfeld des jeweiligen Netzbetreibers zusätzlich berücksichtigt werden sollen. Unklar ist insoweit allerdings der Bezug zu „Letztentscheidungen" in wesentlichen Fragen des diskriminierungsfreien Netzbetriebs, da diese Anforderungen nicht einmal durch eine gründliche Auswertung des Gesetzgebungsverfahrens sachgerecht eingegrenzt werden kann.[56]

Hinweis **!**
Unter Compliance-Gesichtspunkten bietet sich in jedem Fall eine grundsätzlich weite Auslegung des Begriffs der personell erfassten Mitarbeiter an.

Diese Mitarbeiter müssen für die Ausübung der Netztätigkeiten einer betrieblichen Einrichtung des Netzbetreibers angehören und dürfen keine Angehörige von betrieblichen Einrichtungen sein, die direkt oder indirekt für den laufenden Betrieb in den Wettbewerbsbereichen zuständig sind. Damit soll sichergestellt werden, dass die Kernfunktionen und die Leitung des Netzbetriebs in der entflochtenen Netzbetriebsgesellschaft wahrgenommen werden. Allerdings hat der deutsche Gesetzgeber an dieser Stelle lediglich den Wortlaut der europäischen Richtlinien wiederholt und es versäumt, die Anforderungen sachgerecht zu konkretisieren. Daraus entsteht eine Vielzahl von Auslegungsfragen, bei denen auch unter Compliance-Gesichtspunkten eine sorgfältige Abwägung zwischen unternehmensindividuellen Interessen und der rechtlichen Umsetzung zu erfolgen hat. Umstritten ist beispielsweise, ob das „Angehören zu einer betrieblichen Einrichtung" dazu führt, dass die genannten Personen einen **Anstellungsvertrag mit der Netzgesellschaft** haben müssen,[57] und ob neben der Beschäftigung in der Netzgesellschaft überhaupt keine weiteren Tätigkeiten im vertikal integrierten EVU wahrgenommen werden dürfen[58] oder ob stattdessen nur eine Tätigkeit mit Bezug zu den Wettbewerbsbereichen gemeint ist, was der Gesetzeswortlaut zum Ausdruck bringt.[59] 82

Zumindest für Personen, die **sonstige Tätigkeiten des Netzbetriebs** (also gerade keine Leitungsfunktionen) ausüben, stellt § 7a Abs. 2 Nr. 2 EnWG klar, dass sie in anderen Teilen des EVU tätig sein dürfen. Diese sollen den „fachlichen Weisungen der Leitung des Netzbetreibers" unterstellt werden. 83

---

56 Vgl. dazu Danner/Theobald/*Eder*, Energierecht, § 8 EnWG Rn 9 ff.

57 So etwa die Konkretisierung der gemeinsamen Auslegungsgrundsätze der Regulierungsbehörden, 21.10.2008, S. 5 ff. Dadurch wären Fallkonstellationen einer Arbeitnehmerüberlassung nicht zulässig, aus diesem Grund dagegen Danner/Theobald/*Eder*, Energierecht, § 8 EnWG Rn 19 f.

58 So wiederum die Regulierungsbehörden.

59 So etwa Danner/Theobald/*Eder*, Energierecht, § 8 EnWG Rn 23; dagegen *Büdenbender/Rosin*, Energierechtsreform 2005, S. 148.

Hinweis
An dieser Stelle ist im Hinblick auf Compliance-Grundsätze eine sorgfältige Abgrenzung arbeitsrechtlicher und inhaltlicher Weisungen im Rahmen von § 7a Abs. 2 Nr. 2 EnWG vorzunehmen.

84 Keinesfalls zulässig ist eine unmittelbare Weisung der Leitung des Netzbetriebs an einzelne Mitarbeiter, die nicht in der Netzgesellschaft angestellt (oder nicht im Rahmen einer Arbeitnehmerüberlassung tätig) sind, da Weisungen arbeitsrechtlich nur auf der Grundlage des jeweiligen Anstellungsvertrages erfolgen dürfen. Sachlich richtig und rechtlich zulässig sind dagegen Weisungsrechte im Rahmen konzerninterner Dienstleistungsverträge, über die der Auftraggeber (Netzbetriebsgesellschaft) dem Auftragnehmer (Dienstleistungsbereich im Konzern) inhaltliche Weisungen für die Erbringung der Dienstleistungen erteilen kann – gegebenenfalls auch in Bezug auf die Tätigkeit einzelner Mitarbeiter.

85 Die in personeller Hinsicht zusätzlich sicherzustellende **berufliche Handlungsunabhängigkeit** der Netzbetriebsleitung gem. § 7a Abs. 3 EnWG bedeutet, dass das Leitungspersonal im Netzbetrieb keinen unmittelbaren oder mittelbaren Sanktionen ausgesetzt sein darf, wenn es sein Verhalten ausschließlich an den Interessen des Netzbetriebs ausrichtet (betroffen können also etwa Abmahnungen, Kündigungen oder fehlende Beförderungsmöglichkeiten sein). Besonders zu berücksichtigen ist in diesem Zusammenhang, dass eine **leistungsbezogene Vergütung** des Leitungspersonals im Netzbereich nur so ausgestaltet werden darf, dass wesentliche Anteile der Bezahlung und Erfolgshonorierung nicht von anderen als den Leistungen im Netzgeschäft abhängig gemacht werden dürfen.[60]

86 Inhaltlich wird dem Leitungspersonal im Bereich des Netzbetriebs von § 7a Abs. 4 EnWG eine „unabhängige Entscheidungsgewalt“ garantiert. Dabei müssen **Entscheidungsbefugnisse** in Bezug auf die Vermögenswerte des Netzbetriebs, die für den Betrieb, die Wartung und den Ausbau des Netzes erforderlich sind, unabhängig von der Leitung und den anderen betrieblichen Einrichtungen des sonstigen vertikal integrierten EVU durch die Netzgesellschaft wahrgenommen werden. Da es sich um „tatsächliche“ Entscheidungsbefugnisse handelt, ist es nicht ausreichend, diese Entscheidungsbefugnisse lediglich in Gesellschafts- oder sonstigen Verträgen niederzulegen. Diese Befugnisse müssen auch ohne nicht rechtskonforme Einschränkungen ausgeübt werden können. Damit schränkt § 7a Abs. 4 S. 1 EnWG insbesondere den in § 37 GmbHG[61] enthaltenen Grundsatz ein, dass die Gesellschafter einer Gesellschaft mit beschränkter Haftung (GmbH) umfassende Einflussmöglichkeiten auf die Geschäftsführung haben.[62] Allerdings sieht § 7a Abs. 4 EnWG keine vollständige

60 So bereits die Gesetzesbegründung, BT-Drucks. 15/3917, S. 5A.
61 GmbH-Gesetz v. 20.4.1892 (RGBl. I S. 477), zuletzt geändert durch Gesetz v. 23.7.2013 (BGBl. I S. 2586).
62 Vgl. zum Ganzen ausführlich Danner/Theobald/*Eder*, Energierecht, § 8 EnWG Rn 51 ff.

Autonomie des Netzbetriebs vor. Die Leitung des vertikal integrierten EVU kann im Rahmen ihrer Aufsichtsrechte über die Leitung der Netzbetriebsgesellschaft im Hinblick auf die Rentabilität gesellschaftsrechtliche Instrumente der Einflussnahme und Kontrolle ausüben, sofern dies zur Wahrnehmung berechtigter Interessen erforderlich ist (das sind insbesondere Weisungen, die Genehmigung des jährlichen Finanzplans und die Festlegung allgemeiner Verschuldensobergrenzen). Weisungen dürfen sich allerdings nicht auf den „laufenden Netzbetrieb", also auf die Abwicklung einzelner, im Regelfall standardisierter oder nach bestimmten gleichförmigen Vorgaben ablaufender Netzprozesse beziehen (§ 7a Abs. 4 S. 4 EnWG).

b) Auslegungsverständnis der Regulierungsbehörden

Die **BNetzA** hat, wie in der Einführung bereits dargestellt,[63] zusammen mit den Lan- 87
desregulierungsbehörden in einer Reihe von Dokumenten unterschiedliche Auslegungsfragen der Entflechtungsbestimmungen aufgegriffen und das Verständnis der Regulierungsbehörden veröffentlicht.

Von besonderer Bedeutung für die operationelle Entflechtung sind die konkreti- 88
sierten Auslegungsgrundsätze vom 21.10.2008.[64] Neben bereits benannten, durchaus strengen Auslegungen einzelner Entflechtungsprobleme (Notwendigkeit eines Anstellungsvertrages zur Netzgesellschaft für Leitungspersonal im Netzbetrieb; Verbot von Doppelfunktionen innerhalb des vertikal integrierten EVU für Mitarbeiter der Netzgesellschaft, selbst wenn die anderen Funktionen nicht mit den Wettbewerbsbereichen zu tun haben; Verbot von Netzgesellschaften als Muttergesellschaften für Wettbewerbsbereiche etc.) definieren die Regulierungsbehörden in dieser Veröffentlichung sog. **diskriminierungsanfällige Netzbetreiberaufgaben** (DNA).[65]

Danach müssen insbesondere der laufende Betrieb sowie einzelne bauliche 89
Maßnahmen vom Netzbetreiber grundsätzlich souverän verantwortet und beurteilt werden. Dies setzt insbesondere für den Bereich des Finanzplans der Netzbetriebsgesellschaft, der auf Betrieb, Wartung und Ausbau des Netzes bezogen ist, eigene technische, ökonomische und juristische Kompetenz voraus. Betroffen sollen danach insbesondere sein:

- das Aufstellen des Wirtschaftsplans und der Mittelfristplanung,
- die Vertretung des Netzbetreibers im internen und externen Regulierungsprozess,

63 Vgl. bereits Rn 15 ff.

64 Konkretisierung der gemeinsamen Auslegungsgrundsätze der Regulierungsbehörden des Bundes und der Länder zu Entflechtungsbestimmungen in den §§ 6 bis 10 EnWG (Konkretisierung gemeinsame Auslegungsgrundsätze zu Entflechtungsbestimmungen), 21.10.2008, abrufbar unter http://www.bundesnetzagentur.de/DE/Sachgebiete/ElektrizitaetundGas/Unternehmen_Institutionen/EntflechtungKonzessionenArealnetze/Was_ist_Entflechtung/was_ist_entflechtung_node.html.

65 Vgl. dazu die Konkretisierung gemeinsame Auslegungsgrundsätze zu Entflechtungsbestimmungen, 21.10.2008, S. 7 ff.

- die Festlegungen von Strategie und technischen Rahmenbedingungen im Netzbetrieb,
- die Investitions- und Instandhaltungsstrategie,
- Rechtsfragen mit Diskriminierungspotential.

90 Weitere im Rahmen der DNA genannten Bereiche sind etwa

- die Grundsatzplanung,
- die Verantwortung für die Führung der Netzleitstelle,
- die operative Durchführung sowie
- das Vertragsmanagement im Bereich Netzwirtschaft/Netznutzung und Rechnungswesen ebenso wie
- die Kalkulation der Preise und Entgelte für Netzdienstleistungen.

91 Für alle diese Bereiche darf nach dem Willen der Regulierungsbehörden weder die Verantwortung und Leitung noch die Ausführung außerhalb der Netzbetriebsgesellschaft erfolgen. Dies soll tatsächlich **„sämtliche operative Entscheidungen"** umfassen.

92 Diese überaus weitgehenden Anforderungen werden in der Praxis von kaum einem Unternehmen vollständig eingehalten werden können.

! **Hinweis**
Unter Compliance-Gesichtspunkten kann aber festgehalten werden, dass eine genaue **Prüfung der organisatorischen, rechtlichen und operativen Durchführung** der genannten DNA im eigenen vertikal integrierten EVU sinnvoll und erforderlich ist.

---

93 Nur auf diese Weise können Risiken von Rechtsverstößen erkannt und ggf. behördliche Aufsichtsverfahren vermieden werden. Diese Überprüfung ist dabei „turnusmäßige Daueraufgabe" und nicht im Rahmen einer einmaligen Umsetzung der Entflechtung zu erledigen.

c) Kommunikationsverhalten und Markenpolitik

94 Mit der EnWG-Novelle 2011 wurden die gesetzlichen Entflechtungsregelungen um neue Vorgaben zu Kommunikationsverhalten und Markenpolitik der Netzbetreiber erweitert. Nach § 7a Abs. 6 EnWG haben

> „Verteilnetzbetreiber, die Teil eines vertikal integrierten Energieversorgungsunternehmens sind, [...] in ihrem Kommunikationsverhalten und in ihrer Markenpolitik zu gewährleisten, dass eine Verwechslung zwischen Verteilnetzbetreiber und den Vertriebsaktivitäten des vertikal integrierten Energieversorgungsunternehmens ausgeschlossen ist."

Diese Regelung soll nach dem Willen des Gesetzgebers vor allem dazu dienen, 95

- die Transparenz gegenüber dem Verbraucher zu erhöhen, dass Netz und Vertrieb zwei voneinander getrennte Aktivitäten eines vertikal integrierten Energieversorgungsunternehmens sind und
- bei den Netz-Mitarbeitern die Verbundenheit mit dem Netzbetreiber zu stärken.

Die Regulierungsbehörden haben hierzu wiederum Auslegungshinweise veröffent- 96
licht.[66] Bezugspunkt der Vorgaben ist das Kommunikationsverhalten, das heißt jede Handlung, bei der der Netzbetreiber mit Dritten in Kontakt tritt. Dabei ist nach Auffassung der Regulierungsbehörden die Markenpolitik wesentlicher Teil des Kommunikationsverhaltens, die Marke sei der „*Informationskanal, der die verschiedenen Marktseiten miteinander verbindet*".

Eine Verwechslungsgefahr zwischen Netzbetrieb und „Vertriebsaktivitäten" ist 97
auszuschließen. Unter letzteren ist im Kern der Verkauf von Energie an Kunden zu verstehen. Auch die dafür erforderlichen unmittelbaren Hilfstätigkeiten wie (Vertriebs-)Marketing und Lieferabrechnung werden vom Sinn und Zweck erfasst sein.[67]

Beim Außenauftritt sollte die Kennzeichnungskraft der eigenen Marke (des Netz- 98
betreibers) etwa dadurch hergestellt werden, dass eine unterschiedliche Farbwahl, unterscheidbare Schrift, individuelle Bilder und ein eigener Name verwendet werden. Dies betrifft insbesondere die Firmenbezeichnung, das Logo etc. Eine Umfirmierung ist nicht zwingend geboten, sofern auch auf andere Weise eine ausreichende Unterscheidbarkeit sicher gestellt ist.

Hinweis !

Für die Einhaltung der Compliance-Vorgaben muss bei Bedarf die Anwendung der genannten Grundsätze in Einzelfällen überprüft werden. Relevant können dabei insbesondere folgende Aspekte sein: Internetauftritt, Geschäfts- und Briefpapier, Werbemittel, Telefonnummern, Auftritt von Dienstleistungsbereichen (Shared Services).

---

66 Gemeinsame Auslegungsgrundsätze III der Regulierungsbehörden des Bundes und der Länder zu den Anforderungen an die Markenpolitik und das Kommunikationsverhalten bei Verteilernetzbetreibern (§ 7a Abs. 6 EnWG) (Gemeinsame Auslegungsgrundsätze III – Markenpolitik und Kommunikationspolitik), 16.7.2012, abrufbar unter http://www.bundesnetzagentur.de/DE/Sachgebiete/ElektrizitaetundGas/Unternehmen_Institutionen/EntflechtungKonzessionenArealnetze/Was_ist_Entflechtung/was_ist_entflechtung_node.html.

67 Eine weitere Auslegung des Begriffs „Vertriebstätigkeit", insbesondere die Einbeziehung des „wettbewerblichen Messstellenbetriebs", ist entgegen den Ausführungen der Regulierungsbehörden nicht geboten, da im Gesetzgebungsverfahren bewusst davon Abstand genommen wurde, eine Verwechslungsgefahr mit jeglichen anderen „Geschäftsaktivitäten" des EVU auszuschließen.

d) Gleichbehandlungsmanagement

99 Eine besondere Form des Compliance-Managements definiert § 7a Abs. 5 EnWG. In dieser Vorschrift ist die Verpflichtung enthalten, dass vertikal integrierte EVU für die Mitarbeiter, die mit Tätigkeiten des Netzbetriebs befasst sind, ein Programm mit verbindlichen Maßnahmen zur Diskriminierungsfreiheit festlegen müssen, das den Mitarbeitern und der Regulierungsbehörde bekannt gemacht wird. Gleichzeitig muss die Einhaltung dieses Gleichbehandlungsprogramms durch eine Person oder Stelle überwacht werden, die der Regulierungsbehörde einen jährlichen Bericht über die Einhaltung des Gleichbehandlungsprogramms vorzulegen und diesen zu veröffentlichen hat.

100 Zwar betrifft das **Gleichbehandlungsprogramm** und seine **Überwachung** nur mit Tätigkeiten des Netzbetriebs befasste Mitarbeiter. Die Auswirkungen sind aufgrund der typischerweise bestehenden internen Dienstleistungsbeziehungen im vertikal integrierten EVU (beispielsweise Shared Services) beträchtlich. Das Gleichbehandlungsprogramm muss „verbindliche Maßnahmen zur diskriminierungsfreien Ausübung des Netzgeschäfts" enthalten. Darüber hinaus müssen **Pflichten der Mitarbeiter und mögliche Sanktionen** festgelegt werden. Das Gleichbehandlungsprogramm muss also inhaltlich die Tätigkeiten des Netzbetriebs (insbesondere solche mit Diskriminierungspotential) benennen und **konkrete Verhaltensanweisungen** im Bereich dieser Tätigkeiten festschreiben. Es ist dabei grundsätzlich nicht ausreichend, lediglich den sehr abstrakten Gesetzeswortlaut zu wiederholen.

101 Stattdessen bietet es sich auch unter Compliance-Gesichtspunkten an, typischerweise auftretende Konflikt- und Bearbeitungsfälle mit Diskriminierungspotential aufzulisten und für Mitarbeiter verständlich anhand von Leitlinien zur Diskriminierungsfreiheit zu beschreiben. Zusätzlich sind **Informations- und Schulungsmaßnahmen**, auch durch den Gleichbehandlungsbeauftragten selbst, sinnvoll und zum Nachweis der Ernsthaftigkeit und der Bekanntmachung ggf. erforderlich.[68]

102 Die Aufstellung, Einführung und inhaltliche Ausgestaltung des Gleichbehandlungsprogramms ist eine spezielle Ausprägung des arbeitgeberseitigen Direktionsrechts, mit dem jeder Arbeitgeber die Arbeitspflicht konkretisieren kann. Bei der Aufstellung des Gleichbehandlungsprogramms besteht **kein Mitbestimmungsrecht des Betriebsrats**, da lediglich Fragen der operativen Netztätigkeit, nicht aber Fragen der Ordnung des Betriebs und des Verhaltens der Arbeitnehmer im Betrieb im Sinne von § 87 Abs. 1 Nr. 1 BetrVG erfasst sind. Soweit das Gesetz in § 7a Abs. 5 S. 2 EnWG davon spricht, *„mögliche Sanktionen"* müssten festgelegt werden, ist es ausreichend, wenn sich das Gleichbehandlungsprogramm auf die Nennung denkbarer Sanktionen beschränkt, die ausreichend Raum für eine Beurteilung des ggf. im Einzelfall vorliegenden Verstoßes lassen. Der Verweis auf Abmahnungen und gegebenenfalls Kündigungen als arbeitsrechtliche Konsequenzen von Verstößen ist daher ausreichend –

68 Zum Ganzen vgl. Danner/Theobald/*Eder*, Energierecht, § 8 EnWG Rn 83 ff.

die Einführung einer Betriebsbußenordnung oder eines sonstigen Verstoßkatalogs ist dagegen nicht gefordert (dieser wäre im Übrigen gem. § 87 Abs. 1 Nr. 1 BetrVG mitbestimmungspflichtig).

Hinweis
Die Überwachungs- und Berichtspflicht durch einen Gleichbehandlungsbeauftragten ist gerade im Hinblick auf die Einhaltung von Compliance-Grundsätzen ernst zu nehmen.

Die **Funktion des Gleichbehandlungsbeauftragten** ist dabei allerdings nicht der 103
„verlängerte Arm" der Regulierungsbehörden, sondern eine dienende Hilfsfunktion für die jeweilige Unternehmensleitung. Der Gleichbehandlungsbeauftragte muss allerdings über Kompetenz und Befugnisse verfügen, die ihm die Aufgabenerfüllung nach § 7a Abs. 5 EnWG möglich machen. Er muss also über eine ausreichende Qualifikation verfügen und ausreichend Zugang zu Mitarbeitern und Informationen haben. Um behördliche Aufsichtsmaßnahmen und im schlimmsten Fall Bußgelder zu vermeiden, sollte – abgestimmt mit der jeweiligen Unternehmensleitung – vorab für jedes Jahr ein entsprechender „Prüfungsplan" aufgestellt werden, auf den sich dann der jährliche Gleichbehandlungsbericht beziehen kann. Ebenso sollten fortlaufende Informations- und Schulungsveranstaltungen gemeinsam festgelegt werden.

3. Ausnahmeregelung: De-minimis-Unternehmen

Sowohl die Vorgaben zur rechtlichen als auch die zur operationellen Entflechtung 104
in den §§ 7 und 7a EnWG sind nicht anwendbar auf Unternehmen, an deren Versorgungsnetz weniger als 100.000 Kunden unmittelbar oder mittelbar angeschlossen sind. Mit dieser Vorschrift sollen kleinere EVU von den weitreichenden Eingriffen der §§ 7 und 7a EnWG ausgenommen werden.

Die im EnWG näher definierten „Kunden" lassen sich in Bezug auf den Netzan- 105
schluss als **Anschlussnehmer und Anschlussnutzer** unterscheiden. Nach dem Sinn und Zweck der sog. De-minimis-Regelung (also der 100.000-Kunden-Grenze) sollen sowohl Anschlussnehmer (also diejenigen, die einen physikalischen Anschluss an das jeweilige Netz haben) und Anschlussnutzer (also diejenigen, die einen solchen Anschluss zur Entnahme von Energie nutzen) gemeinsam berücksichtigt werden. Auf diese Weise sind sowohl Grundstückseigentümer als Anschlussnehmer als auch Pächter oder Mieter als Anschlussnutzer erfasst.[69] In der Praxis bestehen meistens keine Unsicherheiten über die Frage der relevanten Kundenzahl und der Verpflichtung zur rechtlichen oder operationellen Entflechtung. Nur im Rahmen des jeweils in der Ausnahmevorschrift enthaltenen Verweises auf die Definition des vertikal integ-

---

69 Vgl. zum Ganzen ausführlich Danner/Theobald/*Eder*, Energierecht, § 7 EnWG Rn 43 ff. Die Frage des Erreichens der 100.000-Kunden-Grenze ist allerdings für Strom- und Gasnetze getrennt zu bewerten.

rierten EVU gem. § 3 Nr. 38 EnWG ist zu berücksichtigen, dass im Fall von **„bestimmendem Einfluss“** alle an Energieversorgungsnetze angeschlossenen Kunden einer Unternehmensgruppe zu berücksichtigen sind. Dies hat die praktisch höchstrelevante Folge, dass sich EVU an das Netz unmittelbar oder mittelbar angeschlossene Kunden eines anderen Unternehmens hinzurechnen lassen müssen, sofern beide Unternehmen im Rahmen von bestimmendem Einfluss miteinander verbunden sind. Dafür reicht es bereits aus, wenn an einem anderen EVU als Minderheitsgesellschafter beteiligte EVU trotz der Minderheitsbeteiligung auf das strategische Verhalten dergestalt Einfluss nehmen können, dass wesentliche Entscheidungen, wie beispielsweise die Bestellung der Unternehmensleitung oder die Aufstellung des Wirtschaft- bzw. Finanzplans durch Vetorechte, blockiert werden können.[70]

Hinweis
Unter Compliance-Gesichtspunkten ist daher zur Ermittlung der eigenen rechtlichen Verpflichtungen eine genaue Prüfung der relevanten Kundenzahl unerlässlich.

B. Zusätzliche grundlegende Verpflichtungen des Energiewirtschaftsrechts

106 Neben den Entflechtungsbestimmungen existieren im EnWG weitere grundlegende Verpflichtungen, deren Einhaltung im Rahmen von Compliance-Gesichtspunkten relevant werden kann.

107 Zu beachten ist insbesondere die **Genehmigungspflicht des Netzbetriebs** nach § 4 EnWG. Danach bedarf die Aufnahme des Betriebs eines Energieversorgungsnetzes der Genehmigung durch die nach Landesrecht zuständige Behörde. Zwar bedürfen zum Zeitpunkt des Inkrafttretens dieser Regelung (13.7.2005) bereits Strom- und Gasnetz betreibende Unternehmen keiner Genehmigung (da die Vorschrift noch nicht galt). Allerdings kann diese Regelung dann relevant werden, wenn entweder ein Netzbetrieb vollständig neu aufgenommen wird oder im Rahmen von Netz- bzw. Konzessionsübernahmen ein bereits bestehender Netzbetrieb übernommen wird. Im Regelfall wird sich eine bereits erteilte Genehmigung oder ein rechtlich zulässiger genehmigungsfreier Netzbetrieb (vor dem 13.7.2005) aber auch auf einen nachfolgenden Betreiber des gleichen Energieversorgungsnetzes erstrecken. Allerdings sollte dies vor der Aufnahme des Netzbetriebs geprüft werden.[71]

108 Im Gegensatz zur Genehmigungspflicht nach § 4 EnWG in Bezug auf die Aufnahme des Betriebs eines Energieversorgungsnetzes besteht für Energievertriebe lediglich eine Anzeigepflicht. Diese **Anzeigepflicht** erstreckt sich gem. § 5 EnWG

70 Zum Ganzen Danner/Theobald/*Eder*, Energierecht, § 7 EnWG Rn 54 ff.
71 Vgl. zum Ganzen Danner/Theobald/*Theobald*, Energierecht, § 4 EnWG Rn 11 ff.

nur auf die **Belieferung von Haushaltskunden** mit Energie, sodass die gesetzliche Pflicht in der Regel unproblematisch erfüllt werden kann. Auf diese Weise soll eine Markttransparenz für Verbraucher und Regulierungsbehörden geschaffen werden. Die Liste der angezeigten Unternehmen wird von der **BNetzA** laufend auf ihrer Internetseite veröffentlicht. Mit der Anzeige der Tätigkeit ist das Vorliegen der personellen, technischen und wirtschaftlichen Leistungsfähigkeit sowie der Zuverlässigkeit der Geschäftsleitung darzulegen.

Hinweis **!**

Ein Verstoß gegen die Anzeigepflicht ist eine Ordnungswidrigkeit gem. § 95 Abs. 1 Nr. 2 EnWG und kann eine Geldbuße nach sich ziehen.

Erfasst sind damit Fälle des vollständigen Unterlassens der Anzeige, einer umsichtigen Anzeige (beispielsweise bei den Angaben zur Leistungsfähigkeit und Zuverlässigkeit) des Auslassens von zwingenden Angaben oder der nicht rechtzeitigen Anzeige. 109

Als weitere, grundlegende Verpflichtung nach dem EnWG ist die **Grundversorgungspflicht nach § 36 EnWG** zu nennen. Danach haben EVU für Netzgebiete, in denen sie die Grundversorgung von Haushaltskunden durchführen, Allgemeine Bedingungen und Allgemeine Preise für die Versorgung (in Niederspannung und Niederdruck) öffentlich bekannt zu geben, im Internet zu veröffentlichen und zu diesen Bedingungen und Preisen jeden Haushaltskunden zu versorgen. Insofern besteht ein vollständiger Kontrahierungszwang, der lediglich dann eingeschränkt ist, wenn die Versorgung für das EVU aus wirtschaftlichen Gründen nicht zumutbar ist (§ 36 Abs. 1 S. 2 EnWG). Grundversorger (und ebenfalls Ersatzversorger nach § 38 EnWG) ist das Unternehmen, das die meisten Haushaltskunden in einem Netzgebiet der allgemeinen Versorgung beliefert. 110

Hinweis **!**

Im Hinblick auf die Einhaltung der Compliance-Vorgaben ist dabei insbesondere zu beachten, dass der jeweilige Netzbetreiber „der allgemeinen Versorgung" verpflichtet ist, alle drei Jahre jeweils zum 1.7. den Grundversorger für die nächsten drei Kalenderjahre festzustellen und dies bis zum 30.9. des Jahres im Internet zu veröffentlichen und der nach Landesrecht zuständigen Behörde schriftlich mitzuteilen (§ 36 Abs. 2 EnWG).[72]

Erstmalig bestand diese **Ermittlungspflicht** zum 1.7.2006, zuletzt zum 1.7.2012, sodass die nächsten Grundversorgerbestimmungen zum 1.7.2015 (und dann 2018 usw.) erfolgen. Bei der Bestimmung des Grundversorgers anhand der Abgrenzung des Netzes der allgemeinen Versorgung stellt sich die Frage, auf welches Netzgebiet diese gesetzliche Regelung Bezug nimmt. Von den verschiedenen möglichen Auslegungen 111

72 Zum Ganzen ausführlich Danner/Theobald/*Eder*, Energierecht, § 36 EnWG Rn 28 ff.

(galvanische Verbundenheit, Gemeindegebiet, Konzessionsgebiet) ist letztlich nur das Abstellen auf das jeweilige Konzessionsgebiet systematisch und vom Sinn und Zweck der Regelung her überzeugend.[73]

112 Sonstige, im Rahmen der Compliance-Überwachung beachtenswerte Verpflichtungen aus dem EnWG sind beispielsweise

- die Veröffentlichungs- und Bekanntmachungspflichten beim Ablauf von Konzessionsverträgen (§ 46 Abs. 3 EnWG) und
- die Meldepflichten bei Versorgungsstörungen in der Energieversorgung (§ 52 EnWG).

C. Checkliste

I. Entflechtungsvorgaben

113 **1. Vertraulichkeit, § 6a EnWG**

- Wahrung der Vertraulichkeit wirtschaftlich sensibler Informationen (**Netzkundendaten**):
  - Weitergabe vertraulicher Informationen an Dritte nur bei gesetzlicher Pflicht zur Weitergabe oder Einwilligung des Betroffenen;
  - Sicherung der Vertraulichkeit im Rahmen der Aufbauorganisation des Unternehmens durch personelle Trennung;
  - Datensicherheit und Trennung der Datenzugriffsberechtigungen bei gemeinsamer Nutzung eines Datenverarbeitungssystems (Berechtigungskonzept);
  - vertragliche Einbeziehung externer Dienstleister.
- Diskriminierungsfreier Umgang mit wirtschaftlich relevanten Informationen (**Netzdaten**):
  - Gleichbehandlung vergleichbarer Sachverhalte;
  - Offenlegungspflicht bei gesetzlicher Anordnung oder freiwilligem Entschluss des Netzbetreibers;
  - Beachtung des Grundsatzes „Allen oder Keinem";
  - vertragliche Einbeziehung externer Dienstleister.
- Beachtung der Festlegungen der **BNetzA (GPKE, GeLi Gas)**: Einheitliches Datenformat für bestimmte Prozesse;
- Vorhalten einer Geschäftsprozessdokumentation „Diskriminierungsrelevanter Geschäftsprozesse" nebst Dienstanweisungen;
- regelmäßige Schulung der Mitarbeiter.

73 Vgl. Danner/Theobald/*Eder*, Energierecht, § 36 EnWG Rn 93 ff.

2. Buchhalterische Entflechtung, § 6b EnWG 114

- Aufstellung des Jahresabschlusses nach den für Kapitalgesellschaften geltenden Vorschriften des HGB sowie Prüfung und Offenlegung durch Abschlussprüfer;
- gesonderte Ausweisung von Geschäften größeren Umfangs mit verbundenen oder assoziierten Unternehmen;
- getrennte Kontenführung der internen Rechnungslegung bei vertikal integrierten EVU sowie eigene Bilanz sowie Gewinn- und Verlustrechnung;
- sachgerechte Schlüsselung von nicht direkt zuordenbaren Aufwendungen und Erträgen;
- Tätigkeitsabschluss ist unverzüglich nach Aufstellung im elektronischen Bundesanzeiger bekannt zu machen;
- Geschäftsberichte für die einzelnen Tätigkeiten sind im Internet zu veröffentlichen;
- Übersendung einer Ausfertigung des geprüften Jahresabschlusses an die Regulierungsbehörde.

3. Rechtliche Entflechtung, § 7 EnWG 115

- Netzbetrieb in separaten Gesellschaften: gesellschaftsrechtlich-formale Trennung des Netzbetriebs von den Wettbewerbsbereichen;
- Wahl des rechtlich möglichen und netzentgeltregulatorisch angemessenen Entflechtungsmodells.

4. Operationelle Entflechtung, § 7a EnWG 116

- Personelle Entflechtung:
  - Angehörigkeit von mit Leitungsaufgaben betrauten Personen zu betrieblichen Einrichtungen des Netzbetreibers;
  - berufliche Handlungsunabhängigkeit der Netzbetriebsleitung;
  - unabhängige Entscheidungsgewalt des Leitungspersonals;
  - Prüfung der organisatorischen, rechtlichen und operativen Durchführung der diskriminierungsanfälligen Netzbetreiberaufgaben.
- eigenständiger Markenauftritt und eigenständiges Kommunikationsverhalten der Netzgesellschaft (z.B. Ausgestaltung und Abgrenzbarkeit Logo und Wortmarke des Netzbetreibers);
- Gleichbehandlungsbeauftragter und Gleichbehandlungsprogramm einschließlich Überwachungs- und Berichtspflicht.

117 **II. Energiewirtschaftsrecht**

- Veröffentlichungspflichten des Netzbetreibers nach EnWG (z.B. im Strombereich Information über Netzengpässe gem. § 15 Abs. 5 StromNZV oder Veröffentlichung/Mitteilung der geltenden Netznutzungsentgelt gem. § 27 Abs. 1 StromNEV/GasNEV bzw. § 17 Abs. 1 AregV);
- Mitteilungspflichten des Netzbetreibers nach EnWG (z.B. Mitteilung von Monitoring-Daten gem. §§ 35 Abs. 1 und 2, 69 EnWG);
- Unterstützungspflichten des Netzbetreibers nach EnWG (z.B. im Strombereich die Bereitstellung von Informationen, die erforderlich sind, damit Übertragungsnetze sicher und zuverlässig betrieben, gewartet und ausgebaut werden können, gem. § 12 Abs. 4 EnWG);
- Genehmigungspflicht des Netzbetriebs, § 4 EnWG;
- Anzeigepflicht der Belieferung von Hauskunden mit Energie, § 5 EnWG;
- Pflicht zur Bestimmung des Grundversorgers (alle drei Jahre, beginnend am 1.7.2006, bis spätestens 30.9. des jeweiligen Jahres), § 36 EnWG;
- Veröffentlichungs- und Bekanntmachungspflichten bei Ablauf von Konzessionsverträgen, § 46 Abs. 3 EnWG;
- Meldepflichten bei Versorgungsstörungen der Energieversorgung, § 52 EnWG.

Kapitel 14
Strom- und energiesteuerrechtliche Compliance

A. Einführung

Die Kenntnis der Rechte und Pflichten nach dem **StromStG**[1] und **EnergieStG**[2] sind 1
für eine ordnungsgemäße Geschäftstätigkeit im Energiesektor unabdingbar.[3] In der Praxis zeigen sich jedoch immer wieder Unsicherheiten und Probleme bei der Frage, was hier von wem, wann und in welchem Umfang zu tun ist. Strom- und Energiesteuern haben nicht zuletzt wegen der starken Verzahnung mit technischen Fragestellungen mit den „klassischen" Steuern wie Umsatzsteuer, Ertragssteuer oder Gewerbesteuer nur wenig gemeinsam. Insbesondere die Ermittlung der richtigen Besteuerungsgrundlagen und verbunden damit die richtige (und fristgemäße) Erstellung der Steuererklärung (Steueranmeldung und/oder Entlastungsantrag) setzt in der Regel eine gute Abstimmung zwischen dem technischen Bereich und/oder der Energie(management)abteilung sowie Steuer- und/oder Rechtsabteilung (einschließlich Fristenmanagement) voraus. Der intensive und direkte Kontakt zum Hauptzollamt ist zur Klärung unklarer gesetzlicher Vorgaben ebenfalls vorteilhaft. Da die richtige Organisation der Abläufe und der unternehmensinternen Abstimmung einen guten Überblick über die relevanten gesetzlichen Vorgaben voraussetzt, werden nachfolgend – nach einem Überblick über die allgemeinen steuerlichen Pflichten und Sanktionsmöglichkeiten – die wichtigsten Rechte und Pflichten aus dem StromStG und dem EnergieStG dargestellt.

B. Steuerliche Pflichten, Überwachung und Sanktionen

Aus Sicht der Compliance muss die Beachtung und Einhaltung der strom- und energie- 2
steuerrechtlichen Pflichten unbedingt sichergestellt werden. Dabei ist zu berücksichtigen, dass neben den nachfolgend dargestellten spezifischen Vorgaben des StromStG und EnergieStG (einschließlich der entsprechenden Durchführungsverordnungen)[4]

---

1 Stromsteuergesetz (StromStG) v. 24.3.1999 (BGBl. I S. 378), zuletzt geändert durch Gesetz v. 5.12.2012 (BGBl. I S. 2436, 2725).

2 Energiesteuergesetz (EnergieStG) v. 15.7.2006 (BGBl. I S. 1534), zuletzt geändert durch Gesetz v. 18.7.2014 (BGBl. I S. 1042).

3 Vgl. hierzu ausführlich auch Danner/Theobald/*Liebheit*, Energierecht, StromStG, EnergieStG, Einf.

4 Stromsteuer-Durchführungsverordnung (StromStV) v. 31.5.2000 (BGBl. I S. 794), zuletzt geändert durch Gesetz v. 24.7.2013 (BGBl. I S. 2763), und Energiesteuer-Durchführungsverordnung (EnergieStV) v. 31.6.2006 (BGBl. I S. 1753), zuletzt geändert durch Gesetz v. 24.7.2013 (BGBl. I S. 2763).

auch die allgemeinen steuerlichen Pflichten der Abgabenordnung (AO)[5] eingehalten werden müssen.

3 Hiervon umfasst sind zunächst die **Buchführungs- und Aufzeichnungspflichten** nach §§ 140 bis 148 AO, die eine ordnungsgemäße interne Dokumentation voraussetzen. Nach § 147 Abs. 1 AO sind die relevanten Unterlagen zumeist zehn Jahre aufzubewahren.

4 Soweit sich aufgrund von strom- oder energiesteuerrechtlich relevanten Tätigkeiten **Steuererklärungs- und/oder Meldepflichten** ergeben, sind zusätzlich die §§ 149 bis 153 AO zu beachten. Unter anderem ergibt sich aus § 153 AO die Pflicht, eine Steuererklärung unaufgefordert zu berichtigen, wenn vor Ablauf der Festsetzungsfrist erkannt wird, dass die abgegebene Steuererklärung unrichtig oder unvollständig ist.

5 Ebenfalls von Bedeutung sind daher die Regelungen zur **Festsetzungsverjährung** in §§ 169 ff. AO, da für die Verbrauchssteuern und die Verbrauchssteuervergütungen nach § 169 Abs. 2 Nr. 1 AO eine kurze Frist von in der Regel einem Jahr vorgesehen ist. Die Frist beginnt in der Regel mit Ablauf des Jahres, in dem die Steueranmeldung bzw. der Entlastungsantrag abgegeben wird.[6] Die Frist für die Abgabe des Entlastungsantrags beginnt mit Ablauf des Kalenderjahres, für das eine Steuerentlastung beantragt wird.[7] Die Frist endet mithin regelmäßig am 31.12. des Jahres, das auf das Kalenderjahr folgt, in dem der Strom entnommen bzw. die Energieerzeugnisse verwendet wurden. Mit Ablauf der Frist erlischt der Entlastungsanspruch[8], soweit nicht zuvor ein ordnungsgemäßer Antrag gestellt worden ist. Zur Fristwahrung für Entlastungsanträge kommt es auf den rechtzeitigen Eingang beim Hauptzollamt an, da die Regelung des § 169 Abs. 1 S. 3 AO für Steuerentlastungen nicht anwendbar ist.[9] Der Ablauf der Festsetzungsverjährung kann aber nach § 171 AO (Ablaufhemmung) in unterschiedlichen Fällen, insbesondere durch eine noch laufende Außenprüfung,[10] in ihrem Ablauf gehemmt werden.

6 Nicht zuletzt wegen der kurzen Festsetzungsverjährungsfrist werden bei den betroffenen Unternehmen regelmäßig – nicht selten jährlich – **Außenprüfungen** durchgeführt. Die Rechte und Pflichten der Betroffenen ergeben sich aus §§ 193 bis 203 AO, wobei insbesondere auf die Mitwirkungspflichten nach § 200 AO hinsichtlich der Erteilung von Auskünften, Vorlage von Aufzeichnungen etc. hinzuweisen ist.

---

5 Abgabenordnung (AO) v. 1.10.2002 (BGBl. I S. 3866), zuletzt geändert durch Gesetz v. 22.12.2014 (BGBl. I S. 2417).

6 § 170 Abs. 2 und 3 AO.

7 § 171 Abs. 1 AO.

8 § 47 AO, BFH, Urt. v. 24.1.2008 – VII R 3/07 – BStBl. II 2008, 462.

9 BFH, Beschl. v. 8.10.2010 – VII B 66/10 – n.v.; vgl. auch Hübschmann/Hepp/Spitaler/*Banniza*, AO, § 171 Rn 36.

10 § 171 Abs. 4 AO.

Praxistipp

Außenprüfungen sollten sorgfältig vorbereitet und begleitet werden. Wird eine Außenprüfung angekündigt, sollten die vorhandenen Unterlagen auf Vollständigkeit und Richtigkeit geprüft werden. Für die Begleitung einer Außenprüfung empfiehlt sich, dem Prüfer in der Regel nur einen oder zwei Ansprechpartner für Auskünfte zu nennen. Alle Fragen und die erteilten Auskünfte sollten zwecks späterer Nachvollziehbarkeit dokumentiert werden.

Schließlich sind die verschiedenen **Straf- und Bußgeldtatbestände** relevant.[11] Spezifische Ordnungswidrigkeiten sind in § 64 EnergieStG und § 20 StromStV geregelt; die dort jeweils längeren Kataloge von möglichen Verstößen ergänzen den allgemeinen Bußgeldtatbestand der Verbrauchssteuergefährdung nach § 381 AO. Daneben können im Fall einer fehlerhaften Anwendung der strom- und energiesteuerrechtlichen Vorgaben die Straf- und Bußgeldvorschriften des Teils 8 der AO einschlägig sein wie beispielsweise 7

- die Verbrauchssteuergefährdung (§ 381 AO),
- die leichtfertige Steuerverkürzung (§ 378 AO) oder auch
- die (strafbewährte) Steuerhinterziehung (§ 370 AO).

Hinweis

Wird eine Steueranmeldung oder ein Entlastungsantrag falsch eingereicht und eine leichtfertigen Steuerverkürzung bejaht, verlängert sich die Verjährungsfrist auf fünf Jahre.[12] In der Praxis wird der Tatbestand der leichtfertigen Steuerverkürzung zuweilen recht extensiv ausgelegt; im Fall des FG Hamburg[13] wurde ein Fehlverhalten des Unternehmens bejaht, obwohl eine ausdrückliche Nachfrage und Abstimmung mit dem Außenprüfer erfolgt war.

Auch „geringere" Pflichtverletzungen können bereits Folgen haben: Wird etwa eine Steueranmeldung nicht oder verspätet eingereicht, kann das Hauptzollamt 8

- einen Verspätungszuschlag (§ 152 AO),
- Säumniszuschläge (§ 240 AO) oder
- ein Zwangsgeld (§ 329 AO) erheben.[14]

Zur Erfüllung seiner steuerlichen Pflichten kann sich ein Unternehmen von einem Beauftragten vertreten lassen (§ 214 AO). Dieser **steuerliche Beauftragte** kann Betriebs- oder Unternehmensangehöriger sein. Aufgrund der ergänzenden Regelung in § 62 Abs. 1 EnergieStG kann auch eine betriebsfremde Person (wie etwa der Steuerberater) Beauftragter sein (steuerlicher Betriebsleiter). In allen Fällen ist aber 9

11 Zum Steuerstrafrecht (einschließlich der Steuerordnungswidrigkeiten) vgl. ausführlich Kap. 18 Rn 113 ff.

12 § 169 Abs. 2 S. 2 AO.

13 FG Hamburg, Urt. v. 8.6.2012 – 4 K 104/11 – CuR 2012, 133.

14 Vgl. Schneider/Theobald/*Rodi*, HBEnWR, § 19 Rn 140.

die Zustimmung des Hauptzollamts erforderlich (§ 62 Abs. 1 S. 2 EnergieStG, § 214 S. 1 AO). Der Beauftragte erfüllt im Auftrag fremde Steuerpflichten, wobei hiervon sämtliche Sachverhalte wie Steueranmeldungen oder das Stellen von Entlastungsanträgen umfasst sein können.[15] Zu berücksichtigen ist aber, dass auch das Verhalten eines Steuerberaters, welcher nicht als steuerlicher Betriebsleiter benannt ist, unter anderem die Leichtfertigkeit im Sinne der leichtfertigen Steuerverkürzung (§ 378 AO) begründen kann.[16]

C. Systematischer Überblick

10 Der Verbrauch von Energie unterliegt in Deutschland grundsätzlich der Besteuerung. Unterschieden wird dabei zunächst zwischen Strom- und (anderen) Energieerzeugnissen. Die Palette der anderen Energieerzeugnisse ist dabei groß und reicht von „herkömmlichen" Mineralölen, wie Benzin oder Heizöl über Kohle und Erdgas, zu sonstigen Energieerzeugnissen, wie Biomasse, Klärgas oder auch Ersatzbrennstoffen. Im Anschluss sollen insbesondere die beiden leitungsgebundenen Energieerzeugnisse Strom und Erdgas dargestellt werden. Deren Besteuerung weist zwar einerseits hinsichtlich des Verfahrens (Steuerentstehung, Steuerschuldner, Steueranmeldung etc.) viele Parallelen auf, unterscheidet sich aber andererseits auch grundlegend, insbesondere im Bereich der jeweiligen Steuerbegünstigungen.

11 Strom- und Energiesteuern sind, da sie hinsichtlich der Steuerentstehung an den Verbrauch des Energieerzeugnisses (also an dessen Umwandlung in eine andere Energieform) anknüpfen, **Verbrauchsteuern**. Die gesetzlichen Grundlagen der Strombesteuerung sind im StromStG und für die Besteuerung der anderen Energieerzeugnisse im EnergieStG geregelt. Nähere Vorgaben zur Durchführung des StromStG enthält die StromStV. Genaueres zur Durchführung des EnergieStG ist in der EnergieStV geregelt. Für die speziellen Entlastungsmöglichkeiten für Unternehmen des Produzierenden Gewerbes ist zudem die **SpaEfV**[17] zu beachten. Außerdem finden sich wichtige Vorschriften für das Besteuerungsverfahren in der AO.

---

15 Bongartz/Schröer-Schallenberg, 2. Aufl. (2011), Rn. F 41, Hübschmann/Hepp/Spitaler/*Schallmoser*, AO, § 214 Rn 13.

16 Vgl. FG Düsseldorf, Urt. v. 7.12.2010 – 13 K 1214/06 E – EFG 2011, 878, wo eine leichtfertige Steuerverkürzung nur deswegen abgelehnt wurde, weil im Rahmen der 40-jährigen Mandatsbeziehung noch nie verbrauchssteuerrechtliche Fragen thematisiert wurden.

17 Spitzenausgleich-Effizienzsystemverordnung (SpaEfV) v. 31.7.2013 (BGBl. I S. 2858), zuletzt geändert durch Verordnung v. 31.10.2014 (BGBl. I S. 1656).

Der Trennung von Strom und Energieerzeugnissen in zwei Gesetzen liegt – neben historischen Gründen – auch der Gedanke der steuerlichen Trennung von Input und Output zugrunde: Da Strom in der Regel unter Verwendung von anderen Energieerzeugnissen produziert wird, bezeichnet man seine Besteuerung auch als sog. **Output-Steuer**. Erdgas wird hingegen vielfach zur Erzeugung von Strom und/oder Wärme verwendet und seine Besteuerung wird daher häufig als sog. **Input-Steuer** bezeichnet. Die Vermeidung einer Doppelbesteuerung von Input und Output stellt ein allgemeines Prinzip des Strom- und Energiesteuerrechts seit der sog. ökologischen Steuerreform dar. 12

Als Bundessteuer[18] ist die Erhebung und Verwaltung der Strom- und Energiesteuer Aufgabe der Bundesfinanzbehörden. Der Behördenaufbau ist dreistufig (§ 1 FVG)[19]: 13

- Hauptzollämter als örtliche Behörden,
- Bundesfinanzdirektionen als Mittelbehörden,
- das Bundesministerium der Finanzen als oberste Behörde.

Die örtliche Zuständigkeit des Hauptzollamts bestimmt sich gem. § 1 StromStV bzw. § 1a EnergieStV grundsätzlich nach dem Bezirk, in dem die Person ihren Wohnsitz hat bzw. von dem aus das Unternehmen betrieben wird. Die Kenntnis des örtlich zuständigen Hauptzollamts ist auch im Rahmen der Adressierung von Entlastungsanträgen zwingend zu beachten, da eine Verzögerung bei der verwaltungsinternen Weiterleitung von zwar grundsätzlich fristgerecht, aber beim falschen Hauptzollamt eingereichten Entlastungsanträgen zu Lasten des Antragstellers gehen kann.[20] 14

Als oberste Behörde erlässt das Bundesministerium der Finanzen (BMF) Hinweise zur Auslegung und Anwendung des StromStG und EnergieStG. Diese Hinweise (Erlasse) sind zwar als Verwaltungsvorschriften rechtlich nicht bindend; gleichwohl haben Erlasse in der Behördenpraxis eine erhebliche Bedeutung, weil die Hauptzollämter sie regelmäßig für ihre Auslegung der Gesetze zugrunde legen. 15

D. Stromsteuerrecht

Strom, der innerhalb der Bundesrepublik Deutschland zum Verbrauch entnommen wird, unterliegt seit dem 1.4.1999 der **Stromsteuer**.[21] Das StromStG trat im Rahmen 16

---

18 Vgl. Art. 106 Abs. 1 Nr. 2 GG.

19 Finanzverwaltungsgesetz (FVG) i.d.F. der Bek. v. 4.4.2006 (BGBl. I S. 846, 1202), zuletzt geändert durch Gesetz v. 22.12.2014 (BGBl. I S. 2417).

20 Vgl. FG Hamburg, Urt. v. 3.12.2012 – 4 K 107/12 – n.v.

21 Stromsteuergesetz (StromStG) v. 24.3.1999 (BGBl. I S. 378; 2000 I S. 147), zuletzt geändert durch Gesetz v. 5.12.2012 (BGBl. I S. 2436, 2725).

der ökologischen Steuerreform in Kraft. Ziel des StromStG ist es, elektrische Energie (also Strom) zu belasten, um auf diese Weise Anreize zu einem sparsamen Umgang mit Strom zu setzen. Das Steuermehraufkommen dient dazu, die Rentenversicherungsbeiträge zu senken und so die Lohnnebenkosten zu entlasten.

17 Der Steuersatz für den entnommenen Strom beträgt regelmäßig 20,50 €/MWh. Verantwortlich für die Abführung der Stromsteuer ist grundsätzlich derjenige, der den Strom an den stromentnehmenden Letztverbraucher leistet (der Versorger). Er hat die Stromsteuer selbst zu berechnen, bei der zuständigen Finanzbehörde (Hauptzollamt) anzumelden und sodann zu entrichten. Die Steuerbelastung reicht der Versorger regelmäßig über den Stromlieferpreis an die Letztverbraucher weiter.

18 Abweichend zur grundsätzlichen Besteuerung ist Strom in bestimmten Ausnahmefällen von der Steuer befreit. **Stromsteuerbefreiungen** gelten unter anderem

- für die Entnahme von Strom aus erneuerbaren Energieträgern aus einem Netz, das ausschließlich mit Strom aus erneuerbaren Energieträgern gespeist wird,
- für Strom, der zur Stromerzeugung entnommen wird oder
- für Strom aus kleinen Anlagen mit einer elektrischen Nennleistung bis 2 MW, wenn er im räumlichen Zusammenhang zur Anlage entnommen wird.

19 Bis zum 31.12.2010 ermäßigte sich die Stromsteuer abweichend vom regelmäßigen Steuersatz dann auf 12,30 €/MWh, wenn ein **Unternehmen Produzierenden Gewerbes** oder ein Unternehmen der Land- und Forstwirtschaft den Strom für betriebliche Zwecke entnahm und Inhaber einer entsprechenden Erlaubnis war. Im Vergleich zum regulären Steuersatz verringerte sich die Steuerlast also um 8,20 €/MWh. Seit dem 1.1.2011 ist an die Stelle des bisherigen Erlaubnisverfahrens ein Entlastungsverfahren getreten. Entnehmen Unternehmen des Produzierenden Gewerbes bzw. Unternehmen der Land- und Forstwirtschaft Strom für betriebliche Zwecke, fällt zunächst der regelmäßige Steuersatz von 20,50 €/MWh an. Die Unternehmen können jedoch gegebenenfalls eine **Entlastung von der Stromsteuer** nach §§ 9b, 10 StromStG geltend machen.

20 **Ermäßigte Steuersätze** sind noch in § 9 Abs. 2 und 3 StromStG für Strom, der im Verkehr mit Oberleitungsomnibussen oder für den Fahrbetrieb im Schienenbahnverkehr mit Ausnahme der betriebsinternen Werksverkehre und Bergbahnen (11,42 €/MWh) bzw. für die landseitige Stromversorgung von Wasserfahrzeugen (0,50 €/MWh) vorgesehen.

I. Übersicht zum StromStG

21 Das StromStG ist ein vergleichsweise kurzes Gesetz. Es enthält lediglich 16 Paragrafen.

22 In § 1 StromStG finden sich Regelungen zum Steuergegenstand und dem Steuergebiet. § 2 StromStG definiert wichtige im StromStG verwendete Begriffe, wie z.B.

den Begriff des Versorgers, des Unternehmens des Produzierenden Gewerbes oder der erneuerbaren Energieträger. § 3 StromStG bestimmt den allgemeinen Steuersatz. § 4 StromStG regelt näheres zu der Frage, wer und unter welchen Voraussetzungen eine Versorgererlaubnis erhält. Die §§ 5 bis 8 StromStG normieren Einzelheiten zu den wichtigen Fragen der Steuerentstehung, Steuerschuldnerschaft und dem Steuererhebungsverfahren. In den §§ 9, 9a, 9b und 10 StromStG schließen sich nähere Vorgaben zu der Frage an, unter welchen Voraussetzungen und in welcher Höhe eine Befreiung, Ermäßigung oder Entlastung von der Stromsteuer gewährt wird. § 11 StromStG ermächtigt das BMF, Regelungen zur Durchführung des StromStG in Form einer Rechtsverordnung (StromStV) zu treffen. § 12 StromStG schafft die Ermächtigungsgrundlage für das BMWi für den Erlass der SpaEfV. Die §§ 13 und 14 StromStG enthalten steuertechnische Vorgaben.

II. Besteuerung des Stroms

1. Steuerentstehung

Die Stromsteuer entsteht regelmäßig mit der Entnahme des Stroms aus dem Versor- 23
gungsnetz und zum Verbrauch (§ 5 Abs. 1 StromStG). Die Entnahme zum Verbrauch meint den Vorgang der tatsächlichen Stromentnahme, d.h. die Umwandlung des Stroms in andere Energien, wie Licht, Bewegung oder Wärme.[22] Entnehmender ist entweder der Letztverbraucher, an den ein Versorger Strom geleistet hat, oder der Versorger, der den Strom zum Selbstverbrauch entnimmt, oder der Eigenerzeuger, der eigenerzeugten Strom verbraucht.

Daneben kennt das StromStG aber auch andere Möglichkeiten der Steuerentste- 24
hung. Hierzu gehört unter anderem
- der Strombezug von einem außerhalb des Steuergebietes ansässigen Versorger (§ 7 StromStG),
- die widerrechtliche Stromentnahme (§ 6 StromStG) oder
- die Verwendung von steuerbegünstigt bezogenen Stroms zu nicht steuerbegünstigten Zwecken (§ 9 Abs. 6 StromStG).

Da das StromStG für die Steuerentstehung an die Entnahme des Stroms zum Ver- 25
brauch anknüpft, führt die Stromleistung zwischen Versorgern grundsätzlich nicht zur Steuerentstehung. Denn in diesem Fall fehlt es an einer Stromentnahme zum Verbrauch.

---

22 Vgl. FG Hamburg, Beschl. v. 27.12.2001 – IV 327/01 – n.v.; Begründung des Entwurfs eines Gesetzes zum Einstieg in die ökologische Steuerreform, BT-Drucks 14/40, S. 10; Friedrich/Meißner/*Meißner*, Energiesteuern, § 5 Rn 5; Schneider/Theobald/*Rodi*, HBEnWR, § 19 Rn 46.

Praxistipp
Der Stromlieferant liefert regelmäßig nur dann Strom ohne Stromsteuer, wenn der Kunde ihm zuvor die Mehrausfertigung eines Erlaubnisscheins vorlegt, der ihn selbst als Versorger im Sinne des StromStG ausweist.

26 Hiervon gibt es Ausnahmen: Zum einen gilt Strom, der an einen unerkannten Versorger und in der Annahme geleistet wurde, dass eine Steuer entstanden sei, als durch einen Letztverbraucher entnommen.[23] Praktisch relevant ist eine Stromleistung an den unerkannten Versorger etwa dann, wenn sich der Stromkunde gegenüber dem stromleistenden Versorger nicht als Versorger zu erkennen gibt, z.B. weil er keinen Erlaubnisschein besitzt oder den Erlaubnisschein nicht seinem Versorger vorlegt. In diesem Fall geht der Versorger davon aus, dass er an einen Letztverbraucher leistet. Dieser Annahme trägt das StromStG Rechnung, indem es die Steuerentstehung unabhängig von der (nicht gegebenen) tatsächlichen Stromentnahme gesetzlich fingiert.[24]

2. Steuerschuldner

27 Steuerschuldner ist im Fall der regelmäßigen Steuerentstehung bei Entnahme des Letztverbrauchers und des Versorgers zum Eigenverbrauch der Versorger selbst,[25] wobei die vorgenannten Sonderfälle zu beachten sind. Als Versorger definiert das StromStG denjenigen, der Strom leistet,[26] also aufgrund einer vertraglichen Verpflichtung einem anderen Strom verschafft.[27]

28 Allerdings regelt § 1a StromStV im Wege einer gesetzlichen Fiktion bestimmte Ausnahmefälle, in denen ein Stromleistender nicht als Versorger sondern (weiterhin) als Letztverbraucher gilt. So gilt unter anderem derjenige, der ausschließlich Strom zum Steuersatz in Höhe von 20,50 €/MWh bezieht und diesen Strom ausschließlich an seine Mieter, Pächter oder vergleichbare Vertragsparteien leistet, nicht als Versorger.[28] Des Weiteren gilt auch derjenige nicht als Versorger, der ausschließlich in Anlagen mit einer Leistung bis 2 MW erzeugten Strom aus Erneuerbaren Energien leistet.[29]

23 § 5 Abs. 3 StromStG.
24 § 5 Abs. 3 S. 1 StromStG.
25 § 5 Abs. 2 StromStG.
26 § 2 Nr. 1 StromStG.
27 Vgl. Bongartz/Jatzke/Schröer-Schallenberg/*Wundrack*, StromStG, § 2 Rn 5; Friedrich/Meißner/*Friedrich*, Energiesteuern, § 2 Rn 8.
28 § 1a Abs. 2 S. 1 StromStV.
29 § 1 Abs. 5 S. 1 StromStV.

3. Versorgererlaubnis

Versorger benötigen eine Erlaubnis, wenn sie Strom an Letztverbraucher leisten oder 29
wenn sie als Eigenerzeuger (mit Anlagen größer 2 MW) Strom zum Eigenverbrauch entnehmen wollen. Auch Letztverbraucher, die Strom aus einem Gebiet außerhalb des Steuergebietes beziehen wollen, benötigen eine Erlaubnis.[30] Maßgeblich für den Status des Versorgers ist aber stets die Tätigkeit als Lieferant von Strom, nicht die Erteilung der Erlaubnis; die Erlaubnis ist daher lediglich deklaratorisch.[31]

Die Erteilung der **Versorgererlaubnis** muss bei dem für den Versorger örtlich 30
zuständigen Hauptzollamt beantragt werden. Im Antrag sind Angaben

- über den Namen,
- über den Geschäftssitz und
- über die Rechtsform des antragstellenden Unternehmens,
- zur Steuernummer und Umsatzsteuer-Identifikationsnummer sowie
- zum Unternehmensgegenstand

zu machen. Außerdem müssen dem Antrag verschiedene Unterlagen hinzugefügt werden. Hierzu zählen insbesondere

- der Registerauszug,
- das Betriebsstättenverzeichnis und
- die Erklärung über die Bestellung eines steuerlichen Beauftragten (§ 4 Abs. 1 und Abs. 2 StromStV).

Die Versorgererlaubnis wird vom Hauptzollamt erteilt, wenn 31

- der antragstellende Versorger ordnungsgemäß kaufmännische Bücher führt,
- rechtzeitig Jahresabschlüsse aufstellt und
- gegen seine steuerliche Zuverlässigkeit keine Bedenken bestehen (§ 4 Abs. 2 S. 1 StromStG).

Liegen alle Voraussetzungen der Erlaubniserteilung vor, hat der Antragsteller 32
einen Rechtsanspruch auf ihre Erteilung. Die Erlaubnis enthält regelmäßig einen Widerrufsvorbehalt;[32] das Hauptzollamt kann sie daher widerrufen, wenn die Voraussetzungen für die Erteilung nicht (mehr) vorliegen.

Hinweis !
Mit der Erlaubnis erhält der Antragsteller einen Erlaubnisschein und Mehrausfertigungen des Erlaubnisscheins. Die Anzahl der Mehrausfertigungen ist nicht begrenzt; sie bestimmt sich danach, wie viele Ausfertigungen das Unternehmen benötigt, um sie seinen Stromlieferanten vorzulegen.

---

30 § 4 Abs. 1 S. 1 StromStG.
31 Vgl. auch Friedrich/Meißner/*Friedrich*, Energiesteuern, § 4 Rn 14 ff.
32 § 4 Abs. 2 StromStG.

4. Pflichten des Versorgers

33 Versorger unterliegen verschiedenen Pflichten (§ 4 StromStV). Hierzu gehört zunächst das Führen eines Belegheftes, in dem die Korrespondenz mit dem Hauptzollamt und die stromsteuerrechtlich relevanten Schriftstücke und Unterlagen gesammelt werden sollen. Weiter ist der Versorger verpflichtet, Aufzeichnungen zu führen, aus denen die gelieferten und von Letztverbrauchern entnommenen Strommengen getrennt nach Letztverbrauchern, Steuersätzen und Steuerbegünstigungen hervorgehen. Ebenso sind die unversteuert an andere Versorger geleisteten Strommengen zu dokumentieren. Der Versorger muss zudem Änderungen der für die Erlaubniserteilung relevanten Verhältnisse sowie eine drohende oder eingetretene Überschuldung oder Zahlungsunfähigkeit und den Antrag auf Eröffnung eines Insolvenzverfahrens beim Hauptzollamt angeben. Außerdem muss der Versorger als Steuerschuldner eine Steueranmeldung abgeben.

5. Stromsteueranmeldung

34 Die Steueranmeldung kann entweder für ein Veranlagungsjahr (Regelfall) oder für einen Veranlagungsmonat (Ausnahme) erstellt und abgegeben werden. Der Steuerschuldner muss hierfür das amtlich vorgeschriebene Muster verwenden (§ 5 StromStV).

Hinweis
Das Formular kann als Vordruck 1400 unter www.zoll.de[33] abgerufen werden.

---

35 In der Steueranmeldung berechnet der Steuerschuldner seine Steuer selbst.[34] Die Steueranmeldung muss vollständig sein und vom Steuerschuldner unterschrieben werden. Durch seine Unterschrift bestätigt der Steuerschuldner, die Angaben nach bestem Wissen und Gewissen gemacht zu haben.

36 Die Steueranmeldung steht einer Steuerfestsetzung unter dem Vorbehalt der Nachprüfung gleich.[35] Der Vorbehalt der Nachprüfung ermöglicht die Korrektur der Steueranmeldung durch den Steuerschuldner oder das Hauptzollamt, solange keine Festsetzungsverjährung eingetreten ist.[36]

37 Das Wahlrecht zwischen monatlicher und jährlicher Stromsteueranmeldung muss der Steuerschuldner jeweils bis zum 31.12. des Vorjahres ausüben. Wird es nicht ausgeübt, gilt die jährliche Veranlagung.[37]

---

33 Abrufbar unter http://www.zoll.de/SiteGlobals/Forms/FormularMerkblattSuche/FormularMerkblatt Suche_BegriffSuche_form.html (Suche: 1400).

34 § 150 Abs. 1 AO, §§ 167, 168 AO.

35 § 167 Abs. 1 AO i.V.m. §§ 150, 155 AO.

36 Vgl. FG Hamburg, Urt. v. 12.2.2010 – 4 K 243/08 – IR 2010, 141 m. Anm. *Zimmermann*.

37 § 8 Abs. 2 StromStG.

Bei jährlicher Veranlagung ist der Steuerschuldner verpflichtet, die Steueranmeldung zum 31.5. des Folgejahres abzugeben und die angemeldete Steuer bis zum 25.6. des Folgejahres zu entrichten.[38] Das Folgejahr umfasst dabei das Jahr, das dem Jahr der Steuerentstehung folgt. 38

Im Fall der jährlichen Steueranmeldung ist der Steuerschuldner verpflichtet, monatliche Vorauszahlungen zu leisten. Die Höhe der monatlichen Vorauszahlungen wird vom Hauptzollamt festgesetzt und beträgt in der Regel ein Zwölftel der Steuer, die im vorletzten dem Veranlagungsjahr vorhergehenden Jahr entstanden ist.[39] Vorauszahlungen für das Veranlagungsjahr 2016 basieren also grundsätzlich auf der Steuerschuld des Jahres 2014. 39

Bei Änderungen der zu erwartenden Jahressteuerschuld sind abweichende Festsetzungen möglich.[40] Sofern das Unternehmen seine Versorgungstätigkeit erstmals aufgenommen hat und deshalb nicht auf Daten aus einem dem Veranlagungsjahr vorhergehenden Kalenderjahr zurückgreifen kann, bildet die voraussichtlich zu erwartende Jahressteuerschuld die Grundlage der Vorauszahlungsberechnung.[41] 40

Bei monatlicher Veranlagung muss die Anmeldung bis zum 15. des Folgemonats vorliegen und bis zum 25. des Folgemonats entrichtet werden.[42] Abweichend von der jährlichen oder monatlichen Anmeldung kann die Stromsteuer auch über das sog. rollierende Ablesungsverfahren ermittelt werden. Dabei wird die gelieferte Strommenge über mehrere Kalenderjahre ermittelt. Die Aufteilung auf das jeweilige Kalenderjahr erfolgt über eine sachgerechte und von einem Dritten nachvollziehbare Schätzung. Diese Schätzung wird dann am Ende eines Ablesezeitraums berichtigt.[43] 41

III. Entnahme steuerbefreiten oder steuerbegünstigten Stroms und Steuerentlastung

Unter den gesetzlich vorgesehenen Voraussetzungen kann Strom 42
- von der Stromsteuer befreit (§ 9 Abs. 1 StromStG),
- zu einem ermäßigten Steuersatz entnommen (§ 9 Abs. 2 und 3 StromStG),
- vollständig entlastet (§ 9a StromStG) oder
- teilweise entlastet (§§ 9b, 10 StromStG) werden.

---

38 § 8 Abs. 4 StromStG.
39 § 8 Abs. 6 S. 1 StromStG.
40 § 8 Abs. 6 S. 2 StromStG.
41 § 6 Abs. 1 S. 2 StromStV.
42 § 8 Abs. 3 StromStG.
43 § 8 Abs. 4a StromStG.

1. Entnahme steuerbefreiten oder steuerbegünstigten Stroms

43 Die Entnahme steuerbefreiten Stroms zur Stromerzeugung[44] und die Entnahme von Strom zum ermäßigten Stromsteuersatz von 11,42 €/MWh für den Verkehr mit Oberleitungsomnibussen oder für den Fahrbetrieb im Schienenbahnverkehr mit Ausnahme der betriebsinternen Werksverkehre und Bergbahnen[45] setzen die vorherige Erteilung einer **Erlaubnis** voraus.[46]

a) Beantragung und Erteilung der Erlaubnis

44 Die Erlaubnis zur Entnahme des nach § 9 Abs. 1 Nr. 2 StromStG steuerbefreiten oder des nach § 9 Abs. 2 StromStG steuerermäßigten Stroms hat, anders als die lediglich deklaratorische Versorgererlaubnis nach § 4 StromStG,[47] konstitutive (rechtsbegründende) Wirkung. Aus diesem Grund muss ein Unternehmen grundsätzlich auch dann den vollen Steuersatz entrichten, wenn es im Übrigen zur Entnahme des steuerbefreiten oder steuerermäßigten Stroms berechtigt wäre.

! **Hinweis**
Insbesondere bei Umstrukturierungen des Unternehmens (Ausgründung oder Neugründung von selbständigen juristischen Personen) ist sorgfältig zu prüfen, ob die bisherige Erlaubnis zur Entnahme steuerbefreiten oder steuerbegünstigten Stroms weiterhin gilt oder ob eine neue Erlaubnis beantragt werden muss.

---

45 Die Erlaubnis ist bei dem für den Antragsteller örtlich zuständigen Hauptzollamt zu beantragen. Zuständig ist das Hauptzollamt, in dessen Bezirk der Antragsteller seinen Geschäftssitz hat.[48] Die Erlaubnis wird erteilt, wenn gegen die steuerliche Zuverlässigkeit des Antragstellers keine Bedenken bestehen.[49] Der Antragsteller hat einen Rechtsanspruch auf die Erlaubniserteilung, wenn die gesetzlichen Voraussetzungen für die Erteilung vorliegen. Die Erlaubnis kann allerdings auch widerrufen werden, wenn die Voraussetzungen für ihre Erteilung nicht (mehr) vorliegen.

46 Ob auch eine rückwirkende Erteilung der Erlaubnis zulässig ist, wird unterschiedlich bewertet.[50] Teilweise erteilen die Hauptzollämter die Erlaubnis rückwirkend bis zum Beginn des jeweiligen Antragsjahres.[51] Wichtig ist aber, dass aus dieser Verwal-

44 § 9 Abs. 1 Nr. 2 StromStG.
45 § 9 Abs. 2 StromStG.
46 § 9 Abs. 4 S. 1 StromStG.
47 Vgl. Rn 30 ff.
48 § 8 Abs. 1 StromStV.
49 § 9 Abs. 4 S. 2 StromStG.
50 Verneinend: FG Hamburg, Urt. v. 24.2.2004 – IV 362/01 – n.v.; BFH, Urt. v. 9.8.2006 – VII E 18/05 – n.v.; Bongartz/Jatzke/Schröer-Schallenberg/*Wundrack*, StromStG, § 9 Rn 130.
51 Vgl. BMF, Erlass v. 20.12.1999 – III A 1 – V 4250 – 39/99 – n.v.

tungspraxis kein Anspruch auf rückwirkende Erlaubniserteilung abgeleitet werden kann. Deshalb sollte die Erlaubnis nach Möglichkeit vor der jeweiligen steuerfreien oder steuerermäßigten Stromentnahme beantragt und eingeholt werden.

Hinweis
Liegen die Voraussetzungen für die Stromsteuerbefreiung nach § 9 Abs. 1 Nr. 2 StromStG vor, besteht auch die Möglichkeit, den Strom zunächst voll zu versteuern bzw. versteuert zu beziehen, um sodann – innerhalb der Jahresfrist – einen Entlastungsantrag nach § 12a StromStV zu stellen. Dies setzt keine zuvor erteilte Erlaubnis voraus.

b) Pflichten des Erlaubnisinhabers

Der Inhaber einer Erlaubnis zur Entnahme steuerbefreiten oder steuerermäßigten **47** Stroms unterliegt verschiedenen Pflichten. Er hat ein Belegheft zu führen[52] und Aufzeichnungen über den Einsatz des steuerbegünstigt entnommenen Stroms zu führen.[53] Außerdem muss er Änderungen der angemeldeten Verhältnisse gegenüber dem Hauptzollamt anzeigen und bei Erlöschen der Erlaubnis bzw. bei einer Einstellung der steuerbegünstigten Entnahme den Erlaubnisschein unverzüglich zurückgeben.

2. Stromsteuerbefreiungen

Das StromStG kennt mehrere Möglichkeiten der Stromsteuerbefreiung.[54] Nachfolgend **48** sollen lediglich die Stromsteuerbefreiungen des § 9 Abs. 1 Nr. 1 bis 3 StromStG vorgestellt werden.

a) Grüner Strom aus grünen Netzen

Die Stromsteuerbefreiung nach § 9 Abs. 1 Nr. 1 StromStG setzt voraus, dass Strom aus **49** erneuerbaren Energieträgern („grüner Strom“) aus einem ausschließlich mit Strom aus erneuerbaren Energieträgern gespeisten Netz („grünen Netz“) entnommen wird.

Das StromStG definiert, was unter Strom aus erneuerbaren Energieträgern zu ver- **50** stehen ist. Hierzu gehört Strom, der ausschließlich aus

- Wasserkraft (in Anlagen mit einer Generatorleistung bis 10 MW),
- Windkraft,
- Sonnenenergie,
- Erdwärme,

52 § 11 Abs. 1 StromStV.
53 § 11 Abs. 2 StromStV.
54 § 9 Abs. 1 StromStG.

- Deponiegas,
- Klärgas oder
- Biomasse

erzeugt wird.[55] Nach einem Erlass des BMF soll es ausreichen, wenn zeitweise und abgrenzbar der Strom aus erneuerbaren Energieträgern erzeugt wird.[56] Nach § 1b Abs. 1 StromStG ist die Zuführung anderer Energieträger als sog. Zünd- und Stützfeuerung unschädlich.

51 Der Strom muss außerdem aus einem ausschließlich „grünen Netz" entnommen werden. Unter einem Netz ist allgemein der Verbund von Anlagen zur Übertragung und Verteilung von elektrischer Energie zu verstehen.[57] Soweit der Strom dabei aus einem Eigennetz – das kein Netz für die allgemeine Versorgung ist[58] – entnommen wird, soll nach Auffassung des BMF die Anforderung einer Stromentnahme aus einem ausschließlich **„grünen Netz"** einschränkend auszulegen sein. Unschädlich ist danach, dass der „grüne Strom" im Eigennetz mit „grauem Strom" vermischt wird.[59] Bislang nicht entschieden ist, ob diese Gesetzesauslegung auch auf ein (kleines) Netz der allgemeinen Versorgung übertragbar ist, um auf diese Weise der Steuerbefreiung des § 9 Abs. 1 Nr. 1 StromStG einen relevanten Anwendungsbereich außerhalb von Eigennetzen zu geben.

b) Strom zur Stromerzeugung

52 Von der Stromsteuer ist auch der Strom befreit, der zur Stromerzeugung entnommen wird, sofern hierfür eine entsprechende Erlaubnis erteilt wurde.[60]

53 Was unter einer Stromentnahme zur Stromerzeugung zu verstehen ist, definiert das StromStG nicht näher. Aus der gesetzlichen Formulierung „zur Stromerzeugung" wird jedoch deutlich, dass die Stromentnahme mit dem Ziel erfolgen muss, mit dem eingesetzten Strom (wiederum) Strom zu erzeugen. Ziel der Steuerbefreiung ist es, nur das Enderzeugnis mit der Stromsteuer zu belasten, nicht jedoch den zuvor eingesetzten Strom, sodass die unbillige Doppelbelastung des Energieträgers Strom mit der Stromsteuer vermieden wird.[61] Nach Art. 14 EnergieStRL[62] ist auch Strom von der Steuer befreit, der zur Aufrechterhaltung der Stromerzeugung entnommen wird; diese Regelung spricht dafür, § 9 Abs. 1 Nr. 2 StromStG nicht zu eng auszulegen.

---

55 § 2 Nr. 7 StromStG.
56 Vgl. BMF, Erlass v. 18.10.2004 – III A 1 – V 4250 – 9/04 – n.v.
57 Vgl. Friedrich/Meißner/*Friedrich*, Energiesteuern, § 9 Rn 22.
58 Vgl. BMF, Erlass v. 18.10.2004 – III A 1 – V 4250 – 9/04 – n.v.
59 Vgl. BMF, Erlass v. 30.11.2001 – III A 1 – V 45250 – 27/01 – n.v.
60 § 9 Abs. 1 Nr. 2, Abs. 4 S. 1 StromStG.
61 Vgl. Gesetzesbegründung zur Steuerbefreiung, BT-Drucks 14/40, S. 12 f.
62 Energiesteuerrichtlinie (EnergieStRL – RL 2003/96/EG) v. 27.10.2003 (ABl EU Nr. L 283 S. 51 ff.).

Anders die StromStV: Nach § 12 StromStV soll die Stromsteuerbefreiung für den zur Stromerzeugung eingesetzten Strom – den Gesetzeswortlaut des § 9 Abs. 1 Nr. 2 StromStG insoweit einschränkend[63] – nur zur Anwendung kommen, wenn der Strom entweder in Neben- und Hilfsanlagen einer Stromerzeugungseinheit (insbesondere zur Wasseraufbereitung, Dampferzeugerwasserspeisung, Frischluftversorgung, Brennstoffversorgung oder Rauchgasreinigung) oder in Pumpspeicherkraftwerken zur Erzeugung von Strom im technischen Sinn verbraucht wird.[64] 54

c) Dezentrale Stromerzeugung und -versorgung

Strom ist auch von der Stromsteuer befreit, wenn er in Anlagen mit elektrischer Nennleistung von bis zu 2 MW[65] erzeugt wird und entweder vom Anlagenbetreiber im räumlichen Zusammenhang zur Anlage zum Selbstverbrauch entnommen oder an Letztverbraucher geleistet wird, die den Strom im räumlichen Zusammenhang zur Anlage entnehmen.[66] 55

Der Begriff der **Anlage** ist durch die Rechtsprechung des BFH[67] und die Regelung des § 12b StromStV konkretisiert worden: Insbesondere mehrere unmittelbar miteinander verbundene Anlagen (vor allem in Modulbauweise) an einem Standort gelten als eine Anlage.[68] Auch Anlagen an unterschiedlichen Standorten können verklammert werden, wenn sie zentral gesteuert werden.[69] 56

Den Begriff des räumlichen Zusammenhangs hat die Rechtsprechung ebenfalls präzisiert.[70] Nicht erforderlich ist der Nachweis des physikalischen Stromflusses. Die Reichweite des räumlichen Zusammenhangs ist zudem nicht starr; sie hängt insbesondere von der Anlagengröße ab und wird nicht durch die Stromeinspeisung in das Netz für die allgemeine Versorgung in Nieder- oder Mittelspannung unterbrochen. 57

Hat derjenige, der den Strom aus der Anlage an Letztverbraucher leistet, die Verfügungsgewalt über die Anlage und den erzeugten Strom inne, ist er der Betreiber der Anlage im stromsteuerrechtlichen Sinne.[71] Ein Betreibenlassen der Anlage setzt hin- 58

---

63 Die Regelung des § 12 StromStV wird vor allem in der Literatur kritisch gewürdigt, vgl. Friedrich/Meißner/*Friedrich*, Energiesteuern, § 9 Rn 29; Bongartz/Jatzke/Schröer-Schallenberg/*Wundrack*, StromStG, § 9 Rn 21; vgl. auch BFH, Urt. v. 13.12.2011 – VII R 73/10 – BFHE 237, 478.

64 Vgl. dazu näher Bongartz/Jatzke/Schröer-Schallenberg/*Wundrack*, StromStG, § 9 Rn 20 ff.

65 Vgl. zur elektrischen Nennleistung und die Anforderungen an eine Änderung der elektrischen Nennleistung Bongartz/Jatzke/Schröer-Schallenberg/*Wundrack*, StromStG, § 2 Rn 38 f.

66 § 9 Abs. 1 Nr. 3 StromStG.

67 BFH, Urt. v. 23.6.2009 – VII R 34/08 – n.v., und BFH, Urt. v. 23.6.2009 – VII R 42/08 – DB 2009, 2250.

68 § 12b Abs. 1 StromStV.

69 § 12b Abs. 2 StromStV; hierzu u.a. BMF-Erlass v. 30.3.2012 und 25.3.2015.

70 BFH, Urt. v. 20.4.2004 – VII R 44/03 – BB 2004, 1782; BFH, Urt. v. 20.4.2004 – VII R 54/03 – BB 2004, 2342; BFH, Urt. v. 20.4.2004 – VII R 57/03 – n.v.

71 Vgl. FG Thüringen, Urt. v. 31.7.2008 – II 844/06 – n.v.

gegen voraus, dass die Anlage im Interesse und in Form eines abgestimmten Zusammenwirkens zwischen dem Stromerzeuger, welcher gleichzeitig Anlagenbetreiber ist, und dem Stromversorger betrieben wird.[72] Dies ist insbesondere dann anzunehmen, wenn aus den gesellschaftsrechtlichen Verflechtungen, den Vertragsbeziehungen zwischen dem Stromerzeuger, der gleichzeitig Anlagenbetreiber ist und dem Stromversorger sowie der räumlichen Nähe der Stromerzeugungsanlage zum Versorgungsgebiet und den Kunden auf ein Zusammenwirken geschlossen werden kann.[73]

59 Durch die Regelung in § 12b Abs. 4 StromStV wird unter anderem geregelt, dass eine parallele Förderung des erzeugten Stroms nach **KWKG[74] bzw. EEG[75]** neben der Stromsteuerbefreiungen grundsätzlich unschädlich ist. Aufgrund des „unglücklichen" Wortlauts der Bestimmung ist der genaue Anwendungsbereich der Regelung aber problematisch.[76]

3. Steuerentlastung für Unternehmen des Produzierenden Gewerbes

60 Entnimmt ein Unternehmen des Produzierenden Gewerbes oder ein Unternehmen der Land- und Forstwirtschaft Strom für betriebliche Zwecke, kann es für den nach dem regulären Steuersatz von 20,50 €/kWh versteuerten Strom eine teilweise Steuerentlastung nach §§ 9b, 10 StromStG beantragen. Entnimmt ein Unternehmen des produzierenden Gewerbes den Strom für **bestimmte Prozesse und Verfahren**, wie Elektrolyseverfahren, mineralogische Verfahren, Verfahren der Metallerzeugung und -bearbeitung oder chemische Reduktionsverfahren, kann es eine vollständige Steuerentlastung nach § 9a StromStG beantragen.

a) Unternehmen des Produzierenden Gewerbes

61 Unternehmen des Produzierenden Gewerbes im Sinne des StromStG sind Unternehmen, die dem Abschnitt C (Bergbau und Gewinnung von Steine und Erden), Abschnitt D (Verarbeitendes Gewerbe), Abschnitt E (Energie- und Wasserversorgung) oder Abschnitt F (Baugewerbe) der Klassifikation der Wirtschaftszweige zuzuordnen sind sowie die anerkannten Werkstätten für behinderte Menschen im Sinne des § 136 SGB IX,[77] wenn sie überwiegend eine wirtschaftliche Tätigkeit ausüben, die den vor-

---

72 Vgl. FG Hamburg, Urt. v. 26.1.2010 – 4 K 53/09 – n.v.; Friedrich/Meißner/*Friedrich*, Energiesteuern, § 9 Rn 29b.

73 Vgl. FG Hamburg, Urt. v. 26.1.2010 – 4 K 53/09 – n.v.

74 Kraft-Wärme-Kopplungsgesetz (KWKG) v. 19.3.2002 (BGBl. I S. 1092), zuletzt geändert durch Gesetz v. 21.7.2014 (BGBl. I S. 1066).

75 Erneuerbare-Energien-Gesetz (EEG) v. 21.7.2014 (BGBl. I S. 1066), zuletzt geändert durch Gesetz v. 22.12.2014 (BGBl. I S. 2406).

76 Vgl. hierzu ausführlich *Liebheit/Große*, ZfZ 2014, 29 ff. sowie BMF-Erlass v. 23.3.2015.

77 Sozialgesetzbuch 9. Buch – Rehabilitation und Teilhabe behinderter Menschen – (SGB IX) v. 19.6.2001 (BGBl. I S. 1046), zuletzt geändert durch Gesetz v. 14.12.2012 (BGBl. I S. 2598).

genannten Abschnitten der Klassifikation der Wirtschaftszweige, Ausgabe 2003 (WZ 2003), zuzuordnen ist (§ 2 Nr. 3, Nr. 4 StromStG).[78] Unternehmen ist dabei die kleinste rechtlich selbständige Einheit, also

- die Einzelkaufleute,
- die eingetragenen Vereine,
- die Kapitalgesellschaften (AG, GmbH),
- die handelsrechtlichen Personengesellschaften (oHG, KG) und wohl auch
- die BGB-Gesellschaft.[79]

Ebenfalls zum Unternehmen im Sinne des StromStG zählen kommunale Eigenbe- 62 triebe, die auf Grundlage der Eigenbetriebsgesetze[80] oder Eigenbetriebsverordnungen[81] der Länder geführt werden.[82]

Die Zuordnung eines Unternehmens zu einem Abschnitt der Klassifikation der 63 Wirtschaftszweige bestimmt sich nach dem Schwerpunkt der wirtschaftlichen Tätigkeit.[83] Hiernach sind Unternehmen, die mehrere wirtschaftliche Tätigkeiten ausüben, welche nicht alle dem Produzierenden Gewerbe zugehören, nach dem Schwerpunkt ihrer wirtschaftlichen Tätigkeit einem Abschnitt der Klassifikation der Wirtschaftszweige zuzuordnen.[84] Maßgeblich sind dabei grundsätzlich die Verhältnisse in dem der Antragstellung vorhergehenden Kalenderjahr; für neu gegründete Unternehmen erfolgt die Zuordnung nach dem voraussichtlichen Schwerpunkt der wirtschaftlichen Tätigkeit im Kalenderjahr der Antragstellung. Der Antragsteller hat die Voraussetzungen darzulegen und den voraussichtlichen Schwerpunkt der wirtschaftlichen Tätigkeit glaubhaft zu machen.[85]

Den Schwerpunkt der wirtschaftlichen Tätigkeit kann das Unternehmen nach 64

- dem Anteil der Bruttowertschöpfung zu Faktorkosten,
- den Tätigkeiten mit dem größten Anteil an der Wertschöpfung,
- der Anzahl der tätigen Personen oder
- dem höchsten steuerbaren Umsatz

---

78 Wegen des klaren statischen Verweises findet weiterhin die WZ 2003 und nicht die zwischenzeitlich veröffentlichte WZ 2008 Anwendung.

79 Vgl. Bongartz/Jatzke/Schröer-Schallenberg/*Wundrack*, StromStG, § 2 Rn 22.

80 Wie z.B. das Gesetz über die Eigenbetriebe der Gemeinden Baden-Württemberg v. 8.1.1992 (GBl. S. 21), zuletzt geändert durch Verordnung v. 4.5.2009 (GBl. S. 185).

81 Wie z.B. die Bayerische Eigenbetriebsverordnung v. 29.5.1987 (GVBl. S. 195), zuletzt geändert durch Verordnung v. 5.10.2007 (GVBl. S. 707), oder die Eigenbetriebsverordnung für das Land Nordrhein-Westfalen v. 16.11.2004 (GV NRW S. 644), zuletzt geändert durch Verordnung v. 17.12.2009 (GV NRW S. 963).

82 § 3 Nr. 4 StromStG.

83 § 15 Abs. 2 StromStV.

84 Vgl. Bongartz/Jatzke/Schröer-Schallenberg/*Wundrack*, StromStG, § 2 Rn 23; Friedrich/Meißner/*Friedrich*, Energiesteuern, § 9 Rn 59 f.

85 § 15 Abs. 6 StromStV.

ermitteln.[86] In der Praxis wird am häufigsten (weil am einfachsten festzustellen) auf die Umsätze abgestellt. Entscheidend ist diejenige Tätigkeit des Unternehmens, die im letzten Geschäftsjahr prozentual anteilig den relativ größten Beitrag z.B. zu den Umsätzen beigetragen hat. Das Hauptzollamt kann die Wahl des Schwerpunktes zurückweisen, wenn diese offensichtlich nicht geeignet ist, den Schwerpunkt der wirtschaftlichen Tätigkeit des Unternehmens zu bestimmen.[87]

! **Hinweis**
In Zweifelsfällen kann es sich empfehlen, die Wahl des Schwerpunktes mit dem Hauptzollamt abzustimmen.

b) Stromentnahme zu betrieblichen Zwecken

65 Des Weiteren ist erforderlich, dass die Stromentnahme zu betrieblichen Zwecken erfolgt. Hierunter fällt neben der Stromentnahme für die Haupttätigkeit des Unternehmens auch die Stromentnahme für Hilfs- und Nebentätigkeiten.[88] Allerdings kann die Einbindung von Dritten für bestimmte Tätigkeiten innerhalb des Betriebs zur Folge haben, dass in diesen Bereichen die Stromentnahme nicht mehr als Eigenverbrauch sondern „Drittbelieferung“ gilt.

! **Hinweis**
Typische Praxisfälle sind die Kantine, die durch einen Dienstleister betrieben wird, oder der „Baustrom“ bzw. andere vergleichbare Fälle, bei denen Werkunternehmern im eigenen Betrieb Strom – in der Regel kostenlos – beigestellt wird.

c) Nutzenergie-Lieferung

66 Wird der Strom zur Erzeugung von Licht, Wärme, Kälte, Druckluft und mechanischer Energie (sog. Nutzenergie) entnommen, kann die Steuerentlastung nur dann geltend gemacht werden, wenn die Nutzenergie nachweislich auch durch ein Unternehmen des Produzierenden Gewerbes oder ein Unternehmen der Land- und Forstwirtschaft genutzt wird.[89] Eine Ausnahme gilt allerdings für die Erzeugung von Druckluft: Der hierfür entnommene Strom ist auch dann steuerentlastet, wenn die Druckluft in Druckluftflaschen oder entsprechenden Behältern abgegeben wird.[90]

---

86 § 15 Abs. 2 StromStV.
87 § 15 Abs. 2 StromStV.
88 Vgl. FG Thüringen, Urt. v. 31.7.2008 – II 884/06 – CUR 2009, 74 ff., S. 10 des Umdrucks; Schneider/Theobald/*Rodi*, HBEnWR, § 19 Rn 118.
89 § 9b Abs. 1 S. 2 StromStG.
90 § 9b Abs. 1 S. 3 StromStG.

d) Allgemeine Entlastung

Die Steuerentlastung wird in Höhe von 5,13 €/MWh gewährt. Zuvor muss allerdings ein Sockelbetrag in Höhe 250 € pro Kalenderjahr überschritten werden. 67

4. Spitzenausgleich

Das Unternehmen des Produzierenden Gewerbes kann seine Stromsteuerbelastung außerdem auch über den sog. Spitzenausgleich nach § 10 StromStG reduzieren. Nach § 10 StromStG wird die Steuer für den nachweislich versteuerten Strom, den ein Unternehmen des Produzierenden Gewerbes für betriebliche Zwecke entnommen hat, weiter entlastet, soweit die Steuer den Sockelbetrag von 1.000 € übersteigt.[91] Der Spitzenausgleich setzt ebenfalls voraus, dass die aus Strom erzeugte **Nutzenergie** (Licht, Wärme, Kälte, Druckluft – mit Ausnahme von Druckluft in Druckflaschen und anderen Behältern – sowie mechanische Energie) nachweislich durch ein Unternehmen des Produzierenden Gewerbes genutzt wurde.[92] 68

Seit der Neuregelung zum 1.1.2013 sind zwei weitere Voraussetzungen aufgenommen worden: Zunächst ist – als unternehmensindividuelle Verpflichtung – durch das antragstellende Unternehmen der Betrieb eines „**Energieeffizienzsystems**" zu gewährleisten, wobei für die Jahre 2013 und 2014 eine Einführungsphase vorgesehen ist. Anerkannt wird ein Energiemanagementsystem nach DIN EN ISO 50001 oder ein Umweltmanagementsystem entsprechend der Verordnung (EG) Nr. 1221/2009;[93] für KMU[94] ist ein alternatives System nach DIN EN 16247-1 (Energieaudit) bzw. gemäß der Anlage 2 zur SpaEfV ausreichend. Als weitere Voraussetzung wird die Einhaltung der Ziele der Energieeffizienzvereinbarung vom 1.8.2012 (**Reduzierung der Energieintensität**),[95] die auch in die Anlage zum StromStG aufgenommen wurden, durch alle Unternehmen des Produzierenden Gewerbes (sog. Glockenlösung) ab 2015 jährlich überprüft. 69

Die Höhe der Steuerentlastung bestimmt sich dabei im konkreten Einzelfall danach, um wieviel die Stromsteuer den Unterschiedsbetrag zum Arbeitgeberanteil an den Rentenversicherungsbeiträgen übersteigt. Das heißt vereinfacht gesagt: Je mehr Strom ein Unternehmen entnimmt und je weniger Arbeitnehmer ein Unterneh- 70

91 § 10 Abs. 1 S. 1 StromStG.

92 § 10 Abs. 2 S. 2 StromStG.

93 Eco-Management and Audit Scheme (EMAS – VO (EG) Nr. 1221/2009) v. 25. 11. 2009 (ABl EU Nr. L 342 S. 1 ff.).

94 Die Definition von KMU erfolgt unter Verweis auf die Empfehlung 2003/361/EG der Europäischen Kommission v. 6.5.2003.

95 Vereinbarung zwischen der Regierung der Bundesrepublik Deutschland und der deutschen Wirtschaft zur Steigerung der Energieeffizienz v. 1.8.2012 (Energieeffizienzvereinbarung), BAnz AT, 16.10.2012, B1.

men hat, desto stärker wirkt sich die Steuerentlastung durch den Spitzenausgleich aus. Entlastet werden max. 90 % der gezahlten Stromsteuer.

71 Die Entlastung setzt einen schriftlichen Antrag des Unternehmens des Produzierenden Gewerbes voraus, der bis zum 31.12. des folgenden Kalenderjahres beim Hauptzollamt eingereicht werden muss.[96] Der Antrag muss jedenfalls Angaben zur im jeweiligen Abrechnungszeitraum entnommenen Strommenge und die entsprechende Stromsteuer sowie eine Berechnung der zu vergleichenden Arbeitgeberanteile unter Angabe der jeweiligen Berechnungsgrundlagen enthalten.[97] Das Hauptzollamt ist berechtigt, weitere Angaben zu fordern.[98]

72 Sofern vom Unternehmen beantragt, kann die Entlastung in kürzeren Zeiträumen (Kalendermonat, Kalendervierteljahr oder Kalenderhalbjahr) gewährt werden.[99] Außerdem ist es möglich, die Entlastung mit der Steuervorauszahlung zu verrechnen.[100]

IV. Übersicht der wichtigsten Fristen aus dem Stromsteuerrecht

73

Datum	Norm	Art der Frist
31.5.	§ 8 Abs. 4 StromStG	Stromsteueranmeldung für das Vorjahr
25.6.	§ 8 Abs. 4 StromStG	Entrichtung der geschuldeten Stromsteuer
31.12.	§ 8 Abs. 2 StromStG	Ausübung des Wahlrechts vor neuem Kalenderjahr: Stromsteueranmeldung jährlich oder monatlich
	§§ 9a, 9b, 10 StromStG § 12a StromStV	Antrag auf Entlastung von der Stromsteuer

E. Energiesteuerrecht

74 Das EnergieStG, welches auch in Umsetzung der EnergieStRL erlassen wurde und am 1.8.2006 in Kraft getreten ist, ersetzt das bis dahin vorhandene MinöStG.[101] Viele Grundsätze des vorherigen MinöStG wurden beibehalten. Dennoch war die Einfüh-

96 § 18 Abs. 1 StromStV.
97 § 18 Abs. 4 S. 1 StromStV.
98 § 18 Abs. 4 S. 2 StromStV.
99 § 18 Abs. 2 StromStV.
100 § 18 Abs. 3 StromStV.
101 Mineralölsteuergesetz (MinöStG) v. 21.12.1992 (BGBl. I S. 2150, 2185), aufgehoben durch Gesetz v. 15.7.2006 (BGBl. I S. 1534).

rung des EnergieStG mit einer deutlichen Vereinfachung des Besteuerungssystems der verschiedenen Energieerzeugnisse verbunden. Unter anderem erfolgte eine Angleichung der Erdgasbesteuerung an die Stromsteuer und die verschiedenen Steuererleichterungen wurden systematischer und übersichtlicher gefasst. Ergänzt wird das EnergieStG durch die EnergieStV.

Das **EnergieStG** ist nunmehr klar **strukturiert**: 75

- Kapitel 1 enthält allgemeine Bestimmungen (Definitionen, Steuertarife etc.), welche für alle Energieerzeugnisse gelten.
- In den folgenden drei Kapiteln werden insbesondere Steuerentstehung, Steuerschuldnerschaft und spezifische Steuerbefreiungen jeweils für Kohle (Kapitel 3) und Erdgas (Kapitel 4) sowie für alle sonstigen Energieerzeugnisse außer Kohle und Erdgas (zusammen in Kapitel 2) geregelt.
- Die abschließenden beiden Kapitel zu Steuerentlastungen (Kapitel 5) und Schlussbestimmungen (Kapitel 6) gelten wiederum für alle Energieerzeugnisse in gleicher Weise.

Nachfolgend wird insbesondere die Besteuerung des – überwiegend – leitungsgebun- 76
denen Energieerzeugnisses Erdgas dargestellt.[102] Neben den speziellen Regelungen für Erdgas aus Kapitel 4 wird anhand dieses Energieerzeugnisses auch ein Überblick über die allgemeinen Bestimmungen und die Steuerentlastungen gegeben,[103] welche grundsätzlich für alle Energieerzeugnisse gelten.

I. Besteuerung von Erdgas

Erdgas wird – wie Strom – grundsätzlich mit der Entnahme aus dem Leitungsnetz in 77
der Bundesrepublik Deutschland besteuert. Bei einer Verwendung des Erdgases zu Heizzwecken beträgt der Steuersatz 5,50 €/MWh. Die Regelungen zur Steuerentstehung, zum Steuerschuldner sowie zu den sonstigen Pflichten (bspw. Steueranmeldung, Führen eines Belegheftes etc.) entsprechen dabei überwiegend den Regelungen zur Stromsteuer. Auch die Begünstigungen für Unternehmen des Produzierenden Gewerbes sind insoweit grundsätzlich vergleichbar. Besonderheiten betreffen u.a. die Steuerentlastungsmöglichkeiten, wie bspw. für die Verwendung von Erdgas zur Stromerzeugung bzw. zur Verwendung in KWK-Prozessen.

102 Vgl. Rn 78 ff.
103 Vgl. Rn 98 ff.

1. Steuertarife

78 § 2 EnergieStG sieht **drei verschiedene Steuertarife für Erdgas** vor:

- In der Praxis die größte Bedeutung hat der sog. Heizsteuersatz[104] in Höhe von 5,50 €/MWh. Der Heizsteuersatz gilt für die Verwendung von Erdgas unter anderem zum Verheizen in ortsfesten Anlagen zur Stromerzeugung, in ortsfesten KWK-Anlagen sowie in ortsfesten Anlagen zum leitungsgebundenen Gastransport oder der Gasspeicherung.
- Soweit keine Verwendung zum Heizsteuersatz vorliegt, ist bis zum 31.12.2018 der sog. „reduzierte" Regelsteuersatz[105] in Höhe von 13,90 €/MWh anzuwenden.
- Erst ab dem 1.1.2019 ist im Übrigen der Regelsteuersatz in Höhe von 31,80 €/MWh[106] anzuwenden.

79 Hintergrund der befristeten Absenkung des Regelsteuersatzes ist das Ziel, den Einsatz von Erdgas als umweltschonenden Kraftstoff steuerlich zu fördern.

2. Steuerentstehung („Entnahme zum Verbrauch")

80 Die Erdgassteuer entsteht regelmäßig dadurch, dass geliefertes oder selbsterzeugtes Erdgas zum Verbrauch aus dem Leitungsnetz entnommen wird.[107] Relevant ist hierbei – wie im Stromsteuerbereich – die tatsächliche Entnahme. Die zugrunde liegende (vertragliche) Lieferbeziehung ist energiesteuerrechtlich grundsätzlich kein Anknüpfungspunkt. In der Praxis orientieren sich die Hauptzollämter bei der Überprüfung der verbrauchten Erdgasmengen aber häufig an den Rechnungen des Lieferanten.

81 In der Regel entsteht die Steuer also in der Beziehung des Erdgaslieferanten zum Letztverbraucher oder beim Selbstverbrauch des Erdgases durch den Lieferer. Die Entnahme zum Verbrauch ist daher grundsätzlich abzugrenzen von der Lieferung zur Weiterlieferung. Keine Entnahme zum Verbrauch stellt grundsätzlich auch das Verbringen von Erdgas in einen Erdgasspeicher dar, da es sich bei den Erdgasspeichern in der Regel um Gaslager im Sinne von § 38 Abs. 1 S. 2 EnergieStG handelt, die dem Leitungsnetz zugehörig sind.

82 In Konkretisierung dieses Grundsatzes bzw. teilweise abweichend hiervon werden in § 38 EnergieStG einige Einzelfälle geregelt, in denen eine Entnahme zum Verbrauch fingiert wird. Diese Sonderfälle dienen überwiegend der Sicherstellung der Besteuerung.

104 § 2 Abs. 3 S. 1 Nr. 4 EnergieStG.
105 § 2 Abs. 2 Nr. 1 EnergieStG.
106 § 2 Abs. 1 Nr. 7 EnergieStG.
107 § 38 Abs. 1 S. 1 EnergieStG.

Beispiel
Erfolgt eine Entnahme aus dem Netz zur Weitergabe außerhalb der Leitung (beispielsweise in Tanklastern), gilt dies bereits als Entnahme zum Verbrauch[108] unabhängig davon, ob sich tatsächlich ein Verbrauch oder eine Weiterlieferung anschließt. Das Gleiche kann für das Verbringen von Erdgas in kleinere oberirdische Betriebsbehälter gelten, die nicht als Gaslager im Sinne von § 38 Abs. 1 S. 2 EnergieStG anzusehen sind.

Einen weiteren Sonderfall regelt § 38 Abs. 5 EnergieStG: Auch die Lieferung an einen anderen Lieferer kann dann als Verbrauch angesehen werden, wenn der Lieferer nicht angemeldet ist und die Lieferung in der Annahme erfolgt, dass diese zum Zwecke des Verbrauchs erfolgt. 83

Eine Ausnahmeregelung sieht § 38 Abs. 4 EnergieStG vor: Vermieter, Verpächter oder vergleichbare Personen können beantragen, nicht als Lieferer zu gelten, auch wenn sie tatsächlich das ihrerseits bezogene Erdgas an ihre Mieter, Pächter etc. weiterliefern. In diesem Fall gilt bereits die Lieferung an den Vermieter, Verpächter etc. als Entnahme zum Verbrauch. Hintergrund der praxisnahen Regelung ist, dass Fälle, in denen die Lieferung von Erdgas nur eine ganz untergeordnete Nebenleistung darstellt, nicht zwingend den Status eines Lieferers (einschließlich aller Pflichten) begründen sollen. 84

Ergänzend ist auf den Auffangtatbestand des § 43 Abs. 1 EnergieStG hinzuweisen, der die Steuerentstehung für alle sonst nicht erfassten Fälle regelt. Danach ist insbesondere jede (weitere) Verwendung von Erdgas als Heiz- oder Kraftstoff steuerpflichtig. Der Auffangtatbestand kann unter anderem für die widerrechtliche Entnahme von Erdgas zur Anwendung kommen, die anders als im StromStG nicht gesondert geregelt ist. 85

3. Keine Steuerentstehung bei anschließender steuerfreier Verwendung

Soweit sich an die Entnahme des Erdgases eine steuerfreie Verwendung anschließt, entsteht keine Steuer.[109] Allerdings sind die Möglichkeiten einer steuerfreien Verwendung von Erdgas gegenüber Strom stark beschränkt. Steuerfrei ist nach § 44 EnergieStG allein die Verwendung von Erdgas zur Aufrechterhaltung eines Gasgewinnungsbetriebes (sog. Herstellerprivileg). Die Einordnung als Gasgewinnungsbetrieb erfordert eine Gewinnung oder zumindest eine sonstige nennenswerte „Bearbeitung“ des Erdgases. Diese Tätigkeit muss auch einen Schwerpunkt des Betriebes darstellen. Eine reine Aufbewahrung (bspw. Gasspeicher) dürfte daher in der Regel nicht unter den Begriff Gasgewinnungsbetrieb zu fassen sein. Eine steuerfreie Verwendung ist nach § 44 Abs. 1 EnergieStG erlaubnispflichtig. 86

108 § 38 Abs. 1 S. 3 EnergieStG.
109 § 38 Abs. 1 S. 1 EnergieStG.

4. Steuerschuldner

87 Im Regelfall ist der Steuerschuldner der inländische Ergaslieferer.[110] Dies betrifft sowohl die Lieferung an Letztverbraucher wie auch die Entnahme zum Selbstverbrauch. Wer Lieferer ist, ergibt sich grundsätzlich aus der vertraglichen Lieferbeziehung, auch wenn die Entnahme (und nicht die Lieferung) Grundlage der Steuerentstehung ist.

88 In sonstigen Fällen ist Steuerschuldner derjenige, der das Erdgas aus dem Leitungsnetz entnimmt.[111] Bei einer grenzüberschreitenden Lieferung kann auch der Letztverbraucher mit der Entnahme des Erdgases Steuerschuldner werden, sofern der Lieferer keinen Sitz in Deutschland hat.

5. Anmeldung als Lieferer

89 Derjenige, der mit Sitz in der Bundesrepublik Deutschland Erdgas liefern will, hat dies vorher beim Hauptzollamt anzumelden.[112] Dasselbe gilt für denjenigen, der selbsterzeugtes Erdgas zum Selbstverbrauch entnehmen oder Erdgas von einem nicht in der Bundesrepublik Deutschland ansässigen Lieferer zum Verbrauch beziehen will.

! Hinweis

Ein Unternehmen wird grundsätzlich bereits durch eine Lieferung irgendwo in Deutschland zum Lieferer. Dieser Status gilt für das gesamte Steuergebiet und alle dort erfolgenden Entnahmen von Erdgas.

---

90 Die Anmeldung ist schriftlich bei dem Hauptzollamt abzugeben, in dessen Bezirk das Unternehmen seinen Geschäftssitz im Sinne des § 23 Abs. 2 AO (oder der Letztverbraucher seinen Wohnsitz) hat.[113] Hierzu ist der vor der Finanzverwaltung vorgehalten Vordruck 1192 zu verwenden.

! Praxistipp

Das Anmeldeformular kann, wie andere Formulare im Bereich des Strom- und Energiesteuerrechts, unter www.zoll.de[114] abgerufen werden.

---

91 In der Anmeldung sind Angaben
- zum Namen,
- zum Geschäftssitz,

110 § 38 Abs. 2 Nr. 1 EnergieStG.
111 § 38 Abs. 2 Nr. 2 EnergieStG.
112 § 38 Abs. 3 EnergieStG.
113 § 78 Abs. 1 EnergieStV.
114 Abrufbar unter http://www.zoll.de/SiteGlobals/Forms/FormularMerkblattSuche/FormularMerkblattSuche_Begriff Suche_form.html (Suche: 1192).

- zur Rechtsform des anmeldepflichtigen Unternehmens,
- zur Steuernummer und Umsatzsteuer-Identifikationsnummer sowie
- zum Unternehmensgegenstand

zu machen. Außerdem müssen der Anmeldung ergänzende Unterlagen hinzugefügt werden. Hierzu zählen insbesondere

- der Registerauszug,
- das Betriebsstättenverzeichnis und
- ggf. die Erklärung über die Bestellung eines steuerlichen Beauftragten (§ 78 Abs. 2 EnergieStV).

Ähnlich wie im Strombereich ist maßgeblich für den Status des Lieferers die Tätigkeit 92
als Lieferer und nicht die Anmeldung. Obwohl die Anmeldung damit ebenfalls lediglich deklaratorisch ist, kann eine unterbliebene Anmeldung nach § 64 Nr. 7 EnergieStG als Ordnungswidrigkeit geahndet werden.

Hinweis !
Bei der Anmeldung handelt es sich nicht um einen Antrag, sodass das Hauptzollamt keine Genehmigung oder – wie bei der Stromsteuer – einen Erlaubnisschein ausstellen muss. § 78 Abs. 4 EnergieStV regelt aber, dass das Hauptzollamt dem Lieferer einen „schriftlichen Nachweis" über die erfolgte Anmeldung zu erteilen hat.

---

6. Pflichten des Lieferers

Lieferer unterliegen nach § 79 EnergieStV verschiedenen Pflichten. Von diesen Pflich- 93
ten sind neben der Anmeldung als Lieferer insbesondere verschiedene Pflichten im Zusammenhang mit der Abgabe einer Steueranmeldung sowie einzelne Vorgaben für die Lieferung des Erdgases zu nennen. Hierzu gehört wie im Strombereich zunächst das Führen eines Belegheftes, in dem die energiesteuerrechtlich relevanten Schriftstücke und Unterlagen gesammelt werden sollen.[115] Weiter ist der Lieferer verpflichtet, Aufzeichnungen zu führen, aus denen die gelieferten und von Letztverbrauchern entnommenen Erdgasmengen getrennt nach Letztverbrauchern, Steuersätzen und Steuerbegünstigungen hervorgehen.[116] Ebenso sind die unversteuert an andere Lieferer geleistete Erdgasmengen zu dokumentieren. Der Lieferer muss zudem Änderungen der für die Erlaubniserteilung relevanten Verhältnisse sowie eine drohende oder eingetretene Überschuldung oder Zahlungsunfähigkeit und den Antrag auf Eröffnung eines Insolvenzverfahrens beim Hauptzollamt angeben.[117] Das Hauptzollamt

---

115 § 79 Abs. 1 EnergieStV.
116 § 79 Abs. 2 EnergieStV.
117 § 79 Abs. 3 EnergieStV.

kann darüber hinaus weitere für die Sicherung des Steueraufkommens oder für die Steueraufsicht erforderliche Aufzeichnungen vorschreiben.

7. Erdgassteueranmeldung

94 Für Erdgas ist der gesetzliche Regelfall die monatliche Anmeldung.[118] Die Steuererklärung ist in diesem Fall jeweils bis zum 15. des Folgemonats abzugeben. Dabei berechnet der Steuerschuldner seine Steuer selbst.[119] Für die Steueranmeldung für Erdgas ist der Vordruck 1103 zu verwenden.[120] Die Steueranmeldung muss vollständig sein und vom Steuerschuldner unterschrieben werden. Durch seine Unterschrift bestätigt der Steuerschuldner, die Angaben nach bestem Wissen und Gewissen gemacht zu haben.

95 Für eine jährliche Anmeldung kann bis zum 31.12. eines Jahres die Ausübung eines Wahlrechts erfolgen.[121] Die Ausübung dieses Wahlrechts erfolgt in der Regel einmalig und muss nicht jedes Jahr wiederholt werden. Im Falle einer jährlichen Steueranmeldung hat für jedes Veranlagungsjahr die Anmeldung bis zum 31.5. des folgenden Kalenderjahres zu erfolgen. Die Steuer ist sodann unter Anrechnung der geleisteten monatlichen Vorauszahlungen am 25.6. des Kalenderjahres fällig. Die Höhe der Vorauszahlungen wird durch das Hauptzollamt festgelegt, wobei eine monatliche Vorauszahlung grundsätzlich ein Zwölftel der Steuer, die im letzten dem Veranlagungsjahr vorhergehenden Kalenderjahr entstanden ist, entspricht.

! **Praxistipp**

Es können auch abweichende (geringere) Vorauszahlungen festgesetzt werden, wenn dies vom Steuerschuldner nachvollziehbar dargelegt wird. Auf Antrag können insbesondere im gleichen Zeitraum erwartete Steuerentlastungen Berücksichtigung finden.[122]

---

96 Zusätzlich zu einer monatlichen oder jährlichen Anmeldung ist ein sog. rollierendes Ablesungsverfahren möglich.[123] In diesem Fall erfolgt die Ablesung in mehreren Kalenderjahren (Veranlagungszeiträumen). Für die Aufteilung der Menge auf die Kalenderjahre ist eine sachgerechte und von einem Dritten nachvollziehbare Schätzung zulässig. Es erfolgt eine Berichtigung nach Ende des Ablesezeitraums.

---

118 § 39 Abs. 1 EnergieStG.

119 Vgl. § 39 Abs. 1 EnergieStG sowie §§ 150 Abs. 1, 167, 168 AO.

120 Abrufbar unter http://www.zoll.de/SiteGlobals/Forms/FormularMerkblattSuche/FormularMerkblattSuche_Begriff Suche_form.html (Suche: 1103).

121 § 39 Abs. 2 EnergieStG.

122 § 80 Abs. 2 EnergieStV.

123 § 39 Abs. 6 EnergieStG.

Praxistipp
Die Vorgaben und Regelungen für das rollierende Ableseverfahren sind nicht eindeutig. In der Praxis empfiehlt es sich, mit seinem zuständigen Hauptzollamt die konkrete Durchführung dieses Verfahrens abzustimmen.

II. Steuerentlastungen

Das EnergieStG sieht verschiedene Steuerbegünstigungen vor. Für verschiedene Verwendungen werden auf Antrag Steuerentlastungen durch das Hauptzollamt gewährt. Anknüpfungspunkte für die Steuerentlastungen sind insbesondere 97
- die Art und Weise der Verwendung (bestimmte Prozesse und Verfahren im Bereich der energieintensiven Industrie; Stromerzeugung und die gekoppelte Erzeugung von Kraft und Wärme),
- die Herkunft der Energieerzeugnisse (insbesondere Biokraftstoffe und Bioheizstoffe) oder
- die besondere Eigenschaft der Verwender (Begünstigung für Unternehmen des Produzierenden Gewerbes).

1. Formelle Voraussetzungen der Steuerentlastungen

Die einzelnen Entlastungstatbestände sind in den §§ 46 bis 60 EnergieStG geregelt. 98
Alle Steuerentlastungen erfolgen allein auf Antrag. Für die einzelnen Entlastungstatbestände gibt es in der Regel jeweils Vordrucke,[124] welche zwingend zu verwenden sind.

Hinweis
Ein Entlastungsantrag muss unbedingt auf dem amtlichen Vordruck erfolgen, da nach der BFH-Rechtsprechung[125] andernfalls kein wirksamer Antrag vorliegt, der den Ablauf der Festsetzungsverjährung hemmen könnte. Bei einem formlosen Antrag kann damit auch bei einer auf das Hauptzollamt zurückzuführenden Verzögerung der Prüfung des Antrages eine Verjährung des Anspruchs eintreten.

2. Energiesteuerentlastungen im Einzelnen

Im Folgenden werden die wichtigsten Entlastungstatbestände im Zusammenhang mit 99
der Verwendung von Erdgas dargestellt. Die überwiegende Zahl der Entlastungstat-

124 Abrufbar unter http://www.zoll.de/SiteGlobals/Forms/FormularMerkblattSuche/Formular Merkblatt Suche_BegriffSuche_form.html.
125 BFH, Urt. v. 1.7.2008 – VII R 37/07 – n.v.; FG Düsseldorf, Urt. v. 31.10.2007 – 4 K 3170/06 – n.v.

bestände gilt aber grundsätzlich auch für andere Energieerzeugnisse, soweit sie in entsprechender Weise verwendet werden.

a) Keine Verwendung als Kraft- oder Heizstoff

100 Soweit das Erdgas weder als Kraftstoff noch als Heizstoff eingesetzt wird (nicht energetische Verwendung), besteht die Möglichkeit einer Steuerentlastung nach § 47 Abs. 1 Nr. 3 i.V.m. § 25 EnergieStG. Im Gegensatz zur früheren Rechtsprechung ist der Begriff des Verheizens heute weit zu verstehen. Ein Verheizen liegt grundsätzlich bereits vor, wenn die Verwendung des Erdgases (auch) der Erzeugung von Wärme dient.[126] Die Anwendungsfälle dieser Entlastungsmöglichkeit für Erdgas sind in der Praxis daher stark beschränkt.

Beispiel
Die Verwendung von Erdgas in Gaslaternen dient nach wohl einheitlicher Auffassung allein der Erzeugung von Licht (Zweckbestimmung), auch wenn dabei gleichzeitig Wärme erzeugt wird. Auch die Verwendung von Erdgas in Brennstoffzellen stellt eine nicht-energetische Verwendung dar, da die Stromerzeugung auf elektro-chemischen Weg erfolgt.

---

b) Begünstigte Prozesse und Verfahren

101 Um die steuerliche Belastung für besonders energieintensive Unternehmen des Produzierenden Gewerbes zu verringern und damit auch ihre internationale Wettbewerbsfähigkeit zu verbessern, werden bestimmte energieintensive Prozesse nach § 51 Abs. 1 Nr. 1a bis d EnergieStG steuerlich begünstigt.[127] Liegen die Voraussetzungen eines Tatbestandes nach § 51 EnergieStG vor, kann insoweit die Energiesteuer vollständig zurückerhalten werden. Die Vorschrift basiert dabei auf Art. 2 Abs. 4b EnergieStRL, welche daher im Rahmen der Auslegung der deutschen Norm immer ebenfalls zu berücksichtigen ist.

aa) Allgemeine Voraussetzungen

102 Zunächst verlangt § 51 Abs. 1 EnergieStG, dass das eingesetzte Energieerzeugnis zum Heizsteuersatz versteuert wird.[128] Anders als bspw. die Verwendung von Mineralölen in der chemischen Industrie, welche teilweise bei der Produktherstellung verarbeitet

---

126 Vgl. BFH, Urt. v. 28.10.2008 – VII R 6/08 – IR 2009, 42 f. = StE 2009, 14 ff.
127 Vgl. Gesetzesbegründung, BT-Drucks 16/1172, S. 2.
128 In Einzelfällen kann diese Beschränkung nicht mehr im Einklang mit der zugrunde liegenden EnergieStRL gelten, sodass im Wege einer unionsrechtskonformen Auslegung ggf. eine analoge Anwendung der Entlastung für die Verwendung von anderen Energieerzeugnissen in vergleichbaren Verfahren in Betracht kommt.

werden, ist bei der Verwendung von Erdgas in der Regel von einem Verheizen auszugehen. Eine Besteuerung zum Heizsteuersatz dürfte damit regelmäßig gegeben sein.

Weiter vorauszusetzen ist, dass die Verwendung durch ein Unternehmen des Pro- 103
duzierenden Gewerbes gem. § 2 Nr. 3 StromStG erfolgt.[129] Da der Entlastungstatbestand ganz überwiegend Prozesse des Produzierenden Gewerbes betrifft, dürfte diese Voraussetzung nur in Ausnahmefällen problematisch sein.[130]

bb) Mineralogische Verfahren

Eine Steuerentlastung wird gewährt für die Verwendung von Energieerzeugnissen im 104
Rahmen von sog. mineralogischen Verfahren. Die begünstigten Produkte bzw. Herstellungsverfahren werden in § 51 Abs. 1 Nr. 1a EnergieStG im Einzelnen aufgeführt.

Der Gesetzgeber bezweckte mit dieser Aufzählung im Gesetz eine Vereinfachung 105
des Besteuerungsverfahrens. Sowohl die Gesetzesbegründung als auch die zugrunde liegende EnergieStRL verweisen zur näheren Bestimmung von mineralogischen Verfahren aber auf die NACE[131]-Klasse DI 26, welche gegenüber der Aufzählung weiter ist.

Ebenfalls erfasst vom Entlastungstatbestand ist die Herstellung der entsprechen- 106
den Vorprodukte (bspw. Trocknung von Sand für die Herstellung von Glas[132] etc.). Allerdings wird nach der BFH-Rechtsprechung vorausgesetzt, dass die Vorprodukte in demselben Betrieb hergestellt werden müssen.

cc) Verfahren der Metallerzeugung und -bearbeitung

Für Energieerzeugnisse, die für die Metallerzeugung und -bearbeitung oder im 107
Rahmen der Herstellung von bestimmten Metallerzeugnissen verwendet werden, gewährt § 51 Abs. 1 Nr. 1b EnergieStG ebenfalls eine Steuerentlastung. Zwar wird von dem Entlastungstatbestand die Herstellung der entsprechenden Vorprodukte nicht

---

129 Zur Einordnung eines Unternehmens als Unternehmen des Produzierenden Gewerbes unter Berücksichtigung des Schwerpunkts seiner wirtschaftlichen Tätigkeit vgl. bereits oben Rn 60 ff.

130 Es gibt Unternehmen bzw. Mischkonzerne, bei denen der begünstigte Prozess nur eine untergeordnete Bedeutung hat und durch die Schwerpunktbestimmung keine Einordnung als Unternehmen des Produzierenden Gewerbes erfolgen kann.

131 NACE 2002 (VO (EG) Nr. 29/2002) v. 19.12.2001 (ABl EU Nr. L 6 S. 3 ff.), zuletzt geändert durch VO (EG) Nr. 1893/2006 v. 20.12.2006 (ABl EU Nr. L 393 S. 1 ff.).

132 Vgl. Zusammenfassung der Dienstbesprechung der OFD Karlsruhe mit Vertretern des BMF und Teilnehmern aus den Bezirken aller OFD zu § 51 EnergieStG und § 9a StromStG v. 20. bis 23.11.2006 (Dienstbesprechung OFD Karlsruhe), S. 5.

mit umfasst. Allerdings ist in der Praxis der Finanzverwaltung anerkannt, dass Prozessschritte, welche für sich genommen nicht unter die Begünstigungsnorm fallen, aber für die Herstellung des begünstigten Produkts erforderlich sind, ebenfalls vom begünstigten Verfahren umfasst sind.[133]

Beispiel
Bei der Herstellung von Aluminium aus Bauxit ist ein erforderlicher Zwischenschritt die Herstellung von Aluminiumhydroxid und sodann Aluminiumoxid. Bereits dieser „Teilprozess" wird vom begünstigten Verfahren umfasst. Eine Steuerentlastung kann daher auch für den Erdgaseinsatz bei der Herstellung dieser Produkte beantragt werden.

---

108 Zur Auslegung der begünstigten metallurgischen Verfahren verweist die Gesetzesbegründung auf die NACE-Klasse DJ 27.

dd) Chemisches Reduktionsverfahren

109 Nach § 51 Abs. 1 Nr. 1c EnergieStG wird die Verwendung von Energieerzeugnissen im Rahmen von chemischen Reduktionsprozessen ebenfalls begünstigt. Der Reduktionsvorgang in einem Hochofenprozess ist nach dieser Vorschrift entlastungsfähig.

ee) Zweierlei Verwendungszweck (Dual Use)

110 § 51 Abs. 1 Nr. 1d EnergieStG dient als Auffangtatbestand. Erfasst werden sollen alle Verwendungen, bei denen einerseits zwar ein Heizzweck gegeben ist, daneben aber ein anderer Zweck gleichzeitig erfüllt wird. Wann ein anderer Zweck tatsächlich vorliegt, ist noch nicht abschließend geklärt.

111 Der BFH[134] hatte in seinem ersten Urteil zur Auslegung dieses Begriffes ausgeführt, dass jedenfalls erforderlich sei, dass das Energieerzeugnis als Roh-, Grund- oder Hilfsstoff eingesetzt wird. Ausgeschlossen waren damit Fälle, in denen nur eine besondere energetische Verwendung (beispielsweise offene Flamme) gegeben ist.

Beispiel
Ein Herstellungsverfahren von Teppichen, bei dem Erdgas dafür verwendet bzw. verheizt wird, um mit der offenen Flamme Textilfasern abzusengen, ist nicht begünstigt. Zwar könnte in dem Absengen der Textilfasern ein anderer Zweck gesehen werden, zumal eine weitergehende Nutzung der Wärme (bspw. Übertragung der thermischen Energie) nicht erfolgt. Allerdings wird das Erdgas nicht als Roh-, Grund- oder Hilfsstoff eingesetzt.

---

133 Dienstbesprechung OFD Karlsruhe, S. 9.
134 Vgl. BFH, Urt. v. 28.10.2008 – VII R 6/08 – DB 2009, 43.

Im Hinblick auf die nach dem Gesetzeswortlaut erforderliche gleichzeitige Verwendung hat der BFH in seinem Urteil vom 28.10.2008[135] ausgeführt, dass die thermische Verwendung in den Hintergrund treten muss. 112

Kritisch ist anzumerken, dass mit diesen deutlichen Einschränkungen durch den BFH § 51 Abs. 1 Nr. 1d EnergieStG entgegen der EnergieStRL und der Gesetzesbegründung kaum noch als Auffangtatbestand bezeichnet werden kann und gleichzeitig die Praxis erneut vor erhebliche Abgrenzungsschwierigkeiten gestellt wird.[136] Zwischenzeitlich hat der BFH seine Rechtsprechung deutlich modifiziert und verlangt nur noch, dass der andere Zweck unerlässlich für den Prozess sein muss.[137] 113

c) Thermische Abfall- und Abluftbehandlung

Nach § 51 Abs. 1 Nr. 2 EnergieStG wird ebenfalls die Verwendung von Energieerzeugnissen im Rahmen der thermischen Abfall- und Abluftbehandlung begünstigt. Anders als bei den vorgenannten Prozessen ist hierfür nicht Voraussetzung, dass der Verwender ein Unternehmen des Produzierenden Gewerbes ist. 114

d) Stromerzeugung und Kraft-Wärme-Kopplung

Nach § 53 EnergieStG wird für Anlagen mit einer **elektrischen Nennleistung von mehr als 2 MW** eine vollständige Steuerentlastung gewährt, wenn das Energieerzeugnis zur Stromerzeugung eingesetzt wird. Hierunter fällt vollständig auch die Stromerzeugung in Kraft-Wärme-Kopplungsanlagen (KWK-Anlagen); eine rechnerische Trennung des Inputs hinsichtlich der genutzten Wärme ist insoweit nicht erforderlich. Voraussetzung ist allerdings, dass die eingesetzten Energieerzeugnisse unmittelbar am Energieumwandlungsprozess teilnehmen, also der Stromerzeugung dienen. Nicht entlastungsfähig ist u.a. eine Zusatzfeuerung (nur Wärmeerzeugung) oder der Energieeinsatz in nachgeschalteten Abluftbehandlungsanlagen (§ 53 Abs. 2 EnergieStG).[138] Der für § 53 EnergieStG relevante Anlagenbegriff ist in § 9 EnergieStV geregelt, der verschiedene Möglichkeiten der Verklammerung und damit Zusammenrechnung der Nennleistung von Anlagen vorsieht. Unternehmen mit mehreren KWK- bzw. Stromerzeugungsanlagen müssen nach § 99 Abs. 3 EnergieStV für jede Anlage einen gesonderten Antrag auf amtlichen Vordruck stellen. 115

---

135 Vgl. BFH, Urt. v. 28.10.2008 – VII R 6/08 – DB 2009, 43.

136 Vgl. u.a. *Schiebold/Veh/Liebheit*, EnWZ 2014, 158 ff

137 BFH, Urt. v. 15.1.2015 – VII R 35/12 – StE 2015, 16ff.

138 Vgl. auch die Dienstvorschrift Energiesteuer zu den §§ 2, 3, 37, 53, 53a sowie 53b EnergieStG und den §§ 1, 1b, 9 bis 11 und 98 bis 99d EnergieStV; Energiesteuerrechtliche Behandlung von Energieerzeugungsanlagen (DV Energieerzeugung) v. 20.1.2014, III B 6 – V 8245/07/10010:007.

e) Energieeinsatz in (hocheffizienten) KWK-Anlagen

116 Durch die Regelung der §§ 53a und 53b EnergieStG wird die Erzeugung in KWK gefördert. Die Begünstigungen haben – ohne hierauf beschränkt zu sein – in der Praxis insbesondere Relevanz für Anlagen mit einer elektrischen Nennleistung von bis zu 2 MW, da diese nicht von der vorgenannten Entlastung bei der Stromerzeugung umfasst sind. Beide Regelungen setzen voraus, dass die KWK-Anlage einen Monats- oder **Jahresnutzungsgrad** von mindestens 70 % erreicht. Zur Berechnung des Nutzungsgrads wird der Quotient aus der Summe der genutzten, erzeugten, mechanischen und thermischen Energie und der Summe der zugeführten Energie aus Energieerzeugnissen in derselben Zeitspanne gebildet.[139]

117 Eine vollständige Steuerentlastung wird nach § 53a EnergieStG nur für hocheffiziente, nicht abgeschriebene KWK-Anlagen ermöglicht. Über § 53b EnergieStG kann unter wesentlich geringeren Voraussetzungen eine – nicht unerhebliche – Teilentlastung erreicht werden.

118 Für das Kriterium der **Hocheffizienz** verweist § 53a EnergieStG auf die KWK-RL[140] und die entsprechenden Entscheidungen der Europäischen Kommission. Nähere Vorgaben zum Nachweis der Hocheffizienz finden sich in § 99b EnergieStV sowie in der Dienstvorschrift Energieerzeugung des BMF vom 20.1.2014.[141]

119 Die vollständige Steuerentlastung nach § 53a EnergieStG wird nur bis zur **vollständigen Absetzung für Abnutzung der Hauptbestandteile der Anlage** gewährt. Eine Verlängerung bzw. ein Neubeginn des Abschreibungszeitraums wird bei Erneuerung der Hauptbestandteile (Gasturbine, Motor, Dampferzeuger, Dampfturbine, Generator und Steuerung) anerkannt, sofern mindestens 50 % der Kosten für die Neuerrichtung erreicht sind. Nach § 99c EnergieStV ist hierzu grundsätzlich auf die Abschreibung gemäß der betriebsgewöhnlichen Nutzungsdauer[142] abzustellen.

120 Für alle KWK-Anlagen, die bereits abgeschrieben oder nicht hocheffizient sind, aber den Monats- oder Jahresnutzungsgrad von mindestens 70 % erreichen, kann nach § 53b EnergieStG noch eine Teilentlastung geltend gemacht werden. Die Höhe der Entlastung hängt vom eingesetzten Brennstoff, von der Art der KWK-Anlage sowie unter Umständen vom Status des Anlagenbetreibers ab. Zunächst ist zwischen einem Brennstoffeinsatz zum Verheizen (§ 53b Abs. 1 EnergieStG; bspw. Dampfkraftmaschine oder Stirling-Motor) und einem Einsatz in begünstigten Anlagen (§ 53b Abs. 4 EnergieStG; beispielsweise Verbrennungsmotoren oder Gasturbinen zur Strom- und Wärmeerzeugung) zu unterscheiden. Im Falle des Verheizens kann für einzelne

---

139 § 3 Abs. 3 EnergieStG.

140 Vgl. Anhang III KWK-RL (RL 2004/8/EG) v. 11.2.2004 (ABl EU Nr. L 52 S. 50 ff.), zuletzt geändert durch VO (EG) Nr. 219/2009 (ABl EU Nr. L 87 S. 109 ff.), in der jeweils geltenden Fassung.

141 Vgl. http://www.bhkw-infozentrum.de/download/DV-Energieerzeugung_N_09_2014-Nr29_2014 0131.pdf

142 AfA-Tabellen.

Brennstoffe eine weitergehende Entlastung erhalten werden, wenn der Anlagenbetreiber ein Unternehmen des Produzierenden Gewerbes ist.

Auch für die §§ 53a und 53b EnergieStG ist die relevante Anlage nach § 9 Energie- 121
StV zu ermitteln.[143] Nach §§ 99a Abs. 3 bzw. 99d Abs. 4 EnergieStV ist für jede Anlage ein gesonderter Antrag auf amtlichem Vordruck zu stellen.

f) Begünstigung für Unternehmen des Produzierenden Gewerbes

Ähnlich der Entlastungsmöglichkeiten im Stromsteuerbereich wird die Verwendung 122
von Energieerzeugnissen zu betrieblichen Zwecken durch Unternehmen des Produzierenden Gewerbes steuerlich begünstigt.

aa) Allgemeine Steuerentlastung

Entsprechend der Neuregelung bei der Stromsteuer gibt das EnergieStG den Unter- 123
nehmen des Produzierenden Gewerbes (und den Unternehmen der Land- und Forstwirtschaft) nach § 54 EnergieStG die Möglichkeit, einen Teil der gezahlten Steuer zurückzubekommen. Die Entlastung wird für Energieerzeugnisse gewährt, welche für **betriebliche Zwecke** eines Unternehmens des Produzierenden Gewerbes verheizt und in begünstigten Anlagen verwendet werden.

Hinweis !

Auch bei innerbetrieblichen Erdgasverbräuchen ist gegebenenfalls zu berücksichtigen, dass bestimmte Erdgasmengen im Unternehmen von Dritten (beispielsweise Kantine) verwendet werden.

Wird ein Energieerzeugnis zur **Erzeugung von Wärme** verwendet, wird die Steu- 124
erentlastung nur gewährt, wenn die Wärme durch ein Unternehmen des Produzierenden Gewerbes genutzt wird. Insbesondere im Bereich der Fernwärmeversorgung muss insoweit von Kunden eine entsprechende Selbsterklärung auf amtlichen Vordruck eingeholt werden, welche dem Entlastungsantrag beizufügen ist.

Nach § 54 Abs. 2 Nr. 2 EnergieStG wird eine Entlastung von 1,38 €/MWh gewährt. 125
Eine Entlastung wird erst jenseits eines Sockelbetrages von 250,00 € gewährt.[144]

Die Entlastung setzt einen schriftlichen Antrag voraus, der bis zum 31.12. des fol- 126
genden Kalenderjahres beim Hauptzollamt eingereicht werden muss.[145] Das Unternehmen kann dabei beantragen, dass die Entlastung in kürzeren Zeiträumen (Kalendermonat, Kalendervierteljahr oder Kalenderhalbjahr) gewährt wird.[146]

---

143 Vgl. hierzu auch Dienstvorschrift Energieerzeugung des BMF v. 20.1.2014, Rn 15.

144 § 54 Abs. 3 EnergieStG.

145 § 100 Abs. 1 EnergieStV.

146 § 100 Abs. 2 EnergeiStV.

bb) Spitzenausgleich

127 Ähnlich wie im Stromsteuerbereich ist es für die Unternehmen des Produzierenden Gewerbes daneben möglich, einen sog. Spitzenausgleich durchzuführen. Nach § 55 EnergieStG wird die Steuer für nachweislich versteuertes Erdgas, das ein Unternehmen des Produzierenden Gewerbes für betriebliche Zwecke entnommen hat, weiter entlastet, soweit die Steuer den Sockelbetrag von 750 € übersteigt (§ 55 Abs. 3 EnergieStG). Auch hier gilt für die Verwendung von Wärme, dass die Steuerentlastung nur gewährt wird, wenn die erzeugte Wärme durch ein Unternehmen des Produzierenden Gewerbes genutzt wird.

128 Seit der Neuregelung zum 1.1.2013 verlangt § 55 EnergieStG zusätzlich – ebenfalls parallel zu § 10 StromStG – die Umsetzung von Vorgaben zur Erhöhung der Energieeffizienz. Als unternehmensindividuelle Verpflichtung hat das antragstellende Unternehmen ein **Energieeffizienzsystem** zu betreiben. Zudem wird ab 2015 die Einhaltung der Ziele der Energieeffizienzvereinbarung vom 1.8.2012 (Reduzierung der Energieintensität) durch alle Unternehmen des Produzierenden Gewerbes (sog. Glockenlösung)[146a] jährlich überprüft.

129 Die Höhe der Steuerentlastung bestimmt sich – wie bei der Stromsteuer – im konkreten Einzelfall danach, um wie viel die Erdgassteuer den Unterschiedsbetrag zum Arbeitgeberanteil an den Rentenversicherungsbeiträgen übersteigt. Maximal entlastet werden 90 % der gezahlten Erdgassteuer.

130 Hinsichtlich der Vorgaben für die Antragstellung verweist § 101 EnergieStV auf die entsprechenden Regelungen der StromStV.[147]

III. Exkurs: Biogas

131 Zwar findet für die Besteuerung von Biogas ebenfalls der Steuersatz für Erdgas Anwendung, das heißt derzeit 5,50 €/MWh (Heizsteuersatz) bzw. 13,90 €/MWh („ermäßigter" Regelsteuersatz). Allerdings gelten aufgrund der besonderen Erzeugung bzw. Gewinnung sowie der teilweise auch nur örtlich beschränkten Verwendung von Biogas – sowohl bei der Steuerentstehung als auch bei den Entlastungsmöglichkeiten – einige Besonderheiten gegenüber herkömmlichem Erdgas. Aufgrund dieser Besonderheiten hat das BMF auch eine Dienstvorschrift zur steuerlichen Behandlung von Biogas erlassen.[148]

146a Vgl. Rn 69.

147 Vgl. zum Spitzenausgleich bei der Stromsteuer oben Rn 68 ff.

148 BMF, Dienstvorschrift v. 2.7.2008 – III A 1 – V 8245/07/0006.

1. Steuerentstehung

Grundsätzlich ist als Ausgangspunkt bei der Besteuerung von Biogas danach zu differenzieren, ob 132
- das Biogas überhaupt ins allgemeine Leitungsnetz eingespeist wird oder
- das Biogas bereits vor Ort genutzt wird („Insellösung").

Für den Fall, dass (aufbereitetes) **Biomethan in das Erdgasleitungsnetz eingespeist** 133 wird, entsteht im Moment der Einspeisung noch keine Steuer, da dies weder eine Verwendung noch eine Entnahme zum Verbrauch darstellt. Das Biogas vermischt sich in der Leitung mit dem Erdgas und die Steuer entsteht in diesem Fall nach § 38 Abs. 1 EnergieStG – entsprechend der dargestellten Regelung für Erdgas – mit der Entnahme des Biogases bzw. des Biogas-/Erdgas-Gemisches aus der Leitung.[149]

Etwas anderes gilt, wenn keine Einspeisung in ein Leitungsnetz erfolgt und § 38 134 EnergieStG daher bereits nach seinem Wortlaut keine Anwendung finden kann.

Beispiel

„Insellösung"

Wird Biogas auf einem landwirtschaftlichen Betrieb hergestellt und direkt zu einer KWK-Anlage geleitet, liegt bei der Verwendung des Biogases in der KWK-Anlage keine Entnahme aus dem Leitungsnetz vor. Damit kommt der Steuerentstehungstatbestand für Erdgas[150] nicht zur Anwendung.

---

§ 23 EnergieStG sieht einen allgemeinen Auffangtatbestand vor, welcher die Steuer- 135 entstehung für sonstige Energieerzeugnisse regelt. Diese Vorschrift kann ergänzend auch für Biogas, dessen Besteuerung im EnergieStG ansonsten nicht explizit geregelt ist, angewendet werden. Die Steuer für Biogas entsteht in diesem Fall mit der Abgabe des Biogases bzw. seiner Verwendung in der KWK-Anlage,[151] sofern nicht eine Steuerbefreiung greift.

2. Steuerbegünstigung von Biogas

Zusätzlich zu den bereits dargestellten Steuerbegünstigungen für Erdgas kommt für 136 Biogas
- einerseits auch eine Steuerbefreiung nach § 28 EnergieStG und
- andererseits für die Verwendung als Kraftstoff eine Steuerentlastung nach § 50 EnergieStG

in Betracht.

---

149 Vgl. die Klarstellung hierzu in BMF, Dienstvorschrift v. 2.7.2008 – III A 1 – V 8245/07/0006.
150 § 38 EnergieStG.
151 § 23 Abs. 1 Nr. 1 bzw. 2 EnergieStG.

a) Steuerbefreiung

137 Die Verwendung von Biogas als Heizstoff oder zum Antrieb von Gasturbinen und Verbrennungsmotoren in begünstigten Anlagen ist gem. § 28 EnergieStG von der Steuer befreit. Nach § 28 S. 2 EnergieStG schließt auch ein Mischen mit anderen Energieerzeugnissen unmittelbar vor der Verwendung eine Steuerbefreiung für den Biogasanteil nicht aus. Erforderlich ist aber ein entsprechender Nachweis über den Biogasanteil. Daher kommt diese Steuerbefreiung grundsätzlich nur im Rahmen von sog. Insellösungen in Betracht. Bei der Entnahme von Biogas aus dem allgemeinen Leitungsnetz ist eine entsprechende Befreiung insoweit nicht möglich.

b) Steuerentlastung

138 Für die Verwendung von Biomethan als Kraftstoff ergibt sich aus § 50 Abs. 1 S. 1 Nr. 4 EnergieStG eine zusätzliche Entlastungsmöglichkeit, welche allerdings bis zum 31.12.2015 befristet ist.[152] Das Biomethan muss hierfür Erdgasqualität haben und die Voraussetzungen von § 6 der 10. BImSchV[153] erfüllen. Die Entlastungsmöglichkeit ist auch im Zusammenhang mit der in §§ 37a ff. BImSchG[154] geregelten Quotenpflicht für Biokraftstoffe (**Biokraftstoffquote**) zu sehen.

139 Im Übrigen stehen für die Verwendung von Biogas auch die für Erdgas anwendbaren Entlastungsmöglichkeiten (beispielsweise § 53 EnergieStG bei der Verwendung in einer KWK-Anlage) offen.

IV. Übersicht der wichtigsten Fristen aus dem Energiesteuerrecht

140

Datum	Norm	Art der Frist
31.5.	§ 39 Abs. 3 EnergieStG	Erdgassteueranmeldung für das Vorjahr, wenn die jährliche Anmeldung gewählt wurde
25.6.	§ 39 Abs. 3 EnergieStG	Entrichtung der geschuldeten Erdgassteuer (unter Anrechnung der geleisteten monatlichen Vorauszahlungen)
31.12.	§ 39 Abs. 2 EnergieStG	Ausübung des Wahlrechts für jährliche Anmeldung vor neuem Kalenderjahr
	§§ 88, 90, 93, 94, 95, 98, 100, 101 EnergieStV	Anträge auf die unterschiedlichen Steuerentlastungen für die im Vorjahr verwendeten Energieerzeugnisse

152 Zum Nachweis der entlastungsfähigen Biogasmenge vgl. ebenfalls BMF, Dienstvorschrift v. 2.7.2008 – III A 1 – V 8245/07/0006.

153 Verordnung über die Beschaffenheit und die Auszeichnung der Qualitäten von Kraftstoffen (10 BImSchV) v. 27.1.2009 (BGBl. I S. 123), zuletzt geändert durch Verordnung v. 1.12.2014 (BGBl. I S. 1890).

154 Bundes-Immissionsschutzgesetz (BImSchG) v. 17.5.2013 (BGBl. I S. 1274), zuletzt geändert durch Gesetz v. 20.11.2014 (BGBl. I S. 1740).

Kapitel 15
Gesellschaftsrechtliche Compliance

A. Systematischer Überblick

Juristische Personen sind auf Organe angewiesen, um im Rechtsverkehr aufzutreten. 1
Aus diesem Grunde räumt das Gesetz den Organen auf der einen Seite Rechte ein, unterwirft sie auf der anderen Seite damit korrespondierenden Pflichten. Geschuldet werden die **Organpflichten** gegenüber der Gesellschaft. Nur ausnahmsweise wirken die Organpflichten gegenüber außen stehenden Dritten. Deren Schuldner ist in erster Linie die Gesellschaft und nicht das handelnde Organ.

Die geschuldeten Pflichten umreißt das Gesetz für Geschäftsleitungs- und Auf- 2
sichtsorgane unterschiedlich. In der **Aktiengesellschaft** (AG) hat der **Geschäftsleiter** – der Vorstand – das Unternehmen in eigener Verantwortung zu leiten, § 76 Abs. 1 AktG.[1] Leitet der Vorstand das Unternehmen nicht wie ein ordentlicher und gewissenhafter Geschäftsleiter, so haftet er dafür gem. § 93 Abs. 1 AktG. Diese Grundsätze gelten nach § 43 Abs. 2 GmbHG[2] auch für den **Geschäftsführer einer GmbH.** Danach haften diese für ihre Obliegenheitsverletzungen der Gesellschaft. Der Aufsichtsrat schließlich hat in erster Linie die Geschäftsführung zu überwachen (§ 111 AktG) und daneben die Geschäftsleitung zu beraten.

Wie auch beim Vorstand, so zeichnet sich auch für den **Aufsichtsrat** ab, dass 3
sich die **Pflichten gegenüber der Gesellschaft** immer mehr verdichten. Ohne verlässliche Kenntnis des Pflichtenprogramms ist die Tätigkeit als Organmitglied ein Vabanque-Spiel. Verletzt ein Organ seine Pflichten, kann dies eine Abberufung oder gar eine Kündigung des Anstellungsvertrages nach sich ziehen. Daneben kommen Schadenersatzansprüche der Gesellschaft in Betracht (§§ 93 Abs. 2 und 3, 116 AktG; § 43 Abs. 2 GmbHG). **Geschäftsleiter einer AG oder GmbH** unterliegen hier einer besonders strikten Haftung, da sie nach § 93 Abs. 2 S. 2 AktG im Streitfall darlegen und beweisen müssen, dass sie sorgfältig gehandelt haben. Die beste Strategie zur Haftungsvermeidung ist daher die genaue Kenntnis der geschuldeten Organpflichten.

---

1 Aktiengesetz (AktG) v. 6.9.1965 (BGBl. I S. 1089), zuletzt geändert durch Gesetz v. 23.7.2013 (BGBl. I S. 2586).

2 GmbH-Gesetz (GmbHG) v. 20.4.1892 (RGBl. S. 477), zuletzt geändert durch Gesetz v. 23.7.2013 (BGBl. I S. 2586).

B. Pflichten der Unternehmensleitung

4 Dem Vorstand einer AG bzw. dem Geschäftsführer einer GmbH obliegt in erster Linie die **Unternehmensleitung**. Sie ist ein Ausschnitt aus der Geschäftsführung. Zur Geschäftsführung gehört auch die Vertretung der Gesellschaft im Außenverhältnis gem. § 78 AktG, § 35 GmbHG. Die zahlreichen Rechte und Pflichten der Geschäftsleiter lassen sich auf einer abstrakten Ebene aufteilen in

- Organisationspflichten gegenüber der Gesellschaft,[3]
- Informations- und Berichtspflichten gegenüber der Gesellschaft,[4]
- die Pflicht zur Unternehmensleitung,[5]
- besondere Pflichten bei der Planung und Finanzierung[6] sowie
- Treuepflichten gegenüber der Gesellschaft.[7]

5 Systematische Überschneidungen zwischen den einzelnen Pflichten sind unvermeidbar,[8] aber dogmatisch unschädlich. Entscheidend ist, dass der jeweilige Pflichteninhalt genau umrissen ist.

I. Organisationspflichten

1. Beachtung des Unternehmensgegenstandes

6 Gegenüber der Gesellschaft ist der Geschäftsleiter dazu verpflichtet, die **Grenzen des Unternehmensgegenstandes** einzuhalten. Dies ergibt sich für den Vorstand aus § 82 Abs. 2 AktG und ist auch für den Geschäftsführer einer GmbH anerkannt, obwohl dies das GmbHG nicht ausdrücklich bestimmt.[9] Außerhalb des Unternehmensgegenstandes darf die Geschäftsleitung nur tätig werden, wenn es sich dabei um ein Hilfsgeschäft handelt, um den eigentlichen Unternehmensgegenstand zu verfolgen.[10] Umgekehrt ist es der Geschäftsleitung auch untersagt, den Unternehmensgegenstand

---

3 Vgl. noch Rn 6 ff. Zur Compliance-Relevanz allgemein vgl. auch Kap. 5.
4 Vgl. noch Rn 18 ff.
5 Vgl. noch Rn 23 ff.
6 Vgl. noch Rn 27 ff.
7 Vgl. noch Rn 31 ff.
8 Im Schrifttum nennt man insbesondere eine Legalitätspflicht, die aus einer externen und internen Pflichtenbindung besteht, HdbVorstandsR/*Fleischer*, § 7 Rn 4; *Fleischer*, ZIP 2005, 141, 142; MüKo-AktG/*Spindler*, 4. Aufl., § 93 Rn 63 f. Dieser Anknüpfungspunkt ist denkbar, verharrt aber auf einer abstrakten Ebene. Es ist eine Selbstverständlichkeit, dass ein Geschäftsleiter an die Rechtsordnung gebunden ist. Zudem interessieren in diesem Kapitel nur die „Legalitätspflichten" gegenüber der Gesellschaft.
9 Dazu Ensthaler/Füller/Schmidt/*Füller*, GmbHG, § 3 Rn 4; *Tieves*, Kapitalgesellschaft, S. 68 ff.
10 So im Ergebnis BGH, Urt. v. 15.5.2000 – II ZR 359/98 – BGHZ 144, 290 = ZIP 2000, 1162, 1163 f.; MüKo-AktG/*Spindler*, § 82 Rn 35; *Tieves*, Kapitalgesellschaft, S. 211 ff.

zu unterschreiten. Sie darf von sich aus weder ein Geschäftsfeld noch eine Branche aufgeben, in der die Gesellschaft tätig wird, sofern dieser Zustand nicht nur vorübergehend ist.[11]

Die Praxis vermengt (allzu) oft Unternehmensgegenstand und Gesellschafts- 7
zweck. Indes ist eine sachgerechte Abgrenzung wichtig, um ein Unternehmen angemessen zu organisieren. Nach der herrschenden Meinung beschreibt der Unternehmensgegenstand den Marktauftritt der Gesellschaft, deren Tätigkeit im Außenverhältnis. Der Gesellschaftszweck hingegen prägt das Innenverhältnis der Gesellschaft.[12] Die Gründungsgesellschafter einigen sich auf einen gemeinsamen Zweck, den sie erreichen und fördern wollen. Um diesen umzusetzen, wird die Gesellschaft im Außenverhältnis tätig.

2. Wahrung der Kompetenzordnung

Der Vorstand einer AG ist dazu verpflichtet, **Mitwirkungs- und Zustimmungsbe-** 8
fugnisse anderer Gesellschaftsorgane zu beachten. Missachtet der Vorstand diese, berührt dies nach § 82 Abs. 1 AktG nicht seine Vertretungsbefugnis im **Außenverhältnis**. Im **Innenverhältnis** gegenüber der Gesellschaft begeht der Vorstand jedoch eine Pflichtverletzung. Diese Grundsätze gelten auch für den Geschäftsführer einer GmbH, spielen dort jedoch eine untergeordnete Rolle, da das GmbH-Recht im Gegensatz zum AktG keine konsolidierten Zuständigkeiten kennt und den Gesellschaftern insoweit eine weitergehende Satzungsautonomie einräumt. Zu beachten hat der Geschäftsführer in jedem Fall die satzungsgemäß bestimmten Zuständigkeitsregelungen.

Besteht ein satzungsgemäßer **Zustimmungsvorbehalt des Aufsichtsrates** gem. 9
§ 111 Abs. 4 S. 2 AktG, muss der Vorstand vor dem Abschluss eines Rechtsgeschäftes die Zustimmung des Aufsichtsrates einholen.[13] Diese Pflicht betrifft auch den Geschäftsführer einer GmbH.

Beachten müssen die **Vorstandsmitglieder einer AG** auch die **Rechte der** 10
Hauptversammlung, wie sie in § 119 Abs. 1 AktG aufgelistet sind. Da die Geschäftsführung des Vorstandes denkbar weit verstanden wird, kann diese auch in ungeschriebene Mitwirkungsbefugnisse der Hauptversammlung übergreifen. Dies ist allerdings nur in engen Grenzen möglich. An einer **Geschäftsführungsmaßnahme** ist die Hauptversammlung zu beteiligen, wenn sie an der Kernkompetenz rührt, über die Verfassung der Gesellschaft zu bestimmen und sich nahezu ebenso auswirkt, wie eine Satzungsänderung.[14] Eine derartige ungeschriebene Mitwirkungsbefug-

---

11 *Lutter/Leinekugel*, ZIP 1998, 225, 227 f.; *Paefgen*, Unternehmerische Entscheidungen, S. 476 ff.; *Tieves*, Kapitalgesellschaft, S. 300 ff.; Spindler/Stilz/*Fleischer*, AktG, § 82 Rn 31.

12 Ulmer/Habersack/Löbbe/*Ulmer/Löbbe*, GmbHG, § 1 Rn 8.

13 Näher dazu unten Rn 80 ff.

14 BGH, Urt. v. 26.4.2004 – II ZR 155/02 – BGHZ 159, 30 – Gelatine; zuvor bereits BGH, Urt. v. 25.2.1982

nis der Hauptversammlung kommt immer dann in Betracht, wenn eine Maßnahme der Gesellschaft zu einem **Mediatisierungseffekt** führt.[15] Unverkennbar birgt diese Rechtsprechung Unwägbarkeiten. Will der Vorstand diesen aus dem Weg gehen und damit eine mögliche Haftung wegen einer Pflichtverletzung vermeiden, bleibt ihm nur noch der Weg über § 119 Abs. 2 AktG: Er kann danach von der Hauptversammlung verlangen, dass sie über eine Geschäftsführungsmaßnahme entscheidet.

11 Auch die **Geschäftsführer einer GmbH** sind dazu verpflichtet, **Zuständigkeiten der Gesellschafterversammlung** (§ 46 GmbHG) zu beachten. Wie auch beim Vorstand einer AG so umfasst auch die Geschäftsführungsbefugnis der Geschäftsführer einer GmbH keine **Grundlagengeschäfte**. Praktisch relevant ist dies in der GmbH vor allem für den Abschluss von Unternehmensverträgen: Der Abschluss eines derartigen Vertrages greift satzungsgleich in den rechtlichen Status der beherrschten GmbH ein und verlangt deswegen einen satzungsändernden Gesellschafterbeschluss.[16]

12 Schließlich trifft Vorstandsmitglieder auch die Pflicht, besondere **Ressortzuständigkeiten** innerhalb des Vorstandes als Leitungsorgan zu wahren. Sie dürfen nicht in andere Vorstandsressorts „hineinregieren", sind aber zur internen Aufsicht gehalten.[17] Solche Beschränkungen können insbesondere in der Geschäftsordnung des Vorstandes festgelegt werden.[18] Nach einer verbreiteten Ansicht soll es auch möglich sein, nur im Anstellungsvertrag dem Geschäftsleiter ein bestimmtes Ressort zuzuweisen.[19] Indes überzeugt dies nicht. Zu einer verbindlichen Organpflicht wird eine bestimmte Aufgabenverteilung nur, wenn sie satzungsähnlich formuliert ist. Um eine Kompetenzabgrenzung in der Geschäftsordnung des Vorstandes wird man daher nicht umhin kommen.[20] Die beschriebenen Grundsätze gelten auch für Geschäftsführer einer GmbH, wenn ihnen durch die Geschäftsordnung bestimmte Ressorts zugewiesen sind.[21]

– II ZR 174/80 – BGHZ 83, 122 – Holzmüller; OLG Celle, Urt. v. 7.3.2001 – 9 U 137/00 – AG 2001, 357, 358; *Bungert*, BB 2004, 1345 ff.; *Liebscher*, ZGR 2005, 1 ff.

15 *Böttcher/Blasche*, NZG 2006, 569, 573; MüKo-AktG/*Spindler*, § 76 Rn 37; anders zum Mediatisierungseffekt teilweise *Goette*, AG 2006, 522, 525.

16 BGH, Urt. v. 14.12.1987 – II ZR 170/87 – BGHZ 103, 1, 4 f. – Familienheim; BGH, Beschl. v. 24.10.1988 – II ZB 7/88 – BGHZ 105, 324, 331 – Supermarkt; ausführlich dazu Boesche/Füller/Wolf/*Füller*, Festbeigabe Säcker, S. 261 ff.

17 VG Frankfurt/Main, Urt. v. 8.7.2004 – 1 E 7363/03 (1) – AG 2005, 264, 265; HdbVorstandsR/*Fleischer*, § 8 Rn 10; *Fleischer*, NZG 2003, 449, 452; MüKo-AktG/*Spindler*, § 77 Rn 59.

18 *Fleischer*, NZG 2003, 449, 451 f.; GroßKommAktG/*Hopt*, § 93 Rn 135.

19 Sofern dies mit der gesetzlichen Zuständigkeitsverteilung vereinbar ist, vgl. etwa KölnKomm-AktG/*Mertens*, § 82 Rn 32; MüKo-AktG/*Spindler*, § 82 Rn 44; Schmidt/Lutter/*Seibt*, AktG, § 82 Rn 18; Ulmer/Habersack/Löbbe/*Ulmer*, GmbHG, § 35 Rn 245 ff. – zur GmbH.

20 GroßKommAktG/*Habersack*, § 82 Rn 29.

21 OLG Hamm, Urt. v. 24.4.1991 – 8 U 188/90 – GmbHR 1992, 375; Michalski/*Haas*, GmbHG, § 43 Rn 161; Ensthaler/Füller/Schmidt/*Schmidt*, GmbHG, § 43 Rn 32.

3. Organisationsverantwortung

Der Geschäftsleitung obliegt es auch, für eine **gesetzeskonforme Zusammensetzung der Gesellschaftsorgane** zu sorgen. Zunächst gilt dies für das Geschäftsleitungsorgan selbst: So besteht ein zweiköpfiger Vorstand und scheidet ein Mitglied aus dem Vorstand aus, kann das verbleibende Vorstandsmitglied solche Maßnahmen nicht durchführen, die Aufgabe des Gesamtvorstandes sind. Der **Rumpfvorstand** handelt nach der Ansicht des **BGH pflichtwidrig**, wenn er gleichwohl Gesamtleitungsaufgaben ausführt.[22] In diesem Fall ist der Aufsichtsrat verpflichtet, ein neues Vorstandsmitglied zu bestellen, damit der Vorstand wieder handlungsfähig ist.[23] Im Schrifttum hat man dies als überzogene Reaktion gegeißelt. Stattdessen schlägt man vor, die Handlungsfähigkeit eines Rumpfvorstandes anzuerkennen, falls es um den Gläubigerschutz geht.[24] Auch wenn die Argumente der beschriebenen Ansicht überzeugen, sind für die Praxis die Weichen gestellt. Die Mitglieder eines Rumpfvorstandes handeln pflichtwidrig, wenn sie Aufgaben wahrnehmen, die zwingend der Gesamtvorstand zu erfüllen hat. 13

In einer AG hat der Vorstand die **Zusammensetzung des Aufsichtsrates** bekannt zu geben, ggf. nach § 104 Abs. 1 AktG auf dessen Ergänzung hinzuwirken, sowie das Recht, den Aufsichtsrat einzuberufen (§ 110 Abs. 1 AktG). Auch wenn dies gesetzlich nicht geregelt ist, so treffen diese Organisationsaufgaben ebenso den Geschäftsführer einer GmbH, die über einen fakultativen Aufsichtsrat verfügt. Auf eine ordnungsgemäße Besetzung des Aufsichtsrates hat der Vorstand hinzuwirken. Daneben und unabhängig davon fällt die ordnungsgemäße Besetzung auch in die eigene Organisationsverantwortung des Aufsichtsrates. 14

4. Besondere Legalitätspflichten

Der **Vorstand** hat auch die zwingenden **Vorgaben des Gesellschaftsrechts** zu beachten. 15

Hervorzuheben ist hier § 93 Abs. 3 AktG, der einige Beispiele für ein pflichtwidriges Handeln des Vorstandes aufführt. So handelt der Vorstand einer AG pflichtwidrig, wenn 16

- er eigene Aktien erwirbt, obwohl die Gesellschaft zum Erwerbszeitpunkt nicht in der Lage ist, eine Rücklage in Höhe der Aufwendungen für den Erwerb zu bilden (§ 93 Abs. 3 Nr. 4 i.V.m. § 71 Abs. 2 S. 2 AktG).[25]

---

22 BGH, Urt. v. 12.11.2001 – II ZR 225/99 – BGHZ 149, 158, Leitsatz d); dazu *Götz*, ZIP 2002, 1745 ff.; *Henze*, BB 2002, 847 ff.; *Schäfer*, ZGR 2003, 147 ff.; vgl. auch *Fleischer*, NZG 2003, 449 ff.

23 Näher dazu unten Rn 77 ff.

24 *Fleischer*, NZG 2003, 449, 451; *Schäfer*, ZGR, 2003, 147, 155 ff. Eine Rumpfzuständigkeit des Vorstandes steht bejahend GroßKommAktG/*Kort*, § 76 Rn 199.

25 OLG Stuttgart, Urt. v. 25.11.2009 – 20 U 5/09 – NZG 2010, 141 ff.; dazu *Fleischer*, NZG 2010, 121 ff.

- Eine Pflichtverletzung stellen außerdem Zahlungen nach dem Eintritt der Zahlungsunfähigkeit dar (§ 93 Abs. 3 Nr. 6 AktG) oder
- gem. §§ 113, 114 AktG unerlaubte Vergütungen an Aufsichtsratsmitglieder.

17 Schließlich haften Geschäftsleiter auch, wenn sie die Einlagen bzw. das Stammkapital an die Gesellschafter zurückzahlen (§ 93 Abs. 3 Nr. 1 AktG, § 43 Abs. 3 GmbHG).

II. Informations- und Berichtspflichten

1. Berichtspflichten gegenüber dem Aufsichtsrat

18 Um dem Aufsichtsrat eine **Überwachungsmöglichkeit** zu ermöglichen, ist der Vorstand nach § 90 AktG verpflichtet, periodisch **Bericht** zu **erstatten**. Diese Pflicht ist eine nicht delegierbare Aufgabe des Gesamtvorstandes.[26] Unter anderem hat der Vorstand dem Aufsichtsrat zu berichten über die beabsichtigte Geschäftspolitik und andere grundsätzliche Fragen der Unternehmensplanung, insbesondere die Finanz-, Investitions- und Personalplanung, wobei er zusätzlich darauf einzugehen hat, ob die tatsächliche Entwicklung von früher berichteten Zielen abwich und warum. Nach wie vor ist noch nicht abschließend geklärt, wie detailliert der **Bericht über die Unternehmensplanung** sein muss. Dahinter steht ein unterschiedliches Vorverständnis darüber, was eine Unternehmensplanung als solche kennzeichnet. In jedem Falle dürfte über die Finanzplanung zu berichten sein sowie die Investitions- und/oder Personalplanung. Nicht zu berichten ist hingegen über einzelne Planrechnungen. Man wird auch nicht generell fordern können, ein Managementinformationssystem einzurichten.[27] Schließlich verpflichtet § 90 Abs. 1 S. 3 AktG den Vorstand dazu, dem Vorsitzenden des Aufsichtsrates aus sonstigen wichtigen Anlässen zu berichten. Das Gesetz zählt hier beispielsweise einen Geschäftsvorfall bei einem verbundenen Unternehmen auf, der auf die Lage der Gesellschaft von erheblichem Einfluss sein kann.

19 Diese Bestimmung ist auslegungsbedürftig. Sofern keine wesentlichen Verluste zu befürchten sind, steht diese Sonderberichterstattung im pflichtgemäßen Ermessen des Vorstandes.[28]

---

26 KölnKomm-AktG/*Mertens*, § 90 Rn 26; MüKo-AktG/*Spindler*, § 90 Rn 6.

27 GroßKommAktG/*Kort*, § 90 Rn 37; KölnKomm-AktG/*Mertens*, § 90 AktG Rn 4; MüKo-AktG/*Spindler*, § 90 AktG Rn 19.

28 Näher MüKo-AktG/*Spindler*, § 90 Rn 27 f.; Schmidt/Lutter/*Krieger/Sailer*, AktG, § 90 Rn 35.

2. Berichtspflichten gegenüber den Anteilseignern

Die Geschäftsleiter sind gegenüber den Gesellschaftern 20

- zum Bericht,
- zur Information und
- zur Rechenschaft

verpflichtet. Sie müssen auf Informationsansprüche vollständig und zutreffend reagieren. Dabei ist die Intensität dieser **gesellschaftsinternen Publizitätspflichten** für den Vorstand einer AG höher als für den Geschäftsführer einer GmbH. Über **Strukturmaßnahmen** in einer AG hat der Vorstand gegenüber der Hauptversammlung schriftlich zu berichten. So hat er nach § 293a AktG ausführlich und schriftlich der Hauptversammlung zu berichten, dass ein Unternehmensvertrag abgeschlossen wird, wie der Vertrag im Einzelnen gefasst ist sowie wie sich Art und Höhe des Ausgleichs und der Abfindung berechnen.[29] Da diese **Berichtspflicht** auch eine rechtliche Erläuterung umfasst, kann der Vorstand dazu gehalten sein, sich unterstützend um rechtliche Beratung zu bemühen. Schließlich besteht noch eine **Pflicht zur schriftlichen Berichterstattung** des Vorstandes, wenn bei Kapitalmaßnahmen die Anteile von Altaktionären verwässert werden sollen: Sowohl bei einer Kapitalerhöhung als auch beim genehmigten Kapital hat der Vorstand einen schriftlichen Bericht vorzulegen, aus dem sich der Grund für einen etwaigen Bezugsrechtsausschluss ergibt (§§ 168 Abs. 4 S. 2, 203 Abs. 2 S. 2 AktG). Die wohl bedeutsamste Berichtspflicht des Vorstandes regelt § 131 AktG, nach dem der Vorstand jedem Aktionär auf Verlangen in der Hauptversammlung Auskunft über Angelegenheiten der Gesellschaft zu geben hat. Das GmbHG kennt keine derart formalisierten Berichtspflichten der Geschäftsführer. Sie können allerdings durch die Satzung näher bestimmt werden. Dies ist jedoch unüblich, da § 51a GmbHG ein denkbar weit gefasstes Auskunfts- und Einsichtsrecht der Gesellschafter normiert: Danach haben die Geschäftsführer jedem Gesellschafter auf dessen Verlangen unverzüglich über Angelegenheiten der Gesellschaft Auskunft zu erteilen sowie die Einsicht der Bücher und Schriften zu gestatten. Verweigern dürfen die Geschäftsführer die begehrte Auskunft nur, wenn sie offenbar zu gesellschaftsfremden Zwecken missbraucht werden soll oder die erteilte Auskunft einen erheblichen Nachteil für die GmbH verursachen würde.

3. Offenlegungspflichten gegenüber der Allgemeinheit

Die Geschäftsleiter sind auch dafür verantwortlich, dass die **Publikationen** über die 21
Gesellschaft stets **auf dem aktuellen Stand** sind. Dazu gehören Pflichtangaben auf den Geschäftsbriefen (§§ 80 AktG, 35a GmbHG) und gem. §§ 81 AktG, 39 Abs. 1 GmbHG die Pflicht, geänderte Vertretungsbefugnisse oder personale Zusammensetzungen des Leitungsorgans zur Eintragung in das Register anzumelden. In einer GmbH sind

29 Eine vergleichbare Pflicht bestimmt § 319 Abs. 3 Nr. 3 AktG für den Eingliederungsbericht.

die Geschäftsführer schließlich dazu verpflichtet, jede Änderung im Gesellschafterbestand in einer Gesellschafterliste zu dokumentieren und diese zur Eintragung in das Handelsregister anzumelden, § 40 Abs. 1 GmbHG. Bedeutsam ist dies deswegen, da die Gesellschafterliste ein Publizitätsträger ist und nach § 16 Abs. 3 GmbHG den gutgläubigen Erwerb eines „gelisteten" Geschäftsanteils ermöglicht.

22 Der Vorstand einer AG hat die Hauptversammlungsbeschlüsse vorzubereiten und auszuführen (§ 83 AktG). Vergleichbar dazu hat der Geschäftsführer einer GmbH die Gesellschafterversammlung einzuberufen (§ 49 Abs. 1 GmbHG), wobei das GmbH-Recht hier weniger formale Anforderungen regelt als das AktG. **Geschäftsleiter** sind dazu verpflichtet, für eine ordnungsgemäße Führung der Handelsbücher zu sorgen (§§ 91 Abs. 1 AktG, 41 GmbHG).[30] In jüngster Zeit bedeutsam wurde die gemeinsame Pflicht von Vorstand und Aufsichtsrat, sich jährlich darüber zu erklären, ob und inwieweit die Grundsätze des **Corporate Governance Kodex (DCGK)**[31] eingehalten wurden. Diese sog. **Entsprechenserklärung gem. § 161 AktG** ist durch die Rechtsprechung sanktioniert. Unterbleibt eine derartige Erklärung oder ist sie unvollständig bzw. unrichtig, so haften die Mitglieder des Vorstandes und des Aufsichtsrates dafür.[32] Bedeutsam ist schließlich noch die **Offenlegungspflicht nach § 325 HGB.**[33] Danach haben sowohl der Vorstand als auch die Geschäftsführer einer GmbH die Pflicht, unverzüglich den Jahresabschluss beim Elektronischen Bundesanzeiger elektronisch einzureichen.

III. Unternehmensstrategie – unternehmerisches Ermessen

23 Unternehmerische Entscheidungen sind die Kernaufgaben jedes Geschäftsleiters.[34] Es handelt sich dabei um Entscheidungen prognostischen Charakters, bei denen die Geschäftsleiter die Sorgfalt eines „ordentlichen und gewissenhaften Geschäftsleiters" anzuwenden haben (§ 93 Abs. 1 S. 1 AktG). Das UMAG[35] hat nunmehr in § 93 Abs. 1 S. 2 AktG die Grundsätze kodifiziert, an denen sich eine pflichtgemäße unternehmerische Entscheidung auszurichten hat: Eine unternehmerische Entscheidung eines Geschäftsleiters ist dann pflichtgemäß, wenn „das Vorstandsmitglied bei einer

---

30 Zur Einrichtung eines Frühwarnsystems i.S.d. § 91 Abs. 2 AktG vgl. unten Rn 27 ff.

31 Deutscher Corporate Governance Kodex (DCGK) i.d.F. v. 24.6.2014, abrufbar unter http://www.dcgk.de/de/kodex.html; Siehe auch Kap. 7 und Kap. 17.

32 BGH, Urt. v. 16.2.2009 – II ZR 185/07 – BGHZ 180, 9 ff. = NZG 2009, 342, 345 – Kirch/Deutsche Bank.

33 Handelsgesetzbuch (HGB) v. 10.5.1897 (RGBl. I S. 219), zuletzt geändert durch Gesetz v. 22.12.2014 (BGBl. I S. 2409).

34 Dieser Grundsatz gilt uneingeschränkt auch für jedes kleine und mittelständische (Energie-)Versorgungsunternehmen.

35 Gesetz zur Unternehmensintegrität und Modernisierung des Anfechtungsrechts (UMAG) v. 22.9.2005 (BGBl. I S. 2802).

unternehmerischen Entscheidung vernünftigerweise davon ausgehen durfte, auf der Grundlage angemessener Informationen zum Wohl der Gesellschaft zu handeln".

In den Worten des **BGH** handelt der Geschäftsleiter pflichtwidrig, der die Grenzen deutlich überschreitet, „in denen sich ein von Verantwortungsbewusstsein getragenes, ausschließlich am Unternehmenswohl orientiertes, auf sorgfältiger Ermittlung der Entscheidungsgrundlagen beruhendes Unternehmen bewegen muss", oder wenn „die Bereitschaft, unternehmerische Risiken einzugehen, in unverantwortlicher Weise überspannt worden ist".[36] Diese sog. **Business Judgement Rule**[37] gründet sich darauf, dass den Geschäftsleitern bei ihrer Tätigkeit ein weiter Handlungsspielraum eingeräumt werden muss, ohne den eine unternehmerische Tätigkeit undenkbar ist. Die Rechtsordnung hat das wirtschaftliche Ergebnis dieser Tätigkeit hinzunehmen, solange die unternehmerische Entscheidung rational war und der Vorstand seinen Beurteilungsspielraum ausgefüllt hat. Auch für das unternehmerische Handeln von Geschäftsführern einer GmbH sind die beschriebenen Grundsätze anerkannt.[38] 24

Die **prozeduralen Vorgaben der Business Judgement Rule** ähneln denen, die für sog. Beurteilungsermächtigungen im öffentlichen Recht entwickelt wurden.[39] Zunächst muss der **Entscheidungsvorgang** ordnungsgemäß sein: Die relevanten Entscheidungsparameter einer unternehmerischen Entscheidung sind zu ermitteln, wobei alle verfügbaren Informationsquellen auszuschöpfen sind.[40] Dies schließt es nicht aus, dass die Geschäftsleitung sachkundigen Rat einholt. Nach der tatsächlichen und rechtlichen Ermittlung sind die Vor- und Nachteile abzuwägen und mit gesicherten betriebswirtschaftlichen Erkenntnissen abzugleichen (**Abwägungsentscheidung**). Die Geschäftsleitung handelt erst dann pflichtwidrig, wenn ihre Entscheidung an einem Beurteilungsausfall leidet, an einer Fehleinschätzung des Tatsachenmaterials oder die zugrunde liegenden Tatsachen wirtschaftlich unvertretbar abgewogen wurden. In Rechtsstreitigkeiten über eine Pflichtverletzung der Geschäftsleiter bei der Geschäftsführung ist typischerweise streitig, ob diese sorgfältig handelten. Ein Vorstandsmitglied einer AG ist gehalten, sich hierbei gem. § 93 Abs. 2 S. 2 AktG 25

---

36 BGH, Urt. v. 21.4.1997 – II ZR 175/95 – BGHZ 135, 244, 253 – ARAG/Garmenbeck; BGH, Urt. v. 3.3.2008 – II ZR 124/06 – BGHZ 175, 365 – UMTS Lizenzen.

37 So benannt nach der anglo-amerikanischen Parallelpraxis: Dodge vs. Ford Motor Co., 204 Mich. 459, 170 N.W. 668 (1919); Sinclair Oil Corp vs. Levien, 280 A. 2d 717, 720 (Del. 1971).

38 OLG Stuttgart, Urt. v. 26.5.2003 – 5 U 160/02 – GmbHR 2003, 835, 836; Ensthaler/Füller/Schmidt/*Schmidt*, GmbHG, § 43 Rn 26 f.

39 Grundlegen dazu *Lohse*, Unternehmerisches Interesse, S. 184 ff., S. 487 ff.; außerdem *Alexy*, JZ 1986, 711 ff.

40 BGH, Urt. v. 21.4.1997 – II ZR 175/95 – BGHZ 135, 244, 253 – ARAG/Garmenbeck; BGH, Urt. v. 29.10.2008 – IV ZR 128/07 – NJW-RR 2009, 322 (für den Vorstand einer Genossenschaft); Schmidt/Lutter/Krieger/*Sailer*, AktG, § 93 Rn 13. Dabei darf der Geschäftsleiter aber abwägen, ob ein zusätzlicher Informationsertrag durch bestimmte Kosten noch gerechtfertigt ist, *Ihrig*, WM 2004, 2098, 2105 f.; *Ulmer*, DB 2004, 859, 860 ff.; von *Werder*, ZfB 1997, 901 ff.

zu entlasten. Diese Vorschrift übt einen erheblichen Druck auf Vorstandsmitglieder einer AG aus, bei unternehmerischen Entscheidungen sorgfältig vorzugehen. Eine vergleichbare Beweislastregelung fehlt für Geschäftsführer einer GmbH, ist jedoch höchstrichterlich anerkannt.[41]

26 Gesichert ist nach diesen Maßstäben, dass der Geschäftsleiter keine Gelder der Gesellschaft sinnlos verschwenden darf, indem er etwa nutzlose Beratungsverträge abschließt[42] oder **Appreciation Awards** auskehrt, deren Vorteil für die Gesellschaft nicht erkennbar ist.[43] Unternehmensakquisitionen dürfen nur nach einer sorgfältigen Vorbereitung etwa in Gestalt einer **Due-Diligence-Prüfung** durchgeführt werden.[44] Auch bei der **Vergabe von Krediten** muss die Geschäftsleitung sorgfältig die Bonität des Darlehensnehmers prüfen, was im Einzelnen eine komplexe Abwägung verlangt, wie folgendes Beispiel zeigt:

Beispiel

OLG Celle[45]

Der Alleinvorstand der N-AG schloss mit dem finanzschwachen Start-up-Unternehmen I einen notariell beurkundeten Vertrag. Darin verpflichtete sich I für die Dauer von drei Jahren, der N-AG bis zu 300 Standorte zur Errichtung von Windkraftenergieanlagen zu übertragen. Als Gegenleistung sollte I bis zu 2 Mio. Aktien der N-AG erhalten. Zur Finanzierung des laufenden Geschäftsbetriebs gewährte die N-AG der I ein Darlehen mit einer dreijährigen Laufzeit in Höhe von (damals) 15 Mio. DM zum Zinssatz von 8 % p.a. Nachdem die I insolvent wurde, verlangte die N-AG die Zahlung der restlichen Darlehenssumme als Schadenersatz von dem mittlerweile ausgeschiedenen Vorstandsmitglied. Das **OLG Celle** sah in der unbesicherten Hingabe des Darlehens kein unvertretbares Risiko. Ein derartiges Darlehen darf ausgekehrt werden, wenn die Absicherung in der ertragsbringenden Tätigkeit des Unternehmens gesehen werden kann und sonst keine Sicherheiten zu erlangen sind.[46] Da der Vorstand vor dem Abschluss des Geschäfts eine Due Diligence durchführen ließ, durfte er annehmen, dass der Abschluss des Darlehensvertrages kein unvertretbares Risiko birgt. Deswegen hielt es das **OLG Celle** auch für unerheblich, ob in der Gesellschaft ein besonderes Risikomanagementsystem eingerichtet war. Selbst wenn man zu Unrecht auf ein derartiges Verfahren verzichtet habe, sei der Vorstand mit seiner Entscheidung kein unvertretbares Risiko eingegangen.

---

41 BGH, Urt. v. 4.11.2002 – II ZR 224/00 – BGHZ 152, 280, 284; BGH, Beschl. v. 26.11.2007 – II ZR 161/06 – BGH NJW-RR 2008, 484, 485.

42 BGH, Urt. v. 9.12.1996 – II ZR 240/95 – NJW 1997, 741 ff.

43 BGH, Urt. v. 21.12.2005 – 3 StR 470/04 – AG 2006, 110 ff.

44 *Böttcher*, NZG 2005, 49, 52; *Mutschler/Mersmann*, DB 2003, 79 ff.

45 OLG Celle, Urt. v. 28.5.2008 – 9 U 184/07 – WM 2008, 1748 ff. = AG 2008, 711 ff.

46 Dies entspricht der ständigen Rechtsprechung: BGH, Urt. v. 21.3.2005 – II ZR 54/03 – ZIP 2005, 981, 982; OLG Düsseldorf, Urt. v. 28.11.1996 – 6 U 11/95 – AG 1997, 231, 234 f. – ARAG/Haberkorn; OLG München, Urt. v. 16.7.1997 – 7 U 4603/96 – ZIP 1998, 23, 25; Schmidt/Lutter/Krieger/*Sailer*, AktG, § 93 Rn 8.

IV. Planung und Finanzierung

1. Planungs- und Finanzverantwortung

Eine besondere Ausprägung der **Planungsverantwortung** ist die Verpflichtung des Vorstandes, nach § 91 Abs. 2 AktG ein „Frühwarnsystem" einzurichten.[47] Die Vorschrift ist legislatorisch missraten, aber gleichwohl als geltendes Recht zu beachten. Zu errichten ist ein **Frühwarnsystem** gegenüber „den Fortbestand der Gesellschaft gefährdenden Entwicklungen". Dies sind alle Änderungen in den bestehenden Geschäftsbeziehungen der AG, die die Existenz der AG bedrohen.[48] Welcher Art dieses Frühwarnsystem sein muss, beschreibt das Gesetz nicht. Immerhin besteht Einigkeit darüber, dass keine Pflicht zur Einrichtung eines umfassenden Risikomanagements besteht.[49] Es reicht zunächst aus, wenn eine interne Revision und ein **Controlling** eingerichtet sind. Welche Dichte das Risikomanagement einnehmen muss, liegt im Leitungsermessen der Geschäftsleiter und hängt auch vom Zuschnitt der jeweiligen Gesellschaft ab. 27

Unter diesem Vorbehalt lässt sich die Pflicht aus § 91 Abs. 2 AktG anhand der **IDW Prüfungsstandards 340** konkretisieren.[50] 28

- Zunächst setzt ein **Risikomanagement** die Identifizierung risikobehafteter Geschäfte voraus, wobei der Katalog derartiger Geschäfte fortgeschrieben und modifiziert werden sollte.
- Im nächsten Schritt sollte durch ein **geeignetes unternehmensinternes Überwachungssystem** sichergestellt werden, dass riskante Geschäfte überhaupt gemeldet werden.

Zudem ist es empfehlenswert, bestimmte **Schwellen** einzurichten, bei deren Überschreitung die **Risikoinventur** ansetzt. 29

47 Vgl. Kap. 4 Rn 50 sowie Kap. 9 Rn 22.

48 GroßKommAktG/*Kort*, § 91 Rn 35; Schmidt/Lutter/Krieger/*Sailer*, AktG, § 91 Rn 9; a.A. *Hüffer*, AktG, § 91 Rn 6, wonach es bereits ausreichen soll, wenn sich die Vermögens-, Finanz- und Ertragslage i.S.d. § 264 Abs. 2 HGB wesentlich zu verändern droht.

49 GroßKommAktG/*Kort*, § 91 Rn 51; MüKo-AktG/*Spindler*, § 91 Rn 27; Schmidt/Lutter/Krieger/*Sailer*, AktG, § 91 Rn 14; Spindler/Stilz/*Fleischer*, AktG, § 91 Rn 35. Anderer Ansicht sind aus nachvollziehbaren Gründen die betriebswirtschaftliche Literatur und die überwiegende Ansicht der Wirtschaftsprüfung: *Lück*, DB 1998, 8 f.; *Pollanz*, DB 1999, 753, 758.

50 IDW Prüfungsstandard 340 (IDW PS 340), Die Prüfung des Risikofrüherkennungssystems nach § 317 Abs. 4 HGB, 11.9.2000. Allerdings ist diese Prüfung nur bei börsennotierten Gesellschaften obligatorisch.

Praxistipp
Schlägt das Frühwarnsystem „Alarm", so ist der Vorstand verpflichtet zu handeln. Diese Pflicht ergibt sich aus den §§ 76, 93 AktG, nicht hingegen aus § 91 Abs. 2 AktG.[51] In einer GmbH besteht keine Pflicht, ein Frühwarnsystem vorzusehen. Dessen Einrichtung in Gestalt einer Internen Revision und eines **Controlling** empfiehlt sich jedoch.

2. Insolvenzantragspflicht

30 Mit der oben beschriebenen Finanzverantwortung[52] korrespondiert die Pflicht der Geschäftsleiter, spätestens drei Wochen nach Eintritt der **Zahlungsunfähigkeit oder Überschuldung** einen Insolvenzantrag beim örtlich zuständigen Insolvenzgericht zu stellen, § 15a Abs. 1 S. 1 InsO. Die Zahlungsunfähigkeit einer Gesellschaft lässt sich schlicht feststellen. Nach § 17 Abs. 2 S. 1 InsO ist die Gesellschaft zahlungsunfähig, wenn sie nicht in der Lage ist, die fälligen Zahlungspflichten zu erfüllen. Der Geschäftsleiter einer juristischen Person ist darüber hinaus auch gehalten, einen Insolvenzantrag zu stellen, wenn die juristische Person überschuldet ist. Nach § 19 Abs. 2 S. 1 InsO kennzeichnet es eine Überschuldung, wenn das Gesellschaftsvermögen (1) die bestehenden Verbindlichkeiten nicht mehr deckt, es sei denn, dass (2) eine **positive Fortführungsprognose** überwiegend wahrscheinlich ist, § 19 Abs. 2 S. 1 InsO. Mithin fußt das Gesetz auf einer zweistufigen Prüfung. Dabei ist die Überschuldung anhand eines Überschuldungsstatus festzustellen. Eine rein rechnerische Überschuldung genügt noch nicht als Insolvenzgrund. Vielmehr hat der Geschäftsleiter zu prüfen, ob eine positive Fortführungsprognose gestellt werden kann. Welcher Zeitraum hierfür anzusetzen ist, lässt der Gesetzgeber ebenso offen, wie den notwendigen Inhalt der Prognose. Diese Rechtslage ist unbefriedigend und setzt Geschäftsleiter einem hohen Haftungsrisiko aus.[53]

V. Treuepflichten

1. Begriff und Fallgruppen

31 Die Geschäftsleiter einer AG bzw. einer GmbH unterliegen einer **Treuepflicht gegenüber der Gesellschaft**.[54] Diese Treuepflicht ist teilweise gesetzlich ausgeprägt: So beruhen das Wettbewerbsverbot eines Vorstandes und dessen Pflicht zur Verschwie-

51 Schmidt/Lutter/Krieger/*Sailer*, AktG, § 91 Rn 12.

52 Vgl. Rn. 27 ff.

53 Kritisch deswegen unter anderem MüKo-InsO/*Drukarczyk/Schüler*, § 17 Rn 57.

54 So für den Vorstand einer AG BGH, Urt. v. 20.2.1995 – II ZR 143/93 – BGHZ 129, 30, 34 – „Selbstständige treuhänderische Wahrnehmung fremder Vermögensinteressen". Für Geschäftsführer einer GmbH BGH, Urt. v. 17.5.1988 – VI ZR 233/87 – NJW 1989, 26, 27; Ensthaler/Füller/Schmidt/*Schmidt*, GmbHG, § 43 Rn 17.

genheit letztlich auf einer gegenüber der Gesellschaft geschuldeten Treue. Daneben haben Rechtsprechung und Lehre weitere ungeschriebene organschaftliche Treuepflichten entwickelt. Die Geschäftsleiter sind dazu verpflichtet, ihre berufliche Arbeitskraft, Fähigkeiten, Kenntnisse und Erfahrungen vorbehaltlos der Gesellschaft zur Verfügung zu stellen.[55] Eigene Geschäfte der Geschäftsleitung mit der Gesellschaft sind nicht grundsätzlich verboten. Sie müssen allerdings einem Drittvergleich standhalten. Demnach kommt es darauf an, ob die Gesellschaft das Rechtsgeschäft mit dem Geschäftsleiter zu marktüblichen Bedingungen abgeschlossen hat („at Arm's Length"). Anderenfalls verletzt der Geschäftsleiter seine Treuepflicht.

Eine besondere Facette der **Treuepflicht** ist die Pflicht der Geschäftsleiter, 32 Geschäftschancen zugunsten der Gesellschaft wahrzunehmen und nicht für eigene Zwecke. Etwas hochtrabend bezeichnet man dies als **Geschäftschancenlehre**. Von einer gesicherten und pragmatisch ausgeformten Lehre kann jedoch nicht die Rede sein. Immerhin lassen sich folgende Grundzüge dieser Treuepflicht beschreiben:

- Es muss sich eine Geschäftschance der Gesellschaft manifestiert haben, die
- durch Geschäftsleiter selbst wahrgenommen wird und
- der Gesellschaft ohne sachlichen Grund entzogen wird.

Eine **Geschäftschance der Gesellschaft** muss sich abzeichnen. 33
Anzeichen hierfür ist es in jedem Fall, wenn

- die Gesellschaft bereits einen Vertrag mit einem Dritten abgeschlossen hat,
- die Gesellschaft bereits in Vertragsverhandlungen eingetreten ist oder
- die Gesellschaft bereits beschlossen hat, einen Vertragsantrag anzunehmen.[56]

Vorausgesetzt ist dabei jedoch, dass die fragliche Geschäftschance vom Unterneh- 34 mensgegenstand der Gesellschaft abgedeckt ist. Eine Geschäftschance entsteht auch durch einen nichtigen Beschluss, der einer Gesellschaft ein Geschäft zuweist das ihren Unternehmensgegenstand überschreitet.[57] In aller Regel scheidet ein sachlicher Grund dafür aus, dass ein Geschäftsleiter einer Gesellschaft eine Geschäftschance entzieht. Es spielt keine Rolle, ob der Geschäftsleiter die Geschäftschance privat oder dienstlich erfahren hat. Der **BGH** begründet dies damit, dass die Treuepflicht gegenüber der Gesellschaft unteilbar sei.[58] Ebenso wenig ist eine Finanzknappheit als Rechtfertigungsgrund dafür anzuerkennen, der Gesellschaft eine Geschäftschance zu

---

55 Für den Vorstand einer AG HdbVorstandsR/*Fleischer*, § 9 Rn 16. Für den Geschäftsführer einer GmbH BGH, Urt. v. 7.12.1987 – II ZR 206/87 – NJW-RR 1988, 420 ff.

56 Vgl. dazu BGH, Urt. v. 11.10.1976 – II ZR 104/75 – WM 1977, 194, 195; BGH, Urt. v. 22.5.1989 – II ZR 211/88 – NJW 1989, 2687, 2688; HdbVorstandsR/*Fleischer*, § 9 Rn 27 m.w.N.

57 BGH, Urt. v. 13.2.1995 – II ZR 225/93 – NJW 1995, 1358, 1359.

58 BGH, Urt. v. 23.9.1985 – II ZR 246/84 – NJW 1986, 585, 586; OLG Frankfurt/Main, Urt. v. 13.5.1997 – 11 U (Kart) 68/96 – GmbHR 1998, 376, 378; näher Taeger/*Fleischer*, FS Wolfgang Kilian, S. 645, 656 f.

entziehen. Sollten der Gesellschaft die notwendigen Mittel fehlen, um eine Geschäftschance wahrzunehmen, muss der Geschäftsleiter Lösungen suchen und darf stattdessen nicht die Chance für sich ausnutzen.

! **Praxistipp**
Denkbare Lösungswege sind etwa Kapitalerhöhungen oder die Einforderung von Nachschüssen.[59]

35 Der Geschäftsleiter darf die **Geschäftschance** nur wahrnehmen, wenn ihm hierzu analog § 88 Abs. 1 AktG eine **Einwilligung erteilt** wurde. Zuständig dafür ist der Aufsichtsrat. In einer GmbH ohne Aufsichtsrat ist die Gesellschafterversammlung dafür zuständig, eine entsprechende Einwilligung zu erteilen.

2. Insbesondere: Wettbewerbsverbote

36 Geschäftsleiter sind verpflichtet, aktuellen Wettbewerb gegenüber der Gesellschaft zu unterlassen. Dieses **Wettbewerbsverbot** regelt § 88 AktG für die einzelnen Vorstandsmitglieder einer AG. Im GmbHG ungeregelt ist ein Wettbewerbsverbot der Geschäftsführer, es ist aber allgemein anerkannt und folgt aus § 88 AktG **analog.**[60] Untersagt ist der **Betrieb eines Handelsgewerbes** im Geschäftszweig der Gesellschaft. Diese antiquierte Formulierung lässt sich sinnvoll derart auslegen, dass der Geschäftsleiter keine wirtschaftliche Tätigkeit auf dem sachlich und räumlich relevanten Markt ausübt, auf dem die Gesellschaft tätig ist. Dafür mag der Unternehmensgegenstand der Gesellschaft aufschlussreich sein, entscheidend ist aber die tatsächlich ausgeübte Tätigkeit der Gesellschaft.[61] Unabhängig von der Frage, auf welchem Markt eine Gesellschaft tätig ist, dürfen Geschäftsleiter kein anderes Unternehmen leiten. Von den beschriebenen Beschränkungen ist der Vorstand nur befreit, wenn der Aufsichtsrat seine Einwilligung erteilt und damit **vor** der Aufnahme der Konkurrenztätigkeit und/oder Übernahme einer Unternehmensleitung seine Zustimmung erteilt. Dabei muss der Aufsichtsrat seinerseits nach pflichtgemäßem Ermessen entscheiden und darf insbesondere keine Pauschal- oder Blankoeinwilligung erteilen, wie sich aus § 88 Abs. 1 S. 3 AktG ableiten lässt.

37 **Verstößt** ein Geschäftsleiter **gegen die** beschriebenen **Pflichten**, bedeutet dies in aller Regel einen wichtigen Grund, der sowohl die Abberufung als auch die Kün-

---

59 BGH, Urt. v. 10.2.1977 – II ZR 79/75 – WM 1977, 361, 362; BGH, Urt. v. 23.9.1985 – II ZR 257/84 – NJW 1986, 584, 585; OLG Celle, Urt. v. 26.9.2001 – 9 U 130/01 – NZG 2002, 469, 470.

60 BGH, Urt. v. 17.2.1997 – II ZR 278/95 – NJW 1997, 2055, 2056; BGH, Urt. v. 26.10.1964 – II ZR 127/62 – WM 1964, 1320, 1321; Ensthaler/Füller/Schmidt/*Schmidt*, GmbHG, § 43 Rn 36.

61 *Armbrüster*, ZIP 1997, 1269, 1270; GroßKommAktG/*Kort*, § 88 Rn 14. Füllt umgekehrt die Gesellschaft ihren Unternehmensgegenstand nicht voll aus, soll sich dies zugunsten des Geschäftsleiters auswirken, OLG Frankfurt/Main, Urt. v. 5.11.1999 – 10 U 257/98 – AG 2000, 518, 519. Dagegen zu Recht *Fleischer*, AG 2005, 336, 343; MüKo-AktG/*Spindler*, § 88 Rn 15 m.w.N.

digung des Anstellungsvertrages rechtfertigt. Daneben oder stattdessen kann die Gesellschaft pflichtwidrig abgeschlossene Rechtsgeschäfte für sich vereinnahmen (§ 88 Abs. 2 S. 2 AktG – Eintrittsrecht), kann aber dann keinen Schadenersatzanspruch gegenüber dem Geschäftsleiter geltend machen.[62]

Praxistipp !

Für Geschäftsleiter bedeutsam ist, dass zu ihren Lasten auch ein „nachvertragliches" Wettbewerbsverbot vereinbart werden kann.[63] Allerdings unterliegt ein solches Verbot wiederum den Schranken aus § 138 BGB, § 1 GWB und muss sachlich, räumlich sowie zeitlich angemessen sein. Die Einzelheiten sind hier nicht zu vertiefen.[64]

---

3. Pflicht zur Verschwiegenheit

Die **Verschwiegenheitspflicht** der Vorstandsmitglieder ist Ausfluss ihrer Treue- 38
pflicht: Nach § 93 Abs. 1 S. 2 AktG haben Vorstandsmitglieder über **vertrauliche Angaben und Geheimnisse** der Gesellschaft Stillschweigen zu bewahren, die ihnen durch ihre Geschäftsleitertätigkeit bekannt geworden sind. Gegenstand der Verschwiegenheitspflicht ist ein Geheimnis, worunter man allgemein jede Tatsache versteht, deren Weitergabe zum Schaden der Gesellschaft führen könnte.[65] Dies sind etwa

- die Unternehmens-, Finanz- und Investitionsplanung,
- Kundenlisten,
- Kalkulationen,
- Fertigungsverfahren,
- Konstruktionen,
- Forschungstätigkeit und
- Personalangelegenheiten.[66]

Vertrauliche Angaben müssen nicht notwendig ein „Geheimnis" darstellen, sondern 39
sind weiter gehend dadurch gekennzeichnet, dass deren Mitteilung dem Interesse der Gesellschaft widerspricht. Nach der Ansicht des **BGH** ist der Vorstand der „Herr der Geschäftsgeheimnisse" und kann danach pflichtgemäß konkretisieren, welche Tatsache als vertraulich oder Geschäftsgeheimnis einzustufen ist.[67]

---

62 *Hüffer*, AktG, § 88 Rn 6.

63 Dazu aus neuerer Zeit umfassend *Thüsing*, NZG 2004, 9 ff.

64 Näher *Armbrüster*, ZIP 1997, 1269, 1271; MüKo-AktG/*Spindler*, § 88 Rn 46 ff.

65 BGH, Urt. v. 5.6.1975 – II ZR 156/73 – BGHZ 64, 325, 329; KölnKomm-AktG/*Mertens*, § 116 Rn 43.

66 Vgl. dazu *Banspach/Nowak*, Der Konzern 2008, 195, 199.

67 BGH, Urt. v. 5.6.1975 – II ZR 156/73 – BGHZ 64, 325, 329; HeidelbergerKomm-AktG/*Bürgers/Israel*, § 93 Rn 48 f. M.E. überzeugt dies wenig, vielmehr ist zu differenzieren. Der Begriff „Geheimnis" ist

40 Auch wenn nicht ausdrücklich im GmbHG geregelt, so unterliegen auch die **Geschäftsführer einer GmbH** einer **Schweigepflicht**.[68] Wie auch sonst bei Treuepflichten im Allgemeinen wirkt auch die Schweigepflicht im Besonderen nach. Sie beginnt mit der (sei es auch faktischen) Organstellung, dauert aber über das Mandatsende so lange fort, wie das Geheimhaltungsinteresse besteht.[69] Zu wahren ist die Verschwiegenheitspflicht gegenüber jedermann, auch gegenüber den Gesellschaftern, den Arbeitnehmern und allen Organen der Betriebsverfassung.[70] Zwischen den Geschäftsleitern und gegenüber dem Aufsichtsrat besteht keine Pflicht zur Verschwiegenheit, da die Mitteilungsempfänger selbst zum Stillschweigen verpflichtet sind.[71]

41 Die Verschwiegenheitspflicht gilt nicht ausnahmslos, wie § 93 Abs. 1 S. 4 AktG belegt, wonach gegenüber einer anerkannten Prüfstelle i.S.d. § 342b HGB keine Verschwiegenheit gilt. Insbesondere beim **Unternehmenskauf** gerät die Geschäftsleitung der Zielgesellschaft typischerweise in einen Konflikt mit dem Geheimhaltungsinteresse der zu erwerbenden Gesellschaft und dem Informationsinteresse des Erwerbers. Im Kern ist dabei abzuwägen, ob eine **Due-Diligence-Prüfung** des Erwerbers zugelassen wird und welche Informationen hier zur Verfügung gestellt werden. Die Zuständigkeit, hierüber zu entscheiden, gestaltet sich für die AG und die GmbH unterschiedlich: In einer **AG** ist es Aufgabe des Gesamtvorstandes (§ 77 Abs. 1 AktG), darüber zu beschließen, ob eine **Due-Diligence-Prüfung** des Erwerbers zugelassen wird.[72] Im Gegensatz dazu liegt in einer **GmbH** die Beschlusskompetenz bei der Gesellschafterversammlung.[73] Die Maßstäbe, anhand derer über das Ob einer Due-Diligence und deren Informationsdichte zu entscheiden ist, sind für beide Gesellschaftsformen deckungsgleich. Für eine Due-Diligence spricht oft der Umstand, dass ohne diese Prüfung der Kaufpreis für das Unternehmen deutlich niedriger ausfällt. Abzuwägen sind bei der Informationspreisgabe nicht nur die Vorteile für den Fall, in dem die Transaktion erfolgreich sein wird, sondern auch die Nachteile, die eine

---

objektiv und damit keiner subjektiven Beurteilung zugänglich. Nur über den vertraulichen Charakter kann der Vorstand befinden.

68 Vgl. etwa Ensthaler/Füller/Schmidt/*Schmidt*, GmbHG, § 43 Rn 34; Ulmer/*Paefgen*, GmbHG, § 43 Rn 79. Ableiten lässt sich dies auch aus § 85 Abs. 1 GmbHG, der jedoch vertrauliche Angaben nicht erfasst. Für die AG vgl. die Parallelvorschrift in § 404 Abs. 1 AktG.

69 *Hüffer*, AktG, § 93 Rn 7; Schmidt/Lutter/Krieger/*Sailer*, AktG, § 93 Rn 17.

70 Im Zivilprozess können Geschäftsleiter ihre Vernehmung als Partei daher nach § 446 ZPO ablehnen; ausgeschiedene Geschäftsleiter haben ein Zeugnisverweigerungsrecht, §§ 383 Abs. 1 Nr. 6, 384 Nr. 3 ZPO.

71 BGH, Urt. v. 26.3.1956 – II ZR 180/54 – BGHZ 20, 239, 246; BGH, Urt. v. 20.2.1997 – I ZR 13/95 – BGHZ 135, 48, 56; MüKo-AktG/*Spindler*, § 93 Rn 111.

72 *Körber*, NZG 2002, 263, 268; *Ziemons*, AG 1999, 492, 500; Spindler/Stilz/*Fleischer*, AktG, § 93 Rn 157.

73 *Götze*, ZGR 1999, 202, 225 ff.; *Körber*, NZG 2002, 263, 268; *Oppenländer*, GmbHR 2000, 535, 540 f.

Preisgabe der Informationen zeitigt, wenn der geplante Erwerb scheitern sollte.[74] Insgesamt müssen sich die zu treffenden Entscheidungen den Anforderungen der **Business Judgement Rule** genügen.

Dies kann es auch gebieten, besonders sensible Daten nur an solche Personen weiterzugeben, die kraft Berufsrechts einer Verschwiegenheitspflicht unterliegen.[75] Allerdings darf sich die Geschäftsleitung oder Gesellschafterversammlung ihrer Abwägungspflicht nicht dadurch entledigen, indem sie pauschal Geheimnisse preisgibt. Verträge diesen Inhalts sind nach §§ 134, 138 BGB nichtig.[76] 42

VI. Besonderheiten für den GmbH-Geschäftsführer

In der GmbH gilt das Primat der **Gesellschafterversammlung**. Sie kann durch einen Beschluss den Geschäftsführer entweder generell zu einem bestimmten Tun oder Unterlassen anweisen oder sogar Vorgaben für einzelne bestimmte Vorgänge treffen.[77] Nach der überwiegenden Ansicht kann die Satzung einer GmbH oder eine Gesellschafterweisung die Geschäftsführung zu einem rein ausführenden Organ herabstufen.[78] Hat die Gesellschafterversammlung eine Weisung beschlossen, stellt dies jedoch keinen Freibrief für den Geschäftsführer dar. Vielmehr muss der Geschäftsführer prüfen, 43

- ob der anweisende Gesellschafterbeschluss nichtig oder schwebend unwirksam ist sowie
- ob dessen Durchführung entweder das Gesetz oder die guten Sitten verletzen würde.[79]

---

74 *Körber*, NZG 2002, 263, 269; *Müller*, NJW 2002, 3552, 3554; MüKo-AktG/*Spindler*, § 93 Rn 120; *Roschmann/Frey*, AG 1996, 449, 451 f. A.A. und verfehlt *Krömker*, NZG 2003, 418 ff., der im Rahmen einer Due-Diligence von einer umfassenden Offenlegungspflicht ausgeht.

75 GroßKommAktG/*Kort*, § 76 Rn 128; *Hemeling*, ZHR 2005, 275, 282; *Stoffels*, ZHR 2001, 362, 377; dagegen *Körber*, NZG 2002, 263, 271.

76 *Linker/Ziegler*, NZG 2002, 497, 500; MüKo-AktG/*Spindler*, § 93 Rn 121.

77 BGH, Urt. v. 20.2.1997 – I ZR 13/95 – BGHZ 135, 48, 56; BGH, Urt. v. 1.4.2004 – IX ZR 305/00 – WM 2004, 1037, 1040.

78 OLG Nürnberg, Urt. v. 9.6.1999 – 12 U 4408/98 – NZG 2000, 154 f.; Lutter/Hommelhoff/*Kleindiek*, GmbHG, § 37 Rn 12; Ulmer/*Paefgen*, GmbHG, § 37 Rn 32; a.A. Ensthaler/Füller/Schmidt/*Schmidt*, GmbHG, § 37 Rn 5.

79 BGH, Urt. v. 14.12.1959 – II ZR 187/57 – BGHZ 31, 258, 278; *Ebert*, GmbHR 2003, 444, 445 f. mit Beispielen; Lutter/Hommelhoff/*Kleindiek*, GmbHG, § 37 Rn 22; Ensthaler/Füller/Schmidt/*Schmidt*, GmbHG, § 37 Rn 7.

Beispiel
Ein besonders drastisches Beispiel hierzu liefert die Entscheidung des **OLG Naumburg** vom 10.2.1999[80] Die Gesellschafterversammlung der X-GmbH beschloss mehrheitlich, dass keine Sozialversicherungsbeiträge für die Arbeitnehmer abzuführen sind. Dazu wies sie den Geschäftsführer an. Eine derartige Anweisung ist unbeachtlich. Folgt der Geschäftsführer dieser Anweisung, begeht er eine Pflichtverletzung.

44 Von den beschriebenen Konstellationen sind die Fälle zu **unterscheiden**, in denen der Geschäftsführer eine **Anweisung** der Gesellschafterversammlung für **unzweckmäßig oder ökonomisch unvernünftig** hält. Analog § 665 BGB ist er dazu verpflichtet, Gegenvorstellungen zu erheben, wenn der Beschluss der Gesellschafterversammlung an einem Erkenntnisdefizit leidet. Hierin erschöpfen sich jedoch die Möglichkeiten des Geschäftsführers. Schließt sich die Gesellschafterversammlung der Gegenvorstellung nicht an, muss der Geschäftsführer die Weisung befolgen. Zusammenfassend bleibt festzuhalten, dass rechtmäßige Weisungen zu befolgen sind. Der Ungehorsam des Geschäftsführers ist hier eine Pflichtverletzung. Umgekehrt verhält es sich bei rechtswidrigen Weisungen: Hier wird der Geschäftsführer dazu verpflichtet, sich der Weisung zu widersetzen.

VII. Verbundene Unternehmen

45 Vergleichbar, wenn auch komplexer stellt sich die **Rechtslage innerhalb verbundener Unternehmen** dar. In der vertikal gegliederten Energiewirtschaft sind Beherrschungs- und Gewinnabführungsverträge zwischen zwei Gesellschaften die Regel. Nach § 291 Abs. 1 AktG unterstellt sich durch einen **Beherrschungsvertrag** ein Unternehmen der Leitung eines anderen. Kraft dessen ist das beherrschende Unternehmen dazu berechtigt, Weisungen zu erteilen. Die Geschäftsleitung des verpflichteten Unternehmens ist nicht Partei dieses Vertrages, nach dem Gesetz aber verpflichtet, den Weisungen kraft des Beherrschungsvertrages Folge zu leisten. Für den Vorstand einer abhängigen AG ergibt sich dies ausdrücklich aus § 308 Abs. 2 S. 1 AktG. Nicht anders gestaltet sich die Rechtslage in einer beherrschten GmbH, da die herrschende Gesellschaft regelmäßig die Mehrheit in der beherrschten GmbH innehat und deswegen dem Geschäftsführer jederzeit eine Weisung erteilen könnte.

46 Für den **Vorstand** der beherrschten AG mag es bisweilen schwierig sein, zwischen gesellschaftsrechtlicher Folgepflicht und pflichtgemäßem Widerstand zu entscheiden. Der **Geschäftsleiter** der beherrschten Gesellschaft muss insgesamt **drei Parameter** berücksichtigen, wenn an ihn eine Weisung herangetragen wird:

80 OLG Naumburg, Urt. v. 10.2.1999 – 6 U 1566/97 – NJW-RR 1999, 1343 ff.

- Verstößt die Weisung gegen gesetzliche Bestimmungen, ist sie sittenwidrig oder schränkt der Beherrschungsvertrag das Weisungsrecht ein? Trifft einer dieser Fälle zu, darf der Geschäftsleiter der beherrschten Gesellschaft eine derartige Weisung nicht befolgen.
- Ist eine rechtmäßige Weisung vorteilhaft für die beherrschte Gesellschaft oder nachteilig? Stellt sich die Weisung als nachteilig heraus, hat sie der Geschäftsleiter der beherrschten Gesellschaft nur zu befolgen, wie sie den Belangen des herrschenden Unternehmens oder eines verbundenen Unternehmens dient.

Die erstgenannte Beurteilung hat der Geschäftsleiter der beherrschten Gesellschaft 47 auf der Grundlage des ihm zur Verfügung stehenden Informationsmaterials zu treffen. Hingegen ist die Frage, ob eine nachteilige Weisung dem Konzerninteresse dient, durch den Geschäftsleiter der herrschenden Gesellschaft zu beurteilen.[81] Dessen Einschätzung hat sich an den Vorgaben der **Business Judgement Rule** zu orientieren.[82] Der Vorstand der beherrschten Gesellschaft hat diese Weisung nur darauf zu untersuchen, ob sie die Grenzen einer ordnungsgemäßen Geschäftsleitung einhält.

Eine allgemeine Schranke von Weisungen im Vertragskonzern bildet das **Verhältnismäßigkeitsprinzip**. Begründet eine Weisung eine ernsthafte Insolvenzgefahr für die angewiesene Gesellschaft, ist sie unverhältnismäßig.[83] Der Vorstand der abhängigen Gesellschaft hat dieser Weisung nicht Folge zu leisten, was sich aus § 308 Abs. 2 S. 2 AktG ableiten lässt. Die Existenzvernichtung einer beherrschten Gesellschaft dient offensichtlich nicht den Belangen eines Konzerns. 48

C. Pflichten des Aufsichtsorgans

I. Bildung eines Aufsichtsorgans – Arten

Ein **Aufsichtsorgan** ist in erster Linie in einer **AG** zu bilden, §§ 95 ff. AktG. Fehlt ein 49 obligatorisch zu bildender Aufsichtsrat[84]oder ist der Aufsichtsrat fehlerhaft besetzt, ist die AG gleichwohl handlungsfähig.[85] Allerdings sind **Amtshandlungen** eines unwirksam bestellten Aufsichtsratsmitgliedes unwirksam.[86] § 104 AktG sichert ab,

81 *Immenga*, ZHR 1976, 301, 304 f.
82 Vgl. oben Rn 25.
83 *Emmerich/Habersack*, Konzernrecht, § 308 Rn 61 m.w.N. Von der Unzulässigkeit derartiger Weisungen geht auch aus: OLG Düsseldorf, Beschl. v. 7.6.1990 – 19 W 13/86 – AG 1990, 490 ff.– DAB/Hansa. A.A. KölnKomm-AktG/*Koppensiefter*, § 308 AktG Rn 50.
84 Bisweilen passiert dies bei der Gründung einer AG, wenn vergessen wird, den ersten Aufsichtsrat nach § 30 AktG durch den nächsten zu ersetzen.
85 MüKo-AktG/*Habersack*, § 95 Rn 5.
86 Schmidt/Lutter/*Drygala*, AktG, § 101 Rn 31.

dass die AG über einen **handlungsfähigen Aufsichtsrat** verfügt. Im Rahmen seiner Organisationsverantwortung ist der Vorstand dazu verpflichtet, unverzüglich einen Antrag auf gerichtliche Ergänzung des Aufsichtsrates zu stellen. Um die Bestellungskompetenz der Hauptversammlung nicht zu unterlaufen, sollte dieser Antrag befristet bis zur nächsten Hauptversammlung gestellt werden, wie Nr. 5.4.3 Satz 2 DCGK empfiehlt.[87]

50 In einer **GmbH** ist der **Aufsichtsrat** grundsätzlich fakultativ: Nach § 52 Abs. 1 GmbHG kann ein freiwilliger Aufsichtsrat vorgesehen werden, dessen Pflichten sich im Wesentlichen nach dem AktG richten, aber ausgestaltbar sind.[88]

! **Praxistipp**

Zwingend ist ein Aufsichtsorgan in einer GmbH zu bilden, wenn dies gesetzlich vorgeschrieben ist. Zu nennen sind hier die Bildung mitbestimmter Aufsichtsräte nach dem MitBestG,[89] dem DrittelbG,[90] in der Montanmitbestimmung sowie Kapitalanlagegesellschaften in der Rechtsform einer GmbH (§ 6 Abs. 2 S. 1 InvG[91]). in den beschriebenen Fällen sind die sondergesetzlichen und aktienrechtlichen Anforderungen an den Aufsichtsrat zwingend.

II. Persönliche Eignung

51 Das **einzelne Aufsichtsratsmitglied** muss nach dem Gesetz im Grundsatz keine bestimmte Qualifikation erfüllen. Allerdings hat der **BGH** relativ früh erkannt, dass eine sorgfältige Mandatswahrnehmung ein **Mindestmaß an Kenntnissen** verlangt: Die persönliche und eigenverantwortliche Amtsausübung eines Aufsichtsratsmitgliedes setzt voraus, dass es diejenigen Mindestkenntnisse und Fähigkeiten besitzt oder sich aneignen muss, die es benötigt, um die normalerweise anfallenden Geschäftsvorgänge auch ohne fremde Hilfe verstehen und sachgerecht beurteilen zu können.[92] Überschätzt ein Aspirant für den Aufsichtsrat seine Qualifikation, so trifft ihn ein Übernahmeverschulden, wenn er die Bestellung annimmt.[93] Auch wenn hierüber Einigkeit besteht, dürfte dieses Übernahmeverschulden nur in wenigen Fällen nachweisbar sein. Zudem werden Schadenersatzansprüche gegenüber dem Aufsichtsrats-

---

87 Eine dauerhafte gerichtliche Bestellung soll dadurch vermieden werden. Zu dieser Unsitte vgl. *von Wietzlow/Gemmecke*, AG-Report 2003, 302 f.

88 Vgl. näher unten Rn 94 ff.

89 Mitbestimmungsgesetz (MitBestG) v. 4.5.1976 (BGBl. I S. 1153), zuletzt geändert durch Gesetz v. 22.12.2011 (BGBl. I S. 3044).

90 Drittelbeteiligungsgesetz (DrittelbG) v. 18.5.2004 (BGBl. I S. 974), zuletzt geändert durch Gesetz v. 22.12.2011 (BGBl. I S. 3044).

91 Investmentgesetz (InvG) v. 15.12.2003 (BGBl. I S. 2676), zuletzt geändert durch Gesetz v. 4.7.2013 (BGBl. I S. 1981).

92 BGH, Urt. v. 15.11.1982 – II ZR 27/82 – BGHZ 85, 293, 295 f. – Hertie.

93 Schmidt/Lutter/*Drygala*, AktG, § 116 Rn 7.

mitglied erst dann erfolgreich sein, sofern der Gesellschaft ein Schaden entstanden ist. Dies kann das Aufsichtsratsmitglied vermeiden, indem es sich während seiner Tätigkeit die notwendigen Kenntnisse und Fähigkeiten aneignet.

Wird eine **AG** im Sinne des § 264d HGB **kapitalmarktorientiert tätig,**[94] muss 52
gem. § 100 Abs. 5 AktG mindestens ein unabhängiges Mitglied des Aufsichtsrates über einen **Sachverstand** auf den Gebieten Rechnungslegung oder Abschlussprüfung verfügen. Daneben kann die Satzung einer AG (oder GmbH) vorsehen, dass die Aufsichtsratsmitglieder bestimmten persönlichen Anforderungen genügen müssen. Fehlen die satzungsgemäßen Voraussetzungen bereits bei der Wahl des Aufsichtsrates, so ist der **Bestellungsbeschluss** der Hauptversammlung gem. § 251 AktG **anfechtbar.**[95] Auch nach dem Ablauf der Anfechtungsfrist oder wenn später die statutarischen Eignungsvoraussetzungen wegfallen, kann das betroffene Aufsichtsratsmitglied aus wichtigem Grund gem. § 103 Abs. 3 AktG abberufen werden.[96]

III. Überwachungspflicht

Wie sich aus §§ 116, 93 AktG ergibt, sind die Aufsichtsratsmitglieder dazu verpflichtet, 53
ihre Überwachungsaufgabe sorgfältig wahrzunehmen. Dabei kommt es auf die **Sorgfalt eines ordentlichen und gewissenhaften Aufsichtsrates** an.

Praxistipp !
Wer zu überwachen hat, muss informiert sein.

Je nach dem Zuschnitt der Gesellschaft kann deswegen ein besonderes Informations- 54
system einzurichten sein.[97] In jedem Fall ist der Aufsichtsrat jedoch dazu verpflichtet, sich ein genaues Bild von der wirtschaftlichen Situation der Gesellschaft zu verschaffen und darf den Aussagen der Geschäftsleitung nicht blind vertrauen.[98] Die Informationsdichte kann und darf schwanken, allerdings muss der Aufsichtsrat in der Krise der Gesellschaft stets informiert sein.[99]

---

94 Kapitalmarktorientiert ist eine Gesellschaft nach dieser Vorschrift, wenn sie einen organisierten Markt i.S.d. § 2 Abs. 5 WpHG in Anspruch nimmt oder die Zulassung von Wertpapieren zu einem Handel am organisiertenMarkt beantragt hat.

95 GroßKommAktG/*Hopt*, § 100 Rn 117; *Hüffer*, AktG, § 100 Rn 11.

96 MüKo-AktG/*Habersack*, § 100 Rn 44, 50.

97 BGH, Urt. v. 1.12.2008 – II ZR 102/07 – ZIP 2009, 70, Rn 14 – MPS; BGH, Urt. v. 16.3.2009 – II ZR 280/07 – NZG 2009, 550, Rn 15; vgl. auch BGH, Urt. v. 4.11.2002 – II ZR 224/00 – BGHZ 152, 280, 284.

98 BGH, Urt. v. 16.3.2009 – II ZR 280/07 – NZG 2009, 550, Rn 15.

99 OLG Hamburg, Urt. v. 12.1.2001 – 11 U 162/00 – DB 2001, 583, 584; OLG Stuttgart, Urt. v. 15.3.2006 – 20 U 25/05 – ZIP 2006, 756, 759; *Drygala*, AG 2007, 381 ff.; *Sünner*, AG 2006, 450 ff.

1. Aufgabendelegation und Organverantwortung

55 Der Aufsichtsrat ist regelmäßig überstrapaziert, wenn sich alle seine Mitglieder mit den **Amt- und Überwachungsaufgaben** befassen. Aus diesem Grunde kann eine Überwachungsaufgabe durch ein Aufsichtsratsmitglied erfüllt werden.

! **Praxistipp**
Es empfiehlt sich, dies in der Geschäftsordnung des Aufsichtsrates niederzulegen.

---

56 Ebenso ist es dem Aufsichtsrat gestattet, sich einer Zuarbeit zu bedienen. Dies folgt aus § 107 Abs. 3 AktG, wobei die Norm den Rahmen absteckt, innerhalb dessen Aufgaben durch den Aufsichtsrat an einen Ausschuss delegiert werden dürfen, § 107 Abs. 3 AktG. Dabei ist zu unterscheiden: Insbesondere **beratende und vorbereitende Ausschüsse** sind möglich. Fachlich ist zu unterscheiden zwischen dem

- Personalausschuss,
- Präsidialausschuss und
- Prüfungsausschuss.

57 Je nach Zuschnitt der Gesellschaft können weitere Ausschüsse gebildet werden.[100] Allerdings gilt die **Delegationsbefugnis** des Aufsichtsrates **nicht uneingeschränkt.** § 107 Abs. 3 S. 2 AktG schließt die Delegation bestimmter Aufsichtsratstätigkeiten an Ausschüsse aus. Die Wahl des Aufsichtsratsvorsitzenden und dessen Vertreter **darf nicht** auf einen Ausschuss **delegiert** werden, ebenso wenig darf ein Ausschuss entscheiden über

- die Zustimmung zu einer Abschlagszahlung auf den Bilanzgewinn gem. § 59 Abs. 3 AktG,
- den Erlass einer Geschäftsordnung für den Vorstand gem. § 77 Abs. 2 S. 1 AktG,
- die Bestellung des Vorstandes gem. § 84 AktG,
- das Recht die Hauptversammlung einzuberufen gem. § 111 Abs. 3 AktG sowie
- die Befugnisse in §§ 171, 314 Abs. 2 und 3 AktG.

58 Bisweilen finden sich in der Praxis sog. **Präsidien** oder Präsidialausschüsse. Diese bereiten Personalentscheidungen vor. Dies mag man als hilfreich betrachten, allerdings muss man genau auf die Zuständigkeiten achten. Das Präsidium kann und darf den Anstellungsvertrag mit dem Geschäftsleiter aushandeln, abschließen und beenden. Es darf aber nicht den Geschäftsleiter bestellen. In der Praxis erzeugt dies einen Abstimmungsbedarf zwischen dem Präsidium und dem Aufsichtsrat. Insbesondere darf der Abschluss des Anstellungsvertrages nicht die Bestellung präjudizieren. Wegen dieser Unwägbarkeiten empfiehlt es sich, Bestellung und Anstellung in einer Hand zu vereinen. Über beides sollte der Aufsichtsrat beschließen.

---

100 Hier dazu den Überblick bei MüKo-AktG/*Habersack*, § 107 Rn 103 ff.

Ist dem Aufsichtsrat ein **Zustimmungsvorbehalt** gem. § 111 Abs. 4 AktG eingeräumt, ist er einschließlich für die entsprechende Zustimmung zuständig und darf diese nicht an einen Ausschuss delegieren. Delegiert der Aufsichtsrat gleichwohl eine Aufgabe an einen Ausschuss, so ist ein auf die Ausschussarbeit aufbauender Aufsichtsratsbeschluss unwirksam. Zugleich begehen die einzelnen Aufsichtsratsmitglieder eine Pflichtverletzung, da sie die Grenzen ihrer Organisationsbefugnis überschritten haben. Wegen dieser weitreichenden Rechtsfolgen, die außerdem persönliche Haftung des jeweiligen Aufsichtsratsmitgliedes nach sich ziehen, spielen **ungeschriebene Delegationsverbote** für eine ordnungsgemäße Selbstorganisation des Aufsichtsrates eine bedeutende Rolle. Nicht delegieren kann der Aufsichtsrat seine Aufgabe, zu den Berichten des Geschäftsleiters Stellung zu nehmen.[101] Auch das **Einsichts- und Prüfungsrecht** aus § 111 Abs. 2 S. 1 und 2 AktG muss der Aufsichtsrat selbst wahrnehmen und darf es nicht an einen Ausschuss übertragen.[102] 59

2. Insbesondere: Prüfungsausschuss

In der Praxis von besonderer Bedeutung ist der **Prüfungsausschuss**. Einen derartigen Ausschuss – auch genannt **Audit Committee** – zu bilden, empfiehlt Nr. 5.3.2 Satz 1 DCGK. 60

Hinweis
Zu beachten ist, dass der Prüfungsausschuss nur vorbereitend tätig werden kann und darf. Abschließende Prüfungsentscheidungen obliegen stets dem Aufsichtsrat.

Betraut werden kann der **Prüfungsausschuss** mit 61

- der Rechnungslegung,
- dem Risikomanagement,
- der Compliance oder

der Prüfung, ob der Abschlussprüfer unabhängig ist.

Daneben darf er den Prüfungsauftrag an den Abschlussprüfer erteilen und Schwerpunkte der Prüfung bestimmen. Um dem Aufsichtsrat die abschließende Entscheidung zu erleichtern, darf der Prüfungsausschuss den Jahresabschluss, ggf. den Konzernabschluss sowie den Lagebericht bzw. Konzernlagebericht vorprüfen. Er darf das Risikoüberwachungssystem prüfen und ihm kann die laufende Kontrolle der Finanzplanung übertragen werden.[103] Dieser gestraffte Überblick zeigt, dass die Tätigkeit des Prüfungsausschusses anspruchsvoll ist. Die **Mitglieder des Prüfungs-** 62

---

101 KölnKomm-AktG/*Mertens*, § 107 Rn 132.
102 MüKo-AktG/*Habersack*, § 107 Rn 133.
103 Näher dazu *Nonnemacher/Pohle/von Werder*, DB 2007, 2412, 2414 f.

ausschusses müssen daher **besonders qualifiziert** sein. Sie unterliegen deswegen verschärften Maßstäben für ein etwaiges Übernahmeverschulden.[104]

3. Gegenstand der Überwachung und Informationspflicht

63 Der Aufsichtsrat hat die Geschäftsführung zu überwachen, wie § 111 Abs. 1 AktG schlicht bestimmt. Wie diese **Überwachungspflicht** im Einzelfall sorgfältig auszufüllen ist, wurde im Schrifttum eingehend und umfassend diskutiert. Einigkeit herrscht darüber, dass nicht die gesamte, weitverstandene Geschäftsführung durch den Aufsichtsrat zu überwachen ist. Die überwiegende Ansicht orientiert sich an den **Berichtspflichten** des Vorstandes **gem. § 90 AktG.**

! **Hinweis**
Was zu berichten ist, bedarf auch der Kontrolle.[105]

---

64 Damit erstreckt sich die **Überwachungstätigkeit des Aufsichtsrates** insbesondere auf:
- grundsätzliche Fragen der **Unternehmensplanung**, wie insbesondere die Finanz-, Investitions- und Personalplanung;
- **Rentabilität der Gesellschaft**, insbesondere die Rentabilität des Eigenkapitals;
- **Umsatz und wirtschaftliche Lage** der Gesellschaft und insgesamt der Geschäftsgang;
- **sämtliche Rechtsgeschäfte**, die für die Rentabilität oder Liquidität der Gesellschaft von erheblicher Bedeutung sein können.

65 Der Katalog ist nicht abschließend und die Satzung kann die Berichtspflichten verschärfen, nicht jedoch einschränken oder gar beseitigen.[106] Dabei spiegeln sich die Berichtspflichten des Vorstandes in **Informationspflichten des Aufsichtsrates.**

66 Er muss sich auch aktiv um die Versorgung mit Informationen kümmern.[107] Allerdings erschöpfen sich Berichts- und Informationspflichten in dem bilateralen Verhältnis zwischen Vorstand und Aufsichtsrat. Ist der Aufsichtsrat der Ansicht, dass der Vorstand nicht alle erforderlichen Informationen einem Geschäftspartner übermittelt hat, darf der Aufsichtsrat nicht aus eigenem Antrieb den Kontakt zu diesen Geschäftspartnern aufnehmen, um ihnen Einzelheiten des Geschäftes mitzuteilen.[108]

---

104 GroßKommAktG/*Hopt/Roth*, § 116 Rn 62; MüKo-AktG/*Habersack*, § 116 Rn 26.
105 Schmidt/Lutter/*Drygala*, AktG, § 111 Rn 7.
106 MüKo-AktG/*Spindler*, § 90 Rn 8.
107 *Hüffer*, NZG 2007, 47, 48; Damm/Heermann/Veil/*Kropff*, Festschrift Thomas Raiser, S. 225, 231 f.
108 OLG Zweibrücken, Urt. v. 28.5.1990 – 3 W 93/90 – DB 1990, 1401 ff. m. Anm. *Theisen*. Ein derartiges Verhalten rechtfertigt eine Abberufung des eigenmächtig handelnden Aufsichtsratsmitgliedes

Die **besonderen Prüfungspflichten** der **§§ 173, 314 AktG** korrespondieren mit 67
einer Überwachungspflicht. Besteht eine Vorlagepflicht der Geschäftsleitung an den Aufsichtsrat, erstreckt sich konsequenterweise die Überwachungsaufgabe des Aufsichtsrates auch hierauf: Dies gilt insbesondere für Abschlagszahlungen auf den Bilanzgewinn nach **§ 59 Abs. 3 AktG**. Zu überwachen hat der Vorstand auch die Bedingungen bei der Ausgabe neuer Aktien im Rahmen einer bedingten Kapitalerhöhung, **§ 204 Abs. 1 S. 2 AktG**.

4. Überwachungsmittel

Dem **Aufsichtsrat** stehen verschiedene **Überwachungsmittel** zur Verfügung, die er 68
je nach Überwachungsaufgabe auszuwählen hat. Bedeutsam ist hier das **Einsichts- und Prüfungsrecht** nach § 111 Abs. 2 S. 1 AktG. Erst dieses Recht ermöglicht dem Aufsichtsrat eine effiziente Überwachungstätigkeit. Dabei kann der Aufsichtsrat sogar verpflichtet sein, in die Bücher Einsicht zu nehmen, wenn sich etwa die Gesellschaft in einer Schieflage befindet.[109] Typische **Instrumente der Überwachung** sind außerdem

- Zustimmungsrechte,
- Informationsrechte nach § 90 AktG,
- die Befugnis, dem Vorstand eine Geschäftsordnung zu geben (§ 77 Abs. 2 AktG),[110] und
- das Recht, Sachverständige und Auskunftspersonen bei der Beratung im Aufsichtsrat hinzuzuziehen, § 109 Abs. 1 S. 2 AktG.

Neben dem Recht, den Jahresabschluss zu prüfen, ist schließlich noch das Recht zu 69
erwähnen, die Hauptversammlung einzuberufen, § 111 Abs. 3 AktG. Allerdings hat der Aufsichtsrat keinen Anspruch darauf, an den Sitzungen des Vorstandes teilzunehmen, da dies mit § 105 Abs. 1 AktG unvereinbar wäre.[111] Das **schärfste Überwachungsmittel** ist die **Abberufung** des Vorstandes. Kommt der Aufsichtsrat nach sorgfältiger Abwägung zu dem Schluss, dass ein bestimmter Geschäftsleiter unzuverlässig ist, so muss er diesen abberufen.

---

nach § 103 Abs. 3 S. 1 AktG, OLG Zweibrücken, Urt. v. 28.5.1990 – 3 W 93/90 – DB 1990, 1401 ff.; vgl. auch MüKo-AktG/*Habersack*, § 103 Rn 41.

109 Vgl. dazu sogleich Rn 71 ff.

110 Dies darf der Aufsichtsrat sogar, wenn der Vorstand bereits eine eigene Geschäftsordnung hat, insoweit verdrängt die Personalkompetenz des Aufsichtsrates die Selbstorganisation des Vorstandes, vgl. dazu *Hoffmann/Becking*, ZGR 1998, 497, 501; *Hüffer*, NZG 2007, 47, 51; GroßKommAktG/*Kort*, § 77 Rn 70.

111 *Lutter/Grossmann*, AG 1976, 203, 205; MüKo-AktG/*Habersack*, § 111 Rn 28.

70 Unterlässt der Aufsichtsrat dies, handelt er selbst pflichtwidrig.[112] Gesetzlich ungeregelt sind „informationelle“ Überwachungsmittel. Dies ist insbesondere eine rechtliche oder wirtschaftliche Stellungnahme gegenüber dem Vorstand, eine Beanstandung oder Einwirkung auf den Vorstand.[113] Weisungsrechte gegenüber dem Vorstand hat der Aufsichtsrat jedoch nicht.

5. Erfüllung der Überwachungsaufgabe

71 Die Überwachungstätigkeit des Aufsichtsrates ist sowohl **retrospektiv** als auch **prospektiv**. Je nach Überwachungsgegenstand muss der Aufsichtsrat entweder

- vergangenheitsbezogen kontrollieren oder
- zukunftsorientiert beraten.

72 Beide Aufgaben stehen nebeneinander und sind gleichermaßen für eine sorgfältige Überwachung entscheidend.

73 Einen Schwerpunkt der Überwachungsaufgabe bildet die Tätigkeit des Vorstandes. Dabei sollte ein sorgfältig handelnder Aufsichtsrat solche Maßnahmen bereits beratend begleiten und muss nicht abwarten, bis das Kind in den Brunnen gefallen ist. Allerdings darf diese Beratung nicht in eine faktische Unternehmensleitung umschlagen.

74 Uneingeschränkt zu überwachen hat der Aufsichtsrat nur, ob der Vorstand **rechtmäßig** handelt. Erkennt der Aufsichtsrat, dass sich ein (angekündigtes) Verhalten des Vorstandes dem AktG, dem Statut der Gesellschaft oder Verbotsgesetzen zuwiderläuft, muss er einschreiten. Zu überprüfen hat der Aufsichtsrat auch, ob die Geschäftsleitung **ordnungs- und zweckmäßig** handelt. Allerdings hat er hierbei den Handlungs- und Beurteilungsspielraum der Geschäftsleitung zu respektieren, wie der **BGH** in der nachfolgend berichteten Grundsatzentscheidung betonte:

75
- **BGH-ARAG/Garmenbeck**:[114] Die beklagte AG gewährte der Garmenbeck Ltd. Kredite zu einem Zinssatz, der deutlich über dem Marktniveau lag. Die Garmenbeck Ltd. schloss Anlagegeschäfte in Form eines Schneeballsystems ab, was unweigerlich zu deren Zusammenbruch führte. Die AG erlitt darauf Verluste in Millionenhöhe. Der Aufsichtsrat beschloss mehrheitlich, keine Schadenersatzansprüche gegenüber dem Vorstand geltend zu machen. Diese Entscheidung des **BGH** dürfte eines der meist reflektierten Urteile zum Gesellschaftsrecht überhaupt sein. Spätestens seit dieser Entscheidung steht fest, dass sich der Aufsichtsrat nicht auf eine „Nachtwächterrolle“ beschränken darf, sondern seine Entschei-

---

112 BGH, Urt. v. 16.3.2009 – II ZR 280/07 – NZG 2009, 550, 551, Rn 15; GroßKommAktG/*Hopf/Roth*, § 111 Rn 313; MüKo-AktG/*Habersack*, § 111 Rn 51.

113 *Lutter/Krieger*, Aufsichtsrat, Rn 100 ff.

114 BGH, Urt. v. 21.4.1997 – II ZR 175/95 – BGHZ 135, 244 ff. – ARAG/Garmenbeck.

dungen in den Dienst des Unternehmensinteresses zu stellen hat. Deswegen hat der Aufsichtsrat sorgfältig und sachgerecht zu prüfen, ob der Gesellschaft Schadenersatzansprüche gegen die Geschäftsleitung zustehen. Hierbei steht dem Aufsichtsrat keine „Entscheidungsprärogative" zu. Er muss Überlegungen zur Durchsetzbarkeit von Schadenersatzansprüchen anstellen und hat insoweit kein „unternehmerisches Ermessen". Hat der Vorstand rechtliche Grenzen überschritten oder eine schlechthin unvertretbare unternehmerische Entscheidung gefällt, muss der Aufsichtsrat dagegen auch gerichtlich vorgehen, wozu ihn § 112 S. 1 AktG ausdrücklich ermächtigt. In der beschriebenen Entscheidung wies der **BGH** zur Sachverhaltsaufklärung an die Berufungsinstanz zurück. Dass man das eigenwillige Verhalten des Vorstandes als pflichtgemäß einstuft, ist nur schwer vorstellbar.

- **BGH vom 16.3.2009:**[115] Eine AG war zum 31.12.2001 überschuldet. Vom 14. bis 76
18.2.2002 zahlte der Vorstand der AG an den Vorsitzenden des Aufsichtsrats rund 150.000 €, wobei dieser Betrag der Rückzahlung eines Gesellschafterdarlehens dienen sollte. Nachdem am 15.8.2002 das Insolvenzverfahren über das Vermögen der AG eröffnet wurde, verlangte der Insolvenzverwalter die Summe von dem beklagten Aufsichtsratsvorsitzenden zurück. Offenbar befand sich der Beklagte in einem Interessenkonflikt zwischen den Aufgaben eines Überwachungsorgans und der privaten Vermögenssicherung. Der **BGH** bejahte eine Pflichtverletzung des Beklagten: Der Aufsichtsrat muss sich „ein genaues Bild von der wirtschaftlichen Situation der Gesellschaft verschaffen und insbesondere in einer Krisensituation alle ihm nach §§ 90 Abs. 3, 111 Abs. 2 AktG zur Verfügung stehenden Erkenntnisquellen ausschöpfen".[116] Dies unterblieb und war deswegen pflichtwidrig. Gleichzeitig hat der **BGH** ausgeführt, was er von einem pflichtgemäß handelnden Aufsichtsrat erwartet: Stellt dieser fest, dass eine Gesellschaft insolvenzreif ist, muss der Aufsichtsrat darauf hinwirken, dass der Vorstand rechtzeitig einen Insolvenzantrag stellt und keine Zahlungen mehr leistet, die mit der Sorgfalt eines gewissenhaften Geschäftsleiters unvereinbar sind. Obwohl der Aufsichtsrat nicht Adressat der Pflicht aus § 92 Abs. 2 S. 1 AktG ist, haftete er nach §§ 116, 93 Abs. 3 Nr. 6 AktG.

IV. Weitere Pflichten des Aufsichtsrates

Neben der Überwachungsaufgabe räumt das AktG dem Aufsichtsrat noch weitere 77
Rechte und Pflichten ein. Im Überblick handelt es sich dabei um Folgende:

---

115 BGH, Urt. v. 16.3.2009 – II ZR 280/07 – NZG 2009, 550 ff. Dazu *Bork*, NZG 2009, 775 ff.

116 BGH, Urt. v. 16.3.2009 – II ZR 280/07 – NJW 2009, 2454, Rn 15; BGH, Urt. v. 1.12.2008 – II ZR 102/07 – ZIP 2009, 70, Rn 14 – MPS.

1. Einberufung der Hauptversammlung (§ 111 Abs. 3 AktG)

78 Als besondere Ausprägung der allgemeinen Überwachungspflicht bestimmt diese Norm, dass der Aufsichtsrat die Gesellschaft einzuberufen hat, wenn es das **Wohl der Gesellschaft** verlangt. Das Wohl der Gesellschaft meint, dass über einen bestimmten Gegenstand die Hauptversammlung zu entscheiden hat.[117] Dies sind zunächst die Fälle, in denen in die Struktur der Gesellschaft eingegriffen wird.[118] Ein Einberufungsrecht hat der Aufsichtsrat auch, wenn nach § 84 Abs. 3 AktG einem Vorstandsmitglied das Vertrauen entzogen werden soll. Besonders hervorzuheben ist schließlich die Einberufungspflicht des Aufsichtsrates, wenn der Vorstand seiner Insolvenzantragspflicht nicht nachkommt. Die neue Rechtsprechung legt dem Aufsichtsrat hier strikte Verhaltenspflichten auf.[119]

2. Berichts-, Prüfungs- und Mitwirkungspflichten

79 Der Aufsichtsrat hat über die Prüfung des Jahresabschlusses in der Hauptversammlung zu berichten (§ 171 Abs. 2 AktG), nachdem er diesen zuvor geprüft hat (§ 171 Abs. 1 AktG). Ist ein Abhängigkeitsbericht zu erstellen, so hat diesen der Aufsichtsrat ebenso zu prüfen, § 314 AktG. In der Praxis weitgehend bedeutungslos sind die Zustimmungspflichten nach den §§ 89, 115 AktG (Kreditgewährung an Vorstandsmitglieder und leitende Angestellte), gleichwohl dürfen diese nicht übersehen werden.

3. Zustimmungsvorbehalte nach § 111 Abs. 4 AktG

80 Eine erhebliche Rolle spielen **Zustimmungsvorbehalte des Aufsichtsrates** nach § 111 Abs. 4 AktG. Nach Satz 2 dieser Vorschrift hat die Satzung oder der Aufsichtsrat zu bestimmen, dass bestimmte Arten von Geschäften nur mit seiner Zustimmung vorgenommen werden dürfen. Durch einen Zustimmungsvorbehalt übt der Aufsichtsrat seine präventive Kontrolle aus, in dem er die unternehmerische Tätigkeit des Vorstandes „begleitend mitgestaltet".[120] Seit der Änderung des AktG durch das TransPuG[121] **muss** entweder die Satzung einen Zustimmungsvorbehalt regeln oder der Aufsichtsrat diesen einführen. Letzteres entsprach der bisherigen Rechtslage.[122] Deswegen lässt sich zutreffend von einer **Zustimmungspflicht** sprechen: Der Aufsichtsrat hat von dem in § 111 Abs. 4 S. 2 AktG vorgesehenen Recht Gebrauch zu

---

117 MüKo-AktG/*Habersack*, § 111 Rn 90 f.

118 BGH, Urt. v. 26.4.2004 – II ZR 155/02 – BGHZ 159, 30 ff. – Gelatine.

119 Vgl. bereits oben Rn 74 ff.

120 BGH, Urt. v. 21.4.1997 – II ZR 175/95 – BGHZ 135, 244 ff. – ARAG/Garmenbeck; MüKo-AktG/*Habersack*, § 111 Rn 100. Allerdings darf man kritisch fragen, ob die ausufernden Zustimmungserfordernisse noch realistischerweise vom Aufsichtsrat bewältigt werden können, vgl. dazu *Fonk*, ZGR 2006, 841 ff.

121 Transparenz- und Publizitätsgesetz (TransPuG) v. 19.7.2002 (BGBl. I S. 2681).

122 BGH, Urt. v. 15.11.1993 – II ZR 235/92 – BGHZ 124, 111, 127.

machen. Der Satzungsgeber seinerseits ist nur dazu berechtigt und nicht dazu verpflichtet, einen **Zustimmungsvorbehalt** einzufügen. Unterbleibt ein derartiger Vorbehalt, obliegt es dem Aufsichtsrat, ihn zu bestimmen. Dies kann entweder in der Geschäftsordnung des Aufsichtsrates, des Vorstandes oder durch einen Beschluss des Aufsichtsrates geschehen, § 107 Abs. 3 S. 2 AktG.[123] Enthält die Satzung bereits einen Zustimmungsvorbehalt, so ist der Aufsichtsrat hieran gebunden. Allerdings darf die Satzung weitere Zustimmungsvorbehalte des Aufsichtsrates nicht ausschließen oder einschränken. Im Einzelfall kann daher der Aufsichtsrat seine „begleitende Mitgestaltung" durch einen Ad-hoc-Zustimmungsvorbehalt ausüben.[124]

Ein Zustimmungsvorbehalt darf nur für eine bestimmte Art von Geschäften ein- **81**
geführt werden, was dessen inhaltlich klare Fassung voraussetzt.[125] Ist der Zustimmungsvorbehalt unklar gefasst, wird man keine Pflicht der Geschäftsleitung verlangen dürfen, dem Aufsichtsrat ein Geschäft zur Zustimmung vorzulegen.

Es ist unzureichend, dass überhaupt ein Katalog zustimmungsfähiger Geschäfte **82**
existiert.[126] Auf der einen Seite darf der Vorbehalt nicht derart ausgeweitet werden, dass er faktisch in eine Unternehmensleitung umschlägt, auf der anderen Seite gebietet es § 111 Abs. 4 S. 2 AktG, den Aufsichtsrat in die unternehmerischen Entscheidungsabläufe einzubinden. Immerhin einen Anhaltspunkt liefert die Begründung zum TransPuG. **Zustimmungspflichtig** sollen danach solche Maßnahmen sein, die „von existenzieller Bedeutung für das künftige Schicksal der Gesellschaft" sind, während „mehr oder weniger willkürlich zusammengestellte und mehr oder weniger bedeutsame Maßnahmen wie Erteilung einer Prokura oder einzelne Grundstücksgeschäfte minderer Bedeutung" keiner Zustimmung bedürfen.[127] Die derzeit herrschende Ansicht orientiert sich zur **Konkretisierung an Nr. 3.3 Satz 2 DCGK** und stellt auf solche Geschäfte ab, die die Vermögens-, Finanz- oder Ertragslage des Unternehmens grundlegend verändern.[128] Da sich der Zuschnitt der Gesellschaft und damit der der grundlegenden Geschäfte ändern kann, kann ein Zustimmungskatalog nicht in Stein gemeißelt sein. Aus diesem Grund hat ihn der Aufsichtsrat kontinu-

---

123 MüKo-AktG/*Habersack*, § 111 Rn 105; Schmidt/Lutter/*Drygala*, AktG, § 111 Rn 40 f.

124 So die h.M. *Götz*, ZGR 1990, 633, 634; *Hüffer*, AktG, § 111 Rn 17a; *Immenga*, ZGR 1977, 249, 261 f.; MünchHdbAG/*Hoffmann-Becking*, § 29 Rn 40; MüKo-AktG/*Habersack*, § 110 Rn 103; a.A. *Wiedemann*, ZGR 1975, 385, 426.

125 *Fonk*, ZGR 2006, 841, 846 ff.; GroßKommAktG/*Hopt/Roth*, § 111 Rn 627; *Lieder*, DB 2004, 2521, 2522 f.; MüKo-AktG/*Habersack*, § 111 Rn 106 („Bestimmung nach generellen Merkmalen").

126 Zutreffend *Lieder*, DB 2004, 2521, 2522; Semler/von Schenk/*Kropff*, Aufsichtsratsmitglied, § 8 Rn 44. Anders und überholt *Bosse*, DB 2002, 1592, 1594; *Schiessl*, AG 2002, 593, 597.

127 Begründung RegE TransPuG, BT-Drucks 14/8769, S. 17; daran anknüpfend *Lieder*, DB 2004, 2251, 2252.

128 *Fonk*, ZGR 2006, 841, 846; *Lieder*, DB 2004, 2251, 2253; MüKo-AktG/*Habersack*, § 111 Rn 109; anders *Seidel*, ZIP 2004, 285, 292.

ierlich fortzuschreiben und entweder zu ändern, zu erweitern oder zu verengen.[129] Ohne eine ständige Überwachung der Gesellschaft wird der Aufsichtsrat dieser Verpflichtung nicht nachkommen können. Man wird dem Aufsichtsrat aber einen Beurteilungsspielraum einräumen müssen, welche Geschäfte er einer Zustimmung unterwirft.[130] Unter diesem **Vorbehalt** sind **zustimmungspflichtig** etwa

- der Erwerb und die Veräußerung von Unternehmensteilen oder Beteiligungen,
- der Abschluss von Tarifverträgen und/oder Betriebsvereinbarungen,
- die Gründung von Tochtergesellschaften oder
- eine großvolumige Kreditaufnahme.[131]

83 Eine **Zustimmungspflicht** schließlich kommt auch für wichtige Personalentscheidungen in Betracht, wie die

- Anstellung von leitenden Angestellten in Vorstandsnähe oder
- Bestellung von Geschäftsführern in abhängigen Gesellschaften.[132]

84 Jederzeit hat der Aufsichtsrat das Recht, **ad hoc** zuzustimmen. Besondere Schwierigkeiten für die Praxis des Aufsichtsrates wirft hier die Rechtsprechung des **BGH** auf, die im Einzelfall eine **Pflicht** begründet, **ad hoc** einer Maßnahme zuzustimmen.

85 Kann eine gesetzeswidrige Geschäftsführungsmaßnahme nur so verhindert werden, handelt der Aufsichtsrat pflichtwidrig, wenn er es unterlässt, einen Zustimmungsvorbehalt anzuordnen.[133] Verweigert der Aufsichtsrat seine Zustimmung, so berührt dies nicht die Vertretungsmacht des Vorstandes im Außenverhältnis (§ 82 Abs. 1 AktG).[134] Das Handeln des Vorstandes ist jedoch pflichtwidrig (§ 82 Abs. 2 AktG) und kann Schadenersatzansprüche der Gesellschaft begründen. Will der Vorstand gleichwohl die Maßnahme durchsetzen, so kann er verlangen, dass die Haupt-

---

129 *Hüffer*, AktG, § 111 Rn 17; MüKo-AktG/*Habersack*, § 111 Rn 107.

130 *Hüffer*, NZG 2007, 47, 52 („pflichtgemäßes Ermessen"); MüKo-AktG/*Habersack*, § 111 Rn 108; Kalss/Nowotny/Schauer/*Semler*, FS Peter Doralt, S. 609, 614 ff.; a.A. (für weites Ermessen) GroßKommAktG/*Hopt/Roth*, § 111 Rn 631. Semler/von Schenk/*Kropff*, Aufsichtsratsmitglied, § 8 Rn 38, will die sog. Business Judgement Rule anwenden, was indes methodisch schief ist, da es sich bei der Einführung und Prüfung eines Zustimmungsvorbehaltes um keine unternehmerische Entscheidung prognostischen Gehalts handelt.

131 Übersichten hierzu *Lutter/Krieger*, Aufsichtsrat, Rn 109; Semler/von Schenk/*Kropff*, Aufsichtsratsmitglied, § 8 Rn 55 ff.

132 GroßKommAktG/*Hopt/Roth*, § 110 Rn 655; MüKo-AktG/*Habersack*, § 111 Rn 111.

133 BGH, Urt. v. 15.11.1993 – II ZR 235/92 – BGHZ 124, 111, 127; LG Bielefeld, Urt. v. 16.11.1999 – 15 O 91/98 – ZIP 2000, 20, 25. Auch nach Inkrafttreten des TransPuG gilt diese Rechtsprechung fort *Fonk*, ZGR 2006, 841, 851 f.; *Lieder*, DB 2004, 2251, 2253; MüKo-AktG/*Habersack*, § 111 Rn 102; a.A. GroßKommAktG/*Korth*, vor § 76 Rn 12.

134 Allerdings kann bei einem evidenten Missachten des Zustimmungserfordernisses ein Missbrauch der Vertretungsmacht in Betracht kommen (§§ 177, 180 BGB), GroßKommAktG/*Hopt/Roth*, § 111 Rn 708 f.; MüKo-AktG/*Habersack*, § 111 Rn 129.

versammlung über die Maßnahme beschließt (§ 111 Abs. 4 S. 3 AktG). Stimmt darauf die Hauptversammlung der Maßnahme zu, haftet der Vorstand nicht, wenn er die Maßnahme trotz der verweigerten Zustimmung des Aufsichtsrates durchsetzt, § 93 Abs. 4 S. 1 AktG.[135] Der Aufsichtsrat wiederum ist zur Prüfung verpflichtet, ob er seine Zustimmung zu erteilen hat oder gar verweigern muss.

Beispiel

Ein drastisches Beispiel hierfür liefert die Entscheidung des BGH vom 11.12.2006:[136]
Der Geschäftsführer einer GmbH überschritt einen summenmäßigen Zustimmungsvorbehalt und begünstigte eine GmbH, an der seine Familie beteiligt war. Der Aufsichtsrat erteilte unbesehen seine Zustimmung zu diesem Rechtsgeschäft. Darin sah der BGH eine grobe Pflichtverletzung: Billigt der Aufsichtsrat Investitionen, die zudem erheblichen Umfanges waren, so muss er sich zuvor über den konkreten Unternehmensgegenstand des geförderten Unternehmens erkundigen, dessen wirtschaftliche Situation und Geschäftsziele sowie über das zur Verwirklichung benötigte Kapital. Dies unterblieb und damit hafteten die Aufsichtsratsmitglieder gesamtschuldnerisch für den verursachten Schaden bei der GmbH.

V. Treue- und Verschwiegenheitspflicht

1. Loyalität und Bindung an das Unternehmensinteresse

Das einzelne **Mitglied des Aufsichtsrates** ist gegenüber der Gesellschaft einer **Treuepflicht** unterworfen.[137] Der Inhalt dieser Pflicht wird durch die Organaufgaben konkretisiert, bleibt aber gleichwohl ausfüllungsbedürftig. 86

In jedem Fall hat das Aufsichtsratsmitglied seine Tätigkeit vorrangig am Unternehmensinteresse auszurichten. Partikular- und Drittinteressen müssen dem weichen.[138] Gerade in kommunalen Gesellschaften ist bisweilen zu beobachten, dass der Aufsichtsrat als Forum dafür missbraucht wird, um parteipolitische Interessen durchzusetzen. Indes geht dies nicht an. Je nachdem wie stark der Verstoß gegen die Treuepflicht ist, desto strikter sind die gesellschaftsrechtlichen Maßnahmen. Sie reichen von einer Abberufung bis zu einem Amtsverzicht, wozu das Aufsichtsratsmitglied sogar verpflichtet sein kann.[139] 87

---

135 Gleichwohl spielt diese Möglichkeit in der Praxis nur eine geringe Rolle, da zweifelhaft ist, ob die Hauptversammlung anders entscheidet, wenn bereits der Aufsichtsrat seine Zustimmung verweigert hat, *Götz*, ZGR 1990, 633, 644 f.; GroßKommAktG/*Hopt/Roth*, § 111 Rn 719.

136 BGH, Urt. v. 11.12.2006 – II ZR 243/05 – NZG 2007, 187 ff. = ZIP 2007, 224 ff.

137 Z.B. KölnKomm-AktG/*Mertens*, § 116 Rn 22 ff.

138 MüKo-AktG/*Habersack*, § 116 Rn 46; Semler/von Schenck/*Marsch-Barner*, Aufsichtsratsmitglied, § 12 Rn 87 ff. Vgl. auch Nr. 5.5 DCGK.

139 KölnKomm-AktG/*Mertens*, § 116 Rn 32; Möllers, ZIP 2006, 1615, 1619 f.; *Semler/Stengel*, NZG 2003, 1, 3; Schmidt/Lutter/*Drygala*, AktG, § 116 Rn 16.

88 **LG Frankfurt/Main v. 14.10.1986:**[140] Die N-GmbH ist eine 100%ige Tochter der K-AG. In der N-GmbH existiert ein mitbestimmter Aufsichtsrat. Die K-AG beabsichtigte, mit der I-GmbH zu fusionieren, die ihrerseits eine 100%ige Tochter der K-AG ist. Ein Mitglied des Aufsichtsrates gab eine heimliche und kritische Stellungnahme zu diesem Vorhaben gegenüber dem **BKartA** ab. Darauf berief die K-AG als Alleingesellschafter der N-GmbH das Aufsichtsratsmitglied ab. Das LG Frankfurt/Main wies die Beschwerde gegen die Abberufung zurück und führte aus, dass das Vertrauensverhältnis durch das Verhalten des Aufsichtsrates zerrüttet sei. Eine vertrauensvolle Zusammenarbeit aller Organe setzt eine Offenheit voraus – dies ist nicht zuletzt durch die Treuepflicht geboten. Gegen diese hatte das Aufsichtsratsmitglied verstoßen, sodass dessen Abberufung aus wichtigem Grund (§ 103 Abs. 3 AktG i.V.m. § 52 GmbHG) gerechtfertigt war.

2. Inhalt der Verschwiegenheitspflichten

89 Die Mitglieder des Aufsichtsrates unterliegen jeweils einer **Verschwiegenheitspflicht** gegenüber der Gesellschaft.[141] Sie ist Ausfluss der Treuepflicht[142] und korreliert zu den Informationsrechten nach §§ 90 Abs. 3, 111 Abs. 2 AktG. Gesetzlich ableiten lässt sich diese Verschwiegenheitspflicht aus §§ 116 S. 2, 93 Abs. 1 S. 3 AktG. Während § 116 S. 2 AktG die Aufsichtsratsmitglieder insbesondere zur Verschwiegenheit über erhaltene vertrauliche Berichte und vertrauliche Beratungen verpflichtet, erstreckt § 116 S. 1 AktG die Verschwiegenheitspflichten eines Vorstandsmitgliedes gem. § 93 Abs. 1 S. 3 AktG sinngemäß auf die Mitglieder des Aufsichtsrates.[143] Hervorzuheben ist hier, dass die Verfahrensweise im Aufsichtsrat, wie Beratung und Abstimmungsverhalten, Geheimnisse sind. Das Aufsichtsratsmitglied darf nicht selbst definieren, was es als vertraulich oder geheim ansieht.[144] Die Praxis belegt, dass die rechtlichen Voraussetzungen der Verschwiegenheitspflicht auf der einen Seite klar umrissen sind, auf der anderen Seite aber mit geradezu kuriosen Begründungen missachtet werden.

90 **OLG Stuttgart – Carl Zeiss SMT AG:**[145] Der Antragsgegner war Arbeitnehmervertreter im Aufsichtsrat der Carl Zeiss SMT AG und zugleich Mitglied des Betriebsrats.

---

140 LG Frankfurt/Main, Beschl. v. 14.10.1986 – 3/11 T 29/85 – NJW 1987, 505 ff.

141 Diese Pflicht gilt für alle Aufsichtsratsmitglieder gleichermaßen und Differenzierungen zwischen verschiedenen Aufsichtsratsmitgliedern kommen nicht in Betracht, vgl. *Banspach/Nowak*, Der Konzern 2008, 195, 200; *Hüffer*, AktG, § 116 Rn 7.

142 BGH, Urt. v. 5.6.1975 – II ZR 156/73 – BGHZ 64, 325, 327; *Hüffer*, AktG, § 116 Rn 6; GroßKommAktG/*Hopt/Roth*, § 116 Rn 38; MüKo-AktG/*Habersack*, § 116 Rn 45; KölnKomm-AktG/*Mertens*, § 93 Rn 75, leitet diese Verschwiegenheitspflicht auch aus der Sorgfaltspflicht eines Amtsträgers ab. Praktische Ergebnisse hängen indes von dieser Einordnung nicht ab.

143 Zum Begriff „Geheimnis“ vgl. oben Rn 39 ff.

144 Dazu oben Rn 38 ff.

145 OLG Stuttgart, Beschl. v. 7.11.2006 – 8 W 388/06 – NZG 2007, 72 ff. – Carl Zeiss SMT AG.

Der Aufsichtsrat hatte über ein sog. Projekt X – eine Firmenübernahme – beschlossen und dabei seinen Mitgliedern eine strikte Geheimhaltungspflicht auferlegt. Gleichwohl teilte der Antragsgegner diese Interna dem Betriebsrat mit. Daraufhin beantragte der Aufsichtsrat, das Mitglied abzuberufen. Das **OLG Stuttgart** gab dem statt. Die Beschlussgründe sind geradezu ein Lehrbuchbeispiel für einen lockeren Umgang mit Unternehmensgeheimnissen. Nicht das Aufsichtsratsmitglied entscheidet darüber, was ein Unternehmensgeheimnis ist, sondern eine objektive, am Unternehmensinteresse ausgerichtete Beurteilung. Auch wenn in dem geschilderten Fall das Aufsichtsratsmitglied nur „Andeutungen" von sich gab, hat es gleichwohl die Verschwiegenheitspflicht verletzt, da sich aus den Andeutungen die vertraulichen Tatsachen ableiten ließen. Zu Recht für unerheblich hielt das **OLG** den Umstand, dass der Antragsgegner Mitglied des Betriebsrats war. Eine gespaltene Vertraulichkeit gebe es nicht.

Erfasst von der **Verschwiegenheitspflicht** sind alle Tatsachen, die ein Aufsichts- 91
ratsmitglied wegen seiner Organstellung erfährt. Sollte ein Aufsichtsratsmitglied über Dritte oder auf andere Weise Unternehmensinterna erfahren, ist er aus der allgemeinen Treuepflicht zum Stillschweigen gehalten.[146] Im Gegensatz zu den übrigen Pflichten endet die Verschwiegenheitspflicht nicht mit dem Ausscheiden aus der Organstellung. Vielmehr besteht die Verschwiegenheitspflicht solange fort, bis das Geheimhaltungsinteresse weggefallen ist.[147] Weggefallen ist dieses Interesse, wenn die Tatsachen offenkundig sind oder die Gesellschaft sie selbst Dritten zugänglich gemacht hat.

Die **§§ 394, 395 AktG** nehmen solche Aufsichtsratsmitglieder von der Ver- 92
schwiegenheitspflicht aus, die auf Veranlassung einer Gebietskörperschaft in den Aufsichtsrat gewählt oder entsandt wurden. Vorausgesetzt ist dabei, dass die Aufsichtsratsmitglieder **kraft Gesetzes** der Gebietskörperschaft zur Berichterstattung verpflichtet sind.[148] Eine derartige Berichtspflicht ist dem jeweiligen Kommunalrecht zu entnehmen.[149] Was die Ausnahme von der Verschwiegenheitspflicht im Weiteren voraussetzt, ist stark umstritten, da die §§ 394, 395 AktG unglücklich formuliert sind und der Zweck dieser Vorschriften dunkel ist. Man wird fordern müssen, dass die Berichtsadressaten des § 394 AktG ihrerseits einer Verschwiegenheitspflicht gem. § 395 AktG unterliegen.[150] Verfassungsrechtlich bedenklich sind daher solche

---

146 KölnKomm-AktG/*Mertens*, § 116 Rn 76.
147 OLG Koblenz, Urt. v. 5.3.1987 – 6 W 38/87 – WM 1987, 480 ff.; MüKo-AktG/*Habersack*, § 116 Rn 50.
148 Nach der h.M. bedarf die Berichtspflicht stets einer gesetzlichen Grundlage, *Hüffer*, AktG, § 394 Rn 36; Schmidt/Lutter/*Oetker*, AktG, § 394 Rn 11 m.w.N.; *Zöllner*, AG 1984, 147, 148; a.A. MüKo-AktG/*Kropff*, §§ 394, 395 Rn 27 ff.
149 Vgl. dazu Art. 93 Abs. 2 S. 2 GO Bay, § 97 Abs. 7 GO Bbg, § 125 Abs. 2 HGO, § 71 Abs. 4 GemO M-V, § 111 Abs. 4 Nds. GO, § 113 Abs. 5 S. 1 GO NRW, § 115 Abs. 1 GemO Saarland, §§ 96 Abs. 2 Nr. 8, 98 Abs. 1 Sächs-GemO.
150 Schmidt/Lutter/*Oetker*, AktG, § 394 Rn 20; *Schmidt-Aßmann/Ulmer*, BB 1988, Beilage Nr. 13, 1, 9.

Gemeindeordnungen, die ein Auskunftsrecht des Gemeinderats normieren, bei dem seinerseits die Geheimhaltung nach § 395 AktG nicht sichergestellt ist.[151]

VI. Fakultativer Aufsichtsrat in der GmbH

93 Hat die GmbH zwingend einen Aufsichtsrat zu bilden, was sich nach den Vorschriften des DrittelbG, MitBestG bzw. MontanMitBestG[152] richtet, so sind die Aufsichtsratsmitglieder den aktienrechtlichen Pflichten unterworfen. Ist der Aufsichtsrat hingegen fakultativ, so bestimmt § 52 Abs. 1 GmbHG, dass bestimmte Vorschriften des AktG anwendbar sind, gestattet aber abweichende Regelungen im Gesellschaftsvertrag. Allerdings darf dieser die Rechtsstellung des Aufsichtsrates nicht derart beschneiden, dass ihm keine substantiellen Aufgaben mehr verbleiben.[153] Unentziehbar ist die Überwachungsaufgabe und nach herrschender Ansicht auch die Prüfung des Jahresabschlusses bzw. des Lageberichts.[154]

VII. Besonderheiten bei kommunalen Gesellschaften

94 Abschließend bleiben noch zwei Besonderheiten bei kommunalen GmbH hervorzuheben. Einige **Gemeindeordnungen** sehen vor, dass das Aufsichtsratsmitglied an **Weisungen** der Gemeindevertretung gebunden ist.[155] Dabei hatte der **BGH** in einer älteren Grundsatzentscheidung wörtlich ausgeführt: „Entsandte Aufsichtsratsmitglieder haben dieselben Pflichten wie die gewählten Aufsichtsratsmitglieder. Als Angehörige eines Gesellschaftsorgans haben sie den Belangen der Gesellschaft den Vorzug vor denen des Entsendungsberechtigten zu geben und die Interessen der Gesellschaft wahrzunehmen, ohne an Weisungen des Entsendungsberechtigten gebunden zu sein".[156] Die herrschende Meinung geht deswegen davon aus, dass

---

151 Schmidt/Lutter/*Oetker*, AktG, § 394 Rn 21; *Schmidt-Aßmann/Ulmer*, BB 1988, Beilage Nr. 13, 1, 8 f.; *Schwintowski.*, NJW 1990, 1009, 1014.

152 Montan-Mitbestimmungsgesetz (MontanMitbestG) v. 21.5.1951 (BGBl. I S. 347), zuletzt geändert durch Verordnung v. 31.10.2006 (BGBl. I S. 2407).

153 *Lutter/Krieger*, Aufsichtsrat, Rn 989; Ulmer/*Raiser/Heermann*, GmbHG, § 52 Rn 17.

154 Baumbach/Hueck/*Zöllner/Noack*, GmbHG, § 52 Rn 113; *Hüffer*, ZGR 1980, 329, 331; *Lutter/Krieger*, Aufsichtsrat, Rn 1205; a.A. Lutter/Hommelhoff/*Lutter*, GmbHG, § 52 Rn 21; Ulmer/*Raiser/Heermann*, GmbHG, § 52 Rn 103.

155 Z.B. Art. 92 Abs. 2 S. 3 GO Bay, § 113 Abs. 1 S. 2 GO NRW.

156 BGH, Urt. v. 29.1.1962 – II ZR 1/61 – BGHZ 36, 296, 306.

etwaige Weisungsrechte in den Gemeindeordnungen gegen höherrangiges Bundesrecht verstoßen (Art. 31 GG).[157]

Stark umstritten ist die Rechtslage, wenn ein Mitglied des Aufsichtsrats einer 95
GmbH zugleich Mitglied des Gemeinderats ist und von der Gebietskörperschaft in den Aufsichtsrat entsandt wurde. Einigkeit besteht immerhin, dass die §§ 394, 395 AktG auf diesen Fall nicht **analog** anwendbar sind.[158] In der mittlerweile ausufernden Diskussion verschwimmen die Grenzen zwischen juristisch solider Begründung und politischen Postulaten.

Hinweis
Die Verschwiegenheitspflicht von GmbH-Aufsichtsräten ist zwingendes Bundesrecht.[159] Kommunalrechtliche Vorschriften dürfen sich hierüber nicht hinwegsetzen, Art. 31 GG.

Diesen Befund vor Augen verwundert es daher, wenn man sich gleichwohl über die 96
Verschwiegenheitspflichten streitet. Teilweise meint man – mit unterschiedlichen Schwerpunkten im Einzelfall –, dass der Gemeinderat ohnehin allzuständig sei, die Gemeinde daher geeigneter Empfänger von Geheimnissen, zumal sie den öffentlichen Zweck ihrer Gesellschaft überprüfen müsse und schließlich spreche auch ein Informationsbedürfnis der Allgemeinheit gegen eine Verschwiegenheitspflicht.[160] Indes überzeugen diese (Schein-)Argumente nicht.[161] Ebenso wie in privaten Unternehmen besteht auch in öffentlichen Unternehmen ein Bedürfnis, dass der Aufsichtsrat verschwiegen ist. Die Verschwiegenheitspflicht ist die Basis für die vertrauensvolle Zusammenarbeit der Organe und diese wiederum ist für die Effizienz des Unternehmens wesentlich. Man mag sogar umgekehrt fragen, ob in öffentlichen Unternehmen das Bedürfnis nicht stärker ist, da ein Aufsichtsratsmitglied geneigt sein könnte, Unternehmensinterna für parteipolitische Zwecke zu instrumentalisieren.

---

157 *Harder/Rufer,* GmbHR 1995, 813, 814 f.; *Kessler,* GmbHR 2000, 71, 76 ff.; Scholz/*Schneider,* GmbHG – Kommentar 10. Aufl., § 52 Rn 232; *Thümmel,* DB 1999, 1891, 1892 f.; Ulmer/*Raiser/Heermann,* GmbHG, § 52 Rn 146.

158 Schmidt/Lutter/*Oetker* AktG, § 394 Rn 5; ausführlich *Pfeifer,* Aktiengesellschaft, S. 192 f.

159 BGH, Urt. v. 4.6.1975 – V ZR 184/73 – BGHZ 64, 322, 329 ff.

160 *Altmeppen,* NJW 2003, 2561; *Kessler,* GmbHR 2000, 71 ff.; *van Kann/Keiluweit,* DB 2009, 2251 ff.; *Zieglmeier,* ZGR 2007, 144 ff.

161 Wie hier *Harder/Ruter,* GmbHR 1995, 813, 816; *Lutter/Krieger,* Aufsichtsrat, Rn 1431; *Möller,* Aufsichtsrat, S. 160; *Scholz/Schneider,* GmbHG, § 52 Rn 544; *Schwintowski,* NJW 1990, 1009, 1013; Ulmer/*Raiser/Heermann,* GmbHG, § 52 Rn 141; *Wilhelm,* DB 2009, 944, 946.

Kapitel 16
Marktmissbrauchsrecht und Compliance

A. Überblick

I. Kapitalmarktrechtliches Marktmissbrauchsrecht 1

Nachhaltiges Vertrauen wird nur solchen Märkten und den auf ihnen tätigen Akteuren entgegengebracht, die dauerhaft sicherstellen, dass keine ungerechtfertigten Informationsvorsprünge von einzelnen Marktteilnehmern genutzt werden und eine frei von Manipulationen zustande kommende Preisbildung der gehandelten Werte gewährleistet ist. Das **Marktmissbrauchsrecht** in der **Finanzwirtschaft**, das Regeln zum Verbot von Insidergeschäften und zum Verbot von Marktmanipulationen beinhaltet, ist vor diesem Hintergrund eine der zentralen Regelungsmaterien des Kapitalmarktrechts, um das Prinzip der informationellen Chancengleichheit auf Kapitalmärkten zu gewährleisten und so deren Integrität, Funktionalität und Effizienz zu sichern hilft.[1]

Angesichts dieses kurz skizzierten Schutzzweckes ist der Aspekt der Integrität[2] 2
von Märkten und die diese Integrität sichernden **Compliance-Maßnahmen** ein bedeutsames und an Wichtigkeit weiter zunehmendes Thema auch für die auf dem **Energiemarkt** agierenden Unternehmen.[3] Die Aktualität für den Energiehandel wird durch entsprechende Initiativen auf europäischer Ebene unterstrichen, wie etwa die Verordnung über die Integrität und Transparenz des Energiegroßhandelsmarkts (engl. Regulation on wholesale Energy Market Integrity and Transparency (REMIT)),[4] die Anforderungen zur Verhinderung von Marktmissbrauch beim Handel mit Energiegroßhandelsprodukten beinhaltet und die Marktmissbrauchsverordnung (MAR),[5] die für den Bereich der klassischen Wertpapiermärkte aktualisierte einschlägige Vorgaben zur Verhinderung von Insidergeschäften, der unrechtmäßigen Offenlegung von Insiderinformationen und der Vereitelung von Marktmanipulationen enthält. Die sich vor dem Hintergrund der genannten Regelungen ergebende Normensystematik zielt darauf ab, der Tatsache Rechnung zu tragen, dass Spotmärkte und dazugehö-

---

1 Dazu und zu weiteren Schutzzwecken KölnKomm-WpHG/*Klöhn*, vor § 12 bis14 Rn 38 ff.

2 Nicht Gegenstand dieses Beitrages sind die originär dem Schutzzweck der Transparenz dienenden Regelungen, wie sie etwa in Gestalt der Ad-hoc-Bestimmungen des § 15 WpHG und des Art. 4 REMIT vorliegen oder wie sie, als Mitteilungspflicht, ausgestaltet, etwa in Gestalt des § 47e GWB existieren.

3 Dazu Zenke/Schäfer/*Eufinger*, Energiehandel in Europa, § 22 Rn 32.

4 REMIT (VO (EU) Nr. 1227/2011) v. 25.10.2011 (ABl EU Nr. L 326 S. 1 ff.).

5 MAR (VO (EU) Nr. 596/2014) v. 16.4.2014 (ABl EU Nr. L 173 S. 1 ff.). Vgl. eingehend dazu etwa *Krause*, CCZ 2014, 248 ff.

rige Derivatemärkte in hohem Maße vernetzt und global sind und Marktmissbrauch sowohl markt- als auch grenzüberschreitend erfolgen kann.[6]

3 Der besonderen Bedeutung des Marktmissbrauchsrechts innerhalb des Kapitalmarktrechts entsprechend sind die Konsequenzen sowie die Rechtsfolgen und Sanktionen ausgestaltet, die die Normadressaten im Falle eines möglichen Fehlverhaltens zu gewärtigen haben. So untersuchen die Handelsüberwachungsstelle der European Energy Exchange (EEX) und die Bundesanstalt für Finanzdienstleistungsaufsicht (BaFin) auffällige Kursbewegungen im Hinblick auf etwaige Indizien für Insiderhandel und Marktmanipulationen.[7] Im Bereich der **Energiegroßhandelsprodukte** fungiert zudem die **Markttransparenzstelle Strom/Gas** als Marktüberwachungsstelle. Bei Vorliegen konkreter Anhaltspunkte für Verstöße hat die BaFin weitreichende verwaltungsrechtliche Eingriffs- und Untersuchungsbefugnisse, die im Zusammenspiel mit etwaigen strafrechtlichen Ermittlungsmaßnahmen durch Staatsanwaltschaften die internen Geschäftsabläufe eines mit dem Vorwurf des Marktmissbrauches konfrontierten Marktteilnehmers und Unternehmens stark beeinträchtigen können. Schließlich können die Rechtsfolgen erheblich sein, sollte es zu einer Verurteilung wegen eines Insiderdelikts oder einer Marktmanipulation kommen. So stellt das Wertpapierhandelsgesetz (WpHG)[8] bestimmte Verstöße gegen die Vorschriften zum Insiderhandel und der Marktmanipulation unter eine Strafdrohung von bis zu fünf Jahren Freiheitsstrafe oder Geldstrafe.

4 Daher hat die Einhaltung der Regelungen des Marktmissbrauchsrechts auch für den einzelnen Rechtsanwender innerhalb des Energieversorgungsunternehmens einen besonderen Stellenwert, will er sich nicht Untersuchungen und Sanktionen von Aufsichts- und Strafverfolgungsbehörden sowie Gerichten aussetzen.

5 Nachfolgend sollen im Sinne eines ersten einführenden Überblicks die wesentlichen Quellen deutschen und Unionrechts benannt werden,[9] an denen sich der potenzielle Normadressat der **Marktmissbrauchsregeln** innerhalb des Energieversorgungsunternehmens orientieren muss. Die Kernbestimmungen zur Regelung des Insiderhandels finden sich in den §§ 12, 13 und 14 WpHG im Zusammenwirken mit den Straf- und Bußgeldvorschriften der §§ 38 und 39 WpHG, die zum Recht der Marktmanipulation in § 20a WpHG i.V.m. §§ 38 und 39 WpHG. Hinzu treten im Bereich der Energiegroßhandelsprodukte Art. 2 bis 5 i.V.m. Art. 18 REMIT. § 10 WpHG sowie Art. 15

6 Vgl. Erwägungsgrund 20 der Marktmissbrauchsrichtlinie (RL 2014/57/EU) v. 12.6.2014 (ABl EU Nr. L 173 S. 179 ff.).

7 Dazu Zenke/Schäfer/*Eufinger*, Energiehandel in Europa, § 22 Rn 47 ff.

8 Wertpapierhandelsgesetz (WpHG) v. 9.9.1998 (BGBl. I S. 2708), zuletzt geändert durch Gesetz v. 15.7.2014 (BGBl. I S. 934).

9 Näher zu den europarechtlichen Vorgaben, insbesondere der sog. Marktmissbrauchsrichtlinie, KölnKomm-WpHG/*Mock*, § 20a Rn 30 ff.; zu den aktuellen Reformvorhaben im europäischen Marktmissbrauchsrecht vgl. etwa *Parmentier*, EuZW 2014, 50, 53.

REMIT regeln zudem Anzeigepflichten bei Verdachtsfällen marktmissbräuchlicher Geschäfte.

Die Konkretisierung dieser Regelungen, soweit sie den Inhalt dieses Beitrages betreffen, erfolgte mittels vom Bundesministerium der Finanzen (BMF) erlassener Verordnungen zum WpHG, einerseits der Wertpapierhandelsanzeige- und Insiderverzeichnisverordnung (WpAIV)[10] und andererseits der Marktmanipulations-Konkretisierungsverordnung (MaKonV).[11] Ergänzend ist schließlich der sog. Emittentenleitfaden der BaFin[12] zu berücksichtigen, der sich an in- und ausländische Emittenten wendet, deren Wertpapiere zum Handel an einer inländischen Börse zugelassen sind. In diesem Dokument gibt die BaFin Erläuterungen zur Auslegung und zu ihrer Verwaltungspraxis, das Insiderrecht und das Recht der Marktmanipulation betreffend. 6

II. Das Analogon im Energierecht: Die REMIT

1. Überblick

Da die kapitalmarktrechtlichen **Marktmissbrauchsregeln** nicht auf die Energiewelt passten, gibt es seit 2011 ein eigenes, auf den **Energiegroßhandelsmarkt** zugeschnittenes Regelwerk, nämlich die Verordnung über die Integrität und Transparenz des Energiegroßhandelsmarktes (Regulation on wholesale Energy Market Integrity and Transparency; kurz REMIT),[13] die vom Europäischen Parlament und vom Europäischen Rat erlassen wurde und am 28.12.2011 in Kraft trat. Erklärtes Ziel der REMIT ist es, das Vertrauen der Verbraucher in eine auf Angebot und Nachfrage beruhende Preisbildung zu stärken, die auf fairem Wettbewerb beruht. 7

Als Verordnung gilt die REMIT unmittelbar in jedem Mitgliedstaat, bedurfte also grundsätzlich keiner Umsetzung durch den deutschen Gesetzgeber. Ausnahmen betreffen die Zuständigkeiten und vor allem das Sanktionssystem. Dieses obliegt weiterhin der Regelungshoheit der Mitgliedstaaten. Der deutsche Gesetzgeber hat dies durch Neufassung der §§ 95 bis 95b EnWG umgesetzt.[14] 8

Mit der Überwachung der Energiemärkte gemäß REMIT ist die europäische Behörde **ACER** (Agency for the Cooperation of Energy Regulators) betraut; in Deutschland ist die Bundesnetzagentur (BNetzA) zuständig. 9

---

10 Wertpapierhandelsanzeige- und Insiderverzeichnisverordnung (WpAIV) v. 13.12.2004 (BGBl. I S. 3376), zuletzt geändert durch Gesetz v. 26.6.2012 (BGBl. I S. 1375).

11 Marktmanipulations-Konkretisierungsverordnung (MaKonV) v. 1.3.2005 (BGBl. I S. 515), zuletzt geändert durch Gesetz v. 7.5.2013 (BGBl. I S. 1162).

12 BaFin, Emittentenleitfaden, November 2013, abrufbar unter http://www.bafin.de/SharedDocs/Downloads/DE/Leitfaden/WA/dl_emittentenleitfaden_2013.pdf?__blob=publicationFile&v=13.

13 Vgl. Rn 2.

14 Durch das Markttransparenzstellengesetz (MTS-Gesetz) v. 5.12.2012 (BGBl. I S. 2403).

10 Entsprechend ihres Namens hat die **REMIT** zwei **Schwerpunkte**: Transparenz und Integrität. Während das Transparenzthema im Wesentlichen durch umfangreiche Meldepflichten abgedeckt wird,[15] fußt die Sicherstellung der Integrität des Energiegroßhandelsmarktes auf den zwei Säulen, die ihren Ursprung im Bereich des Kapitalmarktrechts haben: dem Verbot von Marktmanipulation und von Insiderhandel. Entsprechend läuft die Regelungssystematik der REMIT zur Verhinderung von Marktmissbrauch weitestgehend parallel zu den Vorschriften des deutschen Wertpapierhandelsgesetzes.

2. REMIT-Betroffenheit

11 Von der REMIT – und damit von deren Ge- und Verboten – sind alle Teilnehmer am Energiegroßhandelsmarkt erfasst. **Marktteilnehmer** wiederum ist jeder, der auf einem Energiegroßhandelsmarkt Transaktionen abschließt (Art. 2 Nr. 7 REMIT).

12 Welche **Transaktionen** hier gemeint sind, wird in Art. 2 Nr. 4 REMIT erläutert. Als solche gelten Energieversorgungsverträge, Derivate auf Strom oder Erdgas, Transportverträge in Bezug auf Strom und Erdgas sowie Derivate auf solche Transporte.

13 Als Marktteilnehmer kommen insbesondere Erzeuger, Versorger, Händler sowie Netzbetreiber[16] in Betracht. Verbraucher fallen hingegen nur dann unter die REMIT, wenn sie für Strom oder Gas eine Verbrauchskapazität[17] von mindestens 600 GWh/a innerhalb einer Preiszone aufweisen (Großverbraucher). Nur solche Verbraucher haben nämlich Gewicht auf dem Großhandelsmarkt: fällt beispielsweise ein Großverbraucher aus, kann dies durchaus Auswirkungen auf die Preisentwicklung haben. Eine Einbeziehung dieser Verbrauchergruppen in den Regelungsbereich der REMIT ist deshalb notwendig.

15 Die Meldepflichten beziehen sich zum einen auf Energieinfrastrukturanlagen wie Kraftwerke, Übertragungsnetze oder Gasspeicher. Zum anderen sind aber auch sämtliche Großhandelstransaktionen betroffen. Gerade letzteres sorgt dafür, dass auch kleine Energieunternehmen oder reine Energiehändler Vorkehrungen für die Erfüllung der Meldepflichten treffen müssen. Da die Kommission zur Konkretisierung der Meldungen aber noch einen Durchführungsrechtsakt erlassen musste, beginnen die Datenmeldungen voraussichtlich erst ab 7.10.2015 bzw. Frühjahr 7.4.2016.

16 Netzbetreiber sind immer dann betroffen, wenn sie Energiegroßhandelsprodukte kaufen oder verkaufen. Wenn sich diese Aktivität auf den Erwerb von Verlustenergie beschränkt, gilt das sogleich zu Verbrauchern ausgeführte.

17 Gemeint ist tatsächlich die potenzielle maximale Abnahme, wenn die verbrauchenden Anlagen ein Jahr lang durchliefen. Sinnvoller wäre ein Leistungswert gewesen.

Beispiel
Wenn eine GmbH zum Beispiel 400 GWh Strom und 300 GWh Gas verbrauchen könnte (Abnahmekapazität!), bringt sie dies nicht über die 600-GWh-Grenze, da diese für beide Medien getrennt zu betrachten ist. Könnte die gleiche GmbH aber in zwei Produktionsstätten einmal in Hessen und einmal im Saarland jeweils 400 GWh Strom verbrauchen, hätte sie eine Abnahmekapazität von 800 GWh, läge über der Schwelle und wäre damit auch für Gasgeschäfte eine Großmarktteilnehmerin.

B. Insiderrecht

I. Überblick

Unabdingbar für die Anwendung des Insiderrechts in der Praxis ist die Kenntnis der 14 beiden grundlegenden Begriffe der Insiderinformation und des Insiderpapiers. Diese sollen daher in einem Überblick zunächst dargestellt werden. Soweit thematisch einschlägig werden dabei Beispiele aus dem Bereich der Energiemärkte im Zusammenhang mit einzelnen Aspekten der Begriffe erwähnt. Stets zu berücksichtigen ist dabei indes die Herkunft der Begriffe, die ihre Prägung im klassischen Wertpapierbereich erlangt haben und für die Energiemärkte relevante Aspekte nur ansatzweise regeln.[18] Die sodann vorzustellenden eigentlichen Verbotshandlungen des Insiderrechts nehmen Bezug auf diese grundlegenden Begrifflichkeiten und sehen als Rechtsfolgen bestimmte Sanktionen vor, die kurz skizziert werden. Im Anschluss sind jeweils die einschlägigen Regelungen für Energiegroßhandelsprodukte vorzustellen, die durch die REMIT einen eigenen Rechtsrahmen erhalten haben, der sich indes in den hier relevanten Begrifflichkeiten weitgehend an die aus den Wertpapiermärkten etablierten Termini anlehnt.

II. Insiderinformation

Der Begriff der Insiderinformation wird im Gesetz selbst definiert. Nach § 13 Abs. 1 S. 1 15 WpHG ist eine Insiderinformation

- eine konkrete Information
- über nicht öffentlich bekannte Umstände,
- die sich auf einen oder mehrere Emittenten von Insiderpapieren oder auf Insiderpapiere selbst beziehen und
- die geeignet sind, im Falle ihres öffentlichen Bekanntwerdens den Börsen- oder Marktpreis der Insiderpapiere erheblich zu beeinflussen.

18 Vgl. dazu Zenke/Schäfer/*Eufinger*, Energiehandel in Europa, § 22 Rn 44, 59.

16 In Bezug auf **Warenderivate** ist Insiderinformation eine nicht öffentlich bekannte präzise Information, die direkt oder indirekt ein oder mehrere Derivate dieser Art oder direkt damit verbundene Waren-Spot-Kontrakte betreffen und die, wenn sie öffentlich bekannt würden, geeignet wären, den Kurs dieser Derivate oder damit verbundener Waren-Spot-Kontrakte erheblich zu beeinflussen.[19] Bei den hier in Betracht kommenden Informationen muss es sich um solche handeln, die nach einschlägigen Rechts- und Verwaltungsvorschriften, Handelsregeln, Verträgen, Praktiken oder Regeln auf dem betreffenden Warenderivate- oder Spotmarkt offengelegt werden müssen bzw. deren Offenlegung nach vernünftigem Ermessen erwartet werden kann. Als eine solche Information kann beispielsweise der Ausfall eines Kraftwerks in Betracht kommen.[20]

1. Konkrete Information

17 Die Prüfung, ob eine konkrete Information über Umstände vorliegt, kann man gedanklich in zwei Stufen anhand folgender **Checkliste** vornehmen:[21]

- Auf der **ersten Stufe** gilt es festzustellen, ob eine Information über einen existierenden Umstand vorliegt, worunter man etwa ein eingetretenes Ereignis bzw. eine gegebene Tatsache verstehen kann. Zu beachten ist, dass zu den letzteren nicht nur mit den Sinnen wahrnehmbare und damit nachprüfbare Ereignisse der Außenwelt (äußere Tatsachen) gehören, sondern auch sog. innere Tatsachen, wie etwa eine geäußerte Idee.[22] Als Insiderinformation kommen daneben auch solche zukunftsbezogenen Umstände, Ereignisse und Tatsachen in Betracht, die hinreichend wahrscheinlich eintreten werden.
- Auf der **zweiten Prüfungsstufe** fragt man danach, ob die Information konkret ist. Dies ist dann der Fall, wenn sie so bestimmt ist, dass sie eine hinreichende Grundlage für eine Einschätzung über den zukünftigen Verlauf des Börsen- oder Marktpreises eines Insiderpapieres bilden kann.[23]

18 Bei der Anwendung dieser Kriterien soll kurz auf einige ausgewählte **Einzelaspekte aus der Praxis** der Rechtsanwendung von Gerichten und Aufsichtsbehörden hingewiesen werden.

---

19 Hiervon ausgenommen sind die spezielleren Regelungen der REMIT, Derivate mit Strom und Erdgas betreffend.

20 Art. 7 Abs. 1 lit. b MAR.

21 Vgl. dazu Assmann/Schneider/*Assmann*, WpHG, § 13 Rn 8.

22 Vgl. dazu Assmann/Schneider/*Assmann*, WpHG, § 13 Rn 12.

23 BaFin, Emittentenleitfaden, S. 32.

So kann nach **Auffassung der BaFin** etwa bereits ein Gerücht, das einen Tatsachenkern beinhaltet und hinreichend wahrscheinlich ist, eine Insiderinformationen darstellen.[24] 19

Das Vorliegen eines insiderrechtlich relevanten Umstandes kann unter den genannten Voraussetzungen auch für überprüfbare **Werturteile und Meinungsäußerungen** in Betracht kommen, z.B. dann, wenn eine Auffassung, etwa aufgrund der herausgehobenen Stellung der sich äußernden Person, im Markt wie eine Tatsache behandelt wird.[25] Hiervon abzugrenzen sind Bewertungen, die ausschließlich aufgrund öffentlich bekannter Umstände erstellt werden. Diese sind nach ausdrücklicher Bestimmung in § 13 Abs. 2 WpHG keine Insiderinformation, selbst dann, wenn sie den Kurs von Insiderpapieren erheblich beeinflussen können. Damit ist etwa im Energiebereich die durch einen Rohstoffanalysten oder einen Journalisten mittels öffentlich zugänglicher Informationen selbst angefertigte **Analyse und Bewertung** der Marktverhältnisse der Basiswerte von Warenderivaten keine Insiderinformation. 20

Da auch erst **zukünftig eintretende Umstände** mit umfasst sein können, vorausgesetzt die Aussage hinsichtlich des zukünftigen Ereignisses ist hinreichend präzise und der Eintritt wahrscheinlich, zählen auch Absichtsbekundungen, Pläne, Prognosen und Empfehlungen zu konkreten Insiderinformationen.[26] 21

Beispiel
Als ein für Unternehmen der Energiewirtschaft praxisrelevantes Beispiel kommt diesbezüglich etwa die Prognose über die Preisentwicklung von Basiswerten der Warenderivate in Betracht.[27] Denkbar wären auch Informationen über Kraftwerks-/Netzverfügbarkeiten oder über Ausbauplanungen im Bereich von Erzeugung und Netz.

---

2. Nicht öffentlich bekannte Information

Weiter dürfen die Umstände noch nicht öffentlich bekannt sein. Öffentlich bekannt sind insiderrechtlich relevante Umstände, wenn sie einem breiten Publikum und damit einer unbestimmten Zahl von Personen zugänglich gemacht wurden.[28] Dies trifft etwa zu für eine Information, die über ein verbreitetes elektronisches Nachrichtensystem wie Reuters oder Bloomberg verbreitet wurde, sodass jedenfalls der interessierte Marktteilnehmer die Möglichkeit hat, von der Information Kenntnis zu erlangen (sog. **Bereichsöffentlichkeit**). Nicht erforderlich ist dagegen die Verbreitung über ein Massenmedium,[29] nicht ausreichend hingegen eine Veröffentlichung 22

---

24 BaFin, Emittentenleitfaden, S. 33.
25 Assmann/Schneider/*Assmann*, WpHG, § 13 Rn 13.
26 Dazu Assmann/Schneider/*Assmann*, WpHG, § 13 Rn 23, 27.
27 Bartsch/Röhling/Salje/Scholz/*Horstmann*, Stromwirtschaft, Kap. 67 Rn 16.
28 BaFin, Emittentenleitfaden, S. 34.
29 KölnKomm-WpHG/*Klöhn*, § 13 Rn 128.

in einem nur in bestimmten Kreisen einschlägigen Börseninformationsdienst oder Newsboard.[30] Legt man die vorgenannten Kriterien[31] zugrunde, wird man etwa die Veröffentlichung von Kraftwerksdaten auf der Internetseite der EEX als öffentliche Bekanntmachung im genannten Sinne anzusehen haben.[32] Etwas anderes dürfte wohl für Netz- und Erzeugungsdaten gelten, die von Energieversorgungsunternehmen nur selektiv im Rahmen von Präsentationen oder Hintergrundgesprächen preisgegeben werden.

3. Emittenten- oder Insiderpapier-Bezug

23 Die Information muss sich zudem entweder auf das Insiderpapier selbst beziehen, z.B. in Gestalt der Kenntnis einer mengenmäßig großen Order, oder aber einen Bezug zu dessen Emittenten aufweisen, was gegeben ist, wenn die Information die internen Vorgänge des Unternehmens oder die Beziehungen des Unternehmens zu seinem Marktumfeld zum Gegenstand hat.[33] Nach Auffassung der BaFin[34] können auch den Emittenten und Insiderpapiere nur mittelbar betreffende Umstände Insiderinformationen sein, wenn sie geeignet sind, den Preis des Insiderpapiers erheblich zu beeinflussen. Als Beispiel werden Marktdaten oder Marktinformationen genannt, das heißt **Informationen über die Rahmenbedingungen von Märkten**, die im Einzelfall auch Auswirkungen auf die Verhältnisse von Emittenten und Insiderpapieren haben können. Im Bereich der Energiewirtschaft kann dies etwa Informationen zu Rohstoffpreisen oder zur Versorgungssicherheit betreffen oder auch Informationen zu Aufsichtsmaßnahmen (§ 65 EnWG)[35] und zu politischen Entscheidungen, die gegebenenfalls eine große Tragweite für eine bestimmte Art der Energiebewirtschaftung und damit für die auf diesem Feld tätigen Unternehmen und Emittenten von Insiderpapieren haben.

24 Schließlich erwähnt § 35 EnWG selbst als Insiderinformation die **Daten der Netzbetreiber** über Verbindungsleitungen, Netznutzung und Kapazitätszuweisung, soweit sie nicht statistisch aufbereitet und noch als Geschäftsgeheimnis der betroffenen Unternehmen zu behandeln sind.

---

30 BaFin, Emittentenleitfaden, S. 34.

31 Vgl. oben Rn 13.

32 So auch Bartsch/Röhling/Salje/Scholz/*Horstmann*, Stromwirtschaft, Kap. 67 Rn 16.

33 Assmann/Schneider/*Assmann*, WpHG, § 13 Rn 45.

34 BaFin, Emittentenleitfaden, S. 34.

35 Energiewirtschaftsgesetz (EnWG) v. 7.7.2005 (BGBl. I S. 1970), zuletzt geändert durch Gesetz v. 21.7.2014 (BGBl. I S. 1066).

4. Eignung zur erheblichen Kursbeeinflussung

Eine Insiderinformation setzt schließlich voraus, dass die der Information zugrunde liegenden Umstände geeignet sind, im Falle ihres öffentlichen Bekanntwerdens den Börsen- oder Marktpreis der Insiderpapiere erheblich zu beeinflussen. Eine solche Eignung ist gegeben, wenn ein mit den Marktgegebenheiten vertrauter und mit Kenntnis aller verfügbaren Informationen ausgestatteter Anleger[36] die Information bei seiner Anlageentscheidung berücksichtigen würde (§ 13 Abs. 1 S. 2 WpHG). Um dies zu beurteilen, bieten sich die folgenden **Prüfungsschritte** an, die die **BaFin** in ihrem Emittentenleitfaden vorschlägt: 25

- Zunächst ist abstrakt zu beurteilen, ob die Insiderinformation für sich allein betrachtet, im Zeitpunkt des Handelns des Insiders (ex ante) nach allgemeiner Erfahrung ein erhebliches Preisbeeinflussungspotenzial haben kann.[37] Es handelt sich folglich um eine Prognose über den **Grad der Wahrscheinlichkeit des Beeinflussungspotenzials**, die positiv ausfällt, falls die Wahrscheinlichkeit einer solchen Entwicklung überwiegt.[38] Dabei ist wohlgemerkt die Eignung zur Kursbeeinflussung ausreichend, die tatsächliche Beeinflussung des Kurses jedoch nicht erforderlich.[39] Feste Größenordnungen, wann das Kriterium der Erheblichkeit erfüllt ist, existieren nicht. Vielmehr sind insoweit die Spezifika des jeweiligen Finanzinstrumentes zu berücksichtigen.
- Anschließend sind die im Zeitpunkt des Handelns gegebenen **konkreten Umstände des Einzelfalles** zu berücksichtigen, die das Preisbeeinflussungspotenzial erhöhen oder vermindern können. Im Bereich der Strom- und Gasversorgung gilt es daher präzise zu hinterfragen, ob und welchen Einfluss die vorstehend genannten Informationen auf den Einfluss von Terminpreisen von Strom und Gas haben können. Angesichts der vielfältigen Einflüsse auf den Strom- und Gaspreis, die außerhalb der Energie liegen (Wetter, Konjunktur, jahreszeitliche Einflüsse, politische Entscheidungen, gesellschaftliche Entwicklungen), ist eine erhebliche Beeinflussungswirkung nicht zwingend anzunehmen.

5. Beispiele

Schließlich nennt § 13 Abs. 1 S. 4 WpHG einige **Beispiele, bei denen regelmäßig eine Insiderinformation vorliegt**, deren Anwendung aber nicht von der Prüfung befreit, ob die erforderliche Kurserheblichkeit gegeben ist. Die Beispiele betreffen: 26

36 Dazu Assmann/Schneider/*Assmann*, WpHG, § 13 Rn 58.
37 Zahlreiche, nicht abschließende Beispiele, wann dies der Fall ist, sind dem BaFin, Emittentenleitfaden, S. 35 f., zu entnehmen.
38 Zenke/Schäfer/*Eufinger*, Energiehandel in Europa, § 22 Rn 58.
39 Assmann/Schneider/*Assmann*, WpHG, § 13 Rn 55.

- die Kenntnis von Aufträgen anderer Personen über den Kauf oder den Verkauf von Finanzinstrumenten und
- Informationen über Derivate mit Bezug auf Waren, von denen der Marktteilnehmer erwartete, dass er sie in Übereinstimmung mit der zulässigen Praxis an den betreffenden Märkten erhalten würde.

27 Die erstgenannte Konstellation umschreibt den insbesondere für Mitarbeiter von Wertpapierhandelsunternehmen praxisnahen Fall, dass diese in Kenntnis kursrelevanter (Groß-)Aufträge anderer Personen in Bezug auf Insiderpapiere, diese vor der Ausführung der Aufträge erwerben oder veräußern.[40] Derartige Situationen sind auch im Energiehandel denkbar. So können als Wertpapierdienstleistungsunternehmen einzustufende Energiehandelsunternehmen derartige Informationen über Aufträge im Rahmen der Abwicklung von Warenderivategeschäften von ihren Kunden erhalten.[41] Sollte dies der Fall sein, hat das Unternehmen zur Vermeidung von Interessenkonflikten zwischen sich und seinen Kunden auch organisatorisch sicherzustellen, dass sich nicht mittels Eigengeschäften an Geschäfte des Kunden angehängt wird (sog. Vor-, Mit-, Gegen- und Nachlaufen).[42]

! **Hinweis**
In der Praxis kann dies durch die Schaffung von Vertraulichkeitsbereichen erfolgen, etwa durch die räumliche Trennung von Mitarbeitern, die mit Handelsgeschäften betraut sind, was gewährleisten soll, dass eine anfallende Information dort verbleibt und nicht Mitarbeitern anderer Funktionsbereiche oder außenstehenden Dritten zugänglich ist.[43] Ob solche Maßnahmen erforderlich sind, sollte in der Praxis mittels einer Analyse festgestellt werden, die auf die Aufnahme der im Unternehmen potenziell vorhandenen Insiderinformationen und dem damit einhergehenden Informationsfluss gerichtet ist.

---

28 Aufgrund der Prägung des Begriffes der Insiderinformation im Bereich der klassischen Wertpapiermärkte bleibt es gleichwohl im Einzelfall schwierig festzustellen, ob die genannten Kriterien erfüllt sind.[44]

29 Von einiger Relevanz für Unternehmen der Energiewirtschaft ist zudem das zweite in § 13 Abs. 1 S. 4 WpHG genannte Beispiel, mit dem der Gesetzgeber bestimmte **Informationen in Bezug auf Warenderivate**[45] als Umstände qualifiziert, die regelmäßig Gegenstand einer Insiderinformation sein können.

---

40 Assmann/Schneider/*Assmann*, WpHG, § 13 Rn 71.
41 Bartsch/Röhling/Salje/Scholz/*Horstmann*, Kap. 67 Rn 19.
42 KölnKomm-WpHG/*Meyer/Paetzel*, § 33 Rn 168.
43 KölnKomm-WpHG/*Meyer/Paetzel*, § 33 Rn 174.
44 So auch unter Nennung weiterer Beispiele Zenke/Schäfer/*Eufinger*, Energiehandel in Europa, § 22 Rn 59.
45 Die Europäische Wertpapier- und Marktaufsichtsbehörde European Securities and Markets Au-

Hierbei ist der folgende **Kriterienkatalog** zu berücksichtigen: 30

- Es muss sich um Informationen über Umstände handeln, die sich entweder auf Derivate mit Bezug auf Waren[46] oder auf den jeweiligen Basiswert beziehen. **Potenzielle Insiderinformationen am Strommarkt** können sich zum einen auf den Betrieb von Kraftwerken beziehen, wie Ausfälle, geplante Abschaltungen wegen Wartungsarbeiten und Neubauten. Zum anderen kann der Betrieb von Strom- und Gasnetzen Gegenstand der Information sein, so etwa die Beschaffung und Erbringung von Regelenergie, Stromabgaben aus dem Übertragungsnetz, marktrelevante Ausfälle und Revisionen, die Netzlast und Netzverluste.[47] Wegen des grenzüberschreitenden Wirkungsbereiches des Energiegroßhandels dürften auch Informationen über Verfügbarkeit und Auslastung von Grenzübergangsstellen/Interkonnektoren von Bedeutung sein.
- Die Information muss den Marktteilnehmern in Übereinstimmung mit der zulässigen Praxis, das heißt mit den geltenden Rechts- und Verwaltungsvorschriften, den Handelsregeln, Verträgen und Usancen, für gewöhnlich mitgeteilt werden. Neben den speziellen energierechtlichen Veröffentlichungspflichten (etwa denen des EnWG) ist hier die sog. **Ad-hoc-Publizitätspflicht** zu nennen, die zu den Kernbereichen des WpHG gehört.

6. Exkurs

Die **Ad-hoc-Publizität** verpflichtet inländische Emittenten von Finanzinstrumenten, 31
Insiderinformationen, die sie unmittelbar betreffen, unverzüglich zu veröffentlichen (§ 15 WpHG). Zweck dieser Pflicht ist es, einen gleichen Informationsstand der Marktteilnehmer durch eine schnelle und gleichmäßige Unterrichtung des Marktes zu erreichen, damit sich keine unangemessenen Börsen- oder Marktpreise aufgrund fehlerhafter oder unvollständiger Unterrichtung des Marktes bilden. Die Ad-hoc-Publizität wirkt damit präventiv gegen den Missbrauch von Insiderinformationen.[48]

---

thority (ESMA) hat Ende September 2014 eine Konsultation veröffentlicht, die eine konsistente Auslegung des Begriffs des Warenderivates bezwecken soll.

46 Dazu § 2 Abs. 2c WpHG.

47 BaFin, Emittentenleitfaden, S. 36; Bartsch/Röhling/Salje/Scholz/*Horstmann*, Stromwirtschaft, Kap. 67 Rn 23.

48 BaFin, Emittentenleitfaden, S. 45 ff.

III. Insiderpapiere

1. Finanzinstrumente

32 Von entscheidender Bedeutung für den Anwendungsbereich des Insiderrechts ist sodann die Bestimmung der Finanzprodukte, auf die sich eine Insiderinformation im soeben dargestellten Sinn[49] beziehen kann. Nur ein eingeschränkter Kreis von Finanzprodukten ist nach der Entscheidung des Gesetzgebers überhaupt tauglicher Gegenstand eines verbotenen Insidergeschäftes im Bereich der Energiemärkte. Als **Insiderpapiere** kommen nach der gesetzlichen Regelung in § 12 WpHG insbesondere folgende **Finanzinstrumente**[50] in Betracht:[51]

- Aktien und Zertifikate, die Aktien vertreten,
- Schuldverschreibungen, Genussscheine und Optionsscheine,
- bestimmte Anteile an Investmentvermögen,
- bestimmte Geldmarktinstrumente,
- Derivate,
- Rechte auf Zeichnung von Wertpapieren.

33 Für ihre **Einordnung als Insiderpapiere** ist **nach** der gesetzlichen Definition in **§ 12 WpHG** ferner erforderlich, dass diese Finanzinstrumente

- an einer inländischen Börse zum Handel zugelassen oder in den regulierten Markt oder in den Freiverkehr einbezogen sind (Nr. 1),
- in einem anderen Mitgliedstaat der Europäischen Union oder des Europäischen Wirtschaftsraums zum Handel an einem organisierten Markt zugelassen sind (Nr. 2) oder
- als Derivate in ihrem Preis unmittelbar oder mittelbar von Finanzinstrumenten nach Nr. 1 oder Nr. 2 abhängen (Nr. 3).

2. Derivate

34 Für Unternehmen der Energiewirtschaft von praktischer Relevanz ist vor allem die Einbeziehung von Derivaten, zu denen auch solche mit Waren als Basiswerte gehören können. Denn unter den Begriff **Ware** fallen fungible Wirtschaftsgüter, die geliefert werden können (§ 2 Abs. 2c WpHG), so etwa (Edel-)Metalle, Gas, Kohle, Öl und auch Energien wie Strom. Das bedeutet, dass auch Derivate auf Strom, die an der EEX gehandelt werden, Finanzinstrumente und damit auch Insiderpapiere darstellen

---

49 Vgl. Rn 19 ff.
50 § 2 Abs. 2b WpHG.
51 BaFin, Emittentenleitfaden, S. 30 f.

können.[52] In Betracht kommende Basiswerte im vorgenannten Sinne[53] sind schließlich CO_2-Emissionszertifikate.[54]

Das folgende **Prüfschema** vermittelt einen Überblick über die diversen Voraussetzungen, die zur Einbeziehung eines Warenderivats in den Kreis der Insiderpapiere führen:[55] 35

- Es muss sich zunächst um ein Termingeschäft in Bezug auf bestimmte Basiswerte, darunter Waren, handeln. Damit stellen als Kassageschäfte ausgestaltete sog. Spotgeschäfte mit Strom und Gas oder CO_2-Zertifikate von vornherein keine Finanzinstrumente dar und sind daher keine Insiderpapiere.[56]
- Das Termingeschäft muss durch Barausgleich zu erfüllen sein, oder zumindest einer Partei das Recht einräumen, Barausgleich zu verlangen.
- Es muss sich um ein auf einem organisierten Markt oder in einem multilateralen Handelssystem[57] geschlossenes Termingeschäft handeln. Die EEX ist ein organisierter Markt in diesem Sinne.

IV. Insiderhandelsverbot

1. Tathandlungen

Nachdem die grundlegenden Begrifflichkeiten des Insiderrechts umrissen wurden, sollen im Folgenden die nach § 14 Abs. 1 WpHG **verbotenen Tathandlungen beim Handel mit Finanzinstrumenten** beschrieben werden. Nach dieser Regelung 36

- sind der Erwerb und die Veräußerung unter Verwendung einer Insiderinformation ebenso verboten (Nr. 1),
- wie das unbefugte Mitteilen oder Zugänglichmachen von Insiderinformationen (Nr. 2) und
- das Empfehlen und Verleiten zum Handel auf Grundlage von Insiderinformationen (Nr. 3).

---

52 BaFin, Emittentenleitfaden, S. 31.

53 Vgl. Rn 19 ff.

54 Vgl. Art. 10 Abschnitt C Anhang I MiFID (RL 2004/39/EG) v. 21.4.2004 (ABl EU Nr. L 145 S. 1 ff.).

55 Zu diesen Voraussetzungen im einzelnen Assmann/Schneider/*Assmann*, WpHG, § 2 Rn 49 f.

56 Zenke/Schäfer/*Eufinger*, Energiehandel in Europa, § 22 Rn 56; diese Rechtslage (vgl. etwa § 15 TEHG) wird z.T. kritisch hinterfragt. Indes sieht Erwägungsgrund 20 der MAR keine Erweiterung deren Anwendungsbereiche auf Handlungen vor, die nichts mit Finanzinstrumenten zu tun haben, beispielsweise Waren-Spot-Kontrakte, die lediglich den Spotmarkt betreffen.

57 Assmann/Schneider/*Assmann*, WpHG, § 2 Rn 51.

2. Handelsverbot (Nr. 1)

37 Das Verbot, **unter Verwendung einer Insiderinformation Insiderpapiere zu erwerben oder zu veräußern**, richtet sich an jedermann. Dabei kommt es nicht darauf an, ob der Insider die Papiere für sich selbst erwirbt bzw. veräußert oder ob er für das Unternehmen handelt, bei dem er beschäftigt ist.[58] Stets erforderlich ist ein ausgeführtes Erwerbs- und Veräußerungsgeschäft,[59] etwa in Gestalt einer von einer Bank abgewickelten Order. Jedoch ist das Insiderhandelsverbot aus § 14 Abs. 1 Nr. 1 WpHG nicht auf an einer Börse unter Verwendung von Insiderwissen abgewickelte Transaktionen beschränkt. Insiderinformationen können daher auch im Zusammenhang mit außerbörslichen, Insiderpapiere betreffenden Geschäften (sog. Face-to-Face-Geschäften) unter Verstoß gegen § 14 Abs. 1 Nr. 1 WpHG verwandt werden.[60] Jedenfalls muss das Geschäft nach dem Gesetzeswortlaut „unter Verwendung einer Insiderinformation" erfolgt sein. Das setzt voraus, dass der Insider in Kenntnis der Information handelt und die Information in sein Handeln mit einfließen lässt, diese also zumindest mit ursächlich für den Entschluss war, das Insidergeschäft durchzuführen.[61] Im Hinblick auf die Motivationslage des Täters ist es also nicht erforderlich und es muss diesem nicht nachgewiesen werden, dass der Täter die Information zweckgerichtet „ausnutzen" wollte.[62] In zeitlicher Hinsicht bedeutet dies, dass ein Verwenden einer Insiderinformation ausscheidet, falls der Insider erst nach Ordererteilung Kenntnis von der Insiderinformation erlangt.[63] Gleiches kann auch in für Energieversorgungsunternehmen relevanten Konstellationen in Betracht kommen, in denen ein Geschäft getätigt wird, das auch ohne Kenntnis der Insiderinformation vorgenommen worden wäre.

Beispiel
Ein Praxisbeispiel hierfür sind etwa solche zu Sicherungszwecken gegen Preisschwankungen vorgenommene sog. Hedgegeschäfte, die im Rahmen der Umsetzung eines Gesamtplanes eine bereits vor Erhalt der Insiderinformation festgelegte Absicherungsstrategie umsetzen.[64] Ein weiteres Praxisbeispiel für das Insiderhandelsverbot betrifft das bereits ausgeführte sog. Vor-, Mit-, Gegen- und Nachlaufen.[65]

58 BaFin, Emittentenleitfaden, S. 36 f.
59 Vgl. dazu BaFin, Emittentenleitfaden, S. 37.
60 Assmann/Schneider/*Assmann*, WpHG, § 14 Rn 42.
61 BaFin, Emittentenleitfaden, S. 38, sowie Assmann/Schneider/*Assmann*, WpHG, § 14 Rn 25.
62 Assmann/Schneider/*Assmann*, WpHG, § 14 Rn 23.
63 BaFin, Emittentenleitfaden, S. 37.
64 Dazu Assmann/Schneider/*Assmann*, WpHG, § 14 Rn 29.
65 Dazu oben Rn 20.

3. Weitergabeverbot (Nr. 2)

Mit dem Weitergabeverbot – wie auch mit dem Empfehlungs- bzw. Verleitungsverbot 38
(Nr. 3)[66] – soll die **Marktintegrität** bereits in einem frühen Stadium vor der eigentlichen Durchführung von Geschäften mit Insiderpapieren **geschützt** werden, indem bestimmte Formen des Verbreitens von Insiderinformationen verboten werden.[67]

Untersagt ist zum einen die Mitteilung, also die **unmittelbare Weitergabe der** 39
Information an einen anderen. Eine solche kann willentlich geschehen oder auch durch ein leichtfertiges Handeln, bei dem die erforderliche Sorgfalt im Umgang mit Insiderinformationen in besonderem Maße außer Acht gelassen wird. Auch spielt die Form der Äußerung, sei sie schriftlich, elektronisch oder mündlich, keine Rolle.

Beispiele, die die vorgenannten Kriterien aufgreifen, sind etwa: 40

- Unterhaltungen, die an öffentlichen Orten, wie Restaurants oder dem Flugzeug in einer Weise geführt werden, dass andere mithören können.
- Das Fehlversenden einer E-Mail an einen Empfänger, der als Adressat nicht vorgesehen war und nur aufgrund eines besonders nachlässigen Umganges bei der Auswahl der Versandadressen der E-Mail auf deren Verteilerkreis geriet.

Hinweis

!

Derartige durch die Einstellung von Mitarbeitern in Bezug auf den Umgang mit sensiblen Informationen geprägte Verhaltensweisen bieten einen notwendigen Anknüpfungspunkt für die Compliance-Funktion des Unternehmens. Empfehlenswert erscheint eine regelmäßige Ansprache und Schulung von Mitarbeitern im Hinblick auf die Sorgfaltsanforderungen zum ordnungsgemäßen Umgang mit solchen Informationen.

Zum anderen ist das **Zugänglichmachen einer Insiderinformation** untersagt. Dies 41
ist gegeben, wenn der Insider, statt die Information weiterzugeben, lediglich die Voraussetzungen schafft, die einem anderen die Kenntnisnahme ermöglicht.[68]

Beispiele hierfür sind etwa: 42

- die Weitergabe von Passwörtern, mit denen einem Dritten die Zugriffsmöglichkeit auf geschützte Daten eingeräumt wird,[69]
- das offene Liegenlassen von Akten oder Korrespondenz.[70]

Die Weitergabe der Information muss zudem unbefugt erfolgen. Dies ist jedenfalls 43
dann gegeben, wenn die Informationsweitergabe nicht im üblichen Rahmen der Ausübung der Arbeit oder des Berufs oder aber aufgrund einer gesetzlichen Verpflichtung

---

66 Vgl. noch Rn 37.
67 Dazu BaFin, Emittentenleitfaden, S. 41.
68 Assmann/Schneider/*Assmann*, WpHG, § 14 Rn 66.
69 BaFin, Emittentenleitfaden, S. 41.
70 KölnKomm-WpHG/*Klöhn*, § 14 Rn 486.

geschieht.[71] Als Faustformel für die Praxis kann das sog. **Need-to-Know-Prinzip** gelten, nach dem sich die Weitergabe einer Information sowohl außerhalb als auch innerhalb des Unternehmens daran auszurichten hat, ob der Adressat die Information zur Erfüllung seiner Aufgaben unerlässlich benötigt.

4. Empfehlungs- bzw. Verleitungsverbot (Nr. 3)

44 Diese Tatbestandsalternative untersagt einem anderen auf der Grundlage einer Insiderinformation, den Erwerb oder die Veräußerung von Insiderpapieren zu empfehlen oder ihn in sonstiger Weise dazu zu verleiten. In der Praxis spielt diese Variante eine eher geringe Rolle, da der Insider die Insiderinformation erfahrungsgemäß mitteilt, um seine Empfehlung zu untermauern.

45 Auch für das Empfehlen bzw. Verleiten gibt es aber Anwendungsfälle aus der Praxis, wobei es bereits ausreicht, wenn der Insider einem Dritten den Kauf oder Verkauf eines Insiderpapieres indirekt nahelegt.[72] Zum Beispiel liegt dies vor:

- bei der Bezeichnung eines Verhaltens als vorteilhaft und dem Anraten dieses zu verwirklichen,
- insbesondere bei dem Verhalten, das man gemeinhin als „Tipp" bezeichnet.

46 **Ausgenommen vom Empfehlungsverbot** ist nach dem Wortlaut der Regelung dagegen der Rat, vom Erwerb oder der Veräußerung eines Insiderpapieres abzusehen.[73]

47 Der Dritte, dem gegenüber die Empfehlung abgegeben wird, hat die Überlegung anzustellen, ob er durch den Insider auch eine Insiderinformation erhalten hat. Ist dies der Fall und ist sich der Verleitete auch der Qualität der Information als Insiderinformation bewusst, kann der Dritte durch Befolgung des Rates selbst Insiderhandel begehen, andernfalls liegt keine Insiderstraftat vor.[74]

V. Insiderrecht im Bereich der Energiegroßhandelsprodukte

1. Überblick und Anwendungsbereich

48 Seit dem Inkrafttreten der REMIT[75] am 28.12.2011 sind spezialgesetzliche insiderrechtliche Vorschriften für **Energiegroßhandelsprodukte** zu beachten. Regelungssystematik und Begrifflichkeiten der einschlägigen REMIT-Normen weisen vielfältige Ähn-

---

71 BaFin, Emittentenleitfaden, S. 41.

72 BaFin, Emittentenleitfaden, S. 41.

73 Vgl. Assmann/Schneider/*Assmann*, WpHG, § 14 Rn 122.

74 BaFin, Emittentenleitfaden, S. 41.

75 Zur REMIT etwas *Funke/Neubauer*, CCZ 2012, 6, und *Funke*, CCZ 2014, 43.

lichkeiten mit den zuvor vorgestellten Regelungen der klassischen Wertpapiermärkte auf[76] und werden daher im Folgenden lediglich in einem Überblick vorgestellt.

Anzuwenden ist die REMIT auf den **Handel mit Energiegroßhandelsprodukten**, worunter nach Art. 2 Nr. 4 REMIT die nachfolgend genannten Verträge und Derivate zu verstehen sind: 49

- Verträge für die Versorgung mit Erdgas und Strom sowie solche, die deren Transport betreffen;
- Derivate, die Strom oder Erdgas betreffen sowie solche, die deren Transport betreffen.

Sind die Energiegroßhandelsprodukte als Finanzinstrumente zu qualifizieren, so gelten die Insiderhandelsverbote der REMIT hingegen nicht, Art. 1 Abs. 2 REMIT.[77] In diesem Fall sind allein die zuvor dargestellten Grundsätze des wertpapierrechtlichen Insiderregimes anzuwenden. Ausdrücklich ausgenommen sind weiter solche Verträge über die Lieferung und die Verteilung von Strom oder Erdgas zur Nutzung durch Endverbraucher. Den Regelungen der REMIT unterliegen damit etwa Lieferanten, Händler, Erzeuger, Broker und Großnutzer, die mit Energiegroßhandelsprodukten handeln.[78] 50

Schließlich ist zu berücksichtigen, dass die spezifischen insiderrechtlichen Vorschriften der REMIT unabhängig davon gelten, ob eine Transaktion an einer Börse oder außerhalb einer solchen durchgeführt wird.[79] 51

2. Insiderinformation und Insiderhandelsverbote

Als Insiderhandel gilt gem. Art. 3 REMIT 52

- die Nutzung einer Insiderinformation beim Erwerb oder der Veräußerung eines Großhandelsproduktes;
- die Weitergabe einer Insiderinformation an Dritte oder
- die Abgabe von Handelsempfehlungen an Dritte auf Grundlage einer Insiderinformation.

76 Zenke/Schäfer/*Eufinger*, Energiehandel in Europa, § 22 Rn 33.

77 Der Anwendungsbereich der REMIT ist damit zum Teil von der Definition des Begriffes des Finanzinstrumentes abhängig. Die Liste der Finanzinstrumente wird sich mit der Umsetzung der Richtlinie über Märkte für Finanzinstrumente (MiFID II – RL 2014/65/EU) v. 15.5.2014 (ABl EU Nr. L 173 S. 349 ff.) ändern, vgl. deren Erwägungsgründe 8 ff.

78 *Funke*, CCZ 2014, 43.

79 Zenke/Schäfer/*Eufinger*, Energiehandel in Europa, § 22 Rn 59.

53 Entscheidend ist somit zunächst, was als Insiderinformation im Rahmen der REMIT gilt. Eine Definition findet sich in Art. 2 Nr. 1 REMIT. Danach ist eine Insiderinformation

- eine nicht öffentlich bekannte präzise Information,
- die direkt oder indirekt ein oder mehrere Energiegroßhandelsprodukte betrifft und
- die, wenn sie öffentlich bekannt würde, die Preise dieser Energiegroßhandelsprodukte wahrscheinlich erheblich beeinflussen würde.

54 ACER versteht darunter alle Umstände, die zu einer erheblichen Beeinflussung der Strom- oder Gaspreise führen können, das heißt etwa die Kenntnis über installierte Erzeugungskapazitäten, Fahrplan- oder Verbrauchsänderungen, über geplante oder ungeplante Ausfälle, Begrenzungen oder Erweiterungen von Produktions- oder Speicheranlagen.

55 Wann allerdings ein Umstand zu einer erheblichen Preisbeeinflussung führen kann, ist noch weitestgehend ungeklärt: so kann beispielsweise beim Ausfall eines sehr kleinen Kraftwerks schwerlich davon ausgegangen werden, dass dies mit einer erheblichen Preisbeeinflussung einhergehen wird.

56 Als Beispiel für den Strombereich hatte die ACER lediglich angeführt, dass von einem erheblichen Preisbeeinflussungspotenzial dann auszugehen ist, wenn es sich um eine Erzeugungs- oder Verbrauchsanlage mit mehr als 100 MW elektrischer Bruttoleistung handelt.[80] Denn fällt eine solche aus, kann dies durchaus erhebliche Auswirkungen auf Angebot bzw. Nachfrage und damit auf den Preis von Strom haben.

57 Aus den Ausführungen der ACER lässt sich außerdem schließen, dass Handelspläne und/oder Strategien der Marktteilnehmer, z.B. eine Exitstrategie oder Zeitkorridore für den Energiehandel, nicht als Insiderinformation gelten sollen.

58 Neben dem Verbot von Insiderhandel normiert die REMIT auch die Pflicht, Insiderinformationen zu veröffentlichen (Art. 4 REMIT), die sog. **Ad-hoc-Meldung**. Dies soll laut ACER grundsätzlich innerhalb von einer Stunde erfolgen.[81]

---

80 So noch in der ersten Auflage der ACER, Guidance, S. 12 ff., abrufbar unter http://www.acer.europa.eu/remit/Documents/1st_edition_ACER_guidance.pdf. In der aktuellen dritten Auflage wird nur noch auf die 100-MW-Schwelle verwiesen, weil diese in der EU-Transparenzverordnung (VO (EU) 543/2013) v. 14.6.2013 (ABl EU Nr. L 163 S. 1 ff.) eine wichtige Rolle spielt.

81 Vgl. zum Umfang der Veröffentlichungspflicht BNetzA, Merkblatt 1/2014 – Effektive und rechtzeitige Veröffentlichung von Insider-Informationen gem. Art. 4 Abs. 1 REMIT, abrufbar unter http://www.bundesnetzagentur.de/SharedDocs/Downloads/DE/Sachgebiete/Energie/Unternehmen_Institutionen/HandelundVertrieb/Marktueberwachung_REMIT/Merkblatt%20Insider-Informationen.pdf?__blob=publicationFile&v=6. Es ist darauf hinzuweisen, dass es sowohl vom Insiderhandelsverbot als auch vom Veröffentlichungsgebot Ausnahmen gibt, die dem betroffenen Unternehmen gewisse Härten ersparen sollen.

Hierdurch soll sichergestellt werden, dass alle Marktteilnehmer auf Grundlage desselben Kenntnisstandes agieren können, ein fairer Wettbewerb also gewährleistet bleibt. 59

Problematisch ist in diesem Zusammenhang unter anderem, dass als relevante Information schon ein Ereignis gilt, das mit hinreichender Wahrscheinlichkeit eintreten wird (Art. 2 Nr. 1 REMIT). Wann allerdings hinreichende Wahrscheinlichkeit gegeben ist, dürfte im Einzelfall schwer zu entscheiden sein und Marktteilnehmer oftmals in unklare Positionen bringen.[82] 60

Auch die Ge- und Verbote im Zusammenhang mit Insiderinformationen sind sanktionsbewährt. Die Nutzung von Insiderinformationen beim Handel stellt immer eine Straftat dar, die mit einer Freiheitsstrafe von bis zu fünf Jahren geahndet wird, § 95a Abs. 2 Nr. 1 EnWG. 61

Die Weitergabe von Insiderinformationen an Dritte und die Abgabe von Handelsempfehlungen auf Grundlage von Insiderinformationen ist hingegen nur bei Begehung durch bestimmte Personengruppen eine Straftat. Zu diesem Personenkreis zählen beispielsweise Mitglieder der Geschäftsführung oder Personen mit Beteiligung am Kapital eines Unternehmens. Ihnen droht gem. § 95a Abs. 2 EnWG ebenfalls eine Freiheitsstrafe von bis zu fünf Jahren. 62

Personen, die nicht zu diesem Personenkreis zählen, begehen durch dieselben Handlungen lediglich Ordnungswidrigkeiten, für die allerdings Bußgelder von bis zu 100.000 € verhängt werden können, § 95 Abs. 1c Nr. 1 EnWG. 63

Auch der Verstoß gegen die Veröffentlichungspflicht stellt eine Ordnungswidrigkeit dar. Hier kann ein Bußgeld von bis zu 1 Mio. € verhängt werden, § 95 Abs. 1c Nr.2 bis 5. Kommt es wiederholt und vorsätzlich („beharrlich") zu einer Verletzung der Veröffentlichungspflichten, liegt sogar eine Straftat vor, die mit Freiheitsstrafe von bis zu einem Jahr bedroht ist, § 95b EnWG. 64

3. Praktischer Umgang im Unternehmen

Das Insiderregime der REMIT ist eine Herausforderung für die Compliance-Funktion im Energieunternehmen (oder bei großen Energieverbrauchern). Der Grad der Betroffenheit richtet sich aber vor allem nach dem eigenen Anlagenbestand und der Affinität zum Großhandelsmarkt. 65

Jedes Unternehmen sollte zunächst prüfen, ob es Zugriff auf **potenzielle Insiderinformationen** hat. 66

Stufe 1: Wenn ein Unternehmen eigene Anlagen wie Kraftwerke hat, die potenziell insiderrelevant sind, sind die umfangreichsten Vorkehrungen zu treffen. In diesem Fall werden zunächst die Anlagenfahrer (z.B. Kraftwerksmeister) die Information haben, dass es z.B. zu einem unvorhergesehenen Ausfall kommt oder kommen wird. 67

---

82 Vgl. schon Rn 23.

Diese Information darf die Händler, die die Großmarktgeschäfte abschließen, nicht erreichen, bevor nicht die Ad-hoc-Meldung abgesetzt worden ist. Alternativ muss man mit Handelseinschränkungen oder sog. **Chinese Walls** (getrennte Kommunikationsbereiche) arbeiten. Ebenfalls ist sicherzustellen, dass die Mitarbeiter sensibilisiert sind und es einen Prozess inkl. Zuständigkeiten gibt für die Abgabe der Ad-hoc-Meldung und gegebenenfalls die (Wieder-)Freigabe des Handels.

68 Stufe 2: Auch wenn ein Unternehmen keine eigenen relevanten Anlagen hat, kann es im üblichen Geschäftsverlauf bestimmungsgemäß mit solchen Informationen in Kontakt kommen. Dies ist z.B. der Fall, wenn man sich an einem Gemeinschaftskraftwerk beteiligt oder wenn man der Versorger eines Industrieunternehmens mit eigenen Kraftwerke oder extrem hohem Verbrauch ist. In diesem Fall sind ebenfalls Vorkehrungen zu treffen, die Informationen zu verzögern oder zumindest vom Energiehandel zu separieren bzw. Sorge zu tragen, dass die Informationen nicht für eigene Geschäfte genutzt werden können. Für die Veröffentlichung ist allerdings der Anlagenbetreiber selbst zuständig.

69 Stufe 3: Selbst wenn die Stufen 1 und 2 nicht einschlägig sind, kann es nie ausgeschlossen werden, dass ein Mitarbeiter, der Großhandelsgeschäfte tätigen kann, durch Zufall oder außerdienstliche Kontakte an Insiderinformationen gelangt. Deshalb ist auch hier zumindest im Rahmen der Dienstanweisungen (Orga-/Beschaffungshandbuch oder ähnliches), ein Verbot des Insiderhandels zu bestimmen. Die betreffenden Mitarbeiter sind zu schulen/zu sensibilisieren und man sollte dies angemessen dokumentieren.

70 C. Recht der Marktmanipulation

I. Überblick

71 Kennzeichen der soeben vorgestellten Insiderdelikte ist der seinen unberechtigten Informationsvorsprung nutzende Täter. Der Insider nutzt dabei gleichzeitig die mit seinem Informationsvorsprung einhergehende fehlerhafte Vorstellung und Bildung von Börsen- oder Marktpreisen, er führt die Preisfehlbildung aber nicht selbst herbei. Anders beim Täter der Marktmanipulation. Dieser bedient sich Verhaltensweisen, die zumindest geeignet sind, auf Börsen- oder Marktpreise einzuwirken.[83]

72 Ähnlich ist dagegen der persönliche Anwendungsbereich des Marktmanipulationsverbots, das sich ebenso wie beim Insiderrecht grundsätzlich an jedermann richtet; vergleichbar ausgestaltet sind auch die Sanktionen bei Verstößen.

83 Dazu KölnKomm-WpHG/*Mock*, § 20a Rn 16.

Die zentrale Verhaltensnorm des WpHG in Bezug auf die **Marktmanipulation** ist 73
§ 20a, der drei **Tatbestandsvarianten** regelt, und zwar:

- sog. **informationsgestützte Manipulationen**, das heißt Formen der Manipulation durch kommunikatives Verhalten, welchem irreführungs- und preiseinwirkungsgeeignete Bedeutung zukommt,
- sog. **handelsgestützte Manipulationen**, also die Täuschung oder Irreführung anderer Marktteilnehmer durch Geschäfte und Kauf- oder Verkaufsaufträge,
- sog. **sonstige Täuschungshandlungen**, das heißt bestimmte Konstellationen der Täuschung, die weder als informationsgestützte noch als handelsgestützte Manipulationen erfasst sind.

Nähere Konkretisierungen zu einzelnen der in § 20a WpHG verwendeten Begriffe 74
sowie Beispiele in Bezug auf diese Tatbestandskonstellationen enthält die MaKonV.

Seinem Gegenstand nach bezieht sich das Verbot der Marktmanipulation auf 75
Finanzinstrumente, die an einer inländischen Börse zugelassen sind oder in den regulierten Markt oder in den Freiverkehr an einer solchen Börse einbezogen sind. Weiter sind Finanzinstrumente erfasst, die an einem organisierten Markt in einem anderen europäischen Mitgliedstaat oder Vertragsstaat des Europäischen Wirtschaftsraumes zugelassen sind (§ 20a Abs. 1 S. 2, 3 WpHG).[84]

Für Unternehmen der Energiewirtschaft relevant ist auch im vorliegenden 76
Zusammenhang die Einbeziehung der **Warenderivate** als Finanzinstrumente.[85] Damit unterliegen etwa Future-Geschäfte an der EEX den Regelungen der Marktmanipulation.[86] Von besonderer Bedeutung ist zudem die entsprechende Anwendung der Regeln zur Marktmanipulation auf Waren,[87] die an einem organisierten Markt gehandelt werden (§ 20a Abs. 4 WpHG). Damit ist etwa die Manipulation von Spotgeschäften an der EEX in den Schutzbereich des § 20a WpHG einbezogen.[88]

II. Informationsgestützte Manipulationen

1. Tatbestand

Der Tatbestand der informationsgestützten Manipulation (§ 20a Abs. 1 S. 1 Nr. 1 und 77
Abs. 4 WpHG) verbietet

- das Machen unrichtiger oder irreführender Angaben über bewertungserhebliche Umstände sowie

---

84 Dazu Assmann/Schneider/*Vogel*, WpHG, § 20a Rn 35.
85 Dazu oben Rn 16.
86 Vgl. Bartsch/Röhling/Salje/Scholz/*Horstmann*, Stromwirtschaft, Kap. 67 Rn 25.
87 Zum Warenbegriff bereits oben Rn 27.
88 Vgl. Zenke/Schäfer/*Eufinger*, Energiehandel in Europa, § 22 Rn 50.

- das Verschweigen bewertungserheblicher Umstände entgegen bestehender Rechtsvorschriften,

sofern die Angaben oder das Verschweigen geeignet sind, auf den Börsen- oder Marktpreis eines Finanzinstrumentes bzw. einer (börsengehandelten) Ware einzuwirken.

78 Einige der in der vorgenannten Regelung verwendeten Begrifflichkeiten sind kurz näher zu bestimmen.

2. Machen unrichtiger oder irreführender Angaben

79 **Angaben** macht, wer Erklärungen über das Vorliegen von nachprüfbaren Gegebenheiten, also Tatsachenmitteilungen, Werturteile (einschließlich Meinungsäußerungen und Einschätzungen) und Prognosen mit plausiblem Tatsachenkern, abgibt.[89] Denkbar ist jedes kommunikative Verhalten, das geeignet ist, von mindestens einem Empfänger wahrgenommen zu werden.[90]

80 **Bewertungserhebliche Umstände** sind in der MaKonV definiert als Tatsachen und Werturteile, die ein verständiger, das heißt durchschnittlich erfahrener und vorsichtiger Anleger bei seiner Anlageentscheidung berücksichtigen würde. Erfasst sind auch solche Umstände, bei denen man mit hinreichender Wahrscheinlichkeit davon ausgehen kann, dass sie in Zukunft eintreten werden (§ 2 Abs. 1 MaKonV). Die **MaKonV** enthält zudem einen nicht abschließenden **Beispielkatalog** bewertungserheblicher Umstände. Der Schwerpunkt dieser Beispiele liegt auf unternehmensbezogenen Umständen, wie etwa der Finanzlage des Unternehmens, die für die Bewertung der Aktien oder Anleihen des Unternehmens nebst hiervon abhängiger Derivate erheblich sind. Bewertungserheblich in diesem Sinne können zudem unternehmensunabhängige Marktdaten sein, wie etwa die Orderlage am Warenderivatemarkt bzw. das Transaktionsverhalten großer Energiehandelsunternehmen,[91] die Versorgungslage und Netzkapazitäten im allgemeinen. Diese Faktoren werden sich der Natur der Sache nach auf dem Spotmarkt abspielen.

81 **Unrichtig** sind die **Angaben**, wenn sie nicht den tatsächlichen Gegebenheiten entsprechen, also Angaben in Bezug auf Tatsachen unwahr sind, Werturteile und Prognosen auf falscher Tatsachenbasis basieren oder die aus korrekten Tatsachen gezogenen Schlussfolgerungen gänzlich unvertretbar erscheinen. Erfasst ist auch der Fall unvollständiger Angaben, das heißt wenn unter Auslassung erheblicher Teilaspekte ein falscher Gesamteindruck entsteht.[92]

---

89 BaFin, Emittentenleitfaden, S. 89.
90 KölnKomm-WpHG/*Mock*, § 20a Rn 172.
91 Assmann/Schneider/*Vogel*, WpHG, § 20a Rn 94.
92 Näher BaFin, Emittentenleitfaden, S. 89.

Angaben sind irreführend, wenn sie zwar inhaltlich richtig sind, aber mittels ihrer Darstellung beim Empfänger eine falsche Vorstellung über den Sachverhalt nahelegen. 82

Beispiele für **informationsgestützte Manipulationen** in der Form des Machens unrichtiger oder irreführender Angaben: 83

- Veröffentlichung unrichtiger Erzeugungsdaten über die dem Handel zur Verfügung gestellte Strommenge,
- gezieltes externes Streuen von falschen oder irreführenden Informationen durch einen Rohstoffanalysten, der am Markt eine gefestigte Stellung hat und dessen Äußerungen damit eine Auswirkung auf Kurs- oder Marktpreise hat,[93]
- sog. Scalping, das heißt das Tätigen von Geschäften in Werten mit im Anschluss erfolgender Beeinflussung des Kurses bzw. Marktpreises der Werte, indem eine Kauf- oder Verkaufsempfehlung gegenüber dem Anlegerpublikum abgegeben wird, bei der Eigengeschäft oder Eigeninteresse verschwiegen werden.[94]

3. Verschweigen

Weiter kann eine Manipulation durch das Verschweigen solcher bewertungserheblichen Umstände verwirklicht werden, für die eine Rechtsvorschrift eine Offenbarung vorsieht. 84

Ein **Verschweigen** ist gegeben, wenn der zu offenbarende Umstand[95] 85

- nicht offengelegt wird,
- nicht gegenüber allen Personen offengelegt wird, für die dies vorgesehen ist,
- für welchen ein bestimmter Offenlegungszeitpunkt besteht, zu spät offen gelegt wird.

Eine **ausdrückliche Offenbarungspflicht** kann sich insbesondere aus einem Gesetz, einer Verordnung oder aus europäischen Verordnungen ergeben. 86

Beispiele:[96] 87

- unverzügliche Veröffentlichung von Ad-hoc-Tatsachen gem. § 15 Abs. 1 S. 1 WpHG,
- Bestimmungen über die handels- und bilanzrechtliche Publizität,
- Veröffentlichungspflichten des EnWG und seiner Verordnungen.

Hinweis !

Energieversorgungsunternehmen, für die derartige Offenbarungspflichten in Betracht kommen, sehen daher Zuständigkeiten und einen Arbeitsablauf im Hinblick auf die Erfüllung solcher Offenlegungspflichten vor. Hierbei ist ein besonderes Augenmerk auf die konzerninterne Zuständigkeit für

---

93 Dazu KölnKomm-WpHG/*Mock*, § 20a Rn 9.
94 Assmann/Schneider/*Vogel*, WpHG, vor § 20a Rn 34.
95 BaFin, Emittentenleitfaden, S. 91.
96 KölnKomm-WpHG/*Mock*, § 20a Rn 193.

die Veröffentlichung der jeweiligen Informationen zu legen. Beispielsweise ist etwa für die Veröffentlichungen bestimmter netzrelevanter Daten nach § 17 StromNZV die jeweilige Netzbetreibergesellschaft zuständig.

---

88 Eine **Einschränkung** erfährt das **Marktmanipulationsverbot** durch das Erfordernis der Eignung der angegebenen oder verschwiegenen Umstände zur Preiseinwirkung.[97] Es muss wohlgemerkt nicht zu einer tatsächlichen Einwirkung auf den Preis kommen, ausreichend ist bereits die Eignung des Verhaltens hierzu. Feste Schwellenwerte existieren hierzu aber nicht. Zu beachten ist, dass das Manipulationsverbot in Bezug auf die Eignung zur Preiseinwirkung insgesamt weiter gefasst ist als beim Insiderhandelsverbot.

89 Nach Ansicht der BaFin ist daher die Schwelle der „Eignung zur Preiseinwirkung leicht genommen".[98]

III. Handelsgestützte Manipulationen

1. Tatbestand

90 Hierbei handelt es sich um die klassische Begehungsform der Kurs- und Marktpreismanipulation. Mittels meist fiktiver oder auch effektiver Handelsgeschäfte werden die übrigen Marktteilnehmer getäuscht, indem ihnen etwa ein nicht existierender Umsatz im Handel mit Finanzinstrumenten vorgespiegelt wird oder der Kurs- und Marktpreis von Finanzinstrumenten bzw. Waren künstlich zu verändern versucht wird.[99]

91 Typischerweise findet eine handelsgestützte Manipulation in eher illiquiden Finanzinstrumenten statt, da dort schon kleinere Order oder Geschäfte ein irreführendes Signal für Angebot oder Nachfrage darstellen können.[100]

! **Hinweis**
Praktisch relevant ist die Kenntnis der handelsgestützten Manipulationsformen vor allem für solche Marktteilnehmer, die im Eigen- oder Kundenhandel von Finanzinstrumenten tätig sind, wie etwa führende Energiehandelshäuser im Warenderivatehandel. Energieversorgungsunternehmen, auf die dies nicht zutrifft, analysieren zumindest ihre Geschäftstätigkeit dahingehend, ob es einzelne Geschäftsvorfälle dieser Art gibt und die damit betrauten Mitarbeiter mit den einschlägigen Regeln vertraut sind.

---

97 BaFin, Emittentenleitfaden, S. 92.
98 BaFin, Emittentenleitfaden, S. 92.
99 KölnKomm-WpHG/*Mock*, § 20a Rn 11.
100 BaFin, Jahresbericht 2008, S. 156.

Die Tatbestände der handelsgestützten Manipulationen (§ 20a Abs. 1 Nr. 2 und Abs. 4 WpHG) untersagen im Einzelnen die Vornahme von Geschäften oder die Erteilung von Kauf- oder Verkaufsaufträgen, die geeignet sind: 92

- falsche oder irreführende Signale für das Angebot, die Nachfrage oder den Börsen- oder Marktpreis eines Finanzinstruments zu geben, oder
- ein künstliches Preisniveau herbeizuführen.

2. Anzeichen nach der MaKonV

Typische Erscheinungsformen handelsgestützter Manipulationsformen werden in der die gesetzliche Regelung konkretisierenden MaKonV näher beschrieben. Wie der gesetzliche Tatbestand des § 20a Abs. 1 S. 1 Nr. 2 WpHG enthält auch der diesen konkretisierende § 3 MaKonV zahlreiche weitere sog. unbestimmte Rechtsbegriffe, die gleichfalls der Auslegung bedürfen. 93

Aufgelistet werden dabei eine Reihe von Anzeichen, die lediglich als Anhaltspunkte für handelsgestützte Manipulationen gelten und zu denen weitere Faktoren hinzukommen müssen, die ein Täuschungselement enthalten und im Einzelfall umfassend zu würdigen sind (§ 3 Abs. 1 S. 1 Nr. 1 MaKonV). 94

Anhalts- und Prüfungspunkte für Manipulationen geben demnach Geschäfte oder Kauf- oder Verkaufsaufträge, 95

- die an einem Markt einen bedeutenden Anteil am Tagesgeschäftsvolumen ausmachen, insbesondere wenn sie eine erhebliche Preisänderung bewirken;
- durch die Personen erhebliche Preisänderungen bei Finanzinstrumenten, von denen sie bedeutende Kauf- oder Verkaufspositionen innehaben, oder bei sich darauf beziehenden Derivaten oder Basiswerten bewirken;
- mit denen innerhalb kurzer Zeit Positionen umgekehrt werden und die an einem Markt einen bedeutenden Anteil am Tagesgeschäftsvolumen dieser Finanzinstrumente ausmachen und die mit einer erheblichen Preisänderung im Zusammenhang stehen könnten;
- die durch ihre Häufung innerhalb eines kurzen Abschnitts des Börsentages eine erhebliche Preisänderung bewirken, auf die eine gegenläufige Preisänderung folgt;
- die nahe zu dem Zeitpunkt der Feststellung eines bestimmten Preises, der als Referenzpreis für ein Finanzinstrument oder andere Vermögenswerte dient, erfolgen und mittels Einwirkung auf diesen Referenzpreis den Preis oder die Bewertung des Finanzinstruments oder des Vermögenswertes beeinflussen.

Eine Marktmanipulation ist ferner angezeigt bei solchen vor Ausführung zurückgenommenen Aufträgen, die auf die den Marktteilnehmern ersichtliche Orderlage, insbesondere auf die zur Kenntnis gegebenen Preise der am höchsten limitierten Kaufaufträge oder der am niedrigsten limitierten Verkaufsaufträge, einwirken (§ 3 Abs. 1 Nr. 2 MaKonV – sog. **Painting the Tape**). Dies betrifft beispielsweise den Fall, dass ein im 96 offenen Orderbuch des EEX-Terminmarktes eingestellter und über dem aktuellen Preisniveau limitierter größerer Future-Kaufauftrag, der eine entsprechende Nachfrage suggeriert und andere Marktteilnehmer gleichfalls zur Abgabe von Orders über dem aktuellen Preis animiert, zurückgenommen wird. Die Rücknahme der Order ist ein Indiz dafür, dass diese nicht ernstlich gewollt war, sondern der Marktmanipulation diente.[101]

97 Schließlich setzen Geschäfte, die zu keinem Wechsel des wirtschaftlichen Eigentümers führen, ein Anzeichen für eine Marktmanipulation (§ 3 Abs. 1 Nr. 3 MaKonV). Hierunter fallen etwa als sog. **Wash Sales** bekannte Geschäfte, bei denen Käufer und Verkäufer wirtschaftlich identisch sind oder auch sog. **Pre Arranged Trades**, bei denen Verkäufer und Käufer aufeinander abgestimmte, gegenläufige Aufträge geben, mit der Folge, dass im wirtschaftlichen Ergebnis kein Eigentümerwechsel stattfindet.[102] Diese Fallkonstellationen betreffen einen Schwerpunkt der positiven Marktmanipulationsanalysen der BaFin.[103]

3. Beispiele nach der MaKonV

98 Daneben nennt die MaKonV verbindliche Beispiele bzw. Anwendungsfälle für irreführende Signale im oben genannten Sinne,[104] das heißt anders als bei den soeben dargestellten Fallgruppen handelt es sich insoweit nicht um bloße Anzeichen, bei denen noch eine weitere Würdigung erfolgen muss (§ 3 Abs. 2 MaKonV).[105]

99 Darunter fallen zum einen Geschäfte oder Aufträge, die geeignet sind, über Angebot oder Nachfrage bei einem Finanzinstrument im Zeitpunkt der Feststellung eines Referenzpreises für ein Finanzprodukt oder andere Produkte (z.B. Waren) zu täuschen (§ 3 Abs. 2 Nr. 1 MaKonV – sog. **Marking the Close**). Da, nach dem Wortlaut der Vorschrift, auch andere Produkte (und damit Waren wie Energie) als Referenzpreis umfasst sein können, kann hierunter auch die Fallgestaltung zu fassen sein, bei der der Schlusskurs eines am EEX-Spotmarkt gehandelten Produkts manipuliert wird, der als Abrechnungs- und Referenzpreis für ein Warenderivat dient.[106]

100 Ein weiteres Beispiel für das Setzen irreführender Signale betrifft Geschäfte oder Aufträge, die zu im Wesentlichen gleichen Stückzahlen und Preisen von verschiedenen Parteien, die sich abgesprochen haben, erteilt werden, es sei denn, diese Geschäfte wurden im Einklang mit den jeweiligen Marktbestimmungen rechtzeitig angekündigt (§ 3 Abs. 2 Nr. 2 MaKonV – sog. **Improper Matched Orders**). Als Beispiel sei der im Jahresbericht der BaFin erwähnte Fall von 2008 aus der Praxis genannt, bei

101 Assmann/Schneider/*Vogel*, WpHG, § 20a Rn 161.
102 Assmann/Schneider/*Vogel*, WpHG, § 20a Rn 162.
103 BaFin, Jahresbericht 2008, S. 156.
104 Vgl. Rn 65 ff.
105 Assmann/Schneider/*Vogel*, WpHG, § 20a Rn 164.
106 Dazu auch Bartsch/Röhling/Salje/Scholz/*Horstmann*, Stromwirtschaft, Kap. 67 Rn 40.

dem ein Anleger mittels eigener und mehrerer Depots, bzgl. derer ihm Vollmachten gegeben waren, aufeinander abgestimmte Kauf- und Verkaufsaufträge erteilte.[107]

IV. Sonstige Täuschungshandlungen

1. Tatbestand

Schließlich sind sonstige Täuschungshandlungen untersagt, die geeignet sind, auf den Preis eines Finanzinstruments oder einer (börsengehandelten) Ware einzuwirken (§ 20a Abs. 1 S. 1 Nr. 3 und Abs. 4 WpHG). Diese Regelung dient als sog. Auffangtatbestand für solche Formen der Täuschung, die weder als informationsgestützte noch als handelsgestützte Manipulationen erfasst sind.[108] 101

Eine nähere Konkretisierung findet sich auch hier in der MaKonV, nach der als sonstige Täuschungshandlungen solche Handlungen und Unterlassungen gelten, die geeignet sind, einen verständigen[109] Anleger über die wahren wirtschaftlichen Verhältnisse, insbesondere Angebot und Nachfrage in Bezug auf ein Finanzinstrument bzw. eine Ware in die Irre zu führen und den Preis hoch- oder herunterzutreiben oder beizubehalten (§ 4 Abs. 1 MaKonV). 102

Nach der schon von der handelsgestützten Manipulation bekannten Regelungsmethodik wird zwischen Anzeichen und Beispielen für sonstige Täuschungshandlungen unterschieden. Kurz eingegangen werden soll hier abschließend auf einige Beispiele[110] sonstiger Täuschungshandlungen, die auch im Bereich der Warenterminmärkte relevant sein können. 103

2. Beispiele nach der MaKonV

Zwingende, aber nicht abschließende Beispiele für sonstige Täuschungshandlungen nennt § 4 Abs. 3 MaKonV. Hiernach begeht eine sonstige Täuschungshandlung, wer sich eine **marktbeherrschende Stellung** über ein Finanzinstrument sichert und dadurch dessen Ankaufs- oder Verkaufspreise bestimmt oder nicht marktgerechte Handelsbedingungen schafft (§ 4 Abs. 3 Nr. 1 MaKonV). 104

Mit diesen unter den Stichworten **Market Cornering** bzw. **Abusive Squeezing** bekannten Praktiken sind Fälle monopolbedingten Außerkraftsetzens der Marktmechanismen angesprochen sowie sonstige künstliche Verknappungen eines Finanzinstruments mit dem Ziel, die Kontrolle über Angebot oder Nachfrage zu 105

---

107 BaFin, Jahresbericht 2008, S. 163.
108 KölnKomm-WpHG/*Mock*, § 20a Rn 234.
109 Vgl. oben Rn 80 ff.
110 Zu den in § 4 Abs. 2 MaKonV genannten Anzeichen für sonstige Täuschungshandlungen vgl. etwa Assmann/Schneider/*Vogel*, WpHG, § 20; Rn 227 ff.

erlangen.[111] Aus der Praxis der Terminmärkte zu nennen ist ein unter dem Stichwort **Bundesobligationen-Squeeze** bekannt gewordener Fall aus dem Jahr 2005, bei dem sich ein Marktteilnehmer mit dem Vorwurf auseinander setzen musste, er habe durch Geschäfte am Terminmarkt eine Verknappung des Angebots an Bundesobligationen mit dem Ergebnis erzielt, dass sich andere Marktteilnehmer zum Liefertermin zu nicht marktgerechten überhöhten Preisen eindecken mussten.[112]

106 Indiziert ist eine sonstige Täuschungshandlung schließlich dann, wenn über die Medien eine Stellungnahme oder ein Gerücht zu einem Finanzinstrument oder dessen Emittenten kundgegeben wird, nachdem Positionen über dieses Finanzinstrument eingegangen worden sind, ohne dass dieser Interessenkonflikt zugleich mit der Kundgabe offenbart wurde (§ 4 Abs. 3 Nr. 2 MaKonV). Diese als sog. **Scalping** bekannte Praktik kann in allen Märkten vorkommen, in denen in Fachmedien präsente Analysten, Journalisten oder „Börsengurus" mittels Empfehlungen Einfluss auf Börsen- und Marktpreise nehmen können.[113]

Hinweis
Empfehlenswert kann es sein, Mitarbeiter mittels eines Abschnittes in einer Compliance-Richtlinie oder einem vergleichbaren unternehmensinternen Regelwerk auf die bestehenden gesetzlichen Marktmissbrauchsregeln hinzuweisen. Ob und in welcher Ausführlichkeit dies erfolgt, bestimmt sich nach dem Gefahrenpotential für das jeweilige Unternehmen und seine Mitarbeiter, gegen strafbewehrte Marktmissbrauchsregeln zu verstoßen. Die Entscheidung ist damit etwa abhängig von der Geschäftstätigkeit im Hinblick auf etwaige Handelsaktivitäten und dem Vorhandensein sowie dem unternehmensinternen Fluss von Insiderinformationen. Inhaltlich kann eine entsprechende Richtlinie z.B. den Gesetzestext einschlägiger Marktmissbrauchsregeln wiedergeben und für das Unternehmen relevante Anwendungsfälle anhand von Beispielen näher erläutern. Aufgrund der Verwendung zahlreicher sog. unbestimmter Rechtsbegriffe innerhalb der Tatbestände der gesetzlichen Marktmissbrauchsregeln und der damit einhergehenden Notwendigkeit, den Auslegungsmaßstab unter umfassender Würdigung der Umstände des Einzelfalles zu finden, sollte eine zu generelle Abgabe von Verhaltensempfehlungen unterbleiben.

V. Marktmanipulation im Bereich der Energiegroßhandelsprodukte

107 Art. 5 REMIT verbietet die Vornahme oder den Versuch der Vornahme von Marktmanipulation auf den Energiegroßhandelsmärkten. Die bereits dargestellten drei Arten von Manipulationen, nämlich solche **handelsgestützter Art**, solche die durch das **Verbreiten von Informationen** gekennzeichnet sind und solche **sonstiger Art** prägen auch die Systematik der Definition der Marktmanipulation in Art. 2 Nr. 2

111 KölnKomm-WpHG/*Mock*, § 20a Anh. I – § 4 MaKonV Rn 20; Assmann/Schneider/*Vogel*, WpHG, § 20a Rn 231.
112 Dazu FAZ, 26.1.2005, S. 16.
113 Dazu Assmann/Schneider/*Vogel*, WpHG, § 20a Rn 235 ff.

REMIT.[114] Die in Abschnitt C. II bis IV angestellten Erwägungen können daher auch für die Auslegung des Art. 2 Nr. 2 REMIT herangezogen werden.

Danach ist Marktmanipulation 108

- jede Handelstätigkeit, die falsche oder irreführende Marktsignale senden könnte,
- jede Handelstätigkeit, die den Preis eines Energiegroßhandelsproduktes in der Weise beeinflusst oder zu beeinflussen versucht, dass ein künstliches Preisniveau erzielt wird,
- jede Handelstätigkeit, die unter Vorspiegelung falscher Tatsachen erfolgt und falsche oder irreführende Marktsignale senden oder senden könnte, oder
- jede Verbreitung von Informationen, die falsche Marktsignale geben oder geben könnten.

Dabei lassen sich Marktmanipulationen in folgende **Kategorien** einteilen: 109

- Bewusstes Durchführen von Handelstransaktionen zur Manipulation von „Referenzpreisen";

Beispiel
Zum Handelsschluss wird ein Energiegroßhandelsprodukt zu einem überhöhten Preis ge- oder verkauft. Dadurch wird die Schlussnotierung des Produktes beeinflusst. Marktteilnehmer, die auf Basis des Schlusskurses kaufen, werden irregeführt (**Marking the Close**).

- Limitieren / Zurückhalten von Mengen auf der Angebotsseite;

Beispiel
Es war lange diskutiert, ob sich Energieunternehmen, die Kraftwerke nicht einsetzen, obwohl sie über ihren Grenzkosten liegen, in irgendeiner Weise rechtswidrig verhalten. Dieses Verhalten soll künftig durch die REMIT verhindert werden.

- Manipulation des Handelsvolumens durch „Scheingeschäfte";

Beispiel
Ein und dieselbe Person nimmt gleichzeitig Kauf und Verkauf von Energiegroßhandelsprodukten vor, wobei sie den Anschein erweckt, es handele sich um verschiedene Personen. Dadurch werden das Handelsvolumen und der Aktienkurs künstlich erhöht **(Washing trade)**.

- Bewusstes Streuen von Falschinformationen/selektive Informationsverbreitung in Verbindung mit Bestandspositionen bzw. geplanten Käufen von Positionen;
- Manipulation der Struktur des Orderbuchs.[115]

---

114 Der Begriff des Versuches der Marktmanipulation ist in Art. 2 Nr. 3 REMIT definiert.
115 Vgl. ACER, Guidance, S. 36 ff., abrufbar unter http://www.acer.europa.eu/remit/Pages/ACER_guidance.aspx.

110 Sowohl der Versuch als auch die Vollendung einer Marktmanipulation ist sanktionsbewährt. Eine Marktmanipulation, durch die es tatsächlich zu einer Einwirkung auf die Preise von Produkten kommt, stellt dabei gem. § 95 a Abs. 1 EnWG eine Straftat dar, die mit einer Freiheitsstrafe von bis zu fünf Jahren geahndet wird. Kommt es zu keiner Einwirkung auf Preise, liegt grundsätzlich lediglich eine Ordnungswidrigkeit vor, die allerdings eine Geldbuße von bis zu 1 Mio. € nach sich ziehen kann, §§ 95 Abs. 1 b und c Nr. 6, 95 Abs. 2 EnWG. Auch ohne Preiseinwirkung wird eine Marktmanipulation allerdings zur Straftat, wenn sie wiederholt und vorsätzlich („beharrlich") begangen wird. Dann droht gem. § 95b EnWG eine Freiheitsstrafe von bis zu einem Jahr oder eine Geldstrafe.

D. Untersuchung und Sanktionen von Marktmissbrauch

111 Die BaFin und, was Energiegroßhandelsprodukte angeht, die bei der BNetzA angesiedelte Markttransparenzstelle Strom/Gas beobachten das Marktgeschehen mit Blick auf Insiderhandel und Marktmanipulation.

112 Zur **Überwachung der Insiderhandels- und Marktmanipulationsverbote** nutzt die BaFin unter anderem die Daten über sämtliche Wertpapiergeschäfte, die ihr von den Kredit- und Finanzdienstleistungsinstituten gemeldet werden müssen (§ 9 WpHG).[116] Zudem haben Marktakteure wie Wertpapierdienstleistungsunternehmen, Kreditinstitute und Betreiber außerbörslicher Märkte, an denen Finanzinstrumente gehandelt werden, die Pflicht, Verdachtsfälle von Verstößen gegen die Insiderhandels- und Marktmanipulationsregeln unverzüglich der BaFin mitzuteilen (§ 10 Abs. 1 S. 1 WpHG). Im konkreten Verdachtsfall eines Insiderdeliktes ermöglichen zudem sog. Insiderverzeichnisse der BaFin eine schnelle Ermittlung des Kreises möglicher Insider. Die in § 15b WpHG geregelte Pflicht zur Führung eines Insiderverzeichnisses trifft ein auf dem Energiemarkt tätiges Unternehmen aber nur dann, wenn es selbst Emittent von Finanzinstrumenten ist bzw. im Auftrag oder für Rechnung solcher Emittenten tätig ist.[117]

113 Neben diesen Aufzeichnungs-, Melde- und Anzeigepflichten treten die allgemeinen Überwachungs-, Informations- und Eingriffsbefugnisse der BaFin. Die Vorschriften des § 4 Abs. 1 bis 4 WpHG regeln unter anderem, die Berechtigung der BaFin Auskunft sowie die Vorlage von Unterlagen zu verlangen, und stattet die BaFin mit einem Recht zum Betreten von Grundstücken und Geschäftsräumen aus. Einzelheiten sind hier nicht näher darzustellen.[118] Hat die BaFin im Rahmen dieser Überwachungstätigkeit Tatsachen ermittelt, die den Verdacht bestimmter Marktmissbrauchsstraftaten

116 BaFin, Jahresbericht 2007, S. 172 f.
117 Näher BaFin, Emittentenleitfaden, S. 95 ff.
118 Näher etwa KölnKomm-WpHG/*Altenhain*, § 4 Rn 107 ff.

begründen, hat sie diese der zuständigen Staatsanwaltschaft unverzüglich anzuzeigen (§ 38 Abs. 5 WpHG).

Weiter wird das Handelsgeschehen von den jeweiligen **Handelsüberwachungsstellen** der Börsen überwacht. Die EEX hat eine solche Handelsüberwachungsstelle eingerichtet.[119] Für die Tätigkeit von Handelsüberwachungsstellen an Warenbörsen, an denen Energie im Sinne des § 3 Nr. 14 EnWG gehandelt wird, sind von der Handelsüberwachungsstelle auch Daten über die Abwicklung von Geschäften systematisch und lückenlos zu erfassen und auszuwerten, die nicht über die Börse geschlossen werden, aber über ein Abwicklungssystem der Börse oder ein externes Abwicklungssystem, das an die börslichen Systeme für den Börsenhandel oder die Börsengeschäftsabwicklung angeschlossen ist, abgewickelt werden und deren Gegenstand der Handel mit Energie oder Termingeschäfte in Bezug auf Energie sind; die Handelsüberwachungsstelle kann auf Basis dieser Daten notwendige Ermittlungen durchführen (§ 7 Abs. 1 S. 3 BörsG[120]). 114

Stellt die Handelsüberwachungsstelle Tatsachen fest, die für die Erfüllung der Aufgaben der BaFin erforderlich sind, hat sie letztere unverzüglich zu unterrichten. Dies gilt insbesondere bei Verstößen gegen das Verbot von Insidergeschäften oder das Verbot der Kurs- und Marktpreismanipulation (§ 7 Abs. 5 S. 4 und 5 BörsG). 115

Im Bereich der **Energiegroßhandelsprodukte** fungiert die **Markttransparenzstelle Strom/Gas** als Marktüberwachungsstelle gem. Art. 7 Abs. 2 Unterabs. 2 REMIT. Ihre Aufgabe ist die laufende Beobachtung von Vermarktung und Handel mit Elektrizität und Erdgas auf der Großhandelsstufe. Zu diesem Zweck sammelt und untersucht die Markttransparenzstelle Strom/Gas Daten zu Handelstransaktionen und Fundamentaldaten. Organisation, Zuständigkeiten und Befugnisse der Markttransparenzstelle sowie deren Zusammenarbeit mit anderen Behörden sind in den §§ 47a bis 47j GWB[121] näher geregelt. 116

Abschließend ist kurz auf die **Sanktionen** im Falle der Verurteilung wegen eines Verstoßes gegen die Regelungen des Marktmissbrauchsrechts einzugehen. 117

§ 38 Abs. 1, 3 und 4 WpHG stellt verbotene Insidergeschäfte unter Strafe. Neben dem Verbot des Erwerbs oder der Veräußerung, dem Verbot der unbefugten Weitergabe und des Verleitungsverbotes ist auch der Versuch sowie der leichtfertige Erwerb oder die Veräußerung von Insiderpapieren strafbar.[122] Bestimmte Tathandlungen 118

---

119 Dazu § 12 EEX-Börsenordnung, abrufbar unter http://cdn.eex.com/document/151326/20131219_EEX_Boersenordnung_0028a_d_FINAL.pdf.

120 Börsengesetz (BörsG) v. 16.7.2007 (BGBl. I S. 1330), zuletzt geändert durch Gesetz v. 15.7.2014 (BGBl. I S. 934).

121 Gesetz gegen Wettbewerbsbeschränkungen (GWB) v. 15.7.2005 (BGBl. I S. 2114), zuletzt geändert durch Gesetz v. 21.7.2014 (BGBl. I S. 1066).

122 BaFin, Emittentenleitfaden, S. 42.

sind mit Freiheitsstrafe bis zu fünf Jahren oder Geldstrafe bewehrt. Die Einzelheiten sind hier nicht näher darzustellen.[123]

119 Verstöße gegen das Verbot der Kurs- und Marktpreismanipulation können als Ordnungswidrigkeiten geahndet oder als Straftat verfolgt werden. Ob eine Ordnungswidrigkeit oder eine Straftat vorliegt, ist einerseits davon abhängig, ob durch die Tathandlung auch tatsächlich auf den Börsen- oder Marktpreis eingewirkt worden ist, und andererseits, ob dem Handelnden vorsätzliches oder nur leichtfertiges Verhalten vorzuwerfen ist. Ein strafbewehrter Verstoß gegen das Verbot der Kurs- und Marktpreismanipulation kann mit einer Freiheitsstrafe bis zu fünf Jahren oder mit einer Geldstrafe bestraft werden.[124]

120 Die nach Art. 18 REMIT vorzusehenden Sanktionen finden sich in Teil 8, Abschnitt 5 des EnWG. Der dort vorgesehene Sanktionskatalog sieht **Ordnungswidrigkeiten** vor, die bis zu 1 Mio. € bzw. auch über diesen Betrag hinaus bis zur dreifachen Höhe des durch die Zuwiderhandlung erlangten Mehrerlöses reichen können, § 95 Abs. 2 EnWG. Für die vorsätzliche Begehung einer Marktmanipulation, durch die auf den Preis eines Energiegroßhandelsproduktes eingewirkt wurde sowie bei der vorsätzlichen Begehung der oben näher beschriebenen Taten[125] sieht das Gesetz eine **Freiheitsstrafe** bis zu fünf Jahren oder eine **Geldstrafe** vor, § 95a Abs. 1, 2 EnWG.

123 Näher etwa Assmann/Schneider/*Vogel*, WpHG, § 38 Rn 4 ff.
124 BaFin, Emittentenleitfaden, S. 93; näher etwa Assmann/Schneider/*Vogel*, WpHG, § 39 Rn 6 ff.
125 Vgl. Rn 65 ff.

Kapitel 17
Public Corporate Governance Kodex

A. Überblick

Eine Darstellung zur Compliance für (Energie-)Versorgungsunternehmen kommt nicht umhin, die Kodizes zur Corporate Governance zu erwähnen, die an verschiedener Stelle erlassen wurden, um der Unternehmensleitung leicht verständliche Hinweise zur guten Unternehmensführung geben zu können. Innerhalb der deutschen Rechtsordnung war hierbei Vorreiter der Deutsche Corporate Governance Kodex (DCGK),[1] der am 26.2.2002 von der vom Bundesministerium für Justiz (BMJ) im September 2001 eingesetzten Regierungskommission verabschiedet wurde.[2] 1

Veranlasst wurde die Diskussion über die sog. Corporate Governance durch teilweise skandalöse Zustände in amerikanischen Gesellschaften. Um Bilanzmanipulationen zu verhindern, erließ der amerikanische Bundesgesetzgeber im Jahre 2002 den **Sarbanes-Oxley Act**,[3] wonach – verkürzt zusammengefasst – eine Gesellschaft einen sog. unabhängigen Geschäftsleiter (sog. Independent Director) haben muss, der die Geschäftsleitung überwacht.[4] 2

Dabei darf nicht übersehen werden, dass die Aufgabe des DCGK weniger darin bestand, Organen von Unternehmen Leitlinien für gute Unternehmensführung an die Hand zu geben. Mit dem DCGK sollen die in Deutschland geltenden Regeln für Unternehmensleitung und -überwachung für nationale wie internationale Investoren transparent gemacht werden, um so das Vertrauen in die Unternehmensführung deutscher Gesellschaften zu stärken. Der Kodex adressiert alle wesentlichen – vor allem internationalen – Kritikpunkte an der deutschen Unternehmensverfassung.[5] 3

Die Bemühungen der Regierungskommission dienen daher vorrangig dazu, deutsche kapitalmarktorientierte Unternehmen für ausländische Investoren attraktiver zu machen und insbesondere die vermeintlichen großen Unterschiede zwischen der Deutschen Unternehmensverfassung und den Vorstellungen des anglo-amerikanischen Rechtskreises zu überbrücken. Dies macht auch erklärlich, warum ausschließ- 4

---

1 Deutscher Corporate Governance Kodex (DCGK) v. 24.6.2014, abrufbar unter http://www.dcgk.de/de/kodex.html.

2 Hierzu ergänzend www.corporate-governance-code.de.

3 Sarbanes-Oxley Act of 2002, abrufbar unter http://thomas.loc.gov/cgi-bin/query/z?c107:H.R.3763.ENR:%20.

4 Dazu etwa *Gruson*, AG 2003, 393.

5 Vgl. die Internetseite der Regierungskommission Deutscher Corporate Governance Kodex www.corporate-governance-code.de.

lich börsennotierte Aktiengesellschaften (AG) nach § 161 AktG[6] verpflichtet sind, zu erklären, inwieweit sie den Vorgaben des DCGK folgen.

5 Trotz dieser zunächst klaren Ausrichtung des DCGK ist nicht zu verkennen, dass der DCGK eine Reihe von Vorgaben enthält, die dem Vorwurf entgegentreten sollten, dass die duale Unternehmensverfassung mit Vorstand und Aufsichtsrat nachteilig und mangelnde Transparenz deutscher Unternehmensführung sowie mangelnde Unabhängigkeit deutscher Aufsichtsräte zu beklagen seien. Hier hat die Ergänzung der aktienrechtlichen Vorschriften sicherlich dazu beigetragen, über den Standard des AktG hinaus, Organisationsregeln vorzugeben, deren Befolgung heute guter Unternehmensführung entspricht. Tatsächlich befolgen die börsennotierten Unternehmen überwiegend die Empfehlungen des DCGK.

6 Man kann also feststellen, dass der DCGK über seinen zunächst erklärten Zweck hinaus, jedenfalls für die AG auch zu organisatorischen Vorgaben geführt haben, denen zu folgen sein wird, um die Standards guter Unternehmensführung einzuhalten.[7] Das Schrifttum hat den DCGK intensiv beleuchtet,[8] so dass hier nicht weiter darauf einzugehen ist. In jedem Fall hat der DCGK mit seinen Verhaltens- und Organisationsregeln einen Maßstab guter Unternehmensführung gesetzt. Offensichtlich mit genau diesem Verständnis hat auch die öffentliche Hand das Thema Corporate Governance Kodex aufgegriffen. Diese Bemühungen dienen naturgemäß nicht dazu, dem internationalen Kapitalmarkt deutsche Rechtsvorschriften transparenter zu machen, sondern in erster Linie dazu, das öffentliche Vertrauen in Unternehmen mit Bundesbeteiligung und in den Bund als Anteilseigner zu stärken.[9] Zudem sind die Verhaltenserwartungen der Anteilseigner und der Öffentlichkeit ohne Zweifel unterschiedlich. Aus dieser Perspektive leidet der sog. Public Corporate Governance Kodex des Bundes (PCGK)[10] an einem empirischen Defizit: Er überträgt die Grundsätze des DCGK auf Unternehmen mit Bundesbeteiligung, wobei allerdings offen bleibt, ob diese Grundsätze tatsächlich das öffentliche Vertrauen in Unternehmen des Bundes stärken.

---

6 Aktiengesetz (AktG) v. 6.9.1965 (BGBl. I S. 1089), zuletzt geändert durch Gesetz v. 23.7.2013 (BGBl. I S. 2586).

7 Zur compliancemäßigen Relevanz von Organisationsfragen im Unternehmen vgl. allgemein Kap. 5.

8 Vgl. dazu etwa folgende Gesamtdarstellungen *Baetge/Lutter*, Corporate Governance; *Baums*, Corporate Governance; *Ringleb/Kremer/Lutter/von Werder*, Corporate Governance Kodex.

9 So Nr. 1.1 Abs. 4 PCGK.

10 Grundsätze guter Unternehmens- und Beteiligungsführung im Bereich des Bundes, Teil A. Public Corporate Governance Kodex des Bundes, Teil B. Hinweise für gute Beteiligungsführung bei Bundesunternehmen, Teil C. Berufungsrichtlinien, 30.6.2009, abrufbar unter http://www.bundesfinanzministerium.de/Web/DE/Themen/Bundesvermoegen/Privatisierungs_und_Beteiligungspolitik/Grundsaetze_guter_Unternehmensfuehrung/grundsaetze_guter_unternehmensfuehrung.html.

Stellt man sich auf einen ordoliberalen Standpunkt, so hat man bereits die Tatsache kritisch zu sehen, dass der Staat Anteile an einem Unternehmen hält. Hier besteht die Gefahr, dass der Staat hoheitliche Interessen im Gewand eines Unternehmens durchzusetzen versucht. Dieser wettbewerbspolitischen Frage stellt sich der PCGK nicht. Immerhin setzt der AEUV öffentlichen Unternehmen Grenzen. Nach Art. 106 Abs. 1 AEUV dürfen die Mitgliedstaaten öffentlichen Unternehmen, keine den Verträgen widersprechenden Maßnahmen treffen oder beibehalten. Diese Norm verbietet weder, dass sich die öffentliche Hand an einem Unternehmen beteiligt, noch ein öffentliches Unternehmen errichtet. Allerdings stellt sie die wettbewerblichen Rahmenbedingungen klar. Ein öffentliches Unternehmen muss sich im Wettbewerb genauso wie ein privates Unternehmen verhalten. Sonderrechte öffentlicher Unternehmen und damit auch solcher des Bundes im Wettbewerb sind mit den europäischen Wettbewerbsregeln unvereinbar. 7

B. Grundlagen und Struktur

I. Quellen

Am 1.7.2009 hat die Bundesregierung „Grundsätze guter Unternehmens- und Beteiligungsführung im Bereich des Bundes" verabschiedet. Teil A dieser Grundsätze ist der PCGK. Erstellt hat den PCGK das BMF. Die gegenwärtigen Programmsätze des PCGK sollen kontinuierlich überprüft und im Bedarfsfalle der nationalen und internationalen Entwicklung angepasst werden. Auf internationaler Ebene existieren seit einiger Zeit Leitlinien der OECD (OECD-Kodex),[11] die durchaus zur ergänzenden Auslegung des PCGK herangezogen werden können. Entlehnt ist der PCGK den Vorgaben des DCGK. Allerdings ist dieser auf börsennotierte AGs zugeschnitten, während der PCGK rechtsformneutral ist. Er muss deswegen systembedingt eigene Wege gegenüber dem DCGK gehen. Komplettiert wird diese Gemengelage schließlich durch PCG-Kodizes der Länder und Gemeinden, deren Anzahl stetig zunimmt.[12] Die bunt gemischte 8

11 OECD Guidelines on Corporate Governance of State-Owned Enterprises, 21.4.2005, abrufbar unter http://www.oecd.org/daf/ca/oecdguidelinesoncorporategovernanceofstate-ownedenterprises.htm.

12 Corporate Governance Kodex für die Beteiligungen des Landes Brandenburg an privatrechtlichen Unternehmen (PCGK Brbg), 19.7.2005. Daneben haben derzeit (Okt. 2014) folgende Bundesländer einen PCGK veröffentlicht: Baden-Württemberg, Berlin, Brandenburg, Bremen, Freie Hansestadt Hamburg, Nordrhein-Westfalen und Rheinland-Pfalz. Gemeinden, die derzeit einen eigenen Kodex über gute Unternehmensführung haben, sind Arnsberg, Bielefeld, Bochum, Darmstadt, Duisburg, Düsseldorf, Essen, Flensburg, Frankfurt/Main, Fürth, Gelsenkirchen, Herne, Köln, Kreis Wesel, Landau, Leipzig, Lüneburg, Magdeburg, Mainz, Mannheim, Münster, Offenbach, Potsdam, Rostock, Saarbrücken, Schwerin, Solingen, Stuttgart, Unna, Völklingen, Wesel. Weitere Kodizes sind die des Deutschen Städtetags, der NRW-Kommunalverbände, der NRW-Bank und der Nassauischen Sparkassen.

Quellenlage spiegelt ein typisches Grundproblem in einem Bundesstaat wieder. Vielfalt geht zulasten der Transparenz, sodass der Informationsaufwand erheblich ist, um die aktuellen Grundsätze jeweils zu ermitteln. Ein paneuropäisches Verständnis einer „guten Unternehmensführung“ gibt es derzeit nicht.[13] Erst recht existiert kein gemeinsames europäisches Verständnis über gute Führung staatlicher Unternehmen, da die staatlichen Sektoren in den verschiedenen Mitgliedstaaten einen unterschiedlichen Stellenwert einnehmen.

9 Im deutschen Recht nimmt der Aufsichtsrat die Überwachungsaufgaben wahr (**dualistisches System**), während in den Vereinigten Staaten das Board of Directors (**monistisches System**) leitete und sich selbst überwachte. Beide Systeme sind indes permeabel: Das monistische System wird dualistischer während im dualistischen System dem Aufsichtsrat zunehmend Leitungsaufgaben zuwachsen. Für das Verständnis einer guten Unternehmensführung bei Bundesunternehmen ist diese Erkenntnis zentral. Aufsichts- und Leitungsorgane haben im Interesse des Unternehmens zusammenzuarbeiten. Hierauf fußt auch der PCGK.

II. Ziele und Regelungstechnik

10 Erklärtes **Ziel des PCGK** ist es, das öffentliche Vertrauen in Unternehmen mit Bundesbeteiligung zu verstärken, indem die Transparenz dieser Unternehmen gesteigert wird. Gleichzeitig soll das Verantwortungsbewusstsein und die Kontrolle von Bundesunternehmen gestärkt werden. Daneben soll der PCGK die Unternehmensleitung und -überwachung verbessern und „eine bessere und wirtschaftliche Erfüllung der mit der Unternehmensbeteiligung durch den Bund verfolgten Ziele“ sichern. Dabei bedient sich der PCGK desselben Mechanismus wie der DCGK: Vergleichbar einem **Dreistufenmodell** werden **Empfehlungen** durch das Wort „soll“ hervorgehoben. Weichen die Unternehmen des Bundes von diesen Empfehlungen ab, sind sie verpflichtet, dies in ihrem jährlichen Bericht offenzulegen. Eher peinlich ist es, dass ein Kodex für Bundesunternehmen dies als sog. Comply or Explain Mechanismus charakterisiert. Die abgeschwächte Form von Empfehlungen sind **Anregungen**, gekennzeichnet durch die Begriffe „sollte“ oder „kann“. Von Anregungen kann abgewichen werden, ohne dass dies offenzulegen ist.[14]

---

13 Gleichwohl hat man das European Corporate Governance Institute (ECGI) eingerichtet, das sich um eine Vereinheitlichung der Maßstäbe bemüht, vgl. www.ecgi.org.

14 Der österreichische Corporate Governance Kodex, neueste Fassung gültig ab Januar 2015, abrufbar unter http://www.corporate-governance.at/ (Kodex), gliedert daher seine Vorgaben in L-Regeln (Verweis auf das Gesetzesrecht), C-Regeln (bei denen eine Abweichung von der Vorgabe zu begründen ist) und R-Regeln (es bleibt folgenlos, wenn diese Empfehlungen nicht befolgt werden).

Schließlich verweist der **PCGK** – wie sich zeigen wird[15] – sehr oft auf das nationale Gesetzesrecht. Derartige Verweise bedürfen eigentlich keines gesonderten Kodex, lassen sich aber immerhin dadurch rechtfertigen, indem sie dem PCGK den Charakter eines „Leitfadens" verleihen. Im Gegensatz zum DCGK reichen die Transparenzpflichten im PCGK weniger weit. Während § 161 AktG für börsennotierte Aktiengesellschaften zwingend eine Entsprechenserklärung vorsieht, fehlt eine derartige Vorgabe für Unternehmen des Bundes. Nach Nr. 6.1 PCGK „sollen" die Geschäftsleitung und das Überwachungsorgan jährlich über die gute Unternehmensführung berichten (Corporate Governance Bericht). Während eine unvollständige oder gar unterlassene **Entsprechenserklärung** bei börsennotierten Aktiengesellschaften zur Haftung der Berichtspflichtigen führt,[16] bleibt ein derartiges Verhalten bei Bundesunternehmen weitgehend sanktionslos. Die Berichtspflicht ist nur eine Soll-Vorgabe für die Geschäftsleitung und das Überwachungsorgan. Zivilrechtsdogmatisch handelt es sich um keine Rechtspflicht, deren Verletzung Rechtsfolgen auslösen könnte. Immerhin soll nach dem PCGK das für die Beteiligungsführung zuständige Bundesministerium darauf hinwirken, dass die Beachtung des PCGK im Regelwerk des Unternehmens wirksam verankert wird. Indes ist auch dies eine „Wohlverhaltensregelung". 11

Dies leitet zu der Frage über, welche **Rechtsnatur** dem **PCGK** zukommt. Auch wenn Betrachtungen hierüber keine Schlussfolgerungen für die Rechtsanwendung gestatten, ist das Vorverständnis über die rechtssystematische Einordnung des PCGK wichtig. Im Anklang an das Völkerrecht hat man den DCGK als „Soft Law" bezeichnet.[17] Indes ist dies rechtstheoretischer Nonsens und man mag darauf mit folgender Parömie erwidern: Non veritas sed auctoritas facit legem.[18] Deswegen haben weder die Bestimmungen des DCGK noch die des PCGK Gesetzesqualität.[19] Sie stellen folgerichtig kein Schutzgesetz im Sinne des § 823 Abs. 2 BGB[20] dar und enthalten keine Beweislastregeln. Denkbar ist allerdings, dass sich aus dem DCGK und dem PCGK ein **Handelsbrauch** (§ 346 HGB)[21] entwickeln kann.[22] Naheliegt dies insbesondere für solche Vorgaben des PCGK, deren Bedeutung sich nicht in rein organisatorischen Vor- 12

15 Vgl. Rn 13 ff.

16 BGH, Urt. v. 16.2.2009 – II ZR 185/07 – BGHZ 180, 9 = NZG 2009, 342, 345 – Kirch/Deutsche Bank.

17 So etwa *Lutter*, ZGR 2001, 224; *von Werder*, DB 2002, 801; *Litzenberger*, NZG 2011, 1019.

18 Vgl. zum Begriff der Rechtsnorm etwa *Rüthers/Fischer*, Rechtstheorie, Rn 120 ff.

19 *Seibt*, AG 2002, 249, 250; *Ulmer*, ZHR 166 (2002), 150, 159; MüKo-AktG/*Goette*, 3. Aufl., § 161 Rn 22.

20 Bürgerliches Gesetzbuch (BGB) v. 2.1.2002 (BGBl. I S. 42), zuletzt geändert durch Gesetz v. 22.7.2014 (BGBl. I S. 1218).

21 Handelsgesetzbuch (HGB) v. 10.5.1897 (RGBl. I S. 219), zuletzt geändert durch Gesetz v. 15.7.2014 (BGBl. I S. 934).

22 So wohl auch MüKo-AktG/*Goette*, 3. Aufl., § 161 Rn 24; a.A. *Borges*, ZGR 2003, 508, 515 ff.; HeidelbergerKomm-AktG/*Runte*, § 161 Rn 29.

gaben für ein Bundesunternehmen erschöpft.[23] Dritte allerdings haben kein rechtlich geschütztes Vertrauen darauf, dass ein Unternehmen des Bundes tatsächlich den Vorgaben des PCGK folgt oder eine bestimmte Unternehmensorganisation fortführt. Aus dieser Perspektive lassen sich die Vorgaben des PCGK am ehesten als eine „soziale Verhaltensregel" einordnen, die ein wirtschaftliches Vertrauen aufbauen soll.[24]

III. Anwendungsbereich

13 Nach Nr. 1.3 PCGK ist der Kodex uneingeschränkt anwendbar bei Unternehmen in der Rechtsform einer juristischen Person des Privatrechts, an der der Bund mehrheitlich beteiligt ist. Regelmäßig wird es sich dabei um Unternehmen handeln, auf die der Bund einen beherrschenden Einfluss ausüben kann, § 17 Abs. 2 AktG. Allerdings ist der PCGK auch bei atypischen Gestaltungen anwendbar, in denen trotz einer Mehrheitsbeteiligung keine Möglichkeit besteht, die Geschicke des Unternehmens zu lenken. Auch wenn dieser Fall zunächst exotisch anmutet, wirft er die grundsätzliche Frage auf, ob sich der Bund mehrheitlich an einem Unternehmen beteiligen sollte, wenn er gleichwohl keinen bestimmenden Einfluss ausüben kann. Hier dürfte § 65 Abs. 1 Nr. 1 BHO[25] eine unüberwindbare Schranke darstellen, sodass an der Übernahme einer derartigen Beteiligung kein wirtschaftliches Interesse erkennbar ist. Unterhalb der Mehrheitsschwelle empfiehlt der PCGK nur seine Anwendung.

14 Bei einer reinen Minderheitsbeteiligung des Bundes – sei es auch, dass die Beteiligung mit Bestellungsrechten verbunden ist – sind die Sollensvorgaben des PCGK unanwendbar.[26] Damit bleibt der PCGK hinter den Vorgaben der **TransparenzRL**[27] zurück, die bislang als Auslegungshilfe dafür herangezogen wurde, was ein öffentliches Unternehmen kennzeichnet. Nach Art. 2b iii) TransparenzRL wird ein beherrschender Einfluss der öffentlichen Hand vermutet, wenn sie mehr als die Hälfte der Mitglieder des Verwaltungs-, Leitungs- oder Aufsichtsorgans des Unternehmens bestellen kann. Eine derartige institutionelle Einflussnahme genügt noch nicht dafür, um die Soll-Vorschriften des PCGK zu aktivieren. Diese unausgegorene Abstimmung ist zu bedauern und bei einer künftigen Anpassung empfiehlt es sich, den PCGK insoweit mit den Vorgaben der TransparenzRL zu harmonisieren. Insbesondere dann, wenn der Bund bei einer Minderheitsbeteiligung mitbestimmen darf, wer Organmit-

---

23 Dies folgt daraus, dass Handelsbräuche den Inhalt von Rechtsgeschäften konkretisieren. Zu den einzelnen Voraussetzungen vgl. Ebenroth/Boujong/Joost/Strohn/*Joost*, HGB, § 346 Rn 2 ff.

24 Schweizer/Burkert/Gasser/*Lutter*, FS Druey, S. 463, 466.

25 Bundeshaushaltsordnung (BHO) v. 19.8.1969 (BGBl. I S. 1284), zuletzt geändert durch Gesetz v. 15.7.2013 (BGBl. I S. 2395).

26 § 65 Abs. 1 Nr. 3 BHO verlangt, dass der Bund einen angemessenen Einfluss auf die Gesellschaft erhält wie bspw. im Aufsichtsrat oder einem entsprechenden Aufsichtsorgan.

27 Transparenzrichtlinie (TransparenzRL – RL 2006/111/EG) v. 16.11.2006 (ABl EU Nr. L 318 S. 17 ff.).

glied ist, wird seine faktische Einflussnahme kaum geringer sein als bei einer Mehrheitsbeteiligung.

C. Vorgaben für die Geschäftsleitung

I. Leitungsaufgabe

Abschnitt 4 des PCGK fasst die **Empfehlungen für die Geschäftsleitung** zusammen, wiederholt dabei teilweise gesetzliche Vorgaben, greift auf einige Regeln aus Abschnitt 4 des DCGK zurück und enthält darüber hinaus wenig Neues. Nr. 4.1.1 PCGK bindet die Geschäftsleiter an den Unternehmensgegenstand und wiederholt damit nur das Gesetz.[28] Gleichzeitig bindet die Bestimmung die Geschäftsleiter auch an den „Unternehmenszweck". Dadurch soll wohl sichergestellt werden, dass auch bei anderen Rechtsträgern als Unternehmen die Zwecksetzungen beachtet werden (Nr. 1.1 Abs. 3). Es hätte sich hier angeboten, auf das Unternehmensinteresse zu rekurrieren, auf das auch Nr. 4.1.1. DCGK abstellt. Die Kategorie „Unternehmenszweck" ist aus gesellschaftsrechtlicher Perspektive jedenfalls missverständlich.[29] 15

Bedeutsam ist in diesem Zusammenhang eine **Organisationsvorgabe** für die GmbH:[30] Je nach Ausgestaltung der Satzung kann hier auch der Aufsichtsrat dem Geschäftsführer Weisungen erteilen.[31] Der PCGK empfiehlt, von dieser Gestaltungsmöglichkeit nur zurückhaltenden Gebrauch zu machen, um eine klare Aufgabentrennung sicherzustellen. Stattdessen legt der Kodex Zustimmungsvorbehalte nahe. Dies ist zu begrüßen, da so konkurrierende Weisungszuständigkeiten in einer GmbH vermieden werden. Man wird sogar noch weitergehen müssen: Wenn man Zustimmungsvorbehalte einführt, so dürfte auch bei einem fakultativen Aufsichtsrat kein Raum für ein statutarisches Weisungsrecht bestehen. 16

Ebenso wie Nr. 4.1.3 DCGK so weist auch Nr. 4.1.2 PCGK der Geschäftsführung die Aufgabe zu, für die **Einhaltung der gesetzlichen Bestimmungen und der unternehmensinternen Richtlinien** zu sorgen (Compliance).[32] Das Anliegen des vorliegenden Werkes ist damit direkt durch den PCGK begründet. Zunächst erscheint es als 17

---

28 Vgl. Kap. 15.

29 Zu dem Verhältnis von „Unternehmenszweck" und „Unternehmensinteresse" ausführlich *Schmidt/Lutter*, AktG, S. 29 ff.; *Reuter*, ZGR 1987, 475 ff.

30 GmbH-Gesetz (GmbHG) v. 20.4.1892 (RGBl. I S. 477), zuletzt geändert durch Gesetz v. 23.7.2013 (BGBl. I S. 2586).

31 Dies ist möglich in GmbHs, die über einen fakultativen Aufsichtsrat verfügen. Ist zwingend ein Aufsichtsrat zu bilden, ist ein Weisungsrecht mit dem dann einschlägigen § 111 Abs. 4 AktG unvereinbar; Baumbach/Hueck/*Zöllner*, GmbHG, § 46 Rn 95.

32 Vgl. allgemein zu unternehmensinternen Regeln und ihre Relevanz für das Thema Compliance vgl. Kap. 5.

selbstverständlich, dass der Geschäftsleiter sich um ein gesetzeskonformes Verhalten zu sorgen hat. Allerdings kann man auch von einem gewissenhaften Geschäftsleiter kaum verlangen, dass er die Verästelungen der Rechtsordnung kennt. In erster Linie muss der Geschäftsleiter daher Vorsorge für ein unternehmensinternes Informationssystem tragen, aus dem die rechtlichen Eckpfeiler für die Märkte ersichtlich sind, auf denen das Unternehmen tätig ist. Die Anforderungen an ein unternehmensinternes Informationssystem hängen daher stark von den rechtlichen Anforderungen ab, denen die jeweiligen Märkte unterliegen. Auf liberalisierten Märkten wird sich der Überprüfungsaufwand in Grenzen halten, während in der stark regulierten Energiewirtschaft ein Bündel an rechtlichen Vorgaben zu beachten ist. Will der Geschäftsleiter daher den Auftrag aus Nr. 4.1.2 PCGK erfüllen, sollte er sich um die notwendigen organisatorischen und strategischen Vorkehrungen bemühen, um sicherzustellen, dass die Gesellschaft im Einklang mit den Gesetzen handelt. Regelmäßig verlangt dies

- einen **schriftlichen Verhaltenskodex** (sog. Compliance-Handbuch),
- ein Trainings- und Ausbildungsprogramm für die Mitarbeiter,
- ein Report- und Kommunikationssystem und
- ggf. einen sog. Compliance-Officer, der weisungsunabhängig sein sollte und überwacht, ob die Gesellschaft gesetzeskonform handelt.

18 Üblich geworden sind hierbei sog. Compliance-Hotlines, welche die Anonymität des Meldenden bzw. Dritter sicherstellen.[33] Schließlich finden sich in privatwirtschaftlichen Unternehmen oftmals Aktions- und Maßnahmepläne, um möglichen Verletzungen der unternehmensinternen Regeln begegnen zu können. Darzustellen sind die beschriebenen Maßnahmen in einem regelmäßigen Compliance-Auditplan, wobei ergänzend noch ein Mitarbeiterüberprüfungsprogramm hinzutreten kann.

II. Vergütung

19 Nach dem Vorbild des DCGK regelt Nr. 4.3 PCGK **Rahmenbedingungen für eine Vergütung der Geschäftsleitung.** Dieses Thema ist gerade bei Bundesunternehmen besonders sensibel. Etwaige Verluste eines derartigen Unternehmens müssen nolens volens aus dem Steueraufkommen aufgefangen werden. Deswegen betont Nr. 4.3.1 Abs. 4 PCGK, dass sämtliche Vergütungsbestandteile für sich und insgesamt angemessen sein müssen. Dies wiederholt die Bestimmung in § 87 Abs. 1 S. 1 AktG, gleichzeitig überträgt der PCGK diesen Rechtsgedanken auf Geschäftsleiter anderer Rechtsformen. Wiederum im Anklang an das Aktienrecht bestimmt der PCGK, dass das

33 Allerdings stehen manche europäische Mitgliedstaaten diesem System eines „organisierten Verpfeifens" (sog. Whistle-Blower-System) kritisch gegenüber. Insbesondere in Frankreich ist derartiges untersagt, vgl. HeidelbergerKomm-AktG/*Runte*, § 161 Rn 65 f.

Überwachungsorgan die Vergütung festlegt. Da allerdings der PCGK rechtsformneutral ist, bleibt offen, wer die Vergütung festlegt, wenn ein Unternehmen des Bundes keinen Aufsichtsrat zu errichten hat. Hier muss man die Kompetenz der Anteilseignerversammlung zuschreiben. Bedauerlich ist, dass der PCGK einen rechtspolitischen Vorschlag nicht aufgegriffen hat, der derzeit diskutiert wird: Danach sollte es den Anteilseignern möglich sein, in der Satzung die Berechnungsgrundlagen für Vorstandsgehälter festzulegen.[34] Wegen der weitergehenden Gestaltungsfreiheit im GmbH-Recht könnte dies bereits de lege lata vorgesehen werden. Im Rahmen einer künftigen Überarbeitung des PCGK erscheint es wünschenswert, dass der Kodex hier eindeutige Vorgaben stellt.

Verschlechtert sich die wirtschaftliche Lage des Unternehmens, so soll es auch 20 möglich sein, die Vergütung herabzusetzen, wenn dies rechtlich möglich ist (Nr. 4.3.1 Abs. 4 PCGK). Dies korrespondiert mit der Aufgabe des zuständigen Aufsichtsorgans der Verpflichtung nach Nr. 4.3.3 PCGK nachzukommen. Hiernach hat es das **Vergütungssystem** regelmäßig zu **überprüfen** und erforderlichenfalls anzupassen. Der PCGK rekurriert offenbar auf die Vorschrift des § 87 Abs. 2 S. 1 AktG.[35] Auf eine wesentliche Verschlechterung der wirtschaftlichen Unternehmenslage kommt es damit nicht mehr an. Dabei erstreckt der PCGK die Beobachtungspflicht auch auf Aufsichtsräte anderer Gesellschaften. Dies ist eine sachgerechte Erweiterung und insbesondere dann von Bedeutung, wenn eine GmbH einen fakultativen Aufsichtsrat hat. Auch wenn die Satzung einer derartigen GmbH – wie nicht selten – eigene Regeln für die Aufsichtstätigkeit aufstellt, wird man kaum umhinkommen und dem Aufsichtsrat auch hier ein Moderationsrecht einräumen. Die normative „Vorwirkung" des PCGK ist hier beachtlich.

Die weitere **Aufteilung der Vergütungsbestandteile** deckt sich mit den Vorga- 21 ben des DCGK für die Vorstände börsennotierter Aktiengesellschaften. Für die in der Privatwirtschaft oftmals vereinbarten variablen Vergütungsbestandteile setzt jedoch die Anmerkung zu Nr. 4.3 PCGK eine Grenze. **Variable Vergütungsbestandteile** sind danach regelmäßig nur in einem „wettbewerblichen Umfeld" gerechtfertigt. Geschäftsleiter eines monopolistischen Bundesunternehmens haben sich daher mit fixen monetären Vergütungsteilen zu begnügen. Wie auch sonst bei Aktiengesellschaften müssen variable Vergütungsbestandteile eine langfristige Anreizwirkung auf die Geschäftsleiter haben. Deswegen bestimmt Nr. 4.3.2 PCGK, dass die variablen Komponenten langfristige Verhaltensanreize setzen und eine mehrjährige Bemessungsgrundlage haben sollen.[36] Ausgezahlt werden sollen diese Bestandteile erst am

---

34 Vgl. dazu *Lutter*, ZIP 2003, 737 ff.; *Thüsing*, ZGR 2003, 457, 505 ff.; kritisch *Fleischer*, DStR 2005, 1279, 1281 ff.

35 Geändert durch das Vorstandsvergütungsgesetz (VorstAG), BT-Drucks. 16/13433, 17.6.2009; dazu etwa *Fleischer*, NZG 2009, 801.

36 Einen Anhaltspunkt für die zeitliche Dauer bietet die Haltefrist des § 193 Abs. 2 Nr. 4 AktG für

Ende des Bemessungszeitraums. Bemerkenswert ist auch, dass Nr. 4.3.2 Abs. 3 PCGK eine Kappungsgrenze für Abfindungszahlungen bestimmt.

22 Die Abfindung darf danach den Wert von zwei Jahresvergütungen nicht überschreiten. Auch dies lehnt sich an den DCGK an. Allerdings zeigen empirische Untersuchungen, dass derartige Begrenzungen in der Praxis die Ausnahme sind.[37] In jedem Falle unzulässig sind sog. **Appreciation Awards**, da jedenfalls nach der strafrechtlichen Rechtsprechung **kompensationslose Anerkennungsprämien** eine treuwidrige Verschwendung von Gesellschaftsvermögen darstellen.[38] Im Gesellschaftsrecht ist dies umstritten. Teilweise meint man, nachträgliche Anerkennungsprämien mit dem Gedanken rechtfertigen zu können, dass künftige Geschäftsleiter angespornt werden könnten, den Unternehmensertrag zu steigern, da ihnen gewärtig sei, welches „Anerkennungsentgelt" hierfür gezahlt werde.[39] Dieser Schluss ist alles andere als zwingend, da weder eine rechtliche Verpflichtung noch eine tatsächliche Vermutung besteht, dass Anerkennungsprämien eine bestimmte Höhe erreichen. Abgesehen davon sollen für die aktuellen Geschäftsleiter Anreize gesetzt werden.

23 Sollte eine **zu hohe oder unzulässige Vergütung** gezahlt sein, stellt sich die Frage, wie die Gesellschaft diese Summe wieder zurückerhält. Dabei sind die Aufsichtsorgane der Gesellschaft verpflichtet, diesem Sachverhalt nachzugehen, wenn sie Zweifel daran haben, ob eine Vergütung der Geschäftsleiter gesetzeskonform ist. Seit der letzten Änderung des § 87 AktG ist das Ermessen des Aufsichtsrats hierbei stark eingeschränkt. Stellt sich heraus, dass eine Vergütung zu hoch ausgefallen ist, so darf der Aufsichtsrat nur bei besonders atypischen Gestaltungen davon absehen, die Vorstandsbezüge herabzusetzen.[40] Unterbleibt eine Herabsetzung, so macht sich der Aufsichtsrat gem. § 116 S. 2 AktG schadenersatzpflichtig. Über diese Rechtsfolge herrschte bereits vor der Einführung des § 116 S. 2 AktG ein allgemeiner Konsens und sie trifft auch den Aufsichtsrat einer GmbH. Noch nicht abschließend geklärt ist allerdings, ob und wie eine schlechthin unzulässige Vorstandsvergütung zurück zu gewähren ist. Sofern den Vorstand ein Verschulden trifft, mag hier ein Schadenersatzanspruch weiterhelfen. Sollte sich im Einzelfall das Verschulden des Geschäftsleiters nicht nachweisen lassen, bleibt nur noch der Ausweg über eine bereicherungsrechtliche Rückabwicklung. Indes ist dies nicht unproblematisch, wenn etwa eine Anerkennungsprämie durch einen Gesellschafterbeschluss gewährt wurde. Dieser bildet dann den Rechtsgrund für die Vergütung und kann nach dem Ablauf der gesell-

---

Aktienoptionen des Vorstandes (mindestens vier Jahre). Daneben hat man angeregt, sich an der üblichen Bestellungsdauer zu orientieren und damit an einem Zeitraum von drei bis fünf Jahren, *Fleischer*, NZG 2009, 801, 803.

37 Vgl. dazu *Bauer/Arnold*, DB 2007, 1793.

38 BGH, Urt. v. 21.12.2005 – 3 StR 470/04 – BGHSt 50, 331 = AG 2006, 110 – Mannesmann/Vodafone. Dazu ausführlich etwa *Martens*, ZHR 169 (2005), 124, 128.

39 So etwa MüKo-AktG/*Spindler*, § 87 Rn 116.

40 *Fleischer*, NZG 2009, 801, 804.

schaftsrechtlichen Anfechtungsfristen faktisch nicht mehr aus der Welt geschafft werden.

III. Interessenkonflikte

Der PCGK regelt in einem eigenen Abschnitt Interessenkonflikte der Geschäftslei- 24
ter. Auf die geltende Rechtslage verweisen dabei Nr. 4.4.1 und 4.4.2 PCGK, wonach Geschäftsleiter einem Wettbewerbsverbot unterliegen und keine Geschäftschancen der Gesellschaft entziehen dürfen.[41] Besonderes bestimmt der PCGK für Interessenkonflikte der Geschäftsleitung. Angesprochen sind damit Rechtsgeschäfte zwischen dem Unternehmen und der Geschäftsleitung oder der Geschäftsleitung nahestehenden Personen. Untersagt sind derartige Rechtsgeschäfte nicht per se, bedürfen aber vorab einer Zustimmung des Aufsichtsorganes. Im Grundsatz sollten derartige Rechtsgeschäfte unterbleiben. Werden sie gleichwohl abgeschlossen, so fordert der PCGK, dass die Rechtsgeschäfte branchenüblichen Standards zu entsprechen haben. Das abgeschlossene Rechtsgeschäft muss damit einem sog. **Drittvergleich** standhalten und marktübliche Konditionen regeln. Dieser Hinweis ist hilfreich. Hält das abgeschlossene Rechtsgeschäft keinem Drittvergleich stand, kann dies je nach Einzelfall sogar strafrechtliche Folgen nach sich ziehen. Welchen Maßstäben dieser Drittvergleich unterliegt, regelt der PCGK nicht.

Nebentätigkeiten hingegen sind den Mitgliedern der Geschäftsleitung nicht 25
grundsätzlich untersagt. Immerhin empfiehlt Nr. 4.4.4 PCGK, dass die Mitglieder der Geschäftsleitung Nebentätigkeiten, wie Aufgaben in dem Überwachungsorgan eines anderen Unternehmens, nur mit Zustimmung des Überwachungsorgans ausüben. Durch den Zustimmungsvorbehalt möchte der PCGK „im Vorfeld" möglichen Interessenkonflikten begegnen. Die Formulierung im PCGK verfehlt jedoch das zweifelsohne berechtigte Anliegen. Möglichen Interessenkonflikten lässt sich im Vorfeld nur begegnen, wenn bereits die Übernahme eines fremden Aufsichtsratsmandats zustimmungspflichtig ist. Bei der Ausübung kann das Kind bereits in den Brunnen gefallen sein. Befindet sich der Aufsichtsrat in einem laufenden Interessenkonflikt, wird er ohnehin sein Nebenamt niederlegen müssen. Gleichwohl sollte geklärt sein, ob und in welchem Umfang Einkünfte aus Nebentätigkeiten abzuführen sind. Rechtspolitisch mag man mehr als leise Zweifel an dieser Sollvorgabe äußern. Ein Geschäftsleiter schuldet seiner Gesellschaft grundsätzlich die volle Arbeitsleistung. Etwaige Differenzierungen nach Art und Umfang des Nebenamtes geben nur unzuverlässige Anhaltspunkte dafür, ob ein Geschäftsleiter neben seinen Leitungsaufgaben noch andere Tätigkeiten übernehmen sollte. Gleichwohl hat der DCGK an der in der Privat-

---

41 Dazu bereits Kap. 15.

wirtschaft verbreiteten Praxis der **Anhäufung von Aufsichtsratsmandaten** nichts ändern wollen und dieser durch den PCGK keinen Riegel vorgeschoben.

D. Aufsicht und Zusammenarbeit der Organe

I. Überblick

26 Die eingangs beschriebene „Permeabilität“[42] von monistischen und dualistischen Systemen schlägt sich deutlich in den Vorschlägen des PCGK über die Kompetenzverteilung der Organe nieder. Der Aufsichtsrat ist nicht nur ein Kontroll-, sondern auch ein **Beratungsorgan**. Wie Nr. 5.1.1 PCGK hervorhebt, ist der Aufsichtsrat in „Entscheidungen von grundlegender Bedeutung für das Unternehmen einzubinden.“ Damit der Aufsichtsrat seine Beratungsaufgabe wahrnehmen kann, muss er mit dem Vorstand zusammenarbeiten. Der Vorstand seinerseits ist gehalten, den Aufsichtsrat auf dem Laufenden zu halten. Der PCGK zählt außerdem mehrere organisatorische Vorgaben für den Aufsichtsrat auf, die in den meisten börsennotierten AG nunmehr Standard sein mögen. Da der PCGK rechtsformneutral gehalten ist, wirken sich diese Vorgaben besonders auf GmbHs aus, in denen nur ein fakultativer Aufsichtsrat gebildet wurde. Auch wenn der PCGK keinen Rechtsnormcharakter hat, besteht doch ein Erklärungsdruck, wenn die Satzung bzw. Geschäftsordnung des Aufsichtsrats einer GmbH hinter den Empfehlungen des PCGK zurückbleibt. In Kauf zu nehmen ist dabei, dass eine ausgefeilte Organisation des Aufsichtsrats und eine Abstimmung von Leitungs- und Überwachungsorgan notwendig die Entscheidungsprozesse in einer GmbH verlangsamen. Allerdings drückt der PCGK implizit die Wertentscheidung aus, dass eine transparente Unternehmensstruktur wichtiger einzuordnen ist als beschleunigte Entscheidungsprozesse.

II. Aufsicht in Unternehmen des Bundes

27 Aufsichtsorgane öffentlicher Unternehmen sind in jüngster Zeit in das Licht der öffentlichen Kritik gerückt.[43] Berechtigt regelt der PCGK daher die Pflichten des Aufsichtsrats besonders detailliert. Für die Aufsicht in Bundesunternehmen gelten keine grundsätzlichen Besonderheiten gegenüber der Aufsicht in Unternehmen der Privatwirtschaft. **Gegenstand der Überwachung** sind

- Rechtmäßigkeit,
- Ordnungsmäßigkeit,

42 Vgl. Rn 9 f.

43 Man denke etwa an den Erwerb der Hypo Alpe Adria durch die BayernLB.

- Wirtschaftlichkeit und
- Zweckmäßigkeit der Unternehmensleitung.[44]

Die Rechtmäßigkeitskontrolle des Aufsichtsrats weist diesem Organ zugleich eine bedeutende Rolle im Rahmen einer Compliance zu. Der Aufsichtsrat hat Hinweisen über Rechtsverletzungen durch die Geschäftsleitung nachzugehen. Zweifelt der Aufsichtsrat daran, ob eine bestimmte Maßnahme der Geschäftsleitung mit dem objektiven Gesetzesrecht vereinbar ist, muss er diesen Zweifeln nachgehen und darf sich nicht in der Hoffnung darauf, dass alles „seine Ordnung haben wird" zurückziehen. Diese Verhaltenspflicht gilt auch für wirtschaftliche Entscheidungen der Geschäftsleitung. Besonders bei Finanzierungsfragen spielt der Aufsichtsrat eine bedeutsame Rolle. Er hat zu überprüfen, ob ein Finanzierungskonzept stimmig ist. 28

Zur **Umsetzung dieser Überwachungs- und Kontrollaufgabe** stehen dem Aufsichtsrat die hier an anderer Stelle beschriebenen Instrumentarien zur Verfügung.[45] Allerdings betrachtet der PCGK (wiederum im Anklang an den DCGK) die **Informationsversorgung** des Aufsichtsrats auch als eine „Bringschuld" der Geschäftsleitung. Die Geschäftsleitung informiert das Überwachungsorgan regelmäßig, zeitnah und umfassend über alle unternehmensrelevanten Fragen (Nr. 3.1.3 S. 1 PCGK). Dabei legt der PCGK als **Leitbildnorm § 90 AktG** zugrunde: Rechtsformunabhängig soll dabei diese Vorschrift als Standard dafür dienen, wann und mit welchem Inhalt dem Aufsichtsrat Bericht erstattet wird. Allerdings steckt § 90 AktG nur einen Mindestrahmen ab. Aktiengesellschaften dürfen in der Satzung umfassendere und detailliertere Informationspflichten des Vorstandes normieren.[46] Rechtspolitisch erscheint es begrüßenswert, wenn künftige Überarbeitungen des Kodex dies hervorheben. Der derzeitige Stand könnte anderenfalls suggerieren, dass § 90 AktG dem maximalen Standard des Informationsaustauschs genüge. Indes ist dem nicht so. Vielmehr kann es je nach Branche empfehlenswert sein, eine Kultur steter Information einzuführen. Erstaunlich sind die Anmerkungen in Nr. 3.1.3 PCGK, wonach bei kleineren Unternehmen ohne besonderes wirtschaftliches Gewicht eine gegenüber § 90 AktG eingeschränkte Berichterstattung genügen könne. Dies ist bereits im Grundsatz verfehlt, da auch in kleinen AGs ohne Rücksicht auf deren wirtschaftliche Bedeutung die Norm des § 90 AktG gilt. Meint „wirtschaftliches Gewicht" volkswirtschaftliche Bedeutung, so ist diese Restriktion erst recht verfehlt. Die Berichtspflichten dienen der effizienten Leitung eines Unternehmens und nehmen keine Rücksicht auf den wirtschaftlichen 29

---

44 Vgl. dazu zusammenfassend Ringleb/Kremer/Lutter/von Werder/*Lutter*, Corporate Governance Kodex, Rn 862 ff.

45 Vgl. Kap. 15 Rn 61 ff.

46 HeidelbergerKomm-AktG/*Bürgers/Israel*, § 90 Rn 3; *Hüffer*, AktG, § 90 Rn 2; teilweise anders KölnKomm-AktG/*Merens*, § 90 Rn 3.

Stellenwert. Aus Sicht der Verfasser bleibt zu wünschen, dass die missverständliche Anmerkung in dem PCGK künftig gestrichen wird.

III. Zusammensetzung und Interessenkonflikte

30 Bisweilen ist die Neigung der Aufsichtsräte kaum zu verkennen, bestimmte geschäftliche Entscheidungen politischen Zwängen zu unterstellen. Obwohl dies an sich naheliegt, regelt der PCGK nicht, wie mit **politischen Interessenkonflikten** umzugehen ist. Es ist auf der einen Seite verständlich, dass die Urheber des PCGK dies nicht regeln, auf der anderen Seite ist dies jedoch auch gefährlich. Immerhin federt Nr. 5.2.1 PCGK diese Bedenken teilweise, wenn auch nicht völlig ab. Bei Mitgliedervorschlägen für den Aufsichtsrat soll darauf geachtet werden, dass die Mitglieder über die zur ordnungsgemäßen Mandatswahrnehmung erforderlichen Kenntnisse, Fähigkeiten und fachliche Erfahrungen verfügen. Daneben empfiehlt der PCGK, dass ein Mitglied des Aufsichtsorgans nicht mehr als drei Mandate wahrnehmen soll. Wenig klar ist es jedoch, wenn der PCGK empfiehlt, dass ein Aufsichtsorgan „hinreichend" unabhängig sein soll. Bereits begrifflich mag man sich darüber streiten, ob das Gegensatzpaar „abhängig" und „unabhängig" weitere Differenzierungen verträgt. Abgesehen davon ist diese Differenzierung auch Nr. 5.4.2 DCGK fremd. Warum der PCGK diese klare Regelung nicht übernommen hat, lässt sich nur vermuten. Das Vertrauen der Öffentlichkeit in Bundesunternehmen fördert diese Einschränkung des PCGK allerdings nicht. Auch hier bleibt rechtspolitisch zu wünschen, dass bei einer künftigen Überarbeitung des PCGK eine klare Regelung gefasst wird.

E. Empfehlungen an die Anteilseigner

31 Abschnitt 2 zu Teil A des PCGK fasst die **Rechte und Pflichten des Bundes als Anteilseigner** zusammen. Dabei sind die Empfehlungen an den Bund als Aktionär naturgemäß weniger umfangreich als die Soll-Vorschriften in der Gesellschafterversammlung der GmbH. Dies rührt daher, dass das GmbH-Recht weitgehend dispositives Recht ist.

32 Während die Vorbereitung und Durchführung der Anteilseignerversammlung in einer AG detailliert geregelt ist und kaum Spielräume offen lässt, enthält das GmbH-Recht nur wenige Vorschriften hierüber. Nach Nr. 2.3 PCGK soll die Tagesordnung möglichst genau bezeichnet werden. Gerade für GmbHs ist dies von besonderer Bedeutung, um einer allzu laxen Praxis bei der Ladung zur Gesellschafterversammlung einen Riegel vorzuschieben. Der PCGK sieht für eine GmbH eine Mindestladungsfrist von zwei Wochen vor dem Tag der Gesellschafterversammlung vor. Im Regelfall mag diese Ladungsfrist angemessen sein. Sobald jedoch die GmbH einen komplexeren Unternehmensgegenstand verfolgt, sollte den Anteilseignern auch mehr Zeit zur

Vorbereitung zugebilligt werden. Hier hätte der PCGK durchaus stärker differenzieren können.

Zu begrüßen ist, dass in jedem Falle über die **Anteilseignerversammlung** eine **Niederschrift** anzufertigen ist (Nr. 2.3 PCGK). Der PCGK empfiehlt dabei, von den Dispensnormen des § 130 AktG sowie der §§ 53 und 55 GmbHG keinen Gebrauch zu machen. Auch für den **Inhalt dieser Niederschrift** enthält der PCGK Vorgaben. Anzugeben ist 33

- die Beschlussfassung als solche und damit
- das Beschlussergebnis.

Weitergehender als das Gesetz empfiehlt der PCGK auch, den **wesentlichen Verlauf der Versammlung** in der Niederschrift festzuhalten. Dies mag der Transparenz dienen, gibt aber den Dokumentationspflichtigen „Steine statt Brot", da der PCGK an keiner Stelle näher beschreibt, wie der wesentliche Verlauf zu definieren ist. Vordergründig bewegt man sich hier ohnehin auf dem Boden des rechtlich kaum Fassbaren. Um es zugespitzt zu formulieren, trifft der PCGK unklare Vorgaben, deren Missachtung allerdings folgenlos bleibt. 34

Wie der Bund als Anteilseigner seine Rechte auszuüben hat, findet sich nicht im PCGK, sondern vielmehr in Teil B der Grundsätze guter Unternehmens- und Beteiligungsführung im Bereich des Bundes. Die dort unter Nr. 2.4 zu Teil B der Grundsätze guter Unternehmens- und Beteiligungsführung gegebenen Hinweise empfehlen, dass der Bund mit anderen Gesellschaftern, wie etwa Bundesländern und Gemeinden, **Absprachen über die Ausübung des Stimmrechts** trifft. Angeregt wird mithin eine einheitliche Stimmrechtsausübung, die typischerweise konsortialvertraglich festgehalten wird. Auch wenn Bundesunternehmen meist ein Aufsichts- und Überwachungsorgan haben, ist Vorsorge dafür zu treffen, was gilt, wenn dieses ausnahmsweise fehlt. Denkbar ist dies bei kleineren GmbHs mit Bundesbeteiligung. In diesem Falle hat die Gesellschafterversammlung die Aufsicht wahrzunehmen.[47] Dies hat zum einen die Folge, dass an die Anteilseigner die Berichte zu erstatten sind, wofür eine Berichtsordnung empfohlen wird, die die Maßstäbe des § 90 AktG aufgreift. Da in einer GmbH die Gesellschafterversammlung ohnehin das oberste Organ ist, wird es sich regelmäßig für den Geschäftsführer anbieten, bei bestimmten Geschäftsführungsmaßnahmen die Zustimmung der Gesellschafter einzuholen. Aus diesem Grunde ist die weitere Empfehlung in Teil B der Grundsätze guter Unternehmens- und Beteiligungsführung eher an die Gesellschafterversammlung adressiert. Wenn sie die **Überwachungsaufgaben** wahrnimmt, so gelten für sie auch Zustimmungsvorbehalte (§ 111 Abs. 4 S. 2 AktG, § 52 GmbHG). Für die Gesellschafterversammlung bedeutet ein derartiger Zustimmungsvorbehalt auch eine Pflicht, sich mit der zuzu- 35

47 Nr. 5.1.1 PCGK sowie Nr. 2.3 Rn 42 zu Teil B der Grundsätze guter Unternehmens- und Beteiligungsführung.

stimmenden Materie zu befassen. Sie kann daher die Geschäftsleitung nicht an der „langen Leine laufen lassen."

F. Transparenz und Rechnungslegung

I. Jährlicher Bericht

36 Nach Nr. 6.1 PCGK sollen die Geschäftsleitung und das Überwachungsorgan **jährlich** über die **sachgerechte Führung und Organisation** des Bundesunternehmens **berichten.**

37 Vergleichbar zum DCGK soll in diesem Bericht erklärt werden, ob den Empfehlungen des PCGK entsprochen wurde. Wenn hiervon abgewichen wurde, ist dies zu begründen. Auch zu den Anregungen des PCGK kann Stellung genommen werden. Damit geht der PCGK über die Entsprechenserklärung des § 161 AktG hinaus, die gerade nicht zu den Anregungen Stellung nehmen muss. Auch die Vergütung der Geschäftsleitung will der PCGK transparent gestalten. Deswegen führt Nr. 6.2.1 PCGK an, dass die Gesamtvergütung jedes Mitgliedes der Geschäftsleitung individualisiert, aufgeteilt nach erfolgsunabhängigen, erfolgsbezogenen und Komponenten mit langfristiger Anreizwirkung in allgemein verständlicher Form im Bericht darzustellen ist. Anzugeben ist außerdem die **jährliche Zuführung zu den Pensionsrückstellungen oder Pensionsfonds.** Dies dürfte die Öffentlichkeit aller Voraussicht nach besonders interessieren. Zu publizieren sind auch die **Vergütungen der Mitglieder** des Überwachungsorgans (Nr. 6.2.2 PCGK). Wie schon eingangs erwähnt,[48] besteht allerdings keine Norm, die die Rechtsfolgen einer unterlassenen oder unvollständigen Berichterstattung sanktioniert. Rechtspolitisch betrachtet, ist dies ein grober „Webfehler" des PCGK und es böte sich an, eine dem § 161 AktG vergleichbare Norm in der BHO zu verankern. **Veröffentlicht** werden soll der Bericht **auf der Internetseite** des Bundesunternehmens. Allerdings unterscheidet sich Nr. 6.3 PCGK auch hier in einem nicht unwichtigen Detail von § 161 S. 2 AktG. Während nach dieser Vorschrift der Bericht nach dem DCGK den Aktionären dauerhaft zugänglich zu machen ist, erwähnt der PCGK keine bestimmte Mindestdauer. Dies bedeutet, dass nach einer kürzeren Veröffentlichungsdauer der Bericht wieder auf der Internetseite des Bundesunternehmens gelöscht werden könnte und es nur darauf ankommen würde, dass der Bericht überhaupt veröffentlicht wurde. Ob dieses Defizit gegenüber dem DCGK ein weiterer „Webfehler" des PCGK ist oder tatsächlich beabsichtigt, lässt sich nicht abschließend beurteilen.

48 Vgl. Rn 11 f.

II. Rechnungslegung

38 Nr. 7.1 PCGK will sicherstellen, dass die **Rechnungslegung** in Unternehmen des Bundes tunlichst **transparent und umfassend** ist. Eine zwingende Vorgabe dafür, wie die Rechnungslegung zu gestalten ist, normiert § 65 Abs. 1 Nr. 4 BHO. Danach darf sich der Bund nur an Unternehmen beteiligen, wenn gewährleistet ist, dass der Jahresabschluss und der Lagebericht, in entsprechender Anwendung der Vorschriften des 3. Buches des HGB für große Kapitalgesellschaften, aufgestellt und geprüft werden. Unberührt bleiben weitergehende gesetzliche Vorschriften oder andere gesetzliche Vorschriften, die einer derart umfassenden Rechnungslegung entgegenstehen. Nr. 7.1.1 PCGK wiederholt diese gesetzliche Vorgabe nur. Aufzustellen ist nach § 264 Abs. 1 HGB ein Jahresabschluss und ein Lagebericht (§§ 289 f. HGB). Bei verbundenen Unternehmen ist ein Konzernabschluss und Konzernlagebericht zu erstellen (§ 264 Abs. 3 HGB, §§ 5, 11 ff. PublG[49]). Die beschriebenen **Rechnungslegungspflichten** gelten in jedem Fall in einer AG und einer GmbH sowie einer KGaA.[50] Ausgenommen hiervon sind lediglich sog. kleine Kapitalgesellschaften i.S.d. § 267 Abs. 1 HGB. In der Fassung des BilMoG[51] kennzeichnet kleine Kapitalgesellschaften, wenn sie mind. zwei der folgenden drei Merkmale nicht überschreiten:

- 4.840.000 € Bilanzsumme nach dem Abzug eines auf der Aktivseite ausgewiesenen Fehlbetrags,
- 9.680.000 € Umsatzerlöse in den zwölf Monaten vor dem Abschlussstichtag,
- im Jahresdurchschnitt 50 Arbeitnehmer.

39 **Ziel der Rechnungslegung** ist es, ein den tatsächlichen Verhältnissen entsprechendes Bild der Vermögens-, Finanz- und Ertragslage der Gesellschaft zu vermitteln (§ 264 Abs. 2 HGB). Etwas nebulös formulieren jedoch die Anmerkungen zu Nr. 7.1.1 PCGK, dass „das Zuwendungsrecht" einer erweiterten Rechnungslegung entgegenstehen könne. Aus den §§ 23, 44 BHO lässt sich dies jedoch nicht ableiten und auch sonst bleibt dieser Vorbehalt dunkel. Rechtspolitisch betrachtet, sendet hier der PCGK falsche Signale. Gerade bei Zuwendungen hat die Öffentlichkeit ein Interesse daran, zu erfahren, wie sich diese auf die Vermögenslage der Gesellschaft auswirken. Hier sollte die Transparenz nicht diffusen haushaltsrechtlichen Erwägungen geopfert

49 Publizitätsgesetz (PublG) v. 15.8.1969 (BGBl. I S. 1189), zuletzt geändert durch Gesetz v. 4.10.2013 (BGBl. I S. 3746).

50 Nach § 264a HGB gelten erweiterte Rechnungslegungspflichten auch für bestimmte offene Handelsgesellschaften (oHG) und Kommanditgesellschaften (KG). Dieser Fall ist allerdings theoretisch, da die unbeschränkte Haftung bzw. Nachschusspflicht des Bundes einer Beteiligung an einem solchen Unternehmen entgegensteht, § 65 Abs. 1 Nr. 2 BHO. Zu diesen Problemen näher *Forst/Traut*, DÖV 2010, 210.

51 Bilanzierungsmodernisierungsgesetz (BilMoG) v. 25.5.2009 (BGBl. I S. 1102).

werden, zumal in aller Regel der Abschlussprüfer über Zuwendungen aus öffentlichen Mitteln zu berichten hat (Nr. 7.1.2 PCGK).

40 Keine besonderen Empfehlungen gibt der PCGK für eine **innerbetriebliche Revision**. Nach den Anmerkungen zu Nr. 7.1.1 PCGK „sollte" die Geschäftsleitung bei größeren Unternehmen, Obergesellschaften und Konzernen eine Interne Revision mit Prüfungen beauftragen. Dabei regt der Kodex an, dass Prüfungsaufträge schriftlich zu erteilen sind und die Interne Revision möglichst umfassend die Wirtschaftlichkeit der laufenden Geschäfte und Maßnahmen prüft. Offen bleibt allerdings, was unter einem „größeren Unternehmen" zu verstehen ist. § 267 HGB kennt keine derartige Kategorie, sondern unterscheidet zwischen kleinen Kapitalgesellschaften sowie mittelgroßen und großen Kapitalgesellschaften. Über diese unklare Begrifflichkeit täuscht auch nicht der Hinweis in den Anmerkungen zu Nr. 7.1.1 PCGK hinweg, wonach im Zweifelsfall die Geschäftsleitung eine Stellungnahme des Abschlussprüfers veranlassen soll, ob eine Interne Revision geboten ist. Der Kodex gibt dem Abschlussprüfer keine Maßstäbe für diese Entscheidung an die Hand. Notgedrungen wird man daher darauf abstellen müssen, dass sowohl mittelgroße als auch große Kapitalgesellschaften des Bundes zu einer Internen Revision angeregt werden. Der Wortlaut des § 264 Abs. 2 HGB (mittelgroße Kapitalgesellschaften) umfasst durchaus auch „größere Unternehmen".

III. Abschlussprüfung

41 Gerade die Abschlussprüfung[52] ist ein besonders sensibles Feld, da hier die Objektivität des Prüfers unbedingt gewährleistet sein muss. Aus diesem Grund ist die **Auswahl und Bestellung der Abschlussprüfer** traditionell ein wichtiges Thema für eine **Corporate Governance**. Der Prüfungsausschuss (sog. Audit Committee) soll deswegen eine Erklärung des vorgesehenen Abschlussprüfers einholen, ob und ggf. welche geschäftliche, finanzielle und persönliche Beziehungen zwischen ihm und dem Unternehmen bzw. dessen Organen bestehen (Nr. 7.2.1 PCGK). Konkretisiert werden diese Gründe in § 319 Abs. 2 bis 5 HGB. Gegenüber der Abschlussprüfung bei privatwirtschaftlichen Unternehmen erwähnt der PCGK noch einige **Besonderheiten für Bundesunternehmen**. Da ein Abschlussprüfer eine Dienstleistung erbringt, empfiehlt die Anmerkung zu Nr. 7.2.2 PCGK, dass dem Wechsel eines Abschlussprüfers ein wettbewerbliches Vergabeverfahren zugrunde liegen soll. Damit sollte der Wechsel mindestens die Vorgaben der §§ 97 ff. GWB[53] beachten. Gehören einer Gebietskörperschaft mehrheitlich die Anteile an einer Gesellschaft des privaten Rechts oder

52 Zur Frage der Bedeutung von Compliance in Abschlussprüfungen vgl. eingehend Kap. 7.

53 Gesetz gegen Wettbewerbsbeschränkungen (GWB) v. 15.7.2005 (BGBl. I S. 2114), zuletzt geändert durch Gesetz v. 21.7.2014 (BGBl. I S. 1066).

mindestens ein Viertel, so kann sie nach § 53 HGrG[54] verlangen, dass eine erweiterte Abschlussprüfung durchgeführt wird. U.a. ist dann nach § 53 Abs. 1 Nr. 1 HGrG auch die „Ordnungsmäßigkeit der Geschäftsführung“ zu prüfen. Bei der Wahl und der Bestellung der Prüfer für eine erweiterte Prüfung nach dem HGrG hat das zuständige Bundesministerium das Einvernehmen mit dem Bundesrechnungshof herzustellen (§ 68 Abs. 1 S. 2 BHO).

54 Haushaltsgrundsätzegesetz (HGrG) v. 19.8.1969 (BGBl. I S. 1273), zuletzt geändert durch Gesetz v. 15.7.2013 (BGBl. I S. 2398).

Kapitel 18
Strafrecht

A. Überblick*

1 Betrachtet man das Thema Compliance aus strafrechtlicher Sicht,[1] richtet sich die Aufmerksamkeit zunächst auf den Komplex „**Korruption**". Juristisch spricht man hier in erster Linie von Vorteilsannahme bzw. Vorteilsgewährung,[2] Bestechlichkeit im geschäftlichen Verkehr[3] und wettbewerbsbeschränkende Absprachen bei Ausschreibungen.[4] Tatsächlich sind damit Vorgänge gemeint, die im geschäftlichen Alltag jedes Versorgungs-/Unternehmens regelmäßig vorkommen: Einladungen zum Essen oder zu Events, Geschenke, Rabatte oder sonstige Zuwendungen. Vieles gebietet die Höflichkeit, es ist – wiederum juristisch gesprochen – sozialadäquat. Doch wenn die Grenze der Sozialadäquanz überschritten wird, kann sich der betroffene Mitarbeiter strafbar machen und das Unternehmen sieht sich unter Umständen den Konsequenzen eines Compliance-Verstoßes gegenüber. Daneben kann ein solcher Vorfall steuer(straf)rechtliche Auswirkungen haben.[5]

2 Ein weiterer Hauptkomplex im Bereich des „Unternehmensstrafrechts" betrifft die **Untreue.**[6] Der Vorwurf der Untreue beinhaltet – vereinfacht ausgedrückt – die unberechtigte Verfügung über fremdes (Unternehmens-)Vermögen, wodurch dem Vermögensinhaber ein Schaden entsteht.

3 Eine Entscheidung des **BGH**[7] zu den (möglichen) **strafrechtlichen Pflichten des Compliance-Officers**, die für große Aufregung in zahlreichen Unternehmen gesorgt hat, kann ebenfalls Auswirkungen auf die unternehmerische Praxis haben.[8]

---

* Die nachfolgenden Ausführungen stellen die persönlichen Ansichten der Verfasser dar.

1 Zu den im Bereich Compliance besonders relevanten bußgeldrechtlichen Vorschriften der §§ 130, 30 OWiG vgl. näher Kap. 5 Rn 134. Vgl. ausführlich zum aktuellen Wirtschaftsrecht *Achenbach*, NStZ 2010, 621 ff.

2 Vgl. Rn 4 ff.

3 Vgl. Rn 29 ff.

4 Vgl. Rn 46 ff.

5 Vgl. Rn 57 ff.; Rn 113 ff.

6 Vgl. Rn 63 ff.

7 BGH, Urt. v. 17.7.2009 – 5 StR 394/08 – NJW 2009, 3173.

8 Vgl. Rn 108 ff.

B. Vorteilsannahme und Vorteilsgewährung gegenüber Amtsträgern

4 Vorteilsannahme (§ 331 StGB),[9] Vorteilsgewährung (§ 333 StGB) sowie Bestechlichkeit (§ 332 StGB) und Bestechung (§ 334 StGB) werden umgangssprachlich als „Bestechung" zusammengefasst. Bestraft wird derjenige, der dem Amtsträger einen (vermögenswerten) Vorteil gewährt (Vorteilsgewährung und Bestechung) sowie der Amtsträger, der diesen Vorteil entgegennimmt (Vorteilsannahme und Bestechlichkeit). Der wesentliche Unterschied zwischen einer Vorteilsannahme bzw. -gewährung und der Bestechung bzw. Bestechlichkeit besteht darin, dass bei den Bestechungsdelikten der Amtsträger eine konkrete Handlung verspricht, mit der er gegen seine Dienstpflicht verstößt. Vorteilsgewährung bzw. -annahme beziehen sich dagegen auf die Gewährung finanzieller Vorteile im Hinblick auf die allgemeine Dienstausübung. Da sich ansonsten keine maßgeblichen Unterschiede ergeben, konzentrieren sich die nachfolgenden Ausführungen auf die Vorschriften zur Vorteilsgewährung und -annahme.

5 Sinn und Zweck der **§§ 331 bis 339 StGB** ist es, die Lauterkeit der Amtsausübung und das öffentliche Vertrauen in diese zu schützen. Dieser Schutz geht sehr viel weiter als bei Kontakten der Privatwirtschaft, da bei einem Amtsträger bereits der Anschein einer „erkauften Einflussnahme" vermieden werden soll.

I. Tatbestandsvoraussetzungen

6 Der entscheidende Wortlaut von §§ 331 und 333 StGB findet sich jeweils im Abs. 1:

- § 331 Abs. 1 StGB (**Vorteilsannahme**) bestimmt:

  „Ein Amtsträger oder ein für den öffentlichen Dienst besonders Verpflichteter, der für die Dienstausübung einen Vorteil für sich oder einen Dritten fordert, sich versprechen lässt oder annimmt, wird mit Freiheitsstrafe bis zu drei Jahren oder mit Geldstrafe bestraft."

- § 333 Abs. 1 StGB (**Vorteilsgewährung**) bestimmt:

  „Wer einem Amtsträger, einem für den öffentlichen Dienst besonders Verpflichteten oder einem Soldaten der Bundeswehr für die Dienstausübung einen Vorteil für diesen oder einen Dritten anbietet, verspricht oder gewährt, wird mit Freiheitsstrafe bis zu drei Jahren oder mit Geldstrafe bestraft."

9 Strafgesetzbuch (StGB) v. 13.11.1998 (BGBl. I S. 3322), zuletzt geändert durch Gesetz v. 21.1.2015 (BGBl. I S. 10).

1. Amtsträger

Voraussetzung für das Vorliegen der **Tatbestände der §§ 331, 333 StGB** ist die Beteiligung eines Amtsträgers. **Amtsträger** ist nach der Legaldefinition des § 11 Abs. 1 Nr. 2 StGB, wer Beamter oder Richter ist, in einem sonstigen öffentlich-rechtlichen Amtsverhältnis steht oder sonst dazu bestellt ist, bei einer Behörde oder bei einer sonstigen Stelle oder in deren Auftrag Aufgaben der öffentlichen Verwaltung wahrzunehmen.[10] 7

Zu den **Amtsträgern** zählen damit unzweifelhaft 8

- Bürgermeister und
- Stadtdirektoren sowie
- Minister der Bundes- und Landesregierung und
- parlamentarische Staatssekretäre,

nicht dagegen

- Bundes- oder Landtagsabgeordnete.

Bei Abgeordneten kommt eine Strafbarkeit gem. § 108e StGB in Betracht. Die Bestechlichkeit und Bestechung eines Mandatsträgers setzen voraus, dass der Abgeordnete als Gegenleistung für einen ungerechtfertigten Vorteil sein Mandat im Auftrag oder auf Weisung des Leistenden wahrnimmt. Wie bei der Bestechung und Bestechlichkeit eines Amtsträgers ist auch bei § 108e StGB die Einflussnahme auf eine konkrete Mandatshandlung unter Strafe gestellt.[11] 9

Bei **Mitgliedern des Gemeinde- oder Stadtrates** ist eine Einzelfallprüfung erforderlich, denn sie sind nicht automatisch als Amtsträger anzusehen.[12] Erschöpft sich die Tätigkeit des Ratsmitgliedes im Handeln bei Wahlen und Abstimmungen in der Volksvertretung (= „**Politik**"), ist das Mitglied kein Amtsträger und es kommt lediglich eine Strafbarkeit wegen Bestechlichkeit und Bestechung eines Mandatsträgers nach § 108e StGB in Betracht. Etwas anderes gilt dann, wenn das Ratsmitglied darüber hinaus mit konkreten Verwaltungsfunktionen auf Gemeindeebene betraut wird, die über die Mandatstätigkeit in der kommunalen Volksvertretung hinausgehen.[13] Dies kann etwa dann der Fall sein, wenn die betreffende Person in ein anderes Gremium, wie z.B. in den Aufsichtsrat eines kommunalen Unternehmens entsendet oder gewählt wird (= „**Verwaltung**"). Sofern ein solches Unternehmen als sonstige Stelle Aufgaben der öffentlichen Verwaltung im Sinne des § 11 Abs. 1 Nr. 2 StGB wahrnimmt, wird ein Ratsmitglied, z.B. in seiner Funktion als Aufsichtsratsmitglied eines solchen Unternehmens, als Amtsträger tätig. 10

---

10 Zu den Bediensteten der öffentlichen Hand vgl. *Lejeune*, CB 2014, 203 ff.
11 § 108e StGB trat in dieser neuen Fassung erst zum 1.9.2014 in Kraft (BGBl. I S. 410).
12 BGH, Urt. v. 9.5.2006 – 5 StR 453/05 – NJW 2006, 2050.
13 BGH, Urt. v. 9.5.2006 – 5 StR 453/05 – NJW 2006, 2050.

11 Nicht nur Beamte oder sonstige öffentliche Angestellte unterfallen dem Amtsträgerbegriff. Auch **Mitarbeiter eines Unternehmens, das als sonstige Stelle dazu bestellt ist, Aufgaben öffentlicher Verwaltung wahrzunehmen**, können als Amtsträger anzusehen sein. Ein Unternehmen ist als eine solche sonstige Stelle anzusehen, wenn es quasi als „verlängerter Arm des Staates" erscheint.[14] Allerdings sind weder die alleinige Inhaberschaft einer Gesellschaft noch die damit verbundenen Aufsichtsbefugnisse als Zeichen für eine ausreichende staatliche oder kommunale Steuerung anzusehen.[15]

12 Im Fall einer **staatlichen Alleininhaberschaft eines Unternehmens** ist vielmehr entscheidend, ob die Umstände des Einzelfalls bei einer Gesamtbewertung aller relevanten Umstände die Gleichstellung mit einer Behörde rechtfertigen können.[16] Die Prüfung, ob dies der Fall ist, hat dabei immer einzelfallabhängig im Wege einer Gesamtbetrachtung zu erfolgen.[17] Der Umstand, dass ein Unternehmen auf dem Gebiet der **Daseinsvorsorge** tätig ist, genügt allein nicht. Vielmehr sind bei der Beurteilung insbesondere die Gesellschaftsstruktur, der staatliche Einfluss auf das Unternehmen sowie die Marktbedingungen, unter denen das Unternehmen wirtschaftet, zu berücksichtigen.[18]

13 Auch wenn der Gedanke naheliegt, dass ein Unternehmen in staatlicher Alleininhaberschaft, das im Bereich der Daseinsvorsorge agiert, als „sonstige Stelle" zu werten ist, kann nach dem **BGH** in diesem Bereich von einer öffentlichen Aufgabe dann nicht (mehr) gesprochen werden, wenn der Hoheitsträger diesen Bereich aus der Hand gibt und die Erledigung einem privaten, marktwirtschaftlichen Unternehmen überlässt (Aufgabenprivatisierung im Gegensatz zur Organisationsprivatisierung), selbst wenn das private Unternehmen einer staatlichen Aufsicht unterstellt wird.[19] Auch eine Gesellschaft in alleiniger staatlicher Inhaberschaft würde letztlich nur einen weiteren Wettbewerber auf einem Markt darstellen, der vom Staat eröffnet wurde und sich zur Erfüllung öffentlicher Aufgaben gebildet hat.[20]

14 Für den Fall einer **privaten Beteiligung an einem staatlichen Unternehmen** liegt die Gleichstellung mit einer Behörde jedenfalls dann fern, wenn der Private durch seine Beteiligung über derart weitgehende Einflussmöglichkeiten verfügt, dass

14 Vgl. BGH, Urt. v. 18.4.2007 – 5 StR 506/06 – NJW 2007, 2932 m.w.N.
15 BGH, Urt. v. 2.12.2005 – 5 StR 119/05 – NJW 2006, 925.
16 BGH, Beschl. v. 2.3.2010 – II ZR 62/06 – NJW 2010, 1374, 1375 ff.
17 BGH, Urt. v. 11.5.2006 – 3 StR 389/05 – NStZ 2006, 628.
18 BGH, Urt. v. 19.6.2008 – 3 StR 490/07 – NJW 2008, 3724.
19 BGH, Urt. v. 2.12.2005 – 5 StR 119/05 – NJW 2006, 925.
20 BGH, Urt. v. 2.12.2005 – 5 StR 119/05 – NJW 2006, 925.

er wesentliche unternehmerische Entscheidungen mitbestimmen kann.[21] Räumt der Gesellschaftsvertrag dem Privaten aufgrund der Höhe seiner Beteiligung eine Sperrminorität für wesentliche unternehmerische Entscheidungen ein, kann das Unternehmen nicht mehr als „verlängerter Arm“ des Staates angesehen und sein Handeln damit nicht mehr als unmittelbar staatliches Handeln verstanden werden.[22]

Unter Anwendung dieser Voraussetzungen kann auch der **Vorstand einer im Alleineigentum einer Kommune stehenden Aktiengesellschaft (AG)** Amtsträger sein, wenn die AG ausschließlich Tätigkeiten im Bereich der Daseinsvorsorge ohne weitere Marktteilnehmer (etwa im Öffentlichen Personennahverkehr) wahrnimmt und die Geschäftsführungsbefugnis des Vorstandes auf Geschäfte und Rechtshandlungen beschränkt ist, die der Betrieb eines derartigen Unternehmens gewöhnlich mit sich bringt.[23] 15

Praxistipp !

Von diesen Unsicherheiten sind auch **Geschäftsführer bzw. Vorstände von Stadtwerken** betroffen. Wenn das Unternehmen überwiegend im öffentlichen Besitz steht und durch entsprechende Vertreter in Gremien eine konkrete Aufsicht durchführt und seine Vorstellungen durchsetzen kann, wird man von der Amtsträgereigenschaft ausgehen müssen. Doch auch in anderen gesellschaftsrechtlichen Konstellationen ist nicht ausgeschlossen, dass der Geschäftsführer Amtsträger ist. Der BGH hat insbesondere deutlich gemacht, dass er gerade die Netzinfrastruktur als öffentliche Angelegenheit bewertet. Bei der Geschäftsführung einer Netztochter liegt die Amtsträgereigenschaft also noch näher.

2. Vorteil

Der **Begriff des Vorteils** ist weit zu verstehen. Erfasst ist danach jede Leistung, die geeignet ist, den Amtsträger oder einen Dritten (z.B. dessen Lebenspartner) in seiner wirtschaftlichen oder persönlichen Lage materiell oder immateriell besser zu stellen, und auf die er keinen rechtlich begründeten Anspruch hat.[24] Dazu gehören: 16

- Geldzuwendungen,
- Sachzuwendungen,
- Einladungen,
- Bewirtungen,
- Beherbergungen sowie
- die Gewährung von Rabatten.

21 BGH, Urt. v. 2.12.2005 – 5 StR 119/05 – NJW 2006, 925.
22 BGH, Urt. v. 2.12.2005 – 5 StR 119/05 – NJW 2006, 925.
23 OLG Düsseldorf, Urt. v. 9.10.2007 – III-5 Ss 67/07-35/07 I – NStZ 2008, 459.
24 BGH, Urt. v. 23.10.2002 – 1 StR 541/01 – NJW 2003 763; BGH, Urt. v. 21.6.2007 – 4 StR 99/07 – NStZ 2008, 216.

17 Ein Vorteil kann auch bereits im Abschluss eines Vertrages liegen, auf den der Amtsträger keinen Anspruch hat.[25]

Beispiel
Im Zusammenhang mit der Einladung von Amtsträgern zu Spielen der Fußball-WM 2006 hat der **BGH** festgestellt, die Tatsache, dass die Wahrnehmung von Repräsentationsaufgaben zu den Dienstpflichten des Amtsträgers gehört, nehme der Zuwendung nicht den Vorteilscharakter.[26] Das gelte insbesondere dann, wenn die Zuwendung nicht nur einen dienstlichen Nutzen hat, sondern (auch) – wie etwa bei dem Besuch kultureller oder sportlicher Veranstaltungen – der Befriedigung persönlicher Interessen dient.

18 Jedoch ist allgemein anerkannt, dass eine Zuwendung dann nicht geeignet ist, den Tatbestand der Bestechungsdelikte zu erfüllen, wenn sie **sozialadäquat** ist. Dies ist der Fall, wenn sie der Höflichkeit oder Gefälligkeit entspricht und sozial üblich bzw. allgemein gebilligt ist. Letztlich geht es darum, ob der Vorteil schon als ungeeignet erscheint, den Amtsträger in einer Entscheidungsfindung zu beeinflussen.

19 Gesetzliche **Wertgrenzen** existieren nicht. Deshalb kann nicht allgemeingültig gesagt werden, bis zu welcher konkreten Wertgrenze eine sozialadäquate Zuwendung vorliegt. Sicherlich sind **Zuwendungen** wie Kugelschreiber, Kalender sowie vergleichbare Werbegeschenke oder ein Kaffee als **sozialadäquat** anzusehen. Problematisch wird dies aber bei darüber hinaus gehenden Zuwendungen. In Literatur und Rechtsprechung differiert die **Wertgrenze der Sozialüblichkeit** hier zwischen 30 und 50 €.[27] Die Verwaltungsvorschriften zahlreicher Behörden enthalten regelmäßig deutlich niedrigere Wertgrenzen. Eine Verallgemeinerung verbietet sich dabei grundsätzlich.

Beispiel
Wenn bspw. einem Polizeibeamten für die Vernichtung des Strafzettels 10 € angeboten werden, erfüllt dies unabhängig von dem geringen Wert des Vorteils selbstverständlich den Tatbestand einer strafbaren Vorteilsgewährung.

20 Daneben kommt es entscheidend auf die **Häufigkeit der Zuwendung** an. Zahlreiche geringwertige Zuwendungen können daher letztlich im Wege einer Gesamtbetrachtung durchaus den Tatbestand erfüllen (das sog. Anfüttern). Umgekehrt ist bei der Frage der Sozialadäquanz auch die Stellung des Amtsträgers zu berücksichtigen. Je nach Status des Eingeladenen kann im Einzelfall eine höherwertige Zuwendung noch

25 BGH, Urt. v. 21.6.2007 – 4 StR 99/07 – NStZ 2008, 216.
26 BGH, Urt. v. 14.10.2008 – 1 StR 260/08 – NJW 2008, 3580.
27 Vgl. *Fischer*, StGB, § 331 Rn 26.

sozialadäquat sein. VIP-Einladungen, exquisite Bewirtungen und die Übernahme von Übernachtungskosten zählen aber regelmäßig nicht dazu.[28]

Praxistipp !
Die **Prüfung der Sozialadäquanz** muss in jedem Fall immer einzelfallabhängig erfolgen, die genannte Wertgrenze von 30 bis 50 € kann nur als Richtwert dienen, sollte aber auch im Unternehmen kommuniziert werden. Geldgeschenke sollten grundsätzlich unterbleiben! Es gilt, bereits den Anschein einer unzulässigen Einflussnahme zu vermeiden.

3. Unrechtsvereinbarung

Soweit vom Vorliegen eines Vorteils auszugehen ist, ist zu prüfen, ob eine Unrechtsvereinbarung zwischen Zuwendenden und Zuwendungsempfänger vorliegt. Eine solche **Unrechtsvereinbarung setzt voraus**, dass der Vorteilsgeber mit dem Ziel handelt, auf die künftige und/oder vergangene Dienstausübung des Amtsträgers Einfluss zu nehmen.[29] Dabei muss der Vorteil **nicht** für eine **konkrete Dienstausübung** gewährt werden. Ausreichend ist vielmehr, dass er allgemein für die Dienstausübung geleistet wird, ohne dass es der Feststellung bedarf, für welche Diensthandlung genau der Vorteil gewährt wurde. 21

Von einer unzulässigen Vorteilsgewährung aufgrund einer Unrechtsvereinbarung ist schon dann auszugehen, wenn Vorteilsgeber und Vorteilsnehmer allgemein im Sinne eines Gegenseitigkeitsverhältnisses mit der Dienstausübung des Amtsträgers verknüpft sind.[30] Auch in Fällen, in denen z.B. nur das generelle Wohlwollen eines Amtsträgers erkauft bzw. „allgemeine Klimapflege“ betrieben wird, kann daher eine Vorteilsannahme bzw. Vorteilsgewährung gesehen werden.[31] Es reicht ebenfalls aus, dass der Amtsträger lediglich „angefüttert“ werden soll (sog. **Anbahnungszuwendung**). Dies führt zu erheblichen Unschärfen im Randbereich und erschwert die Abgrenzung von erlaubtem und strafwürdigem Verhalten. Nach dem **BGH**[32] fließen in die **Prüfung des Vorliegens einer Unrechtsvereinbarung** als mögliche Indizien neben der Plausibilität einer anderen Zielsetzung unter anderem ein: 22

- Stellung des Amtsträgers;
- dienstliche Berührungspunkte;
- Plausibilität anderer Zielsetzung;
- Art der Vorgehensweise (Transparenz);
- Art, Wert und Anzahl der Vorteile.

28 Vgl. *Fischer*, StGB, § 331 Rn 26.
29 BGH, Urt. v. 14.10.2008 – 1 StR 260/08 – NStZ 2008, 688.
30 BGH, Urt. v. 21.6.2007 – 4 StR 99/07 – NStZ 2008, 216.
31 BGH, Urt. v. 21.6.2007 – 4 StR 99/07 – NStZ 2008, 216; BGH, Urt. v. 28.10.2004 – 3 StR 301/03 – NJW 2004, 3569.
32 Vgl. BGH, Urt. v. 14.10.2008 – 1 StR 260/08 – NJW 2008, 3580.

23 Diese Kriterien sind aufgrund ihres allgemeinen Wortlauts jedoch wenig „griffig" und erlauben keine sichere Einschätzung im Voraus, was die Strafverfolgungsbehörden und Strafgerichte als zulässig oder unzulässig einschätzen werden.

II. Handlungsempfehlung

24 Bei der Vorteilsannahme und Vorteilsgewährung gem. §§ 331, 333 StGB lässt sich eine Strafbarkeit durch einen sog. **Amtsträgerhinweis** vermeiden.

! **Praxistipp**
Nach § 331 Abs. 3 und § 333 Abs. 3 StGB ist die Tat nicht strafbar, wenn der Amtsträger einen nicht von ihm geforderten Vorteil annimmt und die zuständige Behörde entweder die Annahme vorher genehmigt hat oder der Amtsträger unverzüglich bei der Behörde Anzeige erstattet und sie die Annahme genehmigt.

---

25 Zuständige Behörde ist bei Beamten in der Regel der jeweilige Behördenleiter. Bei Arbeitnehmern im öffentlichen Dienst ist der Arbeitgeber zuständige Behörde. Bei privatrechtlich organisierten Unternehmen, die als „sonstige Stelle" zu behandeln sind,[33] ist für die Genehmigungserteilung hinsichtlich der Mitarbeiter die Geschäftsführung bzw. der Vorstand zuständig; über die Annahme von Vorteilen durch Geschäftsführer bzw. Vorstandsmitglieder entscheidet der Aufsichtsrat. Delegationen (z.B. an den jeweiligen Vorgesetzten) sind grundsätzlich möglich.

! **Praxistipp**
Vor diesem Hintergrund ist zu empfehlen, bei Zuwendungen einen eindeutigen Hinweis auf diese Regelung dergestalt zu formulieren, dass die Zuwendung unter der Prämisse erfolgt, dass der Amtsträger vor Annahme der Zuwendung die Zustimmung der zuständigen Genehmigungsstelle einholt.

---

26 Daneben sollte bei Einladungen zu kulturellen und sportlichen Veranstaltungen auf einen **gemischten Teilnehmerkreis** geachtet, neben Amtsträgern also auch Geschäftspartner oder prominente Persönlichkeiten eingeladen werden. Je vielfältiger der Teilnehmerkreis ist, desto geringer ist die Gefahr, dass der Verdacht einer Unrechtsvereinbarung mit einer konkreten Person entsteht. Denn dann steht der **Zweck der Einladung**, auf das gesellschaftliche Engagement des Unternehmens aufmerksam zu machen und einen (informellen) Austausch zwischen Vertretern aus Politik, Wirtschaft und Kultur zu ermöglichen, eindeutig im Vordergrund. Überdies sollten nur **hochrangige Amtsträger** eingeladen werden, die entweder einer breiten Öffentlichkeit als Person bekannt sind oder denen aufgrund ihres herausgehobenen

33 Vgl. Rn 11 ff.

Amtes oder ihrer besonderen fachlichen Reputation besondere öffentliche Aufmerksamkeit zukommt und die damit zweifelsohne Repräsentationsaufgaben erfüllen. Da Zuwendungen an Ehe-/Lebenspartner dem Amtsträger zugerechnet werden, sollte aufgrund der daraus folgenden Kumulierung des Wertes der Zuwendung eine Einladung des Ehe-/Lebenspartners möglichst vermieden werden. Auch auf die Einladung von Amtsträgern, mit denen **konkrete behördliche Beziehungen** bestehen, sollte bei Überschreitung einer bestimmten Wertgrenze grundsätzlich verzichtet werden. Im Zeitraum unmittelbar vor und nach Abschluss einer Behördenaktivität sollte besonders sorgfältig abgewogen werden, ob die Zuwendung tatsächlich vertretbar erscheint.

Praxistipp

Gerade im zeitlichen Zusammenhang mit wichtigen Entscheidungen, wie dem Abschluss eines Konzessionsvertrages, sollte besondere Vorsicht walten. Manche Strafverfolgungsbehörden sehen z.B. einen Zeitraum von sechs Monaten vor und nach den Vertragsverhandlungen als besonders kritischen Zeitraum an.

Im Hinblick auf das **Transparenzgebot** sollte die Einladung zudem keinesfalls an die Privatadressen der Amtsträger, sondern direkt an die Behörde (ggf. zu Händen des Vorgesetzten des Amtsträgers) versandt werden. Daneben kann das Strafbarkeitsrisiko auch durch eine **interne Dokumentation** verringert werden. Dabei sollten neben den eingeladenen Personen und dem Anlass der Einladung auch die an der Entscheidung beteiligten Personen vermerkt werden. 27

Generell gilt, dass die Kontaktpflege mit Amtsträgern als Aufgabe der Leitungsebene begriffen werden muss. Soweit Einladungen von Amtsträgern auch von operativen Mitarbeitern ausgesprochen werden, sollte das **Vier-Augen-Prinzip** gelten; die Einladung sollte also durch eine zweite Person (im Regelfall ein Vorgesetzter) gegengezeichnet werden. 28

Praxistipp

Der Geschäftsführer eines Stadtwerkes kann – wie bereits ausgeführt wurde[34] – als Amtsträger gelten. Daher bietet es sich an, dass sich das Leitungspersonal von kommunalen Unternehmen am Beispiel einer Behördenleitung orientiert. Man darf sich also (im angemessenen Rahmen) einladen lassen, sollte entsprechende Veranstaltungen aber ohne Lebenspartner besuchen und ausreichend Transparenz herstellen. Präsente können angenommen werden, wenn das der Höflichkeit entspricht, sollten dann aber z.B. durch eine Weihnachtstombola oder für wohltätige Zwecke weitergegeben werden.

---

34 Vgl. Rn 16 ff.

C. Bestechlichkeit im geschäftlichen Verkehr

29 Entgegen einer immer noch verbreiteten Meinung gibt es Bestechung und Bestechlichkeit auch ohne beteiligte Amtsträger – also zwischen privaten Unternehmen und/oder Privatpersonen. Einladungen und Geschenke an Geschäftspartner sind daher stets an den Voraussetzungen der **Bestechlichkeit im geschäftlichen Verkehr** gem. § 299 StGB zu messen. Die Norm schützt in erster Linie das Allgemeininteresse an „lauteren", also fairen Wettbewerbsbedingungen.

I. Tatbestandsvoraussetzungen

30 § 299 StGB lautet:

> „(1) Wer als Angestellter oder Beauftragter eines geschäftlichen Betriebes im geschäftlichen Verkehr einen Vorteil für sich oder einen Dritten als Gegenleistung dafür fordert, sich versprechen lässt oder annimmt, dass er einen anderen bei dem Bezug von Waren oder gewerblichen Leistungen im Wettbewerb in unlauterer Weise bevorzuge, wird mit Freiheitsstrafe bis zu drei Jahren oder mit Geldstrafe bestraft.
>
> (2) Ebenso wird bestraft, wer im geschäftlichen Verkehr zu Zwecken des Wettbewerbs einem Angestellten oder Beauftragten eines geschäftlichen Betriebes einen Vorteil für diesen oder einen Dritten als Gegenleistung dafür anbietet, verspricht oder gewährt, dass er ihn oder einen anderen bei dem Bezug von Waren oder gewerblichen Leistungen in unlauterer Weise bevorzuge.
>
> (3) Die Absätze 1 und 2 gelten auch für Handlungen im ausländischen Wettbewerb."

31 Die Regelung setzt eine unzulässige Zuwendung an Beauftragte oder Angestellte eines Unternehmens zum Zwecke der Bevorzugung im Wettbewerb voraus. Auch **öffentliche Unternehmen** können wegen der Art ihrer Betätigung im Wirtschaftsleben ein „geschäftlicher Betrieb" sein, sofern sie nur nach den Grundsätzen eines Erwerbsgeschäfts arbeiten.[35] Dies dürfte regelmäßig dann der Fall sein, sobald und soweit Wettbewerb unter den Interessenten für Aufträge entsteht.[36] Dass der Bestochene zugleich Amtsträger ist, steht der Anwendung des § 299 StGB nicht entgegen.[37]

32 Als taugliche Täter kommen grundsätzlich alle Angestellten und Beauftragten eines Unternehmens in Betracht. „**Beauftragter**" ist, wer – ohne Geschäftsinhaber oder Angestellter zu sein – aufgrund seiner Stellung berechtigt und verpflichtet ist, für den Betrieb zu handeln und auf die betrieblichen Entscheidungen Einfluss

35 BGH, Beschl. v. 10.2.1994 – 1 StR 792/93 – NStZ 1994, 277.
36 Schönke/Schröder/*Heine/Eisele*, StGB, 29. Aufl., § 299 Rn 6.
37 Schönke/Schröder/*Heine/Eisele*, StGB, 29. Aufl., § 299 Rn 6.

nehmen kann.[38] Dazu zählen auch Vorstands- und Aufsichtsratsmitglieder.[39] Subunternehmer sind regelmäßig ebenfalls erfasst. Dagegen kann der **Geschäftsinhaber kein tauglicher Täter** sein, denn dieser ist in seiner Entscheidung über den Bezug von Waren und gewerblichen Leistungen prinzipiell frei.[40]

Praxistipp

! Lediglich der Inhaber eines Betriebs bzw. Geschäfts kann sich nicht strafbar machen, wenn er einen Vorteil annimmt. Etwas anderes kann aber gelten, wenn er einen Vorteil gewährt. Aus der Sicht eines Unternehmens kann das relevant werden, wenn mit einem inhabergeführten Familienunternehmen ein Liefervertrag geschlossen wird.

Von § 299 StGB werden alle Maßnahmen erfasst, die der Förderung eines beliebi- 33
gen Geschäftszwecks dienen. Darunter fällt jede **selbstständige, wirtschaftliche Zwecke verfolgende Tätigkeit**, in der eine Teilnahme am Wettbewerb zum Ausdruck kommt.[41]

Der Begriff des Vorteils ist grundsätzlich derselbe wie bei der Amtsträgerbeste- 34
chung.[42] Vorteil ist jede unentgeltliche Leistung materieller oder immaterieller Art, welche die wirtschaftliche, rechtliche oder persönliche Lage des Vorteilsempfängers objektiv verbessert und auf die er keinen Anspruch hat. Allerdings ist die **zulässige Wertgrenze** im geschäftlichen Verkehr allgemein weiter zu ziehen. Regelmäßig können daher durchaus auch Zuwendungen von über 50 € noch als sozialadäquat anzusehen sein. Aber auch hier gilt: Dies kann allenfalls als Richtwert dienen und entbindet nicht von der sorgfältigen Prüfung im Einzelfall.

Das **Abzeichnen von Scheinrechnungen** kann eine unzulässige Vorteilsge- 35
währung im Sinne des § 299 Abs. 2 StGB darstellen. Hierbei ist es ausreichend, dass die im Gegenzug zur Schmiergeldzahlung vorgesehene Vergünstigung in Umrissen bekannt ist.[43]

Überdies muss auch hier für die Tatbestandserfüllung eine Unrechtsverein- 36
barung vorliegen. Eine solche **Unrechtsvereinbarung** setzt voraus, dass der Vorteil als Gegenleistung für eine künftige unlautere Bevorzugung gefordert, angeboten, versprochen oder angenommen wird. Anders als bei der Amtsträgerbestechung fallen im geschäftlichen Verkehr allerdings nur Zuwendungen für **künftiges, konkretes Verhalten** unter den Tatbestand. Da oftmals noch keine genaue Vorstellung darüber besteht, wann, bei welcher Gelegenheit und in welcher Weise die Unrechtsvereinbarung eingelöst werden soll, lässt der Bundesgerichtshof (BGH) es in ständiger Recht-

---

38 Schönke/Schröder/*Heine/Eisele*, StGB, 29. Aufl., § 299 Rn 8.
39 Schönke/Schröder/*Heine/Eisele*, StGB, 29. Aufl., § 299 Rn 8.
40 *Fischer*, StGB, § 299 Rn 8a.
41 Schönke/Schröder/*Heine/Eisele*, StGB, 29. Aufl., § 299 Rn 9.
42 Vgl. Rn 4 ff.
43 BGH, Urt. v. 3.12.2013 – 2 StR 160/12 – NStZ 2014, 323.

sprechung genügen, dass die ins Auge gefasste Bevorzugung nach ihrem sachlichen Gehalt in groben Umrissen erkennbar und festgelegt ist.[44] Nur ausnahmsweise kommt eine Strafbarkeit auch wegen (nachträglicher) Gewährung bzw. Annahme eines Vorteils für in der **Vergangenheit liegende Bevorzugungen** in Betracht.[45] Zuwendungen zur „allgemeinen Klimapflege“, um generell das Wohlwollen des Zuwendungsempfängers zu erreichen, fallen dagegen regelmäßig nicht unter den Anwendungsbereich der Norm.

37 § 299 Abs. 3 StGB erweitert den Anwendungsbereich auf alle **Bestechungshandlungen im ausländischen Geschäftsverkehr**. Verstöße gegen ausländische Wettbewerbsordnungen können also auch nach deutschem Strafrecht zu ahnden sein, wenn das deutsche Strafrecht gem. §§ 3 ff. StGB auf den konkreten Fall Anwendung findet. Für den erforderlichen Inlandsbezug reicht es in der Regel aus, wenn die relevanten Tathandlungen zumindest teilweise auf deutschem Territorium begangen werden.

II. Handlungsempfehlung

38 Während der Kontakt mit Amtsträgern im Idealfall auf die Führungsebene beschränkt wird, ist es möglich (und auch praktisch notwendig), die Kontaktpflege in Bezug auf andere Unternehmen breiter aufzustellen.

Praxistipp
Daher empfiehlt es sich, unternehmensintern durch eine **Richtlinie** allen Mitarbeitern einheitliche Vorgaben zu machen. Auf diese Weise schafft man Rechtssicherheit für die Angestellten und weist eine ordnungsgemäße Binnenorganisation nach.

---

39 Die Richtlinie muss natürlich auch die Kontakte mit Amtsträgern umfassen. Wenn allerdings die Kontaktpflege nur durch die Leitungsebene durchgeführt wird, können sich die Vorgaben darauf beschränken, alle Zuwendungen ohne Genehmigung vollständig zu unterlassen. Differenziertere Vorgaben sollte man nur machen, wenn der Kontakt auch für die operativen Mitarbeiter unerlässlich ist.

Beispiel
Dies gilt z.B. für die Netzmitarbeiter, die sich regelmäßig mit dem Tiefbauamt abstimmen müssen.

---

40 Diese Vorgabe, die im Allgemeinen als **Vorteils- oder Zuwendungsrichtlinie** bezeichnet wird, sollte in einfachen Worten und klaren Anweisungen jedem Mitar-

44 BGH, Urt. v. 29.2.1984 – 2 StR 560/83 – BGHSt 32, 290.
45 BGH, Beschl. v. 14.7.2010 – 2 StR 200/10 – NStZ-RR 2010, 376.

beiter deutlich machen, was er annehmen und seinerseits gewähren darf.[46] Hierfür hat sich ein Ampelsystem bewährt. In seiner einfachsten Variante unterteilt es alle denkbaren Vorfälle in drei Gruppen:

Grün	Die Zuwendung ist unproblematisch, keinesfalls wird ein Straftatbestand erfüllt, es kann kein Verdacht einer Bestechungshandlung aufkommen.
Gelb	Die Situation ist unübersichtlich und erfordert eine Einzelfallentscheidung. Hier wird der Vorgesetzte oder der Compliance-Beauftragte eingeschaltet, gegebenenfalls muss eine Genehmigung eingeholt werden.
Rot	Die Zuwendung ist zu unterlassen bzw. abzulehnen. Ein Straftatbestand wäre in jedem Fall erfüllt.

In einem kleineren, eher mittelständisch organisierten Unternehmen sollte versucht 41
werden, die **Richtlinie** möglichst einfach zu halten. Bestimmte Zuwendungen (Geld) werden generell ausgeschlossen, ansonsten werden Wertgrenzen definiert, ab denen die gelbe oder rote Gruppe einschlägig wird. Jedoch zeigt die Erfahrung, dass leitende Angestellte sich von allzu starren Wertgrenzen eher eingeschränkt fühlen. Entsprechend ist es denkbar, **abgestufte Wertgrenzen nach Hierarchieebene** einzuführen oder **unterschiedliche Richtlinien für Angestellte und Führungspersonal** vorzuhalten.

Wichtig ist es, dass die Richtlinien die tatsächlichen Organisationsstrukturen 42
korrekt abbilden. Dies bedeutet insbesondere, dass der Mitarbeiter zweifelsfrei feststellen kann, an wen er sich mit welcher compliancebezogenen Frage zu wenden hat. Man muss aber hervorheben, dass es hier nur darum geht, Zweifelsfragen zu klären. Anders als bei der Amtsträgerbestechung lässt das Einverständnis des Vorgesetzten bzw. Geschäftsherrn des Zuwendungsempfängers den Tatbestand des § 299 StGB nicht entfallen.

Bei der Entgegennahme von Einladungen und Geschenken durch Mitarbeiter 43
eines Unternehmens lässt sich das Strafbarkeitsrisiko hingegen nur durch eine sorgfältige Prüfung im Einzelfall verringern. Nach Möglichkeit sollte daher bei Überschreitung einer als Richtwert (!) festgelegten **Wertgrenze** immer das **Vier-Augen-Prinzip** gelten, Zuwendungen also dem Vorgesetzten gemeldet werden.

Beispiel
In vielen Unternehmen hat es sich bereits durchgesetzt, dass z.B. Weihnachtspräsente ab einem gewissen Wert zentral gesammelt und verlost werden. Auf diese Weise kann man den Verdacht einer Bestechlichkeit vermeiden, da immer nur Personen, nicht aber Unternehmen bestochen werden könnten.

46 Vgl. ausführlich Arbeitskreis Corporate Compliance, Kodex zur Abgrenzung von legaler Kundenpflege und Korruption, abrufbar unter http://www.inea.net/images/download/kodex.pdf.

44 Neben den Wertgrenzen sollte eine entsprechende Richtlinie auch Vorgaben machen, was die **Art und Weise von (erlaubten) Zuwendungen** betrifft. Wie bereits erwähnt, sind Geldzuwendungen kategorisch zu unterlassen. Ebenfalls kann man bei Zuwendungen an Geschäftspartner das Strafbarkeitsrisiko dadurch verringern, dass Zuwendungen an das Unternehmen und nicht an einzelne Personen gerichtet werden. Jedenfalls sollten Zuwendungen auch im Privatrechtsverkehr immer über den Vorgesetzten des Zuwendungsempfängers erfolgen. Soweit **konkrete Vertragsverhandlungen** mit dem Unternehmen bestehen, sollte dagegen auch hier bei Überschreitung einer bestimmten Wertgrenze auf eine Zuwendung grundsätzlich verzichtet werden. Im Zeitraum unmittelbar vor und nach Abschluss eines konkreten Geschäfts sollte besonders sorgfältig abgewogen werden, ob die Zuwendung tatsächlich vertretbar erscheint.

45 **Eigene Veranstaltungen**, der Besuch von Veranstaltungen von Geschäftspartnern sowie aktive oder passive Einladungen zu sonstigen Veranstaltungen sollten eine entsprechende Berücksichtigung finden. Wie bereits erwähnt,[47] sollte man immer – auch im Privatrechtsverkehr – auf einen **gemischten Teilnehmerkreis** achten. Ebenso ist es wichtig, für **Transparenz und Dokumentation** zu sorgen, um sich keinen Vorwürfen der Heimlichkeit auszusetzen, und letztlich intern das Vier-Augen-Prinzip wahren. Ein kritisches Thema ist häufig die Einladung der Ehe-/Lebenspartner. Diese sollten nur ausnahmsweise in Betracht gezogen werden, wenn das Erscheinen in Begleitung, etwa bei kulturellen Veranstaltungen, allgemein üblich ist. Denn dann kann nicht erwartet werden, dass der Eingeladene entweder unbegleitet an der Veranstaltung teilnimmt oder die finanzielle Aufwendung für die Begleitperson selbst trägt.

D. Wettbewerbsbeschränkende Absprache bei Ausschreibungen

46 Eine weitere Form der **strafbewehrten Wettbewerbsbeschränkung** stellen **manipulative Verhaltensweisen im Zusammenhang mit Ausschreibungen** dar.

I. Tatbestand

47 Nach § 298 Abs. 1 StGB wird bestraft,

> „[w]er bei einer **Ausschreibung** über Waren oder gewerbliche Leistungen ein **Angebot** abgibt, das auf einer rechtswidrigen **Absprache** beruht, die darauf abzielt, den Veranstalter zur Annahme eines bestimmten Angebotes zu veranlassen […]“

47 Vgl. dazu Rn 26.

1. Ausschreibung über Waren oder gewerbliche Leistung

Die Tat muss im Zusammenhang mit einer Ausschreibung erfolgen. Als **Ausschreibung** gilt das Verfahren, mit dem von einem Veranstalter Angebote einer unbestimmten Mehrzahl von Anbietern für die Lieferung bestimmter Waren oder das Erbringen bestimmter Leistungen eingeholt werden. Erfasst sind damit sowohl die öffentliche Ausschreibung[48] als auch beschränkte Ausschreibungen.[49] Nach § 298 Abs. 2 StGB wird schließlich die freihändige Vergabe nach vorherigem Teilnahmewettbewerb dem Begriff der Ausschreibung gleichgesetzt. 48

Die Regelung ist nicht auf Vergabeverfahren der öffentlichen Hand beschränkt, sondern gilt auch für Ausschreibungen und freihändige Vergabe durch private Unternehmen und Privatpersonen, sofern diese Verfahren ähnlich den öffentlichen ausgestaltet sind. 49

Die Ausschreibung muss sich auf **Waren** oder **gewerbliche Leistungen** beziehen. Davon sind sowohl Leistungen im beruflichen Verkehr als auch freiberufliche Leistungen erfasst. 50

2. Rechtswidrige Absprache

Im Zusammenhang mit der Ausschreibung muss eine **rechtswidrige Absprache** stattgefunden haben. Eine Absprache in diesem Sinne ist eine Vereinbarung, dass ein oder mehrere bestimmte Angebote abgegeben werden sollen und dass die Abrede zwischen potenziellen und im Wettbewerb miteinander stehenden Anbieter oder zwischen Veranstalter und Bieter getroffen wird.[50] Die Absprache muss darauf gerichtet sein, die Auswahlentscheidung des Veranstalters in eine bestimmte Richtung zu lenken und diesen so zur Annahme eines bestimmten Angebotes zu veranlassen. 51

3. Abgeben eines Angebotes als strafbare Tathandlung

Die Absprache an sich ist als vorbereitende Handlung nicht strafbar. Es bedarf zusätzlich einer **Angebotsabgabe**, also einer Erklärung gegenüber dem Veranstalter, wonach der Täter die Lieferung oder Leistung, welche die Ausschreibung zum Gegenstand hat, unter Bezugnahme auf die Ausschreibung und unter Anerkenntnis der Ausschreibungsbedingungen zu einem bestimmten Preis so anbietet, dass grundsätzlich ohne Weiteres ein Zuschlag erfolgen kann.[51] 52

---

48 Vgl. VOB/A, VOL/A, Abs. 1 § 3 Abs. 1.

49 Vgl. VOB/A, VOL/A, Abs. 1 § 3 Abs. 3; ebenfalls umfasst sind beschränkte Ausschreibungen öffentlicher Auftraggeber auch ohne vorhergehendem öffentlichen Teilnehmerwettbewerb, BGH, Beschl. v. 17.10.2013 – 3 StR 167/13 – NZBau 2014, 238.

50 *Fischer*, StGB, § 298 Rn 10 f.

51 *Fischer*, StGB, § 298 Rn 13.

Praxistipp
Der Veranstalter einer Ausschreibung sollte stets berücksichtigen, dass nicht nur die manipulativ zusammenwirkenden Anbieter, sondern unter bestimmten Voraussetzungen auch Nicht-Anbieter – und somit auch die Mitarbeiter des Veranstalters – Täter des § 298 StGB sein können.[52] Dies wird z.B. dann anzunehmen sein, wenn mit den Anbietern Ausgleichzahlungen vereinbart werden oder der Nicht-Anbieter wesentlichen Einfluss auf das Zustandekommen der Absprache hat. Steht eine der Personen auf der Seite des Veranstalters, so kann diese nur dann Täter sein, wenn sie einen mitgestaltenden Einfluss auf die Abgabe des Angebotes hat und es sich bei dem Veranstalter um ein Unternehmen im Sinne des GWB[53] handelt.

53 Untergeordnete **Formen der Mitwirkung** an der Absprache können eine Beteiligung an der Tat darstellen und somit bspw. eine Strafbarkeit wegen Beihilfe (§ 27 StGB) zur Folge haben. Kein strafbares Verhalten stellt das Verschweigen der bloßen Kenntnis von Absprachen Dritter dar. Der nicht beteiligte Anbieter ist diesbezüglich nicht zur Offenbarung verpflichtet.

54 Die **Grenze der Strafbarkeit** ist erst dann erreicht, wenn das abgegebene Angebot auf einer Vereinbarung beruht, die von den Beteiligten als verbindlich angesehen wird. Werden im Vorfeld lediglich Informationen darüber eingeholt, welche Mitbewerber Angebote abgegeben haben oder abgeben wollen, so ist ein auf dieser Grundlage abgegebenes Angebot strafrechtlich nicht relevant. Zulässig sind weiterhin wettbewerbsrechtlich gestattete Verhaltensweisen, so z.B. eine als Bietergemeinschaft in Form einer BGB-Gesellschaft auftretende Arbeitsgemeinschaft mehrerer Unternehmen.

55 Auch die informellen Bemühungen um Auftragserteilung außerhalb des Ausschreibungsverfahrens unterliegen grundsätzlich nicht der Strafverfolgung. In diesem Zusammenhang sind jedoch unter Umständen weitere Strafvorschriften relevant.[54]

II. Handlungsempfehlung

56 Für Unternehmen, die regelmäßig Ausschreibungen machen bzw. sich an diesen beteiligen, ist es angeraten, die betreffenden Mitarbeiter in Bezug auf die rechtlich einwandfreien Verhaltensweisen zu schulen. Dabei ist zu beachten, dass es nicht von Bedeutung ist, welche Position der Täter innerhalb des Unternehmens einnimmt. Für die **Tätereigenschaft nach § 298 StGB** reicht es aus, dass der Mitarbeiter eine entsprechende Handlungsbefugnis hat oder er sich als befugt ausgibt. Zudem kann es

52 BGH, Beschl. v. 25.7.2012 – 2 StR 154/12 – NJW 2012, 3318 ff.
53 Gesetz gegen Wettbewerbsbeschränkungen (GWB) v. 26.6.2013 (BGBl. I S. 1750, 3245), zuletzt geändert durch Gesetz v. 21.7.2014 (BGBl. I S. 1066).
54 Vgl. hierzu Rn 6 ff. und Rn 46 ff.

sich anbieten, die Zuwendungsrichtlinie modular um Fragen der Ausschreibungen zu ergänzen.

E. Steuerliche Auswirkungen von Zuwendungen

Darüber hinaus kann die Gewährung von geldwerten Zuwendungen an Dritte steuer(straf)rechtliche Konsequenzen haben. Hier ist zwischen dem **Zuwendenden** und dem **Zuwendungsempfänger** zu unterscheiden. 57

I. Auswirkungen für den Zuwendenden

Soweit eine **geldwerte Zuwendung** den Tatbestand eines Bestechungsdelikts erfüllt, darf diese vom Zuwendenden nicht als **Betriebsausgabe** geltend gemacht werden (§ 4 Abs. 5 Nr. 10 EStG i.V.m. Hinweis 4.14 EStH 2008). Aber auch wenn der Tatbestand eines Bestechungsdelikts nicht erfüllt ist, sind bei der Frage des Betriebsausgabenabzugs **Wertgrenzen** einzuhalten: 58

Geschenke:	Geschenke an (betriebsfremde) Dritte dürfen nicht als Betriebsausgabe geltend gemacht werden, wenn sie 35 € je Wirtschaftsjahr und Empfänger überschreiten (§ 4 Abs. 5 Nr. 1 EStG).
Bewirtungen:	Bewirtungen von Personen aus geschäftlichem Anlass, die nach allgemeiner Auffassung als angemessen anzusehen sind und entsprechend nachgewiesen werden, können in Höhe von 70 % der Aufwendungen als Betriebsausgaben abgezogen werden (§ 4 Abs. 5 Nr. 2 EStG).
Einladungen zu kulturellen oder sportlichen Veranstaltungen, ggf. mit Bewirtung:	Aufwendungen in diesem Zusammenhang sind in die Kategorien „Geschenk“ und „Bewirtung“ aufzugliedern und wie vorstehend beschrieben zu behandeln. Soweit sich deren Wert nicht konkret beziffern lässt, ist eine Aufteilung der Gesamtkosten in 50 % für Geschenke und 50 % für die Bewirtung vorzunehmen.

Werden **Aufwendungen** entgegen dieser Grundsätze gleichwohl **als abziehbare Betriebsausgabe** geltend gemacht, kann dies den Tatbestand einer Steuerhinterziehung erfüllen. Denn eine Steuerhinterziehung liegt unter anderem vor, wenn der Steuerpflichtige die Finanzbehörden über steuerlich erhebliche Tatsachen vorsätzlich in Unkenntnis lässt und dadurch Steuern verkürzt. Schon der Versuch ist strafbar. 59

II. Auswirkungen für den Zuwendungsempfänger

60 Auch für den **Zuwendungsempfänger** kann die Annahme einer geldwerten Zuwendung steuer(straf)rechtliche Konsequenzen haben. Bestechungsgelder stellen Einnahmen dar, die unter die sonstigen Einkünfte (§ 22 Nr. 3 EStG) fallen und somit vom Zuwendungsempfänger zu versteuern sind. Aber auch sonstige **geldwerte Zuwendungen** sind unter bestimmten Voraussetzungen als steuerpflichtiger Vorteil anzusehen:

Geschenke:	Erhält ein Steuerpflichtiger als Arbeitnehmer im Zusammenhang mit seiner Tätigkeit ein Geschenk, stellt dies eine Einnahme dar, die bei Überschreitung von 44 € im Monat der Einkommensteuer zu unterwerfen ist (§ 8 EStG).
Bewirtungen:	Aus Vereinfachungsgründen wird die Zuwendung beim Bewirteten nicht als steuerpflichtiger Vorteil angesehen (R 4.7 Abs. 3 EStR[55] 2008).
Einladungen zu kulturellen oder sportlichen Veranstaltungen, ggf. mit Bewirtung:	Aufwendungen in diesem Zusammenhang sind in die Kategorien „Geschenk" und „Bewirtung" aufzugliedern und wie vorstehend beschrieben zu behandeln. Soweit sich deren Wert nicht konkret beziffern lässt, ist eine Aufteilung der Gesamtkosten in 50 % für Geschenke und 50 % für die Bewirtung vorzunehmen.

61 Sofern die Angabe steuerpflichtiger Vorteile in der Steuererklärung leichtfertig unterbleibt, liegt grundsätzlich eine **Steuerordnungswidrigkeit** vor. Bei vorsätzlichem Handeln kann ggf. auch der Tatbestand einer Steuerhinterziehung erfüllt sein.

62 Da es für den Zuwendungsempfänger regelmäßig schwierig ist, die konkrete Höhe des Geschenks zu beziffern, hat der Zuwendende die Möglichkeit, die **Steuer** für den Zuwendungsempfänger nach § 37b EStG[56] pauschal zu übernehmen. Eine **Ausnahme** gilt lediglich für folgende Zuwendungen:

- Sachzuwendungen unter 10 € sind als Streuwerbeartikel anzusehen und fallen nicht in den Anwendungsbereich der Vorschrift.
- Sachzuwendungen von mehr als 10.000 € je Empfänger und Wirtschaftsjahr oder Einzelzuwendungen in dieser Höhe können ebenfalls nicht pauschal besteuert werden.

55 Einkommensteuerrichtlinie (EStR) v. 16.12.2005 (BStBl. I Sondernummer 1), geändert durch Richtlinie v. 25.3.2013 (BStBl. I S. 276).

56 Einkommensteuergesetz (EStG) v. 8.10.2009 (BGBl. I S. 3366, 3862), geändert durch Gesetz v. 22.12.2014 (BGBl. I S. 2417).

F. Untreue

Untreue im Sinne von § 266 StGB ist eine der zentralen Vorschriften im Bereich des Wirtschaftsstrafrechts. Aufgrund des relativ allgemein gehaltenen Wortlauts und des daraus resultierenden weiten Anwendungsbereiches hat die Vorschrift zahlreiche Berührungspunkte mit dem beruflichen Alltag wirtschaftlicher Verantwortungsträger. Sie stellt dabei eine der wichtigsten (strafrechtlichen) Grenzen für die Freiheit unternehmerischer Entscheidungen dar. In den Fokus der öffentlichen Wahrnehmung ist der Vorwurf der Untreue in den letzten Jahren insbesondere durch spektakuläre Strafverfahren gegen Mitarbeiter und Führungspersonal von renommierten Unternehmen wie Mannesmann/Vodafone,[57] Siemens[58] und VW[59] geraten. In der jüngsten Zeit kamen Prozesse gegen Verantwortliche aus dem Bankenbereich wegen riskanter Transaktionen hinzu, wie in Hamburg (HSH Nordbank) und in München (BayernLB). Nachdem es in der Vergangenheit eine bedenkliche Tendenz zu einer immer weiter ausufernden Anwendung des Untreuetatbestandes gab, hat eine **Grundsatzentscheidung des Bundesverfassungsgerichts** (BVerfG) aus dem Jahr 2010[60] eine – in vielen nachfolgenden Entscheidungen ablesbare – Umkehr bewirkt. Das BVerfG hat in Erinnerung gerufen, dass die relativ weit und unbestimmt gefassten Voraussetzungen des § 266 StGB restriktiv auszulegen sind. Die Anwendbarkeit der Vorschrift ist auf evidente Fälle strafbaren Verhaltens jenseits der Grenzen der unternehmerischen Entscheidungsfreiheit zu beschränken. 63

I. Tatbestandsvoraussetzungen

Der **Tatbestand der Untreue** im Sinne von § 266 Abs. 1 StGB setzt im Wesentlichen voraus, dass ein Verpflichteter (Treunehmer) die ihm eingeräumten oder ansonsten zustehenden Kompetenzen vorsätzlich überschreitet, dabei eine ihm obliegende Pflicht zur Betreuung eines ihm **fremden Vermögens** zum Nachteil des Vermögensinhabers (Treugebers) verletzt und diesem dadurch vorsätzlich einen Vermögensnachteil zufügt. Geschütztes Rechtsgut ist ausschließlich das Vermögen des Treugebers, nicht dagegen ein individuelles oder allgemeines Vertrauen in die Funktionsfähigkeit der Wirtschaftsordnung oder in die Sicherheit der Güterzuordnung.[61] 64

57 BGH, Urt. v. 21.12.2005 – 3 StR 470/04 – NJW 2006, 522 – Mannesmann/Vodafone.
58 BGH, Urt. v. 29.8.2008 – 2 StR 587/07 – NJW 2009, 89 – Siemens/schwarze Kassen.
59 BGH, Urt. v. 17.9.2009 – 5 StR 521/08 – NStZ 2009, 694 – Volkswagen/Betriebsrat.
60 BVerfG, Beschl. v. 23.6.2010 – 2 BvR 2559/08 u.a. – BVerfGE 126, 170 = NJW 2010, 3209.
61 *Fischer*, StGB, § 266 Rn 2.

1. Missbrauch

65 Der Straftatbestand der Untreue im Sinne von § 266 Abs. 1 StGB unterscheidet zwischen zwei Tatbestandsalternativen. Der sog. **Missbrauchstatbestand** erfasst den Missbrauch einer rechtlichen Befugnis, über fremdes Vermögen zu verfügen bzw. eine (andere) natürliche oder juristische Person durch die Eingehung von Rechtsgeschäften zu verpflichten. Eine Strafbarkeit setzt in dieser Variante voraus, dass der Treugeber (Vermögensinhaber) dem Treunehmer (Täter) eine im Außenverhältnis wirksame Befugnis eingeräumt hat, rechtliche Verpflichtungen einzugehen. Gleichzeitig existieren jedoch im Innenverhältnis Regelungen, die diese Befugnis beschränken. Der Treunehmer macht sich strafbar, wenn er die ihm so eingeräumte Möglichkeit missbraucht, indem er das für ihn fremde Vermögen des Treugebers im Außenverhältnis wirksam verpflichtet, dabei aber die ihm im Innenverhältnis gesetzten Beschränkungen verletzt. Sofern er gegenüber dem Treugeber zum Handeln verpflichtet ist (Garantenstellung), kann auch ein pflichtwidriges Unterlassen strafbar sein

2. Treuebruch

66 Die zweite Tatbestandsalternative des § 266 Abs. 1 StGB beinhaltet den sog. **Treuebruchtatbestand.** Der Täter (Treunehmer) begeht im Verhältnis zum Vermögensinhaber (Treugeber) einen Treuebruch, indem er zu dessen Nachteil eine Vermögensverfügung vornimmt und dabei zugleich eine ihm obliegende Vermögensbetreuungspflicht verletzt. Diese Vermögensbetreuungspflicht besteht in einer inhaltlich besonders herausgehobenen Pflicht, Vermögensinteressen eines Dritten (Vermögensinhabers) zu betreuen.[62] Diese Pflicht beinhaltet unter anderem drohende Vermögensnachteile zugunsten des Vermögensinhabers abzuwenden. Sie zeichnet sich weiterhin dadurch aus, dass der Inhaber der Treuepflicht innerhalb eines nicht ganz unbedeutenden Pflichtenkreises im Interesse des Vermögensinhabers tätig und zur fremdnützigen Vermögensfürsorge verpflichtet sein muss.[63] Eine derartige **Vermögensbetreuungspflicht** kann sich aus

- Gesetz,
- behördlichem Auftrag,
- einem Rechtsgeschäft – wie z.B. einem Anstellungsverhältnis oder einer sonstigen Beauftragung – oder
- einem sonstigen Treueverhältnis

ergeben. So sind unter anderem Mitarbeiter, die hauptsächlich und eigenständig Vermögen eines Unternehmens betreuen – wie etwa der Leiter der Handelsabteilung mit

62 *Fischer*, StGB, § 266 Rn 35. Nach der Rechtsprechung setzt auch die Missbrauchsalternative das Vorliegen einer (inhaltsgleichen) Vermögensbetreuungspflicht voraus, vgl. Fischer, StGB, § 266 Rn 21 ff.

63 *Fischer*, StGB, § 266 Rn 35.

eigener Budgetverfügungsmacht –, zur Vermögensbetreuung verpflichtet. Gleiches gilt für Vorstands- und Aufsichtsratsmitglieder.

Eine **Vermögensbetreuungspflicht** ist von der Rechtsprechung u.a. in folgenden Fällen angenommen worden: 67

- Geschäftsführer einer GmbH gegenüber der GmbH,[64]
- Geschäftsführer einer GmbH gegenüber einer abhängigen GmbH im GmbH-Konzern hinsichtlich existenzerhaltender Liquidität,[65]
- Vorstandsmitglieder einer AG gegenüber der Gesellschaft,[66]
- Vorstandsmitglieder eines gemeinnützigen Vereins hinsichtlich der Erhaltung der wirtschaftlichen Voraussetzungen steuerrechtlicher Gemeinnützigkeit.[67]

Bei einer **AG** kann eine eigene **Vermögensbetreuungspflicht** auch die Mitglieder des Aufsichtsrats treffen.[68] Diese Vermögensbetreuungspflicht leitet sich aus der gesetzlichen Überwachungspflicht des § 111 Abs. 1 AktG[69] ab. Die Handlungspflicht des Aufsichtsrats umfasst die Verhinderung gravierender vermögensschädigender Pflichtverletzungen des Vorstandes sowie die Pflicht, Maßnahmen zur Geltendmachung von Schadenersatzansprüchen zu veranlassen bzw. eine Strafanzeige zu erstatten, sofern nachträglich entsprechende Pflichtverletzungen des Vorstandes bekannt werden.[70] 68

Die **Verletzungshandlung** kann in Verfügungen aller Art über das fremde Vermögen bestehen. Erfasst sind sämtliche Handlungen rechtsgeschäftlicher oder tatsächlicher Art.[71] Eine Tatbegehung durch Unterlassen (§ 13 StGB) ist im Falle einer Garantenstellung ebenfalls möglich. 69

Auch die **Festsetzung von unzulässigen Vorstandsvergütungen** kann einen Treuebruch darstellen. Zwar steht dem Aufsichtsrat einer AG insoweit grundsätzlich ein weiter Ermessensspielraum zu. Eine Treuepflichtverletzung liegt in diesen Fall- 70

---

64 BGH, Urt. v. 6.5.2008 – 5 StR 34/08 – wistra 2008, 379; BGH, Urt. v. 18.8.1993 – 2 StR 229/93 – wistra 1993, 340 f.

65 BGH, Urt. v. 17.9.2001 – II ZR 178/99 – wistra 2002, 58; BGH, Urt. v. 24.8.1988 – 3 StR 232/88 – NJW 1989, 112.

66 BGH, Urt. v. 6.12.2001 – 1 StR 215/01 – BGHSt 47, 187.

67 BGH, Urt. v. 26.4.2001 – 4 StR 264/00 – wistra 2001, 340.

68 BGH, Urt. v. 21.12.2005 – 3 StR 470/04 – NStZ 2006, 214. Vgl. BGH, Urt. v. 13.4.2010 – 5 StR 428/09 – NStZ 2010, 632 ff., zu der strafrechtlichen Verantwortlichkeit eines „Directors“ einer auf dem Offshore-Finanzplatz der British Virgin Islands als EU-Auslandsgesellschaft gegründeten Limited.

69 Aktiengesetz (AktG) v. 6.9.1965 (BGBl. I S. 1089), zuletzt geändert durch Gesetz v. 23.7.2013 (BGBl. I S. 2586).

70 Vgl. ausführlich *Fischer*, StGB, § 266 Rn 106.

71 *Fischer*, StGB, § 266 Rn 51.

konstellationen nach der Rechtsprechung aber dann vor, wenn Sonderzahlungen an Vorstandsmitglieder zur Belohnung vergangener Leistungen gewährt werden und wenn sie dem Unternehmen keinen zukunftsbezogenen Nutzen bringen.[72] Der Ermessensspielraum des Aufsichtsrates wird zudem durch § 87 AktG konkretisiert und eingeschränkt. Danach muss die Festsetzung der Gesamtbezüge in einem angemessenen Verhältnis zu den Aufgaben und Leistungen des Vorstandsmitglieds sowie zur Lage der Gesellschaft stehen.

3. Pflichtwidrigkeit

71 Die Erfüllung sowohl der Missbrauchs- als auch der Treuebruchalternative setzt ferner voraus, dass sich der Täter bei der Vornahme seiner vermögensrelevanten Handlung **pflichtwidrig** verhält. Die Pflichtwidrigkeit im Verhältnis zum Treugeber (Vermögensinhaber) bestimmt sich dabei nach den zugrundeliegenden Rechtsverhältnissen zwischen Treunehmer und Treugeber, wobei den insoweit maßgeblichen zivilrechtlichen Grundlagen eine bestimmende Bedeutung zukommt.

72 Die bereits erwähnte Grundsatzentscheidung des BVerfG hat zu einer Präzisierung des Pflichtwidrigkeitsmerkmals geführt und die – zuvor in der Rechtsprechung unterschiedlich beurteilte – Notwendigkeit einer restriktiven Handhabung betont. Der Untreuetatbestand, so das BVerfG, müsse auf **gravierende Pflichtverletzungen**, das heißt klare und evidente Fälle pflichtwidrigen Handelns, beschränkt werden.[73]

73 Eine Pflichtwidrigkeit bei unternehmerischen Entscheidungen dürfte somit insbesondere bei **evidenten Verstößen** gegen externe oder interne Regeln oder bei **unvertretbaren Entscheidungen** in Betracht kommen.

4. Einverständnis des Vermögensinhabers

74 Eine Strafbarkeit wegen Untreue scheidet aus, wenn der **Vermögensinhaber** (Treugeber) mit der Handlung des Treunehmers **einverstanden** ist.[74] Das Einverständnis kann dabei entweder durch den Vermögensinhaber selbst oder im Falle von juristischen Personen durch die zuständigen Organe erklärt werden. Ein Einverständnis muss **vor der Durchführung** der – ansonsten treuwidrigen – Handlung seitens des Vermögensinhabers erklärt werden. Eine **nachträgliche Genehmigung** führt nicht

---

72 BGH, Urt. v. 21.12.2005 – 3 StR 470/04 – NJW 2006, 522 – Mannesmann/Vodafone.

73 BVerfG, Beschl. v. 23.6.2010 – 2 BvR 2559/08 u.a. – BVerfGE 126, 170 = NJW 2010, 3209.

74 BGH, Urt. v. 21.12.2005 – 3 StR 470/04 – NJW 2006, 522 – Mannesmann/Vodafone; ebenso BGH, Beschl. v. 31.7.2009 – 2 StR 95/09 – NStZ 2010, 89.

zur Straflosigkeit.[75] Von besonders großer praktischer Relevanz ist die Frage des Einverständnisses des Vermögensinhabers im Bereich von **Risikogeschäften.**[76]

Das erteilte Einverständnis muss wirksam sein, damit es zu einem Ausschluss der Strafbarkeit führt. Eine **Unwirksamkeit des Einverständnisses** kann u.a. dann in Betracht kommen, wenn die Zustimmung des Vermögensinhabers gesetzeswidrig oder seitens des Treunehmers (Täters) durch Täuschung erschlichen ist. Eine Unwirksamkeit kann auch dann gegeben sein, wenn die Zustimmung durch den Vermögensinhaber pflichtwidrig ist.[77] 75

Das Problem der **Einwilligung des Vermögensinhabers** spielt eine besondere Rolle bei der Zustimmung durch Organe oder Gesellschafter von Personen- oder Kapitalgesellschaften. Wenn der Treugeber eine **Personengesellschaft** (GbR, OHG, KG) ist, schließt in der Regel nur das Einverständnis aller Gesellschafter eine treuwidrige Pflichtverletzung durch den Treunehmer aus.[78] 76

Bei einer Gesellschaft mit beschränkter Haftung (**GmbH)** sind vermögensnachteilige Geschäfte des Geschäftsführers (Treunehmer) im Rahmen seiner Geschäftsführung grundsätzlich dann nicht pflichtwidrig, wenn sie im **Einverständnis der Gesellschafter** (Treugeber) erfolgen.[79] Dies gilt auch für den geschäftsführenden Alleingesellschafter. Das Vorliegen eines Einverständnisses schließt die Pflichtwidrigkeit aber dann nicht aus, wenn das **Stammkapital** der GmbH – insbesondere unter Verstoß gegen § 30 GmbHG – beeinträchtigt[80] oder die **wirtschaftliche Existenz** der GmbH in anderer Art und Weise gefährdet wird.[81] Diese Voraussetzungen sind insbesondere bei einer Herbeiführung oder Vertiefung einer Überschuldung[82] sowie bei Gefährdung der Existenz oder der Liquidität der GmbH gegeben.[83] Diese Grundsätze gelten auch für die abhängige GmbH im GmbH-Konzern.[84] 77

---

75 *Fischer*, StGB, § 266 Rn 90.

76 Vgl. insoweit die Ausführungen Rn 96 ff.

77 *Fischer*, StGB, § 266 Rn 92.

78 *Fischer*, StGB, § 266 Rn 93a.

79 BGH, Urt. v. 20.7.1999 – 1 StR 668/98 – NJW 2000, 154. Nach BGH, Urt. v. 27.8.2010 – 2 StR 111/09 – NJW 2010, 3458 f., setzt ein wirksames Einverständnis der Mehrheit der Gesellschafter einer GmbH voraus, dass auch die Minderheitsgesellschafter mit der Frage der Billigung befasst waren.

80 BGH, Urt. v. 6.5.2008 – 5 StR 34/08 – NStZ 2009, 153; BGH, Beschl. v. 19.2.2013 – 5 StR 427/12 – wistra 2013, 232.

81 BGH, Urt. v. 20.7.1999 – 1 StR 668/98 – NJW 2000, 154; BGH, Beschl. v. 30.8.2011 – 3 StR 228/11 – wistra 2011, 463.

82 BGH, Beschl. v. 28.10.2008 – 5 StR 166/08 – NJW 2009, 157.

83 BGH, Urt. v. 20.7.1999 – 1 StR 668/98 – NJW 2000, 154; BGH, Beschl. v. 30.8.2011 – 3 StR 228/11 – wistra 2011, 463.

84 *Fischer*, StGB, § 266 Rn 98. Vgl. zur Frage der Existenzgefährdung durch zentrales Cash-Management BGH, Urt. v. 24.11.2003 – II ZR 171/01 – NJW 2004, 1111, und BGH, Beschl. v. 31.7.2009 – 2 StR 95/09 – BGHSt 54, 52 = NJW 2009, 3666.

78 Bei einer **Aktiengesellschaft (AG)** schließt das (wirksame) **Einverständnis des Vorstandes** eine Untreue aus.[85] Obwohl § 76 Abs. 1 AktG dem Vorstand einer AG grundsätzlich eine unbeschränkte Entscheidungsbefugnis einräumt (im Konzern findet § 308 Abs. 2 AktG Anwendung), muss der Vorstand bei der Ausübung der ihm zugewiesenen Leitungsbefugnis (und damit bei der Erteilung eines etwaigen Einverständnisses) gem. § 93 AktG die Sorgfalt eines ordentlichen und gewissenhaften Geschäftsleiters anwenden. Dem Vorstand ist dabei grundsätzlich ein weiter unternehmerischer Ermessensspielraum einzuräumen.[86] Sofern der Vorstand allerdings die ihm gesetzten Grenzen überschreitet und gegen eine ihm obliegende Hauptpflicht zur Betreuung des Gesellschaftsvermögens verstößt, kann eine Pflichtwidrigkeit im Sinne von § 266 Abs. 1 StGB vorliegen,[87] was die Unwirksamkeit des erteilten Einverständnisses zur Folge hat. Die Unwirksamkeit eines erteilten Einverständnisses aufgrund eigener Pflichtwidrigkeit liegt dabei z.B. in der Regel bei der Einrichtung und Aufrechterhaltung sog. schwarzer Kassen[88] und bei unzulässigen Zuwendungen an Betriebsratsmitglieder[89] vor.

5. Vermögensnachteil

79 Der Tatbestand der Untreue setzt schließlich voraus, dass dem Vermögensinhaber durch das treuwidrige Handeln des Täters ein **Vermögensnachteil** zugefügt wird. Die **Feststellung** der durch die treuwidrige Handlung kausal herbeigeführten Vermögenseinbuße erfolgt insoweit nach dem **Prinzip der Gesamtsaldierung**, indem der Wert des Gesamtvermögens vor und nach der pflichtwidrigen Tathandlung verglichen wird.[90]

80 Allerdings muss kein (endgültiger) Vermögensschaden eintreten. Nach der Rechtsprechung reicht eine **schadensgleiche Vermögensgefährdung** aus. Es wird auch zum Teil von einem Gefährdungsschaden gesprochen. Dabei handelt es sich um eine gegenwärtige Minderung des Gesamtvermögens durch die naheliegende Gefahr des endgültigen Verlustes eines Vermögensnachteils.[91]

81 Die von der Rechtsprechung anerkannte Figur des **Gefährdungsschadens** hat in der Vergangenheit zu einer bedenklichen Ausweitung und Vorverlagerung der Untreuestrafbarkeit geführt. Weil hiernach der Eintritt einer effektiven Schädigung des anvertrauten Vermögens nicht erforderlich ist, sondern eben dessen

---

85 Den Aktionären kommt dagegen keine Einwilligungskompetenz zu, vgl. *Fischer*, StGB, § 266 Rn 103.

86 *Fischer*, StGB, § 266 Rn 103.

87 BGH, Urt. v. 22.11.2005 – 1 StR 571/04 – NStZ 2006, 221 – Kinowelt.

88 Vgl. insoweit die Ausführungen Rn 92 ff.

89 Vgl. insoweit die Ausführungen Rn 89 f.

90 BGH, Urt. v. 31.7.2007 – 5 StR 347/06 – NStZ 2008, 398.

91 Vgl. ausführlich *Fischer*, StGB, § 266 Rn 150 m.w.N.

Gefährdung ausreicht, war eine zuverlässige Grenzziehung zwischen der strafbaren vollendeten Untreue und dem straflosen Versuch einer Untreue nicht immer ohne Weiteres möglich. Problematisch war auch die Tendenz einiger Gerichte bei der Eingehung von Risikogeschäften aus der – durch den pflichtwidrigen Abschluss des Geschäfts begründeten – gesteigerten Verlustgefahr sogleich auf das Vorliegen eines Gefährdungsschadens zu schließen. Damit wurde das Tatbestandsmerkmal des Vermögensschadens letztlich seines eigenständigen, vom Pflichtwidrigkeitsmerkmal unabhängigen Bedeutungsgehalts beraubt. Auch dieser Rechtspraxis hat die Grundsatzentscheidung des BVerfG eine Grenze gezogen. Nach dem BVerfG darf aus pflichtwidrigem Handeln nicht unbesehen auf einen Vermögensnachteil geschlossen werden. Dessen Vorliegen ist vielmehr eigenständig zu prüfen und – besonders praxisrelevant – gegebenenfalls unter Heranziehung eines Sachverständigen der Höhe nach zu beziffern.[92] Bedeutsam sind diese Vorgaben des BVerfG vor allem in Fällen der (pflichtwidrigen) Vergabe von Krediten.[93]

6. Vorsatz

In subjektiver Hinsicht muss der Täter **vorsätzlich handeln**. Es reicht aus, dass der 82
Täter die Möglichkeit eines Schadens erkennt und sich damit abfindet (**Eventualvorsatz**). Fahrlässiges Handeln ist im Rahmen des § 266 StGB nicht unter Strafe gestellt. Der Vorsatz muss sich sowohl auf die Pflichtverletzung als auch auf die kausale Herbeiführung eines Vermögensvorteils beziehen. An den **Nachweis des Vorsatzes** sind im Hinblick auf die relative Weite des objektiven Tatbestandes nach der Rechtsprechung strenge Anforderungen zu stellen.[94] Daran hat sich nach der neueren verfassungsrechtlichen Rechtsprechung, die eine engere Auslegung der objektiven Tatbestandsmerkmale der Pflichtwidrigkeit und des Vermögensnachteils angemahnt hat, nichts geändert. Im Gegenteil: In dem Maße, in dem die Anforderungen an den Nachweis des Vorliegens der objektiven Tatbestandsmerkmale steigen, erhöhen sich auch die Vorsatzanforderungen. Bedeutsam ist dies insbesondere in Fällen der Eingehung von Risikogeschäften.

92 BVerfG, Beschl. v. 23.6.2010 – 2 BvR 2559/08 u.a. – BVerfGE 126, 170 = NJW 2010, 3209.

93 Vgl. Rn 96 ff.

94 BGH, Beschl. v. 26.8.2003 – 5 StR 188/03 – wistra 2003, 463; BVerfG, Beschl. v. 10.3.2009 – 2 BvR 1980/07 – NStZ 2009, 560. Vgl. ausführlich zur Diskussion bzgl. der Anforderung an die Feststellungen eines Vorsatzes bei Gefährdungsschäden *Fischer*, NStZ-Sonderheft 2009, 8 ff.

II. Praxisrelevante Fallgruppen der Untreue

83 In der Rechtsprechung haben sich bestimmte Fallgruppen der Untreue herausgebildet. Das BVerfG hat darin einen wichtigen Beitrag zur notwendigen Konkretisierung des weit gefassten Untreuetatbestandes gesehen. Da die Fallgruppen zudem in hohem Maße praxisrelevante Themen abbilden, ist ihre Kenntnis für das Verständnis des § 266 StGB von erheblicher Bedeutung. Die wichtigsten Fallgruppen werden im Folgenden vorgestellt.

1. Sponsoring

84 Das Sponsoring – z.B. die Förderung von nicht-wirtschaftlichen Bereichen wie Kunst, Wissenschaft, Sozialwesen und Sport – durch Vorstände oder Geschäftsführer von Kapitalgesellschaften ist grundsätzlich zulässig und im Wirtschaftsleben weit verbreitet.[95] Es ist mit den Verhaltenspflichten der Unternehmensleitung als ordentlichem Geschäftsleiter grundsätzlich vereinbar, dass die unentgeltliche Zuwendung allein mit dem Ziel vorgenommen wird, die soziale Akzeptanz des Unternehmens zu verbessern, es als **„Good Corporate Citizen“** darzustellen und dadurch indirekt sein Fortkommen zu verbessern.[96]

Hinweis
Gerade kommunale Unternehmen, wie Stadtwerke, sind häufig einer der größten Arbeitgeber der Region. Entsprechendes Engagement in der Gemeinschaft wird von den Bürgern genauso wie von den Verantwortlichen der Kommunen erwartet.

85 Gleichwohl steht der Unternehmensleitung **kein unbegrenzter Freiraum** zu. Vielmehr muss sie ihre Entscheidungen jeweils in Abwägung der ihr obliegenden Verantwortung für den Unternehmenserfolg treffen. Eine Pflichtwidrigkeit des Sponsorings und damit eine strafbare Untreue kann bei Zuwendungen in unangemessener und wirtschaftlich nicht vertretbarer Höhe, bei der Ausschaltung interner Kontrollmechanismen und bei der Verbindung mit persönlichen Vorteilen gegeben sein. Nach der Rechtsprechung soll eine Pflichtverletzung anhand von verschiedenen Indizien festgestellt werden. Diese umfassen die fehlende Nähe des Zuwendungszwecks zum Unternehmensgegenstand, die Unangemessenheit im Hinblick auf die Ertrags- und Vermögenslage, die fehlende innerbetriebliche Transparenz und sachwidrige Motive, wie z.B. die Verfolgung rein persönlicher Präferenzen.[97]

95 *Fischer*, StGB , § 266 Rn 84.
96 BGH, Urt. v. 6.12.2001 – 1 StR 215/01 – BGHSt 47, 187.
97 BGH, Urt. v. 6.12.2001 – 1 StR 215/01 – BGHSt 47, 187.

Hinweis
Dabei gilt: Je loser die Verbindung zwischen dem Geförderten und dem Unternehmensgegenstand ist, desto begrenzter ist der Handlungsspielraum der Unternehmensleitung und desto größer sind die Anforderungen an die interne Transparenz.

Bei **unentgeltlichen Zuwendungen an Dritte** muss sich die Unternehmensleitung 86
an dem möglichen Nutzen orientieren, den ein solches Verhalten der sozialen Akzeptanz des Unternehmens bringt.[98] So kann der Tatbestand der Untreue im Sinne von § 266 StGB etwa auch bei der Einladung zu Veranstaltungen, die zwar nicht unmittelbar mit dem Unternehmensgegenstand zusammenhängen, mit denen aber gleichfalls ein anerkanntes unternehmerisches Interesse, etwa das Engagement im kulturellen oder sportlichen Bereich, verfolgt wird, ausscheiden.

Praxistipp
Der Umfang von unentgeltlichen Zuwendungen zum Zwecke des Sponsorings muss sich insgesamt im Rahmen dessen halten, was nach Größenordnung und finanzieller Situation des Unternehmens als angemessen angesehen werden kann. Der Zuschnitt und die Ertragslage des Unternehmens bieten für die Bestimmung der Angemessenheit wichtige Anhaltspunkte.

2. Schmiergeldzahlungen

Ein weiteres Thema, welches die Strafjustiz in den letzten Jahren beschäftigt hat, ist 87
die **Zahlung von Schmiergeldern**.

Hinsichtlich der Zahlung von Schmiergeldern bei der geschäftlichen Auftragsver- 88
gabe gilt nach dem BGH[99] folgendes:

> „Lässt sich ein Treupflichtiger durch Schmiergeldzahlungen davon abhalten, seine Pflichten zur Wahrung der wirtschaftlichen Interessen des Treugebers (hier: durch Auftragsvergabe unter Wettbewerbsbedingungen) wahrzunehmen, liegt regelmäßig die Annahme eines Vermögensnachteils im Sinne von § 266 Abs. 1 StGB in Höhe sachfremder Rechnungsposten nahe. Die Zahlung von Schmiergeldern in beträchtlicher Höhe und über einen längeren Zeitraum zum Zweck der Auftragserlangung lässt in aller Regel darauf schließen, dass hierdurch unter Wettbewerbsbedingungen nicht erzielbare Preise erlangt werden. Denn ein solches Verhalten ist wirtschaftlich nur sinnvoll, wenn damit nicht nur die Schmiergelder, sondern auch darüber hinausgehende wirtschaftliche Vorteile zu Lasten des Auftraggebers (Treugebers) erwirtschaftet werden können. Die Ausschaltung von Wettbewerb durch Vorteilszuwendungen an die Entscheidungsträger führt dazu, dass Marktmechanismen keine Wirkung entfalten können. In solchen Fällen liegt es nach der Lebenserfahrung nahe, dass auf diese Art erzielte Preise höher liegen als die im Wettbewerb

98 BGH, Urt. v. 6.12.2001 – 1 StR 215/01 – BGHSt 47, 187.
99 BGH, Urt. v. 29.6.2006 – 5 StR 485/05 – NJW 2006, 2864. Der BGH wies in seiner Entscheidung zudem darauf hin, dass die erhaltenen erheblichen Zuwendungen „sonstige Einkünfte" i.S.v. § 22 Nr. 3 EStG waren.

erreichbaren Marktpreise, weil Unternehmen, die nicht im Wettbewerb bestehen müssen, überhöhte Preise verlangen können und Preissenkungsspielräume nicht nutzen müssen."

89 Eine weitere Entscheidung des BGH betraf die **Zahlung von Schmiergeldern** („Sonderbonuszahlungen") an den **unternehmenseigenen Betriebsrat** durch einen Vorstand der Volkswagen AG (VW AG). Die Zahlungen erfolgten nach den Feststellungen des Gerichts, um sich das Wohlwollen des Betriebsrates zu erhalten. Die Vornahme dieser Zahlungen stellten eine strafbare Untreue zum Nachteil der VW AG dar, da die jeweiligen Vermögensabflüsse („**Sonderbonuszahlungen**") nicht durch entsprechende Vermögenszuflüsse kompensiert wurden.[100] Der Zahlungsempfänger war als Betriebsratsmitglied bereits aufgrund seiner „maximalen Entlohnung" und der Regelung des § 2 Abs. 1 i.V.m. § 51 Abs. 5 BetrVG[101] im Rahmen der Wahrnehmung betriebsverfassungsrechtlicher Aufgaben zur vertrauensvollen Zusammenarbeit mit dem Arbeitgeber „zum Wohl" auch „des Betriebes" gehalten. Dem Vorstandsmitglied oblag eine sich aus §§ 76, 93 AktG ergebende Vermögensbetreuungspflicht gegenüber der VW AG, die er durch Festsetzung und Auszahlung der Sonderbonuszahlungen objektiv pflichtwidrig verletzte.[102] Der BGH wies schließlich darauf hin, dass selbst der Vermögensinhaber eine solche Zahlungsvereinbarung nicht hätte vornehmen dürfen. Ein von der Gesamtheit der Aktionäre durch einen Beschluss der Hauptversammlung über die Verwendung des Bilanzgewinns zur Sonderbonuszahlung getroffene Verfügung wäre ebenso wegen Verstoßes gegen § 78 S. 2 BetrVG i.V.m. § 134 BGB nichtig gewesen, wie die von dem fraglichen Vorstandsmitglied getroffene Vereinbarung.

90 In einer weiteren Entscheidung ging es um den **Aufbau und die finanzielle Unterstützung einer der Unternehmensführung „genehmen" Betriebsratsorganisation** („Siemens/Arbeitsgemeinschaft unabhängiger Betriebsangehöriger (AUB)"). Der BGH stellte klar, dass allein die Strafbarkeit nach § 119 Abs. 1 Nr. 1 BetrVG (Beeinflussung der Wahl des Betriebsrates durch Gewährung von Vorteilen) für eine Pflichtwidrigkeit im Sinne des § 266 StGB nicht genügt. Ein Verstoß gegen eine Rechtsnorm kommt als Anknüpfungspunkt für die Untreuestrafbarkeit nur in Frage, wenn die verletzte Rechtsnorm – zumindest mittelbar – vermögensschützenden Charakter für das anvertraute Vermögen hat. Ein pflichtwidriges Verhalten sah der BGH aber in dem Abschluss von Rahmenverträgen, die der Verschleierung der finanziellen Zuwendungen dienten. Allerdings verneinte der BGH einen Vermögensnachteil, weil die Zahlungen an die Betriebsratsorganisation AUB aus Sicht der Siemens AG durch – mit den Zahlungen gerade angestrebte – wirtschaftliche Vorteile kompensiert

---

100 BGH, Urt. v. 17.9.2009 – 5 StR 521/08 – NStZ 2009, 694 – Volkswagen/Betriebsrat.

101 Betriebsverfassungsgesetz (BetrVG) v. 25.9.2001 (BGBl. I S. 2518), geändert durch Gesetz v. 23.7.2013 (BGBl. I S. 2586).

102 BGH, Urt. v. 17.9.2009 – 5 StR 521/08 – NStZ 2009, 694 – Volkswagen/Betriebsrat.

worden seien. An den Standorten, an denen die AUB im Betriebsrat vertreten war, konnte nämlich „auf betrieblicher Ebene eine Vielzahl von Vereinbarungen geschlossen werden, die aus Arbeitgebersicht erhebliche wirtschaftliche Vorteile einbrachten und firmenstrategische Maßnahmen erleichterten.“[103]

Die letztgenannten Ausführungen dürfen indessen nicht in dem Sinne (falsch) verstanden werden, dass finanzielle Zuwendungen zum Zwecke von Einflussnahmen straflos sind, wenn nur der angestrebte wirtschaftliche Zweck eintritt. Das gilt allenfalls für die allein das Vermögen schützende Norm des § 266 StGB. Hingegen ändert sich nichts daran, dass mit der Verschleierung von Zahlungen massive steuerstrafrechtliche Probleme einhergehen können oder die durch finanzielle Zuwendungen bewirkte Einflussnahme selbst eine Straftat – wie hier nach § 119 Abs. 1 Nr. BetrVG – darstellen kann. 91

3. Schwarze Kassen

Eng „verwandt“ mit der Frage unzulässiger Schmiergeldzahlungen ist das Problem der strafrechtlichen Bewertung der Einrichtung und des Führens sog. **schwarzer Kassen** in Unternehmen. Der BGH musste sich im Zusammenhang mit der Schmiergeldaffäre bei der Siemens AG mit dieser Thematik auseinandersetzen.[104] Das Gericht führte aus: 92

> „[i]ndem der Angeklagte Geldvermögen der Siemens AG in den verdeckten Kassen führte und der Treugeberin auf Dauer vorenthielt, entzog er diese Vermögensteile seiner Arbeitgeberin endgültig. Diese konnte auf die verborgenen Vermögenswerte keinen Zugriff nehmen. Die Absicht, die Geldmittel – ganz oder jedenfalls überwiegend – bei späterer Gelegenheit im Interesse der Treugeberin einzusetzen, insbesondere um durch verdeckte Bestechungszahlungen Aufträge für sie zu akquirieren und ihr so mittelbar zu einem Vermögensgewinn zu verhelfen, ist hierfür ohne Belang. […] Beim Unterhalten einer verdeckten Kasse wie im vorliegenden Fall hält der Treupflichtige nicht eigenes Vermögen zum Ersatz bereit, sondern hält Geldvermögen seines Arbeitgebers verborgen, um es unter dessen Ausschaltung oder Umgehung nach Maßgabe eigener Zweckmäßigkeitserwägungen bei noch nicht absehbaren späteren Gelegenheiten für möglicherweise nützliche, jedenfalls aber risikoreiche Zwecke einzusetzen.“[105]

Eine ausdrückliche oder stillschweigende Einwilligung des Zentralvorstandes in das Führen der schwarzen Kassen konnte nicht festgestellt werden. Der BGH ließ ausdrücklich offen, ob ein solches Einverständnis vor dem Hintergrund der sich aus § 93 AktG ergebenen Sorgfaltspflichten überhaupt wirksam gewesen wäre. 93

103 BGH, Beschl. v. 13.9.2010 – 1 StR 220/09 – BGHSt 55, 288 = NJW 2011, 88.
104 BGH, Urt. v. 29.8.2008 – 2 StR 587/07 – NJW 2009, 89 – Siemens/schwarze Kassen.
105 BGH, Urt. v. 29.8.2008 – 2 StR 587/07 – NJW 2009, 89 – Siemens/schwarze Kassen.

94 Die Entscheidung des BGH dürfte so zu verstehen sein, dass die Einrichtung und das Vorhalten schwarzer Kassen nicht automatisch den Tatbestand der Untreue erfüllt. Eine **strafbare Untreue** kann dann **ausscheiden**, wenn die in den schwarzen Kassen vorgehaltenen Geldmittel formell im Eigentum oder Vermögen des Treugebers verbleiben und von diesem ohne weiteres „zurückgeholt" werden könnten.[106] Allerdings ist dabei zu berücksichtigen, dass der Bildung schwarzer Kassen durch den Vermögensinhaber bzw. mit seinem Einverständnis normative Grenzen gesetzt sind. Sofern sich die Einrichtung schwarzer Kassen bzw. der damit verfolgte Zweck selbst als pflicht- oder gesetzeswidrig darstellt, dürfte der Vorwurf der strafbaren Untreue schnell erhoben sein.

Beispiel
Der ehemalige Geschäftsführer eines kommunalen Unternehmens wurde wegen Untreue verurteilt, weil er zur Durchführung von riskanten Finanztransaktionen ein Verrechnungskonto bei einer Bank in London unterhielt. Das LG Leipzig sah darin eine Verletzung „der von ihm übernommenen Verpflichtung, sein Amt stets mit der Sorgfalt eines ordentlichen Kaufmanns zu führen und dabei die wirtschaftlichen, finanziellen und organisatorischen Belange der Gesellschaft zu sorgen.[107] Auch den Einwand, das durch erfolgreiche Transaktionen auf dem Konto befindliche Geld als „Risikopuffer" nutzen zu wollen, ließ das Gericht nicht gelten.

95 Die Rechtsprechung des BGH zur Untreue durch schwarze Kassen ist durch die bereits erwähnte Grundsatzentscheidung des BVerfG ausdrücklich bestätigt worden. Das gilt insbesondere im Hinblick darauf, dass bereits die Bildung einer schwarzen Kasse zu einem endgültigen Vermögensverlust führen kann und die Aussicht auf den Abschluss von wirtschaftlich vorteilhaften Geschäften mithilfe von Bestechungszahlungen hieran nichts ändert.[108] Hier zeigt sich im Übrigen der maßgebliche Unterschied zu der vorangehend genannten Siemens/AUB-Entscheidung, den der BGH dort wie folgt beschrieben hat:

> „Aufgrund des zur Tatzeit etablierten und ‚bewährten' Systems sind die Zuwendungen auch nicht mit Fällen vergleichbar, bei denen durch Einsatz von Bestechungsgeldern in nicht konkretisierten zukünftigen Fällen dem Vermögensinhaber günstige Vertragsabschlüsse erreicht werden sollen".[109]

---

106 *Fischer*, NStZ-Sonderheft 2009, 8, der zutreffend darauf hinweist, dass insoweit eine strafbare Steuerhinterziehung gem. § 370 AO vorliegen kann.
107 LG Leipzig, Urt. v. 19.1.2011 – 11 KLs 395 Js 2/10 – n.v.
108 BVerfG, Beschl. v. 23.6.2010 – 2 BvR 2559/08 u.a. – BVerfGE 126, 170 = NJW 2010, 3209.
109 BGH, Beschl. v. 13.9.2010 – 1 StR 220/09 – BGHSt 55, 288 = NJW 2011, 88.

4. Risikogeschäfte

Bei den sog. **Risikogeschäften** handelt es sich um Geschäfte, die für den Treugeber das Risiko des Vermögensverlustes beinhalten. Der Abschluss eines mit einem Risiko behafteten Geschäfts erfüllt nicht schon wegen des Risikos als solchem oder wegen des Eintritts eines Verlustes den Tatbestand der Untreue.[110] Wirtschaftlich vernünftige Ausgaben im Rahmen kaufmännischen Unternehmergeistes dürfen nicht ohne weiteres unter Strafe gestellt werden, da dies zu einer unzulässigen Einschränkung der (verfassungsrechtlich garantierten) Freiheit wirtschaftlicher Betätigung führen würde. Ein **riskantes Handeln**, dessen Folgen einen anderen treffen, ist allerdings in der Regel pflichtwidrig, wenn der Handelnde den ihm gezogenen Rahmen nicht einhält, insbesondere die Grenzen des verkehrsüblichen Risikos überschreitet.[111] Ein von § 266 StGB erfasstes (Risiko-)Geschäft liegt insbesondere dann vor, wenn der Täter bewusst und entgegen den Regeln kaufmännischer Sorgfalt eine äußerst gesteigerte Verlustgefahr auf sich nimmt, nur um eine höchst zweifelhafte Gewinnaussicht zu erhalten. Für die **Beurteilung des eingeräumten Spielraums** maßgebend ist dabei das **zugrunde liegende Treueverhältnis**. Entscheidend ist, wie weit diesem das Eingehen oder Vermeiden von Verlustrisiken innewohnt sowie ob und in welchem Umfang sich eine Begrenzung der Dispositionsmacht daraus ergibt.[112] 96

Für die Beurteilung ist eine **objektive Ex-ante-Sicht** zum Zeitpunkt der Vornahme der Handlung maßgeblich. Die Grenze zur zulässigen wirtschaftlichen Betätigung ist auf jeden Fall dann überschritten, wenn der Täter „nach Art eines Spielers" und außerhalb kaufmännischer Sorgfalt sich aufdrängende Verlustgefahren eingeht, um dafür eine nur vage Chance eines Gewinns zu erlangen.[113] 97

Praxistipp !

Unter Berücksichtigung dieser Umstände dürfte das Eingehen von Risiken regelmäßig als treuwidrig anzusehen sein, die sich nach dem Inhalt eines Treueverhältnisses entweder formell (z.B. bei der Umgehung von Zustimmungserfordernissen oder sonstigen unternehmensinternen Verfahrensvorschriften) oder materiell (z.B. bei Sittenwidrigkeit des Geschäfts oder bei Abhängigkeit der Erfolgsprognose von bloßen Zufällen) als unvertretbar erweisen.

Ein in der Praxis besonders häufig vorkommendes Risikogeschäft ist die **Kreditvergabe**. Zwar sind insoweit bestehende Untreuerisiken primär für die Kreditabteilungen von Banken interessant. Allerdings kann sich der **Kreditnehmer** als (notwendiger) Teilnehmer einer nach § 266 StGB strafbaren Kreditvergabe bei Kenntnis der 98

---

110 BGH, Urt. v. 4.2.2004 – 2 StR 355/03 – StV 2004, 424.
111 BGH, Urt. v. 4.2.2004 – 2 StR 355/03 – StV 2004, 424.
112 BGH, Urt. v. 4.2.2004 – 2 StR 355/03 – StV 2004, 424.
113 BGH, Beschl. v. 11.6.1991 – 1 StR 267/91 – wistra 1992, 26. Vgl. aktuell BGH, Beschl. v. 18.2.2009 – 1 StR 731/08 – NStZ 2009, 330, zur Frage der Schadensberechnung und des Vorsatzes bei Risikogeschäften; kritisch insoweit *Fischer*, NStZ-Sonderheft 2009, 8 ff.

Sachlage selbst wegen **Beihilfe zur Untreue** strafbar machen. Da die Aufnahme von Krediten alltäglicher Bestandteil unternehmerischer Tätigkeit ist, ist die Kenntnis der Rechtsprechungsgrundsätze hilfreich. Maßgeblich ist auch insoweit die Grundsatzentscheidung des BVerfG, welche zum Teil die bisherige Rechtsprechung bestätigt, zum Teil aber auch wichtige, über die bisherige Praxis hinausgehende Anforderungen formuliert hat:

99 Kreditvergabeentscheidungen müssen nach anerkannten bankkaufmännischen Grundsätzen eine umfassende und sorgfältige Bonitätsprüfung (einschließlich der Prüfung der Werthaltigkeit von gewährten Sicherheiten) vorausgehen. Eine Pflichtverletzung liegt daher vor, wenn die Entscheidungsträger ihre **banküblichen Informations- und Prüfungspflichten** bezüglich der wirtschaftlichen Verhältnisse des Kreditnehmers **gravierend verletzt** haben. Anhaltspunkte für eine unzureichende und damit pflichtwidrige Risikoprüfung sind insbesondere Verstöße gegen formalisierte und/oder organisatorische Verpflichtungen. Zu nennen sind etwa: Überschreitung interner Befugnisse, unrichtige bzw. unvollständige Angaben gegenüber Aufsichts- und Kontrollgremien, Überschreitung von Höchstkreditgrenzen. Ein fast schon klassisches (Strafbarkeits-)Indiz ist zudem das eigennützige bzw. eigennützig motivierte Handeln des Entscheidungsträgers.[114] Das weiterhin erforderliche Vorliegen eines Vermögensnachteils darf allerdings nicht allein aus dem Umstand geschlossen werden, dass die pflichtwidrige Kreditvergabe das Risiko eines Ausfalls des Kredits (namentlich wegen fehlender bzw. nicht ausreichender Bonität des Kreditnehmers) geschaffen und somit zu einer Vermögensgefährdung geführt hat. Vielmehr muss das Vorliegen des Vermögensnachteils den Vorgaben des BVerfG entsprechend eigenständig beurteilt werden. Hierfür muss der Vermögensschaden der kreditierenden Bank durch Bezifferung des Minderwerts der Kreditforderung gegen den Kreditnehmer ermittelt werden. Dabei sind auch vom Kreditnehmer gewährte Sicherheiten zu berücksichtigen. Deren Wert kann ggf. den Minderwert der Kreditforderung kompensieren, sodass im Ergebnis kein Vermögensnachteil des Kreditgebers vorliegt. Die insgesamt anzustellende wirtschaftliche Betrachtung wird oftmals nicht ohne Hinzuziehung eines Wirtschaftssachverständigen auskommen.[115]

100 In Kreditvergabefällen sind – ebenso wie beim Abschluss aller anderen Risikogeschäfte – schließlich die **Anforderungen an die Feststellung des Untreuevorsatzes** zu beachten. Insbesondere reicht die bewusste Eingehung eines Risikos nicht aus, weil „Risiken wesentliche Strukturelemente im marktwirtschaftlichen System

---

114 BVerfG, Beschl. v. 23.6.2010 – 2 BvR 2559/08 u.a. – BVerfGE 126, 170 = NJW 2010, 3209.

115 Vgl. z.B. BVerfG, Beschl. v. 23.6.2010 – 2 BvR 2559/08 u.a. – NJW 2010, 3209; BGH, Beschl. v. 4.2.2014 – 3 StR 347/13 – NStZ 2014, 457; BGH, Beschl. v. 29.1.2013 – 2 StR 422/12 – NStZ 2013, 711; BGH, Beschl. v. 13.4.2012 – 5 StR 442/11 – NJW 2012, 2370.

sind und die Eingehung von Risiken notwendiger Bestandteil unternehmerischen Handelns ist."[116]

Weiterhin muss der – potenzielle – Täter die Realisierung der von ihm erkannten Gefahr eines Vermögensnachteils billigen. Dies liegt grundsätzlich eher fern, wenn keine Indizien für einen auch nur mittelbaren persönlichen Vorteil des Handelnden bestehen. Erst recht gilt dies, wenn die handelnden Personen Maßnahmen der Risikovorsorge getroffen haben. In diesem Zusammenhang hat der BGH in einer neueren Entscheidung Aussagen getroffen, die sich zugleich als Anweisung für ein wirksames – und damit auch strafrechtlich entlastendes – Compliance-Programm für Risikogeschäfte lesen: 101

> „Durch den Aufbau eines Risikocontrollings (...) ist belegt, dass die Verantwortlichen nicht die Augen vor der möglichen Existenzbedrohung verschlossen haben, sondern bemüht waren, die Risiken (...) steuerbar zu halten. Die Ergebnisse dieser Untersuchungen wurden den Angeklagten gegenüber kommuniziert bzw. von ihnen abgefragt. Auch dieser Umstand spricht dagegen, dass den Angeklagten der tatbestandliche Erfolg des Eintritts eines Nachteils auch nur gleichgültig gewesen wäre. Schließlich war das gesamte Controlling- und Buchhaltungssystem auf Transparenz ausgelegt. Die erkannten Risiken wurden sowohl konzernintern als auch gegenüber den Abschlussprüfen (...) offen angesprochen und diskutiert."[117]

5. Untreue im Konzern

Eine Untreue kann auch in einem Konzern im Verhältnis von herrschender zur beherrschten Gesellschaft in Betracht kommen. Hinsichtlich des **Vermögensabflusses bei einer konzernintegrierten GmbH** hat der BGH entschieden, dass einer GmbH mit Zustimmung ihrer Gesellschafter grundsätzlich Vermögenswerte entzogen werden können, weil sie gegenüber ihren Gesellschaftern keinen Anspruch auf ihren ungeschmälerten Bestand hat.[118] Eine entsprechende Vermögensverfügung ist allerdings gegenüber der Gesellschaft als treuwidrig und damit wirkungslos anzusehen, wenn sie geeignet ist, das **Stammkapital der Gesellschaft** zu beeinträchtigen, wenn der Gesellschaft durch die Verfügung ihre Produktionsgrundlagen entzogen werden oder wenn ihre Liquidität durch Entziehung des zur Erfüllung der Verbindlichkeiten benötigte Vermögen gefährdet wird.[119] Werden **Vermögenswerte der beherrschten Gesellschaften** in einem solchen Ausmaß transferiert, dass die Erfüllung der eigenen Verbindlichkeiten der einlegenden Konzernmitglieder im Falle eines Verlustes der Gelder gefährdet wird, so verletzt der Vorstand der herrschenden Gesellschaft hierdurch seine **Vermögensbetreuungspflicht**, 102

116 BGH, Urt. v. 28.5.2013 – 5 StR 551/11 – NStZ 2013, 715.
117 BGH, Urt. v. 28.5.2013 – 5 StR 551/11 – NStZ 2013, 715.
118 BGH, Beschl. v. 31.7.2009 – 2 StR 95/09 – NStZ 2010, 89.
119 BGH, Beschl. v. 31.7.2009 – 2 StR 95/09 – NStZ 2010, 89.

sofern nicht die Rückzahlung, etwa durch ausreichende Besicherung, gewährleistet ist.[120] Diese Verpflichtung trifft im mehrstufigen Beherrschungsverhältnis nicht nur die Alleingesellschafterin der geschädigten Gesellschaft, sondern sämtliche die Untergesellschaft beherrschenden Konzernebenen über dieser.[121] Sie wird den Mitgliedern der vertretungsberechtigten Organe der herrschenden Gesellschaften nach § 14 Abs. 1 Nr. 1 StGB zugerechnet.

6. Exkurs: § 130 OWiG

103 Selbst wenn im Einzelfall eine Strafbarkeit wegen Untreue im Sinne von § 266 StGB ausscheiden sollte, bedeutet dies nicht automatisch, dass ein potenziell treuwidriges Verhalten sanktionslos bleibt. Dem **handelnden Entscheidungsträger** droht gem. § 130 OWiG unter Umständen die Verhängung einer (empfindlichen) **Geldbuße.**[122] Ein wichtiger Unterschied zur Untreue besteht darin, dass auch **fahrlässiges Verhalten** bestraft werden kann. § 130 Abs. 1 OWiG bestimmt:

> „Wer als Inhaber eines Betriebes oder Unternehmens vorsätzlich oder fahrlässig die Aufsichtsmaßnahmen unterlässt, die erforderlich sind, um in dem Betrieb oder Unternehmen Zuwiderhandlungen gegen Pflichten zu verhindern, die den Inhaber treffen und deren Verletzung mit Strafe oder Geldbuße bedroht ist, handelt ordnungswidrig, wenn eine solche Zuwiderhandlung begangen wird, die durch gehörige Aufsicht verhindert oder wesentlich erschwert worden wäre. Zu den erforderlichen Aufsichtsmaßnahmen gehören auch die Bestellung, sorgfältige Auswahl und Überwachung von Aufsichtspersonen."

104 Betriebs- bzw. Unternehmensinhaber im Sinne der Vorschrift sind, wie sich auch aus § 9 OWiG ergibt:

- der Geschäftsführer bei einer GmbH[123] und
- der Vorstand bei einer AG.[124]

105 Zum Unternehmensbegriff des § 130 OWiG gehören auch Konzerne.[125] Die maximale **Höhe der Geldbuße** beträgt im Falle vorsätzlichen Handelns 1 Mio. € (§ 130 Abs. 3 S. 1

---

120 BGH, Beschl. v. 31.7.2009 – 2 StR 95/09 – NStZ 2010, 89.

121 BGH, Beschl. v. 31.7.2009 – 2 StR 95/09 – NStZ 2010, 89.

122 Öffentliche Aufmerksamkeit erregte etwa die Verhängung eines Bußgeldes wegen fahrlässiger Verletzung der Aufsichtspflichten gegen den langjährigen Vorstands- und Aufsichtsratsvorsitzenden der Siemens AG im Zusammenhang mit dem Schmiergeldskandal, vgl. u.a. Managermagazin, Von Pierer muss Bußgeld zahlen, abrufbar unter http://www.manager-magazin.de/unternehmen/artikel/a-681600.html. Vgl. zu §§ 30, 130 OWiG vgl. Kap. 5 Rn 134 ff.

123 KG Berlin, Beschl. v. 31.10.2001 – 2 Ss 223/00.

124 KarlsruherKomm-OWiG/*Rogall*, § 130 Rn 25.

125 KarlsruherKomm-OWiG/*Rogall*, § 130 Rn 27 ff., der darauf hinweist, dass in einem Konzern der Umfang der Aufsichtspflicht davon abhängt, welchen Spielraum die konzerneigenen Unternehmen

OWiG). Zudem besteht (parallel) die Möglichkeit, **gegen das betreffende Unternehmen**, für welches der Entscheidungsträger pflichtwidrig gehandelt hat, eine eigenständige Geldbuße in Höhe von bis zu 10 Mio. € gem. § 30 OWiG zu verhängen.[126]

III. Handlungsempfehlung

Das Risiko einer strafbaren Untreue kann dadurch verringert werden, dass vor der vermögensrelevanten Handlung das Einverständnis aller Gesellschafter eingeholt wird. Denn vermögensrelevante Verfügungen – wie z.B. unentgeltliche Zuwendungen im Rahmen des Sponsorings – sind mit Einverständnis des Vermögensinhabers nicht pflichtwidrig, sodass der Tatbestand der Untreue von vornherein entfällt. Dies gilt allerdings nur soweit, wie die wirtschaftliche Existenz des Unternehmens nicht gefährdet ist oder die Erteilung des Einverständnisses selbst nicht pflichtwidrig ist. 106

Praxistipp !
Es empfiehlt sich, die relevanten Vorgänge und deren Entscheidungsgrundlagen sowie die Einhaltung aller unternehmensinternen Entscheidungsverfahren und Zuständigkeiten so konkret wie möglich zu dokumentieren.

Es sollte zudem deutlich gemacht werden, dass Risiko und Nutzen der Zuwendung sorgfältig abgewogen wurden. Dies gilt insbesondere für den schwierigen Bereich der sog. Risikogeschäfte. Dort kann eine sorgfältige Dokumentation im Falle strafrechtlicher Ermittlungen den (entlastenden) Nachweis ermöglichen, dass der betreffende Treunehmer bei der Vornahme des riskanten Geschäfts nicht vorsätzlich gehandelt hat. Ein entsprechender (Eventual-)Vorsatz liegt in Abgrenzung zur bewussten Fahrlässigkeit nicht vor, wenn der Täter auf einen positiven Ausgang vertraut hat und er **darauf vertrauen durfte**. Da im Rahmen der Untreue im Sinne von § 266 StGB nur vorsätzliches Handeln erfasst ist – einen Fahrlässigkeitsvorwurf gibt es anders als bei § 130 OWiG nicht – würde insoweit eine Strafbarkeit ausscheiden. 107

G. Strafrechtliche Garantenpflichten des Compliance-Officers

Für viel Diskussionsstoff haben Bemerkungen des BGH in einem Urteil aus dem Jahr 2009 hinsichtlich der möglichen strafrechtlichen **Garantenstellung des Compli-** 108

zur Willensbildung haben bzw. in welchem Umfang die Konzernspitze von ihrem Durchgriffsmöglichkeiten tatsächlich Gebrauch macht.

126 Vgl. auch AG Koblenz, Urt. v. 20.6.2008 – 2010 Js 3352/08.34 OWi – SVR 2008, 431.

ance-Officers gesorgt.[127] In dem zugrunde liegenden Verfahren ging es um die **fehlerhafte Abrechnung von Gebühren** im Rahmen eines Anschluss- und Benutzungszwanges durch die Berliner Stadtreinigungsbetriebe (BSR). Ein zuständiger Vorstand verhinderte zugunsten seines Unternehmens die Aufdeckung des (zunächst) versehentlichen Kalkulationsfehlers. Er wurde wegen Betruges (in mittelbarer Täterschaft) zu einer zweijährigen Bewährungsstrafe verurteilt. Der Leiter der Rechtsabteilung, der zugleich Leiter der Innenrevision der BSR war, wurde wegen Betruges durch Unterlassen zu einer Geldstrafe verurteilt, weil er weder dem Vorstandsvorsitzenden, dem er direkt unterstellt war, noch dem Aufsichtsratsvorsitzenden von den ihm bekannten betrügerischen Tätigkeiten des betreffenden Vorstandsmitglieds unterrichtet hatte, obwohl ihm dies möglich und zumutbar gewesen wäre. Nach Ansicht des BGH oblag dem Leiter der Innenrevision als „juristischem Gewissen" der BSR die Überwachungspflicht, die Straßenanlieger vor betrügerisch erhöhten Gebühren zu schützen.[128]

109 Ohne dass es für die rechtliche Beurteilung des zugrunde liegenden Sachverhalts darauf angekommen wäre, führte der BGH obiter dicta aus, dass das **Aufgabengebiet eines Compliance-Officers**

> „[...] die Verhinderung von Rechtsverstößen, insbesondere auch von Straftaten, die aus dem Unternehmen heraus begangen werden und diesem erhebliche Nachteile durch Haftungsrisiken oder Ansehensverlust bringen können, [ist]. Derartige Beauftragte wird regelmäßig strafrechtlich eine Garantenpflicht im Sinne des § 13 Abs. 1 StGB treffen, solche im Zusammenhang mit der Tätigkeit des Unternehmens stehende Straftaten von Unternehmensangehörigen zu verhindern. Dies ist die notwendige Kehrseite ihrer gegenüber der Unternehmensleitung übernommenen Pflicht, Rechtsverstöße und insbesondere Straftaten zu unterbinden."

110 In dem zu entscheidenden Fall sah der BGH keine derartig weitgehende Beauftragung des angeklagten Leiters der Innenrevision, obwohl es nach Ansicht des Gerichts zwischen einem Leiter der Innenrevision und einem Compliance-Officer in der Regel weitgehende Überschneidungen im Aufgabengebiet gibt.[129]

111 Welche genauen Auswirkungen die Äußerungen des BGH haben und ob es sich dabei um eine neue Entscheidungslinie handelt, kann derzeit mangels weiterer gerichtlicher Entscheidungen nicht abschließend beurteilt werden. Bei der Bewertung ist insbesondere zu berücksichtigen, dass die Bemerkungen des BGH zur (möglichen) **Garantenstellung des Compliance-Officers** für das Urteil nicht entscheidend waren, sie vielmehr „beiläufig" erfolgten. Der vom BGH zu entscheidende Fall wies darüber hinaus die Besonderheiten auf, dass der angeklagte Leiter der Innenrevision für die BSR gearbeitet hat, die als Anstalt des öffentlichen Rechts besonderen Pflich-

---

127 BGH, Urt. v. 17.7.2009 – 5 StR 394/08 – NJW 2009, 3173. Vgl. insoweit auch *Warncke*, NStZ 2010, 312 ff.; *Mosbacher/Dierlamm*, NStZ 2010, 268 ff.

128 BGH, Urt. v. 17.7.2009 – 5 StR 394/08 – NJW 2009, 3173.

129 BGH, Urt. v. 17.7.2009 – 5 StR 394/08 – NJW 2009, 3173.

ten unterlag, und dass sich die vom Angeklagten nicht unterbundene Tätigkeit auf den hoheitlichen Bereich des Unternehmens bezog.[130]

Eine dogmatisch nachvollziehbare Antwort auf die Frage, warum im Bereich (rein) privatwirtschaftlicher Unternehmenstätigkeit den Compliance-Officer alleine aufgrund seiner Stellung im Unternehmen eine originäre und primäre Garantenpflicht gegenüber den Vermögensinteressen der Kunden des Unternehmens treffen sollte, hat der BGH in seinem Urteil nicht gegeben. Ob er sie noch gibt (oder überhaupt geben kann), bleibt abzuwarten.[131] 112

Praxistipp !

Die Unternehmensführung kann Garantenpflichten, die die Organe im Rahmen der Geschäftsherrenhaftung selbst treffen, auf den Compliance-Officer rechtsgeschäftlich übertragen. Die originäre Garantenpflicht des Geschäftsherrn wird zur sekundären abgeleiteten Garantenpflicht des Compliance-Officers. Da insoweit ein ausdrücklicher Übertragungsakt erforderlich ist, kommt der vertraglichen Ausgestaltung und der konkreten Beschreibung des Dienstpostens eine entscheidende Bedeutung zu. Sofern der Compliance-Officer nur die unternehmensinterne Kontrolle und Beratung, nicht dagegen den Schutz außerbetrieblicher Rechtsgüter (z.B. Vermögensinteressen der Kunden) übernehmen soll, empfiehlt sich eine vertraglich eindeutige Regelung, die keinen unnötigen Spielraum für Interpretationen lässt.

H. Steuerstrafrecht

I. Überblick

Steuerstrafrechtliche[132] Ermittlungen gehören zu den klassischen Risiken unternehmerischen Wirkens. Dies führen die Verschärfungen der Rechtslage als Folge grundlegender Gerichtsentscheidungen und Gesetzesänderungen in den letzten Jahren, spektakuläre und prominente Einzelfälle sowie eine gleichbleibend hohe Ermittlungsintensität der zuständigen Behörden vor Augen. 113

Zu dem Risiko, wegen einer Steuerstraftat verfolgt und von einem Strafgericht zu einer Kriminalstrafe verurteilt zu werden, tritt das steuerliche Haftungsrisiko. Eine persönliche Haftung für (verkürzte) Unternehmenssteuern kann sich unter bestimmten Voraussetzungen aus der Organstellung für eine juristische Person ergeben, also insbesondere für Vorstände und Geschäftsführer.[133] Daneben können die Finanzbehörden aber auch denjenigen in Anspruch nehmen, der aus ihrer Sicht eine Steu- 114

130 BGH, Urt. v. 17.7.2009 – 5 StR 394/08 – NJW 2009, 3173.

131 Vgl. zu dem Thema auch *Rönnau/Schneider*, ZIP 2010, 53 ff.

132 Zu allgemeinen strafrechtlichen Fragen im Zusammenhang mit Compliance vgl. Rn 1 ff.

133 Abgabenordnung (AO) v. 1.10.2002 (BGBl. I S. 3866), zuletzt geändert durch Gesetz v. 25.7.2014 (BGBl. I S. 1266), vgl. § 69 AO.

erhinterziehung zugunsten des Unternehmens begangen hat.[134] Eine rechtskräftige Verurteilung wegen einer Steuerstraftat ist dafür nicht erforderlich. Theoretisch muss dem nicht einmal ein Steuerstrafverfahren vorausgegangen sein. In der Praxis wird dies aber selten vorkommen. Da die Steuerhinterziehung ein Offizialdelikt ist, also von Amts wegen verfolgt werden muss, wird es regelmäßig auch ein Strafverfahren gegen den der Tat Verdächtigen geben. Die Finanzbehörden können das strafrechtliche Ermittlungsverfahren unter Umständen selbständig führen.[135] Dafür sind bei den Finanzämtern Straf- und Bußgeldsachenstellen eingerichtet. Die Staatsanwaltschaft kann das Verfahren aber jederzeit an sich ziehen. Die Steuerfahndung übernimmt im Steuerstrafverfahren diejenigen Aufgaben, die den Beamten und Behörden des Polizeidienstes im Rahmen der Strafverfolgung wegen allgemeiner Straftaten zukommen. Wie bei der Verfolgung von allgemeinen Straftatbeständen setzt die Einleitung eines Steuerstrafverfahrens einen Anfangsverdacht voraus, das heißt der Ermittlungsbehörde müssen zureichende tatsächliche Anhaltspunkte dafür vorliegen, dass eine Steuerstraftat begangen wurde.[136] Die konkreten Anlässe sind so vielfältig wie das materielle Steuerrecht selbst. Oft beruht der Verdacht auf:

- sog. Kontrollmitteilungen anderer Finanzämter,
- anonymen Anzeigen von entlassenen Mitarbeitern,
- mangelhafter Buchführung, die im Rahmen einer Betriebsprüfung auffällt,
- Erkenntnissen aus Betriebsprüfungen bei Lieferantenbetrieben,
- Misstrauen der Finanzbeamten im Hinblick auf Tochtergesellschaften im Ausland,
- überhaupt auf Überweisungen auf Konten ausländischer Geschäftspartner,
- außergewöhnlich steuerschonenden Geschäftsmodellen,
- besonders hohen branchenunüblichen Betriebsausgaben,
- unspezifischer bzw. pauschaler Bezeichnung von Betriebsausgaben (z.B. „Vermittlungsprovision“, „Beratungsleistung“) oder
- bei in wirtschaftlicher Hinsicht nicht erkennbar sinnvoller Gestaltung von Geschäftsvorgängen etc.

115 Die Gefahr der Einleitung eines Steuerstrafverfahrens besteht besonders dann, wenn die Finanzbehörden bestimmte Maßnahmen des Unternehmens zur (legalen) Steueroptimierung nicht anerkennen. Der Wunsch eines jeden Unternehmens nach Steuerersparnis steht dabei in einem natürlichen Spannungsverhältnis zum Interesse der Finanzbehörden an einem möglichst hohen Steueraufkommen. In Zeiten knapper öffentlicher Mittel und enormer Staatsverschuldung verstärken sich die Bemühungen und Anläufe zur Minimierung von Steuersparmöglichkeiten und zur Schließung

---

134 § 71 AO.
135 § 386 AO.
136 Vgl. § 385 AO i.V.m. § 152 Abs. 2 StPO. Strafprozessordnung (StPO) v. 7.4.1987 (BGBl. I S. 1074, 1319), zuletzt geändert durch Gesetz v. 23.4.2014 (BGBl. I S. 410).

von Steuerschlupflöchern. Dies beschränkt sich schon längst nicht mehr auf die nationale Ebene, sondern wird darüber hinaus – folgerichtig angesichts der grenzüberschreitenden Dimension steuerlicher Gestaltungen – in groß angelegten internationalen Abkommen in Angriff genommen. Jüngster Beleg hierfür ist der gemeinsam mit den G20-Staaten und der Europäischen Union entwickelte **OECD-Standard für den automatischen Informationsaustausch über Finanzkonten.**[137] Dieser sieht ein breit angelegtes Meldesystem mit Meldepflichten für alle Arten von Kapitalerträgen, aber auch für Kontoguthaben und Erlöse aus der Veräußerung von Finanzvermögen vor. Verpflichtet werden nicht nur Banken, sondern unter anderem auch Makler und Versicherungsgesellschaften. Der OECD-Standard ist Ende Oktober 2014 in Berlin von zunächst 41 Staaten unterzeichnet worden – darunter alle EU-Staaten bis auf Österreich, das aber folgen soll. Mit dabei sind auch die Britischen Kanalinseln sowie Überseegebiete und Liechtenstein, die bislang als Steueroasen galten. Gleichzeitig mit den nationalen und internationalen Maßnahmen steigt der Fahndungsdruck. Die Zahl der Betriebsprüfer wird ständig erhöht und deren Ausbildung verbessert. Sie kommen inzwischen mit High-Tech-Ausrüstung und EDV-Spezialisten in die Unternehmen und kennen die Schwachstellen. Im Übrigen ist auf die weiten Befugnisse zur Sachverhaltsaufklärung nach den §§ 93, 93a AO und insbesondere den automatisierten Abruf von Kontoinformationen nach § 93b AO hinzuweisen. Letztere Vorschrift verpflichtet Kreditinstitute dazu, Kontodateien ihrer Kunden im Sinne des § 24c KWG[138] zu führen, die die Finanzbehörden auf Ersuchen über das Bundesamt für Finanzen abrufen können.

Praxistipp !

Der nationale und internationale Austausch steuerrelevanter Informationen wird immer weiter ausgebaut. Die Verfolgung von Steuerhinterziehungen endet längst nicht mehr an den nationalen Grenzen, sondern ist ein globales Anliegen. Diese Entwicklung wird sich fortsetzen.

I. Materielles Steuerstrafrecht

I. Der Tatbestand der Steuerhinterziehung

Im Zentrum des materiellen Steuerstrafrechts steht der Tatbestand der Steuerhinter- 116
ziehung.[139] Die nachfolgenden Ausführungen bieten einen Überblick und konzentrie-

137 Common Reporting Standard (CRS), abrufbar unter http://www.oecd.org/ctp/exchange-of-tax-information/standard-fur-den-automatischen-informationsaustausch-von-finanzkonten.pdf.
138 Kreditwesengesetz (KWG) v. 9.9.1998 (BGBl. I S. 2776), zuletzt durch Gesetz v. 10.12.2014 (BGBl. I S. 2091).
139 § 370 AO.

ren sich auf die zentralen Aspekte. Hinsichtlich der Einzelheiten sei auf die einschlägigen Kommentierungen und Handbücher verwiesen.[140]

117 Die Strafnorm schützt das öffentliche Interesse am vollständigen und rechtzeitigen Aufkommen der einzelnen Steuern bzw. den Anspruch des (deutschen) Staates auf den vollen Ertrag aus jeder einzelnen Steuerart. § 370 Abs. 6 AO dehnt den Tatbestand auf alle im grenzüberschreitenden Warenverkehr anfallenden Abgaben aus.[141] Danach macht sich strafbar, wer (vorsätzlich)

- gegenüber den Finanzbehörden über steuerlich erhebliche Tatsachen unrichtige oder unvollständige Angaben macht (§ 370 Abs. 1 Nr. 1 AO),
- die Finanzbehörden pflichtwidrig über steuerlich erhebliche Tatsachen in Unkenntnis lässt (§ 370 Abs. 1 Nr. 2 AO) oder
- pflichtwidrig die Verwendung von Steuerzeichen oder Steuerstempeln unterlässt (§ 370 Abs. 1 Nr. 3 AO) und
- dadurch Steuern verkürzt oder für sich oder einen anderen nicht gerechtfertigte Steuervorteile erlangt.

118 Die Steuerhinterziehung kann durch aktives Tun[142] oder durch Unterlassen[143] begangen werden. Die Vorschrift des § 370 Abs. 1 Nr. 3 AO betrifft demgegenüber einen Sonderfall und kann deshalb hier vernachlässigt werden; mit Ausnahme der Tabak- und Branntweinsteuer hat sie keine praktische Bedeutung. Wie oben erwähnt, erfasst § 370 Abs. 6 AO auch die **im grenzüberschreitenden Verkehr anfallenden Abgaben**. Gemeint sind zum einen Einfuhr- oder Ausfuhrabgaben, die von einem anderen Mitgliedstaat der Europäischen Union verwaltet werden oder die einem Mitgliedstaat der Europäischen Freihandelsassoziation oder einem mit diesem assoziierten Staat zustehen.[144] Zum anderen sind von einem anderen Mitgliedstaat der Europäischen Union verwaltete Umsatzsteuern oder harmonisierte Verbrauchssteuern erfasst.[145] Hinsichtlich der Verbrauchsteuern nahm der Gesetzestext früher Bezug auf die Verbrauchsteuer-System-Richtlinie 1992 vom 25.2.1992.[146] Diese Richtlinie wurde mit Wirkung zum 1.4.2010 aufgehoben und durch die Verbrauchsteuer-System-Richt-

---

140 Zu nennen und zu empfehlen sind etwa folgende Standardwerke: *Flore/Tsambikakis*, Steuerstrafrecht; *Klein*, AO.

141 Sind die Ein- und Ausgangsabgaben nicht ohnehin europarechtlich geregelt, ist für das Bestehen des Zahlungsanspruchs und der Erklärungspflichten das ausländische Recht maßgeblich, vgl. BGH, Beschl. v. 8.11.2000 – 5 StR 440/00 – wistra 2001, 62, 69.

142 § 370 Abs. 1 Nr. 1 AO.

143 § 370 Abs. 1 Nr. 2 AO.

144 § 370 Abs. 6 S. 1 AO.

145 § 370 Abs. 6 S. 2 AO.

146 Verbrauchsteuer-System-Richtlinie 1992 (RL 92/12/EWG) v. 25.2.1992 (ABl Nr. L 76 S. 1 ff., ber. ABl EU 1995 Nr. L 17 S. 20 ff.).

linie 2008 vom 16.12.2008 ersetzt.[147] Eine Anpassung der deutschen Vorschrift des § 370 Abs. 6 S. 2 AO an das geänderte Unionsrecht erfolgte jedoch erst mit Wirkung zum 14.12.2011. Die verzögerte Anpassung hatte die eigentümliche Konsequenz, dass das deutsche Recht zwischenzeitlich (vom 1.4.2010 bis zum 13.12.2011) auf eine Richtlinie verwies, die nicht mehr in Kraft war. Gleichwohl hat der BGH entschieden, dass während dieses Zeitraums begangene Taten, welche sich auf die in der außer Kraft getretenen Richtlinie genannten Verbrauchsteuern bezogen, strafbar sind.[148]

1. Steuerhinterziehung durch aktives Tun

a) Falsche Angaben über Tatsachen

Eine Steuerhinterziehung durch aktives Tun begeht,[149] wer gegenüber den Finanz- 119
behörden falsche Angaben über steuerlich erhebliche Tatsachen macht. Dagegen begründet das Unterhalten von Geldanlagen oder Wertpapierdepots im Ausland entgegen weit verbreiteter Vorstellung keine Steuerhinterziehung, genauso wenig das bloße Nichtzahlen festgesetzter Steuern. Die Strafnorm verlangt keine besondere Täterqualifikation. Jeder kann das Delikt dadurch begehen, dass er Finanzbehörden bei irgendeiner Gelegenheit steuerlich erhebliche Auskünfte erteilt, die nicht der Wahrheit entsprechen. Als Täter bzw. Mittäter kommen neben dem Steuerpflichtigen z.B. ein Steuerberater oder der Gesellschafter einer GmbH in Betracht. Des Weiteren ist der Straftatbestand der Steuerhinterziehung nicht auf Steuererklärungen im engen Sinn, das heißt steuerliche Angaben auf den üblichen amtlichen Formularen beschränkt. Er gilt für sämtliche Angaben gegenüber den Finanzbehörden in allen Stadien des Besteuerungsverfahrens, zu dem das (Steuer-)Erhebungs- sowie das (Steuer-)Beitreibungsverfahren gehören. Dieses Gefahrenpotential, z.B. bei durch Mitarbeiter der Lohn- oder Finanzbuchhaltung begleiteten Betriebsprüfungen, wird häufig übersehen.

Beispiel
Klassischer Fall ist aber die unrichtige oder unvollständige Steuererklärung[150] des Steuerpflichtigen.

Für das Unternehmen obliegt dem Organ bzw. dem gesetzlichen Vertreter die 120
Steuer(erklärungs)pflicht. Eine steuerliche Erklärung ist

- unrichtig, wenn die darin gemachten Angaben nicht mit der Wirklichkeit übereinstimmen;

---

147 Verbrauchsteuer-System-Richtlinie 2008 (RL 2008/118/EG) v. 16.12.2008 (ABl 2009 Nr. L 9 S. 12 ff.).
148 BGH, Beschl. v. 20.11.2013 – 1 StR 544/13 – NJW 2014, 1029.
149 § 370 Abs. 1 Nr. 1 AO.
150 § 150 AO.

- unvollständig, wenn sie die jeweils einschlägigen steuerrechtlichen Anforderungen nicht erfüllt.[151]

121 Steuerlich erheblich sind alle Tatsachen, die für die Entstehung, die Höhe oder die Fälligkeit von Steueransprüchen von Bedeutung sind.[152] Um welche Tatsachen es sich dabei handelt, richtet sich nach den jeweils einschlägigen steuerrechtlichen Vorschriften. Der Kreis potentiell strafrechtlich relevanter Falschangaben ist damit denkbar weit gezogen. Jede Tatsache, deren unrichtige Mitteilung sich auf die Steuerfestsetzung auswirkt, ist steuerlich erheblich im Sinne des § 370 AO.[153]

122 Für den unternehmerischen Bereich sind besonders die Regelungen über die Ertragsteuern (Körperschaftsteuer, Gewerbesteuer) von Bedeutung, vor allem über Betriebseinnahmen und -ausgaben, Bilanzierungen, Aktivierungen und Passivierungen. Aber auch umsatz- und lohnsteuerrechtliche Sachverhalte sind häufig Gegenstand steuerstrafrechtlicher Ermittlungen. Im Bereich der Umsatzsteuer steht seit langem der sog. Umsatzsteuerbetrug im Vordergrund, also die Geltendmachung von Vorsteuern aus fingierten oder im Zusammenwirken mit einem Umsatzsteuerkartell erstellten Rechnungen.[154] Ermittlungen im Zusammenhang mit Lohnsteuern finden häufig unter dem Stichwort der Bekämpfung von Schwarzarbeit statt.

b) Abgrenzung zu Rechtsauffassungen

123 Von § 370 Abs. 1 Nr. 1 AO erfasst sind nur falsche Angaben über Tatsachen, nicht bloße Rechtsansichten. Die falsche steuerliche Bewertung eines Sachverhalts ist deshalb grundsätzlich straflos. Die Abgrenzung kann allerdings im Einzelfall schwierig sein. Die amtlichen Steuererklärungsformulare lassen keinen Raum für lange Erläuterungen. Sie bestehen lediglich aus Rubriken und Feldern, in die entsprechende Geldbeträge eingetragen werden müssen. Das Ausfüllen der Erklärung stellt daher regelmäßig schon für sich genommen das Ergebnis einer steuerlichen Bewertung dar. Weicht der Steuerpflichtige hierbei von der Rechtsauffassung der Finanzgerichte, den Richtlinien der Finanzverwaltung oder der üblichen Veranlagungspraxis ab, etwa was die Steuerbarkeit eines bestimmten Geschäftsvorfalls angeht, so hat er dies nach Auffassung des BGH entweder in seiner Erklärung deutlich zu machen oder sämtliche Tatsachen anzugeben, die für eine eigene rechtliche Bewertung des Sachverhalts durch die Finanzbehörden erforderlich sind.[155] Sind diese Voraussetzungen erfüllt, liegen keine unrichtigen Angaben vor, auch dann nicht, wenn die Steuerbehörde der Rechtsan-

151 § 90 Abs. 1 S. 2 AO.
152 MüKo-StGB/*Schmitz/Wulf*, § 370 Rn 230.
153 Vgl. MüKo-StGB/*Schmitz/Wulf*, § 370 Rn 231.
154 Vgl. Klein/*Jäger*, AO, § 370 Rn 373 ff.
155 BGH, Urt. v. 10.11.1999 – 5 StR 221/99 – wistra 2000, 137.

sicht des Steuerpflichtigen nicht folgt. Überhaupt scheidet eine Steuerhinterziehung aus, wenn der zuständigen Finanzbehörde sämtliche rechtlich erheblichen Tatsachen vollständig dargelegt werden.[156]

c) Keine Beweislast des Erklärenden

Die steuerlichen Beweislast- und Vermutungsregeln gelten im Steuerstrafrecht nicht. 124
Falsche Angaben macht deshalb nicht, wer Provisionszahlungen als Betriebsausgaben geltend macht, aber den betrieblichen Charakter nicht nachweisen kann, oder wer klar betriebsbedingte Ausgaben mangels Quittungen oder anderer Sachnachweise nicht belegen kann. Etwas anderes soll indes gelten, wenn die Steuergesetze die Anerkennung steuermindernder Tatsachen oder einer Steuerbefreiung bereits materiell von einer bestimmten Form des Nachweises abhängig machen.[157] In diesem Zusammenhang ist zu beachten, dass wegen nunmehr fast durchgehender Strafbarkeit grenzüberschreitender Schmiergelder[158] solche Ausgaben in keinem Fall mehr abzugsfähig sind. Die Geltendmachung als betriebsbedingte steuermindernde Ausgaben kann ohne Darlegung des (strafbaren) Zahlungszwecks steuerstrafrechtlich relevant sein.

d) Steuerberater

Das Unternehmen wird sich üblicherweise bei seinen steuerlichen Angelegenheiten 125
der Hilfe eines Steuerberaters bedienen. Kennt der Berater alle tatsächlichen Aspekte eines Sachverhalts, kann sich der Unternehmensleiter darauf verlassen, dass sein Berater dies steuerrechtlich richtig einordnet und korrekt der steuerlichen Erklärung zugrunde legt. Das gilt insbesondere bei einer steuerlich hochkomplizierten Sach- und Rechtslage.

Praxistipp !

In Bezug auf den Tatsachenkern bestätigt der verantwortliche Unternehmensleiter mit seiner Unterschrift unter der Erklärung allerdings persönlich dessen Richtigkeit. Die Einlassung im Steuerstrafverfahren, man habe „blind" unterschrieben und kenne sich sowieso nicht aus, wird regelmäßig nicht geglaubt und entlastet nicht.

156 Vgl. hierzu Klein/*Jäger*, AO, § 370 Rn 44.
157 Diese Ansicht ist – zu Recht – umstritten; vgl. hierzu MüKo-StGB/*Schmitz/Wulf*, § 370 AO Rn 222 ff.
158 Vgl. EU-Bestechungsgesetz (EuBestG) v. 10.9.1998 (BGBl. II S. 2340), zuletzt geändert durch Gesetz v. 21.7.2004 (BGBl. I S. 1763); Gesetz zur Bekämpfung internationaler Bestechung (IntBestG) v. 10.9.1998 (BGBl. II S. 2327); Ergänzung des § 299 StGB um Abs. 3 durch Art. 1 des Gesetzes zur Ausführung der Gemeinsamen Maßnahme betreffend die Bestechung v. 22.8.2002 (BGBl. I S. 3387).

126 Sind die Vorgaben des Unternehmens gegenüber dem Steuerberater falsch (z.B. die Belege in der Buchhaltung), liegt darin nur die (für sich genommen straflose) Vorbereitung einer Steuerhinterziehungstat; kommt es zur Einreichung der darauf beruhenden Erklärung, handelt es sich um Steuerhinterziehung. Der Steuerberater macht sich keiner Beteiligung an einer Steuerhinterziehung strafbar, wenn er der Erklärung unbewusst falsche Vorgaben des Unternehmens zugrunde legt. Verfügt der Steuerberater hingegen über die volle Kenntnis, macht er sich als Mittäter der Steuerhinterziehung oder jedenfalls wegen Beihilfe hierzu strafbar.[159]

2. Steuerhinterziehung durch Unterlassen

127 Steuerhinterziehung durch Unterlassen[160] begeht, wer seiner steuerlichen Erfassungs- oder Erklärungspflicht oder der Pflicht zur Steuer(vor)anmeldung überhaupt nicht oder nur verspätet nachkommt.

a) Erklärungspflichtiger

128 Diese Variante des Steuerhinterziehungstatbestandes ist ein Sonderdelikt. Er erfasst nur Steuerpflichtige, das heißt solche Personen, die rechtlich dafür einzustehen haben, dass fristgerechte und ordnungsgemäße Erklärungen eingereicht werden. Die steuerlichen Pflichten einer juristischen Person hat deren Organ zu erfüllen, also etwa

- der Geschäftsführer bei der GmbH,
- der Vorstand bei der AG,
- der persönlich haftende Gesellschafter bei der KGaA.

129 Gibt das Organ oder der gesetzliche Vertreter bspw. die Umsatzsteuervoranmeldungen des Unternehmens nicht rechtzeitig beim Finanzamt ab, kann schon dies nach § 370 Abs. 1 Nr. 2 AO strafbar sein – sofern die übrigen Tatbestandsvoraussetzungen (Steuerverkürzung[161] und Vorsatz) vorliegen.

130 Erfolgt die Vertretung einer Gesellschaft durch ein Kollektivorgan, so trifft die Erklärungspflicht jedes Mitglied, unabhängig von einer etwaigen internen Zuständigkeitsverteilung. In einer solchen Fallkonstellation kann eine Abschichtung der strafrechtlichen Verantwortlichkeit nur auf der Ebene des Vorsatzes erfolgen. Die Vorschrift des § 35 AO erweitert die steuerliche Erklärungspflicht – und damit die strafrechtliche Haftung für falsche Erklärungen – auf den faktischen Geschäftsführer

---

159 Vgl. oben Rn 119 ff.
160 § 370 Abs. 1 Nr. 2 AO.
161 Vgl. hierzu noch unten Rn 136 ff.

der Gesellschaft, also auf denjenigen, der das Unternehmen leitet und nach außen vertritt, ohne formal berufen zu sein.[162]

Neben den dargestellten steuerrechtlichen Haftungsnormen ist anerkanntermaßen auch die Vorschrift des § 14 StGB anwendbar, welche die strafrechtliche Haftung von Personen regelt, die „für einen anderen" tätig werden. § 14 Abs. 1 StGB ist deckungsgleich mit § 34 AO und hat dementsprechend keinen eigenen Anwendungsbereich im Steuerstrafrecht. Demgegenüber sind § 14 Abs. 2 und 3 StGB auch im Steuerstrafrecht von Bedeutung.[163] Praktisch relevant ist insbesondere die Regelung in § 14 Abs. 2 Nr. 2 StGB über den Betriebsbeauftragten. 131

Hinweis !
Auch Angestellte oder Dritte können für die Erfüllung der Pflichten des Unternehmens strafrechtlich verantwortlich sein, wenn sie vom Inhaber des Betriebes damit beauftragt sind, diese Aufgaben wahrzunehmen.

Dies gilt aber nur, soweit die Aufgabenübertragung rechtlich zulässig ist. Im Hinblick auf die Abgabe von Körperschaft-, Gewerbe- oder Umsatzsteuerjahreserklärungen scheidet eine strafrechtliche Verantwortlichkeit nach § 14 Abs. 2 Nr. 2 StGB deswegen aus. Diese Erklärungen müssen vom Steuerpflichtigen selbst, bei juristischen Personen also vom Organ oder bei sonstigen Personenvereinigungen vom gesetzlichen Vertreter eigenhändig unterschrieben werden.[164] Übertragbar ist hingegen die Verantwortung für die Abgabe von Lohn- und Umsatzsteuervoranmeldungen. Übernimmt bspw. der Steuerberater des Unternehmens diese Aufgabe und kommt er seiner Erklärungspflicht nicht nach, kann er Täter einer Steuerhinterziehung sein. Auch der steuerliche Beauftragte im Sinne des § 214 AO, der in der Steueraufsicht gem. § 209 AO unterliegenden Sachverhalten installiert werden kann (z.B. Lagerung, Beförderung oder Handel mit verbrauchsteuerpflichtigen Waren), kommt als Verantwortlicher nach § 14 Abs. 2 Nr. 2 StGB und demnach als Täter einer Steuerhinterziehung durch Unterlassen in Frage. 132

b) Berichtigungspflicht

Zudem trifft den Steuerpflichtigen, insbesondere den als Vertretungsorgan für das Unternehmen handelnden Geschäftsleiter oder Vorstand, die Pflicht, eine Erklärung 133

162 Ein von der Rechtsprechung ursprünglich für typische Strohmannfälle, insbesondere für die Sonderdelikte im GmbHG, AktG etc., entwickeltes Konzept. Gegenüber den allgemeinen strafrechtlichen Grundsätzen sind die Voraussetzungen von § 35 AO allerdings enger. Eine rein tatsächliche Einwirkungsmöglichkeit auf die Unternehmensgeschäfte ohne jede Rechtsmacht reicht nicht.
163 MüKo-StGB/*Schmitz/Wulf*, § 370 Rn 297.
164 Vgl. § 25 Abs. 3 EStG, § 14a GewStG, § 18 Abs. 3 UStG.

nachträglich zu berichtigen, wenn ihm vor Ablauf der Festsetzungsfrist ein Fehler bekannt wird (§ 153 AO). Der Berichtigungspflicht kommt unter dem Aspekt der Regelkonformität im Unternehmen besondere Bedeutung zu, ihr gehen spezialgesetzliche (steuerliche) Regelungen vor. Die Anzeigepflicht gilt auch dann, wenn die Voraussetzungen für bestimmte Steuerermäßigungen, Steuerbefreiungen oder sonstige Steuervergünstigungen nachträglich entfallen (§ 153 Abs. 2 AO).

134 Kommt der Steuerpflichtige seiner Berichtigungspflicht aus § 153 AO nicht unverzüglich nach, kann dies den Vorwurf einer Steuerhinterziehung durch Unterlassen begründen.

! **Hinweis**
Wenn z.B. aufgrund interner Ermittlungen nachträglich fehlerhafte Angaben in für das Unternehmen abgegeben Steuererklärungen bekannt werden, muss sichergestellt sein, dass die Geschäftsleitung umgehend informiert wird, um eine Richtigstellung gegenüber dem Finanzamt veranlassen zu können.

---

135 Nach Auffassung des BGH soll eine (strafbewehrte) Berichtigungspflicht sogar dann bestehen, wenn der Steuerpflichtige bereits bei Abgabe der Steuererklärung mit bedingtem Vorsatz gehandelt hat, die konkrete Möglichkeit ihrer Unrichtigkeit also billigend in Kauf genommen hatte.[165] Bei positiver Kenntnis von der Unrichtigkeit liegt dagegen (ohnehin) eine vorsätzliche Steuerhinterziehung vor. § 153 AO findet dann keine Anwendung.

3. Steuerverkürzung

a) Allgemeines

136 Falsche Angaben gegenüber den Finanzbehörden genügen allein noch nicht den Voraussetzungen des Straftatbestands. Denn sie führen für sich genommen ebenso wenig zur (vollendeten) Steuerhinterziehung wie die unterlassene oder nicht rechtzeitige Abgabe einer steuerlichen Erklärung oder Anmeldung. Hinzukommen muss eine hierdurch bewirkte Steuerverkürzung, die nach § 370 Abs. 4 S. 1 AO namentlich dann vorliegt, wenn Steuern nicht, nicht in voller Höhe oder nicht rechtzeitig festgesetzt werden. Es ist mit anderen Worten ein Vergleich zwischen Ist- und Soll-Festsetzung vorzunehmen.[166] Einen endgültigen Ausfall von Steuereinnahmen setzt § 370 AO demnach nicht voraus. Taterfolg ist vielmehr schon eine durch die unrichtige Festsetzung herbeigeführte Gefährdung des Steueraufkommens.

---

165 BGH, Beschl. v. 17.3.2009 – 1 StR 479/08 – BGHSt 53, 210.
166 MüKo-StGB/*Schmitz/Wulf*, § 370 AO Rn 76.

b) Steuerverkürzung auf Zeit

Zu beachten ist, dass das Gesetz die Steuerverkürzung auf Zeit genügen lässt, indem es die nicht rechtzeitige Festsetzung von Steuern der Nichtfestsetzung oder der zu geringen Festsetzung von Steuern gleichsetzt. Eine Steuerverkürzung ist also bereits dann gegeben, wenn eine steuerliche Erklärung (bewusst) zu spät eingereicht wird.[167] Der Verkürzungserfolg soll hier im Zinsschaden liegen, der dem Fiskus entsteht, weil er nicht (rechtzeitig) über die Steuern verfügen kann.[168] Die Abgrenzung zwischen Steuerverkürzung auf Dauer und Steuerverkürzung auf Zeit soll nach herrschender Meinung anhand der Vorstellungen des Täters von der Tat erfolgen.[169] 137

Die nicht rechtzeitige Festsetzung von Steuern betrifft in erster Linie die sog. Anmeldesteuern (§ 167 AO), bei denen Anmeldung und Festsetzung inhaltlich zusammenfallen (§ 168 AO). Im Gegensatz zu den Veranlagungssteuern, wie der Körperschaft- oder Gewerbesteuer, lässt sich der Zeitpunkt, zu dem die Steuern bei rechtzeitiger Anmeldung festgesetzt worden wären, hier exakt bestimmen. Namentlich gilt dies für Lohn- und Umsatzsteuer (§§ 38 ff. EStG[170] bzw. § 18 UStG[171]). Die nicht rechtzeitige Abgabe entsprechender (Vor-)Anmeldungen erfüllt deshalb regelmäßig die Voraussetzungen von § 370 Abs. 4 AO. Dies gilt auch dann, wenn die Anmeldung später nachgeholt wird.[172] 138

c) Ungerechtfertigter Steuervorteil

Alternativ verlangt § 370 AO, dass der Steuerpflichtige durch die Steuerhinterziehung einen ungerechtfertigten Steuervorteil erlangt (§ 370 Abs. 4 Satz 2 AO). Die rechtsdogmatisch schwierige Abgrenzung zur Steuerverkürzung spielt als solches in der Praxis keine große Rolle. Die überwiegend vertretene Meinung im Schrifttum grenzt anhand der Abschnitte im Besteuerungsverfahren ab. Steuervorteile sind danach nur solche, die außerhalb des Festsetzungsverfahrens erlangt werden, etwa 139

- die Erstattung von Vorsteuern bei der Umsatzsteuer,
- die Stundung,
- der Erlass oder
- die Einstellung der Vollstreckung.[173]

---

167 Freilich können die Voraussetzungen einer strafbefreienden Selbstanzeige gegeben sein, vgl. unten Rn 173 ff.

168 MüKo-StGB/*Schmitz/Wulf*, § 370 AO Rn 110.

169 MüKo-StGB/*Schmitz/Wulf*, § 370 AO Rn 111.

170 Einkommensteuergesetz (EStG) v. 8.10.2009 (BGBl. I S. 3366), zuletzt geändert durch Gesetz v. 2.12.2014 (BGBl. I S. 1922).

171 Umsatzsteuergesetz (UStG) v. 21.2.2005 (BGBl. I S. 386), zuletzt geändert durch Gesetz v. 25.7.2014 (BGBl. I S. 1266).

172 Die nachgeholte Steueranmeldung kann allerdings die Voraussetzungen einer Selbstanzeige gem. § 371 AO erfüllen mit der Folge, dass der Täter straflos bleibt.

173 Näher hierzu MüKo-StGB/*Schmitz/Wulf*, § 370 AO Rn 123 f.

d) Ermittlung des Steuerschadens

140 Um zu ermitteln, ob Steuern nicht oder nicht in voller Höhe festgesetzt worden sind, ist ein Vergleich zwischen Ist- und Soll-Festsetzung auf der Grundlage des Erklärten einerseits und des wahren Sachverhalts anderseits vorzunehmen.[174] Wird die Steuer für einen bestimmten Veranlagungszeitraum gar nicht oder niedriger festgesetzt, als es nach den einschlägigen steuerrechtlichen Vorschriften zutreffend gewesen wäre, sind die Voraussetzungen von § 370 Abs. 4 S. 1 AO erfüllt. Bei dieser Ermittlung muss die Finanzbehörde die Besteuerungsgrundlagen genau feststellen und den eingetretenen Verkürzungserfolg exakt berechnen. Dabei ist eine Schätzung von Besteuerungsgrundlagen anerkanntermaßen auch im Steuerstrafverfahren zulässig.[175] Maßstab ist dabei allerdings nicht das wahrscheinlich richtige Ergebnis, sondern die richterliche Überzeugung (§ 261 StPO), die rechtsfehlerfrei gebildet werden muss, sodass unter anderem der strafprozessuale Zweifelsgrundsatz gilt.[176] Eventuelle Unsicherheiten dürfen sich also nicht zulasten des Beschuldigten auswirken. Deshalb kann es unter Umständen in demselben Fall zu Differenzen zwischen der im Steuerstrafverfahren angenommenen Schadenshöhe einerseits und den im Besteuerungsverfahren aufgrund der Hinterziehung nachzuzahlenden Steuerbeträgen andererseits kommen.

e) Kompensationsverbot

141 Bei dem für die Steuerverkürzung maßgeblichen Vergleich zwischen Soll- und Ist-Festsetzung kommt dem Kompensationsverbot[177] maßgebliche Bedeutung zu. Vereinfacht gesagt, darf danach nur das (falsch) Erklärte zur Grundlage der Berechnung gemacht werden, nicht aber andere Umstände, die zu einer Steuerminderung oder -erstattung hätten führen können. Der Steuerpflichtige wird also im Steuerstrafverfahren mit dem Vorbringen neuer, bislang nicht erklärter Umstände nicht gehört. Anders liegt der Fall nur dann, wenn die neuen Umstände mit den verschwiegenen, steuererhöhenden Umständen in einem unmittelbaren Zusammenhang stehen.[178] Die einschlägige Rechtsprechung ist stark kasuistisch geprägt. Klare Abgrenzungskriterien fehlen. So wird bspw. ein unmittelbarer Zusammenhang verneint, wenn der Täter einer Umsatzsteuerhinterziehung im Nachhinein nicht erklärte Vorsteuerabzüge geltend macht.[179] Andererseits sollen die mit verschwiegenen Betriebseinnah-

174 MüKo-StGB/*Schmitz/Wulf*, § 370 AO Rn 76.

175 BGH, Beschl. v. 24.5.2007 – 5 StR 58/07 – wistra 2007, 345; MüKo-StGB/*Schmitz/Wulf*, § 370 AO Rn 177.

176 MüKo-StGB/*Schmitz/Wulf*, § 370 AO Rn 177.

177 § 370 Abs. 4 S. 3 AO.

178 BGH, Urt. v. 5.2.2004 – 5 StR 420/03 – NStZ 2004, 579; Klein/*Jäger*, AO, § 370 Rn 133 ff.

179 Klein/*Jäger*, AO, § 370 Rn 132.

men unmittelbar zusammenhängenden Betriebsausgaben berücksichtigt werden dürfen.[180]

Das Kompensationsverbot gilt allerdings nicht für die **Strafzumessung**. Das bedeutet: steuermindernde Umstände, die mangels unmittelbaren wirtschaftlichen Zusammenhangs bei der Frage des (tatbestandsmäßigen) Verkürzungserfolgs außer Betracht bleiben müssen, sind im Rahmen der Strafzumessung sehr wohl zu berücksichtigen. Das liegt daran, dass Grundlage der Strafzumessung der effektiv eingetretene Steuerschaden als verschuldete Auswirkung der Tat im Sinne des § 46 Abs. 2 S. 2 StGB ist. Sofern und soweit steuermindernde Umstände vorliegen – mögen sie auch in keinem unmittelbaren Zusammenhang mit den verschwiegenen steuererhöhenden Umständen stehen –, tritt effektiv kein Steuerschaden ein.[181] 142

Hinweis !

Die Strafbarkeit wegen Steuerhinterziehung entfällt nicht dadurch, dass bei wahrheitsgemäßen Angaben in der Steuererklärung zu den – verschwiegenen – steuererhöhenden auch steuermindernde Umstände hinzugetreten wären. Grund hierfür ist das steuerstrafrechtliche Kompensationsverbot des § 370 Abs. 4 S. AO. Dies gilt jedoch nicht im Rahmen der Strafzumessung. Da der tatsächlich eingetretene Schaden für den Fiskus ein für die Strafe maßgeblicher Umstand ist, sind steuermindernde Umstände insoweit zu berücksichtigen.

II. Der subjektive Tatbestand der Steuerhinterziehung

Wegen Steuerhinterziehung macht sich nur strafbar, wer vorsätzlich handelt. Fahrlässiges Handeln kann allenfalls unter dem rechtlichen Gesichtspunkt einer Ordnungswidrigkeit gem. § 378 AO (leichtfertige Steuerverkürzung) sanktioniert werden. 143

Vorsatz bedeutet Wissen und Wollen der Tat (§ 15 StGB), wobei es dem Täter auf die Herbeiführung des Taterfolgs nicht ausdrücklich ankommen muss. Bedingter Vorsatz genügt, das heißt der Täter muss die Gefahr der Tatbestandsverwirklichung erkennen, ernst nehmen und wegen des erstrebten Ziels willen billigend in Kauf nehmen.[182] 144

Vorsatz entfällt, wenn der Täter bei der Begehung der Tat einen Umstand nicht kennt, der zum gesetzlichen Tatbestand gehört, § 16 StGB. 145

180 Z.B. BGH, Urt. v. 11.7.2002 – 5 StR 516/01 – NJW 2002. 3036.
181 BGH, Urt. v. 11.7.2002 – 5 StR 516/01 – NJW 2002, 3036; Klein/*Jäger*, AO, § 370 Rn 133.
182 BGH, Urt. v. 8.9.2011 – 1 StR 38/11 – wistra 2011, 465.

Beispiel

Weiß z.B. der Geschäftsführer einer GmbH nichts davon, dass bestimmte Ausgaben nicht dem Betrieb, sondern einem Gesellschafter zugute gekommen sind, dass die Finanzbuchhaltung nicht zutrifft, weil Scheingeschäfte gebucht wurden, oder dass die Lohnbuchhaltung einzelne Mitarbeiter nicht korrekt führt (Problem der Scheinselbständigkeit und ähnliches), unterliegt er bei Abgabe der entsprechenden steuerlichen Erklärung einem Tatbestandsirrtum.

146 Die **neuere Rechtsprechung** hat – dem allgemeinen Trend der Verschärfung des Steuerstrafrechts entsprechend – die Anforderungen an die Annahme eines den Vorsatz und damit die Strafbarkeit gem. § 370 AO ausschließenden Irrtums erhöht. Der Annahme eines Irrtums muss eine umfassende Würdigung der Umstände, die für das Vorstellungsbild des potentiellen Täters bedeutsam waren, vorausgehen. Dabei sind – so muss die neuere Rechtsprechung verstanden werden – insbesondere diejenigen Umstände in den Blick zu nehmen und zu gewichten, die für den Vorsatz sprechen. Solche Umstände können sein:[183]

- Unterlassen der Erkundigung über bestehende steuerrechtliche Pflichten der betreffenden Branche;
- Unterlassen der Einholung von Rechtsrat;
- die Wahl einer von der üblichen Geschäftsabwicklung abweichenden Vertragskonstruktion;
- und als deutliches Indiz: bewusst falsche Rechnungstellung bzw. bewusst falsche Verbuchung von Geschäftsvorgängen.

147 Beim Vorliegen solcher Indizien wird es einem Gericht – zumal auf der Grundlage der neueren strengen BGH-Rechtsprechung – die Begründung nicht schwer fallen, dass der Handelnde eine Steuerverkürzung zumindest in Kauf nimmt.

148 Ein rechtlich anders als der zuvor angesprochene Irrtum über Tatumstände zu bewertender Irrtum bezieht sich auf das Verbotensein einer Handlung. Hier kennt der Erklärende die Sachlage, glaubt aber irrig, er dürfe den fraglichen Geschäftsvorgang steuerlich so behandeln, wie in der Erklärung ausgewiesen; bspw. wenn in der Bilanz, die die Grundlage der Erklärung über den Gewinn der Gesellschaft bildet, Gegenstände des Betriebsvermögens weggelassen oder im Wert zu gering angesetzt werden. Ein solcher Irrtum vermag nur dann nach § 17 StGB zur Straflosigkeit führen, wenn er auch bei hinreichender Sorgfalt nicht hätte vermieden werden können.

149 Die Abgrenzung ist in erster Linie deshalb schwierig, weil der Tatbestand der Steuerhinterziehung aus normativen Tatbestandselementen besteht, deren Inhalt nur unter Bezugnahme auf steuerliche Wertungen bestimmt werden kann (steuerlich erhebliche Tatsachen, Steuerverkürzung etc.). Insoweit reicht es für die Verwirklichung des Straftatbestands aus, dass der Erklärende den Sinngehalt des normativen

183 Vgl. BGH, Urt. v. 8.9.2011 – 1 StR 38/11 – wistra 2011, 465.

Tatbestandsmerkmals im Wege einer Parallelwertung in der Laiensphäre erfasst. Die genaue Kenntnis der zugrunde liegenden steuerrechtlichen Regelungen ist nicht erforderlich.[184] Nach herrschender Meinung ist der Irrtum über das Bestehen eines Steueranspruchs als Tatbestandsirrtum zu qualifizieren, während der Irrtum über das Bestehen einer Erklärungspflicht bei Kenntnis sämtlicher pflichtbegründender Umstände nur einen Verbotsirrtum nach § 17 StGB darstellen soll.[185]

Im geschäftlichen Bereich ist üblicherweise ein Steuerberater mit der Wahrnehmung der steuerrechtlichen Angelegenheiten beauftragt. Wie oben ausgeführt,[186] darf sich der Unternehmensleiter grundsätzlich auf dessen Rat und Auskunft verlassen. Hierbei kommt es entscheidend darauf an, ob der Berater über sämtliche für die steuerliche Bewertung des Sachverhalts notwendigen Informationen verfügt.[187] Ist dies der Fall und kommt der Steuerberater dennoch zu einem unrichtigen Ergebnis, war der Irrtum über die Erklärungspflicht für den Verantwortlichen des Unternehmens unvermeidbar im Sinne von § 17 StGB. Er bleibt dann straflos. 150

III. Versuchte Steuerhinterziehung

Auch der Versuch einer Steuerhinterziehung ist strafbar, § 370 Abs. 2 AO. 151

Hinweis
Eine Steuerhinterziehung versucht, wer in Kenntnis und mit dem Willen, eine Steuerhinterziehung zu begehen, nach seiner Vorstellung von der Tat unmittelbar zur Tatbestandsverwirklichung ansetzt.

Im Hinblick auf Veranlagungssteuern ist ein unmittelbares Ansetzen erst gegeben, wenn die (falsche) Steuererklärung beim Finanzamt eingereicht wird. Alles, was zuvor geschieht, ist straflose Vorbereitungshandlung, auch wenn der Erklärende bereits mit Hinterziehungsvorsatz handelt.[188] 152

Beispiel
Straflose Vorbereitungshandlungen sind z.B. die unrichtige Buchführung oder das Aufstellen falscher Bilanzen, Absprachen mit Kunden oder mit Lieferanten über den Austausch falscher Rechnungen etc.[189]

184 Klein/*Jäger*, AO, § 370 Rn 171 ff.
185 MüKo-StGB/*Schmitz/Wulf*, § 370 AO Rn 333 f.
186 Vgl. Rn 125 ff.
187 Hübschmann/Hepp/Spitaler/*Hellmann*, AO, § 370 Rn 226 ff.
188 Solche Handlungen können aber u.U. nach anderen Strafgesetzen strafbar sein.
189 MüKo-StGB/*Schmitz/Wulf*, § 370 AO Rn 387.

153 Die Hinterziehung von Fälligkeitssteuern (Umsatzsteuer) ist mit der Abgabe der unrichtigen Anmeldung zum Fälligkeitstermin bereits vollendet. Ein Versuch ist hier nur in besonderen Konstellationen denkbar, wenn die Anmeldung etwa vorfristig erfolgt.

IV. Rechtsfolgen der Steuerhinterziehung

1. Kriminalstrafe

154 Kommt es zur Verurteilung wegen einer Steuerhinterziehung, können den Täter erhebliche Kriminalstrafen treffen.

Hinweis
Der Strafrahmen des Grunddelikts (§ 370 Abs. 1 AO) reicht von Geldstrafe bis Freiheitsstrafe bis zu fünf Jahren. In besonders schweren Fällen droht das Gesetz Freiheitsstrafen bis zu zehn Jahren an.

155 Die besonders schweren Fälle der Steuerhinterziehung sind in § 370 Abs. 3 AO geregelt. Hervorzuheben ist die Steuerhinterziehung im großen Ausmaß.[190] In seiner vielbeachteten und für die neuere strenge Rechtsprechung wegweisenden Entscheidung vom 2.12.2008[191] hat der BGH klargestellt, dass das Merkmal des großen Ausmaßes nach objektiven Maßstäben zu bestimmen ist. Dabei erfolgt eine Differenzierung nach Art des Taterfolges. Hat der Steuerpflichtige vom Finanzamt eine ungerechtfertigte Zahlung (Steuererstattung) erlangt, sei bereits bei einem Betrag von 50.000 € von einem großen Ausmaß auszugehen. Liege hingegen lediglich eine Gefährdung des Steueranspruchs vor, etwa weil der Täter es (nur) unterlassen habe, seine Steuererklärung rechtzeitig beim Finanzamt abzugeben,[192] sei dafür ein höherer Wert anzusetzen, die Grenze liege bei etwa 100.000 €. Dass bei großen Geschäftsvolumina Beträge dieser Größenordnung schnell erreicht sein werden, hat die Entscheidung ausdrücklich für unbeachtlich erklärt. Denn dieser Umstand verändere die Auswirkungen der Tat auf das Steueraufkommen nicht.[193] Gleichwohl sind die Umstände des Einzelfalls natürlich bei der Strafzumessung zu berücksichtigen.

156 In derselben Entscheidung hat der BGH auch Leitlinien für die Strafzumessung aufgestellt. Sofern das Regelbeispiel einer Steuerverkürzung großen Ausmaßes erfüllt ist, komme eine Geldstrafe in der Regel nicht mehr in Betracht. Erreiche das Hinterziehungsvolumen einen sechsstelligen Betrag, sei auch eine aussetzungsfähige Freiheitsstrafe (bis zwei Jahre, § 56 Abs. 2 StGB) nur noch bei gewichtigen Milderungs-

190 § 370 Abs. 3 S. 2 Nr. 1 AO.
191 BGH, Urt. v. 2.12.2008 – 1 StR 416/08 – BGHSt 53, 71 = NJW 2009, 528 ff.
192 § 370 Abs. 1 Nr. 2 AO
193 BGH, Urt. v. 2.12.2008 – 1 StR 416/08 – BGHSt 53, 71 = NJW 2009, 528 ff.

gründen schuldangemessen. Stünden schließlich **Hinterziehungsbeträge in Millionenhöhe** in Rede, sei in der Regel auf eine Freiheitsstrafe von über zwei Jahren zu erkennen.

Die in der Grundsatzentscheidung vom Dezember 2008 aufgestellten Grundsätze für die Strafzumessung hat der BGH seitdem in einer Reihe von Entscheidungen fortgeführt und bestätigt.[194] Man kann insoweit von einer gefestigten Rechtsprechung sprechen, die von den Instanzgerichten, die kein Interesse an einer Aufhebung ihres Urteils wegen einer zu milden Strafe haben, sowie den Finanzbehörden verinnerlicht worden ist. Über die Fachwelt hinaus ist die „Millionengrenze" fast schon zum Bestandteil des Allgemeinwissens geworden und wird vor allem in prominenten Fällen – wie zuletzt im „Fall Hoeneß" – stets erwähnt. Dabei darf die Rechtsprechung des BGH zur Millionengrenze nicht falsch verstanden werden in dem Sinne, dass unterhalb von siebenstelligen Hinterziehungsbeträgen keine zu vollstreckende Freiheitsstrafe von über zwei Jahren droht. Der Steuerschaden ist zwar ein bestimmender und vielleicht der zentrale Umstand für die Strafzumessung. Doch auch nach der neuen BGH-Rechtsprechung bleibt die Zumessung der schuldangemessenen Strafe Sache des Gerichts. Zu würdigen sind alle Umstände des Einzelfalls. Danach kann auch bei einem Hinterziehungsbetrag im „lediglich" sechsstelligen Bereich bei Hinzutreten anderer strafverschärfender Umstände eine Freiheitsstrafe von über zwei Jahren schuldangemessen sein. Dies hat der BGH ausdrücklich klargestellt.[195] 157

Praxistipp
Bei größeren Geschäftsvolumina steht schnell ein beträchtliches Strafmaß im Raum, weshalb sich Unternehmen umso mehr veranlasst sehen sollten, das Risiko von Steuerstraftaten bereits im Vorfeld wirksam zu minimieren. !

Beträgt die Verurteilung mindestens ein Jahr Freiheitsstrafe, eröffnet § 375 Abs. 1 AO dem erkennenden Gericht zusätzlich die Möglichkeit, dem Täter als strafrechtliche Nebenfolge die Fähigkeit, öffentliche Ämter zu bekleiden oder Rechte aus öffentlichen Wahlen zu erlangen, abzuerkennen. 158

2. Verfahrenseinstellung

In der Praxis werden zahlreiche Steuerstrafverfahren eingestellt, bevor die Ermittlungen abgeschlossen sind bzw. bevor die Strafverfolgungsbehörde eine das Verfahren abschließende Verfügung getroffen hat. Nach Abschluss der Ermittlungen hat das 159

194 Vgl. insbesondere BGH, Beschl. v. 15.12.2011 – 1 StR 579/11 – NJW 2012, 1015; BGH, Urt. v. 7.2.2012 – 1 StR 525/11 – BGHSt 57, 123 = NJW 2012, 1458.
195 BGH, Beschl. v. 26.9.2012 – 1 StR 423/12 – wistra 2013, 31.

zwingend zu geschehen, wenn diese keinen hinreichenden Tatverdacht[196] gegen den Beschuldigten ergeben haben (§ 170 Abs. 2 StPO). Bei entsprechendem Anlass kann das Verfahren allerdings jederzeit erneut wieder aufgenommen werden.[197]

160 Eine sanktionslose Einstellung, ohne abschließende Entscheidung darüber, ob hinreichender Tatverdacht gegeben ist, ermöglicht die Vorschrift des § 153 StPO, wenn die Schuld gering wäre. Wird das Verfahren nach dieser Vorschrift eingestellt, vermögen nur solche neuen Tatsachen oder Beweismittel zu einer Wiederaufnahme führen, die eine rechtlich schärfere Beurteilung rechtfertigen,[198] also im Hinblick auf einen steuerstrafrechtlichen Vorwurf bspw. einen besonders schweren Fall im Sinne des § 370 Abs. 3 AO begründen.

161 Schließlich werden viele Ermittlungsverfahren gem. **§ 153a StPO** erledigt, das heißt sie werden mit Zustimmung des Beschuldigten, des Verteidigers und der Ermittlungsbehörde gegen eine Auflage eingestellt. Die Auflage besteht in der Praxis nahezu immer in der Zahlung eines Geldbetrages.[199] Zudem wird die Einstellung nach § 153a StPO häufig von der Begleichung der offenen Steuerbeträge abhängig gemacht. Hier zeigt sich der enge Zusammenhang zwischen Steuerstraf- und Besteuerungsverfahren, der eine Gesamtstrategie für die Erledigung beider Verfahren erfordert. Bevor einer Einstellung des Steuerstrafverfahrens zugestimmt wird, muss geklärt sein, um welche Beträge es im Besteuerungsverfahren geht. Das Gegenstück zur konsensualen Verfahrenserledigung nach § 153a StPO ist dabei im Besteuerungsverfahren die tatsächliche Verständigung.

162 In nach § 153a StPO erledigten Verfahren haben meistens Gespräche zwischen der jeweiligen Strafverfolgungsbehörde, also

- der Straf- und Bußgeldstelle des Finanzamts oder der Staatsanwaltschaft einerseits und
- dem beauftragten Strafverteidiger andererseits

stattgefunden. Häufig vermögen sachgerechte Verteidigungsschriftsätze zum Akteninhalt und zur Rechtslage eine Einigung vorzubereiten und zu fördern. Wird das Verfahren auf diese Weise erledigt, tritt mit vollständiger Erfüllung der Auflage auch Strafklageverbrauch ein, das heißt das Verfahren kann gegen diesen Beschuldigten nicht mehr aufgenommen werden.[200] Einstellungen nach §§ 153, 153a StPO können auch noch später, in jeder Lage des Verfahrens – also nach Anklageerhebung, in der Hauptverhandlung, aber nicht mehr im Revisionsverfahren – erfolgen. Eine im Zusammenhang mit einer Einstellung des Verfahrens nach § 153a StPO zu zahlende

---

196 Hinreichender Tatverdacht liegt vor, wenn eine strafgerichtliche Verurteilung des Beschuldigten nach vorläufiger Tatbewertung wahrscheinlich ist; vgl. Meyer-Goßner/Schmitt, StPO, § 170 Rn 1.
197 *Meyer-Goßner/Schmitt*, StPO, § 170 Rn 9.
198 *Meyer-Goßner/Schmitt*, StPO, § 153 Rn 37.
199 Vgl. § 153a Abs. 1 S. 2 Nr. 2 StPO.
200 § 153a Abs. 3 S. 5 StPO.

Auflage kann im Einzelfall auch vom Unternehmen für den Beschuldigten übernommen werden.

3. Bußgeldrechtliche Sanktionen

Über eine eventuelle Bestrafung des Täters oder Teilnehmers hinaus kann das Steuerstrafverfahren auch zu Sanktionen gegen das Unternehmen führen, in dessen Pflichtenkreis oder zu dessen Bereicherung der Täter gehandelt hat. § 30 OWiG erlaubt die Verhängung einer Geldbuße gegen eine juristische Person oder Personenvereinigung, wenn eine der in § 30 Abs. 1 Nr. 1 bis 5 OWiG näher bezeichneten Leitungsperson eine Straftat oder Ordnungswidrigkeit begangen hat, durch die eine sog. betriebsbezogene Pflicht verletzt worden ist oder durch die es bereichert worden ist oder werden sollte. Zu den betriebsbezogenen Pflichten gehören auch die steuerlichen Pflichten eines Unternehmens. Eine Geldbuße kann allerdings nur dann verhängt werden, wenn das Vorliegen einer Steuerstraftat oder -ordnungswidrigkeit positiv festgesellt ist (sog. Anlasstat), sei es als Ergebnis der steuerstrafrechtlichen Ermittlungen oder eines gesonderten Verfahrens.[201] § 30 OWiG ist eine Ermessensvorschrift. Die Behörde kann somit auch davon absehen, eine Unternehmensgeldbuße zu verhängen, obwohl die Voraussetzungen des Tatbestandes vorliegen. 163

Die Vorschrift des § 130 OWiG bewirkt ferner eine Ausweitung der bußgeldrechtlichen Haftung auf die Leitungsebene des Unternehmens. So schafft die Vorschrift eine Generalverantwortung der Leitungsebene für das Treffen von Vorkehrungen, mit denen Zuwiderhandlungen gegen (betriebsbezogene) Pflichten verhindert werden sollen.[202] Sie findet auch im Steuerstrafrecht Anwendung. Die Tathandlung besteht in einem Organisationsverschulden oder einer Aufsichtspflichtverletzung, die zur Verletzung einer betriebsbezogenen Pflicht geführt haben muss. Die Aufsichtspflicht des § 130 OWiG ist wiederum eine betriebsbezogene Pflicht im Sinne von § 30 OWiG, so dass bei Verletzung der Aufsichtspflicht der Leitungspersonen ein Durchgriff auf das Unternehmen möglich ist. Das Zusammenspiel mit § 30 OWiG ist die wohl wichtigste und jedenfalls eine praktisch sehr bedeutsame Konsequenz des § 130 OWiG.[203] 164

4. Steuerrechtliche Konsequenzen

Ein Steuerstrafverfahren kann daneben natürlich auch zu steuerrechtlichen Konsequenzen führen. So kann das Finanzamt Steuerbescheide, die aufgrund von Steuerstraftaten zu niedrig ausgefallen sind, innerhalb der Festsetzungsfrist ändern, auch 165

201 § 30 Abs. 4 OWiG.
202 KarlsruherKomm-OWiG/*Rogall*, § 130 Rn 1.
203 KarlsruherKomm-OWiG/*Rogall*, § 130 Rn 6.

wenn diese bereits Gegenstand einer Außenprüfung waren.[204] Voraussetzung ist das Vorliegen einer vorsätzlichen, rechtswidrigen und schuldhaften Straftat, wobei die Voraussetzungen durch die Finanzverwaltung selbständig festzustellen sind.

! **Praxistipp**

Für hinterzogene Steueransprüche gilt gem. § 169 Abs. 2 S. AO eine verlängerte Festsetzungsfrist von zehn Jahren.[205] Zudem ist die Ablaufhemmung des § 171 Abs. 7 AO zu beachten: Die Festsetzungsfrist endet solange nicht, wie die Steuerstraftat oder Steuerordnungswidrigkeit verjährt ist. Die (einfache) Steuerhinterziehung verjährt nach allgemeinen strafrechtlichen Grundsätzen[206] in fünf Jahren ab Beendigung der Tat. Besonders schwere Fälle der Steuerhinterziehung verjähren dagegen erst in zehn Jahren ab Beendigung der Tat.[207] Dies führt zu entsprechend langen Festsetzungsfristen. Hinterzogene Steuern sind außerdem zu verzinsen.[208]

V. Sonstige Steuerstraftatbestände/Steuerordnungswidrigkeiten

166 Neben der Steuerhinterziehung,[209] dem mit Abstand wichtigsten Straftatbestand des Steuerstrafrechts, sieht die AO eine Reihe weiterer, für die Praxis weniger bedeutsamer Sanktionsnormen vor, die hier nur überblicksartig dargestellt werden können.

167 Zu den sonstigen Steuerstraftatbeständen zählen:

- Bannbruch – § 372 AO,
- Schmuggel – § 373 AO und
- Steuerhehlerei – § 374 AO.

Auf eine nähere Darstellung der Vorschriften kann an dieser Stelle verzichtet werden, da sie Spezialfälle betreffen.

168 Für die Ausgestaltung der Compliance eines Unternehmens sind die sog. Steuerordnungswidrigkeiten, insbesondere die leichtfertige Steuerverkürzung[210] wichtiger. Die Vorschrift stimmt inhaltlich mit § 370 AO überein, nur dass sie in subjektiver Hinsicht leichtfertiges Handeln genügen lässt. Sie fungiert damit als Auffangtatbestand für alle diejenigen Fälle, in denen eine Bestrafung wegen Steuerhinterziehung mangels Vorsatzes ausscheidet.

---

204 § 173 Abs. 2 AO.
205 § 169 Abs. 2 S. 2 AO.
206 § 369 Abs. 2 AO i.V.m. § 78 Abs. 3 Nr. 4 StGB.
207 § 376 Abs. 1 AO.
208 § 234 AO.
209 § 370 AO.
210 § 378 AO.

Hinweis
Um dem Vorwurf leichtfertigen Handelns zu entgehen, muss der Steuerpflichtige in allen Zweifelsfällen Erkundigungen einholen. Im Falle der Beauftragung eines Steuerberaters muss der Steuerpflichtige die ihm zur Unterschrift vorgelegte Steuererklärung auf ihre tatsächliche Richtigkeit überprüfen. Im Regelfall darf er aber darauf vertrauen, dass der Steuerberater die Steuererklärung richtig vorbereitet, wenn er diesem die zur Erstellung der Steuererklärung erforderlichen Informationen vollständig verschafft hat.[211]

Der Steuerpflichtige hat des Weiteren die mit der Erfüllung seiner steuerrechtlichen Pflichten betrauten Mitarbeiter sorgfältig auszuwählen und zu überwachen, denn auch die Verletzung dieses Pflichtenkreises kann den Vorwurf leichtfertigen Handelns begründen. Dies gilt auch im Hinblick auf die Überwachung des für Steuerfragen zuständigen Mitgliedes eines Kollegialorgans durch dessen übrige Mitglieder. Ein Bußgeld nach § 378 AO kann den Adressaten empfindlich treffen, der Bußgeldrahmen beträgt gem. § 378 Abs. 2 AO bis zu 50.000 €. 169

Die Steuergefährdung[212] betrifft Handlungen, die im Vorfeld einer Steuerhinterziehung angesiedelt sind und deshalb in steuerstrafrechtlicher Hinsicht bloße Vorbereitungshandlungen darstellen. Hierunter fällt z.B. das Ausstellen unrichtiger Belege[213] oder die Vornahme unrichtiger Buchungen.[214] Die Vorschrift ist ein reiner Gefährdungstatbestand und kommt nur zur Anwendung, wenn Verletzungstatbestände, insbesondere § 378 AO, ausscheiden.[215] 170

Gleiches gilt für § 380 AO (Gefährdung von Abzugssteuern). Danach handelt ordnungswidrig, wer es unterlässt, Steuern abzuführen, die er für einen anderen einbehalten hat. § 370 AO greift in diesem Fall nicht ein, denn das bloße Unterlassen, eine Steuerschuld zu begleichen, stellt mangels falscher Angaben gegenüber den Steuerbehörden keine Steuerhinterziehung dar. Die Vorschrift ist in erster Linie für die Lohnsteuer von Bedeutung, die Arbeitgeber für Arbeitnehmer einzubehalten und abzuführen haben.[216] 171

Weitere Steuerordnungswidrigkeiten finden sich in §§ 381 und 382 AO sowie in den einzelnen Steuergesetzen. 172

Hinweis
Das Unternehmen muss selbstverständlich sämtliche Vorschriften im Blick haben, die im Hinblick auf die eigene Geschäftstätigkeit relevant sein können.

211 Klein/*Jäger*, AO, § 378 Rn 22 f.
212 § 379 AO.
213 § 379 Abs. 1 Nr. 1 AO.
214 § 379 Abs. 1 Nr. 3 AO.
215 § 379 Abs. 4 AO.
216 §§ 38 Abs. 3, 41a EStG.

VI. Selbstanzeige

173 Das Institut der **strafbefreienden** Selbstanzeige ist seit Jahren in der Diskussion und Gegenstand von **erheblichen Einschränkungen** – erst durch die Rechtsprechung[217] und in der Folge durch den Gesetzgeber[218]. Überhaupt scheint die weitere Legitimation dieses Instituts, das einzigartig ist im Strafrecht, fraglich zu sein. Diejenigen Stimmen, welche die komplette Abschaffung der strafbefreienden Selbstanzeige fordern, verstummen trotz der massiven Einschnitte der letzten Jahre nicht – und können sich dabei auf eine in der Öffentlichkeit verbreitete Stimmungslage berufen. Die mit der Selbstanzeige eintretende Straflosigkeit wegen einer Steuerhinterziehung verfolgt einen **doppelten Zweck**: Zum einen soll dem Steuerhinterziehenden ein Anreiz gegeben werden, zur Steuerehrlichkeit zurückzukehren. Zum anderen sollen dem Fiskus bislang verborgene Steuerquellen erschlossen werden. Es ist dieser zweite – fiskalische – Zweck, der in Zeiten umfassender Datenerhebungen und -sammlungen sowie der stetig ausgeweiteten internationalen Zusammenarbeit immer stärker angezweifelt wird. Mit anderen Worten: Man ist mehr und mehr der Meinung, dass verborgene Steuerquellen auch ohne Zutun des Steuerpflichtigen aufgespürt werden können – sodass dessen Mitwirkung nicht (mehr) mit Straflosigkeit prämiert werden muss.

174 Nach jetziger – mehrfach verschärfter – Rechtslage wird der Täter einer Steuerhinterziehung nach § 371 AO straffrei, wenn er seine unrichtigen oder unvollständigen Angaben bei der Finanzbehörde berichtigt oder ergänzt oder unterlassene Angaben nachholt. Rechtsdogmatisch handelt es sich um einen sog. Strafaufhebungsgrund, der zur persönlichen Straflosigkeit des Täters führt.[219]

175 Die strafbefreiende Wirkung tritt nach § 371 AO nur unter bestimmten Voraussetzungen ein, die herkömmlich in positive und negative Wirksamkeitsvoraussetzungen unterteilt werden. Erstere ergeben sich aus § 370 Abs. 1 und 3 AO, letztere regelt § 371 Abs. 2 AO in Form von Ausschlusstatbeständen.

1. Positive Voraussetzungen für die Wirksamkeit einer Selbstanzeige

176 Zu den positiven Wirksamkeitsvoraussetzungen gehört zum einen die Berichtigung,[220] die gewissermaßen das Spiegelbild zum Tatbestand der Steuerhinterziehung bildet:[221] Berichtigen im Sinne von § 371 AO bedeutet, unrichtige, unvollständige oder

---

217 BGH, Beschl. v. 20.5.2010 – 1 StR 577/09 – BGHSt 55, 180 = NJW 2010, 2146.

218 Durch das Schwarzgeldbekämpfungsgesetz (SchwarzGBekG) v. 28.4.2011 (BGBl. I S. 676) und zuletzt durch das Gesetz zur Änderung der Abgabenordnung und des Einführungsgesetzes zur Abgabenordnung v. 22.12.2014 (BGBl. I S. 2415).

219 Allgemeine Ansicht z.B. MüKo-StGB/*Kohler*, § 371 AO Rn 7 m.w.N.

220 § 371 Abs. 1 AO.

221 So treffend MüKo-StGB/*Kohler*, § 371 AO Rn 43.

fehlende Angaben durch die richtigen und vollständigen zu ersetzen. Hierfür lässt es die Rechtsprechung genügen, dass der Täter einen wesentlichen Beitrag dazu leistet, dass die betreffende Steuer nachträglich richtig festgesetzt werden kann. Die Anzeige muss also nicht sämtliche Zahlenangaben derart erschöpfend enthalten, dass das Finanzamt die Neuveranlagung auf der Stelle durchführen kann.[222] Welche Angaben für eine wirksame Berichtigung ausreichen, ist stets eine Frage des Einzelfalls. Der BGH hat allerdings klargestellt, dass in der Selbstanzeige auf jeden Fall konkrete Beträge hinsichtlich der Besteuerungsgrundlagen genannt werden müssen, also ggf. eine Schätzung zu erfolgen hat.[223] Die in der Praxis häufig eingesetzte sog. **gestufte Selbstanzeige**, bei der die Selbstanzeige in einem ersten Schritt (nur) dem Grunde nach erstattet wird und die Besteuerungsgrundlagen erst in einem zweiten Schritt – gegebenenfalls in Absprache mit dem Finanzamt – konkretisiert werden, ist jedenfalls riskant. Sie ist aber nach wie vor möglich, wenn schon im ersten Schritt eine Schätzung erfolgt, die über den ggf. nachzureichenden konkreten Zahlen hinausgeht. Gänzlich ausgeschlossen ist hingegen nach neuer Rechtslage die sog. **Teil-Selbstanzeige**. Nach früherer Rechtslage trat die strafbefreiende Wirkung der Selbstanzeige ein, „soweit" eine Berichtigung erfolgte. Der Täter musste danach nicht sämtliche bis dato verschwiegenen Umstände vollständig offenbaren, um in den Genuss (jedenfalls partieller) Straffreiheit zu kommen.[224] Nach neuer Rechtslage muss der Täter hingegen die unrichtigen Angaben „zu allen unverjährten Steuerstraftaten einer Steuerart, mindestens aber zu allen Steuerstraftaten einer Steuerart der letzten zehn Kalenderjahre" berichtigen (§ 371 Abs. 1 S. 2 AO). Die steuerstrafrechtliche Berichtigungspflicht von zehn Jahren entspricht damit der steuerlichen Festsetzungsfrist des § 169 Abs. 2 S. 2 AO.

Hinweis

Im Gegensatz zu der früheren Rechtslage sind die in der Vergangenheit häufigen Teilselbstanzeigen, die sich auf einzelne Steuerjahre bezogen, unwirksam und somit schädlich. Nach neuer Rechtslage müssen alle unrichtigen Angaben zu einer Steuerart „in vollem Umfang" berichtigt werden. Die Berichtigungspflicht reicht mindestens zehn Kalenderjahre zurück.

Eine wirksame Strafanzeige setzt zum anderen die fristgerechte Nachzahlung der hinterzogenen Steuern und der Hinterziehungszinsen voraus.[225] Die Nachzahlungspflicht reicht nach dem Gesetzeswortlaut allerdings nur so weit, wie der Täter oder Tatbeteiligte die Steuern „zu eigenen Gunsten" hinterzogen, also durch die Tat einen eigenen unmittelbaren Vorteil erlangt hat. Bei der Hinterziehung betrieblicher Steuern (Körperschaftsteuer, Gewerbesteuer) entsteht für den Täter eine Nachzah- 177

222 MüKo-StGB/*Kohler*, § 371 AO Rn 46.
223 BGH, Beschl. v. 20.5.2010 – 1 StR 577/09 – BGHSt 55, 180 = NJW 2010, 2146.
224 Vgl. Klein/*Jäger*, AO, § 371 Rn 24.
225 § 371 Abs. 3 AO.

lungspflicht demnach nur dann, wenn er auch Gesellschaftsanteile hält oder Tantiemen oder sonst gewinnabhängige Leistungen beanspruchen darf.[226] Welche Frist für die Nachzahlung angemessen ist, bestimmt die Finanzbehörde nach pflichtgemäßem Ermessen.

2. Ausschluss der Wirksamkeit einer Selbstanzeige

178 Der Täter erlangt trotz des Vorliegens der positiven Wirksamkeitsvoraussetzungen keine Straffreiheit, wenn einer der in § 371 Abs. 2 AO aufgeführten Ausschlusstatbestände eingreift. Danach ist die Strafbefreiung ausgeschlossen, wenn

- dem Täter oder seinem Vertreter eine Prüfungsanordnung nach § 196 AO (Anordnung der Außenprüfung) bekannt gegeben worden ist,[227]
- dem Täter oder seinem Vertreter die Einleitung des Straf- oder Bußgeldverfahrens wegen der Tat bekannt gegeben worden ist,[228]
- zuvor ein Amtsträger der Finanzbehörde zur steuerlichen Prüfung beschränkt auf den sachlichen und zeitlichen Umfang der Außenprüfung[229] erschienen ist,
- zuvor ein Amtsträger der Finanzbehörde zur steuerlichen Prüfung oder zur Ermittlung einer Steuerstraftat/Steuerordnungswidrigkeit erschienen ist,[229a]
- ein Amsträger der Finanzbehörde zu einer Umsatz- oder Lohnsteuer-Nachschau oder einer Nachschau nach anderen steuerrechtlichen Vorschriften erschienen ist,[229b]
- eine der noch nicht verjährten Steuerstraftaten im Zeitpunkt der Berichtigung, Ergänzung oder Nachholung ganz oder zum Teil bereits entdeckt war und der Täter dies wusste oder bei verständiger Würdigung der Sachlage damit rechnen musste,[230]
- die verkürzte Steuer oder der für sich oder einen anderen erlangte, nicht gerechtfertigte Steuervorteil einen Betrag von 25.000 € je Tat übersteigt,[231]
- ein besonders schwerer Fall der Steuerhinterziehung nach § 371 Abs. 3 S. 2 Nr. 2 bis 5 AO vorliegt.[231a]

179 Es liegt auf der Hand, dass der richtigen Auslegung der Ausschlusstatbestände im Einzelfall beträchtliche Bedeutung zukommt. Fehler können zu gravierenden Nach-

226 Näher hierzu MüKo-StGB/*Kohler*, § 371 AO Rn 122.
227 § 371 Abs. 2 S. 1 Nr. 1a AO.
228 § 371 Abs. 2 S. 1 Nr. 1b AO.
229 § 371 Abs. 2 S. 1 Nr. 1c AO.
229a § 371 Abs. 2 S. 1 Nr. 1d AO.
229b § 371 Abs. 2 S. 1 Nr. 1e AO.
230 § 371 Abs. 2 S. 1 Nr. 2 AO.
231 § 370 Abs. 2 S. 1 Nr. 3 AO.
231a § 370 Abs. 2 Nr. 4 AO.

teilen für den Anzeigenerstatter und/oder den Steuerpflichtigen führen. Gleichwohl kann hier nicht zu allen praxisrelevanten Fragen Stellung genommen werden. Vielmehr muss es mit einigen grundlegenden Hinweisen sein Bewenden haben:

Die Ausschlussgründe nach **§ 371 Abs. S. 1 2 Nr. 1a und Nr. 1c AO** (Bekanntgabe 180
der bzw. Erscheinen eines Amtsträgers zur Außenprüfung) stehen gem. § 370 Abs. 2 S. 2 AO einer wirksamen Selbstanzeige für die nicht vom sachlichen und zeitlichen Umfang der (angekündigten) Außenprüfung erfassten Steuerstraftaten einer Steuerart nicht entgegen.

Nach **§ 371 Abs. 2 S. 1 Nr. 1b AO** schließt die Bekanntgabe der Einleitung eines 181
Steuerstraf- oder Ordnungswidrigkeitenverfahrens die Selbstanzeige aus. An eine bestimmte Form ist die Bekanntgabe nicht gebunden. Es genügt bspw. die Übergabe eines entsprechenden Durchsuchungsbeschlusses oder auch eine mündliche Mitteilung. Der Umfang der Sperrwirkung ergibt sich aus dem Inhalt der Bekanntgabe und der darin genannten Steuerarten und Besteuerungszeiträume.[232]

Die Tat darf noch nicht im Sinne von **§ 371 Abs. 2 S. Nr. 2 AO** entdeckt sein. Hierfür 182
müssen die Ermittlungsbehörden (noch) keine Kenntnis von sämtlichen Einzelheiten haben. Es genügt, wenn bei vorläufiger Tatbewertung die Wahrscheinlichkeit eines verurteilenden Erkenntnisses gegeben ist.[233] Das soll der Rechtsprechung nach der Fall sein, wenn unter Berücksichtigung der zur Steuerquelle oder zum Auffinden der Steuerquelle bekannten weiteren Umstände nach allgemeiner kriminalistischer Erfahrung eine Steuerstraftat oder -ordnungswidrigkeit naheliegt.[234] Dies läuft im Ergebnis auf einen strafprozessualen Anfangsverdacht hinaus, obwohl ein solcher für die Tatentdeckung nach § 371 Abs. 2 S. 1 Nr. 2 AO eigentlich gerade nicht ausreichen soll.

Generell ist eine wirksame Selbstanzeige gem. **§ 371 Abs. 2 S. 1 Nr. 3 AO** aus- 183–187
geschlossen, wenn der Hinterziehungsbetrag 25.000 € übersteigt. Allerdings gilt die Betragsobergrenze für jede Tat, das heißt für jede unrichtige Steuererklärung. Eine Addition der Hinterziehungsbeträge aus mehreren unrichtigen Steuererklärungen findet insoweit nicht statt. Eine nennenswerte Erleichterung tritt dadurch nicht ein. Denn die durch die jüngste Gesetzesänderung[234a] von 50.000 € auf 25.000 € herabgesetzte Betragsobergrenze ist für sich gesehen schon nicht hoch und bei höheren Jahresumsätzen oder Geschäftsvolumina, wie bei Unternehmen üblich, nahezu immer erreicht. Der Ausschlussgrund des § 371 Abs. 2 S. 1 Nr. 3 AO führt jedoch nicht dazu, dass es zwingend zu einer Bestrafung des Täters kommt. Vielmehr richtet sich das weitere Verfahren nach **§ 398a AO**: Von der Verfolgung der Steuerstraftat wird abgesehen, wenn der Täter innerhalb einer angemessenen Frist die aus der Tat zu

---

232 Klein/*Jäger*, AO, § 37 Rn 40.

233 Klein/*Jäger*, AO, § 371 Rn 60.

234 BGH, Beschl. v. 20.5.2010 – 1 StR 577/09 – BGHSt 55, 180 = NJW 2010, 2146.

234a Gesetz zur Änderung der Abgabenordnung und des Einführungsgesetzes zur Abgabenordnung v. 22.12.2014 (BGBl. I S. 2415).

seinen Gunsten hinterzogenen Steuern entrichtet und zudem einen Strafzuschlag zahlt. Der Strafzuschlag ist gem. § 398a Abs. 1 AO nach dem Hinterziehungsvolumen gestaffelt. Er beträgt mindestens 10 % und maximal 20 % der hinterzogenen Steuer.[235] Das beschriebene Zusammenspiel von Ausschluss der Selbstanzeige und Absehen von der Strafverfolgung bei Nachentrichtung greift schließlich auch für die Fälle der besonders schweren Steuerhinterziehung nach § 370 Abs. 3 S. 2 Nr. 2 bis 5 AO.[236]

188 Ohne die zahlreichen Verschärfungen der Selbstanzeige, so wie sie in der aktuellen Gesetzesfassung zum Ausdruck kommen, im Einzelnen diskutieren zu können, dürfte die von den Ausschüssen Steuerrecht und Strafrecht des Deutschen Anwaltvereins zuletzt geäußerte Kritik berechtigt sein: Man gewinne den Eindruck, „der Gesetzgeber möchte sie *(Anm.: die Selbstanzeige)* durch ein Bündel neuer, in der Praxis kaum zu erfüllender Voraussetzungen auf ein Mindestmaß einschränken und somit faktisch abschaffen."[237]

J. Steuerstrafverfahren

I. Allgemeine Hinweise

189 Anders als im Bereich des allgemeinen Strafrechts ist im Steuerstrafverfahren die Finanzbehörde unter Umständen selbst auch Strafverfolgungsbehörde. Sie führt das Ermittlungsverfahren selbständig, sofern es nur um steuerstrafrechtliche Vorwürfe geht und kein Haftbefehl gegen den Beschuldigten erlassen ist.[238] Sie ist befugt, einen Strafbefehl und die selbständige Anordnung strafrechtlicher Nebenfolgen gegen eine juristische Person oder Personenvereinigung beim zuständigen Gericht zu beantragen, kann also Einziehung und Verfall gegen ein Unternehmen veranlassen.[239] Im Ermittlungsverfahren hat sie auch sonst alle Befugnisse wie sie der Staatsanwaltschaft im allgemeinen strafrechtlichen Ermittlungsverfahren nach der StPO zustehen; der Steuerfahndung obliegen die Aufgaben wie den Beamten des Polizeidienstes. Sie hat

---

235 Maßgeblich ist gem. 398a Abs. 2 AO die Höhe des (tatbestandlichen) Hinterziehungserfolges im Sinne des § 370 Abs. 1 AO mit der Folge, dass das Kompensationsverbot des § 370 Abs. 3 S. 3 AO (vgl. Rn 141 f.) greift.

236 Wird das Steuerstrafverfahren trotz Zahlung nicht eingestellt, kommt es gleichwohl nicht zu einer Erstattung des gezahlten Betrages. Dieser kann aber auf eine Geldstrafe angerechnet werden (§ 398a Abs. 4 AO).

237 Stellungnahme des Deutschen Anwaltvereins durch die Ausschüsse Steuerrecht und Strafrecht zum Referentenentwurf des Bundesfinanzministeriums betreffend den Entwurf eines Gesetzes zur Änderung der Abgabenordnung und des Einführungsgesetzes zur Abgabenordnung v. 27.8.2014 (Stellungnahme Nr. 47/2014), abrufbar unter www.anwaltverein.de.

238 § 386 AO.

239 §§ 400, 401 AO i.V.m. §§ 440, 442 StPO.

Steuerstraftaten und Steuerordnungswidrigkeiten zu erforschen.[240] Daneben sind der Steuerfahndung auch im Besteuerungsverfahren bestimmte Aufgaben zugewiesen, insbesondere ist sie für die Ermittlung der Besteuerungsgrundlagen im Zusammenhang mit einer Außenprüfung zuständig.[241] Die Steuerfahndung hat also eine Doppelfunktion. Darauf sollte geachtet werden, insbesondere wenn während eines laufenden Besteuerungsverfahrens – z.B. einer Betriebsprüfung – wegen dort ermittelter Anhaltspunkte der Verdacht einer Steuerstraftat aufkommt und der Betriebsprüfer entweder selbst ein Steuerstrafverfahren einleitet oder die Prüfung zum Zwecke der Einleitung des Strafverfahrens durch die Straf- und Bußgeldstelle unterbricht. Hier kann das Recht einer beschuldigten Person, nicht zur Sache auszusagen, mit der im Besteuerungsverfahren grundsätzlich weiter bestehenden Mitwirkungspflicht des (steuerpflichtigen) Unternehmens gem. §§ 90, 93 AO kollidieren.

Praxistipp !

In der heiklen Situation der Betriebsprüfung ist es in den allermeisten Fällen angezeigt, einen im Steuerstrafrecht spezialisierten Rechtsanwalt hinzuzuziehen. Im Unternehmen sollte Vorsorge dahingehend getroffen werden, dass diejenigen Mitarbeiter, die die Betriebsprüfung begleiten, angewiesen sind, in einem solchen Fall sofort die Rechtsabteilung zu informieren und zunächst keine Auskünfte mehr zu erteilen.

Übernimmt die Staatsanwaltschaft das Verfahren oder führt sie es von Anfang an, 190
weil die Voraussetzungen für ein von der Finanzbehörde selbständig geführtes Steuerstrafverfahren nicht gegeben sind, hat die Finanzbehörde im weiteren Strafverfahren noch bestimmte Mitwirkungsrechte. Kommt es zur Anklage und zur Durchführung einer Hauptverhandlung, wird der Finanzbehörde der Termin mitgeteilt. Ihr Vertreter hat in der Hauptverhandlung das Recht, Ausführungen zur Sache zu machen und Fragen an den Angeklagte, Zeugen oder Sachverständige zu richten.[242] Dabei bestimmt der in der Sitzung auftretende Behördenvertreter häufig maßgeblich die Position der Anklage, vor allem dann, wenn für die Staatsanwaltschaft ein mit der Sache nur wenig vertrauter Sitzungsvertreter auftritt. Auch das steuerpflichtige Unternehmen ist, sofern über Verfall oder Einziehung (von Wertersatz) oder über eine Geldbuße gegen das Unternehmen nach § 30 OWiG zu entscheiden ist, am weiteren Strafverfahren mit bestimmten Rechten beteiligt.[243] Dass es sich empfiehlt, die Hilfe eines spezialisierten Rechtsanwalts – des sog. Unternehmensverteidigers – auch hierfür in Anspruch zu nehmen, ist selbstverständlich.

---

240 § 208 Abs. 1 AO, § 404 AO.
241 § 208 Abs. 2 AO.
242 § 407 Abs. 1 AO.
243 § 444 Abs. 1 StPO.

II. Einzelheiten des Verfahrens

191 Im Vergleich zum Strafverfahren wegen des Verdachts einer allgemeinen Straftat bestehen im Steuerstrafverfahren einige Besonderheiten. Sie beruhen zum größten Teil auf dem oben schon erwähnten Umstand, dass der Steuerpflichtige zur Mitwirkung im Besteuerungsverfahren verpflichtet ist, was die Finanzbehörden nach Maßgabe der §§ 328 ff. AO erzwingen können. Ist er zugleich Beschuldigter, schützt ihn im Strafverfahren der Nemo-tenetur-Grundsatz[244] davor, sich selbst der Gefahr strafgerichtlicher Verfolgung aussetzen zu müssen. Im Unternehmen können sich zudem aus einem eventuell bestehenden Interessenkonflikt zwischen (leitenden) Mitarbeitern und dem „Unternehmenswohl" weitere Spannungsfelder ergeben. Das Unternehmen wird an unverzüglicher Sachverhaltsaufklärung und an Kooperation mit der Strafverfolgungsbehörde interessiert sein. Der- oder diejenigen verantwortlichen Mitarbeiter, die möglicherweise die Sachlage kennen, werden hingegen zunächst Rechtsrat bei einem Strafverteidiger einholen wollen, bevor sie ggf. zur Sache Stellung nehmen. Drohen arbeitsrechtliche Maßnahmen, kommt die Angst vor einem Arbeitsplatzverlust hinzu.

192 Besonders kompliziert ist die Situation, wenn das Verfahren (noch) gegen „unbekannte Verantwortliche" des Unternehmens geführt wird. Dann kommen mehrere Personen – unter Umständen jedes einzelne Vorstandsmitglied oder auch alle Mitglieder einer Unternehmensleitung als Beschuldigte in Betracht. In solchen Fällen ist der Konflikt praktisch kaum lösbar, weil dieselben Personen auch für das Unternehmenswohl verantwortlich sind.[245]

193 Andere Beispiele sind:

- Die Sachlage ist in Bezug auf einen von der Betriebsprüfung geäußerten Verdacht völlig unklar und lässt sich erst einmal auch nicht aufklären.
- Der für die Buchhaltung zuständige Mitarbeiter hat den für die steuerlichen Erklärungen verantwortlichen Geschäftsführer über maßgebliche Umstände nicht informiert.
- Der Gesellschafter ist mit einer Selbstanzeige des verantwortlichen Geschäftsführers nicht einverstanden, dieser bangt um seinen Arbeitsplatz, wenn er sie dennoch erstattet.

---

244 Wörtlich: „Niemand ist verpflichtet, sich selbst anzuklagen". Ein aus dem Rechtsstaatsprinzip abgeleiteter Grundsatz, wonach der Beschuldigte zu den Vorwürfen schweigen darf.

245 GmbH-Gesetz (GmbHG) v. 20.4.1892 (RGBl. I S. 477), zuletzt geändert durch Gesetz v. 23.7.2013 (BGBl. I S. 2586); Aktiengesetz (AktG) v. 6.9.1965 (BGBl. I S. 1089), zuletzt geändert durch Gesetz v. 23.7.2013 (BGBl. I S. 2586). Vgl. § 43 Abs. 1 GmbHG, § 93 Abs. 1 AktG. Pflichtgemäßes unternehmerisches Handeln wird in der maßgebenden sog. ARAG-Entscheidung des BGH definiert als „von Verantwortungsbewusstsein getragenes, ausschließlich am Unternehmenswohl orientiertes, auf sorgfältiger Ermittlung der Entscheidungsgrundlagen beruhendes unternehmerisches Handeln", BGH, Urt. v. 21.4.1997 – II ZR 175/95 – NJW 1997, 1926 ff.

Praxistipp

Die Lösung solcher Probleme bleibt im Einzelfall dem Verantwortungsbewusstsein und der Führungsstärke der Unternehmensleitung oder der Aufsichtsgremien sowie oft auch dem Fingerspitzengefühl der einzelnen Funktionsträger überlassen. Auch können qualifizierte externe Berater – seien es Steuerexperten oder im Strafrecht ausgewiesene Rechtsanwälte – eine wichtige Rolle spielen und zu einer sachgerechten Vorgehensweise beitragen. Interne Ermittlungen im Unternehmen sollten die im Gesetz verankerten strafprozessualen Schutzgarantien von Auskunftspersonen beachten.

1. Kein Zwang zur Mitwirkung nach Einleitung eines Strafverfahrens

Wie erwähnt, kann die Finanzbehörde die Erfüllung der dem Steuerpflichtigen **194** obliegenden Mitwirkungspflicht im Besteuerungsverfahren grundsätzlich mit den Zwangsmitteln der §§ 328 ff. AO durchsetzen. Soweit es um Auskünfte und die Vorlage von Unterlagen geht, gilt dies nicht gegenüber derjenigen Person, die wegen desselben steuerlichen Sachverhalts (steuer-)strafrechtlich verfolgt wird.[246] Bei Gefahr der Selbstbelastung[247] oder nach Einleitung eines Steuerstrafverfahrens[248] dürfen keine Zwangsmittel gegen den Steuerpflichtigen bzw. gegen den Beschuldigten mehr eingesetzt werden.[249] Ein Strafverfahren ist eingeleitet, sobald eine der dazu berufenen Institutionen eine Maßnahme trifft, die erkennbar darauf abzielt, gegen jemanden wegen einer Steuerstraftat strafrechtlich vorzugehen.[250] Im Hinblick auf die Verfolgung einer allgemeinen Straftat gilt nach § 393 Abs. 2 S. 1 AO ein Verwertungsverbot für solche Tatsachen, die der Steuerpflichtige der Finanzbehörde in Erfüllung steuerrechtlicher Pflichten vor der Einleitung des Strafverfahrens oder in Unkenntnis der Einleitung des Strafverfahrens offenbart hat. Das Verwertungsverbot hat allerdings keine absolute Wirkung. Die Vorschrift des § 393 Abs. 2 S. 2 AO lässt die Verwendung der selbstbelastenden Information zu, wenn an der Verfolgung der Nichtsteuerstraftat ein zwingendes öffentliches Interesse im Sinne des § 30 Abs. 4 Nr. 5 AO besteht. Daher findet sich in der steuerstrafrechtlichen Literatur die verbreitete Auffassung, welche die in § 393 Abs. 2 S. 2 AO enthaltene Ausnahme vom Verwertungsverbot wegen Verstoßes gegen die Selbstbelastungsfreiheit für verfassungswidrig hält.[251] Dem hat sich die höchstrichterliche Rechtsprechung bislang nicht angeschlossen. Das BVerfG, dem die Frage der Vereinbarkeit des § 393 Abs. 2 S. 2 AO mit der verfassungsrechtlich

---

246 Der Nemo-tenetur-Grundsatz (Rn 191) genießt Verfassungsrang und verbietet, eine aktive Mitwirkung des Beschuldigten an einem gegen ihn gerichteten Strafverfahren zu erzwingen, vgl. auch §§ 136, 136a StPO.

247 § 393 Abs. 1 S. 2 AO.

248 § 393 Abs. 1 S. 3 AO.

249 Bei juristischen Personen kommen hier vor allem die jeweiligen Organvertreter in Betracht.

250 § 397 Abs. 1 AO.

251 Vgl. den Überblick über den Streitstand bei Klein/*Jäger*, AO, § 393 Rn 57 f.

garantierten Selbstbelastungsfreiheit vorgelegt worden ist, hat in der Sache selbst wegen Unzulässigkeit der Vorlage nicht entschieden.[252]

2. Strafprozessuale Zwangsmaßnahmen

195 Bei der Aufklärung eines Steuerstraftatverdachts ist die Ermittlungsbehörde nicht darauf beschränkt, die Mitwirkung des Steuerpflichtigen respektive des steuerpflichtigen Unternehmens an der Sachverhaltserforschung einzufordern. Zur Erlangung und Sicherung von Beweisen und zur Sicherung von Verfalls- und Einziehungsgegenständen stehen ihnen auch Zwangsmittel zur Verfügung. Die wichtigsten sind die Durchsuchung zur Erlangung von Beweisgegenständen und die Beschlagnahme zur Sicherstellung eines Gegenstandes durch Überführung in amtlichen Gewahrsam.

196 Nicht zur Aufklärung, sondern zum Zweck der vorläufigen Sicherung einer späteren Abschöpfung illegaler Gewinne[253] bzw. der Unterstützung des Geschädigten bei der Durchsetzung von Schadenersatz gegen den Täter oder gegen denjenigen, für den der Täter gehandelt und der dadurch „etwas erlangt" hat (sog. Rückgewinnungshilfe),[254] können unter bestimmten Voraussetzungen Verfalls- und Einziehungsgegenstände beschlagnahmt oder der dingliche Arrest in das Vermögen angeordnet werden. Auf diesem Wege können nach herrschender Meinung auch die Ansprüche des Steuerfiskus gesichert werden.[255] Dass die Finanzbehörden mit § 324 AO über ein eigenes Instrument zur Sicherung von Geldforderungen verfügen, steht der Anordnung von (strafprozessualen) Maßnahmen zur Rückgewinnungshilfe nicht entgegen. Über die Sicherung von Steueransprüchen zugunsten des Fiskus hinaus darf jedoch in einem strafgerichtlichen Urteil nicht die endgültige Abschöpfung von durch eine Steuerhinterziehung erlangten Steuervorteilen bzw. ersparten Steuerzahlungen angeordnet werden. Dies liegt darin, dass die endgültige Abschöpfung im Wege des Verfalls[256] oder des Wertersatzverfalls[257] nicht möglich ist, wenn dem Verletzten Ansprüche aus der Straftat erwachsen sind. Verletzter in diesem Sinne ist auch der Fiskus.[258]

---

252 BVerfG, Beschl. v. 27.4.2010 – 2 BvL 13/07 – wistra 2010, 341.

253 Im Falle der Steuerhinterziehung gilt der Hinterziehungsbetrag unter dem Gesichtspunkt der ersparten Aufwendung als „aus der Tat erlangt" und unterfällt damit dem Verfall bzw. dem Verfall von Wertersatz (§§ 73, 73a StGB).

254 Vgl. §§ 73 Abs. 3, 73a StGB.

255 Vgl. OLG Nürnberg, Beschl. v. 22.9.2010 – 1 Ws 504/10 – wistra 2011, 40.

256 § 73 StGB.

257 § 73a StGB.

258 BGH, Beschl. v. 28.11.2000 – 5 StR 371/00 – NJW 2001, 693; MüKo-StGB/*Schmitz/Wulf*, § 370 AO Rn 463.

Soweit es um den Verdacht einer Steuerhinterziehung in einem besonders schweren Fall i.S.d. § 370 Abs. 3 S. 2 Nr. 5 AO geht, kommen auch Telefonüberwachungsmaßnahmen in Betracht.[259] 197

Bei allen genannten Maßnahmen handelt es sich um Grundrechtseingriffe. Sie dürfen nur unter Wahrung des Verhältnismäßigkeitsgrundsatzes angeordnet und vorgenommen werden. Für ihre Anordnung ist der Richter, nicht die Staatsanwaltschaft und auch nicht die Finanzbehörde als Strafverfolgungsbehörde oder ihre Ermittlungsbeamten (Polizei, Steuerfahndung), zuständig, es sei denn, es liegt Gefahr im Verzug vor.[260] Dann besteht für die Anordnung eine Notfallkompetenz der Ermittlungsbehörden. Sollen nicht die Räume des persönlich Beschuldigten, sondern die eines Dritten, z.B. die einer juristischen Person, durchsucht werden, entfällt diese Notkompetenz. In allen Fällen, in denen keine richterliche Anordnung vorliegt, muss eine richterliche Bestätigung nachträglich eingeholt werden.[261] Als materielle Eingriffsvoraussetzung genügt für die genannten Maßnahmen mit Ausnahme der strengeren Anforderungen unterliegenden Telefonüberwachung ein Anfangsverdacht. Es müssen – lediglich – zureichende Anhaltspunkte dafür vorliegen, dass eine (Steuer-)Straftat begangen wurde. Dies ist in Anbetracht der erheblichen Auswirkungen, die eine Durchsuchung oder gar ein dinglicher Arrest für ein Unternehmen haben kann, eine bedenklich niedrige Schwelle. Der dingliche Arrest unterliegt allerdings einer gewissen zeitlichen Grenze, abhängig vom Verdachtsgrad. Er muss nach sechs Monaten von Amts wegen aufgehoben werden, wenn sich der Anfangsverdacht nicht zum dringenden Verdacht – in hohem Maße wahrscheinlich[262] – verdichtet hat. Auf Antrag der Staatsanwaltschaft kann der Richter diese Frist allerdings um weitere sechs Monate verlängern. Besteht dringender Verdacht, bleibt es unbefristet bei der Arrestmaßnahme. 198

3. Verhaltensempfehlungen

Erfahrungsgemäß werden im Ermittlungsverfahren die Weichen für das gesamte weitere Strafverfahren gestellt. Besonders in den Fällen, in denen das Steuerstrafverfahren nicht während einer Betriebsprüfung eingeleitet wird, sondern das Unternehmen überraschend mit diesem Umstand erstmals durch eine Durchsuchungsmaßnahme konfrontiert wird, kann die Aufregung und die Unsicherheit, wie damit umzugehen ist, nachhaltig negative Folgen haben. Dazu gehört insbesondere die Gefahr, dass spontane, nicht nachgeprüfte sachlich falsche oder missverständliche Äußerungen gemacht werden. Als Notiz in den Durchsuchungsberichten der Beamten 199

---

259 Das Gesetz meint hier insbesondere die sog. Umsatzsteuerkarusselle und den Zigarettenschmuggel.

260 Vgl. §§ 111e Abs. 1, 98 Abs. 1 StPO.

261 Vgl. §§ 111e Abs. 2, 98 Abs. 2 StPO.

262 KarlsruherKomm-StPO/*Spillecke*, § 111b Rn 9.

können solche Äußerungen in der Folge – sachlich ungerechtfertigt – zum Indiz für die Richtigkeit des Vorwurfs werden.

Praxistipp
Deshalb sollte sich die Leitung eines Unternehmens für diesen Fall wappnen und selbst sowie die Mitarbeiter einige wenige Verhaltensmaßregeln einprägen.

---

200 Die nachfolgenden Hinweise sind Empfehlungen für den **Durchsuchungsfall**, sie ersetzen keinen fachkundigen Rat.

- Es ist zunächst wichtig, Ruhe zu bewahren und die Situation zu strukturieren. Es darf kein Widerstand gegen die Durchführung der Maßnahme geleistet werden. Hilfreich ist es, wenn ein Mitarbeiter die Kommunikation mit den Beamten übernimmt. So können unkoordinierte und unüberlegte Einzelgespräche vermieden werden, deren Folgen in dieser Lage nicht übersehen werden können. Es sollte sofort eine auf dem Gebiet des Strafrechts ausgewiesene Rechtsanwaltskanzlei benachrichtigt werden, damit sich von dort ein Anwalt sofort auf den Weg zum Durchsuchungsort begeben kann. Wird an mehreren Orten (gleichzeitig) durchsucht, sollte an jedem Ort ein Rechtsanwalt präsent sein; unter Umständen wird also ein Team von Rechtsanwälten benötigt. Die Koordinierung der Rechtsanwälte übernimmt im Idealfall der **Unternehmensverteidiger**. Gemeint ist damit ein strafrechtlich spezialisierter Rechtsanwalt, der ausschließlich die Interessen des Unternehmens vertritt und für die Verteidigung von ggf. individuell beschuldigten Führungspersonen oder Mitarbeitern weitere (Individiual-)Verteidiger hinzuzieht.
- Inzwischen sollte die **Rechtsgrundlage** der **Durchsuchung** erfragt werden. Ist eine schriftliche richterliche Anordnung vorhanden, bittet man den Einsatzleiter um Aushändigung. Der Beschluss kann dann der beauftragten Anwaltskanzlei zwecks Überprüfung per Fax übersandt werden. Die Anordnung darf nicht älter als sechs Monate sein, sie muss
  - Beschuldigten,
  - Tatverdacht,
  - Tatzeitraum und
  - die aufzufindenden Gegenstände

  konkret bezeichnen. Bei Durchsuchungen nach § 103 StPO (Durchsuchung beim Nichtverdächtigen) müssen zudem die Verdachtsgründe angegeben sein, weshalb sich die aufzufindenden Gegenstände beim Dritten befinden sollen. Mängel führen zur Unwirksamkeit. Der Durchsuchung sollte dann widersprochen werden, wobei darauf zu achten ist, dass der **Widerspruch** protokolliert wird.
- Ist keine schriftliche Anordnung vorhanden und erfolgt die Maßnahme auf der Grundlage der Annahme von **Gefahr im Verzug**, ist zu erfragen und möglichst zu notieren, welche konkreten Gründe für die Durchsuchung und für die Eilbedürftigkeit bestehen. Liegen keine in den Akten dokumentierten Tatsachen dafür

vor, führt dies bei einer späteren gerichtlichen Nachprüfung zur Unzulässigkeit der Maßnahme. Vermögen die Beamten keine oder nur unzureichende Gründe anzuführen, sollte der Durchsuchung widersprochen werden. Es ist wiederum darauf zu achten, dass der **Widerspruch** protokolliert wird.

- Ist der Beschuldigte Mitarbeiter des Unternehmens oder richtet sich das Verfahren gegen unbekannte Verantwortliche des Unternehmens, ist zu bedenken, dass unter Umständen alle anderen Mitarbeiter eine Zeugenstellung innehaben. Oftmals ist den Beamten daran gelegen, die Mitarbeiter sogleich während der Durchführung der Durchsuchung oder unmittelbar anschließend vor Ort zeugenschaftlich zu vernehmen. Will man dies vermeiden, ist es angezeigt, den Mitarbeitern anwaltliche Beratung – durch den sog. **anwaltlichen Zeugenbeistand** – anzuempfehlen. Zeugen haben besondere Rechte und Pflichten. Ein Recht besteht darin, sich vor einer Vernehmung anwaltlich beraten zu lassen. Darauf darf man seine Mitarbeiter mit Blick auf die Fürsorgepflicht als Arbeitgeber auch hinweisen und das Unternehmen darf auch die Anwaltskosten tragen. Diese lassen sich dadurch minimieren, dass ein anwaltlicher Zeugenbeistand mehrere Zeugen betreuen kann (anders als bei der Verteidigung von Beschuldigten). Die Vorteile der Hinzuziehung eines anwaltlichen Zeugenbeistandes liegen vor allem in Folgendem: Er kann zunächst darauf hinwirken, dass es überhaupt nicht zu einer überrumpelnden Zeugenbefragung kommt. Des Weiteren kann er abschätzen, ob es sich um einen sog. gefährdeten Zeugen handelt. Gemeint sind damit Zeugen, die durch die Beantwortung von Fragen Gefahr laufen, sich eigener Strafverfolgung auszusetzen. Dieser Gefahr kann durch die Berufung auf das **Auskunftsverweigerungsrecht**[263] begegnet werden. Schließlich kann der anwaltliche Zeugenbeistand verhindern, dass Mitarbeiter – im falsch verstandenen Interesse des Unternehmens – unwahre Äußerungen abgeben, was kontraproduktiv ist. Wenn keine Betreuung (potentieller) Zeugen sichergestellt ist, muss dahingegen davon ausgegangen werden, dass jede Äußerung, die gegenüber den Beamten ohne besonderen Bedacht gemacht wird und den Beamten aus irgendeinem Grunde beweiserheblich erscheint, notiert wird und sich später in Durchsuchungsberichten in den Akten wiederfindet. Oftmals sind die Aktenvermerke verzerrt und mit entsprechenden Wertungen versehen. Auch dies liegt nicht im Interesse des Unternehmens, worauf man die Mitarbeiter ebenfalls hinweisen darf und sollte.
- In aller Regel geht es um die Suche nach Unterlagen in Akten und Dateien auf elektronischen Datenträgern. Es sollte darauf geachtet werden, dass die betreffenden Unterlagen von dem im Beschluss genannten Zeitraum gedeckt sind. Eine Kopie sämtlicher auf elektronischen Datenträgern gespeicherter Daten ist in der Regel unverhältnismäßig, weshalb auf eine Trennung der Daten je nach Verfahrensrelevanz bestanden werden sollte. Polizeibeamte dürfen Papiere und

263 § 55 StPO.

Dateien nur auf Anordnung der Staatsanwaltschaft oder bei Einverständnis des Betroffenen durchsehen. Ist der Staatsanwalt bei der Durchsuchung nicht anwesend, sollte der Durchsicht durch die Polizeibeamten ggf. widersprochen werden, soweit eine staatsanwaltschaftliche Anordnung nicht nachgewiesen wird (schriftlich oder telefonisch). Dann sind die Beamten verpflichtet, die Unterlagen zu versiegeln und vorläufig sicherzustellen. Das hat den Vorteil, dass die Maßnahme nicht beendet wird und noch Gelegenheit besteht, insgesamt dagegen gerichtlich vorzugehen, mit dem Ziel, die Durchsicht zu verhindern. Dies ist jedoch Frage des Einzelfalls. Wenn sich keine Ansatzpunkte für die Beanstandung des Durchsuchungsbeschlusses bieten, ist abzuwägen, ob der mit einer Versiegelung der Unterlagen und Vorlage an die Staatsanwaltschaft einhergehende Zeitverlust in Kauf genommen werden soll. Beamte der Steuerfahndung sind auch ohne Einverständnis des Betroffenen befugt, die Unterlagen durchzusehen.

- Über die sichergestellten Gegenstände muss ein **Sicherstellungsverzeichnis** errichtet werden. Es empfiehlt sich, jede einzelne Position auf ihre Richtigkeit hin zu überprüfen. Mit Hinweis auf die Verhältnismäßigkeit kann man versuchen, im Unternehmen dringend benötigte Unterlagen zu fotokopieren, bevor sie abtransportiert werden. Ein vollständiges und detailliertes Sicherstellungsprotokoll hat insbesondere den Vorteil, dass ein genauer Überblick über die mitgenommenen Unterlagen besteht und dass später der punktuelle Zugriff auf einzelne Unterlagen erleichtert wird. Die sichergestellten Unterlagen sind im strafprozessualen Sinn **Beweismittel**. Im weiteren Verlauf des Verfahrens besteht über das Akteneinsichtsrecht des Verteidigers[264] die Möglichkeit des Zugriffs auf die Beweismittel. Diese werden zwar so lange wie deren Beweisrelevanz besteht nicht wieder herausgegeben. Jedoch kann mit den Ermittlungsbehörden das Anfertigen von Kopien (oder auch das Einscannen mithilfe eines selbst mitgebrachten Scanners) abgestimmt werden. Insoweit wird das Procedere erheblich beschleunigt, wenn – dank eines vollständigen und detaillierten Sicherstellungsprotokolls – bekannt ist, in welchem durchsuchten Raum und in welchem (von den Beamten durchnummerierten) Ordner sich das konkret benötigte Dokument befand.
- Im Übrigen spricht nichts dagegen, sich während der laufenden Durchsuchung kooperativ zu verhalten. Dies beinhaltet auch – wenn Umfang und Zweck der Durchsuchung geklärt sind – das **Heraussuchen der gesuchten Beweismittel**. So lässt sich nicht zuletzt auch die Durchsuchung zeitlich abkürzen. Das Heraussuchen der Beweismittel darf allerdings nicht mit deren freiwilliger Herausgabe verwechselt werden. Es sollte in der Regel darauf geachtet werden, dass Beweismittel **nicht freiwillig herausgegeben** werden, weil man sich andernfalls seiner Rechte im weiteren Verfahrensgang beraubt (z.B. das Rechtsschutzbedürfnis für die gerichtliche Überprüfung der Durchsuchung, die Geltendmachung von

264 § 147 StPO.

Beweisverwertungsverboten). Für die entsprechende Erklärung werden zumeist anzukreuzende Textbausteine im Durchsuchungsprotokoll verwandt. Man sollte sie in Ruhe lesen. Schließlich sollte man sich Namen, Dienststelle und Telefonnummer mindestens des Einsatzleiters notieren.

Kapitel 19
Ausblick

Die vorstehenden Kapitel haben die vielfältigen Beziehungen und Wechselwirkungen von Organisation, Risikomanagement und Compliance gezeigt. Eine an **„Best Practice" orientierte Unternehmensleitung** wird künftig nicht mehr umhin können, diesem Befund ausreichend Rechnung zu tragen, um ein professionelles Management der unternehmensbezogenen Risiken sicherzustellen. Dies als bloße kostentreibende „Überregulierung" zu betrachten,[1] griffe also deutlich zu kurz. Gleiches gilt für die immer noch nicht ganz verstummte aber deutlich leiser gewordene Kritik in Bezug auf die zunehmende Verbreitung von Compliance-Management.[2] Auch hier sollte der „Megatrend" in Politik und Gesellschaft, Unternehmen – gerade auch aus dem Mittelstand – zu uneingeschränkt rechtmäßigem Handeln zu veranlassen, nicht ignoriert werden. 1

Beide vorstehenden Aspekte gilt es abschließend etwas näher zu beleuchten. 2

A. Die Integration von Governance-Teilsystemen als Zukunftsaufgabe

Der Grundgedanke für das vorliegende Werk ist die integrative Betrachtung der im Unternehmen vorhandenen Einrichtungen und Methoden zur Erkennung und Beherrschung von unternehmensbezogenen Risiken. 3

Die daraus für die Unternehmensorganisation zu ziehenden Schlussfolgerungen werden derzeit erst in vorsichtigen Ansätzen gezogen.[3] Vorreiter sind hier – wie so oft – die großen börsennotierten Unternehmen, bei denen die erhebliche Komplexität der Gesamtorganisation entsprechenden Handlungsdruck erzeugt.[4] 4

Die Notwendigkeit, internes Kontrollsystem, Risikomanagement, Compliance-Management und auch die interne Revision, also die derzeit gängigen **Governance-Teilsysteme, abgestimmt aufeinander** zu **organisieren**, wird sich jedoch über kurz oder lang auch für mittelständische Unternehmen stellen, da sie ebenfalls zunehmend dazu übergehen werden diese Funktionalitäten einzurichten. 5

Vor diesem Hintergrund sei die Prognose gewagt, dass die Einrichtung eines „integrierten Governance, Risk und Compliance-Systems"[5] in nicht allzu ferner Zukunft auf der Tagesordnung vieler Unternehmensleitungen stehen wird. 6

---

1 Vgl. *Laue/Mohr*, CB 2014, 334, 337.

2 Vgl. dazu die statistischen Angaben bei PwC, Wirtschaftskriminalität-Studie 2013, S. 26, 27.

3 Vgl. *Laue/Mohr*, CB 2014, 334, 337; früher bereits *Gold/Schäfer/Bußmann*, ET 6/2011, 71 ff.

4 Vgl. *Laue/Mohr*, CB 2014, 334, 336.

5 Zu der noch z.T. noch diffusen Begrifflichkeit vgl. *Laue/Mohr*, CB 2014, 334, 335.

7 Die zum Teil sich überschneidenden Tätigkeitsfelder von internem Kontrollsystem, Risikomanagement, Compliance-Management und interner Revision[6] führen nicht selten zu Ineffizienzen auf Arbeitsebene, unnötiger Erhöhung der Informationsflut auf der Ebene der Unternehmensleitung und daher schlimmstenfalls zu suboptimaler Einschätzung der Risikosituation. Ob diese Nachteile eines ausgeprägten Risikobewusstseins, das aus Sicht des Unternehmens/Eigentümers an sich zu begrüßen ist, bereits durch Optimierung der Zusammenarbeitsprozesse zwischen den einzelnen Governance Teilsystemen vermieden werden können, mag man bezweifeln. Dennoch muss diese Problematik gelöst werden. Ob die (ergänzende) Bestellung eines „Chief Governance Officers" (CGO)[7] bei der Problemlösung helfen kann, wird man wohl nur im Einzelfall entscheiden können. Insbesondere Unternehmensgröße, Art und Umfang der Geschäftstätigkeit sowie die Unternehmenskultur werden hier maßgebliche Entscheidungskriterien sein und deutlichen Einfluss auf die Frage haben, mit welchen Aufgaben und Befugnissen ein CGO ausgestattet und in welcher Weise die Position organisatorisch im Unternehmen verankert wird.[8]

B. Fortschreiten der Institutionalisierung von Compliance-Management-Regeln

8 „Compliance" war noch vor wenigen Jahren außerhalb der Finanzwelt in vielen Bereichen von Wirtschaft, Politik und Gesellschaft eher unbekannt. Spätestens seit der Finanzkrise von 2007/2008 hat sich die Situation deutlich geändert. Die Zunahme der Popularität von Compliance geht mittlerweile so weit, dass der Begriff auch Eingang in das deutsche Recht gefunden hat, wie § 25a Abs. 1 S. 3 Nr. 3c KWG[9] zeigt – und das, obwohl § 184 S. 1 GVG[10] vorschreibt, dass die Gerichtssprache (und damit ja wohl auch die Sprache des vom Gericht anzuwendenden Rechts) in Deutschland deutsch ist.

9 Die zitierte Vorschrift des Kreditwesengesetzes gilt allein für nach § 32 KWG erlaubnispflichtige Finanzinstitute. Für sonstige Unternehmen fehlt in Deutschland – anders als in den allermeisten Staaten in Europa – [11] derzeit noch eine direkte oder indirekte Verpflichtung zum Compliance-Management. Sollte sich jedoch die

6 Instruktiv zu den Überschneidungen vgl. *Laue/Mohr*, CB 2014, 334, 335; ähnlich auch *Gold/Schäfer/Bußmann*, ET 6/2011, 71, 72.

7 *Laue/Mohr*, CB 2014, 334, 336 f.

8 Vgl. dazu die Vorschläge bei *Laue/Mohr*, CB 2014, 334, 336 f.

9 Kreditwesengesetz (KWG) v. 9.9.1998 (BGBl. I S. 2776), zuletzt geändert durch Gesetz v. 10.12.2014 (BGBl. I S. 2091)

10 Gerichtsverfassungsgesetz (GVG) v. 9.5.1975 (BGBl. I S. 1077), zuletzt geändert durch Gesetz v. 21.1.2015 (BGBl. I S. 10).

11 Vgl. Kap. 4 Rn 29.

Regierung von Nordrhein-Westfalen mit ihrem Entwurf eines sog. **Verbändestrafgesetzbuchs**[12] durchsetzen, dann würde damit zumindest indirekt für *alle* Unternehmen in Deutschland eine faktische Pflicht zum Compliance-Management realisiert. Die in § 5 des Gesetzentwurfs vorgesehene Möglichkeit, bei Praktizierung ausreichender Compliance-Management-Maßnahmen Strafbefreiung zu erlangen, dürfte eine verantwortungsbewusste Unternehmensleitung künftig dann kaum ungenutzt lassen wollen. Darüber hinaus könnte auch die sog. Corporate Social Responsibility Richtlinie (CSR-Richtlinie)[13] der Europäischen Union in Verbindung mit der sog. EU-Bilanzrichtlinie[14] für Nichtbanken eine indirekte Pflicht zum Compliance-Management erzeugen. Welche Unternehmen in Deutschland davon betroffen sein werden, hängt davon ab, wie weit der deutsche Gesetzgeber demnächst den Anwendungsbereich der CSR-Richtlinie ziehen wird. Letztere Norm sieht vor, dass Unternehmen, die vom Gesetzgeber als „Unternehmen von öffentlichem Interesse eingestuft werden, künftig im Lagebericht des Jahresabschlusses Angaben darüber machen müssen, welche Maßnahmen zur Bekämpfung von „Korruption und Bestechung“ sie ergriffen haben, was letztlich auf eine indirekte Pflicht zum Compliance-Management hinausläuft.

Allerdings sagt die genannte Vorschrift nichts dazu, *wann* ausreichende Compli- 10
ance-Management-Vorkehrungen vorliegen. Mit dieser Fragestellung befassen sich mittlerweile diverse untergesetzliche Regelungen, die zumindest in ihrer Gesamtschau eine „Best Practice“ in Bezug auf Compliance-Management-Systeme beschreiben.

Zu diesen Regelwerken gehören in Deutschland zweifellos die MaComp[15] und der 11
IDW PS 980.[16] In Österreich wurden die ONR 192050 entwickelt, die anders als die MaComp auf jede Art von Unternehmen Anwendung finden sollen.

Denselben Ansatz verfolgt auch der Entwurf der ISO DIS 19600,[17] der damit einen 12
zwar recht abstrakten letztlich aber immerhin weltweit geltenden Standard für Compliance-Management-Systeme setzen wird.

Nicht unerwähnt bleiben sollte schließlich das Urteil des Landgerichts Mün- 13
chen I vom 10.12.2013.[18] In dieser Entscheidung hat das Gericht eine Reihe von sehr konkreten Vorgaben zur Ausgestaltung einer Compliance-Funktion gemacht. Diese Anforderungen wird die Unternehmenspraxis künftig zu beachten haben, ungeachtet der Tatsache, dass sie aufgrund von Verfahrensgründen einer Validierung durch die Folgeinstanzen (OLG München, BGH) entzogen wurden.

---

12 Vgl. dazu Kap. 4 Rn 62.
13 CSR-Richtlinie (RL 2014/95/EU) v. 22.10.2014 (ABl EU Nr. L 330 S. 1 ff.).
14 Bilanz-Richtlinie (RL 2013/34/EU) v. 26.6.2013 (ABl EU Nr. L 182 S. 19 ff.).
15 Vgl. Kap. 5 Rn 10 ff.
16 Vgl. Kap. 7.
17 Vgl. Kap. 4 Rn 81.
18 Vgl. LG München I, Urt. v. 10.12.2013 – 5 HK O 1387/10 – DB 2014, 766 ff.; dazu näher Kap. 5 Rn 3 ff.

14 Zusammenfassend lässt sich damit feststellen, dass Compliance-Management mehr und mehr zu einem Ausdruck professioneller Unternehmensführung wird und zumindest perspektivisch in eine ganzheitliche Governance- und Risikomanagement-Organisation eingehen sollte.

Register

Printed and bound by CPI Group (UK) Ltd, Croydon, CR0 4YY

05/10/2026

14975896-0005